DICCIONARIO DE SINÓNIMOS ANTÓNIMOS E IDEAS AFINES

DICCIONARIO DE SINÓNIMOS ANTÓNIMOS E IDEAS AFINES

Aarón Albourkrek   Gloria Fuentes S.

Mallorca 45
08029 Barcelona

Londres 247
México 06600, D. F.

21 Rue du Montparnasse
75298 París Cedex 06

Valentín Gómez 3530
1191 Buenos Aires

Formación y composición tipográfica
Ricardo Viesca M.

Lectura de pruebas
Ma. de Jesús Hilario

NI UNA FOTOCOPIA MÁS

ISBN 970-22-0027-X
978-970-22-0027-7

PRIMERA EDICIÓN — 35ª reimpresión

Impreso en México — Printed in Mexico

Prólogo

La sinonimia:

Habitualmente se suele entender que sinónimos son aquellas palabras de idéntico significado, sin reparar en que el significado, aún dentro de una misma lengua, junto a un núcleo conceptual posee otros valores vinculados al medio social del que son propios e, incluso valores que sólo adquieren vigencia en el momento de su realización en el acto de hablar. Esta peculiar circunstancia hace que el significado sea algo en permanente construcción. De todos modos, a los fines de la comunicación social, es preciso suponer que para cada voz existe uno o más significados relativamente estables, aunque se reconozcan variaciones en razón del grupo social, en la región geográfica o en el tiempo durante el cual se emplean las palabras. (Este es el presupuesto en que se sustentan todos los diccionarios, y que éstos, a su vez, fundamentan.)

Es más, la variedad se hace presente un poco en todas partes. No sólo en la nomenclatura del diccionario, esas voces por las que se consulta, y que para su mejor reconocimiento se escriben en negrita a la izquierda de la definición. Se la encuentra también en esta misma porque, aun cuando sea norma impuesta eludir los regionalismos en las definiciones, resulta prácticamente imposible evitar que el lenguaje empleado delate la procedencia de la obra y el origen de su redactor. En los diccionarios de sinónimos el mismo hecho se manifiesta sin la salvaguardia que supone una "definición". En efecto, las relaciones que guardan los vocablos por su valor, frecuencia y situaciones de empleo, asociaciones, etc., varían de región en región y de país en país, tornando así más difusos los lindes, por sí sutiles, que separan las palabras de sentido cercano.

El concepto de sinonimia es en sí ciertamente inquietante, pues pese a que nunca una palabra es el equivalente exacto de otra, su presuposición es indispensable cuando se pretende elaborar cualquier definición. A partir de los matices que diferencian las voces con que se construyen las definiciones se hace explícito el significado de la palabra que se define. Es por eso que, con razón, puede llamarse a las definiciones de los diccionarios de la lengua "perífrasis sinonímicas".

De ese modo, pues, **sonreír** se define como "Reír levemente y sin ruido" y, puede decirse, sin dejar de ser cierto, y salvando lo artificial de la construcción *Lo vi sonreír* o *Lo vi riendo levemente y sin ruido*. En contrapartida la relación cambia cuando se define con un sinónimo. Por ejemplo "**castañazo** m. fam. Golpetazo, puñetazo" en el *Diccionario de la Real Academia Española* (ed. 1992): En la Argentina, al menos, *castañazo* y *puñetazo* pueden funcionar como sinónimos muy próximos, pues en ambos subyace la noción de 'golpe dado con la mano (cerrada)', pero no *golpetazo*, totalmente inusual en el Plata.

Finalmente, la exigencia de una identidad de significado absoluta entre dos vocablos para que puedan ser considerados sinónimos es, ciertamente, excesiva y abandonada ya por la lingüística.

Entendido, pues, de esta manera relativa, es un hecho reconocido que, dentro de una misma lengua, un concepto puede ser expresado por diversas palabras. Precisamente, es esa convicción la que permite a cualquier hablante recurrir a la sinonimia para definir una palabra cualquiera. Y, por ser una práctica habitual, se convierte a su vez en una metodología de uso frecuente en los diccionarios de la lengua.

Paralelamente existe también una situación inversa: una palabra posee más de un significado. Para tomar un ejemplo clásico: *operación* tiene un significado bien distinto para el uso propio del comercio, las matemáticas, la medicina o entre militares, en un caso será un negocio, un cálculo, una práctica quirúrgica o una acción bélica, en otro.

Cada uno de esos sentidos será una diversa acepción en un diccionario de la lengua, y en la estructura de un diccionario de sinónimos dará lugar a diversas series sinonímicas. Así, *galera* según sea 'transporte marino', 'transporte terrestre' o 'lugar de encierro', encabezará series como: **1** Nave, barco, galeón. **2** Carro, carromato. **3** Cárcel, prisión.

Por lo común, los diccionarios de sinónimos responden a dos tipos de presentaciones: aquellos en los que cada artículo contiene un número de vocablos cercanos por su empleo y sentido, que son luego agrupados, al modo de los diccionarios de la lengua, en acepciones para formar así series sinonímicas. Este tipo de obras privilegia la extensión del léxico considerado sobre la profundidad de su análisis. Al otro tipo pertenecen aquellos en los que los sinónimos se presentan en una especie de constelación dentro de la cual el autor pretende diferenciar cada vocablo a partir de los matices de sentido que lo caracterizan. Esta obra pertenece al primero. Su intención no es tanto ofrecer una detallada explicación acerca de las relaciones que mantienen entre sí los sinónimos —tarea ciertamente ardua y meritoria, aunque no exenta de los riegos de la subjetividad impresionista— sino constituirse en un rápido auxiliar de consulta.

A la misma intención de consulta responde también la indicación de los antónimos. A la pertinente serie de oposiciones polares (*bueno / malo, arriba / abajo, cerca / lejos*) acompañan otras voces que sólo pueden ser consideradas antónimos en contextos particulares.

Las series sinonímicas:

No hay mayor dificultad para admitir que *barco* y *embarcación* sean sinónimos, pero no sería aceptable admitir que igualmente lo sean *velero, fragata, goleta, vapor, trasatlántico* o *portaaviones*, aunque se reconozca que estos sean sus hipónimos, en este caso, tipos de embarcaciones. De la misma manera, se advierte que pueden reconocerse en esta enumeración dos series de cohipónimos: la formada por embarcaciones impulsadas por el viento (*velero, fragata, goleta*) y las de motor (*vapor, trasatlántico, portaaviones*). Igualmente, podrían distinguirse por su finalidad aquellas embarcaciones por 'destinadas a la guerra'. Sólo *portaaviones* cumple específicamente con esa condición. *Fragata* se aproximaría; *trasatlántico* decididamente no, porque se asocia con 'transporte de pasajeros'.

Pero tanto el campo léxico, es decir el conjunto de palabras que se toman en consideración, al igual que el criterio que ha servido de base para agruparlas y asociarlas o diferenciarlas son abstracciones que la lingüística elabora sobre el conocimiento de la lengua y del mundo que tienen los hablantes.

El DICCIONARIO DE SINÓNIMOS, ANTÓNIMOS E IDEAS AFINES supone que el lector es capaz de reconocer estas similitudes y diferencias, aunque no las tenga presentes en el momento de consultarlo, de allí su utilidad para que éste pueda traer a su memoria todas esas palabras cercanas y escoger la más conveniente a su intención expresiva.

La unidad lingüística:

En sentido estricto, la sinonimia sólo podría existir dentro de una misma lengua (está claro que si nombramos un mismo concepto en dos lenguas diferentes hablaríamos de traducción), pero, como la anterior —la exigencia de sinonimia–, esta pretensión de unidad también es frustrante. Y lo es más cuando concierne a un idioma que se habla en más de una veintena de países.

Existen en nuestra lengua reconocidas diferencias regionales. Son, por ejemplo, las que expresan los nombres dados por diversas razones culturales a aquello que, desde una perspectiva zoológica o botánica, constituye una "misma" entidad como *papa* y *patata; aguacate* y *palta,* o *cuervo, gallinazo, jote, zamuro* y *zopilote.*

Pero también, puede considerarse la sinonimia desde una perspectiva histórica: *abondamiento* significó 'abundancia'; *abravar,* 'excitar' y *lomada,* 'loma'. Aunque en algunos países americanos como la Argentina, Paraguay, Perú y Uruguay, *lomada* subsiste con el mismo significado que posee *loma.* Es decir, fueron, en un tiempo pasado, sinónimos dentro del sistema léxico del español peninsular; y lo son actualmente dentro de ese subsistema americano.

El concepto de unidad, y con él el de autoridad y de norma ha sido recurrente en la historia de la lexicografía hispanoamericana. Y, sin embargo, sin considerar hoy como punto de partida la unidad y diversidad del español americano, no se puede hablar de la lengua que nos es común; a lo sumo de un español artificioso de pasados libros de enseñanza.

En esta obra, el profesor Aarón Alboukrek y Gloria Fuentes decidieron correr el riesgo de salir de los caminos habituales para incursionar en el campo de los americanismos. Su experiencia en la tarea lexicográfica y en el área de las comunicaciones permitirá reconocer, más allá de cualquier consideración semántica, que lo que se le ofrece al lector es una invitación para que las palabras americanas no nos suenen ajenas.

Francisco Petrecca

Abreviaturas y otras marcas

Amér.	Americanismo
Amér. C.	América Central
Amér. Merid.	América Meridional
ant.	Antiguo, anticuado
ANT.	Antónimo
Antill.	Antillas
Argent.	Argentina
Bol.	Bolivia
Chile	
Colomb.	Colombia
C. Rica	Costa Rica
Cuba	
desp.	Despectivo
Ecuad.	Ecuador
Salv.	El Salvador
Esp.	España
fam.	Familiar
fig.	Figurado
Guat.	Guatemala
Hond.	Honduras
Méx.	México
Nic.	Nicaragua
Pan.	Panamá
Par.	Paraguay
Perú	
pr.	Préstamo de lengua extranjera
P. Rico	Puerto Rico
R. Dom.	República Dominicana
Riopl.	Río de la Plata
Sto. Dom.	Santo Domingo
Tb.	También
Urug.	Uruguay
Venez.	Venezuela
vulg.	Vulgarismo
*	Indica otros significados de la palabra señalada
VER	Remisión a otros sinónimos
→	Remisión a conceptos asociados
[ ]	Palabras o frases contextuales para especificar usos

Guía del usuario

Entrada en negritas.

Gama de sinónimos.

Incorporación de formas reflexivas.

Antónimos en cursivas para mejor diferenciación.

Incorporación de cambios en el número gramatical que modifican el significado.

Remisiones a conceptos asociados.

Palabras o frases contextuales para especificar usos.

Cuando una entrada es regionalismo, la marca respectiva aparece a continuación.

abadía

abadía
Abadiato, cenobio, monasterio, convento, claustro.

abalanzarse
1 Lanzarse, arrojarse.
ANT.: *Contenerse.*
2 Acometer, arremeter, embestir, meter.
ANT.: *Retroceder, replegarse.*

abusar
Propasarse, excederse, extralimitarse, aprovecharse, explotar, engañar.
ANT.: *Considerar, respetar, medirse.*

acaecer
Ocurrir, suceder, pasar, acontecer, sobrevenir, producirse.
ANT.: *Fallar, faltar, frustrarse.*

achicar
1 Empequeñecer, disminuir, rebajar, encoger, amenguar.
ANT.: *Agrandar, aumentar.*
2 achicarse Atemorizarse, acobardarse, intimidarse, (fam.) acoquinarse.
ANT.: *Envalentonarse.*

ademán
1 Seña, gesto, movimiento, mímica.
2 ademanes Modales, maneras.

agresión
Ataque, ofensa, → agredir.

aguacero
Chubasco, chaparrón, tormenta, borrasca, turbión, lluvia VER.

ahondar
1 Cavar, horadar, sondear, calar.
ANT.: *Rellenar, tapar.*
2 Profundizar, penetrar, adentrarse [investigaciones, asuntos, etc.].

alberca (Méx.)
Pileta, estanque, poza, piscina.

Doble cornisa con la primera y última palabras de la página.

asentimiento

ama*
Señora, patrona, dueña, jefa, propietaria, casera.
ANT.: *Subordinada, sirvienta.*
*Tb. significa: (Amér. C. y Merid.) aya, institutriz, niñera.

amasijo
1 Mixtura, mezcla, masa.
2 (Fig. y fam.) Confusión, revoltijo, fárrago, revoltillo, enredo.

amorío
Devaneo, galanteo, idilio, flirteo, noviazgo, conquista, aventura, afer o (pr.) affaire.

anverso
Faz, cara [anterior], frente.

aparejo
1 Mecanismo, polea.
2 Mástiles, arboladura, velamen, cordaje, jarcias [en barcos].

apear
1 Desmontar, bajar, descender, descabalgar, salir.
ANT.: *Subir, montar, abordar.*
2 Sujetar, calzar, frenar, maniatar [caballerías].
3 (Fig.) Destituir, quitar.
4 (Fig. y fam.) Apartar, disuadir, desviar.
ANT.: *Persuadir.*
5 (Chile) Amojonar, deslindar.
6 (Cuba) Comer con las manos.
7 (Venez.) **apearse** Hospedarse, alojarse.

apedrear
1 Lapidar, (Argent., Urug.) cascotear.
2 (Chile) Granizar, caer pedrisco.

apelotonado
VER apelmazado.

asentimiento
Conformidad, asenso VER.
ANT.: *Disconformidad, disentimiento.*

Señalamiento cuando una palabra de lengua general o regional tiene otros significados regionales.

Funciones y niveles de lengua.

Préstamo de lengua extranjera.

Acepciones numeradas para mayor claridad y sentido de uso, con sus respectivos antónimos cuando existen.

Marcas regionales.

Remisión a otra entrada.

A

abacería
Colmado, tienda, comercio, ultramarinos, comestibles, abarrotes VER.
abacial
Monástico, monacal, abadengo, cenobítico, conventual, clerical.
ANT.: *Laico, seglar.*
ábaco
Nomograma, tablero contador.
abad
Superior, prior, patriarca, rector.
abadía
Abadiato, cenobio, monasterio, convento, claustro.
abalanzarse
1 Lanzarse, arrojarse.
ANT.: *Contenerse.*
2 Acometer, arremeter, embestir, meter.
ANT.: *Retroceder, replegarse.*
abalear (Amér.)
Tirotear, disparar, descargar, ametrallar.
abandonar
1 Desamparar, desatender, desasistir.
ANT.: *Proteger, acompañar.*
2 Marcharse, alejarse, ausentarse.
ANT.: *Volver.*
3 Desistir, renunciar, ceder.
ANT.: *Persistir.*
abandono
1 Negligencia, desidia, dejadez, descuido, desaseo, incuria.
ANT.: *Cuidado, esmero.*
2 VER abandonar.
abaratar
Rebajar, devaluar, desvalorizar.
ANT.: *Encarecer, aumentar.*
abarcar
Englobar, comprender, contener, incluir, rodear, ceñir.
ANT.: *Excluir.*
abarquillado
Combado, alabeado, pandeado, corvo.
ANT.: *Recto, plano, derecho.*
abarrotar
Colmar, atestar, atiborrar, llenar, saturar.
ANT.: *Vaciar, desocupar.*
abarrotero (Colomb., Ecuad., Perú)
Tendero, abacero, comerciante, almacenero VER.
abarrotes (Amér.)
Tienda de comestibles, comercio, ultramarinos, (Amér. Merid.) almacén.
abastecer
Aprovisionar, suministrar, avituallar, proveer, surtir.
ANT.: *Desabastecer.*
abatatado (Argent., Par., Urug./fam.)
Aturdido, ofuscado, avergonzado.
abatimiento
1 Desánimo, decaimiento, desaliento, agobio.
ANT.: *Brío, ímpetu, vigor.*
2 Humillación.
ANT.: *Ensalzamiento.*
abdicar
Renunciar, dimitir, resignar, abandonar.
ANT.: *Asumir, coronarse, entronizarse.*
abdomen
Vientre, panza, barriga, estómago.
abecedario
Alfabeto, silabario, abecé, catón, cartilla.
aberración
1 Extravío, desviación, descarrío, vicio, perversión.
ANT.: *Rectitud, corrección.*
2 Error, equivocación, disparate.
ANT.: *Acierto.*
abertura
Agujero, orificio, hueco, boquete, grieta, rendija, hendidura o hendedura.
ANT.: *Oclusión, obturación, cierre.*
abierto
1 Libre, despejado, desembarazado, expedito.
ANT.: *Cerrado, obstruido, tapado.*
2 Sincero, franco, leal.
ANT.: *Hipócrita, solapado.*
3 Público [debates, cartas abiertas en diarios, etc.].
abigarrado
1 Sobrecargado, barroco, chillón, estridente VER.
ANT.: *Sencillo, sobrio, simple.*

2 Heterogéneo, confuso.
ANT.: *Homogéneo, ordenado.*

abismo
Precipicio, sima, talud, barranco, despeñadero.
ANT.: *Llano, explanada.*

abjurar
1 Renegar, apostatar, renunciar, abandonar.
ANT.: *Convertirse, abrazar.*
2 Retractarse, desdecirse.
ANT.: *Ratificar, confirmar.*

ablandar
1 Reblandecer, suavizar, moderar.
ANT.: *Endurecer, fortificar, solidificar.*
2 Enternecer, conmover, emocionar.
ANT.: *Ensañarse, endurecerse.*

ablución
Lavatorio, purificación, enjuague, baño.

abnegación
Sacrificio, renuncia, generosidad, altruismo, desinterés.
ANT.: *Egoísmo, interés, indiferencia.*

abochornar
Avergonzar, humillar, ofender, ridiculizar.
ANT.: *Disculpar, excusar, justificar.*

abogado
1 Letrado, jurisconsulto, jurista.
2 Defensor, intercesor.
ANT.: *Acusador, fiscal.*

abolengo
Linaje, alcurnia, nobleza, estirpe, abolorio, prosapia, casta.
ANT.: *Villanía, plebeyez.*

abolir
Anular, derogar, invalidar, revocar, prohibir, vetar.
ANT.: *Aprobar, convalidar.*

abollar
Sumir, hundir, aplastar, deformar.
ANT.: *Abultar.*

abombado
1 Atontado, aturdido, alelado.
2 Convexo VER, redondeado.
ANT.: *Cóncavo.*

abominable
Detestable, odioso, aborrecible, repugnante, vituperable.
ANT.: *Apreciable, querido, agradable.*

abonar
1 Fertilizar, enriquecer.
ANT.: *Empobrecer, esquilmar.*
2 Pagar, costear, sufragar.
ANT.: *Deber, adeudar, acreditar.*

abono
1 Fertilizante, estiércol, boñiga, humus.
2 Suscripción, inscripción.
3 Fianza, garantía.

abordaje
1 Colisión, choque, encontronazo, accidente.
2 Ataque, acometida.

aborigen
1 Indígena, nativo.
2 Originario, natural, autóctono.
ANT.: *Extranjero, foráneo.*

aborrecer
Abominar, odiar, detestar, despreciar, execrar.
ANT.: *Amar, querer, adorar.*

abortar
1 Malograr, malparir, perder.
ANT.: *Parir.*
2 Frustrar, fracasar.
ANT.: *Lograr, proseguir, continuar.*

abotagado
Hinchado, congestionado, inflamado, tumefacto, (fam.) abotargado.
ANT.: *Descongestionado, deshinchado.*

abotonar
Abrochar, cerrar, ajustar, ceñir, prender.
ANT.: *Desabotonar, desabrochar, soltar.*

abrasar
Quemar, incendiar, arder, achicharrar, incinerar, chamuscar.
ANT.: *Helar, congelar, enfriar.*

abrazar
1 Ceñir, enlazar, estrechar, rodear, oprimir, estrujar.
ANT.: *Soltar, alejar.*
2 Adoptar, acoger, adquirir, aceptar.
ANT.: *Rechazar.*

abreviar
1 Acortar, reducir, compendiar, extractar, sintetizar.
ANT.: *Ampliar, detallar.*
2 Acelerar, apresurar.
ANT.: *Retardar.*

abrigar
1 Arropar, arrebozar, envolver, cobijar.
ANT.: *Descubrir, destapar.*
2 Amparar, proteger.
ANT.: *Desamparar, desatender.*

abrillantar
Pulimentar, lustrar, pulir, bruñir.
ANT.: *Deslucir, velar, oscurecer, opacar.*

abrir
1 Entreabrir, destapar, descubrir.
ANT.: *Cerrar, tapar.*

2 Romper, rasgar, partir.
ANT.: *Unir, soldar, reparar.*
3 Extender, desplegar.
ANT.: *Encoger, plegar.*

abrochar
VER abotonar.

abrumar
Agobiar, atosigar, oprimir, incomodar, apabullar VER, hastiar, aburrir.
ANT.: *Aliviar, divertir.*

abrupto
1 Escabroso, escarpado.
ANT.: *Llano.*
2 (Fig.) Violento, áspero, rudo.
ANT.: *Amable, afable.*

absceso
Flemón, forúnculo, tumor, grano.

absolución
Perdón, descargo, indulto, indulgencia, rehabilitación.
ANT.: *Condena, pena, penitencia.*

absolutismo
Despotismo, dictadura, tiranía, autocracia.
ANT.: *Democracia, libertad.*

absoluto
Completo, total, universal, general, omnímodo.
ANT.: *Parcial, fragmentario, relativo.*

absolver
Perdonar, exculpar, eximir.
ANT.: *Condenar.*

absorber
1 Humedecerse, empaparse, impregnarse, embeber.
ANT.: *Rezumar, destilar, secarse.*
2 Aspirar, chupar, engullir.
ANT.: *Expulsar.*
3 Captar, asimilar.
4 Embelesar, cautivar, fascinar.
ANT.: *Repeler.*

absorto
Ensimismado, abstraído, pasmado, meditabundo, maravillado.
ANT.: *Distraído, desatento.*

abstemio
Sobrio, frugal, templado*, temperado, continente, morigerado.
ANT.: *Dipsómano, alcohólico, borracho, ebrio.*
*Tb. significa: (Amér.) borracho. / (Colomb., Venez.) Severo, riguroso. / (Bol., Chile, Colomb./fig. y fam.) Enamorado. / (Amér. C., Méx.) Listo, hábil.

abstenerse
Renunciar, privarse, contenerse, refrenarse, prescindir, inhibirse.
ANT.: *Actuar, obrar, participar, intervenir.*

abstinencia
1 Ayuno, dieta, frugalidad, privación.
ANT.: *Prodigalidad, profusión.*
2 Abstención, renuncia.
ANT.: *Participación, intervención.*

abstracto
Inconcreto, inmaterial, puro, ideal.
ANT.: *Concreto, material, real.*

abstraído
VER absorto.

absurdo
1 Descabellado, disparatado, ilógico, irracional.
ANT.: *Lógico, cierto, sensato, razonable.*
2 Contradictorio, chocante.
ANT.: *Coherente.*
3 Disparate, desatino, incongruencia, necedad, sinrazón.
ANT.: *Congruencia, verdad, acierto.*

abulia
Apatía, desinterés, desgana, pasividad, debilidad.
ANT.: *Energía, dinamismo, interés.*

abultar
1 Aumentar, agrandar, hinchar, ampliar.
ANT.: *Alisar, deshinchar, reducir.*
2 Exagerar, ponderar, inflar.
ANT.: *Atenuar, minimizar.*

abundancia
Profusión, exceso, opulencia, plétora, raudal, demasía, cantidad.
ANT.: *Escasez, insuficiencia, falta, carencia.*

abundar
Rebosar, pulular, cundir, sobrar.
ANT.: *Faltar, escasear.*

aburrimiento
Tedio, fastidio, hastío, aburrición, cansancio, disgusto, desgana o desgano, empalago.
ANT.: *Entretenimiento, interés, entusiasmo, distracción.*

aburrir
Hastiar, cansar, fastidiar, disgustar, importunar, empalagar, abrumar VER.
ANT.: *Entretener, distraer, gustar.*

abusar
Propasarse, excederse, extralimitarse, aprovecharse, explotar, engañar.
ANT.: *Considerar, respetar, medirse.*

abuso
Injusticia, arbitrariedad, atropello, exceso, ilegalidad, tropelía.
ANT.: *Respeto, consideración, justicia.*
abyecto
1 Vil, ruin, despreciable, rastrero, mezquino.
ANT.: *Noble, digno.*
2 Ignominioso, humillante, degradante.
ANT.: *Encomiable, loable.*
acabar
1 Concluir, terminar, finiquitar, completar, ultimar, finalizar.
ANT.: *Empezar, iniciar, comenzar.*
2 Agotar, gastar, apurar, consumir.
ANT.: *Conservar, preservar.*
academia
1 Corporación, sociedad, institución, entidad.
2 Colegio, instituto, seminario, escuela.
acaecer
Ocurrir, suceder, pasar, acontecer, sobrevenir, producirse.
ANT.: *Fallar, faltar, frustrarse.*
acaecimiento
Suceso, incidente, acontecimiento, hecho, caso, episodio, contingencia.
acalorado
1 Sofocado, abochornado, fatigado, sudoroso.
ANT.: *Fresco.*
2 (Fig.) Apasionado, enardecido, exaltado, arrebatado, irritado, violento.
ANT.: *Tranquilo, sereno, indiferente, calmo.*
acallar
1 Silenciar, amordazar, intimidar, forzar.
2 Aquietar, calmar, convencer, aplacar.
ANT.: *Excitar, incitar, enardecer.*
acampar
Vivaquear, instalarse, alojarse, descansar.
ANT.: *Marchar, errar.*
acantilado
Cantil, escarpa, barranco, talud, sima, precipicio, despeñadero.
ANT.: *Llano, planicie.*
acaparar
Acumular, almacenar, amontonar, retener, especular, monopolizar.
ANT.: *Distribuir, repartir, asignar, proporcionar.*
acariciar
1 Sobar, rozar, mimar, manosear.
ANT.: *Maltratar, golpear.*
2 (Fig.) Imaginar, desear, esperar, ilusionarse.
ANT.: *Desilusionarse, desanimarse, descorazonarse.*
acarrear
1 Transportar, trasladar, llevar, conducir, portear.
ANT.: *Detener, inmovilizar.*
2 Causar, ocasionar VER.
acartonado
1 Apergaminado, seco, momificado, marchito, (Esp.) amojamado.
ANT.: *Fresco, lozano, tierno.*
2 (Fig.) Tieso, amanerado VER, (Argent., Urug., Venez.) excesivamente formal.
ANT.: *Espontáneo, natural.*
acaso
Hado, azar, destino, ventura, eventualidad, casualidad.
acatamiento
Sumisión, obediencia, veneración, pleitesía, reverencia, disciplina, sometimiento, observancia.
ANT.: *Rebeldía, desobediencia, insubordinación, infracción.*
acatarrarse
Resfriarse, constiparse.
acaudalado
Adinerado, rico, opulento, millonario, potentado, acomodado.
ANT.: *Pobre, mísero, menesteroso, necesitado.*
acaudillar
Encabezar, capitanear, dirigir, conducir, guiar, mandar.
ANT.: *Obedecer, seguir.*
acceder
1 Consentir, aceptar, permitir, admitir, transigir, aprobar.
ANT.: *Rechazar, oponerse, rehusar.*
2 Entrar, penetrar, pasar.
ANT.: *Salir.*
acceso
Entrada, ingreso, camino, llegada.
ANT.: *Salida.*
accesorio
Circunstancial, accidental, secundario, complementario.
ANT.: *Principal, fundamental.*
accidentado
1 Agitado, difícil, peliagudo, borrascoso.
ANT.: *Tranquilo, pacífico.*
2 Escarpado, abrupto, montañoso.
ANT.: *Liso, llano.*

accidental
Fortuito, eventual, casual, accesorio.
ANT.: *Previsto, sospechado.*
accidente
Percance, incidente, contratiempo, peripecia, catástrofe.
ANT.: *Suerte, ventura.*
acción
1 Acto, hecho, intervención, maniobra, movimiento.
ANT.: *Inercia, inmovilidad, abstención, inacción.*
2 Conducta.
3 Batalla, combate, lucha.
acechar
Espiar, observar, atisbar, vigilar, escudriñar, emboscarse, amenazar.
aceitar
1 Lubricar, engrasar.
2 (Fig. y fam.) Sobornar, corromper, (Esp.) untar, (Argent., Venez., Urug.) cohechar, coimear.
aceitoso
Graso, oleoso, grasiento, untuoso.
ANT.: *Limpio, seco, desengrasado.*
acelerar
Apresurar, apremiar, activar, apurar, avivar, urgir.
ANT.: *Parar, frenar, retardar.*
acendrado
Inmaculado, puro, perfecto, impoluto, limpio, delicado, depurado VER.
ANT.: *Impuro, manchado.*
acento
1 Vírgula, apóstrofo, tilde.
2 Entonación, acentuación, pronunciación.
3 VER énfasis.
acentuar
Subrayar, insistir, resaltar, recalcar, destacar, marcar.
ANT.: *Atenuar, disimular, silenciar, velar.*
acepción
Significado, significación, sentido.
aceptar
Admitir, aprobar, acceder, tolerar, consentir, autorizar.
ANT.: *Rechazar, rehusar, negar.*
acequia
Zanja, canal, cauce, reguero.
acera
Bordillo, orilla, andén, vereda, margen.
acerbo
1 Amargo, áspero, agrio, desagradable.
ANT.: *Dulce, exquisito.*
2 Cruel, severo, intransigente, duro, riguroso.
ANT.: *Bondadoso, benévolo.*
acercar
Arrimar, aproximar, adosar, unir, pegar, juntar, tocar, allegar.
ANT.: *Alejar, separar.*
acérrimo
1 Intransigente, obstinado, encarnizado, extremado, fanático.
ANT.: *Mesurado, tolerante.*
2 (Fig.) Vigoroso, tenaz, voluntarioso.
acertar
Atinar, encontrar, adivinar, descifrar, descubrir.
ANT.: *Errar, equivocarse.*
acertijo
Adivinanza, charada, jeroglífico, enigma, problema.
acervo
1 Montón, cúmulo.
2 Patrimonio, base, fondo, pertenencia.
achacar
Atribuir, imputar, inculpar, endosar, acusar VER.
ANT.: *Disculpar, excusar, eximir.*
achacoso
Débil, enfermizo, delicado, doliente, enclenque.
ANT.: *Sano, vigoroso.*
achantarse
1 Aguantar, someterse, conformarse, (fam.) callar.
ANT.: *Rebelarse.*
2 Esconderse, agazaparse, disimularse.
ANT.: *Mostrarse.*
3 Arredrarse, acobardarse, achicarse.
ANT.: *Afrontar, crecerse.*
achaque
1 Dolencia, enfermedad, malestar, arrechucho, padecimiento.
ANT.: *Salud, vigor.*
2 (Fig.) Vicio, tacha, defecto.
achicar
1 Empequeñecer, disminuir, rebajar, encoger, amenguar.
ANT.: *Agrandar, aumentar.*
2 achicarse Atemorizarse, acobardarse, intimidarse, (fam.) acoquinarse.
ANT.: *Envalentonarse.*
achicharrar
1 Tostar, chamuscar, quemar, incinerar, asar.
2 Arder, calentar.
ANT.: *Enfriar.*
3 (Fig.) Molestar, atosigar.

aciago
Funesto, nefasto, infausto, desventurado, infortunado, desdichado, malaventurado.
ANT.: *Feliz, afortunado, propicio, venturoso.*
acicalar
Componer, adornar, limpiar, emperifollar, aderezar, arreglar.
ANT.: *Desarreglar, descuidar, desordenar.*
acicate
1 Espuela.
2 Aliciente, estímulo, incentivo, atractivo.
ANT.: *Rémora, freno.*
ácido
Agrio, acerbo, acre, acedo, avinagrado.
ANT.: *Dulce, suave.*
acierto
1 Destreza, habilidad.
ANT.: *Torpeza.*
2 Cordura, tino, prudencia.
ANT.: *Desacierto, desatino.*
3 Éxito, logro.
ANT.: *Fracaso.*
4 Coincidencia, casualidad.
aciguatado
1 (Esp./fig. y fam.) Pálido, amarillento.
2 (C. Rica) Decaído, triste.
3 (Cuba) Tonto, necio.
aclamar
Vitorear, ovacionar, aplaudir, homenajear, loar.
ANT.: *Abuchear, protestar, desaprobar.*
aclarar
1 Despejar, abrir, clarear, abonanzar.
ANT.: *Oscurecerse, nublarse, encapotarse.*
2 Explicar, demostrar, puntualizar, esclarecer, justificar.
ANT.: *Embrollar, enredar, confundir.*
3 Enjuagar, lavar.
aclimatar
Acostumbrar, arraigar, familiarizar, habituar, naturalizar.
ANT.: *Expulsar, desterrar, alejar, separar, desacostumbrar.*
acobardar
Atemorizar, amedrentar, intimidar, arredrar, amilanar, achicar, (fam.) achantar, (fam.) acoquinar.
ANT.: *Envalentonar, animar.*
acogedor
1 Confortable, cómodo, agradable.
ANT.: *Incómodo, molesto.*
2 Hospitalario, cordial, protector, generoso.
ANT.: *Descortés, desatento.*
acogida
1 Recibimiento, recepción, admisión.
ANT.: *Despedida.*
2 Hospitalidad, amparo, protección, refugio.
ANT.: *Desamparo, rechazo.*
3 (Fig.) Aceptación, aprobación.
acometer
1 Atacar, agredir, embestir, arremeter, abalanzarse, asaltar, irrumpir.
ANT.: *Retroceder, huir.*
2 Emprender, iniciar, comenzar, intentar.
ANT.: *Terminar, concluir, abandonar.*
acometividad
1 Agresividad.
ANT.: *Pasividad.*
2 (Fig.) Empuje, brío, pujanza, dinamismo, energía.
ANT.: *Abulia, apatía.*
acomodado
1 Conveniente, apropiado, adecuado, oportuno.
ANT.: *Inconveniente, inadecuado.*
2 Opulento, rico, pudiente, adinerado.
ANT.: *Pobre, mísero, necesitado.*
acomodar
1 Colocar, adecuar, adaptar, preparar, disponer.
2 Arreglar, ordenar.
ANT.: *Desordenar, desacomodar.*
3 Conciliar, concertar, (fig.) amoldar.
ANT.: *Perturbar.*
4 Atizar, encajar, zumbar.
5 acomodarse Establecerse, situarse, colocarse.
acompañante
Compañero, adlátere, escolta, agregado, asistente, amigo.
acompañar
1 Escoltar, seguir, conducir.
ANT.: *Dejar.*
2 Asistir, ayudar, cooperar.
ANT.: *Abandonar, estorbar.*
3 Agregar, anexar, adjuntar.
ANT.: *Separar.*
4 acompañarse Juntarse, unirse.
acompasado
Rítmico, regular, medido, isócrono, pausado.
ANT.: *Irregular, desigual, intermitente.*
acomplejado
Disminuido, maniático, retraído, raro.
ANT.: *Seguro, confiado.*

aconchabarse
(Fam.) Apañarse, arreglarse, acomodarse, conchabarse VER.

acondicionar
1 Disponer, arreglar, adecuar, preparar, acomodar.
ANT.: *Alterar, desordenar.*
2 Climatizar.

acongojado
Apenado, triste, afligido, atribulado, entristecido, angustiado, dolorido, desconsolado.
ANT.: *Animado, alegre, divertido, contento.*

aconsejable
Adecuado, recomendable, oportuno, apropiado, conveniente.
ANT.: *Inconveniente, impropio.*

aconsejar
Sugerir, recomendar, asesorar, advertir, aleccionar, exhortar, encaminar.
ANT.: *Callar, omitir, desaconsejar, disuadir.*

acontecer
Suceder, ocurrir, sobrevenir, verificarse, producirse, cumplirse, pasar.
ANT.: *Fallar, frustrarse.*

acontecimiento
Suceso, hecho, acaecimiento, peripecia, incidente, caso, evento, coyuntura.

acoplar
Unir, ensamblar, ajustar, agrupar, pegar, articular, enganchar, conectar.
ANT.: *Separar, apartar, desunir, desacoplar, despegar.*

acordar
1 Conceder, otorgar, convenir, pactar.
ANT.: *Negar, rehusar.*
2 **acordarse** Recordar, rememorar, evocar.
ANT.: *Olvidar.*
3 Afinar, templar.
ANT.: Desafinar, destemplar.

acorde
1 Conforme, armónico, concorde, conjuntado, entonado.
ANT.: *Desentonado, disonante, discrepante.*
2 Arpegio, armonía, sonido, tono.
ANT.: *Discordancia, disonancia, desentono.*

acorralar
1 Encerrar, arrinconar, rodear, aislar.
ANT.: *Soltar, liberar.*
2 Hostigar, intimidar, asediar.

acortar
Reducir, aminorar, achicar, disminuir, encoger, mermar.
ANT.: *Alargar, agrandar, aumentar.*

acosar
1 Perseguir, acorralar, asediar, amenazar.
ANT.: *Defender, amparar.*
2 Hostigar, molestar, importunar.

acostarse
Tenderse, echarse, yacer, tumbarse, extenderse.
ANT.: *Levantarse, incorporarse.*

acostumbrado
1 Usual, corriente, habitual, frecuente, rutinario, tradicional, convencional.
ANT.: *Desacostumbrado, inusual, desusado, insólito.*
2 Habituado, familiarizado, aclimatado, amoldado.
ANT.: *Ajeno, desconocedor.*
3 Avezado, ducho, baqueteado, encallecido, curtido.
ANT.: *Inexperto, bisoño.*

acrecentar
1 Aumentar, agrandar, incrementar, amplificar, acrecer.
ANT.: *Disminuir, reducir.*
2 Multiplicar, desarrollar, mejorar, enriquecer.
ANT.: *Aminorar.*
3 (Fig.) Enaltecer, crecer.
ANT.: *Rebajar(se), menospreciar.*

acreditado
1 Renombrado, afamado, prestigioso, célebre, reputado.
ANT.: *Desprestigiado, desconocido.*
2 Probado, comprobado, atestiguado.
ANT.: *Incierto.*

acreedor
1 Merecedor, digno de algo.
ANT.: *Indigno.*
2 Demandante, reclamante, solicitante, requiriente.
ANT.: *Deudor, moroso.*

acrisolado
1 Depurado, aquilatado, refinado.
ANT.: *Impuro.*
2 Intachable, íntegro.

acritud
1 Acidez, acerbidad, acrimonia.
ANT.: *Dulzura.*
2 Aspereza, mordacidad, sarcasmo, causticidad.
ANT.: *Benevolencia, amabilidad.*

acróbata
Equilibrista, saltimbanqui, saltador, saltatriz, volteador, volatinero, gimnasta, atleta, (Amér.) maromero.
acta
Memoria, certificación, relación, reseña, acuerdo, certificado, documento.
actitud
1 Disposición, posición, postura.
2 Talante, aspecto, apariencia.
3 Ademán, gesto.
actividad
1 Ocupación, tarea, labor, profesión, función, trabajo.
2 Dinamismo, diligencia, energía, presteza.
ANT.: *Abulia, apatía, lentitud, pereza.*
activo
1 Dinámico, diligente, rápido, enérgico, eficaz.
ANT.: *Apático, lento, perezoso.*
2 Afanoso, atareado.
ANT.: *Inactivo.*
acto
1 Acción, hecho, actuación, procedimiento, obra.
2 Maniobra, ejercicio, función, ejecución.
3 Ceremonia, reunión.
actor
Artista, comediante, intérprete, histrión, cómico, figurante, galán.
actuación
Acción, hecho, procedimiento, acto VER.
actual
Contemporáneo, presente, coexistente, coetáneo, efectivo.
ANT.: *Pasado, pretérito, acaecido.*
actuar
1 Obrar, proceder, comportarse, conducirse, manejarse, desenvolverse.
ANT.: *Inhibirse, abstenerse.*
2 Funcionar, trabajar.
ANT.: *Cesar, parar.*
3 Ejercer, ejecutar, representar, interpretar.
4 Intervenir, negociar, (fam.) moverse.
ANT.: *Abstenerse.*
acuático
Marítimo, oceánico, fluvial, ribereño, costero.
ANT.: *Terrestre, aéreo, seco.*
acuciar
1 Apremiar, acelerar, apurar, apresurar, espolear, incitar.
ANT.: *Desalentar, disuadir, contener.*
2 Preocupar VER, inquietar.
ANT.: *Tranquilizar, sosegar.*
acudir
1 Ir, presentarse, asistir, llegar, arribar, congregarse, concurrir.
ANT.: *Faltar, partir.*
2 Socorrer, auxiliar, ayudar.
ANT.: *Desamparar, desatender.*
3 Apelar, recurrir.
acuerdo
1 Convenio, pacto, compromiso, tratado, alianza.
ANT.: *Discrepancia, disconformidad, divergencia.*
2 Resolución, dictamen, fallo, disposición.
3 Arreglo, negociación, transacción.
ANT.: *Disensión, querella.*
4 Armonía, conformidad.
ANT.: *Conflicto, desacuerdo.*
acumular
Amontonar, almacenar, acopiar, apilar, aglomerar, hacinar, depositar.
ANT.: *Distribuir, repartir.*
acuoso
Líquido, húmedo, aguado, caldoso, jugoso, empapado.
ANT.: *Seco, deshidratado.*
acusar
Denunciar, delatar, revelar, inculpar, imputar, atribuir, achacar VER.
ANT.: *Defender, disculpar.*
acusetas (Colomb., C. Rica)
Soplón, acusón, delator, chivato, acusica, (Bol., Chile, Guat., Perú) acusete.
adagio
Refrán, sentencia, dicho, aforismo, proverbio, máxima, axioma.
adalid
Caudillo, jefe, guía, capitán, paladín, campeón, cabeza, dirigente.
ANT.: *Subordinado, subalterno, secuaz.*
adaptar
1 Adecuar, arreglar, acomodar, transformar, modificar, amoldar.
2 adaptarse Acostumbrarse, familiarizarse, aclimatarse, habituarse.
ANT.: *Desvincularse, aislarse, desarraigarse, rebelarse.*
adecuado
1 Apropiado, oportuno, conveniente.
ANT.: *Impropio, inadecuado, inconveniente.*

2 Apto, idóneo, capaz.
ANT.: *Inepto, incapaz.*
3 Ajustado, proporcionado.
ANT.: *Desproporcionado.*

adefesio
Esperpento, espantajo, birria, hazmerreír, mamarracho, facha, (Esp.) estantigua.
ANT.: *Maravilla, preciosidad, perfección.*

adelantar
1 Aventajar, avanzar, rebasar.
ANT.: *Rezagarse.*
2 Sobrepasar, superar.
3 Acelerar, apresurar.
ANT.: *Retrasar, demorar.*
4 VER anticipar.

adelgazar
1 Enflaquecer, demacrarse, depauperarse, desmejorar.
ANT.: *Engordar, robustecer.*
2 Diluir, disminuir, disolver.
ANT.: *Concentrar, condensar.*

ademán
1 Seña, gesto, movimiento, mímica.
2 **ademanes** Modales, maneras.

además
También, asimismo, igualmente.

adentrarse
Entrar, penetrar, ingresar, irrumpir, pasar, profundizar, avanzar.
ANT.: *Salir, retroceder.*

adepto
1 Adicto, incondicional, devoto, afecto.
ANT.: *Adversario, oponente.*
2 Partidario, seguidor, discípulo.
ANT.: *Contrario.*

aderezar
1 Acicalar, adornar, arreglar, componer, hermosear.
ANT.: *Descomponer, desarreglar.*
2 Preparar, condimentar, sazonar.

adeudar
Deber, obligarse, entramparse, comprometerse.
ANT.: *Pagar, abonar.*

adherir
1 Pegar, unir, encolar, sujetar.
ANT.: *Despegar, separar.*
2 **adherirse** Afiliarse, asociarse, aprobar, ratificar.
ANT.: *Disentir, oponerse.*

adhesión
1 Apoyo, apego, unión, solidaridad.
ANT.: *Oposición.*
2 Aprobación, asentimiento, ratificación.
ANT.: *Disconformidad.*

adición
Suma, agregado, incremento, aumento, añadidura, apéndice.
ANT.: *Resta, disminución, mengua.*

adicional
Complementario, suplementario, agregado, añadido.
ANT.: *Disminuido, sustraído.*

adicto
1 Dedicado, devoto, apegado.
2 Partidario, admirador, leal, incondicional, secuaz, seguidor.
ANT.: *Adversario, opositor.*

adiestrar
Instruir, guiar, educar, enseñar, dirigir, entrenar.
ANT.: *Desviar, descarriar.*

adinerado
Rico, acaudalado, opulento, pudiente, acomodado.
ANT.: *Pobre, mísero.*

adivinanza
Acertijo, pasatiempo, charada, enigma, entretenimiento.
ANT.: *Solución.*

adivinar
Profetizar, predecir, vaticinar, agorar, prever, pronosticar, descubrir, interpretar, descifrar, resolver.

adivino
Clarividente, augur, profeta, adivinador, vidente, agorero, nigromante, mago.

adjudicar
1 Otorgar, conceder, ceder, conferir, transferir, dar, entregar.
ANT.: *Quitar, negar, expropiar.*
2 Atribuir, achacar, imputar.

adminículo
Utensilio, útil, aparato, objeto, artefacto, aparejo, pertrecho.

administrar
1 Dirigir, guiar, regentar, gobernar, mandar, tutelar, apoderar.
2 Proveer, suministrar.
3 Aplicar, dosificar.

admirable
Espléndido, portentoso, pasmoso, notable, soberbio, magnífico, maravilloso, excelente.
ANT.: *Espantable, abominable, detestable.*

admiración
1 Asombro, maravilla, pasmo, estupefacción.
ANT.: *Indiferencia.*

2 Fascinación, entusiasmo.
ANT.: *Desprecio, menosprecio, desdén.*
admirador
VER adicto.
admitir
Aceptar, consentir, reconocer, tolerar, permitir, recibir.
ANT.: *Rechazar, rehusar.*
adobar
1 Disponer, arreglar, componer.
ANT.: *Descomponer.*
2 Aderezar, condimentar, sazonar, guisar, aliñar, salpimentar, apañar.
3 Curtir.
adoctrinar
Instruir, adiestrar, aleccionar, educar, inculcar.
adolescencia
Juventud, pubertad, mocedad, nubilidad, muchachez.
ANT.: *Vejez, senectud.*
adolescente
Muchacho, mozo, joven, púber, zagal, efebo, imberbe, mancebo, chico, (Méx.) chavo, (Venez.) chamo.
ANT.: *Anciano, adulto.*
adoptar
1 Prohijar, recoger, proteger, amparar.
ANT.: *Repudiar, abandonar.*
2 Abrazar, tomar, adquirir.
ANT.: *Desconocer, rechazar, abjurar.*
adorable
Delicioso, encantador, maravilloso, admirable, sugestivo, exquisito, fascinador.
ANT.: *Detestable, repulsivo.*
adorar
1 Venerar, reverenciar, exaltar.
2 (Fig.) Amar, querer, idolatrar.
ANT.: *Aborrecer, odiar, despreciar.*
adormecer
1 Aletargar, amodorrar, adormilar, arrullar, calmar.
ANT.: *Despabilar, despertar.*
2 Entorpecer, inmovilizar.
adornar
Acicalar, arreglar, atusar, engalanar, ornamentar, aderezar, componer, decorar, hermosear.
ANT.: *Desarreglar, desordenar, descomponer.*
adosar
Acercar, arrimar, juntar, apoyar, unir, aproximar, yuxtaponer.
ANT.: *Separar, despegar.*
adquirir
1 Comprar, conseguir, mercar, lucrar, agenciarse.
ANT.: *Vender, ceder.*
2 Ganar, obtener, lograr, alcanzar.
ANT.: *Perder.*
adrede
Aposta, deliberadamente, intencionadamente, ex profeso, expresamente.
ANT.: *Inadvertidamente, sin intención, involuntariamente.*
adueñarse
1 Apropiarse, apoderarse, tomar, adquirir, ganar, atrapar.
ANT.: *Ceder, renunciar.*
2 Conquistar, ocupar.
ANT.: *Entregar.*
adular
Halagar, lisonjear, alabar, loar, agasajar, elogiar, (Méx./desp.) lambisconear.
ANT.: *Criticar, vituperar, ofender.*
adulterar
Falsificar, mistificar, falsear, imitar, engañar, corromper, viciar.
adulterio
Infidelidad.
adulto
Maduro, mayor, hecho, desarrollado, crecido, grande.
ANT.: *Niño, impúber, inmaduro.*
adusto
1 Severo, austero, hosco, rígido, serio, ceñudo, taciturno.
ANT.: *Afable, jovial.*
2 Quemado, tostado, ardiente.
advenedizo
Arribista, intruso, recién llegado, forastero, aventurero, entremetido *o* entrometido.
adventicio
Casual, accidental, fortuito.
ANT.: *Natural, normal.*
adversario
Antagonista, contrincante, oponente, competidor, enemigo, rival.
ANT.: *Partidario, aliado, simpatizante.*
adversidad
Desventura, infortunio, desgracia, calamidad, contratiempo, fatalidad.
ANT.: *Suerte, dicha, prosperidad.*
adverso
Desfavorable, contrario, opuesto, hostil, antagonista.
ANT.: *Favorable, propicio.*

advertencia
1 Indicación, observación, aviso, consejo, exhortación.
2 Amonestación, admonición, apercibimiento, amenaza.

adyacente
Próximo, contiguo, cercano, lindante, vecino, inmediato, limítrofe, colindante.
ANT.: *Lejano, distante, separado.*

aéreo
Etéreo, leve, sutil, vaporoso, volátil.
ANT.: *Terrenal, material, pesado, macizo.*

aerobic
Aeróbico, ejercicio respiratorio.

aerolito
Bólido, meteorito, astrolito, exhalación.

aeronáutica
Aviación, navegación aérea, aerostación.

aeroplano
Avión, aparato, aeronave, reactor.

afable
1 Afectuoso, atento, amable, sociable.
ANT.: *Hosco, descortés.*
2 Simpático, benévolo, cordial.
ANT.: *Antipático, áspero.*

afamado
Renombrado, famoso, célebre, prestigioso, ilustre, glorioso, admirado, eximio, insigne, popular.
ANT.: *Desconocido, ignorado.*

afán
1 Ansia, anhelo, ambición, aspiración, deseo.
2 Brega, esfuerzo.
ANT.: *Apatía, desidia.*

afección
1 Afecto, afición, inclinación.
ANT.: *Rechazo.*
2 Dolencia, achaque, enfermedad, padecimiento, indisposición.

afectado
1 Fingido, amanerado, falso, rebuscado, cursi, ñoño, pedante, forzado.
ANT.: *Espontáneo, natural, sencillo.*
2 Aquejado, afligido.

afectar
1 Perjudicar, dañar, aquejar, afligir, estropear.
ANT.: *Beneficiar, favorecer.*
2 Aparentar, fingir.
3 Concernir, atañer.

afecto
Aprecio, cariño, estima, simpatía, devoción, apego.
ANT.: *Odio, antipatía.*

afeitar
1 Componer, acicalar, hermosear.
ANT.: *Deslucir, afear.*
2 Rasurar, raer, rapar, recortar.

afeite
Cosmético, maquillaje, crema, colorete.

afeminado
1 Amanerado, blando, amujerado.
ANT.: *Varonil, viril, masculino.*
2 Invertido, homosexual, marica.

afer o **affaire**
Asunto, caso, negocio turbio.

aferrar
Agarrar, coger, asir, atrapar, retener, aprisionar.
ANT.: *Soltar.*

afianzar
1 Consolidar, asegurar, fortalecer, reforzar, afirmar, apuntalar.
ANT.: *Aflojar, debilitar.*
2 Garantizar.

afición
Inclinación, propensión, tendencia, entusiasmo, ahínco, apego.
ANT.: *Desinterés, desapego.*

afilar
1 Aguzar, adelgazar, afinar, ahusar.
ANT.: *Embotar, redondear, achatar.*
2 Amolar* [arma, instrumento].
3 (Argent., Par., Urug.) Cortejar, festejar, galantear, flirtear, requebrar.
*Tb. significa: (Méx.) Perjudicar, fastidiar.

afiliarse
Inscribirse, asociarse, adherirse, unirse, incorporarse.
ANT.: *Darse de baja, renunciar.*

afín
1 Similar, análogo, parecido, semejante, relacionado, vinculado.
ANT.: *Diferente, contrario, disímil.*
2 Próximo, contiguo, cercano.
ANT.: *Apartado, lejano.*
3 Pariente, allegado.
ANT.: *Extraño.*

afincarse
Instalarse, establecerse, avecindarse, residir, asentarse, fijarse.
ANT.: *Marcharse, emigrar, mudarse.*

afinidad
1 Relación, analogía, semejanza, parecido.
ANT.: *Diferencia.*
2 Atracción, proximidad.
ANT.: *Repulsión, rechazo.*
3 Parentesco.

afirmar
1 Afianzar, asegurar, aferrar, consolidar.
ANT.: *Debilitar.*
2 Declarar, manifestar, proclamar, sostener, ratificar, atestiguar.
ANT.: *Negar, denegar.*

aflicción
Tribulación, dolor, pesar, pena, sufrimiento, desconsuelo, pesadumbre, desesperación, angustia, congoja, amargura, cuita.
ANT.: *Alegría, satisfacción, gozo, tranquilidad.*

afligir
→ aflicción.

aflojar
1 Soltar, relajar, desapretar, distender.
ANT.: *Apretar, atirantar, ceñir.*
2 Ceder, amainar, decaer.
ANT.: *Arreciar, redoblar.*
3 Flaquear, debilitarse, ablandarse.
ANT.: *Robustecerse, endurecerse.*
4 (Fig. y fam.) Entregar, pagar.

aflorar
Surgir, brotar, salir, asomar, aparecer, manifestarse.
ANT.: *Ocultarse.*

aforismo
Adagio, proverbio, sentencia, axioma, refrán, precepto, pensamiento, máxima, dicho.

afortunado
1 Venturoso, favorecido, feliz, dichoso, agraciado, bienaventurado.
ANT.: *Desafortunado, infortunado, desdichado.*
2 Acertado, inspirado, oportuno.
ANT.: *Inoportuno.*

afrenta
Agravio, insulto, ultraje, injuria, oprobio, deshonra, ofensa, vilipendio, infamia, escarnio, vejación, baldón, desaire.
ANT.: *Desagravio, pleitesía, homenaje, reparación, reivindicación.*

afrontar
Desafiar, resistir, arrostrar, enfrentar, oponerse.
ANT.: *Someterse, soslayar.*

agacharse
Bajarse, encogerse, doblarse, inclinarse, acurrucarse.
ANT.: *Incorporarse, levantarse.*

agandallar (Méx.)
1 Aprovecharse, tomar ventaja, abusar.
2 VER apantallar.
3 Hurtar, birlar, robar, (fam.) madrugarle a alguien.

ágape
Convite, festín, comilona, agasajo, banquete, francachela.

agarrar
1 Coger, tomar, asir, sujetar, aferrar, empuñar.
ANT.: *Soltar, desasir.*
2 Atrapar, capturar, pillar.
ANT.: *Dejar, liberar.*
3 Prender, arraigar [una planta].
ANT.: *Marchitarse, secarse.*
4 (Amér./fam.) Obtener, apoderarse.
5 (Amér./fig. y fam.) Dirigirse, ir, encaminarse.

agarrotado
Acalambrado, contraído, entumecido, endurecido.
ANT.: *Relajado, suelto.*

agasajar
Festejar, homenajear, obsequiar, halagar, mimar.
ANT.: *Despreciar, desdeñar.*

agazaparse
1 Ocultarse, esconderse, emboscarse.
ANT.: *Descubrirse.*
2 Agacharse, acurrucarse, inclinarse.
ANT.: *Levantarse.*

agencia
Representación, delegación, filial, sucursal, oficina, despacho, administración.

agente
1 Delegado, representante, corredor, comisionista, administrador, funcionario, ejecutivo.
2 Comisionado, mandatario, gestor, mediador, negociador.

agigantarse
Aumentar, crecer, agrandarse.
ANT.: *Achicar, disminuir, empequeñecerse.*

ágil
1 Ligero, rápido, raudo.
ANT.: *Lento.*
2 Liviano, suelto.
ANT.: *Pesado, torpe.*
3 Expedito, diligente, presto, listo.
ANT.: *Lerdo, tardo.*

agitación
1 Alteración, inquietud, excitación, intranquilidad.
ANT.: *Tranquilidad, calma.*

2 Revuelo, convulsión, desasosiego, revolución.
ANT.: *Paz, quietud.*
aglomeración
1 Amontonamiento, acumulación, hacinamiento.
ANT.: *Dispersión.*
2 Gentío, muchedumbre.
aglutinar
1 Adherir, unir, juntar, conglutinar.
ANT.: *Separar, disgregar.*
2 Reunir, aunar.
ANT.: *Dispersar.*
agobiar
Angustiar, abrumar, cansar, fatigar, oprimir, fastidiar, atosigar.
ANT.: *Animar, entretener.*
agonía
1 Estertor, muerte lenta, trance, fin.
2 (Fig.) Congoja, angustia, tribulación.
ANT.: *Mejoría, dicha.*
agorero
1 Augur, adivino, vidente.
2 Pesimista, sombrío.
ANT.: *Optimista.*
agotado
Extenuado, cansado, exhausto, fatigado, consumido.
ANT.: *Descansado, vigoroso.*
agraciado
1 Favorecido, premiado, afortunado, beneficiado.
ANT.: *Castigado, despreciado, desgraciado.*
2 Apuesto, gallardo, donoso, garboso.
ANT.: *Feo, defectuoso.*
agradable
1 Grato, placentero, deleitoso, gustoso, delicioso.
ANT.: *Desagradable, desabrido.*
2 Atractivo, simpático, amable, encantador, afectuoso, afable, cautivante.
ANT.: *Antipático, repelente.*
agradecimiento
Gratitud, reconocimiento, complacencia.
ANT.: *Ingratitud, olvido.*
agrado
Complacencia, satisfacción, contento, placer, gusto.
ANT.: *Disgusto, descontento, desagrado.*
agrandar
Incrementar, ampliar, aumentar, dilatar, engrandecer, desarrollar, acrecentar.
ANT.: *Disminuir, empequeñecer, amenguar.*
agravar
1 Empeorar, entorpecer, obstaculizar, perjudicar, complicar.
ANT.: *Facilitar, favorecer.*
2 **agravarse** Empeorar, desmejorar, debilitarse, declinar, agonizar.
ANT.: *Mejorarse, aliviarse.*
agravio
Ultraje, injuria, ofensa, oprobio, insulto, baldón.
ANT.: *Homenaje, halago, desagravio.*
agredir
1 Atacar, arremeter, acometer, embestir, asaltar, golpear.
ANT.: *Defenderse, esquivar, huir.*
2 Insultar, ultrajar, agraviar.
ANT.: *Reparar, desagraviar.*
agregar
Añadir, sumar, adicionar, asociar, suplementar, anexionar, anexar.
ANT.: *Quitar, sustraer, segregar, restar.*
agresión
→ agredir.
agresivo
Violento, provocador, pendenciero, impulsivo, belicoso, ofensivo, provocativo.
ANT.: *Inofensivo, pacífico, manso, suave.*
agresor
Atacante, asaltante, provocador.
ANT.: *Inocente, pacífico.*
agreste
1 Silvestre, rústico, salvaje, selvático, pastoral.
ANT.: *Cultivado, urbano.*
2 Tosco, grosero, rudo, zafio.
ANT.: *Educado, fino, dócil.*
agriado
VER agrio.
agricultor
Campesino, labriego, labrador, cultivador, horticultor, hortelano, granjero, rústico, colono.
agrietar
Cuartear, rajar, hender, resquebrajar, cascar, romper, quebrar.
agrio
1 Ácido, acerbo, acre, acedo, avinagrado, picante, acidulado.
2 (Fig.) Mordaz, sarcástico, abrupto, áspero, hiriente, desabrido.
ANT.: *Amable, simpático, cordial.*

agrupar
Congregar, reunir, asociar, juntar, concentrar, convocar.
ANT.: *Separar, dispersar, desagrupar.*
aguacero
Chubasco, chaparrón, tormenta, borrasca, turbión, lluvia VER.
aguafiestas
Pesimista, gruñón, cascarrabias, protestón, agorero, amargado.
ANT.: *Optimista, simpático.*
aguantar
1 Sostener, sustentar, sujetar.
ANT.: *Dejar, soltar.*
2 Tolerar, sufrir, soportar, padecer, transigir.
ANT.: *Rebelarse, insubordinarse.*
3 Reprimir, contener, resistir.
ANT.: *Flaquear.*
aguar
1 Disolver, diluir, licuar, desleír.
ANT.: *Concentrar, solidificar.*
2 Frustrar, estropear, arruinar, malograr.
ANT.: *Favorecer.*
aguardar
1 Permanecer, demorarse, detenerse.
ANT.: *Irse, retirarse.*
2 Retrasar, diferir, prorrogar, postergar.
ANT.: *Empezar.*
3 Confiar, creer, esperar.
ANT.: *Desconfiar, desesperar.*
agudeza
Sagacidad, perspicacia, viveza, penetración, ingenio, gracia.
ANT.: *Torpeza, necedad.*
agudo
1 Puntiagudo, aguzado, fino, punzante.
ANT.: *Romo, chato, embotado.*
2 Inteligente, sagaz, perspicaz, penetrante, ingenioso, ocurrente.
ANT.: *Torpe, necio, simple.*
agüero
Pronóstico, presagio, premonición, profecía, augurio, vaticinio, auspicio, predicción.
aguerrido
1 Fogueado, veterano, experimentado, ducho, avezado, ejercitado, baqueteado.
ANT.: *Inexperto, novato, bisoño.*
2 (Chile) Práctico.
aguijonear
1 Pinchar, picar, espolear.
2 Estimular, incitar, azuzar, avivar.
ANT.: *Refrenar, limitar.*
3 (Fig.) Hostigar.
aguileño
Aquilino, corvo, ganchudo.
ANT.: *Respingado.*
aguja
Alfiler, espina, pincho, púa, espiga, punzón.
agujero
1 Abertura, orificio, hueco, boquete, taladro, perforación, hoyo.
2 Alfiletero.
aguzado
VER agudo.
aguzar
1 Afilar, adelgazar, afinar, ahusar, estrechar.
ANT.: *Embotar, despuntar, achatar.*
2 (Fig.) Aguijar, estimular, incitar.
ANT.: *Aquietar.*
ahínco
Perseverancia, tesón, empeño, esfuerzo, diligencia, fervor, insistencia.
ANT.: *Desgana, dejadez, apatía.*
ahíto
1 Harto, atiborrado, saciado, lleno, repleto, atracado.
ANT.: *Hambriento, famélico.*
2 Hastiado, cansado, fastidiado.
ANT.: *Entusiasmado, animado.*
ahogar
1 Asfixiar, ahorcar, estrangular, acogotar.
2 Sumergir, hundir.
3 Sofocar, apagar, extinguir.
ANT.: *Avivar.*
4 Apremiar, apretar, urgir, apurar.
ANT.: *Ayudar, desahogar.*
5 Oprimir, abrumar.
ANT.: *Aliviar.*
6 Rehogar, escalfar.
ahondar
1 Cavar, horadar, sondear, calar.
ANT.: *Rellenar, tapar.*
2 Profundizar, penetrar, adentrarse [investigaciones, asuntos, etc.].
ahorcar
1 Colgar, agarrotar, ejecutar.
2 VER ahogar.
ahorrar
Economizar, escatimar, guardar, reservar, restringir.
ANT.: *Despilfarrar, dilapidar.*
ahuecar
1 VER ahondar.
2 Mullir, esponjar, ensanchar.
ANT.: *Apretar, compactar.*
3 (Fam.) Irse, marcharse.

ahuyentar
Asustar, espantar, alejar, echar, rechazar, repeler.
ANT.: *Atraer.*

airado
Colérico, iracundo, indignado, irritado, violento, encolerizado, agitado, alterado.
ANT.: *Sereno, suave, apacible, reposado.*

aire
1 Atmósfera, ambiente, éter.
2 Viento, corriente, céfiro, aura.
3 Aspecto, apariencia, figura, continente, porte, talante.

airear
1 Ventilar, orear, oxigenar, refrescar.
ANT.: *Enrarecer, encerrar.*
2 Divulgar, revelar, propagar, publicar, esparcir.
ANT.: *Callar, ocultar.*

airoso
Garboso, apuesto, gallardo, arrogante, donoso.
ANT.: *Desgarbado, feo.*

aislar
Recluir, confinar, apartar, encerrar, incomunicar, clausurar, separar, arrinconar, relegar, alejar, desconectar.
ANT.: *Unir, conectar, comunicar, relacionar.*

ajar
Deslucir, marchitar, deteriorar, maltratar, estropear, sobar.
ANT.: *Renovar, vivificar.*

ajeno
Extraño, foráneo, impropio.
ANT.: *Propio.*

ajetreado
Zarandeado, movido, agitado, fatigoso.
ANT.: *Tranquilo, descansado.*

ajuar
Enseres, pertenencias, bienes, equipo, moblaje, menaje, bártulos.

ajustar
1 Arreglar, acomodar, convenir, concertar.
ANT.: *Discrepar, disentir.*
2 Apretar, encajar, embutir, acoplar.
ANT.: *Soltar, separar.*
3 Adaptar, amoldar, arreglar.
ANT.: *Desajustar.*
4 (Colomb., C. Rica, Méx., Nic.) Cumplir, completar.

ajusticiar
Matar, condenar, ejecutar, eliminar, liquidar.

alabancioso
Presuntuoso, vanidoso, jactancioso, fatuo, presumido.
ANT.: *Sencillo, modesto, tímido.*

alabar
Elogiar, aplaudir, celebrar, ensalzar, adular, aclamar, glorificar, encomiar, honrar, lisonjear, loar, ponderar.
ANT.: *Censurar, difamar, vituperar, difamar.*

alabeado
Combado, abarquillado, curvo, pandeado, ondulado, torcido, arqueado.
ANT.: *Recto.*

alambrada
Valla, cerco, red, cercado, empalizada, seto, barrera.

alardear
Jactarse, alabarse, vanagloriarse, ufanarse, engreírse, presumir, ostentar VER.
ANT.: *Reprocharse, humillarse, ocultar.*

alargar
Dilatar, prolongar, extender, estirar, ampliar, agrandar.
ANT.: *Acortar, disminuir.*

alarido
Grito, chillido, aullido, lamento, bramido, rugido, queja.

alarma
1 Sobresalto, inquietud, susto, miedo, espanto, intranquilidad, zozobra.
ANT.: *Tranquilidad, calma.*
2 Emergencia, contingencia.

alba
Aurora, amanecer, alborada, amanecida, madrugada, albor.
ANT.: *Anochecer, atardecer, crepúsculo.*

albedrío
Voluntad, potestad, deseo, gana, arbitrio, elección.
ANT.: *Abstención, indecisión, fatalidad.*

alberca (Méx.)
Pileta, estanque, poza, piscina.

albergar
Alojar, hospedar, asilar, acoger, cobijar, amparar, guarecer, aposentar, admitir.
ANT.: *Echar, expulsar, rechazar.*

albo
Claro, blanco, inmaculado, puro, níveo, cano.
ANT.: *Negro, oscuro, manchado.*

alborada
VER alba.

alborotar
1 Escandalizar, vociferar, gritar, chillar.
ANT.: *Callar.*
2 Sublevar, amotinar.
ANT.: *Apaciguar.*
3 Agitar, excitar, inquietar, perturbar, alterar, molestar.
ANT.: *Tranquilizar, calmar, serenar.*

alboroto
1 Desorden, estrépito, tumulto, confusión, escándalo, vocerío.
ANT.: *Silencio, tranquilidad, calma.*
2 Algarabía, bulla, (Méx.) alegría.
3 Disturbio, asonada, motín.

alborozo
Alegría, contento, gozo, regocijo, algazara, entusiasmo, placer.
ANT.: *Tristeza, pesadumbre, consternación.*

albur
1 Riesgo, contingencia, fortuna, suerte, azar, casualidad.
ANT.: *Certidumbre, certeza.*
2 (Méx., Sto. Dom.) Calambur, retruécano.
3 (P. Rico) Mentiras, infundios.

alcahuete
Mediador, tercero, cómplice, encubridor, rufián, compinche, chismoso.

alcance
1 Seguimiento, persecusión.
2 Consecuencia, importancia, trascendencia, efecto, eficacia, derivación.
3 alcances Capacidad, habilidad, talento, luces, inteligencia.

alcanzar
1 Conseguir, lograr, obtener, agenciar.
ANT.: *Perder, abandonar.*
2 Atrapar, cazar, coger.
ANT.: *Perder.*

alcaucil
1 Alcachofa, hortaliza.
2 (Argent./fam.) Soplón, acusón, alcahuete.

alcázar
Fortaleza, fortificación, castillo, ciudadela, fortín, palacio.

alcoba
Habitación, dormitorio, cuarto, aposento, (Amér.) recámara.

alcoholizado
Embriagado, borracho, beodo, ebrio, achispado, curda, alegre.
ANT.: *Sobrio.*

alcurnia
Linaje, estirpe, abolengo, casta, ascendencia, prosapia, origen.
ANT.: *Descendencia, plebeyez.*

aldea
Pueblo, poblado, villorrio, población, caserío, aldehuela, (desp.) lugarejo.
ANT.: *Descampado.*

aldeano
1 Lugareño, pueblerino.
ANT.: *Urbano, cosmopolita.*
2 Rústico, campesino, labriego, (Esp.) paleto, (Amér.) campirano.
ANT.: *Ciudadano, citadino.*
3 (Fig.) Inculto, zafio, palurdo, tosco, cerril.
ANT.: *Fino, refinado.*

aleatorio
Fortuito, incierto, azaroso, arriesgado, impreciso.
ANT.: *Seguro, cierto.*

aleccionar
Aconsejar, instruir, adiestrar, adoctrinar, enseñar.
ANT.: *Disuadir, desanimar.*

aledaño
Vecino, lindante, limítrofe, adyacente, contiguo, colindante.
ANT.: *Lejano, separado.*

alegar
1 Aducir, razonar, declarar, manifestar, testimoniar.
2 (Amér.) Disputar, altercar.

alegato
1 Defensa, manifiesto, exposición, declaración, testimonio.
2 (Amér.) Disputa, discusión.

alegoría
Símbolo, imagen, representación, signo, emblema, atributo, figura.
ANT.: *Realidad.*

alegre
1 Jovial, contento, gozoso, regocijado, ufano, jubiloso, radiante, alborozado.
ANT.: *Triste, afligido.*
2 Animado, festivo, gracioso, divertido.
ANT.: *Lúgubre.*
3 (Fam.) Achispado, ajumado, alumbrado.

alejar
Separar, apartar, distanciar, retirar, ahuyentar.
ANT.: *Aproximar.*

alelado
Atontado, lelo, pasmado, aturdido, embobado, confuso, entontecido.
ANT.: *Listo, despierto, avispado.*
alentar
1 Incitar, animar, exhortar, aguijonear.
ANT.: *Desanimar, disuadir.*
2 Apoyar, confortar.
alerta
1 Alarma, aviso.
2 Avizor, vigilante, atento, pronto, presto, dispuesto, listo, cuidadoso.
ANT.: *Desprevenido.*
aletargado
Amodorrado, entumecido, inconsciente, adormecido, narcotizado.
ANT.: *Despierto, animado, despabilado.*
alevosía
Felonía, traición.
ANT.: *Lealtad.*
algarabía
Bullicio, bulla, alboroto, griterío, estruendo, algazara, jaleo.
ANT.: *Silencio, tranquilidad, orden.*
algarada
Asonada, revuelta, motín, revolución, levantamiento, desorden, disturbio, alboroto, tumulto, sedición, sublevación.
ANT.: *Paz, tranquilidad.*
algazara
1 Alborozo, regocijo, júbilo.
2 Algarada, correría.
3 VER algarabía.
álgido
1 Frío, helado, gélido, glacial.
ANT.: *Caliente, ardiente.*
2 (Fig.) Crítico, culminante, supremo, grave, trascendental.
ANT.: *Intrascendente.*
alhaja
Joya, adorno, presea, aderezo, broche.
alharaca
1 Exageración, aspaviento.
2 VER algarabía.
aliado
Coligado, confederado, adepto, asociado, amigo, compañero.
ANT.: *Adversario, competidor.*
alianza
1 Coalición, liga, confederación, federación, unión, asociación.
ANT.: *Hostilidad, discordia, enemistad, rivalidad.*
2 Pacto, acuerdo, compromiso, tratado.
3 (Fam.) Anillo matrimonial.
alias
Apodo, mote, sobrenombre, seudónimo, remoquete.
alicaído
Deprimido, desalentado, desanimado, triste, decaído, mohíno.
ANT.: *Animado, vivaz, entusiasmado.*
aliciente
Acicate, incentivo, estímulo, ánimo, atractivo.
ANT.: *Impedimento, freno.*
aliento
1 Resuello, respiración.
2 Hálito, aire, soplo, vaho.
3 Ánimo, incitación, confrontación, consuelo.
ANT.: *Desánimo, freno.*
4 (Fig.) Vida, impulso vital, alma.
aligerar
1 Disminuir, descargar, atenuar, reducir, quitar.
ANT.: *Cargar, aumentar, recargar.*
2 Apresurar, acelerar.
ANT.: *Retrasar.*
3 Abreviar.
ANT.: *Prolongar.*
4 (Fig.) Aliviar, moderar, suavizar, templar, calmar.
ANT.: *Agravar.*
alimentar
1 Sustentar, nutrir, cebar, mantener, aprovisionar, suministrar.
ANT.: *Desnutrir.*
2 Sostener, fomentar.
alimento
1 Comida, sustento, manutención, alimentación, (Esp.) pitanza.
ANT.: *Ayuno, abstinencia.*
2 Pábulo, sostén, fomento.
alinear
1 Enfilar, rectificar, enderezar, situar, ordenar.
ANT.: *Desordenar, torcer.*
2 alinearse (Fig.) Vincularse, disciplinarse.
aliñar
1 Condimentar, sazonar, adobar, aderezar, salpimentar.
2 Acicalar, componer, arreglar.
ANT.: *Desaliñar, descomponer.*
alisar
Igualar, enrasar, suavizar, pulir, planchar.
ANT.: *Arrugar.*

aliviar
1 Calmar, mitigar, aplacar, tranquilizar, confortar, alegrar.
ANT.: *Desanimar.*
2 **aliviarse** Mejorarse, restablecerse, reponerse, recuperarse, curarse, sanar.
ANT.: *Empeorar, agravarse.*

allanar
1 Irrumpir, penetrar.
2 Forzar.
3 Inspeccionar, registrar, investigar.
4 Aplanar, nivelar, alisar, igualar, rellenar.
ANT.: *Desnivelar.*

allegado
1 Próximo, cercano, relacionado.
ANT.: *Lejano, alejado.*
2 Familiar, pariente, deudo, emparentado.
ANT.: *Desconocido, extraño.*
3 Afín, partidario.

alma
Espíritu, esencia, ánima, sustancia, aliento, hálito.
ANT.: *Cuerpo, materia.*

almacén
1 (Amér. Merid., Nic.) Depósito, cobertizo, galpón.
2 Tienda, comercio, establecimiento, factoría, (Chile) despacho.
3 (Amér. Merid.) Tienda de comestibles, abarrotes VER.

almacenar
Depositar, acumular, guardar, hacinar, reunir, acopiar, amontonar.
ANT.: *Repartir.*

almacenero
1 Dueño o encargado de un almacén, almacenista.
2 (Argent., Par., Urug.) Tendero, abacero, comerciante, abarrotero VER.

almanaque
Calendario, efemérides.

almibarado
1 Dulce, dulzarrón, azucarado, dulzón.
ANT.: *Amargo.*
2 (Fig.) Meloso, empalagoso, melifluo, suave.
ANT.: *Hosco, duro, seco.*

almoneda
Subasta, puja, licitación, venta pública.

almorzar
Comer, nutrirse, alimentarse, desayunar.
ANT.: *Ayunar.*

almuerzo
Comida, refrigerio, alimento, piscolabis, desayuno.
ANT.: *Ayuno.*

alocado
1 Tarambana, aturdido, disparatado, atolondrado.
ANT.: *Juicioso, sereno.*
2 Impetuoso, irreflexivo, atropellado.
ANT.: *Prudente, sereno.*

alocución
Arenga, prédica, discurso, perorata, alegato, sermón, plática.

alojar
1 Albergar, acomodar, aposentar, cobijar, hospedar, guarecer.
ANT.: *Expulsar.*
2 **alojarse** Residir, vivir, morar, habitar, domiciliarse.
ANT.: *Errar, vagar.*

alpargata
Sandalia, zapatilla, chancleta, abarca, pantufla, escarpín.

alpinista
Montañero, excursionista, escalador, deportista.

alquería
Caserío, cortijo, rancho, casa de campo, granja.

alquiler
Arriendo, locación, arrendamiento, contrato, transmisión, renta, inquilinato.

alquitrán
Pez, brea, betún, hulla.

altanero
Altivo, orgulloso, desdeñoso, presuntuoso, arrogante, fatuo, engreído, petulante, soberbio, imperioso, despótico.
ANT.: *Humilde, modesto, sencillo.*

alterar
1 Transformar, cambiar, variar, tornar, mudar.
ANT.: *Perpetuar, permanecer.*
2 Trastornar, inquietar, perturbar.
ANT.: *Serenar, sosegar.*
3 Irritar, excitar, enojar.
ANT.: *Calmar, suavizar.*
4 Estropear, descomponer.
ANT.: *Conservar, mantener.*
5 Modificar, reemplazar, falsificar, adulterar.
ANT.: *Preservar.*

altercado
1 Disputa, discusión, (Amér.) alegato.
ANT.: *Conciliación, acuerdo.*

2 Bronca, pelotera, pendencia, reyerta, riña.
ANT.: *Concordia, armonía.*

alternar
1 Variar, cambiar, turnar, relevar.
ANT.: *Mantener, conservar.*
2 Codearse, tratar, relacionarse, frecuentar, rozarse, verse.
ANT.: *Aislarse, retraerse.*

alternativa
Disyuntiva, dilema, opción, elección.
ANT.: *Certidumbre.*

Altísimo (El)
El Creador, El Señor, El Todopoderoso, Dios.

altisonante
1 Altilocuente, grandilocuente, campanudo, elevado.
ANT.: *Moderado, preciso.*
2 Pomposo, rimbombante, exagerado.
ANT.: *Sencillo, discreto.*

altivo
VER altanero.

alto
1 Elevado, levantado, encumbrado, prominente.
ANT.: *Hondo, deprimido.*
2 Crecido, desarrollado, espigado, gigantesco.
ANT.: *Bajo, chaparro.*
3 Digno, noble, excelente, superior.
ANT.: *Vil, inferior.*
4 Caro, subido, costoso.
ANT.: *Barato, bajo, rebajado.*
5 Descollante, dominante.
6 (Fig.) Avanzado.
7 Suspensión, detención, cese, parada.
ANT.: *Prosecución.*
8 (Amér. C. y Merid.) Montón, pila.

altruismo
Caridad, generosidad, filantropía, humanidad, abnegación.
ANT.: *Egoísmo, interés.*

altura
1 Elevación, cumbre, colina, cerro.
ANT.: *Bajura, depresión, hondonada.*
2 Nivel, altitud, cota.
ANT.: *Profundidad.*
3 Superioridad, dignidad, grandeza, eminencia.
ANT.: *Bajeza, inferioridad, pequeñez.*

alucinación
Ofuscación, desvarío, espejismo, deslumbramiento, visión, ilusión, fantasía.
ANT.: *Realidad, clarividencia.*

alud
Avalancha, desprendimiento, derrumbamiento, corrimiento, desmoronamiento, aluvión.

aludir
Citar, referirse, mencionar, personalizar, mentar.
ANT.: *Omitir.*

alumbrar
1 Aclarar, iluminar, enfocar, irradiar, encender, (Colomb., Guat., Méx., P. Rico, Sto. Dom.) aluzar.
ANT.: *Oscurecer, apagar.*
2 Dar a luz, parir.
3 Instruir, enseñar.
4 **alumbrarse** (Fam.) beber, embriagarse, achisparse.

alumnado
Estudiantes.

alumno
Escolar, estudiante, colegial, educando, discípulo, becario.
ANT.: *Maestro, profesor.*

alusión
1 Referencia, cita, mención, indicación.
2 Indirecta, insinuación, reticencia, sugerencia.

alza
1 Elevación, subida, acrecentamiento.
ANT.: *Baja, descenso.*
2 Aumento, incremento, encarecimiento.
ANT.: *Rebaja, disminución.*

alzamiento
Insurrección, levantamiento, revolución, revuelta, rebelión, insurgencia, motín, sedición, asonada, algarada.
ANT.: *Rendición, acatamiento, paz.*

alzar
1 Elevar, izar, levantar, subir, encumbrar, encaramar, empinar.
ANT.: *Bajar, descender.*
2 Erigir, levantar, construir.
ANT.: *Derruir, derribar, derrumbar.*

ama*
Señora, patrona, dueña, jefa, propietaria, casera.
ANT.: *Subordinada, sirvienta.*
*Tb. significa: (Amér. C. y Merid.) aya, institutriz, niñera.

amabilidad
1 Afabilidad, simpatía, sencillez, gentileza.
ANT.: *Rudeza.*
2 Benevolencia, bondad.
ANT.: *Malevolencia.*

3 Cortesía, cordialidad, urbanidad.
ANT.: *Descortesía, grosería.*
4 Afecto, dulzura.
amador
VER amante.
amaestrar
Domesticar, amansar, adiestrar, domar, enseñar, educar, entrenar.
amago
1 Finta, amenaza, ademán.
2 Intimidación, conminación.
3 Señal, indicio, síntoma, comienzo.
amainar
Ceder, aflojar, disminuir, moderar, calmarse, escampar.
ANT.: *Empeorar, arreciar.*
amalgama
Mezcla, combinación, compuesto, mixtura, unión.
ANT.: *Disgregación, separación.*
amamantar
Nutrir, criar, atetar, alimentar, dar el pecho, lactar.
ANT.: *Destetar.*
amancebarse
Juntarse, cohabitar, entenderse, enredarse, liarse.
ANT.: *Separarse.*
amanecer
1 Alborear, aclarar, clarear, despuntar, romper el día, rayar el alba.
ANT.: *Anochecer, oscurecer.*
2 Alba, aurora, orto.
ANT.: *Ocaso, crepúsculo.*
amanerado
1 Afectado, remilgado, repulido, teatral.
ANT.: *Sencillo, espontáneo.*
2 Repetitivo, rebuscado, estudiado, monótono.
ANT.: *Original, natural.*
3 Afeminado, adamado, amujerado.
ANT.: *Varonil, masculino.*
amansar
1 Amaestrar, domar, domesticar, desbravar.
ANT.: *Embravecer.*
2 Apaciguar, calmar, suavizar.
ANT.: *Excitar.*
amante
1 Amador, amadora.
2 Galán, adorador, enamorado, pretendiente, cortejador.
3 Enamorada, adoradora.
4 Cariñoso, cariñosa, afectuoso, afectuosa, tierno, tierna, amoroso, amorosa.
ANT.: *Indiferente, frío, fría.*
5 Querido, querida, concubino, concubina, amasio, amasia, amancebado, manceba, mantenido, entretenida.
6 Aficionado, apasionado, inclinado, entusiasta.
ANT.: *Desaficionado, despegado.*
7 **amantes** Pareja que se ama.
amar
Querer, estimar, venerar, adorar, idolatrar, reverenciar.
ANT.: *Odiar.*
amargo
1 Acerbo, agrio, desabrido, áspero, acre.
ANT.: *Dulce.*
2 (Fig.) Angustioso, mortificante, doloroso, lamentable, triste.
ANT.: *Alegre, grato.*
amargura
Sufrimiento, aflicción, pena, mortificación, tristeza, desconsuelo, tribulación, pesar, pesadumbre, angustia, sinsabor.
ANT.: *Contento, dicha, alegría, consuelo.*
amarillo
Gualdo, ambarino, pajizo, rubio, dorado, áureo, leonado, limonado, azufrado.
amarrar
Atar, ligar, enlazar, anudar, unir, asegurar, inmovilizar, encadenar.
ANT.: *Desatar, soltar, desamarrar.*
amarrete (Argent., Perú)
Avaro, tacaño, agarrado, (Cuba, Méx.) amarrado.
amasar
1 Heñir, mezclar.
2 Apretar, sobar, manosear, frotar, menear.
3 Acumular.
amasijo
1 Mixtura, mezcla, masa.
2 (Fig. y fam.) Confusión, revoltijo, fárrago, revoltillo, enredo.
ambición
Ansia, codicia, anhelo, apetencia, afán, avidez, deseo, gana.
ANT.: *Desinterés, modestia.*
ambiente
1 Medio, ámbito, sector, círculo.
2 Estado, condición, circunstancias.
3 Entorno, espacio, atmósfera.
ambiguo
Confuso, impreciso, incierto, vago, equívoco, oscuro, turbio, anfibológico.
ANT.: *Preciso, claro, determinado, simple.*

ámbito
VER ambiente.
ambulante
Móvil, itinerante, portátil, movible, callejero, errante, libre, vagabundo.
ANT.: *Fijo, estable.*
amedrentar
Acobardar, amilanar, atemorizar, intimidar, achantar, espantar, arredrar, (fam.) acoquinar.
ANT.: *Envalentonar, animar, alentar.*
amenazador
Inquietante, desafiante, torvo, maligno.
ANT.: *Amistoso.*
amenazar
1 Retar, desafiar, provocar.
2 Advertir, obligar.
3 (Fig.) Cernerse, acechar VER, presagiar.
ameno
1 Entretenido, divertido, variado, animado, distraído.
ANT.: *Aburrido, tedioso.*
2 Agradable, placentero, grato.
ANT.: *Ingrato, desapacible.*
amiga
1 → amigo.
2 VER concubina.
amigable
Amistoso, afable, amable, cordial.
ANT.: *Adverso, hostil.*
amigo
Compañero, camarada, conocido, inseparable.
ANT.: *Enemigo, adversario.*
amilanarse
VER amedrentar.
aminorar
1 Reducir, disminuir, menguar, achicar, mermar, acortar.
ANT.: *Agrandar, aumentar, ampliar.*
2 Amortiguar, mitigar, atenuar, paliar.
ANT.: *Acentuar, acrecentar.*
amistad
Compañerismo, camaradería, confraternidad, hermandad, lealtad, aprecio, afecto, devoción, apego, inclinación.
ANT.: *Enemistad, antagonismo.*
amistoso
Fraterno, afectuoso, compañero, amigable, afable.
ANT.: *Hostil.*
amnistía
Perdón, indulto, absolución, clemencia, gracia, remisión, indulgencia.
amo
Patrono, dueño, jefe, señor, propietario, patrón, principal.
ANT.: *Servidor, vasallo, subordinado, criado.*
amodorrarse
Aletargarse, adormilarse, adormecerse, dormitar.
ANT.: *Despertarse, animarse, desvelarse.*
amohinarse
Disgustarse, enojarse, enfadarse, entristecerse.
ANT.: *Animarse, alegrarse.*
amoldarse
1 Acostumbrarse, adaptarse, habituarse, acomodarse.
ANT.: *Resistirse.*
2 Avenirse, ajustarse, conformarse, transigir.
ANT.: *Rebelarse, oponerse.*
amonestación
1 Apercibimiento, admonición, advertencia, aviso.
2 Reprimenda, reprensión, regaño, reproche, reconvención.
ANT.: *Elogio, alabanza.*
3 amonestaciones Notificaciones, avisos [sobre todo previas a una boda católica].
amontonar
1 Acumular, apilar, aglomerar, hacinar, juntar, acopiar.
ANT.: *Esparcir, distribuir, desparramar.*
2 (Chile) Amancebarse.
amor
Afecto, cariño, ternura, devoción, apego, estima, afición, inclinación, predilección, querer, adoración, (fig.) idolatría.
ANT.: *Odio, desprecio, aversión, desamor.*
amorfo
Informe, deforme, irregular, imperfecto.
ANT.: *Formado, regular.*
amorío
Devaneo, galanteo, idilio, flirteo, noviazgo, conquista, aventura, afer o (pr.) affaire.
amoroso
Cariñoso, tierno, suave, afectuoso, apasionado, amante, enamorado.
ANT.: *Odioso, desdeñoso.*
amortiguar
1 Aminorar, disminuir, reducir, mitigar, atenuar, paliar.
ANT.: *Aumentar, acrecentar.*

2 Moderar, suavizar, calmar, aplacar, atemperar.
ANT.: *Excitar, irritar.*

amortizar
1 Saldar, pagar, redimir, satisfacer.
ANT.: *Adeudar, deber.*
2 Recuperar, compensar [dicho de fondos invertidos].
ANT.: *Desamortizar.*

amoscarse
Mosquearse, escamarse, recelar, amostazarse, resentirse, enfadarse, (fam.) enfurruñarse.
ANT.: *Confiar, desenfadarse.*

amotinar
Insurreccionar, sublevar, alzar, levantar, agitar, insubodinar.
ANT.: *Pacificar, calmar, someter.*

amparo
1 Protección, salvaguardia, resguardo, ayuda, apoyo.
ANT.: *Abandono, desamparo.*
2 Asilo, abrigo, refugio.

ampliar
Incrementar, acrecentar, agrandar, aumentar, desarrollar, dilatar, alargar, ensanchar, extender.
ANT.: *Disminuir, reducir, estrechar.*

amplio
Vasto, espacioso, extenso, ancho, dilatado, holgado, despejado.
ANT.: *Reducido, estrecho, ceñido.*

ampuloso
Pomposo, enfático, prosopopéyico, afectado, fatuo, redundante, grandilocuente, exagerado.
ANT.: *Sencillo, sobrio, llano.*

amputar
1 Mutilar, cortar, cercenar, seccionar, separar.
ANT.: *Unir.*
2 Suprimir, eliminar, quitar.
ANT.: *Agregar.*

amueblar
Equipar, dotar, decorar, instalar, adornar, ajuarar o ajuarear, (Argent., Esp.) moblar, amoblar.
ANT.: *Desamueblar.*

amuleto
Fetiche, mascota, reliquia, talismán, filacteria, ídolo.

amurallar
Fortificar, murar, atrincherar, defender, proteger, cercar, guarnecer.
ANT.: *Desguarnecer, debilitar.*

anacoreta
Cenobita, asceta, ermitaño, eremita, penitente, monje, santón.

anacrónico
1 Extemporáneo, anticuado.
ANT.: *Actual, moderno.*
2 Inadecuado, inoportuno, intempestivo, equivocado.
ANT.: *Oportuno, adecuado.*

anales
Fastos, crónicas, comentarios, relatos, memorias, relaciones.

analfabeto
Iletrado, lego, inculto, ignorante.
ANT.: *Ilustrado, culto, instruido.*

análisis
Examen, observación, estudio, investigación, determinación.
ANT.: *Síntesis.*

analogía
Similitud, semejanza, afinidad, parecido, relación, equivalencia.
ANT.: *Diferencia, disparidad.*

ananás
Piña, ananá.

anaquel
Repisa, ménsula, estante, entrepaño, soporte, alacena, rinconera.

anarquía
1 Anarquismo, acracia, nihilismo.
ANT.: *Totalitarismo.*
2 Desgobierno, desorganización.
ANT.: *Gobierno, disciplina.*
3 Desorden, caos, desbarajuste, confusión.
ANT.: *Orden.*

anarquista
Revolucionario, nihilista, agitador, ácrata, perturbador.
ANT.: *Conservador, tradicionalista.*

anatema
Execración, maldición, excomunión, imprecación, censura, condena.
ANT.: *Elogio, aprobación.*

anca
Cadera, grupa, flanco, cuadril, muslo.

ancestral
Familiar, atávico, hereditario, tradicional, antiguo.
ANT.: *Moderno, actual.*

ancho
Extenso, amplio, vasto, holgado, abierto, libre, dilatado, expedito.
ANT.: *Estrecho, apretado.*

anciano
1 Viejo, longevo, provecto, decrépito, abuelo, matusalén, (Amér.) viejito.
2 (Fam./desp.) Vejete, vejestorio, (Esp.) carcamal, (Perú) carcamán.
ANT.: *Joven, muchacho, pollo, mozo, doncel.*
3 Vetusto, antiguo, añoso.
ANT.: *Nuevo, reciente, actual.*

andanada
1 Salva, descarga, fuego, disparos.
2 Reprimenda, filípica, reprensión.
ANT.: *Alabanza.*

andanza
1 Lance, correría, aventura, peripecia.
2 Acontecimiento, suceso, caso.

andar
Caminar, moverse, deambular, marchar, avanzar, transitar, pasear.
ANT.: *Pararse, detenerse.*

andrajo
Guiñapo, jirón, harapo, pingo*, pingajo, piltrafa, desgarrón, descosido.
*Tb. significa: (Argent., Chile, Urug.) Caballo vivo y corredor. / (Méx.) Muchacho travieso. / (Méx.) Diablo.

andrajoso
Harapiento, desastrado, zarrapastroso, desaliñado, sucio.
ANT.: *Atildado, pulcro.*

anécdota
1 Narración, relato, cuento, historieta, leyenda, chiste, fábula, hablilla.
2 Hecho, lance, acontecimiento.
3 Argumento, trama.

anecdótico
Circunstancial, irrelevante.
ANT.: *Trascendente.*

anegar
Inundar, empapar, sumergir, cubrir, encharcar, mojar.
ANT.: *Secar.*

anemia
Decaimiento, debilidad, insuficiencia, extenuación.
ANT.: *Fortaleza, vigor.*

anestesia
Adormecimiento, narcosis, inconsciencia, sopor, letargo, sueño, insensibilidad, parálisis.
ANT.: *Dolor, sensibilidad.*

anexionar
1 Unir, incorporar, vincular.
ANT.: *Separar, segregar.*
2 Agregar, anexar, ampliar, asociar, añadir.
ANT.: *Reducir, mutilar.*

anexo
1 Anejo, adjunto, unido, dependiente, adscrito, agregado.
ANT.: *Separado, independiente.*
2 Sucursal, filial, sección, rama.
ANT.: *Central, sede.*

anfiteatro
Hemiciclo, tribuna, aula, gradería, teatro.

anfractuoso
Tortuoso, fragoso, escarpado, desigual, irregular, sinuoso, quebrado.
ANT.: *Llano, liso.*

ángel
1 Serafín, querubín, arcángel, querube, espíritu celestial.
ANT.: *Demonio, diablo, espíritu infernal.*
2 (Fig.) Gracia, simpatía, carisma.

angelical
Seráfico, candoroso, espiritual, inocente, puro.
ANT.: *Infernal, impuro.*

angosto
Estrecho, menguado, reducido, justo, ceñido, corto, apretado, escaso.
ANT.: *Ancho, holgado.*

ángulo
Esquina, arista, cantón, recodo, canto, punta, sesgo, comisura, bisel, filo.

angurriento (Amér.)
1 Hambriento, famélico.
2 Codicioso, ávido, ansioso, avaricioso.

angustia
Aflicción, ansiedad, congoja, pena, zozobra, inquietud, ahogo, desconsuelo.
ANT.: *Tranquilidad.*

anhelar
Ansiar, pretender, desear, ambicionar, querer, apetecer, aspirar, codiciar, esperar, suspirar por.
ANT.: *Desinteresarse, renunciar.*

anillo
Argolla, aro, sortija, anilla, sello, alianza, armella.

ánima
Espíritu, alma, aliento, corazón, hálito.
ANT.: *Cuerpo, materia.*

animación
1 Actividad, vivacidad, excitación.
ANT.: *Inactividad.*
2 Movimiento, algazara, batahola, bullicio.
ANT.: *Calma, silencio.*

animadversión
Inquina, enemistad, ojeriza, hostilidad, antipatía, aborrecimiento, malquerencia.
ANT.: *Benevolencia, simpatía.*

animal
1 Bestia, fiera, bruto, bicho, alimaña.
2 Torpe, zafio, necio, ignorante, grosero.
ANT.: *Listo, refinado.*

animar
Alentar, exhortar, mover, espolear, aguijonear, respaldar, reanimar.
ANT.: *Desanimar, disuadir, desalentar.*

ánimo
1 Energía, vigor, entusiasmo.
ANT.: *Desánimo, desaliento.*
2 Valor, espíritu, denuedo, brío, valentía.
ANT.: *Pusilanimidad, cobardía.*
3 (Fig.) Intención, propósito, resolución, decisión, voluntad, pensamiento.

aniquilar
Exterminar, eliminar, sacrificar, inmolar, matar, arruinar, destruir, desbaratar.
ANT.: *Crear, salvar.*

anochecer
1 Atardecer, oscurecer.
ANT.: *Amanecer, clarear.*
2 Ocaso, crepúsculo, tarde.
ANT.: *Orto, aurora, alba.*

anodino
Trivial, fútil, insustancial, baladí, insípido, pueril, insignificante, ineficaz, soso.
ANT.: *Esencial, importante, capital, eficaz.*

anomalía
Anormalidad, rareza, singularidad, irregularidad, absurdo.
ANT.: *Normalidad.*

anonadar
Abatir, desolar, confundir, desalentar, postrar, descorazonar, apabullar.
ANT.: *Animar, exaltar.*

anónimo
Desconocido, incógnito, ignorado, enigmático, secreto.
ANT.: *Conocido.*

anormal
1 Anómalo, irregular, desusado, infrecuente, raro, inverosímil.
ANT.: *Normal, corriente.*
2 Degenerado, monstruoso, deficiente, deforme.
ANT.: *Normal, común.*

anotar
Apuntar, inscribir, escribir, registrar, relacionar, explicar, consignar, asentar.

anquilosar
1 Paralizar, atrofiar, lisiar, inmovilizar, baldar.
ANT.: *Aliviar, mover.*
2 Impedir, imposibilitar, estancar.
ANT.: *Agilizar, fluir.*

ansia
1 Afán, anhelo, deseo, codicia, apetencia, avaricia, ambición.
ANT.: *Desinterés, indiferencia.*
2 Angustia, ansiedad, desazón, inquietud, incertidumbre, zozobra, preocupación.
ANT.: *Tranquilidad, serenidad.*

antagonismo
Rivalidad, oposición, competencia, discrepancia, enemistad, contraposición.
ANT.: *Acuerdo, amistad.*

antaño
Antiguamente, antes, hace tiempo, en el pasado.
ANT.: *Hogaño, actualmente, hoy.*

antártico
Polar, meridional, austral, del Sur.
ANT.: *Ártico, boreal, septentrional, del Norte.*

antecedentes
Precedentes, historial, referencias, datos, relaciones.

antecesor
Antepasado, precursor, ascendiente, mayor, predecesor, progenitor, (fig.) abuelo.
ANT.: *Sucesor, descendiente.*

antedicho
Aludido, mencionado, precitado, referido, citado, nombrado.

antediluviano
Remoto, inmemorial, prehistórico, antiquísimo, arcaico, primitivo.
ANT.: *Moderno, actual.*

antelación
Precedencia, anticipación.

antemano (de)
Anticipadamente, previsoramente, por adelantado, con tiempo, previamente.

anteojo
1 Catalejo, telescopio, lente, luneta, objetivo, ocular, gemelos, prismáticos, binoculares.
2 **anteojos** Gafas, lentes, binóculo, impertinentes, (Esp./fam.) antiparras, espejuelos, quevedos.

antepasado
VER antecesor.
anteproyecto
Planteamiento, plan, preliminares, antecedentes, bosquejo.
anterior
Previo, delantero, primero, precedente, preliminar.
ANT.: *Posterior.*
antes
Antiguamente, anteriormente, hace tiempo, en el pasado, ayer.
ANT.: *Después, actualmente, hoy.*
antesala
Antecámara, recibidor, saleta.
anticipar
1 Adelantar, aventajar, sobrepujar.
ANT.: *Retrasar, diferir.*
2 Preferir, anteponer.
3 Predecir, anunciar, pronosticar, presagiar, adivinar.
4 Dar a cuenta, prestar.
5 anticiparse Madrugar, adelantarse.
ANT.: *Retrasarse.*
anticipo
Préstamo, adelanto, empréstito, ayuda, entrega a cuenta, avance, provisión.
anticonstitucional
Ilegítimo, antirreglamentario, ilícito, dictatorial.
ANT.: *Constitucional, legal.*
anticuado
Arcaico, antiguo, extemporáneo, añejo, viejo, vetusto, decrépito.
ANT.: *Nuevo, flamante, moderno.*
antiestético
Feo, desagradable, deforme, repulsivo, deslucido.
ANT.: *Armonioso, estético.*
antifaz
Careta, mascarilla, carátula.
antigüedad
1 Vetustez, ancianidad, decrepitud.
ANT.: *Actualidad, modernidad.*
2 Veteranía, experiencia.
ANT.: *Bisoñez, novatez.*
antiguo
1 Viejo, arcaico, vetusto, añejo.
ANT.: *Moderno, actual.*
2 Pretérito, primero, inmemorial, tradicional.
3 Rancio, decadente, anticuado, trasnochado.
ANT.: *Nuevo, vanguardista, novedoso.*
4 Veterano.
ANT.: *Bisoño, novel.*
antihigiénico
Insalubre, sucio, malsano, nocivo, desaseado.
ANT.: *Aseado, limpio, higiénico.*
antipatía
Aversión, repugnancia, antagonismo, incompatibilidad, animadversión, animosidad, oposición, odio, repulsión.
ANT.: *Simpatía, inclinación, afecto, atracción.*
antirreglamentario
Ilícito, ilegal, injusto, ilegítimo, prohibido.
ANT.: *Legal, lícito, reglamentario.*
antiséptico
Desinfectante, aséptico, antimicrobiano, bactericida, bacteriostático.
ANT.: *Séptico, contaminado.*
antítesis
Antagonismo, contraste, contradicción, oposición, divergencia, diferencia, desigualdad, incompatibilidad, disparidad.
ANT.: *Similitud, concordancia.*
antojo
Veleidad, capricho, volubilidad, fantasía, gusto, extravagancia, ilusión, anhelo.
ANT.: *Desinterés.*
antología
Recopilación, selección, florilegio, compendio, compilación, crestomatía.
antónimo
Contrario, opuesto, antitético.
ANT.: *Sinónimo.*
antorcha
Hachón, tea, blandón, cirio, vela.
antro
1 Caverna, cueva, gruta.
2 Tugurio, garito, (Cuba) buchinche.
antropófago
1 Caníbal.
2 (Fig.) Carnicero, sanguinario, feroz, salvaje.
anual
Anuo, cadañal, añal, cadañero.
anudar
Ligar, atar, amarrar, unir, enlazar, juntar, sujetar, liar.
ANT.: *Desatar, separar, desanudar.*
anuencia
Aquiescencia, beneplácito, consentimiento, aprobación, permiso, conformidad, venia.
ANT.: *Negativa, desaprobación, denegación.*

anular
Inhabilitar, suprimir, revocar, abolir, cancelar, abrogar, invalidar, desautorizar.
ANT.: *Aprobar, validar.*

anunciar
Comunicar, avisar, advertir, notificar, proclamar, declarar, pronosticar.
ANT.: *Callar, reservar.*

anuncio
1 Aviso, proclama, noticia, informe, notificación.
2 Pronóstico, augurio, predicción, advertencia.
3 Letrero, cartel, rótulo, publicación.

anverso
Faz, cara [anterior], frente.
ANT.: *Reverso.*

añadir
Adicionar, aumentar, incorporar, agregar, sumar, anexionar, adherir, asociar, acrecentar.
ANT.: *Sustraer, quitar, deducir, restar.*

añagaza
Cebo, señuelo, reclamo, engaño, trampa, engañifa, artimaña, treta, ardid VER.
ANT.: *Verdad.*

añejo
Rancio, añoso, envejecido, tradicional, vetusto, antiguo, arcaico.
ANT.: *Nuevo, joven, reciente.*

añicos
Trozos, fragmentos, pedazos, trizas, piezas, cachos, partículas.

añorar
Rememorar, evocar, recordar, echar de menos, suspirar por, (Amér.) extrañar.
ANT.: *Olvidar, desinteresarse.*

añoso
VER añejo.

apabullar
1 VER abrumar.
2 Pasmar, despampanar, deslumbrar, desconcertar, atolondrar, confundir, dominar.

apacible
Placentero, plácido, tranquilo, benévolo, dócil, manso, dulce.
ANT.: *Inquieto, rebelde, desapacible.*

apaciguar
Tranquilizar, aplacar, sosegar, serenar, dulcificar, calmar.
ANT.: *Excitar, irritar.*

apagar
1 Extinguir, atenuar, amortiguar, oscurecer, aminorar, desconectar.
ANT.: *Encender, prender.*
2 Saciar, satisfacer.
ANT.: *Inflamar, excitar.*

apalabrar
Acordar, pactar, ajustar, arreglar, tratar, concertar, convenir.
ANT.: *Discrepar.*

apalear
1 Golpear, vapulear, tundir, zurrar, pegar, maltratar, varear, aporrear.
ANT.: *Acariciar.*
2 Palear, aventar.

apandillar
Agrupar, congregar, capitanear, reunir, dirigir.
ANT.: *Separar, disgregar.*

apantallar (Méx.)
1 Impresionar, conmover, azorar.
2 Apabullar, apocar.
3 Jactarse, ostentar, fanfarronear, (Venez.) pantallar *o* pantallear.

apañar
1 Arreglar, componer, remendar, disponer.
2 (Méx.) Trampear, timar, engañar, robar.
3 Agarrar, coger, asir.
4 Aliñar, aderezar, sazonar.
5 (Argent., Bol., Nic., Perú, Urug.) Encubrir, ocultar.
6 (Méx./fam.) Atrapar, capturar, aprehender.
7 apañarse Manejarse, arreglárselas.

apaño
Engaño, timo, arreglo, chanchullo, componenda, embrollo, lío, (Méx.) hurto, robo.

aparador
1 Alacena, estante, trinchero, vasar, armario, despensa.
2 Escaparate.

aparato
1 Utensilio, artefacto, artilugio, máquina, mecanismo, dispositivo, armatoste.
2 Pompa, ostentación.

aparatoso
Dramático, espectacular, teatral, pomposo, complicado, ostentoso.
ANT.: *Sencillo, serio.*

aparcamiento
Estacionamiento, zona de aparcar.

aparcero
1 Comunero, copropietario.
2 (Argent., Urug.) Compañero, compadre, amigo.

aparear
1 Ayuntar, cubrir, emparejar, acoplar.
2 Hermanar, equiparar, igualar.
ANT.: *Diferenciar.*

aparecer
Mostrarse, presentarse, surgir, salir, brotar, exhibirse, dejarse ver, hallarse, encontrarse, asomar.
ANT.: *Desaparecer, ocultarse.*

aparecidos
Apariciones, fantasmas, espectros, duendes, espíritus, sombras, ánimas.

aparejar
Aprestar, preparar, montar, instalar, disponer, alzar.
ANT.: *Desmontar.*

aparejo
1 Mecanismo, polea.
2 Mástiles, arboladura, velamen, cordaje, jarcias [en barcos].

aparentar
Simular, figurar, afectar, engañar, encubrir, falsear, disfrazar, representar, disimular, ocultar.
ANT.: *Descubrir, revelar.*

aparente
1 Visible, manifiesto, externo.
ANT.: *Oculto, profundo.*
2 Ficticio, engañoso, falso, afectado, simulado, artificial.
ANT.: *Real, verdadero, auténtico.*

aparición
Fantasma, espectro, aparecido, visión, sombra, fantasía, duende, espíritu, ánima, trasgo, alma en pena, imagen.

apariencia
1 Presencia, aspecto, fisonomía, talante, pinta, facha, catadura.
2 Forma, aire, planta, exterior, fachada.
3 Señal, traza, indicio, cariz, probabilidad.
4 Ostentación, simulación.

apartado
Distante, lejano, retirado, arrinconado, aislado, alejado.
ANT.: *Cercano, próximo.*

apartamento
Piso, departamento, vivienda, cuarto, morada, habitación, alojamiento.

apartar
1 Separar, alejar, retirar, desunir, quitar, desembarazar, rechazar, ahuyentar, desechar, expulsar.
ANT.: *Atraer, acercar, aproximar, juntar.*
2 Seleccionar, escoger.
3 Desviar, disuadir.
ANT.: *Persuadir, convencer.*

apasionado
1 Vehemente, ardoroso, febril, exaltado, agitado.
ANT.: *Flemático, desanimado.*
2 Amante, fanático.
ANT.: *Indiferente, desapasionado.*

apasionar
Emocionar, excitar, enfervorizar, exaltar, conmover, enardecer, arrebatar, embriagar, embobar, entusiasmar, fanatizar.
ANT.: *Aburrir, desanimar.*

apatía
Indiferencia, insensibilidad, desgana, indolencia, pereza.
ANT.: *Actividad, dinamismo.*

apear
1 Desmontar, bajar, descender, descabalgar, salir.
ANT.: *Subir, montar, abordar.*
2 Sujetar, calzar, frenar, maniatar [caballerías].
3 (Fig.) Destituir, quitar.
4 (Fig. y fam.) Apartar, disuadir, desviar.
ANT.: *Persuadir.*
5 (Chile) Amojonar, deslindar.
6 (Cuba) Comer con las manos.
7 (Venez.) **apearse** Hospedarse, alojarse.

apechugar
Soportar, aguantar, resignarse, transigir, tolerar, aceptar, (Esp./fam.) chincharse.
ANT.: *Rebelarse, oponerse.*

apedrear
1 Lapidar, (Argent., Urug.) cascotear.
2 (Chile) Granizar, caer pedrisco.

apego
Afecto, cariño, estima, devoción, amistad, afición, amor, inclinación.
ANT.: *Desafecto, odio, despego, desapego.*

apelación
Recurso, interposición, reclamación, revisión, demanda, solicitación.

apelar
Reclamar, interponer, recurrir, demandar, solicitar, acudir.

apelativo
1 Apellido, nombre, patronímico, denominación.
2 Alias, mote, apodo.

apellidarse
Llamarse, nombrarse, apelarse, denominarse, apodarse, motejarse.

apellido
1 Nombre, apelativo, denominación, patronímico.
2 Seudónimo, alias, sobrenombre, apodo.
apelmazado
Compacto, apretado, amazacotado, apiñado, amontonado, apelotonado.
ANT.: *Suelto, disgregado.*
apelotonado
VER apelmazado.
apenar
1 Apesadumbrar, entristecer, angustiar, desconsolar, afligir, atribular, acongojar, mortificar, abrumar.
ANT.: *Alegrar, consolar.*
2 apenarse (Méx.) Avergonzarse.
apenas
1 Escasamente, difícilmente, exiguamente, ligeramente, casi no, casi sí.
ANT.: *Totalmente, completamente.*
2 Al punto que, en cuanto, luego que.
apendejado
1 (Colomb., Méx., Pan., Sto. Dom., Venez./vulg.) Atontado, bobo, tonto.
2 (Cuba, Nic., Sto. Dom./vulg.) Apocado, acobardado.
apéndice
1 Agregado, añadido, aditamento, adición, extremo, extensión, alargamiento.
2 Rabo, cola, miembro, extremidad, tentáculo, prolongación.
apercibir
1 Preparar, disponer, prevenir, aprestar.
2 Advertir, sugerir, exhortar, recomendar.
ANT.: *Callar, omitir.*
3 Amonestar, reprender, amenazar.
ANT.: *Felicitar, alabar.*
apergaminarse
Ajarse, marchitarse, arrugarse, acartonarse, endurecerse, momificarse.
ANT.: *Suavizarse, ablandarse, rejuvenecerse.*
aperos
Avíos, aparejos, pertrechos, enseres, bártulos, útiles.
aperreado
Trabajoso, difícil, pesado, duro, fatigoso, molesto, incómodo.
ANT.: *Fácil, sencillo.*
apertura
1 Comienzo, inauguración, estreno, ceremonia, celebración.
ANT.: *Cierre, clausura.*
2 Tolerancia, respeto, consideración.
ANT.: *Intolerancia.*
apesadumbrar
Entristecer, contrariar, mortificar, atribular, abatir, apenar, desolar, angustiar, desconsolar.
ANT.: *Alegrar, contentar.*
apestado
Infecto, enfermo, corrompido, insalubre.
ANT.: *Sano.*
apestoso
1 Pestilente, fétido, hediondo, maloliente, repugnante.
ANT.: *Aromático, fragante, oloroso.*
2 (Fig.) Fastidioso, molesto, insufrible.
apetecer
1 Ansiar, desear, codiciar, aspirar, pretender.
ANT.: *Rechazar.*
2 Gustar, antojarse.
apetito
1 Apetencia, hambre, (fam.) gazuza.
ANT.: *Inapetencia.*
2 Deseo, gana, impulso, inclinación, avidez.
ANT.: *Desgana.*
apetitoso
Sabroso, gustoso, exquisito, delicioso, agradable, rico, delicado.
ANT.: *Insípido, desabrido, desagradable.*
apiadarse
Compadecerse, conmoverse, condolerse, enternecerse, apenarse.
ANT.: *Ensañarse, endurecerse.*
ápice
1 Remate, vértice, cima, cumbre, punta, extremidad, pico, cúspide.
ANT.: *Base, principio, sima.*
2 (Fig.) Brizna, pizca, parte muy pequeña de algo.
apilar
Amontonar, acumular, agrupar, almacenar, reunir, juntar, aglomerar.
ANT.: *Esparcir, desperdigar.*
apiñarse
Agruparse, arracimarse, amontonarse, arremolinarse, apretarse, reunirse.
ANT.: *Separarse, alejarse.*
apisonar
Aplastar, aplanar, pisotear, allanar, nivelar, explanar, igualar, enrasar, alisar, apretar, pisonear.
ANT.: *Levantar.*

aplacar
1 Serenar, tranquilizar, calmar, moderar, sosegar, amansar.
ANT.: *Excitar, enardecer.*
2 Mitigar, atenuar, suavizar.
ANT.: *Irritar.*
3 Pacificar, aquietar.
aplanar
1 VER apisonar.
2 Extenuar, debilitar, desanimar, agotar, abatir, postrar.
ANT.: *Vigorizar, animar.*
aplastar
1 Prensar, machacar, comprimir, despachurrar, apisonar, aplanar, deformar, hundir.
ANT.: *Levantar, abombar.*
2 (Fig.) Abatir, derrotar, humillar, confundir, avergonzar.
ANT.: *Exaltar, elevar.*
aplatanarse
Apoltronarse, abandonarse, volverse indolente.
aplaudir
1 Palmear, palmotear.
2 (Fig.) Aclamar, vitorear, ovacionar.
ANT.: *Abuchear.*
3 (Fig.) Loar, encomiar.
ANT.: *Reprobar.*
aplazamiento
Demora, retraso, retardo, tardanza, postergación, prórroga, suspensión, dilación, preterición.
ANT.: *Adelantamiento.*
aplicación
1 Empleo, uso, manejo, utilidad, destino, utilización.
2 Diligencia, perseverancia, tesón, afán, laboriosidad, trabajo, constancia, aprovechamiento.
ANT.: *Inconstancia, pereza, negligencia.*
3 Incrustación, bordado, ornamentación, adorno.
aplicado
1 Esmerado, perseverante, dedicado, estudioso, constante, tesonero, laborioso, diligente.
ANT.: *Perezoso, inconstante, desaplicado, negligente.*
2 Sobrepuesto, superpuesto.
aplicar
1 Emplear, usar, manejar, utilizar, destinar, asignar.
2 Adherir, fijar, pegar, adaptar, poner, arrimar, superponer.
ANT.: *Separar, quitar, despegar.*
3 aplicarse Esmerarse, esforzarse, dedicarse.
aplomo
1 Seguridad, confianza, serenidad, mesura, calma.
ANT.: *Inseguridad, desconfianza.*
2 Soltura, desembarazo, desenvoltura.
ANT.: *Vacilación.*
apocado
Pusilánime, tímido, timorato, corto, asustadizo, encogido, medroso, cobarde.
ANT.: *Decidido, valiente, osado.*
apocalipsis
Exterminio, devastación, cataclismo, catástrofe, fin de los tiempos.
ANT.: *Génesis, inicio.*
apocalíptico
Aterrador, espantoso, catastrófico, horrendo, pavoroso, enloquecedor, espeluznante.
ANT.: *Alegre, grato, tranquilo.*
apócrifo
Falso, falsificado, espurio, supuesto, ficticio, fingido, adulterado, ilegítimo, imitado, desnaturalizado.
ANT.: *Genuino, auténtico.*
apodar
Llamar, denominar, designar, apelar, apellidar, motejar.
apoderado
Encargado, representante, delegado, mandatario, administrador, tutor, poderhabiente.
apoderarse
1 Apropiarse, adueñarse, enseñorearse.
2 Arrebatar, quitar, coger, usurpar, robar.
ANT.: *Entregar, ceder, renunciar.*
apodo
Nombre, alias, mote, seudónimo, sobrenombre, apelativo, remoquete.
apogeo
Auge, culminación, cúspide, plenitud, remate, esplendor, coronamiento.
ANT.: *Decadencia, ocaso, ruina.*
apolíneo
Hermoso, apuesto, escultural, guapo, galán, bello, apolinar.
ANT.: *Feo, desgarbado.*
apología
1 Elogio, panegírico, encomio, alabanza.
ANT.: *Reprobación, vituperio.*
2 Defensa, disculpa, justificación.
ANT.: *Acusación.*

apoltronado
1 Gandul, haragán, perezoso, indolente, desidioso, ocioso.
ANT.: *Activo, dinámico.*
2 Arrellanado, repantigado.

aporrear
1 Golpear, sacudir, pegar, tundir, zurrar, apalear.
ANT.: *Acariciar, mimar.*
2 (Fig.) Molestar, importunar, machacar.

aportar
1 Contribuir, dar, ayudar, participar, concurrir.
ANT.: *Retirar, quitar.*
2 Llevar, traer, conducir.

aposento
1 Cuarto, habitación, estancia, alcoba, recinto, cámara, sala, pieza.
2 Hospedaje.

aposta
Adrede, deliberadamente, intencionadamente, exprofeso, a propósito, de propósito.
ANT.: *Involuntariamente, casualmente, sin querer.*

apóstata
Renegado, perjuro, relapso, descreído.
ANT.: *Fiel, converso.*

apostillar
Explicar, comentar, glosar, acotar, añadir, sugerir, referirse, aclarar, postillar.

apóstol
Evangelista, predicador, evangelizador, misionero, propagador.

apostolado
1 Misión, cometido, tarea, servicio.
2 (Fig.) Propaganda, divulgación, campaña.

apóstrofe
Insulto, acusación, ofensa, denuncia, invectiva, dicterio, imprecación.
ANT.: *Elogio, alabanza.*

apóstrofo
Acento, vírgula, tilde, signo ortográfico.

apostura
Galanura, gallardía, donaire, garbo, arrogancia, belleza.
ANT.: *Fealdad, desgaire.*

apoteosis
1 Culminación, desenlace.
2 Exaltación, ensalzamiento.
3 Frenesí, júbilo, delirio.
ANT.: *Calma, pasividad.*

apoyar
1 Defender, secundar, respaldar, patrocinar, favorecer, sostener, amparar, asistir.
ANT.: *Abandonar, oponerse, combatir.*
2 Adosar, recostar, reclinar, arrimar, afirmar, acodarse, sostenerse.
ANT.: *Incorporarse, separar.*

apoyo
1 Base, sostén, respaldo, soporte, apoyatura, sustentáculo, puntal.
2 Auxilio, ayuda, defensa, protección, amparo, aliento, patrocinio, favor.
ANT.: *Abandono, oposición.*

apreciar
1 Tasar, valuar, poner precio.
2 Estimar, querer, amar, respetar, considerar, distinguir.
ANT.: *Desdeñar, despreciar.*
3 Percibir, conocer, reconocer.

aprehender
1 Capturar, apresar, atrapar, coger, aprisionar.
ANT.: *Soltar, liberar.*
2 Comprender.

apremiante
1 Urgente, perentorio, acuciante, coactivo.
ANT.: *Diferible, postergable.*
2 Obligatorio, ineludible, inexcusable.

apremio
1 Premura, urgencia, precipitación, prisa, rapidez.
ANT.: *Calma, lentitud.*
2 Exacción, exigencia.

aprender
Instruirse, estudiar, comprender, cultivarse, ilustrarse, memorizar.
ANT.: *Olvidar, desaprender.*

aprendiz
Novel, principiante, meritorio, bisoño, neófito, aspirante, alumno, estudiante.
ANT.: *Experto, maestro.*

aprensión
1 Escrúpulo, recelo, temor, reparo, miramiento.
ANT.: *Seguridad.*
2 Prejuicio, figuración, manía.
ANT.: *Despreocupación.*

apresar
Atrapar, capturar, detener, prender, aprisionar, encarcelar, aprehender.
ANT.: *Soltar, liberar.*

aprestar
Disponer, preparar, acondicionar, organizar, alistar, aviar, prevenir.
ANT.: *Detener, dificultar, retrasar.*

apresuramiento
Rapidez, urgencia, apremio, celeridad, velocidad, prontitud, premura, prisa, presteza, precipitación.
ANT.: *Calma, lentitud, retraso.*

apresurar
Acelerar, apremiar, apurar, urgir, activar, aligerar, precipitar, dar prisa.
ANT.: *Retrasar, postergar, diferir.*

apretar
1 Estrujar, comprimir, oprimir, prensar, estrechar, apresurar, exprimir, tensar.
ANT.: *Soltar, aflojar.*
2 Ceñir, ajustar.
3 Apremiar, acosar, espolear.
ANT.: *Ceder.*
4 Arreciar, empeorar, tupirse [lluvia].
ANT.: *Amainar.*

aprieto
Apuro, conflicto, dificultad, problema, dilema, trance, brete, ahogo.
ANT.: *Desahogo, alivio, holgura.*

aprisa
Deprisa o de prisa, velozmente, rápidamente, urgentemente, apresuradamente, aceleradamente.
ANT.: *Despacio, lento, lentamente.*

aprisionar
Apresar, aprehender, prender, detener, encarcelar, arrestar, recluir, capturar.
ANT.: *Soltar, liberar, libertar.*

aprobación
Autorización, consentimiento, aquiescencia, conformidad, beneplácito, asentimiento, asenso, permiso, venia, anuencia.
ANT.: *Desaprobación, negativa.*

apropiado
Pertinente, adecuado, apto, conveniente, justo, correcto, propio, idóneo.
ANT.: *Inadecuado, incorrecto.*

apropiarse
1 Adueñarse, apoderarse, arrogarse, incautarse, tomar.
ANT.: *Ceder, dar.*
2 Usurpar, despojar, quitar, robar.
ANT.: *Restituir, devolver.*

aprovechar
1 Emplear, disfrutar, explotar, utilizar, beneficiarse.
ANT.: *Desperdiciar.*
2 aprovecharse Abusar.

aprovisionar
Proveer, suministrar, abastecer, avitualllar, distribuir, almacenar.

aproximar
Acercar, adosar, avecinar, juntar, arrimar, allegar.
ANT.: *Alejar, separar, apartar.*

aptitud
Destreza, idoneidad, capacidad, suficiencia, arte, maña, talento.
ANT.: *Ineptitud, incompetencia.*

apuesta
Postura, envite, reto, desafío, rivalidad, jugada, juego.

apuesto
Arrogante, galán, gallardo, gentil, airoso, garboso.
ANT.: *Feo, desgarbado.*

apunado (Amér. Merid.)
Debilitado, indispuesto [por la altura].

apuntalar
Consolidar, reforzar, asegurar, afirmar, apoyar.
ANT.: *Debilitar, aflojar.*

apuntar
1 Inscribir, escribir, anotar, registrar, asentar.
ANT.: *Borrar, tachar.*
2 (Fig.) Señalar, indicar.
3 (Fig.) Sugerir, insinuar, corregir.
4 Asomar, despuntar, brotar.

apuñalar
Acuchillar, acribillar, pinchar.

apurado
1 Apremiante, comprometido, peligroso, difícil, angustioso.
ANT.: *Sencillo, fácil.*
2 Necesitado, afligido, angustiado, abrumado, miserable, hambriento.
ANT.: *Desahogado, holgado.*
3 Apresurado, con prisa.

apurar
1 Consumir, acabar, agotar, rematar, concluir.
ANT.: *Empezar, iniciar.*
2 (Fig.) Apresurar, apremiar, activar.
ANT.: *Retardar.*

apurarse
1 Atribularse, apenarse, acongojarse, preocuparse.
ANT.: *Despreocuparse, alegrarse.*
2 Apresurarse, darse prisa.

aquejar
Afectar, acongojar, afligir, entristecer, inquietar, abrumar.
ANT.: *Aliviar, consolar.*

aquelarre
Batahola, barahúnda, bulla.
ANT.: *Tranquilidad, silencio.*
aquiescencia
Aprobación, conformidad, consentimiento, permiso, beneplácito, venia, asenso.
ANT.: *Negativa, desaprobación.*
aquietar
Tranquilizar, sosegar, calmar, apaciguar, serenar, aplacar, aliviar.
ANT.: *Inquietar, soliviantar, agitar.*
aquilino
VER aguileño.
árabe
Arábigo, moro, beréber.
arabesco
1 Arábigo, arábico.
2 Voluta, adorno, espiral, ornato, decoración, tracería.
arancel
Tasa, derecho, tarifa, impuesto, valoración, carga, tributo, arbitrio, contribución.
arandela
1 Anilla, disco, corona, aro, argolla.
2 Volante, (Amér.) cenefa, (Amér. Merid.) chorrera.
arañar
1 Rasguñar, raspar, herir, rascar, arpar, carpir.
2 Rayar, marcar, señalar.
ANT.: *Alisar, pulir.*
3 (Fig. y fam.) Acopiar, recoger, juntar.
arar
Labrar, remover, roturar, cultivar, trabajar, laborear, cavar, surcar.
arbitraje
Dictamen, juicio, decisión, resolución, fallo, veredicto, sentencia.
arbitrariedad
Ilegalidad, injusticia, desafuero, despotismo, abuso, cabildada, atropello, vejación, ultraje, iniquidad.
ANT.: *Justicia, imparcialidad, legalidad.*
árbitro
Juez, mediador, interventor, intercesor, componedor, dictaminador, colegiado.
arboleda
Floresta, bosque, fronda, espesura, follaje, bosquecillo, selva, monte, boscaje.
ANT.: *Desierto, erial.*
arca
Baúl, arcón, cofre, arqueta, bargueño, cajón.
arcada
1 Bóveda, arquería, arco, cimbra, cúpula, ábside.
2 Basca, náusea, asco, vómito.
arcaico
Anticuado, viejo, vetusto, desusado, rancio, añejo, venerable, primitivo.
ANT.: *Moderno, nuevo.*
arcano
1 Secreto, oculto, hermético, reservado, recóndito, misterioso, cifrado, impenetrable.
ANT.: *Conocido, divulgado.*
2 Misterio, enigma.
ANT.: *Revelación.*
3 arcanos Lenguaje cifrado [contenido en las cartas del Tarot].
archivo
1 Protocolo, registro, legajo, cedulario, repertorio, padrón, índice.
2 (Colomb.) Oficina.
arcilla
Marga, greda, arena, tierra, calamita, caolín, caliza.
arco
1 Curvatura, curva, vuelta, semicírculo.
ANT.: *Recta.*
2 Cimbra, bóveda, cúpula, arcada, ábside.
3 Portería, meta [en fútbol y otros deportes].
arder
1 Quemarse, abrasarse, incendiarse, consumirse, prenderse, chamuscarse, flamearse, inflamarse.
ANT.: *Apagar, sofocar, extinguir, enfriar.*
2 Escocer, doler.
ANT.: *Aliviar.*
3 (Fig.) Resplandecer, refulgir.
ardid
Astucia, treta, anzuelo, argucia, artificio, jugarreta, trampa, triquiñuela, artimaña, truco, estratagema, martingala, mentira, añagaza, (Esp.) fullería, (Chile) magaña, (Méx., P. Rico) trácala.
ANT.: *Verdad.*
ardiente
1 Abrasador, candente, tórrido, incendiario, achicharrante, caluroso, cálido.
ANT.: *Gélido, frío.*
2 Encendido, ígneo, incandescente.
ANT.: *Apagado.*

3 (Fig.) Fervoroso, fogoso, apasionado, vehemente.
ANT.: *Indiferente, apático.*

ardor
1 Calor, ardentía.
2 Irritación, escozor, dolor.
ANT.: *Alivio.*
3 (Fig.) Fogosidad, pasión, arrebato, entusiasmo, efervescencia, exaltación.
ANT.: *Flema, indiferencia, frialdad.*

arduo
Difícil, peliagudo, laborioso, penoso, espinoso, complicado, trabajoso.
ANT.: *Fácil, sencillo.*

área
Superficie, extensión, espacio, perímetro, zona, tierra, comarca.

arena
1 Tierra, polvo, grava, polvillo, asperón, arenisca.
2 (Fig.) Palestra, palenque, ruedo, estadio.

arenga
Alocución, prédica, perorata, proclama, discurso, sermón, alegato, diatriba, catilinaria, peroración.

argamasa
Mortero, cemento, mezcla, forja.

argentino
(Fig.) Sonoro, cristalino, puro, vibrante.
ANT.: *Bronco, discordante.*

argolla
Anilla, aro, abrazadera, sortija, collar, gargantilla, ajorca, dogal.

argot
Jerga, caló, jerigonza, (ant.) galimatías.

argucia
1 Sofisma, tergiversación.
ANT.: *Llaneza, claridad.*
2 Engaño, artimaña, treta, añagaza, artificio, trampa, ardid VER.
ANT.: *Honradez, corrección.*

argüir
1 Razonar, argumentar, exponer, probar, demostrar, asegurar.
2 Disputar, impugnar, litigar, refutar.
ANT.: *Pactar, convenir.*

argumento
1 Conclusión, razonamiento, juicio, demostración, tesis, testimonio.
2 Libreto, guión, trama, tema, asunto, materia, motivo.
3 Evidencia, prueba, señal.

aria
Canción, pieza, solo, canto, aire, tonada, melodía, romanza, cavatina.

árido
1 Infecundo, estéril, seco, improductivo, desierto, yermo, desolado.
ANT.: *Fértil, fecundo.*
2 (Fig.) Monótono, aburrido, fastidioso.
ANT.: *Ameno, placentero.*

arisco
Esquivo, bravío, indócil, montaraz, cerril, huraño, insociable, hosco, (Amér.) chúcaro.
ANT.: *Sociable, dócil, afable.*

arista
Intersección, margen, canto, costado, esquina, saliente, ángulo, borde.

aristocracia
Alcurnia, linaje, estirpe, nobleza, prosapia, solera, abolengo, ascendencia, patriciado, señorío, hidalguía.
ANT.: *Plebeyez.*

armada
Escuadra, flota, convoy, flotilla.

armadura
1 Defensa, protección, coraza, arnés, caparazón, blindaje, plancha.
2 Armazón, esqueleto.

armar
1 Pertrechar, equipar, dotar, proveer.
ANT.: *Desarmar.*
2 Proteger, defender, blindar, acorazar.
ANT.: *Desproteger, desguarnecer.*
3 Juntar, concertar, montar.
ANT.: *Desmontar.*
4 (Fig. y fam.) Disponer, fraguar, planear.
5 (Fig. y fam.) Promover, mover, causar.

armario
Aparador, guardarropa, ropero, alacena, cómoda, rinconero, mueble.

armazón
Soporte, bastidor, montura, armadura, esqueleto, entramado, maderamen, sustentáculo.

armisticio
Tregua, cese, interrupción, pacto, tratado, reconciliación.
ANT.: *Hostilidades, guerra.*

armonía
1 Acorde, cadencia, consonancia, eufonía, afinación, ritmo.
ANT.: *Estridencia, discordancia.*
2 Hermandad, concordia, avenencia, paz, cordialidad, calma, unión, amistad.
ANT.: *Discordia, enemistad.*

armonioso
Melodioso, eufónico, afinado, rítmico, sonoro, musical.
ANT.: *Discordante, estridente.*
aro
1 VER anillo.
2 Pendiente, arete, arracada.
aroma
Fragancia, olor, perfume, efluvio, emanación, esencia, bálsamo.
ANT.: *Hedor, fetidez.*
arpa
Harpa, anemocordio.
arpía
1 Harpía [mitología griega].
2 (Fig. y fam.) Mujer aviesa o furibunda, fiera, furia, bruja.
3 (Fig. y fam.) Mujer fea y flaca, esperpento.
4 (Fig. y fam.) Persona codiciosa.
arquear
1 Curvar, alabear, cimbrar, encorvar, doblar, flexionar, enarcar.
ANT.: *Enderezar.*
2 Bascar o basquear, sufrir arcadas.
arquero
1 Cajero, tesorero.
2 Portero [de fútbol], guardameta.
arquetipo
Prototipo, ejemplar, dechado, modelo, ejemplo, molde, ideal, tipo.
arrabal
Barriada, contornos, suburbio, afueras, alrededores, extrarradio.
ANT.: *Centro, casco urbano.*
arrabalero
(Fig. y fam.) Grosero, tosco, ordinario, soez, maleducado, deslenguado, descarado.
ANT.: *Fino, educado.*
arracimarse
Apiñarse, concentrarse, agruparse, reunirse, apretujarse.
ANT.: *Dispersarse, disgregarse.*
arraigado
Aclimatado, establecido, acostumbrado, radicado, avecindado.
ANT.: *Desarraigado, inestable.*
arrancar
1 Desarraigar, quitar, separar, sacar, eliminar, suprimir, destrozar, extirpar, extraer, despegar.
ANT.: *Unir, adherir.*
2 (Fig.) Provenir, proceder, originarse.
3 (Fam.) Empezar.
ANT.: *Terminar.*
4 (Fam.) Partir, salir, marchar.
arranque
1 Arrancada, salida.
2 (Méx./fig.) Impulso, arrebato.
ANT.: *Calma, control.*
3 Comienzo, principio, origen.
ANT.: *Término.*
arrapiezo
Chiquillo, mocoso, crío, rapaz, criatura, niño, mozalbete, chaval, chicuelo.
ANT.: *Adulto.*
arras
1 Prenda, fianza, aval, garantía, señal.
2 Dote, bienes.
3 (Ant.) Donación, asignación.
arrasar
1 Rasar, allanar.
2 Desmantelar, asolar, arruinar, destruir, devastar.
ANT.: *Construir, reconstruir, rehacer.*
arrastrar
1 Remolcar, tirar de, impeler, empujar, trasladar, transportar, conducir, llevar, halar, acarrear.
ANT.: *Inmovilizar, atraer, parar.*
2 (Fig.) Absorber, atraer, convencer.
3 arrastrarse Reptar, serpentear.
arrear
1 Azuzar, hostigar, aguijonear, animar, estimular, activar, apresurar.
ANT.: *Parar, disuadir.*
2 Pegar, zurrar, atizar, golpear, tundir.
3 Arreglar, adornar, engalanar.
arrebatado
Fogoso, vehemente, violento, impulsivo, apasionado, colérico.
ANT.: *Flemático, indiferente.*
arrebatador
Arrobador, apasionante, maravilloso, conmovedor, encantador, atractivo.
ANT.: *Soso, insulso.*
arrebatar
Quitar, despojar, arrancar, desposeer, saquear, apoderarse.
ANT.: *Devolver, entregar.*
arrebujar
1 Abrigar, arropar, embozar, tapar, envolver, cubrir, esconder.
ANT.: *Destapar, descubrir.*
2 Revolver, desordenar.
arrechucho
1 Arrebato, acceso, rapto, enfurecimiento.
2 Indisposición, malestar, achaque, afección, mal, (fam.) achuchón.
ANT.: *Mejoría.*

arreciar
Redoblar, aumentar, agravarse, empeorarse, recrudecerse.
ANT.: *Disminuir, ceder, amainar.*
arrecife
Escollo, rompiente, bajo, atolón.
arredrarse
Amedrentarse, atemorizarse, amilanarse, (fam.) acoquinarse, encogerse.
ANT.: *Envalentonarse.*
arreglo
1 Orden, concierto, coordinación.
ANT.: *Desorden, desconcierto.*
2 Avenencia, conciliación, componenda, convenio.
ANT.: *Rompimiento, disensión.*
3 Compostura, reparación, reforma, restauración, remiendo.
ANT.: *Avería, rotura.*
4 Adaptación, transformación.
5 Acicalamiento, aliño.
ANT.: *Desarreglo.*
arrejuntarse
Amancebarse, cohabitar, liarse.
arrellanarse
Repantigarse, retreparse, acomodarse, descansar.
ANT.: *Incorporarse, erguirse.*
arremeter
Acometer, embestir, abalanzarse, atacar, precipitarse, chocar.
ANT.: *Detenerse, huir.*
arremolinarse
Apiñarse, reunirse, aglomerarse, apretujarse.
ANT.: *Separarse, dispersarse.*
arrendar
1 Ceder, traspasar, alquilar*, rentar*.
2 Contratar, ocupar, tomar en arriendo.
*Estas palabras se usan indistintamente para expresar que se da o se toma en arrendamiento alguna propiedad o bien.
arreos
1 Herramientas, utensilios, accesorios, aperos, aparejos, equipo, enseres.
2 Guarniciones, adornos, jaeces, galas.
arrepentido
Pesaroso, afligido, compungido, contrito, apenado, penitente.
ANT.: *Contumaz, reincidente, impenitente.*
arrestar
Detener, prender, apresar, reducir, encarcelar, aprisionar, recluir.
ANT.: *Liberar, soltar.*
arrestos
Coraje, arrojo, valor, valentía, osadía, resolución, atrevimiento, denuedo.
ANT.: *Cobardía, timidez.*
arriar
Soltar, bajar, descender, recoger, aflojar, abatir, largar.
ANT.: *Izar, subir, cargar.*
arribar
1 Llegar, aportar.
ANT.: *Irse, zarpar, partir.*
2 Acudir, presentarse, venir, comparecer.
ANT.: *Ausentarse.*
arribista
Advenedizo, intruso, oportunista, aprovechador, ambicioso, inescrupuloso.
arriendo
Arrendamiento, alquiler, renta, inquilinato.
arriesgado
1 Peligroso, expuesto, aventurado.
ANT.: *Seguro, inocuo.*
2 Osado, temerario, intrépido, decidido, imprudente.
ANT.: *Cauteloso, tímido, temeroso.*
arrimar
Juntar, adosar, acercar, aproximar, apoyar, pegar, avecinar.
ANT.: *Separar, alejar.*
arrinconar
Aislar, relegar, abandonar, desdeñar, arrumbar.
ANT.: *Sacar, actualizar.*
arrobador
Seductor, encantador, arrebatador, exquisito, maravilloso, hechicero, cautivador.
ANT.: *Repulsivo.*
arrodillarse
1 Hincarse, inclinarse, ponerse de rodillas.
ANT.: *Incorporarse, erguirse.*
2 Postrarse, prosternarse, venerar [en la frase "arrodillarse ante alguien"].
arrogancia
1 Presunción, soberbia, altanería, altivez, orgullo, jactancia.
ANT.: *Humildad, sencillez, timidez.*
2 Apostura, garbo, brío, elegancia, galanura.
ANT.: *Desaliño, fealdad.*

arrojar
1 Lanzar, echar, expeler, expulsar, tirar, despedir, disparar, proyectar.
ANT.: *Atraer, recuperar, parar, recoger.*
2 Vomitar.

arrojo
Valor, osadía, coraje, audacia, atrevimiento, temeridad, resolución.
ANT.: *Cobardía, prudencia, pusilanimidad.*

arrollador
Incontenible, irresistible, invencible, pujante, furibundo.
ANT.: *Débil, flojo.*

arrollar
1 Enrollar, envolver.
ANT.: *Desenrollar, desarrollar.*
2 Atropellar, derribar.
3 (Fig.) Aniquilar, vencer, derrotar.

arropar
VER abrigar.

arrostrar
Aguantar, soportar, resistir, afrontar, rechazar, rebelarse, enfrentarse.
ANT.: *Ceder, tolerar, rehuir.*

arroyo
1 Riachuelo, torrentera, regato, afluente, riacho, reguero, brazo.
2 (Méx.) Calle, vía.

arruga
Surco, pliegue, rugosidad, repliegue, dobladura, plisado.

arruinar
1 Destruir, devastar, asolar, desolar, arrasar.
ANT.: *Construir.*
2 Estropear, malograr, deshacer, desbaratar.
ANT.: *Reparar.*
3 arruinarse Empobrecer, venir a menos, fracasar, (fig.) quebrar.
ANT.: *Enriquecer.*

arrumaco
Carantoña, zalamería, halago, caricia, zalema, engatusamiento.
ANT.: *Daño, grosería.*

arrumbar
Desdeñar, arrinconar, abandonar, apartar, olvidar, menospreciar.
ANT.: *Sacar, recuperar.*

arte
1 Ciencia, disciplina, técnica, procedimiento, método, sistema, orden.
2 Maña, habilidad, capacidad, facultad, experiencia.
ANT.: *Incapacidad.*
3 Oficio, profesión.

artefacto
Artilugio, ingenio, instrumento, aparato, mecanismo, artificio.

artero
Astuto, ladino, marrullero, disimulado, malintencionado, traidor.
ANT.: *Noble, leal.*

artesano
Operario, obrero, artífice, menestral, productor.

ártico
Boreal, septentrional, norte.
ANT.: *Austral, meridional, antártico.*

articulación
1 Artejo, coyuntura, juntura, unión, juego, acoplamiento, enlace.
2 Pronunciación.

articular
1 Unir, enlazar.
ANT.: *Desarticular.*
2 Pronunciar, proferir, modular.
ANT.: *Mascullar, callar.*

artículo
1 Título, apartado, capítulo, sección, división.
2 Mercadería, mercancía, género, producto.
3 Crónica, escrito, suelto, gacetilla, noticia.

artífice
VER artesano.

artificial
1 Sintético, imitado, falsificado, ficticio, adulterado, postizo.
ANT.: *Natural, genuino.*
2 Simulado, convencional, fingido, afectado.
ANT.: *Sincero, espontáneo.*

artimaña
VER ardid.

artista
1 Actor, comediante, intérprete, protagonista, ejecutante, estrella, galán, dama.
2 Pintor, escultor.

artístico
Estético, exquisito, elevado, atractivo, primoroso, fino.
ANT.: *Prosaico, grosero.*

arveja (Esp.)
1 Guisante, chícharo*.
*Tb. significa: (Colomb./fam.) Cigarro malo. (Méx.) Muchacho de servicio, aprendiz.

as
Campeón.

A

asa
Asidero, mango, agarre, empuñadura, anilla, puño, manubrio, picaporte, pomo, tirador, (Chile) agarradero, (Méx., Venez.) agarradera.
asalariado
Empleado, trabajador, proletario, obrero, asoldado.
ANT.: *Capitalista, potentado.*
asaltar
1 Atacar, agredir, acometer, arremeter.
2 (Fig.) sobrevenir, acudir, ocurrirse.
3 Robar, forzar, despojar, (Méx.) atracar.
asamblea
1 Reunión, convención, conferencia, junta, congreso, mitin, público, auditorio.
2 Cortes, cámara, parlamento, senado, corporación.
asar
Dorar, tostar, calentar, quemar, chamuscar, abrasar, achicharrar, rostir.
ANT.: *Enfriar, congelar.*
ascendencia
Alcurnia, linaje, estirpe, cuna, tronco, origen, abolengo, prosapia, casta, genealogía, (fig.) sangre.
ANT.: *Descendencia.*
ascender
1 Subir, elevarse, trepar, alzarse.
ANT.: *Descender, bajar.*
2 Adelantar, promover, progresar.
ANT.: *Relegar, retroceder.*
3 Sumar, montar, importar.
ascendiente
1 Antecesor, precursor, antepasado, predecesor, progenitor.
ANT.: *Descendiente, sucesor.*
2 Influencia, influjo, predominio, prestigio, poder, autoridad, crédito.
ANT.: *Descrédito, incapacidad.*
ascenso
1 Subida, escalamiento, avance, progreso.
ANT.: *Descenso.*
2 Promoción, aumento, progreso, incremento, mejora, recompensa.
ANT.: *Destitución, degradación.*
asceta
Anacoreta, ermitaño, eremita, cenobita, monje, penitente, santón.
ANT.: *Vividor, epicúreo.*
asco
1 Náuseas, repugnancia, basca.
2 (Fig.) Repulsión, desagrado, aversión, aborrecimiento.
ANT.: *Agrado, gusto.*
3 (Fig. y fam.) Temor, miedo, disgusto.
ANT.: *Atracción.*
ascua
Rescoldo, brasa, lumbre, fuego.
aseado
Higiénico, pulcro, limpio, acicalado, aliñado, impecable, cuidadoso.
ANT.: *Sucio, antihigiénico.*
asechanza
Intriga, perfidia, insidia, engaño, treta, artificio.
ANT.: *Veracidad, honradez.*
asedio
Sitio, cerco, bloqueo, rodeo, acorralamiento, aislamiento.
ANT.: *Liberación, huida.*
asegurar
1 Fijar, reforzar.
ANT.: *Aflojar.*
2 Consolidar, sostener, fortalecer, apoyar.
ANT.: *Debilitar.*
3 Afirmar, declarar, aseverar, certificar, ratificar, garantizar, testificar, atestiguar.
ANT.: *Negar.*
4 asegurarse Cerciorarse, verificar.
asemejarse
Parecerse, semejar, parangonarse, recordar a, tener un aire.
ANT.: *Diferenciarse, distinguirse.*
asenso
Conformidad, asentimiento, permiso, aprobación, confirmación, anuencia.
ANT.: *Disconformidad, negativa.*
asentaderas
Nalgas, posaderas, culo, trasero, ancas, cachas, nalgatorio.
asentar
1 Instalar, fundar, establecer, fijar, levantar, poner, crear, consolidar.
ANT.: *Trasladar, quitar.*
2 Registrar, inscribir, escribir, anotar, pasar.
ANT.: *Borrar, tachar.*
3 Allanar, aplanar, apisonar, enrasar, alisar, planchar.
ANT.: *Desnivelar, arrugar.*
4 Convenir, acordar.
ANT.: *Discordar.*
5 Presuponer, suponer.
asentimiento
Conformidad, asenso VER.
ANT.: *Disconformidad, disentimiento.*

asentir
Aprobar, afirmar, admitir, consentir, convenir, reconocer, confirmar.
ANT.: *Disentir, negar.*
aseo
Lavado, higiene, limpieza, pulcritud, cuidado, esmero, fregado, baño, ducha.
ANT.: *Suciedad, desaseo.*
asepsia
Desinfección, antisepsia, esterilización, limpieza, higiene.
ANT.: *Contaminación, infección, sepsia.*
asequible
Realizable, factible, fácil, accesible, posible, hacedero, alcanzable.
ANT.: *Inasequible, imposible, irrealizable.*
aserción
Aseveración, afirmación, aserto, declaración, manifestación, confirmación.
ANT.: *Negación.*
aserrar
Cortar, partir, serrar, talar, seccionar, dividir.
aserto
VER aserción.
asesinar
Matar, inmolar, liquidar, despachar, eliminar, exterminar, aniquilar, acabar.
asesinato
Homicidio, magnicidio, parricidio.
asesor
Consejero, guía, mentor, monitor, supervisor, adiestrador, rector, director.
asestar
Pegar, descargar, sacudir, aporrear, atizar, golpear, lanzar, propinar.
aseverar
Declarar, asegurar, confirmar, afirmar, manifestar, atestiguar, ratificar.
asfalto
1 Alquitrán, betún, pez, brea, (ant.) bitumen, (Méx.) chapopote.
2 Pavimento, recubrimiento, alquitranado, revestimiento, macadam o macadán.
asfixia
Ahogo, sofocación, sofoco, opresión, agobio, estrangulación.
ANT.: *Respiración, aireación.*
asiduo
Frecuente, habitual, continuo, consuetudinario, acostumbrado, constante, persistente.
ANT.: *Infrecuente, intermitente.*
asignación
Cuota, retribución, cantidad, estipendio, paga, emolumentos, gratificación, honorarios, remuneración.
asignatura
Disciplina, materia, estudio, tratado, ciencia, arte.
asilo
1 Hospicio, albergue, refugio, orfanato, inclusa, establecimiento benéfico.
2 (Fig.) Amparo, protección.
asimétrico
Irregular, desigual, anómalo, desproporcionado.
ANT.: *Simétrico, regular.*
asimilar
1 Digerir, absorber, incorporar, aprovechar, nutrirse, alimentarse.
ANT.: *Eliminar, excretar.*
2 Equiparar, igualar, comparar.
ANT.: *Distinguir, diferenciar.*
3 Comprender, aprender.
asir
Agarrar, tomar, coger, empuñar, atrapar, aferrar, aprisionar, apresar, alcanzar, trabar, aprehender, afianzar.
ANT.: *Soltar, aflojar.*
asistencia
1 Concurrencia, afluencia, auditorio.
2 Ayuda, socorro, protección, colaboración, apoyo, amparo, → asistir.
ANT.: *Desasistencia, abandono, desamparo.*
asistir
1 Ayudar, apoyar, socorrer, amparar.
2 Concurrir, presentarse, estar, ver, ir, presenciar, visitar, acompañar.
ANT.: *Faltar.*
asno
1 Jumento, burro, pollino, rucio, borrico.
2 (Fig.) Zopenco, bruto, bestia, animal, necio, mentecato, lerdo, ignorante.
ANT.: *Inteligente, listo.*
asociación
Corporación, sociedad, compañía, hermandad, entidad, institución, gremio, grupo, consorcio, empresa, círculo, agrupación.
asociar
Agrupar, federar, congregar, reunir, hermanar, incorporar, inscribir.
ANT.: *Separar, desvincular, disociar.*
asolar
Arrasar, saquear, devastar, arruinar, agostar, destruir.
ANT.: *Rehacer, reconstruir.*

asomar
Surgir, mostrarse, aparecer, salir, manifestarse, presentarse, enseñar.
ANT.: *Ocultar, esconder.*
asombro
Pasmo, sorpresa, estupor, estupefacción, fascinación, turbación, alelamiento, extrañeza, maravilla, confusión, espanto.
ANT.: *Indiferencia, apatía.*
aspaventoso
Gesticulante, quejumbroso, plañidero, (Amér.) mitotero.
aspaviento
Gesticulación, gesto, ademán, demostración, visaje, queja, pasmarota.
ANT.: *Calma, indiferencia.*
aspecto
1 Apariencia, porte, aire, presencia, talante, figura, pinta, catadura, empaque, estampa, fisonomía.
2 Traza, cariz, vista.
áspero
1 Desigual, tosco, rugoso, abrupto, escarpado, rasposo.
ANT.: *Liso, uniforme, suave.*
2 Severo, austero, rudo, arisco, desapacible, riguroso, brusco, desabrido.
ANT.: *Amable, afectuoso, cariñoso.*
aspiración
1 Deseo, anhelo, esperanza, sueño, pretensión, afán.
ANT.: *Desilusión.*
2 Apetencia, ansia, pasión, inclinación, avidez.
ANT.: *Indiferencia.*
3 Respiración, inhalación.
aspirante
Postulante, pretendiente, demandante, candidato.
ANT.: *Titular.*
aspirar
1 Respirar, inhalar, inspirar, suspirar, jadear.
ANT.: *Espirar, exhalar.*
2 Desear, → aspiración.
asqueroso
Repugnante, inmundo, sucio, repulsivo, nauseabundo, repelente, impúdico.
ANT.: *Agradable, atractivo, limpio.*
asta
1 Mástil, palo, vara, pértiga, eje, pica, lanza, fuste.
2 Cornamenta, cuerno.
astracanada
Disparate, vulgaridad, barbaridad, bufonada, necedad, ordinariez, chabacanería.
ANT.: *Sensatez, cordura, sobriedad.*
astro
Estrella, luminaria, lucero, cuerpo celeste, mundo, planeta, satélite.
astronauta
Cosmonauta, navegante espacial.
astronave
Cosmonave, nave espacial.
astroso
Andrajoso, harapiento, desastrado, desaliñado, desaseado, sucio, (Méx.) chamagoso.
ANT.: *Pulcro, limpio, aseado.*
astucia
1 Perspicacia, sagacidad, picardía, habilidad.
ANT.: *Ingenuidad, candidez.*
2 Ardid, estratagema, treta, artimaña, marrullería, zorrería.
asueto
Festividad, descanso, vacaciones, recreo, pausa, reposo, ocio, holganza.
ANT.: *Trabajo, laborable.*
asumir
Aceptar, contraer, tomar, hacerse cargo, conseguir, alcanzar.
ANT.: *Dejar, rechazar, rehusar.*
asunto
1 Cuestión, tema, materia, fin, objetivo, tesis, motivo, trama.
2 Transacción, negocio, operación, trato, venta.
asustar
Atemorizar, espantar, amilanar, amedrentar, impresionar, intimidar, aterrorizar, sobrecoger, horripilar, sobresaltar, preocupar.
ANT.: *Tranquilizar, animar.*
atacar
1 Acometer, embestir, arremeter, asaltar, agredir, abalanzarse, arrojarse, combatir.
ANT.: *Retroceder, defenderse.*
2 Impugnar, refutar, rebatir, replicar, contestar, contradecir.
ANT.: *Callar, conceder.*
atadura
1 Ligadura, amarradura.
2 Unión, enlace, vínculo, sujeción, yugo.
ANT.: *Libertad.*
3 Impedimento, traba.

atar
Anudar, ligar, amarrar, enlazar, unir, sujetar, asegurar, trabar, inmovilizar, juntar, apiolar, liar, empalmar.
ANT.: *Soltar, desatar.*

atardecer
1 Oscurecer, anochecer.
ANT.: *Amanecer.*
2 Crepúsculo, tarde, ocaso.
ANT.: *Alba, aurora.*

atareado
Ocupado, apurado, apresurado, afanoso, afanado, ajetreado, abrumado, atosigado, agitado, diligente, activo.
ANT.: *Desocupado, indolente, ocioso.*

atascar
1 Taponar, obstruir, tapar, cerrar, cegar, obturar, atrancar, estancarse.
ANT.: *Desatascar, desobstruir, abrir.*
2 (Fig.) Obstaculizar, impedir, dificultar, embotellar.
ANT.: *Favorecer, agilizar.*
3 Atiborrarse, hartarse, atracarse, (Méx./vulg.) atascarse.

ataúd
Féretro, caja, cajón, sarcófago.

ataviar
Vestir, cubrir, poner, acicalar, engalanar, llevar, usar, lucir, colocarse.
ANT.: *Desnudar.*

atávico
1 Ancestral, hereditario, familiar, recurrente, consanguíneo.
2 (Fig.) Tradicional.

atavío
Indumentaria, indumento, vestido, prenda, atuendo, ajuar, ropaje, vestimenta.

ateísmo
Incredulidad.
ANT.: *Fe.*

atemorizar
Asustar, amedrentar, amilanar, acobardar, acoquinar, intimidar, espantar, arredrar, alarmar, inquietar, aterrar, horrorizar.
ANT.: *Animar, envalentonar.*

atemperar
Mitigar, moderar, suavizar, atenuar, aplacar, calmar.
ANT.: *Irritar, exacerbar, exasperar.*

atenazar
1 Apretar, sujetar, coger, aferrar, oprimir, trincar.
ANT.: *Soltar, aflojar.*
2 (Fig.) Torturar, afligir, atenacear.

atención
1 Cortesía, cumplido, miramiento, consideración, amabilidad.
ANT.: *Grosería, desconsideración.*
2 Interés, cuidado, esmero, vigilancia.
ANT.: *Desinterés, distracción.*

atender
1 Oír, escuchar, estudiar, reflexionar, fijarse.
ANT.: *Desatender.*
2 Cuidar, mimar, preocuparse, interesarse.
ANT.: *Descuidar, desdeñar.*

ateneo
Asociación, agrupación, sociedad, casino, círculo, centro, club.

atentado
Agresión, ataque, asalto, conjura, tentativa, violencia, delito.

atento
1 Aplicado, esmerado, concienzudo, estudioso.
ANT.: *Distraído, desinteresado.*
2 Afable, cortés, amable, considerado, complaciente, solícito, servicial, respetuoso, galante, educado.
ANT.: *Desatento, descortés, grosero.*

atenuar
Aminorar, disminuir, amortiguar, debilitar, mitigar, menguar, paliar.
ANT.: *Aumentar, reforzar.*

ateo
Incrédulo, irreligioso, impío, descreído.
ANT.: *Creyente, piadoso.*

aterciopelado
Suave, afelpado, terso, fino.
ANT.: *Áspero, tosco.*

aterido
Transido, helado, frío, pasmado, yerto, congelado.
ANT.: *Tibio, caliente, ardiente.*

aterrador
Horripilante, estremecedor, horrendo, horrible, hórrido, tremebundo, espantoso, alucinante, tremendo, pavoroso, terrorífico.
ANT.: *Encantador, alegre, agradable.*

aterrizar
1 Descender, posarse, bajar, tomar tierra.
ANT.: *Ascender, despegar.*
2 (Fam.) Caerse.

atesorar
Acumular, acaparar, ahorrar, economizar, guardar, amasar, amontonar, entalegar.
ANT.: *Gastar, despilfarrar, dilapidar.*

atestado
1 Colmado, abarrotado, repleto, atiborrado, henchido, cargado.
ANT.: *Vacío, libre.*
2 Documento, testimonio, declaración, escrito.

atestiguar
Testimoniar, alegar, declarar, afirmar, aseverar, probar, manifestar, testificar.
ANT.: *Negar, callar.*

atezado
Moreno, bronceado, tostado, quemado, cetrino, oscuro, aceitunado, endrino.
ANT.: *Claro, blanco, rubio, pálido.*

atiborrar
1 Henchir, colmar, rebutir.
ANT.: *Descargar.*
2 Abarrotar, atestar.
ANT.: *Vaciar.*
3 Hartar, atracar, atracarse, saciar.

atildado
Acicalado, pulcro, aseado, pulido, esmerado, peripuesto, elegante.
ANT.: *Desaliñado, descuidado, desaseado.*

atinar
Acertar, lograr, dar con, adivinar, descubrir, encontrar, hallar.
ANT.: *Errar, fallar.*

atípico
Desusado, infrecuente, raro, anormal.
ANT.: *Típico.*

atiplado
Aflautado, agudo, fino, alto, subido.
ANT.: *Grave, bronco.*

atisbar
Escudriñar, espiar, escrutar, observar, curiosear, contemplar, ver, vislumbrar.

atizar
1 Pegar, propinar, golpear, dar, aplicar, proporcionar.
2 Azuzar, incitar, avivar, remover, estimular, excitar.
ANT.: *Moderar, aplacar, sofocar.*

atleta
Deportista, gimnasta, acróbata, competidor.

atlético
Fornido, robusto, vigoroso, nervudo, membrudo, forzudo, hercúleo, fuerte.
ANT.: *Endeble, débil, canijo.*

atmósfera
Aire, ambiente, estratosfera, espacio, éter, masa gaseosa.

atolladero
1 Lodazal, atascadero, atranco.
2 Dificultad, obstáculo, engorro, problema, escollo, trance.
ANT.: *Solución, posibilidad, salida.*

atolondrado
Atontado, aturdido, alocado, imprudente, precipitado, distraído, botarate.
ANT.: *Sensato, prudente, juicioso.*

atomizar
Pulverizar, dividir, fragmentar, proyectar, vaporizar, rociar.
ANT.: *Aglomerar, acumular.*

atonía
Flojedad, flaccidez, debilidad, relajamiento, decaimiento, lasitud.
ANT.: *Firmeza, energía.*

atónito
Estupefacto, pasmado, aturdido, desconcertado, asombrado, sorprendido, (fam.) turulato.
ANT.: *Impasible, impertérrito.*

atontado
1 Pasmado, bobo, lelo, papanatas, zoquete, simple, zopenco, mentecato.
ANT.: *Listo, despierto.*
2 Mareado, aturdido, aturullado, ofuscado, azorado, confundido, turbado.
ANT.: *Consciente, alerta.*

atorar
Obstruir, atascar, tupir, tapar, ahogar, cegar, obturar.
ANT.: *Desatascar, destapar.*

atormentar
1 Torturar, martirizar.
ANT.: *Aliviar.*
2 Abrumar, acosar, hostigar, molestar, disgustar.
ANT.: *Confortar.*
3 Inquietar, desesperar.
ANT.: *Consolar.*

atorrante (Argent., Par., Urug.)
1 Vago, haragán, holgazán.
2 Desfachatado, desvergonzado.

atosigar
1 Envenenar, emponzoñar.
2 (Fig.) Acuciar, importunar, hostigar, azuzar, acosar, molestar, fatigar, abrumar.
ANT.: *Tranquilizar, serenar, aliviar.*

A

atracadero
Muelle, dique, malecón, desembarcadero, espigón, fondeadero, amarradero, aportadero.

atracador
Asaltante, agresor, salteador, malhechor, bandido, delincuente.

atracar
1 Asaltar, saltear, atacar, agredir, desvalijar, saquear, robar.
2 Fondear, anclar, amarrar.
3 (Chile) Golpear, zurrar, empujar.
4 (Antill., Hond.) Reñir, discutir.
5 atracarse Hartarse, llenarse, atiborrarse, saciarse, (vulg.) tragar, apiporrarse, henchirse.

atracción
Seducción, (fig.) imán, atractivo VER.
ANT.: *Repulsión.*

atraco
1 Asalto, robo, atracar VER.
2 (Méx./fig. y fam.) Abuso [sobre todo por parte de comerciantes].

atractivo
1 Encanto, hechizo, atracción, simpatía, sugestión, seducción.
ANT.: *Repulsión, desagrado.*
2 Atrayente, seductor, agradable, encantador.
ANT.: *Repelente.*

atraer
1 Aproximar, acercar, arrimar, avecinar, tirar de.
ANT.: *Repeler, rechazar.*
2 (Fig.) Captar, seducir, cautivar, encantar.
ANT.: *Disgustar, repeler.*
3 (Fig.) Ocasionar, acarrear, causar, provocar.

atragantarse
Ahogarse, asfixiarse, atorarse, atascarse, taparse, ocluirse.
ANT.: *Expulsar, destapar.*

atrancar
Reforzar, afianzar, sujetar, atascar, cerrar, asegurar, atorar.
ANT.: *Abrir, desatrancar.*

atrapar
Aferrar, coger, agarrar, sujetar, detener, retener, apoderarse, pillar, pescar, cazar.
ANT.: *Soltar.*

atrasado
1 Anticuado, pasado, viejo, vetusto, arcaico, antiguo, añejo.
ANT.: *Moderno, actual, adelantado.*
2 Moroso, entrampado.

atraso
1 Retraso, demora, aplazamiento, postergación, rezagamiento, dilación, retardo.
ANT.: *Adelanto, anticipo.*
2 Incultura, salvajismo, barbarie.
ANT.: *Progreso.*

atravesar
1 Cruzar, pasar, trasponer, traspasar, salvar, recorrer, vadear.
2 Ensartar, horadar, traspasar, penetrar, meter, perforar, clavar, engarzar, agujerear.

atrayente
Maravilloso, fascinante, seductor, sugestivo, cautivante, atractivo.
ANT.: *Desagradable, repulsivo.*

atrevido
1 Audaz, osado, intrépido, temerario, valiente, despreocupado, resuelto.
ANT.: *Cobarde, tímido, apocado.*
2 Descarado, insolente, (fig. y fam.) fresco.
ANT.: *Cortés, correcto.*

atribución
Atributo, prerrogativa, facultad, jurisdicción, poder, asignación.
ANT.: *Renuncia.*

atribular
Apenar, entristecer, apesadumbrar, atormentar, desconsolar, acuitar.
ANT.: *Alegrar, animar, confortar.*

atributo
1 Distintivo, característica, propiedad, rasgo, peculiaridad, condición, cualidad.
2 Símbolo, emblema, alegoría.

atrio
Pórtico, portal, porche, soportal, columnata, peristilo, entrada, patio, zaguán.

atrocidad
1 Barbaridad, brutalidad, salvajada, crueldad, desenfreno, exceso, inhumanidad.
ANT.: *Humanidad, piedad.*
2 (Fam.) Disparate, necedad.

atrofia
Raquitismo, consunción, disminución, debilitamiento, debilidad, parálisis.
ANT.: *Fortalecimiento, desarrollo.*

atronador
Estruendoso, retumbante, ensordecedor, ruidoso, sonoro.
ANT.: *Silencioso.*

atropellar
1 Arrollar, derribar, empujar, tirar, golpear, herir.
2 Agraviar, ofender, vejar, afrentar, insultar, deshonrar, injuriar.
ANT.: *Honrar, ensalzar.*

atroz
1 Cruel, fiero, inhumano, impío, terrible, bárbaro, salvaje.
ANT.: *Humanitario.*
2 Inaudito, grave, desastroso, desmesurado.
3 Espantoso, horripilante, monstruoso.
ANT.: *Agradable.*

atuendo
Atavío, vestimenta, ropaje, indumentaria, vestuario, prendas.

aturdimiento
1 Atolondramiento, atarantamiento.
2 Confusión, turbación, ofuscación.
ANT.: *Serenidad, claridad.*
3 (Fig.) Impetuosidad, apresuramiento, torpeza.
ANT.: *Calma, seguridad.*

audacia
Atrevimiento, valentía, osadía, intrepidez, arrojo, temeridad, decisión, resolución, imprudencia, despreocupación.
ANT.: *Prudencia, timidez, cobardía.*

audiencia
1 Entrevista, conferencia, recepción, visita, diálogo.
2 Juzgado, tribunal, sala, magistratura.
3 Auditorio, público, asistentes, oyentes, presentes, concurrentes.

auditorio
Público, concurrencia, audiencia VER.

auge
Culminación, apogeo, pináculo, remate, cúspide, plenitud, prosperidad, esplendor.
ANT.: *Decadencia,* ocaso.

augurar
Profetizar, vaticinar, pronosticar, predecir, presagiar, prever, conjeturar, adivinar, agorar.

augusto
Respetable, venerable, honorable, admirado, reverenciado, majestuoso.
ANT.: *Desdeñado, despreciable.*

aula
Sala, salón, anfiteatro, aposento, recinto, paraninfo, clase, cátedra.

aullar
Bramar, gritar, vociferar, ulular, chillar, ladrar.
ANT.: *Callar.*

aumento
Incremento, elevación, ampliación, crecimiento, acrecentamiento, añadido.
ANT.: *Disminución.*

aunar
Congregar, reunir, sumar, juntar, combinar, ajustar, compaginar, unificar.
ANT.: *Separar, dividir, disgregar.*

aura
1 Soplo, aliento, hálito.
2 (Fig.) Renombre, fama, aureola, reputación, popularidad.
ANT.: *Descrédito.*
3 (Amér. C.) Zopilote, gallinazo.

áureo
1 Aurífero, áurico.
2 Dorado, resplandeciente, fulgurante, rutilante, brillante.
ANT.: *Opaco, deslucido.*

aureola
1 Corona, halo, nimbo, cerco, fulgor, resplandor.
2 (Fig.) Fama, celebridad, renombre.

aurora
Amanecer, alba, madrugada, mañana, alborada.
ANT.: *Atardecer, anochecer, crepúsculo.*

ausencia
1 Carencia, omisión, falta, defecto, insuficiencia, escasez.
ANT.: *Abundancia, exceso.*
2 Alejamiento, separación, desaparición, marcha, abandono.
ANT.: *Presencia, proximidad.*

auspiciar
1 Favorecer, proteger, asistir, socorrer, patrocinar, sufragar.
ANT.: *Abandonar, descuidar.*
2 Predecir, adivinar, augurar.

auspicio
1 Protección, amparo, patrocinio.
2 Agüero, pronóstico, indicio, presagio, vaticinio, profecía.

auspicioso
Favorable, benéfico, propicio, adecuado, apropiado.
ANT.: *Desfavorable.*

austero
Sobrio, frugal, moderado, templado, rígido, severo, serio, abstinente.
ANT.: *Desenfrenado, inmoderado, intemperante, frívolo.*

autarquía
Independencia, autonomía, soberanía, libertad.
ANT.: *Dependencia.*
autárquico
Autonómico, autónomo, independiente, libre.
auténtico
Legítimo, genuino, verdadero, probado, fidedigno.
ANT.: *Falso, espurio.*
auto
VER automóvil.
autóctono
Indígena, natural, originario, oriundo, vernáculo, aborigen.
ANT.: *Foráneo, extranjero, alóctono.*
automático
1 Instintivo, involuntario, inconsciente, maquinal, indeliberado.
ANT.: *Voluntario, consciente, deliberado.*
2 Mecánico, automotriz, técnico.
ANT.: *Manual.*
3 Inmediato, indefectible.
automóvil
Coche, auto, vehículo, carro.
autonomía
Emancipación, libertad, soberanía, separación, independencia, autarquía, autogobierno.
ANT.: *Dependencia, subordinación.*
autor
1 Creador, generador, descubridor, productor, padre.
2 Causante, culpable, ejecutor.
3 Escritor, literato, dramaturgo, ensayista.
autoridad
1 Mando, poderío, poder, dominación, potestad, imperio, jerarquía, supremacía, arbitrio, fuerza.
ANT.: *Sumisión, dependencia.*
2 Crédito, prestigio, mérito, fe.
ANT.: *Descrédito, desprestigio.*
autoritario
Mandón, dominante, arbitrario, abusivo, despótico, absoluto, injusto.
ANT.: *Sumiso, dócil.*
autorizar
Acceder, permitir, consentir, tolerar, facultar, otorgar, aprobar.
ANT.: *Prohibir, negar, rechazar.*
auxiliar
1 Socorrer, ayudar, asistir, remediar, amparar, proteger, favorecer, colaborar, sufragar, apoyar, acompañar.
ANT.: *Desamparar, dañar.*
2 Ayudante, asistente, adjunto, suplente.
ANT.: *Titular.*
aval
Garantía, fianza, vale, crédito.
avalancha
Alud, desmoronamiento, corrimiento, derrumbe, desprendimiento, hundimiento.
avanzada
Vanguardia, destacamento, descubierta, frente, patrulla.
ANT.: *Retaguardia.*
avanzar
1 Adelantar, marchar, rebasar, arrollar, progresar, acometer.
ANT.: *Retroceder.*
2 Prosperar, progresar, mejorar.
ANT.: *Declinar, empobrecerse.*
avaricia
Tacañería, codicia, ambición, usura, sordidez, ruindad, cicatería, miseria, roñosería, ansia, anhelo.
ANT.: *Generosidad, desinterés, prodigalidad.*
avasallar
Atropellar, someter, sojuzgar, dominar, oprimir, humillar, subyugar, rendir.
ANT.: *Liberar, enaltecer.*
avatares
Alternativas, transformaciones, cambios, altibajos, problemas, vicisitudes.
avejentado
Envejecido, ajado, mustio, marchito, arrugado, apergaminado.
ANT.: *Rejuvenecido.*
avenencia
1 Arreglo, compromiso, pacto, acuerdo, convenio, inteligencia.
ANT.: *Disputa.*
2 Conformidad, concordia, armonía, unión.
ANT.: *Desavenencia.*
avenida
1 Vía, paseo, bulevar, ronda, arteria, carrera, (Esp.) rambla.
2 Inundación, riada, crecida, desbordamiento, aluvión, torrente.
avenirse
1 Amoldarse, transigir, conformarse, doblegarse, resignarse.
ANT.: *Rebelarse.*
2 Simpatizar, congeniar, comprenderse, hermanarse, entenderse.
ANT.: *Disputar.*

aventajar
Superar, sobrepujar, exceder, sobrepasar, desbordar, adelantar, pasar.
ANT.: *Rezagarse.*

aventura
1 Lance, acaecimiento, suceso, hecho, episodio, andanza, circunstancia, hazaña, caso.
2 Contingencia, incidente, evento, azar.
3 Riesgo, empresa, peligro.
4 Correría, intriga, amorío.

aventurado
Arriesgado, peligroso, fortuito, aleatorio, incierto, comprometido, inseguro.
ANT.: *Seguro.*

avergonzar
1 Turbar, confundir, abochornar, aturdir.
ANT.: *Alardear, enorgullecer.*
2 Sonrojar, ruborizar, (Méx.) chivear o chiviar.
3 Humillar, desairar, vejar, afrentar, agraviar, ultrajar.
ANT.: *Enaltecer, alabar.*
4 (Colomb., Hond., Méx.) Apenar.

averiar
Estropear, dañar, deteriorar, perjudicar, arruinar, malograr, accidentar.
ANT.: *Arreglar.*

averiguar
Investigar, indagar, inquirir, preguntar, buscar, rebuscar, examinar, sondear, rastrear, explorar, vigilar, fisgar.

aversión
Repulsión, repugnancia, fobia, antipatía, desafecto, ojeriza, tirria.
ANT.: *Simpatía, afecto, inclinación.*

avezado
Curtido, veterano, ducho, experimentado, fogueado, diestro, encallecido.
ANT.: *Inexperto, novato.*

avidez
1 Ambición, apetencia, deseo, ansia, pasión.
ANT.: *Indiferencia, saciedad.*
2 Codicia, voracidad.
ANT.: *Moderación.*

avieso
Retorcido, perverso, maligno, tortuoso, maquiavélico, abyecto, odioso, ruin.
ANT.: *Recto, honrado, bueno.*

avíos
Aperos, utensilios, arreos, enseres, bártulos, equipo, pertrechos.

avión
Aeroplano, aeronave, aparato, reactor.

avisar
Notificar, informar, anunciar, indicar, advertir, prevenir, participar, enterar.
ANT.: *Callar, omitir.*

avispado
Sagaz, listo, ladino, astuto, despierto, previsor, despabilado, agudo.
ANT.: *Necio, ingenuo, obtuso, lerdo.*

avistar
Avizorar, divisar, percibir, descubrir, vislumbrar, observar, ojear, distinguir.

avituallar
Aprovisionar, proveer, suministrar, abastecer, equipar, surtir.
ANT.: *Desabastecer.*

avivar
Excitar, incitar, enardecer, activar, encender, reanimar, acelerar, apresurar.
ANT.: *Calmar, desanimar, frenar.*

avizor
Vigilante, atento, alerta, acechante, observador.
ANT.: *Desprevenido, distraído.*

avizorar
Vislumbrar, atisbar, distinguir, divisar, descubrir, ver, columbrar, acechar, observar.

axila
Sobaco.

axioma
1 Verdad, evidencia, regla, principio.
2 Aforismo, dogma, proverbio, sentencia, precepto.

aya
Nodriza, niñera, chacha, ama seca, institutriz, preceptora.

ayer
Anteriormente, recientemente, antes, hace poco, antiguamente.
ANT.: *Hoy, actualmente, mañana.*

ayo
Preceptor, guía, mentor, maestro, educador, pedagogo, dómine, tutor.

ayote (Amér. C.)
Calabaza.

ayuda
Asistencia, auxilio, socorro, amparo, protección, respaldo, favor, subsidio, colaboración, contribución, limosna.
ANT.: *Abandono, daño, perjuicio, estorbo.*

ayudante
Colaborador, auxiliar, coadjutor, asistente, agregado, cooperador, subalterno.

ayunar
1 Privarse, abstenerse.
ANT.: *Saciarse, hartarse.*
2 Renunciar, sacrificarse, refrenarse.
ANT.: *Prodigarse.*

ayuno
1 Abstinencia, dieta, vigilia, penitencia, privación, sacrificio.
ANT.: *Desenfreno, intemperancia, hartura.*
2 Privado, carente.
3 Ignorante, inadvertido.

ayuntamiento
Alcaldía, municipio, municipalidad, concejo, corporación, cabildo.

azafata
1 Camarera, auxiliar.
2 Aeromoza, (Colomb.) cabinera.

azar
1 Ventura, hado, eventualidad, fortuna, suerte, sino, destino, acaso.
ANT.: *Realidad, certidumbre.*
2 Contingencia, coincidencia, casualidad, riesgo.
ANT.: *Seguridad.*

azararse
Ofuscarse, confundirse, apabullarse, pasmarse, embarazarse, enfadarse.
ANT.: *Serenarse, animarse.*

azaroso
1 Arriesgado, fortuito, aleatorio, incierto, casual.
ANT.: *Seguro, real, cierto.*
2 Peligroso, comprometido, apurado, inseguro, agitado.
ANT.: *Seguro, tranquilo.*

azor
Milano, esmerejón, ave rapaz.

azorado
Turbado, confundido, aturdido, desorientado, embarazado, ofuscado, conturbado, sobresaltado.
ANT.: *Sereno, animado.*

azotaina
Tunda, zurra, paliza, soba, castigo, vapuleo, (fam.) somanta, (Esp./fam.) zurribanda.

azote
1 Látigo, vergajo, flagelo, disciplinas, vara, fusta.
2 Latigazo, golpe, nalgada.
3 Calamidad, plaga, epidemia, desastre, flagelo, castigo, aflicción.
ANT.: *Bendición, fortuna.*

azotea
Terraza, terrado, solana, galería.

azucarar
Almibarar, endulzar, edulcorar, acaramelar, dulcificar.
ANT.: *Amargar, agriar, acibarar.*

azul
Añil, índigo, azur, zarco, garzo, azulado, turquí, pavonado, endrino.

azulejo
Baldosa, mosaico, cerámica, mayólica, alicatado, baldosín.

azurumbado (Amér. C.)
Atolondrado, aturdido, botarate.

azuzar
1 Espolear, incitar, instigar, estimular, animar, avivar, excitar.
ANT.: *Refrenar, contener, frenar.*
2 Hostigar, acosar, irritar, atormentar, (fam.) achuchar*.
ANT.: *Calmar, tranquilizar.*
*Tb. significa: (Argent., Urug.) Tiritar, estremecerse.

B

baba
1 Saliva, secreción, humor, espumarajo.
2 (P. Rico, Sto. Dom./fig.) Palabrería, insustancialidad.
3 Jugo viscoso [de algunas plantas].

babaza
1 Baba, sustancia viscosa.
2 Baboso, babosa VER, (Méx.) tlaconete.

babel
Confusión, desorden, caos, barullo, desbarajuste, barahúnda, pandemonio.
ANT.: *Orden, organización.*

babia (estar en)
Distraerse, embobarse, alelarse, abstraerse, confundirse.
ANT.: *Atender, concentrarse.*

babieca
Lelo, memo, bobo, tonto, mentecato, bobalicón, pasmado, papanatas, obtuso.
ANT.: *Listo, despierto, inteligente.*

babor
Izquierda, siniestra.
ANT.: *Estribor, derecha.*

babosa
Limaza, limaco, babaza, (Méx.) tlaconete.

baboso
1 Almibarado, empalagoso, pegajoso, obsequioso, enamoradizo.
2 Senil, chocho, decrépito, valetudinario.
ANT.: *Joven, lúcido.*
3 Bobo, simple, tonto.
ANT.: *Sagaz, despierto.*

babucha
Pantufla, chancleta, chinela, alpargata, sandalia, zapatilla.

baca
1 Canastilla, portaequipaje [en automóviles].
2 Baya del laurel.

bacalao
1 Abadejo, pejepalo, curadillo.
2 Carne de este pescado salada y seca.
3 (Cuba) Mujer muy flaca.
4 (Venez.) Muchacha muy fea o aburrida.

bacán (Argent.)
Ricachón, postinero, encopetado, lechuguino.

bacanal
Orgía, francachela, juerga, desenfreno, parranda.

bacante
1 Ménade, sacerdotisa.
2 (Fig.) Mujer frenética.
3 (Fig.) Voluptuosa, exaltada, impúdica, embriagada.

bachata (Cuba, P. Rico)
Juerga, diversión, jolgorio.

bache
1 Socavón, hoyo, zanja, hueco, excavación, hundimiento, poza.
2 Interrupción.
3 (Fig.) Abatimiento.

bachiller
1 Diplomado, graduado, titulado, licenciado.
2 (Fig. y fam.) Hablador, impertinente, tarabilla.

bacilo
VER bacteria.

bacinilla
Orinal, bacín, bacinica, chata, perico, vaso de noche, sillico.

bacteria
Microbio, germen, bacilo, microorganismo.

báculo
1 Cayado, palo, bastón, vara, bordón.
2 (Fig.) Consuelo, apoyo, soporte.

badulaque
1 (Ant.) Afeite, cosmético.
2 (Fig. y fam.) Necio, estúpido, inconsistente.
ANT.: *Sensato.*
3 (Ecuad.) Impuntual, informal.
ANT.: *Puntual, formal.*

bagaje
1 Equipo, pertrechos, impedimenta, arreos.
2 (Fig.) Acervo, patrimonio, cúmulo, conjunto.
3 Equipaje, maletas.

bagatela
1 Fruslería, chuchería, baratija, nadería, bicoca.
2 Nimiedad, trivialidad, insignificancia.
bagayo (Argent., Urug./fam.)
1 Paquete, bulto, lío.
2 (Desp.) Mujer fea, vieja.
bagual
1 (Riopl.) Indómito, bravo, salvaje [se aplica sobre todo a caballos y toros].
2 (Chile) Hombretón, hombrón, hombrote.
3 (Argent.) **baguala** Cierta canción popular.
bahía
Golfo, ensenada, abra, rada, cala, caleta, ría, refugio, abrigo, ancón.
bailar
Danzar, bailotear, girar, zapatear, oscilar, moverse.
bailarín
Bailador, danzador, danzante, saltarín.
baile
Danza, (desp.) bailoteo.
bailotear
Bailar desacompasadamente, brincotear, zangolotearse.
baja
1 Disminución, mengua, pérdida, descenso, caída, aminoración.
ANT.: *Aumento.*
2 Abaratamiento, rebaja, depreciación, desvalorización.
ANT.: *Alza, incremento.*
3 Víctima, pérdida, muerto, herido, accidentado, desaparecido.
4 Cese, revocación, renuncia.
ANT.: *Alta, admisión.*
bajada
Descenso, declive, escarpa, costanilla.
ANT.: *Subida, ascenso.*
bajar
1 Descender, resbalar, deslizarse, caer.
ANT.: *Subir, ascender.*
2 Menguar, disminuir, desvalorizarse, depreciarse, abaratarse, decrecer.
ANT.: *Aumentar, encarecerse.*
bajareque
1 (Cuba) Bohío, choza, casucha.
2 (Pan.) Llovizna menuda.
bajativo
1 (Bol., Chile, Ecuad., Perú) Licor, digestivo.
2 (Bol., Chile, Urug.) Infusión, tisana.
bajel
Navío, nave, barco, embarcación, buque, galera, galeón, nao.
bajeza
1 Vileza, ruindad, indignidad, degradación, infamia.
2 Abyección, servilismo.
ANT.: *Nobleza, honra, dignidad.*
3 (Fig.) Inferioridad, humildad.
bajo
1 Pequeño, corto, menudo, chico, retaco, canijo, (Amér. Merid.) petiso.
ANT.: *Alto, corpulento.*
2 Apagado, descolorido, deslustrado.
ANT.: *Brillante, vivo.*
3 (Fig.) Humilde, abatido.
4 Vil, indigno, rastrero, ruin, soez, villano, canallesco, despreciable.
ANT.: *Noble, honroso, digno.*
5 Vulgar, ordinario.
ANT.: *Elevado, culto.*
bajón
1 Instrumento musical.
2 (Fig.) Caída, descenso brusco, (Venez.) bajonazo.
ANT.: *Subida, alza.*
bala
1 Proyectil, balín, plomo, munición, tiro.
2 Bulto, fardo, paca.
3 (Cuba) Canica, bolita.
balacera
Tiroteo, disparos.
balada
Poesía, poema, cántico, romance, tonada.
baladí
Nimio, trivial, insignificante, pueril, insubstancial, fútil, frívolo.
ANT.: *Importante, trascendental, significativo, sustancial.*
baladrón
Fanfarrón, valentón, hablador, bravucón, perdonavidas.
ANT.: *Humilde, modesto.*
baladronada
Bravata, desplante, jactancia, fanfarronada, bravuconada, blasonería.
ANT.: *Humildad, modestia.*
balance
1 Movimiento, oscilación.
2 Valoración, evaluación.
3 Comparación, confrontación, demostración [contabilidad].
4 Equilibrio.
ANT.: *Desequilibrio.*

balanceo
Bamboleo, mecimiento, vaivén, oscilación, movimiento, inclinación, meneo, agitación, contoneo, balance.
balandro
Bote, batel, lancha, barca, falúa, chalupa, embarcación.
balanza
1 Báscula, romana.
2 (Fig.) Comparación, juicio.
balar
Berrear, balitar, gamitar, gemir, lamentarse.
balaustrada
Baranda, barandal, balcón, antepecho, pretil, borde.
balazo
Disparo, tiro, descarga, detonación, fogonazo, explosión, estampido.
balbucear
Balbucir, tartamudear, tartajear.
balcón
Galería, mirador, ventanal, antepecho, pretil, miranda, veranda.
balda
1 Anaquel, estante, repisa.
2 (Ant.) Baratija.
baldado
1 Lisiado, tullido, inválido, → baldar, (Chile, Colomb.) baldo.
2 Fatigado, cansado.
ANT.: *Descansado.*
3 (C. Rica) Contenido de un balde.
baldaquín
Dosel, palio, pabellón, colgadura, tapiz, marquesina, baldaquino.
baldar
Lisiar, tullir, inutilizar, anquilosar, estropear, atrofiar.
ANT.: *Rehabilitar, curar.*
balde
Cubo, cubeta, artesa, barreño, palangana, recipiente.
baldear
Regar, lavar, limpiar.
baldío
1 Yermo, estéril, desértico, improductivo, infecundo, infructuoso, árido, pobre, estepario.
ANT.: *Fructífero, fértil, cultivado.*
2 Inútil, fútil, vano, ocioso, ineficaz.
ANT.: *Útil, eficaz.*
baldón
Afrenta, oprobio, ultraje, estigma, deshonra, ignominia, deshonor, descrédito.
ANT.: *Honra, desagravio, prez.*
baldosa
Azulejo, baldosín, mosaico, mayólica, cerámica, alicatado.
balear
(Amér.) Balacear, tirotear.
balero
1 (Argent., Colomb., Ecuad., Méx., P. Rico, Urug.) Juguete, boliche, (C. Rica) bolero*.
2 (Argent., Urug./fam.) Cabeza humana.
*Tb. significa: (Amér.) Género musical. / (Méx.) Limpiabotas, aseador de calzado. / (Venez.) Vago, callejero. / (Venez.) Ladrón de ganado o salteador de caminos.
balido
Berrido, gamitido, quejido.
baliza
Boya, señal, indicación, marca, mojón.
ballesta
Muelle, resorte, fleje, suspensión.
balneario
Caldas, baños, termas, aguas termales, playa, costa.
balón
1 Fardo, lío, bulto grande.
2 Pelota, bola, esférico, (fig. y fam.) cuero.
3 Bombona, garrafa, botellón.
balsa
Barcaza, jangada, almadía, maderamen.
balsámico
1 Curativo, lenitivo, calmante, suavizante.
ANT.: *Irritante.*
2 Fragante, aromático, perfumado, oloroso, odorífero.
ANT.: *Hediondo, maloliente.*
bálsamo
1 Ungüento, unto, linimento, resina, goma, emplasto, medicamento, lenitivo.
2 Perfume, aroma, fragancia, olor.
ANT.: *Hedor, pestilencia.*
3 (Fig.) Consuelo, alivio.
ANT.: *Provocación.*
baluarte
1 Bastión, fuerte, ciudadela, torreón, parapeto, fortificación.
2 Defensa, protección, refugio, centro, núcleo.

bamba
1 (Méx., Venez.) Baile, ritmo bailable.
2 (Venez.) Moneda de plata.
3 (Esp.) Bollo relleno.

bambalina
Decorado, decoración, colgadura, telón, lienzo, bastidor.

bambolear
Oscilar, menearse, tambalearse, moverse, mecerse, columpiarse, balancearse.

bambolla
1 Ampolla, vejiga, burbuja.
2 (Fam.) Boato, fasto, ornato, pompa, ostentación, suntuosidad.
ANT.: *Sencillez, humildad.*
3 (Amér.) Fanfarronería.

banal
Trivial, baladí, insustancial, insípido, nimio, pueril, superficial, común, corriente.
ANT.: *Importante, decisivo.*

banana
Banano, guineo, (Amér.) plátano.

bananero
1 Productor de bananas, platanero.
2 (Desp.) Tercermundista, subdesarrollado.
ANT.: *Desarrollado, industrializado.*

banasta o **banasto**
Cesto, cesta, canasta, canasto, cuévano.

banca
1 (Amér.) Asiento sin respaldo.
2 (Fig.) Conjunto de bancos, entidades financieras y banqueros.
3 (Argent., Par., Urug., Venez.) Escaño, puesto en el Parlamento.
4 (Venez.) Bancada, conjunto de parlamentarios del mismo partido.

bancarrota
Ruina, quiebra, hundimiento, embargo, suspensión de pagos, descrédito.
ANT.: *Éxito, prosperidad.*

banco
1 Taburete, escabel, banqueta, escaño, peana, sitial, asiento.
2 Institución, establecimiento [bancario], banca.

banda
1 Faja, cinta, lista, orla, tira, venda, brazalete, bandolera, cincha.
2 Costado, lado, borde, margen, parte.
3 Pandilla, cuadrilla, partida, turba, tropa, horda, grupo, caterva, bandada.

bandada
1 Grupo de aves o insectos, parvada.
2 (Fig.) Tropel, pandilla, muchedumbre, montón, (Méx.) bola.

bandazo
Tumbo, vaivén, bamboleo, balance, oscilación, agitación, meneo.

bandeja
Fuente, plato, patena, (Méx.) charola.

bandera
Enseña, pabellón, estandarte, pendón, guión, insignia, divisa, oriflama, gallardete.

bandería
Facción, secta, partido, bando, pandilla, grupo, camarilla, clan, parcialidad.

banderilla
1 Garapullo, rehilete, palitroque [tauromaquia].
2 Brocheta, pincho, (Esp.) tapa.
3 (Fig.) Pulla, sátira, indirecta.

bandido
1 Forajido, malhechor, bandolero, delincuente, salteador, atracador, facineroso, criminal, infractor, ladrón.
2 (Fig.) Desenfrenado, perverso, abusivo.

bando
1 Proclama, orden, decreto, mandato, publicación, aviso.
2 Facción, partido, ala, grupo, secta, camarilla, pandilla.

banquero
Cambista, financiero, economista.

banqueta
1 Taburete, escabel, banco, peana, grada, asiento, poyo, banquillo, alzapié.
2 (Guat., Méx.) Acera.

banquete
Comilona, festín, convite, ágape, fiesta, francachela, orgía, (fam.) cuchipanda.

banquillo
VER banqueta.

bañar
1 Remojar, mojar, sumergir, chapuzar, duchar.
ANT.: *Secar, enjugar.*
2 Regar, rociar, humedecer.
3 Lavar, limpiar, higienizar.
4 Cubrir, recubrir.
5 bañarse Nadar, ducharse, empaparse, refrescarse.

bañera (Esp.)
Tina, pila, artesa, baño, barreño, (Argent.) bañadera.

baño
1 Limpieza, aseo.
2 Sanitario, toilet.
3 Inmersión, sumersión, chapuzón.
4 Rocío, irradiación, vaporización.
5 Cobertura, capa, mano.
6 (Fig. y fam.) Apabullamiento, revolcón.

baqueta
Varilla, vara, barra, palo, atacador.

baquetazo
Golpazo, batacazo, (fig.) costalada, porrazo, caída, choque, encontronazo.

baqueteado
Ducho, avezado, veterano, curtido, endurecido, experto, fogueado.
ANT.: *Inexperto, novel, principiante.*

baquiano o **baqueano**
1 Guía, guiador, explorador, (Argent.) rumbeador.
2 (Amér.) Experto, perito.

bar
Café, cervecería, cafetería, cantina, barra, taberna, (Esp.) tasca.

baraja
Naipes, cartas, juego de azar.

barajar
1 Mezclar, revolver, entremezclar, repartir.
ANT.: *Ordenar, acomodar.*
2 (Fig.) Explicar, desglosar, desmenuzar, considerar.
3 (Argent., Chile, Urug.) Interceptar, parar [golpes de un adversario u objetos arrojados].

baranda
Antepecho, balaustrada, barandilla, pasamanos, pretil.

barata (Méx.)
1 Venta, liquidación, saldo, ganga.
2 VER barato.

baratija
Chuchería, fruslería, bagatela, nadería, bisutería, imitación.

barato
1 Rebajado, módico, económico, depreciado, saldado, tirado.
ANT.: *Caro, costoso.*
2 (Fig.) Fácil, asequible.
ANT.: *Difícil, complicado.*
3 Remate, liquidación, ganga, ocasión, saldo, oportunidad, (Méx.) barata.
4 (Ant.) Fraude, engaño.

báratro
Averno, orco, infierno VER.

baraúnda
Barahúnda, alboroto, batahola, algarabía, escándalo, bulla, (fam.) tiberio, juerga.
ANT.: *Silencio, paz, calma.*

barba
Pera, perilla, chiva, mosca, vello, pelo, (Méx.) piocha.

barbacoa
1 Parrilla, asador.
2 Carne asada, asado.
3 (Amér.) Tablado, desván.
4 (C. Rica) Armazón, emparrado.

barbaján
(Cuba, Méx.) Zafio, tosco, grosero, rústico, brutal.
ANT.: *Delicado, cortés, fino.*

barbaridad
1 Disparate, desatino, necedad.
ANT.: *Acierto.*
2 Atrocidad, crueldad, brutalidad, ferocidad, salvajada, ensañamiento, barbarie.
3 Enormidad, exceso.
4 Temeridad, imprudencia.
ANT.: *Sensatez, cautela.*

barbarie
1 Salvajismo, atraso, incultura, rudeza, tosquedad, rusticidad.
ANT.: *Cultura, civilización.*
2 VER barbaridad.

bárbaro
1 Inhumano, feroz, bestial, despiadado, cruel.
ANT.: *Humano, piadoso.*
2 Bestial, bruto, rudo, inculto.
ANT.: *Civilizado, culto.*
3 Temerario, imprudente.
ANT.: *Prudente, sensato.*
4 (Fig.) Espléndido, genial, magnífico.

barbear
1 Afeitar, rasurar.
2 (C. Rica, Méx./fig. y fam.) Adular, halagar, lisonjear, obsequiar con algún interés.

barbero
1 Peluquero, rapabarbas, fígaro.
2 (Méx./fam.) Adulador, halagador.

barbián (Esp.)
Desenvuelto, bizarro, atrevido, decidido, desenfadado, gallardo.
ANT.: *Tímido, desgarbado.*

barbilampiño
Imberbe, lampiño, carilampiño, desbarbado, adolescente, pollo.
ANT.: *Barbudo, peludo.*

barbilla
1 Mentón, papada, sobarba.
2 Perilla, barba.
barbotar o **barbotear**
Farfullar, mascullar, murmurar, tartamudear, chapurrear, barbullar.
barboteo
Balbuceo, tartamudeo, chapurreo.
barbudo
Barbado, peludo, velludo, hirsuto, barbón, barbiespeso.
ANT.: *Lampiño, imberbe.*
barca
Bote, lancha, batel, canoa, chalupa, falúa, piragua, motora, embarcación.
barcaza
Lanchón, lancha, gabarra, barcón, chalana, embarcación, pontón.
barco
Navío, buque, nave, nao, bajel, embarcación, yate, transatlántico, vapor, → barca.
barda
1 Muro, pared, división.
2 Seto, vallado.
3 (Argent.) Acantilado, ladera barrancosa.
bardo
Vate, poeta, juglar, rapsoda, trovador, cantor.
baremo
Tabla, escala, cómputo, índice, lista.
barniz
1 Pintura, lustre, laca, esmalte, resina, tinte.
2 Recubrimiento, capa.
barra
1 Palanca, barrote, tranca, eje, hierro, lingote, refuerzo.
2 (Amér. Merid.) Pandilla, peña, grupo de amigos.
barrabasada
Trastada, barbaridad, disparate, travesura, gamberrada, pillería, diablura.
barraca
1 Choza, cabaña, chabola, bohío, casucha, tugurio.
2 Cobertizo, casilla, tinglado, depósito, (Amér. C. y Merid.) almacén.
barragana
Amante, amiga, manceba, mantenida.
barranco
Cañada, quebrada, desfiladero, vaguada, angostura, garganta, barranquera, despeñadero, precipicio.
barrena
Taladro, perforadora, broca, berbiquí, barreno, fresa, punzón.
barrenar
1 Taladrar, agujerar, perforar.
ANT.: *Taponar, tapar.*
2 (Fig.) Impedir, frustrar, atajar.
3 (Fig.) Conculcar, transgredir, traspasar [leyes, derechos].
ANT.: *Acatar, respetar.*
barrendero
Barredor, limpiador, basurero.
barreno
1 Taladro, barrena VER.
2 Perforación, agujero.
3 Cartucho, petardo, explosivo.
barreño
Cubo, cubeta, artesa, tina, jofaina, palangana, recipiente.
barrer
1 Cepillar, limpiar, escobar, desempolvar.
2 Arrollar, atropellar, aniquilar, pisotear, dispersar, desbaratar.
3 (Fig.) Recorrer, explorar, registrar, escanear.
4 (Fig.) Arrasar, devastar.
5 (C. Rica) Quitar la novia.
6 (Méx./fam.) Mirar por encima del hombro, despreciar.
barrera
1 Parapeto, muro, muralla, cerca, valla, empalizada, estacada, trinchera, barricada, seto, verja, defensa.
2 Impedimento, obstáculo, estorbo, freno, rémora, engorro, atasco.
barricada
VER barrera.
barriga
Panza, vientre, abdomen, estómago, bandullo, (Amér. C., Méx.) timba.
barril
Tonel, cuba, tina, barrica, bocoy, pipa, casco.
barrilete
1 Cometa, (Méx.) papalote.
2 (Méx.) Abogado pasante.
barrio
Distrito, sector, cuartel, término, jurisdicción, barriada, suburbio, arrabal.
barro
1 Fango, cieno, légamo, lodo, limo, azolve.
2 Grano, barrillo, comedón.

barroco
Rococó, churrigueresco, plateresco, recargado, ornamentado, pomposo.
barroso
1 Cenagoso, fangoso, legamoso, pantanoso, lodoso.
2 (C. Rica) Granoso, espinilludo.
barrote
Larguero, travesaño, barra VER.
barruntar
1 Presentir, intuir, (fig.) olfatear.
2 Conjeturar, prever, sospechar, suponer.
barrunto
Presentimiento, sospecha, suposición, conjetura, recelo, intuición, indicio.
bártulos
1 Pertrechos, enseres, avíos, utensilios.
2 Cachivaches, trastos, chismes, trebejos, chirimbolos, (Méx.) triques.
barullo
1 Desorden, confusión, caos, desbarajuste, anarquía, lío, laberinto.
ANT.: *Orden.*
2 Alboroto, escándalo, baraúnda, estruendo, algarabía.
ANT.: *Silencio.*
basamento
Pedestal, base, zócalo, cimiento.
basar
Apoyar, cimentar, fundar, fundamentar, probar, establecer, demostrar, justificar.
basca
Náusea, arcada, asco, vómito, desazón.
báscula
Balanza, romana.
bascular
Tambalearse, oscilar, balancearse.
base
1 Fundamento, principio, origen, arranque, génesis, raíz.
2 Pedestal, cimiento, sostén, apoyo, basamento, podio, zócalo.
básico
Fundamental, principal, esencial, radical, primordial, cardinal.
ANT.: *Secundario.*
basílica
Templo, santuario, catedral, oratorio, iglesia.
basilisco
1 Reptil, iguana.
2 Animal fabuloso de vista mortífera.
3 (Fig.) Iracundo, furioso, encolerizado.
ANT.: *Sereno.*
bastante
1 Suficiente, lo justo, lo indispensable.
2 Asaz, abundante, mucho, harto, sobrado.
ANT.: *Escaso, poco.*
bastar
Convenir, ser suficiente, venir bien.
ANT.: *Faltar, escasear.*
bastardear
Degradar, degenerar, envilecer, corromper, desnaturalizar, abastardar.
ANT.: *Mejorar, perfeccionar.*
bastardilla
1 Flauta, instrumento musical.
2 Cursiva, itálica [tipo de letra inclinado].
bastardo
1 Ilegítimo, espurio, natural [hijos].
ANT.: *Legítimo.*
2 Degradado, degenerado, envilecido, corrompido, desnaturalizado.
ANT.: *Puro, original.*
bastedad
1 Rusticidad, tosquedad.
ANT.: *Finura, exquisitez.*
2 Basteza, grosería, zafiedad.
ANT.: *Delicadeza, cortesía.*
bastidor
Armazón, esqueleto, soporte, base, sostén, maderamen, chasis.
bastilla
Doblez, dobladillo [en prendas de vestir].
bastión
Defensa, baluarte, fortificación, fuerte, fortín, protección.
basto
1 Tosco, rústico, burdo, grosero, ordinario, rudo, descuidado.
ANT.: *Fino, educado.*
2 Chabacano, vulgar.
ANT.: *Refinado, elegante.*
bastón
Báculo, cayado, muleta, bordón, vara, palo, estaca.
basura
Desperdicios, desechos, despojos, sobras, excrementos, inmundicia.
basurear (Argent., Perú, Urug.)
Maltratar, humillar, despreciar.
basurero
Vertedero, estercolero, basural, muladar, albañal, sentina, sumidero, escorial.

B

bata
Peinador, batín, quimono, guardapolvo, mandil, delantal.
batacazo
1 Porrazo, caída, costalazo, golpe, golpazo, choque, baquetazo, sentón, (fig.) costalada, (Esp.) culada.
2 (Amér. Merid., Perú, Venez./fam.) Éxito, triunfo inesperado.
batahola
Alboroto, ruido, bulla, barahúnda, escándalo, estruendo, jaleo, tiberio.
ANT.: *Silencio, calma.*
batalla
1 Lucha, combate, lid, pelea, contienda, encuentro, pugna, choque, escaramuza, justa.
ANT.: *Paz.*
2 (Fig.) Agitación, inquietud.
ANT.: *Calma.*
batallar
1 Pelear, combatir, guerrear.
2 (Fig.) Debatir, disputar, alegar.
ANT.: *Convenir.*
3 (Fig.) Vacilar, fluctuar, dudar, estar indeciso.
ANT.: *Decidir.*
batallón
Escuadrón, grupo, compañía, unidad táctica.
batata (Amér.)
1 Boniato, tubérculo, (Méx.) camote.
2 (Venez./fam.) Pantorrilla.
batea
1 Bandeja, palangana, azafate, (Méx.) charola.
2 Recipiente, artesa.
3 (Venez.) Vagón, remolque.
batel
Bote, bajel, embarcación, lancha, barca VER.
batería
1 Grupo, hilera, fila, formación, conjunto.
2 Acumulador, pilas.
3 Utensilios, cacharros, cazos, peroles.
4 Instrumentos de percusión.
5 Músico, baterista, (Esp.) el batería.
6 En béisbol, conjunto de bateadores.
batiburrillo
1 Amasijo, revoltijo, baturrillo, batidillo.
2 (Fig. y fam.) Fárrago, desorden, confusión, embrollo.
batida
Acoso, persecución, redada, exploración, búsqueda, reconocimiento, rastreo, ojeo, cacería.
batido
1 Abatido, derrotado.
ANT.: *Victorioso.*
2 Tornasolado, bicolor [tela, tejido].
3 Trillado, andado [camino, sendero].
ANT.: *Inexplorado.*
4 Bebida refrescante, (Méx.) licuado.
5 (Venez.) Golosina semejante al turrón.
batidor
1 Explorador, guía, observador.
2 (Argent., Urug./vulg.) Delator, soplón, denunciante.
batidora
Mezcladora, homogeneizadora, licuadora, aparato electrodoméstico.
batiente
Hoja, ventana, puerta, marco, persiana.
batín
Quimono, bata, peinador, delantal.
batintín
Gong, tantán, platillo.
batir
1 Derrotar, vencer, combatir, superar.
2 Mezclar, revolver, agitar, trabar, licuar, menear.
3 Explorar, investigar, reconocer, ojear, inspeccionar.
4 Golpear, percutir.
5 (Argent., Urug./vulg.) Delatar, denunciar.
batirse
1 Luchar, combatir, rivalizar, pelear, batallar, chocar, guerrear.
ANT.: *Reconciliarse, pactar.*
2 (Méx./fam.) Ensuciarse.
batuta
1 Vara, varilla, bastoncillo.
2 (Fig.) Director de orquesta.
baúl
Cofre, caja, arca, arcón, (Méx.) veliz.
bautizar
1 Cristianar, sacramentar, crismar, administrar el bautismo.
2 Nombrar, denominar, designar, llamar, motejar, calificar.
bayeta
Trapo, paño, lienzo, (Amér.) trapeador.
bayoneta
Cuchillo, hoja, arma blanca.
baza
Tanto, mano, juego, partida.

B

bazar
Tienda, almacén, mercado, local, establecimiento, comercio, tenderete.

bazofia
1 Guisote, potingue, comistrajo, mejunje, bodrio.
ANT.: *Manjar, exquisitez.*
2 Desperdicios, sobras, desechos, mondas, porquería, basura.

beatificar
Santificar, canonizar, bienaventurar, elevar a los altares.

beatitud
1 Santidad, bienaventuranza, virtud, ejemplaridad.
2 Gozo, bienestar, dicha, contento, satisfacción, felicidad.
ANT.: *Sufrimiento, pena, infelicidad.*

beato
1 Bienaventurado, santo, bendito, venerable, virtuoso, beatífico.
ANT.: *Pecador.*
2 Mojigato, santurrón, hipócrita, gazmoño.
ANT.: *Abierto, liberal.*

bebé
Nene, crío, infante, rorro, niño, pequeñuelo, angelito.

bebedero
1 Potable.
2 Depósito, artesa, recipiente, vaso [para que beban animales domésticos].
3 Abrevadero, arroyo, ojo de agua, (Amér.) jagüey.
4 Fuente, aparato dispensador [para que beban las personas].

bebedizo
1 Potable.
2 Pócima, brebaje, infusión, filtro, narcótico, tóxico, medicina.

beber
1 Tomar, libar, sorber, ingerir, escanciar, abrevar.
2 Embriagarse, emborracharse VER, consumir, empinar el codo, (Amér. Merid., Méx./vulg.) chupar, (Esp.) pimplar, (Méx./vulg.) inflar.

bebida
Licor, líquido, brebaje, néctar, refresco, elixir, jugo, zumo.

bebido
VER borracho.

becerrada
Novillada, tienta, corrida, lidia.

becerro
Ternero, torillo, novillo, recental, choto, jato.

bedel
Conserje, portero, ujier, ordenanza, celador.

beduino
1 Berberisco, beréber, tuareg, árabe.
2 (Fig.) Nómada, trashumante.

befa
Escarnio, burla, mofa, ludibrio, desprecio, desdén, chufla, pitorreo.
ANT.: *Desagravio.*

befo
1 Belfo, que tiene más grueso el labio inferior.
2 Zambo, patizambo, (Esp.) zancajiento, patiestevado.

beige
Leonado, pajizo, amarillento, de color café con leche.

Belcebú
Lucifer, demonio VER.

beldad
1 Belleza, hermosura, perfección, guapura, apostura.
ANT.: *Fealdad.*
2 Hermosa, bella, perfecta, guapa, bonita, preciosa [mujer].
ANT.: *Fea.*

belicoso
Guerrero, bélico, marcial, agresivo, pendenciero.
ANT.: *Pacífico.*

beligerancia
1 Conflicto, guerra, contienda, lucha.
ANT.: *Paz.*
2 Importancia, trascendencia, valor, categoría.
ANT.: *Intrascendencia.*

beligerante
Combatiente, guerrero, contrario, adversario, belicoso VER.

belitre
1 (Esp.) Pillo, bellaco, truhán, pícaro, tunante, perillán, granuja, (ant.) bergante.
ANT.: *Honrado, decente.*
2 (C. Rica) Fogoso, inquieto.
3 (C. Rica) Medio amansado, semisalvaje [ganado vacuno].

bella
Agraciada, guapa, linda, hermosa, (fam.) mona, (fig.) escultural, bonita, → belleza.
ANT.: *Fea, feúcha, desgarbada.*

bellaco
VER belitre.

belleza
1 Hermosura, apostura, preciosura, encanto, perfección, atractivo, seducción.
ANT.: *Fealdad.*
2 Hermosa, preciosa, guapa, apuesta, linda, bonita, divina, bien parecida [sobre todo referidos a una mujer].

bello
1 Ideal, hermoso, grato, gracioso, precioso, sublime.
ANT.: *Feo, repulsivo, desagradable, atroz.*
2 Agraciado, gentil, guapo, galán, adonis, (Esp.) majo, (Venez.) galansote.
ANT.: *Feo, desgarbado, horrible.*

bembo
1 (Cuba) Negro, moreno, africano.
2 Bezo, bemba.

bencina
Gasolina, carburante, combustible.

bendecir
1 Consagrar, imponer, impetrar.
2 Elogiar, exaltar, honrar, enaltecer, alabar, agradecer.
ANT.: *Maldecir, execrar, criticar.*

bendición
1 Gracia, don, merced, favor, ofrenda, dádiva, prosperidad.
ANT.: *Maldición, desgracia.*
2 Consagración, invocación, impetración, signo, seña.

bendito
1 Consagrado, santificado, bienaventurado, santo.
ANT.: *Maldito.*
2 (Fig.) Inocente, ingenuo, bonachón, buenazo.
ANT.: *Taimado.*
3 Feliz, dichoso.
ANT.: *Infeliz.*

benefactor
Bienhechor, protector, filántropo, humanitario, caritativo.
ANT.: *Inhumano, cruel.*

beneficencia
1 Filantropía, humanidad, caridad, misericordia.
ANT.: *Inhumanidad, crueldad.*
2 Ayuda, socorro, atención, subvención.
ANT.: *Desatención.*

beneficiar
1 Favorecer, ayudar, amparar, conceder, dispensar, socorrer.
ANT.: *Perjudicar.*
2 Aprovechar, utilizar, mejorar.
ANT.: *Desperdiciar.*

beneficio
1 Provecho, utilidad, lucro, ganancia, mejora, dividendo.
ANT.: *Pérdida, perjuicio.*
2 Ayuda, amparo, favor, concesión, dádiva, merced, bien.

beneficioso
Provechoso, útil, favorable, productivo, ventajoso, bueno, benéfico, lucrativo.
ANT.: *Perjudicial.*

benéfico
Bienhechor, benefactor, humanitario, caritativo, protector.
ANT.: *Impío, indiferente, maléfico, inhumano.*

benemérito
Meritorio, merecedor, digno, elogiable, loable, encomiable.

beneplácito
Aprobación, permiso, consentimiento, conformidad, aquiescencia.
ANT.: *Disconformidad, negativa.*

benevolencia
1 Simpatía, bondad, benignidad, buena voluntad, buena fe.
ANT.: *Malignidad, perversidad.*
2 Indulgencia, tolerancia, clemencia, magnanimidad.
ANT.: *Intolerancia, severidad.*

benévolo
1 Afable, complaciente, indulgente, considerado, benigno VER, cariñoso.
ANT.: *Malévolo, hostil.*
2 Magnánimo, humanitario.
ANT.: *Inhumano.*
3 Piadoso, compasivo, bondadoso, clemente.
ANT.: *Malévolo.*

benigno
1 Apacible, suave, dócil, plácido, obediente, benévolo VER, compasivo.
ANT.: *Maligno.*
2 Templado, agradable, cálido, dulce [sobre todo el clima].
ANT.: *Riguroso, desapacible.*

B

beodo
Embriagado, borracho, ebrio, mamado, temulento, alegre, achispado, alumbrado, dipsómano, bebido, borrachín, (fam.) curda.
ANT.: *Sobrio.*

berberisco
Beréber, berebere, moro, rifeño, mogrebí, magrebí.

berbiquí
Taladro, broca, trépano, barrena, (Cuba) barbiquí.

beréber
VER berberisco.

berenjenal
Embrollo, confusión, enredo, laberinto, lío, barullo, jaleo.

bergante
VER belitre.

bergantín
Velero, goleta, fragata, embarcación.

bermejo
Rojizo, encarnado, rojo, colorado, escarlata.

bermellón
1 Cinabrio en polvo.
2 Bermejo, (ant.) bermejón, rojo, rojizo, escarlata.

berrear
1 Rugir, mugir, aullar, gañir, chillar, lloriquear, vociferar.
2 **berrearse** (Cuba) Enfadarse, ponerse en guardia.

berretín (Argent.)
Berrinche, rabieta, capricho.

berrido
1 Chillido, barrito [voz de animales que berrean].
2 (Fig.) Alarido, grito.
3 (Fig. y fam.) Llanto ruidoso.
4 (Desp.) Canto desafinado.

berrinche
Enojo, rabieta, perra, pataleta, acceso, corajina, irritación, furor, rabia.

berro
1 Cresón, planta crucífera.
2 (Cuba) Berrinche, enfado.

besar
1 Acariciar con los labios.
2 (Fig. y fam.) Tocarse, rozar [unas cosas con otras].
3 **besarse** (Fig. y fam.) Darse un tope, topar, tropezar, chocar.

beso
1 Caricia con los labios.
2 Buz, ósculo [besos de reconocimiento y reverencia].
3 (Fig.) Choque, tope.

bestia
1 Animal, irracional, fiera, alimaña, bicho, bruto.
2 Caballería, acémila, cuadrúpedo.
3 (Fig.) Ignorante, bárbaro, zafio.
4 (Fig.) Cruel, → bestial.

bestial
Cruel, sanguinario, salvaje, inhumano, feroz, brutal, fiero, bestia.
ANT.: *Humanitario, piadoso.*

besuquear
Besar [repetidamente], mimar, sobar, acariciar.

betabel (Méx.)
1 Remolacha, (Argent.) betervava, (Chile) beterraga, (Esp.) betarraga.
2 (Méx./vulg.) Viejo, anciano, carcamal.

betún
1 Brea, asfalto, bitumen, alquitrán, pez, resina.
2 Lustre para calzado.
3 Zulaque.
4 (Cuba, Méx.) Mezcla para cubrir productos de repostería.
5 (Argent.) Pomada, ungüento.

biberón
Botella, (Amér.) mamadera*, (Méx.) mamila.
*Tb. significa: En Cuba y Puerto Rico, esta palabra se refiere a la tetilla del biberón.

Biblia
Sagrada[s] Escritura[s], Libros Santos, Sagrados Textos, Antiguo y Nuevo Testamentos.

bibliografía
Relación, descripción, lista, ordenación, catálogo [de libros].

biblioteca
1 Estantería, estante, librería, anaquel, repisa, (Guat., Pan.) librera, (Méx.) librero.
2 Local, archivo, centro, dependencia, organismo.
3 Colección.

bicho
1 Animal, (desp.) alimaña, sabandija, bicharraco.
2 (Esp.) Toro de lidia.
3 Animal venenoso, serpiente, culebra, (fam.) bicha.

4 Insecto, gusano, arácnido.
5 (Fig./desp.) Malévolo, vil, despreciable, perverso, avieso, malintencionado, sabandija, gusarapo [refiriéndose a personas].
6 bichos (fam.) Parásitos intestinales, amibas, lombrices.

bicoca
1 Bagatela, fruslería, nadería, insignificancia, baratija, chuchería.
2 Ganga, breva, ocasión, oportunidad, negocio.

bien
1 Don, favor, gracia, merced, ayuda, auxilio, servicio, provecho.
ANT.: *Perjuicio, daño.*
2 Adecuado, apropiado, conveniente, conforme, bueno, oportuno, acertado, admisible.
ANT.: *Mal, inadecuado, inoportuno.*

bienaventurado
1 Venturoso, feliz, dichoso, afortunado, favorecido, gozoso.
ANT.: *Desgraciado, desdichado.*
2 Santo, beato, bendito, perfecto.
ANT.: *Maldito, réprobo.*
3 Inocente, ingenuo, cándido, simple.
ANT.: *Taimado, malicioso.*

bienes
Fortuna, capital, fondos, caudales, riqueza, pertenencias, posesiones, hacienda.

bienestar
Comodidad, tranquilidad, ventura, seguridad, satisfacción, desahogo, prosperidad.
ANT.: *Malestar, infelicidad.*

bienhechor
Benefactor, filántropo, protector, defensor, mecenas, (fig.) padrino.

bienintencionado
Benévolo, justo, bueno, benigno, indulgente, bondadoso.
ANT.: *Taimado, malvado, malintencionado.*

bienquisto
Estimado, querido, apreciado, considerado, de buena fama, bien aceptado.
ANT.: *Malquisto, indeseable.*

bienvenida
Acogida, saludo, recepción, recibimiento, homenaje, agasajo, parabién.
ANT.: *Despedida.*

bife
1 (Argent., Chile, Urug.) Bistec, bisté, lonja de carne.
2 (Argent., Perú, Urug./fig. y fam.) Bofetada, cachetada, (Esp.) chuleta.

bifurcación
Desvío, ramificación, separación, divergencia, cruce, ramal.
ANT.: *Unión, confluencia.*

bigardo
Truhán, perillán, vago, vicioso, holgazán.
ANT.: *Virtuoso.*

bigote
Mostacho, bozo.

bilioso
Colérico, desabrido, atrabiliario, malhumorado.
ANT.: *Sereno, afable.*

bilis
1 Humor, secreción del hígado.
2 Irritación, enojo, cólera, disgusto.
3 (Fig.) Amargura, desabrimiento.
ANT.: *Alegría, jovialidad.*

billete
1 Vale, bono, cédula, entrada, talón, localidad, asiento, cupón, volante, número, (Chile, Méx.) boleto, (Venez.) boleta.
2 Papel moneda, dinero efectivo.
3 Misiva, carta, nota, recado.

billetera o **billetero**
1 Cartera, monedero, bolso.
2 (Méx., Pan.) Vendedor o vendedora de billetes de lotería.

bilongo
1 (Cuba) Brujería, maleficio, daño.
2 (Venez.) Estrábico, bizco VER.

binoculares
Prismáticos, gemelos, anteojos, binóculo.

biografía
Historia, vida, semblanza, crónica.

biombo
Pantalla, mampara, cancel, persiana.

birlar
Robar, hurtar, sisar, sustraer, quitar, despojar.

birrete
Bonete, gorro, chapeo, solideo.

birria
1 Mamarracho, adefesio, espantajo, facha.
ANT.: *Apuesto, elegante.*
2 (Colomb., Pan.) Obstinación, capricho.
3 (Venez.) Incomodidad, fastidio.

bisagra
Gozne, charnela, pernio, juego, articulación.

bisbisar
Bisbisear, murmurar VER.

bisel
Sesgo, corte, ángulo, borde, arista, chaflán.
bisexual
1 Hermafrodita, andrógino.
2 Persona que mantiene relaciones sexuales indistintamente con hombres o mujeres.
bisoñé
Peluquín, añadido, postizo, peluca.
bisoño
Novato, inexperto, novel, aprendiz, neófito, principiante.
ANT.: *Experimentado, curtido, veterano.*
bisté
Chuleta, tajada, solomillo, loncha, bistec.
bisutería
Baratija, fruslería, imitación, bagatela, buhonería, (Méx.) cháchara.
ANT.: *Alhaja, joya.*
bizarría
1 Valor, gallardía, valentía.
ANT.: *Cobardía.*
2 Esplendor, lucimiento.
ANT.: *Deslucimiento.*
3 Generosidad, magnanimidad.
ANT.: *Mezquindad.*
4 Abigarramiento, exageración, adorno recargado [pintura].
bizarro
1 Denodado, valeroso, esforzado, arrojado, bravo, valiente.
ANT.: *Flojo, cobarde.*
2 Gallardo, apuesto, garboso, elegante, bien plantado.
ANT.: *Desgarbado, deslucido.*
bizco
Bisojo, estrábico, de vista desviada, (Colomb., Méx., Venez./fam.) bizcorneto, (Venez.) bilongo.
bizcocho
Galleta, torta, bollo, barquillo, (Colomb.) pastel, (Méx.) pan dulce.
bizma
Emplasto, cataplasma, ungüento.
blanco
1 Níveo, albo, inmaculado, cano, cándido, pálido.
ANT.: *Negro.*
2 Diana, centro.
3 Hueco, intermedio.
blancura
1 Blancor, albura, albor, candor.
ANT.: *Negrura.*
2 Catarata, nube del ojo [veterinaria].
blandir
Enarbolar, empuñar, aferrar, menear, mover, balancear, amenazar.
blando
1 Suave, tierno, mórbido, esponjoso, muelle, flojo, laxo, flácido.
ANT.: *Duro, firme.*
2 (Fig.) Dócil, apacible, timorato, cobarde.
ANT.: *Enérgico, valeroso.*
3 (Fig.) Holgazán, perezoso.
ANT.: *Diligente, activo.*
blanquear
1 Encalar, enlucir, relucir [muros, fachadas].
2 Limpiar, despercudir.
ANT.: *Manchar, percudir.*
3 Blanquecer, pulir [oro o plata].
4 Clarificar, depurar [alimentos, sustancias].
5 Vencer, derrotar [béisbol].
6 (Venez.) Estar blanqueando, en la cárcel.
blasfemia
1 Maldición, reniego, imprecación, juramento, terno, sacrilegio.
2 Insulto, palabrota, taco, ofensa.
blasón
1 Gloria, fama, honor.
2 Escudo, divisa, armas, timbre, pieza, alegoría, lema, símbolo.
blasonar
Vanagloriarse, jactarse, fanfarronear, pavonearse, alabarse.
ANT.: *Recatarse.*
bledo (un)
Minucia, insignificancia, ardite, (fig.) un comino, un rábano.
blindaje
Defensa, coraza, recubrimiento, protección.
bloc
VER bloque.
blocao
Reducto, fortín, fortificación.
blondo
Rubio, pelirrojo, claro.
ANT.: *Bruno, moreno.*
bloque
1 Sillar, piedra, dovela, cubo, mazacote.
2 Libreta, librillo, cuadernillo, taco, bloc.
3 Agrupación, asociación, unión.

B

bloquear
Asediar, sitiar, cercar, aislar, encerrar, incomunicar, rodear, inmovilizar, frenar, obstruir.
ANT.: *Liberar, desbloquear, abrir el paso, comunicar, despejar.*

blufear (Amér.)
Fanfarronear, alardear, blofear, engañar, exagerar.

blusa
Blusón, camisola, camisa, marinera.

boato
Pompa, ostentación, lujo, fasto, derroche, aparato, oropel, fausto.
ANT.: *Sencillez, pobreza.*

bobada
Simpleza, tontería, ➞ bobo.

bobina
1 Carrete, rollo, canilla, cilindro.
2 Inductor, componente eléctrico.

bobo
Simple, necio, tonto, lelo, mentecato, memo, idiota, obtuso, pasmarote, alcornoque, sandio, majadero, gaznápiro, zopenco, pazguato.
ANT.: *Listo, inteligente.*

boca
1 Hocico, fauces, jeta, morro, belfos.
2 Entrada, embocadura, abertura, acceso, grieta, agujero, salida.
3 (Amér. C.) Aperitivo, bocadillo.

bocacalle
Esquina, cruce, intersección, confluencia, encrucijada.

bocacho (Pan.)
Desdentado, chimuelo.

bocadillo
1 Bocado, colación, canapé, (Méx.) botana, (Amér. C.) boca.
2 Sándwich, (Esp.) emparedado.
3 Refrigerio, tentempié, merienda, (fam.) piscolabis, (Amér.) lunch o lonche, (Guat.) refacción.
4 Panecillo, dulce, golosina.

bocado
1 Mordisco, tarascada, mordedura, dentellada.
2 Piscolabis, tentempié, bocadillo VER.
3 Trozo, fragmento, cacho, porción.
4 Freno, embocadura [de caballerías].

bocanada
Vaharada, vaho, soplo, emanación, exhalación, jadeo, hálito, aliento.

boceto
Bosquejo, esquema, esbozo, croquis, borrador, apunte, diseño, plano, dibujo.

bochinche
1 Escándalo, jaleo, alboroto, estrépito, baraúnda, guirigay, barullo, tumulto.
ANT.: *Silencio, tranquilidad.*
2 (C. Rica) Cardumen.
3 (Cuba) Chanchullo, negocio turbio.

bochorno
1 Sofoco, calor, canícula, vulturno.
ANT.: *Frío.*
2 Vergüenza, sonrojo, turbación, rubor, confusión, sofocón.

bocina
1 Corneta, trompeta, cuerno, claxon.
2 (Méx.) Altavoz, amplificador.

boda
Enlace, matrimonio, unión, himeneo, desposorios, nupcias, vínculos, casorio, alianza, casamiento, sacramentos, esponsales.

bodega
1 Cava, sótano, despensa, almacén, bóveda, silo, granero, cueva.
2 (Cuba) Tienda de ultramarinos.

bodegón
Taberna, figón, fonda, tabuco, (Esp.) tasca.

bodoque
1 Proyectil, bala.
2 Reborde, refuerzo [colchones].
3 Adorno, relieve [bordado].
4 (Fig. y fam.) Tonto, bobo, lelo, lerdo.
ANT.: *Avispado, listo.*
5 (Fam./desp.) Grueso, gordo, fofo.
ANT.: *Esbelto, espigado.*
6 (C. Rica, Salv., Guat.) Bolita, pelotilla de papel, masa o lodo.
7 (Guat., Méx./fig.) Chipote, chichón, hinchazón, bulto.
8 (Méx./fig. y fam.) Niño, hijo, escuincle.

bodrio
1 Bazofia, comistrajo, rancho, mejunje, potingue, guisote.
ANT.: *Manjar, exquisitez.*
2 Cosa mal hecha.

bofe
1 Pulmón, víscera, órgano, asadura.
2 (Méx./vulg.) Boxeador.
3 (Cuba) Antipático.

bofetada
Bofetón, tortazo, trompada, cachetada, torta, mamporro, cachete, guantazo, revés, moquete, sopapo, manotazo.

bofo
Esponjoso, blando, ahuecado, inconsistente, fofo.
ANT.: *Macizo, fuerte, compacto, duro.*

boga
Actualidad, moda, novedad, costumbre, uso, popularidad.
ANT.: *Desuso, caducidad.*

bogar
Remar, sirgar, avanzar.

bohemio
1 Gitano, errante, vagabundo.
2 Anticonvencional, negligente, despreocupado.
ANT.: *Formal, convencional.*

boicot
Exclusión, aislamiento, rechazo, privación, separación, boicoteo.
ANT.: *Aceptación, aprobación, inclusión.*

boina
Bonete, birrete, gorra, chapela, chapeo.

bola
1 Pelota, esfera, balón, globo, cuenta.
2 (Fig. y fam.) Embuste, bulo, rumor, trola, mentira, cuento, patraña.
ANT.: *Verdad.*
3 (Méx./fig. y fam.) Montón, tumulto.
4 (Amér. Merid./vulg.) Testículo.

bolear
1 Jugar con bolas o pelotas.
2 Lanzar, arrojar, tirar, aventar.
ANT.: *Retener, cachar, atrapar.*
3 (Argent.) Confundir, aturdir.
4 (Urug./fig.) Enredar, envolver, engañar.
5 (Argent., Urug.) Echar las boleadoras.
6 (Méx.) Limpiar, lustrar [zapatos].
7 (Venez.) Desaprobar, excluir.
8 (Venez.) Impedir, obstaculizar, negar.

boletín
1 Boleta, cédula.
2 Circular, folleto, impreso, hoja.
3 Gaceta, revista, publicación.

boleto
1 Papeleta, cupón, talón, vale, bono, volante, tarjeta, comprobante, (Méx., Venez.) boleta.
2 (Argent., Par.) Promesa, contrato de compraventa.
3 (Argent.) Mentira, cuento.

boleto (Méx.)
1 Entrada, localidad, asiento, (Amér., Esp.) billete, tique o ticket, (Amér. C., Colomb.) tiquete.
2 (Fig. y fam.) Asunto, tarea, tema, negocio.

boliche
1 Juego de bolos.
2 Juguete, balero.
3 Adorno redondeado [muebles].
4 (Argent., Par., Urug.) Figón, fonda.
5 (Argent.) Discoteca, bar.
6 (P. Rico) Tabaco corriente.
7 (Venez.) Chichón, chipote.

bólido
Meteorito, aerolito, uranolito, piedra.

bollo
1 Panecillo, bizcocho.
2 (Fig.) Chichón, chipote.
3 (Pan.) Masa de maíz tierno.
4 (Argent., Venez.) Golpe, puñetazo.
5 (Cuba, Venez./vulg.) Órgano sexual femenino.
6 (Amér., Esp./fig. y fam.) Alboroto, lío, jaleo.

bolo
1 Palo, taco, palitroque, tarugo.
2 (Fig. y fam.) Bobo, simple, bodoque, torpe.
3 (Amér. C.) Borracho.

bolsa
1 Talega, morral, fardo, saco, alforja, bulto, lío.
2 Lonja, bolsín.
3 (Méx./vulg.) Flojo, perezoso.
4 (Venez./desp.) Crédulo, ingenuo.
5 (Venez./desp.) Insignificante, pusilánime.

bolso
Cartera, bolsillo, valija, talega, zurrón, morral.

boludo (Argent., Urug.)
Atontado, bobo, lelo, ingenuo.

bomba
1 Explosivo, munición, bala, granada, obús, proyectil.
2 Máquina, pistón, aparato.
3 (Colomb., Hond., R. Dom.) Pompa, burbuja.
4 (Chile) Carro y/o estación de bomberos.

bombardear
1 Cañonear, lanzar, ametrallar, atacar.
2 (Fig.) Hostigar, molestar.

bombear
1 Extraer, impulsar, succionar, sacar, impeler, agotar, vaciar.
2 (Argent./fam.) Perjudicar.

bombilla
1 Lámpara, lamparilla, farol, globo, (Amér. C., Antill., Colomb., Venez.) bombillo, (Méx.) foco.

2 (Argent., Par., Urug.) Tubito para sorber el mate.

bombo

1 Timbal, tambor, atabal, caja.

2 (Fig.) Jactancia, vanagloria, coba, tono, aparato.

ANT.: *Humildad, sencillez.*

3 (Fam.) Aturdido, atolondrado, abombado.

bombón

Golosina, chocolate, chocolatina, chocolatín, dulce.

bombona

Vasija, recipiente, garrafa, botellón, redoma.

bonachón

Buenazo, bondadoso, manso, candoroso, ingenuo, sencillo, cándido.

ANT.: *Malicioso.*

bonancible

Apacible, despejado, sereno, claro, raso, benigno, tranquilo, suave.

ANT.: *Tormentoso, desapacible.*

bonanza

1 Calma, quietud, tranquilidad, serenidad.

ANT.: *Tormenta, tempestad.*

2 Auge, prosperidad, bienestar, opulencia.

ANT.: *Pobreza.*

bondad

1 Benevolencia, humanidad, indulgencia, clemencia.

ANT.: *Maldad, crueldad.*

2 Magnanimidad, generosidad, caridad.

ANT.: *Ruindad, inhumanidad.*

3 Benignidad, misericordia, piedad.

ANT.: *Perversidad.*

4 Mansedumbre, amabilidad, dulzura, suavidad.

ANT.: *Soberbia, intemperancia.*

bonete

Birrete, gorro, gorra, boina, casquete, solideo, sombrero.

boniato

Batata, (Méx.) camote.

bonificación

1 Descuento, rebaja, abono, reducción.

ANT.: *Cargo, gravamen.*

2 Compensación, gratificación, bono.

bonito

1 Agraciado, guapo, (fam.) mono, bello, lindo.

ANT.: *Feo.*

2 Primoroso, precioso, agradable, delicado.

ANT.: *Desagradable.*

bono

1 Vale, papeleta, cupón, comprobante, libranza

2 VER bonificación.

boñiga

Estiércol, fiemo, excremento, bosta.

boquear

1 Resollar, jadear, acezar, resoplar, sofocarse, respirar con dificultad.

2 Agonizar, expirar, estar muriendo.

boquete

Hueco, agujero, grieta, perforación, orificio, brecha, boca, oquedad.

boquiabierto

1 Pasmado, embobado, alelado.

ANT.: *Alerta.*

2 Asombrado, azorado, maravillado.

ANT.: *Indiferente.*

borbotón

Burbujeo, borbollón, borboteo, borborito, burbujas, gorgoteo.

bordar

Coser, recamar, adornar, marcar, ornamentar, festonear, ribetear.

borde

Orilla, canto, arista, labio, filete, margen, linde, extremo, orla, ribete, festón, frontera, extremidad.

ANT.: *Centro.*

bordear

1 Rodear, circundar, circunvalar, eludir, desviarse.

2 Frisar, acercarse, aproximarse, orillar [hablando de edad].

bordón

1 Bastón, cayado, báculo.

2 Muletilla [al hablar].

3 (Venez.) Hijo menor, benjamín.

4 (Venez.) Persona muy querida.

boreal

Septentrional, ártico, nórdico, norteño.

ANT.: *Meridional, austral.*

borinqueño

Puertorriqueño, natural de Puerto Rico.

borla

Pompón, madroño, tachón, colgante, adorno.

borra

1 Pelusa, lanilla, guata, tamo.

2 Poso, hez, sedimento, residuo.

borrachera

Embriaguez, ebriedad, beodez, alcoholismo, dipsomanía, (ant.) turca, (vulg.) cogorza, curda, mona, (Esp./

fam.) merluza, tajada, (Chile, Méx.) papalina.
ANT.: *Sobriedad.*

borracho
Ebrio, embriagado, alcoholizado, beodo, temulento, dipsómano, mamado, alegre, achispado, curda, alumbrado, bebido, briago, templado VER.
ANT.: *Sobrio.*

borrador
Esbozo, bosquejo, boceto, esquema, apunte, proyecto, plan, diseño.

borrar
Tachar, suprimir, anular, corregir, deshacer, desvanecer, esfumar.

borrasca
Temporal, tormenta, tempestad, turbión, galerna, huracán, aguacero, chaparrón.
ANT.: *Calma, bonanza.*

borrascoso
1 Tormentoso, turbulento, tempestuoso, proceloso.
ANT.: *Apacible, bonancible.*
2 (Fig.) Agitado, violento, accidentado.
ANT.: *Tranquilo.*
3 (Fig. y fam.) Desordenado, crapuloso, desenfrenado.
ANT.: *Moderado.*

borrego
1 Cordero, ternasco, borreguito.
2 (Fig.) Sumiso, apocado, pusilánime, timorato, dócil.
ANT.: *Decidido, enérgico.*
3 (Cuba, Méx./fig. y fam.) Chisme, patraña, bulo, notición, rumor.

borrico
Pollino, burro VER.

borrón
1 Mancha, tacha, tachón, mácula, chafarrinón, churrete, lamparón, tiznón.
2 Borrador, esbozo.

borroso
Impreciso, velado, nebuloso, difuso, turbio, confuso, opaco, oscuro.
ANT.: *Nítido, diáfano, preciso, claro.*

boruca
Bulla, bullicio, ruido, algarabía, algazara.
ANT.: *Calma, silencio.*

boscoso
Frondoso, espeso, denso, tupido, exuberante, selvático, impenetrable, nemoroso.
ANT.: *Ralo, desértico.*

bosque
Fronda, espesura, floresta, arboleda, selva, monte, parque, follaje, algaba, boscaje.
ANT.: *Sabana, páramo.*

bosquejo
1 VER boceto.
2 Plan, idea, proyecto, concepción, diseño, planificación.

bosta
Estiércol, boñiga, majada, (Venez.) boñinga.

bostezar
Boquear, inspirar, suspirar, abrir la boca, respirar profundamente.

bota
1 Borceguí, botín, zapato, calzado.
2 Pellejo, cuero, odre, cuba, tonel, tina, barril, barrica.

botana
1 Tarugo, tapón.
2 (Esp./fig. y fam.) Parche, apósito, vendaje.
3 (Méx.) Aperitivo, entremés.
4 (Venez.) Odre, bolsa de cuero.

botarate
1 Irreflexivo, tarambana, alocado, atolondrado, aturdido, precipitado.
ANT.: *Reflexivo, sensato.*
2 (Amér.) Derrochador, (Colomb., C. Rica) botaratas, (Cuba) botarata.
ANT.: *Ahorrativo, administrado.*

bote
1 Rebote, salto, golpe, brinco.
2 Tarro, envase, pote, lata.
3 Lancha, barca, canoa, esquife, chinchorro, piragua, motora, falúa, embarcación.
4 (C. Rica, Méx./fig. y fam.) Prisión, cárcel.

botella
Frasco, casco, envase, botellón, garrafa.

botellero
Quincallero, chamarilero, trapero, ropavejero, (Méx./fam.) ayatero.

botica
Farmacia, droguería, establecimiento.

botijo
Cántaro, ánfora, jarro, piporro, vasija, recipiente.

botín
1 Despojo, presa, trofeo, pillaje, rapiña, robo, captura.
2 VER bota.

botón
1 Broche, presilla, botonadura.
2 Renuevo, yema, capullo, pimpollo.
3 Pulsador, interruptor, llave, tecla, clavija.
botones
Mozo, recadero, mandadero, chico, muchacho.
bouquet (pr.)
1 Aroma, olor, perfume, buqué.
ANT.: *Hedor.*
2 Ramillete de flores.
bóveda
Cúpula, arco, domo, techo, cripta, arquería, ábside, vuelta, pabellón.
bovino
Vacuno, bóvido, rumiante, toro, vaca, buey.
boxeador
Púgil, pugilista, luchador, (Méx./vulg.) bofe.
boya
Baliza, marca, hito, señal.
boyante
Floreciente, venturoso, próspero, afortunado, opulento, rico.
ANT.: *Empobrecido.*
bozo
Vello, bigote, pelo, pelusa.
bracero
Peón, obrero, labriego, jornalero, rústico.
braga (Esp.)
Bragas, calzones, (Colomb., Méx., Venez.) pantaletas, (Argent.) bombacha o bombachas, (Amér.) panti o pantis, prenda interior de mujer.
bragado
1 Animoso, enérgico, valiente, resuelto, decidido, entero.
ANT.: *Pusilánime, cobarde.*
2 (Fig.) Avieso, malintencionado.
ANT.: *Bienintencionado.*
bragazas
Calzonazos, menguado, pusilánime, borrego, cobarde.
ANT.: *Valiente, decidido.*
bramante
Cuerda, cordel, cáñamo, hilo.
bramar
1 Rugir, mugir, aullar, berrear, chillar, gritar, vociferar.
2 Tronar, ulular, atronar [viento, mar].
bramido
1 Mugido, bufido, voz del toro, → bramar.
2 (Fig.) Grito, alarido, rugido.
3 (Fig.) Trueno, ruido [mar, viento].
branquia
Agalla, membrana, órgano respiratorio.
brasa
Ascua, rescoldo, chispa, llama, lumbre, fuego.
brasero
Estufa, calentador, hornillo, anafre o anafe, hogar, calientapiés.
brasier o (pr.) **brassiere**
Portabusto, portabustos, sujetador, prenda interior femenina, (C. Rica) tallador, (Cuba) ajustadores.
bravata
Jactancia, desafío, alarde, desplante, bravuconería, amenaza, balandronada, (Esp.) majeza.
bravío
Fiero, indómito, rebelde, cerril, salvaje, silvestre, montaraz, rústico, (Amér. C. y Merid.) chúcaro.
ANT.: *Manso, doméstico.*
bravo
1 Resuelto, valiente, intrépido, osado, temerario, esforzado.
ANT.: *Tímido, cobarde, miedoso.*
2 Iracundo, colérico, furioso.
ANT.: *Apacible.*
3 Fiero, feroz, salvaje.
bravucón
Matón, fanfarrón, valentón, camorrista, perdonavidas, matasiete.
ANT.: *Apocado, tímido.*
bravura
Valentía, coraje, resolución, atrevimiento, temeridad, (fig.) hombría, braveza.
ANT.: *Cobardía, miedo.*
brazalete
Argolla, pulsera, aro, muñequera, ajorca.
brazo
1 Miembro, extremidad, apéndice, pata.
2 Rama, ramal.
3 (Fig.) Jornalero, bracero.
4 (Fig.) Valor, esfuerzo, poder.
brea
Alquitrán, pez, resina.
brebaje
Bebida, pócima, poción, filtro, cocimiento, bebistrajo.
brecha
1 Abertura, fisura, hueco, rendija, grieta, orificio, boquete, agujero, rotura, perforación, raja, resquicio, oquedad.

2 (Méx.) Sendero, camino sin pavimentar.

brega

1 Reyerta, riña, pendencia, contienda.

2 (Fig. y fam.) Lucha, esfuerzo, trabajo afanoso.

bregar

1 Luchar, reñir, lidiar.

ANT.: *Rendirse.*

2 Trabajar, trajinar, ajetrearse, afanarse, agitarse, cansarse, agotarse, aperrearse.

ANT.: *Holgazanear.*

breña

Maleza, matorral, espesura, aspereza, fragosidad, escabrosidad.

ANT.: *Claro, llano.*

brete (estar en un)

Trance, aprieto, apuro, dificultad, problema, dilema, compromiso.

ANT.: *Solucionar, remediar.*

breve

1 Limitado, corto, reducido.

ANT.: *Largo.*

2 Conciso, sucinto, resumido.

ANT.: *Extenso.*

3 Efímero, provisional, temporal, perecedero, transitorio.

ANT.: *Prolongado.*

4 (Fig.) Frágil, delicado, grácil.

ANT.: *Grueso, tosco.*

breviario

Epítome, compendio, extracto, resumen, compilación, sumario.

briago (Méx.)

Borracho, ebrio, (fam.) tomado, bebido.

ANT.: *Sobrio.*

bribón

Bellaco, tunante, taimado, pícaro, pillo, (ant.) bergante, granuja, perillán.

ANT.: *Honrado, ingenuo.*

brillante

1 Resplandeciente, fulgurante, esplendente, cegador, refulgente, luminoso, centelleante, deslumbrante, radiante, rutilante.

ANT.: *Opaco, mate.*

2 (Fig.) Sobresaliente, descollante, destacado, distinguido, lucido.

ANT.: *Anodino, vulgar, gris.*

3 Diamante.

brincar

1 Saltar, botar, retozar, triscar, danzar, juguetear.

2 **brincarse** (Fig. y fam.) Omitir, soslayar.

brinco

Salto, rebote, retozo, bote, cabriola, corcovo, pirueta.

brindar

1 Desear, dedicar, proponer [al ir a beber vino].

2 Ofrecer, ofrendar.

3 Invitar, convidar.

brío

1 Ímpetu, energía, fuerza, empuje, pujanza, denuedo, ardor, fortaleza, arrestos, reciedumbre, determinación, vigor, acometividad.

ANT.: *Apatía, debilidad.*

2 Garbo, gallardía.

brisa

Céfiro, viento, vientecillo, soplo, hálito, aura, corriente, aire.

brizna

1 Hebra, fibra, hilo, filamento.

2 Pajita, ramita, hierba.

3 Pizca, un poco, poquito.

broca

Taladro, barrena, trépano, lezna, punzón.

brocado

1 Brocatel, damasco, seda, bordado, tejido, (Chile) brocato.

2 (Venez.) Con los pies torcidos hacia adentro, broco.

brocal

Antepecho, pretil, borde, parapeto, resalto.

brocha

Pincel, cepillo, cerdamen, escobilla.

broche

Prendedor, imperdible, pasador, corchete, hebilla, alfiler, aguja, gancho.

brócoli (Méx.)

Bróculi, brécol, (Esp.) brócol, bróquil.

broma

1 Bulla, algazara, alboroto, jarana, diversión.

ANT.: *Silencio, calma.*

2 Burla, chanza, remedo, chunga, guasa, chasco, chacota, cuchufleta, pulla, chirigota.

3 (Venez.) Inconveniente, contratiempo, incomodidad.

bromista

Guasón, juguetón, jocoso, risueño, chancero, zumbón, socarrón, chacotero.

ANT.: *Serio, formal, grave.*

bronca
1 Pelea, gresca, riña, reyerta, escándalo, altercado, disputa, trifulca.
2 Reprimenda, regaño, rapapolvo, regañina, reprensión, filípica.
ANT.: *Felicitación, elogio.*
3 (Argent., Chile, Urug., Venez.) Enfado, enojo, rabia.
4 (Méx.) Dificultad, problema, contratiempo.
bronceado
Cobrizo, tostado, dorado, quemado, aceitunado, moreno, atezado.
ANT.: *Blanco, pálido.*
bronco
1 Rudo, tosco, rústico, grosero, basto, hosco, huraño, desapacible, intratable.
ANT.: *Fino, cortés, afable.*
2 Profundo, bajo, destemplado, áspero, desagradable.
ANT.: *Agudo, armonioso.*
3 (Méx.) Caballo sin domar.
brotar
Manar, surgir, aflorar, nacer, emerger, salir, asomar, germinar, retoñar.
brote
Pimpollo, retoño, capullo, yema, renuevo, botón, pezón, vástago, cogollo.
broza
1 Zarzal, maleza, hojarasca, matorral, espesura.
2 Desechos, sobras, residuos, restos.
bruja
1 Maga, hechicera, encantadora, adivinadora, vidente, agorera, aojadora.
2 Esperpento, arpía, (vulg.) vieja, estantigua, adefesio.
3 (Cuba, Méx., P. Rico/fig.) Empobrecido, pobre, arrancado, (Méx) amolado.
4 (Chile/fig.) Falso, fraudulento.
bruma
Niebla, neblina, calima, vapor, nube, vaho, velo, capa, celaje, cerrazón.
brumoso
1 Nebuloso, neblinoso.
ANT.: *Despejado.*
2 (Fig.) Incomprensible, confuso.
ANT.: *Claro, comprensible.*
bruno
1 Moreno.
2 Castaño oscuro, negro [cabello].
ANT.: *Blondo, rubio.*
bruñir
1 Pulir, lustrar, abrillantar, frotar, charolar, esmerilar.
2 (C. Rica, Guat., Nic./fig. y fam.) Fastidiar.
brusco
1 Repentino, súbito, inesperado, imprevisto, inopinado, rápido.
ANT.: *Progresivo, previsto.*
2 Descortés, rudo, tosco, grosero, destemplado, áspero.
ANT.: *Amable, fino.*
brutalidad
Crueldad, barbaridad, bestialidad, ferocidad, dureza, saña, encarnizamiento, violencia, desenfreno.
ANT.: *Delicadeza, piedad.*
bruto
1 Necio, torpe, incapaz.
ANT.: *Listo, hábil.*
2 Tosco, zafio, rudo, grosero.
ANT.: *Fino, culto, pulido.*
3 Violento, cruel, feroz.
ANT.: *Amable, bondadoso.*
4 Caballo, acémila, mula, animal cuadrúpedo.
bucanero
Pirata, corsario, filibustero, aventurero, bandido, forajido.
bucear
1 Sumergirse, chapuzarse, hundirse, descender.
ANT.: *Flotar, emerger.*
2 (Fig.) Explorar, investigar.
bucle
Tirabuzón, rizo, onda, sortija, caracolillo.
bucólico
1 Campestre, pastoril, campesino, eglógico.
ANT.: *Ciudadano, metropolitano.*
2 (Fig.) Apacible, placentero, idílico.
ANT.: *Ajetreado, agitado.*
buenaventura
1 Buena suerte, dicha.
ANT.: *Malaventura, desventura, desgracia, infortunio.*
2 Auspicio, vaticinio, augurio, predicción, pronóstico, adivinación, profecía.
bueno
1 Bondadoso, virtuoso, benévolo, benigno, piadoso, clemente, generoso.
ANT.: *Malvado, egoísta, malo.*
2 Compasivo, tierno, indulgente, comprensivo.
ANT.: *Cruel, intolerante.*
3 Ventajoso, provechoso, propicio, favorable, benéfico.
ANT.: *Desventajoso, perjudicial.*

4 Sano, curado, restablecido.
ANT.: *Enfermo, malo, malito.*

bufanda
Chalina, pañuelo, tapaboca, tapabocas.

bufar
1 Soplar, resoplar, jadear, acezar.
2 Rezongar, regañar, refunfuñar, rabiar, bramar.

bufete
Oficina, despacho, escritorio, consultorio, estudio.

buffet (pr.)
Bufé, servicio, ambigú, antecocina.

bufido
1 Resoplido, soplo, jadeo, rebufo.
2 Bramido, gruñido, rugido, denuesto, rabieta.

bufo
Risible, cómico, burlesco, ridículo, grotesco, extravagante, chocarrero.
ANT.: *Serio, sensato.*

bufón
Payaso, cómico, histrión, caricato, burlón, bufo VER, jocoso, chancero.

buhardilla
Desván, altillo, sobrado, zahúrda, sotabanco, tabuco.

búho
Mochuelo, oto, autillo, lechuza, (Amér. C., Méx.) tecolote.

buhonero
Mercader, ambulante, marchante, feriante, baratero, quincallero.

bujía
Cirio, vela, candela, hacha, candelabro.

bula
Documento, concesión, privilegio, favor, gracia, prerrogativa, excepción.

bulevar
Avenida, arteria, vía, ronda, paseo, carretera.
ANT.: *Callejuela.*

bulla
Estruendo, estrépito, confusión, bullicio, vocerío, griterío, alboroto, desorden, tiberio, zarabanda, escandalera, algarabía, bullanga.
ANT.: *Silencio, orden.*

bulldozer (pr.)
Explanadora, aplanadora, máquina, tractor nivelador.

bullicio
VER bulla.

bullir
1 Hervir, gorgotear, burbujear, borbotear, cocer, espumar.
2 Moverse, agitarse, pulular, hormiguear, inquietarse, afanarse.
ANT.: *Calmarse, inmovilizarse.*

bulo
Falsedad, rumor, infundio, patraña, mentira, chisme, camelo, (Cuba, Méx.) borrego.
ANT.: *Verdad.*

bulto
1 Prominencia, protuberancia, saliente, lomo, resalte, giba, abombamiento, convexidad.
ANT.: *Depresión, hundimiento.*
2 Fardo, paca, bala, bolsa, saco, lío, paquete, equipaje.
3 Tumor, hinchazón, excrecencia, bubón, dureza, nódulo, grano, chichón, (Méx.) chipote, (C. Rica) chichota.
4 Mole, cuerpo, volumen, masa, (fig.) contorno.

bungalow (pr.)
Chalé, (pr.) chalet, cabaña, pabellón, bungaló.

buque
Barco, navío, embarcación, nave, transatlántico, paquebote, vapor.

burbujear
Borbotear, borboritar, gorgotear, bullir, hervir, espumar.

burdel
Lupanar, prostíbulo, mancebía, casa de citas, casa de lenocinio.

burdo
1 Tosco, rudo, grosero, basto, áspero.
ANT.: *Fino, delicado.*
2 Rústico, palurdo, inculto, ordinario, vulgar, chabacano.
ANT.: *Educado, refinado.*

burgués
1 Acomodado, adinerado, opulento, cómodo.
ANT.: *Proletario, humilde, obrero.*
2 Conservador, reaccionario.
ANT.: *Progresista.*

buril
Punzón, gubia, cuchilla, chaple, cortafrío.

burla
1 Chanza, broma, chunga, mofa, pulla, burlería, chirigota, chasco, chiste, guasa.
2 Befa, escarnio, ludibrio.
ANT.: *Respeto.*
3 Engaño, fingimiento, embuste, arana.

burlar
1 Chancear, chufletear, zumbar, chasquear, rechiflar.

2 Engañar, timar, embaucar, engatusar.
3 Esquivar, eludir, escapar, regatear, escurrir, (fig.) torear, driblar.
4 Frustrar, malograr, impedir.
ANT.: *Lograr, conseguir.*
5 Seducir con engaño, deshonrar.
6 **burlarse** Escarnecer, befar, mofarse.

burlesco
Picaresco, bufo, cómico, jocoso, alegre, jaranero, divertido, picante, audaz.
ANT.: *Serio, recatado.*

burlón
Guasón, bromista, chancero, socarrón, mordaz, sarcástico, irónico, zumbón.
ANT.: *Serio, formal, grave.*

buró
1 Escritorio, mesa de trabajo.
2 Bufete, despacho, oficina, estudio.
3 (Méx.) Mesita de noche.

burocrático
Administrativo, oficial, gubernativo, premioso, farragoso.

burrada
Barbaridad, animalada, bestialidad, sandez, disparate, torpeza, desatino.
ANT.: *Agudeza, acierto.*

burro
1 Jumento, asno, borrico, rucio, pollino.
2 (Fig.) Necio, torpe, zopenco, ignorante, bruto, grosero, tosco, bárbaro.
ANT.: *Inteligente, culto.*
3 (Fig.) Terco, testarudo, obstinado.
ANT.: *Razonable, flexible.*
4 (Argent./fam.) Caballo de carreras.
5 (Méx.) Tabla para planchar.
6 Armazón, soporte.
7 (C. Rica) Enorme, muy grande.

buscar
1 Indagar, investigar, escudriñar, averiguar, revolver, sondear, husmear, escarbar, preguntar, fisgonear, explorar, rastrear.
2 (Argent., Chile, Méx./fig. y fam.) Provocar, irritar, molestar.

buscarruidos
Pendenciero, bravucón, camorrista, provocador, matón, escandaloso, (Amér.) buscapleitos.
ANT.: *Formal, sensato, pacífico.*

buscavidas
(Fam./desp.) Entremetido, fisgón, (Esp.) metomentodo, (Argent., Chile, Méx., Venez.) metiche, (Argent.) meterete.
ANT.: *Discreto.*

buscón
Ratero, estafador, timador, (Chile) socaliñero.

buscona
Ramera, (ant.) pindonga, prostituta VER.

busilis
Quid, clavo, nudo, meollo, intríngulis, dificultad, punto principal.

búsqueda
1 Pesquisa, busca, investigación, indagación, examen, rebusca.
2 Batida, exploración, cacería.

busto
1 Tórax, torso, tronco, pecho, caja torácica.
2 Senos, pecho de la mujer.
3 Escultura o pintura que representa esta parte del cuerpo.

butaca
1 Sillón, silla, mecedora.
2 Asiento, localidad, luneta.

butifarra
1 (Esp.) Longaniza, chistorra, embuchado.
2 (Colomb., Chile, Pan.) Cierto embutido de cerdo.
3 (Perú) Emparedado.

buzón
Casilla, casillero, depósito, receptáculo, caja, ranura, orificio, surtidero.

C

cabal
1 Completo, justo, exacto, ajustado, entero.
ANT.: *Incompleto, inexacto.*
2 (Fig.) Perfecto, íntegro, puro.
3 Acabado, consumado.
cábala
1 Interpretación mística [judaísmo].
2 (Fig. y fam.) Intriga, maquinación.
cábalas
Suposiciones, conjeturas, cálculos.
cabalgadura
Montura, corcel, caballería, caballo, mula, asno.
cabalgar
Jinetear, montar, andar a caballo.
cabalgata
Marcha, columna, desfile.
cabalístico
Misterioso, secreto, recóndito, oculto, enigmático.
caballada
1 Manada de equinos.
2 (Amér. C. y Merid./fig.) Barbaridad, disparate, necedad, animalada.
caballeresco
Galante, cortés, cumplido, fino, elegante.
ANT.: *Grosero, descortés.*
caballería
VER cabalgadura.
caballeriza
Establo, cuadra, corral.
caballero
1 Hidalgo, noble, señor.
ANT.: *Plebeyo, villano.*
2 Caballeresco, honorable, leal, digno, galante.
ANT.: *Grosero, desleal, indigno.*
3 VER caballista.
caballeroso
VER caballeresco.
caballista
Jinete, cabalgador, caballero, vaquero.
caballo
1 Equino, cuadrúpedo, (fig.) bruto, (desp.) caballejo, (Méx./fam.) cuaco.
2 Bridón, corcel.
3 Palafrén, jaca, montura, cabalgadura, (Argent., Chile, Urug.) pingo.
4 Rocín, jamelgo, (Argent., Chile) mancarrón.
5 (Fig.) Aparato gimnástico, potro VER.
6 (Esp./vulg.) Heroína, droga.
7 (Chile/fig. y fam.) Estupendo, grande, tremendo, enorme.
8 (Amér. C./fig.) Necio, estúpido.
cabaña
Choza, caseta, chamizo, chabola, barraca, rancho, cobertizo, (Amér.) bohío, (Méx., Venez.) jacal.
cabeceo
Vaivén, balanceo, oscilación, bamboleo, mecimiento, meneo, traqueteo, bandazo.
cabecera
1 Encabezamiento, partida, preámbulo, entrada, arranque, inicio.
2 Presidencia, lugar preferente.
3 Cabezal, testero, cabecero.
4 Ciudad principal en un municipio.
cabecilla
Cacique, jefe, caudillo, capitán, guía, conductor, líder.
ANT.: *Esbirro, secuaz, seguidor.*
cabellera
Melena, pelambre, pelambrera, cabello VER.
cabello
1 Pelo, vello, bozo, pelusa, crin, cerda, hebra.
2 Cabellera, pelaje, melena.
caber
1 Entrar, contenerse [una cosa dentro de otra].
ANT.: *Sobrar, exceder.*
2 Abarcar, encerrar, englobar, coger.
3 Tocar, corresponder.
cabeza
1 Testa, mollera, sesera, cráneo, coco, testuz, melón, (Méx./fam.) choya*.
2 (Fig.) Mente, seso, inteligencia, capacidad, entendimiento, razón, cerebro, juicio, (fam.) cacumen, talento, agudeza.
ANT.: *Idiotez, torpeza.*

3 Comienzo, principio, inicio, origen, nacimiento, prólogo.
ANT.: *Final, epílogo, conclusión.*
4 (Fig.) Jefe, director, superior, dirigente.
ANT.: *Subordinado.*
5 (Fig.) Individuo, persona, (Esp.) barba.
6 (Fig.) Res, semoviente.
7 (Fig.) Capital, población principal.
*Tb. significa: (Guat.) Pachorra, pereza.

cabezazo
Testarazo, topetazo, (fam.) tope.

cabezón
1 Cabezudo, cabezota.
2 (Fig.) Testarudo, terco, porfiado, obstinado, tozudo.
ANT.: *Razonable, comprensible.*
3 (C. Rica, Hond.) Renacuajo.
4 **cabezones** Botargas, monigotes.

cabida
Volumen, capacidad, contenido, espacio, aforo, extensión, porte.

cabildeo
1 Gestión, consulta, reunión.
2 Conciliábulo, intriga, maquinación.

cabildo
1 Capítulo, cuerpo, entidad, corporación.
2 Junta, consejo, asamblea.
3 Ayuntamiento, municipio.

cabina
1 Camarote, camareta, compartimiento, alojamiento, habitáculo.
2 Casilla, locutorio, división.
3 Caseta, probador.

cabinera (Colomb.)
Azafata, auxiliar de avión.

cabizbajo
Abatido, desanimado, alicaído, triste, melancólico, desalentado, cabizcaído.
ANT.: *Animado, alegre.*

cable
1 Soga, maroma, cuerda, cabo VER.
2 Hilo, alambre, cordón.
3 Telegrama, cablegrama, despacho, radiograma.

cabo
1 Cuerda, soga, cordel, cable, maroma, cordón, chicote, hilo, fibra, amarra.
2 Extremo, término, fin, punta, remate.
3 Punta, saliente, lengua de tierra.

cabrearse
Enfadarse, enojarse, irritarse, amostazarse, enfurecerse, enemistarse.
ANT.: *Calmarse, amigarse.*

cabriola
Pirueta, corcovo, corveta, bote, salto, brinco, voltereta, rebote, retozo.

cabrito
1 Choto, chivo, ternasco, caloyo.
2 (Fig./vulg.) Cabrón, cornudo.

cabrón
1 Cabro, macho cabrío.
2 (Fig./vulg.) Cornudo, marido complaciente, (Esp.) cuclillo.
3 (Fig./vulg.) Canalla, sucio, tramposo [se usa como insulto].
4 (Amér. Merid.) Rufián, proxeneta.

caca
1 Excremento, deposición, evacuación, mierda, deyección, heces.
2 (Fig.) Inmundicia, porquería.

cacahuate
Maní, cacahuete.

cacarear
1 Cloquear.
2 (Fig.) Jactarse, vanagloriarse, envanecerse, alardear, fanfarronear.
ANT.: *Disculparse, humillarse.*

cacatúa
1 Papagayo, loro, cotorra, periquito.
2 (Fig.) Vieja fea, bruja [dicho de una mujer].

cacería
Persecución, búsqueda, acoso, acorralamiento, montería, batida, partida, ojeo.

cacerola
Cazo, olla, cazuela, caldera, perol, puchero, marmita, tartera, vasija, recipiente.

cachador (Argent., Par., Urug.)
Burlón, guasón, bromista.

cacharro
1 Pote, vasija, olla, recipiente, cazuela, (Esp.) puchero*.
2 (Fam.) Trasto, enser, bártulo, utensilio, artefacto, trebejo.
3 (Colomb./fig.) Chuchería, baratija.
*Tb. significa: cocido, caldo, potaje. / (Esp./fig. y fam.) El alimento cotidiano.

cachaza
1 Flema, pachorra, calma, parsimonia, apatía, morosidad [referido a una obligación legal].
ANT.: *Dinamismo, vivacidad.*
2 (Colomb.) Espuma [de un cocimiento].
3 (Colomb.) Espumarajo [del caballo].
4 (Colomb., Ecuad.) Descaro, desvergüenza.

cachear
Registrar, esculcar, palpar, inspeccionar, examinar, buscar.
cachete
1 Mejilla, moflete, carrillo.
2 Bofetón, torta, tortazo, bofetada, cachetada.
cachimba
1 Pipa, artículo de fumador, (Amér.) cachimbo.
2 (Cuba) Revólver.
cachiporra
1 Porra, garrote, rompecabezas.
2 (Chile/fam.) Farsante, vanidoso.
cachivache
1 Trasto, cacharro, chirimbolo, chisme, enser, bártulo, (Amér. C., Méx.) tiliche.
2 (Fig. y fam.) Inútil, ridículo, embustero, inservible.
ANT.: *Útil, hábil, competente.*
cacho
1 Trozo, fragmento, pedazo, segmento, tramo, porción, pieza, parte, fracción, sección.
ANT.: *Conjunto, totalidad.*
2 (Amér. Merid.) Cuerno.
3 Cuerna, (Chile, Guat.) vaso, (Bol., Colomb., Ecuad., Perú) cubilete.
4 Objeto inservible, (Chile) maula*.
5 (Ecuad.) Chascarrillo obsceno.
*Tb. significa: (Argent.) Cobarde, poco confiable, despreciable. / (Chile) Engaño. / (Chile/fig.) Flojo, holgazán. / (Urug./desp.) Cobarde.
cachondeo
1 Guasa, burla, befa, mofa, chanza, pitorreo, zumba, diversión.
2 (Méx./vulg.) Escarceo sexual.
cachondo
1 Libidinoso, excitado, salido, en celo, lascivo, sensual, lujurioso, (fam.) caliente.
ANT.: *Frío, indiferente, frígido.*
2 Jocundo, burlón, guasón, divertido.
ANT.: *Grave, aburrido.*
cachorro
Cría, hijuelo, cachorrito, retoño, descendiente, hijo, vástago.
cacique
1 Jefe, señor, superior.
2 Amo, dueño, patrono.
3 (Fig. y fam.) Déspota, tirano.
caco
Carterista, ratero, descuidero, ladrón, rata, delincuente.
ANT.: *Honrado, probo.*
cacofonía
Disonancia, discordancia.
ANT.: *Eufonía, armonía.*
cacumen
Seso, talento, ingenio, perspicacia, agudeza, lucidez, caletre, mollera, meollo, cabeza.
ANT.: *Torpeza, idiotez.*
cadalso
1 Patíbulo, plataforma.
2 Castigo, suplicio, pena, horca, guillotina.
cadáver
1 Muerto, restos, cuerpo, despojos.
2 Difunto, extinto, finado, fallecido, víctima, occiso.
cadavérico
1 Macabro, fúnebre, lúgubre, sepulcral.
ANT.: *Alegre, festivo.*
2 Pálido, flaco, macilento.
ANT.: *Sano, rozagante.*
cadena
1 Eslabones, hierros, (fig.) grilletes, esposas.
2 Serie, orden, proceso, encadenamiento, sucesión, sarta.
3 (Fig.) Cautiverio, condena, prisión, sujeción, esclavitud, cautividad.
ANT.: *Libertad.*
cadencia
Compás, ritmo, medida, armonía, consonancia, paso, movimiento.
cadera
Cuadril, anca, grupa.
caducar
Concluir, prescribir, terminar, acabarse, extinguirse, cumplirse.
ANT.: *Perdurar, continuar.*
caduco
1 Decrépito, decadente, senil, chocho, acabado, achacoso.
ANT.: *Joven, lozano.*
2 Efímero, fugaz, pasajero, perecedero.
ANT.: *Perenne, duradero.*
caer
1 Desplomarse, precipitarse, hundirse, abatirse, derrumbarse, descender.
ANT.: *Subir, levantarse.*
2 Separarse, desprenderse.
3 (Fig.) Sucumbir, morir, perecer, desaparecer.
ANT.: *Surgir, brotar.*
4 (Fig.) Disminuir, decaer, debilitarse, degradarse.
5 Incurrir, incidir.

6 (Fig.) Llegar, acontecer, venir.
7 (Fig.) Dejarse coger, ser atrapado, venir a dar.
ANT.: *Librarse, escapar, salvarse.*
cáfila
Caterva, horda, tropel, turba, cuadrilla.
cafre
1 Bárbaro, brutal, bestial, fiero.
ANT.: *Humanitario.*
2 Inculto, cerril, rudo.
ANT.: *Culto, refinado.*
cagar
1 (Vulg.) Evacuar, defecar, excretar, obrar, descargar, mover el vientre, hacer sus necesidades.
2 (Fig. y fam.) Deslucir, manchar, echar a perder.
caída
1 Porrazo, golpe, costalada, batacazo, derrumbe, (Esp.) culada.
2 Cuesta, declive, descenso, bajada.
ANT.: *Subida, ascenso.*
3 Decadencia, fracaso, ocaso, ruina, desgracia.
ANT.: *Auge, prosperidad.*
caimán (Amér.)
1 Cocodrilo, yacaré, aligator.
2 (Fig.) Astuto, disimulado.
caja
1 Cajón, arca, estuche, urna, cartón.
2 Embalaje, envase.
3 Ataúd, féretro.
cajón
1 VER caja.
2 Compartimiento, gaveta.
3 (Amér. C. y Merid.) Ataúd.
4 (Amér.) Comercio, establecimiento [sobre todo los pequeños donde se vende ropa].
cal
Tiza, yeso, creta, caliza.
cala
Abra, ensenada, caleta, golfo, rada, refugio, bahía.
calabozo
Celda, cárcel, mazmorra, encierro, trena, prisión, galera, ergástula.
calamar
Sepia, chipirón.
calambre
Contracción, agarrotamiento, encogimiento, espasmo.
calamidad
1 Catástrofe, desastre, desgracia, desdicha, plaga, azote.
ANT.: *Suerte, ventura.*
2 (Fig.) Inepto, incapaz, incompetente.
ANT.: *Hábil, capaz.*
3 (Fig.) Molesto, fastidioso, calamitoso.
calaña
1 Modelo, forma, patrón, muestra.
2 Ralea, naturaleza, índole, jaez, calidad, categoría.
calar
1 Mojarse, empaparse, embeberse, humedecerse, impregnarse.
ANT.: *Secarse.*
2 Horadar, agujerear, perforar, atravesar, cortar.
3 Trabajar, labrar.
4 (Fig. y fam.) Conocer, medir, poner a prueba [a una persona].
5 Probar, catar.
6 (Colomb.) Apabullar, cachifollar.
calavera
1 Cráneo, huesos de la cabeza.
2 (Fig.) Parrandero, mujeriego, vividor, tarambana, jaranero, vicioso.
ANT.: *Sensato.*
3 (Méx.) Luz trasera de automóvil.
calcar
1 Copiar, duplicar, reproducir.
2 Imitar, repetir.
calceta
1 Media, malla, calcetín.
2 Punto, tejido.
calcetín
Media, escarpín, calceta.
calcificar
Endurecer, osificar, anquilosar.
calcinar
Carbonizar, incinerar, quemar, abrasar, consumir, tostar, asar, arder.
calcular
1 Contar, computar, tantear, determinar, operar.
2 Considerar, reflexionar.
3 Deducir, conjeturar, suponer.
cálculo
1 Cómputo, cuenta, recuento, operación, enumeración.
2 Suposición, conjetura.
caldear
VER calentar.
caldera
1 Calentador, fogón, hogar, estufa, horno.
2 Recipiente, cacerola VER.
calderilla
1 Caldereta, recipiente.
2 Cambio, suelto, monedas.

caldo
1 Consomé, sopa, cocido.
2 Jugo, zumo, sustancia.
caldoso
Aguado, jugoso.
calendario
Anuario, almanaque.
calentar
1 Caldear, templar, escaldar.
ANT.: *Enfriar, refrescar.*
2 (Fig. y fam.) Avivar, activar.
ANT.: *Congelar, paralizar.*
3 (Fig. y fam.) Azotar, golpear, zurrar, pegar.
4 (Fam.) Molestar, irritar.
calentarse
1 Animarse, exaltarse, avivarse.
2 (Amér. C., Méx.) Enfadarse, irritarse.
3 (Fam.) Excitarse sexualmente.
calentura
1 Fiebre, temperatura, febrícula, décimas.
ANT.: *Hipotermia.*
2 (Méx./fam.) Cachondez, lujuria, excitación sexual.
calesita (Amér. Merid.)
Tiovivo, caballitos, carrusel.
caletre
1 Discernimiento, juicio, tino.
2 Talento, ingenio, capacidad, magín, cacumen VER.
calibrar
1 Medir, comprobar.
2 Evaluar, calcular.
3 Establecer, determinar.
4 (Fig.) Apreciar, valorar.
calibre
1 Anchura, diámetro, amplitud, abertura.
2 Tamaño, dimensión, talla.
3 (Fig.) Importancia, clase.
calidad
1 Condición, índole, categoría, clase, particularidad.
2 Excelencia, perfección, eficacia, virtud.
ANT.: *Deficiencia, defecto.*
cálido
VER caliente.
caliente
1 Cálido, caldeado.
ANT.: *Frío.*
2 Caluroso, tórrido, abrasador, ardiente, candente.
ANT.: *Helado.*
3 (Fig.) Ardoroso, encendido, acalorado, animado.
ANT.: *Apático, desanimado.*
4 (Amér. C., Méx./fig. y fam.) Enfadado, irritado.
5 (Fam.) Excitado sexualmente, cachondo.
calificación
Nota, evaluación, valoración, clasificación, estima, tasa, apreciación.
calificado
Competente, hábil, apto, capacitado, experto, idóneo, capaz, autorizado.
ANT.: *Incompetente, incapaz, descalificado.*
calificar
1 Evaluar, valorar, juzgar, establecer, estimar, calcular, tasar, asignar.
2 Designar, llamar, tildar, adjetivar, nombrar, denominar, atribuir, tachar de.
calificativo
Nombre, adjetivo, epíteto, alias, apodo.
cáliz
Copa, vaso, copón, vaso litúrgico, grial.
callado
1 Silencioso, taciturno, reservado, hosco, silente.
ANT.: *Parlanchín, comunicativo.*
2 Tranquilo, discreto, reposado.
ANT.: *Locuaz.*
3 Tácito, secreto.
callar
1 Enmudecer, silenciar, guardar silencio.
ANT.: *Hablar.*
2 Omitir, ocultar, reservar, sigilar, tapar.
3 Aguantarse, soportar.
ANT.: *Responder.*
calle
Camino, vía, arteria, rúa, pasaje, calzada, travesía, paseo, avenida, ronda.
callejear
Vagar, pasear, errar, deambular, caminar, cancanear, merodear, pindonguear.
callo
Dureza, endurecimiento, callosidad, aspereza, juanete, ojo de gallo.
calma
1 Tranquilidad, bonanza.
ANT.: *Tempestad.*
2 Paz, serenidad, sosiego, placidez, reposo.
ANT.: *Inquietud, desasosiego.*
3 (Fig. y fam.) Pachorra, lentitud, cachaza.
ANT.: *Actividad, dinamismo.*
4 Quietud, silencio.
ANT.: *Alboroto, ruido.*

5 Imperturbabilidad, impavidez, flema, frialdad.
ANT.: *Perturbación, aturdimiento.*

calmante
Tranquilizante, sedante, lenitivo, analgésico.
ANT.: *Estimulante, excitante.*

calor
1 Bochorno, temperatura, canícula.
ANT.: *Frío.*
2 Ardor, incandescencia, combustión, fuego.
ANT.: *Congelación.*
3 (Fig.) Entusiasmo, energía, empeño, ánimo, fervor.
ANT.: *Frialdad, apatía.*

calumnia
Imputación, falsedad, falacia, difamación, impostura, suposición, maledicencia, falso testimonio, mentira, chisme.

caluroso
1 Bochornoso, cálido, ardiente, sofocante, asfixiante, tórrido, tropical, caliente VER.
ANT.: *Frío, helado.*
2 (Fig.) Vivo, entusiasta, fogoso, impetuoso.
ANT.: *Apático, flemático.*

calva
1 Calvicie, alopecia, calvez, entradas, pelada, pelona*.
ANT.: *Pelambre, melena.*
2 Calvero, claro [en bosque, plantación o maleza].
*Tb. significa: (Méx./fig. y fam.) La muerte, la parca.

calvario
(Fig. y fam.) Vía crucis, martirio, padecimiento, sufrimiento.
ANT.: *Felicidad, bonanza.*

calvicie
VER calva.

calzado
Zapato, bota, botín, chanclo, borceguí, alpargata, zapatilla, pantufla.

calzar
1 Usar, llevar, ponerse, calzarse.
ANT.: *Descalzarse.*
2 Afianzar, trabar, asegurar, afirmar, inmovilizar.
ANT.: *Descalzar.*

calzón
1 Pantalón, (ant.) calzas, (Esp.) calzona, (Méx.) calzonera.
2 Bragas, braga VER, calzones, prenda interior de mujer, (Argent.) bombacha o bombachas, (Ecuad.) calzonario, (Colomb., Méx., Venez.) pantaletas.
3 Taparrabo, taparrabos, calzoncillo, calzoncillos, trusa, boxers, calzones [prenda interior de hombre].
4 Bañador, calzón de baño, (Guat., Nic.) calzoneta.

calzonazos
VER bragazas.

calzoncillos
VER calzón.

cama
Lecho, tálamo, catre, litera, yacija, hamaca, camastro VER, petate.

camada
Ventregada, lechigada, cama, cría, prole, cachillada.

cámara
1 Estancia, aposento, pieza, sala, salón, habitación, cuarto, saleta, antesala, recinto.
2 Congreso, parlamento, senado, consejo, concejo, asamblea, cortes, junta.
3 Camarote.
4 Aparato fotográfico.
5 (Méx., Venez.) Corporación gremial.

camarada
Compañero, correligionario, cofrade, colega, amigo, compinche.
ANT.: *Enemigo, rival.*

camarera
1 Doncella, sirvienta, muchacha, (desp.) criada, asistenta, azafata, servidora doméstica, trabajadora doméstica, (Esp./desp.) maritornes.
2 (Colomb., Chile, Ecuad., Guat., Méx.) Mesera.

camarero
1 Servidor, sirviente, doméstico, (desp.) criado, fámulo, mozo, muchacho, botones.
2 (Colomb., Chile, Ecuad., Guat., Méx.) Mesero.

camarilla
Pandilla, grupo, cuadrilla.

camarón
1 Langostino, quisquilla, gamba, marisco.
2 (C. Rica, Colomb.) Gratificación, propina.

camastro
Catre, yacija, jergón, hamaca, cama VER.

cambiar
1 Canjear, permutar, trocar, conmutar.
2 Negociar, intercambiar.

3 Sustituir, reemplazar, alterar, variar, modificar, innovar.
ANT.: *Mantener, conservar.*
4 Transformar, transmutar, convertir, mudar, metamorfosear.
ANT.: *Persistir, permanecer.*
5 cambiarse Mudarse.

camerino
Camarín.

caminante
Andarín, peatón, transeúnte, viandante.

caminar
1 Andar, avanzar, marchar, pasear, errar, recorrer, deambular.
ANT.: *Detenerse, parar.*
2 Moverse, (Amér.) funcionar.

camino
1 Carretera, pista, vía, ruta, autopista, calle.
2 Senda, vereda, sendero, atajo, trocha*, vado.
*Tb. significa: (Argent.) Ancho de la vía ferroviaria.

camión
1 Camioneta, furgoneta, (ant.) furgón, (Méx.) troca [vehículos de carga].
2 (Amér. C.) Autobús, (Argent., Venez.) colectivo, (Esp.) autocar, (Perú, Urug.) ómnibus, (Chile) micro, (Chile, Méx.) microbús, (Cuba) guagua, (Amér. Merid.) pullman, (Méx.) camión [vehículos de pasajeros].

camisa
1 Blusa, camisola, camisón, camiseta, blusón, prenda.
2 Revestimiento, envoltura, vestidura.
3 Funda, forro, cubierta.

camorra
Refriega, pendencia, riña, pelea, trifulca, gresca, disputa, (fam.) pelotera.
ANT.: *Paz.*

camorrista
Pendenciero, provocador, peleador, peleón, camorrero, (Méx.) peleonero.

camote (Méx.)
1 (Amér.) Batata, boniato, tubérculo.
2 (Argent., Riopl., C. Rica/fig.) Amistad, enamoramiento.
3 (Amér./fig.) Amante, querido, querida.
4 (Méx./fig.) Lío, embrollo, dificultad.
5 (Salv./fig.) Verdugón, cardenal, moretón.
6 (Ecuad./fig.) Tonto, bobo.

campamento
Acantonamiento, acampada, vivaque, campo, reducto, posición, cuartel.

campana
Esquila, campanilla, cencerro, bronce, carillón, sonería, badajo.

campanada
Repique, tañido, toque, rebato, llamada, campaneo.

campanario
Torre, campanil, espadaña, aguja.

campante
Contento, ufano, satisfecho, alegre, gozoso, eufórico.
ANT.: *Decaído, disgustado, desalentado, frustrado.*

campanudo
1 Acampanado.
2 (Fig.) Pomposo, rimbombante, prosopopéyico, altisonante.
ANT.: *Llano, sencillo.*

campaña
1 Misión, cometido, tarea, empresa, proyecto, plan, gestión.
2 VER campo.

campear
Dominar, destacar, descollar, aventajar, sobresalir, prevalecer, campar.
ANT.: *Perder, fallar, fracasar.*

campechano
1 Llano, sincero, franco, natural, despreocupado, alegre, jovial.
ANT.: *Vanidoso, afectado, ceremonioso.*
2 (Méx.) Del estado de Campeche.

campeón
1 Paladín, adalid, defensor, sostenedor, héroe, (ant.) campeador.
2 As.

campeonato
Contienda, competición, certamen deportivo.

campesino
1 Labrador, labriego, granjero, agricultor, rústico, paisano, (Méx.) campirano.
ANT.: *Ciudadano, metropolitano.*

campestre
Agreste, silvestre, rústico, campesino, natural, bucólico, sencillo.
ANT.: *Urbano, artificial.*

campo
1 Campiña, tierra, sembrados, cultivos, pradera, prado.
2 Cancha, estadio, terreno de juego.
3 (Fig.) Ámbito, esfera.

camuflar
Disfrazar, ocultar, disimular, encubrir, enmascarar, desfigurar.
ANT.: *Descubrir, mostrar.*

can
1 Perro, chucho, cachorro, (C. Rica) zaguate, (Esp.) gozque.
2 Canecillo*, gatillo, percutor.
*Tb. significa: Modillón, ménsula de adorno bajo una cornisa.
cana
1 Cabello blanco, (fig.) hebra de plata.
2 (Argent., Colomb., Chile, Perú, Urug., Venez./vulg.) Cárcel, reclusorio.
3 (Argent., Urug.) La policía.
canal
1 Zanja, cauce, acequia, reguero.
2 Istmo, estrecho, paso, bocana.
3 Canalizo, tubo, canuto, conducto, canaleta.
4 Estría, canaladura, surco.
canalizar
Encauzar, dirigir, conducir, orientar.
canalón
Desagüe, canal, tubería, conducto, cañería.
canalla
1 Bribón, pillo, malandrín, tunante, granuja, truhán, (ant.) bergante, (Esp./fam.) belitre.
ANT.: *Señor, caballero.*
2 (Fig.) Rastrero, infame, villano, miserable, abyecto, perverso.
ANT.: *Noble, bondadoso.*
3 (Fig. y fam.) Chusma, gentuza, populacho, plebe, (Venez.) canallaje.
canasta
Cesta, banasta, cuévano, espuerta.
cancela
Reja, verja.
cancelar
Suprimir, suspender, anular, derogar, abolir, revocar.
ANT.: *Ejecutar, aprobar, habilitar.*
cáncer
1 Neoplasia, tumor, llaga, úlcera, carcinoma, cancro, (Colomb., Guat.) cangro.
2 (Fig.) Plaga, azote, mal.
cancha
1 Campo, pista, frontón, patio, terreno, local, campo deportivo.
2 (Amér. C. y Merid.) Hipódromo.
3 (Argent., Chile, C. Rica, Par., Perú/fam.) Fogueo, destreza, experiencia.
4 (Colomb., Perú) Maíz o habas tostadas.
5 (Venez./fig.) Habilidad, persuasión.
6 (Fig.) Lugar, espacio.
canción
Cantar, canto, cántico, composición, copla, tonada, balada, romanza, melodía, aire.
candela
1 Bujía, vela, cirio, lumbre, (Cuba) fuego.
2 Candelero.
candelabro
VER candelero.
candelero
Candelabro, candil, candela, palmatoria, celador, lámpara, blandón, araña, hachero.
candente
1 Ardiente, incandescente, quemante, ígneo, al rojo.
ANT.: *Helado.*
2 (Fig.) Actual, presente, palpitante [noticia, suceso].
candidato
Pretendiente, aspirante, solicitante, postulante, demandante, peticionario.
ANT.: *Elegido, designado.*
candidatura
1 Pretensión, aspiración, participación.
2 Propuesta, petición.
cándido
1 Blanco, color de nieve.
2 Ingenuo, inocente, candoroso, crédulo, incauto, simple, bobo.
ANT.: *Astuto, pícaro.*
candil
1 Quinqué, farol, lámpara, fanal, linterna.
2 (Méx.) Araña, candelabro colgante.
candor
Inocencia, candidez, pureza, ingenuidad, credulidad, simpleza.
ANT.: *Astucia, picardía, disimulo.*
caníbal
1 Antropófago.
2 (Fig.) Sanguinario, inhumano, feroz.
ANT.: *Clemente.*
canica
1 Bolita de vidrio, (C. Rica) bolincha, (Cuba) bala.
2 (Cuba) Canela silvestre.
canicas
(Argent., Chile, Urug.) Bolitas, (Bol.) canchinas [juego infantil].
canícula
Bochorno, calor, vulturno.
ANT.: *Frigidez, frío.*

canijo
Enteco, enclenque, esmirriado, enfermizo.
ANT.: *Vigoroso, robusto.*

canilla
1 Hueso largo, tibia, peroné.
2 (Argent., Chile) Espinilla.
3 (Colomb., Perú) Pantorrilla.
4 (Argent., Urug.) Grifo, llave.
5 Carrete, bobina.
6 (Méx./fig. y fam.) Fuerza física, vigor.
7 (Venez./fam.) Pan alargado.

canillas (C. Rica, Méx., Venez.)
Piernas muy delgadas, (Méx./fig.) popotitos.

canillita (Amér. Merid., R. Dom.)
Vendedor de periódicos o billetes de lotería.

canje
Permuta, cambio, trueque, transacción, intercambio, cambalache.

cano
VER canoso.

canoa
Piragua, barca, lancha, bote, falúa, trainera, esquife, chinchorro, (Méx.) trajinera.

canon
1 Norma, pauta, regla, precepto, guía.
2 Tasa, pago, tarifa, impuesto.
3 Catálogo, lista, rol.

canonizar
Santificar, beatificar, glorificar, elevar, venerar, ensalzar.
ANT.: *Execrar.*

canonjía
Prebenda.

canoso
Entrecano, cano, grisáceo, rucio, plateado, (fig.) blanco.

cansar
1 Agotar, fatigar, debilitar, desfallecer, agobiar, sofocar, ajetrear, moler.
ANT.: *Vigorizar, descansar.*
2 Hartar, importunar, hastiar, aburrir.
ANT.: *Interesar.*

cantamañanas
(Fam.) Informal, irresponsable, embustero, cuentista.

cantante
Cantor, diva, divo, intérprete, solista, soprano, tenor, barítono, bajo.

cantar
1 Vocalizar, modular, interpretar, corear, entonar, tararear, salomar, (desp.) berrear.
2 → canción.
3 (Fig. y fam.) Confesar, descubrir, poner en evidencia.

cántaro
Vasija, recipiente, ánfora, jarrón, botijo, cuenco, jarra.

cántico
VER canción.

cantidad
1 Número, dosis, porción.
2 Suma, total, cuantía, importe, conjunto, costo, (Esp.) coste.
3 Exceso, abundancia, raudal, miríada, mucho.
ANT.: *Falta, carencia, poco.*

cantilena
1 Canturreo, cantinela, salmodia, tarareo, copla.
2 Monserga, lata, fastidio, (Amér.) cantaleta, (Esp.) tabarra.

cantina
1 (Esp.) Bodega, cava, sótano.
2 Cafetería, fonda, restaurante, (Esp.) tasca.
3 (Argent., Méx., Par., Urug.) Bar, taberna.
4 Puesto de comida.

canto
1 Himno, cántico, canción VER.
2 Borde, orilla, arista, margen, costado, lado, saliente.
ANT.: *Centro.*
3 Guijarro, guija, pedrusco.

cantón
1 País, comarca, región, demarcación, término, territorio, distrito.
2 (Hond.) Loma, cerro, otero.
3 (Méx./fig. y fam.) Casa, domicilio.

cantor
1 Canoro.
2 VER cantante.

canturrear
Entonar, tararear, salmodiar.

canuto
Caña, cánula, conducto, tubito, boquilla.

caña
1 Bambú, junco, bejuco, anea, mimbre, vara.
2 Cánula, canuto VER.
3 Canilla, hueso largo.
4 (Amér.) Aguardiente de caña.

cañada
Vaguada, hondonada, barranco, cauce, quebrada, desfiladero, torrentera.

cañería
Tubería, fontanería, caño, conducción, conducto, tubos, distribución.
caño
Cánula, cañería, cañuto, cloaca, albañal, espita, tubo.
cañón
1 Mortero, obús, bombarda.
2 VER cañería.
3 Barranco, desfiladero, quebrada.
4 Cálamo, parte hueca de la pluma.
cañonazo
1 Descarga, disparo, tiro, (Esp.) chupinazo.
2 Estampido, detonación, explosión, estruendo.
3 (Fig.) Impacto, sorpresa, apabullamiento.
4 En fútbol, patadón, chutazo.
caos
Desorden, desconcierto, lío, desorganización, desbarajuste, anarquía.
ANT.: *Orden, organización.*
capa
1 Manto, capote, abrigo.
2 Recubrimiento, baño, revestimiento, película, mano, forro, cubierta.
3 Veta, estrato, faja.
capacidad
1 Cabida, cupo, volumen, tonelaje, desplazamiento, aforo, dimensión.
2 Inteligencia, talento, competencia, aptitud.
ANT.: *Ineptitud.*
capacho
Cesta, canasta, espuerta, serón, capazo.
capar
1 Castrar, emascular, esterilizar, extirpar, mutilar, cercenar.
2 (Fig. y fam.) Disminuir, incapacitar.
caparazón
Concha, coraza, cubierta, caparacho.
capataz
Encargado, jefe, sobrestante, mayoral.
capaz
1 Amplio, vasto, espacioso, grande, holgado, dilatado, abundante.
ANT.: *Estrecho, reducido.*
2 Competente, apto, preparado, experto.
ANT.: *Incompetente.*
capcioso
Engañoso, falaz, artificioso, insidioso, aparente, falso, embaucador.
ANT.: *Verdadero, sincero.*
capear
1 Torear, lidiar.
2 (Fig. y fam.) Eludir, soslayar, entretener.
3 Aguantar, resistir, soportar, sortear, mantenerse.
ANT.: *Sucumbir, rendirse.*
4 (Guat.) Hacer novillos.
5 (Méx.) Rebozar.
capellán
Eclesiástico, clérigo, cura, sacerdote.
caperuza
Capucha, capuchón, capuz, gorro, bonete, cucurucho, capirote.
capilla
1 Ermita, oratorio, bautisterio, iglesia.
2 (Fig.) Camarilla, grupo, pandilla.
capirote
VER caperuza.
capital
1 Metrópoli, urbe, ciudad, población principal.
2 Fortuna, dinero, bienes, riqueza, caudal, patrimonio, fondos, tesoro, herencia.
3 Esencial, fundamental, primordial.
ANT.: *Secundario.*
capitalista
Patrocinador, inversionista, (Amér.) financista [referido a sociedades de negocios].
capitán
1 Caudillo, guía, dirigente, conductor, líder.
2 (Cuba, Méx.) Maitre, jefe de comedor, jefe de camareros.
capitular
1 Pactar, convenir, concertar, ajustar.
2 Rendirse, entregarse, someterse.
ANT.: *Resistir.*
3 Ordenar, disponer, resolver.
4 Ceder, transigir.
5 Abandonar, dejar.
capítulo
1 Cabildo, junta, asamblea.
2 Parte, sección, título, división, apartado, artículo.
capote
1 Gabán, capa, abrigo, sobretodo, tabardo, poncho, (Amér. Merid.) ruana, (Guat., Méx.) sarape.
2 (Chile) Tunda, paliza.
capricho
Arbitrariedad, antojo, extravagancia, rareza, excentricidad, fantasía, ridiculez, (Colomb., Pan.) birria.

cápsula
Envoltura, cubierta, envase, estuche, cilindro, casquillo, receptáculo.
captar
1 Seducir, atraer, conquistar, engatusar, fascinar, granjear, conseguir.
ANT.: *Repeler, rechazar.*
2 Percibir, sentir, percatarse, observar.
3 Entender, comprender.
captura
1 Detención, arresto, encarcelamiento, prendimiento, capción.
2 Presa, pesca, caza.
3 Botín, despojo, saqueo, trofeo, pillaje, rapiña, prisioneros.
4 (Fig.) Captación, acopio de datos [en computadora].
capucha
VER caperuza.
capullo
Retoño, pimpollo, brote, yema, botón.
cara
1 Rostro, faz, semblante, facciones, fisonomía, rasgos, catadura.
2 Frente, fachada, anverso, plano, exterior.
ANT.: *Reverso, cruz.*
3 (Fig.) Aspecto, apariencia, cariz.
carabina
1 Rifle, fusil.
2 (Fig. y fam.) Aya, dueña, acompañante, institutriz.
carácter
1 Humor, temperamento, naturaleza, temple, índole, genio, personalidad, dotes.
2 Firmeza, voluntad, severidad, energía, dureza, rigor, entereza.
ANT.: *Debilidad, timidez.*
característico
1 Particular, propio, típico, peculiar, representativo, especial, determinante.
ANT.: *General, común.*
2 (Argent., Urug.) Prefijo telefónico.
caracterizar
Distinguir, determinar, identificar, definir, establecer, personalizar.
ANT.: *Generalizar.*
caradura
VER descarado.
caramanchel
1 Desván, cuartucho, cuchitril.
2 Fonda, cantina, figón, (Esp.) bodegón, (Chile) cocinería.
3 (Colomb.) Tugurio.
4 (Ecuad.) Puesto de vendedor ambulante.
5 (Perú) Cobertizo.
caramelo
Golosina, dulce, confite, bombón.
carantoña
Mimo, arrumaco, halago, caricia, zalamería, aspaviento, sobo, embeleco, terneza.
caravana
1 Expedición, columna, partida, grupo, tropa, convoy, fila, recua, cuadrilla, comitiva.
2 (Hond., Méx.) Reverencia, inclinación.
3 Remolque, (Esp.) roulotte.
carbón
Coque, hulla, antracita, lignito, cisco.
carbonizar
Calcinar, quemar, incinerar, achicharrar, abrasar, incendiar, consumir.
carburante
Combustible, gasolina, bencina, gasóleo, fuel, petróleo.
carcajada
Risotada, carcajeo, risa incontenible.
ANT.: *Llanto, lloro.*
carcamal
Vejestorio, anciano, senil, decrépito, vetusto, (Chile/fig. y fam.) carraca, (Venez./fam.) carranclón.
ANT.: *Joven, juvenil.*
cárcel
Prisión, penal, presidio, penitenciaría, correccional, celda VER, mazmorra, ergástula.
carcelero
1 Carcelario.
2 Guarda, vigilante, guardián, celador, alcaide, centinela, (Méx.) custodio.
carcomer
1 Horadar, roer, desgastar, consumir, desmenuzar, agujerear.
2 (Fig.) Inquietar, angustiar, mortificar, consumir.
ANT.: *Tranquilizar.*
cardenal
1 Prelado, purpurado, eminencia.
2 Moretón, verdugón, equimosis, golpe.
cárdeno
Purpúreo, amoratado, violáceo.
cardinal
Fundamental, sustancial, principal, básico, esencial, capital.
ANT.: *Secundario.*

carear
1 Enfrentar, encarar, acarar.
2 Cotejar, comparar, confrontar.

carecer
Faltar, necesitar.
ANT.: *Tener, poseer, disponer.*

carencia
Escasez, falta, ausencia, defecto, insuficiencia, privación, déficit.
ANT.: *Abundancia.*

carestía
1 Falta, escasez.
ANT.: *Abundancia.*
2 Alza, encarecimiento, aumento, elevación.
ANT.: *Abaratamiento, rebaja.*

careta
1 Antifaz, máscara, mascarilla, carátula, disfraz.
2 Disimulo, fingimiento.
ANT.: *Franqueza, honestidad.*

carga
1 Cargamento, mercancía, envío, flete, remesa, expedición.
2 Bulto, paca, peso, fardo, lío, paquete, embalaje.
3 Impuesto, tributo, tasa, derechos, gravamen, (Esp.) gabela.
4 (Fig.) Obligación, deber, imposición.
5 Ataque, embestida, arremetida, ofensiva, asalto.
ANT.: *Huida, retirada.*
6 (Fig.) Penuria, pena, suplicio, cruz, sufrimiento, agobio.
ANT.: *Alegría, alivio.*

cargante
Molesto, fastidioso, irritante, pesado, latoso, importuno, enfadoso, insoportable, aburrido, tedioso, soporífero.
ANT.: *Interesante, agradable.*

cargar
1 Llenar, atestar, abarrotar, colmar, meter, subir, embarcar, estibar.
ANT.: *Descargar, vaciar.*
2 VER carga.
3 (Fig.) Atribuir, imputar, achacar.
4 (Fig. y fam.) Molestar, incomodar, fastidiar, enfadar, importunar.

cargo
1 Empleo, puesto, función, cometido, responsabilidad, destino, vacante.
2 (Fig.) Dirección, gobierno, custodia.
3 Adeudo, débito.
4 (Fig.) Acusación, imputación, falta, recriminación.
ANT.: *Descargo.*

cariarse
Perforarse, corroerse, ulcerarse, pudrirse.

caricatura
1 Imitación, parodia, sátira, remedo, exageración.
2 Dibujo, viñeta, representación.

caricaturizar
Ridiculizar, satirizar, caricaturar.

caricia
Cariño, beso, abrazo, mimo, arrumaco, carantoña, monada, zalema.

caridad
Piedad, misericordia, compasión, bondad, filantropía, altruismo, humanidad.
ANT.: *Crueldad, insensibilidad.*

caries
Picadura, ulceración, putrefacción.

carilla
Plana, página, hoja, cuartilla, folio.

cariño
1 Estima, ternura, afecto, amor, devoción, apego, inclinación.
ANT.: *Aversión, malquerencia.*
2 Caricia, arrumaco, mimo, suavidad, terneza.
ANT.: *Maltrato.*
3 Cuidado, esmero, dedicación, delicadeza.
ANT.: *Descuido.*
4 (Colomb., C. Rica, Chile, Nic.) Regalo, obsequio.

cariñoso
Afectuoso, amoroso, apasionado, mimoso, tierno, cordial, devoto.
ANT.: *Rudo, desatento.*

caritativo
Misericordioso, filántropo, humano, generoso, comprensivo.
ANT.: *Egoísta, inhumano, despiadado.*

cariz
1 Traza, apariencia, cara, talante.
2 Aspecto, perspectiva, situación.

carmesí
Carmín, rojo, grana, encarnado, colorado, granate, púrpura, purpúreo.

carnal
1 Consanguíneo, directo, familiar.
2 Sensual, lascivo, licencioso, mundano.
ANT.: *Puro, espiritual.*

carnaval
Carnestolendas, comparsa, mascarada.

carne
1 Músculo, dermis.
2 Filete, chuleta, bisté, bistec, solomillo, (fam.) chicha*, (Argent.) bife.

3 (Fig.) Pulpa, parte mollar [fruta].
4 (Fig.) Sensualidad, carnalidad, lascivia.
ANT.: *Espiritualidad, castidad.*
*Tb. significa: (Amér.) Bebida fermentada hecha con maíz o fruta.

carné
Documento, credencial, comprobante.

carnicería
1 Matanza, degollina, escabechina, exterminio, aniquilación.
2 (Ecuad.) Matadero, rastro.
3 Expendio de carne, tablajería.

carnicero
1 Fiera, bestia, carnívoro, rapaz, animal de presa.
ANT.: *Herbívoro.*
2 Matarife, tablajero, matancero, (Esp.) jifero.
3 (Fig.) Cruel, sanguinario, inhumano.
ANT.: *Compasivo, clemente.*

carnoso
1 Rollizo, carnudo, grueso, corpulento, voluminoso, opulento.
ANT.: *Flaco, enjuto, magro.*
2 Tierno, suculento, blando, apetitoso, jugoso.
ANT.: *Duro, correoso, descarnado.*

caro
1 Costoso, valioso, encarecido, elevado, alto, exorbitante, excesivo.
ANT.: *Barato, económico.*
2 Querido, apreciado, amado.
ANT.: *Odioso, aborrecido.*

carpa
1 Toldo, pabellón, dosel, tienda de campaña, tienda de lona.
2 (Amér.) Tenderete.

carpeta
1 Cubierta, paño, (Argent.) tapete.
2 Cartapacio, cartera, legajo.

carraca
1 Cachivache, trasto, armatoste, cacharro.
2 (Chile/fig. y fam.) Anciano, vejestorio.

carraspera
Ronquera, aspereza, carraspeo.

carrera
1 Recorrido, trayecto, curso.
2 Corrida, persecución.
3 Competición, prueba, pugna.
4 Profesión, licenciatura, estudios, empleo.

carreta
1 VER carro.
2 (Ecuad.) Carrete de hilo.
3 (Venez.) Carretilla.

carretera
Camino, vía, autopista, pista, calzada, ronda, senda, desvío, atajo.

carretero
Carrero, guía, conductor, mayoral.

carril
1 Riel, raíl, vía, corredera.
2 Surco, huella, carrilada, carrilera.

carrillo
Mejilla, moflete, cachete, pómulo.

carro
1 Carreta, carruaje, (ant.) carricoche, carretón, carromato, galera, diligencia, coche, vehículo.
2 (Amér. C., Colomb., Méx., Perú, P. Rico, Venez.) Automóvil.

carroña
1 Putrefacción, podredumbre, cadáver, restos.
2 (Fig.) Escoria, hez.

carroza
Carruaje, coche, carro VER.

carrusel
Tiovivo, caballitos, rueda, (Amér. Merid.) calesita.

carta
1 Mensaje, epístola, misiva, pliego, esquela, escrito, nota, comunicación.
2 Naipe, baraja.

cartapacio
1 Portafolio, vademécum.
2 Carpeta, cubierta, vade.
3 Cuaderno.

cartel
1 Letrero, afiche, póster, anuncio.
2 Monopolio, cártel.

cartera
Billetero, billetera, monedero, portafolio, bolso, maletín.

carterista
Caco, ladrón, descuidero, ratero.

cartilla
1 Silabario, abecé, abecedario, catón.
2 Cuaderno, libreta.

cartuchera
Canana, funda, pistolera.

cartucho
1 Explosivo, carga, bala.
2 Cucurucho, bolsa, envoltorio.

casa
1 Vivienda, hogar, morada, techo, albergue, cobijo, domicilio, inmueble, edificio, mansión, residencia.

2 Solar, estirpe, linaje, familia.
3 Empresa, establecimiento.

casaca
Levita, guerrera, pelliza, chaquetón, dolmán.

casamata
Fortificación, fortín, fuerte, reducto, blocao.

casamiento
Boda, enlace, matrimonio, nupcias, esponsales, alianza.

casar
1 Unir, desposar, vincular.
2 Emparejar, juntar, igualar, reunir.
ANT.: *Desunir, separar.*
3 Corresponder, encajar, ajustar, cuadrar.

cascada
Catarata, torrente, salto de agua, caída.

cascado
1 Achacoso, estropeado, decrépito, ajado.
ANT.: *Flamante, nuevo.*
2 Rajado, agrietado, partido.
ANT.: *Entero.*

cascajo
Guijo, cascote, escombros, guijarros.

cascar
1 Rajar, hender, agrietar, romper, partir.
ANT.: *Reparar.*
2 Golpear, tundir, zurrar.

cáscara
Corteza, cubierta, casca, costra, piel, cápsula, envoltura, túnica, película, cascarón.

cascarrabias
Irascible, regañón, quisquilloso, puntilloso, susceptible, paparrabias.
ANT.: *Alegre, despreocupado, manso.*

casco
1 Morrión, yelmo, bacinete, (ant.) almete, capacete.
2 Botella, envase, tonel.
3 Pezuña.

cascote
Escombro, guijo, fragmento, esquirla, canto, cascajo.

caserío
Villorrio, lugar, poblado, burgo, aldea.
ANT.: *Urbe, metrópoli.*

casero
1 Dueño, propietario, administrador, arrendador.
ANT.: *Inquilino.*
2 Hogareño, familiar, doméstico.
3 Natural, sencillo.
ANT.: *Artificial, sofisticado.*
4 (Chile, Ecuad., Perú) Cliente, parroquiano.

caserón
Casona, mansión.

caseta
1 Cabaña, choza, chabola, refugio.
2 Casilla, puesto, cabina, quiosco.
3 (Méx.) Cabina telefónica.

casete
Cinta, cinta magnética, cassette.

casilla
1 VER caseta.
2 División, compartimiento, apartado, sección, caja, casillero.
3 (Ecuad.) Retrete, excusado.
4 (Cuba) Trampa para pájaros, cepo.

casino
Centro, círculo, club, sociedad, asociación.

caso
1 Acontecimiento, suceso, incidente, hecho, evento, peripecia, trance, situación.
2 Argumento, materia, tema, punto, cuestión, asunto.

casquivano
Voluble, veleidoso, inconstante, irreflexivo, frívolo, versátil.
ANT.: *Formal, perseverante.*

casta
1 Abolengo, linaje, nobleza, alcurnia, estirpe, prosapia.
2 Raza, especie, clase, progenie.

castañetear
Chasquear, entrechocar, repiquetear, tiritar.

castellano
1 Español, lengua española.
2 De Castilla.

castidad
Virginidad, pureza, continencia, virtud, honestidad.
ANT.: *Libertinaje, lujuria.*

castigar
1 Penar, sancionar, punir, disciplinar, escarmentar, sentenciar, condenar.
ANT.: *Perdonar, indultar.*
2 Golpear, pegar, zurrar, azotar, apalear.
ANT.: *Curar, aliviar.*
3 Mortificar, molestar, afligir.
4 (Fig.) Enamorar, conquistar.

castigo
Condena, pena, → castigar.

castillo
Fortaleza, alcázar, fortificación, ciudadela, fuerte.
castizo
Típico, propio, auténtico, puro, original.
ANT.: *Impuro, foráneo, adulterado.*
casto
Virgen, puro, → castidad.
castrar
1 Emascular, capar.
2 (Fig.) Debilitar, apocar.
castrense
Militar, bélico, marcial.
casual
Incidental, fortuito, imprevisto, ocasional, inopinado, accidental.
ANT.: *Premeditado, cierto.*
casualidad
1 Azar, ventura, fortuna, capricho, acaso.
ANT.: *Certidumbre.*
2 Accidente, contingencia.
ANT.: *Premeditación.*
3 Coincidencia, chiripa, (Méx./fam.) chiripada.
cataclismo
Desastre, catástrofe, calamidad, hecatombe, infortunio, tragedia, ruina.
catacumbas
Cripta, bóveda, subterráneo.
catadura
1 Cata, prueba.
2 Aspecto, pinta, traza, facha, talante, apariencia, aire, figura.
catalejo
Anteojo, telescopio.
catálogo
Inventario, lista, índice, folleto, muestrario.
cataplasma
1 Emplasto, sinapismo, fomento, embroca, bizma, parche.
2 (Fig. y fam.) Inútil, plasta, pesado, fastidioso.
ANT.: *Ameno, grato.*
catar
Probar, saborear, gustar, paladear.
catarata
VER cascada.
catarro
Constipado, resfriado, resfrío, enfriamiento, gripe, romadizo.
catástrofe
VER cataclismo.
cátedra
Asignatura, materia, clase, ciencia, disciplina, estudio.
catedral
Basílica, templo, iglesia.
catedrático
Profesor, maestro, educador, pedagogo.
categoría
1 Grupo, estamento, nivel, rango, clase, género, tipo.
2 Distinción, supremacía, calidad, importancia.
ANT.: *Humildad, sencillez, vulgaridad.*
3 Rango, jerarquía, escalafón.
categórico
Terminante, rotundo, inapelable, decisivo, absoluto, concluyente.
ANT.: *Impreciso, incierto.*
caterva
Muchedumbre, tropel, tropa, horda, turba, chusma, cáfila, patulea.
cateto
VER paleto.
católico
Cristiano, apostólico.
catre
Yacija, camastro, litera, lecho, petate, hamaca, jergón.
cauce
1 Lecho, madre, vaguada, cañada [corrientes de agua].
2 Conducto, acequia.
3 Vía, procedimiento, modo, norma.
caucho
1 Hule, látex, goma elástica, gutapercha, (Amér.) jebe*.
2 Neumático, (Chile, Urug.) cámara de llanta.
3 (Colomb., Méx., Venez.) Llanta.
4 (Colomb., Venez.) Manta impermeable.
*Tb. se llama así al alumbre.
caudal
1 Riqueza, hacienda, capital, bienes, fortuna, dinero, ahorros, economías.
ANT.: *Pobreza.*
2 Volumen, cantidad, abundancia.
ANT.: *Carencia.*
caudaloso
1 Ancho, crecido, arrollador, impetuoso.
ANT.: *Estrecho, pequeño.*
2 Acaudalado, rico.
ANT.: *Necesitado, pobre.*

caudillo
Dirigente, jefe, líder, cabecilla, adalid, guía.
ANT.: *Seguidor, partidario.*

causa
1 Motivo, razón, fundamento, móvil, fuente, principio, precedente.
ANT.: *Efecto, resultado.*
2 Pleito, proceso judicial.

causar
Ocasionar, producir, originar, obrar, provocar, motivar, suscitar, influir.
ANT.: *Impedir, recibir.*

cáustico
1 Corrosivo, quemante, ácido.
2 (Fig.) Punzante, satírico, irónico, mordaz.
ANT.: *Moderado, dulce.*

cautela
1 Prudencia, precaución, cuidado, recelo, reserva, moderación, discreción, cordura, juicio, sensatez.
ANT.: *Imprudencia, descuido, imprevisión.*
2 Astucia, sutileza, maña.
ANT.: *Inocencia, ingenuidad.*

cauteloso
Precavido, cuidadoso, receloso, previsor, prudente, cauto, recatado, mesurado.
ANT.: *Imprudente, descuidado.*

cautivante
Atrayente, fascinante, seductor, encantador, maravilloso, sugestivo.
ANT.: *Repulsivo.*

cautiverio
1 Cautividad, esclavitud, sojuzgamiento, servidumbre.
ANT.: *Libertad.*
2 Encarcelamiento, cárcel.

cautivo
Esclavo, preso, prisionero.
ANT.: *Libre.*

cauto
VER cauteloso.

cava
1 Bodega, sótano, subterráneo.
2 Cueva, hoyo, foso.

cavar
1 Excavar, horadar, binar, escarbar.
ANT.: *Rellenar, cubrir.*
2 Profundizar, penetrar, ahondar.

caverna
Gruta, cueva, antro, subterráneo, sima, cavidad, fosa, mina, catacumba, cripta.

cavernoso
Bronco, profundo, grave, áspero, ronco, desapacible, aguardentoso [sonido, voz].
ANT.: *Agudo, claro.*

cavidad
Hueco, agujero, oquedad, orificio, hoyo, concavidad, grieta, seno, brecha, caverna VER.

cavilar
Reflexionar, rumiar, discurrir, ensimismarse, meditar, pensar, cogitar.
ANT.: *Olvidar, desechar.*

cayado
Bastón, báculo, vara, palo, (Esp.) cachava.

cayo
Islote, isleta, escollo.

caza
1 Cacería, cinegética, ojeo, montería.
2 Conjunto de animales cazados, presa.
3 Persecución, batida, acoso, acecho, seguimiento, cerco, acorralamiento.
4 Alcance, atrapamiento, captura.
ANT.: *Escape, liberación.*

cazador
Perseguidor, batidor, montero, ojeador, trampero, acechador, cosario.

cazadora
Zamarra, pelliza, chaqueta, guerrera, chaquetilla, (Chile) americana, (Méx.) chamarra.

cazar
1 Perseguir, buscar, ojear, acosar, acechar.
2 Atrapar, prender, alcanzar, coger, aprisionar, pescar, detener.
ANT.: *Soltar.*

cazuela
Cazo, cacerola, puchero, perol, tartera, marmita, olla, recipiente.

cazurro (Esp.)
1 Ladino, taimado, malicioso.
ANT.: *Ingenuo.*
2 Taciturno, silencioso, reservado.
ANT.: *Parlanchín.*
3 Zafio, tosco.
ANT.: *Fino.*
4 Torpe, ignorante.
ANT.: *Listo.*

cebar
1 Engordar, sobrealimentar, nutrir, atiborrar, atracar, rellenar, embutir.
2 **cebarse** Ensañarse, encarnizarse.

cebo
1 Sobrealimentación, cebadura*.
2 Señuelo, carnada, anzuelo.
3 Fulminante, explosivo, detonador.
4 (Fig.) Incentivo, pábulo, atractivo, aliciente.
*Tb. significa: (Amér. Merid.) Cantidad de yerba que se pone en el mate al preparar la infusión.
cecina
Salazón, tasajo, adobo, chacina, mojama.
cedazo
Criba, tamiz, zaranda, garbillo, harnero.
ceder
1 Traspasar, transferir, entregar, dejar, facilitar, prestar, proporcionar.
ANT.: *Tomar, apropiarse.*
2 Transigir, consentir, acceder, someterse.
ANT.: *Rebelarse, resistir.*
3 Disminuir, menguar, mitigarse.
ANT.: *Arreciar.*
cédula
1 Documento, pliego, título, despacho.
2 Carné, carnet, (Argent., Chile, Urug.) tarjeta de identidad.
céfiro
Vientecillo, brisa, airecillo, aura, soplo, corriente.
cegar
1 Enceguecer, deslumbrar, encandilar.
2 Alucinar, maravillar, fascinar.
3 (Fig.) Ofuscar, confundir.
4 (Fig.) Tapar, obstruir, cerrar, atascar.
ANT.: *Abrir, desatascar.*
ceguera
Ofuscación, obcecación, terquedad, ceguedad, extravío, prejuicio, error.
ANT.: *Sensatez, prudencia.*
cejar
1 Retroceder, ciar, andar hacia atrás.
ANT.: *Avanzar.*
2 (Fig.) Ceder, aflojar, flaquear, transigir, abandonar, rendirse.
ANT.: *Resistir.*
celada
1 Emboscada, trampa, engaño, estratagema, garlito, asechanza, fraude.
2 Casco, yelmo, morrión.
celador
Cuidador, guardián, vigilante, tutor, (Méx.) custodio.
celda
1 Calabozo, mazmorra, ergástula, encierro, prisión, chirona, antro.
2 Aposento, célula, cuarto [en monasterios].
celebrar
1 Conmemorar, festejar, evocar, recordar, rememorar.
ANT.: *Olvidar.*
2 Elogiar, encomiar, enaltecer, aplaudir, ensalzar, encarecer.
ANT.: *Criticar, denigrar.*
célebre
Renombrado, famoso, ilustre, conocido, acreditado, insigne, eximio, prestigioso.
ANT.: *Desconocido, ignoto.*
celebridad
1 Renombre, fama, notoriedad, nombradía.
2 Personaje, persona famosa, → célebre.
celeridad
Velocidad, rapidez, prontitud, dinamismo, diligencia, prisa, urgencia.
ANT.: *Lentitud, flema.*
celeste
1 Espacial, cósmico, sideral, astronómico.
ANT.: *Terrestre.*
2 VER celestial.
3 Azulino, azulado, azul claro.
celestial
Paradisiaco, celeste, divino, etéreo, bienaventurado, puro, delicioso.
ANT.: *Infernal, terrenal.*
celestina
Alcahueta, encubridora, cómplice, mediadora, tercera.
célibe
Soltero, soltera, mozo, mozuela, mancebo, doncella.
ANT.: *Casado, casada.*
celo
1 Afán, cuidado, ahínco, esmero, interés, diligencia, entusiasmo, asiduidad.
ANT.: *Indiferencia, descuido.*
2 Recelo, envidia.
3 Apetito y época del apareamiento en los animales, brama.
4 (Esp.) Cinta adhesiva transparente.
celos
Recelo, inseguridad, sospecha, suspicacia, inquietud, aprensión, intranquilidad, desazón, envidia, resentimiento, rivalidad.
ANT.: *Confianza, seguridad.*
celosía
1 Rejilla, persiana, enrejado, entramado.
2 Celotipia.

celoso
Receloso, envidioso, inseguro, → celos.
cementerio
Camposanto, necrópolis, (Amér.) panteón.
cemento
Hormigón, argamasa, mortero, mezcla.
cena
Comida nocturna, merienda, colación, (Esp.) yantar.
cenagal
1 Lodazal, fangal, ciénaga, barrizal, marjal, poza, charca.
2 (Fig.) Enredo, embrollo.
cencerro
Esquila, campana, campanilla, campano.
cenefa
Remate, ribete, orillo, tira, franja, lista, fleco, borde.
ceniciento
Grisáceo, cenizoso, pardo, pálido, borroso, opaco.
ANT.: *Claro, brillante.*
ceniza
1 Polvillo, escoria, residuo.
2 cenizas Restos, despojos, reliquias.
cenizo
1 Opaco, grisáceo.
2 (Fig.) Pálido, demudado.
3 (Fig.) Aguafiestas, mala sombra, (Esp./fam.) gafe.
cenobio
VER convento.
cenobita
Monje, ermitaño, anacoreta, asceta, fraile, penitente, (fig.) solitario.
ANT.: *Mundano, laico.*
censo
Lista, padrón, registro, asiento, relación, empadronamiento, inventario, catastro.
censura
1 Dictamen, juicio, examen, crítica.
2 Murmuración, condena, diatriba, detracción.
ANT.: *Elogio.*
3 Reparo, reprobación.
ANT.: *Aprobación.*
censurable
Criticable, punible, condenable, indigno, bajo.
ANT.: *Elogiable, correcto.*
censurar
1 Tachar, purgar, corregir, expurgar, enmendar, prohibir.
ANT.: *Autorizar, permitir.*
2 Criticar, condenar, reprochar, sermonear, amonestar.
ANT.: *Elogiar, aprobar.*
3 Vituperar, murmurar, detractar.
ANT.: *Lisonjear, alabar.*
centella
Chispa, rayo, meteoro, relámpago.
centellear
Fulgurar, cintilar, llamear, relumbrar, refulgir, resplandecer, brillar.
centelleo
Llamarada, brillo, fulgor, resplandor, fosforescencia.
centenario
1 Secular, ancestral, vetusto, antiguo.
ANT.: *Moderno, reciente.*
2 Centuria, siglo.
centinela
Vigilante, guardián, vigía, observador, cuidador, soldado, velador VER.
central
1 Sede, base, capital, polo, cuna.
ANT.: *Sucursal.*
2 Esencial, fundamental, básico.
ANT.: *Anexo, secundario.*
3 (Cuba, P. Rico) Ingenio, fábrica de azúcar.
centralizar
1 Reunir, congregar, unir, agrupar.
ANT.: *Dispersar.*
2 Monopolizar, concentrar.
ANT.: *Descentralizar.*
céntrico
1 Central, urbano, ciudadano.
ANT.: *Periférico.*
2 Frecuentado, concurrido, animado.
ANT.: *Solitario.*
centro
1 Núcleo, eje, base, foco, meollo, corazón, medio, mitad.
ANT.: *Periferia, contorno.*
2 Círculo, casino, sociedad, club, ateneo.
3 (Hond.) Chaleco.
centuria
Siglo, centena, cien.
ceñir
1 Rodear, cercar, envolver, abrazar, abarcar.
ANT.: *Soltar, desceñir.*
2 Apretar, estrechar, oprimir, ajustar, comprimir.
ANT.: *Soltar, aflojar.*
3 ceñirse Atenerse, limitarse, amoldarse, circunscribirse, ajustarse.
ANT.: *Extenderse, exceder.*

ceño
1 Entrecejo, sobrecejo.
2 Arruga, gesto, señal.
3 Aro, abrazadera, cerco.
4 Cincho, ceñidor.
5 (Fig.) Aspecto, cariz.
ceñudo
Hosco, sombrío, cejijunto, disgustado, preocupado.
ANT.: *Alegre, relajado.*
cepillo
1 Escobilla, brocha, cerdamen, (Méx.) escobeta.
2 Garlopa.
3 Cepo, alcancía, arquilla.
cepo
1 Alcancía, cepillo.
2 Trampa, lazo, cebo, añagaza, engaño, estratagema.
cerámica
Loza, porcelana, mayólica, arcilla, barro, terracota, gres.
cerca
1 Contiguo, junto, inmediato, adyacente.
ANT.: *Lejos.*
2 Próximo, cercano, inminente.
ANT.: *Alejado, distante.*
3 Valla, vallado, cerco, verja, empalizada, seto, pared, estacada.
cercano
Contiguo, inmediato, próximo, cerca VER.
ANT.: *Lejano.*
cercar
1 Sitiar, rodear, encerrar, confinar, aislar, arrinconar, asediar.
ANT.: *Liberar.*
2 Vallar, tapiar, circundar, murar, bardar, bardear.
cercenar
1 Cortar, amputar, mutilar, (fam.) rebanar.
2 Recortar, acortar, reducir, limitar, suprimir [sobre todo textos].
ANT.: *Ampliar, prolongar.*
cerciorarse
Asegurarse, confirmar, certificar, verificar, corroborar, observar, justificar.
ANT.: *Omitir, pasar por alto, descuidar.*
cerco
1 Aro, marco, halo.
2 Asedio, sitio, bloqueo, acoso, ataque, (Esp.) encierro.
ANT.: *Liberación.*
3 Valla, cerca, muro, muralla, vallado, verja.
cerda
Pelo, vello, hebra, filamento, fibra.
cerdo
1 Cochino, marrano, puerco, guarro, cebón, lechón, gorrino, chancho.
2 (Fig.) Sucio, desaseado, zafio.
ANT.: *Limpio, aseado.*
3 (Fig.) Ruin, vil, despreciable.
cerebro
1 Seso, encéfalo, sesos, mollera.
2 (Fig.) Inteligencia, capacidad, talento, caletre, cabeza, cacumen.
ANT.: *Idiotez.*
ceremonia
1 Acto, función, rito, solemnidad, protocolo, fiesta, fasto, celebración, pompa.
2 Cortesía, saludo, reverencia, pleitesía.
ANT.: *Descortesía.*
ceremonioso
1 Protocolario, formal, solemne.
ANT.: *Informal.*
2 Pomposo, ampuloso, afectado, ceremoniero.
ANT.: *Sencillo, humilde.*
cerilla
Fósforo, (fig.) llama, lumbre, (Esp.) mixto, (Méx.) cerillo*.
*Tb. significa: (Méx.) Ayudante de empaque en las tiendas de autoservicio.
cerner
1 Cribar, colar, tamizar, separar, zarandear.
ANT.: *Mezclar.*
2 (Fig.) Depurar, afinar.
3 (Fig.) Observar, examinar, mirar.
4 **cernerse** Sobrevolar, remontarse, planear, elevarse [las aves].
ANT.: *Bajar, caer.*
cero
Nada, nulidad, carencia.
ANT.: *Totalidad.*
cerradura
Cerrojo, pestillo, candado, pasador, falleba, picaporte, tranca.
cerrar
1 Atrancar, asegurar, encajar.
2 Obstruir, tapar, cegar, ocluir, condenar, taponar, obturar.
ANT.: *Abrir, destapar.*
3 Cercar, vallar, acordonar.
4 Plegar, doblar, encoger.
ANT.: *Extender, desplegar.*
5 Cicatrizar, sanar [una herida].
6 Clausurar, dar por terminado.
ANT.: *Inaugurar.*

7 (Fig.) Concluir, acabar, finalizar.
ANT.: *Iniciar, comenzar.*
8 cerrarse Obstinarse, obcecarse.

cerril
1 Salvaje, montaraz, bronco, bravío, silvestre, rudo, tosco, cerrero.
ANT.: *Cultivado, cortés, doméstico.*
2 (Fig.) Tozudo, obstinado, terco, torpe, negado.
ANT.: *Razonable, sensato.*

cerro
Loma, colina, elevación, collado, montecillo, altura, cota, altozano.
ANT.: *Llano.*

cerrojo
Pestillo, pasador, barra, hierro, falleba.

certamen
Concurso, competición, torneo, disputa, encuentro, lid, liza.

certero
Seguro, cierto, acertado, diestro, atinado, infalible.
ANT.: *Errado, equivocado.*

certeza
Certidumbre, seguridad, confianza, convicción.
ANT.: *Duda, inseguridad, incertidumbre.*

certificado
Título, documento, atestado, diploma, pase, cédula, testimonio, garantía.

certificar
1 Testimoniar, probar, afirmar, asegurar, atestar, confirmar.
ANT.: *Negar, desmentir.*
2 Legalizar, autorizar, garantizar, documentar.
ANT.: *Desautorizar.*

cervecería
Bar, cantina, taberna, bodega, (Esp.) tasca.

cerviz
Cogote, nuca, testuz, cuello, pescuezo.

cesante
Desempleado, desocupado, parado, inactivo.
ANT.: *Activo, admitido.*

cesar
1 Detenerse, interrumpirse, terminar, acabar.
ANT.: *Empezar, continuar.*
2 Dejar, finalizar, cerrar, abandonar.
ANT.: *Proseguir.*
3 Despedir, correr [de un empleo o cargo].

cesión
1 Transferencia, entrega, donación, traspaso, préstamo, licencia.
ANT.: *Devolución, usurpación.*
2 Abdicación, renunciación.
ANT.: *Apropiación.*

césped
Hierba, pasto, pastizal, prado, cespedera.

cesta
Canasta, banasta, cesto, cuévano, espuerta.

cetrino
1 Aceitunado, tostado, moreno, atezado, oscuro, oliváceo.
ANT.: *Blanco, claro, sonrosado.*
2 (Fig.) Adusto, melancólico.
ANT.: *Contento.*

cetro
(Fig.) Reinado, gobierno, mando, dignidad, majestad.

chabacano
1 Vulgar, ramplón, ordinario, charro, basto, tosco, cursi.
ANT.: *Refinado, elegante.*
2 (Méx.) Albaricoque.

chabola
Choza, cabaña, barraca, casucha, tugurio, (fig. y fam.) chamizo, cobijo, refugio, casilla.
ANT.: *Mansión, palacio.*

chacha
Niñera, nodriza, aya, (desp.) criada, tata, ama de cría.

cháchara
Verborrea, palabrería, charloteo, charla, parloteo, palique, facundia, verbo.
ANT.: *Discreción, reserva.*

chacota
Chanza, broma, burla, pitorreo, chunga, guasa, chirigota, escarnio, jarana.
ANT.: *Seriedad, gravedad.*

chacra
Granja, finca, alquería, rancho, cortijo, (Amér. C. y Merid.) chácara*.
*Tb. significa: (Colomb.) Monedero.

chafar
1 Aplastar, despachurrar, estrujar, machacar, reventar.
2 Estropear, arrugar, marchitar, ajar, deslucir.
ANT.: *Remozar.*
3 Confundir, deprimir, apabullar, abatir.
ANT.: *Levantar, animar.*

chal
Pañoleta, pañuelo, mantón, manto.

chalado
Trastornado, loco, chiflado, ido, excéntrico, raro, estrafalario, (Esp.) guillado, (Méx.) zafado*.
*Tb. significa: (Argent.) Descarado, atrevido.

chalarse
(Fam.) Enamorarse, chiflarse, perder la cabeza.

chalé
Villa, hotelito, casita, chalet, finca, quinta, casa de recreo.

chaleco
Jubón, ropilla, almilla, (Chile) chomba, (Hond.) centro.

chalupa
Bote, lancha, barca, falúa, canoa, batel, trainera, embarcación.

chamaco (Méx.)
Muchacho, mozalbete, chico, rapaz, (Esp.) chaval.

chamba
1 Azar, fortuna, suerte, acierto, casualidad, chiripa.
ANT.: *Desgracia.*
2 (Méx., Venez.) Empleo, trabajo.

chambón
Torpe, desmañado, tosco, inepto, chapucero, (fig.) calamidad.
ANT.: *Hábil, competente, cuidadoso.*

chamuscar
Quemar, tostar, soflamar, ahumar, dorar, torrar, socarrar.

chance (Amér.)
Oportunidad, ocasión, suerte.

chancero
Burlón, bromista, chacotero, juguetón, jaranero, divertido.
ANT.: *Triste, formal, serio.*

chancleta
Babucha, alpargata, zapatilla, pantufla, chinela, sandalia.

chancho (Amér.)
1 Puerco, cerdo, gorrino, cochino, marrano, cochi, (Méx.) cuino.
2 (Fig.) Sucio, mugriento, desaseado.
ANT.: *Limpio, pulcro.*

chanchullo
Maniobra, trampa, artimaña, enredo, embrollo, lío, manipulación, mangoneo.

chango
1 (Méx., Venez.) Mono, simio.
2 (Argent., Bol., Méx./fig. y fam.) Muchacho, chico, niño.
3 (Venez./fig. y fam.) Traje sucio o roto.
4 (Chile/fig. y fam.) Pesado, fastidioso, torpe.
5 (P. Rico, R. Dom., Venez./fig. y fam.) Guasón, bromista.
6 (Urug./fig. y fam.) Carrito para bebé, changuito.

chantaje
Extorsión, coacción, intimidación, amenaza, abuso, estafa.

chanza
Broma, pulla, chunga, chacota, chasco, zumba, burla, mofa, diversión.
ANT.: *Seriedad, tristeza.*

chapa
1 Placa, plancha, lámina, hoja.
2 Chapeta, rojez del rostro.
3 (Amér.) Cerradura.

chaparro
1 (Fam.) Chico, niño, muchacho.
2 Bajo, rechoncho, (Chile) tacuaco, (Argent., Bol., Chile, Par., Perú, Urug.) petiso o petizo.
ANT.: *Alto, larguirucho.*

chaparrón
1 Aguacero, chubasco, tromba, turbión, tormenta, galerna, diluvio.
2 (Chile, P. Rico) Reprimenda, riña, reprensión.

chapetón
1 Español o europeo recién llegados a América.
2 Bisoño, inexperto, novato.
3 Chaparrón, aguacero.
4 (C. Rica) Coqueto.

chapotear
Salpicar, rociar, pisotear, (Amér.) chapalear.

chapucería
1 Chapuza, remiendo, pegote, frangollo*.
2 Impericia, tosquedad, imperfección.
ANT.: *Perfección.*
3 Embuste, engaño, trapacería.
*Tb. significa: (Cuba, P. Rico) Un dulce hecho con plátano machacado.

chapucero
1 Chambón, inepto, desmañado, remendón, tosco, torpe.
ANT.: *Competente, calificado.*
2 Embustero, tramposo.
ANT.: *Honesto, cabal.*

chapurrear
Farfullar, barbotar, chapurrar, tartamudear, embrollar.

chapuza
1 VER chapucería.
2 (Méx.) Engaño, trampa.
chapuzón
Remojo, baño, zambullida, inmersión, salto, chapoteo, salpicadura.
chaqueta
Chaquetón, chaquetilla, americana, cazadora, guerrera, (Amér.) saco.
charada
Enigma, acertijo, adivinanza, jeroglífico.
charco
Charca, poza, balsa, laguna, hoyo, bache, cenagal, barrizal.
charcutería
Salchichería, chacinería, embutidos, (Méx.) salchichonería.
charla
Plática, diálogo, conversación, parloteo, coloquio, tertulia.
charlatán
1 Parlanchín, locuaz, lenguaraz, hablador, facundo, cotorra, (Esp./fam.) cotillero.
ANT.: *Callado, reservado.*
2 Farsante, embaucador, embustero, (ant.) churrullero.
charlatanería
Verborrea, verbosidad, locuacidad, facundia, palabreo, monserga.
ANT.: *Discreción, reserva.*
charro
1 (Méx.) Jinete, caballista, vaquero.
2 (Fig.) Recargado, chabacano, abigarrado, de mal gusto.
ANT.: *Elegante, sobrio.*
chascarrillo
Chiste, anécdota, cuento, ocurrencia, lance.
chasco
1 Plancha, broma, burla, engaño.
2 Decepción, desilusión, frustración, desencanto.
ANT.: *Acierto, logro.*
chasquido
Crujido, restallido, estallido, crepitación.
chato
1 Romo, aplastado, liso.
ANT.: *Prominente, agudo.*
2 Desnarigado, de nariz pequeña y arremangada, (Amér.) ñato.
ANT.: *Narigudo, aguileño, narizón.*
chaval (Esp.)
Muchacho, mozo, chico, crío, mozalbete, (Méx.) chavo, (Venez.) chamo.
chepa
Joroba, giba, corcova, deformidad.
chequeo
Examen, reconocimiento, exploración, investigación, control médico.
chévere (Venez.)
1 (Colomb., Venez.) Magnífico, estupendo, excelente, satisfactorio, (Méx.) a todo dar.
2 (Ecuad., Perú, P. Rico, Venez.) Agradable, gracioso, primoroso, bonito.
3 (Cuba, Perú, Venez.) Indulgente, amable, benévolo, correcto.
4 (Venez./fam.) Fanfarrón, valentón.
chic
1 Elegante, distinguido, gracioso, fino, aristocrático.
ANT.: *Ordinario, tosco.*
2 Elegancia, gracia, distinción.
ANT.: *Tosquedad, vulgaridad, ordinariez.*
chica
1 Muchacha, joven, adolescente, moza, señorita, doncella.
2 Sirvienta, doméstica, servidora, fámula, camarera, trabajadora doméstica, doncella, (desp.) criada, (Esp./desp.) maritornes.
chicano
Mexicano estadounidense, criollo.
chicle (Méx.)
1 (Méx., Urug.) Gomorresina.
2 Goma de mascar, golosina.
chico
1 Muchacho, mozalbete, impúber, chiquillo, pequeño, criatura, niño, galopín, mocoso, arrapiezo, (Méx.) chavo, (Esp.) chaval, (Venez.) chamo.
ANT.: *Adulto.*
2 Pequeño, corto, menudo, escaso, reducido, exiguo, minúsculo.
ANT.: *Grande, alto, abundante.*
chicha
1 (Esp./fam.) Carne comestible.
2 (Amér.) Bebida alcohólica, brebaje.
3 (Venez./fam.) Chicharrón, rizo, cabello ensortijado.
chícharo
1 (Esp.) Guisante, (Argent., Colomb., Chile) arveja.
2 (Méx.) Muchacho de servicio, mocito, aprendiz.
3 (Colomb./fam.) Cigarro malo.

chichón
Bulto, protuberancia, hinchazón, inflamación, golpe, tumefacción, (Guat., Méx.) chipote.

chiflado
Chalado, loco, trastornado, estrafalario, raro, excéntrico, (Esp.) guillado.
ANT.: *Sensato, cuerdo.*

chillar
1 Vociferar, gritar, vocear, aullar, bramar, ulular, desgañitarse, rugir, berrear.
2 Chirriar, rechinar.
3 (Méx./fam.) Llorar.

chillido
Alarido, grito, → chillar.

chillón
1 Gritón, aullador, llorón, vociferante, vocinglero, alborotador.
2 Estridente, inarmónico, discordante, agudo, penetrante, alto, aflautado [sonido, voz].
ANT.: *Armonioso, grave, suave.*
3 Abigarrado, llamativo, barroco, charro, (Amér./fam.) colorinche.
ANT.: *Sobrio, discreto.*

chimenea
1 Conducto, cañón, (Méx.) chacuaco.
2 Hogar, fogón, estufa, fogaril.

chimpancé
VER mono.

chinchorrero
(Fig. y fam.) Fastidioso, molesto, impertinente, pesado, cargante, latoso, (Amér. C. y Merid.) latero.
ANT.: *Discreto, agradable.*

chinela
Chancleta, babucha, escarpín, zapatilla, pantufla.

chino
1 Oriental, asiático, natural de China.
2 (Méx.) Rizo, pelo rizado.

chiquero
Pocilga, zahúrda, porqueriza, establo.

chiquillada
Niñería, muchachada, puerilidad, futilidad, necedad, bobada, travesura.

chiquillo
VER chico.

chirimbolo
Cachivache, cacharro, chisme, bártulo, utensilio, trasto, útil, enser.

chiripa
Casualidad, azar, fortuna, suerte, chamba, acierto.

chirriar
Rechinar, crujir, crepitar, chillar, chasquear, resonar.

chisme
1 Habladuría, murmuración, cuento, bulo, fábula, mentira, patraña, enredo, embuste, calumnia, (fig.) historia.
ANT.: *Verdad.*
2 Chismorreo, comadreo, comidilla, (Esp.) cotilleo.
3 (Fam.) Trasto, trebejo, cachivache, chirimbolo, cacharro.
4 (Fam.) Chuchería, baratija.

chismoso
Intrigante, calumniador, enredador, lioso, cizañero, cuentero, charlatán, (Esp.) cotilla.
ANT.: *Serio, veraz.*

chispa
1 Rayo, centella, relámpago.
2 Pavesa, chiribita, partícula, pizca.
3 (Fig.) Gracia, viveza, ingenio, agudeza.

chispazo
1 Fogonazo, centelleo, destello, resplandor, fulgor, brillo, llamarada.
2 (Fig. y fam.) Chisme, cuento, rumor.

chiste
Chascarrillo, gracia, ocurrencia, historieta, cuento, anécdota, agudeza, chocarrería.

chistoso
Chusco, gracioso, humorístico, agudo, ocurrente, divertido.
ANT.: *Serio, soso.*

chivato
1 Cabrito, chivo.
2 (Fig.) Delator, soplón, confidente, acusón.

chivo
1 Cabrito, choto, chivato, cabrón, macho cabrío.
2 (Fig.) Barba, piocha, (Amér.) perilla, (Argent., Urug.) chiva, chivita.
3 (Méx., Venez./fam.) Delator, soplón, chiva.
4 (Argent.) Contrabando, bagayo, (Esp.) matute.

chocante
1 Sorprendente, singular, inesperado, extraño, original, raro, desusado, peregrino.
ANT.: *Normal, usual, corriente.*
2 (Argent., Colomb., C. Rica, Ecuad., Méx., Perú) Presuntuoso, antipático.

chocar
1 Colisionar, → choque.
2 Extrañar, sorprender, asombrar.
3 Desentonar, contrastar.
ANT.: *Concordar, combinar.*
4 (Fig.) Malquistarse, reñir, pelear, discutir.
5 Desagradar, molestar, disgustar.
ANT.: *Gustar, agradar.*
chocho
1 Senil, decrépito, caduco, valetudinario, claudicante.
ANT.: *Joven, activo.*
2 Dulce, confite, gragea, (Méx.) chochito.
3 (Fig. y fam.) Alelado, muy encariñado.
4 (Esp./vulg.) Vulva.
chófer
Conductor, automovilista, piloto, cochero, chofer.
chola
(Amér.) Mestiza.
cholo
1 (Amér.) Mestizo.
2 (Chile/fam.) Tímido, vergonzoso.
3 (Venez./fam.) Mimado, querido [persona o animal].
choque
1 Colisión, topetazo, encontronazo, encuentro, embate, trompicón, golpe.
2 (Fig.) Disputa, conflicto, riña, enfrentamiento, combate, lucha.
ANT.: *Paz, calma.*
chorizo
1 Embutido, embuchado.
2 Balancín, contrapeso [de volatinero].
3 (Argent., Par., Urug.) Lomo magro de res.
4 (Esp./vulg.) Ratero, ladronzuelo.
chorrear
1 Gotear, fluir, manar, salir, brotar, secretar.
2 (Amér.) Pringar, manchar.
chorro
Surtidor, salida, efusión, borbotón, hilo, vena, manantial.
choza
Cabaña, casilla, chamizo, casucha, barraca, chabola, tugurio, (Méx., Venez.) jacal.
ANT.: *Mansión, palacio.*
chubasco
VER chaparrón.
chúcaro (Amér.)
1 Bravío, arisco, indómito, salvaje.
2 (Chile/fig.) Huraño, esquivo.
chuchería
Baratija, bagatela, fruslería, nadería, menudencia, insignificancia.
chucho
1 Perro, perrillo, can, gozque, cachorro, (C. Rica) zaguate, (Urug.) chicho.
2 (Amér.) Fiebre intermitente.
3 (Amér. C. y Merid.) Escalofrío, estremecimiento.
4 (Argent., Urug./fam.) Miedo.
chueco (Amér.)
1 Cojo, patituerto, estevado.
2 Torcido, corvo.
ANT.: *Recto.*
3 (Méx./fam.) Zurdo.
ANT.: *Diestro.*
chulería (Esp.)
Desplante, fanfarronada, jactancia, bravata, presunción, amenaza.
chuleta
1 Costilla, carne, tajada, filete, bisté.
2 Bofetada, tortazo, guantazo.
chulo
1 (Guat., Hond., Méx.) Bonito, gracioso, lindo.
2 (Esp.) Chulapo, majo, curro, manolo.
3 (Fig.) Fanfarrón, jactancioso, perdonavidas.
4 Rufián, proxeneta, golfo, mantenido.
5 (Amér.) Gallinazo, aura.
chunga
VER chanza.
chunguero
Chancero, burlón, zumbón, chacotero, guasón, bromista.
ANT.: *Serio, formal.*
chupado
VER delgado.
chupar
1 Sorber, mamar, libar, lamer.
2 Absorber, succionar, aspirar, tragar.
chupatintas
Oficinista, amanuense, escribiente, copista, pasante, auxiliar, (desp.) cagatintas.
churrasco (Argent.)
Carne asada, asado, barbacoa.
churrete
Mancha, lámpara, chafarrinón, pringue.
chusco
VER chistoso.
chusma
Populacho, muchedumbre, canalla, masa, plebe, gentuza, vulgo, horda, tropel.

chuzo
1 Palo, pica, lanza, (Argent.) chuza.
2 Carámbano.
3 (Fig. y fam.) Torpe, inhábil.
ANT.: *Diestro.*
4 (Venez./vulg.) Cuchillo, punzón.
5 (Chile) Barra, barreta, palanca de hierro.
6 (Cuba) Látigo, vergajo.
7 (Urug.) Cabello lacio y largo.

cicatero
Ruin, mezquino, avaro, tacaño, egoísta, interesado.
ANT.: *Generoso, desprendido.*

cicatriz
1 Marca, señal, escara, costurón, herida.
2 (Fig.) Impresión, huella.

cicatrizar
1 Cerrar, curar, secar, sanar.
ANT.: *Abrirse, sangrar.*
2 (Fig.) Olvidar, serenar.

cicerone
Guía, acompañante.

cíclico
Periódico, regular, recurrente, constante.
ANT.: *Irregular, variable.*

ciclo
1 Lapso, período, fase, etapa.
2 (Cuba) Bicicleta.

ciclón
Tifón, huracán, vendaval, tornado, tromba, turbión, torbellino.
ANT.: *Calma, bonanza.*

ciclópeo
Titánico, gigantesco, hercúleo, colosal, enorme, formidable, desmesurado.
ANT.: *Pequeño, minúsculo.*

ciego
1 Invidente, cegado, cegato.
2 Cegado, ofuscado, obcecado, terco.
ANT.: *Razonable, comprensivo, clarividente.*
3 Taponado, obstruido, tapiado.
ANT.: *Abierto, despejado.*

cielo
1 Firmamento, cosmos, bóveda celeste, atmósfera, infinito, vacío, éter.
2 Paraíso, edén, empíreo, gloria.
ANT.: *Infierno.*

ciénaga
Pantano, cenagal, fangal, lodazal, barrizal, tremedal, marjal, charca.

ciencia
1 Tratado, disciplina, conocimiento.
2 (Fig.) Sabiduría, sapiencia, conocimiento, erudición.
ANT.: *Ignorancia, incultura.*
3 (Fig.) Maestría, habilidad, destreza.

ciencia ficción
Ficción científica, fantaciencia.

cieno
Lodo, fango, barro, limo, légamo, lama.

científico
Investigador, sabio, especialista, experto.
ANT.: *Ignorante, lego.*

cierre
1 Clausura, cese, suspensión, terminación, interrupción, cerrojazo.
ANT.: *Apertura, iniciación.*
2 Cremallera, zíper, (Argent.) cierre relámpago.

cierto
Evidente, tangible, claro, manifiesto, seguro, innegable, irrefutable, indubitable, elemental, certero, absoluto.
ANT.: *Dudoso, inseguro, falso.*

ciervo
Gamo, venado, corzo, gacela, rebeco.

cifra
1 Guarismo, número, dígito, cantidad.
2 Representación, sigla, abreviatura.
3 Notación, clave, código.

cifrado
1 Criptográfico, codificado, en clave.
2 (Fig.) Oculto, secreto.

cigarrera
1 Mujer que vende o hace cigarros.
2 (Esp.) Pitillera.

cigarro
Habano, puro, veguero, cigarrillo, pitillo, tabaco, (Esp./fam.) tagarnina.

cima
1 Cúspide, pico, cumbre.
ANT.: *Fondo, sima.*
2 Ápice, vértice, remate, punta.
ANT.: *Base.*
3 (Fig.) Culminación.

cimarrón (Amér.)
Montaraz, montés, arisco, cerrero, salvaje.
ANT.: *Doméstico, cultivado.*

cimbreante
Ondulante, flexible, vibrante, oscilante, movedizo.
ANT.: *Inmóvil, rígido.*

cimentar
1 Zampear, recalzar, basar.
2 Fundar, asentar, establecer, instituir.
3 Afirmar, fundamentar, consolidar.

cimera
Penacho, airón, plumero, coronamiento, remate.
cimiento
1 Base, soporte, recalce, basamento, firme, pedestal.
ANT.: *Remate, cima.*
2 Fundamento, principio, causa, origen, motivo.
cimitarra
Alfanje, yatagán.
cincel
Buril, cortafrío, gubia, escoplo.
cincelar
Tallar, grabar, esculpir, labrar, burilar.
cine
1 Cinema, sala, cinematógrafo.
2 Cinematografía, séptimo arte.
cinegética
Caza, montería, cacería.
cínico
Descarado, desvergonzado, (fam.) desfachatado, impúdico, sarcástico.
ANT.: *Respetuoso, cortés.*
cinismo
1 Desfachatez, desvergüenza, descaro.
ANT.: *Respeto, recato.*
2 Procacidad, impudor.
ANT.: *Decencia, pudor.*
cinta
1 Ribete, tira, banda, trencilla, faja, cincha, cordón, orla.
2 Película, filme, proyección.
cinto
Cinturón, faja, correa, ceñidor, banda, tira, cordón, pretina, traba.
cintura
Talle, cinto.
cinturón
Ceñidor, cincho, faja, cinta, cordón, cíngulo, cinto VER.
circo
1 Arena, pista, coliseo, anfiteatro.
2 Espectáculo, exhibición.
3 (Argent., Méx., Urug./desp.) Escándalo, ridiculez.
circulación
Tránsito, tráfico, tráfago, transporte, movimiento.
circular
1 Moverse, transitar, andar, trasladarse, marchar, pasar, recorrer.
ANT.: *Pararse, detenerse.*
2 Divulgarse, difundirse, propagarse, extenderse, generalizarse.
ANT.: *Ocultarse, reservarse.*
3 Aviso, notificación, informe, hoja, panfleto, octavilla.
4 Curvo, redondo, orbital, discoidal.
círculo
1 Circunferencia, disco, anillo, aro, corona, rueda, redondel.
2 Casino, centro, asociación, agrupación, club, sociedad.
circundar
Rodear, cercar, circunvalar VER, circuir.
ANT.: *Atravesar.*
circunferencia
Circuito, periferia, ruedo, círculo VER.
circunloquio
Rodeo, giro, perífrasis, evasiva.
ANT.: *Concisión, laconismo.*
circunscribir
Limitar, localizar, reducir, restringir, cerrar, ceñir, confinar.
ANT.: *Ampliar, difundir.*
circunscripción
Zona, demarcación, distrito, jurisdicción.
circunspecto
Prudente, sensato, discreto, mesurado, serio, formal, reservado, cauto.
ANT.: *Indiscreto, locuaz, frívolo.*
circunstancia
1 Eventualidad, situación, ocasión, coyuntura.
2 Particularidad, pormenor, detalle.
circunstancial
Eventual, casual, accidental, secundario.
ANT.: *Duradero, previsto.*
circunvalar
1 Rodear, circundar, circuir, circundir, bordear.
ANT.: *Atravesar.*
2 Cercar, ceñir, sitiar.
cirio
1 Vela, bujía, candela, (Esp.) blandón.
2 (Esp./fig. y fam.) Jaleo, trifulca, alboroto.
ciruja (Argent.)
1 Mendigo, vagabundo, linyera.
2 (Fig. y fam.) Desaliñado, sucio.
cisma
1 Separación, escisión, secesión, rompimiento.
ANT.: *Unión, anexión.*
2 Discordia, desavenencia, disensión.
cisura
1 Grieta, rendija, hendedura.
2 Sajadura, lancetada, corte, cisión, incisión.

cita
1 Entrevista, encuentro, reunión.
2 Referencia, mención, nota, alusión.

citación
Mandato, requerimiento, orden, convocatoria.

citadino (Méx.)
Urbano, ciudadano, metropolitano, capitalino.
ANT.: *Rural, campesino.*

citado
Aludido, referido, antedicho, mencionado, señalado, nombrado, susodicho.

citar
1 Convocar, convenir, avisar.
2 Requerir, notificar, ordenar.
3 Referirse a, mencionar, nombrar, aludir.
ANT.: *Omitir.*

ciudad
Metrópoli, urbe, capital, centro, emporio, municipio, población, localidad.
ANT.: *Aldea, caserío.*

ciudadano
1 Habitante, residente, poblador, natural, vecino, domiciliado.
2 Metropolitano, urbano, céntrico, capitalino, local, (Méx.) citadino.
ANT.: *Pueblerino, aldeano.*
3 Persona con derechos políticos.
4 Cívico.

ciudadela
Recinto, fortificación, fortaleza, baluarte, fortín, castillo, reducto.

cívico
Civil, social, urbano, ciudadano VER.
ANT.: *Incivil.*

civil
1 Ciudadano, cívico VER.
2 Paisano, no militar, laico.
3 Correcto, educado, atento, cortés, sociable.
ANT.: *Incivil, grosero.*

civilización
Desarrollo, desenvolvimiento, avance, evolución.
ANT.: *Barbarie.*

civilizar
Educar, cultivar, instruir, afinar, pulir, ilustrar, perfeccionar, (Esp./fam.) desasnar.
ANT.: *Embrutecer.*

civismo
Conciencia, urbanidad.
ANT.: *Incultura, barbarie, incivilidad.*

cizaña
(Fig.) Disensión, discordia, enemistad, desavenencia.
ANT.: *Concordia, avenencia, armonía.*

clamar
1 Reclamar, exigir, pedir.
2 Lamentarse, quejarse, suplicar, gemir, gritar.
ANT.: *Callar, aguantar.*
3 (Fig.) Necesitar.

clamor
1 Griterío, vocerío, grito.
ANT.: *Silencio.*
2 Lamento, queja, gemido, lloriqueo.

clan
1 Grupo, familia, tribu.
2 (Desp.) Camarilla, secta, pandilla.

clandestino
Ilegítimo, ilegal, furtivo, prohibido, solapado, encubierto, secreto, oculto.
ANT.: *Legal, legítimo.*

claraboya
Lumbrera, tragaluz, ventanal.

claridad
1 Luz, brillo, luminosidad, fulgor, esplendor, resplandor, blancura.
ANT.: *Oscuridad.*
2 Sinceridad, lealtad, confianza, llaneza, franqueza.
ANT.: *Hipocresía.*
3 Nitidez, transparencia, limpidez.
ANT.: *Turbiedad.*

clarín
Corneta, trompeta, cuerno.

clarividencia
1 Lucidez, discernimiento.
ANT.: *Ofuscación.*
2 Intuición, sagacidad, penetración, perspicacia, visión.
3 Premonición, presentimiento, adivinación.

claro
1 Luminoso, iluminado, alumbrado, transparente, diáfano, cristalino, blanco, puro.
ANT.: *Oscuro, opaco, espeso.*
2 Sincero, franco, espontáneo, llano, abierto, leal.
ANT.: *Hipócrita, taimado.*
3 Explícito, manifiesto, evidente, palpable, palmario, inteligible, comprensible.
ANT.: *Confuso, incomprensible.*
4 Despejado, límpido, sereno.
ANT.: *Encapotado, cubierto, nublado.*
5 Intervalo, hueco, espacio.

clase
1 Especie, orden, tipo, género, familia, variedad, grupo.
2 Categoría, calidad, casta, jerarquía, grado, índole, naturaleza.
3 Cátedra, lección, materia, asignatura.
4 Alumnos, discípulos.
5 Aula, sala.

clásico
1 Modélico, académico, paradigmático.
2 Principal, notable, ejemplar, destacado.
3 Antiguo, tradicional, establecido.
ANT.: *Vanguardista, moderno.*
4 (Fig.) Racional, correcto.
ANT.: *Romántico, innovador.*

clasificar
Ordenar, dividir, separar, agrupar, organizar, coordinar, registrar.
ANT.: *Juntar, desordenar.*

claudicar
1 Desistir, ceder, rendirse, someterse, entregarse, retractarse.
ANT.: *Insistir, luchar.*
2 (Ant.) Cojear, renquear.

claustro
1 Galería, corredor, pasillo [de una iglesia o convento].
2 (Ant.) Celda, cámara, cuarto.
3 (Fig.) Retiro, encierro, reclusión, enclaustramiento.

cláusula
Condición, requisito, estipulación, disposición, artículo, apartado.

clausurar
1 Cerrar, concluir, finalizar, terminar.
ANT.: *Abrir, iniciar, inaugurar.*
2 Suspender, prohibir, abolir, inhabilitar, interrumpir, anular.
ANT.: *Habilitar, autorizar.*

clavar
1 Fijar, sujetar, asegurar.
ANT.: *Desclavar.*
2 Introducir, incrustar, hundir, meter, pinchar.
ANT.: *Sacar, extraer.*

clave
1 Solución, respuesta, quid, aclaración, inferencia.
ANT.: *Enigma:*
2 Signo, llave, cifra.

clavija
Espiga, eje, tarugo, clavo, conector, seguro, pasador, barra.

clavo
1 Punta, alcayata, tachuela, pija, pincho*, clavija, escarpia, hierro.
2 Clavero, especia.
3 Callo [sobre todo en los dedos del pie].
4 (Fig.) Dolor, pena, congoja, cuidado.
*Tb. significa: Aguijón, punta, espina. / Varilla. / (Esp.) Tapa, bocado. / (Perú/vulg.) Pene.

claxon
Bocina, trompeta, corneta.

clemencia
Compasión, piedad, benevolencia, misericordia, indulgencia, tolerancia.
ANT.: *Severidad, inclemencia, crueldad.*

clemente
Compasivo, piadoso, indulgente, → clemencia.
ANT.: *Inclemente, cruel.*

clérigo
Sacerdote, fraile, tonsurado, ecleseástico, cura VER.
ANT.: *Laico, seglar.*

cliente
Comprador, consumidor, parroquiano, interesado.
ANT.: *Vendedor, comerciante, proveedor.*

clima
1 Temperatura, ambiente, medio, condición atmosférica, tiempo.
2 Región, zona climática.
3 (Fig.) Condición, circunstancias, situación, estado, atmósfera.

clímax
Auge, apogeo, culminación, momento crítico.

clínica
1 Medicina práctica.
2 Sanatorio, hospital, nosocomio, policlínico, dispensario, consultorio.

clip
Broche, sujetapapeles, pinza.

cloaca
1 Alcantarilla, desagüe, albañal, colector, sumidero, sentina, conducción, drenaje.
2 (Fig.) Corrupción, negocios turbios.

cloroformo
Narcótico, anestésico, sedante, anestesia.

club
1 Círculo, sociedad, asociación, grupo.
2 Centro, casino, local, ateneo, deportivo.

coaccionar
Forzar, obligar, intimidar, presionar, imponer, violentar, amenazar, chantajear, apremiar.
coadjutor
Auxiliar, ayudante, vicario, clérigo.
coagular
Cuajar, espesar, solidificar.
ANT.: *Licuar, disolver.*
coágulo
Cuajarón, grumo, crúor, espesamiento, → coagular.
coalición
1 Confederación, alianza, unión, asociación, liga.
2 Convenio, pacto, avenencia.
ANT.: *Desavenencia, rompimiento.*
coartada
1 Argumento, prueba, eximente.
2 Disculpa, excusa, justificante, pretexto.
coartar
Impedir, estorbar, limitar, reducir, restringir, cohibir, contener.
ANT.: *Fomentar, facilitar.*
coba
Adulación, lisonja, halago, jabón*, (Esp./fig. y fam.) pelotilla.
ANT.: *Crítica, acusación, censura.*
*Tb. significa: (Fig. y fam.) Reprensión severa. / (Argent., P. Rico, Urug./fam.) Susto.
cobarde
Miedoso, temeroso, pusilánime, timorato, tímido, asustadizo, encogido, apocado, (fam.) gallina, collón.
ANT.: *Valiente, arrojado, osado.*
cobardía
Miedo, temor, pusilanimidad, apocamiento, aprensión.
ANT.: *Valentía, arrojo.*
cobaya
Cobayo, conejillo de Indias, (Amér. Merid.) cuy, (Méx., Salv.) cuyo.
cobertizo
Techado, tinglado, sotechado, barracón.
cobija
1 Cubierta, cobertura.
2 Manta, cobertor, colcha, (Méx.) sarape.
cobijar
1 Resguardar, guarecer, albergar, refugiar.
2 (Fig.) Amparar, defender.
3 Abrigar, cubrir, tapar.
ANT.: *Desamparar, desabrigar, descobijar.*
cobista
Adulador, adulón, lisonjero, pelotillero, lavacaras, (ant.) tiralevitas, (Méx./fam.) lambiscón, (Méx., Venez./fam.) cobero, (Argent./fam.) chupamedias.
cobrar
1 Recaudar, percibir.
ANT.: *Pagar, abonar, remunerar.*
2 Adquirir, conseguir, obtener.
ANT.: *Perder.*
cobrizo
1 Acobrado, rojizo.
2 Bronceado [color de piel].
cobro
Recaudación, cobranza, percepción, exacción.
ANT.: *Pago.*
cocainómano
Drogadicto, toxicómano.
cocear
1 Patear, dar coces.
2 (Fig. y fam.) Rechazar, resistirse, remolonear, rebelarse.
ANT.: *Someterse, aceptar.*
cocer
1 Hervir, escalfar, guisar, hornear, freír, escaldar, cocinar.
2 (Fig.) Prepararse algo, maquinarse, tramarse.
cochambre
Mugre, suciedad, basura.
coche
1 Carruaje, carroza, (ant.) carricoche, carro VER.
2 Auto, automóvil.
3 Vagón.
4 Cochino, cerdo, (Amér., Antill.) cochi.
cochero
1 Auriga, conductor, (ant.) mayoral*, chófer, chofer.
2 Porquerizo, cuidador de cerdos.
*Tb. significa: Capataz. / Pastor principal. / (Argent./ant.) Cobrador de tranvía.
cochinada
1 Cochinería, marranada, porquería, suciedad.
2 Vileza, trastada, faena, jugarreta, bribonada.
ANT.: *Favor, ayuda.*
cochino
VER cerdo.
cocina
1 Fogón, horno, hornillo, hornilla, (Méx.) estufa, cocineta.

2 Gastronomía, culinaria, arte culinario, (ant.) coquinaria.

cocinar
Cocer, guisar, asar, freír, hornear, preparar, estofar.

cocinilla
1 Infiernillo, hornillo portátil.
2 (Esp./fig. y fam.) Afeminado, amujerado.

cóctel o **coctel**
1 Combinado [de alimentos o bebidas].
2 Reunión, fiesta.

codicia
1 Ansia, deseo, afán, aspiración, ambición.
2 Avaricia, mezquindad, avidez, ruindad.
ANT.: *Generosidad, desprendimiento.*

codicioso
1 Ansioso, deseoso, sediento, → codicia.
2 Avariento, mezquino.

código
1 Compilación, legislación, reglamento, precepto.
2 Clave, cifra.

codo
1 Codillo, ángulo.
2 (Méx./fig. y fam.) Tacaño, avaro, egoísta.

coerción
Restricción, limitación, sujeción, constreñimiento, presión, freno, límite.
ANT.: *Libertad, aprobación.*

coetáneo
Contemporáneo, coexistente, simultáneo.

cofradía
1 Congregación, hermandad, orden.
2 Gremio, compañía, corporación, grupo, comunidad.

cofre
Arca, arcón, baúl, caja, joyero.

coger
1 Asir, tomar, agarrar, aferrar, retener, empuñar.
ANT.: *Soltar.*
2 Recoger, recolectar.
3 Arrebatar, quitar, sustraer.
4 Capturar, atrapar, alcanzar, cazar, aprehender, (Esp.) pillar.
ANT.: *Liberar.*
5 Sorprender, encontrar, hallar, descubrir.
6 Conseguir, obtener.
7 Adquirir, contraer [enfermedad].
8 (Amér./vulg.) Realizar el acto sexual, fornicar, (Esp.) follar, (Esp.) joder.
9 (Amér./vulg.) Aparearse [animales].

cogollo
1 Yema, renuevo, brote, capullo, botón, retoño.
2 Meollo, centro, corazón, interior.

cogote
Cuello, nuca, cerviz, pescuezo, testuz.

cohabitar
1 Convivir.
ANT.: *Separarse.*
2 Amancebarse, apañarse, liarse.

cohecho
Soborno, venalidad, pago, corrupción, (Esp.) unto, (Méx.) mordida, (Argent., Chile, Ecuad., Perú, Urug.) coima.

coherente
Congruente, lógico, razonable, análogo, vinculado.
ANT.: *Incoherente, ilógico.*

cohesión
Adherencia, coherencia, enlace, ligazón, atracción.

cohete
1 Proyectil, misil, bólido.
2 Petardo, buscapiés, volador, triquitraque, silbador.

cohibir
Limitar, restringir, coartar, refrenar, reprimir, intimidar, atemorizar.
ANT.: *Animar, estimular.*

coima
(Argent., Chile, Ecuad., Perú, Urug.) Soborno, cohecho, dádiva, (Méx.) mordida, (Esp.) unto.

coincidencia
1 Concomitancia, ajuste, sincronía.
2 Concurrencia, acuerdo.
ANT.: *Divergencia, contraste.*
3 Casualidad, eventualidad, azar, contingencia, fortuna, chamba, chiripa, (Méx.) chiripada.

coincidir
1 Encontrarse, concurrir, hallarse, verse, juntarse.
2 Convenir, concordar, armonizar.
ANT.: *Discrepar, discutir, contrastar.*

coito
Cópula, acto sexual, fornicación, ayuntamiento, concúbito, apareamiento.

cojear
1 Renquear, renguear.
2 (Fig. y fam.) Claudicar, torcerse.

cojín
Almohadilla, cabezal, almohadón.

cojo
1 Rengo, renco, lisiado, tullido.
2 Inestable, desnivelado, vencido.
ANT.: *Estable, nivelado.*
3 Incompleto, defectuoso, claudicante.
col
Repollo, (Esp.) berza, lombarda.
cola
1 Apéndice, rabo, extremidad, (Esp.) hopo.
2 Final, terminación, cauda.
ANT.: *Principio, cabeza.*
3 Goma, adhesivo, pegamento, aglutinante, pasta.
4 Fila, línea, hilera.
5 (Fig.) Consecuencias, repercusiones.
colaboración
Cooperación, contribución, participación, asociación, asistencia, ayuda, apoyo.
ANT.: *Oposición.*
colador
Filtro, tamiz, criba, cedazo, manga, zaranda, pasador, coladero, coladera*.
*Tb. significa: (Méx.) Sumidero, cloaca, desagüe.
colar
Filtrar, tamizar, cribar, cerner, depurar.
colarse
1 Equivocarse, errar.
ANT.: *Acertar.*
2 Infiltrarse, meterse, pasar.
colcha
Cubrecama, cobertor, sobrecama, edredón, (Amér.) cobija.
colchón
Jergón, colchoneta, yacija, almadraque.
colección
Conjunto, reunión, compilación, grupo, repertorio, florilegio.
colecta
Recaudación, petición, cuestación, cooperación, postulación.
colectividad
Sociedad, grupo, clase, comunidad, (fig.) ambiente.
colectivo
1 Común, general, global, público, social, familiar.
ANT.: *Particular, individual.*
2 (Argent., Bol., Perú) Autobús.
colega
Compañero, correligionario, consocio, cofrade.
colegial
Alumno, escolar, estudiante, educando, párvulo, becario, discípulo.
colegio
1 Escuela, academia, instituto, liceo, conservatorio, facultad.
2 Corporación, cuerpo, asociación, junta, comunidad.
colegir
Deducir, concluir, inferir, suponer, conjeturar, razonar, discurrir.
cólera
1 Enfermedad epidémica [se usa en masculino].
2 Rabia, furor, furia, ira, iracundia, exasperación, corajina, enojo, enfado.
ANT.: *Calma, serenidad.*
colérico
Rabioso, iracundo, violento, furioso, → cólera.
coleta
1 Trenza, guedeja, mechón, cola, moño, coletilla.
2 (Fig. y fam.) Adición, añadido.
3 (Venez.) Coleto, trapeador.
colgadura
Cortinaje, cortina, tapiz, paño, repostero, arambel.
colgajo
Harapo, guiñapo, andrajo, jirón, descosido, roto, pingajo.
colgar
1 Pender, suspender.
ANT.: *Descolgar.*
2 Estrangular, ahorcar, acogotar, ejecutar.
3 (Fig.) Achacar, atribuir, imputar, endilgar.
4 (Fig. y fam.) Obsequiar, regalar [en cumpleaños].
5 (Fig.) Abandonar, dejar.
coligarse
Aliarse, asociarse, confederarse, vincularse, acordar, pactar.
ANT.: *Separarse, enemistarse.*
colilla
Resto, punta, extremo, (Amér. Merid.) pucho.
colina
Cerro, loma, otero, montículo, collado, altura, alcor, elevación.
colindante
Contiguo, adyacente, inmediato, limítrofe, fronterizo.
ANT.: *Lejano, distante.*
coliseo
Circo, anfiteatro, teatro, sala, recinto.

colisión
1 Choque, embate, encontronazo, topetazo, golpe, sacudida.
2 (Fig.) Pugna, oposición, conflicto.
ANT.: *Acuerdo, conformidad.*

colisionar
Chocar, golpearse, topar.

colista
Último, rezagado.

collar
Gargantilla, collarín.

colmar
1 Atestar, atiborrar, llenar, saturar, abarrotar.
ANT.: *Vaciar.*
2 (Fig.) Satisfacer, dar.
ANT.: *Decepcionar.*

colmillo
Canino, columelar, diente.

colmo
Remate, acabóse, culmen, cima, máximo, perfección, exceso, abuso.

colocación
1 Situación, emplazamiento, posición, ubicación, disposición, postura.
ANT.: *Descolocación.*
2 Empleo, ocupación, cargo, puesto, plaza, destino.
ANT.: *Desempleo, desocupación.*

colocar
1 Poner, situar, depositar, acomodar, ordenar, disponer, emplazar, instalar.
ANT.: *Quitar, desordenar.*
2 Meter, ajustar, arreglar, alinear, encajar, encuadrar.
ANT.: *Sacar, descuadrar.*
3 **colocarse** Emplearse, acomodarse, ocuparse, trabajar, situarse.
ANT.: Retirarse, *renunciar.*

colofón
Remate, término, coronamiento, conclusión, explicación, comentario, nota.
ANT.: *Principio, prólogo.*

colonia
1 Dominio, posesión, protectorado, territorio, mandato, (fig.) feudo.
2 Asentamiento, establecimiento, fundación, poblado, (Méx.) barrio urbano.

colonizar
1 Someter, dominar, oprimir, avasallar.
ANT.: *Liberar, independizar.*
2 Repoblar, fomentar, desarrollar, asentar, instalar.
ANT.: *Despoblar, abandonar.*

colono
1 Colonizador, pionero, inmigrante.
2 Labrador, mediero, aparcero, plantador.
3 (Méx.) Habitante de una colonia urbana.

coloquio
1 Conversación, diálogo, charla, plática.
2 Conferencia, debate.

color
1 Matiz, tono, tinte, colorido, gama, tonalidad, pigmento, tintura, colorante.
2 (Fig.) Peculiaridad, característica, viso, apariencia.

colorado
1 Rojo, encarnado, bermellón, escarlata, carmesí, granate.
2 Rubicundo, sonrojado.
3 Pelirrojo.
4 (Fig.) Picante, escabroso, malicioso [chiste, cuento].

colorido
1 Vistosidad, animación.
2 Vistoso, animado.
3 VER color.

colosal
1 Ciclópeo, monumental, titánico, gigantesco, hercúleo, enorme, inmenso, descomunal.
ANT.: *Minúsculo, insignificante.*
2 Espléndido, magnífico, soberbio, maravilloso, fenomenal, formidable.
ANT.: *Insufrible, repugnante.*

coloso
Cíclope, titán, hércules, sansón, gigante.
ANT.: *Enano, pigmeo.*

columbrar
1 Divisar, percibir, entrever, otear, vislumbrar.
2 (Fig.) Rastrear, conjeturar, adivinar, prever.

columna
1 Pilar, pilastra, estípite, puntal, cilindro, cepa, refuerzo, soporte.
2 Fila, línea, hilera, caravana, tropa, formación.
3 (Fig.) Apoyo, protección, amparo, sostén.

columpiar
Mecer, balancear, oscilar, bambolear, menear, empujar, (Amér.) hamaquear.

columpio
Balancín, mecedora, hamaca.

coma
1 Virgulilla, vírgula, notación, signo, trazo, tilde.
2 Estertor, sopor, letargo, colapso.

comadre
1 Partera, comadrona, matrona.
2 (Fig.) Chismosa, parlanchina, cuentista, enredadora.
3 (Fam.) Amiga, confidente.

comadrona
Matrona, partera, comadre.

comandante
Jefe, caudillo, adalid.

comarca
Territorio, región, país, circunscripción, demarcación, distrito, zona.

combado
Curvado, arqueado, turgente, alabeado, combo, torcido, pandeado, abarquillado, curvo.

combate
1 Lucha, pelea, contienda, batalla, lid, liza, lidia, refriega, acción, ataque, hostilidades.
ANT.: *Paz, tregua, armisticio.*
2 (Fig.) Pugna, contradicción.
ANT.: *Acuerdo.*

combatiente
1 Guerrero, soldado.
2 Beligerante.
ANT.: *Pacífico, neutral.*
3 Contendiente, enemigo, adversario.
ANT.: *Amigo, aliado.*

combatir
1 Luchar, lidiar, pelear, contender.
2 Embestir, acometer.
3 (Fig.) Reprimir, refrenar, atacar [una plaga, enfermedad].
4 (Fig.) Refutar, contradecir, impugnar.
ANT.: *Defender, apoyar.*

combinación
1 Unión, mezcla, fusión, amalgama, composición, reunión, asociación.
ANT.: *Separación, disgregación.*
2 Arreglo, acuerdo, maquinación, maniobra, treta, artimaña, plan, proyecto.

combinar
1 Unir, hermanar, → combinación.
2 Proyectar, concertar.

combustible
1 Carburante.
2 Inflamable.
ANT.: *Incombustible.*

comedia
1 Farsa, sainete, parodia, bufonada.
ANT.: *Tragedia.*
2 (Fig.) Enredo, burla, ficción, fingimiento.

comediante
1 Actor, actriz, artista, cómico, bufón, caricato.
2 Farsante, hipócrita, impostor, falso, teatral, engañoso.
ANT.: *Serio, sincero.*

comedido
1 Cortés, considerado, atento.
ANT.: *Descortés, descomedido.*
2 Mesurado, prudente, discreto, circunspecto, sensato, juicioso.
ANT.: *Imprudente, insensato.*

comedor
1 Glotón, comilón, (fam.) tragón.
2 Refectorio, cenador.
3 Fonda, merendero, cantina VER, figón, restaurante.

comensal
Invitado, convidado, huésped.

comentar
Glosar, interpretar, explicar, dilucidar, aclarar, esclarecer.

comentario
1 Glosa, explicación, nota, exégesis, apostilla, interpretación.
2 Juicio, parecer, opinión.
3 Mención, consideración, aclaración.

comenzar
1 Empezar, iniciar, emprender, principiar, preludiar.
ANT.: *Acabar, terminar.*
2 Abrir, inaugurar, estrenar.
ANT.: *Finalizar, concluir.*
3 Nacer, brotar, surgir.
ANT.: *Extinguirse.*

comer
1 Ingerir, tomar, engullir, tragar, devorar, zampar, atiborrarse.
2 Nutrirse, alimentarse, sustentarse, consumir.
ANT.: *Ayunar.*
3 (Fig.) Gastar, corroer, desgastar, roer, erosionar.
4 (Fig.) Escocer, consumir, concomerse.

comercial
Mercantil, mercante, lucrativo.

comerciante
Traficante, negociante, tratante, mercader, intermediario, comprador, vendedor, proveedor.

comerciar
Traficar, → comerciante.

comercio
1 Negociación, tráfico, negocio.
2 Tienda, establecimiento, almacén.
3 (Fig.) Trato, relaciones.

comestibles
Víveres, vituallas, alimentos, provisiones, bastimento, ultramarinos.

cometer
1 Realizar, ejecutar, perpetrar, consumar, cumplir, llevar a cabo.
ANT.: *Impedir, abstenerse.*
2 Incurrir, caer.
3 Ceder, delegar.

cometido
Función, tarea, misión, labor, deber, encargo, encomienda, quehacer, ocupación.

comezón
1 Picazón, picor, rescazón, prurito, escozor, (Amér. C.) rasquiña.
2 (Fig.) Afán, ansia, anhelo, empeño.
ANT.: *Indiferencia.*
3 (Fig.) Desazón, inquietud, desasosiego.
ANT.: *Tranquilidad.*

comicidad
Gracia, humor, humorismo, jocosidad, bufonería, diversión.
ANT.: *Dramatismo, sosería, tristeza.*

comicios
Elecciones, votaciones, sufragio, referéndum, plebiscito.

cómico
1 Gracioso, divertido, hilarante, festivo, jocoso, humorístico, alegre, bufo.
ANT.: *Triste, trágico, patético.*
2 Bufón, histrión, payaso, comediante, actor.

comida
1 Sustento, alimento, nutrición, (fig.) pan, (Esp./fam.) pitanza, (Méx./fam.) pipirín.
2 Víveres, comestibles, provisiones, vitualla o vituallas.
3 Guiso, plato, manjar, platillo, vianda, ración.
4 Desayuno, almuerzo, refrigerio, colación, bocadillo, (Guat.) refacción, (Méx.) taco, merienda, cena.
5 Banquete, festín, convite, ágape.

comienzo
1 Principio, inicio, origen, surgimiento, iniciación, punto de partida.
ANT.: *Fin, término, conclusión.*
2 Inauguración, apertura, estreno.
ANT.: *Clausura, cierre.*
3 Entrada, introito, prólogo, preámbulo.
ANT.: *Epílogo, final.*

comilón
Glotón, tragón, voraz, insaciable, hambrón.
ANT.: *Inapetente, moderado.*

comilona
Festín, ágape, banquete, comilitona, cuchipanda, (Colomb.) cenata.

comisión
1 Misión, tarea, gestión, función, mandato, encargo.
2 Comité, delegación, junta, cuerpo, consejo.
3 Porcentaje, participación, parte, prima.

comisionista
Representante, delegado, agente, corredor, intermediario.

comité
Comisión, junta, consejo, delegación, representación.

comitiva
Cortejo, séquito, acompañamiento, escolta.

cómoda
Cajonera, (ant.) chifonier.

comodidad
1 Bienestar, descanso, regalo, agrado.
ANT.: *Incomodidad.*
2 Conveniencia, desahogo, utilidad, ventaja, facilidad.
ANT.: *Desventaja, inconveniencia.*
3 Comodonería.

cómodo
1 Conveniente, acomodado, oportuno, desahogado.
ANT.: *Incómodo.*
2 Descansado, placentero, agradable, grato, confortable.
ANT.: *Austero, forzado.*
3 Fácil, útil, favorable, manejable.
ANT.: *Desfavorable, difícil.*
4 (Fig.) Haragán, comodón, perezoso, poltrón, comodín.
ANT.: *Activo, trabajador.*

compacto
Macizo, sólido, consistente, denso, espeso, fuerte, apretado, condensado.
ANT.: *Laxo, esponjoso, poroso.*

compadecerse
Apiadarse, condolerse, dolerse, enternecerse, tener lástima.
ANT.: *Burlarse, mofarse.*

compadre
1 Padrino, pariente.
2 Camarada, amigo, compañero, compinche.
ANT.: *Enemigo, rival.*
compadrito (Argent., Par., Urug.)
Pendenciero, (fam.) jactancioso, achulado.
compañerismo
Amistad, camaradería, lealtad, fidelidad.
ANT.: *Enemistad.*
compañero
1 Camarada, amigo, colega, acompañante, compinche, compadre.
ANT.: *Enemigo.*
2 Cónyuge, esposo, marido, novio, querido.
compañía
1 Empresa, sociedad, corporación, firma, casa, agrupación, entidad.
2 Comitiva, acompañamiento, séquito, cortejo.
comparación
Cotejo, confrontación, parangón, observación, examen, verificación.
comparar
Cotejar, → comparación.
comparecer
Acudir, presentarse, apersonarse, llegar, asistir.
ANT.: *Ausentarse, desaparecer.*
comparsa
1 Figurante, extra, partiquino.
2 (Fig. y fam.) Compinche, incondicional, cómplice.
compartimiento
Sección, división, apartado, cajón, casilla, caja.
compartir
1 Repartir, distribuir, partir, dividir.
ANT.: *Acaparar, atesorar, monopolizar.*
2 Participar, intervenir, comunicarse, colaborar.
compás
Cadencia, ritmo, tiempo, movimiento.
compasión
Lástima, piedad, misericordia, conmiseración, clemencia, caridad, enternecimiento, humanidad, sentimiento.
ANT.: *Crueldad, severidad, dureza, indiferencia.*
compasivo
Piadoso, humanitario, caritativo, clemente, humano, misericordioso.
ANT.: *Cruel, riguroso, duro.*
compatible
1 Armonizable, compaginable, combinable, afín.
ANT.: *Incompatible.*
2 Avenido, compenetrado, amistoso [referido a relaciones humanas].
compatriota
Coterráneo, paisano, conciudadano.
ANT.: *Extranjero.*
compeler
1 Obligar, forzar, constreñir, hostigar, exigir.
2 Impeler, impulsar, apremiar.
ANT.: *Contener, calmar.*
compendio
Resumen, extracto, compilación, condensación, epítome, sinopsis, sumario, síntesis.
compenetrarse
Comprenderse, identificarse, concordar, avenirse, entenderse, coincidir.
ANT.: *Disentir, discrepar.*
compensación
1 Resarcimiento, desagravio, indemnización.
ANT.: *Agravio, daño.*
2 Regulación, contrapeso, equilibrio, nivelación.
ANT.: *Desnivelación, desequilibrio.*
3 Recompensa, remuneración, retribución, estímulo.
compensar
1 Balancear, equilibrar, nivelar.
ANT.: *Desequilibrar, desbalancear.*
2 Resarcir, → compensación.
competencia
1 Pugna, lucha, antagonismo, emulación, concurrencia.
2 Aptitud, idoneidad, capacidad.
ANT.: *Incompetencia.*
3 Autoridad, incumbencia, atribución, jurisdicción.
competición
Prueba, concurso, certamen, competencia, partido.
competidor
Contendiente, rival, antagonista, contrincante, adversario.
ANT.: *Amigo, compañero.*
competir
1 Rivalizar, luchar, pugnar, contender, oponerse.
ANT.: *Coincidir, transigir.*
2 Emular, imitar.
compilación
VER compendio.

compinche
1 Amigo, camarada, compañero VER.
2 (Fam.) Amigote, cómplice.

complacencia
1 Agrado, placer, satisfacción, gusto, contento, deleite.
ANT.: *Disgusto, contrariedad.*
2 Transigencia, tolerancia, conformidad.
ANT.: *Intransigencia.*

complacer
1 Satisfacer, contentar, alegrar, gustar.
ANT.: *Disgustar, contrariar.*
2 Condescender, acceder, transigir.
3 **complacerse** Alegrarse, disfrutar.

complaciente
Indulgente, benévolo, tolerante, amable, atento, servicial, obsequioso, deferente.
ANT.: *Desconsiderado, severo.*

complejo
1 Compuesto, variado, diverso, múltiple.
ANT.: *Simple.*
2 Complicado, confuso, difícil, intrincado, enmarañado, problemático.
ANT.: *Sencillo, fácil.*
3 Rareza, manía, trastorno.
ANT.: *Equilibrio.*

complemento
Suplemento, aditamento, añadidura, apéndice, continuación, terminación.

completar
1 Acabar, terminar, concluir, rematar, cumplir.
ANT.: *Empezar, comenzar.*
2 Añadir, adjuntar, integrar, perfeccionar.

completo
1 Lleno, pleno, colmado, atestado, repleto, abarrotado.
ANT.: *Vacío, libre.*
2 Íntegro, entero, absoluto, total, cabal, rotundo, perfecto, indiviso.
ANT.: *Parcial, incompleto.*

complexión
Constitución, apariencia, aspecto.

complicación
Obstáculo, dificultad, tropiezo, inconveniente, lío, enredo, confusión, embrollo.
ANT.: *Sencillez, simplificación.*

complicado
Complejo, difícil, arduo, espinoso, dificultoso, embrollado, confuso, enredado.
ANT.: *Sencillo, simple.*

cómplice
Partícipe, participante, colaborador, coautor, implicado, asociado [referido a un crimen o delito].
ANT.: *Inocente, ajeno.*

complot
Conjura, conspiración, confabulación, intriga, trama, maquinación.

complotar (Amér.)
Conspirar, confabularse, tramar, conjurar, maquinar.

componenda
Arreglo, chanchullo, maniobra, pacto.
ANT.: *Desacuerdo.*

componente
Elemento, integrante, ingrediente, parte, factor.

componer
1 Arreglar, remendar, enmendar, modificar, remediar, restaurar, subsanar, reparar.
ANT.: *Estropear.*
2 Integrar, constituir, totalizar, formar parte.
ANT.: *Separar, disgregar.*
3 Aderezar, ataviar, adornar, acicalar.
4 Corregir, moderar, templar.
ANT.: *Descomponer.*
5 Concordar, concertar, ajustar, poner en paz.
ANT.: *Incordiar, cizañar.*

comportamiento
Proceder, conducta, actuación, costumbre, práctica, uso, hábito, rutina.

comportarse
Actuar, proceder, conducirse, obrar, desenvolverse, hacer, gobernarse.

composición
1 Pieza, música, canción, poema, escrito, obra.
2 Labor, trabajo, obra, producción, resultado.

compositor
1 Músico, autor.
2 (Argent., Chile, Colomb.) Componedor, curandero.
3 (Méx.) Huesero, quiropráctico.

compostura
1 Decoro, dignidad, recato, modestia, mesura, circunspección, gravedad.
ANT.: *Incorrección, descaro.*
2 Arreglo, reparación, rectificación, remiendo, restauración, ajuste.
ANT.: *Avería, descompostura.*

compra
1 Adquisición, negocio, comercio, transacción, operación.
ANT.: *Venta.*
2 (Fam.) Diario, gasto, (Méx.) mandado.
comprador
Consumidor, adquirente, interesado, cliente, parroquiano.
ANT.: *Vendedor.*
comprar
1 Adquirir, → compra.
ANT.: *Vender.*
2 Sobornar, corromper.
comprender
1 Entender, percibir, intuir, saber, concebir, vislumbrar.
ANT.: *Ignorar.*
2 Incluir, abarcar, encerrar, rodear, englobar, abrazar.
ANT.: *Excluir.*
3 Justificar, interpretar.
ANT.: *Cerrarse.*
comprensible
1 Claro, evidente, sencillo, fácil, inteligible, accesible, explicable.
ANT.: *Incomprensible, difícil.*
2 Justificable.
ANT.: *Injustificable, inexcusable.*
comprensión
1 Tolerancia, benevolencia, indulgencia, condescendencia, simpatía, bondad.
ANT.: *Incomprensión, intolerancia.*
2 Agudeza, inteligencia, alcance, talento.
ANT.: *Idiotez.*
comprimido
1 Apretado, reducido.
ANT.: *Descomprimido.*
2 Pastilla, tableta, píldora, oblea, sello, gragea.
comprimir
1 Prensar, aplastar, apretar, oprimir, estrujar, reducir.
ANT.: *Ablandar, aflojar, disgregar.*
2 Contener, reprimir, cohibir.
ANT.: *Desahogar.*
comprobante
Recibo, garantía, documento, justificante, vale.
comprobar
1 Confirmar, verificar, certificar, asegurarse, cerciorarse.
2 Confrontar, compulsar, cotejar, revisar, observar.
3 Justificar, demostrar.
comprometer
1 Implicar, complicar, embrollar.
ANT.: *Librar, exculpar.*
2 Arriesgar, exponer.
ANT.: *Salvaguardar.*
3 comprometerse Prometer, garantizar, obligarse, responder.
ANT.: *Excusarse, eludir.*
compromiso
1 Convenio, acuerdo, pacto, contrato, transacción, responsabilidad, obligación.
ANT.: *Excusa.*
2 Apuro, dificultad, trance, problema, dilema.
ANT.: *Solución, ayuda.*
compuesto
1 Combinado, mezcla, conjunto, mixtura, composición.
2 Múltiple, complejo.
ANT.: *Simple.*
3 (Fig.) Mesurado, circunspecto.
ANT.: *Descompuesto, alterado.*
4 Aliñado, arreglado, adornado, acicalado.
ANT.: *Desarreglado, desaliñado.*
compulsar
Comparar, cotejar, verificar, comprobar.
compungido
Dolorido, atribulado, apenado, apesadumbrado, pesaroso, contrito.
ANT.: *Despreocupado, alegre.*
computadora
Ordenador, computador, calculadora electrónica, procesadora de datos, cerebro electrónico.
cómputo
Cálculo, cuenta, computación.
común
1 Colectivo, general, genérico.
ANT.: *Particular, específico.*
2 Corriente, ordinario, usual, habitual, vulgar, frecuente.
ANT.: *Extraordinario, desusado, inusual.*
comuna
1 Municipio, distrito, (Amér.) término.
2 Comunidad, propiedad colectiva, ejido, kibutz*.
*Nombre que se da en Israel a las unidades de producción agrícola colectiva.
comunicación
1 Comunicado, oficio, escrito.
2 Trato, relación, correspondencia.
ANT.: *Incomunicación.*
3 Información, divulgación.
comunicar
1 Avisar, anunciar, notificar, informar, enterar, decir.
ANT.: *Callar, omitir.*

C

2 Exponer, revelar, enseñar, manifestar.
ANT.: *Ocultar.*
3 Transmitir, divulgar, difundir, publicar.
4 Conectar, unir, acceder, relacionar.
ANT.: *Incomunicar, aislar.*
5 Contagiar, pegar.

comunicativo
Sociable, expansivo, abierto, conversador, locuaz, parlanchín.
ANT.: *Reservado, silencioso, taciturno.*

comunidad
1 Sociedad, colectividad, agrupación.
2 Convento, orden, regla, monasterio.
3 Vecindario.

comunión
1 Lazo, vínculo, unión, participación.
ANT.: *Desunión.*
2 Eucaristía.

conato
Intento, propósito, tentativa, intentona, amago.
ANT.: *Éxito, logro.*

concavidad
Oquedad, cavidad, hueco, hoyo, cuenco, seno, anfractuosidad, depresión.
ANT.: *Convexidad.*

cóncavo
Hundido, hueco, deprimido, profundo, abollado.
ANT.: *Convexo, turgente.*

concebir
1 Engendrar.
2 (Fig.) Generar, idear, crear, imaginar.
3 Entender, comprender, penetrar.

conceder
1 Otorgar, conferir, adjudicar, proporcionar, asignar, entregar.
ANT.: *Denegar.*
2 Admitir, acceder, reconocer, convenir.
ANT.: *Negar.*

concejal
Edil, regidor, consejero.

concejo
Municipio, municipalidad, ayuntamiento, cabildo, junta, corporación, alcaldía.

concentrar
1 Reunir, agrupar, centralizar, consolidar, juntar.
ANT.: *Descentralizar, dispersar.*
2 Condensar, espesar, fortalecer.
ANT.: *Diluir, rebajar.*
3 **concentrarse** Atender, reconcentrarse, reflexionar.

concepto
1 Idea, pensamiento, representación.
2 Juicio, opinión, evaluación.
3 Sentencia, frase, dicho.

conceptuar
Juzgar, enjuiciar, clasificar, considerar, estimar.

concernir
Atañer, relacionarse, incumbir, competer, importar, referirse, depender, vincularse.
ANT.: *Desvincularse.*

concertar
1 Acordar, ajustar, convenir, estipular, establecer, pactar.
ANT.: *Discrepar, disentir, discordar.*
2 Arreglar, ajustar, ordenar, armonizar.
ANT.: *Desconcertar.*

concesión
Permiso, licencia, aquiescencia, autorización, favor.
ANT.: *Denegación.*

concha
1 Valva, venera, caparazón, cubierta.
2 Carey.
3 Madreperla, nácar.
4 (Argent., Chile, Urug./vulg.) Vulva, vagina.
5 (Méx., Venez./fig. y fam.) Descaro, desfachatez.
6 (Méx., Venez./fig. y fam.) Apatía, calma, lentitud.

conchabar
1 Juntar, unir, asociar.
2 (Amér. Merid.) Contratar, emplear, asalariar.

conchabarse
1 Emplearse, asalariarse, acomodarse.
2 (Fam.) Confabularse, conspirar.

conciencia
1 Discernimiento, conocimiento, percepción.
2 Escrúpulo, moralidad, consideración, cuidado, delicadeza, miramiento.
ANT.: *Desvergüenza, inmoralidad.*
3 Inteligencia, razón, alma, corazón.

concienzudo
Escrupuloso, minucioso, esmerado, tesonero, perseverante, laborioso, aplicado.
ANT.: *Chapucero, negligente.*

concierto
1 Recital, audición, sesión, interpretación.
2 Acuerdo, convenio VER.
3 Concordancia, orden, armonía.
ANT.: *Desconcierto, desorden.*

conciliábulo
1 Asamblea, junta, conferencia.
2 Conjura, intriga, maquinación, (pr.) complot, corrillo.

C

conciliar
Armonizar, avenir, apaciguar, mediar, arbitrar, acordar, concordar.
ANT.: *Desunir, malquistar.*
concilio
Junta, asamblea, reunión, congreso, cónclave, capítulo.
concisión
Brevedad, laconismo, precisión, parquedad, sobriedad.
conciso
Breve, preciso, sucinto, sobrio, lacónico, parco, sumario.
ANT.: *Extenso, detallado, prolijo.*
conciudadano
VER coterráneo.
conclave o **cónclave**
VER concilio.
concluir
1 Terminar, finalizar, acabar, completar, ultimar, rematar, agotar, liquidar.
ANT.: *Empezar, iniciar.*
2 Deducir, colegir, inferir.
conclusión
1 Deducción, consecuencia, inferencia, resultado.
2 Término, desenlace, fin, final, cierre, resultado.
ANT.: *Principio, apertura.*
3 Decisión, resolución [luego de haber considerado un tema].
concomitante
1 Análogo, afín, similar, relacionado, conexo.
ANT.: *Diferente, inconexo.*
2 Concurrente, simultáneo.
ANT.: *Ajeno.*
concordar
1 Concertar, convenir, conciliar, acordar.
ANT.: *Discrepar.*
2 Coincidir, armonizar, relacionarse, semejarse.
ANT.: *Discordar.*
concordia
Armonía, avenencia, acuerdo, unidad, paz, hermandad, cordialidad, unanimidad.
ANT.: *Discordia.*
concreto
1 Real, corpóreo, tangible, sólido, material.
ANT.: *Abstracto, intangible.*
2 Determinado, específico, exacto, preciso, delimitado, sucinto, definido.
ANT.: *Impreciso, inconcreto.*
3 (Amér.) Cemento armado, (Esp.) hormigón.
concubina o **concubino**
1 Amante, querida, querido, amasia, amasio, compañera, compañero.
2 (Desp.) Manceba, coima, (Méx./vulg.) quelite.
concupiscencia
Lujuria, lascivia, libídine, lubricidad, erotismo, voluptuosidad, sensualidad.
ANT.: *Templanza, castidad.*
concurrir
1 Asistir, presentarse, visitar, reunirse, encontrarse, frecuentar, hallarse.
ANT.: *Faltar.*
2 Coincidir, converger, confluir.
ANT.: *Divergir.*
3 Contribuir, cooperar.
concurso
1 Competencia, certamen, lucha, pugna, examen, oposición, participación.
2 Apoyo, asistencia, intervención, cooperación.
3 Concurrencia, público, auditorio.
condecorar
Recompensar, galardonar, premiar, distinguir, conceder, homenajear.
ANT.: *Agraviar.*
condenado
1 Culpable, reo, penado, convicto, réprobo.
2 (Fig.) Perverso, nocivo, endemoniado.
condenar
1 Penar, castigar, sancionar, sentenciar.
ANT.: *Indultar.*
2 Maldecir, censurar, reprobar, desaprobar.
ANT.: *Aprobar, bendecir.*
3 Tapar, cegar, cerrar, obturar, obstruir.
ANT.: *Abrir.*
condensar
1 Concentrar, espesar, coagular.
ANT.: *Licuar, diluir, desleír.*
2 Compactar, aglomerar, comprimir.
ANT.: *Dilatar.*
3 Sintetizar, compendiar, resumir.
ANT.: *Extender, glosar.*
condescendencia
Transigencia, benevolencia, tolerancia, complacencia, contemporización.
ANT.: *Intransigencia.*
condición
1 Requisito, exigencia, restricción, obligación, formalidad, traba.

2 Índole, naturaleza, talante, particularidad.

condimentar

Sazonar, aderezar, salpimentar, adobar, (Esp.) aliñar.

condiscípulo

Compañero, camarada, alumno, amigo, estudiante.

condolencia

Pésame, duelo, compasión, expresión, dolor.

ANT.: *Felicitación, pláceme.*

conducir

1 Guiar, llevar, transportar, trasladar, acompañar, dirigir.

2 Administrar, mandar, gobernar.

3 Encauzar, encaminar, encarrilar.

ANT.: *Descarriar.*

conducta

1 Comportamiento, actuación, proceder, maneras, estilo, costumbre, modo de vida.

2 Gobierno, conducción, dirección, mando.

conducto

1 Tubo, caño, canalón, desagüe, canal, cauce.

2 Medio, vía, procedimiento, canalización.

conductor

1 Guía, jefe, director, dirigente, adalid, caudillo.

ANT.: *Subordinado.*

2 Chófer, cochero, piloto, timonel, automovilista, maquinista.

conectar

1 Acoplar, unir, empalmar, enlazar, enchufar, encajar, ajustar, ensamblar.

ANT.: *Desconectar.*

2 (Fig.) Relacionar, presentar, enlazar, poner en comunicación.

ANT.: *Separar, aislar.*

conexión

1 Enlace, concatenación, relación, unión, correspondencia.

ANT.: *Inconexión.*

2 Acoplamiento, enchufe, empalme.

ANT.: *Desconexión.*

confabulación

Conspiración, maquinación, complot, conjura, intriga, maniobra, traición.

confeccionar

Fabricar, elaborar, manufacturar, realizar, ejecutar, preparar, crear.

confederación

Alianza, unión, liga, coalición, mancomunidad, tratado, acuerdo.

ANT.: *Separación, secesión.*

conferencia

1 Disertación, coloquio, plática, charla, discurso, parlamento.

2 Congreso, reunión, asamblea [de estadistas].

conferir

Conceder, otorgar, dar, asignar, atribuir, dispensar, entregar.

ANT.: *Negar, privar.*

confesar

Revelar, descubrir, aceptar, reconocer, admitir, declarar, relatar, manifestar.

ANT.: *Callar, ocultar.*

confianza

1 Esperanza, fe, seguridad, certidumbre, creencia, convicción, aplomo, entusiasmo, tranquilidad.

ANT.: *Desconfianza, temor.*

2 Familiaridad, intimidad, franqueza, llaneza, claridad.

ANT.: *Frialdad, protocolo, empacho.*

confiar

1 Esperar, creer, encomendarse, fiarse, abandonarse.

ANT.: *Desconfiar, temer.*

2 Encomendar, delegar, depositar, encargar, entregar.

confidencia

1 Declaración, secreto, informe, revelación.

2 Confianza, intimidad.

confidencial

Íntimo, secreto, reservado, privado, fiable, personal.

ANT.: *Público, general.*

confidente

1 Amigo, fiel, íntimo, compañero, consejero, (fig.) confesor.

2 Delator, soplón, denunciante, informante [de la policía].

confín

1 Linde, límite, frontera, término, orilla, extremo, final, perímetro, alrededores.

2 Confinante, colindante, limítrofe.

confinar

1 Aislar, relegar, desterrar, encerrar, recluir, internar.

ANT.: *Liberar, acercar.*

2 Lindar, limitar, tocarse, colindar.

confirmar
Corroborar, certificar, revalidar, ratificar, atestiguar, aseverar, probar.
ANT.: *Desmentir, rectificar.*

confiscar
Requisar, decomisar, embargar, incautarse, desposeer.
ANT.: *Devolver, restituir.*

confite
1 Golosina, dulce, caramelo.
2 Cubierta de azúcar.

conflagración
1 Incendio.
2 (Fig.) Guerra, contienda, perturbación, choque.
ANT.: *Paz, armonía.*

conflicto
1 Dificultad, aprieto, apuro, trance, preocupación, desasosiego.
2 Guerra, conflagración, lucha, enfrentamiento, desacuerdo, antagonismo.
ANT.: *Concordancia, paz, entendimiento.*

confluir
Converger, afluir, desembocar, concurrir, reunirse, juntarse, coincidir.
ANT.: *Separarse, dispersarse.*

conformar
1 Ajustar, concordar, convenir, adaptar.
2 Complacer, satisfacer, acceder, transigir.
ANT.: *Negar.*
3 Formar, dar forma, configurar.
ANT.: *Deformar.*
4 conformarse Amoldarse, resignarse, avenirse, ceder, sujetarse.
ANT.: *Rebelarse.*

conformidad
1 Semejanza, correspondencia, igualdad.
ANT.: *Desemejanza, diferencia.*
2 Acuerdo, consentimiento, asentimiento, aprobación, anuencia, asenso, aquiescencia.
ANT.: *Inconformidad, desaprobación, disconformidad.*
3 Paciencia, tolerancia, resignación.
ANT.: *Oposición, rebeldía.*

confort
Comodidad, confortabilidad, bienestar.
ANT.: *Incomodidad.*

confortable
Cómodo, agradable, descansado, regalado, desahogado.
ANT.: *Incómodo.*

confortar
1 Reanimar, vigorizar, fortalecer.
ANT.: *Debilitar.*
2 Alentar, animar, tranquilizar, consolar, esperanzar.
ANT.: *Desanimar, desalentar.*

confraternidad
Cofradía, hermandad, congregación, orden, sociedad, agrupación.

confraternizar
Hermanarse, agruparse, fraternizar, simpatizar, (Esp.) confraternar.

confrontación
Cotejo, comparación, parangón, verificación, enfrentamiento, examen, careo.

confundir
1 Turbar, aturdir, perturbar, desconcertar, desorientar.
ANT.: *Orientar.*
2 Trastocar, equivocar, enredar, mezclar, revolver, embrollar, embarullar.
ANT.: *Ordenar, distinguir.*
3 (Fig.) Avergonzar, humillar, abatir, apabullar.
ANT.: *Exaltar, halagar.*

confusión
1 Desorden, enredo, equivocación, embrollo, barullo, mezcla, revoltijo, maraña.
ANT.: *Orden, claridad.*
2 Desconcierto, perplejidad, vacilación, turbación, aturdimiento, desorientación.
ANT.: *Seguridad, aplomo.*
3 (Fig.) Bochorno, humillación, abatimiento.

congelar
1 Helar, enfriar, solidificar [un líquido por efecto del frío].
ANT.: *Fundir, licuar.*
2 (Fig.) Detener, inmovilizar.

congénere
1 Semejante, similar, análogo, afín.
2 Humano, persona, ser humano, individuo.

congeniar
Avenirse, simpatizar, coincidir, confraternizar, entenderse, comprenderse.
ANT.: *Disentir, oponerse.*

congénito
Innato, natural, original, connatural, hereditario, constitucional.
ANT.: *Adquirido.*

congestión
1 Inflamación, hinchazón, tumefacción, saturación, acumulación.

C

2 Apoplejía, ataque, (fam.) patatús.
3 (Fig.) Atasco, obstáculo, embotellamiento.

conglomerado
Masa, aglomeración, mazacote, amontonamiento, racimo, amasijo, grumo.

congoja
Inquietud, pena, angustia, aflicción, zozobra, tribulación, desconsuelo.
ANT.: *Alegría, serenidad, satisfacción.*

congraciarse
Ganarse, conquistar, atraer, inclinar, seducir, encantar, cautivar.
ANT.: *Enemistarse.*

congratulación
Felicitación, parabién, enhorabuena, pláceme, cumplido, saludo.

congregación
1 Asamblea, reunión, junta, capítulo.
2 Cofradía, hermandad, agrupación, orden, (ant.) gremio, comunidad, compañía.

congregar
1 Agrupar, reunir, juntar, convocar, citar.
ANT.: *Dispersar, disgregar.*
2 congregarse Apiñarse, amontonarse.

congreso
1 Asamblea, convención, conferencia, reunión, concilio, junta.
2 Cámara, parlamento, cortes, senado, diputación.

congruente
Coherente, sensato, congruo, lógico, racional, pertinente.
ANT.: *Ilógico, incongruente.*

conjetura
Suposición, interrogante, hipótesis, presunción, sospecha, deducción, creencia, barrunto, cábalas VER.
ANT.: *Certeza, seguridad.*

conjugar
1 Exponer, ordenar, formar, relacionar.
2 Unir, conciliar, unificar.
ANT.: *Desunir.*
3 Combinar, concertar, coordinar.

conjunto
1 Unido, incorporado, mezclado.
ANT.: *Separado.*
2 Contiguo, junto.
3 Grupo, reunión, serie.
ANT.: *Individuo, unidad.*
4 Combinación, mezcla, totalidad.
ANT.: *Parte.*
5 Banda, orquesta.

conjura
Conspiración, conjuración, maquinación, confabulación, complot, intriga, maniobra, traición.

conjuro
1 Hechizo, sortilegio, exorcismo, encantamiento, magia, evocación.
2 Imprecación, ruego, súplica.

conmemoración
Celebración, aniversario, rememoración, evocación, recuerdo.

conminar
Requerir, ordenar, exigir, apremiar, amenazar, intimidar, mandar, obligar.
ANT.: *Rogar, suplicar.*

conmiseración
Piedad, lástima, misericordia, compasión VER.
ANT.: *Escarnio, desdén.*

conmoción
1 Trastorno, perturbación, sacudida, agitación, convulsión, temblor, ataque.
2 Tumulto, rebelión, levantamiento, motín, sedición, disturbio.
ANT.: *Paz, orden.*

conmover
1 Impresionar, alterar, perturbar, inquietar, excitar, apasionar, sacudir.
ANT.: *Aburrir, tranquilizar.*
2 Enternecer, apenar, mover.

conmutar
1 Cambiar, trocar, permutar.
2 Indultar, absolver, perdonar, favorecer, agraciar.
ANT.: *Condenar, castigar.*

connivencia
1 Condescendencia, disimulo, tolerancia.
2 Complicidad, contubernio, confabulación, conspiración, alianza, (fam.) conchabanza.
ANT.: *Desacuerdo.*

conocer
1 Tratar, frecuentar, alternar, codearse, rozarse, relacionarse.
ANT.: *Desconocer.*
2 Enterarse, percatarse, advertir, averiguar.
ANT.: *Ignorar.*
3 Comprender, intuir, adivinar, saber.
4 Sentir, experimentar.
5 Discernir.

conocido
1 Relación, amistad, amigo.
ANT.: *Extraño.*
2 Famoso, célebre, ilustre.
ANT.: *Desconocido.*

3 Común, corriente, sabido.
ANT.: *Ignorado.*

conquista
1 Dominación, invasión, ocupación.
2 Botín, captura, rapiña, despojo.
ANT.: *Pérdida.*
3 Triunfo, victoria, logro.
ANT.: *Derrota, fracaso.*
4 Seducción, persuasión.
5 (Fig.) Persona conquistada, amorío.

consagrar
1 Ofrecer, dedicar, ofrendar, bendecir, santificar.
2 Acreditar, sancionar.
3 **consagrarse** Dedicarse, aplicarse, entregarse, perseverar, esforzarse.

consanguinidad
Parentesco, ascendencia, descendencia.

consciente
Sensato, juicioso, honesto, escrupuloso, formal, responsable, cabal, cumplidor, cuerdo.
ANT.: *Insensato, irresponsable.*

conscripto
Recluta, (Argent., Bol., Colomb., Ecuad., Par., Perú) quinto.

consecuencia
Efecto, resultado, derivación, secuela, desenlace, conclusión.
ANT.: *Causa, principio.*

consecuente
1 Siguiente.
ANT.: *Antecedente.*
2 Justo, congruente, firme, perseverante, tenaz.
ANT.: *Inconsecuente, incongruente, voluble.*

consecutivo
Inmediato, contiguo, próximo, siguiente, seguido, sucesivo.
ANT.: *Alterno, lejano.*

conseguir
Lograr, obtener, ganar, alcanzar, adquirir, atrapar, vencer.
ANT.: *Perder, ceder.*

consejero
1 Miembro o titular de una consejería.
2 Mentor, asesor, guía, tutor, maestro.

consejo
1 Recomendación, sugerencia, advertencia, indicación, aviso, exhortación.
2 Asamblea, reunión, junta, conferencia, congreso, órgano consultivo.

consentimiento
Anuencia, permiso, venia, conformidad, aprobación, consenso, aquiescencia, beneplácito.
ANT.: *Disentimiento, desaprobación.*

consentir
1 Permitir, autorizar, admitir, aprobar, acceder, adherirse, transigir, tolerar.
ANT.: *Rechazar, denegar, oponerse.*
2 Malcriar, mimar, viciar, resabiar.

conserje
Bedel, portero, ordenanza, ujier, mayordomo.

conservación
Preservación, cuidado, mantenimiento.
ANT.: *Abandono, incuria.*

conservar
1 Preservar, salvaguardar, proteger, salvar, cuidar.
ANT.: *Descuidar, deteriorar.*
2 Atender, mantener.
ANT.: *Abandonar.*
3 Retener, guardar.
ANT.: *Tirar, desechar.*

considerable
Numeroso, cuantioso, extenso, grande, importante, vasto.
ANT.: *Reducido, minúsculo, insignificante.*

consideración
Miramiento, deferencia, respeto, urbanidad, atención, cortesía, estima.
ANT.: *Desdén, indiferencia.*

considerado
1 Comedido, deferente, respetuoso, atento, amable.
ANT.: *Desconsiderado, patán.*
2 Respetado, apreciado.
ANT.: *Despreciado.*

consigna
Contraseña, lema, santo y seña, pase.

consistente
Fuerte, duro, resistente, recio, robusto, sólido, firme, estable.
ANT.: *Endeble, inconsistente.*

consistir
Radicar, estribar, basarse, fundarse, residir, apoyarse, descansar.

consolar
1 Confortar, aliviar, atenuar, suavizar.
ANT.: *Exacerbar.*
2 Calmar, sosegar, tranquilizar, alentar, animar.
ANT.: *Afligir, atribular.*

consolidar
Afirmar, afianzar, fortalecer, robustecer, asegurar, cimentar.
ANT.: *Debilitar.*
consonancia
1 Armonía, proporción.
ANT.: *Disonancia.*
2 (Fig.) Afinidad, semejanza, concordancia, similitud, relación.
ANT.: *Disparidad.*
3 Conformidad, acuerdo.
consorcio
Sociedad, asociación, grupo, monopolio, agrupación, corporación.
consorte
Esposo, esposa, cónyuge, compañero, compañera, contrayente, marido, mujer, desposado, desposada.
conspicuo
Destacado, sobresaliente, famoso, notable, ilustre, insigne, visible.
ANT.: *Insignificante, oscuro.*
conspirar
Confabularse, intrigar, maquinar, conjurarse, maniobrar, planear, tramar, engañar, traicionar, (Amér.) complotar.
constancia
Perseverancia, tenacidad, firmeza, lealtad, tesón, asiduidad, insistencia.
ANT.: *Ligereza, inconstancia, volubilidad.*
consternación
Aflicción, abatimiento, desconsuelo, desolación, pesadumbre, pesar, pena, disgusto.
ANT.: *Ánimo, consuelo.*
constipado
1 Catarro, resfriado, enfriamiento, gripe.
2 Estreñido, → estreñimiento.
constitución
1 Temperamento, complexión, conformación, naturaleza.
2 Código, estatuto, carta, precepto, ley, reglamento.
constitucional
Legal, legítimo, reglamentario.
constituir
1 Componer, formar, integrar.
ANT.: *Disolver.*
2 Establecer, crear, fundar, organizar, instaurar, erigir, implantar, dotar.
ANT.: *Anular.*
3 constituirse Apersonarse, presentarse, personarse.
constreñir
1 Apremiar, obligar, forzar, imponer, exigir.
2 Oprimir, apretar, contraer.
ANT.: *Dilatar, expandir.*
3 Limitar, reducir.
ANT.: *Soltar.*
construcción
Edificación, erección, edificio, obra, inmueble, residencia.
construir
Erigir, alzar, edificar, elevar, montar, crear, confeccionar, fabricar.
ANT.: *Destruir.*
consuelo
Alivio, confortamiento, sosiego, pacificación, ánimo, aliento, estímulo, calma.
ANT.: *Aflicción, desánimo, desconsuelo, pena.*
consultar
Examinar, asesorarse, aconsejarse, conferenciar, entrevistarse, deliberar, tratar.
consultorio
Clínica, dispensario, gabinete, bufete, despacho, estudio.
consumado
1 Terminado, concluido, acabado, finalizado, hecho.
ANT.: *Inconcluso.*
2 Diestro, experto, hábil, insuperable, consagrado, cabal, excelente.
ANT.: *Principiante, novato, inepto.*
consumar
Completar, concluir, terminar, acabar, ejecutar, realizar, cometer.
ANT.: *Comenzar, intentar.*
consumición
1 Cuenta, importe, consumo.
2 Agotamiento, consunción.
consumido
Agotado, exhausto, extenuado, debilitado, macilento, enflaquecido, flaco, descarnado.
ANT.: *Robusto, fuerte.*
consumir
1 Extinguir, devastar, destruir.
2 Utilizar, gastar, acabar.
ANT.: *Conservar, guardar.*
3 Agotar, extenuar, debilitar.
ANT.: *Reponer, fortalecer.*
4 (Fig.) Acongojar, afligir, angustiar, desazonar.
ANT.: *Confortar, sosegar.*
consumo
Gasto, empleo, dispendio, consumición.
ANT.: *Ahorro.*

C

contacto
1 Tacto, roce, unión, acercamiento, aproximación, fricción, arrimo, adosamiento.
ANT.: *Separación.*
2 Relación, amistad, vínculo.
ANT.: *Desvinculación.*

contado (al)
En efectivo, contante, en metálico.

contador
1 Aparato registrador.
2 Contable, tenedor de libros.

contagiar
Transmitir, propagar, infectar, infestar, inocular, contaminar, comunicar, apestar, plagar, (fam.) pegar.

contagio
Contaminación, → contagiar.

container
Contenedor.

contaminar
1 Alterar, dañar.
ANT.: *Conservar.*
2 Infectar, contagiar VER.
3 (Fig.) Pervertir, corromper.
4 (Fig.) Profanar, quebrantar, ofender.
ANT.: *Respetar.*

contar
1 Calcular, computar, enumerar, determinar, valorar, liquidar.
2 Relatar, narrar, referir, reseñar, detallar, explicar, (fam.) platicar.
ANT.: *Callar, omitir.*

contemplar
1 Observar, mirar, ver, examinar, revisar.
2 Complacer, mimar, atender.

contemporáneo
Coetáneo, simultáneo, coexistente, coincidente.

contemporizar
Transigir, consentir, conformarse, doblegarse, amoldarse, acomodarse.
ANT.: *Rebelarse, enfrentarse, obstinarse.*

contendiente
Combatiente, oponente, guerrero, luchador, contrario, adversario, rival.
ANT.: *Partidario, amigo.*

contenedor
Container.

contener
1 Abarcar, comprender, encerrar, incluir, englobar, llevar.
ANT.: *Excluir.*
2 Refrenar, reprimir, moderar, dominar, sofrenar, aplacar, calmar.
ANT.: *Permitir, aflojar.*
3 Parar, impedir, detener, sujetar.
ANT.: *Liberar, soltar.*
4 contenerse Reprimirse, aguantarse.
ANT.: *Desahogarse.*

contenido
1 Cabida, capacidad, volumen, aforo.
2 (Fig.) Reprimido.
3 (Fig.) Moderado, templado, temperado.
ANT.: *Desenfrenado.*

contentar
1 Complacer, satisfacer, agradar, conformar, deleitar, acceder.
ANT.: *Disgustar, descontentar.*
2 contentarse Reconciliarse.

contento
1 Dicha, felicidad, gozo, agrado, placer, alegría, entusiasmo, euforia.
ANT.: *Pena, pesar, disgusto.*
2 Complacido, satisfecho, → contentar.
ANT.: *Descontento, disgustado.*

contestación
Respuesta, réplica, impugnación, afirmación, declaración, negación, (Amér. C., Venez.) contesta.

contestar
Responder, replicar, → contestación.

contienda
1 Disputa, lucha, guerra, riña, pelea, altercado, refriega.
ANT.: *Paz, armisticio.*
2 Competición.

contiguo
Adyacente, inmediato, junto, adosado, vecino, lindante, próximo.
ANT.: *Separado, alejado, apartado.*

continencia
Templanza, moderación, abstención, represión, (fig.) rienda, virtud, castidad.
ANT.: *Desenfreno, lascivia, desmesura, exceso.*

continental
1 Interior, mediterráneo [clima].
ANT.: *Marítimo, costero.*
2 Internacional, mundial, (fig.) general.
ANT.: *Nacional, regional.*

continente
1 Zona, hemisferio, territorio, ámbito.
2 Moderado, → continencia.
3 Aire, talante, semblante.
4 Recipiente.
ANT.: *Contenido.*

contingencia
Eventualidad, circunstancia, casualidad, azar, posibilidad.
ANT.: *Realidad, certeza.*

contingente
Grupo, conjunto, tropa, fuerza, agrupación.

continuación
Prosecución, continuidad, progresión, prolongación, persistencia, permanencia.
ANT.: *Cese, interrupción.*

continuar
1 Proseguir, seguir, persistir.
ANT.: *Interrumpir.*
2 Permanecer, perpetuar, durar, subsistir.
ANT.: *Cesar.*
3 Prolongar, alargar.
4 Reanudar, retomar.
ANT.: *Abandonar.*

continuo
Ininterrumpido, permanente, perpetuo, repetido, persistente, crónico.
ANT.: *Discontinuo, interrumpido.*

contoneo
Meneo, balanceo, oscilación, pavoneo, movimiento, ondulación, (fam.) campaneo.
ANT.: *Inmovilidad.*

contorno
1 Perímetro, periferia, derredor, límite, orilla, borde, marco, canto.
2 Perfil, silueta, figura.
3 contornos Alrededores, afueras, aledaños, suburbios, cercanías, arrabales.
ANT.: *Centro, casco urbano.*

contorsión
1 Retorcimiento, deformación, encorvamiento, gesticulación.
2 Convulsión, espasmo, contracción, crispamiento.
ANT.: *Distensión.*

contraataque
Contraofensiva, reacción, contragolpe, resistencia, ofensiva, recuperación.
ANT.: *Retirada, huida.*

contrabandista
Traficante, pirata, contraventor, defraudador, (Esp.) estraperlista, matutero, (Méx.) fayuquero.

contrabando
Tráfico, alijo, fraude, (Esp.) estraperlo, matute, (Méx.) fayuca.

contracción
Crispamiento, crispación, espasmo, acortamiento, calambre, encogimiento, endurecimiento.
ANT.: *Distensión, alargamiento.*

contradecir
1 Objetar, discutir, rebatir, impugnar, oponerse, replicar, argumentar, contestar.
ANT.: *Confirmar, corroborar.*
2 contradecirse Desdecirse.

contradicción
1 Réplica, refutación, objeción.
ANT.: *Confirmación.*
2 Contrasentido, paradoja, antinomia, antítesis, discordancia, incompatibilidad.
ANT.: *Concordancia.*
3 Contrariedad, oposición.
4 Incoherencia, absurdo, sinrazón, disparate.
ANT.: *Coherencia, lógica.*

contraer
1 Crispar, encoger, estrechar, acortar, menguar, constreñir.
ANT.: *Alargar, ensanchar, dilatar.*
2 Contagiarse, caer enfermo.
ANT.: *Curar, sanar.*
3 Adquirir, tomar, asumir.
ANT.: *Abandonar, perder.*

contrahecho
1 Malhecho, deforme, encogido, grotesco, monstruoso.
2 Jorobado, giboso, corcovado, lisiado, tullido.

contraindicado
Desaconsejado, peligroso, nocivo, perjudicial.
ANT.: *Aconsejado, indicado.*

contraproducente
Adverso, contrario, perjudicial, desacertado, desfavorable, desventajoso.
ANT.: *Eficaz, certero.*

contrapuesto
Antagónico, opuesto, encontrado, contrario, adverso.
ANT.: *Coincidente.*

contrariado
Disgustado, mohíno, molesto, afectado.

contrariar
1 Oponerse, contradecir, dificultar, impedir, entorpecer, resistir.
ANT.: *Ayudar, aprobar.*
2 Disgustar, incomodar, afligir, mortificar.
ANT.: *Complacer.*

contrariedad
1 Dificultad, contratiempo, percance, tropiezo, obstáculo, engorro, tristeza.
ANT.: *Suerte, facilidad.*
2 Disgusto, decepción, desagrado.
ANT.: *Complacencia, agrado.*
contrario
1 Hostil, opuesto, contradictorio, discrepante.
ANT.: *Favorable, afín.*
2 Enemigo, adversario, rival, contrincante, oponente, antagonista.
ANT.: *Amigo, aliado.*
3 (Fig.) Adverso, nocivo, dañino.
ANT.: *Propicio, benéfico.*
contrarrestar
1 Oponerse, resistir, impedir, dificultar, anular.
ANT.: *Ceder, ayudar, favorecer.*
2 Compensar, neutralizar, paliar.
contrasentido
1 Confusión, yerro, aberración, sinrazón, equivocación, contradicción VER.
2 Incoherencia, disparate, absurdo.
contraseña
Consigna, santo y seña.
contraste
Disparidad, antítesis, oposición, contraposición, desigualdad, diferencia.
ANT.: *Igualdad, semejanza.*
contratar
1 Convenir, acordar, pactar, estipular, negociar, ajustar, celebrar.
ANT.: *Cancelar, rescindir.*
2 Emplear, colocar, asalariar, (Amér. Merid., Méx.) conchabar.
ANT.: *Despedir.*
contratiempo
VER contrariedad.
contrato
1 Acuerdo, convenio, pacto, compromiso, obligación, trato.
2 Transacción, documento, contrata, contratación.
contravención
Infracción, transgresión, falta, violación, quebrantamiento.
ANT.: *Cumplimiento, observancia.*
contraveneno
Antídoto, antitóxico, desintoxicante.
ANT.: *Tóxico, veneno.*
contraventor
Infractor, transgresor.
contribución
1 Cuota, canon, impuesto, tributo, subsidio, arancel, tasa, arbitrio, gravamen, costas.
2 Ayuda, colaboración, cooperación, aportación, aporte.
contribuir
1 Tributar, pagar impuestos.
ANT.: *Evadir impuestos.*
2 Cooperar, ayudar, colaborar, participar, auxiliar, favorecer, secundar.
ANT.: *Obstaculizar, negarse.*
contrición
Arrepentimiento, remordimiento, compunción, pesadumbre, pesar, dolor.
ANT.: *Contumacia, impenitencia.*
contrincante
1 Competidor, rival, émulo.
ANT.: *Compañero.*
2 VER contrario.
contrito
Arrepentido, compungido, pesaroso, dolorido, triste, consternado.
ANT.: *Contumaz, impenitente.*
control
1 Inspección, vigilancia, registro, comprobación, revisión, verificación, examen, fiscalización.
ANT.: *Descuido.*
2 Regulación.
3 Dirección, mando.
ANT.: *Descontrol.*
controversia
Discusión, polémica, disputa, debate, litigio, réplica, porfía.
ANT.: *Armonía, acuerdo.*
contumacia
Reincidencia, rebeldía, obstinación, reiteración, insistencia, recaída, persistencia.
ANT.: *Obediencia, observancia, arrepentimiento.*
contundente
1 Pesado, macizo.
ANT.: *Liviano, inofensivo.*
2 Terminante, concluyente, convincente, incuestionable, irrebatible, decisivo, definitivo.
ANT.: *Dudoso, incierto.*
contusión
Magulladura, equimosis, moretón, cardenal, lesión, daño.
convalecencia
Restablecimiento, recuperación, recobramiento, mejoría, cura.
ANT.: *Recaída.*
convaleciente
Paciente, en recuperación.

convencer
1 Persuadir, incitar, atraer, seducir, captar.
ANT.: *Repeler.*
2 Convertir, catequizar, inculcar, imbuir.
3 Demostrar, probar.
ANT.: *Contradecir.*
4 (Fig.) Agradar, gustar, complacer.

convención
Asamblea, congreso, simposium o simposio, reunión, junta.

conveniencia
1 Conformidad, correlación.
ANT.: *Disconformidad.*
2 Utilidad, provecho, beneficio, adecuación.
ANT.: *Perjuicio.*
3 Pacto, acuerdo, convenio.
ANT.: *Discrepancia.*
4 Comodidad, bienestar.
ANT.: *Incomodidad.*
5 Ventaja, mejoría.
ANT.: *Desventaja.*

conveniente
1 Oportuno, provechoso, útil.
ANT.: *Inoportuno, inconveniente.*
2 Concorde, conforme, apropiado, adecuado.
ANT.: *Discorde, disconforme.*
3 Competente, apto, idóneo, eficaz, suficiente.
ANT.: *Inepto.*

convenio
Tratado, acuerdo, pacto, avenencia, alianza, transacción, compromiso.
ANT.: *Disensión, rompimiento.*

conventillero (Argent.)
Chismoso, intrigante, murmurador, (Esp.) cotilla.

conventillo (Amér.)
Casa de vecindad, tugurio.

convento
Cenobio, monasterio, claustro, cartuja, priorato, retiro.

converger
Coincidir, concurrir, convergir, confluir, desembocar, juntarse, aproximarse.
ANT.: *Diverger, separarse.*

conversación
Charla, coloquio, diálogo, plática, tertulia, conciliábulo, parlamento, (fam.) palique.

conversar
1 Charlar, departir, platicar, dialogar.
2 Conferenciar, entrevistar.

convertir
1 Transformar, transmutar, metamorfosear, trocar, cambiar, mudar, variar, modificar.
ANT.: *Conservar, mantener.*
2 Convencer, persuadir, conquistar.
3 (Fig.) Enmendar, corregir, rectificar.
ANT.: *Desviar, descarriar.*

convertirse
1 Transformarse, metamorfosearse, trocarse.
2 Abrazar, adquirir, adoptar.
ANT.: *Abjurar, apostatar, renegar.*
3 (Fig.) Enmendarse, corregirse, regenerarse.
ANT.: *Desviarse, pervertirse.*

convexo
Combado, curvado, alabeado, abultado, saliente, prominente, pandeado, abombado VER.
ANT.: *Cóncavo, abollado, hundido.*

convicción
1 Creencia, ideología, principios.
2 Certeza, certidumbre, convencimiento, seguridad, confianza, firmeza.
ANT.: *Inseguridad, duda.*

convidado
Invitado, huésped, agasajado, comensal.

convidar
1 Invitar, hospedar, agasajar, brindar.
ANT.: *Desairar.*
2 (Fig.) Incitar, atraer, mover, llamar.
3 Compartir, ofrecer.

convincente
Persuasivo, elocuente, sugestivo, conmovedor, decisivo, concluyente.

convite
1 Invitación, → convidar.
2 Banquete, ágape, comida, comilona.

convivir
1 Coexistir, cohabitar, residir, habitar.
2 Compenetrarse, avenirse, entenderse.
ANT.: *Separarse.*
3 Departir, relacionarse.

convocar
1 Citar, llamar, invitar, congregar.
2 Avisar, anunciar.
3 Requerir, solicitar.
4 Aclamar, vitorear.

convoy
1 Escolta, caravana, columna, destacamento.
2 Tren, ferrocarril.

convulsión
1 Espasmo, crispación, sacudida, estremecimiento, temblor.
2 (Fig.) Agitación, disturbio, tumulto, conmoción, motín.
ANT.: *Paz, tranquilidad.*
3 Sismo, terremoto.
conyugal
Matrimonial, marital, nupcial.
cónyuge
Esposo, esposa, marido, mujer, desposado, desposada, compañero, compañera.
cooperar
Colaborar, participar, contribuir, auxiliar, socorrer, secundar.
ANT.: *Obstaculizar.*
cooperativa
Mutualidad, mutua, economato, asociación, (Esp.) montepío.
coordinar
1 Ordenar, disponer, combinar, relacionar.
ANT.: *Desordenar.*
2 Concertar, organizar.
ANT.: *Desconcertar, desorganizar.*
copa
1 Vaso, cáliz, copón, (ant.) crátera.
2 Galardón, recompensa, premio.
3 (Fam.) Bebida, cóctel, coctel, trago.
copar
Cercar, rodear, sitiar, asediar, envolver, aprisionar.
ANT.: *Liberar.*
copete
1 Flequillo, tupé, mecha, mechón, guedeja.
2 Moño, penacho, plumero (de ave).
3 Cimera, morrión.
4 Cima, cumbre (de montaña).
5 Remate, adorno.
6 (Fig.) Altanería, presunción.
copetín (Amér.)
Aperitivo, trago, bebida, (Argent., Esp.) cóctel.
copetudo
1 (Fig.) Encumbrado, destacado, aristocrático, postinero.
2 (Chile) Vanidoso, alzado, soberbio.
copia
1 Acopio, profusión, abundancia, copiosidad.
ANT.: *Escasez.*
2 Reproducción, duplicado, calco, facsímil, réplica.
ANT.: *Original.*
3 Imitación, remedo.
ANT.: *Originalidad.*
4 Plagio, falsificación.
copioso
Abundante, numeroso, opíparo, nutrido, cuantioso, fecundo, profuso.
ANT.: *Escaso, mezquino.*
copla
Cantar, canto, tonada, estrofa, verso, aire.
cópula
1 Ligamento, atadura, acoplamiento.
ANT.: *Separación.*
2 Copulación, coito, unión, apareamiento.
coqueta
Frívola, presumida, casquivana, vanidosa, veleidosa, seductora.
ANT.: *Formal, sensata.*
coquetear
Atraer, galantear, cautivar, seducir, enamorar.
coraje
1 Arrojo, valor, ímpetu, valentía, intrepidez, audacia, bravura, agallas.
ANT.: *Cobardía.*
2 Ira, furia, enojo, rabia, irritación.
ANT.: *Serenidad.*
corajudo
1 Colérico, irritable.
ANT.: *Sereno, tranquilo.*
2 Esforzado, valeroso, audaz, decidido.
ANT.: *Pusilánime.*
coraza
1 Armadura, coselete.
2 (Fig.) Protección, defensa.
3 Blindaje, revestimiento, forro, chapa.
corazonada
1 Impulso, arranque.
2 Presentimiento, intuición, presagio, augurio, barrunto.
corbata
Lazo, pajarita, moño, corbatín.
corcel
Caballo, bridón, cabalgadura, trotón, montura, palafrén.
corcova
Giba, joroba, deformidad, (Esp./fam.) chepa.
corcovo
Salto, respingo, sacudida, brinco, corveta.
cordel
Cordón, cuerda, cáñamo, bramante, soga, cinta, trencilla, (Esp.) guita*.
*Tb. significa: (Argent.) Dinero contante.

C

cordero
1 Borrego, caloyo, lechal, ovino, (Esp.) ternasco.
2 (Fig.) Manso, dócil, humilde.
cordial
1 Afable, amable, acogedor, hospitalario, franco, sincero, abierto, espontáneo, cariñoso.
ANT.: *Antipático, huraño.*
2 Tónico, elixir, tisana.
cordillera
Sierra, cumbres, macizo, cadena, barrera.
cordón
1 Cuerda, cordel VER.
2 Moldura, bocel.
3 (Argent., C. Rica, Cuba, Chile, Par., Urug.) Bordillo de la acera, encintado.
cordura
Sensatez, juicio, equilibrio, discreción, prudencia, mesura, madurez.
ANT.: *Insensatez, imprudencia, locura.*
corear
1 Acompañar, cantar, recitar, entonar.
2 (Fig.) Asentir.
3 (Fig.) Aclamar, aplaudir.
coriáceo
VER correoso.
corista
Cantante, (ant.) corifeo, comparsa, bailarina, figurante.
cornada
Puntazo, cogida, empitonada, topetazo, herida.
cornamenta
Astas, cuernos, cornadura, cuerna, encornadura, pitones, defensas.
corneta
Trompeta, clarín, cuerno, trompa, cornetín.
cornisa
Remate, coronamiento, capitel, saliente, moldura, friso, resalto, voladizo.
cornudo
1 Enastado, cornúpeta, astado, (Colomb., Chile, Ecuad., Perú) cachudo.
2 (Fig./vulg.) Marido engañado, cabrón, sufrido, consentidor, (Esp.) cuclillo, (Urug./fam.) cornelio.
coro
1 Conjunto, orfeón, ronda, rondalla, estudiantina.
2 Canto, estribillo, rezo, parte coral.
3 Orden angélico.
corona
1 Tiara, diadema, guirnalda.
2 Aureola, halo, nimbo.
3 Coronilla, tonsura.
4 (Fig.) Monarquía, reino, imperio.
5 (Fig.) Honor, esplendor, galardón, recompensa.
ANT.: *Derrota, humillación.*
6 Remate, cornisa, coronamiento.
coronar
1 Ungir, investir, consagrar, entronizar, proclamar [a monarcas].
ANT.: *Derrocar, destronar.*
2 Aureolar, ceñir, rodear.
3 Premiar, laurear, galardonar.
4 Terminar, rematar, concluir, culminar, completar, perfeccionar.
ANT.: *Dejar inconcluso, abortar.*
corporación
Empresa, compañía, firma, cuerpo, junta, organismo, asociación, instituto, consejo.
corporal
Físico, corpóreo, orgánico, material.
ANT.: *Etéreo, espiritual.*
corpulento
1 Robusto, fuerte, musculoso, recio, corpudo, fornido, grande, vigoroso.
ANT.: *Delgado, enclenque, esmirriado.*
2 Gordo, rollizo, voluminoso, pesado.
ANT.: *Flaco, magro, enjuto.*
corpúsculo
Partícula, célula, átomo, molécula, elemento.
corral
Redil, cerco, aprisco, encierro, establo, caballeriza, majada.
correa
Cinturón, cinto, ceñidor, banda, faja, (Méx.) cincha.
corrección
1 Cortesía, educación, finura, amabilidad, delicadeza, consideración.
ANT.: *Descortesía.*
2 Rectificación, → corregir.
3 Censura, reprimenda, castigo, correctivo VER.
correccional
Reformatorio, internado, penal, prisión, establecimiento penitenciario.
correctivo
1 Corrector, disciplinario.
2 Enmendador, curativo.
3 Sanción, reprensión.
4 Castigo, pena, condena, escarmiento.
correcto
1 Cortés, → corrección.
2 Adecuado, cabal, justo, acertado, exacto, oportuno, apropiado.
ANT.: *Incorrecto.*

corredor
1 Pasillo, galería, pasadizo, pasaje, crujía.
2 Comisionista, agente, representante, vendedor, viajante, delegado.
3 Atleta, velocista, deportista, carrerista.

corregidor
Alcalde, magistrado, regidor, gobernador.

corregir
1 Rectificar, enmendar, reparar, cambiar, transformar, subsanar.
2 Amonestar, reprender, reñir, escarmentar, castigar, penar.

correlación
1 Analogía, afinidad, parecido, semejanza, correspondencia, conexión.
ANT.: *Inconexión.*
2 Sucesión, secuela, correlato, continuación.

correlativo
Sucesivo, encadenado, inmediato, seguido, continuado.

correligionario
Cofrade, compañero, adepto, camarada.
ANT.: *Opositor.*

correo
1 Correspondencia, cartas, misivas, mensajes, e-mail, correo electrónico.
2 Mensajero, emisario, heraldo, cartero, enviado, (ant.) postillón.

correoso
Fibroso, coriáceo, resistente.
ANT.: *Suave, blando.*

correr
1 Andar rápidamente, trotar, acelerar el paso.
ANT.: *Frenar, detenerse.*
2 Galopar, trotar [caballerías].
3 Apresurarse, darse prisa, activar, agilizar.
ANT.: *Retrasar.*
4 (Fig.) Huir, escapar.
5 Moverse, circular, fluir [líquidos, fluidos].
ANT.: *Estancarse.*
6 Transcurrir [tiempo].
7 Deslizar, pasar, mover.
8 Difundirse, propagarse, propalarse [noticia, rumor].
9 Negociar, especular, comerciar.
10 (Fig.) Despedir, cesar [de un empleo].

correría
Incursión, irrupción, ataque, invasión, algarada, algara, saqueo.

correrse
1 Extenderse, chorrear, manchar, (fig.) emborracharse [tintes, pintura].
2 (Fig.) Avergonzarse, confundirse, abochornarse.
3 (Esp./fig.) Eyacular, tener un orgasmo.
4 (Fam.) Recorrerse, cambiar de sitio.

corresponder
1 Retribuir, compensar, devolver, permutar, intercambiar, pagar.
2 Tocar, pertenecer, incumbir, atañer, concernir.
3 Concordar, convenir.
ANT.: *Discordar.*

correspondiente
1 Perteneciente, respectivo, concerniente.
ANT.: *Ajeno.*
2 Adecuado, conveniente, oportuno, debido.

corresponsal
Periodista, enviado, cronista, reportero, representante.

correveidile
VER cotilla.

corrida
1 Carrera, recorrido.
2 Lidia, novillada, becerrada, capea, tienta.
3 (Esp.) Eyaculación, orgasmo.

corrido
1 Continuo, seguido.
ANT.: *Intermitente.*
2 Avergonzado, abochornado, confundido, desconcertado, humillado, ruborizado.
ANT.: *Descarado, desfachatado.*
3 (Fig. y fam.) Veterano, fogueado, baqueteado, experimentado, curtido.
ANT.: *Novato, bisoño.*
4 (Fam.) Astuto, mañoso, mundano.
ANT.: *Ingenuo, inexperto.*
5 (Méx., Venez.) Despedido, cesado.
6 (Méx., Venez.) Canción, romance.

corriente
1 Vigente, actual, presente.
ANT.: *Vencido, extemporáneo.*
2 Ordinario, común, habitual, usual, general, popular, frecuente, sabido.
ANT.: *Desusado, extraordinario, inusual.*
3 Mediocre, vulgar.
4 Flujo, caudal, curso.

corrillo (Esp.)
Grupo, reunión, corro, conciliábulo, tertulia, peña, camarilla.
corro
1 Rueda, círculo, cerco [de personas], grupo, (Esp.) corrillo.
2 Espacio circular.
3 Ronda, juego infantil.
corroborar
Aprobar, confirmar, ratificar, certificar, asentir, reconocer, apoyar.
ANT.: *Denegar, desmentir.*
corroer
1 Roer, carcomer, desgastar, desmenuzar.
2 (Fig.) Consumir, remorder, perturbar, minar.
corromper
1 Alterar, descomponer, pudrir o podrir, estropear.
ANT.: *Conservar, depurar.*
2 Enviciar, pervertir, viciar, depravar, prostituir, malear.
ANT.: *Reeducar, ennoblecer.*
3 (Fig.) Cohechar, sobornar.
corrosivo
1 Quemante, cáustico, mordiente, ácido, picante, ardiente.
ANT.: *Lenitivo.*
2 (Fig.) Sarcástico, irónico, acre, satírico, mordaz, incisivo, agresivo.
corrupción
1 Descomposición, podre, podredumbre, putrefacción, deterioro, inmundicia.
ANT.: *Conservación.*
2 (Fig.) Depravación, descarrío, degeneración, perversión, disolución, vicio.
ANT.: *Virtud.*
3 (Fig.) Soborno, corruptela, cohecho, deshonestidad, abuso.
ANT.: *Honestidad, integridad.*
4 Alteración, tergiversación.
ANT.: *Fidelidad, exactitud.*
corsario
Filibustero, pirata, bucanero, aventurero.
corsé
Corselete, faja, corpiño, ajustador, (Chile, Esp.) cotilla, (Esp.) justillo, (Amér.) cinturilla.
cortante
1 Agudo, afilado, filoso, aguzado.
ANT.: *Romo, embotado.*
2 (Fig.) Tajante, drástico, descortés, violento, autoritario.
ANT.: *Amable, cortés.*
cortapisa
Traba, restricción, limitación, obstáculo, dificultad, condición, reserva.
ANT.: *Facilidad, ayuda.*
cortaplumas
Navaja, faca, cuchilla, (ant.) tajaplumas.
cortar
1 Partir, seccionar, dividir, tajar, escindir, segar.
ANT.: *Unir, soldar.*
2 Cercenar, amputar, separar, mutilar.
3 Podar, talar, recortar.
4 Suprimir, editar, acortar.
ANT.: *Agregar, ampliar.*
5 Interrumpir, detener.
ANT.: *Continuar, proseguir.*
6 Turbar, confundir, ruborizar, inhibir.
7 (Fam.) Romper, terminar, interrumpir una relación.
ANT.: *Reanudar, reconciliarse.*
corte
1 Tajo, incisión, tajadura, cisura, hendidura, herida.
2 Sección, muestra.
3 Filo, hoja, lámina, cuchilla.
4 Comitiva, séquito, cortejo VER.
cortedad
Timidez, apocamiento, encogimiento, indecisión, pusilanimidad, vergüenza, cobardía.
ANT.: *Descaro, desenvoltura.*
cortejar
1 Enamorar, galantear, requebrar, conquistar.
2 Adular, festejar, lisonjear, agasajar.
cortejo
Comitiva, acompañamiento, séquito, escolta, compañía, grupo, fila, desfile.
cortés
1 Atento, comedido, considerado, amable, afable, correcto, educado.
ANT.: *Descortés, desatento, desconsiderado.*
2 Obsequioso, galante, fino.
ANT.: *Grosero, patán.*
cortesana
1 (Ant.) Dama de la corte, palaciega.
ANT.: *Plebeya.*
2 (Desp.) Manceba, concubina.
cortesano
1 Palaciego, noble, aristócrata, caballero.
ANT.: *Plebeyo.*
2 (Fig.) Adulador, incondicional, (Méx./fam.) lambiscón.

cortesía
1 Consideración, respeto, amabilidad, atención, urbanidad, finura, corrección, gentileza, modales.
ANT.: *Grosería, descortesía.*
2 Cumplido, saludo, reverencia, inclinación, genuflexión.
3 Regalo, obsequio.
corteza
Cáscara, cubierta, envoltura, cápsula, caparazón, vaina, costra.
ANT.: *Médula, meollo.*
cortijo
Hacienda, granja, rancho, finca, alquería.
cortina
Colgadura, visillo, velo, pantalla.
corto
1 Fugaz, breve, efímero, pasajero [referido al tiempo].
ANT.: *Duradero, prolongado.*
2 Conciso, sucinto, sumario.
ANT.: *Largo, extenso.*
3 Escaso, insuficiente, falto, reducido, exiguo, limitado.
ANT.: *Largo, vasto, suficiente.*
4 Tímido, apocado, pusilánime, vergonzoso [referido al ánimo].
ANT.: *Audaz, atrevido.*
corveta
VER corcovo.
corvo
Curvado, curvo VER.
corzo
Venado, gamo, ciervo.
cosa
1 Ente, entidad, ser, elemento, objeto.
2 Asunto, cuestión, tema, esencia.
cosecha
Recolección, siega, recogida, vendimia.
coser
1 Hilvanar, zurcir, pespuntear, remendar, unir, pegar, arreglar, (Urug.) costurear.
ANT.: *Descoser.*
2 (Fig.) Herir, apuñalar, acribillar.
cosmético
Afeite, crema, maquillaje, pomada, ungüento, tintura, potingue.
cósmico
Celeste, espacial, astral, planetario, sideral.
cosmonauta
Astronauta, navegante espacial.
cosmopolita
Internacional, mundial, (fig.) universal, mundano.
ANT.: *Local, pueblerino.*
cosmos
1 Universo, creación, orden, (fig.) mundo.
ANT.: *Vacío, caos.*
2 Cielo, firmamento, espacio, infinito.
coso
1 Plaza, (fig.) arena.
2 Carcoma, coleóptero.
cosquillas
Hormigueo, picor, picazón.
costa
1 Orilla, litoral, margen, ribera, playa.
2 Costo, precio, gasto, desembolso, coste VER.
costado
Flanco, lado, lateral, ala, banda, borde, canto, orilla.
ANT.: *Centro.*
costal
Saco, talega, fardo VER.
costalada
Porrazo, trastazo, golpe, caída, tumbo, costalazo.
costar
Valer, totalizar, importar, montar, subir, ascender a, salir por, pagar.
coste (Esp.)
Precio, importe, total, valor, cuantía, monta, desembolso, gasto, (Amér.) costo.
costo
1 Precio, valor, (Esp.) coste.
2 Gasto, pago, erogación, egreso.
3 (Fig.) Consecuencia.
costoso
1 Oneroso, caro, dispendioso, gravoso, subido, elevado, alto, exorbitante.
ANT.: *Barato.*
2 Dificultoso, difícil, penoso, complicado.
ANT.: *Fácil, ligero.*
costra
1 Corteza, cubierta, capa, revestimiento, cáscara.
2 Postilla, escara, pústula, (fam.) pupa.
costumbre
1 Hábito, conducta, rutina, modo, maña.
2 Usanza, uso, tradición, práctica, moda.
costura
1 Zurcido, remiendo, cosido, hilvanado, puntada, pespunte.
2 Labor, corte, confección.

C

3 (Fig.) Sutura, cicatriz, costurón, marca, escara.
costurera
Modista, sastra, zurcidora, bordadora, oficiala, (desp.) modistilla.
cota
1 Altura, altitud, nivel, elevación.
2 Malla, (ant.) jubón, armadura.
cotarro
1 (Ant.) Refugio, albergue.
2 (Fig. y fam.) Reunión, círculo, corrillo, tertulia.
3 Ladera, cotarra.
cotejar
Comparar, confrontar, parangonar, equiparar, compulsar.
coterráneo
Compatriota, paisano, conciudadano, (Esp.) conterráneo.
cotidiano
Diario, corriente, ordinario, habitual, usual, seguido, periódico, regular.
ANT.: *Alterno, irregular.*
cotilla (Esp.)
1 Ajustador, corsé, corselete.
2 (Fig.) Chismoso, enredador, cuentista, calumniador, murmurador, cotillero, (fam.) comadre.
cotización
Tasación, monto, evaluación, precio, valor, importe, coste.
coto
1 Límite, mojón, hito, mojonera, cercado.
2 Término, fin.
3 Área, terreno acotado, zona.
4 (Amér. Merid.) Bocio.
cotorra
1 Papagayo, cacatúa, loro.
2 (Fig.) Parlanchín, charlatán, conversador.
ANT.: *Silencioso, taciturno.*
3 (Fam.) Solterona, mujer fea.
cotorro
1 Perico, loro hablador.
2 (Fig. y fam.) Cotorra, charlatán, parlanchín, locuaz.
3 (Méx./fig. y fam.) Jocoso, divertido, chistoso, vaciado.
cow-boy
Vaquero, caballista, jinete, ganadero.
coyuntura
1 Juntura, articulación, juego, unión.
2 Ocasión, oportunidad, momento preciso, circunstancia, situación.
coz
1 Patada, golpe, (fig.) puntapié.
2 (Fam.) Pulla, exabrupto, injuria.
cráneo
Cabeza, calavera, testa.
cráter
Abertura, boca, boquete, orificio, cima.
creación
1 Cosmos, orden, universo, mundo.
2 Generación, gestación.
ANT.: *Destrucción.*
3 Instauración, fundación, surgimiento, institución, establecimiento.
ANT.: *Derogación, derrumbe, desaparición.*
4 Invención, producción, obra.
creador
1 Fundador, iniciador, generador.
2 Artista, inventor, (fig.) genio.
3 Hacedor, constructor.
ANT.: *Destructor.*
Creador (El)
El Hacedor, El Padre, El Eterno, El Nombre, El Altísimo, El Innombrable, El Omnipotente, El Todopoderoso, El Señor, El Santo, El Uno, Dios, Lo Uno [gnosticismo].
crecer
1 Desarrollarse, formarse, madurar, (fig.) engordar.
ANT.: *Encogerse.*
2 Elevarse, extenderse, aumentar, multiplicarse, proliferar.
ANT.: *Disminuir, reducirse.*
3 Progresar, ascender, ganar, prosperar.
ANT.: *Descender, menguar.*
4 **crecerse** (Fig.) Envalentonarse.
crecido
1 Corpulento, desarrollado, alto, espigado, vigoroso.
ANT.: *Pequeño, empequeñecido.*
2 (Fig.) Abundante, copioso, profuso, extenso.
ANT.: *Reducido, corto, escaso.*
3 (Fig.) Engreído, soberbio.
ANT.: *Apocado.*
credencial
Documento, identificación, carné, carnet.
crédito
1 Confianza, seguridad, certidumbre, fe pública.
2 Empréstito, préstamo, financiación, anticipo, ayuda.
3 Credibilidad, asenso.
ANT.: *Descrédito.*

credo
Doctrina, culto, religión, creencia.
crédulo
Ingenuo, confiado, candoroso, inocente, simple, bonachón, incauto.
ANT.: *Desconfiado, suspicaz, incrédulo, receloso.*
creencia
1 Fe, religión, credo, doctrina.
2 Idea, opinión, convicción.
3 Confianza, crédito, certidumbre, convencimiento.
creer
1 Dar por cierto, tener fe, admitir, confiar, seguir.
ANT.: *Descreer, desconfiar.*
2 Pensar, conceptuar, entender, juzgar, afirmar, opinar.
3 Suponer, imaginar, estimar.
crema
1 Nata, manteca.
2 Ungüento, cosmético, maquillaje, (fam.) potingue.
3 (Méx., Venez.) Pasta para limpiar zapatos.
4 Diéresis.
5 (Fig.) Élite, flor, selección.
crepitar
Crujir, chisporrotear, chasquear, chirriar, restallar.
crepúsculo
1 Ocaso, anochecer, oscurecer.
ANT.: *Aurora, alba.*
2 (Fig.) Postrimería, decadencia.
crespo
1 Rizado, encrespado, ensortijado.
ANT.: *Lacio.*
2 Rizo, bucle.
3 (Fig.) Enredado, oscuro, artificioso, retorcido.
4 (Fig.) Irritado, alterado, enfadado.
cresta
1 Carnosidad, copete, protuberancia [en aves].
2 (Fig.) Cumbre, cima, cúspide, copete, punta [de montañas].
ANT.: *Base, ladera.*
3 (Fig.) Parte más alta de una ola u onda.
cretino
1 Imbécil, idiota, retrasado.
2 (Fig.) Necio, tonto, estúpido.
ANT.: *Listo.*
creyente
1 Religioso, devoto, piadoso, pío, místico, fiel.
ANT.: *Descreído, ateo, incrédulo.*
2 Seguidor, adepto, (fig.) adorador.
ANT.: *Opositor.*
cría
1 Crianza, lactancia.
2 Nidada, camada, lechigada.
3 Hijo, descendiente, cachorro, hijuelo, criatura, (fig.) vástago.
criada (Desp.)
Doncella, muchacha, sirvienta, trabajadora doméstica, asistenta, niñera, (Esp.) maritornes.
criadero
1 Semillero, vivero, invernadero, invernáculo.
2 Granja.
3 Mina, yacimiento.
criado (Desp.)
Sirviente, servidor, mozo, doméstico, camarero, asistente, lacayo, fámulo, mayordomo, ayuda de cámara.
crianza
1 Cría, lactancia, amamantamiento.
2 Educación, urbanidad, cortesía.
criar
1 Amamantar, nutrir, alimentar.
2 Cuidar, cebar, cultivar, (fig. y fam.) engordar [animales].
3 Educar, instruir, guiar, dirigir.
criatura
1 Ser, organismo, espécimen, individuo, sujeto.
2 Niño, bebé, crío, chiquillo, pequeño, infante, párvulo, chico, nene, mocoso.
ANT.: *Adulto.*
criba
1 Cedazo, cernedor, tamiz, filtro, coladera*, coladero, colador, harnero, (Esp.) zaranda.
2 (Fig.) Examen, depuración, limpieza, tamizado, clasificación, selección.
*Tb. significa: (Méx.) Sumidero, desagüe.
crimen
1 Delito grave, transgresión, atentado.
2 Homicidio, asesinato.
3 (Fig.) Culpa, pecado.
criminal
1 Criminológico, penal.
2 Homicida, asesino, delincuente, malhechor.
crin
1 Cerdas, pelo.
2 (Fig.) Melena, cabellera, mata de pelo.
crío
VER criatura.

C

criollo
Nativo, autóctono, propio, mestizo.
cripta
Subterráneo, catacumba, bóveda, galería, cueva.
crisis
Conflicto, problema, dificultad, apuro, cambio, transformación, inestabilidad.
ANT.: *Seguridad, estabilidad.*
crispar
1 Convulsionar, contraer, apretar, retorcer, sacudir, temblar.
ANT.: *Relajar.*
2 (Fig. y fam.) Irritar, exasperar.
ANT.: *Calmar.*
cristal
Vidrio, espejo, (fig.) lente.
cristalino
Diáfano, transparente, límpido, claro, puro.
ANT.: *Opaco, sucio, empañado, turbio.*
cristiano
1 (Fig. y fam.) Persona, prójimo, alma.
2 hablar en cristiano (Fig. y fam.) Expresarse llana y claramente.
Cristo
1 Jesucristo, El Mesías, El Nazareno, El Redentor, El Salvador, El Ungido.
2 cristo (Fam.) Crucifijo.
criterio
1 Norma, principio, pauta.
2 Juicio, discernimiento, opinión.
3 Creencia, sabiduría, convicción.
crítica
1 Juicio, discernimiento, criterio, sentido.
2 Examen, evaluación, apreciación, opinión, consideraciones.
3 Reseña, recensión, comentario, nota.
4 Censura, reprobación, desaprobación, condena.
ANT.: *Aprobación, apoyo.*
5 Detracción, acusación, difamación, ataque.
ANT.: *Defensa.*
6 Reprensión, reproche.
ANT.: *Elogio.*
7 Murmuración, chismorreo, maledicencia, (fam.) recorte.
8 la crítica Conjunto de críticos [arte, deportes].
crítico
1 Crucial, límite, decisivo, trascendente, culminante, oportuno.
ANT.: *Intrascendente.*
2 Grave, serio, peligroso, delicado, difícil.
3 Censor, juez, censurador, (fig.) catón.
4 Comentarista, opinante.
5 Adversario, oponente.
ANT.: *Partidario, simpatizante.*
6 Infamador, detractor, maldiciente.
ANT.: *Defensor, panegirista.*
cromático
Pintado, coloreado, irisado, pigmentado.
cromo
1 Imagen, estampa, lámina.
2 (Fig. y fam.) Belleza, persona muy guapa.
crónica
Narración, descripción, relato, reportaje, artículo, escrito, (Esp.) suelto.
crónico
Repetido, inveterado, habitual, arraigado, acostumbrado, permanente.
ANT.: *Esporádico, infrecuente.*
cronista
Narrador, escritor, comentarista, periodista, historiador, investigador.
cronométrico
Exacto, preciso, puntual, fiel, matemático.
ANT.: *Impreciso, inexacto.*
croquis
Esbozo, bosquejo, boceto, dibujo, diseño, apunte, esquema, borrador.
cruce
1 Intersección, encrucijada, crucero.
2 Cruza, cruzamiento.
crucial
1 Trascendental, esencial, grave, importante.
ANT.: *Intrascendente.*
2 Decisivo, culminante, crítico, cumbre.
ANT.: *Común, insignificante.*
crucificar
1 Atormentar, sacrificar, martirizar.
2 (Fig.) Fastidiar, mortificar, hostigar.
crucifijo
Cruz, reliquia, Cristo VER.
crudo
1 Verde, inmaduro [frutas o verduras].
ANT.: *Maduro.*
2 Sangrante [carne].
3 (Fig.) Destemplado, frío, helado, gélido, riguroso [clima].
ANT.: *Templado, bonancible.*
4 Cruel, despiadado, brutal, truculento, impactante.
ANT.: *Compasivo, suave.*
5 (Méx./fam.) Que padece resaca.

cruel
1 Despiadado, desalmado, inhumano.
ANT.: *Humanitario, bondadoso.*
2 Sanguinario, feroz, fiero, brutal, bestial, violento, encarnizado, (fig.) salvaje, (fig.) bárbaro.
ANT.: *Compasivo, clemente.*
3 (Fig.) Crudo, duro, atroz, extremoso [clima].
ANT.: *Benigno.*
crujir
Chirriar, rechinar, chasquear, crepitar.
cruz
1 Aspa, crucifijo, signo, símbolo, insignia.
2 (Fig.) Carga, peso, trabajo, obligación.
3 (Fig.) Sufrimiento, suplicio, dificultad, aflicción.
ANT.: *Alivio.*
cruzada
Lucha, campaña, empresa.
cruzar
1 Atravesar, pasar, traspasar, salvar, trasponer, cortar, vadear.
ANT.: *Rodear, circunvalar.*
2 Entrelazar, entrecruzar.
ANT.: *Separar.*
3 (Fig.) Aparear [animales].
cuaderno
1 Libreta, carpeta, bloque o bloc, fascículo, bitácora.
2 (Méx., Venez./fam.) Amigo, cuate VER.
cuadra
1 Establo, caballeriza, corral.
2 Manzana [de casas], trecho entre calles.
cuadrado
1 Cuadrilátero, cuadrángulo, tetrágono, rectángulo, paralelogramo.
2 Cuadrangular, cuadriforme, cuadriculado, ajedrezado, escaqueado.
3 (Fig.) Perfecto, completo, justo.
4 (Fig. y fam.) Grueso, fornido, fuerte.
ANT.: *Larguirucho, delgado.*
5 (Fig. y fam.) Inflexible, estrecho, cerrado [de criterio].
ANT.: *Flexible, liberal, abierto.*
6 (Riopl./fam.) Torpe, tonto.
cuadrilla
Partida, pandilla, hato, camarilla, grupo.
cuadro
1 Pintura, lienzo, tela, tabla, lámina, grabado, retrato.
2 Acto, escena, episodio, parte, espectáculo.
3 Cuadrado, cuadrángulo.
4 Esquema, gráfica.
5 Equipo, alineación [en fútbol y otros deportes].
6 (Colomb.) Pizarra, pizarrón.
cuajarse
Coagularse, solidificarse, espesarse, condensarse, agriarse.
ANT.: *Licuarse.*
cualidad
1 Atributo, característica, peculiaridad, particularidad.
2 Virtud, mérito, ventaja, capacidad, habilidad.
ANT.: *Desventaja, defecto.*
cualificado
Competente, apto, autorizado, preparado, capacitado.
ANT.: *Inepto, descalificado.*
cuantía
VER cantidad.
cuantioso
Abundante, copioso, considerable, numeroso, grande, (fig.) inagotable.
ANT.: *Escaso, exiguo, insuficiente.*
cuarentena
Aislamiento, incomunicación, encierro, confinamiento.
cuartearse
1 Agrietarse, rajarse*, henderse, resquebrajarse, fragmentarse.
2 (Cuba) Desafiar, plantarse, retar.
*Tb. significa: (Méx./fig.) Acobardarse, echarse para atrás.
cuartel
1 Cuarta parte, cuarto.
2 Distrito, división, término [ciudades].
3 Alojamiento militar, acantonamiento, instalación, campamento, acuartelamiento.
4 (P. Rico) Comisaría de policía.
cuarto
Estancia, habitación, recinto, aposento, pieza, alcoba, dormitorio, cámara, (Amér.) recámara.
cuartos (Esp.)
Dinero, monedas, metálico, billetes, fondos.
cuartucho
Cuchitril, tabuco, tugurio, zahúrda.
cuate (Méx., Venez.)
1 Mellizo, gemelo, (Guat.) cuache, (P. Rico) guare.
2 (Fam.) Compinche, amigo, camarada, (Méx.) cuaderno.

3 (Fig. y fam.) Individuo, persona, fulano, alma.
cuba
1 Tonel, barril, pipa, casco, bocoy, barrica, bota.
2 (Fig. y fam.) Bebedor, ebrio.
cubierta
1 Forro, revestimiento, protección, recubrimiento, capa, tapa, chapa.
2 Cobertizo, tejado, toldo.
cubil
1 Madriguera, guarida, cueva, albergue.
2 (Fig.) Refugio, escondrijo.
cubo
1 Hexaedro, dado.
2 Balde, cubeta, barreño, recipiente, receptáculo.
cubrir
1 Ocultar, encubrir, esconder, disimular, disfrazar, embozar.
ANT.: *Descubrir, mostrar.*
2 Tapar, abrigar, envolver, cobijar, arropar.
ANT.: *Destapar, descobijar.*
3 Vigilar, defender, resguardar, proteger, prevenir.
ANT.: *Descuidar, desproteger.*
4 Pagar, saldar, cancelar.
ANT.: *Deber, adeudar.*
cuchichear
Musitar, susurrar, bisbisear, murmurar.
cuchilla
1 Hoja, filo, herramienta, instrumento filoso, acero, cuchillo, charrasca.
2 (Fig.) Montaña escarpada.
3 (Venez./fam.) Vereda.
cuchillada
Puñalada, tajo, estocada, navajazo, herida, incisión, corte.
cuchillo
Daga, puñal, estilete, navaja, machete, faca, acero, arma blanca, cuchilla.
cuchitril
VER cuartucho.
cuco
1 Coco, espantajo, fantasma.
2 (Fig.) Temor, miedo.
3 (Fig. y fam.) Mono, bonito, compuesto, arreglado, pulido, coquetón.
4 (Fig. y fam.) Astuto, taimado, ladino.
5 Cuclillo, cucú [ave].
6 Reloj de cucú.
cucurucho
1 Cono, barquillo, cartucho.
2 Capirote, capucha, caperuza.
3 (Colomb., C. Rica, Nic., P. Rico, Sto. Dom., Venez.) Cumbre, cima, tope, copa, parte alta.
cuello
1 Garganta, pescuezo, cogote, garguero, gaznate.
2 Gollete.
3 Alzacuello, gola, (ant.) golilla, gorguera.
cuenca
1 Órbita, cavidad, hueco.
2 Cauce, valle.
cuenta
1 Enumeración, recuento, cómputo.
2 Cálculo, operación aritmética.
3 Control, balance.
4 Factura, nota, importe.
5 Partida, instrumento comercial o bancario.
6 Abalorio, bolita, esferita, adorno.
cuentista
1 Escritor o narrador de cuentos, cuentacuentos.
2 (Fam.) Exagerado, mentiroso.
3 Correveidile, cuentero, chismoso, murmurador, (fam.) comadre, (Esp.) cotilla.
cuento
1 Relato, narración breve, relación, anécdota, aventura, fábula, historieta.
2 Chascarrillo, chiste.
3 Embuste, engaño, patraña, mentira.
ANT.: *Verdad.*
4 Rumor, bulo, conseja.
5 Infundio, chisme, enredo, (Esp.) cotilleo.
cuerda
Cordel, cordón, soga, bramante, maroma, correa, cable, amarra, filamento, cabo.
cuerdo
Sensato, juicioso, equilibrado, cabal, prudente, formal, sabio, reflexivo, austero.
ANT.: *Insensato, alocado, loco.*
cuerno
Pitón, asta, punta, defensa.
cuero
1 Piel, epidermis, pellejo.
2 Odre.
3 (Amér./fig. y fam.) Cinturón, faja, látigo.
4 (C. Rica) Pereza.
5 (C. Rica, Cuba) Mujer ligera, casquivana.

6 (Cuba) Pene.
7 (Méx./vulg.) Persona muy atractiva.

cuerpo
1 Organismo, soma.
2 Materia, (fig.) carne.
ANT.: *Espíritu.*
3 Cadáver, restos.
4 Configuración, estructura, forma, apariencia, figura, volumen, tamaño, consistencia.
5 Corporación, organismo, entidad, asociación, grupo.

cuesta
Pendiente, escarpa, talud, repecho, ladera, subida.
ANT.: *Llano.*

cuestación
Colecta, recaudación, petición, suscripción, postulación.
ANT.: *Donación.*

cuestión
1 Asunto, materia, aspecto, punto, tema.
2 Pregunta, interrogación.
ANT.: *Respuesta.*
3 Controversia, polémica, debate.

cuestionario
Interrogatorio, consulta, relación de preguntas, lista de preguntas.

cueva
1 Caverna, gruta, cavidad, oquedad, subterráneo, foso, antro, covacha.
2 Sótano, bodega, cava.
3 (Fig.) Guarida, nido, refugio, cubil.

cuidado
1 Atención, solicitud, tiento, afán, amor, interés, moderación.
ANT.: *Descuido, desatención.*
2 Eficacia, esmero, exactitud, pulcritud.
ANT.: *Negligencia.*
3 Preocupación, temor, recelo, vigilancia.
ANT.: *Confianza, despreocupación.*

cuidadoso
1 Esmerado, minucioso, metódico, nimio, escrupuloso.
ANT.: *Negligente.*
2 Solícito, atento.
ANT.: *Desatento.*
3 Celoso, vigilante, alerta.
ANT.: *Descuidado, despreocupado.*

cuidar
1 Mantener, conservar, guardar.
ANT.: *Perder, estropear.*
2 Asistir, proteger, guarecer, defender, sanar, curar, atender.
ANT.: *Descuidar, abandonar.*
3 Preocuparse, vigilar.
ANT.: *Despreocuparse, confiarse.*
4 Esmerarse, (fig.) pulirse.

cuitado
Desdichado, afligido, infeliz, desgraciado, desventurado, (fig.) apocado.
ANT.: *Feliz.*

culebra
Serpiente, víbora, reptil, ofidio, crótalo, (Esp./fam.) bicha.

culminación
1 Apogeo, cima, cumbre, colmo, culmen, auge, ápice, esplendor, florecimiento.
ANT.: *Decadencia.*
2 Terminación, clímax, desenlace, fin.
ANT.: *Principio, inicio.*

culminante
1 Destacado, sobresaliente, dominante, elevado, cimero.
ANT.: *Mínimo, ínfimo, decadente.*
2 Álgido, decisivo, trascendental.
ANT.: *Intrascendente.*

culminar
1 Descollar, predominar, destacar, distinguirse, elevarse.
ANT.: *Degradarse, menguar, decaer.*
2 Terminar, concluir, coronar.
ANT.: *Comenzar, iniciar.*

culo
1 Trasero, asentaderas, posaderas, nalgas, nalgatorio, asiento, (fam.) pompis, pompas.
2 Ano.
3 (Fig.) Fondo, extremo posterior [vaso, botella].

culpa
1 Falta, infracción, delito, pecado, incumplimiento, negligencia, descuido, yerro, abandono.
ANT.: *Inocencia.*
2 (Fig.) Remordimiento, escrúpulo.

culpable
1 Responsable, causante, transgresor, infractor.
ANT.: *Inocente.*
2 Reo, acusado, criminal.

culpar
1 Inculpar, atribuir, responsabilizar, acusar, denunciar.
ANT.: *Exculpar, disculpar.*
2 Censurar, condenar, procesar.
ANT.: *Indultar.*

cultivado
1 Labrado, sembrado.
ANT.: *Agreste, silvestre.*
2 Culto, fino, civilizado, educado.
ANT.: *Inculto, grosero, rudo, incivilizado.*

cultivar
1 Sembrar, plantar, arar, labrar, trabajar.
ANT.: *Cosechar, recolectar.*
2 Criar, desarrollar, explotar, aprovechar [seres vivos].
3 (Fig.) Fomentar, mantener, cuidar, sostener, estrechar [amistad, trato].
ANT.: *Descuidar, romper.*
4 (Fig.) Ejercitar, desenvolver, dedicarse, practicar [talentos, aptitudes].
ANT.: *Interrumpir, abandonar.*

cultivo
1 Labranza, laboreo, cultivación, agricultura, plantación, explotación.
2 Huerto, sembrado, parcela, plantío.
ANT.: *Páramo, desierto.*

culto
1 Devoción, veneración, adoración, admiración, homenaje.
ANT.: *Execración.*
2 Rito, ceremonia, liturgia.
3 (Fig.) Cultivado, instruido, educado, ilustrado, docto, erudito, entendido.
ANT.: *Ignorante, inculto.*

cultura
1 Erudición, ilustración, educación, instrucción, conocimientos, sabiduría, saber.
ANT.: *Ignorancia, incultura.*
2 Civilización, desarrollo [específicos de un grupo social o época].
ANT.: *Barbarie.*
3 Tradiciones, costumbres, modo de vida.

culturizar
1 Educar, instruir, adoctrinar.
2 Civilizar.

cumbanchero (Antill.)
Fiestero, bullanguero, fandanguero, parrandero, juerguista.

cumbre
1 Cima, cresta, cúspide, pico*, altura, punta, cumbrera, (Colomb., C. Rica, Nic., P. Rico, Sto. Dom., Venez.) cucurucho.
ANT.: *Base, hondonada, depresión.*
2 (Fig.) Pináculo, culmen, culminación, cenit, clímax, apogeo, meta, término.
*Tb. significa: (Méx., Venez./fam.) Boca. / (Chile/vulg.) Miembro viril.

cumpleaños
Celebración, aniversario.

cumplido
1 Cabal, completo, lleno, acabado, perfecto, exacto.
ANT.: *Incompleto, imperfecto.*
2 Galante, atento, cortés, considerado, solícito.
ANT.: *Descortés, desatento.*
3 Cumplidor, puntual.
ANT.: *Incumplido.*
4 Atención, galantería, fineza, halago, lisonja.
ANT.: *Grosería.*

cumplidor
Puntual, estricto, formal, fiel, escrupuloso, cumplido, diligente.
ANT.: *Informal, incumplido.*

cumplimiento
1 Observancia, acatamiento, celo, cuidado, fidelidad, obediencia.
ANT.: *Desobediencia.*
2 Realización, ejecución.
3 Cumplido, ofrecimiento, cortesía, obsequio, ofrenda.

cumplir
1 Ejecutar, realizar, efectuar, desempeñar, hacer, verificar.
ANT.: *Abstenerse, omitir.*
2 Retribuir, corresponder, pagar, satisfacer.
ANT.: *Incumplir.*
3 **cumplirse** Vencer, finalizar, acabar, llegar [tiempo, plazo].

cúmulo
Montón, pila, acervo, conjunto, hacina, atajo, multitud, sinnúmero, (fig.) cantidad.
ANT.: *Escasez.*

cuna
1 Camita, moisés, canastilla.
2 (Fig.) Principio, comienzo, origen.
ANT.: *Final.*
3 (Fig.) Ascendencia, procedencia, patria, estirpe, linaje, familia.

cundir
1 Propagarse, extenderse, reproducirse, divulgarse, difundirse, contagiarse, aumentar, desarrollarse.
ANT.: *Limitarse, confinarse.*
2 Rendir, progresar, adelantar.

cuneta
Zanja, reguero, acequia, desaguadero, (Chile) canaleta.

cuña
1 Taco, traba, calzo, calza, tarugo.
2 (Fig.) Palanca, influencia.

cuñado
Hermano político.

cuño
1 Señal, marca, característica, rasgo.
2 Sello, troquel, matriz, punzón.

cuota
Contribución, porción, asignación, mensualidad, canon, pago, cantidad.

cupletista
Tonadillera, cancionista, cantante.

cupo
1 Capacidad, cabida.
2 Porción, cuota VER.

cupón
Talón, papeleta, boleta, volante, vale, bono, comprobante.

cúpula
1 Bóveda, domo, ábside, cimborrio.
2 (Fig.) Órgano de mando, dirección, administración.

cura
1 Sacerdote católico, clérigo, capellán, padre, presbítero, párroco, religioso, coadjutor, fraile, monje.
2 Tratamiento, curación VER.
3 (Chile) Borrachera.

curación
1 Alivio, restablecimiento, convalecencia.
ANT.: *Enfermedad, recaída.*
2 Tratamiento, terapéutica, régimen, medicina, método.

curado
1 Restablecido, sanado, repuesto.
ANT.: *Enfermo.*
2 (Fig.) Endurecido, curtido, experimentado.
ANT.: *Inexperto.*
3 (Chile) Ebrio, beodo, borracho, achispado.
4 (Méx.) Pulque preparado con fruta.

curador
1 Restaurador, conservador [museos].
2 Tutor, procurador, albacea.

curalotodo
Panacea, remedio, pócima.

curandero
1 Sanador, médico tradicional, (ant.) ensalmador, (Méx.) yerbero, (Colomb., Chile, Ecuad., Perú, P. Rico, Venez.) yerbatero, (Méx.) huesero.
2 (Fig. y fam.) Brujo, hechicero, médico brujo.
3 (Desp.) Sacamuelas, charlatán, matasanos.

curar
1 Sanar, recuperarse, restablecerse, mejorar, convalecer.
ANT.: *Enfermar, agravarse.*
2 Cuidar, tratar, medicar, recetar, aplicar remedios, rehabilitar, (Méx.) sobar.
3 Salar, secar, ahumar, acecinar, curtir [pieles, carne].
4 Preparar, conservar, beneficiar.
5 **curarse** (Chile) Emborracharse.
6 **curársela** (Méx./fig. y fam.) Aliviarse la resaca.

curda
Embriaguez, borrachera VER, (Chile, Méx.) papalina.

curiosidad
1 Interés, deseo, atención, expectativa, ansia (por saber algo).
ANT.: *Desinterés, indiferencia.*
2 (Fig.) Cosquilleo, comezón, prurito.
3 Impertinencia, fisgoneo, indiscreción, espionaje, (fig. y fam.) huroneo.
ANT.: *Discreción, prudencia, recato.*
4 Artesanía, souvenir, recuerdo de viaje.

curioso
1 Interesado, intrigado, atento, expectante.
ANT.: *Desinteresado.*
2 Indiscreto, fisgón, impertinente, entrometido, entremetido, espía, descarado, (Esp.) cotilla, (Méx./desp.) metiche.
ANT.: *Recatado, prudente.*
3 Notable, interesante, desusado, raro, atrayente.
ANT.: *Anodino, aburrido.*

currículum vitae
Hoja de servicios, expediente personal, historial, currículo.

cursar
1 Estudiar, asistir.
2 Prepararse, capacitarse.

cursi
Afectado, ridículo, vulgar, artificioso, ñoño, amanerado, presumido, pretencioso, (Esp.) hortera.
ANT.: *Sobrio, elegante, cabal.*

curso
1 Materia, asignatura, disciplina, estudios, enseñanza, carrera.
2 Año, período, ciclo, grado, término [escolar].

3 Trayectoria, dirección, rumbo, derrotero, destino, orientación, tendencia.
4 Circulación, flujo.
ANT.: *Estancamiento.*
5 Transcurso, devenir, continuación.
ANT.: *Interrupción.*

curtido
1 Adobado, aderezado, curado, encurtido.
2 Avezado, baqueteado, fogueado, experimentado, aguerrido, experto.
ANT.: *Novato, inexperto.*
3 Tostado, atezado.
ANT.: *Pálido.*

curtir
1 Adobar, aderezar, encurtir, preparar, ahumar, salar.
2 (Argent., Urug./fig. y fam.) Azotar, zurrar.

curtirse
1 Avezarse, acostumbrarse, foguearse, baquetearse, endurecerse, aguerrirse, encallecerse.
ANT.: *Ablandarse, afofarse.*
2 (Fig.) Broncearse, atezarse, tostarse.

curva
1 Arco, elipse, órbita, círculo, circunferencia, espiral, vuelta, parábola.
2 Desvío, desviación, rodeo, sinuosidad, meandro.

curvo
1 Arqueado, espiral, circular, curvado, encorvado.
ANT.: *Recto, derecho.*
2 Desviado, torcido, sinuoso, ondulado.
3 Combado, pandeado, alabeado, cóncavo, convexo.

cúspide
Ápice, cima, apogeo, cumbre VER.

custodia
1 Resguardo, vigilancia, defensa, protección, cuidado, conservación, salvaguardia.
ANT.: *Abandono, descuido, desamparo.*
2 Escolta, guardia, guardián, vigilante.
3 Ostensorio, sagrario, tabernáculo.

custodiar
Guardar, salvaguardar, cuidar, proteger, velar, vigilar, conservar.
ANT.: *Abandonar, descuidar.*

cutis
Piel, epidermis, tez, (fam.) pellejo.

D

dádiva
Regalo, presente, obsequio, donación, gracia, ofrenda, merced, propina, auxilio.
dadivoso
Generoso, desprendido, desinteresado, caritativo, (fam.) rumboso.
ANT.: *Avaro, mezquino.*
daga
Puñal, cuchillo, estilete, navaja, charrasca.
dama
1 Señora.
2 (Fig.) Dulcinea, pretendida, amada.
3 Dueña, ama, acompañante.
damajuana (Esp.)
Botellón, garrafa, garrafón, bombona, vasija de cristal, (Amér.) damasana, (Esp.) castaña*, (Venez.) damesana.
*Tb. significa: (Esp./fig. y fam.) Golpe, bofetada. / (Esp./fig. y fam.) Borrachera. / (Esp./vulg.) Órgano sexual femenino.
damisela
1 Damita, doncella, señorita, moza, chica VER.
2 (Desp.) Cortesana, ramera.
damnificado
1 Perjudicado, afectado, lastimado, lesionado, víctima.
ANT.: *Salvado, ileso.*
2 Deteriorado, arruinado, malogrado.
ANT.: *Beneficiado.*
dandy o **dandi**
Elegante, figurín, petimetre, pisaverde, lechuguino, (Esp./fam.) currutaco.
dantesco
Apocalíptico, pavoroso, tremendo, impresionante, espeluznante, imponente, terrible.
danza
Baile, coreografía, evolución, floreo, paso, vuelta, brinco.
dañar
1 Deteriorar, perjudicar, estropear, menoscabar, arruinar, maltratar.
ANT.: *Reparar, beneficiar.*
2 Perjudicar, menoscabar.
ANT.: *Favorecer.*
3 Lesionar, herir, lastimar, ofender.
dañino
1 Perjudicial, nocivo, pernicioso, desfavorable, dañoso.
ANT.: *Benéfico, favorable.*
2 (Fig.) Malo, perverso, sonsacador, desencaminador.
ANT.: *Consejero, encaminador.*
daño
1 Deterioro, desperfecto, destrucción, avería, pérdida.
2 Perjuicio, menoscabo, mal.
ANT.: *Beneficio.*
3 Herida, lesión, ofensa.
dar
1 Entregar, donar, ceder, regalar, obsequiar.
ANT.: *Recibir, quitar.*
2 Proporcionar, facilitar, conceder, proveer, conferir, otorgar, suministrar.
ANT.: *Despojar.*
3 Transmitir, aconsejar, asesorar.
4 Atinar, adivinar, acertar.
5 Producir, rendir, redituar.
6 Remunerar, gratificar.
dardo
1 Arma arrojadiza, flecha, jáculo, jabalina, lanza, venablo, arpón.
2 (Fig.) Mordacidad, sátira, pulla, agresión.
dársena
Atracadero, desembarcadero, fondeadero, amarradero, muelle.
dato
1 Antecedente, referencia, información.
2 Noticia, informe, detalle, nota, relación.
3 Prueba, fundamento, evidencia.
deambular
Errar, vagar, merodear, caminar, rondar, callejear, pasear.
deán
Rector, canónigo, decano.
debacle
VER desastre.

debajo
Bajo, abajo, so, infra, sub, en posición inferior.
ANT.: *Encima, sobre.*

debate
1 Controversia, discusión, polémica, litigio, dialéctica, alegato.
2 Altercado, disputa.
3 Contienda, enfrentamiento, lucha.

deber
1 Misión, responsabilidad, obligación, cometido, tarea, exigencia, compromiso, carga.
ANT.: *Prerrogativa, derecho.*
2 Adeudar, obligarse, entramparse.
3 deberes Tareas, labores, trabajos escolares.

débil
1 Frágil, endeble, delicado, quebradizo, deleznable.
ANT.: *Resistente.*
2 Decaído, enclenque, canijo, raquítico, enfermizo.
ANT.: *Fuerte, vigoroso.*
3 Tenue, apagado, (fig.) lejano.
ANT.: *Intenso.*
4 (Fig.) Timorato, pusilánime, cobarde.
ANT.: *Firme, enérgico.*
5 Exhausto, gastado, desgastado.

debilidad
1 Agotamiento, decaimiento, cansancio, flojedad.
ANT.: *Energía, vigor.*
2 Fragilidad, inconsistencia.
ANT.: *Fuerza.*
3 (Fig.) Pusilanimidad, apatía, cobardía.
ANT.: *Entereza, valor.*
4 (Fig.) Flaqueza, defectillo.
5 (Fig.) Afición, preferencia excesiva.
6 (Venez./fam.) Hambre.

debut
Estreno, inauguración, apertura, inicio, presentación.
ANT.: *Clausura.*

década
Decenio.

decadencia
1 Declinación, mengua, ocaso, declive, menoscabo, caída, degeneración.
ANT.: *Auge, progreso.*
2 Caducidad, decrepitud.
ANT.: *Esplendor, apogeo.*
3 Disminución, degradación, decaimiento.
ANT.: *Aumento, incremento.*

decapitar
Degollar, descabezar, guillotinar, cercenar, segar.

decencia
1 Dignidad, decoro.
ANT.: *Indignidad.*
2 Honradez, honestidad, integridad.
ANT.: *Deshonestidad.*
3 Urbanidad, compostura.
ANT.: *Indecencia.*
4 Modestia, castidad, recato, pudor, moderación.
ANT.: *Impudor.*

decenio
Decenario, década.

decente
1 Honesto, honrado, digno, íntegro, impecable.
ANT.: *Deshonesto, indecente.*
2 Moral, recatado, pudoroso, moderado.
ANT.: *Impúdico, inmoral.*
3 Conforme, correspondiente, suficiente, justo, decoroso [sueldo, retribución].
4 Correcto, educado, atento.
ANT.: *Grosero, incorrecto.*
5 Aseado, limpio, ordenado, pulcro.
ANT.: *Sucio, desaseado, desordenado.*

decepción
1 Desengaño, desencanto, fiasco, chasco, plancha VER, equivocación.
ANT.: *Satisfacción.*
2 Desilusión, frustración, fracaso, despecho.
ANT.: *Ilusión.*

deceso
Muerte, defunción, fallecimiento, óbito, tránsito.
ANT.: *Nacimiento.*

dechado
1 Modelo, muestra, ejemplar, ejemplo.
2 (Fig.) Prototipo, ideal, pauta, regla.

decidido
1 Audaz, valeroso, resuelto, determinado, arriesgado, valiente, enérgico, intrépido, osado.
ANT.: *Indeciso, medroso, miedoso, tímido.*
2 Definitivo, decisivo, concluyente, irrevocable.
ANT.: *Impreciso, dudoso.*

decidir
1 Disponer, emprender, tomar acción.
ANT.: *Evadir, postergar una decisión.*
2 Estatuir, establecer, determinar, mandar.

3 Acordar, concluir, dictaminar, sentenciar, resolver.
4 Juzgar, arbitrar, zanjar.
ANT.: *Abstenerse, eludir.*
5 Escoger, elegir, tomar, querer.
ANT.: *Dudar, hesitar.*
6 **decidirse** Animarse, resolverse, osar, atreverse, determinarse, arriesgarse.

decimal
Décimo, quebrado, fracción, parte.

decir
1 Manifestar, hablar, pronunciar, expresar, proferir, articular.
ANT.: *Callar.*
2 Opinar, proponer, mencionar, señalar, informar, responder.
ANT.: *Silenciar.*
3 Explicar, especificar, enumerar, detallar.
4 Dicho, palabra, sentencia.

decisión
1 Determinación, firmeza, osadía, valentía, intrepidez, arrojo.
ANT.: *Cobardía, indecisión.*
2 Sentencia, dictamen, resolución, fallo, juicio, acuerdo, laudo.

decisivo
Determinante, definitivo, decisorio, crucial, trascendental, concluyente, irrevocable.
ANT.: *Secundario, revocable.*

declamar
1 Orar, perorar, disertar.
2 Recitar, entonar, interpretar, representar, actuar.

declaración
1 Manifestación, afirmación, revelación, comunicado, información.
ANT.: *Silencio.*
2 Testimonio, testificación, aseveración, confesión, alegato.

declarar
1 Manifestar, decir, exteriorizar, exponer.
ANT.: *Callar.*
2 Decidir, resolver.
3 Testificar, atestiguar.

declinar
1 Decaer, menguar, bajar, disminuir, descender.
ANT.: *Aumentar, subir.*
2 (Fig.) Deteriorarse, caducar, degenerar, debilitarse.
ANT.: *Progresar.*
3 Rechazar, rehusar, renunciar.
ANT.: *Aceptar.*

declive
1 Pendiente, cuesta, ladera, inclinación, desnivel, declividad, bajada.
2 (Fig.) Decadencia, deterioro, degeneración, caída, ruina, ocaso, eclipse.
ANT.: *Auge.*

decolorar
Despintar, desteñir, lavar, ajar, deslucir, desgastar.
ANT.: *Colorear, teñir.*

decomisar
Confiscar, requisar, embargar, incautarse, apropiarse, desposeer, (Méx.) incautar.

decorado
1 Decoración, ambientación, ornato, ornamento, adorno, engalanamiento.
2 Fondo, telón, escenografía.

decorar
1 Ambientar, vestir.
2 Engalanar, ornamentar, ornar, imaginar, adornar, acicalar, hermosear.
ANT.: *Afear, estropear, deslucir.*

decoro
Pundonor, dignidad, decencia, honor, honra, honestidad, recato, circunspección, (fig.) vergüenza.
ANT.: *Desvergüenza, indecencia.*

decoroso
Honrado, digno, pundonoroso, → decoro.
ANT.: *Indecoroso.*

decrecer
Menguar, disminuir, decaer, declinar, aminorar, moderarse, atenuarse, debilitarse.
ANT.: *Aumentar, crecer.*

decrépito
1 Senil, achacoso, decadente, valetudinario, provecto.
ANT.: *Joven, vigoroso.*
2 Caduco, vetusto, estropeado, desvencijado, ruinoso.
ANT.: *Nuevo, flamante.*

decreto
Edicto, orden, ordenanza, disposición, bando, ley, reglamento, precepto.

dédalo
Laberinto, maraña, enredo, lío, caos, confusión, embrollo.

dedicar
1 Consagrar, destinar, aplicar, disponer, reservar, adjudicar.
2 Ofrecer, dirigir [algo a alguien].

3 **dedicarse** Afanarse, concentrarse, perseverar.
ANT.: *Desinteresarse.*

dedicatoria
Dedicación, homenaje, ofrenda, consagración, destino, asignación, nota, explicación.

deducción
1 Derivación, inferencia, suposición, conjetura, teoría, conclusión, razón, creencia, idea.
ANT.: *Inducción.*
2 Reducción, disminución, descuento, rebaja, abaratamiento.
ANT.: *Recargo, gravamen, aumento.*

defecar
Evacuar, obrar, cagar VER, deponer, excretar, ensuciar, hacer sus necesidades.

defección
Deserción, deslealtad, traición, abandono, infidelidad, apostasía.
ANT.: *Adhesión, fidelidad, apoyo.*

defecto
1 Falta, deficiencia, carencia, privación.
ANT.: *Suficiencia.*
2 Imperfección, anomalía, deformidad, anormalidad, irregularidad, desperfecto.
ANT.: *Normalidad, perfección.*
3 Vicio, tara.
ANT.: *Virtud.*

defectuoso
Deficiente, imperfecto, → defecto.
ANT.: *Perfecto.*

defender
1 Amparar, proteger, librar, salvaguardar, apoyar, auxiliar.
ANT.: *Desamparar, abandonar.*
2 Sostener, mantener, justificar, abogar, alegar.
ANT.: *Atacar, acusar.*
3 Excusar, disculpar, favorecer.
ANT.: *Inculpar.*

defensa
1 Ayuda, apoyo, protección, sostén, amparo, salvaguardia, cobijo, auxilio.
ANT.: *Ataque, abandono.*
2 Alegato, testimonio, manifiesto, declaración.
ANT.: *Acusación.*
3 Justificación, disculpa.
ANT.: *Inculpación.*
4 Muralla, muro, bastión, baluarte, parapeto.
5 Coraza, armadura.

defensor
1 Abogado, intercesor.
ANT.: *Acusador, fiscal.*
2 Paladín, valedor.
3 Tutor, sostén, bienhechor, favorecedor, mecenas.

deferencia
1 Adhesión, atención, miramiento, respeto, condescendencia.
ANT.: *Menosprecio, indiferencia, falta de respeto.*
2 (Fig.) Cortesía, consideración, solicitud.
ANT.: *Descortesía.*

deficiencia
1 Insuficiencia, falta.
ANT.: *Suficiencia.*
2 Anomalía, tara, defecto VER.
ANT.: *Normalidad, perfección.*

deficiente
1 Imperfecto, defectuoso, inferior, privado, anómalo.
ANT.: *Completo, eficiente.*
2 Incompleto, escaso.
ANT.: *Suficiente.*
3 Retrasado, retardado, imbécil.
ANT.: *Normal, inteligente.*

déficit
1 Pérdida, faltante, quebranto, descubierto, quiebra, ruina.
ANT.: *Superávit, ganancia.*
2 Carencia, falta, escasez, privación, insuficiencia.
ANT.: *Abundancia, suficiencia.*

definición
1 Proposición, exposición, explicación, tesis, descripción.
2 Significación, significado, declaración [de palabras en un diccionario].
3 Determinación, dictamen, decisión, aclaración.
4 Nitidez, claridad, detalle [óptica, video, sonido].

definir
1 Fijar, precisar, determinar.
2 Explicar, aclarar.
ANT.: *Confundir.*
3 Detallar, delimitar.
ANT.: *Desvanecer.*
4 definirse Pronunciarse, decidir.
ANT.: *Dudar.*

definitivo
Concluyente, decisivo, resolutivo, terminante, perentorio, evidente, resuelto.
ANT.: *Incierto, dudoso.*

deformación
1 Distorsión, desvío, torsión, alteración, transformación.
ANT.: *Normalidad.*
2 Imperfección, anomalía, aberración, irregularidad.
ANT.: *Perfección, regularidad.*
3 (Fig.) Tergiversación, incorrección.
ANT.: *Inalterabilidad.*

deforme
1 Irregular, deformado, anómalo, → deformación.
ANT.: *Normal.*
2 Desfigurado, jorobado, lisiado, tullido.

defraudar
1 Engañar, esquilmar, timar, usurpar.
2 Robar, desfalcar, estafar, contrabandear, delinquir, evadir impuestos.
3 (Fig.) Decepcionar, frustrar, desilusionar, desengañar, chasquear.
ANT.: *Cumplir, satisfacer.*

defunción
Deceso, fallecimiento, óbito, desaparición, tránsito, expiración, muerte.
ANT.: *Nacimiento.*

degenerado
1 Decadente, degradado, alterado.
ANT.: *Puro, cabal.*
2 Corrompido, pervertido, depravado, vicioso.
ANT.: *Recto, virtuoso.*
3 Descarriado, libertino, desenfrenado.
ANT.: *Morigerado.*
4 (Fig.) Infame, vil, despreciable.
ANT.: *Noble.*

degollar
VER decapitar.

degollina
Matanza, exterminio, aniquilación, carnicería.

degradación
1 Disminución, desgaste, reducción.
ANT.: *Aumento.*
2 Deposición, destitución, exoneración.
ANT.: *Ascenso, nombramiento.*
3 Humillación, baldón, envilecimiento, deshonra.
ANT.: *Elevación, enaltecimiento.*
4 Degeneración, retraso, decadencia.
ANT.: *Progreso, avance.*
5 Bajeza, ruindad, mezquindad.
ANT.: *Bondad, nobleza.*
6 Vicio, perversión, abyección.
ANT.: *Pureza, virtud.*
7 Matiz, desvanecimiento [de los tonos en pintura].
ANT.: *Intensificación.*

degradar
1 Destituir, deponer, expulsar, exonerar.
ANT.: *Ascender, nombrar.*
2 Humillar, rebajar, ofender, agraviar, deshonrar.
ANT.: *Alabar, honrar.*
3 Descarriar, envilecer, corromper, enviciar.
ANT.: *Encarrilar, rehabilitar.*
4 Desvanecer, matizar, declinar [pintura].
ANT.: *Intensificar.*
5 **degradarse** Degenerar, decaer.

degüello
Decapitación, → decapitar.

degustar
Saborear, paladear, probar, catar, comer, beber, tomar.

dehesa
Coto, campo, pastizal, prado, monte, era.

deidad
1 Divinidad, esencia divina.
2 Titán, dios, semidiós, ídolo.

dejadez
1 Negligencia, pereza, flojera, desgana, abandono.
ANT.: *Esmero, diligencia.*
2 Apatía, desidia.
ANT.: *Interés, entusiasmo.*
3 Decaimiento, desánimo.
ANT.: *Ánimo.*
4 Desaliño, descuido, desaseo.
ANT.: *Pulcritud.*

dejar
1 Soltar, rechazar, desechar.
ANT.: *Coger, tomar.*
2 Abandonar, repudiar, desamparar, apartarse.
ANT.: *Acoger, aceptar.*
3 Consentir, acceder, permitir, tolerar, transigir, autorizar.
ANT.: *Negar, oponerse.*
4 Producir, rendir, fructificar.
ANT.: *Dar pérdida.*
5 Ceder, legar, dar, transmitir, regalar.
ANT.: *Quitar, despojar.*
6 Encomendar, encargar, prestar.
7 Irse, partir, salir, marcharse, ausentarse, desertar.
ANT.: *Llegar, entrar, estar.*
8 Interrumpir, suspender, cortar, cesar.
ANT.: *Seguir, proseguir, continuar.*
9 **dejarse** Descuidarse, abandonarse, desanimarse, abatirse.
ANT.: *Animarse, cuidarse, arreglarse.*

D

deje
1 Dejo, dejillo, acento, tono, tonillo, inflexión, pronunciación.
2 Regusto, resabio, sabor.

delantal
Mandil, bata, guardapolvo.

delante
Primero, ante, frente, al frente, al principio, al comienzo, enfrente.
ANT.: *Detrás.*

delantera
1 Frente, cara, portada, fachada, vista, anverso.
ANT.: *Trasero, reverso.*
2 Ventaja, adelanto, anticipación.
ANT.: *Retraso, rezago.*
3 Avanzada, vanguardia, avanzadilla.
ANT.: *Retaguardia.*

delatar
Denunciar, acusar, descubrir, revelar, soplar, confesar, (fam.) cantar.
ANT.: *Encubrir, proteger.*

delator
Soplón, denunciante, delatador, confidente, chivato, acusón.
ANT.: *Encubridor.*

delegación
1 Agencia, dependencia, sucursal, filial, anexo.
ANT.: *Casa matriz.*
2 Representación, embajada, misión, organismo.
3 Comité, comisión, grupo.
4 (Méx.) Comisaría de policía.
5 **delegación política** (Méx.) Oficina administrativa regional del gobierno de la capital.

delegado
Representante, encargado, comisionado, apoderado, enviado, embajador.

deleite
1 Goce, gozo, deleitación, delectación, solaz.
ANT.: *Sufrimiento, angustia.*
2 Placer, satisfacción, gusto, delicia, fruición, regodeo.
ANT.: *Disgusto, insatisfacción, repulsión.*

deleznable
1 Frágil, delicado, quebradizo, inconsistente.
ANT.: *Fuerte, sólido, consistente.*
2 Fugaz, efímero, pasajero.
ANT.: *Duradero, prolongado.*
3 Desdeñable, despreciable.
ANT.: *Apreciable.*

delgado
1 Esbelto, espigado, menudo, grácil, airoso.
ANT.: *Grueso, fornido, robusto.*
2 Flaco, enteco, escuálido, esmirriado, magro, seco, delgaducho.
ANT.: *Gordo, obeso.*
3 Afilado, consumido, chupado, raquítico, macilento, demacrado, desmedrado, enflaquecido.
ANT.: *Rozagante, saludable.*
4 Fino, sutil, ligero, delicado.
ANT.: *Pesado, basto.*

deliberación
1 Estudio, reflexión, meditación, consideración.
2 Debate, polémica, discusión.

deliberado
Intencional, intencionado, voluntario, premeditado, adrede, preconcebido, preparado.
ANT.: *Impensado, involuntario, casual.*

deliberar
1 Considerar, examinar, reflexionar, pensar.
2 Debatir, discutir, tratar, consultar, decidir, resolver.

delicado
1 Respetuoso, atento, cortés, fino, refinado, afable.
ANT.: *Grosero, rudo.*
2 Sutil, suave, grácil, gracioso.
ANT.: *Tosco, rústico.*
3 Tierno, amoroso.
4 Enfermizo, débil, decaído, enclenque.
ANT.: *Vigoroso.*
5 Susceptible, quisquilloso, escrupuloso, melindroso.
ANT.: *Despreocupado.*
6 Frágil, quebradizo, endeble.
ANT.: *Sólido, resistente.*
7 Sabroso, gustoso, selecto, exquisito.
ANT.: *Desabrido, repugnante.*
8 Primoroso, esmerado.
ANT.: *Grosero, tosco.*
9 (Fig.) Difícil, complejo, complicado, peliagudo.
ANT.: *Sencillo, fácil.*

delicia
1 Placer, deleite, satisfacción, goce, exquisitez, fruición, regodeo.
ANT.: *Repugnancia, molestia.*
2 Agrado, encanto, gusto, felicidad, bienestar.
ANT.: *Disgusto, fastidio, infelicidad.*

delicioso
Placentero, grato, gozoso, satisfactorio, exquisito, gustoso, sabroso, rico, deleitoso.
ANT.: *Ingrato, áspero, repugnante, feo.*

delimitar
Limitar, demarcar, circunscribir VER.

delincuente
1 Transgresor, infractor, contraventor.
2 Malhechor, reo, culpable, criminal, agresor.
3 Bandido, forajido.

delinear
1 Dibujar, trazar, perfilar, bosquejar, planear, proyectar.
2 (Fig.) Precisar, determinar.

delinquir
Transgredir [la ley], infringir, violar, vulnerar, atentar, abusar.
ANT.: *Cumplir, acatar.*

delirar
Desvariar, desbarrar, alucinar, fantasear, soñar, trastornarse.
ANT.: *Razonar.*

delirio
1 Perturbación, desvarío, frenesí, trastorno, extravío, locura, enajenación.
ANT.: *Cordura, juicio.*
2 Fantasía, ilusión, alucinación, quimera.
ANT.: *Realidad.*
3 (Fig.) Disparate, absurdo, despropósito.

delito
1 Transgresión, infracción, contravención, violación, abuso.
2 Crimen, culpa, falta, robo, asesinato, atentado.

demacrado
Macilento, desmejorado, consumido, ojeroso, cadavérico, adelgazado, enflaquecido.
ANT.: *Robusto, lozano, saludable.*

demanda
1 Petición, solicitud, ruego, súplica.
ANT.: *Oferta.*
2 Requerimiento, instancia, exigencia, querella.
ANT.: *Concesión.*
3 Busca, búsqueda.

demandante
1 Solicitante, peticionario.
2 Querellante, reclamante, litigante.
ANT.: *Demandado.*

demandar
1 Pedir, rogar, suplicar.
2 Interrogar, preguntar.
ANT.: *Responder.*
3 Pleitear, querellar, litigar.
ANT.: *Conciliar.*
4 Reclamar, exigir.
ANT.: *Entregar, conceder.*

demarcación
Circunscripción, distrito, territorio, zona, término, comarca, jurisdicción.

demasía
1 Exceso, plétora, profusión, exuberancia, abundancia.
ANT.: *Carencia, falta.*
2 Descaro, insolencia, osadía.
ANT.: *Comedimiento, respeto.*

demente
Enajenado, enloquecido, loco VER, alienado, perturbado, orate, insano, anormal.
ANT.: *Cuerdo, sensato.*

demoler
Derribar, desbaratar, deshacer, destruir, arrasar, desmoronar, desmantelar, asolar.
ANT.: *Construir, levantar, edificar.*

demoníaco
Diabólico, satánico, mefistofélico, infernal, maligno, perverso, endemoniado.
ANT.: *Angelical, benéfico.*

demonio
1 Ser sobrenatural, genio.
2 Demontre, diablo, diantre, (Méx.) chamuco, pingo.
ANT.: *Ángel.*
3 (Fig. y fam.) Perverso, maligno.
ANT.: *Virtuoso, bondadoso.*
4 (Fig. y fam.) Travieso, inquieto, latoso, maldoso.

Demonio (El)
Satanás, Satán, Lucifer, Luzbel, Mefistófeles, Belcebú, El Diablo, El Malo, El Enemigo.

demora
Retraso, dilación, tardanza, retardo, aplazamiento, espera, lentitud, (fam.) cachaza.
ANT.: *Adelanto, anticipación.*

demorar
Retardar, retrasar, tardar, aplazar, dilatar, diferir, prorrogar, frenar, detener.
ANT.: *Acelerar, adelantar.*

demostración
1 Señalamiento, indicación, manifestación, ostentación.

2 Verificación, testimonio, confirmación, evidencia, argumentación, comprobación.
ANT.: *Ocultación.*
3 Muestra, prueba.
4 Exhibición, exposición, presentación.

demostrar
1 Probar, comprobar, evidenciar, verificar.
2 Indicar, señalar.
3 Justificar, testimoniar.
4 Exhibir, mostrar.

denegar
Negar, rechazar, rehusar, refutar, recusar, desestimar.
ANT.: *Aprobar, acceder.*

denigrar
Difamar, desacreditar, desprestigiar, deshonrar, vilipendiar, ofender, agraviar, criticar.
ANT.: *Halagar, honrar, enaltecer, elogiar.*

denodado
Esforzado, animoso, atrevido, decidido, intrépido, valeroso, audaz.
ANT.: *Flojo, cobarde, pusilánime.*

denominar
Llamar, nombrar, designar, intitular, titular, calificar, apodar.

denostar
1 Calumniar, denigrar, infamar.
ANT.: *Honrar, defender.*
2 Insultar, injuriar, ofender, ultrajar.
ANT.: *Ensalzar, alabar.*

denotar
1 Demostrar, revelar, indicar, mostrar.
2 Anunciar, advertir, señalar.
3 Connotar, implicar, significar, expresar, comportar, llevar implícito.

denso
1 Espeso, pesado.
ANT.: *Ligero, diáfano.*
2 Sólido, macizo, compacto, comprimido, consistente.
ANT.: *Esponjoso, hueco.*
3 (Fig.) Confuso, oscuro, complicado.
ANT.: *Claro, simple.*

dentellada
Mordisco, mordedura, tarascada, colmillada, colmillazo, herida, señal.

dentista
Odontólogo, (desp.) sacamuelas, especialista dental.

dentro
1 Adentro, en el interior, interiormente, por dentro.
ANT.: *Fuera, afuera.*
2 (Fig.) Íntimamente.
ANT.: *Exteriormente.*

denuedo
Valor, intrepidez, audacia, coraje, resolución, decisión, ánimo, brío, esfuerzo.
ANT.: *Pusilanimidad, flojedad, apatía.*

denuesto
Insulto, injuria, dicterio, invectiva, agravio, ofensa, afrenta.
ANT.: *Halago, lisonja.*

denunciar
1 Acusar, delatar, descubrir, revelar.
ANT.: *Encubrir.*
2 Anunciar, pronosticar, mostrar.
ANT.: *Ocultar.*
3 Censurar, criticar.
ANT.: *Defender.*

deparar
1 Proveer, proporcionar, suministrar, ofrecer, facilitar, conceder, destinar.
ANT.: *Quitar, escatimar.*
2 Presentar, señalar, poner delante, mostrar.
ANT.: *Ocultar, esconder.*

departamento
1 (Amér.) Habitación, morada, vivienda, apartamento, (Esp.) piso.
2 Sección, ramo, sector, división, ministerio.
3 Distrito, zona, región, jurisdicción, territorio, comarca, provincia.
4 Casilla, compartimiento, apartado, caja.

departir
1 Dialogar, conversar, platicar, convivir.
2 (Ant.) Partir, repartir.

depauperado
1 Agotado, debilitado, desnutrido, escuálido, adelgazado, extenuado, anémico.
ANT.: *Fuerte, vigoroso, robusto.*
2 Empobrecido, pobre, mísero, indigente.
ANT.: *Enriquecido, opulento.*

dependencia
1 Interrelación, interdependencia, vínculo.
ANT.: *Autonomía.*
2 Sujeción, supeditación, subordinación, sumisión, obediencia, yugo.
ANT.: *Independencia.*
3 Adicción, farmacodependencia, vicio.
4 Filial, sucursal, oficina, delegación, departamento, sección, parte.
ANT.: *Central, matriz.*
5 (Ant.) Sala, estancia, habitación.

dependiente
1 Subordinado, supeditado, sometido, tributario, sujeto de.
ANT.: *Independiente, autónomo.*
2 Empleado, subalterno, oficinista, tendero, vendedor.
ANT.: *Jefe.*
depilar
Extraer, arrancar [vello corporal].
deplorable
Lamentable, triste, miserable, penoso, calamitoso, lastimoso, vergonzoso, desolador.
ANT.: *Loable, satisfactorio.*
deponer
1 Separar, apartar [de sí], dejar.
ANT.: *Acercar.*
2 Destituir, relevar, exonerar, despedir.
ANT.: *Nombrar.*
3 Declarar, testificar, atestiguar, aseverar.
4 Evacuar, defecar, excretar.
5 (Guat., Hond., Méx., Nic.) Vomitar, volver el estómago.
deportar
Desterrar, expulsar, echar, alejar, confinar, exiliar, expatriar, aislar.
ANT.: *Repatriar.*
deporte
1 Ejercicio, entrenamiento, atletismo, práctica, adiestramiento, gimnasia.
2 Competición, encuentro, exhibición.
3 Recreación, juego, recreo, diversión.
deportista
Atleta, gimnasta.
depositar
1 Colocar, poner, dejar, situar.
ANT.: *Retirar, quitar.*
2 Consignar, confiar, entregar, fiar.
3 Ahorrar, guardar, almacenar.
4 depositarse Sedimentarse, posarse, precipitarse, acumularse, sentarse, asentarse.
ANT.: *Revolverse, mezclarse.*
depositario
Receptor, consignatario, cuidador.
depósito
1 Bodega, nave, almacén VER, barracón, local.
2 Silo, granero.
3 Arsenal, polvorín.
4 Tanque, aljibe, cisterna, tina, cuba, recipiente.
5 Sedimento, poso, asiento, precipitado, decantación.
6 Consignación, entrega, custodia.
7 Abono, pago, ahorro, valores.
8 Acopio, reserva, provisión.
depravación
1 Degradación, perversión, corrupción, maldad, envilecimiento, degeneración, (fig.) contaminación.
ANT.: *Elevación, mejoramiento.*
2 Libertinaje, vicio, crápula, (fig.) decadencia, desenfreno, indecencia.
ANT.: *Integridad, virtud, decencia.*
depravado
1 Corrompido, vicioso, adulterado.
ANT.: *Puro, probo.*
2 Perverso, malvado, malévolo.
ANT.: *Virtuoso, moral.*
depreciación
Devaluación, baja, abaratamiento, disminución, rebaja.
ANT.: *Encarecimiento, aumento.*
depreciar
1 Devaluar, desvalorizar, abaratar.
ANT.: *Sobrevalorar.*
2 Bajar, disminuir, rebajar [el precio].
ANT.: *Aumentar, encarecer, subir.*
depredación
1 Predación, cacería.
2 Pillaje, devastación, saqueo, despojo, rapiña, botín.
3 Malversación, exacción.
depredador
1 Cazador, carnicero, predador, de rapiña, de presa [animales].
2 Ladrón, saqueador, rapiñador.
depresión
1 Decaimiento, abatimiento, angustia, tristeza, desánimo, lasitud, desfallecimiento, debilidad.
ANT.: *Buen ánimo.*
2 Hondonada, cuenca, fosa, concavidad, seno, hoyo, sima, cañón, hueco.
ANT.: *Elevación, montículo.*
3 Baja, recesión, hundimiento, estancamiento, ruina comercial.
ANT.: *Alza, prosperidad.*
deprimir
1 Desmoralizar, desanimar, abatir, agobiar, angustiar, entristecer, desolar.
ANT.: *Animar, alentar.*
2 Abollar, hundir, socavar, ahuecar, aplastar.
ANT.: *Levantar, abultar, resaltar.*
3 (Fig.) Humillar, rebajar, desacreditar.
ANT.: *Enaltecer.*

depuesto
Despedido, expulsado, destituido, exonerado, relevado, derrocado.
ANT.: *Nombrado, entronizado.*

depurado
1 Puro, purificado, saneado, decantado, limpio, sano, filtrado.
ANT.: *Contaminado, impuro.*
2 Perfeccionado, acrisolado, refinado.
3 Expulsado, destituido, purgado, eliminado, excluido.
ANT.: *Integrado, nombrado.*

depurar
1 Purificar, limpiar, filtrar, sanear.
ANT.: *Ensuciar, contaminar.*
2 Perfeccionar, acrisolar, refinar, rehabilitar.
ANT.: *Degradar, envilecer.*
3 Purgar, eliminar, expulsar, separar.
ANT.: *Integrar.*

derecho
1 Recto, directo, alineado, erguido, vertical, perpendicular, plano.
ANT.: *Inclinado, curvo, torcido.*
2 Legal, fundado, legítimo, justo.
ANT.: *Ilegal.*
3 Voluntad, deseo, poder, facultad, prerrogativa, opción.
ANT.: *Obligación, deber.*
4 (Fig.) Honrado, honesto, cabal, puro, pundonoroso, veraz, sincero.
ANT.: *Deshonesto.*
5 Anverso, cara, haz.
ANT.: *Reverso, tras, envés.*
6 (Fig.) Directo, sin ambages.
ANT.: *Tortuoso.*
7 Derecho Ley, leyes, legislación, justicia, jurisprudencia, razón.
ANT.: *Desorden, anarquía.*
8 derechos Impuesto, tributo, contribución, comisión, porcentaje, prima.

derivar
1 Emanar, proceder, resultar, salir, provenir, deducirse de.
2 Deducir, colegir, inferir.
3 Encaminar, conducir, dirigir.
4 Desviarse, cambiar el rumbo, ir al garete, estar a la deriva [barcos].

dermis
VER piel.

derogar
Suprimir, anular, abolir, abrogar, cancelar, invalidar.
ANT.: *Promulgar, implantar.*

derramar
1 Esparcir, dispersar, extender.
ANT.: *Retener, contener.*
2 Rebosar, verter, desbordar.
3 Vaciar, volcar, tirar.
4 Desaguar, desembocar, fluir.
5 (Fig.) Propalar, divulgar, publicar, difundir.
ANT.: *Reservar, silenciar.*

derredor (en)
Alrededor, en torno, rodeando.

derrengar
1 Deslomar, descaderar, ringar, desriñonar, lisiar.
2 Torcer, inclinar, desviar.
ANT.: *Enderezar.*
3 derrengarse (Fig.) Agotarse, cansarse, rendirse, desriñonarse, fatigarse.
ANT.: *Rehacerse, recuperarse.*

derretir
1 Fundir, licuar, deshacer, deshelar.
ANT.: *Cuajar, solidificar.*
2 (Esp./fig.) Derrochar, consumir, gastar, disipar.
ANT.: *Ahorrar.*

derretirse
1 (Fig. y fam.) Enamorarse, apasionarse, enternecerse.
2 (Fig. y fam.) Inquietarse, deshacerse por algo, impacientarse.

derribar
1 Derrumbar, derruir, demoler, arrasar, abatir.
ANT.: *Erigir, construir.*
2 (Fig.) Derrocar, destronar, destituir, deponer.
ANT.: *Instaurar, entronizar.*
3 Tirar, tumbar, volcar.
ANT.: *Levantar, alzar.*

derrochar
Despilfarrar, dilapidar, malgastar, prodigar, malbaratar, gastar sin medida, tirar el dinero, (Esp.) disipar la hacienda.
ANT.: *Ahorrar, administrar, economizar.*

derrota
1 Fracaso, descalabro, revés, pérdida.
ANT.: *Triunfo, éxito, victoria.*
2 (Fig.) Rumbo, derrotero, ruta, dirección, camino, senda.

derrotar
Vencer, aniquilar, rendir, batir, superar, destrozar, hundir, arruinar, derribar, desbaratar [a otro].
ANT.: *Perder.*

derruir
VER derribar.

derrumbar
1 Despeñar, precipitar, arrojar, (Cuba, P. Rico) derriscar.
2 Demoler, desplomar, derruir, (fam.) tirar.
ANT.: *Erigir, edificar.*

desabrido
1 Insípido, insustancial, soso, insulso, (ant.) desaborido.
ANT.: *Sabroso, sazonado, delicioso, sustancioso.*
2 (Fig.) Áspero, descortés, amargo, arisco, (fam.) chocante, huraño.
ANT.: *Afable, cordial.*
3 Destemplado, desagradable, desapacible [tiempo, clima].
ANT.: *Templado, agradable, apacible.*

desabrigar
1 Desvestir, desarropar, descubrir, aligerar, desnudar.
ANT.: *Abrigar, cubrir, arropar.*
2 (Fig.) Abandonar, desamparar, descuidar.
ANT.: *Amparar.*

desabrochar
Desabotonar, abrir, desprender, soltar, aflojar.
ANT.: *Abrochar, sujetar, prender.*

desacato
Insubordinación, desafío, provocación, reto, oposición, desobediencia.
ANT.: *Obediencia, acatamiento.*

desacertado
1 Inadecuado, incorrecto, errado, equivocado, contraproducente.
ANT.: *Acertado, correcto, adecuado.*
2 Impropio, inconveniente, desafortunado.
ANT.: *Afortunado, conveniente.*
3 Indiscreto, inoportuno, imprudente.
ANT.: *Oportuno, prudente, discreto.*
4 Desorientado, malaconsejado, (Méx.) despistado.

desacierto
Error, equivocación, desatino, disparate.
ANT.: *Acierto.*

desacostumbrado
1 Inusitado, inusual, extraño, insólito.
ANT.: *Corriente, común, acostumbrado, usual.*
2 Inexperto, desconocedor.
ANT.: *Experimentado.*

desacreditar
Desprestigiar, denigrar, deshonrar, infamar, criticar, vituperar.
ANT.: *Elogiar, acreditar, prestigiar.*

desactivar
1 Anular, neutralizar.
2 Inutilizar, inactivar, desmontar, detener, paralizar.
ANT.: *Activar.*

desacuerdo
Disidencia, divergencia, discordancia, disconformidad, diferencia, conflicto.
ANT.: *Acuerdo, conformidad.*

desafecto
1 Indiferencia, desamor, desvío.
ANT.: *Afecto, cariño, estima.*
2 Contrario, opuesto.
ANT.: *Afín, acorde.*
3 Aversión, hostilidad VER, malquerencia, desafección, antipatía.
ANT.: *Simpatía.*

desafiar
1 Retar, provocar.
2 (Fig.) Competir, contender, rivalizar.
3 Enfrentarse, contradecir.
4 Afrontar, enfrentar, arrostrar.

desafinado
Desentonado, desacorde, destemplado, disonante, ruidoso.
ANT.: *Afinado, entonado.*

desafío
1 Provocación, desplante, reto, bravata.
2 Apuesta, competencia, rivalidad.
3 Oposición, resistencia.
4 Lucha, duelo, combate, encuentro.

desaforado
1 Desmedido, desmesurado, excesivo, exagerado.
ANT.: *Mesurado, medido.*
2 Furioso, frenético, rabioso, desenfrenado, exasperado.
ANT.: *Tranquilo, moderado.*

desafortunado
1 Desdichado, desgraciado, desventurado, miserable.
ANT.: *Dichoso, afortunado.*
2 Infausto, infeliz, fatal, nefasto.
ANT.: *Feliz, propicio, venturoso.*
3 Inoportuno, desacertado.
ANT.: *Oportuno, acertado.*

desafuero
1 Abuso, injusticia, atropello, tropelía, exceso, arbitrariedad, violencia.
ANT.: *Mesura, justicia.*
2 Privación del fuero [Derecho].

desagradable
1 Molesto, fastidioso, enfadoso, ingrato, enojoso, incómodo, insufrible.
ANT.: *Grato, agradable.*

2 Antipático, desabrido, brusco, pesado, grosero.
ANT.: *Simpático, amable, suave.*
3 Feo, horrible.
ANT.: *Atractivo.*
4 Hediondo, repulsivo, apestoso.
ANT.: *Aromático, balsámico.*
5 (Fig.) Acerbo, acre, amargo, disgustoso, enojoso.

desagradar
1 Molestar, fastidiar, incomodar, disgustar, → desagradable.
ANT.: *Agradar, complacer.*
2 Repugnar, repeler.
ANT.: *Gustar, atraer.*

desagradecido
Ingrato, malagradecido, desleal, infiel, indiferente, egoísta.
ANT.: *Agradecido, fiel, leal.*

desagrado
1 Molestia, fastidio, incomodidad, disgusto, descontento, enfado, hastío.
ANT.: *Placer, contento, agrado.*
2 Asco, repugnancia, repulsión, rechazo.
ANT.: *Gusto, deleite.*
3 Resentimiento, amargura, aflicción, sinsabor.
ANT.: *Indulgencia, agrado, placidez.*

desagravio
Reparación, resarcimiento, reivindicación, compensación, indemnización, satisfacción.
ANT.: *Agravio, ultraje.*

desaguar
1 Vaciar, verter, escurrir, sacar, extraer.
ANT.: *Colmar, llenar.*
2 Desembocar, afluir, confluir.
3 (Fig. y fam.) Orinar.

desagüe
Desaguadero, salida, caño, tubería, cloaca, alcantarilla, sumidero.

desaguisado
1 Desatino, torpeza, necedad, injusticia, barbaridad, estropicio.
ANT.: *Acierto, justicia.*
2 Atropello, insulto, ultraje, ofensa.
ANT.: *Desagravio.*
3 Fechoría, destrozo, trastorno.

desahogado
1 Cómodo, holgado, espacioso, amplio, desembarazado.
ANT.: *Incómodo, estrecho.*
2 Tranquilo, desentrampado, acomodado, descansado.
ANT.: *Ahogado, entrampado, atosigado, endeudado.*
3 Aliviado, consolado, (fig.) descargado.
ANT.: *Afligido, atribulado.*
4 Descarado, desvergonzado, descocado.

desahogarse
Desfogarse, descargar, confiar, serenarse, aliviarse, tranquilizarse.
ANT.: *Callar, preocuparse, reprimirse.*

desahuciado
Incurable, sin remedio, grave, (fig.) sentenciado, moribundo [aplicado a enfermos].
ANT.: *Curable.*

desahuciar
1 Desalojar, arrojar, echar, despedir, expulsar, (Méx.) lanzar [al inquilino].
ANT.: *Admitir, alojar.*
2 Desesperanzar, desengañar, → desahuciado.
ANT.: *Esperanzar.*

desairar
1 Despreciar, ofender, humillar, ultrajar, rebajar.
ANT.: *Desagraviar, respetar.*
2 Menospreciar, desestimar, desatender.
ANT.: *Apreciar, atender.*

desalentado
Desanimado, deprimido, alicaído, pesimista, abatido, cabizbajo.
ANT.: *Animado, optimista.*

desaliento
1 Abatimiento, desánimo, desmoralización, consternación, desmayo, pesimismo.
ANT.: *Ánimo, aliento, optimismo.*
2 Debilidad, postración, flaqueza, decaimiento.
ANT.: *Energía, fuerza.*

desaliñado
Desarreglado, descuidado, desastrado, abandonado, harapiento, sucio.
ANT.: *Pulcro, acicalado.*

desalmado
Inhumano, cruel, malvado, despiadado, brutal, feroz, sanguinario, inclemente.
ANT.: *Clemente, humanitario, piadoso.*

desalojar
1 Eliminar, expulsar, despedir, desplazar.
ANT.: *Asimilar, admitir, colocar.*
2 Desocupar, vaciar, evacuar.
ANT.: *Ocupar, llenar.*
3 Despedir, echar, arrojar, lanzar, desahuciar.
ANT.: *Alojar.*

desamarrar
1 Desatar, desanudar, desligar, soltar, desprender.
ANT.: *Atar, amarrar, anudar.*
2 Desatracar, desaferrar, soltar amarras, hacerse a la mar [barcos].
ANT.: *Atracar.*
desamor
VER desafecto.
desamparado
Desvalido, desprotegido, solo, inerme, indefenso, perdido, abandonado, indigente.
ANT.: *Protegido, amparado.*
desangrarse
1 Sangrar, debilitarse, extenuarse, vaciarse, perder sangre.
ANT.: *Restañar.*
2 Agotarse, desaguarse, secarse [lago, estanque].
desanimar
Disuadir, desalentar, descorazonar, desmoralizar, agobiar, consternar, acobardar, desaconsejar, convencer de que no.
ANT.: *Animar, alentar.*
desapacible
1 Brusco, desagradable, malhumorado, desabrido.
ANT.: *Agradable, sereno.*
2 Borrascoso, destemplado, tormentoso [clima].
ANT.: *Apacible, bonancible.*
desaparecer
1 Desvanecerse, esfumarse, (fig.) evaporarse.
ANT.: *Aparecer.*
2 Ocultarse, esconderse, taparse.
ANT.: *Descubrirse.*
3 Ponerse, meterse [el Sol].
ANT.: *Salir.*
4 Escamotear, esconder.
5 Cesar, acabar, detenerse.
ANT.: *Empezar, iniciarse.*
6 (Fig.) Morir, fenecer.
ANT.: *Nacer.*
7 (Fig.) Huir, escabullirse.
ANT.: *Comparecer.*
desaparición
1 Desaparecimiento, ocultación, disipación.
ANT.: *Aparición, manifestación.*
2 Fin, acabamiento, final, ocaso.
ANT.: *Inicio, asomo.*
3 Muerte, deceso, pérdida.
ANT.: *Nacimiento.*
4 (Fig.) Huida, escamoteo, fuga.
ANT.: *Comparecimiento.*
desapasionado
1 Apático, tibio, indiferente, frío, insensible.
ANT.: *Apasionado.*
2 Impasible, sereno.
ANT.: *Impetuoso.*
3 Neutral, objetivo, ecuánime.
ANT.: *Parcial.*
desapego
Desinterés, indiferencia, despego, frialdad, desafecto VER.
ANT.: *Apego, afición.*
desaplicado
Descuidado, negligente, desatento, distraído, holgazán.
ANT.: *Aplicado, atento, estudioso.*
desaprensivo
1 Despreocupado, desenfadado.
ANT.: *Aprensivo.*
2 Descarado, fresco, cínico.
3 Sinvergüenza, inmoral, deshonesto.
ANT.: *Honrado.*
desaprobar
1 Reprobar, condenar, censurar, criticar, reprochar, amonestar, oponerse.
ANT.: *Aprobar, elogiar.*
2 Desautorizar, rechazar.
ANT.: *Aceptar, autorizar.*
desaprovechar
Desperdiciar, despilfarrar, malgastar, dilapidar, prodigar, perder.
ANT.: *Aprovechar.*
desarmado
Indefenso, desvalido, desprovisto, inerme, impotente.
ANT.: *Armado, protegido.*
desarmador (Méx.)
Destornillador, desatornillador.
desarmar
1 Desmontar, desbaratar, deshacer, desmenuzar, separar.
ANT.: *Montar, armar.*
2 Debilitar, desposeer, arrebatar, quitar.
ANT.: *Pertrechar, proveer.*
3 (Fig.) Aplacar, confundir, desconcertar, incapacitar.
4 Reducir el armamento, pacificar.
desarme
Desarmamiento, pacificación, apaciguamiento, tratado, pacto, acuerdo.
ANT.: *Rearme.*

desarraigado
1 Desenterrado, arrancado, descuajado.
ANT.: *Plantado, arraigado.*
2 Inestable, inseguro.
ANT.: *Fijo, estable.*
3 Desterrado, emigrado, marginado, apartado, alejado.
ANT.: *Integrado.*

desarreglar
1 Desordenar, trastornar, alterar, confundir, revolver, desorganizar, desbarajustar.
ANT.: *Ordenar, organizar.*
2 Descomponer, estropear, deteriorar, dañar.
ANT.: *Componer, arreglar.*

desarreglo
1 Desorden, desconcierto, trastorno, irregularidad.
ANT.: *Orden, regularidad.*
2 Avería, descompostura.
ANT.: *Arreglo.*
3 Desbarajuste, desorganización, mezcolanza, revoltijo*, caos, (Esp.) batiburrillo, revoltillo.
*Suele llamarse así a guisos compuestos por muchos ingredientes mezclados. En México es tradicional el revoltijo de Cuaresma.

desarrollado
1 Crecido, alto, espigado, fuerte, (fam.) embarnecido.
ANT.: *Canijo, enclenque, raquítico.*
2 Formado, maduro.
ANT.: *Atrofiado.*
3 Próspero, floreciente, industrializado [país].
ANT.: *Subdesarrollado, pobre.*
4 Extendido, desdoblado [cuerpo geométrico].

desarrollar
1 Acrecentar, ampliar, fomentar, expandir, impulsar, evolucionar.
ANT.: *Retrasar, atrasar, empobrecer, estancar.*
2 Desplegar, desenrollar, desenvolver, extender.
ANT.: *Arrollar, enrollar.*
3 Explicar, exponer, explayar, definir, interpretar, glosar.
ANT.: *Resumir, abreviar.*
4 Elaborar, producir, inventar, diseñar.
5 Formar, madurar, perfeccionar.

desarrollarse
1 Crecer, madurar, avanzar.
ANT.: *Detenerse, estancarse.*
2 Acontecer, ocurrir, suceder, transcurrir.
3 (Fig.) Progresar, evolucionar.
ANT.: *Estancarse, retroceder.*

desarrollo
1 Crecimiento, transformación.
ANT.: *Atrofia.*
2 Desenvolvimiento, adelanto.
ANT.: *Estancamiento, atraso.*
3 Expansión, progreso, prosperidad, auge, (fig.) florecimiento.
ANT.: *Retraso, retroceso, estancamiento.*
4 Explicación, comentario, glosa.
ANT.: *Resumen, síntesis.*

desarropar
Desabrigar, destapar, descubrir, desvestir.
ANT.: *Arropar, cubrir.*

desarrugar
Alisar, estirar, planchar VER, asentar, arreglar.
ANT.: *Arrugar, aplastar, ajar.*

desarticular
1 Dislocar, descoyuntar, luxar, torcer.
ANT.: *Encajar, colocar, componer.*
2 (Fig.) Desorganizar, desmembrar, separar, desunir.
ANT.: *Reunir, articular.*
3 (Fig.) Eliminar, destruir [conspiración, pandilla].
ANT.: *Confabularse, organizar.*

desaseado
1 Sucio, mugriento, cochino, astroso.
ANT.: *Aseado, limpio.*
2 Desaliñado, dejado, desidioso, descuidado.
ANT.: *Pulcro, arreglado.*

desasirse
Desprenderse, zafarse, soltarse, librarse, separarse.
ANT.: *Sujetarse, asirse.*

desasistir
Desamparar, desatender, abandonar, relegar, olvidar.
ANT.: *Ayudar, atender, asistir.*

desasosiego
1 Ansiedad, malestar, intranquilidad, zozobra, desazón.
ANT.: *Calma, sosiego.*
2 Inquietud, impaciencia.
ANT.: *Tranquilidad.*

desastre
1 Catástrofe, calamidad, cataclismo, ruina, devastación, desgracia, siniestro, tragedia, hecatombe.
2 (Fig.) Fracaso, debacle, apocalipsis.
ANT.: *Triunfo.*
3 (Fig.) Derrota grave [guerra].
ANT.: *Victoria.*

desastroso
1 Catastrófico, devastador, → desastre.
2 Inepto, incompetente, inservible.
ANT.: *Diestro, útil.*
3 Desastrado, infeliz, aciago, desafortunado, desgraciado.
ANT.: *Feliz, venturoso.*
4 (Fig.) Andrajoso, desaliñado.
ANT.: *Pulcro, arreglado.*

desatado
1 Desamarrado, desanudado, suelto.
ANT.: *Atado, anudado.*
2 (Fig.) Desbocado, desenfrenado, desaforado, desmandado.
ANT.: *Reprimido, contenido.*
3 Desencadenado, furioso [mar, viento].

desatar
1 Desanudar, desenlazar, desligar, soltar, desunir, desamarrar, liberar.
ANT.: *Atar, ligar, amarrar.*
2 (Fig.) Aclarar, resolver.
ANT.: *Confundir, embrollar.*
3 **desatarse** (Fig.) desencadenarse, soltarse.
ANT.: *Reprimirse, retraerse.*

desatascar
1 Liberar, desatollar, sacar.
ANT.: *Atascar.*
2 Despejar, destapar, desatrancar, abrir, limpiar.
ANT.: *Obstruir, tapar.*
3 (Fig.) Mover, activar, agilizar [asuntos, situaciones].
ANT.: *Obstaculizar.*

desatención
1 Distracción, olvido, desaplicación.
ANT.: *Interés, aplicación.*
2 Incorrección, desaire, descortesía, descomedimiento, desprecio.
ANT.: *Atención, cortesía.*

desatender
1 Desobedecer, desoír.
ANT.: *Obedecer, escuchar.*
2 Descuidar, relegar, olvidar, desasistir, abandonar, menospreciar.
ANT.: *Atender, recordar.*

desatento
1 Distraído, disperso, desconcentrado
ANT.: *Concentrado, atento, aplicado.*
2 Incorrecto, desconsiderado, descortés, ordinario, grosero.
ANT.: *Correcto, atento, considerado.*

desatino
Desacierto, disparate, dislate, tontería, error, insensatez, (fig.) barbaridad.
ANT.: *Acierto, tino.*

desatornillar
Desenroscar, destornillar, girar, soltar.
ANT.: *Atornillar.*

desatrancar
VER desatascar.

desautorizado
1 Descalificado, incompetente, no aceptado legalmente.
ANT.: *Calificado, competente, autorizado.*
2 Prohibido, vedado, negado.
ANT.: *Permitido, aprobado.*
3 Desacreditado, desprestigiado, disminuido.
ANT.: *Acreditado, prestigioso.*
4 Desmentido.
ANT.: *Confirmado, corroborado.*

desautorizar
1 Descalificar, desaprobar.
ANT.: *Aprobar, autorizar.*
2 Prohibir, vedar, vetar, negar.
ANT.: *Permitir.*
3 Desacreditar, desprestigiar.
ANT.: *Acreditar, reconocer.*
4 Desmentir.
ANT.: *Corroborar, confirmar.*

desavenencia
Desacuerdo, discrepancia, discusión, disputa, ruptura, pugna.
ANT.: *Acuerdo, armonía, avenencia.*

desavenirse
Enemistarse, indisponerse, disgustarse, malquistarse, desunirse.
ANT.: *Conciliar, reconciliarse.*

desayuno
1 Primer alimento del día.
2 Reunión para desayunar.

desazón
1 Insipidez, desabrimiento [comida].
ANT.: *Sazón, sabor.*
2 Comezón, picor, molestia, picazón.
3 (Fig.) Zozobra, ansiedad, intranquilidad, desasosiego, pesadumbre, inquietud, estrés.
ANT.: *Tranquilidad, sosiego.*

4 (Fig.) Fastidio, disgusto, contrariedad, descontento.
5 Remordimiento, pesar, malestar.

desbancar
1 Eliminar, quitar, desplazar, suplantar, arrebatar, apoderarse, usurpar.
2 Arruinar, quebrar, arramblar, saltar la banca [juegos de azar].
ANT.: *Perder.*

desbandada
Dispersión, estampida, fuga, huida, escapada, desorden.

desbarajuste
1 Confusión, caos, desorden, tumulto, barullo, lío.
ANT.: *Orden, calma.*
2 (Fig.) Enredo, laberinto, desarreglo, desconcierto, (Argent., Chile, Urug./fam.) desparramo.
ANT.: *Claridad, concierto.*
3 Trastorno, anomalía, alteración.
ANT.: *Normalidad.*

desbaratar
1 Estropear, arruinar, deshacer, desarmar, desarticular, desmontar, descomponer, destrozar.
ANT.: *Rehacer, componer.*
2 (Fig.) Impedir, estorbar, frustrar.
ANT.: *Favorecer, alentar.*

desbarrar
1 Resbalar, deslizarse.
2 (Fig.) Desatinar, desvariar, errar, disparatar, delirar.
ANT.: *Razonar.*

desbocado
1 Descontrolado, enloquecido, encabritado, desenfrenado [caballerías].
ANT.: *Dominado, tranquilo, controlado.*
2 (Fig. y fam.) Desvergonzado, disparado, deslenguado, descarado, malhablado.
ANT.: *Discreto, mesurado, bienhablado.*
3 (Fig.) Trastornado, frenético, incontrolable.
ANT.: *Equilibrado, mesurado.*

desbordante
Exuberante, excesivo, rebosante, profuso, ilimitado.
ANT.: *Mínimo, escaso, reducido.*

desbordarse
1 Rebosar, derramarse, (fam.) tirarse.
2 Anegar, inundar, subir, salirse de cauce [aguas].
ANT.: *Bajar, encauzarse.*
3 (Fig.) Sobrepasar, exceder, desmandarse, desenfrenarse, exaltarse.
ANT.: *Contenerse.*

desbravar
Amansar, domesticar, domar, amaestrar, aplacar, dominar.

desbrozar
Despejar, limpiar, desembrozar, allanar, desarraigar, extirpar, desyerbar.
ANT.: *Obstaculizar, tupir.*

descabellado
Disparatado, excéntrico, alocado, desatinado, ilógico, insensato, irracional, absurdo.
ANT.: *Sensato, lógico, razonable.*

descabezar
1 Decapitar, guillotinar.
2 (Fig.) Despuntar, desmochar, mochar, podar, mondar.
3 (Colomb.) Destituir, defenestrar.

descalabrar
1 Descrismar, romper la cabeza, partir la crisma.
2 Herir, lesionar, golpear, lastimar.
ANT.: *Curar, cuidar.*
3 (Fig.) Perjudicar, dañar, arruinar.
ANT.: *Beneficiar.*

descalabro
1 Contratiempo, infortunio, quebranto, daño, pérdida.
ANT.: *Ganancia.*
2 Derrota.
ANT.: *Triunfo.*

descalificar
1 Desacreditar, desautorizar, desprestigiar, reprobar.
ANT.: *Calificar, aprobar.*
2 Eliminar, anular, invalidar, incapacitar, inhabilitar.
ANT.: *Autorizar.*

descalzarse
Despojarse, quitarse, desprenderse, desnudar [referido a pies o calzado].
ANT.: *Calzarse.*

descaminado
1 Perdido, extraviado, descarriado.
ANT.: *Orientado.*
2 (Fig.) Errado, erróneo, desacertado, equivocado, desencaminado, confundido, incorrecto, desatinado.
ANT.: *Atinado, acertado.*

descampado
1 Despoblado, descubierto, despejado.
ANT.: *Poblado.*

2 Erial, páramo, llanura, solar.
3 **en descampado** A campo abierto, a cielo limpio, al descubierto.
ANT.: *A cubierto, bajo techo.*

descansar
1 Reposar, reponerse, holgar, relajarse, echarse, tenderse, yacer, dormir, reclinarse.
ANT.: *Fatigarse, cansarse.*
2 Sosegarse, aliviarse, calmarse, desahogarse, consolarse.
ANT.: *Sufrir, desconsolarse, angustiarse.*
3 Parar, suspender, detener, dejar [trabajo, labor].
ANT.: *Proseguir, continuar.*

descansillo
Rellano, descanso, tramo.

descanso
1 Reposo, sueño, respiro.
ANT.: *Fatiga, cansancio.*
2 Detención, parada, tregua, alto.
ANT.: *Acción.*
3 Holganza, inactividad, asueto.
ANT.: *Trabajo.*
4 Alivio, desahogo, consuelo, sosiego.
ANT.: *Desasosiego, desazón, pesar, pena.*
5 Intermedio, intervalo, interludio, entreacto.
ANT.: *Ejecución, representación.*

descarado
Insolente, irrespetuoso, atrevido, desfachatado, desvergonzado, cínico, grosero, vulgar, fresco, descomedido, desmandado.
ANT.: *Respetuoso, cortés.*

descarga
1 Desembarque, → descargar.
ANT.: *Carga.*
2 Andanada, fuego, salva, disparos, cañonazos, ametrallamiento.
3 Chispazo, emisión brusca de electricidad.
4 (Fig.) Ayuda, apoyo, descargo, aligeramiento.

descargadero
Muelle, atracadero, plataforma, andén, almacén, depósito.

descargador
Estibador, cargador, mozo, costalero, esportillero, (Esp.) faquín.

descargar
1 Aligerar, sacar, bajar, desembarcar, descender, desembarazar.
ANT.: *Embarcar, cargar.*
2 Aliviar, liberar, eximir; revelar, ayudar.
ANT.: *Agobiar.*
3 Atizar, pegar, zurrar, propinar.
4 Fusilar, disparar, ametrallar, barrer, tirotear.
5 Desaguar, vaciar, verter.
ANT.: *Llenar.*
6 Desahogar, desfogar, confesar.
ANT.: *Contener, reprimir.*

descarnado
1 Flaco, esquelético, enjuto, enflaquecido, seco, huesudo.
ANT.: *Rollizo, carnoso.*
2 (Fig.) Desgarrador, crudo, brutal, impactante.
ANT.: *Suave, agradable.*

descaro
Insolencia, desfachatez, desvergüenza, cinismo, frescura.
ANT.: *Respeto, mesura.*

descarriado
1 Desviado, desencaminado, extraviado.
ANT.: *Encaminado, orientado.*
2 (Fig.) Corrompido, depravado, perdulario.
ANT.: *Recto, sensato.*

descarriar
1 Desviar, descaminar, errar, distraer, apartar.
ANT.: *Encaminar, orientar.*
2 (Fig.) Pervertir, malear, perder.
ANT.: *Guiar, encarrilar.*

descarriarse
1 Extraviarse, perderse, desviarse, apartarse.
ANT.: *Orientarse, volver.*
2 (Fig.) Pervertirse, depravarse, malograrse.
ANT.: *Encarrilarse, encaminarse, corregirse.*

descarrilamiento
Descarriladura, accidente, choque, percance, incidente.

descarrío
Desvío, extravío, desorientación, → descarriado.

descartar
1 Rechazar, desechar, excluir, eliminar, prescindir de.
ANT.: *Incluir, aceptar.*
2 Apartar, separar, quitar.
ANT.: *Integrar.*

descasar
1 Separar, divorciar, apartar.
ANT.: *Casar, unir.*
2 (Fig.) Descomponer, desordenar, alterar.
ANT.: *Componer, ordenar.*
3 **descasarse** Divorciarse.

D

descastado (Desp.)
1 Desapegado, indiferente [con su parentela].
ANT.: *Apegado.*
2 Ingrato, desagradecido, infiel, renegado.
ANT.: *Agradecido, fiel.*
descendencia
1 Progenie, sucesión.
ANT.: *Ascendencia.*
2 Estirpe, linaje, casta, sucesores, herederos.
ANT.: *Antecesores.*
descender
1 Bajar, resbalar, deslizarse.
ANT.: *Subir, ascender.*
2 Caer, fluir, precipitarse.
3 Proceder, provenir, derivarse.
4 Disminuir, decrecer, aminorar, menguar, mermar, debilitarse.
ANT.: *Crecer, aumentar.*
descendente
1 Hacia abajo, inclinado.
ANT.: *Ascendente.*
2 Menguante, decadente.
ANT.: *Creciente.*
descendiente
Sucesor, hijo, heredero, vástago, pariente, familiar.
ANT.: *Ascendiente, antepasado.*
descenso
1 Bajada, descendimiento, deslizamiento, caída.
ANT.: *Ascenso, subida, elevación.*
2 (Fig.) Declinación, decadencia, declive, ocaso, debilitamiento.
ANT.: *Apogeo, aumento.*
descentrado
1 Excéntrico, desplazado, desviado, desorientado, desarraigado.
ANT.: *Centrado.*
2 (Fig.) Desequilibrado, desubicado, inadaptado, desquiciado, alterado.
ANT.: *Equilibrado.*
descentralizar
Desconcentrar, descongestionar, transferir, repartir.
ANT.: *Centralizar, concentrar.*
descerrajar
1 Forzar, romper, violentar, violar, fracturar, quebrantar [cerraduras].
2 (Fig. y fam.) Descargar, disparar [arma de fuego].
descifrar
1 Descodificar, traducir, transcribir, interpretar, hacer exégesis.
ANT.: *Cifrar, codificar.*
2 (Fig.) Penetrar, entender, comprender, desentrañar, averiguar.
ANT.: *Desconocer, ignorar.*
desclavar
1 Extraer, arrancar, desprender, quitar, separar.
ANT.: *Clavar, fijar.*
2 (Fig.) Desengastar, desengarzar.
ANT.: *Engastar, engarzar.*
descocado
Licencioso, libertino, impúdico, desvergonzado, desfachatado, (fig.) desahogado.
ANT.: *Pudoroso, recatado.*
descoco
Descaro, desparpajo, desvergüenza, impudicia, desfachatez.
ANT.: *Pudor, recato.*
descolgar
1 Bajar, arriar, apear, quitar.
ANT.: *Colgar, alzar.*
2 **descolgarse** (Fig.) Aparecer, llegar, presentarse.
descollante
1 Destacado, sobresaliente, señalado, excelente, superior, ilustre, distinguido.
ANT.: *Insignificante, irrelevante.*
2 Dominante, elevado.
ANT.: *Bajo.*
descollar
1 Destacar, sobresalir, distinguirse.
ANT.: *Deslucir.*
2 Despuntar, asomar, emerger.
descolocado
1 Descentrado, desplazado, desacomodado, mal situado.
ANT.: *Colocado, situado.*
2 Desocupado, desempleado, parado.
ANT.: *Activo, empleado.*
descolorido
1 Incoloro, desvaído, apagado, tenue, blanquecino, desteñido.
ANT.: *Colorido, coloreado, brillante.*
2 Pálido, macilento, lívido, amarillento, desmejorado.
ANT.: *Rubicundo.*
descomedido
Descortés, descarado VER.
descomponer
1 Desordenar, desorganizar, desbaratar, desarreglar.
ANT.: *Ordenar, organizar.*
2 Disgregar, desintegrar.
ANT.: *Componer, recomponer.*
3 Averiar, deteriorar, estropear, dañar, arruinar.
ANT.: *Arreglar, componer.*

4 Descompaginar [tipografía].
ANT.: *Compaginar.*

descomponerse
1 Echarse a perder, pudrirse o podrirse, alterarse, estropearse, corromperse, picarse, agriarse.
ANT.: *Conservarse.*
2 Enfermar, indisponerse, desazonarse, marearse, destemplarse, desmejorar, debilitarse.
ANT.: *Componerse, reponerse, mejorar.*
3 Enfadarse, irritarse, desquiciarse, exasperarse.
ANT.: *Serenarse, calmarse.*
4 (Fig.) Desarreglarse, desaliñarse, venir a menos, descuidarse.
ANT.: *Arreglarse, cuidarse.*

descomposición
1 Putrefacción, podredumbre, podre, corrupción.
ANT.: *Conservación.*
2 (Fam.) Diarrea, cursos, flujo, cámara.
ANT.: *Estreñimiento.*
3 Desazón, consternación.
ANT.: *Compostura.*

descompostura
1 Indisposición, malestar, achaque, afección, enfermedad.
ANT.: *Mejoría.*
2 Desaliño, desaseo, descuido.
ANT.: *Pulcritud.*
3 (Fig.) Descaro, desfachatez, descortesía.
ANT.: *Comedimiento, respeto.*
4 Rotura, avería, daño.
ANT.: *Compostura, reparación.*

descompuesto
1 Dañado, averiado, deteriorado, estropeado.
ANT.: *Arreglado, compuesto, reparado.*
2 Indispuesto, enfermo, achacoso, desmejorado, demacrado.
ANT.: *Curado, sano.*
3 Podrido, corrompido, agrio, acedo, picado, alterado, maloliente.
ANT.: *Fresco, conservado.*
4 (Fig.) Desaliñado, descuidado.
ANT.: *Pulcro, aliñado.*
5 (Fig.) Inmodesto, descortés, atrevido.
ANT.: *Respetuoso, cortés.*
6 (Amér. Central, Chile, Perú, P. Rico) Borracho, ebrio.

descomunal
Enorme, extraordinario, colosal, formidable, gigantesco, desmesurado, monstruoso, fenomenal.
ANT.: *Minúsculo, diminuto, ordinario.*

desconcertar
1 Turbar, perturbar, desordenar, alterar.
ANT.: *Ordenar.*
2 (Fig.) Sorprender, aturdir, embarazar, desorientar, confundir.
ANT.: *Calmar, orientar.*
3 Descoyuntar, dislocar.
ANT.: *Concertar.*

desconcierto
1 Sorpresa, turbación, aturdimiento, extrañeza, desorientación.
ANT.: *Seguridad, calma.*
2 Desorden, confusión.
ANT.: *Orden, concierto.*

desconectar
1 Cortar, interrumpir, desenchufar, interceptar, suspender, detener, parar.
ANT.: *Conectar, enchufar.*
2 Incomunicar, aislar, desvincular.
ANT.: *Vincular, relacionar.*
3 Desunir, desacoplar, separar.
ANT.: *Unir, acoplar.*

desconfianza
1 Recelo, sospecha, suspicacia, resquemor, inseguridad.
ANT.: *Confianza, seguridad.*
2 Escepticismo, incredulidad, malicia.
ANT.: *Fe.*
3 Aprensión, prevención.
4 Duda, reserva.
ANT.: *Respaldo, apoyo.*

descongestionar
1 Desahogar, desatascar, desconcentrar, abrir, aligerar, dar fluidez.
ANT.: *Congestionar, atascar.*
2 Aliviar, desobstruir.
ANT.: *Obstruir.*

desconocer
1 Ignorar, olvidar.
ANT.: *Conocer, saber, recordar.*
2 Repudiar, negar, rechazar, despreciar.
ANT.: *Admitir, apreciar.*

desconocido
1 Ignoto, oculto, obscuro, secreto.
ANT.: *Conocido, divulgado.*
2 Anónimo, ignorado.
ANT.: *Famoso, célebre.*
3 Extraño, intruso, forastero.
ANT.: *Conocido.*

desconocimiento
1 Ignorancia, inexperiencia, incomprensión, inadvertencia, inconsciencia.
ANT.: *Conocimiento, saber.*
2 Ingratitud, desagradecimiento.
ANT.: *Reconocimiento.*

desconsiderado
Irrespetuoso, descortés, desatento, incorrecto, ingrato, ofensivo, despreciativo, inconsiderado.
ANT.: *Cortés, atento, considerado, respetuoso.*

desconsolado
Inconsolable, angustiado, atribulado, afligido, mortificado, compungido, pesaroso, apesadumbrado, gimiente, triste, dolorido, desfallecido.
ANT.: *Consolado, contento, animado, reconfortado.*

desconsuelo
Angustia, congoja, tribulación, aflicción, tristeza, dolor, pena, pesar, abatimiento.
ANT.: *Consuelo, alegría.*

descontar
1 Rebajar, restar, deducir, quitar, disminuir.
ANT.: *Cargar, gravar, aumentar.*
2 (Fig.) Dar por cierto o por hecho.
ANT.: *Desconfiar.*
3 (Méx./fam.) Noquear, golpear.

descontento
1 Disgusto, desagrado, disconformidad, inconformidad, enojo, enfado, fastidio.
ANT.: *Contento, conformidad.*
2 Disgustado, insatisfecho, enfadado, contrariado, quejoso, inconforme.
ANT.: *Satisfecho, complacido.*

descontón (Méx.)
Golpazo, bofetada, trancazo, cate, puñetazo.

descontrol
Desorden, indisciplina, desbarajuste, caos.
ANT.: *Organización, control.*

descontrolado
Desaforado, desbocado VER.

descorazonamiento
Desmoralización, desaliento, desánimo, abatimiento, desfallecimiento, desesperanza.
ANT.: *Ánimo, esperanza, alegría.*

descorazonar
(Fig.) Desmoralizar, desalentar, desanimar, amilanar, abatir, desesperanzar.
ANT.: *Alentar, animar.*

descorrer
1 Retirar, plegar, correr, reunir.
ANT.: *Desplegar, extender.*
2 (Fig.) Desvelar, revelar, descubrir, exhibir.
ANT.: *Ocultar, tapar.*

descortés
Descomedido, desatento, incorrecto, desconsiderado, (fig.) ordinario, grosero, rudo, incivil, vulgar, ofensivo.
ANT.: *Cortés, atento, considerado, amable, educado.*

descortesía
Desconsideración, desatención, incorrección, ordinariez, grosería, desabrimiento.
ANT.: *Cortesía, atención, educación.*

descortezar
1 Descascarar, mondar, pelar, descascarillar, limpiar, cortar, retirar.
2 (Fig. y fam.) Pulir, desbastar, educar, refinar, civilizar.

descoser
1 Deshacer, deshilvanar, desatar, desprender, desunir, romper, rasgar.
ANT.: *Coser, unir.*
2 descoserse (Fig. y fam.) Revelar, descubrir, despepitar, (Méx.) soltar la sopa.
ANT.: *Guardar, reservarse.*

descoyuntar
1 Dislocar, desarticular, desencajar, luxar, distender.
ANT.: *Encajar, componer.*
2 (Fig.) Agotar, extenuar.
ANT.: *Reponer, descansar.*

descrédito
Desprestigio, deshonor, deshonra, ignominia, mengua, baldón.
ANT.: *Honra, crédito, prestigio.*

descreído
1 Incrédulo, escéptico.
ANT.: *Crédulo, ingenuo.*
2 Impío, irreverente, ateo, infiel, irreligioso.
ANT.: *Creyente, fiel.*

describir
1 Explicar, detallar, especificar, definir, reseñar, referir, contar.
2 Trazar, dibujar, delinear.
3 Seguir, continuar [una trayectoria].

descripción
1 Explicación, desglose, exposición, especificación, reseña, detalle.
2 (Fig.) Retrato, imagen.
3 Inventario, relación.

descriptivo
Gráfico, claro, detallado, expresivo, representativo.
ANT.: *Confuso, embrollado.*

descuajaringado
Desvencijado, destartalado, estropeado, (Amér.) descuajeringado.
ANT.: *En buen estado, compuesto.*

descuartizar
1 Dividir, despedazar, partir, trocear, (Argent., Urug.) trozar.
2 Desmembrar, mutilar.
descubridor
1 Explorador, batidor, adelantado, expedicionario, conquistador.
2 Inventor, investigador, científico, creador.
descubrimiento
1 Hallazgo, encuentro, revelación.
2 Conquista, exploración.
3 Invención, creación, obra.
descubrir
1 Mostrar, enseñar, destapar, exhibir, revelar.
ANT.: *Esconder, ocultar, tapar.*
2 Difundir, publicar, pregonar.
ANT.: *Reservar.*
3 Divisar, percibir, ver, avistar.
4 Desenmascarar, denunciar, sorprender.
ANT.: *Encubrir.*
5 Localizar, hallar, encontrar.
6 **descubrirse** Destocarse, desnudarse, destaparse.
ANT.: *Cubrirse, vestirse.*
descuento
Reducción, rebaja, deducción, porcentaje.
ANT.: *Gravamen, cargo.*
descuerar
1 Desollar, despellejar.
2 (Fig.) Denigrar, criticar, desacreditar, murmurar de alguien, (Méx./fam.) recortar.
descuidar
1 Desatender, abandonar, despreocuparse, desentenderse.
ANT.: *Atender, preocuparse.*
2 Olvidar, omitir, postergar.
descuidarse
1 Dormirse, distraerse, desprevenirse.
ANT.: *Vigilar.*
2 (Fig.) Desatenderse, afearse, desaliñarse.
ANT.: *Cuidarse.*
descuidero
Ratero, carterista, ladrón VER, (Argent.) descuidista.
descuido
1 Negligencia, omisión, inadvertencia, desorden.
ANT.: *Cuidado, esmero.*
2 Distracción, olvido, desliz, error.
ANT.: *Atención.*
3 Abandono, apatía, indiferencia, desidia.
ANT.: *Preocupación.*
4 Desaliño, desaseo.
ANT.: *Pulcritud.*
desdecir
1 (Ant.) Desmentir, negar.
ANT.: *Afirmar, aseverar.*
2 Desentonar, desmerecer, contrastar.
ANT.: *Armonizar, entonar.*
3 **desdecirse** Retractarse, negarse, retraerse, enmendar, (fig.) recular, echarse para atrás.
ANT.: *Confirmar, reiterar.*
desdén
Menosprecio, desapego, desaire, ofensa, postergación.
ANT.: *Aprecio, interés.*
desdeñable
1 Insignificante, indigno, minúsculo, anodino.
ANT.: *Importante, apreciable.*
2 Despreciable, menospreciable, mezquino.
ANT.: *Digno, respetable.*
desdeñar
Desestimar, menospreciar, desairar, despreciar, ofender, postergar.
ANT.: *Apreciar, interesarse.*
desdeñoso
Indiferente, arrogante, altanero, soberbio, despectivo, ofensivo.
ANT.: *Interesado, atento, deferente.*
desdicha
1 Infelicidad, desventura, desgracia, adversidad, fatalidad.
ANT.: *Dicha, ventura.*
2 Desamparo, pobreza, miseria, extrema necesidad.
ANT.: *Fortuna, riqueza.*
desdichado
1 Desventurado, infeliz, desgraciado, mísero.
ANT.: *Dichoso.*
2 Triste, lamentable.
ANT.: *Dichoso, afortunado, feliz.*
desdoblar
1 Extender, desplegar, desenrollar.
ANT.: *Plegar, doblar.*
2 Desglosar, separar.
3 (Fig.) Fragmentar, dividir.
ANT.: *Unir.*
desdoro
Descrédito, desprestigio, deshonra, mancilla, baldón.
ANT.: *Honra, prestigio.*

desear
1 Anhelar, ansiar, ambicionar, aspirar a, pretender, querer, codiciar, (fig.) acariciar, soñar.
ANT.: *Rechazar, desdeñar.*
2 Apetecer, antojarse, encapricharse.
ANT.: *Rehusar.*

desechar
1 Excluir, apartar, separar, retirar, arrinconar.
ANT.: *Incluir, integrar, recoger.*
2 Rechazar, descartar, negar, desentenderse.
ANT.: *Considerar, incluir.*
3 Menospreciar, repudiar.
ANT.: *Apreciar.*
4 Arrojar, expeler, excretar.
ANT.: *Asimilar, absorber.*

desechos
Desperdicios, sobras, residuos, despojos, restos, escoria, excrementos, heces.

desembalar
VER desempaquetar.

desembarazado
1 Expedito, libre, abierto, amplio, descubierto.
ANT.: *Atascado, obstruido.*
2 (Fig.) Desenvuelto, desenfadado, audaz, osado, atrevido.
ANT.: *Tímido, apocado.*

desembarazar
1 Despejar, desocupar, evacuar, limpiar, retirar, quitar.
ANT.: *Obstruir, estorbar.*
2 **desembarazarse** Eliminar, librarse, apartar.

desembarazo
Desenvoltura, desenfado, soltura, osadía, audacia, descaro.
ANT.: *Timidez, cortedad, embarazo.*

desembarcadero
Muelle, malecón, dársena, fondeadero, atracadero.

desembarcar
1 Bajar, salir del barco, llegar, descender.
ANT.: *Embarcar, subir.*
2 Invadir, incursionar, → desembarco.
3 Descargar, sacar [mercancías].
ANT.: *Cargar, llenar.*

desembarco
1 Invasión, asalto, incursión, ataque, ocupación.
2 Desembarque, → desembarcar.

desembaular
1 Desempacar, desempaquetar VER.
2 (Fig.) Desembuchar, hablar, confesar, cantar, revelar.
ANT.: *Callar, resistir.*

desembocadura
Boca, desemboque, desagüe, estuario, desembocadero, salida, delta.
ANT.: *Fuente, origen.*

desembocar
1 Dar a, terminar en, desaguar, verterse, derramarse, confluir [ríos].
ANT.: *Nacer, originarse.*
2 Terminar, concluir, llegar.
ANT.: *Comenzar, arrancar.*

desembolso
1 Pago, gasto, erogación, entrega.
ANT.: *Ingreso, cobro.*
2 Dispendio, derroche, (Esp.) coste.
ANT.: *Embolso, ahorro.*

desembrollar
Desenmarañar, esclarecer, aclarar, dilucidar, descubrir, desenredar.
ANT.: *Embrollar, enredar, enmarañar.*

desemejante
Diferente, disímil, desigual VER.
ANT.: *Semejante, similar.*

desemejanza
Disimilitud, diferencia, diversidad, falta de identidad.
ANT.: *Semejanza, identificación.*

desempaquetar
Desenvolver, desembalar, desenfardar, desatar, destapar, desempacar, desembaular, deshacer, desliar, abrir.
ANT.: *Empaquetar, atar, liar, envolver.*

desemparejar
Desempatar, desigualar, desnivelar.
ANT.: *Emparejar, empatar.*

desempeñar
1 Representar, interpretar, asumir [papel, rol].
2 Ejercer, ejercitar, practicar [profesión u ocupación].
3 Recuperar, rescatar, liberar.
ANT.: *Empeñar, pignorar.*

desencadenar
1 Liberar, soltar, desamarrar.
ANT.: *Encadenar, aprisionar.*
2 (Fig.) Redimir, emancipar, rescatar.
ANT.: *Oprimir, esclavizar.*
3 (Fig.) Provocar, desatar, originar.

desencadenarse
1 Estallar, desatarse, iniciar [tormenta, temporal].
ANT.: *Terminar, escampar.*

2 (Fig.) Desenfrenarse.
ANT.: *Contenerse.*

desencajar
1 Desajustar, desacoplar, desquiciar, desmontar.
ANT.: *Ajustar, encajar, acoplar.*
2 Dislocar, descoyuntar, desarticular, luxar, torcer [articulaciones del cuerpo].
ANT.: *Componer, reducir.*
3 **desencajarse** Palidecer, descomponerse, desfigurarse.
ANT.: *Aliviarse, reponerse.*

desencanto
Decepción, desilusión, desengaño, chasco, frustración.
ANT.: *Ilusión, satisfacción.*

desencapotar
Descubrir, manifestar, revelar.
ANT.: *Cubrir, ocultar.*

desencapotarse
1 Apaciguarse, calmarse, desenfadarse, sosegarse.
ANT.: *Disgustarse, enojarse.*
2 Aclararse, despejarse, serenarse [el cielo].
ANT.: *Nublarse.*

desenchufar
Desconectar, desacoplar, separar, retirar, interrumpir.
ANT.: *Enchufar, conectar.*

desenfado
Soltura, desenvoltura, desembarazo, desparpajo, audacia, osadía, descaro, desfachatez.
ANT.: *Timidez, cortedad, cohibición.*

desenfrenado
1 Desmedido, desaforado, inmoderado, incontinente, alocado, disoluto, libertino.
ANT.: *Moderado, continente.*
2 Raudo, veloz, desbocado.
ANT.: *Refrenado.*

desenfreno
Exceso, desenfrenamiento, libertinaje, abuso.
ANT.: *Moderación, continencia.*

desenfundar
1 Sacar, desenvainar [armas].
ANT.: *Enfundar.*
2 Descubrir, destapar, extraer, quitar.
ANT.: *Cubrir, meter.*

desenganchar
Desconectar, desunir, desacoplar, desprender, separar, soltar.
ANT.: *Enganchar, unir.*

desengañar
1 Defraudar, decepcionar, desilusionar, desencantar, desesperanzar, contrariar.
ANT.: *Ilusionar, esperanzar.*
2 Revelar, decir, (fig.) abrir los ojos.
ANT.: *Engañar.*

desengaño
Decepción, desilusión, → desengañar.

desenlace
1 Desenredo, solución.
ANT.: *Enredo, nudo.*
2 Conclusión, colofón, resultado, remate, final.
ANT.: *Inicio, comienzo.*

desenlazar
Desanudar, desatar VER.

desenmarañar
VER desenredar.

desenmascarar
1 Descubrir, exponer, mostrar.
ANT.: *Cubrir, enmascarar.*
2 (Fig.) Revelar, señalar, acusar, sorprender.
ANT.: *Ocultar, encubrir.*

desenredar
1 Desenmarañar, desatar, deshacer, soltar.
ANT.: *Enmarañar, enredar.*
2 Peinar, alisar.
ANT.: *Revolver, despeinar.*
3 Desembrollar, ordenar, esclarecer, aclarar, solucionar.
ANT.: *Embrollar, confundir.*

desenrollar
Desplegar, abrir, extender, estirar, desarrollar, desenvolver.
ANT.: *Enrollar, plegar.*

desenroscar
1 Desatornillar, destornillar, desenrollar, destorcer, girar.
ANT.: *Enroscar, atornillar.*
2 **desenroscarse** Estirarse, extenderse, tenderse.
ANT.: *Enroscarse.*

desentenderse
1 Despreocuparse, olvidar, desdeñar, rehuir, disimular, abstenerse.
ANT.: *Preocuparse, involucrarse.*
2 Zafarse, desligarse.
ANT.: *Involucrarse.*

desenterrar
1 Sacar, excavar, escarbar.
ANT.: *Enterrar, cubrir.*
2 Extraer, desincrustar.
ANT.: *Clavar, incrustar.*

D

3 Exhumar.
ANT.: *Sepultar, inhumar.*
4 (Fig.) Revelar, descubrir.
ANT.: *Ocultar, esconder.*
5 (Fig.) Evocar, recordar, resucitar, revivir.
ANT.: *Olvidar, ignorar.*

desentonado
1 Desafinado, destemplado, discordante, disonante.
ANT.: *Afinado, entonado.*
2 Discrepante, desacorde, fuera de lugar.
ANT.: *Apropiado, acorde.*

desentrañar
1 Despanzurrar, destripar, desventrar.
2 (Fig.) Descifrar, averiguar, aclarar, desembrollar, solucionar, dilucidar, resolver.
ANT.: *Embrollar, enmarañar.*

desenvainar
1 Desenfundar, desnudar, extraer, sacar, tirar de.
ANT.: *Envainar, meter.*
2 (Fig.) Sacar las uñas [animales de garra].

desenvoltura
1 Desenfado, desembarazo, aplomo, naturalidad, garbo, seguridad.
ANT.: *Inseguridad, torpeza, apocamiento.*
2 (Fig.) Descaro, desparpajo, desvergüenza, frescura, insolencia.
ANT.: *Respeto, cortesía, recato.*

desenvolver
1 Desempaquetar, desenrollar VER.
ANT.: *Envolver.*
2 **desenvolverse** Desarrollarse, desempeñarse, moverse.

desenvuelto
Desembarazado, desenfadado, → desenvoltura.

deseo
1 Anhelo, afán, ansia, ambición, pretensión.
ANT.: *Desinterés.*
2 Aspiración, esperanza.
3 Apetencia, apetito, gana, (fam.) ganas.
ANT.: *Rechazo, repugnancia.*
4 Propensión, inclinación.
ANT.: *indiferencia.*

deseoso
Anhelante, ansioso, esperanzado, afanoso, codicioso, inclinado.
ANT.: *Apático.*

desequilibrado
1 Inestable, vacilante.
ANT.: *Estable.*
2 Desproporcionado, inarmónico.
ANT.: *Proporcionado.*
3 Perturbado, trastornado, neurótico, maniático, maniaco, chiflado, loco VER.
ANT.: *Cuerdo, equilibrado.*

desequilibrio
1 Inestabilidad, oscilación, vacilación.
ANT.: *Equilibrio, estabilidad.*
2 Desigualdad, desproporción.
ANT.: *Proporción.*
3 Trastorno, perturbación, neurosis, manía, chifladura, locura, insensatez.
ANT.: *Cordura, sensatez.*

desertar
1 Defeccionar, desincorporarse, desunirse, huir, escapar, renegar.
2 (Fig.) Abandonar, dejar [obligaciones o ideales].
ANT.: *Asumir, conservar.*

desértico
1 Árido, seco, yermo, estéril.
ANT.: *Fértil, feraz.*
2 Despoblado, deshabitado, desolado, solitario.
ANT.: *Poblado, habitado.*

desertor
Tránsfuga, prófugo, fugitivo, escapado, desleal, traidor, cobarde.
ANT.: *Fiel, leal.*

desesperación
1 Desesperanza, desaliento, descorazonamiento, abatimiento.
ANT.: *Esperanza, confianza.*
2 (Fig.) Exasperación, enfado, irritación, disgusto, alteración.
ANT.: *Serenidad, sosiego.*

desesperante
Insoportable, exasperante, agobiante, irritante, fastidioso.
ANT.: *Grato, calmante.*

desesperar
1 Desesperanzar.
ANT.: *Esperanzar.*
2 Desconfiar, sospechar, recelar, temer.
ANT.: *Confiar, esperar.*
3 **desesperarse** (Fam.) Exasperarse, impacientarse, enfadarse.
ANT.: *Calmarse.*

desestabilizar
1 Desequilibrar, mover, debilitar.
ANT.: *Estabilizar.*
2 (Fig.) Alterar, perturbar, trastornar, confundir.
ANT.: *Equilibrar, centrar, ubicar.*

desestimar
1 Menospreciar, desdeñar.
ANT.: *Apreciar, estimar.*
2 Desechar, rechazar, rehusar, impugnar, negar, denegar.
ANT.: *Aceptar, conceder.*

desfachatez
Descaro, descoco, insolencia, cinismo, frescura, atrevimiento, osadía.
ANT.: *Respeto, recato, prudencia.*

desfalcar
Estafar, sustraer, robar, escamotear, malversar, defraudar.

desfallecimiento
1 Decaimiento, debilidad, extenuación, agotamiento.
2 Abatimiento, desánimo, desaliento.
ANT.: *Entusiasmo, recuperación.*
3 Vahído, desvanecimiento, desmayo, soponcio.

desfasado
1 Desajustado, a destiempo.
ANT.: *Ajustado, exacto.*
2 Pasado, anticuado, arcaico.
ANT.: *Actual, apropiado.*

desfavorable
Adverso, contrario, hostil, nocivo, perjudicial, dañino.
ANT.: *Propicio, favorable.*

desfigurar
1 Deformar, alterar, cambiar, transformar.
ANT.: *Mantener, conservar.*
2 Esfumar, borrar, confundir.
ANT.: *Definir, perfilar.*
3 Tergiversar, falsear, disimular.
ANT.: *Revelar.*
4 Dañar, lisiar, estropear, afear, herir.
ANT.: *Curar, arreglar.*

desfiladero
Despeñadero, barranco, paso, garganta, angostura, quebrada.

desfilar
Marchar, pasar, recorrer, exhibirse, circular, evolucionar, maniobrar.

desfile
Revista, parada, marcha, paso, recorrido, maniobra, exhibición.

desflorar
1 Ajar, sobar, deslustrar, estropear.
2 Desvirgar, estuprar, violar, abusar, forzar, (ant.) deshonrar, (vulg.) estrenar.

desfondar
Romper, hundir, agujerear, penetrar, desbaratar, estropear, (Esp.) descular.

desgajar
1 Quebrar, desgarrar, romper, desprender, arrancar, destrozar.
ANT.: *Unir.*
2 (Fig.) Separar, desunir, deshacer [amistad, relación].
ANT.: *Unir, reconciliar.*

desgalichado
Desaliñado, desgarbado VER.
ANT.: *Garboso.*

desgana o desgano
1 Inapetencia, hartura.
ANT.: *Apetito, gana.*
2 Apatía, indolencia, hastío, fastidio, disgusto, indiferencia.
ANT.: *Interés, entusiasmo.*

desgañitarse
Vociferar, chillar, bramar, escandalizar, enronquecer, desgargantarse, (Colomb.) desgañotarse.
ANT.: *Hablar bajo, murmurar.*

desgarbado
Desmañado, desaliñado, desgalichado, desmedrado, desmadejado.
ANT.: *Garboso, apuesto, gallardo.*

desgarrar
1 Rasgar, rajar, romper; arrancar, carpir.
ANT.: *Coser, unir.*
2 Desgajar, despedazar, descuartizar.
3 (Fig.) Lacerar, atribular, conmover, impactar, destrozar.
ANT.: *Alegrar, deleitar.*
4 (Colomb.) Carraspear, expectorar.

desgarro
1 Rotura, rasgadura.
2 (Fig.) Petulancia, desfachatez, fanfarronería, insolencia, atrevimiento.
ANT.: *Respeto.*

desgarrón
1 Descosido, rotura, desgarro.
2 Andrajo, jirón, rasgón, guiñapo, pingo, pingajo, harapo.

desgastar
1 Usar, consumir, ajar, deteriorar.
ANT.: *Conservar.*
2 Raer, rozar, carcomer, roer, erosionar.
ANT.: *Engrosar, aumentar.*
3 desgastarse (Fig.) Debilitarse, extenuarse.

desgobierno
Anarquía, desorden, caos; desorganización, abandono.
ANT.: *Gobierno, orden.*

desgracia
1 Adversidad, desdicha, infortunio, infelicidad, tribulación.
ANT.: *Dicha, suerte, fortuna.*
2 Desamparo, miseria, pobreza, indigencia.
ANT.: *Bienestar, opulencia.*
3 Catástrofe, desastre, trastorno, calamidad.

desgraciado
1 Fatídico, infausto, malhadado, aciago, trágico, desastroso, lamentable.
ANT.: *Afortunado, feliz, agraciado.*
2 Infeliz, apocado, pusilánime, poca cosa.
3 Menesteroso, mísero, desvalido, desventurado.
ANT.: *Rico, pudiente.*
4 Desafortunado, desacertado, desagradable.
ANT.: *Agradable, acertado, afortunado.*
5 Vil, malvado.
ANT.: *Noble.*

desgraciar
1 Malograr, frustrar, estropear.
2 Lisiar, mutilar, tullir.

desgreñado
1 Despeinado, desmelenado, hirsuto, revuelto, desastrado.
ANT.: *Peinado, pulcro.*
2 (Fig.) Descompuesto, desordenado.
ANT.: *Ordenado.*

desguañangado
1 (Amér.) Desvencijado, estropeado, descuajaringado.
ANT.: *Flamante.*
2 (Chile, P. Rico) Desarreglado, descuidado, desaliñado.
ANT.: *Cuidado, arreglado.*

desguarnecer
1 Desarmar, despojar.
ANT.: *Guarnecer.*
2 Debilitar, desamparar.
ANT.: *Proteger.*
3 Desnudar [de adornos].
ANT.: *Adornar.*

desguazar
Desbastar, hachear, deshacer, desbaratar, desmontar, desarmar.
ANT.: *Armar, montar.*

deshabillé (pr.)
Bata, batín, ropas menores, ropa de casa.

deshabitado
1 Despoblado, desolado, desierto, solitario.
ANT.: *Poblado, concurrido.*
2 Vacío, abandonado.
ANT.: *Habitado.*

deshacer
1 Desbaratar, desarmar, desmoronar, desmenuzar, despedazar, desmontar, destrozar, romper, dividir, fragmentar.
ANT.: *Hacer, armar, montar.*
2 Anular, disolver, desintegrar, disgregar, desmembrar.
ANT.: *Instituir, integrar, constituir.*
3 (Fig.) Derrotar, vencer, aniquilar, abatir, arruinar, exterminar, eliminar.
4 Derretir, desleír, fundir, moler.
ANT.: *Solidificar, cuajar.*

desharrapado
1 Harapiento, haraposo, andrajoso, roto, mugriento, desaseado.
ANT.: *Pulcro, atildado.*
2 Desheredado, indigente, desposeído, menesteroso.
ANT.: *Pudiente, potentado.*

deshecho
1 Desbaratado, desarmado, despedazado, destrozado.
ANT.: *Hecho, armado.*
2 Derretido, disuelto, fundido.
ANT.: *Cuajado, solidificado.*
3 (Fig.) Abatido, aniquilado, quebrantado, derrotado, afligido.
ANT.: *Entero, fortalecido.*
4 Anulado, suprimido.
5 (Amér. Merid.) Desaliñado, desastrado.
ANT.: *Pulcro, atildado.*

deshelar
Fundir, derretir, licuar, disolver, descongelar, calentar.
ANT.: *Helar, congelar.*

desheredar
Repudiar, excluir, privar, desahuciar, olvidar, castigar.
ANT.: *Legar, otorgar.*

deshidratar
Desecar, resecar, evaporar, consumir, secar, marchitar.
ANT.: *Hidratar, humedecer.*

deshilvanado
1 Descosido.
2 (Fig.) Incoherente, inconexo, incongruente, disparatado.
ANT.: *Enlazado, coherente, lógico.*

deshinchar
1 Desinflamar, descongestionar.
ANT.: *Inflamar.*
2 Desinflar, romper, achicar, disminuir, sacar el aire.
ANT.: *Hinchar, inflar, soplar.*

3 deshincharse Desinflarse, rebajarse, reducirse.
ANT.: *Crecerse, inflarse.*

deshojar
1 Arrancar las hojas [libro, planta].
2 (Fig.) Agotar, gastar, consumir.

deshonesto
1 Indecente, inmoral, corrupto.
ANT.: *Probo, honrado.*
2 Infiel, desleal, mentiroso, falso.
ANT.: *Honesto, leal, veraz.*
3 Impúdico, desvergonzado, indecoroso.
ANT.: *Decoroso, casto.*

deshonor
1 Deshonra, mengua, ruindad, indignidad, ignominia, vileza.
ANT.: *Dignidad, alteza.*
2 Oprobio, ultraje, vilipendio, afrenta.
ANT.: *Respeto, honor.*

deshonra
Deshonor, infamia, ignominia, oprobio, desprestigio, descrédito, estigma, vergüenza, baldón, abyección, corrupción.
ANT.: *Honra, prestigio.*

deshora (a)
Intempestivamente, inoportunamente, inopinadamente.
ANT.: *Oportunamente.*

desidia
1 Negligencia, pereza, indolencia, dejadez, apatía, inercia.
ANT.: *Afán, diligencia.*
2 Incuria, abandono, indiferencia.
ANT.: *Dedicación.*
3 Descuido, desaliño.
ANT.: *Cuidado.*

desidioso
Indolente, dejado*, → desidia.
*Tb. significa: Desaliñado. / (Méx./fam.) Cobarde, apocado.

desierto
1 Páramo, erial, estepa, pedregal, baldío.
ANT.: *Vergel, bosque, selva.*
2 Desértico, desolado, árido, inhóspito, yermo, estéril.
ANT.: *Fértil, feraz.*
3 Inhabitado, deshabitado, solitario, solo, vacío, abandonado.
ANT.: *Habitado, poblado, concurrido.*

designar
1 Nombrar, denominar, llamar, titular, indicar, señalar.
2 Elegir, escoger, investir, distinguir, seleccionar.
ANT.: *Destituir, expulsar.*

designio
Determinación, intención, propósito, plan, proyecto, mira, maquinación.

desigual
1 Diferente, distinto, disímil, desemejante, discrepante, dispar, diverso, disparejo, desigualado.
ANT.: *Igual, semejante.*
2 Variable, irregular, variante.
ANT.: *Constante, regular.*
3 Quebrado, accidentado, escabroso [terreno].
ANT.: *Plano, llano.*

desigualdad
1 Diferencia, desemejanza, disconformidad.
ANT.: *Igualdad, semejanza.*
2 Heterogeneidad, irregularidad.
ANT.: *Homogeneidad, regularidad.*
3 Divergencia, oposición, desproporción.
ANT.: *Proporción, similitud.*

desilusión
Decepción, desengaño, desencanto, desaliento, frustración, amargura.
ANT.: *Ilusión, ánimo.*

desinfectante
Antiséptico, esterilizador, purificador, higienizador.
ANT.: *Contaminante.*

desinfectar
Esterilizar, higienizar, limpiar, purificar, sanear, desinficionar, fumigar.
ANT.: *Infectar, contaminar, inficionar.*

desintegrar
1 Disgregar, deshacer, descomponer, separar, dividir, desmenuzar, pulverizar, atomizar.
ANT.: *Integrar, condensar.*
2 Disociar, desmembrar, disolver.
ANT.: *Reunir, congregar.*
3 desintegrarse Dispersarse, volatilizarse, evaporarse, consumirse, (fig.) desaparecer.
ANT.: *Materializarse.*

desinterés
1 Indiferencia, desidia, dejadez, desgana, impasibilidad.
ANT.: *Interés, entusiasmo.*
2 Altruismo, abnegación, desprendimiento, despego, generosidad, largueza.
ANT.: *Egoísmo, mezquindad.*

desistir
Renunciar, apartarse, desentenderse, abandonar, cesar, abdicar.
ANT.: *Perseverar, proseguir.*

desleal
Infiel, deshonesto, ingrato, traidor, felón, pérfido, alevoso, traicionero, infame, indigno.
ANT.: *Leal, fiel.*

deslealtad
Infidelidad, ingratitud, deshonestidad, perfidia, traición, alevosía, vileza.
ANT.: *Lealtad, fidelidad.*

deslenguado
1 Descarado, desfachatado, insolente, procaz, grosero, lenguaraz, malhablado.
ANT.: *Prudente, educado.*
2 Calumniador, intrigante.
ANT.: *Discreto.*

desligar
1 Desatar, soltar, desunir, deshacer.
ANT.: *Atar, unir.*
2 (Fig.) Absolver, desvincular, dispensar, eximir.
ANT.: *Ligar, involucrar.*
3 (Fig.) Desenredar, aclarar, desenmarañar.
ANT.: *Embrollar, enredar.*
4 desligarse Independizarse, emanciparse, liberarse, distanciarse.
ANT.: *Ligarse, vincularse, depender.*

deslindar
1 Demarcar, delimitar, limitar, acotar, amojonar.
2 Puntualizar, aclarar, señalar, definir, establecer.
ANT.: *Confundir, revolver, embrollar.*

desliz
1 Traspié, tropiezo, error, distracción, desacierto.
2 Debilidad, flaqueza, indiscreción, falta.

deslizarse
1 Resbalar, desplazarse, patinar, moverse.
2 (Fig.) Escabullirse, escurrirse, escaparse, colarse.
ANT.: *Quedarse.*

deslomar
1 Derrengar, descostillar, ringar, moler, tundir, golpear.
2 (Fig.) Agotar, cansar, extenuar.
ANT.: *Descansar.*

deslucir
1 Deslustrar, empañar, oscurecer.
ANT.: *Bruñir, abrillantar, pulir.*
2 Gastar, ajar, sobar, marchitar.
ANT.: *Renovar.*
3 (Fig.) Desacreditar, desestimar, desprestigiar.
ANT.: *Afamar, prestigiar.*
4 Malograr, frustrar.

deslumbrante
1 Refulgente, brillante, resplandeciente, fulgurante, cegador.
ANT.: *Opaco, oscuro.*
2 (Fig.) Impresionante, despampanante, espléndido, fastuoso, maravilloso, soberbio.
ANT.: *Pobre, humilde, común.*

deslumbrar
1 Refulgir, resplandecer, fulgir, → deslumbrante.
2 Encandilar, cegar.
3 (Fig.) Maravillar, impresionar, cautivar, fascinar.

desmadejado
Decaído, flojo, lánguido, desanimado, lacio, exhausto.
ANT.: *Erguido, animado.*

desmadre
1 Exceso, desenfreno, juerga, (Méx.) relajo.
ANT.: *Templanza.*
2 Caos, desorden, desbarajuste, anarquía, desconcierto.
ANT.: *Orden.*

desmán
Abuso, tropelía, atropello, exceso.

desmandado
1 Desobediente, descomedido, abusivo.
ANT.: *Comedido, dócil.*
2 Revocado, abrogado.
ANT.: *Promulgado.*

desmantelar
Desbaratar, desarmar, desarbolar, derribar, arrasar.
ANT.: *Construir, montar.*

desmañado
Torpe, inexperto, inútil, incapaz, (Amér.) chambón, (Esp.) patoso.
ANT.: *Mañoso, hábil.*

desmayar
1 Ceder, flaquear, renunciar, desanimarse, desfallecer, acobardarse, aminorar.
ANT.: *Impulsar, animarse.*
2 desmayarse Desvanecerse, desfallecer, marearse, accidentarse, caerse, aletargarse.
ANT.: *Recuperarse, volver en sí.*

desmayo
1 Desaliento, desánimo, debilidad, cansancio, desfallecimiento.
ANT.: *Ánimo, vigor, aliento.*

2 Desvanecimiento, vahído, síncope, colapso, soponcio, mareo, (fam.) patatús.
ANT.: *Recuperación, reanimación.*

desmedido
VER desmesurado.

desmejorar
1 Decaer, declinar, languidecer, empeorar.
ANT.: *Mejorar.*
2 Deteriorar, deslustrar, deslucir, ajar.
3 Debilitarse, agravarse, indisponerse, demacrarse, enfermar.
ANT.: *Recuperarse, sanar.*

desmembrar
VER descuartizar.

desmemoriado
1 Amnésico.
2 Olvidadizo, distraído, despistado, aturdido, atolondrado.
ANT.: *Memorioso, memorión, atento.*

desmentir
Negar, rechazar, rebatir, refutar, impugnar, objetar, contradecir.
ANT.: *Confirmar, ratificar, corroborar.*

desmenuzar
1 Desmoronar, desmigajar, disgregar, deshacer, triturar, picar.
ANT.: *Aglomerar.*
2 (Fig.) Examinar, analizar.

desmerecer
1 Deslucir, estar en desventaja, ser inferior.
2 Desprestigiar, desacreditar, rebajar, denigrar.
ANT.: *Ensalzar, alabar.*

desmesurado
1 Desmedido, descomunal, excesivo, exagerado, enorme, gigantesco.
ANT.: *Minúsculo.*
2 (Fig.) Insolente, desconsiderado, descortés, atrevido.
ANT.: *Mesurado, prudente, comedido.*

desmontar
1 Desmantelar, desarmar, desbaratar, desajustar, separar.
ANT.: *Armar, montar.*
2 Descabalgar, apearse, bajar.
ANT.: *Montar.*
3 Talar, allanar.

desmoralizar
1 Descorazonar, desalentar, desanimar, abatir, amedrentar.
ANT.: *Animar, alentar.*
2 Pervertir, encanallar, envilecer.
ANT.: *Moralizar.*

desmoronar
1 Deshacer, desmenuzar, desmigajar, desintegrar.
ANT.: *Aglomerar, integrar.*
2 Derribar, desplomar, derruir, destruir, hundir, derrumbar.
ANT.: *Construir, levantar.*
3 **desmoronarse** (Fig.) Abatirse, decaer, fracasar, arruinarse.

desnaturalizado
VER cruel.

desnivel
1 Desigualdad, desproporción.
ANT.: *Nivel, igualdad.*
2 Cuesta, declive, hondonada, altibajo, pendiente, repecho, rampa.
ANT.: *Plano, ras, llano.*

desnucar
Descogotar, lesionar, matar, romper el cuello.

desnudo
1 Desvestido, despojado, desarropado, descubierto, (fam.) encuerado, en pelotas.
ANT.: *Vestido, abrigado.*
2 Árido, pelado, calvo, liso, desértico.
ANT.: *Frondoso, selvático.*
3 Indigente, pobre, falto, desprovisto, carente, privado.
ANT.: *Provisto, dotado.*
4 Desguarnecido, desprotegido, descuidado.
ANT.: *Guarnecido, protegido.*
5 Manifiesto, claro, patente.
ANT.: *Encubierto.*

desnutrido
Anémico, debilitado, débil, depauperado, escuálido, flaco, esquelético, raquítico.
ANT.: *Nutrido, vigoroso.*

desobedecer
Descartar, infringir, insubordinarse, rebelarse, resistirse, contradecir, transgredir, vulnerar.
ANT.: *Obedecer, acatar.*

desobediente
Rebelde, indisciplinado, insubordinado, arisco, díscolo.
ANT.: *Obediente, dócil.*

desocupado
1 Inactivo, ocioso, holgazán, haragán.
ANT.: *Activo.*
2 Parado, desempleado, cesante.
ANT.: *Empleado, ocupado.*
3 Vacío, vacante, disponible, libre.
ANT.: *Lleno.*

4 Deshabitado, abandonado.
ANT.: *Habitado.*

desocupar
Abandonar, vaciar, dejar, evacuar, desagotar, desaguar, deshabitar.
ANT.: *Ocupar, llenar.*

desoír
Desatender, desobedecer, desdeñar, rechazar, descuidar.
ANT.: *Escuchar, atender.*

desolación
1 Devastación, ruina, estrago, aniquilación.
2 Pesar, angustia, dolor, aflicción, pena, tristeza, amargura.
ANT.: *Alegría, gozo, contento.*
3 (Fig.) Soledad, aridez.

desollar
1 Despellejar, pelar, arrancar la piel.
2 (Fig. y fam.) Vituperar, criticar, murmurar de alguien.
ANT.: *Alabar.*

desorden
1 Desarreglo, desorganización, desconcierto, desbarajuste, embrollo.
ANT.: *Organización, arreglo.*
2 Caos, barullo, tumulto, desmadre, motín, alboroto.
ANT.: *Orden, calma.*

desordenar
Desorganizar, desarreglar, alterar, desbarajustar, trastornar, revolver, enredar, perturbar, embrollar.
ANT.: *Ordenar, arreglar.*

desorganizar
VER desordenar.

desorientar
1 Descaminar, extraviar, despistar, desencaminar.
ANT.: *Orientar, guiar.*
2 (Fig.) Confundir, ofuscar, turbar, desconcertar, trastornar.
ANT.: *Aclarar, concertar, tranquilizar.*

despabilado
1 Despejado, alerta, despierto.
ANT.: *Adormilado.*
2 Listo, vivaz, ingenioso, resuelto, espabilado, vivo.
ANT.: *Tardo, torpe.*

despabilar
1 Espabilar, despavesar, atizar [velas].
ANT.: *Apagar, extinguir.*
2 (Fig.) Avivar, apurar, apresurar.
ANT.: *Retrasar.*
3 (Fig.) Instruir, adoctrinar, iniciar, avispar.
ANT.: *Atontar.*
4 despabilarse (Fig.) Reanimarse, despejarse, desperezarse.
ANT.: *Amodorrarse, adormilarse.*

despacio
Pausadamente, lentamente, premiosamente, poco a poco.
ANT.: *Rápido, velozmente.*

despachar
1 Enviar, mandar, remitir, dirigir.
ANT.: *Recibir.*
2 (Fam.) Atender, vender.
ANT.: *Pedir, comprar.*
3 Tramitar, resolver, arreglar, solucionar.
4 Despedir, destituir, echar, expulsar, liquidar.
ANT.: *Nombrar.*
5 (Fig.) Matar, eliminar, enviar al otro mundo.

despacho
1 Bufete, oficina, escritorio, estudio.
2 Comunicado, nota, noticia, parte.
3 (Chile) Pulpería, tienda de comestibles y bebidas.

despachurrar
Despanzurrar, aplastar, reventar, destripar, espachurrar, estrujar, chafar.

despampanante
Deslumbrante, portentoso, admirable, pasmoso, maravilloso, asombroso, fenomenal.
ANT.: *Insignificante, corriente.*

despanzurrar
Destripar, despachurrar VER.

desparejado
1 Solo, sin pareja.
2 Desigual, disparejo, irregular.
ANT.: *Parejo, emparejado.*

desparejar
Separar, descasar, desaparear, desbaratar.
ANT.: *Emparejar, casar.*

desparejo
1 Dispar, desigual, distinto, alternado.
ANT.: *Igual.*
2 Abrupto, escarpado, desigual, irregular, accidentado, áspero.
ANT.: *Liso, regular.*

desparpajo
1 Desenvoltura, manejo, habilidad, soltura, facilidad, desenfado.
ANT.: *Dificultad, torpeza.*
2 Desfachatez, descaro, frescura, cinismo, insolencia.
ANT.: *Timidez, cortedad.*

desparramar
1 Esparcir, dispersar, derramar, extender, diseminar, desperdigar.
ANT.: *Juntar, recoger.*
2 (Fig.) Dilapidar, malgastar, derrochar.
ANT.: *Administrar, ahorrar.*
3 (Argent., Méx., Par., P. Rico) Divulgar, propalar, difundir.

despatarrado
(Fam.) Estirado, tumbado, apoltronado, tendido.

despavorido
Empavorecido, aterrorizado, aterrado, asustado, espantado, horrorizado.
ANT.: *Sereno, impávido.*

despecho
Resentimiento, desilusión, tirria, animosidad, encono.

despectivo
Desdeñoso, soberbio, despreciativo, (fam.) orgulloso.
ANT.: *Ponderativo.*

despedazar
1 Trocear, seccionar, dividir, cortar, fragmentar.
ANT.: *Unir, juntar.*
2 Descuartizar, desmembrar.
3 (Fig.) Maltratar, apenar, afligir, humillar.
ANT.: *Consolar.*

despedida
1 Adiós, separación, partida, marcha, ida.
ANT.: *Llegada, acogida.*
2 Ceremonia, homenaje, saludo, cortesía.
3 Cese, despido.
ANT.: *Contratación.*

despedir
1 Expulsar, echar, arrojar, lanzar, tirar.
ANT.: *Recibir.*
2 Emanar, exhalar, exudar, expeler.
ANT.: *Absorber.*
3 Cesar, deponer, destituir, (fam.) correr.
ANT.: *Emplear, contratar.*
4 **despedirse** Apartarse, separarse, irse, partir.
ANT.: *Llegar.*

despegar
1 Desprender, arrancar, levantar, separar, quitar, desencolar.
ANT.: *Pegar, adherir.*
2 Remontarse, alzar, levantar el vuelo.
ANT.: *Aterrizar.*
3 (Fig.) Comenzar, arrancar, iniciar.
ANT.: *Concluir, terminar.*

despegue
1 Ascenso, elevación, partida.
ANT.: *Aterrizaje.*
2 (Fig.) Inicio, comienzo, arranque.
ANT.: *Culminación.*

despeinado
Desgreñado, desmelenado, revuelto, greñudo, hirsuto, erizado, encrespado, desordenado.
ANT.: *Peinado.*

despeinar
Desgreñar, desmelenar, → despeinado.
ANT.: *Peinar.*

despejado
1 Despabilado, vivo, lúcido.
ANT.: *Embotado, torpe.*
2 Libre, espacioso, amplio, ancho.
ANT.: *Estrecho, accidentado.*
3 Desocupado, destapado, desembarazado.
ANT.: *Ocupado, obstruido.*
4 Claro, abierto, limpio, sereno [cielo].
ANT.: *Nublado, encapotado.*

despejar
Limpiar, desocupar, abrir, → despejado.

despellejar
1 VER desollar.
2 (Fig.) Criticar, vituperar, infamar, murmurar de alguien.

despensa
1 Bodega, depósito, almacén, fresquera.
2 Provisión, víveres.
3 Alacena, armario, trinchero, estante.

despeñadero
1 Barranco, precipicio, abismo, acantilado, talud, sima, hondonada.
2 (Fig.) Riesgo, peligro.

despeñar
1 Arrojar, precipitar, aventar, lanzar, (Chile, P. Rico) desriscar, (Cuba) derriscar.
2 **despeñarse** (Fig.) Enviciarse, envilecerse, desenfrenarse.

despepitar
1 Quitar las semillas, (Colomb.) despepar.
2 Desembuchar, revelar, (fig. y fam.) cantar, (Colomb.) desenmochilar, (Méx.) soltar la sopa.
ANT.: *Callar, reservarse.*

despepitarse
1 Gritar, vocear, desgañitarse.
ANT.: *Hablar bajo, quedo.*
2 (Fig.) Desmandarse, descomedirse, pasarse.
3 (Esp./fig. y fam.) Pirrarse, ansiar, desear, deshacerse, derretirse.
ANT.: *Desdeñar, olvidar.*

D

desperdiciar
Desaprovechar, derrochar, malgastar, despilfarrar, prodigar, tirar.
ANT.: *Aprovechar.*

desperdicio
1 Sobra, sobrante, resto, exceso, escombro, despojo, basura, detritos, broza, escoria.
2 Despilfarro, derroche.
ANT.: *Economía, provecho.*

desperdigar
1 Esparcir, diseminar, desparramar, dispersar, extender, dividir, desunir.
ANT.: *Reunir, condensar.*
2 desperdigarse (Fig.) Distraerse, revolotear, desconcentrarse, dispersarse.
ANT.: *Concentrarse, dedicarse.*

desperezarse
1 Estirarse, sacudirse, desentumecerse.
2 Bostezar, despertarse.
ANT.: *Aletargarse.*

desperfecto
1 Avería, percance, daño, deterioro, rotura, descompostura.
ANT.: *Arreglo, reparación.*
2 Defecto, imperfección, tacha.

despertar
1 Desadormecer, interrumpir el sueño, (fig.) levantar.
ANT.: *Acostar, arrullar.*
2 Desperezarse, despabilarse.
ANT.: *Dormir, amodorrarse.*
3 (Fig.) Recordar, evocar, avivar, rememorar.
ANT.: *Olvidar.*
4 (Fig.) Sacudir, motivar, animar, estimular.
ANT.: *Disuadir, desalentar.*
5 (Fig.) Excitar, mover, provocar [sensaciones o estados de ánimo].
6 (Fig.) Tomar conciencia, advertir, notar.
ANT.: *Ignorar, soslayar, evadir.*

despiadado
Cruel, desalmado, inhumano, inclemente, implacable, inflexible, sañudo, bárbaro.
ANT.: *Piadoso, compasivo.*

despido
Despedida, expulsión, destitución, exclusión, exoneración, suspensión, relevo.
ANT.: *Admisión.*

despierto
1 Insomne, desvelado, despabilado, (fig.) levantado.
ANT.: *Dormido, acostado.*
2 (Fig.) Atento, vigilante, alerta.
ANT.: *Descuidado.*
3 (Fig.) Sagaz, perspicaz, advertido.
ANT.: *Incauto.*
4 (Fig.) Listo, vivo, despejado, avispado.
ANT.: *Lerdo, torpe.*

despilchar (Argent.)
Desplumar, despelucar, despojar, arruinar, pelar.

despilfarrador
Derrochador, dilapidador, manirroto, malversador.
ANT.: *Ahorrativo.*

despilfarrar
Derrochar, malgastar, dilapidar, disipar, malbaratar, prodigar.
ANT.: *Ahorrar, economizar.*

despistado
1 Desorientado, descaminado, extraviado.
ANT.: *Encaminado, orientado.*
2 (Fig.) Disperso, distraído VER.
ANT.: *Atento.*

desplante
Exabrupto, insolencia, desfachatez, enfrentamiento, jactancia, arrogancia, descaro.
ANT.: *Acto de respeto.*

desplazamiento
1 Volumen, cabida, peso, arqueo, tonelaje [barcos].
2 Movimiento, traslación, recorrido, → desplazar.

desplazar
1 Empujar, apartar, deslizar, correr, mover, quitar.
ANT.: *Inmovilizar.*
2 Desalojar.
3 (Fig.) Relegar, arrinconar, dejar atrás, aventajar.
4 desplazarse Dirigirse, trasladarse, ir, viajar.
ANT.: *Quedarse.*

desplegar
1 Extender, desenrollar, desdoblar.
ANT.: *Plegar, doblar.*
2 Mostrar, exhibir, exponer.
3 Efectuar, ejercitar, activar, desempeñar, llevar a cabo.

despliegue
1 Extensión, dilatación, desdoblamiento, desarrollo.
ANT.: *Plegadura, doblez.*
2 Demostración, exhibición.
3 (Fig.) Ejercicio, maniobra, marcha, evolución.

desplomarse
1 Derrumbarse, desmoronarse, hundirse, caer.
ANT.: *Alzarse.*
2 (Fig.) Arruinarse, perder.
ANT.: *Progresar, levantarse.*
desplumar
1 Pelar, arrancar las plumas, descañonar, (Colomb.) desemplumar.
2 (Fig.) Despojar, estafar, despelucar.
despoblado
1 Deshabitado, desierto, vacío, desolado, desértico, abandonado, apartado.
ANT.: *Habitado, poblado.*
2 Descampado, erial, páramo, afueras, contornos.
ANT.: *Población.*
despoblar
1 Deshabitar, abandonar, evacuar.
ANT.: *Poblar.*
2 (Fig.) Despejar, quitar.
ANT.: *Ocupar.*
despojar
1 Desposeer, quitar, privar, arrebatar, usurpar, saquear, arrancar.
ANT.: *Entregar.*
2 **despojarse** Privarse, desprenderse, renunciar, sacrificarse, ofrecer.
ANT.: *Apropiarse.*
despojo
1 Saqueo, robo, pillaje, abuso, usurpación.
2 Presa, botín.
3 Cadáver, restos mortales, carroña.
despojos
1 Vísceras, sobrantes [de reses y aves].
2 Residuos, desechos, sobras, piltrafas.
desposado
1 Recién casado, consorte, cónyuge, marido, esposo.
ANT.: *Divorciado, soltero.*
2 (Fig.) Unido, vinculado, atado, ligado.
ANT.: *Separado.*
3 Esposado, aprisionado.
ANT.: *Libre, suelto.*
desposarse
Casarse, unirse, vincularse, contraer nupcias, celebrar esponsales.
ANT.: *Divorciarse, separarse.*
desposeer
1 Privar, arrebatar, quitar, robar, despojar VER.
2 **desposeerse** Renunciar, privarse de algo.
ANT.: *Apropiarse.*
déspota
1 Autócrata, tirano, dictador, cacique, sátrapa.
2 (Fig.) Despótico, tiránico, opresor, impositivo, abusivo.
ANT.: *Benigno, tolerante.*
despotismo
Tiranía, dictadura, intransigencia, dominación, intolerancia, absolutismo.
ANT.: *Democracia.*
despotricar
Protestar, criticar, vilipendiar.
despreciable
1 Indigno, insignificante, vulgar, ridículo.
ANT.: *Apreciable, notable.*
2 Ruin, infame, abyecto, vil, rastrero, miserable, depravado.
ANT.: *Digno, noble.*
despreciar
1 Desdeñar, desairar, desechar.
2 Desestimar, menospreciar, subestimar.
ANT.: *Apreciar, considerar.*
3 Ofender, humillar, denigrar.
ANT.: *Respetar, enaltecer.*
despreciativo
Despectivo, desdeñoso, altanero, soberbio, arrogante, orgulloso.
ANT.: *Deferente, afectuoso, ponderativo.*
desprecio
Desaire, desdén, → despreciar.
desprender
1 Despegar, separar, soltar, desatar, desasir, desunir, desgajar.
ANT.: *Juntar, pegar.*
2 Exhalar, expeler, emitir, emanar.
ANT.: *Retener.*
desprenderse
1 Librarse, eludir, apartar.
2 Despojarse, sacrificarse.
ANT.: *Conservar.*
desprendido
1 Suelto, flojo, desunido.
ANT.: *Firme, unido.*
2 Desinteresado, entregado, dadivoso, generoso VER.
ANT.: *Mezquino, avaro.*
desprendimiento
1 Largueza, generosidad VER.
2 Alud, corrimiento, desmoronamiento, avalancha.
despreocupación
1 Tranquilidad, calma.
ANT.: *Preocupación.*

D

2 Apatía, indiferencia, desidia, descuido, desgana.
ANT.: *Interés, cuidado.*

despreocuparse
1 Tranquilizarse, serenarse.
ANT.: *Preocuparse, inquietarse.*
2 Descuidar, desentenderse, abandonar, desinteresarse.
ANT.: *Interesarse.*

desprestigiar
Difamar, denigrar, desacreditar, desautorizar, vilipendiar, infamar.
ANT.: *Afamar, prestigiar, rehabilitar.*

desprevenido
Imprevisor, incauto, descuidado, despreocupado, indolente.
ANT.: *Preparado, prevenido.*

desproporción
Disparidad, discrepancia, diferencia, desigualdad, incongruencia, desmesura.
ANT.: *Similitud, proporción, congruencia.*

desproporcionado
Inarmónico, discrepante, incongruente, desmesurado.
ANT.: *Proporcionado.*

despropósito
VER disparate.

desprovisto
1 Carente, falto, incompleto.
ANT.: *Completo.*
2 Privado, despojado, desnudo.
ANT.: *Dotado, provisto.*

después
Luego, más tarde, posteriormente, seguidamente, detrás, a continuación, enseguida, (Guat., Méx., P. Rico) despuesito.
ANT.: *Antes, primero.*

despuntar
1 Embotar, achatar, mellar, gastar, redondear.
ANT.: *Aguzar, afilar.*
2 Podar, desmochar.
3 Cortar, recortar, arreglar [el cabello].
4 Brotar, retoñar, nacer, entallecer [plantas].
5 Aparecer, asomar, salir [el Sol, el alba].
ANT.: *Ponerse.*
6 (Fig.) Descollar, destacar, sobresalir, distinguirse.

desquiciado
1 Desencajado, desajustado, desacoplado, desarticulado.
ANT.: *Ajustado, acoplado.*
2 (Fig.) Alterado, perturbado, excitado, descompuesto, trastornado, enloquecido, exasperado.
ANT.: *Sereno, compuesto, cuerdo.*

desquitarse
1 Resarcirse, reparar, restaurar.
2 (Fig.) Vengarse, tomar satisfacción.
ANT.: *Perdonar, olvidar.*

desquite
1 Resarcimiento, compensación, reparación.
2 (Fig.) Venganza, represalia.
ANT.: *Perdón.*

destacado
1 Pronunciado, saliente, resaltado.
ANT.: *Hundido, plano.*
2 (Fig.) Notorio, notable, relevante, descollante, célebre, ilustre.
ANT.: *Mediocre, desconocido.*
3 Comisionado, → destacar.

destacamento
Avanzada, pelotón, patrulla, grupo, vanguardia.

destacar
1 Sobresalir, despuntar, descollar, predominar, distinguirse, aventajar, superar.
2 Acentuar, subrayar, recalcar, insistir.
3 Apartar, comisionar, seleccionar, asignar [para una tarea].

destapar
1 Descubrir, mostrar, revelar, desnudar, desabrigar, desembozar, quitar.
ANT.: *Tapar, cubrir.*
2 Destaponar, desatascar, desobstruir, limpiar.
ANT.: *Obstruir, atascar.*
3 Abrir, desenroscar, descorchar.
ANT.: *Cerrar.*

destartalado
Desvencijado, estropeado, descompuesto, escacharrado.
ANT.: *Flamante, compuesto.*

destello
1 Fulgor, centelleo, resplandor, brillo, chispazo, rayo, reflejo, ráfaga.
ANT.: *Opacidad, oscuridad.*
2 (Fig.) Indicio, atisbo, vislumbre.

destemplado
1 Hosco, áspero, desabrido, grosero, descortés, desconsiderado.
ANT.: *Amable.*
2 Riguroso, desapacible, trastornado, frío, desagradable [tiempo, clima].
ANT.: *Templado, apacible.*
3 Resfriado, descompuesto.

4 Desafinado, desentonado, desequilibrado, discordante.
ANT.: *Armonioso, temperado, entonado, afinado.*

destemplanza
1 Intemperancia, abuso, exceso.
ANT.: *Templanza.*
2 Trastorno, ➜ destemplado.

desteñir
Decolorar, despintar, aclarar, blanquear, borrar, deslucir, amarillear.
ANT.: *Teñir, colorear.*

desteñirse
1 Decolorarse, despintarse.
2 (Cuba) Atemorizarse.
3 (Cuba) Perder la pose.

desternillarse
Descuajaringarse, deslomarse, desarmarse, morirse de risa, escacharrarse.

desterrar
1 Expatriar, deportar, expulsar, confinar, proscribir, exiliar, relegar, alejar.
ANT.: *Repatriar.*
2 (Fig.) Deponer, abandonar, desechar, deshabituarse.
ANT.: *Adquirir, tomar.*

destiempo (a)
Inoportunamente, a deshora, fuera de tiempo, intempestivamente.
ANT.: *Oportunamente, a tiempo.*

destierro
1 Expatriación, ostracismo, confinamiento, deportación, ➜ desterrar.
ANT.: *Repatriación.*
2 Exilio.

destilar
1 Separar, alambicar, evaporar, volatilizar, sublimar, condensar.
2 Filtrar, purificar, tamizar.
3 Extraer, obtener.
4 Exudar, segregar, gotear.
5 (Fig.) Emanar, manifestar, revelar.
ANT.: *Ocultar, disimular.*

destinar
1 Dedicar, aplicar, designar, señalar, reservar.
2 Enviar, asignar, mandar, trasladar.

destino
1 Hado, sino, fortuna, ventura, suerte, providencia, azar.
2 Empleo, misión, cargo, puesto, función, cometido, colocación, plaza.
3 Finalidad, objetivo, meta.
4 Rumbo, dirección, paradero, destinación.

destituir
Expulsar, exonerar, despedir, defenestrar, degradar, excluir, suspender, privar.
ANT.: *Restituir, rehabilitar.*

destornillar
1 Extraer, sacar, aflojar, girar, desmontar, destornillar.
ANT.: *Atornillar, fijar.*
2 destornillarse (Fig.) Chiflarse, alocarse, desquiciarse, perder el seso, perder un tornillo.

destrancar
1 Desatrancar, (Venez.) descerrajar.
ANT.: *Atrancar.*
2 Desatragantar.
3 (Chile) Defecar, evacuar, hacer de vientre.

destreza
Pericia, habilidad, competencia, maestría, maña, aptitud.
ANT.: *Impericia, torpeza.*

destripar
VER despachurrar.

destronar
Derrocar, deponer, expulsar, eliminar, sustituir.
ANT.: *Entronizar, coronar.*

destrozar
1 Destruir, despedazar, desbaratar, romper, desmembrar, quebrar, fragmentar, partir, deshacer, estropear.
ANT.: *Arreglar, componer.*
2 Arrasar, devastar, arrollar, batir, derrotar, vencer, inutilizar, aniquilar.
3 (Fig.) Consternar, abatir, quebrantar.
ANT.: *Consolar, rehacerse.*

destrucción
Devastación, aniquilación, asolación, arrasamiento, estrago, ruina, catástrofe, demolición.
ANT.: *Construcción, reparación, edificación.*

destruir
1 Arruinar, arrasar, asolar, devastar, exterminar.
ANT.: *Levantar, construir.*
2 Deshacer, desbaratar, desmantelar, desmoronar, demoler, volar.
ANT.: *Armar, hacer, erigir, edificar.*
3 Inutilizar, descomponer, romper, hacer pedazos, destrozar.
ANT.: *Arreglar, reparar.*
4 (Fig.) Abatir, aniquilar, anular, desmoralizar, aplastar.
ANT.: *Animar, ayudar, confortar.*

D

5 (Fig.) Dilapidar, malgastar, agotar [capital, hacienda].
ANT.: *Administrar, acrecentar.*

desunir
1 Separar, alejar.
ANT.: *Unir, juntar.*
2 Disgregar, desintegrar, desarticular.
ANT.: *Integrar, articular.*
3 (Fig.) Enemistar, apartar, desavenir, meter cizaña.
ANT.: *Aliar, avenir.*

desusado
1 Que dejó de usarse.
ANT.: *Usado.*
2 Desacostumbrado, infrecuente, inusual.
ANT.: *Acostumbrado, usual.*
3 Insólito, inusitado, extraordinario, anormal.
ANT.: *Ordinario, normal.*

desvaído
1 Descolorido, desteñido, apagado, pálido, mortecino.
ANT.: *Colorido, brillante.*
2 Disminuido, debilitado.
ANT.: *Vivo, intenso.*
3 Desdibujado, vago, impreciso, borroso, desvanecido.
ANT.: *Definido.*

desvalido
Desamparado, desprotegido, inerme, indefenso, impotente, abandonado, huérfano.
ANT.: *Amparado, protegido, fuerte.*

desvalijar
Robar, atracar, asaltar, saltear, saquear, despojar, rapiñar, hurtar.

desvalorizar
Rebajar, devaluar VER.

desván
Buhardilla, sotabanco, altillo, sobrado, cuartucho, tabuco.

desvanecer
1 Esfumar, atenuar, borrar, difuminar.
ANT.: *Marcar, remarcar.*
2 (Fig.) Suprimir, anular, desechar, disipar [pensamiento, intención].

desvanecerse
1 Disgregarse, disiparse, difundirse, evaporarse.
ANT.: *Concentrarse, solidificarse.*
2 Desmayarse, desfallecer, marearse, perder el sentido.
ANT.: *Reanimarse, volver en sí, recuperarse.*
3 (Fig.) Desaparecer, esfumarse, huir.
ANT.: *Aparecer.*

desvanecimiento
Desmayo, vahído, vértigo, síncope, mareo, soponcio, desfallecimiento.

desvarío
1 Disparate, incoherencia, desatino, dislate, barbaridad.
ANT.: *Acierto.*
2 Ilusión, quimera, capricho.
ANT.: *Realidad.*
3 Delirio, perturbación, enajenación, locura, fantasía.
ANT.: *Razón, sensatez, cordura.*

desvelarse
1 Velar, vigilar, permanecer despierto, despabilarse.
ANT.: *Dormir.*
2 Inquietarse, esforzarse, desvivirse.
ANT.: *Despreocuparse.*
3 (Fig.) Develarse, revelarse, manifestarse, descubrirse.
ANT.: *Ocultarse, velarse.*

desvelo
1 Esmero, cuidado, celo, atención, interés.
ANT.: *Despreocupación.*
2 Insomnio, vigilia, vela, nerviosidad.
ANT.: *Sueño, sopor.*

desvencijado
Destartalado, descompuesto, deteriorado, estropeado, roto, viejo, escacharrado.
ANT.: *Flamante, nuevo.*

desventaja
1 Mengua, inferioridad, menoscabo, perjuicio.
ANT.: *Ventaja, superioridad.*
2 Inconveniente, obstáculo, dificultad, impedimento, contrariedad.
ANT.: *Facilidad, beneficio.*

desventura
Infortunio, desdicha VER.

desvergüenza
Insolencia, descaro, frescura, desfachatez, descoco, cinismo.
ANT.: *Vergüenza, respeto.*

desvestir
Desnudar, descubrir, destapar, desabrigar, despojar, (Colomb., Cuba, Méx., Perú, Sto. Dom./fam.) encuerar.
ANT.: *Vestir, cubrir.*

desviar
1 Descarriar, descaminar, desorientar, apartar, torcer, extraviar, equivocar.
ANT.: *Orientar, encaminar.*

2 (Fig.) Desaconsejar, disuadir, frustrar.
ANT.: *Persuadir, alentar.*
3 (Fig.) Corromper, viciar, pervertir.
ANT.: *Guiar, encarrilar.*

desvirgar
VER desflorar.

desvirtuar
1 Deformar, alterar, adulterar, desfigurar, falsear.
2 Anular, debilitar [fuerza, impulso, substancia].
ANT.: *Potenciar.*

desvivirse
1 Afanarse, desvelarse, deshacerse, matarse, (Chile, Colomb., Hond., P. Rico) despezuñarse.
ANT.: *Descuidar, desentenderse.*
2 Anhelar, ansiar, inquietarse, morirse por, (Esp./fam.) pirrarse por.
ANT.: *Despreocuparse.*

detallado
1 Ornamentado, adornado, con detalles.
ANT.: *Desnudo, vacío.*
2 Preciso, minucioso, pormenorizado, extenso.
ANT.: *Vago, impreciso.*
3 Esmerado, cuidadoso, escrupuloso, nimio, delicado [trabajo, labor].
ANT.: *Burdo, descuidado.*

detalle
1 Particularidad, circunstancia, elemento, nota.
2 Relación, enumeración, explicación, pormenor.
3 Adorno, ornamento.
4 Regalo, obsequio, cortesía, atención, delicadeza.
ANT.: *Grosería, desatención.*

detectar
Descubrir, localizar, percibir, revelar, señalar, determinar.
ANT.: *Perder, ignorar.*

detective
Agente, investigador, policía.

detener
1 Parar, cesar, interrumpir, suspender, paralizar.
ANT.: *Continuar, proseguir.*
2 Impedir, atajar, atascar, demorar, dilatar, retrasar, frenar.
ANT.: *Impulsar, acelerar.*
3 Capturar, arrestar, aprehender, aprisionar, apresar.
ANT.: *Soltar, liberar.*
4 Guardar, retener, represar [corrientes de agua].
ANT.: *Soltar, liberar.*

detenido
1 Arrestado, recluso, preso.
ANT.: *Libre, absuelto.*
2 Minucioso, detallado [examen, análisis].
ANT.: *Superficial.*
3 VER detener.

deteriorar
1 Estropear, averiar, ajar, malograr, dañar, romper.
ANT.: *Arreglar, componer.*
2 Menoscabar, deformar.
ANT.: *Reparar, rehabilitar.*
3 **deteriorarse** Decaer, empeorar, degenerar.
ANT.: *Mejorar.*

determinado
1 Establecido, fijo, señalado, especificado, concreto, concluyente.
ANT.: *Impreciso.*
2 Decidido, osado, intrépido, valeroso, resuelto.
ANT.: *Indeciso, tímido.*

determinar
1 Precisar, delimitar, establecer, aclarar, especificar, definir.
ANT.: *Indeterminar.*
2 Discernir, distinguir, diferenciar.
ANT.: *Indiferenciar.*
3 Fijar, señalar, marcar.
4 Resolver, decidir, disponer.
5 Ocasionar, causar, provocar, motivar, crear, suscitar.

detestar
Odiar, aborrecer, execrar, abominar, despreciar, maldecir, renegar de.
ANT.: *Amar, admirar, desear.*

detonación
Estampido, descarga, explosión, estallido, disparo, tiro, estruendo.

detractor
1 Oponente, contrario, censor, crítico, acusador.
ANT.: *Simpatizante, panegirista.*
2 Denigrador, infamador, maldiciente, calumniador.
ANT.: *Encomiador, defensor.*

detrás
Atrás, después, luego, tras, posteriormente, enseguida.
ANT.: *Delante, antes.*

detrimento
Perjuicio, daño, pérdida, avería, menoscabo, mal, quebranto.
ANT.: *Beneficio, provecho.*
detrito
1 Residuo, fragmento, detritus.
2 detritos Restos, sobras, despojos, desechos, desperdicios.
deuda
1 Débito, adeudo.
ANT.: *Pago, liquidación.*
2 Compromiso, obligación, carga, dificultad, brete.
deudo
Pariente, familiar, allegado.
ANT.: *Desconocido.*
devaluar
Desvalorizar, depreciar, rebajar, abaratar.
ANT.: *Encarecer, valorizar.*
devaneo
1 Galanteo, amorío, aventura, flirteo, coqueteo.
2 Distracción, desatino, disparate.
devastador
1 Destructor, arrasador, aniquilador, ruinoso, catastrófico.
ANT.: *Benéfico.*
2 (Fig.) Aniquilante, espantoso, horroroso.
ANT.: *Edificante.*
devoción
1 Fervor, veneración, piedad, fe, unción, recogimiento, misticismo.
ANT.: *Irreligiosidad, ateísmo.*
2 (Fig.) Cariño, apego, interés, amor, afición, pasión, predilección.
ANT.: *Desinterés, hostilidad.*
devocionario
Misal, breviario, (ant.) libro de horas.
devolver
1 Reintegrar, restituir, reponer, restablecer, compensar.
ANT.: *Quitar, retener.*
2 Vomitar, lanzar, arrojar, echar [lo ingerido].
3 devolverse (Amér.) Volverse, regresar, retornar.
ANT.: *Irse, largarse.*
devorar
1 Engullir, zampar, tragar, comer, masticar, despedazar.
2 (Fig.) Consumir, abrasar, destruir, devastar [el fuego].
3 (Fig.) Observar, mirar, leer ávidamente.
devoto
1 Piadoso, religioso, fervoroso, creyente, fiel, pío, místico.
ANT.: *Incrédulo, ateo.*
2 Afectuoso, apegado, adicto, admirador, seguidor.
ANT.: *Contrario, oponente.*
3 Venerable, sagrado, santificado [lugar u objeto].
día
1 Fecha, jornada, plazo, tiempo, data.
2 Amanecer, alba, luz, claridad.
ANT.: *Noche, oscuridad.*
diablito (Méx.)
1 Carrito vertical [para transportar cosas].
2 Cable, conexión [para robarse la energía eléctrica].
diablo
1 Demonio, diablejo, diantre, demontre, ángel malo, enemigo, tentador, (Méx.) chamuco, pingo.
ANT.: *Ángel, querubín, serafín.*
2 (Fig.) Astuto, sagaz, ladino, hábil, mañoso, sutil.
ANT.: *Ingenuo, candoroso.*
3 (Fig. y fam.) Travieso, latoso, chocarrero, diablillo.
4 (Fig.) Perverso, maligno, malo, malévolo.
ANT.: *Bueno, bondadoso, virtuoso, angelical.*
5 (Fig.) Feo, horrendo.
ANT.: *Bello, hermoso.*
Diablo (El)
El Demonio, Satanás, Satán, Luzbel, Lucifer, Belcebú, Mefistófeles, El Señor de las Tinieblas, Príncipe del Mal.
diablura
Travesura, chiquillada, picardía, trastada, jugarreta.
diabólico
1 Satánico, demoníaco, infernal, mefistofélico.
ANT.: *Celestial, angelical.*
2 (Fig.) Perverso, maligno, malévolo, depravado.
ANT.: *Puro, inocente.*
3 (Fig.) Enrevesado, complicado, enredado, difícil, arduo.
ANT.: *Sencillo, fácil.*
diácono
Clérigo, eclesiástico, religioso, cura, ministro.
ANT.: *Lego, seglar.*
diadema
Corona, cinta, cerco, aderezo, joya, presea.

diáfano
1 Translúcido, transparente, claro, nítido, cristalino, límpido, puro.
ANT.: *Opaco, oscuro, turbio.*
2 (Fig.) Limpio, evidente, sin doblez, honesto.
ANT.: *Disimulado, sucio.*
diafragma
1 Membrana, músculo.
2 Separación, lámina, disco.
diagnosticar
Establecer, determinar, especificar, analizar, definir.
diagnóstico
Diagnosis, determinación, dictamen, análisis, parecer, opinión, juicio.
diagonal
Sesgado, oblicuo, cruzado, inclinado.
ANT.: *Vertical, horizontal, paralelo.*
diagrama
Bosquejo, diseño, esbozo, boceto, esquema, croquis, plano, gráfico, gráfica, dibujo.
dial
Botón, interruptor, cuadrante, indicador.
dialéctica
Razonamiento, raciocinio, discurso, oratoria.
dialecto
Lengua, lenguaje, habla, idioma, jerga.
diálogo
1 Conversación, charla, plática, coloquio.
2 Entrevista, parlamento, consulta.
diamantino
1 Transparente, durísimo, brillante.
2 (Fig.) Inquebrantable, persistente.
diámetro
Eje, recta, línea, medida, calibre.
diana
1 Llamada, toque, aviso, señal, orden.
2 Blanco, centro, punto.
diario
1 Cotidiano, jornalero, regular, corriente, habitual.
ANT.: *Esporádico.*
2 Periódico, publicación, gaceta, hoja, rotativo, impreso.
3 Bitácora, memoria, registro.
diarrea
Descomposición, flujo, flojedad de vientre, (fam.) chorro, chorrillo.
diáspora
Dispersión, diseminación, éxodo.
ANT.: *Unión, reunión.*
diatriba
1 Invectiva, crítica, ataque, injuria.
ANT.: *Alabanza, elogio.*
2 Catilinaria, perorata, discurso, libelo, gacetilla.
ANT.: *Panegírico, loa.*
dibujante
Artista, diseñador, proyectista, delineante, calquista, dibujador.
dibujar
1 Delinear, trazar, perfilar, diseñar.
2 (Fig.) Describir, retratar.
3 **dibujarse** Revelarse, perfilarse.
dibujo
1 Diseño, delineación, trazo.
2 Proyecto, boceto, bosquejo, esbozo, croquis, esquema.
3 Ilustración, lámina, imagen.
4 Silueta, retrato, figura, caricatura, apunte.
dicción
Articulación, pronunciación, fonación.
diccionario
Léxico, lexicón, vocabulario, repertorio, glosario.
dicha
Ventura, alegría, felicidad, fortuna, suerte, prosperidad, bienestar, complacencia, beatitud.
ANT.: *Desgracia, desdicha, pena, sufrimiento.*
dicharachero
Parlanchín, ingenioso, ocurrente, bromista, chistoso, gárrulo.
dicho
1 Citado, mencionado, referido, antedicho.
ANT.: *Omitido.*
2 Máxima, refrán, proverbio, sentencia, adagio, aforismo.
3 Chiste, gracia, salida, ocurrencia.
dichoso
1 Venturoso, feliz, fausto, afortunado, bienaventurado.
ANT.: *Desdichado, infeliz.*
2 (Fam.) Molesto, cargante, fastidioso, pesado, enfadoso.
dictador
Autócrata, déspota, tirano, absolutista, (fig.) amo.
ANT.: *Demócrata.*
dictadura
Autocracia, → dictador.
dictamen
Veredicto, sentencia, diagnóstico, acuerdo, informe, parecer, opinión.

D

dictar
1 Decir, leer, transcribir, transmitir.
2 Disponer, ordenar, mandar, imponer, obligar.
3 Promulgar, decretar, estatuir, emitir [leyes].
4 (Fig.) Inspirar, sugerir, aconsejar.

dictatorial
Autocrático, dictatorio, tiránico, absolutista, despótico, autoritario, impositivo.
ANT.: *Democrático.*

dicterio
Denuesto, insulto, invectiva, improperio, oprobio, injuria, afrenta.
ANT.: *Elogio.*

diente
1 Muela, colmillo, canino, incisivo.
2 Saliente, punta, resalte, prominencia.

diestro
1 Derecho.
ANT.: *Zurdo, izquierdo.*
2 Hábil, competente, experto, ducho, apto, docto, versado.
ANT.: *Inepto, incapaz, torpe.*
3 Sagaz, astuto, mañoso, prevenido.
ANT.: *Desmañado, desprevenido.*
4 Benigno, favorable, venturoso.
ANT.: *Siniestro, desfavorable.*

dieta
1 Abstinencia, régimen, privación, ayuno, tratamiento.
ANT.: *Comilona.*
2 **dietas** Honorarios, retribución, indemnización, estipendio, paga.

dietario
Libreta, agenda, memorándum, cuaderno.

diezmar
1 Arrasar, asolar, destruir, dañar, perjudicar, eliminar, aniquilar, exterminar, matar.
ANT.: *Proteger, conservar.*
2 Tasar, imponer.

diezmo
Tributo, tasa, impuesto, contribución, carga.

difamación
Calumnia, falsedad, falacia, chisme, murmuración, maledicencia.
ANT.: *Apología, alabanza.*

difamar
Calumniar, denigrar, infamar, desacreditar, deshonrar, afrentar, murmurar.
ANT.: *Alabar.*

diferencia
1 Variedad, diversidad, desemejanza, disimilitud.
ANT.: *Igualdad, uniformidad.*
2 Disparidad, desigualdad, desproporción, desequilibrio.
ANT.: *Equilibrio.*
3 Discrepancia, divergencia, oposición, controversia, desavenencia, disensión, disentimiento.
ANT.: *Acuerdo, coincidencia.*
4 Resto, residuo [aritmética].

diferenciar
Separar, distinguir, diferir, determinar, calificar, etiquetar.
ANT.: *Uniformar, asimilar, igualar.*

diferente
Distinto, desemejante, disímil, diverso, divergente, contrario.
ANT.: *Parecido, igual, similar.*

diferir
1 Discrepar, disentir, diferenciarse.
ANT.: *Concordar, coincidir.*
2 Retrasar, prorrogar, aplazar, demorar, posponer, suspender.
ANT.: *Adelantar.*

difícil
1 Complicado, complejo, dificultoso, laborioso, arduo, trabajoso, engorroso, penoso, intrincado, incomprensible, (fam.) peliagudo, (fig.) imposible.
ANT.: *Fácil, sencillo, comprensible.*
2 Intratable, rebelde, díscolo.
ANT.: *Accesible, dócil.*

dificultad
Complicación, obstáculo, inconveniente, contrariedad, conflicto, barrera, problema, aprieto, apuro, engorro, traba, brete.
ANT.: *Facilidad.*

dificultoso
VER difícil.

difundir
1 Extender, esparcir, derramar.
ANT.: *Juntar, contener.*
2 Publicar, divulgar, comunicar, propalar, diseminar, transmitir.
ANT.: *Reservarse, callar, ocultar.*
3 Propagar, contagiar [enfermedades, plagas].
ANT.: *Controlar.*

difunto
Finado, extinto, fallecido, cadáver, cuerpo, muerto, víctima, occiso.
ANT.: *Vivo.*

difusión
Extensión, propagación, → difundir.
difuso
1 Confuso, prolijo, oscuro, impreciso, farragoso, incomprensible.
ANT.: *Claro, concreto, conciso.*
2 Borroso, vago, esfumado.
ANT.: *Preciso.*
3 Ancho, dilatado, amplio, extenso.
ANT.: *Limitado.*
digerir
1 Asimilar, absorber, aprovechar, nutrirse, alimentarse.
ANT.: *Eliminar, excretar.*
2 (Fig.) Percibir, captar, comprender, entender.
3 (Fig.) Sobrellevar, soportar, aguantar.
4 (Fig.) Reflexionar, meditar, considerar.
digestivo
1 Referente a la digestión.
2 Licor, tisana, (Bol., Chile, Ecuad.) bajativo.
3 Medicamento, antiácido.
digesto
Resumen, recopilación, repertorio, selección.
dignarse
Permitirse, servirse, condescender, consentir, acceder, admitir.
ANT.: *Negar, rehusar.*
dignatario
Mandatario, funcionario, personaje, personalidad, figurón.
dignidad
1 Integridad, honradez, honra, decoro, decencia.
ANT.: *Ruindad, abyección.*
2 Gravedad, mesura, realce, majestad, solemnidad.
ANT.: *Ridiculez.*
3 Cargo, puesto, título, prerrogativa, honor, prebenda.
digresión
Divagación, paréntesis, rodeo, observación.
dije
1 Colgante, medalla, adorno, alhaja, joya, baratija, chuchería.
2 (Fig. y fam.) Capaz, virtuoso, sobresaliente.
dilación
Retraso, demora, aplazamiento, prórroga.
ANT.: *Prisa, prontitud.*
dilapidar
Despilfarrar, derrochar, disipar, malgastar, prodigar.
ANT.: *Ahorrar, guardar.*
dilatar
1 Extender, distender, ampliar, agrandar, ensanchar, abrir.
ANT.: *Contraer, reducir.*
2 Hinchar, aumentar, abultar.
ANT.: *Encoger.*
3 Diferir, retardar, prorrogar, demorar.
ANT.: *Activar, apresurar.*
4 (Fig.) Propagar, difundir.
dilatarse
1 Abrirse, agrandarse, ensancharse.
ANT.: *Contraerse, reducirse.*
2 Hincharse, inflarse.
ANT.: *Encogerse.*
3 (Fig.) Alargarse, extenderse [texto, discurso].
ANT.: *Abreviarse.*
4 (Méx./fam.) Tardarse, demorarse.
ANT.: *Apurarse.*
dilecto
Preferido, querido, amado, selecto, predilecto, elegido.
ANT.: *Odiado, desdeñado.*
dilema
Disyuntiva, conflicto, duda, contradicción, problema, dificultad.
ANT.: *Solución, alternativa, decisión.*
diletante
Aficionado, entusiasta, amante, conocedor.
ANT.: *Profesional.*
diligencia
1 Presteza, prontitud, dinamismo, rapidez, actividad, agilidad.
ANT.: *Lentitud, pachorra, pereza.*
2 Dedicación, afán, esmero, cuidado, celo.
ANT.: *Desinterés, negligencia.*
3 Misión, cometido, mandado, trámite, gestión.
4 Coche, carruaje, carroza, carro, carromato.
diligente
1 Esmerado, aplicado, cuidadoso, exacto, atento.
ANT.: *Negligente.*
2 Rápido, activo, pronto, presto, dinámico.
ANT.: *Indolente, perezoso.*

D

dilucidar
Aclarar, elucidar, esclarecer, determinar, establecer, explicar, desembrollar.
ANT.: *Embrollar, enredar.*

diluir
Desleír, disolver VER.

diluvio
Aguacero, borrasca, temporal, aluvión, chaparrón, chubasco, tromba, lluvia, inundación.

dimensión
1 Medida, extensión, magnitud, tamaño, cantidad, volumen, longitud.
2 Importancia, significación.

diminuto
1 Minúsculo, mínimo, pequeñísimo, ínfimo, menudo, microscópico.
ANT.: *Enorme, gigantesco.*
2 Defectuoso, falto, carente.
ANT.: *Completo.*

dimisión
Renuncia, abandono, retiro, abdicación, deserción.
ANT.: *Permanencia.*

dimitir
Renunciar, → dimisión.

dinámico
Activo, vital, enérgico, diligente, veloz, laborioso, afanoso, emprendedor.
ANT.: *Lento, estático, pasivo, apático, cachazudo.*

dínamo
Generador, transformador.

dinastía
Estirpe, linaje, progenie, casta, familia, sucesión, (fig.) casa.

dineral
Fortuna, caudal, capital, millonada, tesoro, dinerada, dinero VER, (Méx., Venez./fam.) billete.

dinero
1 Moneda, billete, metálico, valores, efectivo.
2 Capital, caudal, fortuna, tesoro, fondos, patrimonio, riqueza, (fam.) dineral.

diócesis
Obispado, distrito, sede, jurisdicción, circunscripción.

dios
1 Deidad, divinidad, ídolo.
2 (Fig.) Estrella, héroe, virtuoso, experto, divo.

Dios
Ser Supremo, El Padre, El Señor, El Hacedor, El Todopoderoso, El Altísimo, Sumo Hacedor, El Innombrable, El Eterno, El Nombre.

diploma
Título, certificado, nombramiento, documento, despacho, pergamino.

diplomacia
1 Servicio exterior, relaciones internacionales.
2 (Fig.) Tacto, política, habilidad, estrategia.
ANT.: *Brusquedad, torpeza.*
3 (Fig. y fam.) Disimulo, sutileza, sagacidad.
ANT.: *Tosquedad, rudeza.*

diplomático
1 Embajador, canciller, ministro, representante, cónsul, plenipotenciario, legado, enviado.
2 (Fig. y fam.) Hábil, político, taimado, cortés, sutil.
ANT.: *Rudo, brusco.*

diputación
1 Cargo de diputado.
2 Congreso, cámara legislativa, consejo, junta, representación.

diputado
Representante, consejero, parlamentario, congresista, legislador, procurador, delegado.

dique
1 Rompeolas, malecón, escollera, espigón, muelle.
2 Muro, pared.
3 (Fig.) Obstáculo, freno, represión.

dirección
1 Rumbo, sentido, camino, derrotero, ruta, trayectoria, curso.
2 Giro, cariz, perspectiva, marcha [asuntos, situaciones].
3 Enseñanza, orientación, consejo.
ANT.: *Desviación, desorientación.*
4 Domicilio, destinatario, señas.
5 Directiva, jefatura, gobierno, guía, mando, administración.
6 Volante, timón.

directo
1 Recto, derecho, continuo, ininterrumpido, seguido.
ANT.: *Sinuoso, oblicuo, indirecto.*
2 Claro, llano, franco, rotundo, abierto.
ANT.: *Disimulado, hipócrita.*

director
Dirigente, jefe, rector, presidente, directivo, guía, autoridad, gobernador, administrador.
ANT.: *Subordinado.*

directorio
1 Normativa, preceptiva, normatividad.
2 Dirección, jefatura, presidencia, junta, comité, consejo, gobierno.
3 Guía telefónica, lista de teléfonos.

dirigir
1 Guiar, conducir, orientar, encarrilar.
2 Tutelar, enseñar, adiestrar.
3 Gobernar, mandar, regir.
4 Enfocar, destinar, dedicar.
5 **dirigirse** Encaminarse, concurrir, trasladarse, ir, converger, salir hacia.
ANT.: *Venir, volver, regresar.*

dirimir
1 Anular, deshacer, separar, disolver, desunir.
ANT.: *Unir, rehacer.*
2 Resolver, zanjar, decidir, fallar, solventar, ventilar, concluir, componer, ajustar.
ANT.: *Complicar.*

discernimiento
Lucidez, perspicacia, clarividencia, penetración, juicio.
ANT.: *Torpeza, confusión, obcecación.*

discernir
1 Diferenciar, distinguir, juzgar, apreciar, reconocer.
ANT.: *Confundir.*
2 Otorgar, conceder, adjudicar, premiar.
ANT.: *Negar.*

disciplina
1 Ciencia, arte, doctrina, materia, enseñanza, asignatura.
2 Observancia, obediencia, sumisión, subordinación.
ANT.: *Indisciplina, rebeldía.*
3 Regla, método, orden.
ANT.: *Desorden, caos.*
4 Rigor, severidad.
ANT.: *Relajamiento.*
5 Azote, látigo, vergajo.

discípulo
1 Seguidor, adepto, partidario.
2 Estudiante, alumno, escolar, educando, colegial.

disco
Círculo, rodaja, chapa, tapa, rueda, redondel.

díscolo
Rebelde, indócil, indisciplinado, desobediente, revoltoso.
ANT.: *Obediente, dócil.*

disconformidad
1 Disparidad, incompatibilidad, discordancia.
ANT.: *Concordancia.*
2 Desacuerdo, discrepancia, oposición, antagonismo, divergencia, choque, inconformidad, desconformidad.
ANT.: *Conformidad.*

discontinuo
Interrumpido, intermitente, irregular, entrecortado, esporádico, desigual.
ANT.: *Continuo, ininterrumpido.*

discordante
1 Contrario, opuesto, incoherente, discorde, desacorde.
ANT.: *Conforme, concorde.*
2 Disonante, inarmónico, destemplado.
ANT.: *Armónico, acorde.*

discordia
Discrepancia, desacuerdo, disensión, disputa, rencilla, querella, desavenencia, (fig.) cizaña.
ANT.: *Concordia.*

discreción
1 Moderación, mesura, sensatez, cordura, prudencia, recato.
ANT.: *Insensatez, descaro.*
2 Tacto, tiento.
ANT.: *Indiscreción.*
3 Reserva, circunspección.

discrepar
1 Disentir, discordar, divergir, contradecirse, desconformar.
ANT.: *Coincidir, concordar.*
2 Discutir, pugnar, rebatir.
ANT.: *Apoyar, secundar.*

discreto
Prudente, juicioso, sensato, razonable, cuerdo, reservado, recatado, circunspecto.
ANT.: *Imprudente, indiscreto, necio.*

discriminar
1 Diferenciar, distinguir, discernir, separar.
ANT.: *Mezclar, confundir.*
2 Segregar, marginar, excluir, menospreciar.
ANT.: *Integrar.*

disculpa
Excusa, justificación, razón, pretexto, evasiva, subterfugio.
ANT.: *Acusación, inculpación.*

disculpar
1 Defender, excusar, apoyar, justificar.
ANT.: *Inculpar, acusar.*
2 (Fam.) Perdonar, dispensar, absolver.

disculparse
1 Pedir perdón, justificarse.
2 Excusarse, pretextar.
ANT.: *Inculparse, acusarse.*

discurrir
1 Pensar, cavilar, conjeturar, meditar, reflexionar, razonar, inferir, inventar.
2 Transitar, deambular, pasear, marchar, deslizarse.
3 Fluir, correr, transcurrir [agua, tiempo].
ANT.: *Estancarse.*

discurso
1 Arenga, perorata, alocución, prédica, argumentación, disertación.
2 Transcurso, paso, decurso.

discusión
1 Debate, examen, controversia, polémica.
ANT.: *Acuerdo.*
2 Altercado, pleito, disputa, diferencia, (Amér.) alegato.
ANT.: *Acuerdo.*

discutir
1 Debatir, deliberar, ventilar, tratar.
ANT.: *Acordar.*
2 Polemizar, argumentar, impugnar, contender, controvertir.
ANT.: *Apoyar.*

diseminar
1 Esparcir, dispersar, disgregar, desparramar, desperdigar.
ANT.: *Reunir, contener, juntar.*
2 Sembrar, derramar.

disensión
Desacuerdo, discrepancia, desavenencia, divergencia, diferencia, oposición, disputa, discordia, (Amér. Merid.) diferendo.
ANT.: *Acuerdo, concordia, aceptación.*

diseño
1 Plan, proyecto, esquema.
2 Dibujo, boceto, bosquejo, croquis, esbozo, plano, gráfico.

disertar
Hablar, conferenciar, perorar, exponer, tratar, explicar, razonar, discurrir.

disfraz
1 Máscara, antifaz, maquillaje, artificio, velo, embozo.
2 (Fig.) Simulación, tapujo, fingimiento, disimulo.
ANT.: *Verdad.*

disfrazar
Enmascarar, encubrir, disimular, fingir, ocultar, velar, tapar, desfigurar.
ANT.: *Descubrir, revelar.*

disfrutar
1 Gozar, regocijarse, recrearse, complacerse, deleitarse.
ANT.: *Sufrir, aburrirse.*
2 Saborear, gustar, paladear.
ANT.: *Hastiarse.*
3 Poseer, tener, aprovechar, utilizar, usufructuar.
ANT.: *Carecer.*

disgregar
1 Desintegrar, desagregar, disociar, separar.
ANT.: *Unir, incorporar.*
2 Fragmentar, deshacer, desmenuzar, pulverizar, dispersar, esparcir.

disgusto
1 Enfado, fastidio, enojo.
ANT.: *Gusto, complacencia.*
2 Pena, desazón, pesadumbre, insatisfacción, desencanto, desconsuelo, aflicción, amargura.
ANT.: *Alegría, gusto.*
3 (Fig.) Riña, disputa, altercado, querella, disensión.
ANT.: *Avenencia, acuerdo.*

disidente
Discrepante, oponente, contrario, separado, cismático.
ANT.: *Partidario.*

disímil
VER diferente.

disimulado
1 Cubierto, oculto, disfrazado.
ANT.: *Evidente, notorio.*
2 Furtivo, solapado, subrepticio, encubierto.
ANT.: *Abierto.*
3 (Fig.) Taimado, ladino, hipócrita.
ANT.: *Franco, directo.*

disimular
1 Ocultar, cubrir, esconder, tapar.
ANT.: *Descubrir.*
2 Callar, fingir, disculpar, encubrir, tolerar.
ANT.: *Revelar, reprender.*
3 Disfrazar, desfigurar, enmascarar.
ANT.: *Mostrar, desenmascarar.*

disimulo
1 Fingimiento, doblez, hipocresía, astucia, malicia, engaño.
ANT.: *Franqueza, verdad.*
2 Tolerancia, indulgencia.

disipación
1 Evaporación, desaparición, desvanecimiento, difuminación.
ANT.: *Materialización, concentración.*
2 (Fig.) Depravación, disolución, libertinaje, desenfreno, vicio, inmoralidad, crápula.
ANT.: *Honestidad, virtud, castidad.*

disipar
1 Esparcir, desvanecer, esfumar, dispersar.
ANT.: *Aglomerar, concentrar.*
2 Despilfarrar, dilapidar, derrochar, malgastar.
ANT.: *Ahorrar, administrar.*
3 disiparse Desvanecerse, evaporarse, esfumarse, volatilizarse, (fig.) desaparecer.
ANT.: *Aparecer, materializarse.*

dislate
Disparate, desatino, necedad, insensatez, aberración, atrocidad, barbaridad, absurdo.
ANT.: *Sensatez, tino, acierto.*

dislocar
1 Descoyuntar, desencajar, desarticular, luxar, torcer.
ANT.: *Encajar, componer.*
2 Desviar, forzar, manipular.
ANT.: *Articular.*
3 (Fig.) Desquiciar, alborotar, alocar.

disminuir
1 Aminorar, reducir, menguar, mermar, rebajar, bajar, restar.
ANT.: *Aumentar, mejorar.*
2 Desvalorizar, empobrecer.
ANT.: *Enriquecer.*
3 Baldar, tullir, lesionar.
ANT.: *Rehabilitar.*

disociar
Separar, desintegrar, disgregar VER.
ANT.: *Unir.*

disolución
1 Solución, dilución, mezcla, ➔ disolver.
2 (Fig.) Rompimiento, anulación [de vínculos, sociedades, etc.].
3 (Fig.) Libertinaje, relajación, intemperancia, depravación, desenfreno.
ANT.: *Continencia, virtud.*

disoluto
Libertino, vicioso, disipado, licencioso, crapuloso, corrompido, liviano, (fam.) calavera.
ANT.: *Casto, virtuoso, abstinente.*

disolver
1 Diluir, disgregar, descomponer, licuar, aguar, separar.
ANT.: *Solidificar, concentrar.*
2 Deshacer, desunir, dispersar.
ANT.: *Reunir, congregar.*
3 Anular, cancelar.

disonante
Discordante, desentonado, destemplado, inarmónico, desafinado, desentonado.
ANT.: *Armonioso.*

dispar
Desigual, diferente, disparejo, distinto, disímil, heterogéneo, diverso, opuesto.
ANT.: *Similar, coincidente, parejo, igual.*

disparador
1 Gatillo.
2 (Argent.) Huidizo, rápido [caballos].
3 (Méx./fam.) Invitador, espléndido, generoso, derrochador.
ANT.: *Tacaño.*

disparar
1 Descargar, tirar, hacer fuego.
2 Lanzar, arrojar, proyectar [flechas, dardos).
3 (Argent., Urug.) Huir, correr.
4 (Méx./fam.) Invitar, convidar.
5 dispararse (Fig.) Desmandarse, desbocarse, perder el control.
ANT.: *Refrenarse, contenerse.*

disparate
1 Necedad, desvarío, incoherencia, insensatez, absurdo, delirio, extravagancia, tontería, barbaridad, (fam.) burrada.
ANT.: *Sensatez, cordura, lógica.*
2 Error, desatino, equivocación, dislate, desacierto, despropósito.
ANT.: *Acierto.*

disparejo
1 Dispar, desigual, diferente, desparejo.
ANT.: *Igual, par.*
2 Áspero, accidentado, escarpado, irregular [terreno].
ANT.: *Parejo, liso, llano.*

disparidad
Diferencia, desigualdad, discrepancia, desemejanza, desproporción.
ANT.: *Igualdad, paridad.*

disparo
1 Descarga, tiro, balazo, salva, detonación, ráfaga.
2 (Fig.) Disparate, dislate.

dispendio
Derroche, despilfarro, dilapidación, gasto excesivo.
ANT.: *Ahorro, economía.*

D

dispendioso
1 Costoso, caro, oneroso, lujoso, suntuario, exagerado, excesivo.
ANT.: *Barato, económico.*
2 (Fig.) Gastador, derrochador, manirroto.
ANT.: *Ahorrativo.*

dispensar
1 Conceder, otorgar, dar, agraciar con, favorecer.
ANT.: *Negar, denegar, retirar.*
2 Eximir, exceptuar, excusar, disculpar, perdonar, absolver, librar.

dispensario
Consultorio, servicio médico, clínica, ambulatorio, policlínica.

dispersar
1 Esparcir, disgregar, extender, desparramar, diseminar, separar.
ANT.: *Reunir, agrupar, ordenar.*
2 Vencer, derrotar, romper, desbaratar, desintegrar.
ANT.: *Formar, integrar, organizar.*

displicente
1 Apático, indiferente, desinteresado, impasible, frío.
ANT.: *Interesado, entusiasta.*
2 Desabrido, desdeñoso, despectivo, despreciativo.
ANT.: *Afable, complaciente.*

disponer
1 Colocar, ordenar, arreglar, acomodar, instalar.
ANT.: *Desordenar, quitar.*
2 Preparar, tener dispuesto, anticiparse, prevenir.
3 Ordenar, mandar, decretar.
4 Decidir, establecer, determinar, resolver.
5 disponerse Prepararse, aprestarse, estar listo, arrancar.

disponible
Libre, desocupado, vacante, apto, utilizable.
ANT.: *Ocupado, inutilizable.*

disposición
1 Decisión, mandato, decreto, edicto, precepto, bando, instrucción.
2 Facilidad, aptitud, destreza, vocación, propensión.
ANT.: *Incapacidad, indisposición.*
3 Orden, colocación, arreglo, distribución, instalación.
ANT.: *Desorden.*

dispositivo
1 Mecanismo, aparato, sistema, artefacto, ingenio.
2 Estrategia, despliegue [policía].
3 DIU, artefacto anticonceptivo intrauterino.

dispuesto
1 Capaz, idóneo, hábil, competente.
ANT.: *Incompetente.*
2 Atento, servicial.
ANT.: *Desatento, reacio.*
3 Preparado, listo, a punto.
ANT.: *Desprevenido.*
4 Apuesto, gallardo.
ANT.: *Desgarbado.*

disputa
1 Controversia, discusión, debate, polémica.
2 Disensión, discrepancia, desavenencia, altercado.
ANT.: *Acuerdo.*
3 Pelea, riña, querella, discordia.
ANT.: *Acuerdo.*
4 Contienda, rivalidad, competencia.
ANT.: *Igualdad.*

distancia
1 Alcance, espacio, intervalo, envergadura, medida.
2 Lejanía.
ANT.: *Proximidad.*
3 Trecho, recorrido, jornada, tramo [en un viaje].
4 (Fig.) Alejamiento, distanciamiento, separación.
ANT.: *Unión, cercanía.*

distanciar
1 Alejar, apartar, separar.
ANT.: *Acercar.*
2 Enemistar, desunir.
ANT.: *Unir.*

distante
1 Lejano, alejado, apartado, separado, remoto.
ANT.: *Cercano, próximo.*
2 (Fig.) Reservado, frío, circunspecto.
ANT.: *Cálido, abierto.*

distinción
1 Diferencia, desemejanza, disparidad.
ANT.: *Igualdad, paridad.*
2 Honor, deferencia, privilegio, prerrogativa, condecoración, presea.
ANT.: *Desaire.*
3 Estilo, elegancia, finura, clase, categoría, donaire, gallardía.
ANT.: *Chabacanería, vulgaridad, cursilería.*

distinguido
1 Destacado, ilustre, sobresaliente, aventajado, descollante.
ANT.: *Anónimo, insignificante.*
2 Elegante, señorial, noble, fino, gallardo.
ANT.: *Vulgar, cursi, chabacano.*

distinguir
1 Diferenciar, conocer, discernir, discriminar, especificar, apreciar.
ANT.: *Confundir.*
2 Señalar, marcar, separar.
ANT.: *Uniformar.*
3 Caracterizar, destacar, resaltar.
ANT.: *Indiferenciar.*
4 Divisar, vislumbrar, percibir, descubrir, alcanzar a ver.
5 (Fig.) Preferir, favorecer.
ANT.: *Ignorar, desdeñar.*
6 Premiar, honrar, reconocer.
ANT.: *Castigar, humillar.*
7 distinguirse Sobresalir, descollar, despuntar, predominar.

distintivo
1 Particularidad, característica, diferencia, rasgo, seña.
2 Emblema, insignia, divisa, símbolo, marca, escudo.

distinto
1 Diferente, contrario, opuesto, discrepante, vario.
ANT.: *Igual, idéntico.*
2 Propio, peculiar, particular, característico, especial.
ANT.: *Corriente, ordinario.*
3 Preciso, claro, nítido, inteligible.
ANT.: *Confuso, impreciso.*

distorsión
1 Torcedura, torción, desviación.
2 Deformación [sonido, imagen].
3 Distensión, esguince, dislocación.

distorsionar
1 Torcer, retorcer.
2 Falsear, deformar, manipular.
3 Desfigurar, desequilibrar.

distracción
1 Descuido, omisión, olvido, desliz, ligereza, error, falta.
ANT.: *Atención.*
2 Entretenimiento, diversión VER.

distraer
1 Divertir, entretener, recrear, solazar, amenizar.
ANT.: *Aburrir, fastidiar.*
2 Apartar, alejar, desviar, sonsacar, descarriar.
3 Substraer, malversar.

distraerse
1 Divertirse, entretenerse, recrearse, descansar.
ANT.: *Fatigarse, aburrirse.*
2 Desatender, descuidar, abandonar, despreocuparse, olvidar, relegar.
ANT.: *Atender, dedicarse.*

distraído
1 Entretenido, abstraído, embebido, (fam.) metido.
ANT.: *Fastidiado, aburrido.*
2 Olvidadizo, descuidado, desprevenido, despistado.
ANT.: *Alerta, cuidadoso.*
3 Disperso, atolondrado, aturdido, desatento.
ANT.: *Concentrado, atento.*

distribuir
1 Repartir, dividir, asignar, adjudicar, entregar.
2 Ordenar, disponer, colocar, ubicar.

distrito
Jurisdicción, división, circunscripción, demarcación, municipio, zona, comarca, territorio, partido, término.

disturbio
1 Alteración, perturbación, trastorno [funciones orgánicas].
ANT.: *Regularidad, normalidad.*
2 Desorden, alboroto, revuelta, tumulto, algarada, motín, altercado.
ANT.: *Orden, paz.*

disuadir
Desanimar, desaconsejar, desviar, apartar, descorazonar, desalentar.
ANT.: *Animar, persuadir.*

disyuntiva
Dilema, dificultad, problema, alternativa.
ANT.: *Solución.*

divagación
1 Digresión, elucubración.
2 Rodeo, imprecisión, ambigüedad, vaguedad.
ANT.: *Precisión, concisión.*

divagar
1 Errar, rodear, perderse, vagar, desorientarse.
ANT.: *Dirigirse, orientarse.*
2 Desviarse, enredarse, dispersarse, apartarse del tema, confundirse, andarse por las ramas.
ANT.: *Concretar.*

D

diván
Canapé, sofá, lecho, sillón, asiento, escaño.
divergencia
1 Bifurcación, separación.
ANT.: *Convergencia.*
2 (Fig.) Discrepancia, disconformidad, desacuerdo, oposición.
ANT.: *Coincidencia, conformidad.*
divergir
1 Bifurcarse, apartarse, separarse.
ANT.: *Converger, unirse.*
2 (Fig.) Discrepar, diferir, discordar, disentir, oponerse.
ANT.: *Coincidir.*
diversión
Distracción, solaz, entretenimiento, recreación, esparcimiento, divertimiento, divertimento, pasatiempo, juego, afición.
ANT.: *Aburrimiento, hastío, fastidio.*
diverso
Diferente, distinto, variado, dispar, múltiple, heterogéneo.
ANT.: *Uniforme, homogéneo, igual.*
divertido
1 Entretenido, placentero, festivo, agradable, animado, variado, recreativo.
ANT.: *Aburrido, fastidioso.*
2 Cómico, gracioso, jocoso, chistoso, bufo.
ANT.: *Triste, grave.*
3 (Fig.) Ocurrente, ingenioso, travieso.
ANT.: *Serio, desabrido.*
4 (Argent., Chile, Guat., Perú) Achispado, un poco bebido.
dividendo
Interés, ganancia, renta, rédito, lucro, porción, rendimiento.
dividir
1 Fraccionar, partir, separar, disgregar, fragmentar, cortar, despedazar, trocear, descuartizar.
ANT.: *Unir, pegar.*
2 Distribuir, repartir, asignar.
ANT.: *Acaparar, reunir.*
3 (Fig.) Desunir, enemistar, apartar, malquistar, meter cizaña, indisponer.
ANT.: *Amigar, reconciliar.*
divieso
Forúnculo o furúnculo, golondrino, bulto, grano, tumor de pus.
divinidad
1 Naturaleza divina.
2 Dios.
3 Deidad, dios, semidiós, ser divino.
4 (Fig.) Primor, preciosidad, maravilla, belleza, hermosura.
divino
1 Celestial, etéreo, puro, sobrehumano, paradisíaco, divinal.
ANT.: *Terrenal, infernal.*
2 (Fig.) Sublime, perfecto, excelente.
ANT.: *Imperfecto, corriente.*
3 (Fig.) Delicioso, exquisito, admirable.
ANT.: *Desagradable, detestable.*
divisa
1 Insignia, emblema, distintivo, enseña, lema, señal, marca.
2 Moneda extranjera.
divisar
Ver, entrever, percibir, vislumbrar, avistar, atisbar, observar.
división
1 Partición, rotura, fraccionamiento, separación, parcelación, distribución.
ANT.: *Reunión, integración.*
2 Operación aritmética, cálculo, (fam.) cuenta.
ANT.: *Multiplicación.*
3 Parte, fracción, porción, sección.
ANT.: *Conjunto, todo.*
4 Compartimiento, casilla, apartado, estante.
5 (Fig.) Discordia, escisión, desunión, separación, desavenencia.
ANT.: *Unión, concordia.*
6 Gran unidad militar.
7 Categoría, clase, grupo [deportes].
divisorio
Divisivo, medianero, lindante, limítrofe, fronterizo.
divorcio
1 Ruptura, separación, alejamiento, disolución, desunión.
ANT.: *Unión, casamiento.*
2 (Fig.) Divergencia, desacuerdo.
ANT.: *Comunión.*
3 (Colomb.) Cárcel de mujeres.
divulgar
Difundir, propagar, pregonar, publicar, esparcir, extender, revelar, generalizar.
ANT.: *Reservar, silenciar, callar.*
dobladillo
Pliegue, doblez VER.
doblar
1 Duplicar.
2 Binar, dobletear.
3 Plegar, flexionar, torcer, arquear, combar, encorvar.
ANT.: *Enderezar, desdoblar.*

4 Repicar, tocar, tañer, voltear [campanas].
5 **doblarse** Ceder, doblegarse, rendirse, abatirse.
ANT.: *Resistir, persistir.*

doblegar
1 Someter, domar, dominar, reducir, vencer, sojuzgar, contener.
ANT.: *Liberar, resistir.*
2 **doblegarse** Ceder, acceder, doblarse, acatar, resignarse, transigir, rendirse, (fam.) agacharse.
ANT.: *Rebelarse, persistir, luchar.*

doblez
1 Pliegue, dobladura.
ANT.: *Desdoblamiento.*
2 Dobladillo, bastilla, alforza, frunce.
3 Hipocresía, disimulo, simulación, engaño, falacia, farsa.
ANT.: *Franqueza, sinceridad.*

dócil
1 Manso, sumiso, obediente, fiel, disciplinado, (desp.) borrego.
ANT.: *Rebelde, indócil.*
2 Apacible, suave, dulce.
ANT.: *Arisco, áspero.*
3 Maleable, dúctil.
ANT.: *Duro, rígido.*

docto
Sabio, erudito, sapiente, culto, entendido, ilustrado, versado, instruido, estudioso, experto.
ANT.: *Ignorante, indocto, lego.*

doctorarse
Graduarse, diplomarse, revalidar, estudiar, titularse, examinarse.

doctrina
1 Enseñanza, sistema.
2 Ciencia, teoría, materia, disciplina.
3 Creencia, religión, credo, fe, evangelio.
4 Ideario, opinión.

documento
1 Registro, comprobante, título, minuta.
2 Credencial, carné o carnet, cédula, tarjeta de identidad.
3 Manuscrito, original, pergamino, legajo.
4 Dato, prueba, testimonio, evidencia.

dogma
1 Fundamento, axioma, base.
2 Misterio, artículo de fe, (fig.) verdad revelada.
3 Doctrina, credo, religión.

dolencia
Afección, padecimiento, malestar, achaque, indisposición.
ANT.: *Salud, mejoría.*

doler
1 Sufrir, padecer, lastimar, quejarse, lamentarse.
ANT.: *Aliviar, sanar.*
2 Pesar, deplorar, arrepentirse, compungirse.
ANT.: *Gozar, disfrutar.*
3 **dolerse** Condolerse, compadecerse, apiadarse, conmoverse, ablandarse.
ANT.: *Endurecerse.*

doliente
1 Gemebundo, sufriente, atormentado, quejumbroso, desconsolado, abatido, lloroso, apenado, triste, afligido, contristado.
ANT.: *Contento, feliz, animado, dichoso, aliviado.*
2 Lastimero, lastimoso, patético.
ANT.: *Alegre.*
3 Enfermo, afectado, herido, indispuesto, delicado, (fam.) malo.
ANT.: *Sano.*
4 Enfermizo, achacoso, débil, frágil.
ANT.: *Vigoroso, robusto.*
5 Deudo, pariente [en un funeral].

dolor
1 Sufrimiento, padecimiento, daño, queja, lamento.
ANT.: *Alivio, anestesia.*
2 Pesar, aflicción, tormento, suplicio, pena, angustia, arrepentimiento, desconsuelo.
ANT.: *Bienestar, placer, gozo, deleite.*

dolorido
1 Adolorido, lacerado, molido, herido, lastimado, maltratado, sensible, doliente, enfermo.
ANT.: *Aliviado, descansado, insensibilizado, anestesiado.*
2 Agobiado, afligido, pesaroso, desconsolado, apenado, atribulado.
ANT.: *Gozoso, contento.*
3 **dolorida** (Perú) Plañidera.

doloroso
1 Penoso, lastimero, aflictivo, lamentable, lastimoso, deplorable, desesperante, angustioso.
ANT.: *Alegre, placentero.*
2 Torturante, punzante, penetrante, agudo.
ANT.: *Deleitoso.*

D

doloso
1 Fraudulento, engañoso, falso, tramposo, deshonesto.
ANT.: *Verdadero, honesto.*
2 Alevoso, malintencionado, avieso.
ANT.: *Leal, bienintencionado.*

domar
1 Dominar, domeñar, someter.
2 Amansar, aplacar, desbravar, domesticar.
3 Amaestrar, adiestrar, enseñar [circo].
4 (Fig.) Reprimir, sujetar, vencer [pasiones].
ANT.: *Enardecer, exacerbar.*
5 (Fig.) Civilizar, cultivar, educar.
6 (Fig.) Ablandar, suavizar, flexibilizar [zapatos, ropa].

doméstica
Doncella, sirvienta, fámula, (desp.) criada, ama, mucama, muchacha.

domesticar
Amansar, domar VER.

doméstico
1 Manso, amansado, (Esp.) duendo [animal].
2 Sirviente, (desp.) criado, servidor, fámulo, mozo, camarero, ayudante, muchacho.
3 Hogareño, casero, familiar, sencillo.
ANT.: *Protocolario, ceremonioso, fastuoso.*

domicilio
1 Morada, residencia, casa, hogar.
2 Señas, dirección, destinatario [correspondencia].

dominante
1 Dictatorial, tiránico, dominador, imperioso, impositivo, severo, intransigente, intolerante.
ANT.: *Benévolo, dócil, sumiso.*
2 Preponderante, prevaleciente, dominativo, descollante.

dominar
1 Sojuzgar, someter, avasallar, enseñorearse, vencer, oprimir, controlar.
ANT.: *Respetar, subordinarse, someterse.*
2 (Fig.) Saber, conocer, manejar, ser experto, poseer destreza.
ANT.: *Desconocer, ignorar.*
3 Sobresalir, destacar, descollar, distinguirse, predominar.
4 dominarse Contenerse, reprimirse, refrenarse, moderarse, sobreponerse, aguantarse.
ANT.: *Desahogarse, soltarse.*

dominio
1 Autoridad, poder, potestad, mando.
ANT.: *Sujeción, servidumbre.*
2 Poderío, señorío, imperio, despotismo, soberanía.
ANT.: *Esclavitud, yugo.*
3 Colonia, posesión, territorio, propiedad, hacienda, pertenencia.
4 Ascendiente, influencia.
ANT.: *Sometimiento.*
5 Saber, conocimiento, destreza, habilidad.
ANT.: *Torpeza, desconocimiento.*

don
1 Dádiva, obsequio, regalo, ofrenda, merced, cesión.
2 Facultad, talento, cualidad, aptitud, capacidad, virtud, poder, gracia, prenda.
ANT.: *Defecto, carencia.*

donación
Legado, obsequio, → donar.

donaire
1 Garbo, gallardía, prestancia, galanura, gentileza, elegancia, donosura, arrogancia, (Esp.) salero.
ANT.: *Torpeza, fealdad, desgarbo.*
2 Ocurrencia, chiste, salida.

donar
Legar, ceder, traspasar, transferir, dar, obsequiar, regalar, ofrendar, entregar.
ANT.: *Arrebatar, quitar, despojar.*

donativo
Donación, óbolo, dádiva, regalo, cesión, ofrenda.

doncel
Mancebo, efebo, adolescente, muchacho, chico, imberbe.
ANT.: *Adulto, anciano.*

doncella
1 Virgen, intacta, pura.
2 Muchacha, jovencita, damisela, moza, joven, mozuela, damita.
ANT.: *Matrona, anciana, señora.*
3 VER criada.

donjuán
Seductor, conquistador, mujeriego, galán, tenorio, casanova, burlador.

donosura
Donosidad, donaire VER.

dorado
1 Áureo, refulgente, brillante, bruñido, radiante.
ANT.: *Opaco.*
2 Chapado, estofado, recubierto con oro.

3 (Fig.) Feliz, venturoso, floreciente, próspero.
ANT.: *Infausto, decadente.*
4 (Fig.) Bronceado, tostado por el sol.

dormilón
Lirón, tumbón, gandul, poltrón, haragán, flojo.
ANT.: *Activo.*

dormir
1 Adormecerse, aletargarse, dormitar, descansar, reposar, acostarse, yacer, echar una siesta, (fig.) soñar.
ANT.: *Velar, despertar.*
2 Pernoctar [en algún sitio].
3 Arrullar, adormecer, sosegar, calmar.
4 Narcotizar, anestesiar.

dormirse
1 Aletargarse, adormecerse, amodorrarse, dormir.
ANT.: *Despertar, levantarse.*
2 (Fig.) Entumirse, entumecerse [un miembro].
3 (Fig.) Descuidarse, confiarse, abandonarse.
ANT.: *Vigilar.*

dormitorio
Alcoba, pieza, habitación, cuarto, cámara, (Amér.) recámara.

dorso
1 Reverso, revés, envés, respaldo.
ANT.: *Haz, anverso.*
2 Espalda, lomo, cruz.
ANT.: *Cara.*

dosel
1 Palio, toldo, baldaquino, pabellón.
2 Colgadura, tapiz, antepuerta, cortinaje.

dosificar
Graduar, dividir, medir, prescribir, administrar, repartir, distribuir.

dosis
Cantidad, medida, toma, porción.

dossier
Expediente, informe, legajo, carpeta, documentos.

dotación
1 Salario, sueldo, asignación, haberes.
2 Tripulación, personal, equipo.

dotar
1 Conceder, asignar, dar, proporcionar, ofrecer.
2 Ceder, legar.
ANT.: *Despojar, quitar.*
3 Proveer, pertrechar, equipar.

dote
1 Patrimonio, bienes, fondos, caudal, prenda.
2 **dotes** (Fig.) Cualidades, virtudes, ventajas, capacidades, talentos, habilidades.
ANT.: *Defectos.*

drama
1 Dramaturgia, teatro, dramática.
2 Representación, melodrama.
3 (Fig.) Desgracia, catástrofe, calamidad, fatalidad, miseria.

dramatismo
1 Emotividad, emoción, impresión, patetismo.
ANT.: *Comicidad.*
2 (Fig.) Teatralidad, afectación.
ANT.: *Naturalidad, sencillez.*

drástico
Radical, tajante, riguroso, concluyente, contundente, definitivo, violento, rápido, enérgico, draconiano.
ANT.: *Suave, flexible, elástico.*

droga
1 Medicamento, medicina, remedio, preparado.
2 Sustancia, ingrediente.
3 Narcótico, estupefaciente, estimulante, tóxico, alucinógeno.
4 (Amér. Merid., Méx.) Deuda, débito.

drogadicto
Toxicómano, narcodependiente, adicto, farmacodependiente, vicioso.

droguero
1 Droguista.
2 (Amér. Merid., Méx.) Moroso, deudor, mal pagador.

dubitativo
Indeciso, dudoso, irresoluto, titubeante, confuso, vacilante.
ANT.: *Decidido, resuelto.*

ducha
Chorro, riego, aspersión, baño, lluvia, llovizna.

ducho
Capaz, experto, experimentado, avezado, competente, hábil, baqueteado, fogueado.
ANT.: *Inexperto, novato.*

dúctil
1 Flexible, maleable, blando.
ANT.: *Duro, rígido.*
2 Dócil, condescendiente, adaptable, transigente.
ANT.: *Intransigente.*

duda
1 Indecisión, irresolución, dilema, incertidumbre, vacilación, titubeo.
ANT.: *Seguridad, certeza.*
2 Recelo, desconfianza, sospecha, escrúpulo.
ANT.: *Confianza.*
3 Aprensión, suspicacia.
ANT.: *Confianza.*

dudoso
1 Inseguro, incierto, precario, vago.
ANT.: *Cierto, seguro.*
2 Vacilante, dubitativo, perplejo, receloso, indeciso.
ANT.: *Cierto, seguro.*
3 Equívoco, ambiguo, discutible.
ANT.: *Indiscutible, fiable.*

duelo
1 Lance, encuentro, justa, enfrentamiento, desafío, reto, competencia.
2 Luto, pena, dolor, aflicción.
ANT.: *Alegría, gozo.*
3 Funeral, entierro, velorio.

duende
1 Genio, gnomo, trasgo, silfo, elfo, espíritu.
2 (Fig.) Encanto, ángel, gracia, carisma, atractivo.

dueña
1 VER dueño.
2 Acompañante, dama de compañía, carabina, celestina.

dueño
1 Propietario, poseedor, titular.
2 Casero, arrendador.
ANT.: *Inquilino.*
3 Patrón, señor, amo, jefe.

dulce
1 Azucarado, dulzón, grato, suave, sabroso, endulzado, edulcorado.
ANT.: *Amargo, acre, salobre.*
2 (Fig.) Bondadoso, apacible, amable, tierno, cariñoso, amoroso.
ANT.: *Hosco, áspero, agrio.*
3 Golosina, confite, caramelo, bombón, postre.

dulcificar
1 Endulzar, edulcorar, azucarar.
ANT.: *Salar, amargar, agriar.*
2 (Fig.) Suavizar, apaciguar, calmar, mitigar, amansar.
ANT.: *Exacerbar, irritar.*

dulzura
1 Dulzor, sabor dulce.
ANT.: *Amargor, acritud.*
2 (Fig.) Deleite, placer.
ANT.: *Sufrimiento, incomodidad.*
3 (Fig.) Suavidad, afecto, ternura, bondad, benevolencia, sencillez, amabilidad.
ANT.: *Aspereza, brusquedad.*

duplicar
Copiar, calcar, reproducir, doblar, hacer doble.

duplicidad
Hipocresía, doblez, falsedad, disimulo, fingimiento, engaño, deslealtad.
ANT.: *Franqueza, sinceridad, lealtad.*

duración
1 Permanencia, persistencia, subsistencia, perdurabilidad.
ANT.: *Fugacidad, brevedad.*
2 Durabilidad, aguante, resistencia, estabilidad, firmeza.
ANT.: *Fragilidad, caducidad.*
3 Lapso, espacio, plazo, tiempo.

duradero
1 Persistente, permanente, perpetuo, prolongado, (fig.) eterno.
ANT.: *Efímero, pasajero, breve, fugaz.*
2 Durable, resistente, firme, sólido, estable, inalterable, indeleble.
ANT.: *Frágil, caduco, perecedero.*

durar
1 Perdurar, permanecer, perpetuarse, prolongarse, (fig.) eternizarse, subsistir.
ANT.: *Acabarse, terminar, cesar.*
2 Resistir, aguantar, mantenerse, conservarse.
ANT.: *Caducar, expirar.*

dureza
1 Solidez, resistencia, consistencia, firmeza.
ANT.: *Blandura, fragilidad.*
2 Callosidad, callo, tumoración, aspereza [en el cuerpo].
3 (Fig.) Severidad, inflexibilidad, rigor, rudeza, intransigencia.
ANT.: *Indulgencia, suavidad, tolerancia, clemencia.*

duro
1 Rígido, sólido, compacto, consistente, irrompible, indeformable.
ANT.: *Blando, endeble, flexible, maleable.*
2 Firme, resistente, tenaz, recio.
ANT.: *Suave, mullido, tierno.*
3 (Fig.) Severo, inflexible, insensible, riguroso, exigente, rudo, despiadado, cruel.
ANT.: *Indulgente, benévolo, clemente.*

4 (Fig.) Crudo, violento, doloroso, impactante, impresionante, dramático, trágico.
ANT.: *Agradable, ameno, divertido, ligero.*
5 (Fig.) Terco, porfiado, testarudo, obstinado.
ANT.: *Razonable.*
6 (Fig.) Fuerte, estoico, valiente, encallecido, sufrido, aguantador.
ANT.: *Blandengue, pusilánime, cobarde.*
7 (Fig.) Difícil, arduo, trabajoso, complicado, fatigoso, penoso, agobiante.
ANT.: *Fácil, sencillo, descansado, relajado, leve.*

E

ebrio
1 Borracho, beodo, embriagado, bebido, alegre, alcoholizado, alumbrado, (Amér.) ajumado, (Méx./fam.) cuete.
ANT.: *Sobrio.*
2 Alcohólico, dipsómano.
3 (Fig.) Ofuscado, enardecido, ciego, loco.
ebullición
1 Hervor, burbujeo, efervescencia, borbolleo, borboteo, hervidero.
2 (Fig.) Bullicio, agitación.
ANT.: *Calma.*
eccema
VER eczema.
echador
Presumido, jactancioso, fanfarrón, (Amér.) bocatero, (Cuba, Méx.) hablador, (Venez.) echón.
echar
1 Arrojar, lanzar, tirar.
ANT.: *Recibir.*
2 Despedir, emanar, exhalar.
ANT.: *Inhalar.*
3 Meter, introducir, poner, aplicar.
ANT.: *Retirar, sacar.*
4 Expulsar, separar, excluir, repeler, rechazar, deponer, destituir, correr.
ANT.: *Admitir, aceptar.*
5 Repartir, entregar, dar.
ANT.: *Recoger.*
6 Mover, inclinar, ladear, reclinar.
ANT.: *Enderezar.*
7 Proferir, pronunciar, decir.
8 **echarse** Tumbarse, tenderse, acostarse, recostarse, tirarse, yacer, dormirse, encamarse.
ANT.: *Levantarse, incorporarse.*
eclipsar
1 Ocultar, tapar, interponerse, cubrir, oscurecer.
ANT.: *Mostrar, revelar.*
2 (Fig.) Superar, opacar, exceder.
ANT.: *Realzar.*
3 **eclipsarse** (Fig.) Ocultarse, ausentarse, desvanecerse, escabullirse, esfumarse.
ANT.: *Aparecer.*
eclipse
1 Ocultación, interposición, oscurecimiento [astros].
2 (Fig.) Decadencia, ocaso, deslucimiento, caída.
ANT.: *Auge, apogeo.*
3 (Fig.) Evasión, ausencia, huida.
ANT.: *Presencia.*
eco
Repetición, resonancia, retumbo, repercusión, sonido.
economía
1 Ahorro, administración.
ANT.: *Derroche, despilfarro.*
2 Estado económico [de una empresa, país, persona].
3 Escasez, pobreza, estrechez.
ANT.: *Abundancia.*
económico
1 Ahorrativo, previsor, moderado, sobrio, administrado, frugal.
ANT.: *Derrochador, manirroto.*
2 (Fig.) Avaro, tacaño, mezquino, miserable, roñoso.
ANT.: *Pródigo, generoso.*
3 (Fig.) Barato, módico, rebajado, accesible.
ANT.: *Caro, oneroso.*
ecuánime
1 Equilibrado, sensato, ponderado, sereno.
ANT.: *Voluble, inconstante, desequilibrado.*
2 Imparcial, justo, equitativo, objetivo, neutral, recto.
ANT.: *Injusto, parcial.*
ecuestre
Caballar, hípico, equino.
ecuménico
Universal, mundial, general.
ANT.: *Local, particular.*
eczema
Sarpullido, erupción, eccema, irritación, descamación.
edad
1 Vida, tiempo, duración, longevidad, existencia, cantidad de años.
2 Época, era, lapso, período, etapa.

edén
1 Vergel, floresta, jardín.
ANT.: *Desierto.*
2 Edén (Fig.) Paraíso, cielo, elíseo, empíreo.
ANT.: *Infierno.*

edición
1 Impresión, publicación, reproducción.
2 Tirada, cantidad de ejemplares, tiro.
3 Proceso de editar.

edicto
Decreto, ordenanza, bando, ley, orden, disposición, decisión, mandato, proclama.

edificar
1 Erigir, alzar, construir, levantar, urbanizar.
ANT.: *Derruir, demoler, tirar.*
2 (Fig.) Elevar, ejemplarizar, inspirar, consolar, moralizar.
ANT.: *Corromper, desviar.*
3 (Fig.) Fundar, establecer.
ANT.: *Disolver, desbaratar.*

edificio
Construcción, obra, inmueble, edificación, fábrica, palacio, casa, mansión.

editar
1 Publicar, difundir, imprimir.
2 Tirar, lanzar, emitir.
3 Recortar, modificar, abreviar [cine, video, textos].

editorial
1 Casa editora, imprenta.
2 Librería.
3 Opinión, artículo de fondo.

edredón
Colcha, cobertor, manta, (Amér.) cobija.

educación
1 Formación, crianza, desarrollo.
2 Enseñanza, instrucción, dirección, adiestramiento, adoctrinamiento.
3 Cultura, conocimientos.
ANT.: *Incultura, ignorancia.*
4 Urbanidad, corrección, cortesía, modales.
ANT.: *Grosería, zafiedad, vulgaridad.*

educado
1 Culto, instruido, erudito, ilustrado, documentado, sabio.
ANT.: *Ignorante, inculto, necio.*
2 Urbano, cortés, correcto, amable, considerado, fino, atento.
ANT.: *Grosero, zafio, malcriado, maleducado.*

educar
1 Formar, enseñar, instruir, ilustrar, preparar, desarrollar, adoctrinar, aleccionar, explicar.
ANT.: *Embrutecer.*
2 Encauzar, guiar, orientar, encaminar, (fig.) criar.
ANT.: *Desviar, malcriar.*
3 Adiestrar, ejercitar, capacitar, pulir, perfeccionar.
4 Amaestrar, entrenar [animales].

efectivo
1 Verdadero, real, seguro, cierto, serio, indiscutible, definitivo.
ANT.: *Imaginario, irreal, discutible, aparente.*
2 Dinero, monedas, billetes, numerario, líquido.
3 Operativo, eficaz.
ANT.: *Ineficaz, inútil, inoperante.*

efecto
1 Resultado, consecuencia, trascendencia, producto, fruto, secuela.
ANT.: *Causa, origen.*
2 Impresión, choque, sensación, emoción.

efectuar
Hacer, realizar, ejecutar, actuar, verificar, cumplir, cometer.
ANT.: *Abstenerse.*

eficaz
Efectivo, activo, enérgico, seguro [se aplica más a cosas: remedio, medicamento].
ANT.: *Ineficaz, anodino.*

eficiente
Capaz, competente, apto, útil, dispuesto, dinámico [se aplica más a personas].
ANT.: *Inepto, deficiente, inútil.*

efigie
1 Imagen, ícono, representación, retrato, escultura, figura.
2 (Fig.) Personificación, encarnación, apariencia.

efímero
Fugaz, breve, pasajero, transitorio, temporal, corto, perecedero.
ANT.: *Duradero, eterno, permanente.*

efusivo
Cariñoso, cordial, expresivo, expansivo, afectuoso, entusiasta, amistoso.
ANT.: *Hosco, adusto, inexpresivo.*

egoísmo
1 Egocentrismo, egolatría, individualismo, egotismo, personalismo, narcisismo.
ANT.: *Altruismo.*

E

2 Codicia, avaricia.
ANT.: *Generosidad.*

egoísta
1 Ególatra, egocéntrico, egocentrista, narcisista, egotista.
ANT.: *Altruista.*
2 Codicioso, interesado, utilitarista, avaro, ruin, mezquino, ambicioso, sórdido, materialista, avariento.
ANT.: *Generoso.*

egregio
Ilustre, excelso, insigne, ínclito, famoso, preclaro, notable, magnífico, glorioso.
ANT.: *Oscuro, anónimo, despreciable.*

egresado (Amér.)
Graduado, diplomado, titulado, licenciado.

eje
1 Base, centro, fundamento, núcleo.
2 Vara, barra, barrote, cigüeñal, árbol.

ejecutar
1 Realizar, efectuar, hacer, cumplir, verificar.
2 Ajusticiar, eliminar, liquidar, matar, sacrificar, pasar por las armas.
ANT.: *Perdonar, indultar.*

ejemplar
1 Prototipo, paradigma, patrón.
2 Espécimen, modelo, muestra.
3 Intachable, irreprochable, perfecto, cabal, íntegro, edificante.
ANT.: *Imperfecto, reprobable.*

ejemplo
1 Muestra, pauta, prueba.
2 Parábola, caso, anécdota, cita, alusión.
3 Modelo, ejemplar VER.

ejercer
Desempeñar [un cargo o tarea], dedicarse, realizar, efectuar, ejecutar, cumplir una labor.
ANT.: *Abandonar, cesar.*

ejercicio
1 Adiestramiento, deporte, entrenamiento, gimnasia, movimiento.
ANT.: *Inactividad, reposo.*
2 Desempeño, práctica, función, trabajo, ejecución.
ANT.: *Abandono, inacción.*
3 Prueba, práctica, ensayo.
4 Evolución, maniobra.

ejercitar
1 Practicar, desarrollar.
2 Ejercer, desempeñar, realizar [una tarea].
ANT.: *Abandonar.*
3 Hacer valer, usar [derechos].
4 **ejercitarse** Adiestrarse, entrenar, ensayar.

ejército
1 Hueste, milicia, legión, tropa, (ant.) mesnada, falange, guardia.
2 (Fig.) Multitud.

elaboración
Fabricación, producción, transformación, confección, preparación, industria.

elástico
1 Flexible, dúctil, blando.
ANT.: *Rígido, inflexible.*
2 Adaptable, ajustable.
3 Resorte, muelle, ballesta.

elección
1 Decisión, preferencia, selección, alternativa, opción.
2 Votación, comicios, voto, sufragio, plebiscito, junta, asamblea, referéndum.
3 Nombramiento, designación, distinción.

electricidad
Energía eléctrica, corriente, fluido eléctrico.

electrizante
Apasionante, impactante, asombroso, excitante, arrebatador, enardecedor.
ANT.: *Aburrido, soso.*

elegancia
1 Distinción, garbo, gallardía, gracia, donaire, apostura, esbeltez.
ANT.: *Tosquedad, rudeza, desgaire.*
2 Categoría, clase, discreción, gentileza, nobleza, delicadeza, finura.
ANT.: *Vulgaridad, cursilería.*

elegante
Distinguido, → elegancia.

elegir
1 Escoger, seleccionar, preferir, entresacar, separar.
ANT.: *Eliminar, descartar.*
2 Designar, distinguir, nombrar, votar.

elemental
1 Fundamental, primordial, principal, cardinal.
ANT.: *Derivado, secundario.*
2 Básico, rudimentario.
ANT.: *Elaborado, avanzado.*
3 Simple, evidente, sencillo.
ANT.: *Complejo, complicado, difícil.*

elemento
1 Parte, componente, pieza, integrante, ingrediente.
ANT.: *Totalidad.*

2 Cuerpo químico simple.
3 Base, fundamento.
4 Fundamento, agente, móvil.

elementos
1 Fuerzas naturales.
2 Rudimentos, nociones, principios [ciencias, artes, técnicas].
3 (Fig.) Recursos, medios.

elevación
1 Incremento, subida, aumento, encarecimiento.
ANT.: *Descenso, abaratamiento.*
2 Colina, montículo, monte, altura, prominencia.
ANT.: *Depresión, hondonada.*
3 (Fig.) Exaltación, encumbramiento, enaltecimiento.
ANT.: *Rebajamiento, caída, humillación.*

elevador (Amér.)
Ascensor, montacargas.

elevar
1 Levantar, alzar, subir, empinar.
ANT.: *Bajar.*
2 Aumentar, acrecentar, incrementar.
ANT.: *Aminorar.*
3 Construir, edificar, erigir.
ANT.: *Derruir, demoler.*
4 (Fig.) Ennoblecer, enaltecer, ensalzar, dignificar.
ANT.: *Envilecer.*
5 (Fig.) Elogiar, encumbrar, engrandecer, ponderar.
ANT.: *Rebajar, humillar.*

eliminar
1 Excluir, descartar, quitar, apartar.
ANT.: *Admitir, integrar.*
2 Suprimir, anular, abolir.
ANT.: *Instaurar, establecer.*
3 Exterminar, aniquilar, destruir.
4 Liquidar, matar, ejecutar, asesinar.
5 Desechar, excretar.
ANT.: *Asimilar.*

élite
Minoría selecta, lo mejor, lo escogido, la flor y nata.
ANT.: *Gentuza, chusma.*

elixir
1 Licor, brebaje, poción, pócima.
2 Remedio, medicamento.
3 (Fig.) Panacea, curalotodo.

elocuencia
Persuasión, fogosidad, fluidez, soltura, facundia, capacidad de convencimiento, expresividad.
ANT.: *Laconismo, inexpresividad.*

elocuente
Expresivo, persuasivo, convincente, conmovedor, fluido, fogoso, arrebatador, (fig.) encendido.
ANT.: *Lacónico, inexpresivo, escueto.*

elogiar
Alabar, loar, enaltecer, ponderar, encomiar, ensalzar, aplaudir, celebrar, exaltar, aclamar.
ANT.: *Criticar, recriminar, vituperar.*

elogio
Alabanza, loa, encomio, panegírico, lisonja, aclamación, cumplido.
ANT.: *Injuria, vituperio.*

elucubrar
Urdir, planear, tramar, lucubrar, divagar, imaginar, especular.

eludir
1 Evadir, esquivar, sortear.
ANT.: *Desafiar, enfrentar.*
2 Evitar, rehuir, rehusar, soslayar, (fam.) escurrir el bulto.
ANT.: *Afrontar, encarar.*

emanar
1 Emitir, desprender, exhalar, irradiar, manar.
ANT.: *Absorber.*
2 Proceder, provenir, derivar, resultar, originarse, nacer.

emancipación
Liberación, independencia, → emancipar.

emancipar
1 Liberar, independizar, libertar, redimir, manumitir.
ANT.: *Dominar, colonizar, someter, esclavizar.*
2 Desvincular, separar.
ANT.: *Sujetar, retener.*

embadurnar
1 Untar, recubrir, ungir, engrasar, aplicar.
ANT.: *Desengrasar.*
2 Ensuciar, pringar, manchar, pintarrajear, embarrar VER.
ANT.: *Limpiar, borrar.*

embajada
1 Representación, legación, misión, delegación, consulado.
2 Cargo de embajador.
3 Comunicado, mensaje, recado.
4 (Fam.) Impertinencia, exigencia.

embajador
1 Emisario, enviado, comisionado.
2 Diplomático, plenipotenciario, representante, delegado.

embalaje
Paquete, envoltorio, envase, estuche, bulto, caja, fardo, lío.
embalar
Empaquetar, empacar, envasar, envolver, encajonar, atar, enfardar.
ANT.: *Desembalar, abrir.*
embalsamar
1 Aromatizar, perfumar.
2 Preservar, conservar, momificar, preparar un cadáver.
embalsar
Represar, rebalsar, estancar, encharcar, detener, recoger, acumular, empantanar.
ANT.: *Dejar fluir o correr, fluir, correr.*
embalse
Represa, presa, rebalsa, depósito, charca.
embarazada
Encinta, gestante, grávida, preñada, fecundada.
embarazado
Incómodo, desconcertado, avergonzado, tímido, apabullado, perplejo, turbado, (Méx./fam.) apenado.
ANT.: *Desenvuelto.*
embarazo
1 Gestación, preñez, gravidez, maternidad.
2 Fecundación.
3 Turbación, confusión, perplejidad, desconcierto, timidez, apocamiento, cortedad, incomodidad.
ANT.: *Seguridad, aplomo, desenvoltura, desenfado.*
4 Molestia, dificultad, impedimento, estorbo, obstáculo, engorro, molestia.
ANT.: *Facilidad, fluidez.*
embarazoso
1 Turbador, desconcertante, difícil, agobiante.
ANT.: *Llevadero, simple.*
2 Molesto, incómodo, estorboso.
ANT.: *Cómodo.*
embarcación
1 Nave, barco, bajel, buque, nao.
2 Embarco, embarque.
embarcadero
Muelle, desembarcadero, atracadero, malecón, dársena, escollera.
embarcar
1 Subir, entrar [a un barco].
ANT.: *Desembarcar.*
2 Cargar, estibar, introducir, meter.
ANT.: *Descargar.*
3 (Fig.) Comprometer, arriesgar, involucrar.
4 (C. Rica, Méx.) Meter en un lío, poner en aprietos.
embarcarse
1 Abordar [un barco].
2 (Fig.) Aventurarse, lanzarse, atreverse, arriesgarse, emprender.
ANT.: *Abstenerse, eludir, soslayar.*
embargar
1 Detener, impedir, dificultar, retener, obstaculizar.
ANT.: *Desembargar.*
2 Confiscar, requisar, quitar, decomisar, incautarse, secuestrar.
ANT.: *Devolver, liberar.*
3 (Fig.) Paralizar, cautivar, enajenar, absorber, colmar.
embarrancar
Encallar, atascarse, atrancar, atollar, varar.
ANT.: *Salir a flote.*
embarrar
1 Untar, embadurnar.
2 Manchar, enfangar, ensuciar.
ANT.: *Limpiar.*
3 (Fig.) Calumniar, enlodar, (Amér.) desprestigiar.
4 (Fig.) Fallar, pifiar, (Argent., Chile, Colomb.) estropear.
5 (Amér. Central, Méx.) Complicar, involucrar.
embarullar
Aturdir, embrollar, enredar, confundir, azorar, desorientar, ofuscar, (fam.) aturrullar.
ANT.: *Aclarar, orientar.*
embate
Acometida, embestida VER.
embaucar
Engañar, estafar, enredar, engatusar, embrollar, timar.
ANT.: *Desengañar, aclarar.*
embeber
1 Empapar, absorber, chupar, impregnar, saturar, humedecer.
ANT.: *Rezumar, manar, exprimir.*
2 Encajar, embutir, meter.
ANT.: *Sacar, extraer.*
3 (Fig.) Embelesar, embebecer, atraer, pasmar, embobar.
4 embeberse (Fig.) Abstraerse, ensimismarse.

embelesar
Arrobar, fascinar, embeber, cautivar, extasiar, hechizar, maravillar, pasmar, seducir, (fig.) embriagar.
ANT.: *Repeler, disgustar.*

embellecer
1 Hermosear, acicalar, maquillar.
2 Adornar, arreglar, componer, decorar, ornar.
ANT.: *Afear, estropear.*

embestida
Acometida, arremetida, embate, asalto, tope, choque.
ANT.: *Retroceso, huida, defensa.*

embestir
Arremeter, acometer, abalanzarse, atacar, topar, topetar, agredir, chocar.
ANT.: *Retroceder, recular, esquivar.*

emblema
Divisa, símbolo, escudo, insignia, enseña, lema, figura, alegoría.

embobar
Pasmar, cautivar, encandilar, deslumbrar, asombrar, enajenar, embebecer, maravillar, fascinar.

embolsar
1 Meter, introducir, ensacar, empacar.
ANT.: *Sacar, desempacar.*
2 **embolsarse** Guardarse, recaudar, apañar, percibir, obtener, cobrar.
ANT.: *Pagar, desembolsar, ceder.*

emborrachar
1 Embriagar, marear.
2 Atontar, adormecer, embotar.
ANT.: *Despabilar.*
3 (Fig.) Empapar en vino o licor [repostería].
4 Manchar, ensuciar, emborronar [colores].

emborracharse
1 Embriagarse, beber, tomar, chupar, libar, alcoholizarse, marearse, achisparse, (fig.) alegrarse, alumbrarse, empinar el codo, agarrar la mona, ponerse una papalina, (Amér.) jumarse, (Argent.) mamarse, (Argent., Méx./vulg.) empedarse, (Argent./vulg.) ponerse en pedo, (C. Rica) achispolarse, ponerse una juma, (Colomb., Cuba) irse de bebezón, (Esp.) coger una cogorza, agarrar una pítima, (Méx./fam.) encuetarse, ponerse hasta atrás, (Méx./vulg.) ponerse pedo o un pedo, (Venez.) ajumarse.
2 Mancharse, emborronarse, revolverse, correrse [colores].

emborronar
1 Manchar, ensuciar, (fig.) emborrachar [dibujos, textos, estampados].
ANT.: *Limpiar, borrar.*
2 (Fig.) Garrapatear, garabatear, rayonear.

emboscada
1 Celada, trampa, estratagema, ardid, añagaza.
2 Intriga, engaño, maquinación, asechanza.

embotar
1 Entumecer, entorpecer, adormecer, debilitar, aturdir.
ANT.: *Avivar, fortalecer.*
2 Mellar, despuntar, desgastar, engrosar, achatar.
ANT.: *Afilar, aguzar.*

embotellamiento
1 Embotellado, envase, envasado.
2 Obstrucción, congestionamiento, atasco, atolladero, detención.
ANT.: *Fluidez.*

embotellar
1 Envasar, enfrascar, llenar, dosificar, meter en botellas.
2 Atascar, obstruir, detener, congestionar, entorpecer.
ANT.: *Hacer circular, fluir, agilizarse.*

embozado
1 Tapado, cubierto, arrebujado, abrigado, (Amér.) encobijado.
ANT.: *Descubierto, desabrigado.*
2 Atascado, obstruido, cegado, atorado, atrancado.
ANT.: *Desatascado.*
3 (Fig.) Encubierto, oculto, disfrazado.
ANT.: *Claro, evidente.*
4 (Fig.) Cauteloso, taimado, hipócrita.
ANT.: *Franco, abierto.*

embravecido
1 Tormentoso, proceloso, agitado, encrespado [mar].
ANT.: *Apacible, calmado, plácido, manso.*
2 Enfurecido, excitado, encolerizado.
ANT.: *Sereno, tranquilo.*

embriagado
1 Borracho, ebrio, beodo, alcoholizado, bebido, tomado, achispado, alumbrado, (Amér.) ajumado, (Amér. Central, Chile, Perú, P. Rico) descompuesto, (Argent.) mamado*, (Méx./fam.) cuete, briago, (Méx./vulg.) pedo, (Venez.) curda.
ANT.: *Sobrio, despejado.*

E

2 (Fig.) Extasiado, arrobado, embelesado, fascinado, maravillado, exaltado, transportado.
ANT.: *Indiferente.*
3 (Fig.) Enajenado, frenético.
*Tb. significa: (Méx./fam.) Musculoso, fuerte, corpulento.

embriagarse
VER emborracharse.

embriaguez
1 Ebriedad, borrachera, mona, tranca, (Esp.) tajada, (Venez.) curda, → emborracharse.
ANT.: *Sobriedad.*
2 Alcoholismo, dipsomanía.
3 (Fig.) Arrobamiento, fascinación, éxtasis, exaltación.
4 (Fig.) Frenesí.

embrionario
Rudimentario, incipiente, inicial, primitivo, primario, elemental.
ANT.: *Perfeccionado, desarrollado.*

embrollado
1 Confundido, confuso, desorientado, turbado, perplejo.
ANT.: *Claro, seguro, cierto.*
2 Complicado, enredado, caótico, revuelto, desordenado, mezclado, enmarañado.
ANT.: *Claro, simple.*

embrollo
1 Confusión, desorden, caos, lío, jaleo, problema, mescolanza, desorganización.
ANT.: *Organización, orden.*
2 Embuste, artimaña, enredo, mentira, engañifa.
ANT.: *Verdad.*
3 (Fig.) Desorientación, conflicto, embarazo, dificultad.

embromar
1 Bromear, chancear, chunguearse, vacilar, (Méx./fam.) cotorrear.
2 Engañar, confundir.
3 (Chile, Méx., Perú, Venez.) Detener, entretener, embrollar.
4 (Amér. Merid., P. Rico, Sto. Dom.) Fastidiar, perjudicar, molestar, dañar.

embrujar
1 Hechizar, encantar, aojar, lanzar un maleficio, hacer mal de ojo.
ANT.: *Exorcizar, desencantar, limpiar.*
2 (Fig.) Cautivar, atraer, seducir, fascinar, extasiar.
ANT.: *Repeler.*

embrujo
1 Hechizo, embrujamiento, encantamiento, ensalmo, aojamiento, maleficio.
ANT.: *Desembrujamiento, desencantamiento.*
2 (Fig.) Fascinación, atractivo, encanto, atracción, seducción, embeleso.
ANT.: *Repulsión.*

embrutecer
1 Atontar, entorpecer, atolondrar, embotar.
ANT.: *Avivar, despabilar.*
2 Idiotizar, enajenar, degradar.
ANT.: *Avivar, despabilar.*

embuchar (Esp.)
1 Embutir, meter, llenar.
ANT.: *Sacar, vaciar.*
2 (Fam.) Engullir, devorar, tragar, zampar, zamparse, manducar, atracarse, (Colomb.) empetacar.

embuste
1 Mentira, patraña, infundio, enredo, engaño, cuento, falsedad, calumnia, (Méx.) argüende.
ANT.: *Verdad.*
2 **embustes** Baratijas, chucherías, bisutería, bujerías.

embustero
Mentiroso, enredador, lioso, embaucador, cuentista, farsante, falso.
ANT.: *Veraz, sincero.*

embutir
1 Introducir, meter, rellenar, atiborrar, (Esp.) embuchar.
ANT.: *Sacar, vaciar.*
2 Acoplar, incrustar.
ANT.: *Separar.*
3 (Fig.) Instruir, enseñar, imbuir.
4 (Fig. y fam.) Engullir, tragar, zamparse, devorar.

emergencia
1 Surgimiento, brote, salida.
ANT.: *Hundimiento.*
2 Urgencia, prisa, premura, necesidad, apremio, aprieto.
3 Accidente, desgracia, calamidad, peripecia.
ANT.: *Normalidad.*
4 Incidente, suceso, eventualidad.

emerger
Surgir, brotar, aparecer, asomar.
ANT.: *Sumergirse.*

emigración
Marcha, migración, éxodo, partida, expatriación, abandono.
ANT.: *Inmigración.*

eminencia
1 Elevación, colina VER.
2 (Fig.) Excelencia, superioridad, distinción, grandeza, dignidad.
ANT.: *Inferioridad, medianía.*
3 Sabio, personalidad, lumbrera, personaje.
ANT.: *Mediocre.*
emisario
Enviado, representante, embajador, mensajero, parlamentario, delegado.
emisión
1 Transmisión, programa, audición, espacio [radio, televisión].
2 Emanación, exhalación, irradiación, → emitir.
3 Edición, impresión [títulos, estampillas, papel moneda].
emisora
Estación, radiodifusora, transmisor.
ANT.: *Receptora.*
emitir
1 Irradiar, despedir, emanar, expulsar, lanzar, proyectar.
ANT.: *Atraer, absorber.*
2 Manifestar, decir, expresar.
ANT.: *Callar, reservarse.*
3 Transmitir, difundir, propalar, radiodifundir, radiar, televisar.
4 Imprimir, editar, publicar, tirar.
emoción
1 Impresión, exaltación, agitación, conmoción, alteración, turbación.
ANT.: *Tranquilidad, calma, impasibilidad, insensibilidad.*
2 Ternura, piedad, enternecimiento.
ANT.: *Crueldad, indiferencia.*
emocionante
Emotivo, conmovedor, enternecedor, apasionante, inquietante.
ANT.: *Indiferente, frío.*
emocionar
Conmover, → emoción.
emotivo
VER emocionante.
empacar
1 Empaquetar, envasar, envolver, enfardar, embalar.
ANT.: *Desempacar, abrir.*
2 (Amér.) Hacer el equipaje.
3 (Méx./fam.) Comer, engullir.
empacarse
1 Obstinarse, empeñarse, emperrarse, obcecarse.
ANT.: *Ceder, transigir.*
2 (Amér. Central y Merid.) Detenerse, plantarse una caballería.
ANT.: *Proseguir.*
3 (Fig.) Irritarse, turbarse, retraerse, enfadarse.
empachar
1 Impedir, estorbar, molestar.
2 Empalagar, hartar, indigestar, estomagar, estragar.
empadronar
Censar, registrar, inscribir, matricular, relacionar.
empalagar
1 Hastiar, indigestar, empachar VER.
2 (Fig.) Fastidiar, molestar, atosigar, cansar, hartar.
empalagoso
1 Dulzón, dulzarrón, almibarado, indigesto, pesado, empachoso.
2 (Fig.) Pegajoso, zalamero, fastidioso, adulón, sobón, cargante, irritante.
ANT.: *Sobrio.*
empalizada
Cercado, cerca, valla, estacada, verja, seto.
empalmar
Ensamblar, acoplar, unir, ligar, conectar, ajustar, combinar, entroncar, reunir, juntar.
ANT.: *Soltar, separar, desunir.*
empantanar
1 Apantanar, anegar, estancar VER.
ANT.: *Desecar, desaguar.*
2 (Fig.) Detener, inmovilizar, impedir, atascar, paralizar.
ANT.: *Agilizar, alentar.*
empañar
1 Enturbiar, opacar, deslustrar, oscurecer, manchar.
ANT.: *Aclarar.*
2 (Fig.) Deslucir, estropear, arruinar, desacreditar.
ANT.: *Realzar.*
empañarse
1 Enturbiarse, opacarse, mancharse [vidrio, espejo].
ANT.: *Brillar.*
2 Deslustrarse.
3 Salir paño o manchas en el rostro.
4 Rasarse, humedecerse [los ojos con lágrimas].
empapar
Mojar, humedecer, remojar, calar, impregnar, duchar, inundar, saturar.
ANT.: *Secar, exprimir.*

empapelar
1 Forrar, cubrir, revestir, tapizar.
2 (Fig.) Embrollar, complicar [asuntos, trabajo].
empaque
1 Envase, envoltura.
2 Empacado.
3 (Fig.) Gravedad, seriedad, tiesura, afectación, prosopopeya.
4 (Fig.) Catadura, porte, traza, facha, presencia, figura, continente.
5 (Chile, Perú, P. Rico) Desfachatez, descaro.
empaquetar
Empacar, envasar, envolver, encajonar, enfardar, liar.
ANT.: *Desempaquetar, desempacar.*
emparedado
Sándwich, (pr.) sandwich, (Esp.) bocadillo, (Méx.) torta.
emparejar
1 Nivelar, igualar, allanar, alisar.
ANT.: *Desnivelar.*
2 Reunir, juntar, aparear.
3 (Fig.) Empatar, alcanzar.
ANT.: *Rezagarse.*
4 (Colomb.) Reprender, amonestar.
emparentar
Unirse, atarse, vincularse, relacionarse, contraer lazos.
ANT.: *Desvincularse.*
emparrado
Pérgola, galería, mirador, cenador.
empatar
1 Nivelar, emparejar, igualar, equilibrar, compensar.
ANT.: *Desempatar.*
2 (Colomb., C. Rica, Méx., P. Rico, Venez.) Empalmar, juntar, pegar, unir.
empecinado
Terco, tozudo, obstinado, porfiado, testarudo, pertinaz, (fig.) incorregible.
ANT.: *Razonable, condescendiente.*
empedernido
1 Endurecido, insensible, implacable, desalmado, riguroso.
ANT.: *Humano, sensible, compasivo.*
2 Obstinado, tenaz, recalcitrante, impenitente.
empedrar
1 Adoquinar, enlosar, pavimentar, cubrir con piedras.
2 (Fig.) Plagar, llenar.
3 (Fig.) Poner obstáculos, dificultar.
ANT.: *Allanar, facilitar.*
empellón
Empujón, arremetida, choque, topetazo, tope, atropello, codazo, (Colomb., Guat., Urug., Venez.) empujada.
empeñar
1 Pignorar, comprometerse, adeudar, dejar en prenda.
ANT.: *Desempeñar, rescatar.*
2 empeñarse Obstinarse, empecinarse, encapricharse, porfiar, insistir, (fig.) emperrarse.
ANT.: *Ceder, desistir.*
empeño
1 Afán, tesón, tenacidad, pasión, vehemencia, obstinación.
ANT.: *Abulia, apatía.*
2 Deseo, anhelo, ansia.
3 Intento, empresa, esfuerzo.
4 Préstamo, compromiso, obligación.
empeorar
1 Desmejorar, agravarse, deteriorarse, decaer, perder, disminuir.
ANT.: *Mejorar.*
2 Envilecer, encanallar, degradar.
3 Nublarse, encapotarse, cubrirse, cerrarse [el cielo].
ANT.: *Despejarse.*
empequeñecer
1 Disminuir, reducir, mermar, achicar, menguar, acortar, restar.
ANT.: *Agrandar, aumentar.*
2 Aminorar, decaer, atenuar.
ANT.: *Crecer, progresar.*
3 Minimizar, humillar, rebajar, despreciar.
ANT.: *Apreciar, elevar.*
emperador
Soberano, monarca, césar, zar, faraón.
emperifollar
Adornar, acicalar, engalanar, ataviar, aderezar, componer, hermosear, emperejilar, endomingar.
ANT.: *Afear, desarreglar.*
emperrarse
1 Encapricharse, obstinarse, empeñarse, empecinarse, empacarse, encastillarse.
ANT.: *Razonar, ceder, claudicar, desistir, olvidar.*
2 (Colomb.) Emborracharse, embriagarse.
empezar
1 Iniciar, comenzar, principiar, crear, fundar, emprender, estrenar.
ANT.: *Terminar, concluir.*

2 Surgir, brotar, iniciarse.
ANT.: *Acabarse, extinguirse.*

empilcharse (Argent., Urug.) (Fam.) Ataviarse, vestirse, ponerse elegante.

empinado
1 Elevado, alto, encaramado.
ANT.: *Bajo.*
2 Pendiente, inclinado, desnivelado, pino.
ANT.: *Llano, plano.*
3 (Fig.) Estirado, orgulloso, presumido.
ANT.: *Sencillo, modesto.*

empinarse
Alzarse, encaramarse, auparse, estirarse.
ANT.: *Bajarse.*

empíreo
1 Firmamento, esfera planetaria.
2 Cielo, Paraíso, Gloria [divinos].
ANT.: *Infierno.*
3 (Fig.) Celestial, paradisíaco, divino.
ANT.: *Infernal.*

empírico
Práctico, experimental, positivo, real.
ANT.: *Teórico, especulativo.*

emplasto
1 Cataplasma, fomento, parche, bizma, ungüento.
2 (Fig. y fam.) Componenda, arreglo.
3 (Desp.) Bazofia, guisote, plasta, mazacote.

emplazado
1 Situado, colocado, instalado, dispuesto, ubicado, orientado.
2 Citado, requerido, convocado, llamado.
3 Concertado, obligado.

emplazar
1 Situar, colocar, disponer, instalar, ubicar, orientar.
ANT.: *Quitar, retirar, mover.*
2 Citar, requerir, demandar, llamar.
3 Concertar, obligar, comprometer.

empleado
1 Usado, utilizado, aplicado, destinado.
ANT.: *Desusado.*
2 Oficinista, funcionario, subalterno, burócrata, dependiente.

emplear
1 Contratar, ocupar, asalariar, acomodar, colocar, aceptar.
ANT.: *Despedir, cesar, correr.*
2 Usar, utilizar, aprovechar, destinar, valerse de.
ANT.: *Dejar, desusar.*
3 Invertir, aplicar [tiempo, recursos].
ANT.: *Desperdiciar.*
4 Gastar, consumir.

empleo
1 Ocupación, trabajo, colocación, puesto, cargo, oficio, menester, acomodo, destino, plaza, vacante.
2 Utilización, uso, usufructo, aprovechamiento, aplicación.
ANT.: *Desuso.*
3 Función, utilidad.
4 Título, jerarquía, grado, categoría.

empobrecer
1 Depauperar, arruinar.
ANT.: *Enriquecer.*
2 Esquilmar, agotar, dañar, perjudicar, (fig.) desangrar.
ANT.: *Desarrollar, acrecentar.*
3 Debilitarse, decaer.
ANT.: *Medrar, progresar.*

empollar
1 Incubar, cuidar, calentar huevos, criar pollos.
2 (Fig. y fam.) Estudiar, memorizar, (Méx.) machetear.
3 (Fig.) Reflexionar, examinar, analizar.

emponzoñar
1 Envenenar, atosigar, intoxicar.
ANT.: *Desintoxicar.*
2 (Fig.) Corromper, dañar, pervertir, perjudicar, envilecer.

emporio
1 Centro, núcleo, foco, base, sede, ciudad, civilización.
2 Mercado.
3 (Amér. Central) Establecimiento comercial, almacén.

empotrar
Encajar, introducir, embutir, incrustar, hincar, alojar.
ANT.: *Extraer, desencajar, sacar.*

emprendedor
Resuelto, decidido, dinámico, activo, ambicioso, afanoso, diligente.
ANT.: *Abúlico, apocado, irresoluto, pusilánime.*

emprender
1 Empezar, iniciar, comenzar.
ANT.: *Terminar, concluir.*
2 Acometer, abordar, desarrollar, organizar.
ANT.: *Abandonar, cesar.*
3 Lanzarse, arriesgarse, (fig.) embarcarse, abrir brecha.

empresa
1 Trabajo, obra, labor, cometido, proyecto, tarea.
2 Compañía, firma, sociedad, industria, (fig.) casa.
3 Acción, negocio.
4 Designio, misión, labor.
5 Enseña, lema.
empresario
1 Propietario de una empresa, dueño.
2 Patrono, patrón, cabeza.
ANT.: *Empleado, subordinado.*
empréstito
1 Préstamo, adelanto, anticipo, ayuda.
2 Hipoteca.
empujar
1 Impulsar, propulsar, aventar, lanzar, impeler.
ANT.: *Detener, frenar.*
2 Empellar, atropellar, arrollar.
3 (Fig.) Incitar, animar, estimular, alentar.
ANT.: *Contener, desanimar, disuadir.*
4 (Fig.) Forzar, obligar, orillar a.
empuje
Impulso, ímpetu, energía, decisión, empeño, fuerza, brío, vigor, coraje.
ANT.: *Indolencia, abulia, debilidad.*
empujón
1 Empellón VER, (Colomb., Guat., Urug., Venez.) empujada.
2 (Fig.) Estímulo, apoyo, impulso.
3 (Fig.) Avance, adelanto, progreso [en un trabajo, labor, estudios].
ANT.: *Retraso, atraso, rezago.*
empuñadura
Mango, asa, asidero, manija, puño, guarnición.
empuñar
Asir, coger, aferrar, tomar, blandir, apretar, aprisionar.
ANT.: *Soltar.*
emular
1 Imitar, copiar, remedar, reproducir.
2 Competir, rivalizar, contender.
enagua
1 Prenda interior femenina, fondo, refajo, (Esp.) saya, (Méx.) naguas o enaguas.
2 Pollera, falda amplia.
enajenación
1 Venta, cesión, permuta, traspaso.
ANT.: *Compra, adquisición.*
2 (Fig.) Locura, demencia, alineación, desvarío.
ANT.: *Cordura.*
3 Arrebato, acceso.
4 Embobamiento, pasmo, distracción, arrobo, embeleso.
ANT.: *Atención, concentración.*
enajenar
1 Vender, traspasar, transmitir, transferir, ceder.
ANT.: *Adquirir, obtener, comprar.*
2 Extasiar, abstraer, pasmar, encantar, embelesar.
ANT.: *Desencantar.*
3 **enajenarse** Trastornarse, desvariar, disparatar, desatinar, enloquecer, alinearse.
ANT.: *Razonar.*
enaltecer
1 Engrandecer, exaltar, encumbrar, glorificar, destacar.
ANT.: *Envilecer, empequeñecer.*
2 Alabar, honrar, encomiar, elogiar.
ANT.: *Vituperar, rebajar, criticar.*
enamorada
1 Apasionada, entusiasmada, prendada, encariñada, cautivada, conquistada, amorosa.
ANT.: *Indiferente, desdeñosa.*
2 Pretendida, novia, amada.
enamorado
1 Apasionado, cautivado, entusiasmado, prendado, seducido, conquistado, (fig.) chalado, encariñado, amoroso, (Bol., Chile, Colomb./fig. y fam.) templado.
ANT.: *Indiferente, desdeñoso.*
2 Adorador, galán, galanteador, pretendiente.
enamorar
1 Cautivar, prendar, flechar.
ANT.: *Repeler, repugnar.*
2 Conquistar, seducir, galantear, cortejar, flirtear.
3 **enamorarse** Apasionarse, entusiasmarse, prendarse, aficionarse, encariñarse.
ANT.: *Desenamorarse.*
enano
1 Pigmeo, liliputiense, minúsculo, menudo, diminuto, raquítico.
ANT.: *Gigante.*
2 Duende, gnomo, elfo.
enarbolar
1 Ondear, blandir, empuñar, levantar, izar, alzar.
ANT.: *Bajar, soltar, arriar.*
2 Propugnar, defender, sostener.

enardecer
1 Encender, apasionar, enfervorizar, entusiasmar, estimular, excitar, calentar, avivar, arrebatar, acalorar.
ANT.: *Aplacar, enfriar.*
2 Provocar, irritar, exasperar, encolerizar, (C. Rica, Hond., Méx., Nic.) enchilar.
ANT.: *Calmar, sosegar.*
encabezado
Titular de un periódico, cabeza.
encabezar
1 Dirigir, acaudillar, capitanear, organizar, conducir.
ANT.: *Seguir, secundar.*
2 Presidir, gobernar.
3 Empadronar, matricular, registrar, inscribir.
4 Principiar, iniciar, titular, (Méx.) cabecear [un texto].
ANT.: *Terminar, finalizar, apostillar.*
encadenamiento
1 Sucesión, secuencia, eslabonamiento, concatenación.
ANT.: *Ruptura, interrupción.*
2 Conexión, relación, enlace, unión.
ANT.: *Separación.*
encadenar
1 Ligar, maniatar, atar, amarrar, sujetar, esposar, (ant.) aherrojar.
ANT.: *Liberar, soltar.*
2 (Fig.) Trabar, unir, enlazar, ligar, relacionar, eslabonar, conectar.
ANT.: *Desligar, desconectar.*
3 (Fig.) Esclavizar, avasallar, aprisionar, inmovilizar.
ANT.: *Desencadenar, libertar, emancipar.*
encajar
1 Meter, embutir, incrustar.
ANT.: *Sacar, desencajar.*
2 Entrar, ajustar, coincidir.
3 (Fig. y fam.) Herir, lastimar.
encaje
1 Ajuste, unión, acoplamiento, ensambladura, engaste.
2 Calado, malla, puntilla, blonda*, entredós, bolillo**, tejido, labor.
*Tb. significa: rubia [mujer, cabellera].
**Tb. significa: Tipo de pan de harina blanca, con corteza crujiente, muy popular en México.
encajonar
1 Embalar, empacar, empaquetar, envasar.
2 Encerrar, meter, atrapar, constreñir.
ANT.: *Sacar, liberar.*
3 (Fig.) Estereotipar, encasillar, dar siempre los mismos papeles [teatro, cine].
encallar
Varar, atascarse, zozobrar, naufragar, embarrancar.
ANT.: *Salir a flote, navegar.*
encaminar
1 Guiar, conducir, orientar.
ANT.: *Desorientar, desencaminar.*
2 Dirigir, encauzar.
encaminarse
1 Dirigirse, ir, marchar hacia, trasladarse, caminar.
2 (Fig.) Apuntar, avanzar [hacia un fin o meta].
encamotarse (Amér. Merid., C. Rica, Ecuad., Perú)
Enamorarse, apasionarse, prendarse, amartelarse.
encandilar
1 Deslumbrar, cegar, enceguecer.
2 (Fig.) Maravillar, impresionar, fascinar, pasmar, enamorar.
3 Embaucar, engañar, ilusionar.
4 Encender, avivar, atizar [el fuego].
ANT.: *Apagar, extinguir.*
encantador
1 Maravilloso, fascinante, → encantar.
2 Hechicero, brujo, nigromante, taumaturgo, mago, ensalmador.
encantamiento
1 Hechicería, magia, brujería, aojo.
2 Sortilegio, ensalmo, filtro, conjuro.
3 (Fig.) Fascinación, embeleso, arrobamiento, atracción, maravilla.
ANT.: *Repulsión, rechazo.*
encantar
1 Hechizar, embrujar, dominar, hipnotizar, sugestionar, ensalmar.
ANT.: *Liberar, desencantar.*
2 (Fig.) Fascinar, embelesar, seducir, maravillar, impresionar, cautivar.
ANT.: *Repeler, disgustar.*
encanto
1 Hechizo, embrujamiento, encantamiento VER.
2 (Fig.) Gracia, carisma, ángel, belleza, atractivo, simpatía.
ANT.: *Desabridez, antipatía.*
3 Delicia, fascinación.
ANT.: *Repulsión, horror.*
encapotarse
Nublarse, cerrarse, cubrirse, entoldarse, ennegrecerse, oscurecerse.
ANT.: *Aclarar, despejarse, desencapotarse.*

E

encapricharse
1 Obstinarse, empeñarse, emperrarse, machacar, insistir.
ANT.: *Ceder.*
2 Prendarse, apasionarse, aficionarse, enamorarse, derretirse, (Esp.) pirrarse.
ANT.: *Desencapricharse, despegarse.*
encaramarse
Subirse, trepar, empinarse, escalar, ascender, elevarse.
ANT.: *Bajar, descolgarse, descender.*
encarar
Enfrentar, afrontar, arrostrar, hacer frente, carearse, plantarse.
ANT.: *Evadir, eludir.*
encarcelar
Aprisionar, apresar, encerrar, recluir, confinar, aislar, enchironar, (fam.) enjaular, (Amér. Merid., Colomb.) encanar, (Méx.) entambar.
ANT.: *Soltar, liberar, excarcelar.*
encarecer
1 Aumentar, subir, elevar, especular, gravar.
ANT.: *Abaratar, bajar, rebajar.*
2 Recomendar, encomendar, encargar, suplicar.
3 (Fig.) Ponderar, encomiar, alabar, enaltecer.
ANT.: *Vituperar, disminuir.*
encargado
1 Responsable, delegado, gestor, representante, agente.
2 Cuidador, dependiente, velador.
encargar
1 Pedir, solicitar, mandar, ordenar, encomendar, requerir.
2 Comisionar, apoderar, facultar, autorizar, delegar.
3 (Argent., Méx.) Embarazarse una mujer.
4 encargarse Cuidar, atender, servir, ejecutar.
ANT.: *Desentenderse.*
encargo
1 Mandato, orden, requerimiento, solicitud, favor, petición, recomendación.
2 Gestión, misión, comisión, encomienda, cometido, diligencia.
3 Cargo, empleo, puesto.
4 (Argent.) encargue, (Méx.) embarazo.
encariñarse
Aficionarse, enamorarse, tomar cariño, simpatizar, acostumbrarse, interesarse.
ANT.: *Aborrecer, desinteresarse.*

encarnación
1 Materialización, personificación, (fig.) efigie.
2 Representación, imagen, símbolo.
encarnado
1 Rojo, colorado, escarlata, granate, rubí, carmesí, carmín, purpúreo [color].
2 (Fig.) Representado, personificado, materializado.
ANT.: *Imaginario, desencarnado.*
encarnar
1 Personificar, representar, simbolizar, interpretar.
2 Cicatrizar una herida.
encarnizado
1 Ensangrentado, encendido, sanguinolento.
2 (Fig.) Feroz, cruel, sangriento, salvaje, enconado, sañudo, implacable, fiero.
ANT.: *Benévolo, compasivo.*
encarrilar
Encaminar, encauzar VER.
encasillar
Etiquetar, circunscribir, calificar, catalogar, encuadrar, clasificar, separar, (fig.) encajonar.
encasquetarse
Ponerse, calarse, meterse, colocarse, enjaretarse, encajarse [casco, sombrero].
ANT.: *Descubrirse, quitarse.*
encauzar
1 Canalizar, regularizar, dirigir [una corriente de agua].
ANT.: *Desbordar.*
2 (Fig.) Orientar, guiar, inspirar, encaminar, encarrilar, enderezar, gobernar.
ANT.: *Desorientar, descarriar, desviar.*
encenagar
1 Enlodar, enfangar, embarrar, ensuciar, manchar.
ANT.: *Lavar, limpiar.*
2 (Fig.) Pervertir, corromper, encanallar, envilecer, degradar.
ANT.: *Redimir, enaltecer.*
encender
1 Prender, incendiar, quemar, inflamar.
ANT.: *Apagar, extinguir.*
2 Accionar, pulsar, conectar.
ANT.: *Desconectar, desactivar.*
3 (Fig.) Iniciar, ocasionar, suscitar, causar [guerra, conflicto].
4 (Fig.) Enardecer, excitar, avivar, entusiasmar.
ANT.: *Aplacar, calmar.*
5 encenderse (Fig.) Ruborizarse, sonrojarse.
ANT.: *Palidecer.*

encerrar
1 Recluir, aislar, encarcelar, aprisionar, internar, confinar, (fam.) enjaular, incomunicar.
ANT.: *Soltar, liberar.*
2 (Fig.) Entrañar, incluir, contener, implicar, abarcar.

encerrona
1 Encierro, retiro, enclaustramiento, (fig.) acuartelamiento [voluntario y para un fin].
2 Celada, estratagema, trampa, engaño, añagaza.
3 Lidia privada.
4 (Méx./vulg.) Bacanal, orgía.

encharcar
Inundar, anegar, empantanar, mojar, enlodar, enfangar.
ANT.: *Secar, desecar.*

enchilar (C. Rica, Hond., Méx., Nic.)
1 Aderezar con chile o ají.
2 (Fig.) Molestar, irritar, provocar.

enchilarse
1 (C. Rica, Hond., Méx., Nic.) Sentir picor por comer chile o cosas muy condimentadas.
2 (C. Rica/fig.) Intrigarse, sentir curiosidad.
3 (Méx./fig.) Enojarse, irritarse, disgustarse, encorajinarse.

enchufar
1 Conectar, acoplar, unir, encajar, introducir, ensamblar, ajustar.
ANT.: *Desenchufar, desconectar.*
2 (Fam./desp.) Recomendar, colocar, ayudar, acomodar, relacionar.
ANT.: *Aislar, vetar.*
3 (Méx./vulg.) Realizar el acto sexual.

enchufe
1 Clavija, conexión, contacto, tomacorriente, unión.
2 (Fam./desp.) Recomendación, ventaja, influencia, canonjía, (Esp.) breva.

enciclopedia
1 Compendio, conjunto de tratados.
2 Enciclopedismo.

encierro
1 Reclusión, retiro, aislamiento, recogimiento, enclaustramiento, clausura.
ANT.: *Liberación.*
2 Prisión, cárcel, celda, mazmorra, calabozo, (Méx.) apando.

encinta
VER embarazada.

enclaustrarse
1 Recluirse, encerrarse.
2 (Fig.) Aislarse, incomunicarse.
ANT.: *Relacionarse, comunicarse.*

enclavado
Situado, ubicado, localizado, emplazado, sito, instalado, establecido, plantado.
ANT.: *Trasladado, desenclavado.*

enclave
Emplazamiento, territorio, zona, comarca.

enclenque
Canijo, enteco, endeble, enfermizo, raquítico, achacoso, esmirriado, débil, (Cuba) fosforito, (Méx.) tilico.
ANT.: *Fornido, robusto, fuerte, sano.*

encoger
1 Menguar, reducir, disminuir, mermar, acortar, contraer.
ANT.: *Estirar, dilatar.*
2 **encogerse** Acobardarse, achicarse, apocarse, amilanarse, arredrarse, (fam.) arrugarse.
ANT.: *Encararse, envalentonarse, crecerse.*

encolar
1 Adherir, pegar, unir, fijar.
ANT.: *Despegar, desprender.*
2 Clarificar el vino.
ANT.: *Enturbiar.*

encolerizar
1 Irritar, enfurecer, enojar, exasperar, excitar, molestar, fastidiar, alterar.
ANT.: *Aplacar, calmar, sosegar.*
2 Provocar, desafiar.

encomendar
1 Pedir, encargar, solicitar, recomendar, encarecer VER.
2 **encomendarse** Confiarse, entregarse, fiarse, abandonarse.
ANT.: *Desconfiar.*

encomiar
Ponderar, ensalzar, elogiar, loar, aplaudir, alabar, enaltecer, adular.
ANT.: *Vituperar, desprestigiar, desacreditar, censurar.*

encomienda
VER encargo.

encomio
Alabanza, elogio, apología, → encomiar.

enconarse
1 Infectarse, supurar, inflamarse, congestionarse [una herida].
2 (Fig.) Irritarse, exasperarse, ensañarse.
ANT.: *Calmarse, tranquilizarse.*

E

encono
1 Rencor, saña, tirria, odio, animadversión, inquina, enemistad, resentimiento, ira.
ANT.: *Misericordia, compasión.*
2 (Amér.) Inflamación, infección, empeoramiento, enconadura.

encontrar
Hallar, toparse con, dar con, acertar, descubrir, tropezar con.
ANT.: *Perder.*

encontrarse
1 Estar, hallarse.
ANT.: *Ausentarse.*
2 Concurrir, converger, coincidir, reunirse.
ANT.: *Desencontrarse.*
3 Chocar, discordar, contraponerse.
ANT.: *Concordar, avenirse.*

encontronazo
Choque, colisión, encuentro, empellón, tropezón, tropiezo, golpe.

encopetado
1 Linajudo, aristocrático, señorial, ilustre, distinguido.
ANT.: *Humilde, plebeyo.*
2 (Fig.) Vanidoso, soberbio, ostentoso, presumido, vano, (fam.) copetudo.
ANT.: *Sencillo, modesto.*

encorvar
1 Torcer, arquear, curvar, combar, doblar, flexionar.
ANT.: *Enderezar, desencorvar.*
2 (Fig.) Inclinarse, ladearse, ser parcial.
3 encorvarse Arquearse, corcovarse, jorobarse.

encrespar
1 Rizar, escarolar, ensortijar, (Amér.) enchinar.
ANT.: *Alisar, alaciar.*
2 Erizar, desgreñar, enmarañar.

encresparse
1 Irritarse, encorajinarse, sulfurarse, encolerizarse.
ANT.: *Calmarse, apaciguarse.*
2 Alborotarse, picarse, levantarse, embravecerse [mar, olas].
ANT.: *Serenarse.*

encrucijada
1 Intersección, cruce de caminos, bifurcación, confluencia, empalme.
2 (Fig.) Dilema, conflicto, impase.
ANT.: *Solución.*
3 (Fig.) Emboscada.

encuadrar
1 Circunscribir, encasillar, delimitar, calificar, encerrar.
2 Incluir, integrar, incorporar.
ANT.: *Excluir.*

encubridor
Cómplice, protector, compinche, alcahuete, (fam.) tapadera.
ANT.: *Denunciante, soplón.*

encubrir
Ocultar, tapar, disimular, fingir, colaborar, proteger, callar.
ANT.: *Denunciar, revelar.*

encuentro
1 Reunión, cruce, coincidencia.
ANT.: *Desencuentro.*
2 Hallazgo, descubrimiento, localización.
ANT.: *Pérdida.*
3 Contraposición, oposición, contradicción.
ANT.: *Coincidencia.*
4 Combate, lucha, enfrentamiento, pelea.
ANT.: *Pacto, amistad.*
5 Juego, partido, contienda deportiva, competición, (Argent., Colomb., Méx., Par., Perú, Venez.) competencia.
6 Axila, sobaco.
7 Tope, encontronazo, choque, topetazo, colisión.

encuesta
Indagación, investigación, indagatoria, pesquisa, examen, informe, sondeo de opinión.

encumbrarse
1 Elevarse, sobresalir, destacar, alzarse [cima, montaña].
ANT.: *Descender, declinar.*
2 (Fig.) Progresar, descollar, destacarse, enaltecerse.
ANT.: *Rebajarse, bajar.*
3 (Fig.) Ensoberbecerse, envanecerse, engreírse.
ANT.: *Humillarse.*

endeble
1 Débil, flojo, frágil.
ANT.: *Resistente, fuerte.*
2 Inconsistente, insuficiente [argumento, teoría].
ANT.: *Sólido, consistente.*
3 Esmirriado, enclenque, canijo, delgado, flaco.
ANT.: *Robusto, fornido.*

endemoniado
1 Endiablado, poseso, poseído, embrujado, energúmeno.
ANT.: *Exorcizado, bendito, santificado.*

2 (Fig.) Frenético, furioso, exaltado.
ANT.: *Sereno, tranquilo.*
3 (Fig. y fam.) Perverso, malo, nocivo, satánico.
ANT.: *Bondadoso, angelical.*

enderezar
1 Erguir, levantar, alzar, elevar.
ANT.: *Bajar, derribar.*
2 Destorcer, desdoblar, alinear, rectificar.
ANT.: *Torcer, doblar.*
3 (Fig.) Encauzar, encarrilar, rehabilitar, orientar, guiar.
ANT.: *Descarriar, desviar.*
4 (Fig.) Corregir, castigar, enmendar.
ANT.: *Premiar.*
5 (Fig.) Dedicar, remitir, dirigir.

endeudarse
Entramparse, contraer deudas, comprometerse.
ANT.: *Pagar, saldar.*

endiablado
1 Malo, perverso, endemoniado VER.
ANT.: *Bendito, bondadoso.*
2 (Fig.) Muy feo, horrible, horrendo.
ANT.: *Hermoso, bello.*
3 (Fig.) Enrevesado, dificilísimo, trabajoso, enredado, complicado.
ANT.: *Sencillo, fácil, accesible.*
4 (Fig.) Fastidioso, molesto, insoportable.
ANT.: *Placentero.*
5 (Fig. y fam.) Travieso, revoltoso, inquieto, latoso.
ANT.: *Apacible, tranquilo.*

endilgar
VER endosar.

endomingado
Arreglado, emperifollado, acicalado, compuesto, adornado, dominguero.
ANT.: *Desarreglado.*

endosar
Endilgar, enjaretar, encajar, encasquetar, cargar, culpar, espetar, encargar.
ANT.: *Quitar, retirar, librar.*

endulzar
1 Azucarar, dulcificar, edulcorar, almibarar.
ANT.: *Amargar, agriar.*
2 Suavizar, mitigar, aplacar, calmar.
ANT.: *Exacerbar.*

endurecer
1 Vigorizar, acerar, curtir, encallecer, robustecer, fortalecer, fortificar.
ANT.: *Debilitar, ablandar.*
2 (Fig.) Embrutecerse, insensibilizarse.
ANT.: *Apiadarse, ablandarse.*
3 **endurecerse** Acostumbrarse a una situación negativa, avezarse, curtirse, encallecerse.

enemigo
1 Contrario, opuesto.
2 Adversario, rival, oponente, contrincante, antagonista.
ANT.: *Amigo, aliado.*
3 **El Enemigo** (Fig.) El Diablo, Satanás, Lucifer.

enemistad
Rivalidad, antagonismo, aversión, hostilidad, antipatía, odio, rechazo, malquerencia.
ANT.: *Amistad, alianza.*

enérgico
1 Vigoroso, pujante, brioso.
ANT.: *Débil.*
2 Resuelto, firme, autoritario.
ANT.: *Pasivo, abúlico.*

energía
1 Potencia, poder, fuerza, vigor, eficacia.
2 Carácter, tesón, firmeza, voluntad, fuerza.
ANT.: *Debilidad, pasividad.*

energúmeno
1 Endemoniado, poseído.
2 (Fig.) Furioso, frenético, enloquecido, rabioso, alborotado, exaltado, violento.
ANT.: *Apacible, tranquilo, calmado.*

enfado
1 Enojo, cólera, ira, furia, (Colomb.) emberriondada.
ANT.: *Calma, pacificación.*
2 Hastío, fastidio, disgusto, contrariedad, mortificación, resentimiento.
ANT.: *Satisfacción, complacencia.*

enfangar
Enlodar, encenagar VER.

énfasis
1 Intensidad, vehemencia, viveza, vigor, intención.
ANT.: *Debilidad.*
2 Pomposidad, pedantería, empaque.
ANT.: *Sencillez.*
3 Acento, tono, entonación.

enfático
1 Acentuado, intencionado, vehemente.
2 Pomposo, solemne, prosopopéyico, ampuloso.
ANT.: *Sencillo.*

E

enfermedad
1 Dolencia, padecimiento, afección, trastorno, complicación, desarreglo, indisposición, malestar, morbo, mal, achaque.
ANT.: *Salud, bienestar.*
2 (Fig.) Alteración, vicio, perversión.

enfermo
Doliente, aquejado, afectado, indispuesto, molesto, paciente.
ANT.: *Sano, saludable.*

enflaquecer
1 Adelgazar, enflacar, reducir, bajar, disminuir peso.
ANT.: *Engordar.*
2 Desmejorar, demacrarse, secarse, chuparse, afilarse, depauperarse, consumirse.
ANT.: *Reponerse, mejorar.*

enfocar
1 Afocar, centrar, dirigir, apuntar, proyectar.
ANT.: *Desafocar.*
2 (Fig.) Analizar, considerar.
3 (Fig.) Encauzar, orientar.
ANT.: *Desviar.*

enfrascarse
Ensimismarse, embeberse, aplicarse, dedicarse, absorberse, abstraerse, concentrarse.
ANT.: *Distraerse.*

enfrentar
1 Oponer, encarar, arrostrar, desafiar, afrontar, resistir.
ANT.: *Rehuir, evadir.*
2 enfrentarse Contender, oponerse, chocar, guerrear, combatir, luchar.
ANT.: *Huir, eludir.*

enfriar
1 Refrescar, helar, refrigerar, congelar.
ANT.: *Calentar.*
2 (Fig.) Mitigar, moderar, disminuir, calmar, apaciguar.
ANT.: *Enardecer, exacerbar.*

enfriarse
1 Resfriarse, constiparse, acatarrarse, indisponerse.
ANT.: *Sanar.*
2 Refrescarse.
ANT.: *Acalorarse.*

enfundar
Cubrir, meter, guardar, encamisar, revestir, forrar, envainar.
ANT.: *Sacar, blandir.*

enfurecer
Encolerizar, irritar, enojar, provocar, encorajinar, encrespar, excitar, crispar, sublevar, sulfurar.
ANT.: *Calmar, aplacar, serenar.*

engalanar
1 Componer, arreglar, adornar, empavesar, embanderar, ornar.
ANT.: *Desarreglar.*
2 engalanarse Arreglarse, atildarse, acicalarse, aliñarse, ataviarse, hermosearse, (fam.) emperejilarse.
ANT.: *Desaliñarse, afearse.*

enganchar
1 Ensamblar, acoplar, trincar, prender, ligar, asegurar, empalmar.
ANT.: *Soltar.*
2 Uncir, enyugar.
3 (Fig. y fam.) Atraer, fascinar, seducir, conquistar.
ANT.: *Repeler.*
4 Reclutar, alistar, enlistar, (Argent., Esp.) enrolar.

engaño
1 Mentira, embuste, falacia, embaucamiento, embeleco, disimulo, invención, embrollo, pretexto.
ANT.: *Desengaño, verdad.*
2 Timo, truco, fraude, (fam.) engañifa.

engarzar
1 Engastar, incrustar, encajar, embutir, alojar, ajustar, acoplar.
ANT.: *Soltar, aflojar, desprender, desengarzar.*
2 (Fig.) Relacionar, trabar, conectar, encadenar, hilar.
ANT.: *Dispersar.*

engendrar
1 Procrear, criar, generar, fecundar, reproducirse.
2 Originar, causar, crear, motivar, suscitar, provocar.
ANT.: *Terminar.*

engendro
1 Feto.
2 Aborto, monstruo, fenómeno.
3 (Fig.) Espantajo, horroroso, horrible, feísimo [persona].
ANT.: *Bello, hermoso.*
4 (Fig.) Aberración, disparate, barbaridad, bodrio.
ANT.: *Perfección, obra maestra.*

englobar
Comprender, abarcar, encerrar, incluir, envolver.
ANT.: *Excluir.*

engolado
Pomposo, enfático, presuntuoso, hinchado, hueco, ampuloso, pretencioso, pedante, fatuo, engreído, inflado, vano.
ANT.: *Sencillo, natural, modesto.*

engolfarse
Meterse, dejarse llevar, entregarse, enfrascarse VER.

engolosinar
1 Atraer, fascinar, encandilar, seducir, ofuscar, sugestionar.
ANT.: *Repeler.*
2 engolosinarse Aficionarse, enviciarse, apegarse.
ANT.: *Desapegarse, dejar.*

engomar
Pegar, adherir, encolar, untar, impregnar, fijar, unir, sujetar.
ANT.: *Despegar, desprender.*

engordar
1 Engrosar, robustecer, aumentar, ensanchar, abultar, hinchar, cebar.
ANT.: *Enflaquecer, adelgazar.*
2 (Fig.) Enriquecer, prosperar.
ANT.: *Empobrecer.*

engorro
Molestia, dificultad, obstáculo, embrollo, fastidio, complicación, enredo, problema, apuro.
ANT.: *Facilidad, comodidad.*

engorroso
Molesto, difícil, trabajoso, fastidioso, enredoso.
ANT.: *Sencillo, cómodo, fácil.*

engranar
Encajar, ensamblar, coincidir, embragar, empalmar, ajustar.
ANT.: *Desengranar, soltar.*

engrandecer
1 Agrandar, aumentar, crecer, acrecentar, incrementar, dilatar, extender, ampliar, fomentar.
ANT.: *Empequeñecer, achicar.*
2 Exagerar, inflar, abultar.
ANT.: *Disminuir.*
3 (Fig.) Enaltecer, ennoblecer, exaltar, elevar, realzar.
ANT.: *Rebajar, menospreciar.*

engrasar
1 Lubricar, lubrificar, aceitar, untar, embadurnar, recubrir.
ANT.: *Desengrasar, resecarse.*
2 Pringar, manchar.
ANT.: *Limpiar, desgrasar.*
3 (Fig. y fam.) Sobornar, aceitar VER.

engreimiento
1 Envanecimiento, vanidad, soberbia, fatuidad, arrogancia, jactancia, petulancia, suficiencia, fanfarronería.
ANT.: *Modestia, humildad.*
2 (Amér./fam.) Afición, encariñamiento, prendamiento, enamoramiento.
ANT.: *Antipatía, repulsión.*

engrudo
Goma, adhesivo, pegamento, cola, pasta.

engrupido (Argent./fam.)
Engreído, estirado, envanecido.

engullir
Tragar, deglutir, devorar, zampar, manducar, atiborrarse.

enhebrar
1 Ensartar, enhilar, pasar por el ojo de la aguja, introducir.
ANT.: *Soltar, desenhebrar.*
2 (Fig. y fam.) Engarzar, encadenar [frases, ideas].

enhiesto
Erguido, erecto, derecho, vertical, rígido, levantado, tieso.
ANT.: *Lacio, caído, agachado.*

enhilar
1 Enhebrar, ensartar.
2 Enfilar, formar, poner en fila.
3 (Fig.) Encaminar, dirigir.
4 (Fig.) Ordenar, hilvanar, encadenar [frases, ideas].

enhorabuena
Pláceme, parabién, felicitación, congratulación, aplauso, brindis.
ANT.: *Pésame, crítica, enhoramala.*

enigma
1 Misterio, incógnita, arcano, interrogante, secreto.
ANT.: *Clave, revelación.*
2 Charada, acertijo, adivinanza, jeroglífico, pasatiempo.
ANT.: *Solución.*

enigmático
1 Secreto, misterioso, oculto, incomprensible, inexplicable, oscuro, sibilino, abstruso, recóndito, turbio.
ANT.: *Claro, evidente, comprensible.*
2 (Fig.) Reservado, indescifrable, intrigante, introvertido.
ANT.: *Extrovertido, locuaz.*

enjambre
Profusión, abundancia, multitud, tropa, cúmulo, infinidad, cantidad, (fig.) hormiguero.
ANT.: *Falta, escasez.*

enjaular
1 Aprisionar, encerrar VER.
ANT.: *Desenjaular, soltar.*
2 (Fig. y fam.) Encarcelar.
ANT.: *Liberar.*

enjoyado
Recamado, engastado, recubierto, adornado, rico, opulento.
ANT.: *Sobrio, pobre.*

enjuagar
Aclarar, lavar, limpiar, bañar, sumergir, rociar.
ANT.: *Secar, enjugar, jabonar, enjabonar.*

enjugar
1 Secar, absorber, sorber, recoger, limpiar.
ANT.: *Humedecer, mojar.*
2 (Fig.) Cancelar, liquidar, pagar, cubrir, extinguir [deudas].
ANT.: *Contraer, endeudarse.*

enjuiciar
1 Juzgar, procesar, sentenciar, encausar.
2 (Fig.) Analizar, examinar, valorar, evaluar, justipreciar, apreciar.

enjundia
1 Gordura, unto, sebo.
2 (Fig.) Esencia, quid, meollo, jugo, sustancia.
3 (Fig.) Fuerza, vigor, coraje, brío, pujanza, arrestos, arrojo.
ANT.: *Debilidad.*

enjuto
Flaco, magro, seco, enteco, nervudo, huesudo, delgado, chupado, consumido, demacrado, (C. Rica, Hond.) entelerido.
ANT.: *Rollizo, gordo, grueso.*

enlace
1 Boda, casamiento, matrimonio, nupcias, esponsales, alianza.
ANT.: *Divorcio.*
2 Unión, vínculo, ligazón, nexo, lazo.
ANT.: *Separación.*
3 Enchufe, conexión, articulación, acoplamiento, engarce.

enlazar
1 Ligar, entrelazar, unir, empalmar.
ANT.: *Desenlazar.*
2 Lazar, atrapar, aprisionar.
ANT.: *Soltar.*
3 Vincular, conectar, acoplar, articular.
ANT.: *Desvincular, desarticular.*
4 enlazarse Casarse, unirse, emparentarse.
ANT.: *Divorciarse, separarse.*

enlodar
Enfangar, encenagar VER.

enloquecedor
1 Aterrorizante, terrorífico, desesperante, espeluznante VER.
ANT.: *Tranquilizante.*
2 Perturbador, arrebatador VER.

enloquecer
1 Trastornar, enajenar, chiflar, hacer perder el juicio.
ANT.: *Centrar, ubicar.*
2 Trastornarse, perturbarse, alienarse, chalarse, chiflarse, enajenarse, extraviarse, desvariar, desbarrar, chochear, delirar.
ANT.: *Razonar, mantener la cordura.*

enmarañado
1 Revuelto, desordenado, enredado, erizado, hirsuto [cabello, pelo].
ANT.: *Ordenado, suelto, peinado, liso.*
2 (Fig.) Confuso, embrollado, retorcido, caótico, complicado.
ANT.: *Claro, simple, sencillo.*

enmascarar
Disfrazar, disimular, ocultar, encubrir, tapar, cubrir, desfigurar.
ANT.: *Descubrir, revelar.*

enmendar
1 Corregir, rectificar, enderezar, reformar, modificar, retocar [un dicho, una declaración].
ANT.: *Ratificar.*
2 Reparar, resarcir, subsanar, remediar.
ANT.: *Dañar, perjudicar.*
3 enmendarse Corregirse, encarrilarse, rehabilitarse.
ANT.: *Reincidir.*

enmienda
Corrección, retoque, rectificación, remiendo, enmendadura.

enmohecerse
1 Oxidarse, herrumbrarse, estropearse, arruinarse.
2 Anquilosarse, perder la condición.

enmudecer
1 Callar, acallar, silenciar, guardar silencio.
ANT.: *Hablar.*
2 (Fig.) Desconcertarse, turbarse, apabullarse.

ennegrecer
1 Renegrir, pintar, teñir, atezar, ensuciar, percudir.
ANT.: *Blanquear.*
2 Oscurecer, sombrear.
ANT.: *Iluminar.*

3 (Fig.) Enturbiar, turbar [estado de ánimo].
4 Nublarse, entenebrecerse, negrear, anochecer.
ANT.: *Aclararse, clarear.*

ennoblecer
Enaltecer, honrar, encumbrar, elevar, realzar, glorificar.
ANT.: *Denigrar, envilecer.*

enojo
1 Irritación, cólera, ira, rabia, furia, acaloramiento.
ANT.: *Serenidad, alegría.*
2 Enfado, disgusto, molestia, desagrado, descontento.
ANT.: *Contento, gusto.*

enorgullecerse
Ufanarse, alegrarse, presumir, alardear, blasonar, jactarse.
ANT.: *Avergonzarse.*

enorme
1 Voluminoso, grandísimo, gigantesco, monstruoso, titánico, ciclópeo, colosal, descomunal, monumental.
ANT.: *Minúsculo, diminuto, pequeño, mínimo.*
2 Desmedido, excesivo, desmesurado, tremendo, (fig.) inmenso.

enormidad
1 Abundancia, exceso.
ANT.: *Escasez, pequeñez.*
2 (Fig.) Desatino, disparate, barbaridad VER.

enraizar
Arraigar, fijar, establecer, aclimatar, acostumbrar.
ANT.: *Desarraigar.*

enrarecido
1 Rarificado, disperso, escaso.
2 (Fig.) Viciado, contaminado.
ANT.: *Puro.*

enredar
1 Enmarañar, desordenar, revolver, mezclar.
ANT.: *Desenredar.*
2 (Fig.) Embrollar, confundir, complicar, entorpecer.
ANT.: *Simplificar.*
3 (Fig.) Comprometer, implicar, involucrar, enzarzar.
4 (Fig.) Intrigar, malquistar, chismorrear, chismear.
5 **enredarse** (Fam.) Liarse, amancebarse, tener un amorío.

enredo
1 Maraña, enredijo, nudo, (Colomb./desp.) enredajo.
2 (Fig.) Engaño, trampa, intriga, cuento, fraude.
ANT.: *Verdad.*
3 (Fig.) Lío, embrollo, complicación, confusión.
ANT.: *Solución, claridad.*
4 (Argent., Sto. Dom., Urug.) Amorío.

enrevesado
Confuso, complicado, embrollado, intrincado, oscuro, indescifrable, incomprensible, complejo, difícil, alrevesado.
ANT.: *Sencillo, fácil.*

enriquecer
1 Mejorar, fomentar, ayudar, impulsar, vigorizar, aumentar, potenciar.
ANT.: *Empobrecer, depauperar.*
2 Adornar, ornar, avalorar.
3 **enriquecerse** Prosperar, progresar, beneficiarse, lucrar, embolsar, ascender, subir.
ANT.: *Empobrecerse.*

enrojecer
1 Sonrojarse, ruborizarse, avergonzarse, abochornarse, (fig.) encenderse.
ANT.: *Palidecer, empalidecer.*
2 Pintar, teñir, enrojar.
ANT.: *Decolorar.*

enrolar (Argent., Esp.)
Alistar, reclutar, enganchar, incorporar, inscribir.
ANT.: *Licenciar.*

enrollar
Arrollar, envolver, enroscar, liar, retorcer.
ANT.: *Desenrollar, desenvolver.*

enronquecer
1 Quedarse afónico, perder la voz, ponerse ronco.
ANT.: *Aclarar la garganta.*
2 (Fig.) Vociferar, gritar, rugir, bramar, desgañitarse, (Colomb.) desgañotarse.

enroscar
Atornillar, enrollar, retorcer.
ANT.: *Desenroscar.*

enrulado (Argent.)
Rizoso, ondulado, rizado, ensortijado VER.
ANT.: *Lacio, liso.*

ensalada
1 Mezcla de verduras o frutas, macedonia.
2 (Fig.) Mescolanza, revoltijo, amasijo, lío, embrollo, maraña, confusión.

E

ensalmo
Conjuro, hechizo, encantamiento, oración mágica, invocación, (fam.) brujería.
ensalzar
1 Engrandecer, realzar, encarecer, encumbrar, exaltar.
ANT.: *Rebajar, denigrar.*
2 Loar, alabar, elogiar, ponderar, encomiar, aplaudir, (fig.) glorificar.
ANT.: *Desprestigiar, desacreditar.*
ensamblar
Unir, ajustar, acoplar, juntar, encajar, montar.
ANT.: *Desmontar, separar.*
ensanchar
Dilatar, ampliar, agrandar, aumentar, extender, estirar, distender, expandir, hinchar.
ANT.: *Estrechar, disminuir.*
ensangrentar
1 Salpicar, empapar, manchar, teñir, bañar [de sangre].
2 Sanguificar, producir sangre.
ensañamiento
Encarnizamiento, saña, ferocidad, sevicia, crueldad, brutalidad, inhumanidad.
ANT.: *Humanidad, misericordia.*
ensartar
1 Enhebrar, enhilar, engarzar, enristrar.
ANT.: *Zafar, soltar.*
2 Traspasar, atravesar, espetar, horadar, clavar, cruzar.
3 (Argent., Chile, Méx., Perú, Urug.) Engañar, hacer caer en una trampa.
ensayar
1 Experimentar, tantear, sondear, investigar, examinar, probar, intentar.
2 Practicar, ejercitar, adiestrarse, preparar, repasar.
ANT.: *Improvisar.*
ensenada
Rada, cala, caleta, bahía, fondeadero, abra, golfo.
enseña
Estandarte, insignia, emblema, distintivo, divisa, bandera, guión.
enseñanza
1 Instrucción, educación, iniciación, ilustración, cultura.
ANT.: *Ignorancia, aprendizaje.*
2 Cátedra, método, clase, programa, escuela.
3 Consejo, ejemplo, advertencia.
enseñar
1 Educar, instruir, adiestrar, iniciar, ilustrar, adoctrinar.
ANT.: *Embrutecer.*
2 Mostrar, exhibir, revelar, divulgar, exponer, lucir.
ANT.: *Ocultar.*
3 Entrenar, amaestrar, domar.
enseñorearse
Adueñarse, apoderarse, posesionarse, dominar, ocupar, usurpar, apropiarse.
ANT.: *Entregar, devolver.*
enseres
Utensilios, útiles, instrumentos, aparejo, avíos, bártulos, efectos, muebles.
ensimismado
Abstraído, abismado, embebido, concentrado, absorto, enfrascado, enajenado, meditabundo, pensativo.
ensoberbecerse
Vanagloriarse, envanecerse VER.
ensombrecerse
1 Oscurecerse, nublarse, ennegrecerse, encapotarse, cerrarse.
ANT.: *Aclarar, iluminarse.*
2 (Fig.) Entristecerse, apenarse, afligirse, preocuparse, enfadarse.
ANT.: *Alegrarse.*
ensordecedor
Estruendoso, estrepitoso, atronador, ruidoso, retumbante, estridente, sonoro, chillón.
ANT.: *Inaudible, apagado.*
ensortijado
Crespo, encrespado, rizado, encarrujado, ondulado, (Argent.) enrulado.
ANT.: *Liso, lacio.*
ensuciar
1 Manchar, embadurnar, emporcar, enmugrar, pringar, tiznar, percudir, embarrar, deslucir.
ANT.: *Limpiar, lavar.*
2 (Fig.) Mancillar, degradar, deshonrar, desprestigiar, empañar, afrentar.
ANT.: *Honrar.*
ensueño
1 Sueño, ensoñación, ilusión, visión.
ANT.: *Pesadilla, insomnio.*
2 Quimera, fantasía, utopía, esperanza, deseo.
3 Imagen, espejismo, ficción.
ANT.: *Realidad.*
entablar
1 Asegurar o cubrir con tablas.
2 Preparar, disponer, emprender [negocio, diligencia].

3 Iniciar, comenzar, abrir [conversación, amistad].
ANT.: *Concluir, terminar.*
4 Entablillar.
5 Alinear, acomodar [las piezas en el ajedrez, damas, etc.].
6 (Méx./fam.) Empatar, quedar tablas [en un juego o competencia].

entablillar
Sujetar, asegurar, vendar, inmovilizar, enyesar, entablar.

ente
1 Sujeto, ser, entidad, individuo, criatura, entelequia, sustancia, esencia.
2 Corporación, empresa, firma, institución.
3 (Fam.) Esperpento, extravagante, ridículo.

enteco
Flaco, enclenque VER.

entender.
1 Percibir, comprender, percatarse, intuir, conocer.
ANT.: *Desconocer.*
2 Alcanzar, aprehender, captar, (fig.) pescar, saber.
ANT.: *Ignorar.*
3 Desentrañar, penetrar, descubrir, explicarse.
ANT.: *Confundir, embrollarse.*
4 Deducir, inferir, creer, (fig.) pensar, colegir, interpretar.

entendido
Docto, experto VER.

entendimiento
1 Talento, alcance, discernimiento, intelecto, capacidad, lucidez, penetración, razón, agudeza, perspicacia, cacumen, (fig.) cabeza.
ANT.: *Torpeza, necedad.*
2 Avenencia, acuerdo, arreglo.
ANT.: *Desavenencia.*

enterar
1 Avisar, informar, comunicar, revelar, decir.
ANT.: *Ocultar, callar.*
2 **enterarse** Saber, conocer, descubrir, notar, averiguar, oír.
ANT.: *Ignorar.*

entereza
1 Firmeza, fortaleza, estoicismo, carácter, aplomo, serenidad, ánimo, aguante, energía.
ANT.: *Debilidad, pusilanimidad, flaqueza.*
2 Integridad, honradez, rectitud, probidad, honestidad.
ANT.: *Truhanería, deshonestidad.*

enternecer
Conmover, ablandar, emocionar, impresionar, mover a compasión.
ANT.: *Endurecer, insensibilizar.*

entero
1 Completo, total, indiviso, íntegro, intacto, uno.
ANT.: *Fragmentario, incompleto.*
2 (Fig.) Recto, honrado, cabal, leal, honesto.
ANT.: *Desleal, inmoral.*
3 (Fig.) Firme, sereno, ecuánime, impávido.
ANT.: *Pusilánime, temeroso.*
4 (Fig.) Fuerte, sano, robusto.
ANT.: *Débil, enfermizo.*

enterrador
Sepulturero, excavador, sepultador.

enterrar
1 Soterrar, ocultar, cubrir con tierra.
ANT.: *Desenterrar, descubrir.*
2 Hundir, clavar, introducir, hincar.
ANT.: *Extraer, sacar.*
3 Inhumar, sepultar, depositar, dar sepultura.
ANT.: *Exhumar.*
4 (Fig.) Arrinconar, olvidar, desechar.
ANT.: *Revivir.*

entidad
1 Ser, esencia, ente VER.
2 Empresa, consorcio, compañía, corporación, sociedad, firma, asociación, institución.

entierro
1 Sepelio, inhumación, funeral, funerales, ceremonia fúnebre.
ANT.: *Exhumación.*
2 Sepulcro, fosa, enterramiento, sepultura, tumba, (Cuba) enterrorio.

entonación
1 Tono, acento, modulación, entonamiento, armonía, acentuación, entono, afinación.
ANT.: *Desentono, desafinación.*
2 Deje, dejo, tonillo.

entonado
1 Adecuado, apropiado, conveniente, correcto, mesurado, moderado.
ANT.: *Exagerado.*
2 Fortalecido, animado, tonificado.
ANT.: *Débil.*
3 (Fam.) Bebido, achispado.
ANT.: *Sobrio.*

E

4 Engreído, arrogante.
ANT.: *Sencillo, llano.*

entonar

1 Vocalizar, cantar, modular, afinar, corear, tararear, canturrear, solfear.
2 Tonificar, reponer, fortalecer.
ANT.: *Debilitar.*
3 Armonizar, combinar.
ANT.: *Desentonar.*

entonarse

1 Animarse, fortalecerse, vigorizarse.
ANT.: *Debilitarse.*
2 (Fig.) Achisparse, estar un poco bebido, alumbrarse.
3 Ensoberbecerse, engreírse, envanecerse.

entorpecer

1 Impedir, estorbar, embarazar, obstaculizar.
ANT.: *Despejar, abrir.*
2 Paralizar, entumecer, envarar.
ANT.: *Desentumecer, desentorpecer.*
3 (Fig.) Dificultar, retardar, embrollar.
ANT.: *Facilitar, agilizar.*
4 (Fig.) Abrumar, embotar, atontar, turbar, aturdir.
ANT.: *Espabilar, despejar.*

entrada

1 Acceso, ingreso, paso.
ANT.: *Salida.*
2 Llegada, irrupción, invasión.
ANT.: *Marcha, abandono.*
3 Puerta, pórtico, abertura, recepción, recibidor.
4 Billete, papeleta, comprobante, vale, cupón, localidad, (Amér. Merid., Méx.) boleto.
5 Comienzo, inicio, principio.
ANT.: *Fin, final, término.*

entrador

1 Brioso, resuelto, animoso, atrevido, arriesgado, emprendedor.
ANT.: *Pasivo, pusilánime.*
2 (Argent., Urug., Venez./fam.) Simpático, amable.
ANT.: *Antipático.*
3 (Chile) Entremetido, intruso.
4 (Argent./fam.) Pateador, machador [refiriéndose a un licor fuerte].

entraña

1 Víscera, entresijo, órgano, tripa, bofe.
2 Esencia, núcleo, corazón, alma, fondo, interior.
3 (Fig.) Voluntad, carácter, genio, índole, calidad.

entrañable

Dilecto, íntimo, cordial, estimado, caro, amado, bienquisto, predilecto, preferido.
ANT.: *Superficial.*

entrar

1 Penetrar, meterse, pasar, introducirse, ingresar, acceder, irrumpir, invadir.
ANT.: *Salir, marcharse.*
2 Caber, encajar, ajustar.
3 (Fig.) Afiliarse, inscribirse.

entreabrir

Entornar, entrecerrar.

entreacto

Intermedio, intervalo, interludio, descanso, (ant.) entremés.

entrecortado

Irregular, intermitente, discontinuo, tartamudeante, vacilante, interrumpido, inarticulado.
ANT.: *Ininterrumpido, continuo, articulado, regular.*

entrechocar

Castañetear, chocar, traquetear, percutir, golpetear.

entredicho

1 Sospecha, recelo, desconfianza, duda, prevención, aprensión.
ANT.: *Confianza.*
2 Interdicto, veto, prohibición, censura, obstáculo.
3 Malentendido, diferencia.

entregar

1 Dar, suministrar, donar, prodigar, distribuir, facilitar, ofrecer.
ANT.: *Recibir, quitar.*
2 Ceder, transferir, traspasar, transmitir, conferir, adjudicar.
ANT.: *Despojar, arrebatar.*
3 Depositar, confiar, delegar.
4 Denunciar, delatar, traicionar.
ANT.: *Encubrir, proteger.*

entregarse

1 Dedicarse, aplicarse, enfrascarse, consagrarse.
ANT.: *Desentenderse.*
2 Abandonarse, darse.
ANT.: *Dominarse, reprimirse.*
3 Someterse, rendirse, darse por vencido, capitular.
ANT.: *Resistir, luchar.*
4 (Fig.) Sacrificarse.

entrelazar
Entrecruzar, entretejer, enlazar, trenzar, cruzar, empalmar.
ANT.: *Separar, desenlazar.*
entremés
1 Aperitivo, bocado, bocadillo, canapé, (Esp.) tapa, (Méx.) botana.
2 Sainete, pieza teatral breve, (ant.) entreacto.
entremetido
Indiscreto, fisgón, curioso, entrometido, (Argent.) metido, (Chile, Perú) entrador, (Méx., Venez.) metiche.
ANT.: *Discreto, respetuoso.*
entrenar
1 Adiestrar, instruir, ejercitar, aleccionar, guiar, capacitar, preparar.
ANT.: *Desentrenar.*
2 Amaestrar, domar.
entresacar
Extraer, sacar, seleccionar, espigar, escoger, elegir.
entresijo
1 Mesenterio, víscera, entrañas, tripas.
2 (Fig.) Recoveco, interioridad, entretelas, intimidad, alma, corazón.
ANT.: *Exterior.*
3 (Fig.) Intrincamiento, reserva, disimulo, retorcimiento.
entretejer
Entrelazar, urdir, tejer, entreverar, trenzar, enredar, trabar, empalmar, enlazar, entrecruzar.
ANT.: *Soltar, destejer.*
entretela
1 Forro, relleno, refuerzo, guata, lienzo, holandilla.
2 entretelas (Fig. y fam.) Entrañas, alma, entresijo VER.
entretener
1 Distraer, divertir, recrear, solazar, amenizar, animar, interesar.
ANT.: *Aburrir, hastiar, cansar, fastidiar.*
2 Retrasar, retardar, demorar, entorpecer, distraer, desviar, (fig.) capotear.
ANT.: *Urgir, apresurar.*
3 Sostener, mantener, preservar, conservar.
ANT.: *Descuidar, abandonar.*
entretenimiento
1 Distracción, diversión, recreo, esparcimiento, solaz, (Amér.) entretención.
ANT.: *Aburrimiento, tedio.*
2 Pasatiempo, afición.
entrever
1 Vislumbrar, percibir, atisbar, columbrar, divisar, otear, distinguir.
ANT.: *Cegarse.*
2 Sospechar, conjeturar, suponer, prever, presumir.
ANT.: *Ignorar, desconocer.*
entrevista
1 Conversación, reunión, audiencia, conferencia, (Esp.) interviú.
2 Cita, encuentro.
entristecer
Contristar, apenar, afligir, (ant.) entristar, acongojar, apesadumbrar, desconsolar, consternar, atribular, (fig.) atormentar, ensombrecer.
ANT.: *Alegrar, consolar, confortar.*
entrometido
VER entremetido.
entronizar
1 Colocar, coronar, instalar, ungir, entronar, (fig.) implantar.
ANT.: *Destronar, derrocar.*
2 (Fig.) Ensalzar, elevar, exaltar.
ANT.: *Rebajar, despreciar.*
entronque
1 Empalme, entroncamiento, conexión.
2 Lazo, vínculo, relación, parentesco, alianza, afinidad.
ANT.: *Desvinculación.*
entuerto
1 Agravio, injuria, afrenta, ultraje, daño, perjuicio, baldón, insulto.
ANT.: *Favor, beneficio.*
2 Dolor y contracciones post parto.
entumecerse
Entorpecerse, paralizarse, adormecerse, agarrotarse, engarrotarse, (fam.) dormirse.
ANT.: *Agilizarse, desentumecerse.*
enturbiar
1 Empañar, opacar, agitar, revolver, turbar.
ANT.: *Clarificar, desempañar.*
2 Oscurecer, ensombrecer, nublarse.
ANT.: *Aclarar.*
3 (Fig.) Alterar, perturbar.
ANT.: *Sosegar, calmar.*
entusiasmo
1 Pasión, emoción, fervor, exaltación, arrebato, frenesí, fogosidad.
ANT.: *Indiferencia.*
2 (Fig.) Atracción, admiración.
entusiasta
1 Devoto, partidario, fanático, admirador, adorador, apasionado.
ANT.: *Indiferente.*

2 Entusiástico, caluroso.
ANT.: *Frío, desabrido.*

enumerar
1 Relacionar, especificar, detallar, exponer, declarar.
2 Contar, numerar, contabilizar, computar, inventariar.

enunciar
1 Expresar, exponer, declarar, manifestar.
ANT.: *Callar, omitir.*
2 Plantear, formular.

envainar
Enfundar, guardar, meter, introducir, cubrir.
ANT.: *Desenvainar, sacar.*

envalentonarse
1 Atreverse, decidirse, resolverse, animarse.
ANT.: *Acobardarse.*
2 Bravuconear, fanfarronear, (fig.) engallarse.

envanecerse
Ensoberbecerse, vanagloriarse, engreírse, ufanarse, inflarse, presumir, jactarse.
ANT.: *Avergonzarse, achicarse.*

envarar
Entumecer, entorpecer VER.

envasar
Embotellar, enfrascar, encajonar, empaquetar, empacar, enlatar, llenar.
ANT.: *Extraer, sacar, desempaquetar.*

envase
1 Envasado.
2 Recipiente, frasco, bote, vaso, lata, botella, caja, estuche, envoltura, empaque.

envejecer
1 Avejentarse, aviejarse, marchitarse, declinar, (fig.) arrugarse, encanecer, apergaminarse, chochear, ponerse senil.
ANT.: *Rejuvenecer.*
2 Gastarse, ajarse, caducar, acabarse, estropearse, arranciarse.

envejecido
Avejentado, viejo VER.

envenenar
1 Intoxicar, atosigar, inocular.
ANT.: *Desintoxicar.*
2 Emponzoñar, contaminar, inficionar, corromper.
ANT.: *Descontaminar.*
3 (Fig.) Malquistar, enemistar, enconar, meter discordia.
4 (Fig.) Amargar, afligir, desconsolar.
ANT.: *Consolar, confortar.*
5 (Fig.) Enviciar, pervertir, depravar.
ANT.: *Guiar, encauzar, encaminar.*

envergadura
1 Amplitud, anchura, tamaño, distancia, largo, extensión.
2 (Fig.) Importancia, magnitud, alcance, trascendencia.
ANT.: *Pequeñez, insignificancia.*

enviado
Mensajero, emisario VER.

enviar
Mandar, remitir, despachar, dirigir, expedir, consignar.
ANT.: *Recibir, detener.*

enviciar
Corromper, viciar, depravar, pervertir, envilecer, habituar, contaminar, extraviar, perder.
ANT.: *Corregir, rehabilitar.*

envidia
Celos, rivalidad, codicia, resentimiento, rencor, animosidad, rabia, (Esp./fig. y fam.) pelusa.

envidiar
Codiciar, desear, ansiar, anhelar, ambicionar, resentirse, reconcomerse.

envidioso
Celoso, codicioso, deseoso, resentido, reconcomido, egoísta.

envilecer
1 Degradar, corromper, encanallar, rebajar, deshonrar, descarriar, contaminar, perder.
ANT.: *Dignificar, regenerar, rehabilitar, corregir.*
2 Depreciar, disminuir, bajar.
ANT.: *Subir, alzar.*

envío
1 Remesa, expedición, despacho, consigna.
ANT.: *Recepción.*
2 Paquete, bulto, carga, mercancía, mensaje.
3 Encargo, encomienda.

envoltorio
Paquete, lío, bulto, fardo, hato, embalaje, envoltura, atadijo.

envoltura
1 Cubierta, capa, recubrimiento, funda, forro.
2 Envase, envoltorio, embalaje.
3 Cáscara, corteza, piel, membrana.
4 (Fig.) Apariencia, costra.

envolver
1 Cubrir, tapar, arrebujar, arropar.
ANT.: *Descubrir, destapar, desarropar.*
2 Empacar, envasar, liar, embalar, empaquetar.
ANT.: *Desenvolver, desempacar.*
3 Enrollar, arrollar.
ANT.: *Desenrollar.*
4 Rodear, cercar, acorralar.
5 (Fig.) Contener, implicar.
6 (Fig.) Comprometer, enredar, complicar, mezclar.

enzarzarse
1 Pelearse, liarse, reñir, pleitear, discutir, disputar.
ANT.: *Amigarse.*
2 Comprometerse, involucrarse, discutir, arriesgarse.
ANT.: *Desentenderse, zafarse.*

épico
Legendario, heroico, glorioso, epopéyico, grandioso.

epidemia
Peste, pandemia, contagio, plaga, azote, calamidad.

epidermis
Cutis, piel, epitelio, pellejo.

epígrafe
1 Encabezamiento, título, subtítulo.
2 Sentencia, cita, lema, enunciado.
3 Inscripción, rótulo, letrero.

epílogo
Desenlace, remate, colofón, conclusión, final, coronamiento.
ANT.: *Prólogo, inicio.*

episódico
Circunstancial, anecdótico, incidental, eventual, irregular, variable.
ANT.: *Regular, fijo.*

episodio
1 Hecho, suceso, incidente, lance, aventura, caso, peripecia, acontecimiento, evento.
2 Capítulo, jornada, división, sección.

epístola
Misiva, carta, esquela, mensaje, escrito, comunicación, despacho.

epitafio
Inscripción, rótulo, leyenda, (fig.) pensamiento.

epíteto
Adjetivo, título, nombre, apodo, mote, calificativo.

epítome
Compendio, sinopsis, resumen, extracto, sumario, esquema, compilación.
ANT.: *Ampliación.*

época
1 Era, período, tiempo, fecha, etapa, fase.
2 Lapso, ciclo.
3 Temporada.

epopeya
1 Épica, poema, narración, relato, leyenda.
2 Gesta, hazaña, proeza, heroicidad, aventura.

equidad
Ecuanimidad, imparcialidad, objetividad, rectitud, justicia.
ANT.: *Injusticia, parcialidad.*

equilibrio
1 Estabilidad, quietud, compensación, balance.
ANT.: *Desequilibrio, inestabilidad, descompensación.*
2 Contrapeso, nivelación.
3 Proporción, armonía, medida.
ANT.: *Desproporción, desmesura.*
4 (Fig.) Serenidad, mesura, ecuanimidad, sensatez.
ANT.: *Desubicación, insensatez.*

equilibrista
Funámbulo, alambrista, acróbata, volatinero, gimnasta.

equipaje
1 Equipo, bultos, impedimenta, bagaje, maletas, (Méx.) petacas.
2 Tripulación.

equipar
Proveer, dotar, pertrechar, aprovisionar, abastecer, avituallar, suministrar, surtir.
ANT.: *Desposeer, despojar.*

equiparar
Comparar, cotejar, parangonar, confrontar, igualar.
ANT.: *Diferenciar.*

equipo
1 Conjunto, combinación, agrupación, grupo, banda, bando, cuadrilla, escuadra.
2 Vestuario, indumentaria [de faena o trabajo].
3 Bagaje, pertrechos, aparatos, instrumental.

equitativo
Justo, imparcial, moderado, recto, ecuánime VER.
ANT.: *Inequitativo, arbitrario.*

equivalente
Similar, semejante, paralelo, igual, gemelo, parecido.
ANT.: *Desigual, diferente.*

equivocación
1 Error, yerro, falta, confusión, desacierto.
ANT.: *Acierto.*
2 Desliz, disparate, desatino, inexactitud, inadvertencia, gazapo.

equivocado
Incorrecto, inexacto, erróneo, errado, desacertado, disparatado.
ANT.: *Acertado, correcto.*

equívoco
1 Ambigüo, dudoso, incierto, anfibológico.
ANT.: *Certero, inequívoco.*
2 Ambigüedad, anfibología, tergiversación, imprecisión, vaguedad, doble sentido.
ANT.: *Claridad, precisión.*

era
Época, período, etapa, fase, temporada, momento, espacio, ciclo, lapso.

erecto
Erguido, derecho, alzado, levantado, empinado, vertical, rígido.
ANT.: *Encorvado, doblado, lacio, fláccido.*

erguido
Enhiesto, enderezado, parado, erecto VER.
ANT.: *Abatido, agachado.*

erguir
1 Enderezar, levantar, parar, empinar, alzar.
ANT.: *Inclinar, bajar.*
2 erguirse (Fig.) Alzarse, ensoberbecerse, engreírse.
ANT.: *Humillarse.*

erial
Páramo, descampado, eriazo, yermo, baldío.
ANT.: *Pradera, vergel, sembradío.*

erigir
1 Fundar, establecer, constituir, instituir, (fig.) cimentar.
2 Edificar, construir, alzar, levantar.
ANT.: *Derribar, demoler, derruir.*

erizado
1 Espinoso, punzante, tieso, (C. Rica, Chile, Méx., Nic., Urug.) espinudo.
ANT.: *Suave, romo.*
2 Hirsuto, encrespado [pelo, cabello].
ANT.: *Lacio, liso.*
3 (Fig.) Difícil, arduo, duro.
ANT.: *Fácil.*
4 (Fig.) Cubierto, lleno [de púas o circunstancias difíciles].
ANT.: *Liso, fácil.*

ermita
Oratorio, santuario, capilla.

ermitaño
Eremita, anacoreta, asceta, penitente, monje, solitario.

erosión
1 Desgaste, corrosión, merma, destrucción.
ANT.: *Conservación.*
2 Roce, frotamiento, fricción.
3 Escoriación, raspón.
4 (Fig.) Desprestigio, descrédito.

erótico
Amatorio, sensual, carnal, lúbrico, mórbido, lujuriante, lujurioso, lascivo.
ANT.: *Casto.*

errar
1 Vagar, deambular, vagabundear, callejear.
ANT.: *Pararse, estar, establecerse.*
2 Equivocarse, fallar, fracasar, pifiar, confundirse, apartarse, desviarse.
ANT.: *Acertar.*

error
1 Yerro, falta, defecto, incorrección, inexactitud, pifia, desacierto.
ANT.: *Acierto.*
2 Desliz, omisión, desatino, distracción, descuido, confusión.
3 Errata, gazapo.

erudito
Docto, ilustrado, experto, instruido, conocedor, culto, estudioso, sapiente, (fig.) sabio.
ANT.: *Ignorante, desconocedor.*

erupción
1 Emisión, expulsión, estallido, explosión.
2 Irritación cutánea, inflamación, eritema, urticaria.

esbelto
Gallardo, airoso, (fig.) arrogante, apuesto, garboso, espigado, grácil, delgado, fino.
ANT.: *Rechoncho, desgarbado.*

esbirro
1 Alguacil, guardia, (ant.) corchete.
2 (Fig.) Secuaz, seguidor, paniaguado, partidario, sicario, segundón.
ANT.: *Jefe, cabecilla.*

esbozo
Bosquejo, boceto, apunte, diseño, dibujo, delineación, esquema, croquis.

escabroso
1 Abrupto, escarpado, desigual, quebrado, tortuoso, anfractuoso.
ANT.: *Llano, plano.*
2 (Fig.) Difícil, áspero, dificultoso, duro.
ANT.: *Sencillo, fácil.*
3 (Fig.) Turbio, retorcido, riesgoso.
ANT.: *Claro, seguro.*
4 (Fig.) Inconveniente, obsceno, inmoral, atrevido.
ANT.: *Pudibundo.*

escabullirse
Escurrirse, escaparse, deslizarse, esquivar, eludir, esfumarse, huir, evadirse, (fig.) eclipsarse, (Colomb., Venez.) escabullarse, (C. Rica) escamotearse, (Cuba) escabuyarse.
ANT.: *Enfrentar, presentarse.*

escacharrar (Esp.)
1 Romper, destrozar, despanzurrar, hacer añicos.
ANT.: *Componer.*
2 (Fig.) Estropear, malograr.
ANT.: *Cuidar.*

escala
1 Escalerilla, flechaste, escalera.
2 Gradación, medida, graduación, comparación, proporción, tamaño, nivel, grado.
3 Sucesión, serie.
4 Singladura, puerto, punto intermedio [en viajes por mar o avión].

escalafón
Orden, grado, categoría, jerarquía, rango, progresión, clasificación.

escalar
1 Ascender, subir, trepar, remontar, encaramarse.
ANT.: *Bajar, descender.*
2 (Fig.) Progresar, elevarse, conquistar, acometer.
ANT.: *Estancarse.*

escaldar
1 Escalfar, bañar, hervir, cocer, abrasar, quemar.
ANT.: *Enfriar, helar.*
2 escaldarse Escocerse, irritarse, quemarse, arder [la piel].

escalera
Escala, escalinata, escalones, peldaños, gradería, gradas.

escalofriante
1 Asombroso, impresionante.
2 Estremecedor, aterrador, pavoroso, horrible, terrible, espeluznante.

escalofrío
Estremecimiento, calosfrío, calofrío, temblor, repeluzno, espeluzno, (fam.) arrechucho.

escalón
1 Peldaño, grada, viga.
2 (Fig.) Grado, jerarquía, nivel.

escamado
Escarmentado, desconfiado, receloso, mosqueado, temeroso, malicioso.
ANT.: *Confiado, ingenuo.*

escamotear
1 Manipular, ocultar, prestidigitar, desaparecer.
ANT.: *Aparecer, mostrar.*
2 (Fig.) Robar, birlar, hurtar, apañar, sustraer, quitar.
3 (Fig.) Eludir, evadir.
4 escamotearse (C. Rica) Escabullirse, huir.

escamoteo
1 Prestidigitación, truco, manipulación, juego de manos, engaño.
2 Robo, hurto, apaño.

escampar
1 Despejar, descampar, desembarazar.
2 Aclarar, abrir, calmar, cesar la lluvia.
ANT.: *Encapotarse, llover, nublarse.*
3 (C. Rica) Guarecerse de la lluvia.

escandalizar
1 Alborotar, molestar, gritar, chillar, reñir, pelear, vocear, armar jaleo.
ANT.: *Sosegar, silenciar.*
2 escandalizarse Horrorizarse, espantarse, mosquearse, incomodarse, ofenderse, avergonzarse.
ANT.: *Despreocuparse.*

escándalo
1 Alboroto, bulla, barullo, estrépito, batahola, algarabía, griterío, ruido, jaleo, desorden, confusión, (Colomb., Méx.) escandalera.
ANT.: *Silencio, calma.*
2 Pelea, riña, altercado, disputa, tremolina, gresca, zapatiesta, zipizape.
ANT.: *Paz, quietud.*

3 Impudicia, inmoralidad, desvergüenza, desenfreno.

escáner

Detector, diagnosticador, escanógrafo, scanner.

escapar

1 Huir, evadirse, fugarse, (fig.) desaparecer, escurrirse, escabullirse, esfumarse.

ANT.: *Permanecer, volver, entregarse.*

2 Librarse, evadir, eludir, esquivar.

ANT.: *Acudir, afrontar.*

3 escaparse Salir, dispersarse [gas, líquido].

escaparate

Vitrina, vidriera, estante, mostrador, muestra, exposición.

escapatoria

1 Fuga, huida, evasión, desaparición, escapada, escape.

ANT.: *Rendición, permanencia, regreso, captura.*

2 Subterfugio, excusa, disculpa, pretexto, evasiva, recurso, salida.

escape

1 Escapatoria, huida, evasión.

ANT.: *Atrapamiento, captura.*

2 Derrame, fuga, pérdida, escurrimiento.

ANT.: *Taponamiento, obstrucción.*

3 Solución, salida.

4 Válvula, tubo.

escaramuza

Refriega, riña, reyerta, trifulca, pelea, encuentro, contienda, choque, acción militar.

ANT.: *Paz, concordia, tregua.*

escarbar

1 Cavar, excavar, ahondar, remover, desenterrar, rascar.

ANT.: *Enterrar, cubrir, tapar.*

2 Mondar, limpiar, hurgarse [nariz, dientes, oídos].

3 (Fig.) Investigar, inquirir, buscar, profundizar, averiguar, escudriñar, (C. Rica) escarbucear.

escarceo

1 Oleaje leve, cabrilleo, movimiento.

2 (Fig.) Tentativa, prueba, tanteo, intento, simulacro.

3 (Fig.) Rodeo, circunloquio, divagación.

4 (Fig.) Caricias sexuales, cachondeo.

5 escarceos Piruetas, vueltas, caracoleo [de un caballo].

escarlata

Carmesí, carmín, rojo, colorado VER.

escarmentar

1 Corregir, castigar, sancionar, penar, disciplinar, reprender.

ANT.: *Indultar, perdonar.*

2 Doler, desengañarse, aprender, tomar experiencia.

ANT.: *Reincidir.*

escarnecer

Afrentar, humillar, ultrajar, vilipendiar, agraviar, vejar, mofarse, burlarse, befar, zaherir.

ANT.: *Respetar, honrar, alabar.*

escarpado

Abrupto, enriscado, escabroso VER.

escasear

1 Limitar, escatimar, regatear, ocultar.

ANT.: *Prodigar.*

2 Faltar, disminuir, reducir, bajar.

ANT.: *Abundar.*

escaso

1 Poco, insuficiente, falto, limitado, exiguo, corto, pobre, parvo, incompleto.

ANT.: *Mucho, abundante, suficiente, bastante.*

2 Carente, necesitado.

ANT.: *Sobrado.*

3 (Fig.) Mezquino, tacaño, roñoso.

ANT.: *Pródigo, largo, generoso.*

escatimar

Ahorrar, economizar, reservar, regatear, escasear, disminuir.

ANT.: *Derrochar, prodigar.*

escena

1 Escenario.

2 Cuadro, acto, parte.

3 Panorama, ambiente, paisaje, vista, perspectiva.

4 Teatro, drama, espectáculo, farándula.

escéptico

Incrédulo, descreído, desconfiado, frío, suspicaz, indiferente.

ANT.: *Crédulo.*

esclarecer

1 Aclarar, dilucidar, evidenciar, ilustrar, puntualizar, descubrir, desenredar, explicar.

ANT.: *Ocultar, embrollar, confundir.*

2 Ennoblecer, enaltecer, afamar, prestigiar, acreditar, honrar.

ANT.: *Difamar, desprestigiar, envilecer, rebajar.*

3 Clarear, alborear, amanecer.

ANT.: *Oscurecer.*

esclarecido
1 Famoso, preclaro, insigne, ilustre, célebre, renombrado, ínclito, eximio, afamado.
ANT.: *Ignorado, desconocido.*
2 Iluminado, brillante, claro.
ANT.: *Oscuro.*
esclavitud
Sujeción, sumisión, servidumbre, yugo, opresión, tiranía.
ANT.: *Libertad, liberación, independencia, emancipación.*
esclavo
Cautivo, prisionero, sometido, subyugado, siervo, servidor, ilota.
ANT.: *Amo, libre.*
escocer
1 Arder, picar, cosquillear, punzar, (Esp.) resquemar.
ANT.: *Aliviar, calmar.*
2 Doler, molestar, desagradar, irritar.
ANT.: *Suavizar, agradar.*
3 Escaldar, quemar, escoriar, enrojecer, (fam.) rozar.
escoger
1 Elegir, seleccionar, optar, preferir, tomar.
2 Separar, destacar, apartar.
ANT.: *Mezclar.*
escogido
1 Selecto, seleccionado, elegido, superior, exquisito.
ANT.: *Corriente, común, desestimado.*
2 Excelente, sobresaliente, notable, destacado, ilustre, conspicuo, granado, esclarecido.
ANT.: *Anónimo, oscuro, ignorado, mediocre.*
escolar
Estudiante, alumno, educando, colegial, becario, párvulo, discípulo.
ANT.: *Maestro.*
escolta
Séquito, comitiva, compañía, cortejo, comparsa, corte, acompañamiento.
escollo
1 Arrecife, peñasco, roca, banco, rompiente, farallón, bajío.
2 (Fig.) Riesgo, peligro, dificultad, obstáculo.
ANT.: *Facilidad.*
escombro
1 Cascote, cascajo, broza, derribo, desecho, escoria, (Esp.) guijo.
2 Caballa, pez comestible.
3 escombros Ruinas, restos, residuos, desechos.
4 (Argent./fig. y fam.) **hacer escombro** Exagerar.
esconder
1 Ocultar, encubrir, tapar.
ANT.: *Exhibir, mostrar.*
2 Refugiar, guarecer.
3 (Fig.) Callar, fingir, recatar, reservarse.
ANT.: *Divulgar, abrirse.*
4 (Fig.) Incluir, contener, encerrar.
5 (Fig.) Disimular, desfigurar.
ANT.: *Evidenciar.*
6 esconderse Agazaparse, agacharse, ocultarse.
ANT.: *Presentarse, mostrarse, aparecer, exhibirse.*
escondite
Escondrijo, refugio, asilo, cobijo, guarida, madriguera, cueva, (Esp.) escondedero.
escoplo
Cincel, gubia, formón, buril, cuchilla, cortafrío.
escorar
1 Inclinarse, ladearse, desviarse, zozobrar [un barco].
2 Apuntalar, asegurar.
3 (C. Rica) Ir a parar, descaminarse.
4 (Cuba) Sostener.
5 (Cuba, Hond.) Esconderse, ocultarse.
6 (Ecuad.) Imputar, endilgar, echar la culpa.
escorchar
1 Desollar, descortezar.
2 (Argent./fig. y fam.) Molestar, irritar, incomodar, fastidiar.
escoria
Desecho, desperdicio, residuo, detrito, despojo, sobra, impureza, hez, ceniza.
ANT.: *Sustancia, esencia.*
escotadura
Muesca, mella, corte, cercenadura, rebajo, entrante, entalladura, cisura, incisión.
escote
Descote, abertura, escotado, escotadura, hendedura.
escozor
1 Ardor, escocimiento, picor, prurito, (fig.) quemazón, punzada.
2 (Fig.) Resquemor, resentimiento, inquietud, desazón, disgusto.
ANT.: *Contento, tranquilidad.*

E

escribiente
Amanuense, actuario, copista, calígrafo, mecanógrafo, escribano, oficinista, empleado, (fam./desp.) cagatintas, (fam./desp.) chupatintas.

escribir
1 Caligrafiar, trazar, manuscribir, garabatear.
2 Mecanografiar, dactilografiar.
3 Apuntar, transcribir, anotar, copiar.
4 Redactar, componer, expresar por escrito.

escrito
1 Texto, inscripción, apunte, manuscrito, escritura VER.
2 Documento, carta, acta, solicitud, solicitación, pedimento, comunicado, nota, recado, mensaje.
3 Impreso, copia, obra.

escritor
Autor, literato, novelista, comediógrafo, ensayista, prosista, redactor, poeta, creador, (fam.) plumífero.

escritorio
1 Despacho, oficina, bufete, estudio, gabinete.
2 Mesa, pupitre, secreter, escribanía.

escritura
1 Caligrafía, rasgos, trazos.
2 Manuscrito, documento, copia, original, escrito VER.
3 Protocolo, contrato, título de propiedad.

escrúpulo
1 Miramiento, escrupulosidad, consideración, conciencia, circunspección, pulcritud, esmero.
ANT.: *Desfachatez, incuria, negligencia, descuido.*
2 Reparo, recelo, aprensión, temor, melindre, remilgo, repugnancia.
ANT.: *Audacia, confianza.*

escrupuloso
1 Receloso, desconfiado, aprensivo, puntilloso.
ANT.: *Seguro, confiado.*
2 Minucioso, concienzudo, nimio, preciso, cuidadoso, esmerado, pulcro, exacto.
ANT.: *Desidioso, negligente.*

escrutar
1 Indagar, averiguar, investigar, examinar, estudiar.
ANT.: *Ignorar.*
2 Contar, computar, verificar, escrutinizar.
3 Observar, otear, escudriñar.
ANT.: *Ignorar.*

escuadra
1 Cartabón, instrumento de geometría.
2 Ángulo recto, escuadría.
3 Flota, armada, unidad, flotilla, escuadrilla, escuadrón.
4 Cuadrilla, grupo, equipo.

escuálido
Esmirriado, encanijado, flaco, esquelético, enclenque, macilento, consumido, enteco.
ANT.: *Rollizo, fornido.*

escuchar
Oír, atender, percibir, prestar atención, enterarse.
ANT.: *Desoír.*

escudero
1 Paje, ayudante, sirviente, acompañante, asistente.
2 (Esp.) Hidalgo, noble.

escudo
1 Rodela, adarga, pavés, égida, broquel, escudete.
2 (Fig.) Defensa, protección, amparo, abrigo.
ANT.: *Desamparo.*
3 Blasón, blasones, (fig.) armas, emblema.

escudriñar
1 Examinar, investigar, explorar, indagar, hurgar, escrutar VER.
2 Mirar, observar, otear, avizorar.

escuela
1 Formación, enseñanza, instrucción.
2 Doctrina, corriente, estilo, método.
3 Colegio, academia, instituto, institución, liceo, facultad.

escueto
Preciso, parco, conciso, breve, sucinto, corto, sobrio, estricto, parco, simple, (fig.) limpio, desnudo.
ANT.: *Detallado, extenso, ampuloso, adornado.*

esculpir
Tallar, cincelar, grabar, labrar, repujar, formar, modelar.

escultor
Artista, imaginero, estatuario, tallista, artífice, creador.

escupir
1 Salivar, expectorar, arrojar, esputar, expeler, echar, lanzar, (vulg.) gargajear.
2 (Fig.) Despreciar, hacer escarnio.

3 (Fig./vulg.) Confesar, desembuchar, despepitar, cantar.

escurridizo

1 Resbaloso, resbaladizo, deslizante.
ANT.: *Áspero, firme.*
2 (Fig.) Ágil, veloz, hábil, diestro, taimado, astuto.
ANT.: *Torpe, lento.*

escurrir

1 Chorrear, gotear, destilar, exudar.
ANT.: *Retener, absorber.*
2 Exprimir, secar, estrujar, tender, colgar, colar.
ANT.: *Mojar, humedecer.*
3 Apurar, agotar, vaciar.
ANT.: *Colmar, llenar.*
4 (Fig.) Eludir, esquivar, soslayar.
ANT.: *Enfrentar.*

escurrirse

1 Resbalar, deslizarse, correrse.
ANT.: *Detenerse, inmovilizarse, atorarse.*
2 Huir, escabullirse, escaparse, salir.
ANT.: *Permanecer, quedarse.*

esencia

1 Naturaleza, ser, sustancia, espíritu.
2 Fundamento, principio, base.
3 Propiedad, característica.
4 Aroma, fragancia, extracto, perfume, bálsamo, concentrado.

esencial

Fundamental, sustancial, primordial, básico, principal, constitutivo, cardinal, central.
ANT.: *Secundario, accesorio, accidental, superfluo.*

esfera

1 Bola, pelota, globo, balón, abalorio, canica, píldora.
2 (Fig.) Campo, actividad, ámbito, medio, clase, categoría, círculo, área.
3 Cielo, firmamento.

esforzado

1 Valeroso, valiente, decidido, arriesgado, arrojado.
ANT.: *Cobarde, pusilánime.*
2 Denodado, afanoso, animoso.
ANT.: *Apático, haragán, indolente, desidioso.*

esfuerzo

1 Impulso, empuje, fuerza.
2 Vigor, afán, ánimo, brío, empeño, valor, denuedo, ahínco.
ANT.: *Flaqueza, debilidad, apatía, abulia.*
3 Lucha, pugna.

esfumarse

1 Desvanecerse, difuminarse, disiparse, diluirse.
2 (Fig. y fam.) Escabullirse, huir, evaporarse, desaparecer.
ANT.: *Presentarse, aparecer.*

esmalte

1 Barniz, recubrimiento, pavón, baño, esmaltín.
2 Esmaltado, vidriado.
3 (Fig.) Esplendor, lustre.

esmerarse

Afanarse, esforzarse, dedicarse, aplicarse, consagrarse.
ANT.: *Descuidar.*

esmirriado

Enclenque, escuálido, flaco, canijo, desmedrado, enteco, raquítico, débil, consumido, (fam.) chupado.
ANT.: *Fornido, vigoroso, musculoso.*

espabilado

1 Despierto, despabilado, avispado, vivaz, listo, ligero.
ANT.: *Tardo, lerdo.*
2 Astuto, ladino, taimado.
ANT.: *Ingenuo.*

espabilar

1 Avivar, espolear, aligerar.
2 Adiestrar, despabilar, enseñar.

espabilarse

1 Despertarse, despabilarse, desperezarse.
ANT.: *Amodorrarse.*
2 Aprender, captar.
ANT.: *Atontarse.*
3 Componérselas, arreglárselas, apañarse, ingeniárselas.

espacio

1 Ámbito, ambiente, medio, sitio, lugar.
2 Capacidad, medida, profundidad, anchura.
3 Distancia, claro, hueco, blanco, separación.
4 Intervalo, lapso, transcurso.
5 Amplitud, holgura, espaciosidad, extensión.
ANT.: *Estrechez, exigüidad.*
6 Cielo, cosmos, firmamento, éter, universo, vacío, infinito.

espada

Sable, alfanje, tizona, estoque, florete, mandoble, acero, hierro, hoja, colada.

espalda

1 Lomo, dorso, espinazo.
ANT.: *Pecho.*

2 Reverso, parte posterior, envés, trasera, retaguardia.
ANT.: *Frente, cara, delantera.*

espantajo
1 Espantapájaros, monigote.
2 (Fig.) Fantasma, coco, (Amér.) espanto, (Esp.) estantigua.
3 (Fig. y fam.) Adefesio, esperpento, estrafalario, mamarracho.

espantar
1 Asustar, aterrar, impresionar, horrorizar, amedrentar, acobardar, dar miedo.
ANT.: *Envalentonar, serenar.*
2 Ahuyentar, alejar, rechazar, echar, expulsar, (C. Rica) estorrentar.
ANT.: *Atraer, llamar.*

espantoso
1 Horrible, pavoroso, horroroso, terrible, impresionante, espeluznante, terrorífico, enloquecedor, alucinante.
ANT.: *Grato, atractivo.*
2 (Fig.) Desmesurado, tremendo, enorme, gigantesco.

esparcimiento
Distracción, solaz, diversión, pasatiempo, recreo, entretenimiento.
ANT.: *Aburrimiento, tedio.*

esparcir
Diseminar, desparramar, desperdigar, dispersar, extender, derramar.
ANT.: *Juntar, reunir, agrupar, amontonar, apilar.*
2 (Fig.) Difundir, divulgar, propalar, propagar.
ANT.: *Contener, reservar, ocultar.*
3 (Fig.) Divertir, recrear, solazar, distraer.
ANT.: *Aburrir, hastiar.*

espasmo
Contracción, crispación, convulsión, temblor, sacudida, calambre.
ANT.: *Relajación.*

especia
Condimento, aderezo.

especial
1 Singular, característico, peculiar, particular, típico, propio, diferente.
ANT.: *General, común.*
2 Específico, adecuado, idóneo.
ANT.: *Corriente, ordinario.*
3 (Fig.) Exclusivo, raro, excepcional, destacado.
ANT.: *Corriente, ordinario.*

especialista
Perito, experto, versado, entendido, diestro, técnico.
ANT.: *Profano, lego.*

especie
1 Variedad, tipo, género, clase, raza, familia, grupo, serie, categoría.
2 Tema, proposición, asunto, idea.
3 Rumor, noticia, voz, chisme.

especificar
Detallar, definir, establecer, precisar, explicar, enumerar.

espectacular
1 Aparatoso, pomposo, teatral, dramático.
2 Grandioso, impresionante, asombroso, maravilloso.
ANT.: *Insignificante.*

espectáculo
1 Función, representación, exhibición, gala.
2 Acto, número, ejecución.
3 Paisaje, panorama, vista, visión.
4 (Fig.) Escándalo, escena, escenita, ridículo, circo.

espectador
Concurrente, asistente, oyente, presente, público, auditorio.

espectro
1 Aparecido, aparición, fantasma, espíritu, espantajo, ánima, visión, trasgo, duende, (Esp.) estantigua, (Méx.) espanto.
2 Amplitud, gama, abanico, banda, gradación.

especular
1 Relativo al espejo.
2 (Fig.) Reflexionar, meditar, contemplar, pensar, teorizar.
3 (Fig.) Divagar, perderse.
ANT.: *Concentrarse.*
4 (Fig.) Traficar, negociar, comerciar, lucrar, (Esp.) lucrarse.
5 (Fig.) Monopolizar, encarecer, abusar, aprovecharse, acaparar.

espejismo
1 Espejeo, reflejo, ilusión óptica.
2 (Fig.) Ilusión, quimera, apariencia, visión, delirio, alucinación, engaño.

espejo
1 Luna, cristal.
2 (Fig.) Imagen, reflejo, retrato.
3 Modelo, ejemplo.

espeluznante
Espantoso, terrorífico, crispante, horripilante, horroroso, horrible, que pone los pelos de punta.
ANT.: *Grato, atractivo.*

espera
1 Expectativa, acecho.
2 Demora, prórroga, retraso, aplazamiento.
ANT.: *Agilización, anticipo.*
3 Paciencia, calma.
ANT.: *Impaciencia.*

esperanza
Confianza, certeza, certidumbre, fe, seguridad, ilusión.
ANT.: *Desconfianza, desesperanza.*

esperar
1 Confiar, creer, querer, desear, anhelar, ilusionarse, pensar.
ANT.: *Desesperar, desilusionarse.*
2 Aguardar, permanecer, prorrogar, aplazar, diferir.
ANT.: *Adelantar, anticipar, irse.*

esperpento
1 Ridículo, feo, mamarracho, adefesio, espantajo VER.
ANT.: *Sobrio, armonioso.*
2 Absurdo, desatino, disparate.

espeso
1 Denso, condensado, concentrado, apelmazado.
ANT.: *Fluido, ligero, aguado.*
2 Tupido, cerrado, aglomerado, apretado, junto.
ANT.: *Ralo.*
3 Sólido, macizo, recio, grueso.
ANT.: *Flojo, delgado.*
4 (Fig.) Impertinente, pesado, (Perú, Venez.) cargante.
5 Complejo, difícil.
ANT.: *Llano, fácil.*

espesor
1 Grosor, grueso, anchura, reciedumbre, solidez.
ANT.: *Estrechez, debilidad.*
2 Condensación, densidad.
ANT.: *Liquidez, diafanidad.*

espesura
Ramaje, follaje, fronda, boscaje, bosque, selva.
ANT.: *Claro, desierto.*

espetar
1 Atravesar, ensartar, clavar.
2 (Fig.) Endilgar, soltar, decir, encajar.

espía
Observador, informador, investigador, agente, confidente, soplón.

espiar
Observar, acechar, escuchar, atisbar, vigilar, investigar, averiguar, informar, delatar.

espichar (Esp.)
1 Pinchar, punzar, herir.
2 (Fam.) Morir, expirar, fallecer, diñarla, fenecer, finar.
ANT.: *Nacer.*

espigado
Alto, esbelto, gallardo, crecido, desarrollado.
ANT.: *Rechoncho, bajo, desmedrado.*

espigar
1 Cribar, apartar, separar, escoger, seleccionar.
2 Rebuscar, investigar, buscar.
3 (Fig.) Crecer, estirarse [una persona].

espigón
1 Aguijón, punta, puya.
2 Mazorca, panoja.
3 Rompeolas, escollera, malecón, muelle, dique.

espina
1 Púa, pincho, aguijón, punta, pico, astilla.
2 Espinazo, columna vertebral.
3 (Fig.) Inquietud, escrúpulo, recelo, sospecha.
ANT.: *Confianza, certidumbre.*
4 (Fig.) Pena, pesar, desazón.
ANT.: *Calma.*

espinazo
Columna vertebral, raquis, espina dorsal, lomo, espalda.

espinilla
1 Canilla de la pierna.
2 Comedón, barro, barrillo, grano.

espinoso
1 Puntiagudo, punzante, aguzado, erizado, (C. Rica, Chile, Méx., Nic., Urug.) espinudo.
ANT.: *Romo, liso.*
2 (Fig.) Arduo, peliagudo, dificultoso, complicado, difícil, embrollado, intrincado, comprometido.
ANT.: *Sencillo, simple, fácil, llano.*

espionaje
Observación, investigación, averiguación, pesquisa, acecho, información.

espiración
Exhalación, → espirar.

E

espiral
Vuelta, curva, hélice, espira, rizo, caracol, bucle.
ANT.: *Recta.*

espirar
1 Expulsar, exhalar, echar, soplar, respirar, alentar.
ANT.: *Inspirar, absorber.*
2 Infundir, animar, mover.

espíritu
1 Alma, esencia, ánima, mente, psiquis.
ANT.: *Materia, cuerpo.*
2 Inteligencia, ingenio.
3 Interior, corazón.
4 Principio, sustancia, carácter, fundamento.
5 Energía, brío, viveza, valor, carácter, entreza, aliento, ánimo.
ANT.: *Debilidad.*
6 Fantasma, trasgo, aparición, duende, espectro, ente, entidad.
7 espíritu maligno El Demonio, espíritu inmundo, espíritu infernal.

espiritual
1 Inmaterial, anímico, incorpóreo, etéreo.
ANT.: *Material, corporal.*
2 (Fig.) Interior, emocional, íntimo, psíquico, mental.
ANT.: *Externo, exterior.*
3 (Fig.) Místico, platónico.
ANT.: *Terrenal, interesado.*
4 (Fig.) Sensible, delicado, desapegado, desprendido.
ANT.: *Pedestre, materialista.*

espléndido
1 Magnífico, esplendoroso, maravilloso, estupendo, soberbio, regio.
ANT.: *Modesto, insignificante.*
2 Generoso, desprendido, liberal, dadivoso, derrochador.
ANT.: *Avaro, tacaño.*

esplendor
1 Resplandor, brillo, luminosidad, fulgurancia, centello.
ANT.: *Opacidad, oscuridad.*
2 (Fig.) Nobleza, lustre, grandeza, fama, celebridad.
ANT.: *Mediocridad.*
3 (Fig.) Magnificencia, lujo, boato, suntuosidad.
ANT.: *Pobreza, modestia.*
4 (Fig.) Auge, apogeo, desarrollo.
ANT.: *Decadencia.*

espolear
1 Pinchar, punzar, aguijonear, espolonear, fustigar.
ANT.: *Contener, refrenar.*
2 Incitar, avivar, azuzar, animar.
ANT.: *Desanimar, calmar.*

esponjoso
Hueco, poroso, fofo, blando, ligero, suelto, inconsistente, flácido.
ANT.: *Duro, macizo, compacto.*

esponsales
1 Compromiso, promesa, juramento.
2 Desposorio, casamiento VER.

espontáneo
1 Natural, sencillo, abierto, libre, sincero, franco, ingenuo, campechano, cándido.
ANT.: *Afectado, forzado, hipócrita.*
2 Maquinal, involuntario, indeliberado, automático, inconsciente, instintivo, reflejo.
ANT.: *Consciente, deliberado.*
3 Repentino, súbito.
ANT.: *Preparado.*

esporádico
Ocasional, eventual, circunstancial, aislado, casual, fortuito, excepcional, raro.
ANT.: *Fijo, habitual, constante, frecuente.*

esposa
Cónyuge, consorte, desposada, mujer, señora, pareja, compañera.

esposar
Sujetar, inmovilizar, maniatar, encadenar, aprisionar, aherrojar.
ANT.: *Soltar, liberar.*

esposas
Manillas, grilletes, ligaduras, (fig.) cadenas, hierros.

esposo
Cónyuge, consorte, desposado, marido, casado, pareja, compañero.

espuela
1 Acicate, punta, rodaja, pincho, aguijón, espiga, espolín.
2 Garrón, (Amér.) espolón.
3 Clavícula de ave, (Argent., Chile) espoleta.
4 (Fig.) Incentivo, estímulo.
ANT.: *Desánimo, freno.*

espuerta
Cesto, canasta, capacho, capazo, cesta, cuévano, sera.

espuma
1 Burbujeo, hervor, efervescencia, borbolleo.
2 Baba, espumarajo.
3 Tejido ligero, espumilla*.
* Tb. significa: (Ecuad., Guat., Hond., Nic.) Merengue, dulce de claras de huevo.

espumoso
Espumante, burbujeante, efervescente, hirviente, (Esp.) espumajoso.

espurio
1 Ilegítimo, bastardo.
ANT.: *Legítimo.*
2 Fraudulento, falso, adulterado, corrompido, falsificado.
ANT.: *Auténtico.*

esputo
Salivazo, gargajo, flema, espectoración, expectoración, escupitajo, escupitina, (fam.) gallo.

esquela
Nota, misiva, carta, billete, tarjeta, comunicación, aviso, invitación, notificación.

esquelético
1 Descarnado, huesudo, escuálido, raquítico, consumido, demacrado, seco, enjuto, flaco.
ANT.: *Rollizo, gordo, carnudo.*
2 Relativo al esqueleto.

esqueleto
1 Osamenta.
2 (Fig.) Estructura, soporte, armazón, montura, bastidor.
3 (Fig.) Bosquejo, esbozo, proyecto.
4 (Fig. y fam.) Flaco, huesudo, esquelético, (Méx.) tilico.

esquema
Boceto, guión, esbozo VER.

esquilmar
1 Explotar, recoger, cosechar, aprovechar.
ANT.: *Desperdiciar, perder.*
2 (Fig.) Menoscabar, empobrecer, agotar, arrasar.
ANT.: *Enriquecer, beneficiar.*
3 (Fig.) Estafar, robar, sangrar, timar, arruinar.

esquina
Ángulo, arista, vértice, saliente, recodo, chaflán.

esquinera
1 Trotacalles, prostituta, ramera, buscona.
2 (Amér.) Esquinero, rinconera, mueble, repisa.

esquivar
Eludir, evitar, soslayar, rehuir, rechazar, escapar, sortear.
ANT.: *Enfrentar, afrontar.*

esquivo
Huraño, arisco, huidizo, retraído, hosco, montaraz, áspero, rudo.
ANT.: *Sociable, cordial.*

estable
1 Firme, fijo, inmóvil, arraigado, seguro, equilibrado.
ANT.: *Inestable, inseguro.*
2 Inalterable, duradero, permanente.
ANT.: *Variable.*

establecer
1 Instalar, asentar, fundar, crear, organizar, colocar, situar.
ANT.: *Desmontar, quitar.*
2 Determinar, comprobar, averiguar.
3 Decretar, disponer, ordenar, mandar, dictar.
4 Enunciar, afirmar, sentar.
5 **establecerse** Afincarse, instalarse, avecindarse, domiciliarse.
ANT.: *Mudarse, irse.*

establecimiento
1 Fundación, erección, creación, institución.
ANT.: *Disolución, desaparición.*
2 Instituto, colegio, escuela, hospital, asilo, prisión.
3 Empresa, sociedad, entidad, firma, corporación.
4 Comercio, tienda, fábrica, industria, negocio.

establo
Corral, cobertizo, cuadra, pesebre, pocilga, caballeriza, caballería.

estaca
Palo, tranca, porra, garrote, cayado, bastón, vara, madero, rama.

estacada
Valla, empalizada VER.

estación
1 Temporada, época, período, tiempo, lapso.
2 Fase, ciclo, etapa, estado.
3 Parada, paradero, terminal, apeadero.
4 Radioemisora, radiodifusora.

estacionar
1 Situar, colocar, asentar, poner, dejar.
ANT.: *Retirar, mover.*
2 Aparcar, detener, inmovilizar.
ANT.: *Desplazar, marchar.*

3 estacionarse Estancarse, pararse, quedarse estacionado.
ANT.: *Moverse.*

estadio
1 Coliseo, cancha, campo, pista, recinto, circuito.
2 Período, etapa, fase.

estadista
1 Gobernante, presidente, dirigente, político, guía.
2 Estadígrafo, estadístico.

estadística
Censo, recuento, cómputo, registro, comparación, lista, padrón.

estado
1 Situación, circunstancia, condición, etapa, fase.
2 Disposición, aspecto, actitud.
3 Provincia, territorio, departamento.

Estado
1 Nación, país.
2 Gobierno, administración, poder.

estafa
Fraude, timo, engaño, robo, despojo, trampa, chantaje.

estafador
Defraudador, timador, embaucador, embustero, ladrón, chantajista, bribón, (Esp.) camandulero.
ANT.: *Honesto, honrado.*

estallar
1 Reventar, explotar, detonar, saltar, volar.
2 Restallar, chasquear, tronar.
3 (Fig.) Sobrevenir, ocurrir, suceder.
4 (Fig.) Prorrumpir, manifestarse.
ANT.: *Contenerse, reprimir.*

estampa
1 Reproducción, grabado, lámina, ilustración, tarjeta, cromo.
2 (Fig.) Figura, apariencia, porte, aspecto.
3 Representación, cuadro, escena.
4 Huella, pisada, marca.

estampar
1 Imprimir, grabar, impresionar, marcar, reproducir.
2 Lanzar, arrojar, estrellar.

estampido
Detonación, estallido, explosión, estruendo, descarga, disparo.

estampilla (Amér.)
Timbre, sello de correos o fiscal.

estancar
Atascar, paralizar, obstruir, entorpecer, detener, empantanar, rebalsar.
ANT.: *Movilizar, liberar, mover.*

estancarse
1 Resbalarse, encharcarse, represarse, empantanarse.
ANT.: *Fluir, correr.*
2 (Fig.) Detenerse, quedarse parado.
ANT.: *Avanzar.*

estancia
1 Habitación, pieza, cuarto, aposento, alcoba, sala.
2 Permanencia, alojamiento, estadía, detención.
ANT.: *Marcha, salida.*
3 Hacienda, rancho, quinta, mansión campestre.

estandarte
Insignia, enseña VER.

estanque
1 Laguna, lago, charca, pantano, embalse, (Esp.) marjal.
2 Alberca, depósito, piscina, represa, presa.

estante
1 Aparador, armario, anaquelería, estantería, mueble.
2 Repisa, anaquel, ménsula, (Esp.) balda.

estar
1 Existir, hallarse, vivir, ser.
ANT.: *Desaparecer, morir.*
2 Permanecer, encontrarse, detenerse, persistir, quedarse, residir, morar, habitar.
ANT.: *Irse, ausentarse, faltar.*
3 Quedar, sentar, caer, cuadrar, convenir.

estático
1 Inmóvil, quieto, fijo, parado, inalterable, inamovible.
ANT.: *Móvil, dinámico.*
2 (Fig.) Asombrado, embobado, pasmado, azorado.

estatua
Escultura, talla, efigie, ídolo, figura, escultura.

estatura
Talla, alzada, altura, corpulencia, alto, medida.

estatuto
Ordenanza, precepto, reglamento, código, ordenación, norma, decreto.

este
Levante, oriente, naciente.
ANT.: *Oeste, occidente, poniente.*
estela
1 Rastro, marca, señal, huella, pista.
2 Monumento, mojón.
3 (Fig.) Sensación, recuerdo, impresión.
estentóreo
Ruidoso, estruendoso, potente, retumbante.
ANT.: *Débil, silencioso.*
estepa
1 Llanura, llano, planicie.
2 Páramo, erial, yermo.
ANT.: *Vergel.*
estera
Alfombra, tapete, felpudo, (Esp.) moqueta, (Méx.) petate.
estéril
1 Infecundo, improductivo, árido, yermo, desértico, pobre, seco.
ANT.: *Fecundo, fértil.*
2 Aséptico, esterilizado, desinfectado.
ANT.: *Contaminado.*
3 (Fig.) Vano, infructuoso, ineficaz, inútil.
ANT.: *Eficaz, productivo.*
esterilizar
1 Desinfectar, higienizar, purificar, pasteurizar.
ANT.: *Contaminar.*
2 Capar, castrar, extirpar.
estertor
Jadeo, ronquido, respiración fatigosa, agonía.
estético
1 Artístico, armonioso, bello.
ANT.: *Antiestético.*
2 Decorativo, elegante, gracioso.
ANT.: *Cursi, charro.*
3 Esteta, esteticista.
estibador
Cargador, mozo, costalero, peón, esportillero.
estibar
Cargar, colocar, distribuir, disponer.
ANT.: *Descargar.*
estiércol
Excremento, boñiga, bosta, abono, (Esp.) fiemo.
estigma
1 Mancha, mácula, señal, llaga, cicatriz.
2 (Fig.) Baldón, afrenta, vergüenza, deshonra, desdoro.
ANT.: *Honra, honor.*
3 Lesión, lacra, trastorno.
estilete
1 Puñal, daga, cuchillo, navaja, hoja, faca.
2 Estilo, punzón, púa.
3 Gnomon, varilla.
4 Sonda, tienta.
estilizado
1 Simplificado, reelaborado, interpretado.
2 Esbelto, fino, airoso, armonioso.
ANT.: *Tosco.*
estilo
1 Modo, manera, forma, característica, peculiaridad.
2 Costumbre, uso, moda, práctica, usanza.
3 (Fig.) Clase, categoría, distinción, elegancia.
4 Estilete, punzón.
estima
Aprecio, consideración, afecto, estimación, cariño, respeto.
ANT.: *Odio, animadversión, desprecio, desdén.*
estimar
1 Evaluar, tasar, valorar, justipreciar.
2 Considerar, opinar, presumir, suponer, creer, juzgar.
3 Apreciar, honrar, respetar, querer.
ANT.: *Despreciar.*
estimular
1 Espolear, aguijonear, azuzar, atizar, excitar.
ANT.: *Contener, refrenar.*
2 Animar, incitar, instigar, inspirar, alentar, provocar, despertar.
ANT.: *Desanimar, desalentar, desestimular, coartar.*
estipendio
Pago, remuneración, sueldo, retribución, honorarios, salario, asignación, comisión.
estipular
Convenir, acordar, concertar, contratar, pactar, especificar.
estirar
1 Alargar, prolongar, extender, dilatar, ensanchar, desplegar.
ANT.: *Encoger, acortar.*
2 Tensar, atirantar, jalar.
ANT.: *Soltar, aflojar.*
3 Desarrugar, planchar, alisar.
ANT.: *Arrugar, ajar.*

estirarse
1 Crecer [una persona].
2 Desperezarse, desentumecerse, bostezar.
ANT.: *Amodorrarse, enroscarse.*
3 (Fam.) Tumbarse, tenderse.

estirpe
Ascendencia, tronco, raíz, origen, cuna, linaje, progenie, alcurnia, prosapia, casta.

estocada
Herida, pinchazo, tajo, cuchillada, (Esp.) chirlo, hurgonazo.

estofado
1 Guiso, guisado, cocido, vianda, plato, platillo.
2 Labrado, adornado, engalanado, decorado.

estoico
Sereno, impasible, inmutable, firme, entero, fuerte, sufrido, aguantador.
ANT.: *Débil, susceptible.*

estómago
Víscera, órgano, cavidad estomacal, buche, panza.

estoque
VER espada.

estorbo
1 Rémora, lastre, barrera, (fig. y fam.) parásito.
2 Obstáculo, traba, freno, impedimento, embarazo, molestia, dificultad, engorro.
ANT.: *Ayuda, facilidad.*

estrado
Tablado, tarima, plataforma, entarimado.

estrafalario
1 Ridículo, estrambótico, (fam.) desaliñado, grotesco, cómico.
ANT.: *Discreto, elegante, estético.*
2 (Fig. y fam.) Excéntrico, extravagante, raro.
ANT.: *Común, normal.*

estragar
1 Arruinar, dañar, arrasar, destruir, devastar, estropear, descomponer.
ANT.: *Construir, componer, arreglar.*
2 Viciar, corromper, pervertir.
ANT.: *Corregir.*
3 (Fig.) Hastiar, empalagar.

estrago
Destrucción, ruina, daño, agotamiento, trastorno, devastación, desgracia, catástrofe, desolación.
ANT.: *Beneficio, reconstrucción.*

estrangular
1 Acogotar, agarrotar, ahogar, sofocar, ahorcar, asfixiar.
2 Oprimir, obstruir, dificultar, impedir, frustrar.
ANT.: *Facilitar, propiciar.*

estraperlo (Esp.)
Especulación, tráfico, contrabando, (fam.) chanchullo.

estratagema
1 Ardid, celada, trampa.
2 Engaño, artimaña, treta, argucia, fingimiento, astucia.

estrategia
1 Habilidad, pericia, competencia.
2 Maniobra, operación, táctica.

estrechar
1 Reducir, disminuir, angostar, encoger, ajustar.
ANT.: *Ensanchar.*
2 Abrazar, ceñir, rodear, apretar.
ANT.: *Soltar.*
3 Comprimir, oprimir.
ANT.: *Aflojar.*
4 (Fig.) Constreñir, acorralar, acosar, arrinconar, forzar, compeler.
5 Intimar, fortalecer [un vínculo o relación].
ANT.: *Relajar.*

estrecho
1 Apretado, angosto, justo, ajustado, contraído, ceñido, reducido.
ANT.: *Ancho, holgado, amplio.*
2 (Fig.) Rígido, estricto, severo, austero, limitado.
ANT.: *Tolerante, liberal.*
3 Mezquino, tacaño.
ANT.: *Desprendido, generoso.*
4 Canal, paso, angostura, garganta, embocadura.

estrella
1 Astro, lucero, luminaria, cuerpo celeste.
2 Asterisco.
3 (Fig.) Destino, hado, sino, fortuna, suerte.
4 (Fig.) As, experto, ídolo, campeón, artista famoso.

estrellarse
1 Chocar, colisionar, tropezar, precipitarse, caer, golpearse.
ANT.: *Eludir, esquivar.*
2 (Fig.) Fracasar, fallar, malograrse.

estremecer
1 Agitar, mover, sacudir, temblar, menear.
ANT.: *Inmovilizar.*

2 estremecerse Conmoverse, impresionarse, turbarse, alterarse, alarmarse, inquietarse.
ANT.: *Tranquilizarse, serenarse.*

estrenar
1 Inaugurar, debutar, iniciar.
ANT.: *Cerrar, clausurar.*
2 Empezar, comenzar, abrir, acometer.
ANT.: *Concluir, terminar.*

estreñimiento
(Fam.) Constipado, (Chile) estiptiquez.

estrépito
1 Estruendo, fragor, ruido, alboroto, tumulto.
ANT.: *Silencio.*
2 (Fig.) Pompa, ostentación, aparato, exageración.
ANT.: *Sigilo, moderación.*

estrés
Tensión, ansiedad, inquietud, agotamiento, stress.

estría
Surco, ranura, muesca, hendidura, raya, canal, acanaladura, hueco.

estribillo
Muletilla, ritornelo, repetición, reiteración, bordón.

estricto
1 Preciso, exacto, inflexible, ceñido, ajustado, justo.
ANT.: *Flexible, elástico, amplio.*
2 Riguroso, rígido, severo, estrecho.
ANT.: *Condescendiente, indulgente.*

estridente
1 Rechinante, chirriante, destemplado, ruidoso, desentonado, discordante, estruendoso.
ANT.: *Armonioso, melodioso.*
2 (Fig.) Chillón, abigarrado VER.
ANT.: *Sobrio, suave.*

estropear
1 Maltratar, dañar, deteriorar, averiar, arruinar, (Esp./fig.) escacharrar.
ANT.: *Arreglar, reparar.*
2 Malograr, frustrar, echar a perder.
3 Afear, ajar, deslucir, menoscabar.
ANT.: *Mejorar, embellecer.*

estructura
1 Orden, configuración, distribución, organización, disposición.
2 Armazón, esqueleto, soporte, montura, sostén, base.

estruendo
VER estrépito.

estrujar
Comprimir, apretar, apretujar, prensar, exprimir, ceñir.
ANT.: *Soltar, aflojar.*

estuche
Joyero, envase, envoltura, caja, cajita, arqueta, funda, cofre, cofrecillo.

estudiante
Discípulo, escolar VER.

estudiar
1 Educarse, aprender, instruirse, ilustrarse, practicar, cursar, aplicarse, (fig.) empollar.
ANT.: *Embrutecerse, ignorar.*
2 Examinar, investigar, buscar.
3 Proyectar, planear, imaginar.
4 Considerar, analizar, sopesar, observar, meditar.

estudio
1 Educación, instrucción, aprendizaje, capacitación.
2 Investigación, análisis, observación.
3 Ensayo, tratado, tesis, monografía, trabajo, obra.
4 Boceto, esbozo, apunte, ejercicio, dibujo.
5 Despacho, taller, oficina, escritorio, (Riopl.) bufete.
6 Apartamento, vivienda.

estudioso
1 Aplicado, aprovechado, laborioso, empollón.
ANT.: *Vago, haragán.*
2 Erudito, conocedor, investigador.

estufa
1 Hogar, calentador, radiador, chimenea, estufilla.
2 Cocina, hornilla, hornillo, horno, brasero.

estupefacción
Asombro, estupor, pasmo, aturdimiento, azoro, sorpresa, maravilla, fascinación, extrañeza.
ANT.: *Indiferencia, impasibilidad.*

estupefaciente
Narcótico, alcaloide, droga, soporífero, hipnótico, anestésico.

estupefacto
Asombrado, atónito, azorado, → estupefacción.

estupendo
Admirable, asombroso, soberbio, magnífico, maravilloso, pasmoso, increíble, fenomenal.
ANT.: *Insignificante, desastroso, horrible, pésimo.*

E

estupidez

1 Torpeza, idiotez, tontería, estulticia, estolidez.
ANT.: *Inteligencia, ingenio.*
2 Simpleza, sandez, disparate, bobada, burrada, pavada, majadería, necedad.

estúpido

1 Tonto, bobo, estólido, estulto, necio, obtuso, zopenco, mentecato, memo, simple, pasmado, lelo.
ANT.: *Listo, avispado.*
2 Engreído, arrogante, vanidoso.
ANT.: *Sencillo.*

estupor

1 VER estupefacción.
2 Sopor, embotamiento, aturdimiento, letargo, modorra, insensibilidad.

estupro

Abuso, violación, profanación, violencia, desfloración, perversión.

etapa

1 Fase, período, época, estadio.
2 Lapso, tramo, trecho, peldaño.
3 Parada, descanso, alto, detención.

éter

VER espacio.

etéreo

1 Vaporoso, sutil, incorpóreo, impalpable, volátil, grácil, irreal.
ANT.: *Material, recio, corpóreo, sólido, denso.*
2 Puro, sublime, celestial.
ANT.: *Basto, pedestre.*

eternidad

Perpetuidad, perennidad, perdurabilidad, permanencia, → eterno.
ANT.: *Transitoriedad, precariedad.*

eternizar

(Fig.) Diferir, aplazar, prorrogar, prolongar, alargar.
ANT.: *Acortar, abreviar, avivar, agilizar.*

eternizarse

1 Perpetuarse, inmortalizarse.
2 (Fig.) Demorarse, retrasarse.

eterno

1 Eternal, inmortal, perpetuo, permanente, perdurable, perenne, imperecedero, duradero.
ANT.: *Fugaz, efímero, pasajero, breve.*
2 (Fam.) Interminable, prolongado.
ANT.: *Breve, rápido.*
3 (Fig.) Continuo, constante, insistente, repetitivo.

ética

Moral, moralidad, norma, conducta, proceder, práctica.
ANT.: *Inmoralidad.*

etimología

Origen, fuente, procedencia, raíz, cuna, génesis [de las palabras].

etiqueta

1 Rótulo, sello, marca, marbete, precinto.
2 Protocolo, ceremonial, solemnidad, pompa.
ANT.: *Sencillez, informalidad.*

étnico

Etnográfico, racial, propio, nacional.

eucaristía

Comunión [referido al sacramento católico].

eufemismo

Rodeo, ambigüedad, perífrasis, indirecta, sugestión, alusión, tapujo, disfraz, embozo.

eufónico

Armonioso, melodioso, agradable, entonado.
ANT.: *Discordante, cacofónico.*

euforia

1 Exaltación, animación, entusiasmo, alegría, calor, ardor, optimismo.
ANT.: *Pesimismo, tristeza.*
2 Lozanía, bienestar, salud.
ANT.: *Postración, depresión.*

eunuco

Castrado, emasculado, impotente, (fig.) afeminado.
ANT.: *Viril.*

euritmia

Armonía, equilibrio, proporción, mesura, relación, correspondencia.
ANT.: *Desproporción, desequilibrio.*

evacuación

1 Defecación, deposición, deyección, detrito, heces, excremento.
2 Abandono, desalojo, desocupación.
ANT.: *Ocupación.*

evacuar

1 Defecar, obrar, excretar, expeler, (vulg.) cagar.
2 Abandonar, desocupar, retirarse, desalojar, vaciar, dejar, mudarse.
ANT.: *Ocupar, permanecer, resistir.*
3 Realizar, ejecutar, desahogar, cumplir [un trámite].

evadir

1 Evitar, eludir, rehuir, soslayar, esquivar.
ANT.: *Enfrentar, afrontar.*

2 evadirse Fugarse, huir, escapar, escabullirse, esfumarse, desaparecer.
ANT.: *Permanecer, quedarse.*

evaluar
Tasar, valorar, valuar, estimar, calcular, juzgar, justipreciar, ajustar.

evangelizar
Catequizar, cristianizar, predicar, divulgar, difundir, (fig.) convertir.

evaporar
1 Volatilizar, gasificar, vaporizar.
ANT.: *Solidificar, condensar.*
2 Deshidratar, concentrar, evaporizar.
ANT.: *Hidratar, rehidratar.*
3 (Fig.) Desvanecer, disipar.
ANT.: *Aparecer.*

evasión
Huida, fuga, escapada, escapatoria, deserción, abandono, desaparición, salida.
ANT.: *Permanencia, comparecencia.*

evasiva
Excusa, disculpa, subterfugio, justificación, pretexto, coartada, recurso.

evento
1 Suceso, acontecimiento VER.
2 Exhibición, concurso, función.

eventual
1 Accidental, fortuito, ocasional, circunstancial, casual, interino.
ANT.: *Habitual, deliberado, preparado, pensado.*
2 Trabajador provisional.

eventualidad
1 Contingencia, emergencia, incidente, suceso, hecho, circunstancia.
2 Casualidad, coyuntura, imprevisto.
3 Posibilidad, albur, riesgo.

evidente
Obvio, claro, manifiesto, patente, palpable, cierto, palmario, innegable, indudable, positivo, elemental, axiomático, auténtico, tangible.
ANT.: *Dudoso, impreciso, oscuro.*

evitar
1 Eludir, esquivar, evadir, rehuir, soslayar, rehusar.
ANT.: *Enfrentar, afrontar.*
2 Impedir, prevenir, prever, precaver, librarse, ahorrarse, obviar.
ANT.: *Provocar, causar.*

evocar
1 Invocar, llamar, conjurar [espíritus de muertos].
2 (Fig.) Recordar, rememorar, revivir, repasar.
ANT.: *Olvidar.*

evolución
1 Desarrollo, curso, progreso, progresión, avance, adelanto.
ANT.: *Involución, estancamiento, regresión, retroceso, decadencia.*
2 Transformación, cambio, metamorfosis, modificación, variación.
ANT.: *Inmutabilidad.*
3 Maniobra, movimiento [de tropas o buques].
4 Vuelta, giro.

exabrupto
Arrebato, desbarro, salida de tono, inconveniencia, grosería.
ANT.: *Fineza.*

exacerbar
1 Exasperar, irritar, enojar, enfurecer.
ANT.: *Calmar, aquietar.*
2 exacerbarse Agravarse, recrudecerse, avivarse [enfermedad, pasión].
ANT.: *Mitigar, aliviar, suavizar.*

exacto
1 Preciso, puntual, justo, cabal, regular, fiel, estricto, fidedigno.
ANT.: *Inexacto, impreciso.*
2 (Fig.) Minucioso, cumplidor.

exageración
1 Ponderación, encarecimiento, hipérbole, redundancia.
ANT.: *Atenuación, moderación, objetividad.*
2 Exceso, colmo, abuso, superabundancia.
ANT.: *Equidad, mesura, moderación.*

exagerado
1 Excesivo, desmedido, desmesurado, inmoderado, descomunal, colosal, imaginario.
ANT.: *Moderado, mesurado, real.*
2 Charlatán, cuentista, exagerador.
ANT.: *Veraz, preciso.*

exagerar
Agrandar, aumentar, ponderar, abultar, hinchar, inflar, exorbitar, excederse, cargar.
ANT.: *Minimizar, atenuar, moderar.*

exaltado
1 Vehemente, arrebatado, entusiasmado, entusiasta, apasionado, excitado, fogoso, ardiente.
ANT.: *Indiferente, frío.*
2 Violento, rabioso, irritado.
ANT.: *Sereno, tranquilo.*
3 Enaltecido, ensalzado, encumbrado, elevado, realzado.
ANT.: *Rebajado, humillado.*

E

exaltar
1 Enaltecer, honrar, encumbrar, ensalzar, glorificar elevar.
ANT.: *Denigrar, rebajar.*
2 Excitar, entusiasmar, enardecer, acalorar, exasperar.
ANT.: *Calmar.*
examen
1 Ejercicio, prueba, oposición, concurso, selección.
2 Investigación, observación, análisis, pesquisa, comparación.
3 Auscultación, reconocimiento.
examinar
1 Analizar, estudiar, considerar, observar, reconocer.
2 Indagar, inquirir, explorar.
3 Probar, tantear, auscultar.
exangüe
1 Desangrado, anémico.
2 (Fig.) Exánime, agotado, débil, debilitado, desfallecido, desmayado, aniquilado.
ANT.: *Vigoroso, fuerte.*
3 (Fig.) Muerto, inánime.
exasperar
Irritar, enardecer, enfurecer, trastornar, indignar, excitar, exacerbar.
ANT.: *Calmar, sosegar, aplacar.*
excavación
Hoyo, zanja, perforación, socavación, socavón, hueco, pozo, foso, dragado, zapa.
excavar
Cavar, perforar, ahondar, escarbar, penetrar, minar, desenterrar, dragar, zapar, socavar.
excedente
Exceso, sobrante, residuo, resto, superávit.
ANT.: *Déficit.*
exceder
1 Superar, adelantar, aventajar, rebasar, sobrepujar.
ANT.: *Rezagarse.*
2 Sobrar, pasarse.
ANT.: *Faltar.*
3 **excederse** Extralimitarse, propasarse, abusar, desmandarse.
ANT.: *Contenerse.*
excelente
1 Óptimo, excelso, magnífico, eximio, insuperable, soberbio, exquisito, colosal, extraordinario, excepcional.
ANT.: *Pésimo, mísero, mediocre.*
2 Bondadoso, benévolo, magnánimo, generoso, bueno.
ANT.: *Malvado, ruin.*
excéntrico
1 Original, desacostumbrado, insólito, raro, paradójico, peculiar.
ANT.: *Normal.*
2 Extravagante, estrafalario, maníaco, maniático, chalado, chiflado, (fig.) loco.
ANT.: *Centrado, sensato.*
excepción
1 Anomalía, anormalidad, irregularidad, singularidad, exclusión, salvedad, paradoja.
ANT.: *Normalidad, regularidad.*
2 Privilegio, prerrogativa, distinción, exención, indulgencia, preferencia, merced.
excepcional
1 Singular, único, raro, extraordinario, anómalo, diferente.
ANT.: *Ordinario, usual, corriente.*
2 VER excelente.
excesivo
1 Sobrante, demasiado.
ANT.: *Faltante, insuficiente.*
2 Desmedido, desmesurado, exagerado, exorbitante, enorme.
ANT.: *Escaso, limitado.*
exceso
1 Demasía, excedente, sobrante, abundancia, sobra.
ANT.: *Falta, carencia, defecto.*
2 Abuso, desorden, intemperancia, exageración, libertinaje.
ANT.: *Temperancia, sobriedad.*
excitar
1 Estimular, activar, suscitar, incitar, provocar, intensificar.
ANT.: *Paliar, calmar.*
2 Encender, agitar, enardecer, alterar, exacerbar, enloquecer, exasperar.
ANT.: *Tranquilizar, aplacar.*
exclamación
Grito, voz, interjección, imprecación, ovación.
exclamar
Gritar, clamar, vocear, proferir, vitorear, lamentarse.
ANT.: *Susurrar.*
excluir
1 Descartar, eliminar, suprimir, negar, omitir, desechar VER, quitar.
ANT.: *Incluir.*

2 Rechazar, apartar, separar, (fig.) discriminar, exceptuar.
ANT.: *Integrar, admitir.*

exclusiva
Concesión, privilegio, preferencia, prerrogativa, monopolio, autorización.
ANT.: *Igualdad.*

exclusivo
1 Excluyente, solo, único.
ANT.: *Común.*
2 Privilegiado, preferente.
ANT.: *Equiparado.*
3 Peculiar, distintivo, característico, típico.
ANT.: *General.*

excremento
1 Residuo, detrito, heces, defecación, deyección, mierda, (fam.) caca.
2 Estiércol, boñiga, guano.
3 (Fig.) Porquería, inmundicia.

excursión
1 Paseo, viaje, caminata, gira, marcha, esparcimiento.
2 Correría, incursión.

excusa
Pretexto, evasiva, subterfugio, justificación, disculpa, excusación, descargo, coartada.

excusado
Retrete, reservado, servicios, aseos, lavabos, water, W.C., (Esp.) váter.

excusar
1 Perdonar, disculpar, justificar.
ANT.: *Acusar, culpar.*
2 Probar, defender.
3 Eludir, rehuir.
ANT.: *Enfrentar.*

execrable
Aborrecible, abominable, detestable, condenable, repugnante.
ANT.: *Apreciable, admirable.*

exento
Libre, dispensado, franco, excluido, perdonado, inmune.
ANT.: *Obligado, incluido.*

exequias
Funerales, honras fúnebres, sepelio, réquiem, homenaje, ceremonia.

exhalar
1 Emitir. emanar, despedir, desprender, expeler.
ANT.: *Retener.*
2 Lanzar, emitir, soltar [el aliento].
ANT.: *Absorber, inhalar.*

exhausto
1 Extenuado, fatigado, rendido, debilitado, enflaquecido, (fig.) deshecho.
ANT.: *Vigoroso, lozano.*
2 Agotado, consumido, acabado.
ANT.: *Pletórico.*

exhibición
1 Despliegue, presentación, revelación, divulgación.
ANT.: *Ocultación.*
2 Muestra, exposición, feria, certamen.
3 Ostentación.

exhortar
Animar, alentar, incitar, inducir, estimular, impulsar, persuadir, aconsejar.
ANT.: *Desanimar, desaconsejar.*

exigente
Riguroso, rígido, severo, estricto, duro, recto, inflexible, intransigente, escrupuloso.
ANT.: *Tolerante, blando.*

exigir
1 Reclamar, demandar, reivindicar, clamar.
2 Ordenar, mandar, imponer.
3 (Fig.) Requerir, precisar, pedir, necesitar.

exiguo
Escaso, reducido, corto, falto, carente, insuficiente, insignificante, pequeño, mezquino.
ANT.: *Abundante, sobrado.*

exiliar
Desterrar, expulsar, deportar, expatriar, confinar, proscribir, echar, alejar.
ANT.: *Acoger, repatriar.*

eximio
Ilustre, excelso, egregio, óptimo, superior, eminente, excelente VER.
ANT.: *Insignificante, pésimo, mediocre, despreciable.*

eximir
Dispensar, exceptuar, excluir, indultar, excusar, perdonar, redimir, exonerar, relevar, librar.
ANT.: *Obligar.*

existencia
1 Vida, ser, supervivencia, realidad, presencia.
ANT.: *Muerte, inexistencia.*
2 **existencias** Mercancías, víveres, vituallas, (C. Rica) mercaderías.

existir
Vivir, ser, estar, hallarse, haber, subsistir, conservarse, mantenerse.
ANT.: *Morir, faltar.*

éxito
1 Triunfo, logro, victoria, laurel.
ANT.: *Fracaso, derrota.*

2 Renombre, notoriedad, gloria, fama, auge.
ANT.: *Mediocridad, anonimato.*
3 Resultado, conclusión, fin, culminación, coronación.
ANT.: *Inicio, comienzo.*
4 Aceptación, aprobación.

exitoso
Triunfador, victorioso, famoso.
ANT.: *Fracasado.*

éxodo
Emigración, huida, marcha, salida, peregrinación, abandono, ausencia.
ANT.: *Permanencia, arraigo, retorno.*

exonerar
1 Aliviar, eximir, liberar, desvincular.
ANT.: *Obligar.*
2 Destituir, deponer, echar, suspender, relevar, degradar.

exorbitante
VER excesivo.

exótico
1 Raro, insólito, singular, curioso, extravagante, excéntrico, inusual.
ANT.: *Común.*
2 Extranjero, foráneo, alógeno, lejano, remoto, (fig.) bárbaro.
ANT.: *Nacional, vernáculo, autóctono.*

expansión
1 Dilatación, agrandamiento, aumento, extensión, crecimiento.
ANT.: *Compresión, reducción.*
2 Propagación, difusión.
ANT.: *Contención.*
3 Desahogo, manifestación, efusión.
ANT.: *Limitación.*
4 Esparcimiento, diversión, solaz, entretenimiento, distracción, recreo.
ANT.: *Represión.*

expansivo
Comunicativo, sociable, tratable, efusivo, parlanchín, franco, cordial, sociable, cariñoso.
ANT.: *Huraño, retraído, introvertido.*

expatriar
Desterrar, exiliar VER.

expectativa
1 Esperanza, expectación, confianza, ilusión, espera.
ANT.: *Desilusión.*
2 Posibilidad, perspectiva.
3 Interés, curiosidad, atención.
ANT.: *Desinterés.*

expectorar
Escupir, esputar, espectorar, desflemar, gargajear, expulsar, lanzar, salivar.

expedición
1 Viaje, exploración, gira, excursión.
2 Caravana, tropa, grupo, partida.
3 Envío, remesa.
ANT.: *Recepción.*

expediente
1 Legajo, registro, pliego, sumario, escrito, documentación, documento.
2 Asunto, negocio, auto, tramitación, procedimiento.
3 Recurso, medio, arbitrio.
4 Motivo, razón, pretexto.

expedir
1 Remitir, despachar, cursar, mandar, enviar VER, remesar.
2 Extender, girar [cheque, etcétera].

expedito
1 Libre, despejado, amplio, holgado, desembarazado, desahogado, practicable.
ANT.: *Obstruido, estrecho.*
2 Activo, ágil, eficaz, raudo, pronto, rápido.
ANT.: *Lento, lerdo, tardado.*

expeler
Arrojar, lanzar, despedir, expulsar VER.
ANT.: *Absorber, atraer.*

expender
VER vender.

experiencia
1 Conocimiento, destreza, habilidad, práctica.
ANT.: *Inexperiencia.*
2 Costumbre, hábito.
3 Ensayo, prueba, experimento, investigación, tentativa.
4 Suceso, situación, vivencia.

experimentado
1 Probado, comprobado.
2 Experto, ducho, diestro, hábil, práctico, mañoso, fogueado, curtido, avezado.
ANT.: *Inexperto, principiante.*

experimentar
1 Conocer, saber, recibir.
2 Sentir, sufrir, soportar, padecer.
3 Ensayar, probar, intentar, investigar.

experimento
Experimentación, prueba, tentativa, ensayo, ejercicio.

experto
1 Diestro, avezado, hábil, práctico, experimentado VER.
ANT.: *Inexperto, novato.*
2 Versado, entendido, perito.
ANT.: *Lego, bisoño.*

expiar
1 Purgar, reparar, pagar, (fig.) lavar, purificarse.
2 Penar, ser castigado.
expirar
1 Morir, fenecer, fallecer VER.
ANT.: *Nacer.*
2 Vencer, terminar, acabar, extinguirse [un plazo].
ANT.: *Iniciarse, comenzar.*
explanada
1 Llano, llanura, descampado, extensión.
2 Plaza, plano, explanación, superficie.
explayarse
1 Expansionarse, confiarse, desahogarse.
ANT.: *Contenerse, reprimirse.*
2 Recrearse, divertirse, esparcirse, solazarse, entretenerse, gozar.
ANT.: *Aburrirse, fastidiarse.*
explicar
1 Exponer, aclarar, interpretar, esclarecer, describir, explanar, detallar, desarrollar.
ANT.: *Embrollar, complicar.*
2 Enseñar, impartir, informar.
3 Justificar, disculpar.
explícito
Manifiesto, claro, expreso, rotundo, franco, sincero.
ANT.: *Oscuro, tácito, implícito.*
explorador
1 Viajero, expedicionario, descubridor.
2 Excursionista, rastreador, guía, batidor, escultista.
explorar
1 Investigar, sondear, examinar, rastrear, inspeccionar, estudiar, indagar, averiguar.
2 Viajar, aventurarse.
explosión
1 Estallido, estampido, reventón, detonación, voladura, descarga, disparo, trueno, estruendo.
2 (Fig.) Arrebato, arranque, rapto, acceso.
explotar
1 Estallar, reventar, detonar, explosionar, volar, descargar.
2 Abusar, aprovecharse, someter.
3 Emplear, aprovechar, utilizar.
ANT.: *Desaprovechar.*
exponer
1 Presentar, mostrar, exhibir, enseñar, ostentar.
ANT.: *Esconder, ocultar.*
2 Explicar, desarrollar, manifestar, expresar, declarar.
ANT.: *Callar, omitir.*
3 Arriesgar, aventurar, atreverse, osar.
ANT.: *Reservar, guardarse.*
4 Comprometer.
ANT.: *Salvaguardar.*
exposición
1 Explicación, declaración, discurso, narración.
2 Exhibición, muestra, presentación, feria, salón.
3 Temeridad, riesgo.
expósito
Abandonado, huérfano, hospiciano, (Esp.) inclusero, (Perú, Riopl.) guacho.
expresión
1 Lenguaje, habla, discurso.
2 Actitud, gesto, aspecto, mímica, mueca, visaje.
3 Palabra, vocablo, frase, locución, modismo, término.
4 Manifestación, declaración, muestra, representación.
5 Pronunciación, dicción.
6 Elocuencia, viveza, vivacidad.
ANT.: *Inexpresividad.*
expresivo
1 Significativo, indicativo.
2 Elocuente, vivaz.
ANT.: *Inexpresivo.*
3 Comunicativo, efusivo, vehemente, abierto, cariñoso, parlanchín.
ANT.: *Huraño, retraído.*
expreso
1 Manifiesto, expresado, explícito, patente, claro.
ANT.: *Tácito.*
2 Ferrocarril, tren rápido, autobús directo.
exprimir
1 Prensar, estrujar, comprimir, apretar.
ANT.: *Aflojar.*
2 Explotar, esquilmar, abusar.
ex profeso
Intencionadamente, a propósito, expreso, expresamente, deliberadamente, premeditadamente, adrede.
ANT.: *Casualmente, inocentemente.*
expuesto
1 Descubierto, desprotegido.
ANT.: *Cubierto, protegido.*

2 Arriesgado, peligroso, comprometido, aventurado, inseguro.
ANT.: *Seguro.*

expulsar
1 Arrojar, lanzar, echar, despedir, destituir, excluir, exonerar, degradar, (fig.) defenestrar, despachar, correr.
ANT.: *Acoger, admitir.*
2 Eliminar, desterrar, rechazar.
ANT.: *Conservar.*
3 Expeler, desalojar, desechar.
ANT.: *Atraer, absorber.*

exquisito
1 Refinado, fino, selecto, delicado, primoroso, excelente, distinguido.
ANT.: *Tosco, basto, rústico, grosero.*
2 Delicioso, sabroso, rico, apetitoso.
ANT.: *Repugnante.*

éxtasis
Embeleso, arrobo, arrobamiento, rapto, pasmo, embobamiento, (fig.) embriaguez, maravilla.
ANT.: *Indiferencia, repugnancia, horror.*

extemporáneo
1 Inesperado, inoportuno, extemporal, intempestivo, inconveniente.
ANT.: *Oportuno.*
2 Fuera de tiempo, pasado, anticuado, adelantado, anticipado.

extender
1 Expandir, ampliar, ensanchar, estirar, aumentar.
ANT.: *Encoger, reducir, restringir.*
2 Desplegar, desdoblar, abrir, desenvolver, desenrollar.
ANT.: *Doblar, enrollar, plegar.*
3 Esparcir, dispersar, derramar.
ANT.: *Reunir, recoger.*
4 Difundir, divulgar, propagar.
ANT.: *Ocultar, reservar.*

extensión
1 Superficie, área, longitud, espacio.
2 Vastedad, inmensidad, amplitud, llanura.
3 Desarrollo, expansión, desenvolvimiento.
ANT.: *Retracción, limitación.*
4 Dispersión, difusión, propagación.

extenso
Vasto, dilatado, desarrollado, anchuroso, espacioso, amplio.
ANT.: *Limitado, reducido.*

extenuado
Agotado, exhausto, exangüe, fatigado, cansado, debilitado.
ANT.: *Vigoroso, recuperado.*

exterior
1 Externo, superficial, visible, aparente, manifiesto.
ANT.: *Interno.*
2 Aspecto, apariencia, figura, superficie, fachada, frente.
ANT.: *Interior.*
3 Extranjero, foráneo.
ANT.: *Nacional.*

exterminar
1 Aniquilar, extinguir, asolar, devastar, destruir, extirpar.
ANT.: *Proteger, preservar.*
2 Eliminar, matar, liquidar, suprimir.

extinguir
1 Apagar, sofocar, ahogar.
ANT.: *Encender, avivar.*
2 VER exterminar.

extinguirse
1 Morir, fenecer, fallecer.
ANT.: *Nacer.*
2 Apagarse [fuego, luz].
ANT.: *Prenderse.*
3 Cesar, acabar, terminar, concluir, prescribir.
ANT.: *Surgir, comenzar.*

extinto
VER finado.

extirpar
1 Arrancar, extraer, quitar, sacar.
2 Erradicar, suprimir.
ANT.: *Implantar.*

extorsión
Expoliación, chantaje, abuso, despojo, perjuicio, desposeimiento.

extra
1 Óptimo, extraordinario VER.
2 Complemento, suplemento, agregado, aditamento, añadido.
3 Gratificación, sobresueldo.
4 Comparsa, figurante, partiquino.

extracción
1 Arrancamiento, desarraigo, remoción, extirpación.
ANT.: *Injerto, implante.*
2 (Fig.) Origen, linaje, estirpe.

extracto
1 Concentrado, esencia, jugo.
2 Compendio, síntesis, resumen, abreviación, sumario.
ANT.: *Ampliación.*

extraer
Sacar, arrancar, extirpar, desarraigar, separar, quitar.
ANT.: *Introducir, meter.*

extralimitarse
Excederse, abusar, propasarse, descomedirse, desquiciarse.
ANT.: *Contenerse, limitarse.*
extramuros
Afueras, contornos, inmediaciones, periferia, alrededores.
ANT.: *Intramuros, dentro.*
extranjero
Foráneo, forastero, exótico, alógeno, alienígena, extraño, desconocido.
ANT.: *Nativo, indígena.*
extrañeza
1 Asombro, desconcierto, sorpresa, pasmo, maravilla, confusión.
2 Rareza, irregularidad, singularidad.
ANT.: *Normalidad.*
extraño
1 Raro, insólito, singular, original, exótico, irregular, inverosímil, curioso, chocante, llamativo, extraordinario.
ANT.: *Normal, común.*
2 Ajeno, impropio.
ANT.: *Propio.*
3 Foráneo, extranjero VER.
ANT.: *Nacional.*
extraordinario
1 Excepcional, maravilloso, asombroso, singular, extraño VER, inusual, insólito, raro, extravagante.
ANT.: *Corriente, habitual, común.*
2 Excelente, magnífico, excepcional.
ANT.: *Insignificante.*
3 Adicional, añadido, extra.
extravagante
1 Original, singular, caprichoso, excéntrico, curioso, extraordinario VER.
ANT.: *Normal, corriente, vulgar.*
2 Estrafalario, ridículo, incongruente.
extraviar
1 Desorientar, descaminar, descarriar, confundir.
ANT.: *Orientar, encaminar.*
2 Traspapelar, cambiar de lugar, perder.
ANT.: *Hallar, encontrar.*
3 (Fig.) Corromper, pervertir.
ANT.: *Guiar.*
extraviarse
1 Desviarse, perderse, descaminarse, desencaminarse, desorientarse, errar, vagar.
ANT.: *Encaminarse, orientarse.*
2 (Fig.) Descarriarse, corromperse, pervertirse.
ANT.: *Encarrilarse, enderezarse, rehabilitarse.*
extremidad
1 Punta, cabo, remate, extremo VER.
ANT.: *Centro.*
2 Miembro, pierna, brazo, rabo, cola, apéndice.
extremista
Fanático, sectario, radical, agitador, exaltado.
ANT.: *Moderado, tolerante.*
extremo
1 Límite, orilla, borde, término, frontera, remate.
ANT.: *Centro.*
2 Extremidad, punta, fin, cabo.
ANT.: *Medio.*
3 Intenso, extremado, elevado, sumo.
ANT.: *Moderado.*
4 Final, último.
extrínseco
1 Exterior, externo.
ANT.: *Interno.*
2 Superfluo, accesorio, incidental, accidental, circunstancial.
ANT.: *Intrínseco.*
exuberancia
Abundancia, profusión, plenitud, plétora, exceso.
ANT.: *Falta, carencia, escasez.*
exuberante
Ubérrimo, pródigo, profuso, copioso, opulento, fértil, rico, pletórico, desbordante.
ANT.: *Escaso, estéril.*
exudar
Sudar, rezumar, destilar, filtrarse, extravasarse, salirse.
ANT.: *Absorber, retener.*
exultante
Eufórico, alborozado, regocijado, jubiloso, gozoso, alegre, exaltado, triunfante.
ANT.: *Triste, deprimido, pesaroso.*
exvoto
Ofrenda, presentalla, voto, ofrecimiento, presente, agradecimiento, (Méx.) milagro.
eyaculación
Emisión, expulsión.

F

fábrica
Industria, taller, factoría, manufactura.

fabricar
1 Elaborar, manufacturar, confeccionar, producir.
2 (Fig.) Fraguar, tramar, inventar, imaginar.

fábula
1 Leyenda, cuento, apólogo, narración.
2 Chisme, rumor, bulo, mentira, habladuría.
ANT.: *Verdad.*

fabuloso
1 Fantástico, ficticio, ilusorio, imaginario, increíble, inverosímil.
ANT.: *Real, verdadero.*
2 Maravilloso, prodigioso, extraordinario.
ANT.: *Ordinario, común.*

facción
1 Bando, bandería, grupo, partido, camarilla, pandilla, secta, parcialidad.
2 Facciones, rasgos, fisonomía, líneas, perfil, apariencia, aspecto.

faceta
1 Cara, lado, superficie.
2 (Fig.) Fase, aspecto, apariencia, circunstancia.

facha
1 Estampa, catadura, apariencia, traza, pinta, figura, porte.
2 (Fam.) Esperpento, adefesio, mamarracho, espantajo.

fachada
1 Frente, frontispicio, portada, exterior.
2 (Fig. y fam.) Presencia, porte, aspecto, figura.

fácil
1 Sencillo, claro, obvio, comprensible.
ANT.: *Complicado, incomprensible.*
2 Factible, realizable, posible.
ANT.: *Difícil, laborioso.*
3 Dócil, manejable, obediente, tratable, acomodaticio.
4 (Desp.) Liviana, ligera, casquivana [dicho de una mujer].

facilitar
1 Simplificar, allanar, favorecer, solucionar.
ANT.: *Dificultar, obstruir.*
2 Entregar, proporcionar, suministrar, proveer.
ANT.: *Negar.*

facineroso
1 Delincuente, malhechor, forajido, bandido, malandrín, canalla.
ANT.: *Honrado, hombre de bien.*
2 Malvado, perverso.

facón (Argent., Urug.)
Puñal, cuchillo, daga, faca, navaja.

factible
Realizable, posible, hacedero, practicable, viable, sencillo.
ANT.: *Imposible, irrealizable.*

factor
1 Causa, agente, elemento, principio.
2 Autor, hacedor.
3 Multiplicador, coeficiente, divisor, número, cifra.
4 Ejecutor, delegado, negociador, factótum.

factoría
1 Fábrica, taller, industria.
2 Factoraje, depósito, almacén, comercio.

factura
1 Ejecución, hechura.
2 Nota, cuenta, suma, recibo.
3 (Argent.) Bollo.

facultad
1 Capacidad, aptitud, habilidad, talento, potencial.
ANT.: *Incapacidad, ineptitud.*
2 Autorización, licencia, atribución, poder, concesión, prerrogativa, permiso.
ANT.: *Prohibición, desautorización.*
3 Colegio, escuela, cátedra, seminario, universidad.

facultativo
1 Voluntario, potestativo, libre, prudencial, discrecional.
ANT.: *Obligatorio.*
2 Médico, cirujano.

facundia
Verborrea, labia, charlatanería, locuacidad, verbosidad, facilidad de palabra, (fam.) verbo.
ANT.: *Reserva, parquedad, laconismo.*
faena
1 Labor, tarea, quehacer, trabajo, trajín, ocupación, obra.
ANT.: *Ocio, descanso.*
2 (Fig.) Trastada, jugarreta, jugada, mala pasada.
faja
1 Ceñidor, corsé, justillo.
2 Banda, cinta, tira.
3 Franja, borde, zona, sector.
fajar
1 Ceñir, envolver, apretar.
ANT.: *Desfajar.*
2 (Argent., Chile, Perú, Urug.) Golpear, tundir, zurrar, castigar, (C. Rica) fajear.
3 (Cuba, Méx./fig.) Enamorar.
fajo
Manojo, atado, puñado, haz.
falacia
Falsedad, engaño, mentira.
ANT.: *Verdad.*
falange
Legión, tropa, cohorte, cuerpo, batallón.
falaz
Embustero, falso VER, engañoso, artero, mentiroso.
ANT.: *Auténtico, veraz.*
falla
1 Defecto, falta VER.
2 Rotura, descompostura.
ANT.: *Reparación.*
3 Error, equivocación.
fallar
1 Errar, pifiar, fracasar, malograrse, frustrarse, estropearse, (Esp.) marrar.
ANT.: *Acertar, resultar, funcionar.*
2 Dictaminar, sentenciar, resolver, decidir, zanjar.
fallecer
Morir, fenecer, perecer, expirar, fallir, extinguirse, sucumbir.
ANT.: *Nacer.*
fallo
1 Veredicto, sentencia, laudo, resolución, decisión, dictamen.
2 Defecto, falta VER.
3 Error, equivocación, desacierto.
ANT.: *Acierto.*
falluto (Argent./fam.)
Falso, hipócrita, informal, engañador.
ANT.: *Leal, consecuente.*
falsedad
Mentira, calumnia, engaño, falsía, hipocresía, enredo, chisme, embrollo, chanchullo.
ANT.: *Verdad, legitimidad, veracidad.*
falso
1 Ficticio, irreal.
ANT.: *Real, verdadero.*
2 Espurio, aparente, falsificado, simulado, apócrifo, copiado, imitado.
ANT.: *Genuino, auténtico, legítimo.*
3 Traicionero, mentiroso, falaz, falsario, hipócrita, impostor, embustero, desleal, felón.
ANT.: *Sincero, fiel, leal.*
4 Inexacto, erróneo, amañado, infundado.
ANT.: *Exacto.*
falta
1 Ausencia.
ANT.: *Presencia.*
2 Carencia, escasez, privación, insuficiencia, déficit.
ANT.: *Abundancia, suficiencia.*
3 Defecto, deficiencia, deterioro, daño, avería, falla, fallo, tacha, imperfección.
ANT.: *Perfección.*
4 Error, descuido, desliz, culpa, pecado, yerro.
faltar
1 Fallar, incumplir, ausentarse, eludir, evitar, no asistir.
ANT.: *Presentarse, asistir.*
2 Escasear, acabarse, consumirse, carecer, necesitar.
ANT.: *Abundar, sobrar.*
3 Ofender, agraviar, insultar, injuriar, humillar.
ANT.: *Respetar, disculparse.*
fama
1 Renombre, notoriedad, prestigio, popularidad, reputación, honra, celebridad, nombradía, boga.
ANT.: *Oscuridad, olvido, descrédito, anonimato.*
2 Triunfo, auge, éxito.
ANT.: *Fracaso, revés.*
famélico
1 Hambriento, ávido, ansioso, necesitado.
ANT.: *Harto, inapetente.*
2 Flaco, escuálido, esmirriado.
ANT.: *Gordo, rollizo.*

familia
1 Parentela, parientes, familiares, ascendientes, descendientes, prole, progenie, dinastía, parentesco.
2 Comunidad, clan, grupo, tribu.
3 Origen, extracción, linaje, estirpe, casta.
familiar
1 Sencillo, corriente, llano, natural.
ANT.: *Protocolario.*
2 Casero, hogareño, íntimo.
3 Conocido, sabido, ordinario, habitual, acostumbrado, usual.
4 Pariente, allegado, emparentado, deudo, ascendiente, descendiente.
ANT.: *Extraño.*
familiaridad
1 Confianza, intimidad, compañerismo, amistad.
ANT.: *Protocolo, desconfianza.*
2 Llaneza, naturalidad, franqueza.
ANT.: *Solemnidad, etiqueta.*
famoso
Célebre, afamado, renombrado, popular, notorio, conocido, reconocido, distinguido, insigne.
ANT.: *Ignorado, oscuro, desconocido.*
fámula
Doméstica, sirvienta, servidora, camarera, asistente, chica, muchacha, criada VER.
ANT.: *Patrona.*
fanático
1 Obcecado, recalcitrante, intransigente, intolerante, exaltado.
2 Apasionado, aficionado, entusiasta, ferviente.
ANT.: *Apático, indiferente.*
fanfarrón
Jactancioso, arrogante, ostentoso, petulante, vanidoso, orgulloso, presumido, valentón, bravucón.
ANT.: *Tímido, modesto, sumiso.*
fango
1 Lodo, barro, cieno, légamo, limo.
2 (Fig.) Vergüenza, deshonra, vilipendio, descrédito, humillación.
ANT.: *Enaltecimiento, dignificación.*
3 (Fig.) Vicio, degradación, ignominia, abyección, bajeza, suciedad, impureza, vileza.
ANT.: *Pureza, virtud.*
fantasía
1 Ficción, imaginación, ilusión, invención.
ANT.: *Realidad.*
2 Novela, leyenda, quimera, utopía.
3 Capricho, antojo, excentricidad.
ANT.: *Normalidad.*
4 Presunción, pretención.
5 Imaginación, inventiva.
fantasioso
Soñador, imaginativo.
ANT.: *Realista.*
fantasma
Aparición, aparecido, espectro, sombra, espíritu, espantajo, trasgo, (Amér.) espanto.
fantástico
1 Sobrenatural, imaginario, fabuloso, fantasmagórico, prodigioso.
2 Irreal, inexistente, utópico, quimérico, increíble.
3 Soberbio, estupendo, maravilloso, magnífico, extraordinario, fenomenal.
fantoche
Títere, marioneta, polichinela, pelele, muñeco, monigote.
farabute (Riopl./fam.)
Necio, zoquete.
farándula
1 Compañía, teatro, cómicos, comediantes, farsantes, actores.
2 (Fig. y fam.) Faramalla, cháchara, farfolla.
fardo
Bulto, lío, paquete, paca, bala, saco, talego, bolsa, envoltorio.
farfullar
1 Balbucir, murmurar, mascullar, tartajear, tartamudear, susurrar, musitar, balbucear.
2 Chapucear, frangollar, (Amér.) chambonear.
fariseo
(Fig.) Hipócrita, simulador, farsante, malicioso, solapado.
ANT.: *Sincero.*
farmacia
Botica, droguería, laboratorio, (ant.) apoteca.
farol
1 Lámpara, linterna, fanal, farola, reflector.
2 (Fig. y fam.) Ostentoso, vano, jactancioso, fanfarrón, fachenda, farolón, farolero.
ANT.: *Sencillo, natural.*
3 (Fig.) Embuste, mentira.
4 (Amér./fam.) Ojo.
5 Lance, blofeo, envite falso, truco [juegos de azar].

farra
1 Juerga, parranda, jarana VER.
2 (Argent., Urug.) Burla [en la expresión "tomar para la farra"].
farragoso
1 Confuso, desordenado, pesado, engorroso, fastidioso.
ANT.: *Ordenado, fluido, claro.*
2 Fatigoso, dificultoso.
ANT.: *Fácil, sencillo.*
farsa
1 Comedia, sainete, parodia, paso, drama, pantomima, pieza, obra, representación.
2 (Fig.) Engaño, simulación, patraña, disimulo, enredo.
ANT.: *Realidad, sinceridad.*
farsante
(Fig. y fam.) Embaucador, embustero, hipócrita, simulador, engañoso.
ANT.: *Veraz, sincero.*
fascinador
Atractivo, deslumbrador, fascinante, encantador, seductor, atrayente, hechicero.
ANT.: *Repulsivo, repelente.*
fascinar
1 Seducir, embelesar, encantar, atraer, deslumbrar, conquistar, ofuscar.
ANT.: *Repeler, desengañar.*
2 Hipnotizar, alucinar, aojar, hechizar, embrujar.
fase
1 Estado, apariencia, aspecto, forma, estadio.
2 Grado, etapa, período, escalón.
fastidio
Molestia, disgusto, enfado, aburrimiento, incomodidad, enojo, cansancio, hastío, (fam.) lata.
ANT.: *Agrado, placer.*
fasto
Venturoso, feliz [día, fecha].
ANT.: *Nefasto.*
fastuoso
Pomposo, ostentoso, suntuoso, aparatoso, lujoso, regio, magnífico, magnificente.
ANT.: *Humilde, sencillo, modesto.*
fatal
1 Inevitable, ineludible, irremediable, forzoso, seguro.
ANT.: *Evitable, inseguro.*
2 Mortal, nefasto, funesto, aciago, fatídico, desdichado, desgraciado, sombrío.
ANT.: *Afortunado, dichoso.*
3 Mal, pésimo, horrible, lamentable.
ANT.: *Bien, excelente.*
fatalidad
1 Destino, hado, sino, fortuna, suerte.
2 Adversidad, desgracia, infortunio, calamidad.
ANT.: *Fortuna.*
fatídico
Aciago, nefasto, funesto, sombrío, negro, fatal VER.
ANT.: *Feliz, propicio.*
fatiga
1 Cansancio, desfallecimiento, agotamiento, agobio, extenuación, debilitamiento.
ANT.: *Recuperación, descanso.*
2 Ahogo, sofocación, sofoco, asma.
3 Penuria, dificultad, molestia, trabajo, sufrimiento, pena, pesadumbre.
ANT.: *Alegría, alivio.*
fatigar
1 Cansar, agotar, extenuar, agobiar, postrar, debilitar, abatir, moler.
ANT.: *Reanimar, descansar.*
2 Molestar, importunar, fastidiar.
3 **fatigarse** Ahogarse, sofocarse, jadear, asfixiarse, desfallecer.
fatigoso
1 Extenuante, cansador, agotador, penoso, duro, difícil.
ANT.: *Descansado.*
2 Agitado, fatigado, jadeante.
fatuo
1 Necio, tonto.
2 Vacuo, vanidoso, presuntuoso, petulante, presumido, altanero, jactancioso, ridículo, engreído.
ANT.: *Sencillo, humilde.*
fausto
1 Afortunado, feliz, alegre, dichoso, propicio.
ANT.: *Infausto, aciago.*
2 Boato, pompa, magnificencia, fasto, aparato, ostentación, rumbo, suntuosidad, derroche, bambolla.
ANT.: *Modestia, sencillez.*
favor
1 Ayuda, auxilio, amparo.
ANT.: *Abandono, rechazo.*
2 Gracia, servicio, beneficio, merced.
ANT.: *Trastada, fechoría.*
3 Crédito, confianza, privanza, distinción, honra.
ANT.: *Desconfianza, recelo.*
4 Atención, cortesía.
ANT.: *Desaire.*
5 Patrocinio, protección, auspicio.

favorable
Propicio, conveniente, oportuno, benévolo, dispuesto, inclinado.
ANT.: *Desfavorable, adverso.*

favorecedor
1 Benefactor, bienhechor, protector, defensor.
ANT.: *Nocivo, perjudicial.*
2 Benévolo, generoso, espléndido, humanitario, compasivo.
ANT.: *Cruel, mezquino.*
3 Conveniente, favoreciente, adecuado, embellecedor [atuendo, peinado, maquillaje].
ANT.: *Desfavorecedor.*

favorecer
1 Ayudar, socorrer, auxiliar, amparar, defender.
ANT.: *Perjudicar, dañar.*
2 Servir, beneficiar, donar.
ANT.: *Despojar.*
3 Apoyar, respaldar, impulsar.
ANT.: *Obstaculizar.*
4 Mejorar, agraciar, embellecer.
ANT.: *Desfavorecer, afear.*

favoritismo
Preferencia, predilección, privilegio, parcialidad.
ANT.: *Igualdad, equidad.*

favorito
1 Preferido, predilecto.
ANT.: *Rechazado, desdeñado.*
2 (Ant.) Protegido, privilegiado.
ANT.: *Igualado, relegado.*

faz
1 Rostro, cara, semblante, rasgos, facciones, fisonomía.
2 Superficie, anverso.
ANT.: *Reverso, revés.*

fe
1 Certeza, certidumbre, seguridad, confianza, convicción, convencimiento, esperanza.
ANT.: *Desconfianza, duda.*
2 Religión, dogma, creencia, ideología, credo.
3 Prueba, evidencia, testimonio, juramento.
4 Fidelidad, lealtad, rectitud.
5 Certificación.

fealdad
1 Desproporción, monstruosidad, imperfección, irregularidad, defecto, deformidad.
ANT.: *Belleza, hermosura, perfección.*
2 (Fig.) Torpeza, desacierto.
ANT.: *Acierto.*
3 (Fig.) Indignidad, deshonestidad, inmoralidad, vergüenza.

febril
1 Afiebrado, calenturiento, ardiente, encendido.
ANT.: *Sano, fresco.*
2 (Fig.) Nervioso, inquieto, ansioso, impaciente, angustiado.
ANT.: *Tranquilo, calmado.*
3 Agitado, vivo, intenso, vehemente.
ANT.: *Apacible.*

fecha
Día, data, aniversario, plazo, vencimiento, término.

fechar
Datar, numerar, registrar, encabezar.

fechoría
1 Felonía, maldad, infamia, desmán, transgresión, atentado.
ANT.: *Favor, ayuda.*
2 Travesura, jugarreta, trastada, faena, picardía.

fécula
Almidón, harina, albumen, hidrato de carbono.

fecundar
Fertilizar, fecundizar, engendrar, preñar, procrear, reproducir.
ANT.: *Esterilizar.*

fecundo
1 Fértil, feraz, fructuoso, abundante, copioso, ubérrimo.
ANT.: *Infecundo, yermo, estéril.*
2 Prolífico, productivo.
ANT.: *Improductivo.*

federación
1 Confederación, asociación, coalición, liga, unión, agrupación.
2 Pacto, alianza, convenio, tratado.

federar
Asociar, aliar, agrupar, coligar, federalizar, mancomunar, unir, sindicar.
ANT.: *Disgregar, separar.*

fehaciente
Evidente, irrefutable, indiscutible, manifiesto, palmario, fidedigno.
ANT.: *Dudoso, refutable.*

felicidad
1 Bienestar, ventura, bonanza, prosperidad, satisfacción, bienaventuranza, fortuna.
ANT.: *Desdicha, infelicidad, desventura, infortunio.*
2 Dicha, contento, júbilo, gozo, placer, delicia, complacencia, gusto.
ANT.: *Disgusto, tristeza.*

felicitación
1 Congratulación, pláceme, enhorabuena, parabién, elogio, cumplido, cumplimiento.
ANT.: *Pésame, condolencia, crítica, reprobación.*
2 Tarjeta, telegrama [con que se felicita].
felicitar
Congratular, saludar, elogiar, cumplimentar, aplaudir, alabar.
ANT.: *Desaprobar.*
feligrés
Congregante, parroquiano, devoto, fiel.
feliz
1 Dichoso, propicio, venturoso, afortunado, satisfecho, risueño.
ANT.: *Desdichado, infeliz.*
2 Oportuno, eficaz, acertado, atinado, adecuado.
ANT.: *Impropio, inoportuno.*
felón
Traidor, desleal VER.
felpa
1 Peluche, terciopelo.
2 Paliza, tunda, zurra, azotaina, soba, golpiza, (Argent.) felpeada.
3 (Argent., Urug.) Reprimenda.
femenino
Mujeril, femíneo, afeminado.
ANT.: *Masculino, viril.*
fenecer
Morir, fallecer VER.
fenomenal
1 Descomunal, enorme, gigantesco, tremendo, monstruoso.
ANT.: *Minúsculo.*
2 Extraordinario, estupendo, magnífico, portentoso.
ANT.: *Desagradable, insignificante.*
3 Fenoménico.
fenómeno
1 Manifestación, aspecto, apariencia, suceso.
2 Rareza, prodigio, portento, maravilla, milagro.
3 Monstruo, engendro, anormalidad, quimera.
4 (Fig. y fam.) Estupendo, fenomenal, excelente, colosal.
ANT.: *Común, corriente, ordinario.*
feo
1 Antiestético, desagradable, horrible, atroz, (Méx./fam.) gacho.
ANT.: *Hermoso, bello.*
2 Feúcho, malcarado, malencarado, deforme.
ANT.: *Guapo, bonito, apuesto.*
3 (Fig.) Repulsivo, repugnante, asqueroso, repelente.
ANT.: *Atractivo.*
4 Vergonzoso, reprobable, malo, desfavorable.
ANT.: *Loable, favorable.*
féretro
Ataúd, caja, cajón, sarcófago.
feria
1 Exposición, certamen, concurso, muestra, verbena, romería, mercado.
2 Asueto, descanso, fiesta, festejo.
fermentar
1 Agriarse, descomponerse, alterarse, leudarse, corromperse.
2 (Fig.) Excitarse, agitarse, inquietarse.
ANT.: *Tranquilizarse.*
feroz
1 Cruel, atroz, brutal, violento, implacable, inhumano, bárbaro, sádico, (fig.) salvaje.
ANT.: *Humanitario, bondadoso.*
2 (Fig. y fam.) Bestial, enorme, tremendo [sueño, hambre].
férreo
Duro, tenaz, inflexible, severo, implacable, resistente, firme.
ANT.: *Blando, benévolo, suave.*
fértil
1 Feraz, fecundo, fructuoso, fructífero, abundante, ubérrimo, rico, generoso, exuberante.
ANT.: *Infecundo, yermo, árido, estéril.*
2 Prolífico, productivo, copioso.
ANT.: *Improductivo.*
fertilizar
1 Fecundar, engendrar, preñar.
ANT.: *Esterilizar.*
2 Abonar, enriquecer, tratar, fecundizar [la tierra].
ferviente
1 Fervoroso, férvido, devoto, piadoso.
ANT.: *Indiferente, impío.*
2 Apasionado, ardoroso, acalorado, arrebatado, entusiasta, fanático.
ANT.: *Apático, impasible.*
fervor
1 Devoción, unción, piedad, exaltación.
ANT.: *Impiedad.*
2 Entusiasmo, afán, pasión, ardor, intensidad, fogosidad.
ANT.: *Indiferencia.*
festejar
1 Celebrar, conmemorar.
ANT.: *Olvidar.*

2 Homenajear, agasajar, halagar, lisonjear.
ANT.: *Ofender, humillar.*
3 Cortejar, galantear, enamorar, rondar, requerir, (Esp.) camelar.
ANT.: *Desdeñar.*
festín
Comilona, convite, banquete, festejo, bacanal, hartazgo, cuchipanda.
festival
Festejo, fiesta VER, función.
festividad
VER fiesta.
festivo
1 Humorístico, jovial, jocoso, divertido, agudo, chistoso.
ANT.: *Grave, serio.*
2 Gozoso, alegre, regocijado, regocijante.
ANT.: *Triste, fúnebre.*
3 Vacación, feriado, fiesta VER.
festón
1 Guirnalda, adorno.
2 Ribete, bordado, orla, borde, orilla, franja, faja, tira, cenefa.
fetén (Esp.)
1 Estupendo, superior, excelente [se usa también, aunque poco, en Buenos Aires].
2 (Fam.) Auténtico, verdadero, evidente, sincero.
fetiche
1 Amuleto, estatuilla, talismán, símbolo.
2 Efigie, ídolo, deidad, tótem.
fétido
Maloliente, pestilente, pestífero, hediondo, apestoso, inmundo, infecto.
ANT.: *Aromático, perfumado.*
feto
1 Engendro, germen, embrión, rudimento.
2 Aborto, abortón.
feudal
1 Señorial.
2 Medieval.
feudo
1 Dominio, territorio, posesión, comarca, heredad.
2 Vasallaje, sujeción, tributo.
fiaca (Argent., Urug./fam.)
Pereza, gandulería, indolencia [también se usa, aunque poco, en México].
fianza
1 Garantía, aval, prenda, depósito, resguardo.
2 Fiador.
fiar
1 Garantizar, asegurar, avalar, responder, garantir.
2 Prestar, ceder, dejar, entregar.
ANT.: *Quitar.*
3 fiarse Confiar, tener confianza, tener fe.
ANT.: *Desconfiar.*
fibra
1 Hebra, filamento, hilo, brizna, hilacha, (Amér.) hilacho.
2 (Fig.) Vigor, empuje, fuerza, energía, nervio.
ANT.: *Debilidad.*
ficción
1 Simulación, apariencia, fingimiento, disimulo.
ANT.: *Veracidad.*
2 Invención, fábula, cuento, ilusión, fantasía VER.
ANT.: *Realidad, verdad.*
ficticio
1 Fingido, irreal, supuesto, falso, engañoso, inventado.
ANT.: *Real, auténtico, verdadero.*
2 Fantástico, fabuloso, imaginario, imaginado, quimérico.
fidedigno
Auténtico, verdadero, cierto, indiscutible, fehaciente.
ANT.: *Incierto, inseguro, ficticio.*
fidelidad
1 Lealtad, constancia, devoción, amistad, honradez, nobleza.
ANT.: *Infidelidad, deslealtad.*
2 Exactitud, puntualidad.
fiebre
1 Temperatura, calentura, destemplanza.
ANT.: *Hipotermia.*
2 (Fig.) Ardor, excitación, frenesí, agitación, actividad.
ANT.: *Calma, tranquilidad.*
fiel
1 Leal, devoto, apegado.
ANT.: *Desleal, infiel.*
2 Exacto, verídico.
ANT.: *Falso, inexacto.*
3 Cumplido, cumplidor, honrado, puntual.
ANT.: *Incumplido.*
4 Creyente, practicante, feligrés.
ANT.: *Pagano, infiel.*
fiera
1 Animal, bestia, alimaña, bicho, irracional.
2 (Fig.) Bruto, bestial, cruel, violento, inhumano, carnicero, sanguinario, (fig.) salvaje.
ANT.: *Bondadoso, compasivo.*

fiero
1 Feroz, salvaje, agreste, montaraz, selvático, indómito, indomable.
ANT.: *Domesticado, manso.*
2 Duro, rudo, sañudo, cruel, inhumano, torvo, hosco, intratable.
ANT.: *Apacible, benévolo.*
3 (Fig.) Terrible, horroroso, horrible, espantoso.
ANT.: *Hermoso.*
fiesta
1 Festividad, festival, solemnidad, conmemoración, gala.
2 Diversión, regocijo, bulla, alegría.
ANT.: *Duelo.*
3 Reunión, celebración.
4 Caricia, carantoña, zalamería, arrumaco, halago, agasajo.
ANT.: *Desaire, desprecio.*
5 Feria, asueto, holganza, feriado, vacación.
figura
1 Forma, apariencia, estampa, aspecto, tipo, modelo.
2 Silueta, contorno.
3 Efigie, imagen, símbolo.
4 Personaje, celebridad, estrella.
figurar
1 Delinear, representar, trazar.
2 Aparentar, simular, fingir.
3 Brillar, destacar, descollar, sobresalir.
4 Concurrir, estar, asistir, participar, hallarse.
ANT.: *Ausentarse.*
5 figurarse Creer, suponer, imaginar, fantasear, sospechar.
ANT.: *Tener certeza, estar cierto.*
fijar
1 Afianzar, afirmar, sujetar, asegurar, pegar, encolar, incrustar.
ANT.: *Soltar, separar, zafar.*
2 Determinar, establecer, puntualizar, resolver, precisar, señalar.
3 fijarse Observar, atender, contemplar, percatarse, reparar en, notar, advertir.
ANT.: *Omitir.*
fijo
1 Asegurado, sujeto, ➞ fijar.
ANT.: *Suelto, flojo.*
2 Invariable, estable, permanente, inmutable.
ANT.: *Eventual, transitorio.*
fila
Línea, hilera, cola, columna, serie, ristra, ringlera, sucesión.
filántropo
Benefactor, protector, magnánimo, generoso, altruista, humanitario, caritativo.
ANT.: *Egoísta, misántropo, mezquino.*
filete
1 Tajada, bisté, bistec, solomillo, corte magro.
2 Cinta, franja VER.
filial
Agencia, sucursal, dependencia, delegación, anexo.
ANT.: *Central, matriz.*
filibustero
Pirata, corsario, bucanero, contrabandista.
filigrana
1 Calado, encaje, adorno, decorado, virguería.
2 Señal, marca.
3 (Fig.) Primor, delicadeza, exquisitez.
filípica
Sermón, censura, invectiva, catilinaria, diatriba, reprimenda, regaño, amonestación.
ANT.: *Elogio, apología.*
filmar
Fotografiar, cinematografiar, captar, reproducir, tomar.
filme
1 Película, cinta, rollo.
2 Producción cinematográfica, film, película.
filmoteca
1 Cineteca.
2 Colección de películas.
filo
Borde, tajo, corte, arista, hoja, lámina.
filología
Lexicología, lingüística.
filón
1 Veta, vena, mina, venero, yacimiento, hebra, criadero.
2 (Fig.) Negocio, breva, ganga, ganancia, gaje.
filosofar
Reflexionar, meditar, razonar, discurrir, analizar, especular.
filósofo
1 Sabio, estudioso, pensador, filosófico.
2 (Fig.) Paciente, sereno, manso, virtuoso.
filtrar
1 Pasar, tamizar, colar, clarificar, destilar, purificar, refinar.
2 (Fig.) Comunicar, transmitir, divulgar, difundir.
ANT.: *Reservar, ocultar.*

filtrarse
1 Rezumar, calar, pasar, exudar, transpirar.
2 Penetrar, extenderse, difundirse [noticia, rumor].
filtro
1 Colador, tamiz, pasador, manga, filtrador.
2 Bebedizo, pócima, brebaje.
fin
1 Término, conclusión, final, desenlace, cierre, remate, cese, solución, ocaso.
ANT.: *Comienzo, inicio.*
2 Límite, extremidad, punta, confín, extremo, orilla, margen.
ANT.: *Principio, centro, origen.*
3 (Fig.) Objetivo, meta, propósito, finalidad, intención.
finado
Fallecido, difunto VER.
finalidad
Objetivo, fin, meta, motivo, razón, propósito, intención, mira, plan.
finalizar
1 Terminar, acabar, concluir, completar, cesar.
ANT.: *Empezar, iniciar.*
2 Prescribir, extinguirse, cumplirse.
ANT.: *Principiar.*
financiero
1 Bancario, bursátil, hacendario.
2 Capitalista, banquero, negociante, especulador, potentado.
finca
1 Inmueble, propiedad, posesión, heredad, hacienda, (Argent.) estancia.
2 Vivienda, casa, edificio.
fineza
1 Finura, delicadeza, exquisitez, suavidad.
ANT.: *Bastedad, tosquedad.*
2 Atención, cortesía, miramiento, comedimiento.
ANT.: *Rudeza, grosería, descortesía.*
3 Obsequio, cumplido, regalo, presente.
fingido
1 Falso, simulado, supuesto, falseado, irreal, artificial, aparente.
ANT.: *Auténtico, verdadero, real.*
2 Hipócrita, solapado, desleal.
ANT.: *Sincero.*
fino
1 Delicado, exquisito, elegante, selecto, precioso.
ANT.: *Vulgar, tosco, basto.*
2 Tenue, sutil, ligero, grácil.
ANT.: *Pesado.*
3 Aguzado, agudo, estrecho.
ANT.: *Romo, grueso.*
4 Esbelto, delgado, menudo.
ANT.: *Gordo, rollizo.*
5 Amable, cortés, refinado, educado, servicial, atento, considerado.
ANT.: *Grosero, rudo.*
6 Suave, liso.
ANT.: *Áspero.*
finta
Amago, lance, regate, pase.
finura
Delicadeza, fineza, → fino.
firma
1 Rúbrica, nombre, autógrafo, signatura.
2 Compañía, empresa, corporación, entidad, sociedad.
3 Marca, sello, razón social.
firmamento
Cielo, espacio, éter, cosmos, infinito, bóveda celeste.
firmar
1 Rubricar, signar, autografiar, escribir, estampar.
2 Sancionar, aprobar, certificar.
firme
1 Estable, fijo, seguro.
ANT.: *Móvil, inestable.*
2 Fuerte, sólido, duro, consistente.
ANT.: *Débil, endeble.*
3 Tieso, rígido, erguido, derecho.
ANT.: *Fláccido, relajado.*
4 Imperturbable, sereno, inquebrantable, resoluto, inflexible, inconmovible, impávido.
ANT.: *Vacilante, inseguro.*
5 Invariable, constante.
ANT.: *Voluble.*
firulete (Amér. Merid.)
Adorno, voluta, dibujo superfluo.
fiscalizar
Controlar, vigilar, inspeccionar VER.
fisgar
Curiosear, fisgonear, husmear, acechar, indagar, espiar, entremeterse, entrometerse.
físico
1 Concreto, material, corporal, orgánico.
ANT.: *Psíquico, anímico, espiritual, moral.*
2 Cuerpo, apariencia, presencia, forma, figura, fisonomía, exterior.
ANT.: *Alma, mente.*
fisonomía
1 Rasgos, facciones, expresión, rostro, semblante, cara, faz.

2 Figura, cuerpo, físico.
3 (Fig.) Apariencia, aspecto, cariz.

fisura
Grieta, hendedura, hendidura, raja, fisuración.

fláccido
Lacio, flojo, flácido, laxo, relajado, blando, fofo, decaído.
ANT.: *Tieso, rígido, duro, firme.*

flaco
1 Delgado, magro, enjuto, seco, enteco, larguirucho, esquelético, consumido, chupado, descarnado.
ANT.: *Gordo, obeso, rollizo.*
2 Flojo, endeble, débil.
ANT.: *Fuerte, sólido.*

flagelo
1 Látigo, vergajo, vara, azote, disciplina, fusta.
2 (Fig.) Plaga, peste, epidemia, calamidad, catástrofe, tragedia, desgracia, castigo, aflicción.
ANT.: *Bonanza, fortuna.*

flagrante
Evidente, manifiesto, palmario, claro.

flamante
1 Resplandeciente, radiante, espléndido, deslumbrante.
ANT.: *Opaco, apagado.*
2 Nuevo, reciente, fresco, lozano.
ANT.: *Viejo, usado, ajado.*
3 Pulcro, inmaculado.

flamear
1 Llamear.
2 Ondear, tremolar, flotar, ondular.
3 Quemar, chamuscar.

flanco
1 Costado, lado, lateral, borde, orilla, extremo.
ANT.: *Centro.*
2 Anca, grupa, cadera, cuadril.

flaquear
Aflojar, decaer, claudicar, debilitarse, desistir, flojear, recular, cejar, ceder.
ANT.: *Insistir, perseverar.*

flaqueza
1 Delgadez, consunción.
ANT.: *Gordura.*
2 Fragilidad, debilidad, blandura, claudicación, desaliento.
ANT.: *Ánimo, energía, entereza.*
3 (Fig.) Tentación, punto débil, desliz, vicio, afición.

flecha
1 Saeta, dardo.
2 Aguja, punta, remate [en la torre de una iglesia o castillo].
3 Indicador, señalador, manecilla.

fleco
1 Flequillo, hilo, galoncillo, cairel, trencilla, cordón, adorno.
2 Mecha, mechón, copete.

flema
1 Pachorra, pereza, parsimonia, cachaza, lentitud, tardanza, tranquilidad, apatía.
ANT.: *Nerviosidad, agitación.*
2 Mucosidad, esputo, espectoración, escupitajo, gargajo, (fam.) gallo.

flequillo
Feco, tupé, guedeja, mechón, cerneja, vellón.

flete
1 Costo, precio, alquiler, importe.
2 Transporte, carga.
3 (Argent., Urug.) Caballo ligero y brioso, corcel.

flexible
1 Elástico, dúctil, movible, cimbreante, vibrante.
ANT.: *Rígido, tieso.*
2 Tolerante, amoldable, acomodaticio, complaciente, dócil, manejable, benévolo.
ANT.: *Severo, inflexible.*

flirtear
Coquetear, ligar, cortejar, conquistar, enamorar, (Esp.) camelar.

flojo
1 Suelto, inseguro.
ANT.: *Firme.*
2 Laxo, fláccido, flácido, relajado.
ANT.: *Tenso.*
3 Blando, fofo, débil, escaso.
ANT.: *Fuerte, abudante.*
4 Apático, desanimado, desalentado, debilitado.
ANT.: *Animado.*
5 (Fig. y fam.) Holgazán, perezoso, haragán, indolente, negligente.
ANT.: *Activo, trabajador.*

flor
1 Capullo, floración, pimpollo, brote.
2 (Fig.) Piropo, requiebro, galantería, elogio, lisonja.

florecer
1 Abrirse, florar, brotar, romper.
ANT.: *Marchitarse.*
2 (Fig.) Prosperar, progresar, desarrollarse, avanzar, brillar, aumentar.
ANT.: *Decaer.*

F

florero
Jarrón, búcaro, cántaro, vaso, vasija, ramilletero, violetero.

floresta
Arboleda, bosque, fronda VER.

florido
1 Florecido, floreciente, floreado, poblado, profuso, lucido.
ANT.: *Yermo, marchito.*
2 (Fig.) Adornado, retórico, galano, exornado, ameno [lenguaje].
ANT.: *Parco, sobrio.*
3 (Fig.) Escogido, selecto.

flota
1 Escuadra, armada, flotilla, marina.
2 Convoy, expedición.
3 (Chile, Ecuad./fig.) Caterva, multitud.
4 (Méx./fig.) Banda, pandilla.

flotar
1 Nadar, sobrenadar, sostenerse, navegar, emerger, boyar.
ANT.: *Sumergirse, hundirse.*
2 (Fig.) Notarse, percibirse, sentirse [algo en el ambiente].

fluctuar
1 Alternar, variar, oscilar, cambiar.
ANT.: *Estabilizarse, inmovilizarse.*
2 Vacilar, dudar, titubear, mudar.
ANT.: *Perseverar, decidir.*

fluido
1 Líquido, gas, vapor.
2 Gaseoso, líquido.
ANT.: *Sólido.*
3 (Fig.) Sencillo, natural, fácil, claro [lenguaje].
ANT.: *Enredado, difícil.*
4 (Fig.) Ligero, ágil.
ANT.: *Torpe, pesado.*
5 Ininterrumpido, constante.
ANT.: *Interrumpido, irregular.*

fluir
1 Manar, correr, circular, salir, brotar, rezumar, gotear, chorrear.
ANT.: *Estancarse.*
2 Avanzar, marchar [dicho de columnas o tropas].
ANT.: *Detenerse.*

flujo
1 Corriente, circulación, curso.
2 Supuración, secreción, excreción.
3 Marea ascendente.
ANT.: *Reflujo.*

fluorescente
Luminiscente, luminoso, brillante, refulgente.
ANT.: *Opaco, oscuro.*

fobia
Aversión, antipatía, aborrecimiento, repulsión, repugnancia, odio, temor.
ANT.: *Simpatía, atracción, afición.*

foco
1 Bombilla, lámpara, (Amér. C., Antill., Colomb., Venez.) bombillo.
2 Centro, núcleo, medio.
ANT.: *Extremo, periferia.*
3 Meollo, base, eje [de un asunto o tema].

fofo
1 Esponjoso, inconsistente, blando, ahuecado, muelle.
ANT.: *Duro, consistente, compacto.*
2 (Fig.) Fláccido, obeso, gordo.
ANT.: *Firme, delgado, musculado.*

fogata
Fogarada, hoguera VER.

fogón
1 Hogar, estufa, chimenea.
2 Cocina, cocinilla, hornilla, hornillo, horno, brasero.
3 (Argent., C. Rica, Chile, Urug.) Hoguera, fogata.

fogonazo
Chispazo, llamarada, explosión, chisporroteo, resplandor, fulgor.

fogoso
1 Ardiente, abrasador, quemante.
ANT.: *Gélido, frío.*
2 (Fig.) Impetuoso, apasionado, efusivo, acalorado, exaltado.
ANT.: *Desapasionado, moderado.*

fogueado
Curtido, avezado, ducho, aguerrido, encallecido, ajetreado, veterano, acostumbrado.
ANT.: *Inexperto, novato, pipiolo.*

folclor
Folclore, folklore, tradición, costumbrismo, pintoresquismo.

folclórico
Folklórico, típico, tradicional, popular, característico, costumbrista, pintoresco.

follaje
1 Espesura, ramaje, fronda, boscaje, selva, broza.
2 Adorno, guarnición.
3 (Fig.) Palabrería, paja, redundancia.

folletín
1 Serial, novela, historieta, folletón, (Méx.) cuento.
2 Melodrama.

folleto
Impreso, gacetilla, opúsculo, librillo, fascículo, cuaderno, panfleto.

fomentar
1 Desarrollar, apoyar, impulsar, respaldar, promover, proteger.
ANT.: *Descuidar, obstaculizar, coartar.*
2 Avivar, excitar, estimular.
ANT.: *Calmar, mitigar.*

fomento
1 Estímulo, promoción, sostén, aliento, pábulo, ayuda, protección.
2 Compresa, cataplasma, paño, apósito.

fonda
1 Pensión, mesón, venta, posada, albergue, hostal, parador, (ant.) cotarro, hospedería.
2 Figón, (Chile, Perú) cantina, (Esp.) bodegón, (Méx.) cocina económica.

fondeadero
Ensenada, cala, abra, rada, dársena, ancladero.

fondo
1 Base, apoyo, asiento, (Esp.) culo [de una botella].
ANT.: *Pico, cuello.*
2 Cimiento, fundamento.
3 Lecho, profundidad, hondura.
ANT.: *Superficie.*
4 Extremo, término, final.
ANT.: *Entrada.*
5 Esencia, núcleo, raíz.
6 Interior, intimidad.
ANT.: *Exterior.*
7 Atmósfera, entorno, trasfondo.
8 (Cuba, Venez.) Caldera, recipiente [de ingenio azucarero].
9 (Méx., Venez.) Prenda interior femenina, enagua, (Esp.) saya.
10 **fondos** Caudal, capital, efectivo, dinero, liquidez.

fonógrafo
Tocadiscos, gramófono, gramola.

forajido
Bandido, bandolero, salteador, malhechor, facineroso, delincuente.

forastero
Extranjero, foráneo, inmigrante, extraño, alienígena.
ANT.: *Natural, indígena, nativo.*

forcejear
1 Luchar, debatirse, resistir, bregar, bracear, retorcerse.
ANT.: *Someterse, rendirse.*
2 (Fig.) Oponerse, contradecir, debatir, rebatir.
ANT.: *Ceder, apoyar.*

forjar
1 Fraguar, percutir, formar, moldear.
2 Fabricar, revocar [albañilería].
3 (Fig.) Inventar, concebir, tramar, urdir, imaginar, idear.
4 (Fig.) Construir, crear, hacer, labrar, desarrollar.

forma
1 Conformación, aspecto, configuración, figura, silueta, imagen, perfil.
2 Manera, modo, medio, sistema, método, proceder, modalidad, estilo.

formal
1 Oficial, seguro, estable, decidido.
ANT.: *Inestable, inseguro, dudoso.*
2 Preciso, expreso, determinado, terminante.
ANT.: *Indeterminado.*
3 Juicioso, sensato, serio, prudente, responsable, tranquilo, callado.
ANT.: *Informal, tarambana.*

formalidad
1 Formulismo, requisito, exigencia, condición.
2 Seriedad, puntualidad, responsabilidad, → formal.

formalizar
1 Concretar, precisar, fijar, establecer, determinar, señalar, delimitar.
2 Oficializar, legalizar, legitimar, reglamentar.

formar
1 Configurar, conformar, modelar, moldear, crear, hacer, labrar, trabajar.
ANT.: *Destruir, deformar, deshacer.*
2 Establecer, fundar, constituir, organizar, componer.
ANT.: *Disolver.*
3 Congregar, integrar, alinear [un equipo, coro].
4 Educar, adiestrar, instruir, aleccionar, preparar, iniciar.
ANT.: *Descarriar.*
5 Criar, cuidar, guiar.
ANT.: *Abandonar.*

formidable
1 Imponente, colosal, enorme, descomunal, monstruoso, asombroso, extraordinario, gigantesco.
ANT.: *Minúsculo, insignificante.*

F

2 Espantoso, temible, tremendo, atroz, pavoroso.
ANT.: *Inofensivo, risible.*
3 Estupendo, admirable, portentoso, magnífico, pasmoso.
ANT.: *Corriente, desagradable.*
fórmula
1 Norma, pauta, canon, modo, método, sistema.
2 Enunciado, expresión, ley, representación.
3 Receta, prescripción.
4 Procedimiento, solución.
fornicación
Fornicio, coito, cópula, ayuntamiento, relación sexual.
fornido
Forzudo, robusto, fuerte, membrudo, musculado, corpulento, hercúleo.
ANT.: *Enclenque, débil.*
forro
Revestimiento, resguardo, refuerzo, funda, recubrimiento, cubierta, envoltura, protección, defensa.
fortalecer
1 Fortificar, vivificar, reanimar, robustecer, tonificar.
ANT.: *Debilitar.*
2 Consolar, alentar, animar.
ANT.: *Desalentar.*
3 Reforzar, remozar.
4 Confirmar, corroborar, ratificar, reiterar, apoyar.
ANT.: *Desdecir, negar.*
fortaleza
1 Fuerza, poder, vigor, energía, robustez, pujanza, corpulencia.
ANT.: *Debilidad.*
2 Entereza, firmeza, nervio, ánimo.
ANT.: *Temor, pusilanimidad.*
3 Fuerte, fortín, fortificación, baluarte, reducto, ciudadela, torreón.
fortificar
1 Fortalecer, tonificar.
ANT.: *Debilitar.*
2 Confortar, alentar, edificar, animar.
ANT.: *Desalentar, desanimar.*
3 Amurallar, reforzar, guarnecer, parapetar, proteger, defender.
ANT.: *Desguarnecer, desproteger.*
fortuito
Casual, eventual, accidental, inopinado, imprevisto, aleatorio, esporádico, ocasional.
ANT.: *Previsto, preparado, programado, esperado.*
fortuna
1 Destino, sino, hado, azar, estrella, suerte, acaso.
2 Suerte, ventura, éxito, chiripa.
ANT.: *Desdicha, desventura.*
3 Patrimonio, capital, bienes, riqueza, fondos, hacienda, dinero, valores.
forzar
1 Obligar, mandar, imponer, dominar, apremiar.
ANT.: *Cejar, ceder, rendirse, entregarse.*
2 Raptar, violar, estuprar, someter, abusar, profanar, desvirgar, desflorar.
ANT.: *Respetar.*
3 Violentar, presionar, coaccionar.
ANT.: *Persuadir, eximir.*
4 Tomar, invadir, conquistar, expugnar, asaltar, ocupar.
ANT.: *Defender.*
forzoso
Ineludible, obligatorio, obligado, inexcusable, imprescindible, preciso, necesario.
ANT.: *Voluntario, opcional.*
forzudo
Fornido, fuerte, hercúleo, vigoroso, musculoso, robusto, macizo, membrudo, (fam.) fortachón.
ANT.: *Débil, enclenque, esmirriado, alfeñique.*
fosa
1 Sepultura, tumba, sepulcro, huesa, enterramiento.
2 Hoyo, hueco, cavidad, excavación, pozo, foso, socavón.
3 Depresión, sima, barranco.
ANT.: *Elevación, altura.*
fosforescente
Luminiscente, fulgurante, luminoso, reluciente, brillante.
ANT.: *Oscuro, opaco.*
foso
Hoyo, excavación, fosa VER.
fotocopiar
Reproducir, copiar, xerocopiar.
fotografía
1 Foto, imagen, instantánea, reproducción, clisé.
2 Retrato, efigie.
fracasar
Fallar, abortar, frustrarse, malograrse, estropearse, arruinarse, hundirse, acabarse.
ANT.: *Triunfar, vencer, lograr.*

fracción
1 División, partición.
ANT.: *Multiplicación.*
2 Pedazo, parte, fragmento, trozo, pieza.
ANT.: *Conjunto, todo.*
3 Bando, sector, facción, parcialidad.
ANT.: *Totalidad.*
4 Quebrado, decimal, cociente, expresión.
ANT.: *Entero.*

fracturar
Quebrar, romper, partir, fragmentar, tronchar, destrozar.
ANT.: *Soldar, pegar, unir.*

fragante
1 Aromático, perfumado, balsámico, oloroso, agradable.
ANT.: *Pestilente, fétido.*
2 Ardiente, resplandeciente.

frágil
1 Quebradizo, endeble, inconsistente.
ANT.: *Sólido, duro, consistente.*
2 Débil, enfermizo.
ANT.: *Fuerte, robusto.*
3 (Fig.) Perecedero, caduco.
ANT.: *Durable, duradero.*
4 (Fig.) Sutil, tenue, grácil, delicado.
ANT.: *Basto, tosco.*

fragmento
Trozo, pieza, pedazo, parte, corte, sección, fracción VER.
ANT.: *Totalidad, conjunto.*

fragor
Estruendo, estrépito, retumbo, sonoridad, ruido, clamor.
ANT.: *Silencio.*

fragua
1 Forja, horno, fogón, brasero.
2 Herrería.

fraguar
1 Forjar, formar, moldear, trabajar [metales].
2 (Fig.) Maquinar, planear, idear, proyectar, urdir, tramar, discurrir.
3 Endurecerse, trabar, cuajar [albañilería].

fraile
Monje, religioso, fray, cenobita, ermitaño, asceta, hermano.

francachela
Parranda, juerga, farra, holgorio, jolgorio, jarana, festín, cuchipanda.

franco
1 Sincero, leal, abierto, llano, veraz, espontáneo, sencillo.
ANT.: *Hipócrita, solapado, retorcido.*
2 Libre, expedito, desembarazado.
ANT.: *Obstruido.*
3 Exento, dispensado, exceptuado.
ANT.: *Comprometido, sujeto.*
4 Manifiesto, claro, patente, evidente, indudable.

franja
1 Tira, faja, banda, lista, filete, cinta, ribete, cenefa.
2 Sector, zona, línea, área.

franquear
1 Trasponer, pasar, cruzar, traspasar.
ANT.: *Detener, atajar, rodear.*
2 Desembarazar, desatascar, abrir, limpiar, destapar.
ANT.: *Atascar, obstruir, bloquear.*
3 Timbrar, sellar.
4 Manumitir, liberar, licenciar.

franqueza
Sinceridad, → franco.

frasco
Botella, botellín, casco, envase, pomo, pote, vasija, recipiente.

frase
1 Expresión, locución, enunciado, dicho, decir.
2 Párrafo, parágrafo, cláusula.
3 Sentencia, máxima.
4 Período, sección [música].

fraternidad
Hermandad, igualdad, unión, amistad, solidaridad, armonía, concordia, adhesión.
ANT.: *Enemistad.*

fraterno
Fraternal, amistoso, solidario, entrañable.

fraude
1 Defraudación, estafa, robo, desfalco, malversación, dolo.
2 Timo, engaño, escamoteo, simulación, imitación.

frecuencia
Asiduidad, periodicidad, → frecuente.

frecuentar
1 Asistir, concurrir, ir, menudear, acostumbrar, soler, visitar.
2 Alternar, tratarse, relacionarse, visitar.

frecuente
1 Repetido, reiterado, continuo, asiduo, periódico.
ANT.: *Esporádico, infrecuente.*
2 Usual, acostumbrado, regular, corriente, común, ordinario.
ANT.: *Desusado, insólito, inusual.*

fregar
1 Limpiar, lavar, enjabonar.
ANT.: *Ensuciar.*
2 Restregar, tallar, frotar, rozar, friccionar, rascar, raer, gastar.
3 (Amér./fig. y fam.) Molestar, fastidiar, jorobar.

freír
1 Dorar, cocinar, cocer, sofreír, (Amér.) fritar, (C. Rica) fritiar.
2 (Fig.) Mortificar, importunar, exasperar, hostigar.
3 freírse (Fig. y fam.) Tostarse, broncearse.

frenar
1 Detener, parar, inmovilizar, enfrenar.
ANT.: *Acelerar, soltar.*
2 (Fig.) Moderar, sujetar, contener, reprimir, refrenar.
ANT.: *Exacerbar, desenfrenar.*
3 Estorbar, obstaculizar.
ANT.: *Fomentar.*

frenesí
1 Exaltación, arrebato, enardecimiento, extravío, apasionamiento, ímpetu, ardor, furia, locura, delirio, paroxismo, fiebre.
ANT.: *Calma, serenidad, sosiego.*

frenético
1 Agitado, delirante, febril, enajenado, energúmeno.
ANT.: *Calmado, plácido, sereno.*
2 Exaltado, furioso, colérico, arrebatado.
ANT.: *Tranquilo, pacífico.*

freno
1 Bocado, filete [caballería].
ANT.: *Acicate, espuela.*
2 Mecanismo, mando, pedal, palanca.
3 (Fig.) Contención, sujeción, moderación, represión.
ANT.: *Libertad, estímulo.*
4 (Fig.) Tope, coto, dique, obstáculo, estorbo, impedimento.
ANT.: *Facilidad.*

frente
1 Testa, testuz, testera.
2 Anverso, delantera, faz, cara, fachada.
ANT.: *Trasera, espalda, reverso.*
3 Vanguardia, avanzada, primera línea.
ANT.: *Retaguardia.*

fresco
1 Nuevo, reciente, flamante, lozano, joven, (fig.) verde.
ANT.: *Marchito, viejo, pasado, rancio.*
2 Frescor, frescura, frío.
ANT.: *Calor, bochorno.*
3 (Fig. y fam.) Descarado, desfachatado, desvergonzado, cínico, atrevido, insolente, caradura.
ANT.: *Respetuoso, comedido.*
4 (Fig.) Sano, rozagante.
ANT.: *Enfermizo, seco.*
5 (Fig.) Sereno, impasible, impávido.
ANT.: *Inquieto, turbado.*
6 Descansado.
ANT.: *Fatigado.*
7 Mural, pintura.

frescura
1 Frescor, fresco.
ANT.: *Calor, bochorno.*
2 Lozanía, verdor, feracidad.
ANT.: *Agostamiento.*
3 (Fig.) Descaro, desfachatez, atrevimiento, desvergüenza, cinismo, insolencia, desenfado.
ANT.: *Prudencia, recato.*
4 (Fig.) Tranquilidad, impavidez, serenidad.
ANT.: *Intranquilidad, turbación.*
5 (Fig.) Impertinencia, fresca, pulla.
ANT.: *Respeto.*
6 (Fig.) Descuido, negligencia.
ANT.: *Diligencia.*
7 (Fig.) Juventud.
ANT.: *Vejez.*

fricción
1 Roce, contacto.
2 Friega, masaje, frote, frotamiento, frotación, estregadura.
3 (Fig.) Desavenencia, discordia.
ANT.: *Concordia, avenencia.*

frigidez
1 Frialdad, frío.
ANT.: *Calor, ardor.*
2 Insensibilidad, indiferencia.
ANT.: *Fogosidad.*

frigorífico
Refrigerador, nevera, heladera, congeladora, congelador.

frío
1 Frialdad, frigidez, fresco, frescura, enfriamiento, congelación, helor.
ANT.: *Calor.*
2 Helado, gélido, glacial, congelado.
ANT.: *Caliente.*
3 (Fig.) Impasible, impávido, inmutable, apático, indiferente, desdeñoso, insensible.
ANT.: *Interesado, fogoso, apasionado.*

friso
Moldura, cornisamento, franja, faja, banda, orla, ribete.

frito
1 Fritura, fritanga, fritada.
2 Dorado, cocinado, guisado, pasado por aceite.
3 Harto, molesto, hostigado.
4 (Argent., Chile, Perú) Fracasado, inutilizado, atrapado.

frívolo
1 Ligero, liviano, voluble, veleidoso, inconstante.
ANT.: *Serio, constante.*
2 Trivial, insustancial, huero, superficial, anodino, baladí.
ANT.: *Importante, profundo.*

fronda
Espesura, ramaje, ramas, follaje, floresta, boscaje.

frondoso
Denso, espeso, exuberante, tupido, abundante, lujuriante, impenetrable [referido a follajes, bosques y selvas].
ANT.: *Ralo, desértico, escaso.*

frontera
1 Confín, límite, borde, linde, término, línea divisoria.
2 Fachada, frontis, frontispicio, frontón.

frotar
1 Restregar, fregar, refregar, raspar, pulir.
2 Ficcionar, masajear, rozar, acariciar, sobar.

fructífero
Fructuoso, fructificante, provechoso, fértil, fecundo, productivo, feraz, exuberante.
ANT.: *Infecundo, estéril, infructuoso.*

fructificar
Madurar, frutar, frutecer, producir, rendir, dar, beneficiar.
ANT.: *Perjudicar, costar.*

frugal
Sobrio, parco, modesto, sencillo, moderado, mesurado, morigerado, templado, económico.
ANT.: *Derrochador, glotón, intemperante.*

fruición
Deleite, gozo, placer, delicia, satisfacción, gusto, complacencia, regodeo.
ANT.: *Disgusto.*

frunce
Arruga, pliegue, plisado, fruncido.

fruslería
Nimiedad, insignificancia, menudencia, bagatela, baratija, bicoca, ardite, chuchería, friolera, nadería, (Esp.) zarandaja.

frustrar
1 Fracasar, fallar, malograr, dificultar, estropear, chasquear.
ANT.: *Lograr, triunfar, vencer.*
2 Desilusionar, defraudar, desengañar, desalentar.
ANT.: *Ilusionar, animar.*

frutilla
1 (Amér. Merid.) Fresa, fresón.
2 (C. Rica) Triquina, triquinosis.

fruto
1 Fruta, cosecha, recolección, producto.
2 Rendimiento, provecho, beneficio, ganancia, lucro, interés, renta.
ANT.: *Pérdida.*

fuego
1 Combustión, incendio, ignición, incandescencia, quema.
ANT.: *Extinción.*
2 Fogata, pira, hoguera, fogarada, lumbrada, hogar, fogón.
3 Llama, llamarada, flama, lumbre, (Cuba) candela.
4 (Fig.) Pasión, ardor, ímpetu, vivacidad, vehemencia, fervor, entusiasmo, fogosidad.
ANT.: *Frialdad, indiferencia, apatía.*
5 Erupción, herpes.

fuente
1 Manantial, venero, fontana, hontanar, surtidor, pila, arroyo, agua viva, oasis.
2 Bandeja, artesa, plato, dulcera, patena, recipiente, bol.
3 (Fig.) Origen, principio, germen, fundamento, base, cuna, semillero.
4 (Fig.) Documentación, materiales de consulta, antecedente.

fuera
Afuera, externamente, exteriormente, superficialmente.
ANT.: *Dentro, interiormente.*

fuero
1 Código, ley, legislación.
2 Jurisdicción, gobierno, poder, competencia.
3 (Fig.) Privilegio, prerrogativa, concesión, protección.
4 (Fig. y fam.) Presunción, arrogancia, humos.

F

fuerte
1 Resistente, firme, duro, duradero.
ANT.: *Frágil, blando.*
2 Vigoroso, recio, robusto, forzudo, fornido, hercúleo, corpulento, membrudo, musculoso.
ANT.: *Débil, esmirriado, alfeñique, debilucho.*
3 Valiente, entero, enérgico, animoso, esforzado, tenaz.
ANT.: *Cobarde, pusilánime.*
4 Intenso, vivo, violento [color, dolor, sabor, olor].
ANT.: *Suave, leve, pálido, tenue.*
5 Agudo, acentuado, tónico, sonoro [sonido].
ANT.: *Átono, sordo, apagado.*
6 Estable, poderoso, consolidado.
ANT.: *Inestable.*
7 (Fig.) Eficaz, activo, [licor, medicina].
ANT.: *Suave.*
8 (Fig.) Crudo, impactante, grave, excesivo.
9 (Fig.) Riguroso, tremendo, severo, [esfuerzo, entrenamiento].
10 Fortaleza, fortín, baluarte.
fuerza
1 Energía, vitalidad, vigor, pujanza, fortaleza, potencia, brío, resistencia, aguante.
ANT.: *Debilidad.*
2 Intensidad, ímpetu, impetuosidad.
ANT.: *Tibieza.*
3 Empuje, tirón, presión.
4 Eficacia, actividad, cualidad, virtud.
fuga
1 Escapada, escapatoria, huida, evasión, retirada, deserción, (fig.) desaparición.
ANT.: *Regreso, permanencia, captura.*
2 Derrame, escape, filtración, pérdida, salida.
fugaz
Efímero, pasajero, transitorio, rápido, breve, momentáneo, huidizo, (fig.) fugitivo.
ANT.: *Prolongado, eterno, duradero.*
fugitivo
1 Prófugo, evadido, escapado, tránsfuga, desertor.
2 (Fig.) Perecedero, fugaz, efímero, caduco, breve.
ANT.: *Duradero.*
fulano
1 Tipo, individuo, sujeto, prójimo.
2 Mengano, zutano, perengano.
fulgor
Brillo, brillantez, resplandor, claridad, fulguración, centelleo, fosforescencia, luz, luminosidad, destello.
ANT.: *Oscuridad, tinieblas.*
fulgurar
1 Centellear, chispear, refulgir, destellear.
2 Relampaguear, fucilar.
3 Fulminar, matar [un rayo].
fulminante
1 Súbito, instantáneo, repentino.
ANT.: *Lento, paulatino.*
2 (Fig.) Tajante, drástico.
3 Detonante, explosivo, carga.
fulminar
1 Electrizar, electrocutar.
2 (Fig.) Tronar, insultar, aplastar, amenazar.
3 (Fig.) Sentenciar, excomulgar.
funambulesco
1 Acrobático, ágil.
2 (Fig.) Extravagante, estrambótico, estrafalario, grotesco, circense.
función
1 Actividad, acción, papel, finalidad, atribución, rol.
2 Ocupación, oficio, puesto, cargo, empleo, cometido, tarea, misión, ministerio.
3 Solemnidad, ceremonia, acto.
4 Espectáculo, representación, gala, velada, festival, fiesta.
funcional
Práctico, utilitario, útil, eficaz, cómodo, adecuado.
funcionar
1 Actuar, realizar, ejecutar, moverse, maniobrar.
ANT.: *Detenerse, cesar.*
2 Trabajar, andar.
ANT.: *Pararse.*
3 Desarrollar, avanzar, evolucionar, resultar.
ANT.: *Fracasar.*
funcionario
Empleado, burócrata, autoridad, oficial, agente.
funda
Envoltura, cubierta, forro, estuche, vaina, recubrimiento, bolsa.

fundación
1 Constitución, establecimiento, instauración, erección, creación.
ANT.: *Destrucción, anulación.*
2 Institución, instituto, establecimiento, legado.

fundamental
Esencial, sustancial, básico, necesario, principal, primordial.
ANT.: *Secundario, accesorio.*

fundamento
1 Base, razón, motivo, antecedente, prueba, causa.
2 Soporte, cimiento VER.

fundar
1 Edificar, erigir, crear, establecer, asentar, cimentar.
ANT.: *Derruir, demoler.*
2 Constituir, instituir, instaurar.
ANT.: *Anular, suprimir.*
3 (Fig.) Apoyar, basarse, fundamentar.
4 Estribar, armar, instalar, colocar.

fundir
1 Licuar, derretir, disolver, fusionar, deshelar, descongelar.
ANT.: *Solidificar, congelar.*
2 Mezclar, reunir, amalgamar, juntar.
ANT.: *Separar.*

fúnebre
1 Funerario, luctuoso, mortuorio, sepulcral, necrológico.
2 (Fig.) Aciago, sombrío, triste, nefasto, funesto VER.
ANT.: *Alegre, festivo.*
3 (Fig.) Lúgubre, tétrico, macabro, tenebroso, escalofriante.

funerales
Exequias, honras fúnebres, sepelio, funeral, réquiem, (fam.) entierro.

funesto
Desdichado, nefasto, aciago, desafortunado, sombrío, triste, fúnebre VER.
ANT.: *Afortunado, feliz.*

furia
1 Furor, ira, cólera, rabia, ferocidad, violencia, saña, arrebato, acceso, berrinche, rabieta.
ANT.: *Serenidad, placidez.*
2 (Fig.) Ímpetu, frenesí, vehemencia, prisa, diligencia.
ANT.: *Flema, calma.*
3 Erinia, euménide, divinidad infernal [mitología griega].

furioso
1 Iracundo, enfurecido, rabioso, furibundo, enojado, irritado, ➔ furia.
ANT.: *Sereno, impasible.*
2 Loco, energúmeno, enajenado, poseso, frenético.
3 (Fig.) Violento, tremendo, terrible, devastador, desencadenado.
ANT.: *Calmo, apacible.*

furtivo
Disimulado, oculto, escondido, sigiloso, huidizo, taimado, solapado.
ANT.: *Abierto, ostensible, manifiesto.*

fusil
Rifle, carabina, escopeta, máuser, mosquetón, arcabuz, espingarda.

fusilar
1 Ejecutar, ajusticiar, acribillar, disparar.
2 (Méx./fig. y fam.) Plagiar, copiar, imitar.

fusión
1 Licuación, licuefacción, fundición, derretimiento, liquidación, disolución.
ANT.: *Solidificación.*
2 Unión, agrupación, unificación, combinación.
ANT.: *Disgregación, división.*

fusta
Látigo, vergajo, vara, tralla, correa, azote, flagelo, (Esp.) zurriago.

fuste
1 Parte central de una columna, tallo [arquitectura].
2 (Fig.) Fundamento, entidad, sustancia, médula.
3 (Fig.) Categoría, valor, importancia.

fustigar
1 Azotar, flagelar, golpear, lacerar, vapulear, sacudir.
2 (Fig.) Censurar, criticar, vituperar, recriminar, hostigar.
ANT.: *Elogiar, defender.*

fútil
Insignificante, insustancial, pueril, trivial, frívolo, nimio, baladí, superficial.
ANT.: *Trascendental, importante, esencial, sustancial.*

futuro
1 Porvenir, mañana, azar, posteridad.
ANT.: *Pasado, pretérito.*
2 Destino, suerte, perspectiva.
3 Venidero, acaecedero, pendiente, en cierne.
ANT.: *Pasado, antiguo, anterior.*
4 (Fam.) Prometido, novio.

F

G

gabacho
1 (Esp./desp.) Francés.
2 (Méx./desp.) Estadounidense, norteamericano, gringo, extranjero.

gabán
Abrigo, sobretodo, capote, trinchera, gabardina.

gabinete
1 Estancia, cuarto, sala, saloncito, camarín, alcoba, aposento.
2 Despacho, estudio, oficina.
3 Gobierno, administración, poder, junta.
4 (Colomb.) Balcón cerrado, terraza.

gaceta
1 Boletín, diario, publicación, órgano informativo, noticiero, noticiario.
2 (Fig. y fam.) Chismoso, correveidile.

gacho
1 Encorvado, agachado, inclinado.
ANT.: *Erguido, parado.*
2 (C. Rica) Aburrido.
3 (Méx.) Feo, terrible, lamentable.
4 (Méx.) Desagradable, molesto.
5 (Méx./fam.) Malo, perverso.

gachupín (Amér. C., Méx./desp.)
Español, peninsular, hispano, cachupín [establecido en América].

gafas
Lentes, anteojos VER, (Esp.) quevedos, espejuelos.

gafe (Esp.)
Aguafiestas, mala sombra, cenizo.

gaje
Haber, emolumento, paga, sueldo, salario.

gala
1 Fiesta, velada, festejo, ceremonia, solemnidad.
2 Ostentación, alarde.
3 **galas** Vestimenta, arreos, atavío, atuendo, ropaje, adornos, aderezos.

galán
1 Gallardo, galano, apuesto, hermoso, (Venez.) galansote.
ANT.: *Feo, desagradable.*
2 Actor, estrella, artista, protagonista, intérprete, personaje.
3 Pretendiente, novio, festejante, galanteador, enamorado.

galante
1 Amable, cortés, atento, considerado, caballeroso, fino, obsequioso.
ANT.: *Grosero, desatento.*
2 Erótico, amoroso, pícaro [literatura, pintura].

galantear
1 Cortejar, rondar, enamorar, coquetear, festejar, requerir.
ANT.: *Desdeñar.*
2 Piropear, requebrar, lisonjear, adular, atender.
ANT.: *Desairar.*

galantería
1 Amabilidad, cortesía, → galante.
2 Piropo, requiebro, lisonja, flor, halago, elogio.
ANT.: *Desaire, ofensa.*
3 Generosidad, bizarría.

galardón
Distinción, honra, recompensa, lauro, merced, premio, medalla, presea.
ANT.: *Demérito, baldón, deshonra.*

galeón
Galera, nao, embarcación, carabela, bajel, velero.

galeote
Penado, encadenado, remero, forzado, condenado.

galera
1 Carro, carromato.
2 Cárcel, prisión.
3 Nave, barco, galeón VER.
4 Galerada [tipografía].
5 (C. Rica, Hond., Méx.) Tinglado, barracón, cobertizo.
6 (Venez.) Meseta, elevación.

galería
1 Corredor, pasillo, pasaje, pasadizo, túnel, crujía, arcada.
2 Pinacoteca, museo, sala de arte.
3 Gallinero, paraíso, (Méx./fam.) gayola [cines, teatros].
4 **galerías** Pasaje comercial.

galerna
Borrasca, tormenta, tromba, temporal, aguacero, turbión.

galimatías
1 Jerigonza, fárrago, embrollo, revoltura.
2 (Fig. y fam.) Desorden, confusión.
ANT.: *Orden.*

gallardo
1 Apuesto, donoso, bizarro, hermoso, galano, gentil, elegante, lucido, airoso, galán, esbelto, garboso.
ANT.: *Desgarbado, deslucido.*
2 Valiente, noble, osado, audaz, aguerrido.
ANT.: *Cobarde, apocado, acoquinado.*
3 (Fig.) Grande, excelente.

galleta
1 Bizcocho, pan, panecillo, barquillo, pasta, (Argent.) pastita, masita.
2 (Esp./fam.) Tortazo, bofetada, bofetón, sopapo, guantazo.
3 (Mex./fig. y fam.) Fuerza, energía, brío.

gallina
1 Gallinácea, ave, polla*.
2 (Fig. y fam.) Cobarde, miedoso, pusilánime, timorato, cagueta, collón.
ANT.: *Valiente, audaz.*
*Tb. significa: (Esp./vulg.) Pene.

gallinero
1 Corral, gallera, ponedero, criadero, nido.
2 (Fig.) Paraíso, galería, (Méx.) gayola [en teatros].
3 (Fig. y fam.) Griterío, alboroto, barahúnda.

gallo
1 Pollo, ave.
2 (Fig.) Valiente, fuerte.
ANT.: *Cobarde.*
3 (Fig.) Gallito, fanfarrón, jactancioso, buscapleitos.
ANT.: *Tímido, apocado, gallina.*
4 (Fig. y fam.) Mandón, mandamás, (Méx.) gallón.
5 (Fig. y fam.) Desafinación, destemple, nota falsa.
6 (Fig. y fam.) Esputo, gargajo, escupitajo, flema.
7 (Méx.) Serenata.
8 (Perú) Orinal portátil.

galo
Francés, franco, gálico, (desp.) franchute, (Esp./desp.) gabacho.

galón
1 Trencilla, bordado, orla, entorchado, alamar.
2 Distintivo, insignia.

galopar
Correr, cabalgar, (fig.) volar.

galpón
Cobertizo, tinglado, barraca, depósito, almacén VER.

gama
1 Escala, gradación, serie, progresión, grado.
2 Repertorio, surtido.

gamba
1 Langostino, camarón, quisquilla, crustáceo.
2 (Argent.) Pierna, extremidad, zanca.

gamberrada
Salvajada, barbaridad, incivilidad.

gambetear (Amér.)
Regatear, esquivar, eludir, sortear.

gamo
Ciervo.

gamuza
1 Rebeco, antílope, rupicabra.
2 Paño, bayeta, tejido.

gana
Apetencia, deseo, ansia, avidez, afán, (fig.) hambre, capricho, anhelo.
ANT.: *Desgana.*

ganadero
1 Pecuario.
2 Ranchero, criador, hacendado.

ganado
Rebaño, manada, hato, vacada, reses, cabezas, caballerías, (Argent.) tropilla.

ganancia
Provecho, lucro, beneficio, utilidad, rendimiento, fruto, negocio.
ANT.: *Pérdida.*

ganar
1 Cobrar, beneficiarse, embolsar, obtener, lucrar, prosperar, enriquecerse, especular.
ANT.: *Perder.*
2 Vencer, triunfar, superar, conquistar, merecer, alcanzar, aventajar, adelantar, dejar atrás.
ANT.: *Retroceder, fracasar.*

gancho
1 Garfio, uña, punta, pincho, arpón.
2 Habilidad, don, gracia, atractivo.
3 Rasgo, garabato [en escritura].
4 (Amér.) Horquilla para el pelo, (Méx.) pasador.

G

gandalla (Méx.)
Aprovechado, abusivo, granuja, bravucón, fanfarrón.
gandul
Holgazán, vago, haragán, perezoso, remolón, poltrón, indolente, ocioso, (Amér./vulg.) huevón.
ANT.: *Trabajador, dinámico, laborioso, industrioso.*
ganga
Oportunidad, ocasión, breva.
gangoso
Nasal, gutural, confuso, ininteligible, defectuoso.
ANT.: *Claro.*
gángster
Pandillero, malhechor, criminal, atracador, (pr.) gangster.
ganso
1 Oca, ánsar, palmípeda.
2 (Fig.) Necio, patoso, inoportuno, soso.
ANT.: *Gracioso, ingenioso.*
3 (Fig.) Tardo, perezoso, gandul.
ANT.: *Diligente.*
4 (Fig.) Torpe, lerdo, bobo, memo.
ANT.: Listo, espabilado.
5 (Cuba) Homosexual.
gañán
1 Bracero, jornalero, labrador, labriego, rústico, (Esp.) paleto.
2 (Fig.) Rudo, tosco, zafio.
ANT.: *Refinado.*
gañir
1 Aullar, bramar, mugir, quejarse.
2 Graznar.
3 (Fig. y fam.) Resollar, jadear.
gañote
Gaznate, gañón, garganta VER, (Esp.) garguero.
garabato
1 Gancho, garfio, garabito.
2 Rasgo, trazo, palote, borrón, escarabajo.
garaje
Cochera, estacionamiento, cobertizo.
garantía
1 Seguridad, fiabilidad, protección, resguardo.
ANT.: *Inseguridad.*
2 Fianza, aval, prenda, depósito, caución.
garantizar
Asegurar, avalar, garantir, responder, comprometerse, obligarse, probar, certificar.
ANT.: *Desentenderse, fallar.*
garbo
1 Donaire, donosura, galanura, gracia, salero, distinción, gentileza, desenvoltura, arrogancia, elegancia.
ANT.: *Desaliño, fealdad, desgarbo.*
2 (Fig.) Desinterés, generosidad, bizarría, nobleza.
ANT.: *Mezquindad.*
garfio
Garabato, gancho VER.
gargajo
Escupitajo, esputo, espectoración, expectoración, flema, mucosidad, salivazo, (fam.) gallo.
garganta
1 Gañote, gaznate, cuello, faringe, laringe, pescuezo, gola, (Esp.) garguero.
2 Desfiladero, angostura, cañada, paso, vaguada, quebrada, barranco, precipicio.
ANT.: *Llano, llanura.*
garita
1 Caseta, casilla, torrecilla, quiosco, refugio, puesto de vigilancia.
2 (Méx.) Aduana.
garito
Antro, burdel, cubil, timba, leonera, tugurio, casa de juego, (Argent.) boliche, (Cuba) buchinche, (Esp.) tablaje.
garra
1 Zarpa, garfa, pata, mano [de animal depredador].
2 Gancho, garfio.
3 (Fig.) Atractivo, fuerza, poder.
garrafa
Botellón, redoma, garrafón, damajuana, vasija, recipiente, (Argent., Urug.) bombona, (Esp.) castaña.
garrafal
Descomunal, colosal, tremendo, mayúsculo, disparatado, descabellado, bárbaro.
ANT.: *Mínimo, minúsculo.*
garrido
Garboso, galano, → garbo.
garrote
1 Palo, tranca, estaca, bastón, vara, cayado, macana.
2 Garrote vil, torniquete [antiguo instrumento de tortura].
gárrulo
1 Cantor, cantador [pájaro].
2 (Fig.) Parlanchín, locuaz, lenguaraz, facundo, charlatán, (fam.) cotorra.
ANT.: *Parco, silencioso.*

garúa (Amér.)
Llovizna, calabobos, (Méx.) agüita.
gas
1 Fluido, vapor, vaho, emanación, efluvio, hálito.
2 (Fam.) Meteorismo, ventosidad, flatulencia, flato, pedo.
gasa
1 Tul, muselina, cendal, seda, velo.
2 Venda, vendaje, apósito, compresa, (ant.) hilas.
gasolina
Combustible, carburante, bencina, nafta.
gastar
1 Desembolsar, pagar, abonar, invertir, dar, entregar, derrochar, despilfarrar.
ANT.: *Ahorrar, economizar.*
2 Desgastar, deteriorar, ajar, carcomer, raer.
ANT.: *Conservar.*
3 Usar, utilizar, consumir, agotar.
ANT.: *Guardar.*
4 Ponerse, llevar, vestir.
gatear
1 Arrastrarse, reptar, deslizarse, andar a gatas.
2 Encaramarse, trepar.
3 (Fam.) Hurtar, robar.
gato
1 Minino, micifuz, felino, bicho, micho, (Esp./fam.) morrongo.
2 Máquina, instrumento, cric.
3 (Fig. y fam.) Astuto, sagaz, sigiloso, taimado.
4 (Fig. y fam.) Ladrón, ratero.
5 (Esp.) Madrileño.
6 (Méx./desp.) Sirviente, empleado.
gaucho (Argent.)
Vaquero, pastor, jinete, caballista, campesino.
gaveta
Cajón, compartimiento, estante, división.
gavilán
1 Halcón, aguililla, gerifalte, esparaván, azor.
2 Garfio, gancho.
3 (Amér. C., Cuba, P. Rico, Venez.) Uñero.
gavilla
1 Haz, fajo, manojo, atado, brazada.
2 Cuadrilla, hatajo, caterva, tropa, grupo, pandilla, patulea, (fig. y fam.) manada.
gazapo
1 Conejito.
2 (Fig. y fam.) Desliz, error, yerro, errata, descuido, omisión, pifia, equivocación.
ANT.: *Acierto, corrección.*
3 (Fig. y fam.) Disimulado, astuto, taimado, hipocritón.
4 (Fig. y fam.) Embuste, mentira, arana.
gazmoño
Santurrón, hipócrita, gazmoñero, melindroso, cursi, timorato, mojigato, ñoño.
ANT.: *Franco, abierto, liberal.*
gaznate
1 Gañote, nuez, laringe, garganta VER, (Esp.) garguero.
2 Gaznatón, dulce, golosina.
gelatinoso
Viscoso, gelatinado, mucilaginoso, semicoagulado.
ANT.: *Seco, áspero, duro.*
gélido
Glacial, helado, frío, frígido, álgido, congelado.
ANT.: *Cálido, tórrido.*
gema
1 Piedra preciosa, joya, alhaja.
2 Yema, brote, botón [de plantas].
gemebundo
Quejumbroso, plañidero, gemidor, lloroso, lastimero, (fam.) quejica, sollozante.
ANT.: *Valeroso, sufrido, estoico.*
gemelo
1 Mellizo, mielgo, hermano, (Guat.) guache, (Guat., Méx.) cuate, (P. Rico) guare.
2 Idéntico, igual, par.
ANT.: *Diferente, dispar.*
gemelos
1 Prismáticos, binoculares, anteojos.
2 Mellizos, (Guat., Méx.) cuates, (P. Rico) guares.
3 Broches, sujetadores, mancuernas, (Méx.) mancuernillas.
gemido
Quejido, lamento, → gemir.
gemir
Lamentarse, quejarse, sollozar, llorar, gimotear, plañir, suspirar, chillar, gañir.
ANT.: *Reír.*
genealogía
Estirpe, linaje, dinastía, prosapia, alcurnia, casta, pedigrí, ascendencia.

generación
Creación, concepción.
general
1 Universal, total.
ANT.: *Exclusivo, limitado.*
2 Común, ordinario, usual, corriente, vulgar, popular, extendido.
ANT.: *Particular, privado.*
3 Global, impreciso, vago.
ANT.: *Preciso, exacto.*
4 Jefe militar, estratega, alto mando.
generalizar
Popularizar, divulgar, difundir, extender, universalizar, pluralizar.
ANT.: *Particularizar, concretar, limitar.*
generar
1 Engendrar, procrear.
2 Producir, causar.
ANT.: *Extinguir.*
género
1 Especie, clase, tipo, grupo, familia, variedad, categoría.
2 Naturaleza, índole, condición, manera.
3 Paño, tela, tejido, lienzo.
4 géneros Mercancías, mercaderías, artículos, productos.
generosidad
1 Nobleza, altruismo, desinterés, desprendimiento.
ANT.: *Mezquindad, egoísmo.*
2 Esplendidez, largueza, liberalidad.
ANT.: *Avaricia, tacañería.*
generoso
1 Noble, magnánimo, altruista.
ANT.: *Mezquino, egoísta.*
2 Desinteresado, desprendido, filantrópico, caritativo, dadivoso.
ANT.: *Tacaño, avaro.*
3 Espléndido, pródigo, liberal.
4 Copioso, abundante, fértil, fructífero, productivo.
ANT.: *Estéril.*
génesis
Origen, principio, creación, fuente, fundamento, base.
ANT.: *Fin, término.*
genio
1 Carácter, índole, talante, temple, temperamento, naturaleza.
2 Talento, aptitud, disposición, saber, inteligencia, ingenio.
3 Ánimo, condición.
4 (Fig.) Sabio, talentoso, lumbrera, eminente, descollante, genial.
5 Ser fantástico, geniecillo, espíritu, duende.
gente
1 Personas, sujetos, individuos, grupo.
2 Pueblo, nación.
3 (Fam.) Parentela, familia.
4 (Fam.) Tropa, marinería, equipo, cuadrilla, empleados, colaboradores, personal [referido a planteles].
5 Multitud, aglomeración, turba, plebe, masa, gentío, (C. Rica) gentería.
ANT.: *Individuo, persona.*
gentil
1 Apuesto, bizarro, gallardo, gracioso, donoso, elegante, agradable.
ANT.: *Desagradable.*
2 Pagano, idólatra, hereje, infiel.
3 Cortés, educado, amable, atento, considerado.
ANT.: *Grosero, descortés.*
gentío
Muchedumbre, multitud, gente VER.
gentuza (Desp.)
Chusma, vulgo, canalla, plebe, turba, caterva, gentualla, (Esp.) gentecilla.
genuino
Auténtico, legítimo, natural, puro, propio.
ANT.: *Falso, espurio.*
gerente
Administrador, director, responsable, jefe, gestor.
germen
1 Embrión, huevo, semilla, feto.
2 (Fig.) Principio, origen, génesis, fundamento, raíz, rudimento.
germinar
1 Brotar, nacer, gestarse.
ANT.: *Marchitarse, morir.*
2 (Fig.) Desarrollarse, originarse, formarse, surgir.
ANT.: *Menguar, decrecer.*
gesta
1 Hazaña, proeza, heroicidad, saga, aventura, epopeya.
2 Poema, cantar, narración, relato.
gesticular
Guiñar, gestear, bracear, manotear, señalar, expresar, hacer visajes, hacer muecas.
gestión
1 Trámite, diligencia, cometido, servicio, misión, tarea, encargo.
2 Gobierno, administración.
gesto
1 Mueca, visaje, ademán, mohín, guiño, seña, aspaviento, mímica, tic.
2 Rasgo, actitud, detalle, acción.

3 Aire, expresión, rostro, semblante, aspecto, apariencia.

gestor

Apoderado, delegado, procurador, representante, mandatario, gerente, administrador.

giba

1 Corcova, joroba, chepa, protuberancia, deformidad.

2 (Fig. y fam.) Incomodidad, molestia.

gigante

1 Titán, coloso, cíclope, goliat, (fig.) hércules, → gigantesco.

ANT.: *Enano, pigmeo, liliputiense.*

2 (Fig.) Grande, excelso.

gigantesco

Descomunal, desmesurado, enorme, formidable, colosal, ciclópeo, titánico, monumental, → gigante.

ANT.: *Minúsculo, diminuto.*

gil (Argent.)

Bobo, tonto, pasmado, pasmarote, lelo, ido, aturdido, estúpido, (Esp.) gilí.

gimnasia

Deporte, atletismo, gimnástica, ejercicio, entrenamiento, práctica.

gimotear

Sollozar, lloriquear, gemir VER.

gira

1 Recorrido, expedición, tournée, viaje.

2 Paseo, excursión.

girar

1 Rodar, rolar.

2 Oscilar, circular, menear, mover, (Cuba) bailar.

3 Virar, torcer, voltear, volverse.

4 (Fig.) Tratar, versar.

giro

1 Rotación, oscilación, movimiento, vuelta, molinete, meneo, circulación.

2 Dirección, curso, sentido, cariz, matiz, aspecto.

3 Locución, expresión, modismo.

4 Libranza, pago, remesa, envío.

5 Vuelco, cambio, viraje.

6 (Guat., Venez./fam.) Borracho.

gitano

1 Cíngaro, bohemio, cañí, flamenco, calé, (ant.) egipcio.

2 Caló, romaní.

3 (Fig.) Gracioso, zalamero.

4 (Fig.) Trashumante.

5 (Fig. y fam.) Engañador, embustero, estafador.

glacial

1 Gélido, helado, frígido, congelado.

ANT.: *Caliente, tropical.*

2 (Fig.) Frío, indiferente, impávido, imperturbable, apático, desabrido, desafecto.

ANT.: *Apasionado, cálido, afectuoso, cordial.*

global

Universal, total, general, completo.

ANT.: *Parcial, local.*

globo

1 Esfera, bola, pelota, balón.

2 Dirigible, aeróstato.

3 (Fig.) Orbe, mundo, Tierra, planeta, globo terráqueo.

4 (Fig. y fam.) Preservativo, condón.

gloria

1 Beatitud, bienaventuranza, paraíso, edén, salvación.

ANT.: *Infierno, perdición.*

2 Fama, nombradía, reputación, celebridad, popularidad, lustre, honor, aura, reconocimiento.

3 Triunfo, éxito.

ANT.: *Fracaso.*

4 Esplendor, majestad, magnificencia, grandeza.

5 Deleite, placer, gusto, satisfacción, delicia.

ANT.: *Disgusto, insatisfacción.*

6 Felicidad, dicha.

ANT.: *Infelicidad.*

glorioso

1 Bienaventurado, celestial, santo.

2 Victorioso, honroso, célebre, famoso, ilustre, insigne, eminente, majestuoso.

ANT.: *Anónimo, vergonzoso, insignificante.*

3 Alabancioso, presuntuoso.

ANT.: *Humilde, modesto.*

4 (Fig. y fam.) Maravilloso, estupendo.

glosar

1 Explicar, comentar, ampliar, apostillar, aclarar.

2 (Fig.) Retorcer, tergiversar.

glotón

Voraz, ávido, tragón, comilón, goloso, (fam.) tragaldabas, (Esp./fam.) hambrón.

ANT.: *Inapetente.*

gnomo

1 Genio, espíritu, nomo, elfo, duende VER, ser fantástico, geniecillo.

2 (Fig.) Enano.

gobernador
Gobernante, mandatario, dirigente, autoridad, funcionario, representante.
ANT.: *Gobernado, ciudadano.*
gobernar
1 Mandar, regir, presidir, administrar, manejar.
ANT.: *Desgobernar.*
2 Conducir, dirigir, guiar.
ANT.: *Obedecer, acatar.*
gobierno
1 Dirección, administración, mandato, régimen, regencia, tutela, gobernación, manejo.
ANT.: *Anarquía, desgobierno.*
2 Poder, autoridad, mando.
3 Gabinete, ministerio, Estado.
goce
1 Placer, fruición, satisfacción, solaz, agrado, deleite, gusto, regodeo.
ANT.: *Sufrimiento, dolor.*
2 Uso, usufructo, posesión, disfrute.
ANT.: *Carencia.*
godo
1 Germánico.
2 (Argent., Colomb., Chile, Urug./desp./ant.) Español peninsular.
3 (Venez./fam./desp.) Mezquino, avaro.
4 (Venez./fam.) Aristócrata, opulento.
gol
Tanto, acierto, punto [en fútbol y otros deportes].
gola
1 Garganta, gañote.
2 Insignia militar.
3 Gorguera, adorno.
4 Moldura, cimacio [arquitectura].
golfo
1 Pillo, truhán, vagabundo, bribón, pícaro, granuja.
2 Bahía, cala, ensenada, rada, refugio, entrada de mar.
golosina
1 Dulce, bombón, caramelo, confite, delicia, delicadeza, (Esp.) gollería.
2 (Fig.) Apetito, deseo, ansia, antojo.
goloso
Voraz, antojadizo.
golpe
1 Choque, porrazo, caída, encontronazo, impacto, tope, topetazo, trompicón, empujón.
2 Puñetazo, guantada, tortazo, bofetón, cachetada, (fam.) cate, soplamocos.
3 Latido, pulsación.
4 (Fig.) Desgracia, calamidad, infortunio, desastre.
5 (Fig.) Asalto, atraco.
6 Moretón, cardenal, señal, hematoma, verdugón, contusión, magulladura, equimosis.
7 (Fig.) Salida, ocurrencia, agudeza, chiste.
ANT.: *Gansada, tontería.*
golpear
1 Pegar, percutir, topar, chocar, tropezar, caer.
2 Tundir, apalear, zurrar, atizar, azotar, magullar, cascar, lastimar, castigar, herir, (Méx./fam.) sonar.
golpista
Insurrecto, sublevado, sedicioso.
golpiza
Zurra, tunda, paliza, felpa, (Méx.) tranquiza.
goma
1 Adhesivo, pegamento, mucílago, engrudo, cola.
2 Caucho, banda elástica.
3 Borrador.
4 (Argent., Cuba) Neumático, llanta.
5 (Fam.) Condón, preservativo.
6 (Amér. C.) Resaca, cruda.
gomina
Fijador, fijapelo, laca, gel, afeite.
gong
Batintín, gongo, tantán, platillo.
gordo
1 Obeso, rollizo, carnoso, grueso, corpulento, rechoncho, voluminoso, pesado.
ANT.: *Delgado, flaco.*
2 Mantecoso, craso, grasoso, graso, pingüe.
ANT.: *Magro, seco.*
3 Basto, ancho.
ANT.: Fino.
4 Grasa, manteca, sebo, unto, gordura, tocino.
5 (Fig.) Grave, importante, enorme, extraordinario.
6 (Cuba) Antipático, pesado.
gorjear
Trinar, cantar, piar, silbar.
gorra
Birrete, boina, gorro, (Esp./ant.) chapelete, (Méx.) cachucha.
gorrón
Vividor, gorrista, parásito, sablista, pedigüeño, abusador.
ANT.: *Trabajador, laborioso.*

gota
1 Partícula, pizca, lágrima, chispa, (fig.) migaja.
2 Podagra [enfermedad].
gotear
1 Escurrir, destilar, chorrear, filtrarse, fluir, salir.
2 Lloviznar, chispear.
gourmet (pr.)
Gastrónomo, sibarita, conocedor, catador, refinado.
gozar
1 Disfrutar, deleitarse, complacerse, solazarse, regocijarse, regodearse.
ANT.: *Sufrir, padecer.*
2 Tener, poseer, aprovechar.
ANT.: *Carecer.*
gozne
Bisagra, juego, herraje, perno, articulación, charnela.
gozo
1 Júbilo, alborozo, alegría, gusto, contento, regocijo.
ANT.: *Sufrimiento, tristeza.*
2 Placer, deleite, satisfacción, agrado, delicia.
ANT.: Desagrado, disgusto.
3 Diversión, animación, recreación.
gozque (Esp.)
Perro, perrillo, chucho, (C. Rica) zaguate, (Méx.) cusco, guzgo, (Méx./ fam.) solovino.
grabado
1 Ilustración, lámina, estampa, imagen, cromo.
2 Clisé, cliché, fotograbado.
grabar
1 Labrar, tallar, cortar, esculpir, cincelar, rebajar, marcar.
2 Litografiar, impresionar, imprimir.
3 Videograbar, fijar sonidos.
4 Memorizar, aprender, evocar, recordar, tener presente.
ANT.: *Olvidar.*
5 Inculcar, enseñar.
gracia
1 Garbo, gallardía, donaire, apostura, gentileza, elegancia, encanto, (Esp.) salero.
ANT.: *Tosquedad, desgarbo.*
2 Merced, favor, don, beneficio, concesión, dádiva.
ANT.: *Perjuicio.*
3 Indulto, amnistía, perdón, absolución.
ANT.: *Condena, castigo.*
4 Gracejo, ingenio, simpatía, humorismo, comicidad.
ANT.: *Antipatía, pesadez.*
5 Desenvoltura, habilidad, destreza, soltura, agilidad.
ANT.: *Torpeza.*
6 Chiste, ocurrencia, agudeza, pulla.
7 (Fig.) Incordio, molestia.
8 (Fam.) Nombre, apelativo.
9 (Fig. y fam.) Trastada, barrabasada, barbaridad.
10 gracias Agradecimiento, gratitud, reconocimiento.
ANT.: *Ingratitud.*
grácil
1 Fino, delgado, esbelto, menudo.
ANT.: *Pesado, voluminoso.*
2 Tenue, sutil, ligero, delicado.
ANT.: *Tosco, burdo.*
gracioso
1 Atrayente, agradable, simpático, (Esp.) saleroso.
ANT.: *Antipático, desagradable.*
2 Ocurrente, bromista, agudo, divertido, alegre.
ANT.: *Soso, triste, serio.*
3 Cómico, chistoso, hilarante.
ANT.: *Trágico, patético.*
4 Encantador, primoroso, bonito, elegante.
ANT.: *Feo, desgarbado, torpe.*
5 Gratuito, de balde.
ANT.: *Oneroso.*
grada
1 Tarima, estrado, podio, plataforma, peldaño, pedestal, escalón, peana.
2 gradas Gradería, graderío.
grado
1 Graduación, rango, jerarquía, título, empleo.
2 Nivel, altura, punto, límite, margen.
3 Situación, valor, condición, estado.
gradual
Paulatino, progresivo, lento, escalonado, continuo.
ANT.: *Brusco, repentino.*
graduar
1 Regular, medir, nivelar, ajustar, acomodar, dosificar.
2 graduarse Diplomarse, titularse, licenciarse, doctorarse.
gráfico
1 Descriptivo, explícito, expresivo, claro, manifiesto, (fig.) meridiano.
ANT.: *Confuso, inexpresivo.*

2 Esquema, gráfica, plano, bosquejo, dibujo, cuadro estadístico.

gragea

1 Comprimido, píldora, pastilla, tableta.

2 Confite menudo, (Méx.) chochitos.

gramófono

Fonógrafo, tocadiscos, gramola.

granada

Proyectil, bomba, explosivo, obús.

granate

Rojo oscuro, violáceo, vino, carmesí, grana [color].

grande

1 Mayúsculo, crecido, voluminoso, alto, enorme, colosal, gigantesco, grandioso.

ANT.: *Pequeño, chico.*

2 Amplio, vasto, espacioso.

ANT.: *Reducido.*

3 Intenso, fuerte.

ANT.: *Leve.*

4 Anciano, mayor.

ANT.: *Joven.*

5 (Fig.) Notable, excelso, egregio, insigne, sobresaliente, prócer.

ANT.: *Anónimo, mediocre.*

grandioso

Imponente, espléndido, grande VER.

ANT.: *Insignificante.*

granero

Pajar, troje, silo, depósito, cobertizo, almacén de granos.

granizo

Pedrisco, piedra, granizada, tormenta, borrasca.

granja

Rancho, hacienda, cultivo, alquería, quinta, (Esp.) cortijo.

granjero

Agricultor, criador, cultivador, labrador, hacendado, colono.

grano

1 Semilla, fruto, cereal.

2 Pizca, migaja, gránulo, partícula.

3 Granulación, textura.

4 Roncha, barro, bulto, inflamación, forúnculo, comedón, divieso.

granuja

1 Bribón, bellaco, pillo, tunante, golfo, perillán, (Méx.) gandalla.

2 (Fam.) Pilluelo, travieso.

grasa

1 Sebo, unto, manteca, gordo, gordura, lardo.

2 Lubricante, aceite.

3 (Fig.) Gordura, carnes, obesidad.

4 Pringue, mugre.

graso

Seboso, grasoso, aceitoso, untuoso, pingüe, gordo, pringoso.

ANT.: *Seco, magro.*

gratificar

1 Retribuir, remunerar, recompensar, premiar, regalar, obsequiar.

2 Gustar, complacer, satisfacer.

ANT.: *Disgustar.*

gratis

Gratuito, gratuitamente, sin cargo, de balde, regalado.

ANT.: *Pagado, pago.*

gratitud

Agradecimiento, reconocimiento, obligación.

ANT.: *Ingratitud, desagradecimiento.*

grato

Placentero, agradable, deleitoso, delicioso, atractivo, amable, bueno.

ANT.: *Desagradable, ingrato.*

gratuito

1 Gratis, de balde, regalado.

2 (Fig.) Caprichoso, arbitrario, infundado, injusto, inmerecido.

ANT.: *Justo, merecido.*

grava

Guijo, gravilla, balasto, piedrecillas, cascajo, (Argent.) pedregullo.

gravamen

Impuesto, tributo, contribución, carga, obligación, sobreprecio.

grave

1 Grande, importante, capital, trascendental.

ANT.: *Ligero, nimio, insignificante.*

2 Comprometido, difícil, arduo, espinoso, dificultoso, alarmante, preocupante.

ANT.: *Fácil, leve.*

3 Serio, circunspecto, solemne, severo, adusto.

ANT.: *Risueño, cordial, bromista.*

4 Bajo [sonido].

ANT.: *Agudo.*

5 Muy enfermo, delicado, moribundo, agonizante.

gravedad

1 Gravitación.

2 Compostura, seriedad, circunspección, solemnidad, severidad.

ANT.: *Informalidad, frivolidad.*

3 (Fig.) Importancia, trascendencia, magnitud.

4 Dificultad, peligro, riesgo.
ANT.: *Facilidad, seguridad.*
gravitar
Apoyarse, pesar, descansar, basarse, afectar.
gravoso
1 Enfadoso, molesto, pesado, aburrido, fastidioso.
ANT.: *Grato, divertido.*
2 Caro, oneroso, costoso, excesivo.
ANT.: *Barato, accesible.*
graznar
1 Voznar, crascitar, chillar, chirriar, gritar.
2 (Fig.) Cantar desafinando.
greda
Arcilla, tierra, caliza, marga.
gregario
1 Sociable, gregal, que vive en grupos [animales].
ANT.: Solitario.
2 Adocenado, agrupado.
3 (Fig.) Dócil, servil, impersonal, (fam.) borrego.
gremio
Corporación, sindicato, asociación, agrupación, cofradía, junta, grupo.
greñudo
Melenudo, desgreñado, despeinado, grenchudo, encrespado, revuelto, (Amér.) mechudo*.
ANT.: *Calvo, rapado.*
*Tb. significa: Lampazo, (Amér.) trapeador.
gresca
1 Tumulto, alboroto, bulla, pelotera, jaleo.
ANT.: *Calma, paz.*
2 Riña, trifulca, pelea, pendencia, reyerta.
ANT.: *Calma, paz.*
grey
1 Rebaño, hatajo, hato, manada.
2 (Fig.) Feligresía, congregación, hermandad.
3 (Fig.) Grupo, conjunto, comunidad.
ANT.: *Individuo.*
grieta
Fisura, hendidura, hendedura, resquebrajadura, raja, ranura, rendija, resquicio, intersticio.
grifo
1 Llave, espita, válvula, canilla, toma.
2 Crespo, chino, enmarañado, engrifado [cabello].
3 (Colomb.) Presuntuoso.
4 (C. Rica) Erizado, con piel de gallina.
5 (C. Rica, Méx.) Intoxicado con mariguana.
grilla
(Méx./fam.) Politiquería, embustes, intrigas.
grillero
(Méx./fam.) Hablador, mentiroso, intrigante, embustero.
grilletes
Grillos, esposas, hierros, cepo, cadenas, (fig.) prisión.
grillo
1 Cepo, grillete.
2 Tallo, brote.
3 (Cuba) Mujer desgarbada y flaca.
4 (Méx./fam./desp.) Politiquillo, hablador, embustero.
5 (Venez./fam.) Cantilena.
6 (Venez./vulg.) Drogadicto.
7 **grillos** (Fig.) Impedimento, estorbo, molestia.
gringo (Amér.)
1 Forastero, extranjero, extraño, yanqui.
ANT.: *Nativo.*
2 (Fig. y fam.) Rubio.
gripe
Catarro, influenza, resfriado, constipado, infección.
gris
1 Plomizo, gríseo, grisáceo, ceniciento [color].
2 (Fig.) Borroso, indefinido.
3 (Fig.) Sombrío, apagado, triste.
ANT.: *Colorido, vivaz.*
4 (Fig.) Monótono, aburrido, soso.
ANT.: *Animado.*
5 (Fig.) Anodino, mediocre.
ANT.: *Sobresaliente, descollante.*
gritar
1 Vocear, vociferar, chillar, aullar, bramar, ulular, desgañitarse.
ANT.: *Susurrar, musitar, sisear.*
2 Abuchear.
ANT.: *Aplaudir.*
3 (Fig. y fam.) Regañar, reñir, reprender, maltratar.
grito
Chillido, voz, exclamación, alarido, → gritar.
grosería
1 Descortesía, incorrección, desatención.
ANT.: *Atención, cortesía.*
2 Tosquedad, rudeza, ordinariez, incultura, majadería.
ANT.: *Finura, educación.*

3 Descaro, insolencia.
ANT.: *Discreción, recato.*
4 (Fam.) Exabrupto, palabrota, insulto.

grosero
Tosco, descarado, ➞ grosería.

grosor
Espesor, volumen, grueso, anchura, calibre.

grotesco
1 Ridículo, de mal gusto, estrambótico, tosco, feo.
ANT.: *Elegante, sobrio.*
2 Irrisorio, cómico, estrafalario, extravagante.

grúa
Cabria, cabrestante, brazo, puntal, aguilón, (Argent.) guinche, (C. Rica, Méx.) güinche.

grueso
1 Voluminoso, abultado, grande.
ANT.: *Menudo, pequeño, fino.*
2 Corpulento, gordo VER.
ANT.: *Delgado, flaco, esbelto.*
3 Fuerte, recio.
4 Grosor, espesor, cuerpo, (Argent.) grosura.
5 Núcleo, bloque, parte principal.

grumo
Coágulo, cuajarón, apelmazamiento, apelotonamiento.

gruñir
1 Rugir, roncar, bufar, gañir, berrear.
2 (Fig.) Rechinar, chirriar.
3 (Fig.) Rezongar, refunfuñar, murmurar, mascullar, protestar.

grupa
Anca, cuadril, pernil, flanco, cadera.

grupo
Conjunto, agrupación, reunión, asociación, congregación, camarilla, banda, pandilla, caterva, clan.

gruta
Cueva, caverna, antro, cavidad, oquedad, fosa, galería.

guacamayo
Papagayo, loro, cotorra, (Amér. C., Colomb., Méx.) guacamaya.

guachinango
1 Huachinango [pez comestible de mar].
2 (Cuba, P. Rico) Astuto, zalamero, pícaro.
3 (Méx./desp.) Guacho, del interior del país.
4 (P. Rico) Burlón.

guacho
1 (Argent., Colomb., Chile, Ecuad., Perú) Huérfano, expósito, cría sin madre.
2 (Argent., Chile, Perú) Desvalido, desamparado, solitario.
3 (Chile) Desparejado, descabalado.
4 (Méx./desp.) Soldado.

guagua
1 (Argent., Bol., Colomb., Chile, Ecuad., Perú) Niño, crío, rorro, bebé, criatura.
2 (Cuba, P. Rico, Sto. Dom.) Autobús, ómnibus.

guajiro (Cuba)
Campesino, granjero, rústico.

guajolote (Amér.)
Pavo, ave, (Antill.) guanajo, (Colomb.) chumbipe, (Guat.) chumpipe, (Méx.) cócono, pípila*, (Perú) chompipe**.
*Se da este nombre a la hembra del guajolote.
**Tb. significa: (C. Rica) Cierto árbol maderable. / (Nic., Salv.) Aristoloquia, planta herbácea.

gualicho
1 (Chile) Diablo, espíritu maligno.
2 (Argent., Urug.) Maleficio, hechizo, brujería.

guano
Excremento [de aves marinas y murciélagos], abono, estiércol, (Esp.) fiemo.

guantada
Bofetón, bofetada, tortazo, moquete, cachetada, trompada, mamporro, revés, (C. Rica) guabazo, (Esp.) chuleta.

guante
Manopla, mitón.

guapo
1 Apuesto, gallardo, airoso, arrogante, bello, hermoso, galán, lucido, bonito.
ANT.: *Feo, desagradable.*
2 Valentón, pendenciero, fanfarrón, matasiete, (Esp.) chulo.
ANT.: *Sensato, tímido.*
3 (Fam.) Resuelto, audaz, animoso, bizarro.
ANT.: *Apocado.*

guarango (Argent.)
Grosero, incivil, descarado, insolente, descortés.

guarda
1 Tutela, salvaguardia, protección, guardia VER.
2 Vigilante, guardián, guardia, custodio, cuidador, escolta, guardaespaldas, encargado.

guardaespaldas
Escolta, (fig.) gorila, (Méx.) guarura.

guardapolvo
1 (Argent., Esp.) Delantal, bata, mandil.
2 (Méx.) Zoclo, orilla, borde.
guardar
1 Atesorar, almacenar, ahorrar, retener, meter, acumular.
ANT.: *Sacar, gastar, extraer.*
2 Defender, cuidar, custodiar.
ANT.: *Desamparar, descuidar.*
3 Contener, esconder, ocultar.
ANT.: *Mostrar, exhibir.*
4 Respetar, cumplir, acatar, obedecer, seguir.
ANT.: *Omitir, infringir.*
5 guardarse Eludir, evitar, abstenerse, prevenirse, defenderse, recelar, reservar.
ANT.: *Exponerse, confiar.*
guardarropa
1 Armario, ropero, cómoda, mueble, clóset, guardarropía.
2 Vestuario, vestidos, atuendos, atavíos.
guardería
Parvulario, jardín de infantes, jardín de niños, (Méx.) maternal.
guardia
1 Vigilante, centinela, guardián, policía, agente, escolta, defensor, guarda VER, (fig.) cancerbero.
2 Vigilancia, defensa, resguardo, custodia, salvaguardia, amparo, protección.
3 Patrulla, piquete, destacamento, ronda.
4 (Fig.) Vela, velada, desvelada, asistencia nocturna.
guardián
Protector, guardia VER.
guarecerse
Cobijarse, protegerse, albergarse, resguardarse, defenderse.
ANT.: *Exponerse, arriesgarse.*
guarida
1 Cueva, covacha, madriguera, cubil, agujero.
2 Amparo, asilo, refugio.
guarnecer
1 Adornar, decorar, revestir, embellecer, amueblar.
2 Proveer, dotar, abastecer, pertrechar, aprovisionar.
ANT.: *Desposeer, desguarnecer.*
guarnición
1 Adorno, aderezo, engaste, engarce.
2 Destacamento, tropa, cuartel, fuerte, acantonamiento, avanzada.
3 Empuñadura, guardamano, guarda, defensa [en espadas].
4 Arreos, arnés, jaeces, apero, aparejo [caballerías].
5 Ensalada, verdura, (Cuba) garnitura [acompañamiento en un platillo].
guarro
1 Cerdo, puerco, cochino, marrano, lechón, (Amér.) cochi, (Nic.) chancho.
2 (Fig. y fam.) Sucio, desaseado, inmundo, (Méx.) atascado.
ANT.: *Limpio, aseado, pulcro.*
3 (Fig. y fam.) Grosero, zafio, rudo, palurdo.
ANT.: *Fino, educado.*
4 (Fig. y fam.) Vil, ruin, despreciable.
ANT.: *Decente, apreciable.*
guasa
Burla, chanza, zumba, chacota, chunga, broma, cuchufleta, mofa, sorna, befa, (Méx./fam.) cotorreo.
ANT.: *Seriedad, gravedad.*
guaso
1 (Chile) Campesino, rústico.
2 (Argent., Chile, Ecuad., Par., Perú/fig.) Grosero, tosco, rudo, incivil.
guata
1 Tela gruesa, relleno.
2 (Argent., Chile) Barriga, vientre, panza.
3 (Venez.) Cierta serpiente venenosa.
gubernativo
Oficial, gubernamental, estatal, público, administrativo.
guerra
1 Contienda, conflicto, lucha, choque, combate, batalla, refriega, encuentro, campaña, hostilidades.
ANT.: *Paz, tregua.*
2 Pugna, discordia, desavenencia, hostilidad, rivalidad, pleito.
ANT.: *Concordia, armonía.*
3 (Fig. y fam.) Lata, molestia, alboroto.
ANT.: *Tranquilidad, calma*
guerrero
1 Bélico, marcial.
2 Combatiente, guerreador, beligerante, soldado, militar, caudillo, adalid.
3 Belicoso, batallador, aguerrido, conquistador.
ANT.: *Pacífico.*
4 (Fig. y fam.) Latoso, guerrista, travieso, revoltoso.
ANT.: *Tranquilo, quieto.*

guía
1 Tutela, consejo, orientación, supervisión, norma, enseñanza.
ANT.: *Abandono, descuido.*
2 Tutor, consejero, maestro, mentor, asesor, monitor, director.
3 Experto, cicerone, conductor, batidor, rastreador, práctico, (Amér.) baqueano.
4 Indicador, hito, mira, registro.
5 Rumbo, derrotero, camino, dirección, brújula.
6 Manual, índice, prontuario, folleto, breviario, vademecum.
7 Riel, carril, canal.
guiar
1 Orientar, indicar, conducir, encaminar, encauzar.
ANT.: *Desorientar, extraviar.*
2 Educar, adiestrar, entrenar, tutelar, asesorar.
ANT.: *Descarriar, confundir.*
3 Manejar, pilotar, pilotear, gobernar, llevar.
4 Dirigir, mandar, gobernar, regir, estar al frente.
ANT.: *Obedecer, acatar.*
guijarro
Piedrecilla, china, guija, pedrusco, canto, peladilla, fragmento, (Amér.) piedrita.
guillado (Esp.)
Loco, trastornado, chiflado VER.
ANT.: *Cuerdo.*
guiñapo
1 Jirón, harapo, andrajo, pingo, colgajo, remiendo, desgarrón.
ANT.: *Gala.*
2 (Fig.) Sucio, andrajoso, guiñaposo.
ANT.: *Pulcro, elegante.*
3 (Fig.) Piltrafa, canalla, degradado.
4 (Fig.) Abatido, débil.
ANT.: Fuerte.
guiño
1 Gesto, visaje, guiñada*, seña, expresión, contracción, advertencia.
2 (Venez.) Persona o cosa con mala suerte.
*Tb. significa: Viraje, cambio brusco de dirección de un barco.
guión
1 Insignia, estandarte, pendón, bandera VER.
2 Esquema, sinopsis.
3 Argumento, libreto, tema, asunto.
4 Raya, línea.
guirnalda
1 Corona, diadema, tiara, aureola.
2 Festón, tira, ribete, adorno.
guisado
Guiso, estofado, cocido, olla, potaje, vianda.
guisar
Cocinar, cocer, estofar, rehogar, freír, preparar [comidas].
guiso
VER guisado.
gula
Glotonería, voracidad, avidez, desenfreno, ansia, hambre, (Esp.) carpanta, (Méx.) guzguería.
ANT.: *Moderación, frugalidad.*
gurí (Argent., Urug.)
Niño, muchachito, chico, chiquillo [en femenino, gurisa].
gusano
1 Verme, helminto, lombriz, oruga, larva, gusarapo.
2 (Fig.) Abatido, humilde.
ANT.: *Altivo.*
3 (Fig. y desp.) Vil, bajo, ruin, despreciable, inmundo.
4 (Cuba/desp.) Contrarrevolucionario.
gustar
1 Probar, catar, saborear, degustar, paladear, libar, tomar, comer, ingerir.
2 Deleitarse, gozar, disfrutar.
3 Agradar, cautivar, atraer, entusiasmar, fascinar, encantar.
ANT.: *Desagradar, disgustar.*
4 Desear, apetecer, codiciar, ambicionar.
ANT.: *Desdeñar.*
5 gustarse Enamorarse, atraerse.
gusto
1 Sabor, gustillo, regusto, resabio.
2 (Fig.) Estilo, elegancia.
3 Deleite, agrado, placer, satisfacción, fruición, gozo.
ANT.: *Disgusto, sinsabor.*
4 Gana, voluntad, arbitrio, inclinación.
gustoso
1 Grato, agradable, placentero, sabroso, ameno.
ANT.: *Ingrato, desabrido, aburrido, soso.*
2 Contento, complacido.
ANT.: *Disgustado, fastidiado.*
guzgo (Méx.)
Glotón, goloso, voraz, cusco, cuzco*.
*Tb. significa: Perro, gozque, chucho.

H

habano
1 Puro, cigarro, veguero, (Esp./fam.) tagarnina.
2 Castaño, marrón, ocre, tabaco [color].
haber
1 Poseer, tener, detentar, gozar, disfrutar, disponer, usufructuar, conservar.
ANT.: *Carecer, necesitar.*
2 haber de Deber, tener que [hacer algo].
3 Acontecer, ocurrir, suceder.
haberes
1 Bienes, posesiones, hacienda, capital, caudal, peculio, fortuna, fondos, recursos.
2 Paga, emolumentos, salario, ingresos, honorarios.
hábil
1 Diestro, habilidoso, experto, competente, ducho, entendido, perito, fogueado, mañoso, ingenioso.
ANT.: *Inepto, inhábil.*
2 Astuto, sagaz.
ANT.: *Ingenuo, tonto.*
3 Ladino, taimado, pillo.
4 Laborable [día].
ANT.: *Feriado.*
habilidad
1 Aptitud, capacidad, destreza, maestría, ingenio, maña.
ANT.: *Incompetencia.*
2 Astucia, sagacidad, sutileza, diplomacia, tacto.
ANT.: *Torpeza, necedad.*
habilitar
1 Capacitar, facultar, acreditar, autorizar, licenciar.
ANT.: *Inhabilitar, incapacitar.*
2 Adecuar, disponer.
3 Capitalizar, proveer.
habitación
Cuarto, alcoba, estancia, pieza, aposento, cámara, salón, apartamento, dependencia.
habitante
1 Poblador, morador, residente, vecino.
2 Ciudadano, nativo, compatriota, paisano.
3 Inquilino, arrendatario, condómino, propietario.
4 (Cuba) Golfo, vago, vagabundo.
habitar
Vivir, morar, residir, domiciliarse, alojarse, aposentarse, avecindarse, establecerse, estar, ocupar.
ANT.: *Mudarse, deshabitar.*
hábito
1 Uso, usanza, costumbre, rutina, práctica, conducta.
2 Manía, capricho, vicio.
3 Habituación dependencia, adicción.
4 Vestido, vestimenta, traje, atavío [de religiosos].
habitual
Corriente, común, usual, ordinario, rutinario, familiar, vulgar, frecuente, repetido, reiterado.
ANT.: *Extraordinario, inusual, raro, infrecuente.*
habituar
Acostumbrar, aficionar, aclimatar, familiarizar, amoldar, curtir.
ANT.: *Desacostumbrar.*
hablador
1 Charlatán, locuaz, parlanchín, palabrero, conversador.
ANT.: *Taciturno, silencioso.*
2 Indiscreto, chismoso, parlero, bocazas, correveidile, (Esp.) cotilla.
ANT.: *Discreto, reservado.*
3 (Méx., Sto. Dom.) Mentiroso, fanfarrón.
hablantina (Colomb., Venez.)
Cháchara, charla, parloteo, algarabía.
hablar
1 Decir, expresar, declarar, manifestar, comunicar, explicar.
ANT.: *Callar, enmudecer.*
2 Charlar, conversar, dialogar, departir, platicar.
3 Discutir, razonar, tratar, concertar, proponer.
4 Murmurar, criticar.
5 Revelar, confesar, (fig.) cantar, desembuchar.
ANT.: *Ocultar, reservar.*

6 (Fig.) Cortejar, enamorar.
7 (Amér.) Llamar.
8 **hablar por** Interceder, influir, rogar.

hacendado
Terrateniente, propietario, latifundista, ganadero, granjero, ranchero, agricultor, plantador, cultivador, (Venez.) haciendado.

hacendoso
Trabajador, diligente, aplicado, activo, laborioso, afanoso, atento, solícito, (fig.) hogareño.
ANT.: *Haragán, negligente.*

hacer
1 Engendrar, crear, producir, originar, formar.
ANT.: *Destruir, eliminar, aniquilar.*
2 Fabricar, construir, elaborar, confeccionar, armar.
ANT.: *Deshacer, desbaratar.*
3 (Fig.) Componer, materializar, arreglar [creaciones intelectuales].
4 Actuar, obrar, proceder, ocasionar, causar.
5 Organizar, completar, sumar.
6 Obtener, ganar, conseguir.
7 Referir, concernir, incumbir.
8 Transformar, convertir, modificar, volver.
9 **hacer sus/las necesidades** (Fig.) Evacuar, orinar, defecar.

hacerse
1 Acostumbrarse, habituarse, avenirse, curtirse, aclimatarse.
2 Formarse, adiestrarse, adquirir experiencia.
3 Proveerse, obtener, ganar.
4 Convertirse, volverse, transformarse, cambiar.
5 (Fam.) Ensuciarse, orinarse o defecarse encima.
6 (Fig. y fam.) Fingir, pretender.

hacha
1 Herramienta, destral, segur.
2 Velón, cirio, machón.
3 Mecha, antorcha, tea, hachón.
4 Haz, atado.
5 (Cuba, Méx.) Experto, diestro, avezado.

hacienda
1 Propiedad, posesión, heredad, solar, dominio, tierra, granja, campo cultivado.
2 Posesiones, bienes, haberes, fondos, caudal.
3 Erario, fisco, tesoro.

hacinar
1 Juntar, reunir, guardar.
2 (Fig.) Amontonar, acumular, apilar, aglomerar.
ANT.: *Desperdigar, esparcir.*

hada
Maga, encantadora.

hado
Sino, destino, azar, fatalidad, providencia, suerte, ventura, estrella, fortuna, acaso.

halagar
1 Adular, loar, elogiar, lisonjear, agasajar, mimar.
ANT.: *Desdeñar, despreciar.*
2 Agradar, complacer, satisfacer.
ANT.: *Desagradar, disgustar.*
3 Envanecer, enorgullecer.
ANT.: *Humillar, avergonzar.*

halagüeño
Propicio, prometedor, halagador, grato, satisfactorio.
ANT.: *Desfavorable, desalentador.*

halar
1 (Cuba, Nic., Par., P. Rico) Tirar de, recoger, atraer, jalar.
2 (Venez.) Irse.

hálito
1 Aliento, resuello, respiración.
2 Soplo, aura, emanación, vapor, vaho.

hall
Vestíbulo, recibidor, entrada, acceso, salón, pasillo, antesala.

hallar
1 Encontrar, localizar, topar, tropezar.
ANT.: *Perder, extraviar.*
2 Descubrir, acertar, atinar.
ANT.: *Errar, fallar.*
3 Discurrir, imaginar, idear, concluir.
4 Advertir, observar, notar.

hallarse
1 Estar, encontrarse.
ANT.: *Ausentarse.*
2 Coincidir, reunirse, concurrir.

hallazgo
1 Encuentro, hallada.
ANT.: *Pérdida, extravío.*
2 Descubrimiento, invento, creación.
3 Solución, respuesta.
ANT.: *Interrogante.*

halo
Corona, aureola, nimbo, cerco, anillo, fulgor, resplandor.

hamaca
1 Catre, red, lona, coy.
2 (Argent., Urug.) Columpio, mecedora.

hambre
1 Apetito, apetencia, gana, necesidad, (Esp./fam.) gazuza, (Méx./vulg.) filo.
ANT.: *Inapetencia, hartura.*
2 Escasez, penuria, hambruna.
3 (Fig.) Deseo, afán, ambición, codicia, ansia, avidez.
ANT.: *Desinterés.*

hambriento
1 Famélico, hambrón.
ANT.: *Saciado, harto.*
2 (Fig.) Necesitado, menesteroso.
3 Ávido, ansioso, deseoso.
ANT.: *Desganado.*

hambruna
Hambre extrema, escasez, penuria, gazuza.

hampa
Escoria, hez, canalla, delincuencia, (fig.) morralla, chusma, gentuza.

hangar
Barracón, almacén, nave, depósito, tinglado, cobertizo [para guardar aeronaves].

haragán
Perezoso, gandul, holgazán VER.

haraganería
Pereza, holganza VER.

harapiento
Desarrapado, desaliñado, astroso, roto, haraposo, andrajoso, (fig.) piltrafa, (Amér.) descuajeringado.
ANT.: *Atildado, elegante.*

harapo
Andrajo, guiñapo, jirón, pingajo, colgajo, pingo, descosido.

harén
Serrallo, harem, gineceo.

hartar
1 Saciar, atiborrar, colmar, ahitar, empalagar, empachar, saturar.
2 (Fig.) Cansar, importunar, molestar, fastidiar, enojar.
ANT.: *Agradar, complacer.*

harto
1 Saciado, ahíto, satisfecho, atiborrado, empachado, repleto.
ANT.: *Hambriento, ávido.*
2 Cansado, hastiado, fastidiado, molesto, aburrido.
ANT.: *Contento, complacido.*
3 Bastante, mucho, demasiado, sobrado.

hartón
1 Hartazgo, hartazón, panzada, atracón.
2 (C. Rica, Cuba) Comilón, glotón, jartón.

hartura
1 Saciedad, hartazgo, saturación, empalago, empacho.
ANT.: *Hambre, avidez.*
2 (Fig.) Hastío, enfado, aburrimiento.
ANT.: *Interés.*
3 Exceso, abundancia.
ANT.: *Escasez.*

hastiado
Fastidiado, harto VER.

hastiar
VER hartar.

hastío
Aburrimiento, tedio, fastidio, empalago, hartura, enfado, molestia, aversión, disgusto.
ANT.: *Agrado, entretenimiento, placer.*

hatajo
1 Recua, rebaño, hato.
2 Conjunto, cúmulo, montón.
3 (Desp.) Masa, horda, pandilla, grupo.

hato
1 Hatillo, atado, fardel, bulto, lío.
2 Manada, rebaño, hatajo, ganado, tropel.

haz
1 Manojo, atado, fajo, brazada.
2 Cara, superficie [anterior].

hazaña
Gesta, proeza, acción, aventura, epopeya, faena, hombrada.

hebilla
Broche, pasador, fíbula, prendedor, imperdible.

hebra
1 Filamento, hilo, fibra, brizna, hilacha, (Amér.) hilacho.
2 Vena, filón, veta.

hebreo
Israelita, judío VER, hebraico.

hecatombe
1 Sacrificio, inmolación.
2 (Fig.) Carnicería, matanza.
3 (Fig.) Catástrofe, desastre, siniestro, cataclismo.

hechicería
Brujería, encantamiento, sortilegio.

hechicero
1 Brujo, encantador, nigromante, mago, taumaturgo, adivino.
2 (Fig.) Cautivador, seductor, fascinante, encantador.
ANT.: *Repelente.*

H

hechizar
1 Embrujar, encantar, ensalmar, subyugar.
2 (Fig.) Maravillar, fascinar, cautivar, embelesar, seducir.
ANT.: *Repeler.*
hechizo
1 Embrujo, encantamiento, fascinación.
2 (Fig.) Encanto, seducción, magnetismo, atracción, atractivo.
hecho
1 Acto, acción, suceso, acontecimiento, incidente, aventura, peripecia.
2 Obra, faena, labor.
3 Maduro, perfecto, acabado.
ANT.: *Inmaduro, inacabado.*
4 Formado, avezado, habituado, ducho, experto, veterano, experimentado, baqueteado, fogueado.
ANT.: *Inexperto, novato, principiante.*
5 Tema, materia, asunto.
hechura
1 Forma, conformación, configuración, distribución, disposición, imagen.
2 Confección, ejecución, factura, corte, manufactura.
3 Obra, creación.
heder
1 Apestar, atufar, emanar, expeler, despedir [mal olor].
ANT.: *Perfumar, aromatizar, embalsamar.*
2 (Fig.) Molestar, enfadar, disgustar.
ANT.: *Agradar, atraer.*
hediondo
1 Pestilente, pestífero, fétido, maloliente, apestoso, nauseabundo, repugnante.
ANT.: *Aromático, perfumado.*
2 (Fig.) Insufrible, molesto, fastidioso.
hedor
Fetidez, peste, pestilencia, hediondez, tufo, emanación fétida, mal olor.
ANT.: *Aroma, perfume.*
hegemonía
Supremacía, preponderancia, predominio, potestad, preferencia, superioridad.
ANT.: *Sometimiento, sujeción.*
helar
1 Congelar, enfriar, cuajar, escarchar.
ANT.: *Calentar, licuar, derretir.*
2 (Fig.) Impresionar, sobrecoger, pasmar.
3 (Fig.) Desalentar, acobardar.
4 (Fig.) Inmovilizar.
hematoma
Contusión, moretón VER.
hembra
Mujer, fémina, señora, dama, doncella, matrona.
ANT.: *Macho, varón.*
hemorragia
Hemoptisis, pérdida, flujo, derrame, salida de sangre.
henchir
1 Llenar, rellenar, atestar, colmar, hinchar VER.
ANT.: *Vaciar.*
2 **henchirse** Hartarse, atiborrarse, atracarse, llenarse.
hendidura
Rendija, grieta, hendedura, fisura, surco, ranura, abertura, resquicio, intersticio.
hender
1 Rajar, cortar, agrietar, hendir, cuartear, cascar, partir.
2 (Fig.) Atravesar, surcar, abrirse paso.
heno
Hierba, forraje, pasto, paja, pienso.
heraldo
1 Mensajero, portavoz, emisario, correo, enviado, embajador, (ant.) rey de armas.
2 Pregonero, anunciador.
hercúleo
Forzudo, fuerte, fornido, musculoso, corpulento, vigoroso, titánico, poderoso.
ANT.: *Endeble, esmirriado.*
heredar
1 Suceder, entrar en posesión [herencias].
2 Parecerse, mostrar, manifestar [los mismos rasgos de sus padres].
3 Legar, donar, dejar [en herencia].
ANT.: *Desheredar.*
heredero
Beneficiario, sucesor, legatario, primogénito, descendiente.
hereje
1 Apóstata, cismático, impío, infiel, incrédulo, renegado, disidente, iconoclasta, heterodoxo.
ANT.: *Religioso, creyente, ortodoxo.*
2 (Fig.) Irreverente, blasfemo.
ANT.: *Reverente, devoto.*
3 (Fig.) Procaz, descarado, desvergonzado, insolente.
ANT.: *Respetuoso.*
herejía
1 Apostasía, → hereje.
2 (Fig.) Error, disparate, desacierto, aberración.
ANT.: *Acierto.*

3 (Fig.) Fechoría, daño.
ANT.: *Beneficio.*

herencia
1 Legado, transmisión, sucesión.
2 Atavismo.

herida
1 Lesión, magulladura, golpe, corte, desgarramiento, contusión, equimosis, erosión, escoriación, perforación, daño.
2 (Fig.) Agravio, ultraje, ofensa.
ANT.: *Halago.*
3 (Fig.) Aflicción, pena, sufrimiento, dolor, pesadumbre.
ANT.: *Alivio, consuelo.*

hermanar
1 Juntar, unir, aunar, armonizar, igualar, equiparar, uniformar.
ANT.: *Diferenciar, separar.*
2 Fraternizar, confraternizar, compenetrar.
ANT.: *Dividir, excluir.*

hermandad
1 Parentesco.
2 Cofradía, fraternidad, comunidad, congregación, gremio, sociedad.
3 Armonía, amistad, compenetración, benevolencia, hermanazgo.
ANT.: *Discordia.*

hermético
1 Impenetrable, impermeable, sellado, cerrado, estanco*.
ANT.: *Permeable, abierto.*
2 (Fig.) Inescrutable, incomprensible, oscuro.
ANT.: *Accesible, comprensible.*
3 (Fig.) Esotérico, oculto, secreto, misterioso.
ANT.: *Exotérico, revelado.*
4 (Fig.) Callado, reservado, hosco, silencioso, introvertido.
ANT.: *Parlanchín, hablador, extrovertido, sociable.*
*Tb. significa: Embargo, prohibición. / Tienda, estanquillo.

hermoso
Bello, apuesto, → hermosura.

hermosura
Belleza, beldad, apostura, gracia, galanura, perfección, encanto, atractivo, lindura, preciosura, gallardía, guapura.
ANT.: *Fealdad.*

héroe
1 Semidiós, titán.
2 Campeón, paladín, cid, adalid, invicto, vencedor.
ANT.: *Vencido.*
3 Temerario, valiente.
ANT.: *Cobarde.*
4 Protagonista, figura, estrella.

heroico
1 Épico, epopéyico.
2 Noble, magnánimo, valiente, bravo, arrojado, audaz, intrépido, valeroso, osado.
ANT.: *Cobarde, pusilánime.*

herramienta
Instrumento, utensilio, útil, aparato, artefacto, enser.

herrería
1 Fragua, forja, taller.
2 (Fig.) Ruido, alboroto, confusión, barahúnda.

herrumbre
Óxido, orín, herrín, cardenillo, pátina, oxidación.

hervir
1 Bullir, borbotear, burbujear, fermentar.
2 Cocer, escaldar.
3 (Fig.) Alborotarse, excitarse, agitarse, encresparse, soliviantarse.
ANT.: *Calmarse.*

heterodoxo
Disidente, hereje VER.
ANT.: *Ortodoxo.*

heterogéneo
Variado, diverso, diferente, plural, múltiple, mezclado, variopinto, complejo, híbrido, mixto.
ANT.: *Uniforme, homogéneo.*

hez
1 Poso, sedimento, escoria, desperdicio, depósito, residuo.
2 (Fig.) Gentuza, canalla, chusma, vulgo, populacho, plebe.
3 heces Excrementos.

híbrido
Mixto, mestizo, mezclado, combinado, cruzado, heterogéneo, impuro.
ANT.: *Puro, homogéneo.*

hidalgo
1 Señor, caballero, aristócrata, prócer, linajudo, (Esp./ant.) godo.
ANT.: *Plebeyo.*
2 (Fig.) Noble, generoso, magnánimo.
ANT.: *Mezquino.*

hiel
1 Bilis, atrabilis, humor, secreción.
2 (Fig.) Cólera, irritación, amargura, desabrimiento, desazón, aspereza, resentimiento.
ANT.: *Alegría, afecto.*

H

3 (Fig.) Disgustos, penas, adversidades.

hierba

1 Yerba, mata, planta, brizna, (desp.) yerbajo, (Argent., Chile, Urug.) yuyo.

2 Pasto, forraje, heno, pienso, pación, paja.

3 Césped, prado, pastizal, campo.

higiene

1 Asepsia, profilaxis, sanidad, desinfección, precaución, prevención.

ANT.: *Infección.*

2 (Fig.) Aseo, limpieza, pulcritud.

ANT.: *Suciedad.*

higiénico

Limpio, desinfectado, aséptico, puro, purificado.

ANT.: *Antihigiénico, sucio.*

higienizar

Asear, limpiar, desinfectar, purificar.

ANT.: *Ensuciar, contaminar.*

hijo

1 Vástago, descendiente, retoño, sucesor, heredero, primogénito.

2 Originario, natural, oriundo, nativo, nacido en.

3 (Fig.) Obra, creación, producción.

hilarante

Jocoso, gracioso, cómico, humorístico, festivo, chistoso.

ANT.: *Triste, trágico.*

hilaridad

Gracia, jocosidad, regocijo, alegría, carcajada, risotada, risa.

ANT.: *Tristeza, llanto, seriedad, gravedad.*

hilera

1 Formación, línea, columna, fila, cola.

2 Cadena, ristra, sarta, ringlera.

3 Serie, retahíla.

hilo

1 Hebra, filamento, fibra, hilaza, (desp.) hilacha.

2 Cable, alambre.

3 Chorro, chorrillo, escurrimiento.

4 (Fig.) Secuencia, encadenamiento, trama, continuidad, continuación.

hilvanar

1 Coser, pespuntear, embastar.

ANT.: *Deshilvanar, descoser.*

2 (Fig.) Coordinar, enlazar, relacionar.

3 (Fig. y fam.) Bosquejar, idear, esbozar, pergeñar.

himno

Cántico, canto, canción, loor.

hincar

1 Clavar, meter, introducir, empotrar, enterrar, plantar, asentar.

ANT.: *Extraer, sacar.*

2 hincarse Arrodillarse, prosternarse, venerar, homenajear.

ANT.: *Incorporarse.*

hincha

1 Partidario, fanático, seguidor, apasionado, exaltado, aficionado.

2 (Fam.) Odio, hostilidad, tirria, ojeriza, antipatía, encono.

hinchar

1 Inflar, henchir, abultar, llenar, agrandar.

ANT.: *Vaciar, exprimir, desinflar.*

2 (Fig.) Exagerar, aumentar.

ANT.: *Minimizar.*

3 (Argent./vulg.) Molestar.

hincharse

1 Inflamarse, congestionarse.

ANT.: *Deshincharse.*

2 Hartarse, atiborrarse.

ANT.: *Moderarse.*

3 (Fig.) Envanecerse, ensoberbecerse, engreírse.

ANT.: *Humillarse.*

hinchazón

1 Inflamación, congestión, absceso, hinchamiento, edema, bulto, chichón.

2 (Fig.) Soberbia, vanidad.

ANT.: *Sencillez, humildad.*

3 (Fig.) Grandilocuencia, afectación.

hindú

Indio, indostánico.

hipersensible

Susceptible, hiperestésico, delicado, irritable, suspicaz.

hípico

Ecuestre, caballar, equino.

hipnotizar

1 Sugestionar, dominar, magnetizar, dormir, adormecer, mesmerizar.

ANT.: *Despertar, volver en sí.*

2 (Fig.) Seducir, fascinar, hechizar, embrujar, asombrar.

ANT.: *Desagradar, disgustar.*

hipocresía

Falsedad, simulación, doblez, fingimiento, farsa, comedia, disfraz.

ANT.: *Sinceridad, franqueza.*

hipócrita

Falso, farsante, simulador, desleal, manipulador, artificioso, engañoso, (fig.) fariseo.

ANT.: *Sincero, franco, leal.*

hipoteca
Gravamen, fianza, deuda, carga, obligación, compromiso.
hipotecar
1 Gravar, enajenar, → hipoteca.
2 (Fig.) Poner en peligro, arriesgar, comprometer, peligrar.
hipótesis
Conjetura, suposición, deducción, teoría, presunción, creencia.
ANT.: *Certidumbre, comprobación.*
hiriente
1 Dañino, lesivo.
ANT.: *Inofensivo.*
2 Ultrajante, ofensivo, vejatorio, injurioso, humillante.
ANT.: *Edificante.*
3 Sarcástico, cínico, mordaz.
ANT.: *Amable.*
hirsuto
1 Erizado, enmarañado, tieso, híspido, despeinado, peludo, espinoso.
ANT.: *Liso, fino, suelto, lacio, laxo.*
2 Áspero, huraño, hosco, duro.
ANT.: *Suave, tierno.*
hirviente
Efervescente, espumoso, burbujeante, (fig.) agitado.
hispano
1 Hispánico, peninsular, español, ibérico, (ant.) godo.
2 Hispanoamericano, latinoamericano, latino.
histerismo
Histeria, excitación, nerviosidad, agitación, perturbación, convulsión, alteración.
ANT.: *Normalidad, calma.*
historia
1 Narración, crónica, reseña, anales, memoria, relación.
2 Gesta, epopeya, leyenda, tradición, relato.
3 Biografía.
4 Anécdota.
5 (Fig.) Cuento, novela, fábula.
6 (Fig. y fam.) Conseja, rumor, patraña, bulo, (Chile) bola.
ANT.: *Verdad.*
7 (Fig. y fam.) Chisme, habladuría, hablilla, infundio, enredo, (Esp.) cotilleo, (Méx.) argüende.
historial
Antecedentes, referencias, datos, informes, reseña, hoja de servicio, currículum.
histórico
1 Cierto, real, verdadero, comprobado, fidedigno, auténtico.
ANT.: *Incierto, ficticio, dudoso.*
2 Trascendental, importante.
ANT.: *Banal, insignificante.*
3 (Fig.) Antiguo, antañón, añoso.
historieta
1 Anécdota, fábula, chisme.
2 Tira cómica, cómic, tebeo, (Méx.) cuento.
histrión
1 Comediante, actor, mimo, titiritero, acróbata, prestidigitador, cómico.
2 (Fig.) Exagerado, afectado, teatral, farsante, charlatán, efectista.
hito
1 Señal, poste, mojón, coto, hita.
2 (Fig.) Blanco, objetivo.
3 (Fig.) Hecho, acontecimiento, suceso, evento.
hocico
Morro, jeta, boca, labios, belfos, trompa, fauces.
hogaño
Este año, actualmente, en esta época, (fig.) hoy.
ANT.: *Antes, antaño, antiguamente.*
hogar
1 Morada, casa, domicilio, vivienda, techo, cobijo, albergue, lar.
2 Chimenea, estufa, fogón, lumbre, fuego.
hogareño
1 Familiar, casero, doméstico.
2 (Fig.) Íntimo, natural, llano, sencillo, acogedor.
ANT.: *Artificial, protocolario.*
hoguera
Lumbre, lumbrada, fuego, pira, fogata, fogarada.
hoja
1 Pétalo, hojuela, fronda, follaje.
2 Lámina, placa, plancha.
3 Cuchilla, filo, acero, espada VER.
4 Papel, página, pliego, plana, folio, cuartilla.
5 Impreso, gaceta.
hojarasca
1 Broza, maleza, hojas secas.
2 (Fig.) Fruslería, palabrería, fárrago, paja.
hojear
Repasar, revisar, leer, trashojar, mirar.

H

holgado
1 Amplio, ancho, dilatado, espacioso, abierto, extenso.
ANT.: *Estrecho, encogido, ceñido.*
2 (Fig.) Acomodado, desahogado, próspero.
ANT.: *Pobre, mísero.*
holganza
1 Descanso, recreo, diversión, ocio.
ANT.: *Trabajo, actividad.*
2 Haraganería, apatía, indolencia, ociosidad, inactividad, gandulería, holgazanería.
ANT.: *Dinamismo, diligencia.*
holgazán
Gandul, haragán, negligente, indolente, perezoso, vago, apático, remolón.
ANT.: *Trabajador, diligente, laborioso.*
holgazanería
Pereza, vagancia, vaguería, holganza VER.
holgorio
Bullicio, algazara, regocijo, jolgorio, diversión, jarana.
ANT.: *Silencio, quietud, tristeza.*
holgura
1 Amplitud, anchura, espacio.
ANT.: *Estrechez.*
2 Huelgo, hueco.
3 Regocijo, placer, diversión.
4 Bienestar, desahogo, libertad.
ANT.: *Necesidad, escasez, apretura.*
hollar
1 Pisar, señalar, marcar, imprimir, dejar huellas.
2 Maltratar, pisotear.
3 (Fig.) Mancillar, manchar, agraviar, humillar.
ANT.: *Enaltecer.*
hombre
1 Varón, macho, (fig.) caballero.
ANT.: *Mujer, hembra, dama.*
2 Adulto, viril.
ANT.: *Niño.*
3 Persona, individuo, (fig.) alma, mortal, ser, criatura racional.
4 El género humano.
hombría
1 Integridad, honor, rectitud, decoro.
ANT.: *Ruindad.*
2 Energía, valor, fortaleza, valentía.
ANT.: *Cobardía.*
3 Virilidad, masculinidad.
ANT.: *Feminidad.*
homenaje
1 Honras, ofrenda, cumplido, recompensa, estímulo, dedicatoria.
ANT.: *Olvido, humillación.*
2 Testimonio, demostración, juramento, (ant.) vasallaje.
ANT.: *Enfrentamiento, desacato.*
3 (Fig.) Respeto, sumisión, veneración, obediencia.
ANT.: *Rebeldía.*
homicida
Asesino, matador, criminal.
homogéneo
1 Uniforme, parejo, suave, terso.
ANT.: *Disparejo.*
2 Similar, semejante, homólogo, parecido, equilibrado.
ANT.: *Heterogéneo, diverso.*
homólogo
Igual, análogo, semejante, equivalente, parecido, paralelo, homogéneo.
ANT.: *Distinto, diferente.*
homosexual
1 Invertido, pederasta, sodomita, marica, (Antill.) ganso, (Cuba) pato.
ANT.: *Heterosexual.*
2 Lesbiana, tríbada.
hondo
1 Profundo, bajo, abismal, insondable.
ANT.: *Superficial.*
2 Intenso, fuerte [sentimiento].
3 Fondo, hondura VER.
hondonada
Barranco, depresión, cañón, angostura, cuenca, quebrada, valle, hondón, hoya.
ANT.: *Elevación, altura.*
hondura
Profundidad, fondo, → hondo.
honestidad
1 Honradez, integridad, lealtad, moralidad, decoro, decencia, urbanidad, compostura.
ANT.: *Deshonestidad, indecencia.*
2 Virtud, pureza, recato, pudor, castidad, moderación.
ANT.: *Lujuria, desenfreno.*
honesto
Íntegro, probo, decente, → honestidad.
ANT.: *Deshonesto.*
hongo
1 Seta, champiñón, moho.
2 Bombín, sombrero.

honor
1 Honra, dignidad, pundonor, conciencia, prez, estima.
ANT.: *Deshonra, deshonor.*
2 Decoro, decencia, recato, pudor, pudicia, honestidad.
ANT.: *Indecencia, deshonestidad.*
3 Fama, renombre, reputación, celebridad.
ANT.: *Anonimato.*
4 Distinción, respeto.
5 Aplauso, alabanza, obsequio, agasajo, recompensa.
ANT.: *Desaire.*
6 Prerrogativa, atributo.
7 honores Ceremonial, homenaje, ofrenda, testimonio.

honorable
Digno, respetable, intachable, distinguido, venerable, honrado VER.
ANT.: *Despreciable.*

honorario
1 Honorífico, simbólico, figurado, imaginario.
ANT.: *Efectivo.*
2 honorarios Retribución, emolumentos, paga, remuneración, estipendio.

honra
Integridad, honor VER.

honrado
1 Íntegro, probo, decente, honesto, digno, leal, virtuoso, incorruptible, justo, desinteresado, hombre de bien.
ANT.: *Corrompido, corrupto, deshonesto, venal.*
2 Venerado, respetado, distinguido, honorable, ennoblecido, enaltecido, afamado.
ANT.: *Deshonrado, vilipendiado.*

honrar
1 Respetar, venerar, reverenciar, reconocer.
ANT.: *Despreciar, injuriar.*
2 Enaltecer, ensalzar, alabar, ennoblecer, afamar.
ANT.: *Difamar, deshonrar.*
3 Premiar, condecorar.

honroso
1 Honorífico, señalado, preeminente.
ANT.: *Ignominioso.*
2 Decoroso, honesto, honrado VER.
ANT.: *Deshonroso.*

hora
1 Lapso, tiempo, período, intervalo, transcurso.
2 (Fig.) Instante, momento, circunstancia, trance.

horadar
Perforar, agujerear, taladrar, atravesar, calar, excavar, ahondar.
ANT.: *Rellenar.*

horario
1 Manecilla, saetilla.
2 Programa, guía, itinerario.

horca
1 Patíbulo, cadalso, tablado, soga, dogal.
2 Ejecución, condena, pena.
3 Horcón, horqueta, horquilla.
4 Bieldo.

horda
1 Clan, tribu.
2 (Fig.) Tropa, tropel, pandilla, caterva, cáfila, cuadrilla, turba, populacho.

horizontal
Tendido, acostado, extendido, yacente, supino, apaisado, plano.
ANT.: *Vertical, erguido.*

horizonte
1 Confín, lejanía, distancia.
2 (Fig.) Perspectiva, futuro, posibilidad.

horma
Plantilla, molde, módulo, diseño.

hormigón
Mortero, concreto, mezcla, cemento, argamasa.

hormigueo
1 Cosquilla, prurito, picazón, comezón, picor, molestia, hormiguillo.
2 (Fig.) Desazón, desasosiego, inquietud, ansiedad.
ANT.: *Tranquilidad.*

hornillo
Infiernillo, cocinilla, hornilla, fogón, calentador, estufa VER.

horno
1 Cocina, cocinilla, hogar, chimenea, fogón.
2 Tahona, panadería.
3 Fundición, siderúrgica.

horóscopo
Predicción, pronóstico, augurio, vaticinio, adivinación, profecía, oráculo.

horrible
1 Horroroso, horripilante, horrendo, hórrido, pavoroso, espeluznante, siniestro, apocalíptico, terrible.
ANT.: *Agradable, maravilloso.*
2 Feo, espantoso, repulsivo.
ANT.: *Bello, hermoso.*
3 (Fam.) Enorme, tremendo.
ANT.: *Moderado.*

horripilar
Aterrar, espeluznar, horrorizar, estremecer, espantar, asustar, impresionar, repugnar.
ANT.: *Agradar, atraer, tranquilizar.*

horror
1 Terror, miedo, pánico, pavor, espanto, susto, angustia, estremecimiento.
2 Aversión, odio, fobia, repulsión.
ANT.: *Atracción, agrado.*
3 (Fig.) Barbaridad, atrocidad, monstruosidad.

hortaliza
1 Verdura, legumbre, vegetal.
2 (Venez./vulg.) Trasero de persona.

hortelano
Horticultor, agricultor, campesino, cultivador, labriego, plantador.

hosco
1 Ceñudo, adusto, huraño, arisco, torvo, áspero, antipático, intratable, seco.
ANT.: *Tratable, simpático.*
2 Desapacible, amenazador, ominoso [ambiente, clima].
ANT.: *Apacible, agradable.*

hospedaje
1 Alojamiento, acomodo, hospitalidad, asistencia.
2 Posada, hotel VER.

hospedar
1 Alojar, albergar, aposentar, cobijar, recibir, asilar.
2 **hospedarse** Guarecerse, pernoctar, parar, refugiarse, pasar la noche, alojarse.

hospiciano
Expósito, asilado, huérfano, (Esp.) inclusero.

hospicio
Asilo, orfanato, albergue, cuna, (Esp.) inclusa, (Méx.) orfanatorio.

hospital
Clínica, sanatorio, nosocomio, enfermería, (ant.) lazareto.

hospitalario
1 Acogedor, caritativo, protector.
ANT.: *Inhospitalario.*
2 (Fig.) Generoso, espléndido.
ANT.: *Avaro, tacaño.*

hospitalidad
Alojamiento, cobijo, acogida, asilo, amparo, protección.

hosquedad
Aspereza, adustez, rudeza, grosería, desabrimiento, antipatía.
ANT.: *Simpatía, amabilidad.*

hostería
Hostal, hostelería, posada, mesón, parador, hotel VER.

hostia
1 Eucaristía, sacramento, Forma, Pan Eucarístico, Sagrada Forma, Cuerpo de Cristo.
2 Oblea, pan ázimo.
3 (Esp./vulg.) Tortazo, bofetada.

hostigar
Acosar, atosigar, molestar, importunar, fustigar, hostilizar, acorralar VER.
ANT.: *Ayudar, apoyar.*

hostil
1 Adverso, contrario, desfavorable, incompatible.
ANT.: *Propicio, favorable.*
2 Enemigo, agresivo, adversario, antagonista.
ANT.: *Amistoso.*

hostilizar
1 Agredir, acometer, perseguir, tirotear, atacar.
ANT.: *Defender.*
2 Mortificar, molestar, acusar, agobiar, hostigar VER.
ANT.: *Ayudar.*

hotel
1 Hospedaje, alojamiento, aposento, hostal, hostería, parador, mesón, albergue, posada.
2 Villa, chalé, chalet.

hotelero
1 Hospedero, hospedador, posadero, aposentador, anfitrión.
2 Turístico.

hoy
1 Este día.
2 (Fig.) Ahora, actualmente, hogaño, en la actualidad, en estos tiempos.
ANT.: *Antaño, antes.*

hoyo
1 Agujero, depresión, hueco VER, concavidad, excavación, socavón, foso, zanja, pozo, bache, cavidad, hoyanco.
2 Sepultura, sepulcro, fosa, hoya, huesa, tumba.

hoz
1 Guadaña, segadera, segur, falce, hoja.
2 Angostura, desfiladero.

huaso (Amér. Merid.)
Campesino chileno, jinete, rústico, guaso VER.

hucha
1 Arca, arcón, receptáculo, cofre, caja.
2 Alcancía, olla.
3 (Fig.) Ahorro, dinero guardado.
hueco
1 Oquedad, cavidad, abertura, hendedura, entrada, hoyo VER.
2 Espacio, laguna, intervalo, interrupción.
3 Sitio, lugar, cabida.
4 Ahuecado, hundido, cóncavo, socavado, agujereado, vacío.
ANT.: *Lleno, relleno.*
5 Mullido, esponjoso, fofo.
ANT.: *Macizo, compacto.*
6 (Fig.) Pomposo, vano, vanidoso, fatuo, vacuo, presuntuoso.
ANT.: *Sencillo, modesto.*
7 (Fig.) Rimbombante, fútil.
ANT.: *Conciso, sobrio.*
huelga
1 Paro, suspensión, interrupción, detención, alto, cese [de actividades].
2 Inactividad, holganza.
huella
1 Marca, señal, pisada, peso, rastro, impresión.
2 Vestigio, indicio.
3 Memoria, recuerdo, reminiscencia.
4 Estigma, cicatriz.
huérfano
1 Solo, abandonado, desamparado, expósito, (Argent., Colomb., Chile, Ecuad., Perú) guacho, (Esp.) inclusero.
2 (Fig.) Carente, falto, privado, desprovisto.
ANT.: *Provisto.*
huero
1 Vacío, hueco, podrido.
2 (Fig.) Vacuo, vano, fútil, anodino, soso, inane.
ANT.: *Sustancial.*
huerta
Cultivo, regadío, vergel, sembrado, plantación, plantío, huerto, vega, parcela.
huésped
1 Invitado, convidado, visita, visitante, comensal, pensionista, pupilo.
2 Anfitrión.
hueste
1 Ejército, horda, tropa, partida, mesnada.
2 (Fig.) Grupo, tropel, banda, turba, cáfila.
3 (Fig.) Partidarios, seguidores, bando.
huesudo
Osudo, huesoso, ososo VER, esquelético, descarnado, flaco, enjuto, escuálido.
ANT.: *Rollizo, carnoso.*
huevo
1 Óvulo, germen, embrión, célula, cigoto.
2 (Vulg.) Testículo, pelota, bola, (Esp.) cojón, (Méx./vulg.) güevo.
huevón
1 (Amér., Esp./vulg.) Lento, tardo, cachazudo.
2 (Venez., Perú) Tonto, necio, simple.
3 (Méx.) Flojo, perezoso.
huida
Fuga, evasión, escape, escapatoria, éxodo, salida, deserción, abandono.
ANT.: *Entrada, invasión, ataque, acometida.*
huincha (Chile, Perú)
Cinta, lazo, adorno, vincha.
huir
1 Escapar, fugarse, evadirse, escabullirse, marcharse, salir, evaporarse, abandonar, alejarse, (fig.) desaparecer.
ANT.: *Afrontar, atacar, acometer.*
2 (Fig.) Transcurrir, pasar, devenir.
hule
1 Caucho, goma elástica, látex.
2 (Fig.) Plástico, tela impermeable, linóleo.
humanidad
1 Bondad, compasión, humanitarismo, filantropía, caridad, piedad, misericordia, sensibilidad, conciencia.
ANT.: *Crueldad, inhumanidad.*
2 Fragilidad, flaqueza, carnalidad.
3 Género humano, sociedad, mundo.
4 (Fam.) Corpulencia, cuerpo, mole, gordura, peso.
humanitario
Bondadoso, caritativo, sensible, humano, compasivo, indulgente, benigno, misericordioso, filantrópico.
ANT.: *Cruel, inhumano.*
humano
1 Persona, hombre VER.
2 Terrenal, terrestre, mortal, perecedero, efímero.
ANT.: *Celestial, divino, eterno.*
3 (Fig.) Comprensivo, compasivo, humanitario VER.
humareda
Fumarada, humazo, humo VER, (Argent.) humadera, (C. Rica) humarascal, (Cuba) humasera.

humedad
Vapor, rocío, agua, sereno, relente, vaho.
ANT.: *Sequedad.*

humedecer
Mojar, impregnar, rociar, humectar, empapar, bañar, chorrear, embeber, regar.
ANT.: *Secar, deshumedecer.*

humilde
1 Modesto, sencillo.
ANT.: *Engreído, vanidoso.*
2 Manso, dulce, tímido, obediente, dócil, suave.
ANT.: *Soberbio, rebelde.*
3 (Fig.) Reducido, pequeño, bajo, pobre, oscuro.
ANT.: *Encumbrado, alto.*

humillación
1 Postración, inclinación.
2 Vergüenza, deshonra, degradación, abatimiento.
ANT.: *Enaltecimiento, exaltación.*

humillar
1 Avergonzar, confundir, apocar, ofender, deshonrar, afrentar, insultar, agraviar, mortificar, herir.
ANT.: *Ensalzar, enaltecer.*
2 Doblegar, someter, vencer, abatir, (fig.) pisotear, sojuzgar.

humo
1 Humareda, nube, vaho, vapor, gas, niebla, bocanada, fumarola.
2 humos Soberbia, altanería, arrogancia, vanidad.
ANT.: *Sencillez, modestia.*

humor
1 Secreción, serosidad, linfa, líquido corporal.
2 (Fig.) Genio, condición, índole, estado de ánimo, temperamento.
3 Gracia, ingenio, gracejo, agudeza, chispa, humorismo, (Esp.) salero.
ANT.: *Sosería, ñoñez.*

humorístico
Gracioso, jocoso, cómico, chistoso, bufo, irónico, satirizante, mordaz.
ANT.: *Serio, grave.*

hundir
1 Sumergir, sumir, abismar.
ANT.: *Emerger.*
2 Abollar, aplastar.
3 (Fig.) Destruir, arruinar, derrumbar.
ANT.: *Levantar, alzar, construir.*
4 (Fig.) Abatir, abrumar, deprimir.
ANT.: *Elevar, confortar, animar.*
5 (Fig.) Derrotar, humillar.

hundirse
1 Naufragar, zozobrar, irse a pique, ahogarse.
ANT.: *Flotar, navegar, nadar.*
2 (Fig.) Arruinarse, derrumbarse, caer, desmoronarse.
ANT.: *Levantarse.*

huracán
Ciclón, tifón, borrasca, tormenta, vendaval, tornado, tromba.
ANT.: *Calma, bonanza, céfiro.*

huraño
Arisco, insociable, esquivo, áspero, misántropo, hosco VER.
ANT.: *Sociable, jovial.*

hurgar
1 Revolver, menear, buscar, rebuscar.
ANT.: *Hallar, encontrar.*
2 Palpar, tentalear, manosear, tocar, sobar.
3 Escarbar, cavar, rascar, arañar.
4 (Fig.) Incitar, excitar, aguijonear, atizar, espolear.
5 (Fig.) Indagar, fisgar, fisgonear, curiosear, (fam.) huronear, (Amér.) hurguetear.

hurtadillas (a)
Sigilosamente, secretamente, furtivamente, a escondidas.
ANT.: *Abiertamente.*

hurtar
1 Robar, sustraer, sisar, despojar, quitar, saquear.
ANT.: *Devolver, restituir.*
2 (Fig.) Plagiar, apropiarse, atribuirse, (Méx./fig. y fam.) fusilar.
3 Desviar, apartar, esquivar, evitar.
ANT.: *Enfrentar, comparecer.*

hurto
Robo, latrocinio, ratería, sisa, sustracción, rapiña, despojo, saqueo.
ANT.: *Devolución, restitución.*

husmear
1 Olfatear, oler, percibir, ventear, rastrear.
2 (Fig. y fam.) Fisgonear, curiosear, indagar.
3 Apestar, heder [carnes].

I

ibérico
Ibero, celtíbero, hispano, hispánico, español, peninsular, godo, visigodo.
iberoamericano
Latinoamericano, hispanoamericano.
iceberg (pr.)
Témpano, banco, masa flotante de hielo.
icono
1 Imagen, efigie, cuadro.
2 Señal, signo.
ida
1 Marcha, partida, traslado, desplazamiento, viaje.
ANT.: *Arribo, llegada, venida.*
2 Asistencia, visita.
3 (Fig.) Arranque, impulso, ímpetu, arrebato.
idea
1 Pensamiento, concepto, representación, imagen.
2 Conocimiento, noción, percepción.
3 Juicio, reflexión.
4 Fantasía, quimera.
5 Plan, proyecto, esbozo, bosquejo.
6 Intención, propósito.
7 Ingenio, habilidad, maña, aptitud.
8 Asunto, tema, trama.
9 (Fig.) Obsesión, manía, capricho.
ideal
1 Modelo, prototipo, canon, molde, patrón, dechado, ejemplo, tipo.
2 Único, perfecto, óptimo, excelente, inimitable, insuperable, ejemplar.
3 Imaginario, ficticio, irreal, inmaterial, fantástico.
ANT.: *Material, real.*
4 Ilusión, aspiración, objetivo, esperanza, anhelo, ambición, sueño, deseo.
ANT.: *Realidad.*
idealista
1 Espiritual, altruista, noble, puro, generoso, elevado, desinteresado.
ANT.: *Materialista.*
2 Idealizador, soñador, iluso.
ANT.: *Realista, prosaico.*
idear
1 Imaginar, pensar, discurrir, concebir, maquinar, → idea.
2 Inventar, crear, proyectar.
ideático (Amér.)
Maniático, obsesivo, extravagante, (C. Rica) idiático, (Esp.) venático.
idéntico
1 Igual, exacto, gemelo, homónimo.
ANT.: *Diferente, distinto.*
2 Semejante, análogo, similar, equivalente.
ANT.: *Disímil.*
identificar
1 Reconocer, determinar, establecer, detallar, describir.
ANT.: *Ignorar, desconocer.*
2 Asemejar, igualar, asociar, hermanar, vincular, equiparar.
ANT.: *Diferenciar, distinguir.*
ideología
Ideario, creencia, convicción, doctrina, fe, credo.
idilio
1 Amorío, noviazgo, flirteo, devaneo, galanteo, relaciones, aventura, romance.
2 Composición poética de tema bucólico.
idioma
1 Lengua, lenguaje, habla, dialecto.
2 Jerga, argot, germanía.
idiota
1 Retrasado, imbécil, oligofrénico, anormal, deficiente.
2 Necio, tonto, bobo, lelo, zoquete, memo, mentecato, majadero, papanatas, (fig.) tarugo.
ANT.: *Listo, inteligente.*
3 (Fig.) Engreído, fatuo, vacuo.
ANT.: *Sencillo.*
4 (Fam.) Inoportuno, impertinente, indiscreto.
idolatría
1 Fetichismo, paganismo, politeísmo, superstición.
ANT.: *Monoteísmo.*

2 (Fig.) Veneración, amor, adoración, apasionamiento.
ANT.: *Odio, repulsión.*

ídolo
1 Fetiche, tótem, deidad, efigie, símbolo, imagen, reliquia.
2 (Fig.) Ideal, prototipo, modelo.
3 Estrella, personaje.

idóneo
1 Apropiado, adecuado, conforme, conveniente, útil.
ANT.: *Inadecuado, inapropiado.*
2 Capacitado, diestro, competente, hábil.
ANT.: *Incompetente, inepto.*

iglesia
1 Culto, religión.
2 Congregación, grey, comunidad.
3 Templo, parroquia, catedral, basílica, oratorio, capilla, ermita, abadía.

ígneo
Ardiente, llameante, fulgurante, incandescente, inflamado, luminoso.
ANT.: *Oscuro, apagado.*

ignominia
Deshonra, deshonor, oprobio, vergüenza, ultraje, mancilla, infamia, abyección.
ANT.: *Honra, honor, dignidad.*

ignominioso
Oprobioso, vergonzoso, deshonroso, infame, indigno, abyecto.
ANT.: *Honroso, digno.*

ignorado
Desconocido, ignoto, incógnito, secreto, inexplorado, anónimo, incierto, lejano.
ANT.: *Conocido, sabido.*

ignorancia
1 Incultura, atraso, analfabetismo, barbarie.
ANT.: *Cultura, instrucción, educación.*
2 Desconocimiento, inexperiencia, duda.
ANT.: *Conocimiento, sabiduría.*

ignorar
1 Desconocer, no saber, no comprender.
ANT.: *Conocer, saber.*
2 (Fig.) Repudiar, rechazar, desentenderse, desdeñar.
ANT.: *Reconocer, aceptar.*

igual
1 Idéntico, exacto, par, mismo, gemelo, homólogo, homónimo, similar, análogo, equivalente.
ANT.: *Diferente, distinto.*
2 Parejo, uniforme, liso, llano, homogéneo.
ANT.: *Abrupto, desigual.*

igualar
1 Nivelar, emparejar, alisar, allanar, aplanar, rellenar, explanar.
ANT.: *Desigualar, desnivelar.*
2 Unificar, asemejar, equiparar, hermanar, empatar.
ANT.: *Diferenciar, discriminar.*
3 Compensar, equilibrar, promediar, contrapesar.
ANT.: *Desequilibrar.*

igualdad
1 Semejanza, similitud, uniformidad, equivalencia, coincidencia, proporción, analogía, correspondencia.
ANT.: *Desigualdad.*
2 Equidad, ecuanimidad, equilibrio.
ANT.: *Desequilibrio.*

ilegal
1 Ilícito, ilegítimo VER, injusto, indebido, parcial.
ANT.: *Legal.*
2 Clandestino, prohibido, delictivo.
ANT.: *Lícito, permitido.*

ilegible
Incomprensible, indescifrable, ininteligible, borroso, embrollado, confuso, oscuro.
ANT.: *Legible, claro.*

ilegítimo
1 Ilícito, ilegal VER.
ANT.: *Legítimo, lícito.*
2 Falsificado, espurio, fraudulento, falso.
ANT.: *Auténtico.*
3 Bastardo, adulterino, natural [hijo].

ileso
Indemne, intacto, incólume, salvo, íntegro, entero.
ANT.: *Lesionado, leso, dañado, herido.*

ilícito
Clandestino, ilegal VER.

ilimitado
1 Inmenso, incalculable, infinito VER.
ANT.: *Limitado.*
2 Indeterminado, indefinido, inconmensurable.
ANT.: *Determinado.*
3 Inagotable, inextinguible.

ilógico
Absurdo, irracional, disparatado, incongruente, incoherente, descabellado, desatinado.
ANT.: *Lógico, racional, coherente.*

iluminar
1 Alumbrar, encender, aclarar, relucir, esplender, (Colomb., Guat., Méx., P. Rico, Sto. Dom.) aluzar.
ANT.: *Oscurecer.*
2 (Fig.) Esclarecer, explicar, detallar.
ANT.: *Embrollar, confundir.*
3 (Fig.) Instruir, ilustrar, orientar, enseñar, guiar.
ANT.: *Desorientar.*
4 Colorear, pintar.

ilusión
1 Esperanza, anhelo, deseo, afán, aliento, confianza.
ANT.: *Desinterés, desilusión.*
2 Imaginación, idea, pensamiento.
3 Alucinación, espejismo, quimera, sueño, engaño, visión.
ANT.: *Realidad.*
4 Satisfacción, gusto, entusiasmo, alegría, felicidad.
ANT.: *Desencanto, desengaño.*

ilusionar
1 Esperanzar, animar, convencer, encandilar, alentar.
ANT.: *Desanimar, desilusionar.*
2 Satisfacer, alegrar, entusiasmar.
ANT.: *Decepcionar.*
3 **ilusionarse** Creer, esperar, confiar, anhelar, desear, soñar.
ANT.: *Desilusionarse.*

ilusionista
Prestidigitador, mago, escamoteador.

iluso
1 Engañado, ingenuo, crédulo, candoroso, inocente.
ANT.: *Astuto, taimado, avispado.*
2 Idealista, optimista, visionario, soñador.
ANT.: *Realista, prosaico.*

ilustrado
Instruido, culto, erudito, sabio, entendido, educado, documentado, (fam.) leído.
ANT.: *Ignorante, inculto.*

ilustrar
1 Enseñar, instruir, educar, preparar, cultivar, guiar, formar.
ANT.: *Descarriar.*
2 Explicar, esclarecer, informar, aclarar, (fig.) iluminar.
ANT.: *Embrollar, confundir.*
3 Documentar, demostrar.
4 Decorar, grabar, dibujar, pintar.

ilustre
1 Célebre, glorioso, insigne, egregio, ínclito, renombrado, afamado, famoso, eminente, prestigioso, acreditado.
ANT.: *Oscuro, desconocido, anónimo.*
2 Linajudo, blasonado, noble.
ANT.: *Plebeyo.*

imagen
1 Representación, figuración, noción, idea, concepto.
2 Efigie, símbolo, icono, figura, emblema.
3 Aspecto exterior, apariencia.
ANT.: *Interior.*
4 Reflejo, espejismo, ilusión.
5 Tropo, metáfora.
6 Lámina, grabado, ilustración, dibujo, fotografía.

imaginación
1 Inventiva, creatividad, talento, intuición, clarividencia.
ANT.: *Cortedad, torpeza.*
2 Fantasía, invención, fantasmagoría, ilusión, visión, representación, delirio, quimera, ficción.
ANT.: *Realidad.*
3 Sospecha, idea, aprensión, engaño, desvarío.
ANT.: *Verdad.*

imaginar
1 Idear, crear, inventar, concebir.
2 Proyectar, esbozar, planear, calcular.
3 Suponer, presumir, sospechar, figurarse, creer, pensar, conjeturar.
4 Soñar, divagar, fantasear, representarse.
5 Adornar con imágenes, decorar.

imaginario
1 Ilusorio, irreal, ideal, supuesto, ficticio, falso, fantástico, fabuloso, quimérico.
ANT.: *Real, tangible, material.*
2 Imaginero, pintor, estatuario, escultor, restaurador.

imbécil
1 Idiota, retrasado, deficiente, anormal.
2 Zoquete, necio, memo, tonto, majadero, bobo, torpe, mentecato.
ANT.: *Listo, avispado.*

imborrable
1 Imperecedero, inolvidable, permanente, indestructible.
ANT.: *Breve, efímero, pasajero.*
2 Indeleble, fijo.
ANT.: *Lavable, deleble.*

imbuir
Inculcar, inspirar, infundir, contagiar, infiltrar.
imbunche (Chile)
1 Genio maléfico.
2 Brujo, hechicero.
3 Hechicería, maleficio.
4 (Fig.) Lío, embrollo.
imitación
Copia, reproducción, duplicado, simulacro, remedo, parodia, plagio, falsificación.
ANT.: *Original, obra legítima.*
imitador
1 Émulo, competidor, rival.
2 Falsificador, copista, adulterador, plagiario.
imitar
1 Emular, seguir, remedar, calcar, semejar.
2 Contrahacer, copiar, falsificar, plagiar, hurtar, (Méx./fig. y fam.) fusilar.
impaciencia
Ansiedad, urgencia, ansia, prisa, nerviosidad, inquietud, desasosiego, expectación.
ANT.: *Paciencia, indiferencia, calma.*
impaciente
Ansioso, urgido, inquieto, nervioso, intranquilo, desasosegado.
ANT.: *Paciente.*
impacto
1 Choque, colisión, encontronazo, percusión, golpe.
2 Huella, cráter, señal.
3 (Fig.) Impresión, conmoción.
ANT.: *Indiferencia.*
impalpable
Sutil, intangible, imperceptible, fino, incorpóreo, etéreo.
ANT.: *Denso, palpable, tangible.*
impar
1 Non.
ANT.: *Par.*
2 Desigual, dispar.
ANT.: *Igual, parejo.*
3 Único, inigualable, excepcional, maravilloso.
ANT.: *Común, ordinario.*
imparcial
Justo, ecuánime, neutral, equitativo, recto, objetivo, apartidista.
ANT.: *Parcial, injusto, partidista.*
impasible
Imperturbable, impertérrito, sereno, inalterable, inconmovible, indiferente, impávido, apático, flemático.
ANT.: *Sensible, nervioso, alterado.*
impecable
1 Irreprochable, perfecto, intachable, virtuoso.
ANT.: *Defectuoso, frágil.*
2 Pulcro, inmaculado, limpio, correcto, bien presentado.
ANT.: *Desaliñado, sucio.*
impedido
1 Imposibilitado, coartado, incapacitado, inhabilitado, maniatado.
ANT.: *Capacitado, apto, libre.*
2 Paralítico, inválido, lisiado, baldado, tullido.
ANT.: *Sano, completo.*
impedimento
Estorbo, obstáculo, dificultad, inconveniente, freno, escollo, veto, tropiezo, traba.
ANT.: *Facilidad, conveniencia.*
impedir
1 Estorbar, dificultar, obstaculizar, imposibilitar, entorpecer, frenar, retrasar, interrumpir, obstruir.
ANT.: *Facilitar, auxiliar.*
2 Suspender, prohibir, negar.
ANT.: *Permitir.*
impenetrable
1 Duro, fuerte, recio, pétreo.
ANT.: *Blando, penetrable.*
2 Impermeable.
ANT.: *Permeable.*
3 Cerrado, tupido, espeso.
ANT.: *Abierto, ralo.*
4 (Fig.) Inaccesible, incomprensible, insondable, indescifrable.
ANT.: *Accesible, comprensible.*
5 (Fig.) Hermético, secreto, reservado, misterioso.
ANT.: *Evidente, manifiesto.*
impenitente
Recalcitrante, empedernido, incorregible, terco, obstinado, irredento, contumaz.
ANT.: *Razonable, contrito, penitente, arrepentido.*
impensado
Inesperado, inadvertido, improvisado, imprevisto, espontáneo, repentino, súbito.
ANT.: *Previsto, pensado, imaginado.*

imperar
1 Reinar, gobernar, mandar, avasallar, señorear.
ANT.: *Obedecer.*
2 Dominar, prevalecer, predominar.

imperativo
1 Obligado, imperioso, indispensable, imprescindible, necesario.
ANT.: *Voluntario, prescindible, superfluo.*
2 Exigencia, obligación, necesidad.
ANT.: *Accesorio.*
3 Dominante, categórico, autoritario, avasallante.
ANT.: *Débil, sumiso.*

imperceptible
Invisible, microscópico, minúsculo, intangible, impalpable, insensible.
ANT.: *Tangible, perceptible.*

imperdible
Broche, prendedor, alfiler de seguridad, hebilla, (Méx.) seguro.

imperdonable
Injustificable, inaceptable, intolerable, inexcusable, muy grave, enorme, garrafal.
ANT.: *Excusable, nimio, leve.*

imperecedero
Inmortal, eterno, perpetuo, perdurable, perenne, fijo, inmutable.
ANT.: *Perecedero, efímero, mortal.*

imperfección
1 Defecto, deficiencia, deformidad, anomalía.
ANT.: *Normalidad.*
2 Fealdad, tara.
ANT.: *Perfección.*
3 Daño, falla, deterioro, maca.

imperfecto
1 Defectuoso, deforme, irregular, incorrecto.
ANT.: *Perfecto, regular.*
2 Inacabado, inconcluso, incompleto, basto, tosco.
ANT.: *Acabado, perfeccionado.*
3 (Cuba) Desleal, egoísta, torpe.

imperial
1 Real, soberano, augusto, cesáreo, regio, majestuoso, poderoso, pomposo, fastuoso, palaciego.
2 (Argent.) Vaso mediano para beber cerveza.
3 (Venez.) Espléndido, excelente.

imperialismo
Yugo, dominación, hegemonía, colonialismo.
ANT.: *Libertad.*

impericia
Torpeza, desmaña, ineptitud, inhabilidad, incompetencia VER, inexperiencia, insuficiencia, novatez.
ANT.: *Pericia, dexteridad, destreza.*

imperio
1 Reino, gobierno, monarquía, potencia, liga.
2 Dominio, autoridad, poderío.
ANT.: *Debilidad.*
3 (Fig.) Soberbia, altanería, altivez.
ANT.: *Humildad.*
4 (Fig.) Predominio, prevalencia [de circunstancias, etc.].

imperioso
1 Autoritario, dominante, dominador, despótico.
ANT.: *Dominado, sojuzgado.*
2 Vital, ineludible, urgente, indispensable, impostergable, insoslayable, necesario.
ANT.: *Diferible, postergable, superfluo, innecesario.*
3 (Fig.) Altanero, soberbio, arrogante, imperativo, mandón.
ANT.: *Humilde, sumiso.*

impermeable
1 Impenetrable, aislado, hermético, estanco, encerado, alquitranado.
ANT.: *Permeable.*
2 Gabardina, manga, chubasquero, gabán, trinchera.

impersonal
1 Indefinido, impreciso, inconcreto, ambiguo, general.
ANT.: *Personal, específico.*
2 (Venez./fam.) Ebrio, borracho.

impertinente
1 Insolente, descarado, fresco, atrevido, desfachatado, sarcástico.
ANT.: *Cortés, educado, considerado.*
2 Inoportuno, molesto, fastidioso, pesado, entrometido.
ANT.: *Discreto, pertinente.*
3 impertinentes Anteojos con manija, lentes.

imperturbable
Impasible, inmutable, impávido, sereno, inalterable, impertérrito, frío, flemático.
ANT.: *Inquieto, nervioso, perturbado.*

impetrar
Implorar, suplicar, rogar, pedir.
ANT.: *Exigir.*

ímpetu
1 Energía, impulso, fuerza, brío, vehemencia, vigor.
ANT.: *Flema, desgana.*
2 Arranque, arrebato, furia, brusquedad, violencia.
ANT.: *Calma, tranquilidad.*

impetuoso
1 Brioso, fogoso, enérgico, irrefrenable, apasionado, vehemente.
ANT.: *Plácido, pasivo.*
2 Precipitado, brusco, irreflexivo, violento, imprudente.
ANT.: *Prudente.*

impío
Incrédulo, irreligioso, descreído, ateo, hereje, apóstata, pagano, irreverente.
ANT.: *Devoto, creyente, pío.*

implacable
1 Riguroso, inflexible, severo, duro, inexorable, intolerante, exigente.
ANT.: *Tolerante, flexible.*
2 Vengativo, despiadado, inclemente, sañudo, sanguinario, cruel.
ANT.: *Clemente, compasivo, magnánimo, misericordioso.*
3 Despótico, tiránico, draconiano.
ANT.: *Benévolo, liberal.*

implantar
1 Instituir, instaurar, fundar, establecer, constituir, crear.
ANT.: *Abolir, abrogar, anular.*
2 Insertar, introducir, colocar, incrustar, trasplantar.
ANT.: *Quitar, retirar, extraer.*

implicar
1 Complicar, comprometer, involucrar, envolver, enzarzar, liar.
ANT.: *Eludir.*
2 Contener, entrañar, significar, figurar, suponer.

implícito
Tácito, manifiesto, expreso, sobreentendido, incluso, virtual.
ANT.: *Explícito, evidente.*

implorar
Suplicar, impetrar, rogar, solicitar, pedir, apelar, clamar, gemir, llorar.
ANT.: *Exigir, ordenar.*

imponderable
1 Inestimable, inapreciable, excelente, impar, perfecto.
ANT.: *Común, ponderable.*
2 Contingencia, imprevisto, eventualidad, azar, riesgo.

imponente
1 Sobrecogedor, impresionante, colosal, formidable, grandioso, descomunal, espantoso, temible, tremendo, gigantesco.
ANT.: *Insignificante, mínimo, ridículo.*
2 Impositor, rentista, cuentacorrentista [bancos].

impopular
1 Desprestigiado, desacreditado, malquisto, antipático, odiado, rechazado, repudiado.
ANT.: *Querido, bienquisto, respetado.*
2 Desagradable, enojoso, odioso, molesto.
ANT.: *Popular, agradable.*

importación
Introducción, compra, intercambio comercial, transacción.
ANT.: *Exportación, venta.*

importancia
1 Trascendencia, magnitud, envergadura, significación, alcance, valor, interés, poder, categoría, jerarquía.
ANT.: *Intrascendencia, insignificancia.*
2 (Fig. y fam.) Fatuidad, vanidad, orgullo, altanería, soberbia.
ANT.: *Sencillez.*

importante
1 Esencial, trascendental, principal, fundamental, considerable, valioso, significativo, cardinal, básico.
ANT.: *Insignificante, fútil, vanal.*
2 Destacado, famoso, poderoso, influyente.
ANT.: *Desconocido, corriente.*

importar
1 Atañer, interesar, concernir, convenir, competer, afectar.
ANT.: *Desinteresar.*
2 Costar, valer, sumar, montar.
3 Introducir, comprar, adquirir.
ANT.: *Exportar.*

importe
Precio, cuantía, monto, valor, cuenta, total, costo, (Esp.) coste.

importunar
Fastidiar, incomodar, acosar, molestar, cargar, irritar, (fig.) podrir.
ANT.: *Ayudar, agradar.*

importuno
1 Fastidioso, molesto, cargante, incómodo, irritante, indiscreto, impertinente, pesado, latoso.

2 Inconveniente, inoportuno.
ANT.: *Oportuno.*

imposibilitado
VER impedido.

imposibilitar
Incapacitar, impedir VER.

imposible
1 Irrealizable, impracticable, inasequible, inaccesible, inalcanzable, improbable.
ANT.: *Factible, posible.*
2 Utópico, quimérico, absurdo, ficticio, irreal.
ANT.: *Realizable.*
3 (Fam.) Intratable, insufrible.
ANT.: *Tratable.*

imposición
1 Obligación, orden, mandato, coerción, exigencia.
ANT.: *Libertad, albedrío.*
2 Tributo, impuesto VER.

impostor
1 Suplantador, simulador, engañador, farsante, embaucador, tramposo.
ANT.: *Auténtico, verdadero.*
2 Calumniador, falsario, difamador.
ANT.: *Veraz, honesto.*

impostura
1 Farsa, engaño, simulación.
2 Calumnia, mentira, imputación.
ANT.: *Verdad.*

impotente
1 Estéril, infecundo, débil, agotado.
ANT.: *Potente, fecundo, vigoroso.*
2 Inerme, inútil, desvalido, incapaz, indefenso.
ANT.: *Poderoso, apto, capaz.*

imprecación
Anatema, maldición, condenación, execración, juramento, blasfemia, insulto, invectiva, denuesto.
ANT.: *Alabanza, bendición.*

impreciso
Vago, indefinido, incierto, ambiguo, equívoco, inseguro, confuso, embrollado.
ANT.: *Preciso, claro, inequívoco.*

impregnar
1 Saturar, embeber, penetrar, calar, permear.
2 Empapar, humedecer, remojar, bañar, rociar.
ANT.: *Exprimir, secar.*
3 (Fig.) Influir, imbuir.

imprescindible
Ineludible, esencial, insustituible, irremplazable, indispensable, insoslayable, necesario, forzoso, obligatorio, vital.
ANT.: *Innecesario, prescindible.*

impresión
1 Estampación, edición, tirada, reimpresión.
2 Marca, huella, señal, vestigio, rastro.
3 (Fig.) Sensación, efecto, emoción, conmoción, pasmo.
ANT.: *Insensibilidad, indiferencia.*
4 (Fig.) Recuerdo, reminiscencia.
ANT.: *Olvido.*
5 (Fig.) Opinión, comentario.

impresionable
1 Sensible, sensitivo, emotivo, tierno, delicado, susceptible.
ANT.: *Insensible, indiferente.*
2 Asustadizo, excitable.

impresionante
Emocionante, conmovedor, sorprendente, fascinante, admirable, pasmoso, maravilloso.
ANT.: *Normal, insignificante.*

impresionar
1 Imprimir, grabar, estampar.
ANT.: *Borrar.*
2 Conmover, emocionar, asombrar, maravillar, perturbar, alterar, inquietar, asustar, sobrecoger, aterrar.
ANT.: *Serenar, insensibilizar.*

impreso
1 Folleto, libro, panfleto, fascículo, revista, volante, hoja, pasquín.
2 Esqueleto, formato, (Méx.) machote.

imprevisión
Descuido, omisión, inadvertencia, irreflexión, distracción, negligencia, despreocupación.
ANT.: *Previsión, anticipación.*

imprevisto
Inesperado, repentino, intempestivo, sorpresivo, súbito, inadvertido, casual, de sorpresa.
ANT.: *Previsto, esperado.*

imprimir
1 Grabar, estampar, impresionar, marcar, sellar.
ANT.: *Borrar.*
2 Editar, tirar, publicar.
3 (Fig.) Fijar, inculcar, imbuir.
4 (Fig.) Conferir.

improbable
Incierto, dudoso, impracticable, difícil, (fig.) imposible.
ANT.: *Probable, realizable, factible.*

ímprobo
1 Malvado, perverso, deshonesto, vil, ruin, mezquino.
ANT.: *Probo, decente, bondadoso.*
2 Abrumador, fatigoso, pesado, agotador, rudo, difícil, ingrato [faena, trabajo].
ANT.: *Fácil, ligero, llevadero.*

improductivo
Estéril, yermo, infecundo VER.
ANT.: *Rentable.*

improperio
Injuria, insulto, invectiva, denuesto, maldición, afrenta, dicterio.
ANT.: *Alabanza, lisonja.*

impropio
1 Inadecuado, indebido, improcedente, inoportuno, chocante, incorrecto, inconveniente.
ANT.: *Adecuado, correcto.*
2 Ajeno, extraño.
ANT.: *Propio, peculiar.*

improrrogable
VER inaplazable.

improvisado
Repentino, imprevisto, improviso, improvisto, repentino, espontáneo, casual.
ANT.: *Previsto, ensayado, preparado.*

improvisar
1 Repentizar, inventar, crear, innovar.
ANT.: *Madurar, ensayar, elaborar.*
2 Componer, interpretar, versificar.
3 Echar morcillas [teatro].

imprudente
1 Temerario, arriesgado, audaz, precipitado, arrebatado, desatinado, incauto.
ANT.: *Cauteloso, precavido, prudente.*
2 Irreflexivo, despreocupado, incauto, alocado, ligero, indiscreto, descarado, atrevido.
ANT.: *Sensato, reflexivo, discreto.*

impúdico
1 Desvergonzado, indecente, procaz, descarado, inmundo, deshonesto, impudente.
ANT.: *Recatado, púdico.*
2 Licencioso, libertino, obsceno, lujurioso.
ANT.: *Pudoroso, casto.*

impuesto
1 Gravamen, tributo, tributación, imposición, carga, contribución, sobretasa, derechos.
ANT.: *Desgravación.*
2 (Cuba, Méx.) Hecho a algo, curtido, acostumbrado.

impugnar
Oponerse, rechazar, rebatir, combatir, refutar, contradecir.
ANT.: *Apoyar, respaldar.*

impulsar
1 Empujar, propulsar, impeler, lanzar, forzar.
ANT.: *Inmovilizar, frenar.*
2 Estimular, fomentar, potenciar, promover, desarrollar.
ANT.: *Bloquear, impedir, dificultar.*

impulsivo
Vehemente, impetuoso, arrebatado, irreflexivo, fogoso, brusco, precipitado, atolondrado.
ANT.: *Reflexivo, frío, calculador.*

impulso
1 Impulsión, empuje, empujón, empellón, envión, propulsión, lanzamiento.
ANT.: *Freno, detención.*
2 Estímulo, incitación, instigación, incentivo.
ANT.: *Obstáculo, bloqueo.*
3 Fuerza, brío, ánimo, ímpetu, iniciativa, deseo, aliento.
ANT.: *Desaliento, pusilanimidad.*
4 (Fig.) Arrebato, arranque.

impureza
1 Mancha, turbiedad, residuo, sedimento, suciedad.
ANT.: *Pureza, diafanidad.*
2 Adulteración, mezcla, impuridad.
ANT.: *Legitimidad.*
3 Indecencia, deshonestidad, impudicia, libertinaje.
ANT.: *Castidad, decencia.*

impuro
1 Manchado, turbio, sucio, contaminado.
ANT.: *Limpio, claro, diáfano.*
2 Mezclado, adulterado, mixto, bastardo.
ANT.: *Puro, íntegro.*
3 Vicioso, libertino, deshonesto, indecente, perverso.
ANT.: *Casto, virtuoso.*

imputar
Atribuir, achacar, inculpar, cargar, tachar, acusar.
ANT.: *Disculpar, exculpar.*

inacabable
Inagotable, interminable VER.
inaccesible
1 Escarpado, escabroso, abrupto, impracticable, fragoso, quebrado, solitario, aislado, remoto, lejano, incomunicado, espeso, impenetrable.
ANT.: *Llano, comunicado, accesible.*
2 Ininteligible, intrincado, inasequible, inalcanzable, complicado, difícil, imposible.
ANT.: *Comprensible, sencillo, fácil.*
inaceptable
1 Inadmisible, intolerable, reprobable, injusto.
ANT.: *Admisible, justo.*
2 Ilógico, increíble, rebatible.
ANT.: *Aceptable, creíble.*
inactivo
1 Inmóvil, quieto, estático, inerte, detenido, aletargado, interrumpido, inerme.
ANT.: *Activo, dinámico.*
2 Cesante, desempleado, desocupado, parado, jubilado.
ANT.: *Empleado, ocupado.*
3 Ocioso, holgazán, perezoso, vago.
ANT.: *Trabajador, diligente.*
4 (Fig.) Sedentario.
ANT.: *Inquieto, dinámico.*
inadecuado
Impropio, inconveniente, desacertado, improcedente, indebido, incorrecto, inoportuno.
ANT.: *Apropiado, adecuado, idóneo.*
inadmisible
Intolerable, inadecuado, impropio, injusto, inaceptable, falso, insostenible, indefendible.
ANT.: *Aceptable, admisible.*
inadvertido
1 Inesperado, impensado, precipitado, repentino.
ANT.: *Advertido, anunciado.*
2 Descuidado, atolondrado, distraído, negligente, imprudente.
ANT.: *Atento, alerta.*
3 Ignorado, desapercibido, oculto, anónimo, olvidado, omitido.
ANT.: *Notorio, subrayado.*
inagotable
1 Inacabable, interminable, inextinguible, continuo, perpetuo, perenne, (fig.) eterno.
ANT.: *Finito, limitado, agotable, breve, perecedero.*
2 Abundante, copioso, rico, fecundo.
ANT.: *Pobre, escaso.*
inaguantable
1 Insoportable, insufrible, intenso, agudo [dolor, sensación].
ANT.: *Leve, soportable.*
2 Intolerable, inadmisible, grave, imperdonable, hecho, actitud.
ANT.: *Tolerable.*
3 Fastidioso, pesado, molesto, enojoso, desagradable, repugnante.
ANT.: *Grato, ameno, sobrellevable.*
4 Latoso, cargante, impertinente, (fig. y fam.) pelmazo.
ANT.: *Simpático, agradable.*
inalcanzable
Imposible, impracticable, inaccesible VER.
inalterable
1 Invariable, permanente, fijo, estable, (fig.) monolítico.
ANT.: *Variable, alterable, inestable.*
2 Inmutable, impertérrito, impasible, impávido, inquebrantable.
ANT.: *Mutable, tornadizo, impresionable, voluble.*
3 Incorruptible, duradero.
ANT.: *Perecedero.*
inanición
Agotamiento, extenuación, debilidad, desfallecimiento, hambre extrema.
ANT.: *Energía, vigor.*
inapelable
Irrevocable, definitivo, inevitable, indiscutible VER.
ANT.: *Apelable, revocable.*
inapetente
Desganado, hastiado, asqueado, empalagado, harto.
ANT.: *Hambriento, famélico.*
inaplazable
Impostergable, improrrogable, insoslayable, ineludible, apremiante, urgente, perentorio.
ANT.: *Prorrogable, aplazable.*
inapreciable
1 Imperceptible, insignificante, invisible, mínimo, minúsculo.
ANT.: *Perceptible, apreciable.*
2 Valioso, precioso, imponderable, inestimable, insustituible.
ANT.: *Desdeñable.*
inasequible
Inalcanzable, inaccesible, imposible, difícil.
ANT.: *Asequible, accesible.*

inaudito
1 Insólito, increíble, inverosímil, asombroso, sorprendente, extraordinario, extravagante.
ANT.: *Común, ordinario, corriente.*
2 (Fig.) Monstruoso, atroz, censurable, vituperable, reprobable.
inaugurar
Abrir, iniciar, estrenar, principiar, comenzar, lanzar, fundar.
ANT.: *Clausurar, cerrar, terminar.*
incalculable
1 Innumerable, inmenso, incontable, infinito, ilimitado, enorme, inconmensurable.
ANT.: *Exiguo, corto, limitado, mensurable.*
2 Imprevisible, incierto, repentino, sorpresivo.
ANT.: *Previsible, calculable.*
incalificable
Inaudito, vituperable, reprobable, condenable, vergonzoso, indigno, tremendo, vil, monstruoso, aberrante.
ANT.: *Loable.*
incandescente
Ígneo, ardiente, inflamado, candente, encendido, llameante, brillante, fulgurante.
ANT.: *Apagado, helado.*
incansable
1 Resistente, activo, invencible, infatigable VER.
ANT.: *Cansado, débil, flojo.*
2 Porfiado, tenaz, obstinado.
incapacitar
Inhabilitar, exonerar, descalificar, invalidar, prohibir.
ANT.: *Habilitar, capacitar.*
incapaz
1 Torpe, inepto, incapacitado, incompetente, nulo, nulidad.
ANT.: *Competente, capaz, apto.*
2 (Fig.) Necio, tonto.
ANT.: *Listo, avispado.*
incautarse
1 Confiscar, decomisar, embargar, requisar, (Méx., Venez.) incautar.
2 Despojar, usurpar, expoliar, apoderarse de algo.
incauto
1 Imprudente, irreflexivo, imprevisor.
ANT.: *Prudente, cauto, cauteloso, previsor.*
2 Ingenuo, crédulo, cándido, simple, primo, inocentón, memo.
ANT.: *Suspicaz, despierto.*
incendiar
Inflamar, encender, quemar, achicharrar, abrasar, carbonizar, incinerar VER, prender.
ANT.: *Apagar, extinguir.*
incendio
1 Fuego, ignición, inflamación, quema, abrasamiento, calcinación.
2 Siniestro, desastre, conflagración, accidente, percance.
3 (Fig.) Arrebato, ímpetu, vehemencia, pasión.
ANT.: *Frialdad, flema.*
incentivo
Aliciente, estímulo, acicate, interés, atractivo, señuelo.
ANT.: *Traba, freno, paliativo.*
incertidumbre
Duda, perplejidad, indecisión, incertinidad, vacilación, inseguridad VER.
ANT.: *Certeza, certidumbre, convicción, seguridad.*
incesante
1 Constante, continuo, frecuente, repetido, interminable, ininterrumpido.
ANT.: *Intermitente, esporádico.*
2 Persistente, perenne, inacabable, perpetuo, eterno.
ANT.: *Efímero, breve.*
incidente
1 Suceso, trance, incidencia, hecho, acaecimiento, percance, peripecia, eventualidad.
2 Riña, disputa, discusión.
incierto
1 Falso.
ANT.: *Cierto.*
2 Desconocido, ignoto, ignorado, incógnito.
ANT.: *Sabido, conocido.*
3 Inseguro, dudoso, vago, indeterminado, variable, fortuito, mudable.
ANT.: *Seguro, evidente.*
4 Borroso, confuso, impreciso, indefinido, nebuloso.
ANT.: *Definido.*
incinerar
Quemar, calcinar, consumir, abrasar, incendiar VER.
incipiente
1 Primitivo, rudimentario, inicial, naciente, germinal.
ANT.: *Desarrollado.*
2 Primerizo, novato, bisoño.
ANT.: *Veterano.*

incisión
Tajo, corte, cisión, cisura, hendidura, hendedura, cortadura, sección, herida, cuchillada.
incitar
Estimular, excitar, instigar, inducir, provocar, azuzar, tentar, interesar.
ANT.: *Desanimar, disuadir.*
incivil
1 Incívico, irresponsable, inculto, gamberro, impolítico, (fig.) salvaje.
ANT.: *Culto, civil.*
2 Grosero, incorrecto, rudo, descortés, malcriado, maleducado.
ANT.: *Cortés, educado.*
inclemencia
1 Rigor, severidad.
ANT.: *Bondad, clemencia.*
2 Crudeza, destemplanza, aspereza, dureza, extremo [clima, tiempo].
ANT.: *Benignidad, suavidad.*
inclinación
1 Declive, sesgo, ladeamiento, torcimiento, ladeo, pendiente, desplome, cuesta, ángulo.
ANT.: *Rectitud, horizontalidad, verticalidad.*
2 (Fig.) Predisposición, propensión, tendencia, predilección, gusto, afición, apego, afecto, cariño.
ANT.: *Repulsión, desapego, desamor.*
3 Saludo, ademán, reverencia, señal.
inclinar
1 Desviar, ladear, sesgar, torcer, doblar, (fig.) humillar.
ANT.: *Enderezar, nivelar.*
2 (Fig.) Predisponer, persuadir, incitar, convencer.
ANT.: *Desistir, apartar, resistir.*
inclinarse
1 Agacharse, doblarse, reverenciar, arrodillarse, homenajear, saludar.
ANT.: *Incorporarse, enderezarse, erguirse.*
2 Propender, tender.
ANT.: *Desviarse.*
incluir
1 Meter, incorporar, introducir, (fam.) enjaretar.
ANT.: *Excluir, sacar.*
2 Contener, comprender, abarcar, encerrar, englobar, acompañar.
inclusa
1 (Ant.) Esclusa, compuerta.
2 Hospicio, asilo, orfanato, orfelinato, (Méx.) orfanatorio.
inclusero (Esp.)
Expósito, huérfano, hospiciano, asilado, abandonado, desamparado.
inclusión
Colocación, introducción, inserción, instalación, añadido, agregado.
ANT.: *Omisión, separación, exclusión.*
incógnita
Misterio, enigma, secreto, rompecabezas, ocultación.
ANT.: *Revelación, solución.*
incógnito
1 Desconocido, ignorado, oculto, secreto.
ANT.: *Conocido, sabido.*
2 Misterio, anonimato.
incoherente
Inconexo, incomprensible, incongruente, ilógico, confuso, absurdo, embrollado, ininteligible.
ANT.: *Coherente, lógico.*
incoloro
1 Claro, blanco, transparente.
ANT.: *Coloreado, multicolor.*
2 Desteñido, descolorido, desvaído, apagado, deslucido.
ANT.: *Vivo, encendido.*
3 (Fig.) Indefinido.
incólume
Indemne, ileso VER.
incomible
1 Incomestible, indigerible, repugnante, indigesto, insípido, desabrido.
ANT.: *Comestible, comible, sabroso.*
2 (Argent./fig.) Inaceptable, increíble, inadmisible.
incómodo
1 Molesto, irritante, enojoso, desagradable, inconveniente, fatigoso, pesado, difícil.
ANT.: *Grato, cómodo.*
2 Duro, áspero, estrecho.
ANT.: *Confortable.*
incomparable
Incomparado, inigualable, incontrastable, único, singular, insuperable.
ANT.: *Comparable.*
incompatible
Discordante, antagónico, opuesto, contrario, discrepante, irreconciliable, inconciliable.
ANT.: *Compatible, similar, acorde.*
incompetencia
Impericia, torpeza, ineptitud, ineficacia, incapacidad, inutilidad.
ANT.: *Capacidad, aptitud, competencia, habilidad, eficiencia.*

incompetente
Incapaz, inepto VER.
incompleto
1 Imperfecto, inacabado, inconcluso, truncado.
ANT.: *Perfecto, acabado.*
2 Escaso, defectuoso, falto, carente, insuficiente.
ANT.: *Completo, suficiente.*
3 Fragmentario, parcial.
ANT.: *Total.*
incomprensible
Ininteligible, indescifrable, inexplicable, impenetrable, embrollado, inconexo, difícil, oscuro, nebuloso, enigmático.
ANT.: *Comprensible, claro, evidente.*
incomprensión
1 Desconocimiento, ignorancia.
ANT.: *Conocimiento, entendimiento.*
2 Desavenencia, desunión, desacuerdo, discordia.
ANT.: *Avenencia, acuerdo.*
3 Egoísmo, desinterés, indiferencia.
ANT.: *Comprensión, interés.*
incomunicar
Aislar, apartar, separar, confinar, encerrar, excluir, relegar, bloquear.
ANT.: *Unir, relacionar, comunicar.*
inconcebible
Incomprensible, inexplicable VER.
inconcluso
Inacabado, incompleto, imperfecto, fragmentario, a medias.
ANT.: *Completo, perfecto, concluido.*
inconcuso
Seguro, firme, cierto, irrebatible, palmario, evidente, innegable.
ANT.: *Dudoso, rebatible.*
incondicional
1 Total, absoluto, ilimitado.
ANT.: *Condicionado, limitado.*
2 Adicto, leal, devoto, adepto, seguidor, partidario, fanático.
ANT.: *Adversario, disidente.*
inconexo
1 Aislado, independiente, desenlazado, desvinculado.
ANT.: *Conexo, ligado, vinculado.*
2 Incoherente, incomprensible VER.
inconfundible
Característico, propio, peculiar, distintivo, típico, personal, específico, singular, inimitable, diferente.
ANT.: *Común, genérico, confundible.*
incongruente
VER incoherente.
inconmovible
1 Sólido, firme, estable, permanente.
ANT.: *Móvil, variable.*
2 Imperturbable, inflexible, impávido, impasible VER.
ANT.: *Sensible, impresionable.*
inconquistable
1 Inexpugnable, invencible, invulnerable.
ANT.: *Vulnerable, conquistable.*
2 (Fig.) Firme, insobornable, inflexible.
ANT.: *Fácil, débil.*
inconsciente
1 Irresponsable, irreflexivo, necio, atolondrado, aturdido, (fig.) ligero.
ANT.: *Sensato, responsable.*
2 Ignorante, ingenuo, inocente.
ANT.: *Sabedor.*
3 Maquinal, reflejo, involuntario, espontáneo, automático, mecánico.
ANT.: *Deliberado, voluntario.*
4 Desmayado, insensible, desvanecido, desfallecido, anestesiado, narcotizado.
ANT.: *Reanimado, despierto.*
5 Subconsciente, instintivo.
ANT.: *Consciente, voluntario.*
inconsiderado
1 Impensado, precipitado, inadvertido, imprevisto.
ANT.: *Contemplado, meditado.*
2 Desatento, egoísta, desconsiderado VER.
ANT.: *Considerado, atento.*
inconsistente
1 Frágil, flojo, endeble, débil, ligero, blando, sutil, impalpable.
ANT.: *Fuerte, denso, duro, tupido.*
2 Fútil, claudicante [argumento, idea].
ANT.: *Consistente, sólido.*
inconsolable
Afligido, triste, desconsolado, desesperado, dolorido, acongojado, apenado, atribulado.
ANT.: *Contento, aliviado.*
inconstante
Voluble, inestable, veleidoso, frívolo, variable, mudable, caprichoso, informal, impuntual.
ANT.: *Estable, firme, constante.*
incontable
VER innumerable.

incontenible
Irreprimible, arrollador, irrefrenable, irresistible VER.
ANT.: *Refrenable, contenible.*

inconveniente
1 Molestia, impedimento, obstáculo, dificultad, desventaja, trastorno, problema.
ANT.: *Facilidad, ventaja.*
2 Perjudicial, inoportuno, incómodo, molesto, inadecuado.
ANT.: *Apropiado, favorable.*

incordiar*
Molestar, hostigar, fastidiar, importunar, irritar.
*En Argentina, esta palabra se considera inconveniente.

incorporar
Añadir, agregar, integrar, anexar, asociar, unir, juntar, mezclar.
ANT.: *Separar, extraer, sacar.*

incorporarse
1 Levantarse, enderezarse, erguirse, alzarse.
ANT.: *Acostarse, tumbarse, agacharse, inclinarse.*
2 Unirse, integrarse, sumarse, ingresar, entrar.
ANT.: *Egresar, separarse.*

incorrecto
1 Inexacto, errado, erróneo, equivocado, defectuoso, desatinado, desacertado.
ANT.: *Correcto, acertado.*
2 Grosero, descortés, descarado, insolente, impropio, inoportuno, indiscreto, impertinente.
ANT.: *Propio, educado, cortés.*

incorregible
Recalcitrante, empecinado, obcecado, impenitente, testarudo, terco, rebelde, contumaz.
ANT.: *Dócil, razonable.*

incrédulo
1 Suspicaz, receloso, escéptico, desconfiado, malicioso.
ANT.: *Confiado, crédulo.*
2 Impío, pagano, ateo, infiel.
ANT.: *Piadoso, creyente.*

increíble
1 Inconcebible, inverosímil, inimaginable, irracional, ilógico, imposible.
ANT.: *Creíble, verosímil.*
2 (Fig.) Insólito, impresionante, extraordinario, absurdo, inaudito VER.

incrementar
Aumentar, intensificar, desarrollar, reforzar, extender, agrandar, añadir.
ANT.: *Disminuir, limitar, reducir.*

increpar
Apostrofar, amonestar, reprender, sermonear, reñir, corregir.
ANT.: *Alabar, encomiar.*

incrustar
Embutir, engastar, taracear, encajar, empotrar, meter, acoplar, clavar.
ANT.: *Extraer, sacar.*

incubar
1 Empollar, enclocar, encobar.
2 (Fig.) Desarrollarse, prepararse, fomentarse, extenderse.
3 (Fig.) Tramar, madurar, premeditar.

íncubo
Demonio, diablo, espíritu impuro masculino, (fam.) duende.

inculcar
Infundir, imbuir, introducir, inspirar, persuadir, aleccionar, repetir, adoctrinar, grabar.
ANT.: *Disuadir, desanimar.*

inculto
1 Yermo, baldío, salvaje [terreno].
ANT.: *Cultivado.*
2 Ignorante, indocto, iletrado, analfabeto.
ANT.: *Culto, instruido, educado.*
3 (Fig.) Zafio, palurdo, tosco, inconsciente, incivil.
ANT.: *Urbano, consciente.*

incultura
1 Ignorancia, atraso, analfabetismo, barbarie.
ANT.: *Instrucción, educación.*
2 (Fig.) Rusticidad, zafiedad, incivilidad, inconsciencia.
ANT.: *Urbanidad, cultura.*

incumbir
Competer, corresponder, concernir, atañer, interesar, importar, tocar.
ANT.: *Desinteresar.*

incumplir
Infringir, violar, quebrantar, desobedecer, omitir, contravenir, vulnerar, descuidar.
ANT.: *Cumplir, obedecer, respetar.*

incurable
1 Desahuciado, insanable, condenado, desesperado, gravísimo, terminal.
ANT.: *Sanable, curable.*
2 (Fig.) Incorregible, empedernido, irremediable.
ANT.: *Corregible, remediable.*

I

incuria
Negligencia, indolencia, desidia, apatía, indiferencia, abandono, dejadez.
ANT.: *Interés, cuidado, esmero.*

incursión
Correría, invasión, irrupción, ataque, batida, algara, penetración, ocupación.
ANT.: *Huida, retirada.*

indagar
Investigar, averiguar, buscar, rastrear, escudriñar, preguntar, sondear, explorar, husmear, enterarse, inspeccionar.

indebido
1 Ilícito, injusto, ilegal VER.
ANT.: *Lícito, justificado, legal.*
2 Incorrecto, desconsiderado, desatinado, errado.
ANT.: *Debido, correcto.*

indecente
1 Indecoroso, deshonesto, indigno, inmoral.
ANT.: *Decoroso, decente.*
2 Obsceno, impúdico, procaz, descarado, indelicado.
ANT.: *Recatado, delicado.*
3 (Fig.) Sucio, desordenado, desarreglado.
ANT.: *Limpio, aseado.*

indecisión
Vacilación, titubeo, hesitación, irresolución, incertidumbre, duda, inseguridad.
ANT.: *Seguridad, resolución, decisión.*

indeciso
Dudoso, vacilante, irresoluto, perplejo, inseguro, confuso, hesitante.
ANT.: *Decidido, seguro, determinado.*

indecoroso
Indigno, grosero, indecente VER.

indefenso
1 Desvalido, desprotegido, desamparado, abandonado, solo.
ANT.: *Amparado, protegido, apoyado.*
2 Desguarnecido, desarmado, descubierto.
ANT.: *Defendido, guarnecido, fortificado, atrincherado.*
3 Débil, impotente, inerme, incapaz.
ANT.: *Fuerte, armado, respaldado.*

indefinido
1 Impreciso, borroso, vago, confuso, indefinible, desdibujado.
ANT.: *Preciso, nítido, claro, definido.*
2 Indeterminado, ilimitado.
ANT.: *Determinado, limitado.*

indemne
Ileso, intacto, incólume, entero, íntegro, salvo, inmune.
ANT.: *Herido, afectado, perjudicado.*

indemnizar
Retribuir, compensar, subsanar, reparar, resarcir, desagraviar, satisfacer.
ANT.: *Dañar, perjudicar, agraviar.*

independencia
1 Libertad, liberación, autonomía, soberanía, autarquía, emancipación.
ANT.: *Esclavitud, sujeción, sometimiento, dependencia, vasallaje.*
2 Integridad, neutralidad, imparcialidad.
ANT.: *Servilismo, parcialidad.*

independiente
1 Libre, soberano, autónomo, autárquico, emancipado.
ANT.: *Dependiente, sometido, atado.*
2 Neutral, imparcial, justo.
ANT.: *Parcial, condicionado.*
3 Inconexo, aislado, desvinculado, separado.
ANT.: *Vinculado, conectado.*

indescifrable
1 Ininteligible, enrevesado, incomprensible VER.
ANT.: *Claro, inteligible.*
2 Misterioso, oscuro, impenetrable, sibilino.
ANT.: *Evidente, manifiesto.*

indescriptible
1 Inenarrable, inexpresable, indecible, inexplicable.
ANT.: *Descriptible, palmario.*
2 Extraordinario, maravilloso, fabuloso, extraordinario, colosal.
ANT.: *Corriente, común.*

indeseable
1 Despreciable, repelente, antipático, malquisto, repugnante.
ANT.: *Deseable, grato.*
2 Peligroso, perjudicial.
3 Indigno, negativo, nefasto.
ANT.: *Positivo, digno.*
4 Maleante, pillo, sinvergüenza, golfo, granuja.
ANT.: *Honesto, honrado.*

indestructible
1 Inalterable, invulnerable, inmune, fijo, duradero, eterno.
ANT.: *Vulnerable, perecedero.*
2 Invencible, fuerte, inmune.
ANT.: *Frágil, débil.*
3 Firme, inconmovible.
ANT.: *Voluble.*

indeterminado
1 Indefinido, incierto, impreciso, vago, confuso, desconcertante.
ANT.: *Determinado, definido, preciso.*
2 Indeciso, dudoso, irresoluto, inseguro, hesitante.
ANT.: *Resuelto, decidido, seguro.*

indicación
1 Advertencia, observación, recomendación, exhortación, orientación.
2 Señal, marca, anuncio, aviso.

indicar
1 Advertir, aconsejar, avisar, guiar, orientar, exhortar, sugerir, insinuar.
2 Señalar, marcar, mostrar, significar.
ANT.: *Ocultar, esconder.*

índice
1 Señal, indicio, muestra.
2 Catálogo, inventario, lista, directorio, relación, repertorio, guía.
3 Tabla, tablero, registro, cuadro.
4 Manecilla, indicador, gnomon, sagita, aguja.

indicio
1 Señal, muestra, manifestación, prueba, índice, vislumbre, barrunto.
2 Huella, marca, pista, evidencia.
3 Vestigio, asomo, rastro.

indiferencia
1 Apatía, desinterés, displicencia, despreocupación, descuido.
ANT.: *Interés, aprecio.*
2 Frialdad, desapego, desdén.
ANT.: *Calor, apasionamiento, preferencia.*

indiferente
1 Indistinto, indiferenciado.
ANT.: *Diferente, preferible.*
2 Displicente, apático, descuidado, desinteresado, despreocupado.
ANT.: *Interesado, participativo.*
3 Frío, impasible, neutral.
ANT.: *Inclinado, apasionado.*
4 Desamorado, insensible, desapegado, egoísta, desabrido.
ANT.: *Enamorado, ferviente, vehemente, sensible.*

indígena
Originario, natural, nativo, oriundo, autóctono, vernáculo, aborigen.
ANT.: *Extranjero, alienígena, exótico.*

indigencia
Pobreza, penuria, necesidad, estrechez, hambre, miseria.
ANT.: *Opulencia, riqueza.*

indigestión
Empacho, hartura, pesadez, saciedad, asco, estragamiento, recargo estomacal, (C. Rica) pega.

indigesto
1 Pesado, nocivo, grasiento, empalagoso, indigerible, incomible.
ANT.: *Ligero, digestivo, digerible.*
2 (Fig.) Difícil, confuso, complicado.
ANT.: *Ameno, sencillo.*
3 (Fig.) Fastidioso, áspero, antipático.
ANT.: *Amable.*

indignación
Enojo, irritación, → indignar.

indignante
Irritante, ultrajante, injusto, ofensivo, enojoso.

indignar
Irritar, enfadar, encolerizar, exasperar, enfurecer, enojar, ofender, excitar.
ANT.: *Calmar.*

indignidad
1 Injusticia, desmerecimiento, abuso.
ANT.: *Justicia, equidad.*
2 Ruindad, abyección, bajeza, vileza, inmoralidad.
ANT.: *Dignidad, honor.*
3 Ultraje, infamia, ofensa, agravio, humillación.
ANT.: *Favor, honra.*

indigno
1 Inadecuado, injusto, inmerecido.
ANT.: *Justo, adecuado.*
2 Abyecto, ruin, vil, infame, innoble, inicuo, oprobioso, ultrajante.
ANT.: *Honroso, digno.*

indio
1 Natural de la India, hindú, indostánico.
2 Aborigen, americano, amerindio.
3 Azul, azulado, índigo.
4 el indio (Cuba/fig.) El Sol, el solivio.

indirecta
1 Alusión, insinuación, sugerencia, evasiva, ambigüedad, eufemismo.
ANT.: *Verdad, exabrupto.*
2 (Fig. y fam.) Pulla, ironía, puntada, puntazo, (Venez.) puya, punta.

indirecto
1 Desviado, oblicuo, transversal, sesgado, inclinado.
ANT.: *Recto.*

2 Colateral, secundario, apartado, alejado, separado.
ANT.: *Directo.*

indisciplina
Desobediencia, rebeldía, subversión, resistencia, desafío, desorden, caos, alboroto.
ANT.: *Disciplina, orden, obediencia.*

indiscreto
1 Imprudente, inoportuno, impertinente, necio.
ANT.: *Discreto, oportuno, prudente.*
2 Entrometido, fisgón, hablador, chismoso, (Esp.) cotilla.
ANT.: *Reservado.*

indiscutible
Evidente, inequívoco, indudable, incuestionable, inapelable, innegable, irrebatible, irrefutable, cierto, obvio.
ANT.: *Dudoso, discutible, refutable.*

indisoluble
1 Insoluble.
ANT.: *Soluble, disoluble.*
2 Perenne, perdurable, firme, fijo, estable, sólido, inquebrantable, invariable, inalterable.
ANT.: *Inestable, fugaz.*

indispensable
Inexcusable, imprescindible VER.

indisponer
1 Enemistar, desunir, desavenir, malquistar, enzarzar, liar, azuzar, (Méx.) cuchilear.
ANT.: *Amigar, conciliar.*
2 indisponerse Enfermarse, desmejorar, sentirse mal.
ANT.: *Curar, sanar, reponerse.*

indisposición
Achaque, dolencia, quebranto, trastorno, afección, padecimiento, enfermedad.
ANT.: *Curación, alivio.*

indispuesto
1 Enfermo, destemplado, desmejorado, achacoso, doliente, (fam.) malo.
ANT.: *Sano.*
2 Enfadado, enemistado, molesto, maldispuesto.
ANT.: *Dispuesto, complacido.*

indistinto
1 Indiferente, equivalente, similar, parecido.
ANT.: *Distinto, diferente.*
2 Confuso, impreciso, borroso, imperceptible, nebuloso.
ANT.: *Claro, diáfano.*

individual
Propio, particular, personal, singular, característico, privado.
ANT.: *General, colectivo.*

individualista
1 Egocéntrico, ególatra, egoísta.
ANT.: *Altruista.*
2 Libre, autónomo, independiente, rebelde.
ANT.: *Dependiente, gregario.*

individuo
1 Indiviso, indivisible.
ANT.: *Divisible.*
2 Persona, sujeto, tipo, fulano, prójimo, (fig.) alma.
3 Espécimen, ejemplar.

indócil
1 Indómito, indoblegable, rebelde, indomable.
ANT.: *Sumiso.*
2 Desobediente, díscolo, indisciplinado, reacio.
ANT.: *Dócil, obediente.*

índole
Naturaleza, condición, idiosincrasia, carácter, personalidad, temperamento, genio, propensión, inclinación.

indolente
Apático, indiferente, negligente, flojo, desidioso, desganado, perezoso, haragán, holgazán.
ANT.: *Dinámico, activo, vivaz.*

indómito
1 Salvaje, fiero, bravo, arisco, cerril, montés, (Argent, Bol., Urug.) bagual.
ANT.: *Domado, domesticado.*
2 Indomable, indócil, reacio, indisciplinado, rebelde, terco, ingobernable, inflexible.
ANT.: *Dócil, manso, obediente.*

inducir
1 Instigar, incitar, alentar, animar, empujar, azuzar, persuadir, convencer.
ANT.: *Desanimar, disuadir, apartar.*
2 Colegir, conducir, concluir.
ANT.: *Deducir.*
3 Provocar, estimular, excitar.

indudable
Evidente, seguro, indiscutible VER.
ANT.: *Dudoso.*

indulgente
Tolerante, benévolo, condescendiente, transigente, paciente, clemente, lene, compasivo, bonachón, blando.
ANT.: *Severo, inflexible, duro.*

indulto
1 Gracia, merced, dispensa.
2 Perdón, absolución, condonación, remisión, conmutación, amnistía.
ANT.: *Condena.*
indumentaria
Atavío, vestimenta, vestuario, vestidura, ropa, ropaje, traje, prenda.
industria
1 Manufactura, elaboración, producción, fabricación, explotación, confección, montaje, técnica.
2 Fábrica, factoría, empresa, taller.
3 Destreza, habilidad, competencia, dexteridad, pericia, maña, ingenio, (Venez.) indormia.
ANT.: *Torpeza, impericia, incapacidad, desmaña.*
inédito
1 No publicado [obra, autor].
ANT.: *Editado, publicado.*
2 Desconocido, original, nuevo, reciente, novedoso.
ANT.: *Conocido, viejo, antiguo.*
ineficaz
1 Inútil, incompetente, incapaz, torpe, inepto VER.
ANT.: *Útil, competente, eficiente.*
2 Nulo, inerte, inactivo, inoperante.
ANT.: *Eficaz, activo.*
3 Infructuoso, vano, estéril, insuficiente.
ANT.: *Fructífero, productivo.*
ineludible
Insoslayable, inevitable VER.
inepto
Incompetente, incapaz, ineficaz VER, inexperto, inoperante, desmañado, torpe, nulo, ignorante, improductivo.
ANT.: *Competente, apto, capaz.*
inequívoco
Evidente, indiscutible VER.
inercia
1 Desidia, apatía, indolencia, letargo, flema, pasividad, pereza.
ANT.: *Actividad.*
2 Inmovilidad, inacción, incapacidad.
ANT.: *Dinamismo.*
inesperado
Súbito, repentino, inadvertido, espontáneo, insospechado, impensado.
ANT.: *Previsto, esperado.*
inestable
1 Desequilibrado, movedizo, vacilante, precario.
ANT.: *Fijo, estable.*
2 Inconstante, mudable, frágil, voluble, inseguro, veleidoso, indeciso, frívolo.
ANT.: *Seguro, firme, constante.*
inestimable
Valioso, precioso, imponderable, inapreciable VER.
inevitable
Irremediable, ineludible, indefectible, obligatorio, forzoso, inexcusable VER, infalible, seguro, fatal.
ANT.: *Remediable, evitable, inseguro.*
inexacto
1 Incorrecto, erróneo, equivocado, desacertado, disparatado, falso, anacrónico.
ANT.: *Correcto, estricto, fiel, veraz.*
2 Defectuoso, insuficiente, imperfecto, incompleto.
ANT.: *Justo, exacto.*
inexcusable
Imperdonable, inaceptable, indebido, inadmisible.
ANT.: *Admisible.*
inexistente
Ficticio, aparente, ilusorio, irreal, virtual, supuesto, engañoso, quimérico.
ANT.: *Real, verdadero, existente.*
inexorable
1 Inflexible, implacable, duro, imperturbable.
ANT.: *Clemente, blando.*
2 Inevitable, infalible, ineluctable, seguro.
ANT.: *Evitable, falible.*
inexperiencia
Impericia, inhabilidad, incompetencia, ineptitud ignorancia, novatez.
ANT.: *Experiencia, veteranía, aptitud.*
inexperto
Bisoño, novato, neófito, aprendiz, principiante, torpe, ignorante.
ANT.: *Experimentado, ducho, experto.*
inexplicable
Inconcebible, incomprensible, increíble, extraño, asombroso, absurdo, misterioso.
ANT.: *Lógico, natural, explicable.*
inexplorado
Ignoto, virgen, desconocido, deshabitado, aislado, solitario, lejano, remoto.
ANT.: *Explorado, conocido, trillado.*
inexpresivo
1 Enigmático, hierático, inmutable, adusto, imperturbable, reservado, seco, impasible.
ANT.: *Comunicativo, cálido.*

2 Frío, flemático, indiferente, soso, insípido.
ANT.: *Expresivo, vehemente.*
inexpugnable
1 Inconquistable, invencible, invicto, inabordable, invulnerable, fortificado, amurallado.
ANT.: *Débil, expugnable, conquistable, franco.*
2 (Fig.) Obstinado, tenaz, irreductible.
ANT.: *Asequible.*
inextinguible
1 Ilimitado, inacabable, inagotable, insaciable, inapagable.
ANT.: *Extinguible, limitado.*
2 (Fig.) Interminable, perenne, prolongado, eterno, infinito.
ANT.: *Finito, breve, perecedero.*
infalible
1 Seguro, indefectible, inexorable, forzoso, cierto, firme, verdadero, exacto, clarividente, (fig.) matemático.
ANT.: *Inseguro, falible, incierto.*
2 Eficaz, acertado.
ANT.: *Dudoso, ineficaz.*
infamante
Oprobioso, ofensivo, infamatorio, deshonroso, degradante, denigrante, ignominioso, afrentoso.
ANT.: *Honroso.*
infamar
Deshonrar, injuriar, vilipendiar, difamar, calumniar, manchar, ultrajar, ofender, afrentar.
ANT.: *Alabar, honrar, ensalzar.*
infame
1 Innoble, despreciable, desacreditado, deshonesto, inicuo.
ANT.: *Honorable, honrado, noble.*
2 Vil, perverso, ruin, depravado, maldito, maligno, malvado, canalla, corrompido, protervo.
ANT.: *Bondadoso, íntegro.*
3 Horrible, malo, pésimo, repugnante, asqueroso.
ANT.: *Excelente, soberbio, magnífico.*
infamia
1 Descrédito, deshonor, estigma, oprobio, mancilla.
ANT.: *Honorabilidad, honra.*
2 Iniquidad, bajeza, abyección, traición, ofensa, ruindad, monstruosidad, indecencia, (fig.) crimen.
infancia
Niñez, puericia, inocencia, minoría de edad, pequeñez.
ANT.: *Vejez, madurez.*
infantil
1 Infantino, pueril.
2 Impúber, inmaduro, aniñado.
ANT.: *Maduro, adulto.*
3 (Fig.) Candoroso, inocente, ingenuo, inofensivo, dulce, tierno.
ANT.: *Taimado, malicioso.*
4 (Fig.) Necio, caprichoso, obcecado.
ANT.: *Centrado, sensato.*
infatigable
Inagotable, incansable, incesante, vigoroso, dinámico, firme, tenaz, perseverante.
ANT.: *Débil, haragán, inconstante.*
infausto
Aciago, infortunado VER.
infección
1 Podredumbre, infición, inoculación, podre.
ANT.: *Desinfección.*
2 Contagio, epidemia, peste, propagación, enfermedad.
ANT.: *Sanidad, salubridad.*
3 (Fig.) Corrupción, desvío, perversión, contaminación.
ANT.: *Saneamiento, limpieza.*
infecto
1 Contaminado, contagiado, infectado, inficionado, pestilente.
ANT.: *Sano, limpio, desinfectado.*
2 Podrido, corrompido, asqueroso, nauseabundo, putrefacto, pútrido, repugnante.
ANT.: *Sano, limpio, desinfectado.*
infecundo
1 Improductivo, yermo, infructuoso, árido, agotado, seco.
ANT.: *Fecundo, productivo.*
2 Estéril, castrado.
ANT.: *Fértil.*
infelicidad
1 Desdicha, desgracia, desventura, adversidad, tribulación, ruina.
ANT.: *Ventura, dicha.*
2 Tristeza, pena, dolor, cuita, aflicción, angustia.
ANT.: *Felicidad, alegría.*
infeliz
1 Infausto, aciago, desgraciado, infortunado.
ANT.: *Afortunado, fausto.*

2 Pobre, desdichado, desposeído, miserable.
ANT.: *Rico, opulento.*
3 (Fam.) Ingenuo, simple, inocente.
4 (Fam.) Apocado, pobre diablo.

inferior
1 Bajo, menor.
ANT.: *Mayor.*
2 Malo, defectuoso, insuficiente, irregular, peor.
ANT.: *Mejor.*
3 Sencillo, primitivo [biología].
4 Subordinado, subalterno, dependiente.
ANT.: *Superior.*

infernal
1 Satánico, demoníaco, diabólico, maléfico, maligno, mefistofélico.
ANT.: *Celestial, benéfico.*
2 (Fig.) Pésimo, insufrible, insoportable, intolerable.
ANT.: *Agradable, atractivo, cautivante.*

infidelidad
1 Deslealtad, ingratitud, indignidad, felonía, perfidia, vileza, doblez.
ANT.: *Lealtad, fidelidad, gratitud.*
2 Adulterio, infidencia, traición, engaño, (fam.) cuernos [poner los].
ANT.: *Respeto, lealtad, fidelidad.*

infiel
1 Desleal, ingrato, infidente, traidor, pérfido, aleve, infame, felón.
ANT.: *Leal, agradecido.*
2 Inexacto, falso, adulterado.
ANT.: *Textual, exacto.*
3 Impío, irreligioso, ateo, descreído, hereje, pagano, idólatra.
ANT.: *Religioso, creyente.*
4 Adúltero, mancornador.
ANT.: *Fiel.*

infierno
1 Averno, tártaro, abismo, báratro, orco, fuego eterno.
ANT.: *Cielo, gloria, paraíso, edén.*
2 Hades, erebo [mitología griega].
3 Condenación, perdición, tormento, castigo.
ANT.: *Salvación, bienaventuranza.*
4 (Fig. y fam.) Alboroto, barahúnda, jaleo, pandemónium, pandemonio.
ANT.: *Tranquilidad, calma, silencio, orden, quietud.*

infiltrar
1 Impregnar, instilar, embeber, impregnar.
ANT.: *Destilar, escurrir.*
2 (Fig.) Infundir, inculcar, imbuir, inspirar, sugerir.
ANT.: *Disuadir, quitar, borrar.*
3 **infiltrarse** (Fig.) Penetrar, introducirse, entrometerse.

ínfimo
1 Inferior, mínimo, bajo, último.
ANT.: *Alto, máximo.*
2 Minúsculo, irrisorio, insignificante, nimio, pequeñísimo.
ANT.: *Grande, significativo, supremo.*
3 Despreciable, ruin, miserable, vil, abyecto, lo peor.
ANT.: *Noble, excelso.*

infinito
1 Incontable, incalculable, interminable, inacabable, inagotable.
ANT.: *Escaso.*
2 Inmenso, vasto, extenso, inconmensurable, ilimitado.
ANT.: *Limitado.*
3 Eterno, imperecedero, perpetuo.
ANT.: *Finito, breve, perecedero.*

inflamar
1 Incendiar, incinerar, encender, quemar, arder, abrasar.
ANT.: *Apagar, sofocar, extinguir.*
2 (Fig.) Excitar, enardecer, entusiasmar, irritar.
ANT.: *Calmar, apaciguar.*
3 **inflamarse** Hincharse, congestionarse, enrojecerse, infectarse.
ANT.: *Deshincharse, desinflamarse.*

inflar
1 Soplar, ahuecar, hinchar VER.
ANT.: *Desinflar, reventar.*
2 (Fig.) Exagerar, abultar.
ANT.: *Miniminizar.*
3 (Méx./vulg.) Beber, embriagarse.
4 **inflarse** Ensoberbecerse, envanecerse, vanagloriarse.

inflexible
1 Rígido, duro, firme, tenaz.
ANT.: *Flexible, dúctil.*
2 (Fig.) Inexorable, implacable, inconmovible, cruel, intolerante.
ANT.: *Benévolo, tolerante.*

infligir
1 Causar, originar, producir, ocasionar [dolor, daño].
2 Castigar, penar, imponer o aplicar castigo.
ANT.: *Perdonar.*

influencia
1 Influjo, acción, efecto.
2 Autoridad, poder, ascendiente, predominio, prestigio, confianza.

3 Valimiento, favor, amistad, mano, (fam.) palanca [capacidad de ayuda].
ANT.: *Bloqueo, impedimento.*

influir
1 Actuar, afectar, obrar, ejercer.
2 Inducir, inclinar, influenciar.
3 (Fig.) Intervenir, contribuir, ayudar, respaldar, empujar.
ANT.: *Abstenerse, desamparar.*

influyente
Poderoso, eficaz, prestigioso, respetado, importante, acreditado.
ANT.: *Humilde, insignificante.*

información
1 Informe, noticia, nueva, comunicación, comunicado, reportaje, entrevista.
2 Aviso, anuncio, advertencia.
3 Averiguación, indagatoria, indagación, pesquisa, investigación.
4 Revelación, denuncia.

informal
1 Extraoficial, familiar, íntimo, inconvencional.
ANT.: *Oficial, convencional, solemne.*
2 Irresponsable, impuntual, inconstante, inconsecuente, negligente, descuidado.
ANT.: *Cumplidor, formal, puntual.*

informar
1 Comunicar, anunciar, notificar, declarar, manifestar, participar, enterar, avisar, reseñar, detallar, testimoniar.
ANT.: *Callar, omitir.*
2 Averiguar, investigar, indagar, buscar, sondear.

informativo
1 Esclarecedor, revelador, ilustrativo, de divulgación.
2 Noticiero, noticiario.

informe
1 Indefinido, irregular, deforme, amorfo, impreciso.
ANT.: *Formado, preciso.*
2 Información, comunicado, noticia, referencia, dato, crónica, expediente, dossier.
3 Dictamen, declaración.

infortunado
1 Desdichado, desafortunado, desventurado, desgraciado, infeliz, mísero, malaventurado.
ANT.: *Dichoso, feliz.*
2 Infausto, aciago, malhadado.
ANT.: *Afortunado.*

infracción
Transgresión, quebrantamiento, violación, incumplimiento, falta, atropello, culpa, delito.
ANT.: *Cumplimiento, acatamiento, observancia.*

infranqueable
Insalvable, intransitable, inaccesible, impracticable, escarpado, quebrado, abrupto, imposible.
ANT.: *Practicable, expedito, accesible.*

infrecuente
Inusual, excepcional, esporádico, desusado, insólito, raro, extraño, extraordinario, sorprendente.
ANT.: *Habitual, frecuente, normal.*

infringir
Transgredir, violar, quebrantar, incumplir, conculcar, desobedecer, vulnerar, delinquir, atentar [referido a normas].
ANT.: *Cumplir, obedecer.*

infructuoso
1 Estéril, improductivo, infrugífero, infecundo.
ANT.: *Fructífero, fecundo, productivo.*
2 Ineficaz, nulo, negativo, vano, inútil. inservible.
ANT.: *Eficaz, positivo.*

infundado
Injustificado, inmotivado, inaceptable, improcedente, insostenible, ilógico, absurdo.
ANT.: *Fundado, real, razonable.*

infundio
Engaño, calumnia, falsedad, mentira, embuste, patraña.
ANT.: *Verdad.*

infundir
Inculcar, inspirar, causar, suscitar, provocar, originar, infiltrar.

infusión
1 Disolución, solución, cocción, cocimiento.
2 Tisana, brebaje, bebida, extracto.

ingenio
1 Inventiva, imaginación, talento, genio, idea, inspiración, cacumen.
2 Entendimiento, intuición, discernimiento, lucidez, iniciativa.
ANT.: *Estupidez, embotamiento.*
3 Habilidad, destreza, dexteridad, maña, industria.
ANT.: *Torpeza, inutilidad.*
4 Agudeza, gracia, chispa, (fam.) agilidad mental.
ANT.: *Lerdez, sosería, sonsera.*

5 Aparato, artilugio, artefacto, artificio, máquina, instrumento, utensilio.
6 Molino, planta procesadora, (Amér.) fábrica de azúcar.

ingenuo
1 Cándido, candoroso, inocente, simple, sencillo, franco.
ANT.: *Astuto, taimado.*
2 Crédulo, incauto, confiado.
ANT.: *Desconfiado.*

ingerir
Engullir, tragar VER.

ingrato
1 Malagradecido, desleal, desagradecido, olvidadizo, infiel, egoísta.
ANT.: *Agradecido, leal, reconocido.*
2 Desagradable, áspero, desabrido.
ANT.: *Grato, agradable.*
3 Insatisfactorio, estéril, frustrante, infructuoso.
ANT.: *Satisfactorio, fructífero.*

ingrediente
1 Componente, constituyente, integrante, parte.
2 Sustancia, elemento, material, droga, fármaco.

ingresar
1 Entrar, asociarse, afiliarse, adherirse, inscribirse, incorporarse.
ANT.: *Egresar, salir, renunciar.*
2 Depositar, meter.
ANT.: *Sacar.*

inhabilitar
Imposibilitar, incapacitar VER.

inhabitable
1 Insano, inhóspito, insalubre, desolado, hostil.
ANT.: *Habitable.*
2 Ruinoso, destartalado, incómodo.
ANT.: *Cómodo, confortable.*

inhalar
Absorber, aspirar VER.

inhibir
1 Impedir, detener, suspender, estorbar, coartar.
ANT.: *Facilitar.*
2 Prohibir, vedar, privar.
ANT.: *Permitir, autorizar.*
3 **inhibirse** Retraerse, abstenerse.
ANT.: *Desinhibirse.*

inhóspito
1 Agreste, áspero, desolado, deshabitado, árido, yermo, desértico, frío, salvaje, desabrigado.
ANT.: *Habitable, hospitalario, grato.*
2 Inhospitalario, inhabitable, incómodo, desagradable.
ANT.: *Cómodo, acogedor.*

inhumano
1 Implacable, despiadado, desalmado, duro, insensible.
ANT.: *Humanitario, benévolo.*
2 Cruel, feroz, fiero, inclemente, sanguinario, brutal, bárbaro, (fig.) salvaje.
ANT.: *Humano, compasivo.*
3 Perverso, malévolo, impío.
ANT.: *Benigno, bueno.*

inhumar
Enterrar, sepultar, soterrar, depositar [un cadáver].
ANT.: *Exhumar, desenterrar.*

iniciar
1 Empezar, comenzar, principiar, suscitar, originar, emprender, inaugurar, surgir.
ANT.: *Terminar, concluir.*
2 Admitir, afiliar, introducir.
3 (Fig.) Enseñar, instruir, educar, aleccionar, adoctrinar.

iniciativa
1 Impulso, decisión, voluntad.
ANT.: *Cortedad, indecisión.*
2 Inventiva, ingenio, aptitud, capacidad.
ANT.: *Incapacidad, inutilidad.*
3 Actividad, dinamismo, diligencia.
ANT.: *Pereza, apatía.*
4 Anticipación, delantera.
5 Idea, sugerencia, propuesta, proposición.
ANT.: *Resultado, conclusión.*

inicuo
1 Injusto, inequitativo, arbitrario, ignominioso, ultrajante.
ANT.: *Equitativo, justo.*
2 Infame, malvado, vil, malo, perverso, ruin, mezquino.
ANT.: *Noble, bueno.*

inimitable
Inigualable, impar, sin par, inconfundible VER.

ininteligible
Indescifrable, incomprensible VER.

iniquidad
1 Injusticia, ignominia, arbitrariedad, abuso.
ANT.: *Justicia, equidad.*
2 Maldad, crueldad, vileza, depravación, perversidad.
ANT.: *Bondad, virtud.*

injerencia
Entrometimiento, intromisión, indiscreción, intrusión, intervención, mangoneo.
ANT.: *Abstención, discreción.*
injerirse
Entrometerse, entremeterse, intervenir, inmiscuirse, mezclarse, mangonear, mediar.
ANT.: *Abstenerse.*
injertar
Meter, introducir, injerir, aplicar, agregar, trasplantar.
injerto
1 Injertación, inserción, empalme, implantación.
2 Brote, yema, aplicación, agregado, implante, postizo.
injuria
1 Agravio, ultraje, vejación, oprobio, infamia, ofensa.
ANT.: *Merced, favor, honor.*
2 Insulto, improperio, vilipendio, denuesto, palabrota.
ANT.: *Alabanza, elogio.*
3 (Fig.) Daño, perjuicio, menoscabo.
ANT.: *Beneficio, favor.*
injusticia
Arbitrariedad, inequidad, iniquidad, ilegalidad, parcialidad, improcedencia, atropello, abuso, sinrazón.
ANT.: *Justicia, legalidad, imparcialidad, equidad.*
injusto
1 Injustificado, ilegal, ilícito, improcedente, inequitativo, abusivo, arbitrario, infundado, inmerecido.
ANT.: *Justo, legal, lícito, equitativo.*
2 Parcial, favoritista, caprichoso, inmoral, inicuo.
ANT.: *Imparcial, ecuánime.*
inmaculado
1 Puro, impoluto, limpio VER.
ANT.: *Sucio, impuro.*
2 Intachable, íntegro, impecable.
ANT.: *Maculado, manchado.*
inmaduro
Tierno, precoz, verde, prematuro, incipiente, bisoño.
ANT.: *Maduro.*
inmaterial
1 Incorpóreo, intangible, impalpable, invisible, etéreo.
ANT.: *Corpóreo, sólido.*
2 Abstracto, ideal.
ANT.: *Material.*
inmediaciones
Proximidades, cercanías, alrededores, vecindad, aledaños.
ANT.: *Lejanía.*
inmediato
1 Contiguo, vecino, próximo, junto, consecutivo, seguido.
ANT.: *Alejado, apartado.*
2 Inminente, instantáneo, urgente.
ANT.: *Lento, paulatino.*
3 de inmediato Rápido, presto, raudo, ya, ahora.
ANT.: *Después, luego.*
inmejorable
Excelente, insuperable VER.
inmenso
1 Infinito, enorme, ilimitado, extenso, vasto, inmensurable.
ANT.: *Limitado, mensurable.*
2 Descomunal, grandioso, desmesurado, gigante, gigantesco, monstruoso, colosal.
ANT.: *Minúsculo, ínfimo.*
3 Incalculable, desmedido, inconmensurable.
ANT.: *Exiguo, escaso.*
4 (Fig. y fam.) Genial, excelente.
inmerecido
Inmérito, injusto VER.
inmersión
Zambullida, sumersión, sumergimiento, descenso, bajada, buceo, chapuzón.
ANT.: *Salida, ascenso, emersión.*
inmigración
Llegada, entrada, arribo, migración, desplazamiento, traslado.
ANT.: *Emigración, éxodo, salida.*
inminente
1 Próximo, inmediato, pronto, perentorio, cercano.
ANT.: *Lejano, remoto.*
2 Apremiante, imperioso, inaplazable, urgente.
ANT.: *Aplazable, postergable.*
inmiscuirse
Entrometerse, injerirse VER.
inmoderado
Excesivo, desenfrenado VER.
inmodesto
Engreído, soberbio, fatuo, vano, arrogante, altanero, altivo, petulante, presuntuoso.
ANT.: *Modesto, sencillo, humilde.*
inmolar
Sacrificar, ofrecer, ofrendar, degollar, matar.

inmoral
1 Indecoroso, indecente, ilícito, corrupto, deshonesto, indigno.
ANT.: *Moral, decoroso, decente.*
2 Impúdico, disoluto, crapuloso, (fig.) perdido, escandaloso, desvergonzado, obsceno.
ANT.: *Recatado, casto.*

inmortal
Perpetuo, eterno, perenne, imperecedero, sempiterno, perdurable, constante, renovado.
ANT.: *Mortal, efímero, perecedero.*

inmóvil
1 Quieto, fijo, inerte, estático, estacionario, pasivo, rígido, inactivo, inanimado.
ANT.: *Móvil, movible, dinámico.*
2 (Fig.) Firme, inconmovible, inflexible, invariable.
ANT.: *Flexible, variable.*

inmovilizar
1 Fijar, afianzar, sujetar, asegurar, estancar.
ANT.: *Mover, disparar, empujar.*
2 Detener, retener, paralizar, atajar, dominar.
ANT.: *Movilizar.*

inmundo
1 Sucio, mugriento, puerco, asqueroso, repugnante, nauseabundo.
ANT.: *Limpio, inmaculado.*
2 (Fig.) Impuro, poluto.
ANT.: *Puro, impoluto.*
3 (Fig.) Deshonesto, impúdico, libertino, lascivo, indecente.
ANT.: *Decente, honesto.*

inmunidad
1 Invulnerabilidad, indemnidad, resistencia, fortaleza, defensas.
ANT.: *Debilidad, vulnerabilidad, susceptibilidad.*
2 Privilegio, exención, protección, prerrogativa, fuero [ante la ley].

inmutable
Impertérrito, impasible, impávido, invariable VER.

innato
Congénito, ingénito, inherente, peculiar, característico, propio, natural.
ANT.: *Adquirido.*

innecesario
Superfluo, fútil, prescindible, inútil, excesivo, sobrado, infundado.
ANT.: *Útil, necesario, básico.*

innegable
Claro, evidente, indiscutible VER.

innoble
Despreciable, abyecto, bajo, ruin, infame, bajo, vil, indigno, mezquino, rastrero.
ANT.: *Noble, magnánimo, digno.*

inocuo
Inofensivo, inocente, innocuo, anodino, inerte, inactivo.
ANT.: *Agresivo, perjudicial.*

innovación
1 Invención, invento, creación, idea, descubrimiento.
ANT.: *Copia, imitación.*
2 Cambio, modificación, transformación.

innumerable
Incalculable, ilimitado, infinito, incontable, numeroso, copioso, inmenso, enorme.
ANT.: *Escaso, limitado, contable.*

inocente
1 Ingenuo, cándido, candoroso, sencillo, simple.
ANT.: *Torvo, malicioso, astuto.*
2 Virginal, puro, pueril.
ANT.: *Impuro.*
3 Inocuo, inofensivo.
ANT.: *Dañino, agresivo.*
4 Exento, limpio.
ANT.: *Culpable.*
5 Absuelto, indultado, exculpado.
ANT.: *Condenado.*

inocular
1 Contagiar, contaminar, infectar, comunicar, pasar, transmitir.
ANT.: *Inmunizar, proteger.*
2 Vacunar, inyectar.
3 (Fig.) Corromper, pervertir.

inofensivo
1 Inerme, desarmado, indefenso, inocuo, inocente.
ANT.: *Peligroso, dañino.*
2 Manso, pacífico, tranquilo, apacible, amable.
ANT.: *Feroz, agresivo.*

inolvidable
1 Indeleble, imborrable, memorable, persistente, permanente.
ANT.: *Pasajero.*
2 Famoso, ilustre, eterno, imperecedero, inmortal.

inoperante
Inútil, ineficaz VER.

I

inoportuno
1 Inesperado, imprevisto, intempestivo, tardío, temprano, inadecuado, incómodo.
ANT.: *Oportuno, adecuado, exacto, justo.*
2 Imprudente, impertinente, indiscreto, entrometido.
ANT.: *Prudente, discreto.*

inquebrantable
Infrangible.

inquietar
1 Intranquilizar, alarmar, preocupar, agitar, turbar, desasosegar, amenazar.
ANT.: *Calmar, tranquilizar.*
2 Molestar, mortificar, perturbar, atormentar.

inquietud
1 Desasosiego, desazón, impaciencia, nerviosidad, excitación, ansiedad, angustia, preocupación, zozobra, turbación, intranquilidad, prurito.
ANT.: *Serenidad, tranquilidad, despreocupación.*
2 Alteración, alboroto, turbulencia, conmoción, bullicio, hervor, actividad, agitación.
ANT.: *Silencio, paz, quietud.*
3 Inclinación, deseo, ambición, aspiración, anhelo.

inquilino
Ocupante, arrendatario, vecino, morador, habitante.
ANT.: *Arrendador, propietario, casero.*

inquina
Aversión, animadversión, enemistad, aborrecimiento, antipatía, ojeriza, odio, tirria, (fam.) mala voluntad.
ANT.: *Simpatía, amistad.*

inquirir
Averiguar, preguntar, indagar VER.

insaciable
1 Insatisfecho, ávido, ansioso, codicioso, avaro, ambicioso.
ANT.: *Satisfecho, pleno.*
2 Voraz, hambriento, glotón.
ANT.: *Saciado, harto.*

insalubre
Malsano, dañino, nocivo, insano, perjudicial, pernicioso, enfermizo, malo.
ANT.: *Saludable, salubre.*

insano
1 Alienado, desequilibrado, maniático, loco VER.
ANT.: *Sano, cuerdo.*
2 Insalubre, pernicioso, malsano.
ANT.: *Salubre.*

insatisfecho
Insaciable, descontento VER.

inscribir
1 Apuntar, anotar, registrar, escribir, grabar, trazar.
ANT.: *Borrar, tachar.*
2 Delimitar, circunscribir, limitar, ajustar, ceñir.
3 inscribirse Alistarse, afiliarse, incorporarse, apuntarse, agremiarse, asociarse.
ANT.: *Renunciar, desincorporarse.*

inscripción
1 Anotación, nota, asiento, registro.
2 Epígrafe, letrero, leyenda, epitafio, escrito, grabado.
3 Título, rótulo, lema, cartel.
4 Matrícula, afiliación, alta, agremiación, acreditación.
ANT.: *Baja, renuncia, expulsión.*

inseguridad
1 Inestabilidad, desequilibrio.
ANT.: *Firmeza, estabilidad.*
2 Duda, indecisión, irresolución, vacilación, titubeo, incertidumbre.
ANT.: *Certeza, certidumbre, resolución, decisión.*
3 Riesgo, altibajo, peligro.
ANT.: *Seguridad.*

insensato
1 Disparatado, desatinado, imprudente, descabellado, irreflexivo.
ANT.: *Lógico, sensato.*
2 Necio, zoquete, mentecato, badulaque, fatuo, frívolo.
3 Orate, loco.
ANT.: *Cuerdo.*

insensible
1 Inconsciente, adormecido, embotado, entorpecido, exánime, (fam.) acorchado.
ANT.: *Sensible, despierto.*
2 (Fig.) Impasible, indiferente, empedernido, endurecido, encallecido, duro, frío, inconmovible, inhumano.
ANT.: *Sensitivo, piadoso, compasivo, noble, tierno.*
3 Imperceptible, indiscernible.
ANT.: *Notorio, perceptible.*

inseparable
1 Ligado, indivisible, unido, junto, inherente, consustancial.
ANT.: *Separado, divisible, apartado.*

2 Fiel, leal, íntimo, entrañable [dicho de personas].

insertar

1 Implantar, introducir, engastar, embutir, encajar, meter, fijar.
ANT.: *Extraer.*
2 Publicar, anunciar.

inservible

1 Inútil, ineficaz, infructuoso, inaplicable.
ANT.: *Útil, eficaz.*
2 Averiado, inaprovechable, descompuesto, deteriorado, estropeado, destruido, roto.
ANT.: *Arreglado, aprovechable.*

insidia

Intriga, asechanza, perfidia, maquinación, traición, trampa, estratagema, conspiración, engaño.
ANT.: *Franqueza.*

insigne

Eminente, eximio, ilustre VER.

insignia

Distintivo, emblema, rótulo, divisa, escudo, lema, imagen, enseña, bandera VER.

insignificante

1 Baladí, trivial, fútil, pueril, ordinario, despreciable, irrisorio, mínimo, sin importancia, intrascendente.
ANT.: *Trascendental, significativo, importante.*
2 Minúsculo, exiguo, pequeño, escaso, corto.
ANT.: *Enorme, gigantesco.*

insinuar

1 Sugerir, aludir, deslizar, mencionar, indicar, esbozar, dar a entender.
2 **insinuarse** (Fig. y fam.) Seducir, cortejar, coquetear, flirtear.

insípido

1 Desabrido, desaborido, insustancial.
ANT.: *Sabroso, sustancioso, sápido.*
2 (Fig.) Soso, inexpresivo, frío, aburrido, insulso.
ANT.: *Vivaz, expresivo.*

insistir

1 Reiterar, repetir, instar, iterar, (fam.) machacar.
ANT.: *Abstenerse, dejar.*
2 Porfiar, perseverar, persistir, empeñarse, reincidir.
ANT.: *Claudicar, abandonar.*

insociable

Intratable, insocial, asocial, huraño, misántropo, retraído, hosco, esquivo, huidizo.
ANT.: *Sociable, comunicativo, tratable, afable.*

insolente

1 Descarado, desfachatado, atrevido, cínico, irreverente, deslenguado, inverecundo, irrespetuoso.
ANT.: *Respetuoso.*
2 Altanero, arrogante, petulante, ofensivo, insultante.
ANT.: *Sencillo, deferente, humilde.*

insólito

Inaudito, inusitado, extraordinario, asombroso, desusado, desacostumbrado.
ANT.: *Común, normal, ordinario.*

insomnio

Desvelo, vigilia, vela.
ANT.: *Sueño.*

insoportable

Irritante, intolerable, desesperante, inaguantable VER.

insostenible

1 Inestable, precario.
ANT.: *Firme, estable.*
2 (Fig.) Indefendible, ilógico, impugnable, refutable, inadmisible, rebatible.
ANT.: *Admisible, irrebatible.*

inspeccionar

Examinar, revisar, fiscalizar, vigilar, verificar, controlar, comprobar, reconocer, investigar, observar.

inspector

1 Revisor, verificador, interventor, controlador, supervisor, vigilante, intendente.
2 Oficial de policía.

inspiración

1 Aspiración, inhalación, respiración.
ANT.: *Exhalación, espiración.*
2 Vena, numen, estro, (fig.) musa, lira.
3 (Fig.) Iluminación, arrebato, soplo, sugestión.
4 (Fig.) Idea, intuición, entusiasmo, estímulo, excitación.
ANT.: *Bloqueo, apatía, embotamiento.*
5 (Fig.) Influencia, semejanza, derivación, interpretación.

instalar

1 Colocar, situar, acomodar.
ANT.: *Desplazar.*
2 Alzar, montar, erigir, establecer, emplazar.
ANT.: *Desmontar, derribar.*

3 Poner, disponer, preparar.
4 Alojar, aposentar.
5 **instalarse** Establecerse, acomodarse, arraigarse.

instantáneo
Súbito, momentáneo, breve, inmediato, fugaz, rápido, repentino, precipitado, imprevisto.
ANT.: *Lento, mediato.*

instante
Momento, segundo, santiamén, relámpago, minuto, tris, (Esp.) periquete, (Méx.) ratito.
ANT.: *Eternidad.*

instaurar
Instituir, establecer, fundar, crear, implantar, erigir, organizar.
ANT.: *Abolir, deponer.*

instigar
Incitar, inspirar, inducir, provocar, animar, empujar, impulsar, aguijonear, hostigar.
ANT.: *Frenar, contener, desanimar.*

instintivo
Inconsciente, indeliberado, involuntario, automático, reflejo, maquinal.
ANT.: *Consciente, deliberado.*

instinto
1 Naturaleza, propensión, tendencia, impulso, intuición, inspiración.
ANT.: *Juicio, reflexión.*
2 Atavismo, automatismo, reflejo.
ANT.: *Condicionamiento.*

institución
Establecimiento, fundación, instituto, patronato, organismo, centro, corporación, organización.

instituto
1 Constitución, estatuto, reglamento, ordenanza.
2 Colegio, escuela, academia, facultad, liceo, conservatorio, institución VER.

institutriz
Maestra, preceptora, tutora, monitora, guía, instructora, aya.

instrucción
1 Enseñanza, educación, adoctrinamiento.
ANT.: *Ignorancia, desconocimiento.*
2 Conocimiento, cultura, saber, ciencia, erudición.
ANT.: *Incultura.*
3 Norma, precepto, advertencia.
4 Trámite, tramitación, curso.

instrucciones
1 Órdenes, indicaciones.
2 Explicaciones, reglas, advertencias, guía.

instructor
Maestro, monitor.

instruido
Ilustrado, docto, erudito, educado, culto, cultivado, capacitado, preparado, enseñado.
ANT.: *Inculto, ignorante.*

instruir
1 Enseñar, educar, adiestrar, cultivar, aleccionar, adoctrinar.
ANT.: *Embrutecer.*
2 Comunicar, informar, divulgar, difundir.
ANT.: *Reservar, ocultar.*

instrumento
Utensilio, útil, herramienta, trasto, enser, bártulo, aparato, artefacto.

insubordinarse
1 Sublevarse, rebelarse, amotinarse, alzarse, insurreccionarse.
ANT.: *Someterse, rendirse.*
2 Indisciplinarse, desafiar, desobedecer, desacatar.
ANT.: *Obedecer, acatar.*

insubstancial
Insustancial, vacuo.

insuficiente
Escaso, privado, falto, deficiente, defectuoso, carente.
ANT.: *Suficiente, bastante.*

insufrible
Insoportable, inaguantable VER.

insulso
Soso, ñoño, insípido VER.

insultar
1 Afrentar, ofender, ultrajar, humillar, herir.
ANT.: *Honrar.*
2 Injuriar, denostar, vilipendiar, escarnecer, zaherir, insolentarse.
ANT.: *Alabar, elogiar.*

insuperable
1 Insalvable, infranqueable, difícil, imposible, arduo.
ANT.: *Fácil, superable.*
2 Magnífico, soberbio, excelente, espléndido, óptimo, inmejorable.
ANT.: *Pésimo, mejorable.*
3 Invencible, invicto, invulnerable.
ANT.: *Vencido, derrotado.*

insurrección
Sublevación, sedición, revolución, insurgencia, rebelión, rebeldía, insubordinación, motín, amotinamiento, tumulto, disturbio.
ANT.: *Calma, paz, sometimiento, sumisión.*

insurrecto
Sublevado, sedicioso, insurgente, rebelde, alzado, revolucionario, faccioso, amotinado.
ANT.: *Dócil, disciplinado, sometido, sumiso.*

insustituible
Irremplazable, fundamental, imprescindible VER.

intacto
1 Íntegro, entero, completo.
ANT.: *Falto, carente, incompleto.*
2 Indemne, incólume, ileso, sano, salvo, intocado.
ANT.: *Perjudicado, dañado, leso.*
3 (Fig.) Virgen, puro.
ANT.: *Mancillado, impuro.*

intachable
Perfecto, limpio, irreprochable VER.

intangible
Impalpable, inmaterial VER.

integrante
1 Constituyente, componente, ingrediente, parte, pieza, accesorio, complemento.
2 Miembro, elemento, socio.

integrar
Constituir, componer, formar, completar, totalizar, añadir, reintegrar, incluir.
ANT.: *Separar, desintegrar.*

íntegro
1 Cabal, honrado, recto, probo, intachable, irreprochable, decente, virtuoso.
ANT.: *Deshonesto, truhán.*
2 Total, completo, entero.
ANT.: *Incompleto.*
3 Incólume, intacto, indemne, salvo, sano.
ANT.: *Afectado, dañado.*
4 Puro.
ANT.: *Impuro.*

intelecto
Entendimiento, inteligencia VER.

intelectual
1 Mental, intelectivo, especulativo, cerebral.
ANT.: *Corporal, material.*
2 Estudioso, teórico, erudito, ilustrado, instruido, (fig.) sabio.
ANT.: *Ignorante, inculto.*

inteligencia
1 Intelecto, mente, razón, entendimiento, intelectualidad.
2 Talento, lucidez, ingenio, capacidad, destreza.
ANT.: *Torpeza.*
3 Juicio, perspicacia, comprensión, penetración, discernimiento.
ANT.: *Idiotez, estupidez.*
4 Correspondencia, acuerdo.
ANT.: *Desavenencia.*

inteligente
1 Lúcido, listo, ingenioso, hábil, capaz, talentoso.
ANT.: *Limitado, estúpido.*
2 Esclarecido, juicioso, entendido, penetrante, perspicaz.
ANT.: *Romo, obtuso.*

inteligible
Claro, comprensible VER.

intemperante
1 Inmoderado, desenfrenado, destemplado, incontinente, intemperado, excesivo.
ANT.: *Temperante, templado, moderado.*
2 Intolerante, intransigente, fanático, obcecado.
ANT.: *Tolerante, transigente.*

intempestivo
Inesperado, inoportuno, imprevisto VER.

intención
Propósito, ánimo, determinación, designio, finalidad, mira, idea, resolución.
ANT.: *Desinterés.*

intencional
Voluntario, pensado, premeditado, preconcebido, deliberado, adrede, a propósito, consciente, intencionado.
ANT.: *Involuntario, inconsciente.*

intensidad
1 Magnitud, intensión, grado.
2 (Fig.) Vehemencia, fuerza, pasión, entusiasmo, vigor, energía.
ANT.: *Pasividad, indiferencia, apatía, debilidad.*

intenso
1 Potente, fuerte, agudo, vigoroso, enérgico, penetrante, extremado.
ANT.: *Tenue, débil, imperceptible, apagado.*

I

2 (Fig.) Vehemente, vivo, profundo, hondo, violento, poderoso.
ANT.: *Suave, moderado.*

intentar
Ensayar, probar, sondear, experimentar, proyectar, tratar, tantear, pretender, emprender.
ANT.: *Renunciar, desistir.*

intercalar
Interponer, alternar, superponer, insertar, introducir, agregar.
ANT.: *Quitar, extraer, entresacar.*

interceder
Abogar, mediar, defender, intervenir, respaldar, suplicar, rogar.
ANT.: *Culpar, abandonar, desligarse.*

interceptar
1 Detener, atajar, estorbar, interferir, parar, entorpecer.
ANT.: *Despejar, facilitar.*
2 Interrumpir, obstruir, aislar, cortar, cerrar, impedir.
ANT.: *Conectar.*
3 (Méx.) Intervenir [teléfonos].

intercesión
Mediación, arreglo, → interceder.

interés
1 Importancia, valor, trascendencia.
2 Inclinación, propensión, afecto, apego.
ANT.: *Desinterés.*
3 Atractivo, atracción, curiosidad, deseo, encanto, aliciente, fascinación.
ANT.: *Indiferencia, repulsión.*
4 Cuidado, esmero, atención.
ANT.: *Descuido, negligencia.*
5 Conveniencia, necesidad, egoísmo.
ANT.: *Generosidad.*
6 Beneficio, utilidad, ganancia, lucro, producto, dividendo.
ANT.: *Pérdida.*

interesado
1 Estudioso, atento, curioso.
ANT.: *Indiferente.*
2 Solicitante, afectado, compareciente, parte.
3 Codicioso, egoísta, aprovechado, ambicioso, materialista, convenenciero, utilitarista.
ANT.: *Generoso, altruista.*

interesante
1 Atrayente, atractivo, cautivador, fascinante, encantador.
ANT.: *Indiferente, anodino.*
2 Curioso, original, notable, importante, raro, llamativo.
ANT.: *Aburrido, vulgar.*

interesar
1 Atraer, fascinar, maravillar, cautivar, encantar, seducir, impresionar, (fig.) llamar.
ANT.: *Hastiar, aburrir.*
2 Concernir, importar, atañer, competer, corresponder, incumbir.
ANT.: *Desatender, abandonar.*
3 Afectar, tocar, alterar.
4 interesarse Enfrascarse, meterse, comprometerse, (fig.) sumergirse.
ANT.: *Desinteresarse, aburrirse.*

interferir
Interponer, interrumpir, obstaculizar, interceptar VER.
ANT.: *Facilitar.*

interino
Provisional, provisorio, suplente, transitorio, pasajero, accidental.
ANT.: *Efectivo, titular, permanente.*

interior
1 Interno, intrínseco, intestino, profundo.
ANT.: *Externo, extrínseco.*
2 Nacional, doméstico, propio, exclusivo [política].
ANT.: *Exterior, foráneo.*
3 (Fig.) Íntimo, recóndito, secreto, espiritual, anímico, mental.
ANT.: *Corporal, externo.*
4 Interioridad, intimidad, alma, sentimientos, conciencia.
ANT.: *Personalidad, apariencia.*
5 Centro, núcleo.
ANT.: *Orilla, borde.*
6 Central, céntrico.
ANT.: *Perimetral, periférico.*
7 (Fig.) Médula, entrañas, vísceras, corazón.
8 (Amér.) Provincias, estados, regiones, comarcas.
9 (C. Rica/fam.) Retrete, excusado, letrina.
10 (Cuba/fig.) Aparato sexual femenino, matriz, ovarios.

interjección
Grito, exclamación, imprecación.

intermediario
Mediador, intercesor, tercero, delegado, negociante, comerciante, comisionista.

intermedio
1 Intervalo, pausa, lapso, espera, tregua, interrupción.
ANT.: *Continuación, prosecución.*
2 Mediano, regular.
ANT.: *Extremo.*

3 Entreacto, interludio, entremés, descanso.

interminable

Inacabable, inagotable, infinito, continuo, perpetuo, largo, eterno, lento, tedioso.

ANT.: *Limitado, breve, finito.*

intermitente

Irregular, discontinuo, entrecortado, interrumpido, alterno, esporádico.

ANT.: *Regular, seguido, continuo.*

internacional

Universal, mundial, cosmopolita, general, global.

ANT.: *Local, nacional, regional.*

internado

1 Colegio, escuela, seminario.

2 Pensionado, pensión, hospedaje, (Esp.) pupilaje.

internar

1 Adentrar, meter, introducir, penetrar, entrar.

ANT.: *Sacar, evacuar.*

2 Ingresar, hospitalizar.

ANT.: *Egresar.*

3 Encerrar, recluir, aprisionar, aislar, apartar.

ANT.: *Liberar, soltar.*

4 **internarse** Adentrarse, penetrar, introducirse, explorar, aventurarse.

ANT.: *Salir.*

interno

1 Intrínseco, interior VER.

ANT.: *Externo, extrínseco.*

2 Íntimo, privado, personal, propio, individual.

ANT.: *Exterior, público.*

3 Alumno, educando, pupilo, colegial, becario, pensionista.

interpelar

1 Requerir, demandar, compeler, exigir, intimidar.

2 Preguntar, interrogar, solicitar, exhortar.

3 Implorar, rogar, acogerse.

interplanetario

Cósmico, universal, galáctico, espacial, sideral, interestelar, celeste.

ANT.: *Terrestre.*

interponer

1 Interpolar, intercalar VER.

2 Obstaculizar, obstruir, estorbar, dificultar.

ANT.: *Apartar, despejar.*

3 Mediar, intervenir, apelar.

4 **interponerse** Entremeterse, mezclarse, inmiscuirse.

interpretar

1 Analizar, descifrar, deducir, describir, demostrar, glosar, explicar.

2 Comprender, entender, suponer, atribuir, analizar.

ANT.: *Confundir, complicar.*

3 Actuar, representar, ejecutar, declamar, cantar, bailar.

intérprete

1 Traductor, lingüista.

2 Guía, (fig.) lengua, cicerone, (Esp.) trujamán.

3 Comentarista, exegeta, glosador, interpretador.

4 Músico, ejecutante, actor, cantante, bailarín.

interrogar

1 Preguntar, inquirir, indagar, investigar, informarse, averiguar, solicitar.

2 Consultar, examinar, sondear.

interrumpir

1 Suspender, cesar, detener, frenar, evitar, terminar, descontinuar.

ANT.: *Proseguir, continuar.*

2 Atajar, impedir, estorbar, obstaculizar, entorpecer, complicar.

ANT.: *Propiciar, facilitar.*

3 Cortar, romper, truncar.

ANT.: *Reanudar.*

intersección

Cruce, encrucijada, empalme, unión, reunión.

ANT.: *Separación, bifurcación.*

intersticio

1 Grieta, rendija, resquicio, raja, hueco, fisura, corte.

2 Lapso, intervalo, distancia.

intervalo

1 Espacio, distancia, lapso, dilación, tiempo, ínterin, interrupción.

2 Intermedio, descanso, pausa, tregua.

intervención

1 Participación, acción, actuación.

ANT.: *Abstención, inercia.*

2 Mediación, interposición, intercesión.

3 Intromisión, intrusión.

4 Inspección, fiscalización.

5 Operación quirúrgica, cirugía.

intervenir

1 Participar, actuar, hablar.

ANT.: *Abstenerse.*

2 Mediar, interceder, interponerse, maniobrar.

ANT.: *Desligarse, apartarse.*

3 Entremeterse, entrometerse.
4 Fiscalizar, controlar, inspeccionar.
5 Suspender, limitar, dirigir, requisar.
6 Acontecer, ocurrir, sobrevenir, acaecer, suceder.
7 Operar [quirúrgicamente].
8 (Méx.) Interceptar, espiar [comunicaciones].

intimidar
1 Atemorizar, amenazar, asustar, acobardar, amilanar.
ANT.: *Envalentonar, incitar.*
2 Coaccionar, conminar, coartar, amedrentar.
ANT.: *Animar, alentar.*

íntimo
1 Interior, profundo, recóndito, espiritual, subjetivo, individual, personal.
ANT.: *Externo, general.*
2 Hogareño, casero, doméstico, familiar, privado.
ANT.: *Público.*

intolerable
1 Insoportable, insufrible, inaguantable, desesperante.
ANT.: *Soportable.*
2 Inadmisible, inaceptable, injusto, abusivo, ilegal, arbitrario.
ANT.: *Apropiado, justo.*

intolerancia
VER intransigencia.

intoxicar
1 Envenenar, emponzoñar, atosigar, drogar, enfermar.
ANT.: *Desintoxicar.*
2 (Fig.) Pervertir, corromper, enviciar, contaminar, inocular.
ANT.: *Rehabilitar.*

intranquilizar
1 Inquietar, desasosegar, perturbar, alarmar, conmocionar, conmover.
ANT.: *Serenar, tranquilizar.*
2 Atormentar, angustiar, mortificar, conturbar, preocupar.
ANT.: *Consolar, calmar.*
3 Impacientar, excitar, soliviantar.
ANT.: *Apaciguar.*

intranquilo
Desasosegado, inquieto, preocupado, angustiado, alarmado, agitado, nervioso.
ANT.: *Tranquilo, sereno, sosegado.*

intransigencia
Intolerancia, obcecación, oposición, obstinación, terquedad, ceguera, fanatismo.
ANT.: *Tolerancia, transigencia.*

intratable
1 Inmanejable.
ANT.: *Manejable.*
2 Hosco, huraño, áspero, grosero, desagradable, insociable VER.
ANT.: *Tratable, sociable, afable.*

intrépido
1 Temerario, atrevido, osado, audaz, resuelto, valiente, denodado.
ANT.: *Cobarde, apocado.*
2 (Fig.) Irreflexivo, imprudente, insensato.
ANT.: *Prudente.*

intriga
1 Trampa, enredo, lío, embrollo, maniobra, maquinación, complot, confabulación, traición.
2 Interés, curiosidad, incertidumbre.
ANT.: *Desinterés.*

intrincado
Enredado, embrollado, enrevesado, escabroso, confuso, enmarañado, arduo, difícil.
ANT.: *Sencillo, claro.*

introducción
1 Inserción, penetración, inclusión, implantación, colocación.
ANT.: *Extracción.*
2 Entrada, infiltración.
ANT.: *Salida, expulsión.*
3 Preparativo, disposición, preparación.
ANT.: *Remate, conclusión.*
4 Preámbulo, prólogo, introito, exordio, preliminar, prefacio, preludio, overtura.
ANT.: *Epílogo.*

introducir
1 Meter, hundir, encajar, embutir, clavar, insertar.
ANT.: *Extraer, sacar.*
2 Incorporar, incluir, intercalar.
ANT.: *Entresacar.*
3 (Fig.) Presentar, colocar.
ANT.: *Alejar, apartar.*
4 (Fig.) Deslizar, colar, infiltrar.
ANT.: *Expulsar.*
5 (Fig.) Establecer, implantar.
ANT.: *Abolir, derogar.*

intruso
1 Advenedizo, forastero, extraño.
2 Entrometido, fisgón, indiscreto, curioso, espión.
ANT.: *Discreto.*
3 Arribista, trepador.

intuición
1 Percepción, instinto, visión.
ANT.: *Embotamiento.*
2 Discernimiento, perspicacia, clarividencia.
ANT.: *Ceguera, miopía.*

inundación
1 Desbordamiento, aluvión, anegamiento, crecida, subida, riada, avenida, torrente.
ANT.: *Sequía.*
2 (Fig.) Abundancia, plétora, exceso, demasía, avalancha.
ANT.: *Falta, escasez.*

inútil
1 Inservible, improductivo, infecundo, vano, estéril.
ANT.: *Útil, fértil, aprovechable.*
2 Inepto, incompetente, torpe, ineficaz, ineficiente, inhábil.
ANT.: *Competente, hábil.*
3 Innecesario, superfluo, insignificante, inane.
ANT.: *Necesario, importante.*
4 Inválido, imposibilitado, impedido, lisiado, tullido, incapacitado.
ANT.: *Capaz.*
5 No apto para el servicio militar.
ANT.: *Apto.*

inutilizar
1 Estropear, descomponer, averiar, romper, destruir.
ANT.: *Arreglar, componer, utilizar.*
2 Anular, invalidar, desautorizar, abrogar, abolir.
ANT.: *Implantar, convalidar.*
3 Incapacitar, inhabilitar, inmovilizar, paralizar, bloquear.
ANT.: *Impulsar, ayudar.*

invadir
1 Atacar, penetrar, asaltar, irrumpir, conquistar, ocupar, capturar.
ANT.: *Defender, evacuar.*
2 Saturar, llenar, abarrotar, inundar.
ANT.: *Vaciar.*
3 Usurpar.
4 Embargar, dominar, acometer.

inválido
1 Nulo, inútil, inconsistente, ilegal.
ANT.: *Válido, vigente.*
2 Discapacitado, minusválido, mutilado, lisiado, tullido, impedido.
ANT.: *Capaz, sano, apto.*

invariable
1 Inalterable, inmutable, estable, estacionario, fijo, permanente, constante, regular.
ANT.: *Inconstante, variable.*
2 Monótono, monocorde, parejo, uniforme.
ANT.: *Variado.*
3 Inconmovible, inquebrantable, firme, (fig.) sólido.
ANT.: *Voluble, débil.*

invasión
Ocupación, conquista, → invadir.
ANT.: *Evacuación.*

invasor
1 Atacante, conquistador, ocupante, dominador, saqueador.
ANT.: *Defensor.*
2 Usurpador, detentador.

invencible
1 Inexpugnable, inconquistable, infranqueable, inaccesible.
ANT.: *Expedito, despejado, fácil.*
2 Invicto, invulnerable, insuperable, indomable, inquebrantable.
ANT.: *Vencido, vulnerable.*

inventar
1 Descubrir, encontrar, hallar, innovar, perfeccionar.
2 Idear, crear, imaginar, proyectar, concebir, pensar.
3 Fingir, mentir, engañar, urdir, tramar.
ANT.: *Revelar.*
4 (Fam.) Improvisar, discurrir.

inventor
Descubridor, innovador, inventador, creador, autor, proyectista, (fig.) genio.

invernal
Frío, helado, frígido, crudo, inclemente, riguroso, duro, hibernal.
ANT.: *Templado, cálido, estival.*

inverosímil
1 Increíble, improbable, inconcebible, inadmisible, imposible, absurdo, dudoso.
ANT.: *Verosímil, probable, cierto.*
2 Sorprendente, extraordinario, insólito, raro, extraño, fantástico.
ANT.: *Real, posible, común.*

inversión
1 Cambio, trastocación, trueque, trasposición.
ANT.: *Reversión, ordenación.*
2 Hipérbaton.
3 Colocación, empleo, utilización [de capital, recursos o tiempo].

I

4 Adquisición, compra.
5 Homosexualidad.
ANT.: *Heterosexualidad.*

invertido
1 Inverso, contrario, opuesto, al contrario, al revés, del revés, alrevesado, patas arriba, cabeza abajo, vuelto, (Amér.) volteado*.
ANT.: *Derecho, ordenado.*
2 Homosexual, sodomita.
ANT.: *Heterosexual.*
*Tb. significa: (Colomb.) Tránsfuga. / (Venez./fam.) Cornudo, víctima de infidelidad conyugal.

invertir
1 Cambiar, trastocar, transformar, trastornar, alterar, mudar, trasponer, variar, trocar, poner de revés.
ANT.: *Mantener, restablecer.*
2 Financiar, colocar, destinar, dedicar, gastar, adquirir, negociar.

investigación
1 Búsqueda, sondeo, tanteo, exploración.
2 Averiguación, indagación, pesquisa, rastreo, inspección.

investigar
Averiguar, indagar, preguntar, vigilar, escudriñar, explorar, examinar, estudiar, vigilar, supervisar, inspeccionar, ensayar, probar, tantear.

inviable
Imposible, irrealizable, inútil, sin posibilidades.
ANT.: *Posible, viable.*

invicto
Victorioso, triunfante, triunfador, campeón, glorioso, vencedor, invencible.
ANT.: *Vencido.*

inviolable
1 Sagrado, santo, secreto.
ANT.: *Profano, divulgable.*
2 Respetable, intangible, inmune.
ANT.: *Violado, profanado.*
3 Sellado, hermético [envase].

invisible
1 Oculto, secreto, misterioso, escondido, recóndito.
ANT.: *Manifiesto, evidente, aparente.*
2 Imperceptible, minúsculo, insignificante, microscópico, inapreciable.
ANT.: *Visible, perceptible.*

invitar
1 Convidar, hospedar, reunir, agasajar, ofrecer.
ANT.: *Despedir.*
2 Estimular, incitar, inducir, impeler.
ANT.: *Disuadir.*

invocar
1 Llamar, solicitar, clamar.
2 Implorar, impetrar, rogar, pedir, suplicar, recurrir a.
3 Alegar, acogerse, aducir, apelar.
4 Conjurar, evocar.
ANT.: *Exorcizar.*
5 Rezar, orar, elevar plegarias.
ANT.: *Maldecir.*

involucrar
1 Incluir, comprender, abarcar, envolver.
ANT.: *Excluir.*
2 Complicar, comprometer, mezclar, implicar.

involuntario
Instintivo, inconsciente, espontáneo, reflejo, maquinal, automático.
ANT.: *Consciente, voluntario, intencionado.*

invulnerable
Invencible, inviolable, inmune, indestructible, inexpugnable, resistente.
ANT.: *Endeble, vulnerable.*

inyectar
Introducir, insuflar, inocular, administrar, poner, pinchar, picar.
ANT.: *Extraer, sacar.*

ir
1 Marchar, salir, partir, desplazarse, trasladarse, encaminarse, dirigirse.
ANT.: *Venir, llegar, quedarse.*
2 Acudir, concurrir, quedarse.
ANT.: *Faltar, ausentarse.*
3 Extenderse, comprender, ocupar, abarcar.
4 Sentar, combinar, convenir, ajustarse, acomodarse.
ANT.: *Discordar, incomodar.*

ira
1 Cólera, rabia, furia, furor.
ANT.: *Calma, serenidad.*
2 Enojo, indignación.
ANT.: *Conformidad, placidez.*
3 (Fig.) Violencia, ímpetu, fuerza [de la naturaleza].

irisado
Tornasolado, perlado, iridiscente, multicolor.
ANT.: *Opaco, apagado.*

ironía
Sarcasmo, causticidad, mordacidad, burla, sorna, guasa, chanza.

irónico
Sarcástico, sardónico, mordaz, cáustico, satírico, socarrón, zumbón, chancero, burlón.

irradiar
1 Emanar, despedir, emitir.
ANT.: *Absorber, concentrar.*
2 Destellar, brillar, centellear, fulgurar.
ANT.: *Apagarse, extinguirse.*
3 (Fig.) Transmitir, difundir, proyectar, esparcir.

irreal
1 Inexistente, ilusorio, falso, aparente, hipotético, virtual.
ANT.: *Real, realista.*
2 Fantástico, ficticio, quimérico, imaginario.
ANT.: *Verdadero.*

irrealizable
Imposible, impracticable, inaplicable, utópico, quimérico.
ANT.: *Realizable, positivo.*

irreflexivo
1 Impulsivo, arrebatado, precipitado, insensato, irresponsable, atolondrado, atropellado, alocado, imprudente, incauto.
ANT.: *Reflexivo, sensato, juicioso, prudente.*
2 Impensado, inconsciente, involuntario, indeliberado, instintivo, automático.
ANT.: *Pensado, deliberado, consciente, reflexionado.*

irregular
1 Asimétrico, desproporcionado.
ANT.: *Simétrico.*
2 Ilógico, arbitrario, inmoral, injusto, ilícito, ilegal.
ANT.: *Lógico, legal, justo, lícito.*
3 Anormal, anómalo, desusado, desacostumbrado, inusual, raro, especial, excepcional.
ANT.: *Regular, común, normal, ordinario, cotidiano.*
4 Desigual, discontinuo, inconstante, intermitente, esporádico, desordenado, anárquico.
ANT.: *Exacto, continuo, periódico, ordenado, constante.*

irregularidad
1 Asimetría, desproporción.
ANT.: *Simetría, proporción.*
2 Ilegalidad, arbitrariedad, malversación, falta, infracción, error, yerro.
ANT.: *Regularidad.*
3 Anormalidad, anomalía, excepción, rareza, capricho, paradoja.
ANT.: *Normalidad.*
4 Desorden, discontinuidad, intermitencia, inconstancia.
ANT.: *Constancia, orden, exactitud, continuidad.*

irreligioso
1 Descreído, incrédulo, escéptico.
ANT.: *Religioso, creyente.*
2 Antirreligioso, anticlerical.

irremediable
Irreparable, irrecuperable, inevitable, insalvable, irrevocable, inexorable, fatal, perdido, irreversible.
ANT.: *Remediable, reparable, revocable, reversible.*

irremplazable
Insustituible, irreemplazable, imprescindible VER.

irreprochable
1 Intachable, irreprensible, impecable, incorruptible, probo, íntegro, recto, justo.
ANT.: *Tachable, criticable, censurable.*
2 Limpio, inmaculado, perfecto, pulcro, correcto.
ANT.: *Desaseado, reprochable.*

irresistible
1 Inaguantable, insoportable, intolerable, insufrible, excesivo.
ANT.: *Soportable, resistible.*
2 Incontenible, irrefrenable, inexorable.
ANT.: *Refrenable.*
3 Seductor, fascinante, cautivador, atractivo.
ANT.: *Repelente, repulsivo.*
4 Invencible, poderoso, fuerte, dominante, arrasador.
ANT.: *Débil.*

irresoluto
Indeciso, dudoso, perplejo, inseguro, titubeante, vacilante.
ANT.: *Resuelto, decidido.*

irrespetuoso
1 Desconsiderado, desatento, grosero, impertinente.
ANT.: *Cortés, considerado.*
2 Desvergonzado, descarado, desfachatado, insolente, atrevido, irreverente.
ANT.: *Respetuoso.*

irresponsable
1 Insensato, irreflexivo, inconsciente, ligero, imprudente, desobligado.
ANT.: *Responsable, consciente.*
2 Impuntual, informal, negligente, descuidado, chapucero.
ANT.: *Formal, puntual.*
irreverente
1 Impío, sacrílego, blasfemo.
ANT.: *Reverente, devoto.*
2 Insolente, irrespetuoso VER.
irrevocable
Definitivo, irreversible, irremediable VER.
ANT.: *Revocable.*
irrisorio
1 Ridículo, risible, cómico, grotesco, absurdo.
ANT.: *Serio, admirable.*
2 (Fig.) Despreciable, insignificante, minúsculo, ínfimo.
ANT.: *Importante, significativo.*
irritación
1 Ira, enojo, furia, rabia, airamiento, cólera, enfado, indignación.
ANT.: *Serenidad, tranquilidad.*
2 Excitación, exacerbación, agitación.
ANT.: *Apaciguamiento.*
3 Hinchazón, inflamación, congestión, enrojecimiento, sarpullido, urticaria.
ANT.: *Descongestión, desinflamación.*
4 Picazón, picor, prurito, comezón, ardor.
5 (Venez.) Acaloramiento, bochorno.
irritar
1 Indignar, enojar, exasperar, encolerizar, enfurecer, encorajinar, alterar, enfadar, (fam.) jorobar.
ANT.: *Calmar, serenar.*
2 Excitar, avivar, enervar, enardecer.
ANT.: *Apaciguar, sosegar.*
3 Inflamar, hinchar, congestionar, escoriar, excoriar, urticar, enrojecer, (fam.) rozar.
ANT.: *Desinflamar, aliviar, curar.*
4 Picar, arder, escocer, molestar.
irrompible
Indestructible, inalterable, macizo, resistente, duro, inquebrantable.
ANT.: *Frágil, endeble, rompible.*
irrumpir
Invadir, penetrar, entrar, meterse, introducirse, asaltar, violentar, allanar.
ANT.: *Salir.*
irse
1 Partir, largarse, marcharse.
ANT.: *Llegar, venir.*
2 Perderse, desaparecer, borrarse, consumirse, agotarse.
ANT.: *Conservarse, aumentar.*
3 (Fig.) Morir, fallecer.
ANT.: *Nacer.*
4 (Cuba) Ir abajo.
itinerario
Recorrido, trayecto, ruta, camino, dirección, circuito.
izar
Alzar, subir, levantar, elevar, enarbolar.
ANT.: *Arriar, bajar.*
izquierdo
1 Zurdo, siniestro, (Esp./fam.) zocato, (Méx./fam.) chueco.
ANT.: *Diestro, derecho.*
2 (Fig.) Torcido, inclinado, curvo.
ANT.: *Recto.*

J

jabalina
1 Hembra del jabalí.
2 Lanza, venablo, jáculo, alabarda, pica, arma arrojadiza.

jabón
1 Jaboncillo, jabonete, pasta, sebillo, detergente, champú.
2 (Argent.) Susto grande.
3 (Cuba) Adulación, melosidad.
4 (Esp./fig. y fam.) Zurra, paliza, tunda.
5 (Esp./fig. y fam.) Castigo, reprensión.

jaca
1 Yegua, corcel, montura.
2 (Amér.) Gallo de pelea.

jacal (Méx., Venez.)
1 Choza, cabaña, vivienda rústica.
2 (Méx./fam.) Casa, domicilio.

jácara
1 Romance, relato.
2 Bullanga, parranda, boruca, jarana, juerga.
3 (Fig. y fam.) Molestia, enfado, perturbación.
4 (Fig. y fam.) Cuento, patraña.

jactancia
Fanfarronería, presunción, fatuidad, ostentación, vanidad, petulancia, orgullo, pedantería.
ANT.: *Humildad, sencillez.*

jactarse
Alabarse, vanagloriarse, engreírse, ufanarse, alardear, presumir, ensoberbecerse, pavonearse.

jadear
Resollar, acezar, ahogarse, sofocarse, fatigarse, bufar.

jadeo
Resoplido, acezo, bufido, ahogo, respiración fatigosa.

jaguar
1 Tigre americano, (Argent., Par. Urug.) jaguareté, yaguareté.
2 (Venez.) Enjuagar, lavar.

jalar
1 Halar, tirar de, atraer, arrastrar.
2 (Fig. y fam.) Zampar, engullir.
3 (Méx./fam.) Secundar, apoyar, seguir.
4 (Venez.) Adular, lisonjear.

jalea
1 Conserva, mermelada, gelatina, (Méx.) ate.
2 Emulsión, gel, sustancia gelatinosa.

jaleo
1 (Fam.) Bulla, bullicio, algazara, algarabía, juerga, jarana, diversión.
ANT.: *Silencio.*
2 (Fam.) Alboroto, desorden, tumulto, enredo, riña, pleito, pendencia.
ANT.: *Orden, calma.*

jamelgo
Penco, rocín, jaco, matalón, matalote.

jarana
1 Diversión, jolgorio, fiesta, francachela, parranda, farra, boruca, bulla.
2 Tumulto, alboroto, pendencia, riña, jaleo.
ANT.: *Paz, calma.*
3 (Colomb./fam.) Cuento, embuste.
4 (Cuba) Burla, arana.
5 (C. Rica) Deuda.

jaranero
1 Bullicioso, fiestero, fandanguero, juerguista, parrandero, (Amér.) jaranista, (Antill.) cumbanchero.
ANT.: *Sereno, silencioso.*
2 (Amér. C.) Tramposo, embustero.

jarcias
Cordaje, aparejos, cabos, cordelería [de un barco].

jardín
Parque, prado, parterre, pensil, vergel, huerto, floresta, fronda.
ANT.: *Desierto, páramo, erial.*

jarra
Jarro, jarrón, pichel, vasija, cántaro, taza, cacharro.

jarrón
Florero, búcaro, jarra VER.

jauja
1 Riqueza, opulencia, abundancia.
ANT.: *Pobreza, escasez.*
2 (Fig.) Ganga, momio.

jauría
Perrería, perrada.

jefe
1 Superior, director, cabeza, patrón.
ANT.: *Subordinado.*
2 Gobernante, gobernador, dirigente, autoridad.
ANT.: *Súbdito.*
3 Adalid, paladín, conductor, caudillo, cabecilla, líder, guía.
ANT.: *Seguidor, secuaz.*

jerarquía
1 Orden, grado, graduación, escala.
2 Rango, escalafón, clase, categoría, función.

jeremiada
Lamento, lamentación, llanto, plañido, gimoteo, lloro.

jerga
1 Sarga, tela basta.
2 Jergón, colchón.
3 Jerigonza, germanía, argot, galimatías.

jeroglífico
1 Signo, grafía, glifo, representación.
2 Charada, acertijo, rompecabezas, pasatiempo.

Jesucristo
Cristo, Jesús, El Nazareno, El Redentor, El Salvador, El Mesías, El Crucificado, Nuestro Señor, El Hijo del Hombre.

jeta
1 Hocico, morro, trompa, boca.
2 (Fam.) Rostro, cara.
3 Llave, grifo, canilla.

jinete
Caballero, caballista, cabalgador, (ant.) dragón, vaquero, (fig.) centauro, jockey o yóquey, amazona, (Méx.) charro.

jira
1 Tira, jirón, trozo.
2 Excursión, viaje, paseo, ronda, vuelta, merienda campestre.

jirón
1 Guiñapo, harapo, desgarrón, andrajo, pingo, pingajo, jira, piltrafa, remiendo.
2 Guión, pendón, divisa, estandarte, gallardete.
3 (Fig.) Pizca, brizna.

jobi
Pasatiempo, entretenimiento, recreación, (pr.) hobby, afición.

jochar (Venez.)
1 Molestar, hostigar.
2 Urgir, apremiar, presionar.
3 Azuzar, incitar [a pelear].

jocoso
Humorístico, cómico, divertido, festivo, gracioso, chusco, jocundo, chistoso.
ANT.: *Triste, trágico, desagradable, aburrido.*

jocundo
Alegre, plácido, jovial, agradable, entretenido.
ANT.: *Triste, desagradable, aburrido.*

jofaina
Palangana, recipiente, lebrillo, (Esp.) aljofaina.

jolgorio
Holgorio, juerga VER.

jopo
1 Hopo, rabo, cola.
2 (Argent.) Fleco, tupé, copete, onda [de pelo].

jornada
1 Recorrido, trayecto, camino, trecho.
2 Viaje, marcha, excursión.
3 Faena, día, trabajo diario, tiempo hábil, jornal.
4 Expedición, correría [militar].
5 (Fig.) Tránsito, muerte.

jornal
1 Jornada, faena.
ANT.: *Descanso.*
2 Salario, sueldo, paga, pago, remuneración, retribución, estipendio.

jornalero
Obrero, peón, bracero, labriego, campesino, trabajador, asalariado, menestral, artesano.

joroba
1 Corcova, giba, gibosidad, protuberancia, abultamiento, deformidad, (Esp.) chepa.
2 (Fig. y fam.) Molestia, enfado, fastidio, mortificación, (Amér.) jodienda, (Venez.) jodedera*.
*En Cuba, esta palabra se usa también con la implicación sexual del verbo joder.

jorobado
Giboso, corcovado, jorobeta, contrahecho, (Esp.) cheposo.

jorobar
Fastidiar, molestar, hostigar, irritar VER, (Amér.) joder.

joven
1 Muchacho, adolescente, chico, mancebo, jovenzuelo, imberbe, pollo, efebo, doncel, mozo, mozalbete, (Esp.) zagal.
ANT.: *Viejo, anciano.*

2 (Fig.) Novato, inexperto, novicio, bisoño, inmaduro.
ANT.: *Experimentado, ducho, maduro.*

jovial
1 Alegre, festivo, animado, bullicioso.
ANT.: *Triste.*
2 Jocundo, bromista, risueño, amable, comunicativo.
ANT.: *Grave, desabrido.*

joya
1 Alhaja, aderezo, joyel, presea, gema, adorno, perifollo.
2 (Fig.) Maravilloso, virtuoso, excepcional, impar, excelente [refiriéndose a personas].
ANT.: *Hez, escoria.*
3 Astrágalo, cordón.

jubilado
Retirado, pensionado, pensionista, subvencionado, licenciado.
ANT.: *Activo, empleado.*

jubilar
1 Retirar, licenciar, pensionar, dispensar, liberar.
2 (Fig. y fam.) Desechar, arrinconar, arrumbar [cosas].
ANT.: *Aprovechar, utilizar.*
3 Alegrarse, festejar.
4 Del jubileo.

jubilarse
1 Retirarse, licenciarse.
2 (Argent./fig.) Joderse, jorobarse.
3 (Venez.) Ausentarse, evadirse, no asistir.

júbilo
Alegría, contento, regocijo, alborozo, exultación, gozo.
ANT.: *Tristeza, congoja, angustia.*

jubiloso
Regocijado, exultante, alegre, feliz, gozoso, alborozado, contento, ufano.
ANT.: *Triste, acongojado, apesadumbrado, angustiado.*

judía (Esp.)
Habichuela, alubia, legumbre, fréjol, (Amér.) frijol, (Argent.) chaucha, (Amér. Merid.) poroto, (Colomb.) fríjol, (Venez.) caraota.

judío
1 Hebreo, israelita, israelí.
2 Mosaico, judaico.

juego
1 Recreo, recreación, diversión, divertimento, distracción, solaz, entretenimiento, esparcimiento.
ANT.: *Aburrimiento, aburrición.*
2 Pasatiempo, ejercicio recreativo, partida.
3 Partido, encuentro [deportes].
4 Combinación, traje, aderezo.
5 Colección, surtido, equipo.
6 Disposición, funcionamiento, movimiento, movilidad, mecanismo.
ANT.: *Inmovilidad.*
7 Coyuntura, articulación, junta, unión, gozne.
8 Treta, artificio, truco.
9 Travesura, chanza, broma.

juerga
Parranda, francachela, farra, jarana, cuchipanda, jolgorio.

juez
1 Árbitro, arbitrador, mediador.
2 Magistrado, ministro, consejero, (fig.) togado.

jugada
1 Lance, mano, tirada, turno, pasada, tanda.
2 (Fig.) Trastada, jugarreta VER.

jugar
1 Divertirse, recrearse, entretenerse, → juego.
2 Retozar, travesear, juguetear, corretear.
3 Apostar, arriesgar.
4 Funcionar, moverse, andar [mecanismos].
ANT.: *Pararse.*
5 Intervenir, actuar, tomar parte.
ANT.: *Abstenerse, eludir.*
6 Manejar, mover, menear.

jugarreta
1 Trastada, treta, travesura, truhanería, picardía, artimaña.
2 Bribonada, mala pasada, jugada, vileza.

juglar
1 Trovador, poeta, vate, bardo, rapsoda, coplero, cantor.
2 Juglaresco, picante, gracioso, picaresco.

jugo
1 Zumo, extracto, néctar, sustancia, caldo, esencia, salsa, líquido.
2 (Fig.) Provecho, ganancia, utilidad, ventaja.
ANT.: *Desventaja, pérdida.*
3 Secreción, líquido corporal.
4 (Fig.) Contenido, interés, meollo.
ANT.: *Insustancialidad.*

juguetón
Travieso, retozón, inquieto, revoltoso, alocado, bullicioso.
ANT.: *Tranquilo, quieto, pacífico.*

juicio
1 Inteligencia, comprensión, entendimiento, razonamiento, discernimiento, criterio, razón.
ANT.: *Torpeza, ceguera, necedad.*
2 Sensatez, prudencia, discreción, sentido, tino, madurez.
ANT.: *Insensatez, desatino, imprudencia, inmadurez.*
3 Cordura, salud mental.
ANT.: *Locura, delirio.*
4 Proceso, pleito, litigio, querella, caso.
ANT.: *Avenencia, conciliación.*
5 Dictamen, opinión, parecer, veredicto.

juicioso
1 Sensato, cuerdo, prudente, discreto, consecuente, maduro, cabal, lógico, razonable.
ANT.: *Atolondrado, imprudente, irreflexivo, inmaduro.*
2 Sabio, talentoso, sesudo.
ANT.: *Estúpido.*

julepe
1 (Argent.) Susto, miedo, pavor, temor, cerote.
2 (Venez.) Golpe, codazo, manazo.
3 (Venez.) Trabajo excesivo.

jumento
Burro, asno, borrico, pollino, rucio, roano.

junta
1 Asamblea, congreso, reunión, sesión, mitin, tertulia.
2 Comité, comisión, consejo, asociación, peña.
3 Juntura, unión, coyuntura.

juntar
1 Unir, pegar, soldar, atar, ligar, acoplar, emparejar, empalmar, ensamblar, conectar, combinar.
ANT.: *Desunir, desconectar, desatar, desmontar.*
2 Enlazar, casar, hermanar, aliar.
ANT.: *Separar.*
3 Anexar, anexionar, adjuntar, añadir, agregar, incorporar.
ANT.: Sustraer, retirar.
4 Amontonar, acumular, concentrar, aglomerar, apilar.
ANT.: *Esparcir, extender.*
5 Agrupar, conglomerar, congregar, asociar, reunir.
ANT.: *Dispersar.*
6 Entreabrir, entornar.

juntarse
1 Acompañarse, (fam.) tener amistad, relacionarse.
ANT.: *Enemistarse, distanciarse.*
2 Aliarse, unirse, reunirse.
ANT.: *Separarse.*
3 Amancebarse, (Méx.) arrejuntarse.
4 Copular.
5 Arrimarse, acercarse, aproximarse.
ANT.: *Alejarse.*

junto
1 Unido, acoplado, pegado.
ANT.: *Separado.*
2 Contiguo, adyacente, próximo, aproximado, vecino, inmediato, cercano, → juntar.
ANT.: *Lejano, retirado.*

juntura
Articulación, gozne, unión, junta, coyuntura, juego, acoplamiento, enlace, enchufe, empalme.

jura
Promesa, juramento VER.

jurado
1 Juramentado, obligado.
ANT.: *Eximido, liberado.*
2 Junta, tribunal, comité, comisión, grupo, cuerpo.

juramentarse
1 Jurar, prometer, comprometerse, obligarse.
ANT.: *Perjurar, desligarse.*
2 (Ant.) Confabularse, conjurar, conspirar.

juramento
1 Promesa, compromiso, obligación, jura, palabra, voto, fe.
ANT.: *Excusa, perjurio.*
2 Denuesto, imprecación, reniego, blasfemia, maldición, taco, peste, insulto.
ANT.: *Bendición.*

jurar
1 Prometer, garantizar, afirmar, certificar, asegurar.
2 Maldecir, renegar, denostar, → juramento.

jurisconsulto
Abogado, jurista, legista, jurisprudente, (ant.) letrado.

jurisdicción
1 Autoridad, dominio, fuero, competencia, ascendencia.
ANT.: *Incompetencia.*
2 Distrito, circunscripción, demarcación, territorio, término, zona, comarca, región.
justa
1 Combate, lid, pelea, lucha, palestra.
2 (Fig.) Torneo, competencia, certamen, concurso.
justicia
1 Equidad, ecuanimidad, igualdad, imparcialidad, neutralidad.
ANT.: *Parcialidad, favoritismo.*
2 Razón, derecho, ley.
ANT.: *Arbitrariedad, injusticia.*
3 Castigo, pena, condena, ajusticiamiento.
justificable
Comprensible, razonable, defendible, explicable.
ANT.: *Injustificable, inexplicable.*
justificación
1 Prueba, comprobación, demostración, evidencia.
2 Argumento, coartada, alegato, testimonio [términos legales].
ANT.: *Inculpación, acusación.*
3 Excusa, probanza.
4 Razón, motivo, causa.
5 Ajuste, arreglo [tipografía].
justificante
Comprobante, recibo, documento, resguardo, talón, cupón.
justificar
1 Probar, comprobar, demostrar, acreditar, evidenciar.
2 Explicar, aducir, alegar, testimoniar, argumentar [términos legales].
ANT.: *Culpar, acusar.*
3 Defender, disculpar, exculpar, vindicar, reivindicar.
ANT.: *Inculpar.*
4 Ajustar, igualar [tipografía].
justipreciar
Valorar, estimar, apreciar, evaluar, preciar, tasar, (fig.) tener en cuenta.
ANT.: *Menospreciar, despreciar, hacer a menos, ignorar.*
justo
1 Imparcial, ecuánime, equitativo, justiciero, recto, íntegro, neutral, objetivo, insobornable.
ANT.: *Parcial, injusto, venal.*
2 Justificado, fundado, razonable, indiscutible, lícito, racional, legítimo.
ANT.: *Infundado, ilegítimo, dudoso, refutable.*
3 Virtuoso, íntegro, cabal, honesto, honorable.
ANT.: *Deshonesto, corrupto.*
4 Exacto, preciso, puntual, completo, perfecto.
ANT.: *Inexacto, falto, sobrado.*
5 Ajustado, estrecho, entallado.
ANT.: *Suelto, holgado.*
juvenil
1 Muchachil, mocil, joven VER.
ANT.: *Decrépito.*
2 Larvario, inmaduro.
ANT.: *Maduro.*
juventud
1 Adolescencia, pubertad, años mozos, mocedad, muchachez, (fig.) primavera, abriles.
ANT.: *Senectud, vejez, ancianidad.*
2 Inexperiencia, inmadurez, novatez.
ANT.: *Experiencia, madurez, destreza.*
3 Vigor, lozanía, frescura.
ANT.: *Ajamiento.*
juzgado
1 Junta, judicatura, magistratura.
2 Tribunal, audiencia.
3 Corte, sala.
juzgar
1 Enjuiciar, procesar.
2 Deliberar, resolver, arbitrar.
3 Sentenciar, dictaminar, fallar, absolver, condenar.
4 Opinar, conceptuar, considerar, estimar, creer, apreciar, pensar, sentir, ser del parecer.
5 Calificar, reputar, valorar, criticar.
ANT.: *Ignorar.*

K

kaleidoscopio
1 Calidoscopio, caleidoscopio, instrumento óptico, juguete.
2 (Fig.) Surtido, variación, variedad.
kan
Jefe, príncipe, caudillo, jefe, khan.
karma (pr.)
1 Sujeción, encadenamiento.
2 (Venez./fam.) Dificultad, problema.
kermes
Cochinilla, quermes [insecto].
kermés
Fiesta, verbena, feria, (pr.) kermesse, tómbola, beneficio, velada, (Esp.) romería.
kerosén
Queroseno, combustible, carburante.
kilo
Kilogramo, quilogramo, quilo.
kichua
Quechua, quichua, lengua incaica.
kilométrico
Interminable, inacabable, larguísimo, extenso, enorme, quilométrico, (fig.) eterno.
ANT.: *Breve, corto.*
kiludo (Venez.)
Fuerte, fortachón, robusto, vigoroso.
ANT.: *Debilucho, enclenque.*
kimono
Bata, batín, quimono, camisón.
kindergarten (pr.)
Parvulario, jardín de infantes, jardín de niños, escuela de párvulos, guardería, (fam.) kínder, kindergarden.
kinesiólogo
Quinesiólogo, terapeuta.
kiosko
Quiosco, kiosco, pabellón, caseta, casilla, puesto, tenderete.
kirie
1 Invocación.
2 Funeral, oficio de difuntos, kirieleison.

L

lábaro
1 Estandarte, emblema, bandera, enseña, guión.
2 Crismón, cruz, insignia.
laberinto
1 Dédalo, maraña.
2 (Fig.) Embrollo, confusión, lío, complicación dificultad, caos, enredo.
ANT.: *Sencillez, simplicidad.*
labia
Verbosidad, verborrea, locuacidad, facundia, elocuencia, oratoria, palique, parla.
ANT.: *Laconismo, parquedad.*
lábil
1 Resbaladizo, deslizante.
ANT.: *Pegajoso.*
2 Frágil, débil, caduco.
ANT.: *Sólido, fuerte.*
3 (Fig.) Voluble, poco firme, veleidoso.
ANT.: *Firme, estable.*
labor
1 Trabajo, tarea, faena, actividad, cometido, misión, función, ocupación, quehacer, trajín.
ANT.: *Ocio, holganza.*
2 Cultivo, labranza, arada, cavada, laboreo.
3 Costura, cosido, tejido, bordado, encaje, calado, deshilado, artesanía, adorno.
laborable
Hábil, no festivo, lectivo.
ANT.: *Festivo, feriado.*
laborioso
1 Trabajador, afanoso, hacendoso, activo, diligente, dinámico.
ANT.: *Haragán, vago.*
2 Difícil, complicado, trabajoso, arduo, peliagudo.
ANT.: *Fácil, sencillo.*
labrador
Labriego, campesino, agricultor, cultivador, granjero, rústico, paisano, (Esp.) payés.
labrar
1 Arar, sembrar, faenar, laborear, remover, cultivar, plantar, cavar, barbechar, trabajar.
2 Modelar, repujar, grabar, cincelar, tallar, esculpir.
3 (Fig.) Hacer, formar, causar, forjar, construir.
ANT.: *Deshacer, destruir.*
labriego
Campesino, labrador VER.
laburo (Argent./vulg.)
Trabajo, tarea, labor pesada.
lacayo
1 Sirviente, servidor, criado, paje, doméstico, ayudante.
2 (Fig.) Servil, rastrero, (Méx./desp.) arrastrado.
lacerar
1 Lesionar, herir, lastimar, magullar, escoriar, llagar, rozar, arañar, desollar, golpear, traumatizar.
ANT.: *Curar, suavizar, mitigar.*
2 (Fig.) Vulnerar, dañar, perjudicar, desprestigiar.
ANT.: *Beneficiar.*
3 (Fig.) Atormentar, destrozar, desgarrar, atribular.
ANT.: *Consolar, aliviar.*
lacio
1 Liso, alisado [cabello].
ANT.: *Ondulado, crespo.*
2 Ajado, mustio, marchito.
ANT.: *Flamante, lozano.*
3 Flojo, laxo, suelto, decaído.
ANT.: *Vigoroso, vivaz.*
lacónico
1 Escueto, sucinto, breve, conciso, abreviado, resumido, sumario.
ANT.: *Detallado, prolijo.*
2 Callado, seco, taciturno, silencioso, reservado.
ANT.: *Parlanchín, locuaz.*
lacra
1 Huella, secuela, señal, marca, cicatriz, perjuicio.
2 Vicio, tara, defecto, deficiencia, (fig.) mancha.
ANT.: *Cualidad positiva, virtud.*
3 (Argent.) Costra, pupa.
4 (Méx., Venez./fam.) Indeseable, perjudicial, nocivo [referido a personas].

lactar
1 Amamantar, criar, dar de mamar, atetar.
ANT.: *Destetar.*
2 Mamar, amamantarse, alimentarse, tomar el pecho.
ladear
1 Inclinar, sesgar, esquinar, desplazar, torcer, terciar.
ANT.: *Enderezar.*
2 (Fig.) Desviarse, soslayar, apartarse.
ladearse
1 Inclinarse, sesgarse, torcerse.
ANT.: *Enderezarse, erguirse.*
2 (Fig.) Dejarse llevar por algo, tomar partido.
3 (Chile/fig. y fam.) Prendarse, enamorarse.
ladera
Falda, vertiente, declive, talud, rampa, inclinación, cuesta.
ladino
1 Sefardí, sefardita, dialecto judeo-español.
2 (Fig.) Astuto, taimado, marrullero, malicioso, artero, pérfido.
ANT.: *Sincero, noble, franco.*
3 (Méx.) Mestizo, blanco, amestizado.
4 (Méx.) Salvaje, bravo [toro, res].
lado
1 Costado, ala, flanco, cara, faceta, banda, faz.
ANT.: *Centro, arista.*
2 Sitio, lugar, parte, punto, posición, ubicación.
3 (Fig.) Aspecto, circunstancia, cariz, matiz.
4 (Fig.) Medio, camino, modo, procedimiento.
5 (Fig.) Bando, partido.
ladrar
1 Aullar, gañir, voz del perro.
2 (Fig. y fam.) Amenazar, chillar, vociferar, gritar.
ladrillo
Tabique, briqueta, rasilla, tabicón, pieza.
ladrón
1 Ratero, caco, atracador, carterista, desvalijador, saqueador, ladronzuelo, salteador, bandido, bandolero, cuatrero, delincuente, (fig.) rata, descuidero, (Argent.) descuidista.
2 Estafador, timador, usurero, abusador, especulador, defraudador.
ANT.: *Honrado, probo.*
3 Enchufe eléctrico múltiple.
lago
Estanque, laguna, embalse, charca, albufera, marisma, depósito.
lágrima
1 Humor, gota, escurrimiento.
2 Cristal, prisma, cairel [de lámpara o candil].
lágrimas
1 Llanto, lloriqueo, lloro, gimoteo.
2 (Fig.) Dolores, adversidades, pesadumbre, penas, tormentos, lamentaciones, quejas.
ANT.: *Alegrías.*
laguna
1 VER lago.
2 (Fig.) Olvido, lapso, omisión, hueco, falta, interrupción.
ANT.: *Recuerdo, señalamiento.*
laico
1 Lego, seglar, secular, profano.
ANT.: *Clérigo.*
2 Civil, neutro, neutral.
ANT.: *Religioso, clerical.*
lameculos (Vulg.)
Adulador, adulón, servil, (ant.) tiralevitas, (Argent.) lambedor, (Méx.) lambiscón, (Venez.) lambucio.
lamentable
Penoso, lastimoso, calamitoso, triste, deplorable, angustioso, terrible.
ANT.: *Elogiable, gozoso, afortunado.*
lamentación
Queja, clamor, llanto, jeremiada, lamento VER.
ANT.: *Alborozo, alegría.*
lamentar
1 Deplorar, sentir, llorar, arrepentirse, afligirse.
ANT.: *Celebrar, festejar.*
2 lamentarse Gemir, quejarse, dolerse, plañir, sollozar, gimotear, llorar.
ANT.: *Alegrarse, reír, gozar.*
lamento
Queja, quejido, gemido, lamentación, lloro, llanto, plañido, sollozo, suspiro, gimoteo.
ANT.: *Risa.*
lamer
1 Lengüetear, relamer, lamiscar, chupar, lamber.
2 (Fig.) Tocar, rozar.
lámina
1 Litografía, estampa, ilustración, grabado, cromo, imagen, figura, pintura, dibujo.

2 Placa, plancha, chapa, lama, película, hoja, hojilla, capa.
3 Laminilla, membrana, escama, hojuela.

lámpara
1 Linterna, luz, quinqué, candelero, lamparilla.
2 Farol, fanal, candil, araña, foco, bombilla, (Amér. C., Antill., Colomb., Venez.) bombillo.
3 Lamparón, pringue, mancha, manchón [en la ropa].

lampiño
Imberbe, barbilampiño, carilampiño, (fam.) pelón.
ANT.: *Barbudo, velloso, velludo, peludo, piloso.*

lampo
Relámpago, relampagueo, fulgor, centelleo, destello, brillo.

lance
1 Acontecimiento, suceso, incidente, hecho, trance, situación, episodio, aventura.
2 Suerte, jugada, pase.
3 Encuentro, desafío, riña, duelo, combate, pelea.
4 Lanzamiento.

lancha
1 Bote, barca, canoa, piragua, chinchorro, chalupa, falúa, barcaza, esquife, motora, embarcación.
2 Losa, laja, loncha.

lánguido
1 Débil, debilitado, fatigado, decaído, extenuado.
ANT.: *Vigoroso, activo.*
2 Desanimado, abatido, desalentado, desganado.
ANT.: *Animado, enérgico.*

lanza
Pica, alabarda, rejón, chuzo, palo, pértiga, vara, asta, venablo.

lanzar
1 Arrojar, tirar, disparar, despedir, proyectar, precipitar, echar, empujar.
ANT.: *Atraer, retener.*
2 (Fig.) Promover, promocionar, divulgar, difundir.
3 Exclamar, proferir, soltar.
4 Despedir, exhalar, echar [gases, vapores].

lapicera (Chile)
Portaplumas, pluma, estilográfica.

lapicero
Portaminas, portalápiz.

lápida
Losa, estela, piedra, mármol, inscripción, laude, tumba.

lapso
1 Intervalo, período, momento, etapa, tiempo, espacio.
2 Transcurso, curso.
3 Descuido, desliz, traspié, errata, gazapo, error, falta, tropiezo, lapsus.
ANT.: *Corrección.*

largar
1 Soltar, aflojar, liberar.
ANT.: *Retener.*
2 Propinar, dar [golpe].
3 Desplegar, extender [en especial velas de barco].
ANT.: *Plegar, recoger.*
4 Arrancar, salir al galope [caballos].
5 (Argent.) Renunciar, abandonar.
6 largarse Marcharse, irse, partir, desaparecer.
ANT.: *Volver, quedarse.*

largo
1 Longitud, largura, largor, extensión, envergadura, medida.
2 Luengo, dilatado, extenso, grande.
ANT.: *Corto, pequeño.*
3 Alargado, apaisado.
ANT.: *Vertical.*
4 (Fig.) Generoso, dadivoso, pródigo, espléndido.
ANT.: *Avaro, tacaño.*
5 (Fig.) Excesivo, copioso, sobrado.
ANT.: *Escaso.*
6 Duradero, prolongado, lento, interminable, inacabable, (fig.) eterno.
ANT.: *Breve, fugaz.*
7 (C. Rica) Lejos, alejado.
ANT.: *Cerca.*
8 (Méx./fam.) Mentiroso, hablador.

larguero
1 Cabezal, almohadón, cabecero.
2 Travesaño, cuadrante.
3 Barra, barrote, chambrana.

largueza
Liberalidad, generosidad, esplendidez, munificencia, desprendimiento.
ANT.: *Avaricia, tacañería.*

lascivo
Libidinoso, lúbrico, voluptuoso, lujurioso VER.
ANT.: *Casto.*

lástima
1 Piedad, conmiseración, misericordia, caridad, enternecimiento, pena.
ANT.: *Indiferencia.*
2 Compasión.
ANT.: *Respeto.*
lastimar
1 Herir, dañar, lesionar, vulnerar, magullar, golpear, contusionar, raspar, carpir.
ANT.: Curar.
2 (Fig.) Ofender, ultrajar, lacerar, humillar, agraviar, escarnecer, perjudicar.
ANT.: *Elogiar, honrar.*
3 Doler, incomodar, mortificar.
ANT.: *Aliviar.*
lastimoso
Deplorable, lamentable, lastimero, doloroso, consternador, desolador, penoso.
lastre
1 Peso, contrapeso, carga.
2 Rémora, impedimento, obstáculo, estorbo, freno.
ANT.: *Ayuda, apoyo, ventaja.*
3 (Fig.) Madurez, aplomo, sensatez, juicio, equilibrio.
ANT.: *Inmadurez, insensatez.*
lata
1 Hojalata, hoja de lata, lámina, chapa, plancha.
2 Envase, bote, recipiente.
3 (Fig.) Molestia, fastidio, aburrimiento, monserga, cantilena, rollo, pesadez, disgusto, (Esp.) pejiguera.
ANT.: *Gusto, entretenimiento.*
latente
1 Oculto, dormido, escondido, encubierto.
ANT.: *Patente, evidente.*
2 Potencial, recóndito, secreto.
ANT.: *Manifiesto.*
lateral
1 Adyacente, contiguo, pegado, anexo, limítrofe, confinante.
ANT.: *Central.*
2 Indirecto, secundario, colateral.
ANT.: *Directo, principal.*
latido
Pulsación, pulso, palpitación VER.
latigazo
1 Chicotazo, azote, fustazo, trallazo, (Esp.) zurriagazo.
2 Chasquido.
3 (Fig.) Regaño, reprensión, sermón, censura.
ANT.: *Alabanza, elogio.*
4 (Fig.) Punzada, dolor punzante.
látigo
Azote, vergajo, flagelo, tralla, fusta, correa, cinto, fuete, (Amér.) chicote, (Esp.) zurriago.
latinoamericano
Hispanoamericano, iberoamericano, sudamericano, centroamericano.
latir
1 Palpitar, pulsar, percutir, golpear, funcionar.
2 (Fig.) Vivir, alentar.
ANT.: *Morir.*
3 Ladrar.
4 (C. Rica, Méx.) Presentir, tener la corazonada.
latoso
1 Fastidioso, molesto, pesado, aburrido, laborioso, complicado.
ANT.: *Entretenido, agradable, divertido, ameno.*
2 Cargante, latero, pelmazo, pelma, pegote, pegajoso, (Méx.) encimoso.
laucha (Amér. Merid.)
1 Ratón, roedor, ratoncito.
2 (Fig.) Flaco, lauchón, esmirriado [caballo].
3 (Argent./fig.) Astuto, pícaro.
4 (Argent./desp.) Insignificante [referido a personas].
lavanda
Espliego, alhucema, lavándula.
lavar
1 Limpiar, asear, higienizar, jabonar, enjabonar, enjuagar, fregar, baldear.
ANT.: *Ensuciar, manchar.*
2 (Fig.) Purificar, purgar, expiar [falta, culpa].
3 lavarse Asearse, bañarse, ducharse.
laxante
Purgante, depurativo, purga, laxativo.
ANT.: *Astringente.*
laxo
1 Relajado, laso, fláccido, flácido, desmadejado.
ANT.: *Tenso.*
2 Flojo, distendido, suelto.
ANT.: *Apretado, tirante.*
3 (Fig.) Inmoral, libertino.
ANT.: *Rígido, severo.*
lazo
1 Cordel, cordón, cuerda, soga, reata, (Méx.) mecate.
2 Lazada, atadura, vuelta, nudo, ligadura.
3 Moño, adorno, cinta.

4 (Fig.) Ardid, celada, trampa, emboscada, estratagema, artimaña, asechanza, garlito.
5 (Fig.) Unión, vínculo, alianza, amistad, conexión, relación, afinidad, dependencia.
ANT.: *Independencia, desunión.*

leal
1 Fiel, devoto, adicto, afecto.
ANT.: *Desleal, traidor.*
2 Sincero, franco, honrado.
ANT.: *Falaz.*
3 Noble [animal].
4 Fidedigno, veraz.
ANT.: *Falso.*

lección
1 Instrucción, enseñanza, explicación, clase, conferencia, disertación, lectura, (ant.) lición, (Cuba) leción.
2 Capítulo, parte, tema [en un libro].
3 (Fig.) Escarmiento, experiencia, aviso, ejemplo, advertencia.
4 (Fig.) Castigo, amonestación, correctivo, escarmiento.

lecho
1 Cama, tálamo, diván, triclinio, catre, camastro, litera, jergón, yacija.
2 Cauce, madre, álveo, fondo, cuenca [aguas].
3 Capa, estrato [geología].

lechuza
1 Mochuelo, búho, oto, autillo, (Méx.) tecolote.
2 (Fig.) Noctívago, insomne.
3 (Argent./fig.) Fisgón, espión.
4 (Argent./fig.) Agorero, catastrofista.

leer
1 Deletrear, repasar, releer, hojear, pasar la vista por.
2 (Fig.) Interpretar, descifrar, comprender, entender, adivinar, penetrar, observar.
3 (Fig.) Registrar, controlar [aparatos].

legado
Testamento, herencia VER.

legal
1 Lícito, legítimo, permitido, autorizado, admitido, vigente.
ANT.: *Ilegal, ilegítimo.*
2 Judicial, jurídico, reglamentario, legislativo, estatutario, promulgado.
ANT.: *Clandestino.*
3 Puntual, verídico, recto, fiel, exacto, justo.

legalizar
Legitimar, autorizar, sancionar, certificar, autenticar, promulgar.

légamo
Limo, lodo VER.

legar
1 Donar, testar, ceder, dejar, transmitir, transferir, traspasar, dar, heredar.
ANT.: *Desheredar.*
2 Delegar, comisionar.

legendario
1 Célebre, famoso.
ANT.: *Común.*
2 Tradicional, proverbial.
3 Fabuloso, épico, epopéyico, maravilloso.

legible
Descifrable, leíble, comprensible, fácil, claro, explícito.
ANT.: *Ilegible.*

legión
1 Ejército, hueste, cuerpo, tropa, batallón, (ant.) mesnada, cohorte.
2 (Fig.) Muchedumbre, tropel, multitud, caterva, cáfila, cantidad.

legislar
Regular, reglamentar, establecer, estatuir, codificar, ordenar, decretar, dictar, sancionar.

legítimo
1 Lícito, justo, legal VER.
ANT.: *Ilegítimo.*
2 Auténtico, verdadero, genuino.
ANT.: *Falsificado, adulterado, espurio, falso.*
3 Cierto, probado, fidedigno.

lego
1 Seglar, secular, laico, civil.
ANT.: *Clérigo.*
2 Ignorante, profano, inculto, iletrado, indocto.
ANT.: *Conocedor, experto.*

legumbre
1 Leguminosa.
2 Hortaliza, verdura, vegetal.

lejano
Alejado, apartado, distante, separado, remoto, retirado.
ANT.: *Cercano, próximo.*

lelo
Bobo, simple, memo, menso, pasmado, tonto, papanatas, zoquete.
ANT.: *Listo, avispado.*

lema
1 Título, encabezado, encabezamiento, (fig.) cabeza.

2 Divisa, frase, mote, leyenda.
3 Consigna, pensamiento, tema.

lengua
Idioma, lenguaje, habla, expresión, dialecto, jerga, caló.

lenguaraz
1 Políglota.
2 Insolente, deslenguado, descarado, inverecundo, (fam.) lengüilargo, malhablado.
ANT.: *Respetuoso, comedido.*

lente
1 Cristal, lentilla, ocular, objetivo, lupa, monóculo.
2 lentes Anteojos, gafas, espejuelos, (ant.) quevedos, impertinentes, (Esp.) antiparras.

lento
1 Pausado, paulatino, retardado, tardío.
ANT.: *Súbito, apresurado, vertiginoso.*
2 Calmoso, parsimonioso, cachazudo, despacioso, tardo, premioso, moroso, (fam.) pachorrudo.
ANT.: *Rápido, raudo, veloz.*
3 Torpe, lerdo, pesado, perezoso.
ANT.: *Diligente, activo, ligero.*

leño
1 Madero, tronco, tarugo, palo, poste, tabla, tablón, listón, travesaño.
2 (Fig. y fam.) Necio, torpe, inhábil, cerrado, idiota.
ANT.: *Listo, hábil.*
3 (Fig. y fam.) Pesado, cargante, insufrible [persona].

leonino
Abusivo, ventajoso, oneroso, parcial, injusto, arbitrario [acuerdo, contrato].
ANT.: *Justo, equitativo.*

lépero
1 (Amér. C., Méx.) Grosero, pelado, soez, ordinario, indecente.
ANT.: *Decente, educado.*
2 (Cuba) Ladino, perspicaz, astuto.
3 (Ecuad., Venez.) Pobre, paupérrimo.

lerdo
1 Pesado, torpe, cansino.
ANT.: *Ligero, ágil.*
2 Obtuso, necio, negado, cerrado, tarugo, tonto, lelo.
ANT.: *Listo, avispado.*

lesbiana
Mujer homosexual, tríbada, sáfica.
ANT.: *Heterosexual.*

lesión
1 Herida, daño, traumatismo, golpe, desolladura, contusión, desgarre, equimosis.
2 (Fig.) Perjuicio, agravio, detrimento.
ANT.: *Favor, bien, beneficio.*

leso
1 Ofendido, agraviado, dañado, perjudicado, lastimado.
ANT.: *Ileso, indemne.*
2 Trastornado, perturbado, turbado [juicio, entendimiento].
3 (Chile) Necio, tonto, torpe.
ANT.: *Listo.*

letal
Mortífero, mortal, venenoso, mefítico, deletéreo.

letanía
1 Rogativa, invocación, ruego, oración, súplica, plegaria, rezo.
2 (Fig. y fam.) Retahíla, sarta, ristra, serie, sucesión.

letargo
Modorra, sopor, sueño, somnolencia, entorpecimiento, pesadez.
ANT.: *Actividad, viveza.*

letra
1 Signo, símbolo, carácter, grafía, tipo.
2 Forma, rasgo, perfil, estilo, trazo, caligrafía, escritura.
3 Composición, verso, poema, argumento, tema.
4 Pagaré, documento.

letrero
Rótulo, cartel, anuncio, aviso, leyenda, inscripción, divisa, pancarta.

letrina
1 Retrete, excusado.
2 (Fig.) Cloaca, lugar o asunto asqueroso, corruptela.

leva
1 Reclutamiento, enganche, quinta, alistamiento.
ANT.: *Liberación, licenciamiento.*
2 Palanca, espeque.
3 (C. Rica, Cuba) Levita, traje de hombre.

levantamiento
1 Elevación, subida, alza, alzamiento, izamiento.
ANT.: *Bajada, descenso.*
2 Sublevación, insurrección, sedición, revolución.

levantar
1 Alzar, elevar, subir, izar.
ANT.: *Bajar.*
2 Encumbrar, engrandecer, ensalzar.
ANT.: *Denigrar, humillar.*
3 Aupar, cargar, encaramar.
4 Mostrar, enarbolar.

5 Erguir, enderezar, incorporar.
ANT.: *Abatir, derribar, tirar.*
6 Recoger, cosechar.
7 Construir, edificar, erigir.
ANT.: *Derrumbar, derruir, demoler.*
8 Instituir, fundar, establecer.
ANT.: *Disolver, anular.*
9 Despegar, desprender, arrancar, retirar, quitar.
ANT.: *Pegar, adherir.*
10 (Fig.) Animar, alentar, confortar, estimular.
ANT.: *Desalentar, desmoralizar, desanimar.*
11 (Fig.) Reclutar, alistar.
ANT.: *Licenciar.*
12 (Fig.) Ocasionar, provocar, motivar, suscitar [reacciones].
13 Sublevar, rebelar, amotinar, insurreccionar.
ANT.: *Aquietar, someter, sojuzgar.*
14 (Argent.) Liberar, pagar [hipoteca, deuda].
15 (Argent., Venez./fam.) Enamorar, conquistar.

levantarse
1 Elevarse, erguirse, alzarse.
ANT.: *Caer, desplomarse.*
2 Incorporarse, enderezarse, dejar el lecho, saltar de la cama.
ANT.: *Acostarse, yacer.*
3 (Fig.) Progresar, lucrar, ganar, beneficiarse.
ANT.: *Perder, quebrar.*
4 (Fig.) Reponerse, aliviarse, mejorar [de enfermedades].
ANT.: *Empeorar, decaer.*
5 Amotinarse, rebelarse, sublevarse.
ANT.: *Someterse, acatar.*

levante
1 Oriente, este, orto, naciente.
ANT.: *Poniente, oeste, occidente.*
2 Parte oriental del Mediterráneo.

leve
1 Ligero, liviano, tenue, sutil, vaporoso, etéreo.
ANT.: *Pesado, tosco.*
2 (Fig.) Intrascendente, insignificante, venial, trivial.
ANT.: *Grave, importante.*
3 (Fig.) Llevadero, fácil.
ANT.: *Complicado, difícil.*

levita
1 Casaca, chaqueta, saco, frac, (C. Rica, Cuba) leva.
2 De la tribu de Leví [hebreos].

léxico
1 Lenguaje, vocabulario, terminología, voces, modismos.
2 Diccionario, lexicón, glosario.
3 Lexicográfico.

ley
1 Derecho, justicia, norma, regla, legislación, orden, normatividad.
ANT.: *Caos, anarquía, injusticia.*
2 Precepto, mandato, decreto, disposición, reglamento, estatuto, bando, ordenanza.
3 Fidelidad, lealtad.

leyenda
1 Tradición, relato, narración, gesta, epopeya, mito.
2 Invención, quimera.
ANT.: *Realidad.*
3 Inscripción, lema, rótulo, divisa, epígrafe, letrero VER.

liar
1 Atar, amarrar, asegurar.
ANT.: *Desatar.*
2 Envolver, empaquetar, arrollar.
ANT.: *Desenvolver, desliar.*
3 Formar, enrollar, forjar [cigarrillos].
4 (Fig.) Enredar, embaucar, engatusar.
5 (Fig.) Involucrar, implicar.
6 (Fig.) Embarullar, embrollar.
ANT.: *Aclarar.*

libar
1 Catar, probar, saborear.
2 Beber, sorber, chupar.

liberal
1 Generoso, desprendido, espléndido, pródigo, dadivoso.
ANT.: *Tacaño, avaro.*
2 Tolerante, abierto.
ANT.: *Cerrado, intolerante.*

liberar
1 Libertar, excarcelar, soltar.
ANT.: *Apresar, recluir, encadenar.*
2 Redimir, independizar, emancipar, salvar.
ANT.: *Someter, sojuzgar.*
3 Manumitir.
ANT.: *Esclavizar.*
4 Descargar, dispensar, librar, relevar, eximir, disculpar.
ANT.: *Cargar, comprometer.*

libertad
1 Albedrío.
2 Permiso, autorización, licencia.
ANT.: *Prohibición.*
3 Independencia, autonomía.
ANT.: *Dependencia, sujeción.*
4 Emancipación, liberación, redención, rescate, salvación.
ANT.: *Esclavitud, sometimiento, condena.*
5 Excarcelación.
ANT.: *Prisión, reclusión.*
6 Naturalidad, confianza, franqueza, permisividad.
ANT.: *Formalismo, protocolo, rigidez.*
7 Soltura, desembarazo, facilidad.
ANT.: *Dificultad.*
8 (Fig.) Descaro, atrevimiento, familiaridad.
ANT.: *Respeto.*

libertador
Emancipador, redentor, protector, salvador.
ANT.: *Opresor, tirano.*

libertino
Inmoral, desvergonzado, impúdico, crápula, indecente, licencioso, disipado, vicioso, depravado, lujurioso, lúbrico, lascivo.
ANT.: *Casto, virtuoso.*

libre
1 Autónomo, independiente, soberano, autárquico.
ANT.: *Dependiente, sojuzgado.*
2 Liberto, liberado, emancipado, manumitido.
ANT.: *Esclavo.*
3 Suelto, libertado, rescatado.
ANT.: *Prisionero, cautivo.*
4 Soltero, separado, divorciado.
ANT.: *Casado, comprometido.*
5 Expedito, desembarazado, franco, transitable [paso].
ANT.: *Limitado, obstaculizado, cerrado, obstruido.*
6 Vacante, vacío, desocupado, disponible.
ANT.: *Ocupado.*
7 Exento, eximido.
ANT.: *Sometido.*
8 (Fig.) Licencioso, deshonesto.
ANT.: *Continente.*
9 (Méx., Venez.) Taxi, auto público de alquiler.

librería
1 Biblioteca.
2 Tienda de libros.
3 Estantería, estante, repisa, armario, (Guat., Pan.) librera, (Méx.) librero.
4 (Argent.) Papelería, tienda de artículos para escritorio.

libreta
1 Cuaderno, librillo, bloc, cartilla.
2 Pieza de pan, hogaza, barra.

libretista
Guionista, escritor, argumentista, comediógrafo, autor.

libro
1 Obra, texto, tratado, manual, compendio.
2 Ejemplar, publicación.
3 Tomo, volumen, parte.
4 Libreto, guión, argumento.

licencia
1 Permiso, autorización, venia, aprobación, asentimiento, beneplácito, concesión.
ANT.: *Prohibición.*
2 Patente, privilegio, derecho, certificado, cédula, diploma, pase, poder, documento.
3 Relajación, libertinaje.
ANT.: *Respeto.*

licenciado
1 Relevado, franco, libre, exento.
ANT.: *Reclutado, en servicio.*
2 Graduado, titulado, diplomado, (fam.) recibido.
3 Jurista, abogado.

licenciar
1 Autorizar, permitir, facultar, aprobar, consentir.
ANT.: *Prohibir, suspender.*
2 Graduar, titular, diplomar.
3 Relevar, eximir, liberar.
ANT.: *Reclutar, alistar.*
4 Despedir, expulsar, correr, echar, despachar.
ANT.: *Admitir.*

licencioso
Disoluto, libertino VER.

liceo
1 Escuela, colegio, instituto, academia.
2 Asociación, sociedad, ateneo, círculo, centro, agrupación.

lícito
1 Legítimo, justo, razonable.
ANT.: *Ilícito, injusto.*
2 VER legal.

licor
1 Líquido.
2 Bebida alcohólica, elixir, brebaje, (fig.) néctar.
licuar
Fundir, derretir, diluir, disolver, desleír, disolver, deshacer, licuefacer, fluidificar.
ANT.: *Solidificar.*
lid
1 Lucha, combate, pelea, batalla.
ANT.: *Paz, tregua.*
2 (Fig.) Debate, disputa, discusión.
ANT.: *Acuerdo.*
líder
1 Dirigente, cabeza, guía, jefe.
2 Conductor, caudillo.
3 Ganador.
ANT.: *Perdedor.*
lidia
1 Lid, liza, lucha VER.
2 Brega, ajetreo.
3 Corrida, novillada, becerrada, capeo, tienta, encierro.
4 (Venez.) Trabajo pesado.
lidiar
1 Batallar, contender, combatir, pelear, luchar VER.
ANT.: *Pacificar, retirarse.*
2 (Fig.) Enfrentar, manejar, sortear [situaciones].
ANT.: *Eludir, soslayar.*
3 (Fig.) Tratar, soportar, bregar.
4 Torear, capotear.
lienzo
1 Paño, tejido, tela.
2 Pañuelo, sábana, trapo.
3 Cuadro, pintura.
liga
1 Cinta, banda elástica.
2 Venda, vendaje.
3 Aleación, mezcla, combinación, ligazón.
ANT.: *Separación, disgregación.*
4 Confederación, alianza, unión, pacto, asociación, coalición, agrupación, federación.
ANT.: *Secesión, desunión, enemistad.*
ligadura
1 Lazo, nudo, vuelta.
2 (Fig.) Sujeción, atadura, impedimento, traba.
ANT.: *Facilidad, libertad.*
3 (Esp.) Maleficio.
ligar
1 Amarrar, atar, sujetar, anudar, trabar.
ANT.: *Soltar, desatar.*
2 Enlazar, unir, conectar, relacionar.
ANT.: *Desligar.*
3 Mezclar, alear.
ANT.: *Separar, descomponer.*
4 Aliar, coligar, agruparse.
ANT.: *Separarse.*
5 Obtener, conseguir, lograr, agenciarse [contratos, etc.].
6 (Cuba, Méx.) Conquistar, flirtear.
ligero
1 Liviano, ingrávido, tenue, lene, sutil, etéreo.
ANT.: *Pesado, denso.*
2 Delgado, grácil, menudo.
ANT.: *Tosco, grueso.*
3 Ágil, veloz, rápido, raudo, pronto.
ANT.: *Lerdo, lento.*
4 Leve, suave, insignificante [dolor, sensación].
ANT.: *Intenso, agudo.*
5 (Fig.) Frívolo, superficial, insensato, fútil, irreflexivo.
ANT.: *Serio, prudente, reflexivo, sensato, discreto.*
6 (Fig.) Voluble, inconstante, inestable.
ANT.: *Firme, constante.*
7 (Cuba) Simpático, de sangre ligera.
lija
1 Pez selacio de piel áspera, pintarroja, (Esp.) mielga.
2 Papel esmeril, zapa, abrasivo, papel de lija.
3 (Chile/fig. y fam.) Astuto, listo.
4 darse lija (Cuba) darse importancia, (Venez.) jactarse.
lijar
Desgastar, pulir, esmerilar, limar VER.
limar
1 Raspar, raer, rascar, rallar, pulir, esmerilar, lijar VER.
2 Cercenar, debilitar, desgastar.
3 Corregir, retocar, mejorar, completar, perfeccionar.
4 (Fig.) Templar, moderar, poner paz.
ANT.: *Azuzar, enemistarse.*
limitar
1 Acotar, lindar, delimitar, deslindar, definir, demarcar, amojonar.
ANT.: *Extender, exceder.*
2 Circunscribir, condicionar.
3 Reducir, ceñir, restringir, coartar.
ANT.: *Ampliar, permitir.*
4 limitarse Ajustarse, atenerse, ceñirse, circunscribirse.

L

límite
1 Frontera, linde, lindero, confín, borde, línea, separación, orilla.
2 Término, fin, final, meta.
ANT.: *Origen, comienzo.*
3 (Fig.) Obstáculo, barrera, dificultad, traba, restricción, impedimento.
ANT.: *Facilidad, apoyo.*

limo
Cieno, légamo, lodo VER.

limosna
Dádiva, ayuda, óbolo, caridad, socorro, donativo, auxilio, beneficencia.

limosnero
1 (Amér.) Mendigo, pordiosero, indigente, pedigüeño.
2 (Esp.) Caritativo, dadivoso.
ANT.: *Tacaño, avaro.*

limpiar
1 Lavar, enjuagar, asear, higienizar, fregar, bañar, barrer, desempolvar.
ANT.: *Ensuciar.*
2 Depurar, purificar, clarificar.
ANT.: *Contaminar, enturbiar.*
3 Expurgar, corregir.
4 (Fig.) Suprimir, eliminar, extirpar, expulsar, echar.
5 (Fig.) Robar, despojar, hurtar, desvalijar, pelar.
6 (Fig.) Reparar, borrar [falta o culpa].
7 (Fig. y fam.) Desencantar, desembrujar.

limpieza
1 Aseo, higiene, pulcritud.
ANT.: *Suciedad, desaseo.*
2 Lavado, jabonado, enjuague, fregado, barrido, cepillado, baldeo, riego.
3 Baño, ducha, ablución, purificación.
4 Exactitud, precisión, habilidad, destreza, perfección.
ANT.: *Torpeza, imprecisión.*
5 Pureza, integridad, sinceridad, honestidad, desinterés, franqueza, honradez.
ANT.: *Turbiedad, dolo.*

limpio
Aseado, inmaculado, → limpieza.
ANT.: *Sucio.*

linaje
1 Estirpe, genealogía, dinastía, cepa, (fig.) sangre, familia, progenie, ascendencia, descendencia.
2 Alcurnia, prosapia, abolengo, casta, nobleza.
3 (Fig.) Clase, condición, calidad, estofa, ralea, índole.
4 Pedigrí, pedigree [animales].

lindar
Limitar, confinar, colindar, tocarse, ser contiguos.

linde
Lindero, límite VER.

lindo
1 Bonito, gracioso, precioso, bello, hermoso, mono, agradable, simpático, atractivo.
ANT.: *Feo, antipático, desagradable.*
2 Primoroso, fino, delicado, exquisito, pulido.
ANT.: *Burdo, basto, pésimo.*
3 Bondadoso, tierno, amable, considerado.
ANT.: *Desabrido, déspota.*
4 (Argent.) De primera, excelente, muy bien.

línea
1 Trazo, raya, lista, rasgo, surco, marca, estría, tilde, guión, renglón.
2 Hilera, fila ringlera.
3 Diseño, perfil, contorno, forma.
4 Figura, silueta.
5 Lindero, división, límite VER.
6 (Fig.) Dirección, tendencia, directriz.
7 Clase, tipo, categoría.
8 Serie, gama.

linterna
Farol, lámpara VER.

linyera (Argent., Chile, Par., Urug.)
Vagabundo, desocupado, vago.

lío
1 Atado, fardo, envoltorio, hato, paquete.
2 (Fig.) Desorden, confusión, enredo, embrollo, caos, maraña, complicación, dificultad.
ANT.: *Claridad, facilidad.*
3 (Fig.) Tumulto, jaleo, barahúnda, barullo, (Esp.) follón.
ANT.: *Orden, paz.*
4 (Fig.) Mentira, chisme, embuste, cuento, trapisonda, (Méx.) argüende.
ANT.: *Verdad.*
5 (Fig. y fam.) Amancebamiento, concubinato, amorío, aventura.

lioso
1 Chismoso, mentiroso, intrigante, embrollador, (Méx.) argüendero.
ANT.: *Discreto, reservado.*
2 Confuso, desordenado, enredado, complicado, liado.
ANT.: *Claro, simple.*

liquidar
1 Licuar, licuefacer, derretir, fundir.
ANT.: *Solidificar, cuajar.*
2 (Fig.) Rebajar, abaratar, rematar, realizar, vender.
ANT.: *Encarecer.*
3 (Fig.) Saldar, pagar, ajustar, arreglar, cumplir, finiquitar.
4 (Fig.) Destruir, suprimir, anular, finalizar, terminar, ultimar.
ANT.: *Iniciar, comenzar.*
5 (Fig.) Matar, eliminar, asesinar, aniquilar, exterminar.

líquido
1 Acuoso, fluido.
ANT.: *Sólido.*
2 Humor, licor, agua, acuosidad, zumo, néctar, caldo, bebida.
3 Efectivo, contante [dinero].

lira
1 Pentacordio, nabla [instrumento musical].
2 (Fig.) Inspiración, numen, musa, estro.

lírico
1 Poético, bucólico, elegíaco, romántico, idílico.
ANT.: *Prosaico.*
2 (Venez./fam.) Iluso, soñador.

lisiar
Tullir, mutilar, inutilizar, herir, baldar, impedir, paralizar, lesionar.
ANT.: *Rehabilitar, sanar.*

liso
1 Plano, llano, parejo, raso, igual, uniforme, recto.
ANT.: *Disparejo, escabroso.*
2 Terso, suave.
ANT.: *Áspero, rugoso.*
3 Lacio [cabello].
ANT.: *Crespo, ondulado.*
4 Simple, sencillo.
ANT.: *Complicado, rebuscado.*
5 (Fig.) Fresco, desfachatado, confianzudo, desparpajado.
ANT.: *Respetuoso.*

lisonja
Adulación, loa, elogio, halago, alabanza, zalamería, requiebro, (fam.) coba, piropo, aplauso.
ANT.: *Insulto, crítica, ofensa.*

lisonjero
1 Adulador, → lisonja.
ANT.: *Ofensivo, insultante.*
2 (Fig.) Halagüeño, grato, satisfactorio, prometedor, favorable.
ANT.: *Ingrato, desagradable.*

lista
1 Franja, faja, raya, veta, tira, banda, ribete, cinta.
2 Enumeración, índice, serie, relación, catálogo, repertorio, tabla, cuadro, registro, inventario.

listo
1 Despabilado, espabilado, agudo, despierto, perspicaz, avispado, inteligente, astuto, sagaz, hábil.
ANT.: *Tonto, lento.*
2 Presto, diligente, expedito, pronto.
ANT.: *Lerdo, tardo.*
3 Dispuesto, preparado, prevenido, al punto.
ANT.: *Desprevenido, indispuesto.*
4 Atento, alerta, despejado.
ANT.: *Descuidado.*

listón
1 Cinta, banda.
2 Tabla angosta.
3 Moldura, listel.

lisura
1 Tersura, igualdad, ras, suavidad.
ANT.: *Aspereza, desigualdad.*
2 (Fig.) Llaneza, franqueza, sinceridad.
ANT.: *Fingimiento.*
3 (Guat., Pan., Perú/fig.) Insolencia, grosería.
4 (Perú/fig.) Donaire, garbo, gracia.
5 (Pan., Perú, Venez.) Descaro, desparpajo.

litera
1 Palanquín, andas, silla de mano.
2 Camastro, catre, cama, lecho.

literal
Exacto, textual, fiel, preciso, justo, recto, al pie de la letra.
ANT.: *Impreciso, inexacto.*

literario
Retórico, poético, elocuente.

literato
Escritor, autor, novelista, dramaturgo, ensayista, poeta, comediógrafo, prosista, polígrafo.

literatura
1 Letras, bellas letras, humanidades, filología.
2 Obras, escritos, textos, bibliografía [sobre un tema determinado].

litigar
1 Pleitear, disputar, querellarse, llevar a juicio.
ANT.: *Conciliar, avenir.*
2 (Fig.) Contender, discutir, altercar, debatir.
ANT.: *Concertar, acordar.*

L

litigio
1 Pleito, querella, juicio, demanda, proceso, procedimiento, actuación, causa, caso.
ANT.: *Avenencia, conciliación.*
2 (Fig.) Contienda, debate, discusión, altercado, polémica.
ANT.: *Acuerdo.*
litoral
1 Costa, margen, orilla, playa.
2 Costero.
3 (Argent., Par., Urug.) Ribera, riba.
liviano
1 Ligero, ingrávido, sutil.
ANT.: *Pesado.*
2 Leve, superficial [sueño].
ANT.: *Profundo.*
3 Digerible [alimento].
ANT.: *Pesado.*
4 (Fig.) Voluble, inconstante, frívolo.
ANT.: *Firme.*
5 (Fig.) Libertino, lascivo, incontinente.
ANT.: *Casto, continente.*
lívido
1 Amoratado, cárdeno, congestionado, violáceo, azulado.
ANT.: *Pálido, blanco.*
2 Demacrado, descolorido, cadavérico, blanquecino.
ANT.: *Rozagante, rubicundo.*
liza
1 Combate, lid, lucha VER.
2 Arena, campo, palenque, palestra.
llaga
1 Úlcera, herida, laceración, pústula, postilla, fístula, lesión, matadura.
2 Estigma, marca.
3 (Fig.) Pesadumbre, dolor, pena, tribulación, infelicidad.
ANT.: *Alegría.*
4 (Venez./fam.) Auto destartalado, carcacha.
llama
1 Lumbre, fuego, llamarada, flama.
2 Fulgor, luz, resplandor.
ANT.: *Oscuridad, opacidad.*
3 (Fig.) Ardor, pasión, vehemencia, fogosidad, entusiasmo.
ANT.: *Indiferencia, frialdad.*
llamar
1 Avisar, atraer, convocar, citar, incitar.
2 Clamar, vocear, gritar.
3 Invocar, conjurar, evocar.
4 Tocar, golpear [puertas].
5 Designar, denominar, nombrar, calificar, (fig.) decir.
6 Apodar, motejar, apellidar.
7 Titular, intitular.
8 Telefonear.
9 (Fig.) Apetecer, llamar la atención.
llamarada
1 Fogarada, llama VER.
2 (Fig.) Arrebato, impulso.
llamativo
1 Atrayente, interesante, atractivo, provocativo, sugestivo, espectacular, vistoso, original, raro.
ANT.: *Insignificante, común.*
2 Chillón, exagerado, estridente, sobrecargado, barroco, charro.
ANT.: *Sobrio, discreto.*
llameante
Ardiente, ígneo, flamígero, fulgurante, encendido.
ANT.: *Apagado.*
llamear
1 Arder, flamear, quemarse, incendiarse, inflamarse.
ANT.: *Extinguirse, apagarse.*
2 Chispear, centellear, resplandecer.
llaneza
1 Sencillez, naturalidad.
ANT.: *Afectación.*
2 Familiaridad, igualdad.
ANT.: *Aparato, protocolo.*
llano
1 Plano, raso, parejo, liso, uniforme, igual, recto.
ANT.: *Escarpado, abrupto.*
2 VER llanura.
3 (Fig.) Sencillo, campechano, franco, sincero, natural, tratable.
ANT.: *Protocolario, afectado, solemne.*
4 (Fig.) Claro, accesible, fácil, evidente.
ANT.: *Rebuscado, complicado.*
llanta
1 Rueda, neumático VER, caucho VER.
2 (Méx., Venez./fig. y fam.) Lonja, gordura, rollo.
llanto
1 Lloro, lloriqueo, gimoteo, lágrimas, sollozo, gemido, plañido, lamento, queja, jeremiada.
ANT.: *Risa.*
2 (Fig.) Pena, dolor, aflicción.
ANT.: *Alegría, júbilo.*
llanura
1 Llano, planicie, explanada, altiplano, meseta, estepa, sabana, pradera, landa, llanada, (Amér. Merid.) pampa.
ANT.: *Sierra, montaña, monte.*

2 Parejura, ras, igualdad.
ANT.: *Desigualdad, desnivel.*

llegada

Arribo, venida, advenimiento, aparición, → llegar.
ANT.: *Partida, salida.*

llegar

1 Arribar, venir, aterrizar, atracar.
ANT.: *Partir, salir.*
2 Aparecer, presentarse, comparecer, asistir.
ANT.: *Ausentarse, faltar.*
3 Tocar, alcanzar, aproximarse.
ANT.: *Alejarse.*
4 Conseguir, acceder a, lograr.
ANT.: *Fracasar.*
5 (Fig.) *Conmover, impresionar.*
6 llegar hasta Extenderse, durar, prolongarse.
ANT.: *Cesar, pararse.*
7 llegarle (Méx., Venez.) Declararse amorosamente a alguien.

lleno

1 Colmado, completo, saturado, pleno, repleto, atiborrado, atestado, ocupado, cargado, abarrotado.
ANT.: *Vacío.*
2 Saciado, satisfecho, ahíto, harto.
ANT.: *Hambriento, famélico.*

llevar

1 Transportar, trasladar, acarrear.
ANT.: *Traer, enviar.*
2 Guiar, acompañar, encaminar.
ANT.: *Dejar, abandonar.*
3 Inducir, inclinar, incitar, persuadir.
ANT.: *Disuadir.*
4 Conducir, dirigir [rutas, caminos].
5 Usar, vestir, calzar, lucir, traer puesto, ponerse.
6 Traer, portar [dinero, armas].
7 Manejar, administrar [cuentas].
8 Marcar, seguir [compás, ritmo, paso].
9 Sufrir, tolerar, aguantar, sobrellevar, soportar.
ANT.: *Disfrutar.*
10 Durar, prolongarse [tarea, labor].
11 llevar a Causar, provocar, conllevar.

llevarse

1 Lograr, conseguir, obtener, merecer.
ANT.: *Perder.*
2 Apropiarse, robar, hurtar.
3 (Fam.) Congeniar, tratarse.
4 Combinar, armonizar.
ANT.: *Discordar.*
5 llevarse por delante Arrastrar, atropellar, arrollar, arrasar.
6 llevarse la ventaja (Fig.) Superar, aventajar.

llorar

1 Plañir, sollozar, gemir, gimotear, lamentarse, dolerse, lagrimear.
ANT.: *Reír.*
2 (Fig.) Lamentar, añorar, sentir, deplorar, arrepentirse.
ANT.: *Alegrarse, olvidar.*

lloro

Lloriqueo, llanto VER.

llorón

1 Plañidero, llorador, lacrimoso, sollozante, gemebundo, llorica.
ANT.: *Alegre, reidor.*
2 (Fig. y fam.) Quejoso, quejica, cobarde, collón.
ANT.: *Valiente.*

llover

1 Gotear, chispear, lloviznar, caer agua del cielo.
ANT.: *Escampar, despejarse.*
2 (Fig.) Sobrevenir, venir, agolparse, ocurrir, sucederse.
3 (Fig.) Abundar, sobreabundar.
ANT.: *Escasear.*

lluvia

1 Precipitación, chubasco, turbonada, chaparrón, aguacero, tormenta, borrasca, temporal, diluvio, llovizna, (Amér.) garúa, (Venez.) llovedera, lloviznón.
2 (Fig.) Abundancia, profusión, raudal.
ANT.: *Escasez.*

lluvioso

1 Pluvioso, húmedo.
ANT.: *Seco, árido.*
2 Tormentoso, encapotado, borrascoso, inclemente, gris, (fig.) triste.
ANT.: *Despejado.*

loa

Elogio, encomio, ponderación, alabanza, loor, apología.
ANT.: *Censura, reprobación.*

loable

Laudable, encomiable, meritorio.
ANT.: *Reprobable, censurable.*

loar

Elogiar, alabar, encomiar, enaltecer, aplaudir, aclamar.
ANT.: *Criticar, reprobar.*

lóbrego

1 Tenebroso, oscuro, sombrío.
ANT.: *Luminoso.*

2 (Fig.) Triste, lúgubre, melancólico.
ANT.: *Alegre.*

local

1 Regional, territorial, comarcal, departamental, municipal, particular.
ANT.: Nacional, general, foráneo.
2 Sala, recinto, espacio, aposento, nave.
3 Tienda, comercio.

localidad

1 Comarca, región, pueblo, población, lugar, paraje, sitio, municipio, departamento.
2 Butaca, asiento, puesto, plaza.
3 Entrada, billete, pase, (Argent., Chile, Méx.) boleto.

localizar

1 Ubicar, situar.
2 Hallar, encontrar.
ANT.: *Perder.*
3 Fijar, definir, delimitar.
ANT.: *Generalizar.*
4 Limitar, circunscribir, encerrar, restringir, ceñir, confinar.
ANT.: *Ampliar, extender.*
5 Emplazar, instalar, orientar.

loco

1 Desquiciado, alienado, enajenado, insano, demente, perturbado, psicópata, maniaco, maniático, lunático, vesánico, orate, chiflado, chalado, (fam.) tocado, (Argent./fam.) piantado o piantao, (Cuba, Venez.) locadio o leocadio, (Esp.) guillado, majareta, (Méx.) lorenzo.
ANT.: *Cuerdo, juicioso, en su juicio.*
2 (Fig.) Trastornado, ofuscado, frenético, furioso, enloquecido.
ANT.: *Sereno, tranquilo.*
3 (Fig.) Insensato, atolondrado, irreflexivo, imprudente, aturdido, alocado.
ANT.: *Prudente, mesurado, sensato.*
4 (Fig.) Absurdo, disparatado, ilógico.
ANT.: *Lógico.*
5 (Fig.) Extravagante, excéntrico, excepcional, extraordinario, maravilloso, original, atrevido.
ANT.: *Ordinario, normal.*
6 (Fig.) Ansioso, deseoso, anhelante.
ANT.: *Sereno, apático.*
7 (Fig.) Apasionado, muy entusiasmado, obsesionado.
ANT.: *Indiferente.*

locuaz

Hablador, facundo, verboso, parlanchín, (fig.) gárrulo, palabrero, parlero, charlatán.
ANT.: *Callado, silencioso, parco.*

locura

1 Demencia, alienación, → loco.
ANT.: *Cordura.*
2 Disparate, aberración, insensatez, imprudencia, desatino.
ANT.: *Acto sensato, prudente, atinado.*
3 Extravagancia, excentricidad.
ANT.: *Normalidad.*
4 (Fig.) Exaltación, pasión, obsesión, gran entusiasmo.

lodazal

Barrizal, cenagal, ciénaga, fangal, tremedal, pantano, charca.

lodo

1 Barro, fango, cieno, légamo, limo.
2 (Fig.) Descrédito, deshonra.

lógico

1 Racional, razonable, comprensible, congruente, coherente.
ANT.: *Ilógico, incoherente.*
2 Natural, normal.
ANT.: *Absurdo, anormal.*

lograr

1 Alcanzar, conseguir, obtener, ganar, recibir, sacar, conquistar, apoderarse, beneficiarse, adjudicarse.
ANT.: *Perder, ceder.*
2 Completar, culminar, terminar, coronar, concluir.
ANT.: *Fracasar, malograr.*

loma

Cerro, colina, collado, eminencia, altura, altozano, cuesta.
ANT.: *Llano, planicie.*

lomo

1 Espinazo, dorso, espalda.
2 Solomillo.
3 **lomos** Costillas.
4 **sobar el lomo** (Fig.) Halagar, adular, dar coba.
5 **sobarse el lomo** (Fig.) Fatigarse, agotarse, desriñonarse, matarse, trabajar demasiado.

lona

1 Loneta, tela, lienzo.
2 Toldo, cubierta.
3 Carpa [de circo].

loncha

1 Laja, lancha, losa.
2 Lonja, tajada, hoja, raja, rebanada, rodaja, corte.

longanimidad
1 Entereza, valentía, constancia, valor.
ANT.: *Pusilanimidad.*
2 Generosidad, nobleza, magnanimidad, largueza, liberalidad.
ANT.: *Mezquindad.*
longevidad
1 Duración, conservación, supervivencia, vitalidad, resistencia, perennidad, vida larga.
ANT.: *Fragilidad, brevedad.*
2 Vejez, ancianidad, senectud.
ANT.: *Juventud.*
longevo
1 Añoso, antañón.
ANT.: *Reciente.*
2 Viejo, anciano, senecto, provecto.
ANT.: *Joven.*
longitud
1 Largo, largor, largura, dimensión.
2 Distancia, extensión.
3 Envergadura.
lonja
1 Tajada, tira, loncha VER.
2 Mercado, bolsa.
3 Almacén, tienda.
lontananza
1 Distancia, lejanía.
ANT.: *Cercanía.*
2 Segundo plano, fondo [pintura].
ANT.: *Primer plano.*
loro
1 Cotorra, perico, papagayo, cacatúa, guacamayo.
2 (Fig. y fam.) Hablador, parlanchín, locuaz, charlatán.
ANT.: *Callado.*
3 (Fig. y fam.) Persona fea.
losa
1 Laja, loncha, plancha, piedra plana.
2 Lápida, sepulcro, tumba, placa.
3 (Fig.) Peso, pesadumbre, aflicción.
ANT.: *Alivio, desahogo.*
lote
1 Parte, porción, partición.
ANT.: *Todo.*
2 Terreno, solar, parcela.
3 Serie, grupo, conjunto.
lotería
Sorteo, rifa, juego, tómbola.
loza
1 Porcelana, cerámica, mayólica, caolín, terracota.
2 Vajilla, trastos [los elaborados con material cerámico].
lozano
1 Verde, fresco, frondoso,exuberante, vivaz, lujuriante.
ANT.: *Marchito, seco, agostado.*
2 Joven, juvenil.
ANT.: *Decrépito.*
3 Sano, vigoroso, rozagante, robusto.
ANT.: *Ajado, demacrado, enfermizo.*
lúbrico
Lascivo, libidinoso, lujurioso VER.
lucha
1 Pelea, forcejeo, pugilato, riña, disputa, competición, lidia.
2 Combate, lid, batalla, liza, contienda.
ANT.: *Paz, tregua.*
3 (Fig.) Rivalidad, competencia, conflicto, pugna, desavenencia.
ANT.: *Concordia, acuerdo.*
4 (Fig.) Brega, afán, trabajo, tenacidad.
ANT.: *Pereza, apatía.*
luchador
1 Púgil, atleta, justador.
2 Lidiador, batallador, contendiente, combatiente.
3 (Fig.) Trabajador, emprendedor, enérgico, perseverante, tenaz.
ANT.: *Desidioso, débil.*
luchar
Batallar, pelear, → lucha.
lucido
1 Brillante, rumboso, espléndido, excelente, sobresaliente.
ANT.: *Deslucido.*
2 Gallardo, garboso, gracioso, esplendoroso, elegante.
ANT.: *Desgarbado.*
lúcido
1 Luciente, reluciente, luminoso, resplandeciente.
ANT.: *Oscuro, opaco.*
2 Despabilado, alerta.
ANT.: *Embotado.*
3 (Fig.) Claro, inteligente, sagaz, perspicaz, clarividente.
ANT.: *Torpe, obtuso.*
Lucifer
Luzbel, Diablo (el) VER.
lucir
1 Brillar, fulgurar, relucir, esplender, resplandecer.
ANT.: *Apagarse.*
2 Exhibir, mostrar, desplegar, revelar, ostentar, enseñar.
ANT.: *Esconder, disimular.*

L

lucirse
1 Sobresalir, triunfar, descollar, quedar bien.
ANT.: *Deslucir.*
2 Pavonearse, presumir, alardear, fanfarronear.
ANT.: *Esconderse, disimular.*
3 (Fig. y fam.) Pifiar, errar, hacer el ridículo, (Méx.) quemarse, regarla.

lucro
Ganancia, utilidad, beneficio, provecho, ventaja, usura.
ANT.: *Pérdida.*

lucubrar
Crear, planear, urdir, imaginar, inventar, elucubrar, divagar.

lugar
1 Espacio, puesto, ámbito, recinto.
2 Punto, zona, paraje, emplazamiento, ubicación.
3 Localidad, comarca, villa, aldea, pueblo, población.
4 Situación, posición.
5 Oportunidad, ocasión, motivo, causa, pretexto.

lúgubre
1 Lóbrego, oscuro, tétrico, fúnebre, funesto, tenebroso, luctuoso.
ANT.: *Alegre, luminoso.*
2 Sombrío, triste, melancólico, taciturno.
ANT.: *Festivo.*

luir
Frotar, rozar, raer, desgastar, (C. Rica) luyir.

lujo
Ostentación, aparato, suntuosidad, fastuosidad, pompa, esplendor, opulencia, fasto, boato, esplendidez, magnificencia, ostentación, alarde.
ANT.: *Humildad, sencillez, pobreza.*

lujoso
Ostentoso, rumboso, fastuoso, opulento, pomposo, rico.
ANT.: *Sobrio, pobre, sencillo.*

lujuria
1 Lascivia, concupiscencia, lubricidad, libídine, carnalidad, libertinaje, incontinencia, impudicia.
ANT.: *Castidad, continencia.*
2 Demasía, exceso.

lujuriante
Exuberante, abundante, abundoso, lozano, vivaz, excesivo, (Argent.) lujuriento [suele usarse refiriéndose a vegetaciones].
ANT.: *Agostado, seco, escaso.*

lujurioso
1 Lascivo, lúbrico, concupiscente, libidinoso, impúdico.
ANT.: *Casto, virtuoso.*
2 Erótico, voluptuoso.

lumbre
1 Fogata, fuego, hoguera, ascua, llama, rescoldo.
2 Brillo, claridad, fulgor, luz VER.
ANT.: *Oscuridad.*

lumbrera
1 Claraboya, tragaluz, tronera, lucerna, ventanal.
2 Genio, eminencia, sabio, talento.
ANT.: *Torpe, ignorante.*

luminoso
1 Fulgurante, refulgente, resplandeciente, llameante, brillante, radiante, rutilante, centelleante, lumínico.
ANT.: *Opaco, sombrío.*
2 (Fig.) Claro, esclarecedor, acertado, ingenioso.
ANT.: *Oscuro, enredado, desacertado.*

luna
1 Satélite natural.
2 Lunación, fase, aspecto.
3 Luz lunar.
4 Espejo, cristal.
5 Lúnula, blanco de la uña.
6 (Cuba, Méx./fig. y fam.) Período, menstruación.
7 (Venez./vulg.) Porro, cigarro de marihuana.

lunar
1 Relativo a la Luna.
2 Mancha, lentigo, peca, carnosidad.
3 (Fig.) Defecto, tacha, imperfección, lacra, falla.
ANT.: *Perfección.*

lunático
Raro, maniático, ido, alunado, caprichoso, loco VER.
ANT.: *Normal.*

lunch (Amér./pr.)
Merienda, refrigerio, tentempié, (Méx.) lonch.

lunfardo (Argent.)
1 Jerga, germanía, lunfa.
2 (Ant.) Ladrón, ratero, rufián.

lustrar
Abrillantar, pulir, frotar, restregar, limpiar, acicalar, sacar brillo.
ANT.: *Deslucir, empañar.*

lustro
1 Quinquenio.
2 (Chile) Araña, lámpara.

lustroso
1 Brillante, brilloso, resplandeciente, luciente, reluciente.
ANT.: *Opaco, mate.*
2 Pulido, liso, terso.
ANT.: *Rugoso, áspero.*

luto
Duelo, pena, dolor, tristeza, aflicción.
ANT.: *Alegría.*

luxación
Esguince, dislocación, distorsión, (fam.) torcedura.

luz
1 Radiación, iluminación.
2 Resplandor, luminosidad, esplendor, destello, fulgor, refulgencia, fosforescencia.
ANT.: *Oscuridad, opacidad, tinieblas.*
3 Día, claridad diurna.
ANT.: *Noche.*
4 Llama, lumbre, flama.
5 Lámpara, candelero, linterna, faro, foco VER, bombilla VER.
6 (Fig.) Esclarecimiento, discernimiento, ilustración, sabiduría, inteligencia, clarividencia.
ANT.: *Ignorancia.*
7 (Fig.) Guía, modelo, ejemplo.
8 Ventana, tronera, abertura, hueco, espacio, claraboya [arquitectura].

M

macabro
Tétrico, lúgubre, fúnebre, mortuorio, lóbrego, espeluznante, espectral.
ANT.: *Alegre, grato.*
macana
1 Porra, palo, garrote.
2 (Amér./fig. y fam.) Disparate, desatino, error.
3 (Argent., Perú, Urug./fig. y fam.) Embuste, paparrucha, tontería.
4 (Bol., Colomb., Ecuad.) Chal, tela de algodón [indígena].
macanudo (Argent.)
Magnífico, excelente, extraordinario, bueno, estupendo.
macerar
1 Ablandar, machacar, aplastar, estrujar, machucar.
2 Remojar, sumergir, impregnar, calar.
3 (Fig.) Afligir, castigar, lastimar, mortificar, lacerar.
maceta
1 Tiesto, macetón, vaso, recipiente, vasija, macetero, jarrón.
2 Mazo, martillo.
3 (Méx./fig. y fam.) Cabeza, testa.
4 (P. Rico) Tacaño, avaro.
machacar
1 Triturar, moler, desmenuzar, quebrantar, pulverizar, desintegrar, partir, aplastar.
2 Repetir, reiterar, insistir, porfiar.
ANT.: *Ceder, desistir.*
3 (Fig.) Vencer, derrotar.
machacón
1 Pesado, tozudo, insistente, latoso, cargante, reiterativo.
2 Moretón, machacadura, (Amér.) machucón.
machete
Cuchillo, espada, alfanje, (fam.) charrasco, hoja.
macho
1 Varón, hombre.
2 Semental, garañón, verraco.
ANT.: *Hembra.*
3 Viril, varonil, masculino.
ANT.: *Afeminado.*
4 (Fig.) Valiente, fuerte, recio, audaz, esforzado.
ANT.: *Cobarde, collón.*
5 (C. Rica) Rubio.
6 (Cuba) Cerdo, puerco, cebón.
macilento
1 Demacrado, pálido, desmejorado, descolorido, enflaquecido, cadavérico, (fig.) triste.
ANT.: *Rubicundo, rozagante.*
2 (Venez.) Torpe, tonto.
macizo
1 Sólido, denso, compacto, apretado, tupido.
ANT.: *Hueco, fofo.*
2 Resistente, recio, tenaz, consistente, duro.
ANT.: *Endeble, frágil.*
3 Lleno, robusto, fuerte.
ANT.: *Enclenque, débil.*
4 Parterre, arriate.
mácula
1 Mancha, suciedad, (fam.) lamparón.
ANT.: *Limpieza.*
2 (Fig.) Deshonra, tacha, desdoro.
ANT.: *Honor, prez.*
3 (Fig.) Trampa, engaño, burla.
macuto
1 (Amér.) Mochila, zurrón, bolsa, morral.
2 (Cuba) Saco, atado, bulto.
3 (Venez.) Cesta pequeña.
madeja
1 Ovillo, rollo, carrete, bobina.
2 (Fig.) Lío, embrollo, enredo.
3 (Fig.) Delgado, flojo, apático.
4 (Fig.) Mata de pelo.
madera
1 Leña, astillas, madero VER.
2 (Fig.) Condición, naturaleza, índole, calidad, pasta.
3 (Fig.) Talento, disposición.
madero
1 Tronco, leño, palo.
2 Tabla, tablón, viga, tarugo, percha, poste, traviesa, puntal, durmiente, tirante.
3 (Fig.) Barco, nave, buque, nao.

4 (Fig. y fam.) Torpe, necio, cerrado.
ANT.: *Listo, avispado.*

madre
1 Progenitora, mamá, matrona.
ANT.: *Padre.*
2 Monja, religiosa, sor, hermana, superiora, abadesa.
3 Cauce, lecho, cuenca, curso [ríos].
4 (Fig.) Origen, raíz, causa, principio, cuna, motivo.

madrear
1 (C. Rica) Ofender, lanzar improperios, insultar.
2 (Méx./vulg.) Golpear, tundir, dar una paliza, zurrar.

madrearse
1 Ahilarse, debilitarse [vino, vinagre].
2 (Méx./vulg.) Pelearse, golpearse, liarse a golpes.

madriguera
Cubil, guarida, refugio, escondrijo, cueva, covacha, ratonera, huronera.

madrugada
Amanecer, alba, amanecida, aurora, mañana, (fam.) mañanita.
ANT.: *Atardecer, ocaso.*

madrugar
1 Levantarse muy temprano, alborear, mañanear, (fig.) despertar, (Argent.) tempranear.
ANT.: *Remolonear.*
2 (Fig.) Salir a trabajar.
3 (Argent.) Anticiparse, prever, apresurar, primerear.
4 (Méx., Cuba, Urug./fig.) Aprovecharse, adelantarse ventajosamente, pegar primero.
5 (Méx./fam.) Hurtar, robar, agandallar VER.

madurar
1 Sazonar, medrar, desarrollarse, colorearse, florecer, fructificar.
2 Crecer, desarrollarse.
ANT.: *Atrofiarse, malograrse.*
3 (Fig.) Curtirse, avezarse, endurecerse.
4 (Fig.) Reflexionar, desarrollar, pensar, elucubrar.
ANT.: *Omitir, improvisar.*

madurez
1 Sazón, punto, maduración.
2 Plenitud, esplendor, edad madura, desarrollo.
ANT.: *Niñez.*
3 (Fig.) Juicio, sensatez, discernimiento, cordura, prudencia.
ANT.: *Insensatez, inmadurez.*

maduro
1 Desarrollado, hecho, completo, formado.
ANT.: *Incompleto.*
2 Adulto [organismo animal o vegetal].
ANT.: *Niño, larva, cachorro, plantón.*
3 En sazón, en su punto, floreciente, madurado.
ANT.: *Verde, tierno.*
4 (Fig.) Juicioso, sensato, cuerdo, prudente, curtido.
ANT.: *Inmaduro, insensato.*

maestría
Pericia, destreza, arte, ingenio, habilidad, maña.
ANT.: *Impericia, novatez.*

maestro
1 Profesor, educador, pedagogo, catedrático, preceptor, tutor, ayo, mentor, (ant.) maese.
2 Diestro, experto, hábil, ducho, avezado, conocedor.
ANT.: *Inexperto, profano, desconocedor, aprendiz.*
3 Compositor, músico, ejecutante, intérprete.
4 Pintor, escultor, escritor.
5 Jefe de albañiles o artesanos.
6 Magistral, perfecto.
ANT.: *Imperfecto.*

maga
Hechicera, hada.

magia
1 Hechicería, sortilegio, ensalmo, encantamiento, maleficio, nigromancia, brujería, adivinación.
2 (Fig. y fam.) Ilusionismo, prestidigitación.
3 (Fig.) Encanto, atractivo, imán, atracción, hechizo, magnetismo, embeleso, fascinación, seducción.

mágico
1 Sobrenatural, misterioso, ultraterreno, oculto, (fig.) cabalístico, encantado, embrujado.
ANT.: *Normal, natural.*
2 (Fig.) Fascinante, maravilloso, asombroso, sorprendente, pasmoso, fantástico, milagroso.
ANT.: *Corriente, común.*
3 Mago, hechicero, encantador.

magistrado
Togado, juez, tribuno, censor, funcionario, consejero.

magistral
1 Genial, maestro, perfecto, ejemplar.
ANT.: *Imperfecto.*
2 (Fig.) Sobresaliente, admirable, notable, colosal, magnífico VER.
ANT.: *Ordinario, pésimo.*
3 (Fig.) Afectado, suficiente, solemne, pedante [tono, modo de actuar].
ANT.: *Sencillo, llano.*

magnánimo
1 Grande, noble, bueno, generoso, liberal, magnífico, espléndido, munífico.
ANT.: *Mezquino, avaro.*
2 Benévolo, clemente, bondadoso.
ANT.: *Ruin, cruel, vengativo.*

magnífico
1 Esplendoroso, suntuoso, regio, magno, vistoso, brillante, soberbio, colosal, maravilloso.
ANT.: *Lamentable, insignificante.*
2 Excelso, admirable, estupendo, magistral, excelente.
ANT.: *Mediocre, vulgar, pésimo.*
3 Generoso, espléndido, liberal, magnánimo, noble.
ANT.: *Tacaño, mezquino.*

magnitud
1 Medida, tamaño, dimensión, extensión, capacidad, volumen.
2 (Fig.) Alcance, importancia, trascendencia, influencia, grandeza.

magno
Grande, superior, excelso, magnífico VER.

mago
Hechicero, taumaturgo, encantador, nigromante, → magia.

magro
1 Enjuto, delgado, flaco, descarnado, seco, nervudo.
ANT.: *Rollizo, gordo.*
2 (Fig.) Esquilmado, pobre, escaso.
ANT.: *Abundante.*

magulladura
Contusión, moretón, cardenal, verdugón, equimosis, golpe, lesión, magullamiento.

magullar
1 Lastimar, herir, señalar, marcar, moler, amoratar, contusionar.
2 Dañar, macar, estropear [frutos].

majadero
1 Necio, estúpido, mentecato, bobo, insensato.
ANT.: *Listo.*
2 Pesado, fastidioso, molesto, latoso, indiscreto, malcriado, maleducado, impertinente.
ANT.: *Grato, simpático, comedido.*
3 Majaderillo, bolillo para hacer encaje.

majareta (Esp.)
Distraído, chiflado, ido, loco VER.

majestad
1 Grandeza, esplendor, majestuosidad, señorío, solemnidad, pompa.
ANT.: *Humildad, pequeñez.*
2 Severidad, seriedad, entereza, aplomo, sublimidad.
ANT.: *Vulgaridad.*

majestuoso
1 Mayestático, augusto, solemne, grandioso, esplendoroso.
ANT.: *Humilde, insignificante.*
2 Imponente, sublime.
ANT.: *Ordinario, vulgar.*

majo (Esp.)
1 Bonito, guapo, lindo, agradable, simpático.
ANT.: *Desagradable.*
2 Vistoso, adornado, compuesto.
ANT.: *Feo.*
3 (Fig.) Valentón, chulapo, chulo, curro, fanfarrón, pinturero, macareno.
ANT.: *Modesto.*

mal
1 Daño, perjuicio, deterioro, destrucción, ruina, pérdida.
ANT.: *Beneficio, bien.*
2 Enfermedad, dolencia, padecimiento, achaque, trastorno, molestia.
ANT.: *Salud.*
3 Lesión, herida.
4 Desgracia, calamidad, tristeza, pena, tormento, (fig.) peste.
5 Vicio, tara.
6 (Fig.) Maleficio, hechizo, brujería, mal de ojo.

malabarista
1 (Fig.) Diestro, hábil.
2 (Chile) Ladrón, estafador.

malbaratar
1 Malvender, (fig.) regalar.
2 Derrochar, despilfarrar, desperdiciar, dilapidar.
ANT.: *Aprovechar, administrar.*

malcarado
Torvo, repulsivo, feo, desagradable, hosco, adusto, (Amér.) malencarado.
ANT.: *Bello, afable.*

malcriado
1 Mimado, consentido, malacostumbrado.
2 Grosero, caprichoso, maleducado, majadero, descortés, incivil, incorrecto, desatento.
ANT.: *Educado, cortés.*
malcriar
Mimar, consentir, malacostumbrar, viciar, maleducar.
ANT.: *Disciplinar, educar.*
maldad
1 Malignidad, malicia, perversidad, sevicia.
ANT.: *Bondad.*
2 Vileza, inmoralidad, bajeza, iniquidad, crueldad, ruindad, perfidia.
ANT.: *Virtud, nobleza.*
3 Daño, perjuicio, villanía, trastada, jugarreta.
ANT.: *Beneficio, favor.*
4 (Fig. y fam.) Brujería, maleficio.
maldecir
1 Blasfemar, renegar, jurar, condenar, execrar, imprecar.
ANT.: *Bendecir.*
2 Aborrecer, abominar.
ANT.: *Agradecer.*
3 Denigrar, infamar, difamar, calumniar, ofender.
ANT.: *Alabar, ensalzar.*
4 Increpar, insultar, (fig.) anatemizar.
ANT.: *Elogiar.*
maldición
1 Blasfemia, juramento, imprecación, → maldecir.
2 Anatema.
ANT.: *Bendición.*
maldito
1 Perverso, maligno, malo, malévolo, cruel, malvado.
ANT.: *Loable, bueno.*
2 Condenado, réprobo, endemoniado, anatemizado, (fig.) perdido.
ANT.: *Bendito, bienaventurado.*
3 Ruin, miserable, vil, aborrecible, execrable.
ANT.: *Apreciable, estimable, noble.*
4 (Fig. y fam.) Embrujado, hechizado.
5 (Cuba, Méx./fig. y fam.) Travieso, revoltoso.
maleante
Delincuente, bandido, malhechor, malandrín, (Argent.) malevo, (Venez.) malandro.
maledicencia
Murmuración, detracción, calumnia, denigración, habladuría, chismorreo.
maleficio
Encantamiento, hechizo, sortilegio, embrujo, ensalmo, brujería, (fam.) mal de ojo, (fig. y fam.) maldición.
ANT.: *Bendición, exorcismo.*
maléfico
1 Nocivo, maligno, perjudicial, dañino, pernicioso.
ANT.: *Benéfico.*
2 Brujo, hechicero.
malentendido
Confusión, tergiversación, error, mala interpretación.
malestar
1 Desasosiego, intranquilidad, inquietud, pesadumbre, ansiedad, angustia, irritación.
ANT.: *Bienestar.*
2 Incomodidad, descontento, fastidio, disgusto.
ANT.: *Comodidad.*
3 Indisposición, achaque.
maleta
1 Valija, bolso, equipaje, maletín, (Amér. C., Méx.) petaca.
2 (Colomb., Cuba/fig.) Joroba, jiba.
3 (Esp.) Mal torero.
4 (Méx., Venez./fig. y fam.) Torpe, inhábil.
malevo (Argent.)
Matón, bravucón, malo, malhechor, maleante.
malevolencia
Malquerencia, rencor, animosidad, resentimiento, enemistad, mala voluntad.
ANT.: *Simpatía, benevolencia.*
malévolo
Maligno, malintencionado, malvado, perverso, malo VER, malevolente.
ANT.: *Bondadoso, bueno, benévolo.*
maleza
1 Espesura, matorral, maraña, broza, zarzal, (Argent.) malezal.
2 Mala hierba.
3 (C. Rica) Infección, secreción purulenta.
4 (Nic., Sto. Dom.) Enfermedad, mal, achaque.
malgastar
Derrochar, despilfarrar, dilapidar, disipar, tirar, malbaratar.
ANT.: *Ahorrar, escatimar.*

M

malhablado
Lenguaraz, deslenguado VER.
malhadado
Desgraciado, infeliz, desventurado, desdichado, infortunado VER.
malhechor
Maleante, delincuente, bandolero, forajido, bandido, facineroso, salteador, criminal, (Argent.) malevo.
malhumor
Enfado, disgusto, irritación, enojo, descontento, desazón, molestia, hastío, impaciencia.
ANT.: *Buen humor, contento, agrado.*
malhumorado
1 Enfadado, disgustado, irritado, molesto, descontento.
ANT.: *Complacido, contento.*
2 Hosco, insociable, desabrido, huraño, ceñudo.
ANT.: *Afable, jovial.*
malicia
1 Maldad, malignidad, perversidad, perfidia.
2 Malevolencia, ruindad, bellaquería.
ANT.: *Benevolencia.*
3 Sagacidad, astucia, perspicacia, penetración.
ANT.: *Ingenuidad.*
4 (Fam.) Recelo, sospecha, desconfianza, cautela.
ANT.: *Confianza.*
5 Hipocresía, disimulo, doblez, falsedad, taimería.
ANT.: *Candor, franqueza.*
6 Picardía, maña.
malicioso
Astuto, taimado, pícaro, → malicia.
maligno
1 Nocivo, pernicioso, dañino, virulento, malo VER.
ANT.: *Benéfico.*
2 Perverso, vil, avieso, malévolo, ruin, (fig.) maldito.
ANT.: *Bondadoso.*
3 El Maligno El Diablo, Satanás.
malla
1 Red, tejido, cota, punto, elástico.
2 Mallón, leotardo.
3 (C. Rica) Barbacoa, emparrado.
malo
1 Malvado, maligno, malévolo, infame, vil, perverso, pérfido, protervo, inicuo, cruel, detestable, depravado, maldito VER, diabólico, satánico.
ANT.: *Bondadoso, honrado, virtuoso.*
2 Dañoso, nocivo, perjudicial, dañino, pernicioso, letal.
ANT.: *Benéfico.*
3 Peligroso, nefasto, aciago.
ANT.: *Seguro.*
4 Enfermo, indispuesto, afectado, doliente, aquejado, achacoso, delicado.
ANT.: *Sano.*
5 Censurable, irracional, ilegítimo, injusto, odioso, abusivo.
ANT.: *Legítimo, justo.*
6 Molesto, dificultoso, desagradable, repelente.
ANT.: *Agradable, grato.*
7 Estropeado, echado a perder, deteriorado, podrido, inservible.
ANT.: *Bueno, nuevo, fresco.*
8 (Fam.) Revoltoso, travieso, malcriado, inquieto, enredador, latoso, maldoso.
ANT.: *Educado, tranquilo.*
malograr
1 Desperdiciar, perder, desaprovechar, (fig.) tirar.
ANT.: *Ganar, aprovechar.*
2 Fallar, frustrarse, frustrar, fracasar, abortar.
ANT.: *Lograr, triunfar.*
3 Estropear, deslucir, echar a perder.
maloliente
Fétido, hediondo, apestoso, nauseabundo, pestilente, mefítico, repugnante, asqueroso.
ANT.: *Aromático, fragante, balsámico.*
malón (Argent.)
Ataque, correría, ofensiva, incursión.
malquerencia
Enemistad, antipatía, desamor, tirria, aversión, odio, aborrecimiento, (fam.) ojeriza.
ANT.: *Simpatía, amistad, bienquerencia, cariño.*
malquistar
Desunir, enemistar, indisponer, encizañar, (fig.) envenenar, meter cizaña.
ANT.: *Bienquistar, amigar.*
malsano
Insano, insalubre, nocivo, pernicioso, contagioso, infeccioso, infecto.
ANT.: *Salubre, sano.*
maltratar
1 Golpear, pegar, zurrar, tundir, lastimar, herir, castigar.
ANT.: *Atender, cuidar, proteger.*
2 Insultar, vejar, injuriar, ofender, agraviar, humillar.
ANT.: *Alabar, dignificar.*

3 Moler, derrengar [a las bestias de carga].
4 Estropear, deteriorar, dañar, malograr, deslucir, ajar.

maltrecho
1 Dañado, perjudicado, menoscabado, estropeado.
ANT.: *Sano, indemne.*
2 Golpeado, lastimado, lesionado.
ANT.: *Ileso.*
3 Extenuado, fatigado, agotado, deslomado, derrengado.
ANT.: *Fresco, descansado.*

malvado
Perverso, malo VER.

malversación
Defraudación, estafa, concusión, peculado, fraude VER.

mama
Seno, pecho, teta, ubre.

mamá
VER madre.

mamar
1 Succionar, chupar, sorber.
2 (Fam.) Comer, engullir, ingerir.
3 (Fig.) Adquirir, aprender.
4 mamarse (Argent., Urug.) Emborracharse.

mamarracho
1 Adefesio, espantajo, esperpento, birria, hazmerreír.
ANT.: *Elegante, apuesto.*
2 Ridículo, grotesco, raro, estrafalario, estrambótico, mal hecho.
ANT.: *Primor, maravilla.*
3 Pelele, idiota, bobo.

mamporro
1 Bofetón, bofetada, coscorrón, puñetazo, guantazo, golpe, moquete.
ANT.: *Caricia.*
2 Porrazo, trompazo, costalazo.

manada
1 Rebaño, hato, vacada, piara.
2 (Fig.) Caterva, cáfila, tropa, cuadrilla, hatajo, pandilla, banda.
3 (Méx./desp.) Multitud, gentío.

manantial
1 Fuente, venero, fontana, hontanar, alfaguara, chorro, surtidor.
2 (Fig.) Origen, comienzo, nacimiento.
ANT.: *Final.*

manar
1 Brotar, surgir, salir, nacer, fluir, chorrear, gotear, rezumar.
ANT.: *Estancarse.*
2 Proceder, emanar, provenir.

mancebo
Efebo, adolescente, imberbe, doncel, mozo, muchacho, joven, pollo, chico, (Esp.) zagal.
ANT.: *Anciano, adulto.*

mancha
1 Pringue, suciedad, tizne, churrete, borrón, marca, señal, huella, manchón, mácula, lámpara, lamparón.
2 Pinta, peca, lunar.
3 Majal, cardumen.
4 (Fig.) Baldón, desdoro, deshonra, mancilla, afrenta.
ANT.: *Honor, prez.*
5 (Fig.) Tacha, estigma, vicio.

manchar
1 Ensuciar, tiznar, pringar, churretear, emporcar, emborronar, enlodar, salpicar, engrasar, señalar, pintarrajear, marcar.
ANT.: *Limpiar, lavar, fregar.*
2 Deshonrar, afrentar, mancillar VER.

mancilla
Deshonra, desdoro, mancha, afrenta, mácula, oprobio, vergüenza.
ANT.: *Honor, prez, honra, decoro.*

mancillar
1 Ultrajar, deshonrar, desdorar, infamar, ofender, afrentar, agraviar, (Esp.) amancillar.
ANT.: *Honrar, dignificar, enaltecer.*
2 Manchar, ajar, macular, deslucir, deslustrar, afear.
ANT.: *Limpiar, pulir.*

mandamás
Jefazo, mandón, pez gordo, (fig.) amo, (Méx.) gallón.

mandamiento
Precepto, ordenanza, decreto, prescripción, mandato, disposición, consejo, orden, regla, instrucción, ley.
ANT.: *Licencia, exención.*

mandar
1 Ordenar, disponer, dictar, establecer, imponer, decretar, obligar.
ANT.: *Obedecer.*
2 Encomendar, encargar.
ANT.: *Cumplir.*
3 Enviar, remitir, dirigir, expedir, despachar.
ANT.: *Recibir.*
4 Gobernar, guiar, conducir, dirigir, regir, administrar, presidir, encabezar, acaudillar.
ANT.: *Secundar, seguir, acatar.*

mandato
Orden, decreto, mandamiento VER.
mandíbula
Quijada, maxilar inferior.
mandinga
1 (Amér.) El Diablo, espíritu del mal.
2 (Argent./fig. y fam.) Revoltoso, travieso, vivo, astuto.
3 (Esp.) Flojo, perezoso.
4 (Venez.) Red de pesca.
mando
1 Autoridad, poder, potestad.
2 Gobierno, dirección, dominio.
3 Palanca, botón, llave, control, timón.
mandón
1 Imperioso, despótico, autoritario, dominante, abusón, mangoneador, (fig.) amo.
ANT.: *Obediente, sumiso.*
2 VER mandamás.
manejar
1 Manipular, empuñar, blandir, esgrimir [armas].
2 Usar, emplear, utilizar.
3 Operar, maniobrar.
4 (Amér.) Guiar, conducir, gobernar, dominar [caballería o vehículo].
5 manejarse Desenvolverse, desempeñarse, moverse.
manejo
1 Empleo, uso, funcionamiento.
2 (Fig.) Conducción, dirección, gobierno, administración.
3 Habilidad, aptitud, soltura, desenvoltura, desempeño.
ANT.: *Torpeza, embarazo.*
4 (Fig.) Intriga, maquinación, chanchullo, enredo.
manera
Modo, método, procedimiento, proceder, medio, técnica, estilo, forma, actitud, costumbre.
maneras
Modales, ademanes, proceder, conducta, educación.
mango
1 Empuñadura, asa, asidero, manija, tirador, agarradero, agarradera, astil, manubrio, puño.
2 Manga, fruto tropical.
3 (Argent.) Peso, moneda.
4 (Méx., Venez./fam.) Guapo, atractivo físicamente.
mangonear
1 Dominar, mandar, tiranizar, manipular, maniobrar, disponer.
ANT.: *Obedecer, someterse.*
2 (Fam.) Entrometerse, entremeterse, fiscalizar, intervenir.
ANT.: *Abstenerse, desentenderse.*
manguera
1 Tubo, conducto, (Esp.) manga.
2 (Cuba) Longaniza, butifarra.
manguero (Argent.)
Sablista, gorrón, pedigüeño.
maní
1 Cacahuate, cacahuete.
2 (Cuba) Marihuana.
manía
1 Chifladura, extravío, locura, (Esp.) guilladura.
ANT.: *Cordura.*
2 Obsesión, monomanía, compulsión, prurito, neurosis.
3 Capricho, antojo, extravagancia, rareza.
4 (Fam.) Antipatía, tirria, ojeriza, mala voluntad, rabia, rencor, coraje.
ANT.: *Simpatía, aprecio.*
5 (Fig. y fam.) Afición desmedida, pasión, apego, vicio.
ANT.: *Desapego, indiferencia.*
maniatar
Atar, inmovilizar, sujetar, asegurar, trabar, manear, (ant.) aherrojar.
ANT.: *Soltar, liberar.*
maniático
1 Chiflado, tocado, ido, maníaco, lunático, enajenado, psicópata, perturbado, loco VER, (Esp.) guillado.
ANT.: *Cuerdo.*
2 (Fig.) Raro, extravagante, excéntrico, caprichoso, antojadizo.
ANT.: *Normal, sensato.*
3 Obseso, compulsivo, neurótico, maníaco, ideático.
ANT.: *Centrado, equilibrado.*
manifestación
1 Muestra, demostración, síntoma, asomo.
2 Marcha, protesta.
manifestar
1 Declarar, expresar, exponer, decir, afirmar, divulgar, opinar.
ANT.: *Callar.*
2 Descubrir, revelar, exhibir, mostrar.
ANT.: *Ocultar.*
manifiesto
1 Evidente, claro, patente, indudable, palpable, ostensible, notorio, palmario, visible.
ANT.: *Dudoso, oscuro, oculto.*

2 Proclama, declaración, proclamación, convocatoria, documento.

manigua
1 (Antill.) Matorrales, maleza, espesura, (Cuba) manigual.
2 (Colomb., Venez.) Bosque tropical.
3 (Fig.) Plétora, abundancia desordenada.

manija
1 Mango, manubrio, empuñadura, puño, manigueta, manivela.
2 Abrazadera.
3 Palanca, (Esp.) tirador.
4 Traba, manea, maniola.

maniobra
1 Manejo, empleo, uso, manipulación, operación, labor.
2 (Fig.) Artificio, intriga, ardid, treta, simulación, maquinación, artimaña, trampa.
3 Ejercicio, simulacro, práctica, evolución, adiestramiento [militar, naval].
4 Movimiento, giro, vuelta [vehículos].

manipular
1 Manejar, operar, maniobrar, usar, emplear, utilizar.
2 Sobar, manosear.
3 (Fig.) Intrigar, maquinar, tramar, mangonear VER.

manivela
Manubrio, manija, empuñadura, cigüeña.

manjar
1 Vianda, alimento, comida, plato, platillo.
2 Delicia, delicadeza, exquisitez, golosina.
3 (Fig.) Deleite, solaz, recreo.

mano
1 Extremidad, pata delantera, remo.
2 Lado, ala, costado, dirección.
3 Aguja, manecilla.
4 Capa, recubrimiento, baño, pasada, revestimiento.
5 Maja, palo, majadero, triturador.
6 Lance, tirada, jugada, turno, vuelta.
7 Juego, partida.
8 (Fig.) Ayuda, socorro, auxilio, apoyo.
9 (Fig.) Destreza, habilidad, pericia.
10 (Fig.) Poder, mando, influencia.
11 (Cuba, Venez.) Racimo de plátanos.
12 (Méx., Venez.) Amigo, camarada, (fam.) manito.

manojo
Fajo, haz, atado, ramo, ramillete, gavilla, puñado, brazada, hatajo, mazo.

manosear
1 Manipular, tentar, tocar, tentalear, toquetear, palpar, (fam.) agarrar.
ANT.: *Soltar, dejar.*
2 Ajar, deslucir, magullar.
3 Acariciar, sobar.

mansedumbre
1 Tranquilidad, serenidad, apacibilidad, benevolencia.
ANT.: *Agitación, turbulencia.*
2 Dulzura, suavidad, benignidad, bondad.
ANT.: *Aspereza, hostilidad.*
3 Docilidad, obediencia.

mansión
1 Residencia, morada, vivienda, hogar, habitación.
2 Casa, edificio, palacete, palacio, caserón.
ANT.: *Choza.*

manso
1 Apacible, tranquilo, reposado.
ANT.: *Agresivo.*
2 Dócil, bondadoso, suave.
ANT.: *Hostil, áspero.*
3 Dócil, obediente, sumiso.
ANT.: *Indomable, rebelde.*
4 Doméstico, domado, desbravado, amaestrado, mansurrón [animal].
ANT.: *Bravo, cerril, salvaje.*

manta
1 Cobertor, frazada, edredón, cubrecama, colcha, (Amér.) cobija, (Argent., Chile, Venez.) poncho, (Méx.) sarape.
2 Cierta tela de algodón.
3 (Fig.) Tunda, zurra, paliza, somanta.

manteca
1 Grasa, sebo, adiposidad, gordura, gordo.
2 Mantequilla, margarina.
3 Nata [de leche].
4 (Cuba, Venez.) Marihuana, yerba.
5 (Venez.) Prebenda, ventaja, ganancia fácil.

mantener
1 Proveer, sustentar, alimentar, nutrir.
2 Cuidar, proteger, amparar.
ANT.: *Abandonar.*
3 Apoyar, sostener, aguantar, apuntalar, reparar.
ANT.: *Derribar.*
4 Conservar, proseguir, continuar.
ANT.: *Interrumpir, dejar.*
5 Resistir, perseverar.
ANT.: *Ceder, claudicar.*

M

mantilla
Velo, manto, mantellina, toca, pañuelo, mantón, pañolón, (Amér.) rebozo.
manto
1 Capa, capote, clámide, manteo, chal, abrigo, vestidura.
2 Envoltura, cobertura, cubierta.
manual
1 Manejable, manuable.
ANT.: *Inmanejable.*
2 Compendio, resumen, prontuario, apuntes, breviario, texto, instrucciones, instructivo.
3 Casero, artesanal, artístico.
ANT.: *Mecánico, en serie.*
manufactura
1 Fabricación, confección, elaboración, montaje, hechura, construcción.
2 Fábrica, factoría, usina, industria, taller.
manumitir
Liberar, emancipar, libertar.
ANT.: *Esclavizar.*
manuscrito
Escrito, original, apunte, códice, pergamino.
manutención
1 Mantenimiento, conservación.
2 Alimentación, sustento, → mantener.
maña
1 Destreza, habilidad, pericia, maestría, arte, aptitud, práctica, experiencia, ingenio.
ANT.: *Torpeza, desmaña.*
2 Astucia, marrullería, picardía.
3 Capricho, antojo, vicio.
4 Treta, triquiñuela, artimaña.
mañana
1 Madrugada, amanecida, amanecer, alba, aurora, temprano.
ANT.: *Tarde, noche.*
2 Al día siguiente, después, más tarde, pronto, en lo futuro.
3 (Fig.) Porvenir, futuro.
ANT.: *Pasado.*
mañoso
1 Hábil, habilidoso, ingenioso, diestro, capaz, ingenioso.
ANT.: *Desmañado, torpe, inhábil.*
2 Sagaz, astuto.
ANT.: *Cándido, ingenuo.*
3 Mañero, caprichoso, maníaco, antojadizo, de malas costumbres.
mapa
Carta, plano, planisferio, mapamundi, atlas.
maquillar
1 Hermosear, pintar, afeitar, retocar, resaltar, acicalar, embellecer.
ANT.: *Desmaquillar, afear.*
2 (Fig.) Disimular, falsear, alterar.
ANT.: *Revelar.*
3 maquillarse Arreglarse, acicalarse, pintarse, caracterizarse.
máquina
1 Aparato, mecanismo, artefacto, artilugio, artificio, ingenio, utensilio, herramienta, instrumento, (desp.) armatoste.
2 Locomotora.
3 Tramoya [teatro].
4 Proyecto, traza, invención, maquinación.
maquinación
Plan, conspiración, complot, confabulación, conjura, maniobra, asechanza, engaño, ardid, treta.
maquinal
Automático, instintivo, reflejo, involuntario, espontáneo, inconsciente, natural.
ANT.: *Deliberado, voluntario, consciente.*
maquinista
Operario, técnico, mecánico.
mar
1 Océano, piélago, ponto, abismo, (fig.) charco.
2 (Fig.) Abundancia, plétora, cantidad, infinidad.
ANT.: *Exigüidad, escasez.*
maraña
1 Maleza, breña, broza, espesura, matorral, zarzal.
ANT.: *Claro, calvero.*
2 (Fig.) Enredo, enredijo, melena, greñas, cabello revuelto.
3 (Fig.) Embrollo, lío, confusión, caos, desorden, berenjenal.
ANT.: *Orden.*
marasmo
1 Paralización, quietud, inmovilización, letargo, apatía, sopor.
ANT.: *Actividad, vivacidad.*
2 Debilitamiento, consunción, enflaquecimiento.
ANT.: *Obesidad, gordura.*
maravilla
1 Prodigio, portento, milagro, fenómeno, magia, grandeza.
ANT.: *Horror.*
2 Admiración, asombro, pasmo.

marca
1 Seña, signo, distintivo, atributo, característica.
2 Rastro, huella, traza, pisada.
3 Cicatriz, estigma.
4 Mancha, suciedad.
5 Escala, medida, regla.
6 Marcaje, marcación.
7 Nombre, lema, identificación.
8 Rótulo, rúbrica, inscripción.
9 Contraseña, etiqueta, marbete, sello, señal.
10 Récord, marcador, anotación [deportes].
11 Distrito, provincia, límite, demarcación.

marcar
1 Señalar, caracterizar, distinguir, destacar, indicar.
ANT.: *Omitir, ignorar.*
2 (Fig.) Fijar, establecer, determinar.
3 Resaltar, remarcar, enfatizar.
4 Rotular, imprimir, sellar, rayar, precintar, etiquetar.
ANT.: *Borrar, quitar.*
5 Registrar, indicar, medir.
6 Herir, cortar, desfigurar, (Méx.) charrasquear.

marcha
1 Avance, paso, movimiento, andadura, traslación, tránsito, recorrido.
ANT.: *Inmovilidad, detención.*
2 Actividad, curso, funcionamiento.
ANT.: *Paralización.*
3 Partida, salida, traslado, evacuación, éxodo, abandono.
ANT.: *Venida, llegada.*

marchar
1 Moverse, avanzar, desplazarse, trasladarse, circular, transitar, caminar, andar, ir, venir.
ANT.: *Detenerse.*
2 Funcionar, andar, desempeñarse, accionar.
ANT.: *Pararse.*
3 marcharse Partir, salir, emigrar, trasladarse, irse, abandonar.
ANT.: *Venir, llegar.*

marchito
1 Agostado, seco, ajado, mustio.
ANT.: *Fresco, lozano.*
2 Consumido, gastado, debilitado.
ANT.: *Rejuvenecido, vigorizado.*
3 Viejo, arrugado, apergaminado.
ANT.: *Nuevo, terso.*

marcial
1 Militar, bélico, guerrero, castrense, soldadesco.
ANT.: *Pacífico.*
2 Aguerrido, bizarro, valiente.
ANT.: *Cobarde.*
3 Gallardo, apuesto, varonil.
ANT.: *Desgarbado.*

marco
1 Cuadro, moldura, cerco, recuadro, guarnición.
2 Entorno, ámbito.
3 Patrón, cartabón.
4 (Fig.) Límites, circunscripción [de cuestiones, problemas, etc.].

marear
1 Bogar, navegar.
2 (Fig. y fam.) Importunar, turbar, irritar, enfadar, agobiar, fastidiar, hostigar, molestar.
ANT.: *Alegrar, ayudar.*
3 marearse Indisponerse, desvanecerse, aturdirse, desfallecer, atontarse, desazonarse.
ANT.: *Reponerse.*

mareo
1 Vértigo, vahído, desfallecimiento, desvanecimiento, desmayo, (C. Rica) mareazón.
ANT.: *Restablecimiento.*
2 (Fig. y fam.) Enfado, molestia, aturdimiento, agobio, fastidio.
3 Achispamiento, embriaguez leve.

margen
1 Borde, lado, orilla, filo, costado.
ANT.: *Centro.*
2 Diferencia, espacio.
3 Ganancia, rendimiento, beneficio, dividendo, utilidad.
ANT.: *Pérdida.*
4 Ocasión, oportunidad.
5 Permiso, tolerancia.
6 Apostilla, acotación, anotación [al margen].

mariachi (Méx.)
1 Conjunto, músicos, orquestina, mariachis.
2 (Fig. y fam.) Tonto, torpe, sonso.

marica
1 Afeminado, amanerado, (fam.) mariquita*.
ANT.: *Varonil, rudo.*
2 Cobarde, collón, miedoso, (fam.) gallina.
ANT.: *Valiente, audaz*

3 (Vulg.) Homosexual, maricón, mariposón, invertido, joto.
*Tb. significa: Insecto coleóptero, catarina.

marido
Cónyuge, esposo, consorte, compañero.

marina
1 Armada, flota, escuadra, flotilla, unidad.
2 Navegación, náutica.
3 Pintura o fotografía que representa al mar.

marino
1 Navegante, marinero, tripulante, nauta, piloto, oficial, lobo de mar.
2 Náutico, marítimo VER.

marioneta
Títere, fantoche, pelele, monigote, polichinela, muñeco.

marisma
Ciénaga, marjal, pantano, charca, laguna.

marítimo
Náutico, marino, marinero, naval, oceánico, litoral, costeño, ribereño.
ANT.: *Continental, interior, terrestre.*

marmita
Olla, cazo, perol, tartera, cacerola, recipiente, (Esp.) puchero.

maroma
1 Cuerda, cabo, cable, cordel, calabrote, amarra, cordón.
2 (Amér.) Pirueta, acrobacia, votereta.
3 (Amér./fam.) Función de circo.

marrano
1 Puerco, cerdo, cochino, lechón, cebón, (Esp.) guarro, (Nic., Amér. Merid.) chancho.
2 Sucio, desaseado, asqueroso.
ANT.: *Limpio, aseado.*
3 (Fig.) Canalla, vil, bajo, ruin, desleal, deshonesto.
ANT.: *Honesto, honrado.*
4 (Venez.) Vulgar, grosero.

marrón
Castaño, pardo, siena, (Amér.) café [color].

marrullero
Tramposo, astuto, ladino, ventajoso, aprovechado, truhán, pícaro.
ANT.: *Sincero, noble.*

martillo
1 Mazo, maza, macillo, malleto, (Amér.) mallete, (Méx.) marro.
2 (Méx./fam.) Tacaño, avaro.
3 (Venez.) Pedigüeño.

mártir
1 Inmolado, caído, víctima, sacrificado, torturado.
2 (Fig.) Abnegado, sufrido.

martirio
1 Suplicio, tortura, tormento, sacrificio, sufrimiento, padecimiento.
2 (Fig.) Agobio, aflicción, angustia, fatiga, pena, molestia.
ANT.: *Placer, deleite.*

masa
1 Materia, cuerpo.
2 Volumen.
3 Mezcla, pasta, masilla, papilla, argamasa.
4 (Fig.) Muchedumbre, plebe, vulgo.
5 Suma, conjunto, reunión, concurrencia, grueso, montón.
6 (Argent.) Bizcochito, masita, pastelillo, galletica.

masacre
Matanza, exterminio, hecatombe, carnicería, aniquilación, degollina, escabechina.

masaje
Fricción, frotamiento, friega, frote, amasamiento, estregadura.

mascar
1 Masticar, triturar, moler, rumiar, machacar, tascar.
2 (Fig.) Mascullar, hablar mal un idioma.

máscara
1 Careta, carátula, mascarón, mascarilla, antifaz, disfraz.
2 Enmascarado, disfrazado, (Argent.) mascarita.
ANT.: *Descubierto, desenmascarado.*
3 (Fig.) Disimulo, doblez, pretexto.
4 Cosmético para las pestañas, rímel.

mascota
1 Animal casero.
2 Fetiche, amuleto, talismán, idolillo.

masculino
1 Varonil, viril, hombruno.
ANT.: *Femenino.*
2 (Fig.) Fuerte, enérgico, vigoroso, recio, macho.

mascullar
Mascujar, farfullar, murmurar, mascar VER.

masita (Argent.)
Pastelillo, pasta, bizcochito, galletita.

masticar
1 Mascar, rumiar, triturar, desmenuzar, roer, tascar, mordisquear.
2 (Fig.) Reflexionar, meditar, analizar.

mástil
Palo, asta, fuste, percha, árbol, vara, poste, pértiga, mastel.
masturbación
Onanismo, estimulación genital, (fig.) placer solitario.
mata
1 Arbusto, matojo, espino, hierba, maleza, matorral, zarza, planta.
2 Manojo, conjunto, grupo enraizado [cabello, algas, etc.].
matafuego
1 Extintor, (Argent., Méx.) extinguidor.
2 Bombero, (Méx./fam.) tragahumo.
matanza
1 Degollina, carnicería, masacre VER.
2 (Venez.) Rastro, matadero.
matar
1 Eliminar, suprimir, asesinar, liquidar, ejecutar, inmolar, exterminar, despachar.
ANT.: *Revivir, resucitar, salvar.*
2 Apagar, extinguir, sofocar [luz, fuego].
ANT.: *Encender, avivar.*
3 Redondear, embotar, limar [filos].
ANT.: *Afilar, aguzar.*
4 (Fig.) Incomodar, molestar, hostigar, desazonar.
ANT.: *Aliviar.*
5 (Fig.) Atenuar, mitigar, calmar, acabar.
ANT.: *Exacerbar, intensificar.*
6 matarse (Fig.) Afanarse, deslomarse, abrumarse, derrengarse, trabajar en exceso, desriñonarse.
ANT.: *Descansar, holgar.*
mate
1 Apagado, opaco, borroso, deslucido, atenuado, empañado.
ANT.: *Brillante, vivo.*
2 (Amér. Merid.) Yerba, infusión.
matemáticas
Cálculo, cómputo, ciencias exactas, matemática.
matemático
1 Algebrista, dedicado a las matemáticas.
2 Preciso, exacto, riguroso, puntual, cronométrico.
ANT.: *Aproximado, informal.*
materia
1 Sustancia, substancia, elemento, sustrato, ingrediente, componente, material, masa, cuerpo, parte.
2 Asunto, cuestión, motivo, tema, causa, razón, objeto.
3 Asignatura, disciplina, curso, tratado, estudio, campo.
material
1 Físico, corpóreo, tangible, palpable, orgánico.
ANT.: *Espiritual, intangible, inmaterial.*
2 Elemento, ingrediente, materia VER.
3 Materialista, pragmático.
4 materiales Implementos, enseres, instrumentos, herramientas, instrumental, equipo.
materialista
Pragmático, práctico, utilitario, material, prosaico, egoísta, ávido, codicioso, interesado.
ANT.: *Idealista, espiritual.*
maternal
1 Materno, matronal.
ANT.: *Paterno, filial.*
2 Cuidadoso, protector, solícito, afectuoso.
matinal
Matutino, mañanero, tempranero, madrugador, temprano.
ANT.: *Vespertino.*
matiz
1 Tinte, tonalidad, viso, gama.
2 Gradación, escala.
3 (Fig.) Cariz, aspecto, modalidad.
4 (Fig.) Rasgo, peculiaridad.
matizar
1 Mezclar, combinar, degradar, esfumar [pintura].
2 (Fig.) Pintar, colorear.
ANT.: *Despintar.*
3 Graduar, regular, variar, diversificar.
ANT.: *Uniformar, unificar.*
matón
1 Bravucón, valentón, matasiete, perdonavidas, (Esp.) curro.
ANT.: *Pacífico, dulce, bonachón.*
2 Guardaespaldas, (fig.) gorila, (Méx.) guarura.
matrero
1 Receloso, desconfiado, suspicaz.
ANT.: *Confiado, ingenuo.*
2 Astuto, ladino, marrullero, pérfido.
ANT.: *Leal, derecho.*
3 (Amér. Merid.) Forajido, bandolero.
4 (Argent.) Rebelde, huidizo, arisco [animal].
5 (C. Rica, Méx.) Taimado, traicionero.
matrícula
1 Registro, padrón, rol, censo, lista, relación.
2 Documento, permiso, patente, licencia, placa.

3 Inscripción, alistamiento, enrolamiento, matriculación.
ANT.: *Baja.*

matrimonial
Conyugal, nupcial, marital, matrimonesco.

matrimonio
1 Boda, esponsales, casamiento, enlace, himeneo, nupcias, unión, alianza.
ANT.: *Divorcio.*
2 Pareja casada, cónyuges.

matriz
1 Útero, seno materno.
2 Molde, cuño, troquel.
3 Sede, central, oficina principal.
ANT.: *Filial, sucursal.*

matrona
1 Madre, dama, señora, ama.
2 Comadrona, partera, comadre.

matutino
VER matinal.

maula (Argent.)
1 Taimado, ladino, bellaco, tramposo, marrullero, (Chile) mauloso.
2 (Argent., Perú, Urug.) Despreciable, cobarde.
3 (Fig. y fam.) Holgazán, perezoso, incumplido.
ANT.: *Trabajador, diligente.*
4 Trebejo, cachivache, trasto, cosa inútil.
5 Retal, resto, saldo [de mercancías].

mausoleo
Sepulcro, panteón, monumento, sepultura, cenotafio, tumba.

máxima
1 Aforismo, refrán, sentencia, dicho, adagio, proverbio.
2 Regla, norma, axioma, principio.

máximo
1 Mayúsculo, superlativo, grandísimo, colosal, enorme, inmenso.
ANT.: *Mínimo.*
2 Extremo, límite, tope, fin.
ANT.: *Principio.*

mayor
1 Grande, vasto, extenso.
ANT.: *Menor.*
2 Superior, importante, principal, esencial, considerable.
ANT.: *Insignificante.*
3 Crecido, adulto, desarrollado, maduro.
ANT.: *Niño, inmaduro.*
4 Viejo, añoso, longevo, veterano, anciano.
ANT.: *Joven.*
5 **mayores** Ancestros, antepasados, abuelos, progenitores.

mayoría
1 Generalidad, colectividad, parte mayor.
ANT.: *Minoría.*
2 Ventaja, superioridad.
ANT.: *Desventaja.*

mayúsculo
Considerable, tremendo, enorme, intenso, colosal, máximo.
ANT.: *Minúsculo, mínimo.*

maza
1 Clava, porra, cachiporra, garrote, mazo VER.
2 (Fig.) Pesado, pelmazo.
3 (Argent., Chile) Cubo de la rueda.
4 (Venez.) Pantorrilla.

mazacote
1 Hormigón, argamasa.
2 Masa, pegote, conglomerado, pasta, (Méx./vulg.) mengambrea.
3 Amasijo, potingue, bazofia, guisote, (Venez.) mazaclote.
4 Esperpento, chapucería, pesadez, (Méx.) chambonada.
5 (Fig. y fam.) Pelmazo, pesado, importuno, antipático.
ANT.: *Simpático, agradable.*

mazmorra
Calabozo, ergástula, bartolina, celda, trena, (Méx.) apando.

mazo
1 Martillo, mallo, martinete, maza VER.
2 Fajo, manojo, haz, atado, gavilla.
3 (Fig.) Fastidioso, impertinente.

mazorca
Panoja, panocha, panícula, espiga, (Amér. Merid.) choclo.

mear
Orinar, hacer pis, hacer pipí, hacer aguas menores.

mecánico
1 Instintivo, inconsciente, involuntario, maquinal, automático.
ANT.: *Consciente, voluntario.*
2 Operario, obrero, técnico, maquinista.

mecanismo
1 Aparato, dispositivo, maquinaria, engranaje, artefacto, artificio.
2 Funcionamiento, sistema, (fig.) procedimiento.

mecanógrafa
Dactilógrafa, taquimecanógrafa.

mecenas
Protector, tutor, favorecedor, bienhechor, patrocinador, patrono, defensor, benefactor.
ANT.: *Protegido, favorecido.*

mecer
1 Balancear, oscilar, mover, columpiar, hamaquear.
ANT.: *Parar, detener.*
2 Acunar, cunear.

mecha
1 Pabilo, cordón.
2 Mechón, guedeja, rizo.
3 Espiga, barreno.
4 (Venez.) Molestia, incomodidad.
5 (Venez.) Broma, guasa.

mechero
1 Encendedor, (ant.) chisquero.
2 (Méx./fam.) Greñero, melena.
3 (Venez.) Guasón, bromista.

mechón
Guedeja, mecha, bucle, greña, rizo, tirabuzón, flequillo, cerneja.

medalla
1 Placa, bajorrelieve.
2 Medallón, emblema, distintivo, insignia, joya, colgante.
3 Moneda.
4 Condecoración, galardón, cruz, presea, distinción, honor.

médano
Montículo, duna, mégano, arenal, colina.

media
1 Mitad.
2 Promedio, valor intermedio.
3 Calcetín, calceta, escarpín, malla, pantimedia.

mediador
Árbitro, intercesor, conciliador, intermediario, tercero, terciador, negociador, medianero.

mediano
1 Intermedio, regular, moderado, equilibrado.
ANT.: *Extremo.*
2 Vulgar, mediocre, limitado.
ANT.: *Pésimo, excelente.*
3 Módico, accesible, pasable [precio].
ANT.: *Exorbitante.*

mediar
Interceder, arbitrar, conciliar, terciar, negociar, componer, reconciliar, intervenir.
ANT.: *Enzarzar, abstenerse.*

medicamento
Remedio, específico, fármaco, droga, preparado, ingrediente, elixir, brebaje, pócima, (desp.) mejunje, (fam.) medicina.

médico
Clínico, galeno, doctor, facultativo, cirujano, especialista.

medida
1 Medición, mensuración, evaluación, mensura.
2 Dimensión, tamaño, volumen, calibre, capacidad, extensión, longitud, anchura, magnitud, envergadura.
3 Grado, intensidad.
4 Correspondencia, proporción, graduación.
5 Disposición, orden, resolución.
ANT.: *Abstención.*
6 Prevención, precaución, providencia.
7 Moderación, mesura, cordura, prudencia, sensatez, circunspección.
ANT.: *Exceso, abuso.*

medio
1 Mitad, centro, núcleo.
2 Intermedio, mediano.
ANT.: *Extremo.*
3 Método, procedimiento, manera, técnica, recurso, expediente.
4 Canal, forma, instrumento.
5 Ambiente, entorno, ámbito, hábitat, espacio, zona.
6 Incompleto, imperfecto.
ANT.: *Completo.*

mediocre
Mediano, regular, gris, anodino, deficiente, limitado, ramplón, vulgar.
ANT.: *Superior, inferior, excelente, pésimo, sobresaliente, notable.*

medios
1 Caudal, posibilidades, capital, patrimonio, ahorros, recursos, hacienda.
2 Órganos informativos, media.

medir
1 Calcular, calibrar, mensurar, evaluar, determinar, comparar, comprobar, apreciar.
2 Sopesar, tantear.
3 medirse Contenerse, moderarse, controlarse, refrenarse.
ANT.: *Desmedirse, desenfrenarse.*

meditabundo
Pensativo, abstraído, absorto, ensimismado, enfrascado, cavilante.
ANT.: *Distraído, activo.*

M

meditar
1 Reflexionar, cavilar, pensar, rumiar, enfrascarse, discurrir, madurar.
ANT.: *Omitir, despreocuparse.*
2 Abstraerse, reconcentrarse.

medroso
Temeroso, pusilánime, miedoso VER.
ANT.: *Valiente, audaz, osado.*

médula
1 Tuétano, medula.
2 Pulpa.
3 (Fig.) Meollo, esencia, núcleo, centro, sustancia.
ANT.: *Complemento, accesorio.*

megáfono
Altavoz, altoparlante, bocina.

mejilla
Carrillo, cachete, moflete, pómulo.

mejor
1 Superior, supremo, excelente, alto, sumo, principal, preeminente.
ANT.: *Peor, inferior.*
2 Preferible.
ANT.: *Desdeñable.*

mejora
1 Mejoría, arreglo, mejoramiento.
ANT.: *Desmejoramiento, deterioro.*
2 Progreso, adelanto, avance, perfeccionamiento.
ANT.: *Retroceso.*

mejorar
1 Progresar, desarrollarse, crecer, prosperar, adelantar, florecer, perfeccionar, ampliar.
ANT.: *Empeorar, retroceder.*
2 Superar, adelantar, aventajar, dejar atrás.
3 Despejar, aclarar, escampar, abonanzar [tiempo, clima].
4 **mejorarse** Sanar, aliviarse, curarse, recuperarse, restablecerse.
ANT.: *Agravarse.*

mejoría
1 Progreso, desarrollo, superación, adelanto, → mejorar.
ANT.: *Retroceso, estancamiento.*
2 Alivio, restablecimiento, curación, recuperación, sanación.
ANT.: *Empeoramiento, agravamiento.*

mejunje
1 Mezcla, mixtura, menjurje.
2 Brebaje, pócima, remedio, medicamento.
3 Cosmético, potingue VER.

melancolía
1 Tristeza, nostalgia, añoranza, pena, pesadumbre, cuita, aflicción, (Esp.) morriña.
ANT.: *Alegría, contento.*
2 Decaimiento, depresión, languidez, postración.
ANT.: *Vivacidad.*

melena
1 Cabellera, cabello, (fam.) pelo, mechas, greñas, guedejas.
ANT.: *Calva, pelona.*
2 Crin, pelambrera [animales].

melindre
1 Remilgo, escrúpulo, amaneramiento, ñoñez, cursilería, ridiculez.
ANT.: *Madurez, seriedad, naturalidad.*
2 Golosina, dulce, fruta de sartén, confitura.

mellado
1 Hendido, roto, deteriorado, rajado [referido al filo o borde de un objeto].
2 (Fig.) Disminuido, menoscabado, mermado.
ANT.: *Aumentado, crecido.*

mellizo
1 Gemelo, (Guat., Méx.) cuate, (P. Rico) guare, (Venez.) morocho.
2 Igual, semejante.
ANT.: *Diferente.*

melodía
1 Armonía, cadencia, ritmo, musicalidad, entonación.
ANT.: *Discordancia.*
2 Tema musical, tonada.

melodrama
Tragicomedia, tragedia, drama, dramón, farsa, sainete.

meloso
1 Empalagoso, melifluo, remilgado.
ANT.: *Áspero, déspota.*
2 Suave, blando, tierno, dulce [alimento].
ANT.: *Recio, duro, acre.*

membrana
Tejido, telilla, película, capa, piel, tegumento, pellejo.

membrete
1 Título, rótulo, encabezamiento, nombre, sello.
2 Anotación, apunte, brevete.
3 (Fig.) Marca, firma, identificación.

memo
1 Estúpido, tonto, bobo, sandio, lelo, mentecato, necio VER.
ANT.: *Listo, avispado.*
2 (Fam.) Memorándum.

memorable
1 Recordable, notable, importante, inolvidable, rememorable.
ANT.: *Insignificante.*
2 Renombrado, ilustre, célebre, famoso, destacado.
ANT.: *Oscuro, ignorado.*
memorándum
1 Nota, comunicación, recado, aviso, parte, despacho, (fam.) memo.
2 Agenda, diario, recordatorio.
memoria
1 Retentiva, capacidad.
ANT.: *Amnesia.*
2 Recuerdo, reminiscencia, rememoración, remembranza, evocación.
ANT.: *Olvido.*
3 Relación, escrito, exposición, informe, estudio.
memorias
1 Anales, crónicas.
2 Autobiografía, apuntes.
mencionar
1 Nombrar, aludir, citar, mentar.
ANT.: *Omitir.*
2 Referirse, evocar, recordar, indicar.
mendigar
1 Pordiosear, limosnear.
2 (Fig.) Pedir, suplicar, rogar, requerir, solicitar.
ANT.: *Dar, proporcionar.*
mendigo
Pordiosero, mendicante, mendigante, menesteroso, indigente, mísero, (Amér.) limosnero.
ANT.: *Potentado, rico.*
mendrugo
1 Corrusco, trozo de pan duro, cuscurro.
2 (Fig. y fam.) Zoquete, rudo, tarugo.
ANT.: *Listo.*
menear
1 Agitar, sacudir, oscilar, balancear, revolver, batir, mover, blandir.
ANT.: *Inmovilizar.*
2 (Fig.) Dirigir, conducir, manejar, gobernar.
menearse
1 Debatirse, agitarse, moverse.
ANT.: *Permanecer quieto.*
2 (Fig.) Apresurarse, activarse, procurar, agilizar.
ANT.: *Retardar.*
meneo
1 Movimiento, balanceo, oscilación.
ANT.: *Quietud, estatismo.*
2 (Fig. y fam.) *Tunda, zurra, vapuleo, bronca.*
menester
1 Carencia, falta, necesidad, carestía, escasez.
ANT.: *Sobra, abundancia.*
2 Trabajo, labor, tarea, desempeño, ocupación, función, ejercicio, cargo.
ANT.: *Ocio, holganza.*
3 menesteres Bártulos, utensilios, instrumentos, herramientas.
menesteroso
Necesitado, mendigo VER.
mengano
Fulano, zutano, perengano, alguien, cualquiera, (Venez.) menganejo.
menguar
Disminuir, mermar, decrecer, aminorar, achicar, empequeñecer, reducir, bajar, acortarse, contraerse, debilitarse, consumirse.
ANT.: *Aumentar.*
menor
1 Reducido, pequeño, mínimo, exiguo, inferior, menos, menudo, corto, escaso, minúsculo.
ANT.: *Mayor.*
2 Niño, pequeño, impúber, adolescente, criatura.
ANT.: *Adulto.*
3 Benjamín, el más joven, (Chile) puchusco.
menosprecio
1 Subestimación desdén, desestimación, desaire, menoscabo.
ANT.: *Aprecio.*
2 Desprecio, humillación, ultraje, ofensa VER.
mensaje
1 Aviso, comunicado, comunicación, nota, recado, misiva, escrito, anuncio, encargo.
2 Moraleja, enseñanza.
mensajero
1 Correo, enviado, emisario, heraldo, recadero.
2 Anunciador.
menso
Tonto, bobo, zonzo, simple, mentecato, necio.
ANT.: *Listo, hábil.*
menstruación
Período, regla, menstruo, mes, (fam.) luna.

mensual

Una vez al mes, periódico, regular, fijo.
ANT.: *Irregular, esporádico.*

mensualidad

1 Salario, sueldo, haberes, emolumentos, mesada.
2 Abono, pago [a cuenta de deudas].

mental

Intelectual, imaginativo, especulativo, cerebral.
ANT.: *Corporal.*

mentalidad

1 Actividad mental, razón.
2 Concepción, creencia, ideología, manera de pensar, punto de vista.

mentalizar

Grabar, sugestionar, inculcar, predisponer.

mente

1 Inteligencia, entendimiento, intelecto, imaginación, pensamiento, (fig.) cerebro, cabeza.
2 Propósito, voluntad, intención, designio, idea.

mentecato

Memo, bobo, insensato, estúpido, idiota, sandio, pazguato, botarate, majadero, necio.
ANT.: *Listo, sensato, inteligente.*

mentir

1 Aparentar, fingir, exagerar.
ANT.: *Decir verdad.*
2 Falsear, engañar, desvirtuar, calumniar, difamar.
ANT.: *Sincerar, confesar.*
3 Desviar, alterar, inducir a error.

mentira

Engaño, embuste, falsedad, infundio, cuento, calumnia, chisme, disimulo, artificio, trola, bola, fábula.
ANT.: *Verdad.*

mentiroso

1 Embustero, mendaz, exagerado, chismoso, → mentira.
ANT.: *Sincero, veraz.*
2 Aparente, falso, fingido, engañoso, adulterado.
ANT.: *Real, fiel, exacto.*

mentón

Barbilla, barba.

menú

1 Carta, lista, minuta.
2 Lista de opciones [computadoras].

menudencia

Minucia, pequeñez, nadería, insignificancia, bagatela.
ANT.: *Enormidad, importancia.*

menudencias

Entrañas, vísceras, menudos [de ave o res], hígados, (Argent., Urug.) achuras [de res].

menudo

1 Minúsculo, pequeño, diminuto, chico, menor.
ANT.: *Grande, enorme.*
2 Bajo, delgado, pequeño de cuerpo, grácil.
ANT.: *Corpulento.*
3 Insignificante, baladí, despreciable, accesorio.
ANT.: *Importante.*
4 Exacto, minucioso, escrupuloso, detallado.
ANT.: *Negligente.*
5 Menudencias, despojos, menudillos.
6 (Méx.) Guiso de panza y pata de res.

meollo

1 Médula [de animales y plantas].
2 Núcleo, centro.
ANT.: *Exterior.*
3 (Fig.) Sustancia, esencia, fundamento, base.
4 (Fig.) Entendimiento, intelecto, caletre, juicio, seso.
ANT.: *Torpeza.*

mequetrefe

1 Zascandil, chiquilicuatro, tarambana, badulaque.
ANT.: *Respetable, cabal.*
2 Entremetido, entrometido, (Méx.) metiche, argüendero.
ANT.: *Discreto.*

mercader

Comerciante, negociante, tratante, traficante, vendedor, buhonero, (desp.) mercachifle.
ANT.: *Cliente, comprador.*

mercado

1 Plaza, zoco, lonja, emporio, feria.
2 Comercio, trata, tráfico.
3 Consumidores.

merced

1 Concesión, gracia, favor, dádiva, privilegio, beneficio, prebenda, regalo, don.
ANT.: *Despojo.*
2 Galardón, premio, recompensa.
3 Arbitrio, voluntad, capricho.

merecer
1 Valer, hacerse digno.
ANT.: *Desmerecer.*
2 Ganar, hacer méritos, ameritar, meritar.
3 Lograr, obtener, alcanzar, cosechar.
merecido
1 Justo, digno, meritorio, debido, apropiado, ganado.
ANT.: *Inmerecido, indebido.*
2 (Fam.) Castigo.
meretriz
Ramera, falena, mujer pública, prostituta VER.
meridional
Austral, antártico, del sur, sureño.
ANT.: *Septentrional, del norte, ártico.*
merienda
1 Refrigerio, piscolabis, tentempié, merendola, comida ligera.
2 (C. Rica) Cocido, cocimiento.
3 (C. Rica) Alimento de los cerdos.
4 (Esp./fig. y fam.) Giba, corcova.
mérito
1 Merecimiento, cualidad, valía, derecho.
ANT.: *Desmerecimiento.*
2 Interés, incentivo, provecho, utilidad, atractivo, estímulo.
ANT.: *Perjuicio.*
3 Reconocimiento, alabanza, loa.
ANT.: *Descrédito.*
meritorio
1 Loable, encomiable, elogiable, plausible, notable, apreciable.
ANT.: *Criticable, reprensible.*
2 Aprendiz, aspirante, auxiliar.
merma
Disminución, pérdida, reducción, mengua, desgaste, deterioro, quebranto.
ANT.: *Incremento, aumento.*
mermelada
Confitura, compota, jalea, dulce.
merodear
Acechar, escrutar, vigilar, husmear, espiar.
mes
1 Mensualidad.
2 Menstruación, menstruo, período, regla.
mesa
1 Mesilla, escritorio, mueble, ménsula, tabla, tablón.
2 Directiva, dirigencia.
3 Grupo, panel.
4 Comensales.
5 (Fig.) Comida, manutención.
mesero (Chile, Colomb., C. Rica, Ecuad., Guat., Hond., Méx.)
Camarero, mozo, (Venez.) mesonero.
meseta
1 Altiplanicie, altiplano, llano, llanura, estepa.
ANT.: *Serranía.*
2 Rellano, descanso, descansillo, mesa.
mesón
1 Posada, hostal, hospedaje, parador, albergue, (ant.) venta.
2 Fonda, figón, taberna.
3 (Chile) Mostrador, barra.
mestizo
Híbrido, cruzado, mixto, mezclado, (Amér.) cholo.
ANT.: *Puro.*
mesura
1 Moderación, templanza, sensatez, juicio, prudencia.
ANT.: *Desmesura, desenfreno.*
2 Gravedad, circunspección, seriedad, compostura.
ANT.: *Descaro, desfachatez.*
3 Cortesía, respeto.
mesurado
Moderado, prudente, juicioso, cuerdo, circunspecto, sensato, comedido.
ANT.: *Tarambana, imprudente.*
meta
1 Fin, final, remate, culminación.
ANT.: *Principio.*
2 Objetivo, finalidad, propósito.
3 Portería [fútbol, etc.].
4 Llegada, término.
metáfora
Imagen, figura, símbolo, representación, alegoría.
metamorfosis
Transformación, transmutación conversión, mutación, cambio, modificación, alteración.
ANT.: *Persistencia, inmutabilidad.*
meteorito
Aerolito, astrolito, estrella fugaz, bólido.
meter
1 Introducir, insertar, empotrar, encajar, embutir, encerrar, guardar, poner.
ANT.: *Sacar, extraer.*
2 Clavar, ensartar.
ANT.: *Arrancar.*
3 (Fig.) Colocar, recomendar.
ANT.: *Desacreditar, correr.*
4 Ingresar, internar, inscribir.

5 (Fig.) Destinar, invertir.
6 (Fig.) Provocar, ocasionar, inducir.
7 (Cuba) Zurrar, golpear.

meterse

1 Entrar, introducirse, pasar.
ANT.: *Salir.*
2 Intervenir, entrometerse, entremeterse, inmiscuirse.
ANT.: *Abstenerse.*
3 Dejarse llevar, cebarse, ser arrastrado por.
ANT.: *Controlarse, reprimirse.*
4 Concentrarse, dedicarse.
5 Molestar, hostigar, mortificar, provocar, atosigar.
6 Involucrarse, relacionarse.
ANT.: *Separarse, alejarse.*

meticuloso

Minucioso, detallista, puntual, escrupuloso, puntilloso, quisquilloso, metódico VER.
ANT.: *Despreocupado, desordenado, negligente.*

metódico

1 Ordenado, esmerado, minucioso, meticuloso VER.
ANT.: *Desordenado.*
2 Regulado, planificado, sistematizado, programado.
ANT.: *Caótico.*

método

1 Modo, forma, práctica, procedimiento, sistema, técnica.
2 Metodología, orden, norma, regla, régimen.
3 Usanza, hábito, manera.
4 Esmero, cuidado, orden, prolijidad.
ANT.: *Desorden.*

metrópoli

Urbe, ciudad, capital, población principal, (ant.) metrópolis.
ANT.: *Aldea.*

metropolitano

1 Urbano, ciudadano, (Méx.) citadino.
ANT.: *Rural.*
2 Subterráneo, metro, ferrocarrill, urbano, (Argent.) subte.

mezcla

1 Combinación, compuesto, unión, amalgama, mezcladura, mixtura, aleación, liga, amasijo, mezcolanza, mejunje.
ANT.: *Separación, disgregación.*
2 Argamasa, mortero.

mezclar

1 Combinar, componer, juntar, unir, aunar, reunir, incorporar, agregar, amalgamar, mixturar, integrar.
ANT.: *Separar, desintegrar.*
2 Revolver, desordenar, barajar.
ANT.: *Ordenar, acomodar.*
3 Involucrar, comprometer.
ANT.: *Desligar.*

mezclarse

1 Tratar, relacionarse, alternar.
ANT.: *Aislarse.*
2 Entrometerse, inmiscuirse, intervenir, meterse, injerirse.
ANT.: *Abstenerse, mantenerse a distancia.*

mezcolanza

Amasijo, revoltijo, miscelánea, mazacote, revoltura, mezcla VER.
ANT.: *Separación, diferenciación.*

mezquino

1 Miserable, cicatero, roñoso, avaro, tacaño, (fig.) sórdido, (Méx./fam.) codo.
ANT.: *Desprendido, derrochador.*
2 Exiguo, escaso, insuficiente, mísero, menguado.
ANT.: *Abundante, opimo.*
3 Bajo, ruin, innoble.
ANT.: *Noble.*

mico

1 Mono, macaco, (Méx., Venez.) chango.
2 (Fig. y fam.) Feo.
3 (Fig. y fam.) Lascivo, lujurioso.
4 (C. Rica) Vulva.

microbio

1 Bacteria, bacilo, protozoario, germen, microorganismo.
2 (Fig. y fam.) Insignificante, despreciable, ruin.

microscópico

Minúsculo, diminuto, invisible, pequeñísimo.
ANT.: *Gigantesco.*

miedo

1 Horror, pavor, terror, susto, alarma.
ANT.: *Serenidad, valentía.*
2 Temor, aprensión, cobardía, pusilanimidad, (fam.) mieditis.
ANT.: *Valor.*

miedoso

1 Aterrado, asustado, aterrorizado, alarmado, empavorecido.
ANT.: *Tranquilo, sereno.*
2 Cobarde, medroso, aprensivo, pusilánime, asustadizo, (fam.) collón, gallina.
ANT.: *Valiente, animoso.*

miembro
1 Extremidad, apéndice.
2 Pene, falo, (vulg.) verga, miembro viril, órgano genital masculino.
3 Socio, afiliado, adepto, asociado, integrante.
ANT.: *Ajeno, extraño.*
4 Componente, elemento, porción, parte, pedazo.
ANT.: *Conjunto, todo.*

mierda
1 Excremento, heces, estiércol, caca, defecación, deyección, detrito, evacuación, deposición, (vulg.) cagada.
2 (Fig.) Porquería, suciedad, asquerosidad.
3 (Venez./vulg.) Mariguana.

mies
1 Cereal, espiga, trigo, granos.
2 Siega, cosecha, recolección.

miga
1 Migaja, pizca, miaja, sobra, resto, menudencia.
2 (Fig.) Sustancia, enjundia, entidad, gravedad, importancia, meollo.
ANT.: *Superficialidad.*

milagro
1 Prodigio, portento, maravilla, fenómeno, hecho sobrenatural.
2 Exvoto, ofrenda, (Esp.) presentalla.
3 de milagro Por casualidad, de chiripa, (Méx.) de chiripada.

milagroso
1 Portentoso, providencial, sobrenatural, extraordinario.
ANT.: *Común, corriente.*
2 Asombroso, pasmoso, maravilloso, sorprendente, increíble.
ANT.: *Natural, normal, ordinario.*

milicia
Ejército, hueste, tropa, guardia.

milico (Argent., Bol., Chile, Perú, Urug./desp.)
Soldado, militar, miliciano.

militar
1 Guerrero, estratega, combatiente, soldado, oficial.
2 Marcial, castrense, bélico, soldadesco, cuartelero.

millonario
Acaudalado, opulento, magnate, (fig.) creso, potentado, poderoso.
ANT.: *Indigente, pobre, menesteroso.*

milonga (Argent.)
1 Tonada, aire popular.
2 Fiesta, baile público.
3 (Fig.) Enredo, embrollo.

mimar
1 Consentir, acariciar, halagar, (fig.) regalar, (Argent.) mimosear, (Méx.) apapachar.
ANT.: *Maltratar.*
2 Condescender, malcriar, maleducar, viciar, malacostumbrar.
ANT.: *Educar, disciplinar.*

mímica
1 Gesticulación, gesto, expresión, ademán.
2 Pantomima, mimodrama.
3 Remedo, imitación, representación.

mimo
1 Caricia, arrumaco, ternura, halago, carantoña, (Méx.) apapacho.
ANT.: *Brusquedad, maltrato.*
2 Actor, farsante, bufón.

mimoso
1 Cariñoso, tierno, regalón, delicado.
ANT.: *Arisco, indiferente.*
2 Malcriado, consentido, mimado, melindroso, (Méx.) chiqueado.

mina
1 Yacimiento, veta, filón, vena, fuente, venero, criadero.
2 Excavación, galería, túnel, perforación, explotación.
3 Artificio explosivo.
4 Grafito, puntilla*.
5 (Argent.) Mujer.
6 (Argent., Venez./vulg.) Prostituta.
*Tb. significa: Encaje. / Puñal corto. / Punzón.

minar
1 Perforar, excavar, socavar.
ANT.: *Rellenar.*
2 (Fig.) Debilitar, consumir, desgastar, agotar.
ANT.: *Reforzar.*

miniatura
1 Pequeñez, menudencia, reducción.
ANT.: *Enormidad.*
2 Pintura, medallón.

mínimo
Ínfimo, minúsculo VER.
ANT.: *Máximo.*

ministerio
1 Departamento, cartera, dirección, servicio, (Amér.) secretaría.
2 Función, cargo, puesto, ocupación, encargo.

M

ministro
1 Secretario, funcionario público.
2 Embajador, comisionado, enviado, delegado.
minucia
Bagatela, menudencia VER.
minucioso
Meticuloso, escrupuloso, nimio, detallista, puntilloso, quisquilloso.
ANT.: *Negligente, descuidado.*
minúsculo
1 Diminuto, imperceptible, microscópico, pequeñísimo, mínimo.
ANT.: *Gigantesco.*
2 Ínfimo, insignificante.
ANT.: *Significativo.*
minusválido
Inválido, lisiado, discapacitado, disminuido.
minuta
1 Nota, relación, catálogo, extracto, lista.
2 Factura, cuenta.
3 Menú, carta.
minutero
Manecilla, aguja, saeta.
miope
Cegato, cegatón, corto de vista, hipométrope.
ANT.: *Hipermétrope.*
mirada
1 Vista, modo de mirar, expresión.
2 Ojeada, vistazo, visión, atisbo, contemplación, miradura.
mirador
1 Balcón, balconada, atalaya, cristalera, terraza, galería, corredor.
2 Mirante, observador.
miramiento
1 Reserva, cuidado, precaución, cautela, previsión.
ANT.: *Ligereza, descuido.*
2 Consideración, cortesía, atención, respeto, contemplaciones.
ANT.: *Desconsideración.*
mirar
1 Observar, ver, contemplar, escrutar, ojear, vislumbrar, divisar.
ANT.: *Ignorar.*
2 Advertir, reparar, fijarse, notar, percibir, apercibirse.
ANT.: *Omitir, pasar por alto, descuidar.*
3 Registrar, revisar, inspeccionar.
4 Examinar, pensar, analizar, reflexionar, juzgar.
ANT.: *Omitir.*
5 Atender, apuntar, orientarse hacia.
ANT.: *Desatender.*
mirón
Fisgón, observador, curioso, espectador, espión, voyeurista.
ANT.: *Discreto.*
misántropo
Retraído, insociable, huraño, hosco, ascético.
ANT.: *Expansivo, sociable, afable.*
miscelánea
1 Mezcla, combinación, revoltillo, revoltijo, amasijo, variedad, surtido.
ANT.: *Homogeneidad.*
2 (Méx.) Tiendita, tendajón.
miserable
1 Mezquino, tacaño VER.
ANT.: *Generoso.*
2 Ruin, vil, malvado, infame, abyecto, perverso, canalla, rufián, granuja, despreciable.
ANT.: *Bondadoso, ejemplar, noble.*
3 Indigente, → miseria.
ANT.: *Opulento.*
4 Exiguo, escaso, pobre.
ANT.: *Abundante.*
5 Infeliz, desgraciado, infausto, lamentable.
ANT.: *Afortunado, venturoso.*
6 Lastimero, lastimoso.
miseria
1 Indigencia, necesidad, penuria, escasez, pobreza, desdicha, carencia.
ANT.: *Opulencia, riqueza.*
2 Infortunio, pena, desgracia, calamidad, desdicha, desventura.
ANT.: *Ventura, fortuna.*
3 Tacañería, avaricia, mezquindad, → tacaño.
ANT.: *Generosidad.*
4 (Fig. y fam.) Nadería, nimiedad, bagatela, insignificancia.
misericordia
Humanidad, compasión, conmiseración, piedad, indulgencia, caridad, altruismo, lástima.
ANT.: *Crueldad, indiferencia.*
misericordioso
Humanitario, piadoso, caritativo, indulgente, clemente, compasivo.
ANT.: *Cruel, inclemente.*
mísero
1 Indigente, miserable, paupérrimo.
ANT.: *Rico, opulento.*
2 Avaro, tacaño VER.
ANT.: *Generoso.*

3 Desdichado, desventurado, desgraciado, infortunado.
ANT.: *Afortunado.*

misión
1 Cometido, encargo, gestión, trabajo, tarea, labor.
2 Embajada, comisión, delegación.
3 Expedición, exploración.

misionero
Predicador, divulgador, misionario, propagador, evangelizador.

misiva
Carta, nota, billete, esquela, comunicación, mensaje.

mismo
Idéntico, igual, tal, semejante, similar, equivalente.
ANT.: *Distinto, otro.*

misterio
1 Incógnita, enigma, arcano, interrogante, secreto.
ANT.: *Respuesta, solución.*
2 Sigilo, reserva, cautela.

misterioso
1 Oculto, hermético, secreto, enigmático, arcano, inexplicable.
ANT.: *Evidente, manifiesto.*
2 Sigiloso, reservado, cauteloso, impenetrable.
ANT.: *Sincero, claro.*

místico
1 Espiritual, contemplativo.
ANT.: *Prosaico, material.*
2 Religioso, piadoso, devoto, beato, pío.
ANT.: *Impío.*
3 Esotérico, hermético.
ANT.: *Exotérico.*

mitad
1 Medio, parte, porción, fragmento.
ANT.: *Todo, duplo.*
2 Centro, medio, promedio.
ANT.: *Lado, extremo.*

mítico
Legendario, imaginario, fabuloso, → mito.

mitigar
Moderar, disminuir, sedar, aplacar, dulcificar, suavizar.
ANT.: *Exacerbar, irritar, aumentar.*

mitin
Asamblea, reunión, junta, conferencia, concentración.

mito
1 Leyenda, tradición, fábula, relato, alegoría.
2 Ficción, quimera.
ANT.: *Realidad.*
3 (Fig.) Personaje, divo, estrella, símbolo, ídolo.
4 (Fig.) Farsa, mentira, embuste.
ANT.: *Verdad.*

mixto
1 Combinado, híbrido, heterogéneo, misceláneo.
ANT.: *Puro, simple.*
2 (Esp.) Fósforo, cerilla.

mobiliario
Moblaje, enseres, ajuar, bártulos, mueblaje, muebles.

mocedad
Juventud, adolescencia, → mozo.
ANT.: *Senectud, vejez.*

mochila
1 Zurrón, macuto, saco, bolsa.
2 mochilas (C. Rica, Venez.) Testículos.

mocho
1 Romo, despuntado, chato, mellado, desafilado.
ANT.: *Puntiagudo, afilado.*
2 Rapado, mondado, podado.
3 Descornado [animal].
4 Roto, quebrado, incompleto.
5 (Méx., Venez./fam.) Baldado, manco, cojo, lisiado.
6 (Méx./fig. y fam.) Beato, santurrón.

moda
1 Boga, novedad, actualidad.
ANT.: *Desuso.*
2 Costumbre, hábito, estilo, usanza.

modales
1 Ademanes, gestos, acciones.
2 Educación, maneras, conducta, crianza.

modalidad
1 Modo, forma, manera, tipo, clase.
2 Característica, peculiaridad.

modelar
1 Conformar, configurar, esculpir, tallar, cincelar, plasmar, moldear.
2 (Fig.) Educar, formar, guiar.
3 Posar, exhibir ropa.

modelo
1 Ejemplo, prototipo, ideal, paradigma, arquetipo.
2 Tipo, espécimen, ejemplar.
3 Patrón, original.
ANT.: *Copia, reproducción.*
4 Muestra, dechado, maqueta, diseño, boceto.
5 Horma, molde, matriz, troquel.
6 Maniquí, manequí.

moderación
1 Mesura, templanza, sobriedad, cordura, sensatez, discreción, virtud.
ANT.: *Exageración, exceso, desmesura.*
2 Disminución, atenuación, atemperación.
ANT.: *Exacerbación, intensificación.*

moderar
1 Frenar, refrenar, tranquilizar, aplacar, apaciguar, sujetar.
ANT.: *Exacerbar, exagerar.*
2 Aliviar, mitigar, reducir, corregir.
ANT.: *Estimular, irritar.*
3 Atenuar, suavizar.
ANT.: *Intensificar.*

moderno
Actual, nuevo, reciente, vanguardista, contemporáneo, fresco, juvenil, flamante.
ANT.: *Antiguo, clásico, anticuado.*

modesto
1 Sencillo, recatado, discreto, reservado, tímido.
ANT.: *Altivo, soberbio, vanidoso.*
2 (Fig.) Pobre, humilde.
ANT.: *Lujoso, ostentoso, opulento.*

modificar
1 Alterar, transformar, reformar, cambiar, variar, renovar, revolucionar.
ANT.: *Mantener, conservar.*
2 Corregir, rectificar, moderar.

modismo
1 Locución, giro, expresión, dicho, modo, manera.
2 Idiotismo [lengua].

modista
Costurera, sastra, diseñadora, (desp.) modistilla.

modisto
Modista, diseñador, sastre.

modo
1 Manera, forma, fórmula, procedimiento, proceder.
2 Guisa, estilo, uso, técnica, práctica, método.
3 Regla, norma, orden.
4 Carácter, índole, temperamento, actitud.
5 modos Modales, conducta, comportamiento.

modorra
Letargo, somnolencia, soñolencia, amodorramiento, sopor, torpeza, pesadez.
ANT.: *Vigilia, actividad, despabilamiento.*

modoso
Educado, cortés, considerado, fino, comedido, amable, atento, (Méx., Venez./fam.) modosito.
ANT.: *Grosero, descortés, irrespetuoso, tosco.*

mofarse
Burlarse, befar, escarnecer, agraviar, ofender, guasearse, chunguearse.
ANT.: *Considerar, respetar.*

moflete
Cachete, carrillo, mejilla muy carnosa, mollete.

mohín
Gesto, mueca, visaje, monería, ademán.

mohíno
1 Enfadado, disgustado, descontento, enfurruñado, (Méx./fam.) jetón.
ANT.: *Contento, complacido.*
2 Triste, sombrío, melancólico, cabizbajo, mustio.
ANT.: *Alegre.*

moho
1 Hongo, lama.
2 Herrumbre, orín, verdín, óxido, cardenillo.

mohoso
1 Enmohecido, cubierto de moho, descompuesto.
ANT.: *Fresco, limpio.*
2 Oxidado, herrumbroso, ruginoso.
ANT.: *Flamante, pulido.*

mojar
1 Humedecer, embeber, calar, empapar, impregnar, remojar, salpicar, bañar, rociar, regar, duchar, chapuzar.
ANT.: *Secar.*
2 (Fig. y fam.) Apuñalar.
3 (C. Rica) Engañar, hacer trampa [en negocios].
4 mojarse Orinarse encima [sobre todo bebés].

mojigato
1 Santurrón, beato.
2 Remilgado, hipócrita, ñoño, gazmoño VER.
3 Disimulado, taimado.

mojón
1 Hito, poste, marca, indicación, jalón, cipo.
2 (Fig.) Porción de excremento sólido.
3 (Méx., Venez./desp.) Despreciable, vil, ruin, mezquino [persona].

molde
1 Matriz, troquel, horma, forma, cuño, patrón.
2 Muestra, ejemplo, base, modelo, tipo, prototipo.
mole
1 Blando, muelle.
ANT.: *Duro.*
2 Masa, volumen, corpulencia.
3 Bulto, montón.
ANT.: *Partícula.*
4 (Fig.) Grande, enorme, aparatoso.
ANT.: *Pequeño, menudo.*
moler
1 Triturar, pulverizar, desmenuzar, machacar, majar, aplastar, picar, romper, quebrantar.
ANT.: *Comprimir.*
2 (Fig.) Maltratar, tundir, dañar, lastimar, golpear.
ANT.: *Curar.*
3 (Fig.) Fatigar, agotar, derrengar [bestias de carga].
ANT.: *Descansar.*
4 (Fig.) Molestar, importunar, hostigar, (fam.) fregar, dar lata, fastidiar.
5 (Venez.) Emborracharse.
molestar
1 Enojar, irritar, contrariar, mortificar, amargar.
ANT.: *Alegrar, complacer.*
2 Incomodar, disgustar, desagradar.
ANT.: *Agradar, gustar.*
3 Fastidiar, importunar, marear, agobiar, hostigar.
ANT.: *Deleitar.*
4 Asediar, atormentar, acosar.
molestia
1 Incomodidad, perturbación, mortificación, desazón.
ANT.: *Bienestar.*
2 Irritación, enojo, disgusto, enfado, fastidio.
ANT.: *Agrado.*
3 Estorbo, impedimento, opresión, engorro, obstáculo.
momentáneo
Instantáneo, fugaz, breve, rápido, efímero, transitorio.
ANT.: *Prolongado, eterno.*
momento
1 Instante, segundo, minuto, tris, santiamén, soplo.
ANT.: *Eternidad.*
2 Ocasión, oportunidad, circunstancia, coyuntura.
3 Época, período, tiempo, fase.
4 Actualidad, presente.
monarca
Rey, soberano, emperador, príncipe, señor.
ANT.: *Súbdito, vasallo.*
monasterio
Convento, cenobio, claustro, abadía, lamasterio.
mondar
1 Pelar, descascarar, despellejar, descortezar.
2 Limpiar, podar, quitar, cortar las ramas.
3 Limpiar, depurar.
4 (Fig.) Robar, desvalijar, desplumar.
5 Rapar, pelar [cabeza].
6 (Fig. y fam.) Apalear, tundir, azotar, majar, moler.
mondongo
1 Intestino, tripas, panza, entrañas.
2 (Fig. y fam.) Barriga, vientre, bandullo, timba.
3 (Venez.) Lonja, llanta, rollo.
moneda
1 Metálico, numerario, fraccionario, dinero, efectivo, cambio, (Esp.) cuartos, efectivo, (Méx.) morralla.
2 Pieza, disco.
monigote
1 Fantoche, pelele, títere, marioneta, polichinela, muñeco.
2 (Fig. y fam.) Apocado, insignificante, despreciable, pusilánime, calzonazos.
ANT.: *Enérgico.*
3 (Fig. y fam.) Ignorante, tonto, estúpido.
monitor
1 Instructor, cuidador, custodio, tutor, guardián, celador.
ANT.: *Educando.*
2 Pantalla, receptor de imagen [televisión, computadora].
3 Detector, aparato registrador.
monja
Religiosa, profesa, hermana, sor, madre, (fam.) madrecita.
monje
Religioso, cenobita, lama, fraile VER.
mono
1 Simio, antropoide, primate, cuadrumano, gorila, orangután, chimpancé.
2 Overol, traje enterizo de faena.
3 Monigote, dibujo, caricatura, garabato.
4 (Fig. y fam.) Bonito, lindo, curioso, primoroso, delicado, gracioso.
ANT.: *Feo, malhecho.*

M

5 (Méx./vulg.) Vulva.
6 **monitos** (Fam.) Cómic, historieta, tira cómica.

monólogo
Soliloquio.
ANT.: *Coloquio, diálogo.*

monopolio
1 Consorcio, agrupación, grupo, trust, cartel.
2 Privilegio, concesión exclusiva.
3 Acaparamiento.

monótono
1 Invariable, uniforme, regular, monocorde.
ANT.: *Variado.*
2 (Fig.) Rutinario, aburrido, fastidioso, pesado.
ANT.: *Ameno, agradable, entretenido.*

monstruo
1 Fenómeno, engendro, prodigio, anormalidad, monstruosidad, (fig.) aborto.
ANT.: *Normalidad.*
2 (Fig.) Adefesio, feo, horrible, repugnante, repulsivo, horripilante, espantoso.
ANT.: *Atractivo, bello.*
3 (Fig.) Perverso, malévolo, maligno, cruel, inhumano, avieso.
ANT.: *Bondadoso, benévolo.*
4 (Fig.) Genio, coloso, grande, extraordinario, incomparable.
ANT.: *Mediano, mediocre.*
5 (Fig.) Enorme, tremendo.
ANT.: *Insignificante.*

monstruoso
1 Anómalo, aberrante, irregular, deforme, grotesco, contrahecho.
ANT.: *Normal.*
2 (Fig.) Cruel, infame, abominable, perverso, aberrante, inhumano.
ANT.: *Humanitario, bondadoso.*
3 (Fig.) Enorme, gigantesco, colosal, extraordinario, tremendo.
ANT.: *Insignificante.*
4 (Fig.) Horrendo, horroroso, espantoso, horrible, empavorecedor.

montaje
1 Acoplamiento, ensamblaje, armado, engaste, montura, montadura, → montar.
ANT.: *Desmontaje, desarmado.*
2 Armazón, soporte, cureña.
3 Construcción, estructura.
4 Edición, ordenación [cine].
5 Colocación, museografía, [exposiciones de arte].
6 Coordinación, ajuste, preparación [teatro].
7 (Fig.) Farsa, engaño, embuste.

montaña
1 Cumbre, cresta, cima, cerro, pico, volcán.
ANT.: *Llano, planicie.*
2 Monte, sierra, cordillera.
ANT.: *Valle, hondonada.*
3 (Fig.) Montón, pila, acumulación.
4 (Fig. y fam.) Obstáculo, problema, dificultad.
ANT.: *Solución, insignificancia.*
5 (Colomb., C. Rica, Chile, Perú, Venez.) Bosque, selva, espesura.

montañés
1 De la montaña, serrano, montés.
ANT.: *Llanero.*
2 (Fig.) Rústico, zafio.
3 (Esp.) Santanderino, cántabro.

montañista
Alpinista, escalador, montañero.

montañoso
Escarpado, abrupto, escabroso, empinado, fragoso, accidentado, áspero.
ANT.: *Llano, plano.*

montar
1 Subirse, encaramarse, auparse, treparse.
ANT.: *Bajar, descender.*
2 Cabalgar, trotar, jinetear.
ANT.: *Descabalgar, apearse.*
3 Ensamblar, armar, engastar, acoplar, empalmar, unir.
ANT.: *Desmontar, desarmar.*
4 Colocar, emplazar, instalar, poner.
ANT.: *Quitar.*
5 Equipar, amueblar, ajuarear.
6 Organizar, disponer, establecer, abrir.
ANT.: *Cerrar.*
7 Ajustar, amartillar [arma].
8 Cubrir, fecundar [animales].
9 Ordenar, ensamblar, editar [cine].
10 Sumar, ascender, elevarse, importar, costar.
11 (Venez./fam.) Encolerizarse, enfurecerse.

monte
1 Cerro, montaña VER.
2 Fronda, espesura, bosque, boscosidad, maleza, soto, zarzal.
ANT.: *Calvero, claro, desierto.*

montepío
1 (Amér.) Casa de empeño.
2 (Esp.) Cooperativa, mutualidad, asociación, agrupación.

montículo
Altozano, loma, otero, colina, eminencia, elevación, cerro, altura, duna, túmulo.
ANT.: *Llano, hondonada.*

montón
1 Pila, cúmulo, acumulación, conjunto, aglomeración, rimero, montonera.
2 Tropel, multitud, legión, muchedumbre [de gente o animales].
3 Infinidad, sinnúmero, mucho.
ANT.: *Escaso, poco.*
4 (Fig.) Demasiado, en exceso [trabajo, quehacer].
5 Mazo, pilón* [naipes].
*Tb. significa: Peso, contrapeso. / Fuente, receptáculo. / (Méx.) Obsequio que los mercaderes dan a sus clientes en una compra.

montura
1 Cabalgadura, corcel, caballería, bruto, bestia.
2 Silla, arnés, arreos, aperos, guarniciones.
3 Ensamblaje, montaje, engaste.
4 Armazón, armadura [de aparatos y gafas].

monumental
Grandioso, colosal, majestuoso, enorme, gigantesco, fenomenal, descomunal, ciclópeo.
ANT.: *Insignificante, minúsculo.*

monumento
1 Monolito, estatua, obra, construcción, edificio.
2 Tesoro [artístico o arquitectónico].
3 Mausoleo, sepulcro, tumba.
4 (Fig. y fam.) Guapísimo, muy atractivo, espectacular.

moño
1 Rodete, rosca, chongo, peinado, tocado.
2 Lazada, lazo, adorno.
3 Penacho, copete [de aves].

moquete
Puñetazo, bofetada, golpe, mamporro, cate, (Esp.) puñada.

morada
Residencia, vivienda, casa, domicilio, hogar, mansión, albergue, techo, habitación.

morado
1 Violáceo, violeta, amoratado, purpúreo, cárdeno [color].
2 (Venez.) Hematoma, moretón.

morador
Habitante, residente, poblador, vecino, domiciliado, inquilino, ocupante.
ANT.: *Transeúnte, pasajero.*

moral
1 Ética, deontología.
2 Decoroso, honorable, decente, ético, honesto.
ANT.: *Inmoral, escandaloso, amoral.*
3 Espiritual, anímico.
4 Decencia, moralidad.
ANT.: *Inmoralidad, amoralidad.*
5 (Fig.) Espíritu, aliento, entusiasmo, ánimo.
ANT.: *Desmoralización.*

moraleja
Enseñanza, máxima, consejo, lección, demostración.

moralidad
1 Ética, decencia, → moral.
ANT.: *Inmoralidad, amoralidad.*
2 Moraleja, enseñanza.

morar
Habitar, residir, vivir, → morada.
ANT.: *Emigrar, mudarse, irse.*

mórbido
1 Suave, blando, muelle, delicado.
ANT.: *Duro, macizo.*
2 Malsano, enfermizo.
ANT.: *Saludable.*
3 Enfermo.
ANT.: *Sano.*
4 Morboso, insano.

morboso
1 Malsano, insalubre, nocivo, insano.
ANT.: *Saludable.*
2 Torvo, retorcido, perverso, enfermizo, anormal, patológico.
ANT.: *Puro, sano.*

mordaz
1 Corrosivo, ácido, mordiente, picante, acre.
2 (Fig.) Irónico, sarcástico, cáustico, virulento, burlón, satírico, incisivo, cruel.
ANT.: *Benévolo, suave.*

mordedura
Mordisco, dentellada, tarascada, mordida, lesión, mordimiento.

morder
1 Dentellear, tarascar, cercenar, desgarrar, lacerar, herir.

2 Mordisquear, mordiscar, tascar, mascar, roer.
3 Punzar, mordicar, arder, escocer.
4 Asir, apresar, pellizcar.
ANT.: *Soltar.*
5 Gastar, desgastar, corroer.
6 (Fig.) Satirizar, criticar, difamar.
7 (Cuba) Trabajar, hacerse cargo.
8 (Cuba) Dejar de pagar una deuda.
9 (Argent., Bol., Colomb., Méx., Nic., Pan., Urug.) Obtener una ganancia indebida, pedir dádivas [empleados públicos].

mordida
1 Tarascada, dentellada, mordedura VER.
2 (Argent., Bol., Colomb., Méx., Nic., Pan., Urug.) Cohecho, soborno, dádiva, pago ilegal.

moreno
1 Trigueño, oscuro, bronceado, tostado, atezado, cobrizo, oliváceo, cetrino, pardo, aceitunado, terroso, (Argent., Perú, Urug.) morocho.
2 (Cuba) Mulato.

moretón
Cardenal, hematoma, magulladura, equimosis, contusión, verdugón, mancha, señal, moradura, (Venez.) morado.

morfar (Argent./vulg.)
Comer, tragar, engullir, zampar.

morgue
Depósito de cadáveres, (Méx.) anfiteatro.

moribundo
Agónico, agonizante, expirante.

morir
1 Fenecer, expirar, perecer, fallecer, finar, sucumbir, palmar, (fam.) estirar la pata, (Esp.) diñarla, (Méx.) petatearse.
ANT.: *Nacer, resucitar.*
2 (Fig.) Acabar, cesar, terminar, concluir, finalizar.
ANT.: *Comenzar, empezar.*
3 Apagarse, extinguirse.
ANT.: *Encenderse, brillar.*
4 (Fig.) Desvivirse, matarse, anhelar, desear.

moro
1 Rifeño, marroquí, (ant.) sarraceno.
2 Pelaje oscuro con manchones claros [caballos y gatos].

morocho
1 (Argent., Perú, Urug.) Moreno, trigueño.
2 (Amér.) Lozano, robusto.
3 (C. Rica) Ordinario, bronco.
4 (Venez.) Gemelo, cuate.

moroso
1 Lento, calmoso, calmudo, parsimonioso, tardo, premioso.
ANT.: *Activo, rápido.*
2 Retrasado, atrasado, remiso, deudor, informal.
ANT.: *Pagador, cumplidor.*

morral
1 Bolsa, talega, saco, alforja.
2 (Fig. y fam.) Grosero, rudo, torpe, zote.
ANT.: *Educado.*

morralla
1 Pesca menuda.
2 (Fig.) Gentuza, gentualla, canalla, plebe.
3 (Chile) Boliche, tabernucha.
4 (Méx.) Moneda suelta, cambio.

morrión
1 Casco, yelmo, casquete, capacete, almete, celada.
2 Chacó, ros, gorro militar.

morro
1 Hocico, trompa, belfos, jeta, labios.
2 Monte, colina, peñasco.
3 Guijarro, china.
4 (Venez.) Gato.

mortaja
1 Sudario, lienzo, sábana.
2 Muesca, concavidad, entalladura, corte.

mortal
1 Hombre, humano, persona, ser terrenal.
ANT.: *Deidad, divinidad.*
2 Perecedero, frágil, breve, transitorio, temporal, efímero.
ANT.: *Inmortal, eterno.*
3 Funesto, mortífero VER.
4 (Fig.) Abrumador, angustioso, fatigoso, agotador, pesado.
ANT.: *Ligero, fácil.*

mortecino
1 Apagado, tenue, débil, borroso, amortiguado, vacilante.
ANT.: *Intenso, fuerte.*
2 Agonizante, moribundo.
3 Pálido, demacrado.

mortífero
Mortal, funesto, letal, deletéreo, tóxico, exterminador, peligroso.
ANT.: *Saludable, vital.*

mortificar
1 Dañar, herir, lastimar.
ANT.: *Sanar, curar.*
2 (Fig.) Atormentar, torturar, irritar, vejar, ofender.
ANT.: *Halagar, complacer.*
3 (Fig.) Afligir, molestar, doler, apesadumbrar, desazonar.
ANT.: *Confortar, consolar.*
4 (Fig. y fam.) Fastidiar, enfadar, jeringar, fregar, dar lata, (Méx.) malorear.
5 (Venez.) Preocupar.

mosaico
Azulejo, mayólica, baldosa, baldosín, cerámica, alicatado.

mosquearse
1 (Fig.) Escamarse, recelar, desconfiar.
ANT.: *Confiar.*
2 (Fig.) Resentirse, ofenderse, picarse, molestarse.

mosquete
Mosquetón, espingarda, fusil, carabina.

mosto
Jugo, zumo, extracto, néctar.

mostrar
1 Enseñar, exhibir, exponer, presentar, descubrir, sacar, abrir, desenvolver, extender, destapar, extraer, dejar ver.
ANT.: *Ocultar, tapar.*
2 Señalar, indicar, apuntar, marcar, advertir, encaminar, orientar.
ANT.: *Perder, extraviar.*
3 Demostrar, probar, evidenciar, comprobar.
ANT.: *Esconder.*
4 Manifestar, patentizar, dar a entender, revelar.
ANT.: *Disimular.*

mostrarse
1 Aparecer, salir, desplegarse, asomar, exhibirse.
ANT.: *Ocultarse, esconderse.*
2 Portarse, comportarse, conducirse.

mota
1 Pelusa, granillo, hilacha.
2 Partícula, pizca, ápice, miga, migaja, brizna.
ANT.: *Mole.*
3 Pasa [de cabellos].
4 (Amér.) Borla, almohadilla.
5 (Méx., Venez.) Mariguana.

mote
1 Alias, sobrenombre, apodo, seudónimo, motete.
2 Lema, emblema, divisa.

motejar
Acusar, tildar, tachar, censurar, criticar, satirizar.
ANT.: *Alabar.*

motel
Parador, albergue, hotel de carretera.

motín
Amotinamiento, insurrección, rebelión, levantamiento, algarada, insubordinación, sublevación, revuelta.
ANT.: *Disciplina, orden, paz.*

motivo
1 Causa, razón, móvil, fundamento, fondo, objetivo, impulso.
ANT.: *Consecuencia.*
2 Materia, tema, asunto, cuestión, trama, argumento.
3 Melodía, tema musical.
4 Adorno, decoración.

motor
1 Máquina, mecanismo, maquinaria, dispositivo, artefacto, aparato.
2 (Fig.) Causa, impulso, motivación.

mover
1 Desplazar, deslizar, trasladar, transportar, empujar, cambiar, quitar.
ANT.: *Parar, inmovilizar, detener.*
2 Agitar, sacudir, menear, zarandear, mecer, balancear.
ANT.: *Estabilizar.*
3 (Fig.) Inducir, incitar, persuadir, empujar, motivar.
ANT.: *Disuadir.*
4 (Fig.) Conmover, alterar, perturbar, trastornar, impresionar.
ANT.: *Calmar, sosegar.*
5 Ocasionar, causar, suscitar, provocar, desatar.
6 **moverse** Andar, caminar, marchar, funcionar.
ANT.: *Detenerse.*

móvil
1 Movedizo, movible, transportable, portátil, mueble.
ANT.: *Inmóvil, inmueble.*
2 Inestable, basculante, oscilante, inseguro.
ANT.: *Fijo, estable.*
3 (Fig.) Motivo, causa, razón, propósito, impulso, pretexto.
ANT.: *Efecto, consecuencia, resultado.*

movilizar
1 Reclutar, reunir, congregar, levantar, armar, llamar.
ANT.: *Desmovilizar, licenciar.*
2 Activar, poner en actividad.
movimiento
1 Desplazamiento, traslación, traslado, marcha, evolución.
ANT.: *Detención.*
2 Impulso, velocidad.
ANT.: *Estatismo.*
3 Ritmo, tempo [pintura, música].
4 Sismo, temblor, terremoto.
5 (Fig.) Agitación, animación, tráfico, actividad, ajetreo.
ANT.: *Quietud, tranquilidad, calma.*
6 (Fig.) Alteración, conmoción, cambio, transformación.
ANT.: *Inamovilidad, inmovilidad.*
7 Doctrina, tendencia, corriente, estilo, práctica.
8 Alzamiento, revuelta, sublevación.
9 (Fig.) Arrebato, arranque.
moza
1 Muchacha, doncella, adolescente, jovenzuela, virgen, núbil, (Argent., Urug.) pebeta, (Esp.) zagala, (Méx.) chava.
2 Sirvienta, camarera, doméstica.
ANT.: *Patrona.*
mozo
1 Joven, muchacho, adolescente, efebo, doncel, mancebo, chico, (Esp.) zagal, (Méx.) chavo, (Venez.) chamo.
ANT.: *Adulto, anciano.*
2 Criado, camarero, doméstico, sirviente, mensajero.
ANT.: *Patrón.*
3 Cargador, peón, estibador.
mucama
Sirvienta, criada VER, muchacha, (Amér.) recamarera.
muchacha
Doncella, adolescente, moza VER.
muchacho
Jovenzuelo, mozo VER.
muchedumbre
1 Gentío, multitud VER, aglomeración, masa, horda, turba, pandilla, gentío, (C. Rica) genterío.
2 Abundancia, copia, cantidad, infinidad, sinnúmero [de cosas].
ANT.: *Escasez.*
mucho
1 Numeroso, abundante, demasiado, bastante.
ANT.: *Poco.*
2 Exceso, profusión, raudal, demasía, plétora, montón.
ANT.: *Falta.*
3 Exagerado, extremado, muy grande, excesivo.
ANT.: *Reducido, mediano.*
4 Intensamente, fuertemente, enormemente.
ANT.: *Levemente.*
mucosidad
Moco, flema, secreción viscosa.
múcura
Cántaro, jarro, vasija, ánfora, recipiente.
muda
1 Mudanza, cambio, remuda.
2 Ropa interior [el juego para cambiarse].
3 Cambio de piel, plumas o pelo.
mudar
1 Cambiar, transformar, modificar, convertir, alterar.
ANT.: *Mantener, conservar.*
2 Transformarse, variar, mutar.
mudarse
1 Marcharse, salir, irse, trasladarse, cambiar de residencia.
ANT.: *Permanecer.*
2 Instalarse, acomodarse [en un nuevo sitio].
3 Cambiarse [de ropa].
mudo
1 Silencioso, silente, afónico, sin voz.
2 (Fig.) Callado, reservado, sigiloso, taciturno.
ANT.: *Locuaz, parlanchín, hablador.*
3 (Ecuad.) Bobo, tonto.
mueble
1 Movible, móvil, portátil.
ANT.: *Inmueble, inmóvil.*
2 Enser, trasto, bártulo, trebejo, cachivache, mobiliario.
3 (C. Rica) Inestable, poco firme [casa, objeto].
mueca
Visaje, gesto, guiño, ademán, gesticulación, (Amér. Merid.) morisqueta.
muela
1 Molar, diente.
2 Volandera, rueda de molino.
3 Cerro, montículo.
4 (Fig.) Corro, rueda, cerco.
5 (Cuba) Cháchara.
6 (Venez./fam.) Embuste, mentira.
muelle
1 Resorte, ballesta, fleje, espiral, suspensión.

2 Embarcadero, puerto, malecón, rompeolas.
3 Andén de carga [ferrocarriles].
4 Blando, delicado, cómodo, mole, suave.
ANT.: *Duro.*
5 Sensual, voluptuoso, mórbido.
ANT.: *Virtuoso, austero.*

muerte
1 Fallecimiento, defunción, expiración, fenecimiento, tránsito, óbito, partida, trance.
ANT.: *Nacimiento.*
2 Extinción, aniquilación, exterminio, ruina, desolación.
ANT.: *Vida.*
3 Asesinato, homicidio, crimen, ejecución, matanza, degollina.

muerto
1 Finado, difunto, occiso, fallecido, interfecto, víctima.
ANT.: *Vivo.*
2 Restos, despojos, cadáver, (fam./desp.) fiambre.
3 (Fig.) Desolado, arruinado, despoblado, deshabitado.
ANT.: *Poblado, populoso.*
4 (Fig.) Apagado, inactivo, inerte.
ANT.: *Activo.*
5 (Fig.) Marchito, seco, agostado.
ANT.: *Lozano, vivaz.*
6 (Fig.) Desvaído, tenue, mate, opaco, descolorido, mortecino.
ANT.: *Luminoso, intenso.*
7 (Fig. y fam.) Reventado, agotado, derrengado, maltrecho, cansadísimo.
8 (C. Rica) Saco, talego.

muesca
Corte, mella, melladura, incisión, rebajo, hendedura, hendidura, rendija, escotadura, surco, ranura.

muestra
1 Ejemplar, modelo, espécimen, prototipo, ejemplo.
ANT.: *Copia, reproducción.*
2 Parte, porción, trozo, fragmento, corte.
3 (Fig.) Prueba, señal, evidencia, testimonio, demostración, indicio.

muestrario
Catálogo, colección, selección, surtido, repertorio.

mugir
1 Bramar, berrear, bufar, chillar.
2 (Fig.) Rugir, tronar, atronar [viento, mar].

mugre
1 Suciedad, pringue, inmundicia, porquería, cochambre.
ANT.: *Higiene, limpieza, aseo.*
2 (Méx., Venez./fam.) Despreciable, mezquino, avieso, ruin.

mugriento
Sucio, puerco, mugroso, pringoso, desaseado, asqueroso, astroso, (Méx.) chamagoso.

mujer
1 Hembra, (ant.) varona, señora, dama, matrona, señorita, doncella, moza, (fig.) Eva.
ANT.: *Varón, hombre.*
2 Esposa, consorte, cónyuge, pareja, compañera, casada, desposada, (fig.) costilla.

mujeriego
1 Tenorio, donjuán, conquistador, calavera, libertino, faldero, (C. Rica) mujerengo, (Venez.) mujerero.
ANT.: *Casto, misógino.*
2 Femenino, mujeril, de la mujer.

mula
1 Acémila, mulo VER.
2 (Argent.) Embuste, engaño.
3 (C. Rica, Méx./fam.) Terco, desobediente.
ANT.: *Dócil, obediente.*
4 (C. Rica) Borrachera.
5 (Cuba) Homosexual, sodomita.
6 (Méx., Venez.) Molesto, pesado, impertinente.
7 (Méx./fam.) Avieso, malévolo.
ANT.: *Buena gente.*
8 (Venez.) Torpe, ignorante.
ANT.: *Listo.*

mulato
Mestizo de blanco y negro, (Amér.) pardo, (Cuba) moreno.

mulero
1 Arriero, acemilero, mulante, chalán, mozo de mulas.
2 (Argent.) Embustero, tramposo.

muletilla
Estribillo, bordón, repetición.

mullido
Blando, muelle, suave, fofo, esponjado, esponjoso, ahuecado, elástico, mórbido.
ANT.: *Duro.*

mulo
1 Burdégano, acémila, cuadrúpedo, mula, caballería, montura, bestia de carga.

2 (Fig. y fam.) Fuerte, vigoroso.
ANT.: *Débil.*

multa
Sanción, pena, correctivo, castigo, punición, recargo, gravamen.
ANT.: *Bonificación.*

multicolor
Policromo, coloreado, abigarrado, irisado, tornasol, matizado.
ANT.: *Monocromo, monocolor.*

multiforme
Polimorfo, variado, heterogéneo, desigual, disímil, diverso.
ANT.: *Uniforme.*

multimillonario
Potentado, magnate, archimillonario, acaudalado, pudiente, riquísimo, (fig.) creso.
ANT.: *Mísero, pobre, indigente.*

múltiple
1 Variado, diverso, numeroso.
ANT.: *Solo, único.*
2 Compuesto, combinado, mezclado, heterogéneo.
ANT.: *Simple.*
3 Repetido, múltiplo.

multiplicar
1 Reproducir, aumentar, proliferar.
ANT.: *Diezmar, reducir.*
2 Contar, operar.
ANT.: *Dividir.*
3 Propagar, extender, difundir.
ANT.: *Reservar, acallar.*

multiplicarse
1 Reproducirse, procrear.
2 (Fig.) Desvivirse, afanarse.

multitud
Gentío, muchedumbre, aglomeración, hervidero, masa, turba, horda, tropel, legión, turbamulta, público, manada, enjambre, hormiguero, (C. Rica) genterío.
ANT.: *Persona, individuo.*
2 Sinnúmero, cantidad, infinidad, incontables, muchísimos.
ANT.: *Pocos, escasos.*

mundano
1 Cosmopolita, mundanal, urbano.
2 Sociable, superficial, materialista, frívolo, galante.
ANT.: *Ascético.*

mundial
1 Universal, internacional, global, común, general.
ANT.: *Local, nacional.*

mundo
1 Creación, orbe, cosmos.
2 Tierra, planeta, globo.
3 Humanidad, género humano, sociedad.
4 (Fig.) Experiencia, fogueo, mundología, trato.
5 (Fig.) Ambiente, círculo, ámbito, mundillo.

munición
1 Balín, perdigón.
2 Balas, proyectiles, carga, metralla.

municipal
Urbano, ciudadano, comunal, local, administrativo.

municipio
Ayuntamiento, municipalidad, concejo, cabildo, mancomunidad, (Esp.) consistorio.

munido (Argent.)
Provisto, equipado, dotado, surtido.

munificencia
Liberalidad, prodigalidad, esplendidez, largueza, generosidad.
ANT.: *Mezquindad, avaricia.*

muñeco
1 Figurilla, maniquí, muñeca, títere, juguete, pelele, fantoche, monigote.
2 (Fig.) Pusilánime, sin carácter, calzonazos.
3 (Fig. y fam.) Dandy o dandi, petimetre.

muralla
Pared, murallón, muro VER, paredón, defensa, baluarte, parapeto, barrera, fortificación.

murga
1 Banda, charanga, orquestina.
ANT.: *Orquesta.*
2 (Argent., Urug.) Comparsa [de carnaval].
3 Lata, fastidio, molestia, impertinencia, (Esp.) tabarra.
ANT.: *Entretenimiento.*

murmuración
1 Susurro, murmullo, rumor.
ANT.: *Grito, estruendo.*
2 Habladuría, chisme, calumnia, hablilla, (Esp.) cotilleo, (Méx.) argüende.
3 (Fig.) Rezongo, refunfuño.

murmurar
1 Susurrar, musitar, mascullar, bisbisear, cuchichear, balbucear, farfullar, rumorear.
2 (Fig. y fam.) Chismorrear, comadrear, intrigar, calumniar, criticar, infamar, difamar, hablar mal de alguien, (Esp.) cotillear, (Méx.) argüendear.
3 (Fig.) Refunfuñar, rezongar, gruñir.

muro
Tapia, valla, pared, paredón, muralla VER, tabique, medianera, lienzo.
musa
1 Deidad femenina [mitología griega].
2 Inspiración, numen, estro, vena, soplo, estímulo.
3 (Fig.) Poesía [como arte].
musculoso
Fornido, corpulento, atlético, recio, membrudo, vigoroso, robusto, (fig.) hércules.
ANT.: *Enclenque, esmirriado, alfeñique, debilucho.*
museo
Exposición, galería, pinacoteca, colección, salón, muestra, exhibición, salón.
música
1 Arte musical.
2 Armonía, melodía, ritmo, modulación, cadencia, sonido, canto, harmonía.
3 Composición, partitura, concierto, obra, pieza, aria.
musical
Armonioso, rítmico, melodioso, ritmado, cadencioso, modulado.
ANT.: *Inarmónico, estridente, cacofónico, ruidoso.*
músico
Compositor, musicólogo, autor, ejecutante, intérprete, concertista, solista, musicante, (fam.) maestro, autor.
musitar
Susurrar, cuchichear, murmurar VER.
ANT.: *Gritar, aullar.*
muslo
Anca, pierna, zanca, pernil, jamón.
mustio
1 Seco, agostado, marchito, ajado.
ANT.: *Fresco, lozano.*
2 Lánguido, lacio, decaído.
ANT.: *Animado, vigoroso.*
3 Triste, melancólico, abatido, deprimido, taciturno.
ANT.: *Alegre.*
4 (Méx./fam.) Hipócrita, disimulado, solapado.
musulmán
Muslime, islámico, mahometano.
mutación
1 Transformación, cambio, metamorfosis, muda, mudanza, alteración.
ANT.: *Persistencia, permanencia.*
2 Variación, destemple, perturbación [clima].
ANT.: *Estabilidad, inalterabilidad.*
mutilado
1 Lisiado, tullido, baldado, incapacitado, impedido, inválido, minusválido, disminuido.
2 Cercenado, recortado, censurado [texto].
mutismo
Silencio, reserva, mudez, sigilo, discreción.
ANT.: *Indiscreción, charlatanería, locuacidad.*
mutualidad
1 Reciprocidad.
ANT.: *Egoísmo.*
2 Cooperativa, mutua, asociación, agrupación, (Esp.) montepío.
mutuo
Recíproco, solidario, bilateral, alterno, equitativo, correlativo.
ANT.: *Unilateral, abusivo.*
muy
Mucho, bastante, harto, asaz, demasiado, abundante, excesivo, sobrado.
ANT.: *Poco, apenas.*

N

nacarado
Irisado, tornasolado, multicolor, anacarado, brillante.

nacer
1 Salir, venir al mundo, ver la luz, eclosionar, ser parido.
ANT.: *Morir, perecer.*
2 Brotar, germinar, despuntar, emerger [plantas].
3 Surgir, originarse, principiar, comenzar, iniciarse, empezar.
ANT.: *Acabar, terminar.*
4 Manar, formarse, aflorar.
ANT.: *Agotarse.*
5 (Fig.) Arrancar, partir, proceder, provenir, derivarse.
ANT.: *Concluir, desembocar.*
6 (Fig.) Aparecer, asomar [astros].
ANT.: *Ocultarse.*
7 nacerse (Venez./fam.) Llenarse de moho.

naciente
1 Este, oriente, orto.
ANT.: *Occidente.*
2 (Fig.) Reciente, nuevo, incipiente, inicial.
ANT.: *Final, póstumo, último.*

nación
1 País, patria, territorio, Estado, reino, tierra, región.
2 Pueblo, raza, nacionalidad, etnia, ciudadanos.

nacional
Patrio, territorial, regional, local, propio, autóctono.
ANT.: *Foráneo, internacional.*

nacionalidad
Origen, procedencia, raza, país, ciudadanía, cuna.

nacionalizar
1 Naturalizar, admitir como ciudadano, aceptar.
ANT.: *Expulsar.*
2 Estatificar, (Argent., Méx.) estatizar.
ANT.: *Liberar.*

nada
1 Inexistencia, ausencia total.
ANT.: *Existencia.*
2 Cero, ninguna cosa, (fig.) muy poco, mínimo.
ANT.: *Todo, mucho.*

nadar
1 Flotar, boyar, emerger, sobrenadar, bucear.
ANT.: *Hundirse, ahogarse.*
2 (Fig.) Abundar, tener mucho.
ANT.: *Carecer.*

naipes
Cartas, barajas, juego.

nalgas
Posaderas, asentaderas, glúteos, nalgatorio, culo, asiento, (fam.) pompis.

naranja
1 Anaranjado, naranjado [color].
2 naranjas (Fam.) Nones, no, nada, para nada, nanay, (Cuba) nananina.

narcótico
1 Somnífero, soporífero, hipnótico, sedante, dormitivo, narcotizante.
ANT.: *Estimulante.*
2 Droga, estupefaciente.

nariz
1 Naso, narinas, narices, apéndice nasal, napias, (Méx./fam.) chatas.
2 Trompa, morro.
3 (Fig.) Olfato.

narigón
1 Argolla, aro [que se pone en la nariz del ganado].
2 Narizón, narigudo, nasón, narizotas, napiudo, (Argent., Urug.) narigueta, (Venez.) narizudo.
ANT.: *Chato, ñato.*

narración
1 Relato, relación, reseña, pormenor, crónica, informe, descripción, detalle, exposición.
2 Historia, cuento, leyenda, novela, narrativa.

narrador
1 Cronista, relator, informador, expositor.
2 Cuentista, (Argent., Méx.) cuentacuentos.

narrar
Contar, relatar, → narración.

naso
Nariz, narizota, nasón.
natalicio
1 Nacimiento, día natal.
ANT.: *Óbito, muerte.*
2 Cumpleaños, aniversario, celebración, festejo.
nativo
1 Natural, oriundo, originario, aborigen, indígena, (fig.) hijo.
ANT.: *Extranjero.*
2 Patrio, natal, propio.
ANT.: *Ajeno, foráneo.*
natural
1 Puro, auténtico, original, silvestre, salvaje, (fig.) virgen.
ANT.: *Artificial, alterado, adulterado.*
2 Normal, habitual, ordinario, regular, corriente, común, usual, frecuente.
ANT.: *Anormal, sobrenatural.*
3 Congénito, nato, propio, innato, intrínseco.
ANT.: *Adquirido.*
4 Sencillo, espontáneo, sincero, llano, abierto.
ANT.: *Artificioso, afectado.*
5 Carácter, naturaleza VER.
6 VER nativo.
naturaleza
1 Temperamento, índole, natural, condición, genio, humor, temple, carácter, dotes, personalidad.
2 Cualidad, propiedad, esencia, característica, principio.
3 Universo, creación, cosmos, elementos.
4 Contextura, complexión, constitución física.
naturalidad
Sencillez, espontaneidad, sinceridad, llaneza, pureza, familiaridad.
ANT.: *Afectación, artificiosidad.*
naturalizarse
Nacionalizarse, establecerse, aclimatarse, asentarse.
naufragar
1 Zozobrar, hundirse, sumergirse, irse a pique, perderse.
ANT.: *Salir a flote.*
2 (Fig.) Fracasar, fallar, arruinarse, malograrse.
ANT.: *Tener éxito.*
naufragio
1 Hundimiento, desastre, siniestro.
2 (Fig.) Fracaso, pérdida, desgracia.
ANT.: *Éxito, triunfo.*
náusea
1 Basca, ansia, arcada, asco, espasmo, vómito.
2 (Fig.) Repulsión, repugnancia, aversión, disgusto, desagrado.
ANT.: *Atracción, gusto, agrado.*
nauseabundo
1 Repugnante, repulsivo, asqueroso, inmundo, fétido, nauseoso.
ANT.: *Agradable, fragante.*
2 Nauseante, bascoso, vomitón.
nauta
Navegante, piloto, marinero, marino, hombre de mar.
náutico
Marítimo, marinero, marino, naval, naviero, oceánico, transatlántico.
ANT.: *Terrestre, aéreo.*
navaja
Cuchillo, cuchilla, charrasca, hoja, faca, cortaplumas, daga.
navajazo
Tajo, cuchillada, navajada, herida, puñalada, corte.
naval
VER náutico.
nave
1 Barco, navío, bajel, embarcación, nao, buque.
2 Avión, astronave, cosmonave.
3 Salón, recinto, cuerpo, espacio [arquitectura].
4 Almacén, barraca, barracón, pabellón.
5 (Méx., Venez./fam.) Auto, carro, automóvil.
navegar
1 Surcar, cruzar, atravesar, bogar, singlar.
2 Volar, hender el aire o el espacio.
3 (Fig.) Trajinar.
4 (Fig.) Moverse en internet o en un hipertexto.
5 Pilotar, conducir, controlar.
navío
Barco, buque, embarcación, transatlántico, bajel, nao, galeón, carabela.
neblina
Bruma, smog, niebla VER.
nebuloso
1 Nublado, brumoso, neblinoso, caliginoso, nuboso.
ANT.: *Despejado.*
2 (Fig.) Vago, impreciso, confuso, borroso, incomprensible.
ANT.: *Comprensible, claro.*

N

3 Turbio, oscuro, tenebroso, tétrico, triste, gris.
ANT.: *Luminoso, nítido.*

necedad

1 Estupidez, estolidez, estulticia, imbecilidad, ignorancia, bobería, mentecatez, torpeza.
ANT.: *Agudeza, viveza, inteligencia.*
2 Disparate, dislate, desatino, sandez, idiotez, absurdo, majadería, tontería.
ANT.: *Acierto, tino.*

necesario

1 Ineludible, fatal, forzoso, inexcusable, insoslayable, inevitable, obligatorio, obligado.
ANT.: *Opcional, voluntario, azaroso.*
2 Indispensable, imprescindible, primordial, esencial, importante, preciso, básico.
ANT.: *Superfluo, prescindible.*
3 Útil, utilitario, provechoso.
ANT.: *Inútil, estorboso.*

necesidad

1 Sino, hado, destino, impulso, fatalidad.
ANT.: *Azar.*
2 Exigencia, precisión, obligación, requisito, condición, menester.
ANT.: *Libertad, elección, albedrío.*
3 Penuria, carencia, falta, pobreza, indigencia, aprieto, apuro.
ANT.: *Abundancia, opulencia.*
4 **necesidades** Evacuación, excreción, defecación, deyección, orina.

necesitar

1 Requerir, precisar, exigir.
ANT.: *Prescindir.*
2 Faltar, carecer, estar falto.
ANT.: *Sobrar.*

necio

1 Estúpido, ignorante, obtuso, cretino, bobo, tonto, mentecato, majadero, memo, ganso, asno, zoquete, simple, pasmado, torpe.
ANT.: *Listo, sensato, avispado.*
2 Porfiado, terco, obstinado, aferrado, tozudo.
ANT.: *Flexible, razonable.*
3 Imprudente, irreflexivo, zopenco, desatinado, atarantado.
ANT.: *Sagaz, atinado.*

néctar

Elixir, licor, ambrosía, zumo, jugo, bebida deliciosa.
ANT.: *Mejunje, bebistrajo.*

nefasto

1 Funesto, aciago, fatídico, ominoso, catastrófico, desastroso, sombrío, luctuoso, desgraciado.
ANT.: *Benéfico, fausto, fasto, afortunado, alegre.*
2 Detestable, abominable, execrable, impresentable, negativo.
ANT.: *Excelente.*

negar

1 Desmentir, impugnar, contradecir, rechazar, rehusar, discutir, rebatir, refutar, oponerse.
ANT.: *Afirmar, ratificar, asentir.*
2 Privar, prohibir, impedir, evitar, obstaculizar, condenar.
ANT.: *Conceder, permitir, acceder.*
3 Olvidar, desconocer, desdeñar, repudiar, renegar.
ANT.: *Aceptar, reconocer.*
4 Disimular, ocultar, esquivar.
ANT.: *Afrontar, confesar.*

negativo

1 Contrario, opuesto, contradictorio.
ANT.: *Afirmativo, positivo.*
2 Dañino, maligno, pernicioso, perjudicial, nefasto, lesivo, desventajoso.
ANT.: *Ventajoso, benéfico.*
3 (Fig.) Pesimista, misántropo, mezquino, egoísta, envidioso.
ANT.: *Optimista, altruista.*
4 Película, filme, placa, imagen invertida [fotografía].

negligencia

1 Descuido, distracción, olvido, desliz, omisión.
ANT.: *Atención, esmero.*
2 Indolencia, desidia, despreocupación, dejadez, desinterés, apatía.
ANT.: *Diligencia, interés.*

negociar

1 Comerciar, traficar, intercambiar, especular, vender, comprar, mercar.
2 Pactar, tratar, convenir, concertar, acordar, comprometerse.
ANT.: *Romper, deshacer, anular.*

negro

1 Azabache, endrino, sable, negruzco, retinto [color].
ANT.: *Blanco.*
2 (Fig. y fam.) Moreno, atezado, bruno, mulato, prieto.
3 (Fig. y fam.) Bronceado, tostado, quemado, renegrido.
ANT.: *Pálido, descolorido.*

4 (Fig.) Aciago, desventurado, adverso, infausto, desgraciado.
ANT.: *Dichoso, venturoso.*
5 (Fig.) Melancólico, triste, sombrío.
ANT.: *Alegre.*
6 (Fig.) Oscuro, oscurecido, nublado, encapotado.
ANT.: *Claro, despejado.*
7 (Fig.) Colérico, irritado, exasperado.
ANT.: *Sereno, tranquilo.*
8 (Fig.) Ilegal, clandestino.
ANT.: *Legal.*

nene
Rorro, chiquillo, niño VER.

neófito
1 Converso, iniciado, catecúmeno.
2 Novicio, principiante, novato VER.
ANT.: *Veterano, experimentado.*

nervio
1 Energía, fibra, ímpetu, vigor, empuje, arranque, brío, dinamismo.
ANT.: *Indolencia, apatía.*
2 Espíritu, alma, factótum.
3 nervios Nerviosismo, ansiedad, temor, aprensión, inquietud.
ANT.: *Serenidad, impavidez.*

nervioso
1 Agitado, excitado, exaltado, angustiado, alterado, intranquilo, irritable, perturbado, histérico, frenético.
ANT.: *Tranquilo, sereno, calmado.*
2 Inquieto, impetuoso, vigoroso, activo, enérgico.
ANT.: *Pasivo, apático.*

neto
1 Puro, limpio, diáfano, claro, terso, nítido, sano.
ANT.: *Sucio, borroso, confuso.*
2 Líquido, deducido, exacto, preciso.
ANT.: *Bruto.*

neumático
1 (Chile, Urug.) Cámara de llanta, caucho.
2 (Colomb., Esp., Méx., Venez.) Llanta, cubierta, (Argent., Cuba) goma.

neurálgico
1 Punzante, agudo, nervioso, ciático [dolor].
2 (Fig.) Esencial, crucial, determinante, capital, decisivo, trascendente.
ANT.: *Intrascendente, accesorio.*

neurastenia
Neurosis, manía, perturbación, histeria, excitación, depresión, nerviosidad, trastorno.
ANT.: *Equilibrio.*

neurosis
Depresión, angustia, neurastenia VER.

neurótico
Neurópata, hipocondríaco, depresivo, perturbado, neurasténico, maniático, trastornado.

neutral
1 Imparcial, neutro, equitativo, ecuánime, justo.
ANT.: *Parcial.*
2 Equidistante, centrado.
ANT.: *Inclinado, polarizado.*
3 Objetivo, indiferente, independiente, frío.
ANT.: *Apasionado, condicionado.*

neutralizar
Contrarrestar, anular, contener, compensar, equilibrar, igualar.
ANT.: *Fomentar, propiciar.*

neutro
1 Indiferente, imparcial, indeterminado, indistinto, neutral VER.
ANT.: *Parcial, partidario.*
2 Ambiguo, indefinido.
ANT.: *Definido.*
3 Vago, impreciso.
ANT.: *Preciso, definido.*
4 Frío, inexpresivo, flemático.
ANT.: *Expresivo, emotivo.*

nevera
1 Refrigerador, frigorífico, congelador, congeladora, fresquera, heladera.
2 (Fig.) Habitación muy fría.
3 (Venez./fam.) Mujerona, mujer alta y gruesa.

nexo
Vínculo, unión, lazo, relación, enlace, conexión, afinidad, parentesco, familiaridad.
ANT.: *Desvinculación, desunión, separación, ruptura.*

nicho
1 Hornacina, celdilla, bóveda, hueco, cavidad, compartimiento.
2 Sepultura, cripta.

nicotismo
Tabaquismo, nicotinismo, intoxicación por nicotina.

nido
1 Ponedero, nidal, lecho.
2 Madriguera, guarida, cubil, agujero, hueco, celdilla.
3 (Fig.) Casa, hogar, morada, techo, cobijo, vivienda.
4 (Fig.) Refugio, escondrijo.

N

niebla
1 Bruma, neblina, celina, vapor, vaho, nube, cerrazón.
2 (Fig.) Confusión, oscuridad, tenebrosidad, tenebra.
ANT.: *Diafanidad, claridad.*

nieve
1 Nevada, nevasca, ventisca, temporal, tormenta, (Argent., Chile, Ecuad.) nevazón.
2 (Fig./vulg.) Cocaína.

nigromante
Hechicero, brujo, adivino, agorero, augur, médium, espiritista.

nimbo
Halo, aureola, corona, cerco, resplandor, fulgor, diadema, disco.

nimiedad
1 Insignificancia, pequeñez, bagatela, parvedad, nonada, niñería.
ANT.: *Importancia, significación.*
2 Minuciosidad, detallismo, esmero, prolijidad.
ANT.: *Negligencia, descuido.*
3 Demasía, circunloquio, exceso, exageración.
ANT.: *Sencillez, concisión.*

nimio
1 Insignificante, pequeño, menudo, banal, frívolo, baladí.
ANT.: *Importante.*
2 Escrupuloso, esmerado, minucioso, detallista.
ANT.: *Descuidado, negligente.*
3 Excesivo, difuso, prolijo.
ANT.: *Conciso, breve.*

ninfa
1 Crisálida, capullo.
2 Dríada, nereida, ondina, potámide, sílfide, náyade, sirena, hespéride, apsara, (Esp.) xana.
3 (Fig.) Jovencita, moza, muchacha, (desp.) ninfeta.
4 (Fig.) Ramera, prostituta.

niña
1 Nena, → niño.
2 (Fam.) Pupila del ojo.
3 (Amér./fig. y fam.) Mujer joven, virgen o soltera.

niñato
1 Becerro nonato.
2 (Fig.) Inexperto, novato, mequetrefe.

niñera
Nodriza, aya, ama, nana, chacha, doncella, institutriz, (Chile) nurse, (Esp.) canguro.

niño
1 Nene, bebé, rorro, criatura, crío, (fig.) angelito, lactante, mamón.
ANT.: *Anciano.*
2 Chiquillo, chico, infante, párvulo, (fam.) mocoso, (desp.) arrapiezo, pequeño, peque, (Amér. C.) patojo, (Argent., Urug.) gurí, (Esp.) chaval, chavalillo, (Méx.) chamaco, escuintle o escuincle, (Riopl.) pibe, pebete, (Venez.) chamito.
ANT.: *Adulto.*
3 (Fig.) Inocente, ingenuo, candoroso.
ANT.: *Malicioso, taimado.*
4 (Fig.) Inexperto, novato, bisoño, pipiolo, principiante.
ANT.: *Ducho, experto.*
5 (Fig./desp.) Irreflexivo, frívolo, caprichoso, inmaduro, insensato, irracional, tonto, imprudente.
ANT.: *Maduro, sensato, prudente, juicioso.*
6 (Amér.) Joven, muchacho, doncel, hombre soltero.

nítido
1 Claro, limpio, preciso, neto VER.
ANT.: *Confuso, borroso.*
2 Cristalino, transparente, pulido, diáfano, puro.
ANT.: *Opaco, sucio, turbio.*

nivel
1 Horizontalidad, plano, ras, igualdad, llaneza.
ANT.: *Desnivel.*
2 Línea, cota, elevación, altitud, altura, marca, señal.
3 (Fig.) Grado, jerarquía, escalón.

nivelar
1 Allanar, alisar, rasar, explanar, emparejar, rellenar.
ANT.: *Desnivelar.*
2 (Fig.) Igualar, compensar, equiparar, equilibrar, contrarrestar.
ANT.: *Diferenciar.*

níveo
Blanco, claro, impoluto, inmaculado, cano, puro.
ANT.: *Oscuro, negro, sucio.*

no
Nones, nunca, jamás, de ningún modo, ni mucho menos, (Esp.) ca, quia, naranjas VER.
ANT.: *Sí, por supuesto.*

noble
1 Magnánimo, generoso, altruista, sincero, abierto, desinteresado, elevado, grande, valiente, magnífico.
ANT.: *Mezquino, perverso, ruin, vil, innoble, artero.*
2 Fino, superior, inalterable [materiales, metales].
3 Preclaro, esclarecido, distinguido, insigne, ilustre.
ANT.: *Insignificante, mediocre.*
4 Linajudo, señorial, patricio, aristócrata, caballero, hidalgo, señor.
ANT.: *Plebeyo, villano.*
5 Nobiliario, aristocrático, blasonado.
6 (C. Rica) Cortés, amable, afable.
noche
1 Oscuridad, anochecer, anochecida, sombras, tinieblas.
ANT.: Día, claridad.
2 (Fig.) Incertidumbre, confusión, tenebrosidad, sombra.
ANT.: *Certeza, seguridad.*
3 (Fig.) Tristeza, melancolía.
ANT.: *Alegría, felicidad.*
4 (Urug./fam.) Crédulo, ingenuo.
noción
1 Idea, concepto.
2 Conocimiento, noticia, información.
ANT.: *Ignorancia, desconocimiento.*
3 Rudimento, elemento, principio, fundamento, (fig. y fam.) barniz.
nocivo
Pernicioso, perjudicial, dañino, dañoso, lesivo, tóxico, insalubre, maléfico.
ANT.: *Inocuo, favorable, beneficioso, inofensivo.*
noctámbulo
Trasnochador, noctívago, nocturnal, (fam.) desvelado, (fig. y fam.) lechuza, (Esp.) nocherniego, (Méx./fig. y fam.) tecolote*.
ANT.: *Diurno, tempranero.*
*También suele llamarse así a los policías, en alusión a sus rondas nocturnas.
nodriza
Ama de cría, niñera VER.
nómada
Ambulante, errante, vagabundo, trotamundos, trashumante.
ANT.: *Estable, sedentario, asentado.*
nombrar
1 Llamar, designar, denominar, bautizar, titular.
2 Citar, mencionar, aludir, señalar, mentar.
3 Apodar, motejar.
4 Elegir, nominar, investir, proclamar, escoger.
ANT.: *Destituir.*
nombre
1 Denominación, designación.
2 Apelativo, apellido, patronímico, (fig.) gracia.
3 Marca, identificación, título.
4 Sobrenombre, alias, seudónimo, apodo, mote, sobrenombre, (Cuba, Urug.) nombrete.
5 (Fig.) Renombre, fama, reputación, crédito, celebridad, nombradía.
ANT.: *Descrédito, anonimato.*
nómina
1 Plantilla, lista, listado, relación, registro, rol, catálogo, enumeración.
2 Salario, sueldos, pagos.
non
Impar, desigual, dispar, desparejo.
ANT.: *Par.*
nórdico
1 Septentrional, ártico, boreal, hiperbóreo, del norte.
ANT.: *Meridional, austral.*
2 Escandinavo, sueco, noruego, islandés, danés, vikingo.
norma
1 Patrón, medida, regla, canon.
2 Pauta, modelo, guía.
3 Principio, ley, precepto, reglamento, ordenamiento, ordenanza.
ANT.: *Excepción.*
4 Método, sistema, orden, modo, costumbre.
ANT.: *Caos, anarquía.*
normal
1 Común, corriente, natural, ordinario, conocido, habitual, acostumbrado, usual, regular, frecuente.
ANT.: *Inusual, anormal, insólito, extraordinario.*
2 Equilibrado, sensato, cuerdo, cabal.
ANT.: *Desequilibrado, trastornado.*
normalidad
Equilibrio, orden, tranquilidad, calma, paz, regularidad.
ANT.: *Anormalidad, anomalía, desorden, irregularidad.*
norte
1 Septentrión, ártico, bóreas.
ANT.: *Sur, mediodía.*
2 (Fig.) Meta, objetivo, fin, rumbo, propósito.

3 (Fig.) Guía, dirección, orientación, brújula.
ANT.: *Desorientación.*

norteamericano
Yanqui, gringo, estadounidense, estadunidense.

nostalgia
Recuerdo, añoranza, melancolía, soledad, tristeza, pesadumbre, pena, evocación, (Esp.) morriña.

nota
1 Anotación, apunte, registro, asiento, notación.
2 Comentario, glosa, apostilla, acotación, observación.
3 Aviso, advertencia, anuncio.
4 Recordatorio, recado, misiva, mensaje.
5 Noticia, información, reporte.
6 Factura, cuenta.
7 Calificación, evaluación, valoración, resultado.
8 (Fig. y fam.) Característica, detalle, toque.

notabilidad
1 Particularidad, cualidad.
2 (Fam.) Fama, relevancia, celebridad, notoriedad VER.
ANT.: *Anonimato.*
3 Personaje, personalidad, figura, eminencia, lumbrera, genio, héroe.
ANT.: *Desconocido.*

notable
1 Considerable, importante, sobresaliente, trascendente, trascendental, capital, cardinal.
ANT.: *Insignificante.*
2 Extraordinario, destacado, superior, grande, distinguido.
ANT.: *Mediocre, mediano.*
3 Personaje, notabilidad VER.

notar
1 Señalar, marcar, anotar, acotar, apuntar.
ANT.: *Omitir.*
2 Advertir, observar, reparar, distinguir, ver, darse cuenta.
ANT.: *Pasar por alto, ignorar.*
3 Sentir, percibir, detectar, apreciar.
4 Censurar, reprender, amonestar.
ANT.: *Elogiar.*

notario
Fedatario, escribano, certificador, actuario, funcionario.

noticia
1 Conocimiento, noción, idea.
ANT.: *Ignorancia.*
2 Informe, información, revelación, reseña, parte, nueva.
3 Suceso, acontecimiento, acaecimiento, hecho, novedad.
4 Comunicación, mensaje, aviso, anuncio.
5 Nota, gacetilla, reporte, reportaje.
6 Rumor, hablilla.

noticiero
Noticiario, diario hablado, noticias, informativo, (Amér. C. y Merid.) noticioso*.
*Tb. significa: Sabedor, conocedor. / Erudito. / (Méx.) Que es noticia.

notificar
Avisar, informar, declarar, comunicar, transmitir.

notoriedad
Reputación, renombre, celebridad, nombradía, notabilidad, prestigio, fama.
ANT.: *Oscuridad, anonimato.*

notorio
1 Conocido, sabido, público, palpable, divulgado, difundido, famoso.
ANT.: *Desconocido, ignorado.*
2 Manifiesto, patente, probado, comprobado, evidente.
ANT.: *Oculto, confuso, dudoso.*

novato
Novicio, novel, aprendiz, principiante, neófito, bisoño.
ANT.: *Curtido, veterano, experto.*

novedad
1 Suceso, nueva, noticia VER.
2 Creación, invención, perfeccionamiento, mejora.
3 Innovación, primicia.
ANT.: *Antigüedad.*
4 Mutación, mudanza, variación, trueque, cambio, alteración, modificación.
ANT.: *Estabilidad, costumbre, tradición, persistencia.*
5 (Fig.) Asombro, extrañeza, admiración, (fam.) comidilla.
ANT.: *Tedio, indiferencia.*

novedoso
Nuevo, reciente, original, inédito, actual, moderno, diferente.
ANT.: *Conocido, familiar, sobado, manido, anticuado.*

novel
Principiante, inexperto, novato VER.
ANT.: *Veterano.*

novela
1 Narración, relato, descripción, romance, folletín.
2 Novelística, ficción.
3 (Fig.) Mentira, comedia, farsa, cuento, fábula, invención.
ANT.: *Verdad, realidad.*

novelesco
1 Novelístico, folletinesco.
2 Fabuloso, sorprendente, fantástico, fantasioso, ficticio.
ANT.: *Corriente, vulgar, real.*

novelista
Literato, novelador, escritor, autor.

noviazgo
Idilio, amorío, romance, cortejo, relaciones, corte, festejo, galanteo.

novicio
Novel, novato VER.

novillo
1 Becerro, torillo, eral, vaquilla, (Venez.) novillona.
2 (Méx., Venez.) Ternero castrado.
3 (Esp./fig. y fam.) Cornudo, cuclillo.

novia
1 Pretendida, cortejada, prometida, comprometida, futura, enamorada, (fig.) dulcinea.
2 Desposada, contrayente, recién casada.

novio
1 Pretendiente, prometido, comprometido, cortejador, futuro, festejante, enamorado, galán.
2 Desposado, contrayente, recién casado.

nube
1 Celaje, nubosidad, nubarrón.
ANT.: *Claro.*
2 Enjambre, cúmulo, cantidad, multitud, muchedumbre, afluencia.
3 (Fig.) Velo, sombra, capa, cortina, pantalla.
4 (Fig.) Confusión, perturbación.
ANT.: *Certeza, seguridad.*

nublado
Cerrado, encapotado, nuboso, nebuloso, cubierto, velado, plomizo, gris, (ant.) ñublo.
ANT.: *Despejado, limpio.*

nuca
Cerviz, cogote, cuello, testuz.

nuclear
1 Central, nucleario, fundamental.
ANT.: *Periférico.*
2 Atómico.

núcleo
1 Centro, foco, eje, meollo, corazón, médula, interior.
ANT.: *Periferia.*
2 (Fig.) Esencia, base, elemento fundamental.
ANT.: *Accesorio.*

nudo
1 Lazada, ligadura, ligamen, conexión, entrelazamiento, ñudo.
2 Vínculo, unión, lazo, nexo, atadura.
ANT.: *Separación.*
3 Bulto, protuberancia, tumor [árboles y huesos].
4 (Fig.) Trabazón, enlace, encadenamiento, intriga, clímax [narrativa].
ANT.: *Desenlace.*
5 (Fig.) Dificultad, problema, brete, duda, quid.
ANT.: *Solución, respuesta.*
6 (Argent.) Nudillo, articulación de los dedos.

nueva
Especie, rumor, primicia, novedad, noticia VER.

nuevo
1 Fresco, reciente, recién hecho, flamante, (fam.) calientito.
ANT.: *Usado, viejo.*
2 Inédito, novedoso, original.
ANT.: *Sobado, manido.*
3 Actual, moderno, novedoso.
ANT.: *Pasado, anticuado.*
4 Naciente, lozano, tierno.
ANT.: *Marchito.*
5 Diferente, otro, distinto.
ANT.: *Mismo.*
6 Desconocido, ignorado.
ANT.: *Sabido, conocido.*
7 (Fig.) Novato, novel, principiante.
ANT.: *Veterano.*
8 (Fig. y fam.) Joven.

nuez
1 Fruto, drupa.
2 (Fig.) Laringe, protuberancia, nuez, bocado o manzana de Adán.
3 (Urug.) Testículo.

nulidad
1 Ilegalidad, invalidez, invalidación, caducidad, inexistencia.
ANT.: *Validez, vigencia.*
2 (Fig. y fam.) Inepto, incapaz, torpe, inútil, bueno para nada.
ANT.: *Apto, capaz, hábil.*

N

nulo
1 Ilegal, inválido, invalidado, anulado, abolido, cancelado, rescindido, suprimido, inexistente.
ANT.: *Válido, vigente, legal.*
2 Incapaz, incapacitado, inepto, ineficiente, inútil, inservible, torpe, ignorante, nulidad, incompetente.
ANT.: *Apto, hábil, capaz, competente, eficiente, útil.*

numerar
Contar, enumerar, foliar, clasificar, marcar, disponer, ordenar, inscribir.
ANT.: *Confundir, revolver.*

número
1 Cifra, guarismo, símbolo, signo, expresión, notación, representación.
2 Cantidad, conjunto, grupo.
ANT.: *Unidad, individuo.*
3 Cuantía, total, cuota, proporción.
ANT.: *Carencia, falta.*
4 Ejemplar, edición, fascículo [publicaciones periódicas].
5 Ejecución, interpretación, ejercicio, acto, (pr.) show.
6 (Fam.) Billete de lotería o rifa.
7 (Fig. y fam.) Escena, escenita, circo, ridículo, numerito, espectáculo.
8 (Venez.) Salida, cita [de un hombre y una mujer].

numeroso
Innumerable, abundante, incontable, múltiple, inagotable, infinito, nutrido, rico, excesivo.
ANT.: *Escaso, poco.*

nunca
Jamás, ninguna vez, de ningún modo, en ningún tiempo, no en la vida.
ANT.: *Siempre.*

nupcial
Conyugal, matrimonial, marital, esponsalicio, casamentero.

nupcias
Boda, bodas, himeneo, enlace, matrimonio VER.

nutrido
1 Alimentado, vigoroso.
ANT.: *Desnutrido.*
2 (Fig.) Abundante, copioso, lleno, numeroso.
ANT.: *Poco, escaso.*

nutrir
1 Alimentar, sustentar, fortalecer, robustecer.
ANT.: *Desnutrir, debilitar.*
2 (Fig.) Suministrar, proveer, mantener, abastecer.
ANT.: *Escatimar.*
3 (Fig.) Colmar, atestar, llenar.
ANT.: *Vaciar.*
4 (Fig.) Reforzar, acrecer, acrecentar.
ANT.: *Disminuir.*

nutritivo
Sustancioso, alimenticio, fortificante, suculento, vigorizante, reconstituyente, reconfortante, completo.
ANT.: *Debilitante, insustancial.*

Ñ

ña (Amér.)
Señora, doña.

ñaña
1 (Argent., Chile) Aya, niñera, nana, nodriza.
2 (Chile) Hermana.

ñáñara
1 (Cuba, Sto. Dom.) Ulceración, llaga, escoriación.
2 (Méx.) Prurito, comezón, calosfrío.
3 (Méx./fig. y fam.) Ansia, repulsión, dentera.

ñaño
1 (Argent., Ecuad., Perú) Amigo muy cercano.
2 (Chile) Hermano.
3 (Colomb., Pan.) Consentido, mimado, malcriado.
4 (Perú/fam.) Niño.

ñapa (Amér. C. y Merid., Antill.)
Yapa, propina, añadido, cortesía, obsequio, (Méx.) pilón.

ñapango (Colomb.)
Mulato, mestizo.

ñato
1 (Amér.) Chato, de nariz corta o roma, ñopo.
2 (Argent.) Desnarigado, mutilado de la nariz.

ñengo (Amér.)
Flaco, esmirriado, enclenque, desmedrado, alfeñique, (Cuba) ñangado, (Méx.) ñango.
ANT.: *Fuerte, robusto, musculoso.*

ñero
1 (Colomb., Méx.) Pelado, peladito, persona vulgar.
2 (Méx., Venez./fam.) Cuate, amigo, compañero.
3 (Venez.) Campesino, provinciano.
4 (Venez./fig.) Zafio, rústico, torpe.

ñinga (Cuba, Venez.)
Pizca, brizna, minucia, partícula, pequeñez.

ñoñería
1 Apocamiento, pusilanimidad, cortedad, ñoñez.
ANT.: *Seguridad, decisión.*
2 Melindre, remilgo, cursilería, afectación, (Venez.) ñoñera.
ANT.: *Sencillez, naturalidad.*
3 Tontería, simpleza, bobería.
ANT.: *Agudeza.*

ñoño
1 Apocado, pusilánime, corto, medroso, tímido, indeciso.
ANT.: *Decidido, resuelto.*
2 Remilgado, afectado, cursi, melindroso, puntilloso, ridículo.
ANT.: *Sencillo, natural.*
3 Soso, insustancial, huero, fatuo.
ANT.: *Importante, sustancial.*
4 Tonto, simple, bobo, necio, simplón.
ANT.: *Listo, ingenioso.*
5 (Argent., Venez.) Chocho, viejo, decrépito.

ñopo
1 (Amér.) Chato, ñato VER.
2 (Venez.) Leguminosa de propiedades estupefacientes.

ñorbo (Ecuad., Perú)
Maracuyá, mburucuyá, pasionaria, pasiflora.

ñublado
(Ant. y vulg.) Nublado, nuboso, nublo, ñublo, encapotado.
ANT.: *Despejado, claro.*

ñudo
Lazo, amarre, ligadura, nudo VER.

ñuto
1 (Argent.) Desmenuzado, aplastado, molido.
2 (Colomb., Ecuad., Perú) Carne suave o suavizada a golpes.
3 (Perú) Trizas, polvo, añicos, fragmentos, pedacitos.

O

oasis
(Fig.) Tregua, descanso, alivio, refugio, remanso.
obcecación
1 Ofuscación, obnubilación, empecinamiento, ceguedad, (fig.) ceguera.
ANT.: *Claridad, comprensión.*
2 Arrebato, ofuscamiento.
obcecado
Ofuscado, obnubilado, obstinado, tozudo, terco, testarudo, emperrado, (fig.) ciego.
ANT.: *Comprensivo, razonable.*
obedecer
1 Acatar, cumplir, observar, seguir, respetar, adherirse.
ANT.: *Infringir, violar, desacatar.*
2 Ceder, transigir, someterse, subordinarse, disciplinarse.
ANT.: *Rebelarse, desobedecer, mandar, ordenar.*
3 Deberse a, provenir, derivarse de, proceder.
obediencia
1 Acatamiento, observancia, respeto, disciplina, sujeción, subordinación.
ANT.: *Rebelión, desobediencia, desacato, infracción.*
2 Docilidad, sumisión.
ANT.: *Rebeldía, indocilidad.*
obediente
Disciplinado, cumplido, sumiso, dócil, manso, manejable, suave.
ANT.: *Desobediente, rebelde.*
obeso
Rollizo, grueso, gordo, adiposo, carnoso, rechoncho, pesado, abultado, voluminoso, corpulento.
ANT.: *Flaco, delgado, escuálido.*
óbice
Inconveniente, impedimento, dificultad, obstáculo, estorbo, entorpecimiento, rémora, tropiezo.
ANT.: *Incentivo, estímulo, facilidad.*
obispo
1 Prelado, arzobispo, patriarca.
2 Violáceo, guinda, purpúreo [color].
3 (Esp.) Morcilla gruesa.
óbito
Fallecimiento, muerte, defunción, deceso.
ANT.: *Nacimiento.*
obituario
Esquela, nota luctuosa.
objeción
Reparo, observación, réplica, pero, censura, crítica, dificultad, tacha.
ANT.: *Aceptación, aprobación.*
objetar
Refutar, argüir, censurar, contradecir, controvertir, oponer, reparar.
ANT.: *Aprobar, apoyar, confirmar.*
objetivo
1 Meta, objeto, fin, finalidad, mira, aspiración, propósito, designio.
2 Diana, blanco, centro.
3 Imparcial, neutral, desapasionado, desinteresado, recto, justo.
ANT.: *Apasionado, subjetivo, parcial.*
4 Material, realista, práctico, sustantivo.
ANT.: *Soñador, iluso.*
objeto
1 Cosa, ente, entidad, elemento, sustancia.
ANT.: *Sujeto.*
2 Asunto, tema, materia, cuestión.
3 Finalidad, objetivo VER.
4 Motivo, intento.
oblicuo
Inclinado, sesgado, diagonal, desviado, torcido, desnivelado, caído.
ANT.: *Recto, perpendicular, derecho.*
obligación
1 Deber, imposición, exigencia, necesidad, carga, deuda.
ANT.: *Facultad, albedrío, libertad, derecho.*
2 Responsabilidad, compromiso, cometido, tarea.
3 Correspondencia, vínculo, reciprocidad, reconocimiento.
ANT.: *Desobligación.*
4 Contrato, título, convenio, documento.

obligar
1 Compeler, imponer, forzar, exigir, coaccionar.
ANT.: *Consentir, permitir.*
2 Comprometer, ligar.
ANT.: *Eximir.*
3 Someter, constreñir, violentar, forzar, empujar.
ANT.: *Liberar.*
obligatorio
Forzoso, necesario, imprescindible, comprometido, obligado, preciso, ineludible, apremiante, insoslayable.
ANT.: *Voluntario, opcional.*
óbolo
Donativo, dádiva, limosna, contribución, ayuda.
obra
1 Acción, acto, hecho.
2 Trabajo, tarea, labor, misión, ocupación, trajín, faena.
ANT.: *Ocio.*
3 Producto, producción, creación, resultado, fruto.
4 Libro, tratado, escrito, texto, volumen, tomo.
5 Escultura, pintura, composición.
6 Edificación, construcción, edificio.
obrar
1 Actuar, hacer, ejecutar, ejercer, realizar, operar, maniobrar, intervenir, proceder.
ANT.: *Abstenerse, parar, detenerse, cesar, interrumpir.*
2 Construir, edificar.
ANT.: *Derruir, demoler.*
3 Hallarse, estar, encontrarse.
4 Defecar, deponer, evacuar, (vulg.) cagar, hacer de cuerpo.
ANT.: *Estreñirse.*
obrero
1 Operario, trabajador, asalariado, jornalero, proletario, peón.
2 Laboral, obrerista.
obsceno
Pornográfico, procaz, ofensivo, deshonesto, indecente, libertino, impúdico, impuro, lascivo, lúbrico, (fig.) verde.
ANT.: *Casto, pudoroso, decente.*
obscuridad
1 Tinieblas, sombras, oscuridad, tenebrosidad, lobreguez, negrura, noche.
ANT.: *Claridad, luz.*
2 (Fig.) Ignorancia, desconocimiento, inconsciencia.
ANT.: *Conocimiento, saber.*
3 Confusión, embrollo, incertidumbre, lío, ambigüedad.
ANT.: *Precisión, nitidez.*
4 (Fig.) Anonimato, humildad.
ANT.: *Lustre, fama.*
obscuro
1 Tenebroso, lóbrego, sombrío, umbroso, umbrío, oscuro, (fig.) negro.
ANT.: *Claro, luminoso.*
2 Nublado, encapotado, cerrado, ensombrecido, (fig.) gris.
ANT.: *Despejado.*
3 Moreno, cetrino, atezado, endrino, prieto, renegrido.
ANT.: *Blanco, pálido.*
4 (Fig.) Incomprensible, ininteligible, confuso, indescifrable, dudoso.
ANT.: *Fácil, inteligible, comprensible.*
5 (Fig.) Turbio, equívoco, inconfesable.
ANT.: *Diáfano, transparente.*
6 (Fig.) Insondable, enigmático, misterioso, secreto, sibilino.
ANT.: *Manifiesto, evidente.*
7 (Fig.) Incierto, desconocido, azaroso.
ANT.: *Conocido, seguro.*
obsequio
1 Regalo, agasajo, dádiva, ofrenda, propina, (Amér. C. y Merid., Antill.) ñapa, (Méx.) pilón.
2 Deferencia, fineza, afabilidad, gentileza, cortesía.
ANT.: *Desprecio, grosería.*
obsequioso
1 Atento, cortés, servicial, amable, galante, complaciente.
ANT.: *Grosero, descortés.*
2 Dadivoso, generoso.
ANT.: *Tacaño, egoísta.*
3 (Desp.) Servil, zalamero, adulador, sumiso, cortesano, (Méx.) arrastrado.
observación
1 Contemplación, atención, vigilancia, expectación.
2 Opinión, indicación, consejo, advertencia, aclaración.
3 Amonestación, regaño.
4 Examen, escrutinio, investigación, comparación, análisis, estudio, inspección.
observador
1 Espectador, asistente, presente, testigo.
2 Curioso, minucioso, agudo, atento.
ANT.: *Torpe, distraído.*
3 Enviado, comisionado, delegado, representante.

observancia
Acatamiento, cumplimiento, respeto, obediencia VER.
ANT.: *Incumplimiento, negligencia.*

observar
1 Mirar, contemplar, acechar, atisbar, atender, vigilar, espiar.
ANT.: *Desatender, distraerse.*
2 Notar, advertir, percatarse, reparar, darse cuenta.
3 Cumplir, acatar, seguir, guardar, respetar.
ANT.: *Infringir, violar.*
4 Examinar, analizar, investigar, estudiar, → observación.
5 Indicar, opinar.

obsesión
Manía, obstinación, prejuicio, neurosis, perturbación, ofuscación, preocupación.

obsesivo
Maniático, ideático, compulsivo, prejuicioso, obseso, obsesionado, neurótico.
ANT.: *Normal.*

obstáculo
1 Barrera, escollo, atasco, estorbo.
2 (Fig.) Traba, freno, complicación, óbice, impedimento, molestia.
ANT.: *Facilidad.*

obstinación
1 Terquedad, tozudez, obcecación, pertinacia, porfía, insistencia, contumacia, empeño.
ANT.: *Comprensión, flexibilidad.*
2 (C. Rica) Desesperación, exasperación.

obstinado
1 Testarudo, terco, pertinaz, obcecado, contumaz, porfiado, recalcitrante, tozudo, empecinado, (Méx./fam.) aferrado.
ANT.: *Razonable, flexible.*
2 Perseverante, tenaz, constante.
ANT.: *Claudicante.*
3 (C. Rica) Desesperado, exasperado.
4 (Venez.) Aburrido, molesto, ostinado.

obstruir
1 Atascar, atorar, taponar, tapar, cegar, obturar, ocluir, trabar, cerrar, bloquear.
ANT.: *Destapar, liberar, franquear.*
2 (Fig.) Entorpecer, estorbar, dificultar, impedir, coartar.
ANT.: *Facilitar, propiciar, permitir.*

obtener
1 Lograr, conseguir, alcanzar, adquirir, ganar, conquistar, agenciarse.
ANT.: *Perder, ceder.*
2 Producir, generar, beneficiar, extraer, sacar [industria].

obtuso
1 Despuntado, romo, chato, mocho.
ANT.: *Agudo.*
2 Torpe, lerdo, tonto, estúpido, necio.
ANT.: *Listo.*

obús
1 Cañón, mortero, bombarda.
2 Proyectil, bala, granada.

obviar
1 Sortear, evitar, soslayar, eludir, saltar, remover.
ANT.: *Encarar, abordar.*
2 Zanjar, remediar, allanar, simplificar [trámites, asuntos].
ANT.: *Complicar.*

obvio
Evidente, manifiesto, claro, innegable, notorio, visible, patente, incuestionable, palmario, elemental, fácil.
ANT.: *Oscuro, incierto.*

ocasión
1 Oportunidad, coyuntura, caso, lance, circunstancia, situación, casualidad.
2 Motivo, causa, pretexto.
3 Tiempo, momento, sazón, conveniencia.
ANT.: *Destiempo.*
4 Ganga, ventaja, provecho, momio, (Esp./fig.) breva.

ocasionar
Provocar, originar, motivar, mover, causar, determinar, influir, producir.
ANT.: *Impedir, prevenir.*

ocaso
1 Crepúsculo, oscurecer, anochecer, puesta.
ANT.: *Alba, orto, amanecer.*
2 Occidente, oeste, poniente.
ANT.: *Oriente, levante.*
3 (Fig.) Decadencia, declinación, declive, postrimería.
ANT.: *Auge, surgimiento.*

occiso
Muerto, fallecido, difunto, cadáver.
ANT.: *Vivo.*

oceánico
1 Marítimo, náutico, naval.
2 Marino, abisal, pelágico.

océano
1 Mar, piélago, ponto, abismo.
2 (Fig.) Superabundancia, montón, inmensidad.
ANT.: *Escasez.*

ocio
1 Inactividad, holganza, desocupación, reposo, inacción.
ANT.: *Actividad, ocupación.*
2 Recreo, descanso, asueto, tiempo libre.
ANT.: *Trabajo, labor, jornada, faena.*
3 (Fig.) Holgazanería, pereza, gandulería, indolencia.
ANT.: *Diligencia, laboriosidad.*
4 ocios Diversión, entretenimiento, pasatiempo, (pr.) hobby.

ocioso
1 Parado, desocupado, desempleado, inactivo.
ANT.: *Ocupado, empleado, activo.*
2 Vago, holgazán, gandul, perezoso, indolente.
ANT.: *Diligente, trabajador.*
3 Inútil, innecesario, fútil, estéril, vano, baldío.
ANT.: *Significativo, importante, útil.*

ocultar
1 Esconder, disimular, tapar, cubrir, velar, guardar.
ANT.: *Mostrar, exhibir, descubrir, encontrar, hallar.*
2 Callar, sigilar, solapar, encubrir, silenciar.
ANT.: *Decir, revelar, manifestar.*
3 Fingir, disfrazar, enmascarar.
ANT.: *Demostrar.*

ocultismo
Esoterismo, ciencias ocultas, espiritismo.
ANT.: *Exoterismo.*

oculto
1 Escondido, cubierto, tapado, velado, guardado, disimulado, encubierto, disfrazado, incógnito.
ANT.: *Visible, descubierto, evidente, notorio, patente.*
2 Ignorado, ignoto, indescifrable, insondable.
ANT.: *Conocido, sabido.*
3 Misterioso, secreto, clandestino, vedado, prohibido.
ANT.: *Divulgado, público.*
4 Latente, subrepticio [mal, enfermedad].
ANT.: *Manifiesto, aparente.*

ocupación
1 Trabajo, empleo, labor, tarea, quehacer, oficio, actividad, función, profesión, deber, cometido.
ANT.: *Desempleo, holganza, ociosidad, vagancia, desocupación.*

ocupado
1 Atareado, activo, trabajador, abrumado, agobiado, ajetreado.
ANT.: *Desocupado, ocioso.*
2 En uso [teléfono, excusado, taxis, etc.].
ANT.: *Libre, vacante.*
3 Completo, lleno, rebosante.
ANT.: *Vacío.*
4 Conquistado, tomado, vencido.
ANT.: *Evacuado, abandonado.*

ocupar
1 Apoderarse, apropiarse, adueñarse, tomar, invadir, asaltar, vencer.
ANT.: *Ceder, evacuar, abandonar.*
2 Usar, utilizar.
ANT.: *Desocupar.*
3 Habitar, morar, instalarse.
ANT.: *Dejar, deshabitar.*
4 Ejercer, tener, desempeñar [cargo, puesto].
5 Emplear, contratar.
ANT.: *Despedir, correr.*
6 Requerir, llevarse, emplear [tiempo, esfuerzo].
7 Acomodarse, situarse, estorbar.
ANT.: *Despejar.*
8 ocuparse Dedicarse, cuidarse, cuidar, atender.
ANT.: *Desatender.*

ocurrencia
1 Suceso, caso, ocasión, lance, contingencia, acontecimiento.
2 Idea, genialidad.
3 Agudeza, sutileza, salida, chiste, gracia.

ocurrir
1 Suceder, acontecer, acaecer, pasar, sobrevenir, producirse, verificarse, darse.
2 Acudir, concurrir, asistir.
ANT.: *Faltar.*

oda
1 Cántico, verso, poema, loa.
2 (Fig.) Glorificación, apología, panegírico.

odiar
Abominar, detestar, aborrecer, execrar, desdeñar, condenar.
ANT.: *Querer, amar.*

O

odio
1 Aborrecimiento, antipatía, enemistad, desprecio, resentimiento, tirria, encono, rencor, (fam.) ojeriza.
ANT.: *Simpatía, amor, estima.*
2 Repugnancia, aversión, repulsión.
ANT.: *Atracción, gusto.*
odioso
1 Aborrecible, abominable, detestable, execrable, antipático, repelente, insoportable.
ANT.: *Simpático, adorable, encantador, atrayente.*
2 Repulsivo, repugnante, desagradable, molesto.
ANT.: *Agradable.*
3 Injusto, indigno [Derecho].
odisea
1 Gesta, hazaña, aventura, riesgo, epopeya.
2 (Fig.) Drama, tragedia, calvario, sacrificio, peripecias, avatares.
odre
1 Pellejo, bota, cuero, odrina.
2 (Fig.) Borracho, beodo, bebedor.
ANT.: *Abstemio.*
ofender
1 Afrentar, agraviar, denostar, insultar, injuriar, difamar.
ANT.: *Alabar, elogiar.*
2 Humillar, avergonzar, escarnecer, despreciar, burlarse, mofarse, abusar.
ANT.: *Respetar, reconocer.*
3 Herir, dañar, lesionar.
4 Fastidiar, molestar, desplacer, desagradar, repugnar.
ofensa
Injuria, agravio, ultraje, oprobio, insulto, afrenta, humillación, burla.
ANT.: *Alabanza, elogio.*
ofensiva
Ataque, asalto, embestida, arremetida, avance.
ANT.: *Retirada, fuga, defensiva.*
ofensivo
1 Insultante, humillante, afrentoso, vergonzoso, injurioso, agraviante.
ANT.: *Honroso, encomiástico.*
2 Agresivo, grosero, soez, descortés, (fig.) patán.
ANT.: *Cortés, delicado.*
oferta
1 Propuesta, proposición, ofrecimiento, promesa, sugerencia.
ANT.: *Petición, negativa.*
2 Ocasión, ganga, oportunidad.
oficial
1 Estatal, gubernamental, gubernativo, público, administrativo, federal.
ANT.: *Privado, oficioso.*
2 Formal, definitivo, legal, establecido, vigente.
ANT.: *Extraoficial, interino, informal.*
3 Jefe, superior, comandante.
ANT.: *Soldado, tropa.*
4 Funcionario, empleado público.
oficiar
1 Celebrar [un ritual].
2 Actuar, ejercer, intervenir, arbitrar, terciar.
3 Comunicar.
oficina
1 Despacho, bufete, estudio, escritorio, notaría.
2 Agencia, delegación, representación, sucursal.
oficinista
Empleado, burócrata, escribiente, auxiliar, secretaria, mecanógrafa.
oficio
1 Profesión, ocupación, arte.
2 Trabajo, actividad, empleo, menester, cargo, plaza.
ANT.: *Desocupación.*
3 Gestión, acción, intervención.
4 Papel, rol, función.
5 Ceremonia, acto litúrgico, rezo.
6 Documento, escrito, comunicado, expediente.
oficioso
1 Extraoficial, privado, informal.
ANT.: *Oficial.*
2 Solícito, diligente, hacendoso, servicial, comedido.
ANT.: *Apático, negligente, perezoso.*
3 Eficaz, provechoso, útil.
ANT.: *Ineficaz, estéril.*
4 Entremetido, indiscreto, importuno, chismoso.
ANT.: *Discreto.*
ofrecer
1 Proponer, prometer, brindar, comprometerse.
ANT.: *Solicitar.*
2 Convidar, regalar, agasajar, invitar.
3 Ofrendar, dedicar, consagrar, inmolar, sacrificar.
4 Dar, entregar, donar.
ANT.: *Pedir, recibir.*
5 Mostrar, exhibir, presentar, manifestar, evidenciar.
ANT.: *Ocultar.*

ofrenda
1 Sacrificio, inmolación, ofrecimiento, consagración.
2 Donativo, oblación.
3 Obsequio, don, regalo, presente.

ofuscado
Obstinado, obcecado, obsesionado, terco, deslumbrado, obnubilado, (fig.) ciego, cegado, tozudo, confundido, equivocado.
ANT.: *Razonable.*

ogro
1 Monstruo, coloso, gigante, espantajo, (fam.) coco.
2 (Fig.) Irascible, cruel, bárbaro, intratable, malvado.
ANT.: *Bondadoso, amable.*

oído
1 Audición, escucha, sentido, percepción.
ANT.: *Sordera.*
2 (Fam.) Oreja.
3 (Fig.) Aptitud, disposición musical.

oír
1 Escuchar, percibir, notar, captar, advertir.
2 Atender, enterarse.
ANT.: *Ignorar.*
3 (Fig.) Obedecer, acceder.
ANT.: *Desoír.*

ojeada
Vistazo, mirada, atisbo, repaso.

ojeriza
Malquerencia, inquina, antipatía, tirria, odio VER.
ANT.: *Simpatía.*

ojo
1 Órgano de la vista, globo ocular, ocelo, (C. Rica/fig. y fam.) poroto, (Méx./vulg.) oclayo.
2 Agujero, orificio, horadación.
3 Ojal, rendija, ojete*.
4 Manantial.
5 Señal, llamada, aviso [en un escrito].
6 (Fig.) Cuidado, atención, aptitud, tacto, tiento.
7 (Fig.) Puntería, tino, vista.
8 (Fig.) Perspicacia, agudeza, percepción, sensibilidad, visión.
ANT.: *Miopía, obnubilación.*
*Tb. significa: (Vulg.) ano. / (Méx./desp. y vulg.) Avieso, cobarde, traidor, envidioso. / (Méx./vulg.) Perjudicial, nocivo.

ola
1 Onda, oleaje VER.
2 (Fig.) Gentío, oleada, muchedumbre, tropel.
3 (Fig.) Agolpamiento, raudal, avalancha, caudal, racha.

oleaje
Ondulación, oleada, marejada, cabrilleo, resaca, rompiente.

oler
1 Husmear, olfatear, oliscar, olisquear, percibir, ventear.
2 Exhalar, desprender, emanar, despedir [olor].
3 (Fig.) Advertir, notar, percibir.
4 (Fig.) Indagar, curiosear, inquirir, fisgonear.
5 (Fig.) Sospechar, adivinar, presentir, barruntar.

olfatear
Rastrear, husmear, oler VER.

olfato
1 Tufo, olor, aroma.
2 (Fig.) Perspicacia, sagacidad, intuición, agudeza, instinto.

olla
1 Cazo, caldero, perol, marmita, cazuela, cacerola, vasija.
2 Cocido, caldo, guiso, puchero, vianda, sopa.

olor
1 Efluvio, emanación, husmo, tufo, olisco.
2 Aroma, fragancia, perfume, esencia, buqué o (pr.) bouquet, bálsamo.
ANT.: *Pestilencia, hedor.*
3 Hediondez, fetidez, peste, pestilencia, hedor, (ant.) fetor.
ANT.: *Fragancia, esencia, aroma.*
4 (Fig.) Reputación, fama.

olvidadizo
1 Distraído, desmemoriado, descuidado, despistado, atolondrado, aturdido, negligente, omiso.
ANT.: *Atento, cuidadoso, memorioso.*
2 (Fig.) Desagradecido, malagradecido, ingrato, egoísta.
ANT.: *Agradecido, cumplido.*

olvidar
1 Desaprender, suprimir, eliminar, borrar, dejar.
ANT.: *Recordar, extrañar, añorar.*
2 Descuidar, distraerse, desatender, postergar, relegar, arrinconar.
ANT.: *Atender.*
3 Ignorar, omitir, pasar por alto.
ANT.: *Considerar.*

4 (Fig.) Perdonar, hacer borrón y cuenta nueva.

olvido

1 Amnesia, desmemoria.
ANT.: *Memoria.*
2 Descuido, omisión, inadvertencia, negligencia, aturdimiento.
ANT.: *Atención.*
3 Abandono, postergación, desuso, exclusión, eliminación.
ANT.: *Recuerdo.*
4 Ingratitud, deslealtad.
ANT.: *Gratitud.*

ominoso

Siniestro, funesto, agorero, azaroso, aciago, infausto, calamitoso, desdichado, abominable.
ANT.: *Feliz, afortunado, fausto.*

omitir

1 Excluir, saltar, suprimir, pasar, dejar, relegar, olvidar VER, prescindir.
ANT.: *Considerar, recordar.*
2 Callar, ocultar, silenciar, abstenerse.
ANT.: *Decir, manifestar.*
3 Desentenderse, negligir, despreocuparse, hacer caso omiso.
ANT.: *Preocuparse, cumplir.*

omnipotente

1 Todopoderoso.
2 (Fig.) Infalible, poderoso, potente, eficaz, absoluto.
ANT.: *Impotente.*

onanismo

Masturbación, (fig.) placer solitario.

onda

1 Ondulación, vibración, oscilación, movimiento, perturbación.
2 Rizo, bucle, tirabuzón, (Méx.) chino.
4 Curvatura, curva, sinuosidad.
ANT.: *Rectitud.*
5 Radiación, irradiación.
6 Racha, fenómeno [clima].
7 (Fig.) Modo, manera, estilo, conducta, proceder, pose, manía.
8 (Argent., Méx.) Dato, informe, información, rumor.
9 (Cuba, Méx.) Tema, asunto.

ondear

Ondular, oscilar, flamear, tremolar, flotar, mecerse, columpiarse, serpentear.

ondulado

1 Sinuoso, serpenteante, flexuoso, ondulante.
ANT.: *Recto, rígido.*
2 Rizado, ensortijado, ondeado, (Méx.) chino [cabello].
ANT.: *Lacio, liso.*

ónix

Ónice, ónique, menfita.

opaco

1 Mate, velado, deslustrado, denso, turbio, oscuro, apagado.
ANT.: *Transparente, brillante.*
2 (Fig.) Nebuloso, gris, triste, lúgubre.
ANT.: *Alegre, festivo.*

operación

1 Actuación, realización, acción, ejecución, práctica.
2 Maniobra, manipulación.
3 Trato, contrato, negocio, convenio, especulación.
4 Combate, ejercicio, movimiento, [milicia].
5 Intervención quirúrgica, cirugía.

operar

1 Ejecutar, realizar, → operación.
2 Intervenir, extirpar, cortar, amputar, curar.
3 **operarse** Producirse, efectuarse [cambio, efecto].

operario

Obrero, trabajador, mecánico, maquinista, conductor, chófer.

opinar

1 Suponer, creer, estimar, pensar, considerar, conceptuar.
2 Manifestar, externar.
ANT.: *Callar.*
3 Dictaminar, juzgar, declarar, calificar, evaluar.
ANT.: *Abstenerse.*

opinión

1 Parecer, creencia, concepto, criterio, pensamiento, idea, sentir, modo de ver.
2 Declaración, manifestación.
3 Dictamen, sentencia, decisión.
4 Reputación, crédito, fama, consideración, voz pública.

opíparo

Abundante, suculento, espléndido, sustancioso, copioso.
ANT.: *Escaso, parco.*

oponente

Contrincante, adversario, rival, competidor, émulo, antagonista, contendiente.
ANT.: *Partidario.*

oponer

1 Contrarrestar, impedir, resistir, frenar, sujetar.
ANT.: *Impulsar.*
2 Enfrentar, contraponer, encarar, confrontar.

3 Contradecir, impugnar, objetar, refutar, contrariar.
ANT.: *Aceptar, apoyar.*
4 Obstruir, estorbar, dificultar, atacar, rechazar.
ANT.: *Facilitar, favorecer.*

oportunidad
1 Ocasión, coyuntura, sazón, casualidad, eventualidad, momento.
2 Conveniencia, congruencia, pertinencia, puntualidad.
ANT.: *Inconveniencia, inoportunidad.*
3 Ganga, ventaja, provecho, momio, (Esp./fig.) breva.

oportunista
Aprovechado, utilitario, utilitarista, positivista, práctico, astuto, ladino.
ANT.: *Ingenuo, altruista.*

oportuno
1 Adecuado, pertinente, apropiado, conveniente, propio, debido.
ANT.: *Inoportuno, inadecuado.*
2 Puntual, exacto, preciso.
3 Ocurrente, ingenioso, gracioso, agudo.
ANT.: *Patoso, importuno.*

oposición
1 Antagonismo, resistencia, pugna, rivalidad, antítesis, incompatibilidad.
ANT.: *Concordancia, unidad.*
2 Enfrentamiento, contraposición.
ANT.: *Afinidad.*
3 Contraste, contradicción, conflicto.
ANT.: *Armonía, equilibrio.*
4 Desacuerdo, disconformidad, impugnación, rechazo.
ANT.: *Acuerdo, conformidad.*
5 Minoría política.
6 Concurso, prueba, examen.
7 Barrera, estorbo, impedimento, contrariedad.
ANT.: *Apoyo, facilidad.*

opresión
1 Constricción, presión, apretura.
ANT.: *Holgura.*
2 Dominio, tiranía, abuso, despotismo, absolutismo, intolerancia.
ANT.: *Libertad.*
3 Asfixia, ahogo, sofocación.
ANT.: *Alivio.*
4 Angustia, desazón, malestar.
ANT.: *Bienestar.*

oprimir
1 Apretar, constreñir, estrujar, sujetar, apretujar, aplastar, apachurrar.
ANT.: *Soltar, aflojar.*
2 Dominar, tiranizar, abusar, esclavizar, sojuzgar, subyugar, avasallar, humillar.
ANT.: *Liberar.*

oprobio
Afrenta, deshonra, agravio, ignominia, baldón, deshonor, humillación, degradación, infamia.
ANT.: *Honra, dignificación, honor.*

optar
Escoger, elegir, seleccionar, preferir, decidir, adoptar, tomar, inclinarse por.

optimismo
Ánimo, entusiasmo, confianza, esperanza, fe, aliento, ilusión, alegría.
ANT.: *Pesimismo.*

optimista
Animoso, confiado, → optimismo.
ANT.: *Pesimista.*

óptimo
Inmejorable, insuperable, supremo, perfecto, excelente, superior, bonísimo, maravilloso.
ANT.: *Pésimo, malísimo, ínfimo.*

opuesto
1 Contrario, inverso, antitético, contrastante.
ANT.: *Afín, igual, coincidente.*
2 Antagónico, adverso, adversario, enemigo, hostil, refractario.
ANT.: *Amigo, propicio, favorable.*
3 Incompatible, encontrado, divergente, contrapuesto.
ANT.: *Compatible, similar.*

opulento
1 Abundante, profuso, pletórico, pródigo, copioso exuberante, desbordante, generoso.
ANT.: *Escaso, miserable, raquítico.*
2 Adinerado, pudiente, rico, acaudalado, potentado.
ANT.: *Pobre, indigente.*

oquedad
1 Hueco, hoyo, concavidad, depresión, agujero, orificio, cavidad, seno.
ANT.: *Saliente.*
2 (Fig.) Insustancialidad, vacuidad, vaciedad, futilidad [al hablar o escribir].
ANT.: *Enjundia, sustancia.*

oración
1 Rezo, plegaria, invocación, ruego, preces, rogativa, súplica, alabanza, jaculatoria.
ANT.: *Imprecación, blasfemia.*
2 Frase, expresión, locución, enunciado, proposición.

3 Discurso, peroración, disertación, alocución, sermón, arenga.
oráculo
1 Predicción, profecía, vaticinio, auspicio, augurio, adivinación, pronóstico, agüero.
2 Santuario, templo, estatua, imagen.
3 (Fig.) Sabio, conocedor.
orador
1 Conferenciante, tribuno, disertador, disertante.
2 Predicador, arengador.
orar
1 Rezar, invocar, impetrar, implorar, suplicar, rogar, pedir, elevar preces.
2 Perorar, declamar, discursear, hablar en público.
orate
Alienado, demente, loco VER.
oratoria
1 Dialéctica, discurso.
2 Elocuencia, persuasión, facundia, verborrea, labia.
orbe
1 Esfera, globo.
2 Tierra, planeta, mundo.
3 Universo, creación.
órbita
1 Trayectoria, recorrido, curva, elipse.
2 Cuenca, concavidad, agujero, hueco [del ojo].
3 Área, ámbito, espacio, esfera, campo, zona, dominio.
orden
1 Colocación, distribución, concierto, arreglo, alineación, situación.
ANT.: *Descolocación, desorden.*
2 Mandato, mandamiento, precepto, decreto, ley, obligación, exigencia, ordenamiento, imposición.
3 Equilibrio, armonía, euritmia.
ANT.: *Caos.*
4 Sucesión, relación, ordenación, correspondencia.
ANT.: *Interrupción.*
5 Coordinación, disciplina, método, organización.
ANT.: *Confusión, indisciplina.*
6 Paz, tranquilidad, calma.
ANT.: *Turbulencia, agitación, desorden.*
7 Cofradía, comunidad, hermandad, congregación.
8 Estamento, categoría, grupo.
ordenador (Esp.)
Computadora, computador, microprocesador, procesadora de datos.
ordenamiento
Ley, reglamento, ordenanza*, estatuto, precepto.
*Tb. significa: Asistente, empleado, bedel, mozo.
ordenar
1 Disponer, colocar, acomodar, arreglar, concertar.
ANT.: *Desordenar, desarreglar.*
2 Organizar, coordinar, sistematizar, regularizar.
ANT.: *Desorganizar, embrollar.*
3 Decretar, establecer, decidir.
ANT.: *Revocar, anular.*
4 Indicar, mandar, imponer.
ANT.: *Obedecer.*
5 Encaminar, orientar, dirigir, apuntar.
ordinario
1 Corriente, común, usual, habitual, familiar, conocido, acostumbrado, frecuente, regular.
ANT.: *Desusado, extraordinario, inusual, raro.*
2 Tosco, basto, ramplón.
ANT.: *Fino, delicado, selecto.*
3 Zafio, soez, vulgar, inculto, rústico, incivil, malcriado, grosero, (Argent.) guarango.
ANT.: *Educado, cortés, refinado.*
orfanato
Asilo, hospicio, orfelinato, (Esp.) inclusa, (Méx.) orfanatorio.
orfeón
Coro, coral, conjunto, grupo, ronda.
organismo
1 Ser, criatura, individuo, animal, espécimen.
2 Cuerpo, sistemas, aparatos [de los seres vivos].
3 Institución, ente, organización VER, sociedad, fundación.
organización
1 Disposición, colocación, distribución, ordenación, orden, estructura, arreglo.
ANT.: *Desorden, desorganización.*
2 Coordinación, funcionamiento, concierto, preparación, montaje.
ANT.: *Desconcierto, lío, embrollo, caos, improvisación.*
3 Institución, entidad, ente, empresa, organismo, fundación, sociedad, cartel, corporación.

organizar
Ordenar, montar, estructurar, → organización.
ANT.: *Desorganizar.*
órgano
1 Armonio, armónica, organillo.
2 Entraña, víscera, glándula, parte.
3 (Fig.) Conducto, medio, relación.
4 Portavoz, vocero, publicación.
orgasmo
Clímax, eyaculación, espasmo sexual.
orgía
1 Bacanal, saturnal, festín, juerga, cuchipanda.
2 (Fig.) Desenfreno, libertinaje, escándalo, exceso.
ANT.: *Recato, moderación.*
orgullo
1 Dignidad, amor propio, autoestima.
2 Honor, honra, prez, satisfacción, contento.
ANT.: *Deshonor, humillación.*
3 Soberbia, fatuidad, vanagloria, vanidad, engreimiento, arrogancia, altivez, jactancia, envanecimiento, pedantería.
ANT.: *Humildad, modestia.*
orientar
1 Situar, emplazar, poner, acomodar, colocar, disponer.
ANT.: *Descolocar, mover.*
2 Encaminar, guiar, dirigir, enderezar, ubicar.
ANT.: *Extraviar, desviar, desorientar.*
3 Informar, instruir, aconsejar, enterar, encauzar, encarrilar.
ANT.: *Desencarrilar, malaconsejar.*
oriente
Este, levante, saliente, naciente.
ANT.: *Poniente, oeste, occidente.*
orificio
Agujero, abertura, hoyo, hueco, boca, boquete, ojo, horado, horadación.
ANT.: *Cierre, tapón.*
oriflama
Pendón, estandarte, bandera, guión, enseña.
origen
1 Principio, nacimiento, comienzo, génesis, fuente, raíz, germen, semilla, fundamento.
ANT.: *Fin, final, término.*
2 Causa, motivo.
ANT.: *Efecto, resultado.*
3 Naturaleza, procedencia, oriundez, patria.
4 Estirpe, linaje, ascendencia.
ANT.: *Descendencia.*
5 Venero, manantial.
original
1 Originario, primitivo, inicial, primordial, básico.
ANT.: *Derivado.*
2 Legítimo, auténtico.
ANT.: *Falsificado.*
3 Nuevo, inédito, novedoso.
ANT.: *Sobado, conocido.*
4 Insólito, infrecuente, singular, extraño, peculiar, curioso.
ANT.: *Corriente, común.*
5 Modelo, patrón, prototipo.
ANT.: *Reproducción.*
6 Manuscrito, apunte, diseño.
ANT.: *Copia.*
originar
1 Provocar, producir, ocasionar, suscitar, engendrar, causar, promover, motivar, determinar.
ANT.: *Impedir.*
2 Iniciar, empezar, comenzar.
ANT.: *Concluir, terminar.*
3 originarse Derivarse, proceder, dimanar, resultar, provenir, emanar.
orilla
1 Litoral, costa, margen, márgenes, playa, riba, ribera, ribazo.
ANT.: *Interior.*
2 Borde, canto, límite, costado.
ANT.: *Centro.*
3 Franja, remate, orla VER.
orines
Orina, orín, excreción, meados, pis, (fam.) pipí, (fig.) necesidad, aguas menores, (Cuba) orine.
oriundo
Originario, procedente, nativo, natural, indígena.
ANT.: *Extranjero, foráneo.*
orla
Borde, ribete, cenefa, filete, franja, faja, orladura, tira, contorno, orilla, adorno.
ornamento
1 Decorado, adorno, ornato, aderezo, gala, atavío.
2 (Fig.) Cualidad, virtud, prenda moral.
ANT.: *Tacha, defecto.*
orondo
1 Hueco, ahuecado, barrigudo, panzón [recipiente, vasija].
2 (Fam.) Esponjado, hinchado, fofo.
ANT.: *Macizo.*

3 (Fig. y fam.) Ufano, satisfecho, contento, orgulloso, presuntuoso.
ANT.: *Modesto.*
4 (Fig. y fam.) Gordo, grueso, ancho, rechoncho.
ANT.: *Delgado, flaco.*

orquesta

Agrupación, conjunto, banda, grupo musical, sinfónica, filarmónica.

orto

1 Oriente, levante, este.
ANT.: *Oeste, occidente.*
2 Amanecer, salida, aparición.
ANT.: *Oscurecer, puesta, ocaso.*
3 (Argent., Urug./vulg.) Siete, ano, culo.
4 (Venez./vulg.) Bolsillo trasero del pantalón.

ortodoxo

1 Acorde, leal, fiel, adicto [a una doctrina o religión].
ANT.: *Heterodoxo.*
2 Adecuado, correcto, aceptado, conforme a las reglas.

osadía

1 Atrevimiento, valentía, intrepidez, audacia, coraje, temeridad, brío, ánimo.
ANT.: *Temor, timidez, cobardía.*
2 Descaro, insolencia, impudor, desvergüenza, imprudencia.
ANT.: *Recato, respeto.*

osar

1 Atreverse, lanzarse, arriesgarse, aventurarse, animarse, decidirse, intentar.
ANT.: *Vacilar, temer, titubear.*
2 Osario, osero.

oscilar

1 Balancearse, mecerse, columpiarse, fluctuar, bambolearse.
ANT.: *Fijarse, inmovilizarse.*
2 (Fig.) Vacilar, dudar, titubear, hesitar.
ANT.: *Decidirse, resolver.*

oscurecer

1 Anochecer, atardecer, obscurecer.
ANT.: *Amanecer, clarear.*
2 Nublarse, encapotarse, entenebrecerse.
ANT.: *Despejarse.*
3 Eclipsar, ocultar.
4 Sombrear, ennegrecer, renegrir, pintar, teñir.
ANT.: *Aclarar.*
5 Empañar, opacar, deslustrar.
ANT.: *Pulir, abrillantar.*
6 (Fig.) Demeritar, deslucir, desacreditar, empequeñecer, disminuir.
ANT.: *Enaltecer, resaltar, esclarecer.*
7 (Fig.) Obnubilar, ofuscar, embotar, cegar.
ANT.: *Iluminar, inspirar.*
8 (Fig.) Disfrazar, encubrir, disimular, hacer confuso, enredar, complicar.
ANT.: *Evidenciar, demostrar, mostrar.*

oscuridad

Tinieblas, obscuridad VER.
ANT.: *Claridad, luz.*

oscuro

Lóbrego, tenebroso, obscuro VER.
ANT.: *Luminoso.*

ososo

1 Óseo.
2 Huesudo, osudo, huesoso, flaco, esquelético.
ANT.: *Carnoso, rollizo.*
3 Ahuesado, parecido al hueso.

ostentación

1 Demostración, exhibición, muestra.
ANT.: *Ocultamiento.*
2 Boato, suntuosidad, lujo, magnificencia, fausto, fasto, pompa, exageración.
ANT.: *Sencillez, modestia.*
3 Jactancia, alarde, vanagloria, presunción, fanfarronería.
ANT.: *Humildad.*

ostentar

1 Exhibir, mostrar, enseñar, exteriorizar, manifestar, demostrar.
ANT.: *Esconder, ocultar, encubrir.*
2 Alardear, pavonearse, blasonar, jactarse, lucir, (fig.) cacarear.
ANT.: *Recatarse.*

ostentoso

1 Ostensible, patente, notorio.
ANT.: *Disimulado, encubierto.*
2 Aparatoso, fastuoso, suntuoso, magnífico, espectacular, grandioso, pomposo.
ANT.: *Humilde, sencillo, discreto.*

ostracismo

1 Destierro, exilio, expatriación.
ANT.: *Repatriación.*
2 (Fig.) Alejamiento, exclusión, marginación, proscripción, relegación.
ANT.: *Acogimiento, integración.*

otear

1 Avizorar, divisar, vislumbrar, percibir, descubrir, distinguir, columbrar.
2 Escudriñar, revisar, inspeccionar, registrar, (fig.) olfatear.

otero
Cerro, loma, altozano, colina, collado, montículo, altura, mogote, eminencia.
ANT.: *Llano, planicie.*

otorgar
1 Conceder, conferir, entregar, proporcionar, dar.
ANT.: *Recibir, pedir.*
2 Consentir, permitir, acceder, condescender, asentir, admitir.
ANT.: *Rehusar, negar.*
3 Establecer, ofrecer, prometer, estipular, disponer.

otro
Diferente, distinto, diverso, nuevo, tercero.
ANT.: *Mismo, igual.*

otrora
Antes, antiguamente, hace tiempo, entonces, en otro tiempo.
ANT.: *Hoy, actualmente.*

ovación
1 Homenaje, alabanza, loa, felicitación, reconocimiento.
2 (Fig.) Aplauso, aclamación, vítor, vivas, palmas, hurras.
ANT.: *Abucheo, pitada, rechifla.*

ovacionar
Aclamar, vitorear, celebrar, aprobar, aplaudir.
ANT.: *Abuchear, reprobar, silbar, pitar, rechiflar.*

ovado
1 Ovoide, aovado, ovoideo, ovoidal.
2 Oval, ovalado, elíptico.
3 ovada Ave fecundada.

oveja
1 Ovino, cordero, ternasco, borrego, hembra del carnero, animal lanar.
2 (Amér. Merid.) Llama, alpaca.

overol
Mono, traje de faena, overoles.

ovillo
1 Rollo, madeja, bola.
2 (Fig.) Lío, embrollo, maraña, revoltillo, enredo, confusión.

oxidar
1 Herrumbrar, enmohecer, estropear, inutilizar, dañar.
2 (Fig.) Entorpecer, embotar, disminuir [facultades físicas o mentales].
ANT.: *Recuperar, rehabilitar, reacondicionar.*

óxido
1 Herrumbre, orín, herrín, verdín, cardenillo, pátina, moho.
2 Bermejo, rojizo [color].

P

pabellón
1 Carpa, tienda, tinglado.
2 Dosel, toldo, baldaquín, palio, colgadura.
3 VER bandera.
4 Templete, quiosco, glorieta.
5 Anexo, ala, nave.

pábulo
1 Comida, sustento, pasto.
2 (Fig.) Estímulo, aliento, incentivo, fomento, motivo.

pacer
1 Pastar, ramonear, tascar, alimentarse [el ganado].
2 Apacentar, pastorear.

pachanga
1 (Argent., Cuba, Méx. Urug., Venez.) Fiesta, jolgorio, baile, diversión, (Riopl.) garufa.
2 (Venez./fam.) Crisis nerviosa, pataleta.

paciencia
Tolerancia, resignación, docilidad, conformidad, transigencia, condescendencia, pasividad, aguante.
ANT.: *Impaciencia, desesperación, exasperación.*

paciente
1 Tolerante, manso, resignado, sufrido, → paciencia.
2 Enfermo, doliente, convaleciente, afectado.
ANT.: *Sano.*

pacificar
1 Apaciguar, aplacar, tranquilizar, aquietar, calmar, sosegar, reconciliar.
ANT.: *Soliviantar, sublevar, enardecer.*
2 pacificarse Sosegarse, calmarse, aquietarse, mitigarse.

pacífico
Tranquilo, calmado, sosegado, plácido, sereno, manso, reposado, dócil, afable.
ANT.: *Irritable, belicoso, intranquilo, agresivo.*

pacto
Convenio, acuerdo, alianza, tratado, entendimiento, avenencia, compromiso, unión.

padecer
Sufrir, aguantar, tolerar, resistir, sobrellevar, penar.
ANT.: *Rebelarse, disfrutar.*

padecimiento
1 Sufrimiento, pena, angustia, dolor, tortura, desdicha.
ANT.: *Alegría, gozo, placer.*
2 Enfermedad, achaque, dolencia, daño, mal.
ANT.: *Salud, bienestar.*

padre
1 Progenitor, ascendiente, procreador, (fig.) autor de los días, papá, (Amér.) tata.
ANT.: *Hijo.*
2 Patriarca, antepasado, ancestro, (fig.) tronco, cabeza.
ANT.: *Descendiente, sucesor.*
3 Semental, padrillo, (Bol., Colomb., Nic., Pan., P. Rico, Venez.) padrón, (C. Rica, Venez.) padrote*.
4 Sacerdote, cura, confesor, director espiritual.
5 (Fig.) Inventor, creador, autor.
6 (Fig.) Origen, inicio, causa, motivo, principio.
ANT.: *Final, término.*
7 (Méx./fig. y fam.) Magnífico, estupendo, muy bueno, [en la frase "está padre" o "está bien padre"].
ANT.: *Desagradable, pésimo.*
8 Padre El Padre, Dios.
*Tb. significa: (Amér. C., Méx.) Explotador de prostitutas.

paga
1 Haberes, honorarios, sueldo, estipendio, remuneración, salario, jornal, pago.
ANT.: *Cobro.*
2 Recompensa, retribución, gratificación, compensación.
ANT.: *Exacción.*
3 Penitencia, expiación, castigo.
ANT.: *Recompensa.*
4 Correspondencia, reciprocidad.

pagano
Politeísta, idólatra, gentil.

pagar
1 Abonar, saldar, cubrir, liquidar, cancelar, desembolsar.

ANT.: *Deber, adeudar.*
2 Remunerar, retribuir, recompensar, entregar, sufragar.
ANT.: *Cobrar.*
3 Purgar, expiar, cumplir.
4 Corresponder, devolver.
5 pagarse Jactarse, ufanarse.

página
Carilla, hoja, folio, plana.

pago
1 Desembolso, abono, pagamento, paga, ➔ pagar.
ANT.: *Cobro.*
2 Distrito, aldea, territorio.
3 (Riopl., Perú) Pueblo, terruño.

país
1 Territorio, zona, región, comarca, reino, jurisdicción, (fig.) tierra.
2 Nación, patria, población.
3 Paisaje [pintura o dibujo].

paisaje
1 Panorama, espectáculo, vista, campiña, extensión.
2 Cuadro, pintura, dibujo, país.

paisano
1 Compatriota, coterráneo, conciudadano, coetáneo, comprovinciano.
ANT.: *Extranjero, forastero.*
2 Aldeano, lugareño, campesino, paleto, (Méx., Venez.) paisa.
3 Civil.
ANT.: *Militar, castrense.*

paja
1 Brizna, rastrojo, forraje.
2 Pajilla, pajita, (Méx.) popote.
3 Desecho, hojarasca, broza.
4 (Fig.) Sobrante, superfluo, accesorio [sobre todo en textos].
ANT.: *Esencial, central, básico.*
5 (Colomb., Guat., Hond.) Grifo, cánula, llave de agua.
6 (Argent., Esp., Urug./vulg.) Masturbación.

pájaro
1 Ave, alado, volátil, avecilla, pajarillo, pajarito.
2 (Amér.) Pene, miembro viril, (fam.) pajarito.
3 (C. Rica, Cuba) Homosexual, sodomita, invertido.

pajarón (Argent.)
Necio, tonto, gil.

palabra
1 Habla, expresión.
2 Vocablo, voz, término.
3 Elocuencia, verbo, facundia, oratoria, discurso.
4 Turno para hablar.
5 Promesa, juramento, pacto, compromiso, obligación.

palabrería
Cháchara, verborrea, palique, locuacidad, palabreo, palabrería, hojarasca, paja.
ANT.: *Laconismo, parquedad.*

palabrota
Blasfemia, insulto, grosería, vulgaridad, juramento, maldición, palabro, (fig. y fam.) ajo, (Esp./fig. y fam.) taco.

palacio
1 Alcázar, castillo.
2 Mansión, caserón, residencia, palacete.
ANT.: *Choza, pocilga.*

paladear
1 Saborear, gustar, probar, catar, relamerse.
ANT.: *Rechazar, repugnar.*
2 (Fig.) Disfrutar, recrearse, gozar.
ANT.: *Padecer, sufrir.*

paladín
1 Caballero, héroe, guerrero, adalid, campeón.
2 Defensor, sostenedor, abanderado.

palafrén
Cabalgadura, corcel, caballo, montura, trotón, jaca.

palanca
1 Barra, barrote, eje, tranca, varilla, alzaprima, pértiga, palo.
2 (Fig.) Influencia, enchufe, valimiento, relación.
3 (Fig.) Intercesión, recomendación.

palangana
Lavamanos, aguamanil, jofaina, lavabo, recipiente, cubeta.

palanquín
Andas, angarillas, parihuelas, silla de manos, litera.

palco
Localidad, sector, sección, asiento, compartimiento [de un teatro, sala o lugar de espectáculos].

palestra
1 Arena, coso, campo.
2 (Fig.) Liza, lucha, duelo, combate, lidia.

paleto
1 Aldeano, pueblerino, paisano, lugareño.
ANT.: *Cosmopolita.*
2 (Fig.) Rústico, tosco, palurdo, patán, cateto.
ANT.: *Refinado.*

paliar
1 Mitigar, suavizar, calmar, dulcificar, aminorar, moderar, aliviar.
ANT.: *Excitar, exacerbar.*
2 (Fig.) Disminuir, justificar, encubrir, disculpar.
ANT.: *Destacar, resaltar, exagerar.*

pálido
1 Descolorido, incoloro, desvaído, amarillento, blanquecino, (fig.) muerto, mortecino.
ANT.: *Coloreado, vivo.*
2 Desencajado, cadavérico, demacrado, macilento.
ANT.: *Rubicundo, lozano.*

paliza
1 Soba, tunda, zurra, vapuleo, castigo, azotaina, felpa, (Esp.) somanta, (Méx.) friega, tranquiza.
2 (Fig.) Derrota, apabullamiento, aplastamiento.
ANT.: *Triunfo, victoria.*
3 (Venez.) Borrachera.

palmas
Aplausos, palmadas, vítores, ovación, aclamación.
ANT.: *Abucheo.*

palo
1 Estaca, vara, cayado, báculo, bastón, poste, madero, barra, viga.
2 Tallo, tronco, árbol.
3 Golpe, trancazo, estacazo, garrotazo, macanazo.
ANT.: *Caricia.*
4 (Fig.) Perjuicio, daño.
5 (Cuba, Méx.) Coito.
6 (Venez.) Trago, palito [bebidas alcohólicas].

paloma
Pichón, tórtola, torcaz, zurita.

palpable
1 Real, material, concreto, sólido, tangible.
ANT.: *Inmaterial, impalbable.*
2 Evidente, patente, claro, manifiesto.
ANT.: *Confuso, oculto.*

palpar
1 Tocar, sobar, tentar, manipular, auscultar, manosear, tantear, acariciar.
2 (Fig.) Notar, percibir, experimentar, sentir.

palpitación
1 Pulsación, latido, contracción, dilatación.
2 (Fig.) Estremecimiento, angustia, ahogo.

palta (Amér. Merid.)
Aguacate, palto.

palurdo
Rústico, cateto, ignorante, cerril, paleto VER.

pampa (Amér. Merid.)
Llanura, llano, pradera.
ANT.: *Serranía, montaña.*

pamplina
Melindre, remilgo, tontería, simpleza, capricho, necedad, futilidad, bagatela, ridiculez, pequeñez, pamema.

pan
1 Hogaza, barra, bollo, panecillo, bodigo.
2 (Fig.) Sustento, manutención, alimentación.

panegírico
1 Loa, elogio, encomio, exaltación, glorificación, apología, homenaje, loor.
ANT.: *Diatriba, ofensa.*
2 Laudatorio, elogioso, alabancioso.
ANT.: *Difamatorio, insultante.*

panfleto
Libelo, octavilla, folleto, opúsculo, (Méx.) volante.

pánico
Horror, pavor, terror, miedo, espanto, susto, estremecimiento.
ANT.: *Valor, calma.*

panorama
1 Vista, paisaje VER.
2 (Fig.) Aspecto, cariz, perspectiva, horizonte, escenario.

pantano
1 Ciénaga, tremedal, fangal, lodazal, estero, marjal, marisma, laguna.
2 (Fig.) Dificultad, tropiezo, estorbo, lío, atolladero, empantanamiento, enredo.
ANT.: *Solución, salida.*
3 (Venez.) Barro, lodo.

panteón
1 Mausoleo, sepulcro, sepultura, tumba, monumento, cripta.
2 (Amér. C., Chile, Colomb., C. Rica, Ecuad., Méx., Pan., Perú) Cementerio, camposanto.

pantomima
1 Gesto, mímica, expresión, remedo, imitación, ademán.
2 Representación, mimodrama.
3 (Fig.) Farsa, comedia, simulacro, falsedad, fingimiento, (Esp.) montaje.
ANT.: *Verdad, realidad.*

pantufla
Chinela, chancleta, babucha, zapatilla.

panza
1 Vientre, tripa, mondongo, estómago.
2 Abultamiento, barriga, timba, gordura, (Méx.) bandullo.

paño
1 Tela, género, casimir, tejido.
2 Trapo, bayeta.
3 Lienzo, panel, porción de pared.
4 Compresa, toalla, apósito.
5 Tapiz, colgadura, vestidura.
6 Mancha [en el rostro].
7 **paños** Velas desplegadas [barcos].

papa
1 Patata.
2 Papilla, sopa, (Esp.) gachas.
3 (Fig.) Comida, sustento.
4 (Fam.) Pamplina, mentira, embuste, paparrucha.

Papa
Sumo Pontífice, Obispo de Roma, Santo Padre, Su Santidad.

papá
Progenitor, padre VER.

papagayo
1 Ave trepadora, loro VER.
2 (Fig.) Hablador, charlatán, soplón, indiscreto.
ANT.: *Callado, discreto.*
3 (Amér. Merid.) Pato, orinal portátil para varón.

papanatas
Mentecato, bobo, papahuevos, memo, simple, tontaina, bobalicón, cretino, idiota.
ANT.: *Listo, despierto, avispado.*

papel
1 Pliego, hoja, folio, cuartilla.
2 Documento, título, identificación, credencial.
3 Trabajo, labor, actuación, rol.
4 (Fig.) Cargo, función.

papeleta
1 Cupón, talón, tarjeta, ficha, recibo, cédula, comprobante, resguardo.
2 (Fig. y fam.) Obstáculo, engorro, dificultad, brete.

papelón
1 (Amér.) Melaza, pan de azúcar sin refinar, (Méx.) piloncillo.
2 (Argent.) Ridículo, pifia, error, (Méx.) papelito.

paquete
1 Fardo, atado, envoltorio, bulto, saco, lío, paca.
2 Envoltura, haz, fajo, manojo, presentación.
3 Envío, bulto postal.
4 Conjunto de datos [informática].
5 (Fig.) Problema, dificultad, (Méx.) bronca.
6 (Argent., Urug.) Lujoso, bien puesto, acicalado, atildado, emperifollado.
ANT.: *Desaliñado.*
7 (Cuba) Antipático, impertinente.
8 (Cuba) Montón, mucho.
9 (Méx.) Presunción, jactancia, orgullo, autosuficiencia.

par
1 Pareja, yunta, dos.
2 Igual, semejante, idéntico, equivalente, simétrico.
ANT.: *Impar, diferente, dispar.*
3 Parejo, similar.
ANT.: *Distinto.*

parabién
Pláceme, felicitación, enhorabuena, cumplido, elogio, congratulación.

parábola
Metáfora, alegoría, moraleja, narración, enseñanza.

parachoques
Defensa, paragolpes, resguardo, protección, tope (Méx./fam.) tumbaburros*.
*Tb. significa: (Méx./fam.) Diccionario.

parada
1 Detención, alto, descanso, interrupción, pausa.
ANT.: *Continuación, prosecución.*
2 Cese, fin, término, conclusión.
ANT.: *Inicio, comienzo.*
3 Estación, apeadero.
4 Marcha, desfile, formación.

paradero
1 Destino, localización, ubicación, situación, lugar.
2 (Amér.) Parada, estación, apeadero.

parado
1 Inmóvil, estático, detenido, quieto, suspendido, estacionado, aparcado.
ANT.: *Móvil, en marcha.*
2 Desocupado, desempleado, inactivo, cesante, ocioso.
ANT.: *Activo, empleado.*
3 Tímido, timorato, apocado, remiso, pasivo, corto, indeciso.
ANT.: *Osado, audaz.*
4 (Amér.) Derecho, vertical, erguido, en pie, enhiesto, de pie.
ANT.: *Acostado, yacente, horizontal.*
5 (Chile) Terco, obstinado.
6 (Chile, Perú, P. Rico) Engreído, orgulloso, soberbio.

paradoja
Contradicción, contrasentido.
paraíso
1 Cielo, edén, Gan Edén, empíreo, gloria, bienaventuranza.
ANT.: *Infierno.*
2 Galería, gallinero, (Méx.) gayola [cines, teatros].
paraje
Lugar, sitio, parte, punto, andurrial, situación, zona, región.
paralelo
1 Equidistante.
2 Correspondiente, correlativo, semejante, comparable, afín, similar.
ANT.: *Diferente, disímil.*
3 Analogía, paralelismo, parangón, semejanza, similitud, comparación.
ANT.: *Diferencia.*
parálisis
Inmovilización, entumecimiento, agarrotamiento, entorpecimiento, atrofia, embotamiento, perlesía.
ANT.: *Movimiento, desentumecimiento, agilidad.*
paralítico
Inmovilizado, hemipléjico, parapléjico, inválido, imposibilitado, tullido, atrofiado, anquilosado.
paralizar
1 Detener, estancar, inmovilizar, cesar, parar, suspender, obstaculizar.
ANT.: *Continuar, favorecer, facilitar, impulsar, mover.*
2 Atrofiar, anquilosar, baldar, tullir, → paralítico.
ANT.: *Rehabilitar.*
3 (Fig.) Pasmar, azorar, petrificar.
páramo
Erial, landa, baldío, yermo, estepa, desierto, sabana, pedregal, (Amér. Merid.) puna.
ANT.: *Vergel, jardín, floresta.*
parapeto
1 Protección, resguardo, barrera, trinchera, defensa, muro, barricada.
2 Baranda, antepecho, balaustrada, pretil, brocal.
parar
1 Cesar, detenerse, terminar, concluir, acabar, interrumpir.
ANT.: *Comenzar, reanudar, proseguir.*
2 Detener, frenar, impedir, obstaculizar, estorbar, atajar, contener.
ANT.: *Facilitar, soltar.*
3 Habitar, alojarse, hospedarse, pernoctar.
4 Estacionarse.
ANT.: *Andar, marchar.*
5 pararse Erguirse, levantarse, ponerse de pie.
parcela
Terreno, solar, zona, lote.
parche
1 Remiendo, pegote, (Venez.) parcho.
2 Emplasto, curación.
3 (C. Rica) Entrometido, estorboso.
parcial
1 Fragmentario, fraccionario, segmentario.
ANT.: *Total.*
2 Incompleto, falto, escaso, truncado, imperfecto.
ANT.: *Completo.*
3 Injusto, subjetivo, arbitrario.
ANT.: *Justo, imparcial.*
4 Partidario, seguidor, apasionado, adepto, secuaz.
ANT.: *Contrario, opositor.*
parco
1 Sobrio, moderado, sencillo,
ANT.: *Exagerado.*
2 Frugal, corto, escaso, exiguo.
ANT.: *Abundante.*
3 Serio, reservado, austero, circunspecto, callado.
ANT.: *Parlanchín, locuaz.*
pardo
1 Terroso, castaño, café, siena, marrón [color].
2 (Fig.) Oscuro, sombrío, nublado, encapotado [cielo].
ANT.: *Claro, despejado.*
3 Opaco, sordo [tono, sonido].
ANT.: *Vibrante, definido.*
4 (Amér.) Mulato.
parecer
1 Opinión, concepto, juicio, dictamen, consejo, sugerencia.
2 Aspecto, presencia, fisonomía.
3 Creer, considerar, estimar, pensar, intuir.
4 Aparecer, asomarse, mostrarse, dejarse ver.
ANT.: *Ocultarse.*
5 Aparentar, semejar, asemejar.
ANT.: *Diferir.*
6 parecerse Semejarse, aproximarse, parangonarse, equipararse.
ANT.: *Distinguirse, diferenciarse.*

parecido
1 Semejante, similar, análogo, afín, aproximado, comparable, homólogo, paralelo, idéntico.
ANT.: *Diferente, distinto, disímil.*
2 Similitud, semejanza, analogía, relación, identidad, aire, parentesco.
ANT.: *Diferencia, disimilitud.*

pared
Muro, tapia, tabique, muralla, medianera, paredón.

pareja
1 Par, duplo, yunta, dúo.
2 Esposa, esposo, cónyuge, novia, novio, amante, (fig.) media naranja.
3 Compañero, amigo, acompañamiento, compañía, (fig.) mancuerna.
ANT.: *Rival, adversario.*

parejo
1 Liso, uniforme, rasado, nivelado, llano VER.
ANT.: *Desigual, disparejo.*
2 Semejante, similar, análogo.
ANT.: *Diferente, dispar.*
3 Regular, constante, rítmico.
ANT.: *Irregular.*
4 (Argent., Méx., Urug.) Justo, equitativo, imparcial [trato, tratamiento a personas].
5 (Venez./fam.) El hombre en una pareja de baile.

parentela
Familia, parientes, allegados, deudos, pariente VER.

parentesco
1 Consanguinidad, ascendencia, descendencia, familiaridad.
2 Vínculo, vinculación, conexión, relación, unión, afinidad.

pariente
1 Familiar, consanguíneo, ascendiente, descendiente, deudo, allegado, colateral.
ANT.: *Extraño.*
2 (Fig. y fam.) Semejante, parecido.
ANT.: *Dispar, diferente.*

parir
1 Alumbrar, dar a luz, traer al mundo.
ANT.: *Abortar.*
2 (Fig.) Idear, crear.
3 Realizar, ejecutar, producir.

parlamentar
Dialogar, conferenciar, tratar, negociar, consultar, debatir.

parlamento
1 Congreso, legislación, cámara, asamblea, senado, diputación, (Esp.) cortes.
2 Discurso, razonamiento.
3 Intervención, diálogo, parte, bocado [teatro].

parlanchín
Hablador, locuaz, facundo, lenguaraz, boquirroto, parlero, palabrero, verboso, gárrulo, verborreico, tarabilla, (fam.) cotorra.
ANT.: *Silencioso, parco, taciturno, callado.*

paro
1 Detención, suspensión, interrupción, freno, cese.
ANT.: *Continuación.*
2 Atasco, dificultad, complicación, contratiempo.
ANT.: *Prosecución.*
3 Huelga.
4 Desempleo, desocupación, cesantía, holganza.
ANT.: *Empleo, ocupación.*
5 (Méx./fam.) Ayuda, apoyo.

parodia
Remedo, caricatura, burla, sátira, simulacro, imitación burlesca, farsa.

parque
1 Jardín, prado.
2 Edén, vergel, arboleda, bosque, coto, fronda.
ANT.: *Erial, páramo.*
3 Instrumental, bártulos, vehículos.
4 Municiones, armamento.

parquedad
Frugalidad, sobriedad, → parco.

párrafo
Parágrafo, apartado, división, pasaje, enunciado.

parranda
1 Juerga, farra, jolgorio, cuchipanda, francachela, diversión, jarana, jaleo, jolgorio, bacanal, (Argent., Urug.) garufa.
2 (C. Rica) Baile público.
3 (C. Rica) Hedor de los pies.

parroquia
1 Iglesia, templo católico.
2 Jurisdicción de un cura.
3 Feligresía, congregación, fieles, grey, (fig.) rebaño.
4 Clientela, asiduos, público, consumidores, parroquianos, compradores, clientes.

parsimonia
1 Calma, lentitud, pachorra, flema, cachaza, tranquilidad.
ANT.: *Dinamismo, rapidez, presteza.*
2 Frugalidad, parquedad, morigeración, templanza, circunspección.
ANT.: *Exceso, desenfreno.*

parte
1 Fragmento, fracción, trozo, corte, segmento, sección, partícula, cacho, migaja.
ANT.: *Totalidad, todo.*
2 Cantidad, porción, ración, cuota, partición.
3 Lote, parcela, división, sector.
4 Lugar, zona, sitio, paraje, punto, emplazamiento.
5 Capítulo, tomo, libro, apartado.
6 Noticia, comunicado, informe, aviso, despacho.
7 Oponente, contrincante, adversario, interesado.
8 Bando, partido, facción.
9 Papel, rol, parlamento, actuación.

partera
Matrona, comadrona.

partición
División, fraccionamiento, fragmentación, reparto VER.

participar
1 Colaborar, cooperar, concurrir, contribuir, asociarse, intervenir.
ANT.: *Abstenerse.*
2 Informar, comunicar, notificar, avisar, anunciar.
ANT.: *Callar, omitir.*
3 Solidarizarse, identificarse, compartir [pensamiento, sentir].
ANT.: *Diferir, discordar.*
4 Competir, tomar parte.
5 Recibir, tener parte.

partícula
1 Pizca, brizna, triza, gota, migaja, parte VER, (fig.) pellizco.
ANT.: *Totalidad.*
2 Átomo, corpúsculo.

particular
1 Característico, propio, peculiar, típico, original, distinto, único.
ANT.: *General, habitual.*
2 Personal, privado, individual, exclusivo.
ANT.: *Colectivo.*
3 Extraordinario, raro, inusual, excéntrico, excepcional.
ANT.: *Común, corriente.*
4 Materia, punto, tema, cuestión, asunto.

partida
1 Salida, marcha, ida, traslado, retirada, alejamiento, despedida, viaje.
ANT.: *Llegada, regreso, vuelta.*
2 Registro, asiento, anotación, certificación.
3 Concepto, cantidad, parte, porción.
4 Cuadrilla, pandilla, facción, banda, grupo, hatajo.
5 Remesa, envío, expedición.
6 Juego, partido, competencia, competición, jugada.
7 (Fig.) Óbito, defunción, muerte.
8 (C. Rica) Rebaño, manada.

partidario
Adepto, adicto, prosélito, esbirro, incondicional, seguidor, simpatizante.
ANT.: *Oponente, enemigo, adversario, rival.*

partido
1 Dividido, fraccionado, fragmentado, roto VER.
ANT.: *Completo, entero.*
2 Beneficio, provecho, conveniencia, utilidad, lucro, fruto, ventaja.
ANT.: *Pérdida, desventaja.*
3 Agrupación, asociación, bando, grupo, liga, camarilla, secta.
4 Juego, partida, competición, competencia, jugada, liza.
5 Postura, actitud, opinión.
6 Medio, procedimiento, manera.
7 Trato, convenio, acuerdo.
8 Distrito, jurisdicción, término, zona.
9 (Cuba, Venez.) Homosexual.

partir
1 Cortar, dividir, hender, trocear, fragmentar, romper, separar, abrir, rajar, cascar, fracturar, agrietar.
ANT.: *Juntar, unir, pegar.*
2 Distribuir, repartir, compartir.
3 Fraccionar, delimitar, lotificar.
4 (Fig.) Desconcertar, anonadar, apabullar, turbar, conmover.
5 (Fig.) Abatir, vencer, derrotar, aplastar, apabullar.
6 (Fig.) Dañar, perjudicar, (Méx.) amolar.
ANT.: *Favorecer, beneficiar.*
7 Marcharse, irse, salir, ausentarse, alejarse, largarse.
ANT.: *Volver, venir, regresar.*
8 Empezar, originarse, arrancar.
ANT.: *Concluir, terminar.*
9 (Cuba) Matar.

partirse
1 Dividirse, fragmentarse, romperse, cuartearse, quebrarse.
ANT.: *Unirse.*
2 (Fam.) Desternillarse, troncharse, revolcarse [de risa].
3 (Cuba) Morirse.
4 (Cuba/fam.) Afeminarse.

parto
1 Alumbramiento, nacimiento.
2 (Fig.) Creación, producto [del esfuerzo y entendimiento humanos].

párvulo
1 Nene, pequeño, niño, chiquillo, infante, criatura, crío, mocoso.
ANT.: *Adulto.*
2 (Fig.) Cándido, inocente.
ANT.: *Taimado, maleado.*

pasadero
Aceptable, pasable, tolerable, mediano, llevadero, soportable.
ANT.: *Insoportable.*

pasadizo
Corredor, pasaje VER.

pasado
1 Remoto, antiguo, pretérito, lejano.
ANT.: *Actual, nuevo.*
2 Rancio, caduco, ajado, estropeado, muy maduro, vencido.
ANT.: *Verde, tierno.*
3 Tránsfuga, desertor, traidor, (vulg.) chaquetero.
4 (C. Rica) Plátano desecado.
5 (Méx., Venez./vulg.) Drogado, drogadicto, (Méx.) pacheco.
6 el pasado Historia, tradición, antigüedad.

pasador
1 Cerrojo, pestillo VER.
2 Broche, imperdible, prendedor.
3 Horquilla, aguja para el pelo.
4 Coladera, colador VER.

pasaje
1 Pasadizo, paso, pasada, pasillo, corredor, calleja, subterráneo, túnel.
2 VER billete.
3 Viajeros, pasajeros [en vehículos públicos].
4 Episodio, fragmento, trozo [textos].

pasajero
1 Fugaz, efímero, breve, momentáneo, transitorio.
ANT.: *Duradero, permanente.*
2 Viajero, caminante, transeúnte, excursionista, turista.
ANT.: *Habitante, residente, morador.*

pasamano
Barandilla, barandal, balaustrada, pasamanos, asidero, listón.

pasaporte
1 Documento, visado, salvoconducto, pase.
2 (Fig.) Permiso, licencia, libertad, (fam.) carta blanca.

pasar
1 Ocurrir, suceder, acontecer, sobrevenir, acaecer, verificarse.
ANT.: *Fallar, faltar.*
2 Atravesar, cruzar, traspasar.
3 Transitar, andar, deambular, desfilar, circular, recorrer.
ANT.: *Detenerse.*
4 Entrar, acceder, penetrar.
ANT.: *Salir.*
5 Llevar, transportar, conducir, cargar.
ANT.: *Dejar.*
6 Transmitir, enviar, dar, proyectar [cine, radio y televisión].
7 Rebasar, superar, sobrepasar, exceder, aventajar.
ANT.: *Perder, rezagarse.*
8 Colar, filtrar, tamizar, refinar.
9 Rezumar, exudar.
10 Aprobar, admitir, aceptar.
ANT.: *Rechazar.*
11 Disimular, tolerar, callar, permitir.
ANT.: *Censurar.*
12 Concluir, acabar, terminar, cesar, detenerse.
ANT.: *Comenzar, iniciarse.*
13 Extender, propalar.
14 Contagiar, contaminar.

pasarse
1 Excederse, extralimitarse, exagerar.
ANT.: *Limitarse, comedirse.*
2 Pudrirse, estropearse, ajarse, marchitarse, madurar demasiado, fermentarse.
ANT.: *Conservarse.*
3 (Fam.) Olvidarse, omitir.
ANT.: *Recordar.*

pasarela
1 Tabla, tablazón, plancha.
2 Pasillo, tarima.
3 Puente, puentecillo, pontón, pasadera.

pasatiempo
Distracción, recreación, entretenimiento, esparcimiento, juego, diversión, hobby.

P

pase
1 Salvoconducto, autorización, pasaporte VER.
2 (Vulg.) Dosis de cocaína.
pasear
1 Caminar, andar, deambular, vagar, rondar, salir, recorrer, callejear.
ANT.: *Encerrarse.*
2 (Fig.) Ostentar, exhibir.
ANT.: *Ocultar.*
paseo
1 Salida, caminata, excursión, callejeo, viaje corto.
2 Avenida, calle, vía, ronda, alameda, paseador, paseadero, camino, (Esp.) rambla.
pasillo
Corredor, pasaje VER.
pasión
1 Emoción, vehemencia, ardor, efusión, frenesí, (fig.) delirio.
ANT.: *Indiferencia, frialdad.*
2 Entusiasmo, afición, predilección, amor, inclinación.
ANT.: *Desdén.*
3 Arrebato, ímpetu, apasionamiento.
ANT.: *Flema, apatía.*
pasivo
1 Inerte, inmóvil, inactivo.
ANT.: *Activo.*
2 Apático, indiferente, neutral.
ANT.: *Participativo.*
pasmado
1 Suspendido, cuajado, congelado.
2 Atónito, azorado, confuso, aturdido, patitieso, alelado.
3 (C. Rica) Inútil, torpe.
4 (C. Rica) Tímido, pusilánime.
5 (C. Rica) Debilucho, mal desarrollado, enclenque.
pasmar
1 Congelar, helar, aterir.
2 Inmovilizar, suspender, paralizar.
ANT.: *Mover.*
3 Sobrecoger, azorar, confundir, perturbar, aturdir.
ANT.: *Serenar.*
4 Asombrar, embelesar, deslumbrar, extasiar, maravillar, atontar, embobar, alelar.
5 **pasmarse** Detenerse, interrumpirse [proceso, actividad].
pasmo
1 Rigidez, espasmo, contracción.
2 Tétanos.
3 (Fig.) Admiración, asombro, azoro, arrobamiento, sobrecogimiento, aturdimiento, estupefacción.
ANT.: *Indiferencia.*
pasmoso
Sorprendente, prodigioso, extraordinario, maravilloso, admirable, estupendo.
ANT.: *Corriente, común.*
paso
1 Movimiento, marcha, tránsito.
ANT.: *Detención, interrupción.*
2 Andar, tranco, zancada.
3 Pisada, huella, señal, rastro, marca.
4 Vereda, senda, camino, garganta, desfiladero, angostura.
5 Salida, acceso, comunicación, abertura, pasaje, pasadizo.
6 **paso adelante** Progreso, ascenso, avance, mejora, adelanto.
ANT.: *Retroceso.*
pasta
1 Argamasa, mezcla, masa.
2 Bizcocho, masita, galleta.
3 (Fig. y fam.) Dinero, riqueza.
4 (Fig.) Disposición, aptitud, talento, madera, cualidades.
pastar
1 Pacer, ramonear, herbajar.
2 Apacentar, pastorear.
pastel
1 Torta, tarta, bollo, empanada, pastelillo.
2 Fullería, trampa [juegos de naipes].
3 (Fig. y fam.) Conspiración, conchabanza, chanchullo, enjuague, intriga, embrollo.
4 Defecto, desorden, desarreglo [tipografía].
5 (Méx./fam.) Mujer encinta.
pastilla
1 Tableta, píldora, gragea, comprimido, oblea, medicamento.
2 Golosina, caramelo.
pasto
1 Hierba, pación, pienso, pastura, heno.
2 Campo, prado, pastizal, pradera.
3 (Fig.) Combustible, sustento, insumo, material, cebo, alimento.
4 Césped.
pastor
1 Cabrero, ovejero, porquerizo, cabrerizo, vaquero, apacentador, (Esp.) zagal.
2 Prelado, eclesiástico, ministro, cura, sacerdote.

pastoso
1 Viscoso, espeso, denso.
ANT.: *Líquido, sólido, seco, duro.*
2 Grave, terso [tono de voz].
pata
1 Remo, zanca.
2 Pie de mueble.
3 (Fam.) Pie, pierna [de persona].
4 (Argent., C. Rica, Perú, Urug./fig.) Afable, amable, bueno, servicial.
5 (Cuba) Amigo.
patada
1 Puntapié, coz, pateo, pataleo, coceadura, golpe con la pata o pie.
2 (Fig. y fam.) Huella, rastro.
3 (Fig.) Retroceso, sacudida [de arma de fuego al dispararla].
4 (C. Rica, Méx.) Valharada, mal olor, hediondez.
patán
1 Aldeano, pueblerino, rústico, paleto VER.
2 (Fig.) Zafio, burdo, tosco, grosero, rudo, palurdo, descortés, inculto, maleducado.
ANT.: *Refinado.*
patatús
Desmayo, ataque, soponcio VER.
patear
1 Cocear, patalear, pegar, golpear.
2 Reprobar, abuchear, protestar [en espectáculos].
ANT.: *Aplaudir, ovacionar.*
3 (Fig. y fam.) Maltratar, aporrear, despreciar, humillar.
patente
1 Visible, evidente, notorio, manifiesto, claro, palpable.
ANT.: *Oculto, dudoso.*
2 Licencia, cédula, título, certificado, registro, documento, concesión.
3 (Cuba) Medicamento, fármaco.
patético
1 Dramático, impresionante, trágico, turbador, conmovedor, enternecedor, lastimero.
ANT.: *Alegre, gozoso.*
2 (Fig.) Melodramático, exagerado, ridículo.
ANT.: *Sobrio.*
patíbulo
Cadalso, horca.
patinar
1 Derrapar, resbalar, deslizarse.
2 Esquiar.
3 (Fig.) Equivocarse, errar, pifiar.
ANT.: *Acertar.*
patio
1 Corral, cercado, vallado, huerto.
2 Platea, butaquerío, butacas [en teatro].
pato
1 Ánade.
2 (Fig.) Torpe, patoso, inhábil.
ANT.: *Diestro, hábil.*
3 (Fig. y fam.) Soso, bobo, insulso.
ANT.: *Gracioso, agudo.*
4 (Cuba, Méx., Venez.) Orinal portátil para varones, (Amér. Merid.) papagayo.
5 (Cuba, P. Rico) Homosexual.
patojo
1 Cojo, renco, rengo, paticojo, (Amér.) patuleco.
2 (Guat.) Niño, chiquillo.
3 (Venez./fam.) Descalzo.
4 (Venez.) Patón, de pies grandes.
patota (Argent., Par., Perú, Urug.)
Pandilla, grupo, muchachotes.
patraña
Embuste, mentira, falacia, infundio, engaño, enredo, calumnia, pamplina, (fam.) borrego.
ANT.: *Verdad.*
patria
1 Nación, país, cuna, pueblo.
2 Nacionalidad, origen, procedencia.
patriarca
1 Jefe, cabeza, guía, sabio, anciano.
2 Obispo [iglesia ortodoxa].
patricio
1 Aristócrata, noble.
ANT.: *Plebeyo.*
2 Aristocrático, privilegiado.
ANT.: *Marginal.*
3 Prócer, personaje, notable, personalidad.
patrimonio
1 Herencia, sucesión, legado.
2 Bienes, capital, riqueza, hacienda, fortuna.
patrio
Nacional.
ANT.: *Foráneo, extranjero.*
patriota
Leal, patriótico, (desp.) patriotero.
ANT.: *Traidor, apátrida, antipatriota.*
patrocinar
1 Apoyar, auspiciar, respaldar, impulsar, favorecer.
2 Financiar, sufragar, pagar.

patrón
1 Amo, patrono VER.
2 Empleador, contratante, jefe.
3 Protector [santo].
4 Casero, hospedero.
ANT.: *Inquilino, huésped.*
5 Molde, modelo, pauta, original, diseño, horma, muestra.
ANT.: *Copia, reproducción.*

patrono
1 Dueño, señor, amo.
2 Empleador, patrón VER.
3 Patrocinador, mecenas.

patrulla
1 Destacamento, partida, cuadrilla, escuadrilla, pelotón, piquete.
2 Ronda, rondín, vigilancia, recorrido.

paulatino
Gradual, escalonado, progresivo, acompasado, calmoso, lento, despacioso, pausado.
ANT.: *Súbito, repentino, acelerado.*

pausa
1 Interrupción, intervalo, detención, tregua, espera, cese.
ANT.: *Continuación.*
2 Calma, flema, lentitud, parsimonia.
ANT.: *Rapidez, prisa.*

pausado
Reposado, lento, paulatino VER.

pauta
1 Norma, regla, guía.
2 Molde, patrón VER.
3 Ejemplo, paradigma.

pavada (Amér. Merid.)
Tontería, necedad, estupidez, bobada, simpleza.

pavimento
Piso, firme, asfalto, adoquinado, enladrillado, empedrado.

pavonearse
Ostentar, alardear, jactarse, ufanarse, presumir, fanfarronear, farolear, exhibirse.
ANT.: *Menospreciarse, humillarse, ocultarse.*

pavor
Terror, pavura, espanto, pánico, miedo, horror.
ANT.: *Valentía, ánimo.*

payador (Riopl.)
Coplero, trovero, cantor errante.

payaso
1 Bufón, cómico, gracioso, caricato, mimo, clown o clón.
2 (Fig.) Mamarracho, ridículo, necio, ganso, ñoño.
ANT.: *Austero, serio.*

paz
1 Concordia, armonía, amistad, avenencia, acuerdo.
ANT.: *Guerra, discordia, conflicto.*
2 Calma, tranquilidad, silencio, reposo, descanso.
ANT.: *Agitación, bullicio.*
3 Serenidad, sosiego.
ANT.: *Inquietud, turbación.*
4 Reconciliación.

peatón
Transeúnte, caminante, paseante, viandante.

pebete
1 Niño, chiquillo, muchacho, (Argent., Urug.) pibe.
ANT.: *Viejo, anciano.*
2 Sahumerio, incienso.

pecado
1 Culpa, falta, transgresión, infracción, (fig.) caída, desliz.
2 Vicio, libertinaje.
ANT.: *Moderación, templanza.*

pecador
1 Culpable, transgresor.
ANT.: *Inocente.*
2 Vicioso, crapuloso, extraviado, condenado, (fig.) perdido.
ANT.: *Virtuoso, redimido.*

pecar
1 Transgredir, violar [preceptos religiosos].
ANT.: *Arrepentirse, expiar.*
2 Faltar, errar, (fig.) caer en el error [referido a las reglas del arte y la política].
3 (Fig.) Corromperse, degradarse [personas].

pechar
1 Tributar, pagar tributo.
2 Asumirse, echarse encima, cargar con, (fam.) apechugar.
ANT.: *Desentenderse, zafarse.*
3 (Amér.) Sablear, estafar, gorronear.
4 (Argent.) Embestir, empujar.

pecho
1 Torso, busto, tórax, caja torácica.
ANT.: *Espalda.*
2 pechos Mamas, senos, tetas.

peculiar
Característico, propio, privativo, distintivo, típico, singular, especial, sui géneris.
ANT.: *General, corriente, común.*

pedagogo
Educador, maestro, profesor VER.
ANT.: *Alumno, educando.*

pedante
Fatuo, petulante, afectado, presumido, estirado, vano, engolado, cargante.
ANT.: *Sencillo, natural.*

pedazo
Trozo, porción, parte, fragmento, pieza, fracción, pizca, gajo, cacho, añico, (fig.) gota.
ANT.: *Totalidad, todo, entero.*

pedestal
Base, peana, podio, basamento, soporte, plataforma, pie, zócalo, cimiento.

pedido
Solicitud, ruego, pedimento, petición, ➔ pedir.

pedigüeño
Gorrón, sablista, pedidor, vividor, (fig.) parásito, (Argent.) manguero, (Venez.) pedilón.

pedir
1 Demandar, solicitar, requerir, instar.
ANT.: *Dar, ofrecer.*
2 Insistir, rogar, suplicar, impetrar, implorar.
ANT.: *Desoír, negar.*
3 Exigir, clamar, ordenar.
ANT.: *Rehusar.*
4 Mendigar, limosnear, pordiosear.
5 Gorronear, sablear, (Argent., Urug.) mangar.
6 Necesitar, desear, querer.
7 Orar, rezar.

pedrisco
1 Granizo, pedrisca, pedrisquero, granizada.
2 Pedriscal, pedregal.

pedrusco
Canto, china, guijarro, piedra sin labrar.

pega
1 Pegadura, adhesión, pegamiento.
2 Pegamento, cola, engrudo.
3 Remiendo, parche, compostura [ropa].
4 Reparo, obstáculo, dificultad, objeción, entorpecimiento.
ANT.: *Facilidad.*
5 (Fam.) Paliza, zurra, golpiza.
6 (Fam.) Chasco, burla, engaño, broma, guasa.
7 (Colomb., Cuba, Chile, Perú) Trabajo, colocación.
8 (C. Rica) Indigestión.

pegajoso
1 Adherente, pegadizo, glutinoso, viscoso, untuoso, grasiento, pringoso, cochambroso.
ANT.: *Terso, resbaloso.*
2 (Fig.) Contagioso, transmisible.
3 (Fig. y fam.) Pegote, insistente, empalagoso, gorrón, importuno, fastidioso, cargante.

pegamento
Cola, goma, adhesivo, mucílago, engrudo.

pegar
1 Adherir, fijar, ligar, soldar, sujetar, unir, juntar, encolar, engomar.
ANT.: *Despegar, separar.*
2 Adosar, arrimar, aplicar.
ANT.: *Alejar.*
3 Tocar, chocar.
4 (Fig.) Contagiar, infectar, transmitir.
5 Aporrear, atizar, golpear, zurrar, apalear, castigar, maltratar, (Méx.) sonar.
ANT.: *Acariciar.*
6 Arraigar, prender [plantas].
7 Establecerse, acreditarse, prosperar [empresa, negocio].
ANT.: *Fracasar, quebrar.*
8 Combinar, convenir, casar, armonizar, rimar.
ANT.: *Discordar.*

pegarse
1 Pelear, luchar, golpearse, reñir, enredarse a golpes, liarse.
2 Unirse, juntarse.
ANT.: *Separarse.*
3 Chamuscarse, quemarse [guisos].
4 (Fig.) Colarse, introducirse, entrometerse, ir donde no le llaman.

peinar
1 Atusar, componer, arreglar, alisar, desenredar, cepillar, cardar, acicalar.
ANT.: *Despeinar, desgreñar, enmarañar, revolver.*
2 Rozar, tocar.
3 (Fig.) Rastrear, inspeccionar, registrar, revisar.
4 (C. Rica) Reprender, regañar.
5 (Venez./fam.) Matar.

pelado
1 Mondo, calvo, liso, pelón, lampiño, rapado.
ANT.: *Peludo, velludo.*
2 Árido, desértico, descubierto, yermo, mondado.
ANT.: *Exuberante, frondoso.*
3 Desnudo, desmantelado, desamueblado, despejado.
ANT.: *Cubierto, lleno.*
4 Pobre, indigente, pelagatos.

P

5 (Méx.) Grosero, zafio, maleducado.
6 (Venez.) Borracho.

pelaje
1 Pelambre, pelo VER.
2 (Fig.) Traza, facha, apariencia, aspecto, exterior.
3 (Fig.) Laya, clase, ralea, índole.

pelar
1 Rapar, afeitar, trasquilar, tonsurar, cortar el cabello.
2 Mondar, descascarar, despellejar, descortezar, desplumar.
3 (Fig.) Robar, hurtar, despojar, desvalijar, estafar.
4 (Fig. y fam.) Criticar, vituperar, murmurar, descreditar, recortar.
ANT.: *Ensalzar, elogiar.*
5 (Argent.) Desenvainar, sacar, mostrar [arma blanca].
6 (Méx./fig. y fam.) Atender, hacer caso [a alguien].
7 (Cuba) Matar.
8 (Venez./fam.) Castigar, golpear, dar latigazos.

pelarse
1 Raparse, afeitarse.
2 Despellejarse.
3 (Méx./fam.) Huir, escaparse.

pelea
1 Lucha, reyerta, riña, trifulca, disputa, pendencia, enfrentamiento.
ANT.: *Concordia.*
2 Contienda, batalla, combate, lid.
ANT.: *Paz.*
3 Desavenencia, rivalidad, enemistad, indisposición, disgusto.
ANT.: *Amistad.*

pelele
1 Monigote, muñeco, títere, espantajo, espantapájaros, marioneta.
2 (Fig. y fam.) Simple, inútil, bobo, badulaque, falto de carácter.
ANT.: *Listo, enérgico, voluntarioso.*

peligro
Riesgo, amenaza, inseguridad.
ANT.: *Seguridad.*

peligroso
1 Arriesgado, riesgoso, expuesto, inseguro, aventurado, alarmante.
ANT.: *Seguro.*
2 (Fig.) Temible, agresivo, incontrolable, feroz.
ANT.: *Inocuo, inofensivo.*

pellejo
1 Piel, cuero, pelleja, epidermis.
2 Cáscara, hollejo, epicarpio.
3 Odre.
4 (Fig. y fam.) Bebedor, borracho, beodo, ebrio.

pelo
1 Cabello, hebra, filamento, cerda, crin.
2 Vello, bozo, pelusa.
3 Melena, cabellera, pelambrera, greñas, (fam.) mata.
4 Pelaje, pelambre, capa [animales].
5 (Fig.) Nimiedad, nadería, bicoca, insignificancia.

pelota
1 Bola, esfera, bala, balón, esférico, ovillo.
2 (Fig.) Lío, embrollo, complicación, enredo, (Méx./fam.) pelotera.
ANT.: *Solución, salida.*
3 (Esp./fig. y fam.) Adulador, pelotillero, cobista.
4 (Cuba, Venez.) Béisbol.

pelotón
1 Partida, patrulla, pequeña unidad de infantería.
2 (Fig.) Montón, tropel, aglomeración.

peluca
1 Bisoñé, peluquín, casquete, añadido, postizo, cabellera postiza.
2 (Esp./fig. y fam.) Reprensión, reprimenda, bronca.

peludo
1 Velludo, velloso, piloso, lanudo, espeso, enmarañado, hirsuto.
ANT.: *Calvo, lampiño, pelado.*
2 Felpudo, estera.
3 (Riopl.) Armadillo, quirquincho.
4 (Argent., Bol., Par., Urug.) Borrachera, tranca, curda.
5 (Argent., Urug., Venez.) Difícil, complicado, arduo, peliagudo.
ANT.: *Fácil, sencillo.*

pelusa
1 Vello, vellón, bozo, plumón.
2 Pelillo, borra.
3 Suciedad, polvo, mugre.
4 (Fig. y fam.) Celos, envidia.
5 (Méx./desp.) Gentuza, broza.

pena
1 Tristeza, aflicción, desazón, dolor, padecimiento, congoja, pesadumbre, sufrimiento, angustia.
ANT.: *Alegría, gozo, júbilo.*
2 Condena, castigo, penalidad, sanción, correctivo, multa.
ANT.: *Indulto, exención.*

3 Agobio, esfuerzo, dificultad, trajín, tarea, fatiga, molestia, carga.
ANT.: *Alivio, descanso.*
4 (Colomb., C. Rica, Cuba, Méx., Venez.) Timidez, vergüenza, cortedad.
ANT.: *Desparpajo.*

penacho
1 Cimera, tocado, airón, pompón.
2 Copete, plumero, airón [aves].
3 (Fig. y fam.) Soberbia, presunción, vanidad, orgullo.
ANT.: *Sencillez, humildad.*

penar
1 Penalizar, sancionar, castigar, condenar, infligir.
ANT.: *Perdonar, indultar.*
2 Sufrir, padecer, agonizar.
ANT.: *Gozar, disfrutar.*
3 Angustiarse, atribularse, afligirse, lamentarse, entristecerse.
ANT.: *Alegrarse.*

pendejo
1 Vello púbico, (Cuba) pendejera.
2 (Fig. y fam.) Necio, estúpido, bobo, tonto, bruto.
3 (Fig. y fam.) Crédulo, iluso.
4 (Fig. y fam.) Apocado, cobarde, gallina, pusilánime, pelele.
ANT.: *Valiente, osado, voluntarioso.*
5 (Argent.) Chiquilín, jovenzuelo, chicuelo.
6 (Perú) Listo, avispado.
ANT.: *Tonto, bobo.*

pendencia
Camorra, riña, zipizape, pelea VER.

pender
1 Colgar, inclinarse, estar suspendido.
2 Depender, subordinarse.
3 Cernerse, amenazar [peligro, desgracia].

pendiente
1 Suspendido, colgante.
2 Inclinado, en declive, empinado, oblicuo.
3 Atento, preocupado, vigilante.
ANT.: *Despreocupado.*
4 Indeciso, indefinido, aplazado, prorrogado, suspenso, diferido, pospuesto.
ANT.: *En curso, acabado, concluido.*
5 Cuesta, rampa, desnivel, inclinación, ladera, caída.
6 Arete, zarcillo, pendantif.

pendón
1 Insignia, estandarte, bandera VER.
2 (Esp./fig. y fam.) Libertino, calavera, callejero, disoluto.
ANT.: *Moderado, temperado.*

pene
Miembro, falo, (vulg.) verga, órgano, viril, órgano genital masculino.

penetrante
1 Afilado, aguzado, agudo, filoso, puntiagudo, cortante.
ANT.: *Embotado, mellado, romo.*
2 Profundo, hondo.
ANT.: *Superficial.*
3 (Fig.) Intenso, mordiente, punzante, vivo [dolor].
ANT.: *Leve.*
4 (Fig.) Alto, fuerte, ensordecedor, desgarrador [sonido, voz].
ANT.: *Débil, sordo, bajo.*
5 (Fig.) Sagaz, perspicaz, sutil.
ANT.: *Obtuso, lerdo.*
6 (Fig.) Irónico, incisivo, mordaz, sarcástico.

penetrar
1 Calar, filtrarse, colarse, empapar, embeber.
ANT.: *Rezumar, exudar.*
2 Entrar, pasar, ingresar, introducirse, meterse.
ANT.: *Salir.*
3 Traspasar, clavarse, insertarse, embutirse.
ANT.: *Extraer, sacar.*
4 (Fig.) Comprender, imbuirse, captar, entender.
ANT.: *Ignorar.*
5 (Fig.) Descifrar, adivinar, interpretar.

penitencia
Mortificación, castigo, penalidad, condena, expiación, disciplina.
ANT.: *Premio.*

penitenciaría
Cárcel, penal, prisión VER.

penoso
1 Difícil, duro, laborioso, fatigoso, trabajoso, arduo.
ANT.: *Fácil, sencillo, leve.*
2 Angustioso, aflictivo.
ANT.: *Llevadero, agradable.*
3 Doloroso, lamentable, triste, lastimoso.
ANT.: *Alegre.*
4 (Méx., Venez./fam.) Tímido, vergonzoso.

pensar
1 Razonar, imaginar, cavilar, discurrir, especular.
2 Reflexionar, meditar, rumiar, recapacitar, considerar, examinar, calcular.
3 Idear, proyectar, concebir, engendrar, crear.
4 Opinar, juzgar, suponer, entender, estimar.
5 Proponerse, acariciar, planear.
pensión
1 Renta, subsidio, subvención, retiro, jubilación.
2 Asignación, beca, mensualidad.
3 Hospedaje, alojamiento, albergue, casa de huéspedes.
pensionado
1 Internado, colegio, instituto, escuela, seminario, pupilaje.
2 Interno, pensionista, becario.
3 Jubilado, retirado.
penumbra
Sombra, media luz.
ANT.: *Claridad.*
penuria
1 Carencia, ausencia, escasez, falta.
ANT.: *Abundancia.*
2 Necesidad, estrechez, pobreza, indigencia, miseria.
ANT.: *Riqueza, opulencia.*
3 Desdicha, desgracia, desventura.
ANT.: *Ventura, dicha.*
peña
1 Roca, risco, piedra, peñasco, peñón, morro.
2 Grupo, pandilla, círculo, tertulia, (Esp.) corro.
3 Casino, centro, club.
peón
1 Jornalero, bracero, labriego, trabajador, asalariado, obrero, mozo, cargador.
2 Soldado de infantería, infante.
3 Trompo, peonza VER.
peonza
Perinola, trompo, peón, (Méx.) pirinola.
peor
Más mal, inferior, el más malo, el más bajo.
ANT.: *Mejor, superior.*
pequeñez
1 Insignificancia, menudencia, cortedad, parvedad, (ant.) pequeñeza.
ANT.: *Enormidad, abundancia.*
2 Niñez, infancia.
3 Nadería, fruslería, bicoca, friolera, bagatela, pamplina VER.
ANT.: *Importancia, trascendencia.*
4 Ruindad, mezquindad, bajeza.
ANT.: *Grandeza, nobleza.*
pequeño
1 Minúsculo, diminuto, mínimo, menudo, chico, bajo, corto, estrecho.
ANT.: *Grande, largo, extenso, alto.*
2 Exiguo, reducido, poco, parco, insuficiente, escaso, limitado.
ANT.: *Vasto, abundante.*
3 Insignificante, nimio.
ANT.: *Importante.*
4 Pigmeo, liliputiense, enano.
ANT.: *Gigante.*
5 Pequeñuelo, párvulo, niño VER.
6 (Fig.) Pobre, humilde, miserable.
ANT.: *Poderoso, soberbio.*
7 (Fig.) Mezquino, ruin.
ANT.: *Noble, generoso.*
percance
Contratiempo, contrariedad, accidente, incidente, avería, perjuicio.
ANT.: *Solución, facilidad.*
percanta (Argent., Urug.)
Mujer [en tango].
percatarse
Advertir, reparar, percibir VER.
ANT.: *Obviar.*
percha
1 Pértiga, estaca, vara, madero.
2 Colgador, perchero, tendedero, gancho, colgadero.
3 Perca [pez].
4 (Venez./fam.) Vestuario, guardarropa, ropa.
percibir
1 Advertir, descubrir, observar, percatarse, notar, ver, apreciar.
ANT.: *Omitir.*
2 Sentir, experimentar, distinguir.
3 Entender, comprender, penetrar, captar, intuir.
ANT.: *Ignorar.*
4 Recibir, cobrar, recoger.
ANT.: *Pagar.*
percusión
Golpe, golpeteo, batimiento, sacudida, choque, tamborileo.
perder
1 Extraviar, olvidar, abandonar, dejar.
ANT.: *Encontrar, hallar.*
2 Desperdiciar, malgastar, disipar, derrochar.
ANT.: *Ganar.*

3 Ser vencido, sufrir una derrota.
ANT.: *Vencer.*
4 Fracasar, malograrse, frustrarse.
ANT.: *Lograr, conseguir.*
5 Deslucir, desmejorar, empeorar.
ANT.: *Mejorar.*
6 Decolorarse, desteñirse.
ANT.: *Avivar.*
7 Dañar, perjudicar, arruinar.
ANT.: *Beneficiar.*
8 (Fig.) Corromper, pervertir.
ANT.: *Guiar, orientar.*
9 (Fig.) Decaer, desacreditarse, caer.
ANT.: *Elevarse, levantarse.*

perderse
1 Extraviarse, desorientarse, errar, desviarse, descarriarse.
ANT.: *Orientarse.*
2 (Fig.) Confundirse, embarullarse, enredarse, distraerse, despistarse.
ANT.: *Retomar, concentrarse.*
3 (Fig.) Zozobrar, naufragar, hundirse [embarcación].
4 Desperdiciarse, malograrse.
ANT.: *Aprovechar, rendir.*
5 Frustrarse, escaparse [ocasión, oportunidad].
6 (Fig.) Corromperse, pervertirse, depravarse.
ANT.: *Rehabilitarse, encarrilarse.*
7 (Fig.) Desvanecerse, desaparecer, difuminarse.
ANT.: *Perfilarse, percibirse.*
8 (Fig.) Obcecarse, arrebatarse, cegarse, obnubilarse.
ANT.: *Moderarse.*

perdición
1 Ruina, pérdida, caída, desgracia, desastre, daño, infortunio.
2 (Fig.) Vicio, disipación, depravación, libertinaje, crápula.
ANT.: *Virtud.*
3 (Fig.) Infierno, condenación eterna.
ANT.: *Salvación.*

perdido
1 Olvidado, extraviado, → perder.
ANT.: *Hallado, encontrado.*
2 Confundido, despistado, desorientado, embarullado.
ANT.: *Orientado, dirigido.*
3 Corrompido, descarriado, crápula, libertino, vicioso, depravado, perdulario.
ANT.: *Virtuoso, juicioso.*
4 Condenado, sentenciado.
ANT.: *Redimido, salvado.*
5 (Méx., Venez./fam.) Muy borracho.

perdón
1 Absolución, remisión, indulto, amnistía, conmutación, gracia.
ANT.: *Castigo, condena.*
2 Disculpa, olvido, liberación.
ANT.: *Venganza.*
3 Indulgencia.
4 Clemencia, tolerancia, compasión, piedad.
ANT.: *Severidad, rigor, crueldad.*
5 Exención, condonación [impuestos, pagos].
ANT.: *Multa, recargo, sanción.*

perdurar
Subsistir, seguir, permanecer, continuar, persistir, mantenerse, perpetuarse, renovarse.
ANT.: *Perecer, sucumbir, terminar.*

perecer
1 Fenecer, fallecer, morir, sucumbir, expirar, extinguirse, terminar.
ANT.: *Nacer, empezar, perdurar, sobrevivir.*
2 (Fig.) Padecer, sufrir, consumirse.
ANT.: *Gozar.*
3 (Fig.) Arruinarse, hundirse, desaparecer [negocio, empresa].
ANT.: *Iniciar, emprender.*

peregrinación
Peregrinaje, peregrinar, romería, viaje

peregrino
1 Caminante, penitente, romero, viajero, visitante.
2 Migratorio [aves].
3 Exótico, foráneo.
ANT.: *Local, propio.*
4 (Fig.) Peculiar, singular, extraño, especial, insólito, extraordinario, inusual, desacostumbrado.
ANT.: *Ordinario, usual, normal.*

perenne
Perpetuo, perdurable, imperecedero, sempiterno, persistente, permanente, continuo, (fig.) eterno.
ANT.: *Efímero, pasajero.*

perentorio
1 Urgente, apremiante, inaplazable, impostergable, ineludible, insoslayable, preciso, obligatorio, necesario.
ANT.: *Dilatorio, retardado, postergable, aplazable.*
2 Decisivo, determinante, terminante, tajante, concluyente, definitivo.
ANT.: *Revocable, indefinido.*

pereza

1 Indolencia, holgazanería, apatía, molicie, ociosidad, haraganería, flojera, gandulería, poltronería, (Méx./vulg.) huevonada.

ANT.: *Diligencia, laboriosidad.*

2 Descuido, tardanza, negligencia, dejadez, incuria.

ANT.: *Esmero, puntualidad.*

perezoso

1 Holgazán, haragán, ocioso, gandul, vago, indolente, zángano, (Cuba, Méx./vulg.) huevón.

ANT.: *Trabajador, diligente.*

2 Tardo, lento, pesado.

ANT.: *Presto, raudo.*

3 Dormilón, remolón.

4 Desidioso, indolente, descuidado, apático.

ANT.: *Esforzado, esmerado.*

perfección

1 Excelencia.

ANT.: *Tacha, imperfección.*

2 Corrección, perfeccionamiento, ➞ perfecto.

perfeccionar

1 Completar, terminar, acabar, redondear, consumar, coronar.

ANT.: *Detener, interrumpir.*

2 (Fig.) Mejorar, desarrollar, pulir, corregir, ampliar, enriquecer, depurar, refinar, afinar.

ANT.: *Estancar, empeorar.*

perfecto

1 Ideal, magistral, excelente, sublime, exquisito, insuperable, irreprochable, impecable.

ANT.: *Imperfecto.*

2 Completo, acabado, terminado, coronado, rematado.

ANT.: *Defectuoso, inconcluso, incompleto, inacabado.*

3 (Fam.) Perfectamente, magnífico, muy bien, (Méx.) a todo dar.

pérfido

Traidor, infiel, desleal, alevoso, aleve, insidioso, falso, falaz, perjuro.

ANT.: *Sincero, leal, fiel.*

perfil

1 Característica, rasgos, personalidad, peculiaridad, cualidades, aptitudes.

2 Trazo, raya, línea.

3 Contorno, silueta, forma, figura.

4 Ribete, moldura, adorno.

perforar

Agujerear, taladrar, atravesar, horadar, penetrar, cavar, excavar.

ANT.: *Taponar, tapar, obturar.*

perfume

1 Esencia, bálsamo, extracto, loción.

2 Sahumerio.

3 Fragancia, aroma, olor agradable, efluvio, emanación.

ANT.: *Hedor, pestilencia.*

pergamino

1 Piel, vitela.

2 Manuscrito, documento, obra, texto, escrito.

3 pergaminos (Fig.) Títulos de nobleza, papeles.

pérgola

1 Emparrado, armazón, soporte.

2 Galería, balcón, terraza, cenador, glorieta.

pericia

Destreza, aptitud, habilidad, arte, maestría, técnica, conocimiento, práctica, maña, capacidad, experiencia, competencia.

ANT.: *Ineptitud, impericia, desmaña, inexperiencia, torpeza.*

periferia

1 Borde, contorno, orilla, circunferencia, perímetro VER.

2 Aledaños, afueras, suburbios, cercanías.

perífrasis

Circunloquio, circunlocución, rodeo, giro, digresión.

perímetro

1 Contorno, periferia VER, límite, borde, orilla.

ANT.: *Centro, interior.*

periódico

1 Regular, reiterado, repetido, rítmico, fijo, asiduo.

ANT.: *Irregular, esporádico, eventual.*

2 Diario, gaceta, rotativo, publicación, prensa, boletín.

periodista

Reportero, redactor, articulista, corresponsal, cronista, informador, editorialista, (desp.) gacetillero, (Méx./desp.) tundemáquinas.

período

1 Ciclo, fase, etapa, lapso, espacio, duración, plazo, periodo.

2 Época, era, tiempo, edad.

3 Cláusula, párrafo.

4 Menstruación, menstruo, regla, mes.

peripecia
1 Incidente, suceso, caso, ocurrencia, lance, trance.
2 Aventura, hazaña.
perito
Experto, conocedor, diestro, competente, avezado, hábil, práctico.
ANT.: *Inexperto, lego.*
perjudicar
1 Dañar, estropear, estragar, averiar, arruinar, deteriorar, menoscabar, descomponer.
ANT.: *Arreglar, componer.*
2 Lesionar, lastimar, enfermar, hacer mal, damnificar.
ANT.: *Beneficiar.*
3 Impedir, estorbar, obstruir.
ANT.: *Facilitar, favorecer.*
perjudicial
1 Nocivo, dañino, pernicioso, malo, dañoso, lesivo.
ANT.: *Beneficioso, provechoso.*
2 Desfavorable, nefasto, nefando.
ANT.: *Favorable, ventajoso.*
perjuicio
Daño, quebranto, ruina, mal, → perjudicar.
ANT.: *Beneficio.*
permanecer
Persistir, seguir, continuar, durar, perpetuarse, fijarse, establecerse, quedarse, afirmarse, perseverar, resistir, aguantar, conservarse.
ANT.: *Desaparecer, cambiar, irse, dejar, abandonar.*
permiso
1 Aprobación, autorización, venia, consentimiento, aquiescencia.
ANT.: *Prohibición, denegación.*
2 Concesión, licencia.
permitir
1 Consentir, conceder, transigir, autorizar, acceder, dejar que.
ANT.: *Prohibir, vedar.*
2 Tolerar, aguantar, admitir, sufrir.
ANT.: *Rebelarse, impedir.*
3 Facilitar, posibilitar.
ANT.: *Dificultar, estorbar.*
4 permitirse Poder, concederse, tomarse la libertad.
permutar
1 Canjear, intercambiar, trocar, negociar, (fam.) cambalachar, cambalachear.
ANT.: *Conservar.*
2 Cambiar, alternar, conmutar.
pernicioso
Dañino, lesivo, perjudicial VER.
pernoctar
Hospedarse, alojarse.
pero
No obstante, aunque, sino, a pesar de, sin embargo, empero.
perpendicular
Vertical, derecho, recto, en ángulo recto.
perpetuo
Vitalicio, duradero, perenne VER.
ANT.: *Perecedero, transitorio.*
perplejo
1 Desorientado, confuso, vacilante, dudoso, indeciso, titubeante.
ANT.: *Resuelto, seguro, cierto.*
2 Desconcertado, extrañado, asombrado, azorado.
perro
1 Can, chucho, (Argent.) pichicho, (Chile) quiltro, (C. Rica) zaguate, (Esp.) gozque, (Méx.) cusco o cuzco.
2 (Fig.) Infame, indigno, malo.
ANT.: *Magnífico, estupendo.*
3 (Fig.) Despreciable, malvado, avieso, perverso.
ANT.: *Bondadoso.*
4 (Fig. y fam.) Tenaz, firme, porfiado, perseverante, aferrado.
ANT.: *Inconstante.*
5 (C. Rica) Mujeriego.
6 (Cuba) Tremendo, muy grande.
perseguir
1 Seguir, acosar, acechar, buscar, rastrear, sitiar, acorralar, cazar, (fig.) pisar los talones.
ANT.: *Escapar, huir, despistar.*
2 Pretender, intentar, insistir, perseverar, procurar.
ANT.: *Abandonar, desistir, claudicar.*
3 (Fig.) Hostigar, apremiar, molestar, atormentar, importunar.
perseverante
Tenaz, empeñoso, tesonero, constante, firme, insistente, porfiado.
ANT.: *Inconstante, veleidoso.*
perseverar
Insistir, persistir, continuar, proseguir, seguir, obstinarse, mantener, reanudar, empeñarse.
ANT.: *Abandonar, desistir, renunciar, claudicar, dejar.*
persistir
1 Proseguir, mantenerse, insistir, perseverar VER.
ANT.: *Claudicar, desistir.*

2 Durar, permanecer, seguir, perdurar VER, continuar.
ANT.: *Terminar, acabarse.*

persona
1 Individuo, ser humano, hombre, mujer, prójimo, (fig.) alma.
2 Tipo, sujeto, fulano, desconocido.

personaje
1 Personalidad, celebridad, figura, lumbrera, eminencia, dignatario, notable.
2 Protagonista, actor, estrella, galán, dama, intérprete.
3 Papel, rol [cine, teatro].

personal
1 Propio, individual, privado, particular, privativo, exclusivo.
ANT.: *Público, general.*
2 Subjetivo, íntimo.
ANT.: *Colectivo.*
3 Característico, peculiar, original.
ANT.: *Común.*
4 Tripulación, dotación, plantilla, empleados, trabajadores, obreros, tropa, cuadrilla.

personalidad
1 Carácter, identidad, individualidad, temperamento, temple, índole.
2 Sello, estilo, distintivo, originalidad.
ANT.: *Impersonalidad, vulgaridad.*
3 Celebridad, personaje VER.

perspectiva
1 Panorama, horizonte, paisaje.
2 Lejanía, distancia, alejamiento [pintura].
3 Posición, óptica, punto de vista.
4 (Fig.) Aspecto, apariencia, matiz, traza, circunstancia, faceta.
5 (Fig.) Posibilidad, indicio, probabilidad, expectativa.
ANT.: *Incertidumbre.*

perspicaz
Penetrante, agudo, lúcido, sagaz, sutil, inteligente, clarividente, (fig.) lince.
ANT.: *Torpe, necio, obtuso.*

persuadir
Convencer, inducir, instigar, empujar, arrastrar, animar.
ANT.: *Disuadir, desanimar.*

pertenecer
1 Atañer, competer, incumbir, concernir, afectar, tocar, referirse, corresponder, relacionarse.
ANT.: *Desligarse.*
2 Depender, supeditarse, subordinarse, ser de.
ANT.: *Librarse.*

pertenencia
1 Posesión, dominio, propiedad VER.
2 Dependencia, supeditación, subordinación.

pértiga
1 Palo, vara.
2 Garrocha, percha.

pertinaz
1 Tenaz, insistente, terco, tozudo, contumaz, obstinado, testarudo.
ANT.: *Voluble, inconstante.*
2 (Fig.) Persistente, constante, duradero, perseverante.
ANT.: *Efímero, pasajero.*

pertinente
1 Concerniente, referente, propio, conducente, perteneciente.
ANT.: *Ajeno.*
2 Oportuno, adecuado, conveniente, conforme, debido, a propósito.
ANT.: *Inoportuno, impertinente.*

pertrechar
1 Abastecer, proveer, avituallar, suministrar, aprovisionar, equipar.
ANT.: *Desabastecer.*
2 Preparar, disponer.
ANT.: *Improvisar.*

pertrechos
1 Armamento, municiones, parque, ingenios de guerra.
2 Equipo, equipamiento.
3 Víveres, provisiones.
4 Instrumentos, herramientas, utensilios, útiles.

perturbado
1 Alterado, trastornado, desequilibrado.
ANT.: *Normal, equilibrado.*
2 Conmovido, impresionado, inquieto, angustiado, soliviantado.
ANT.: *Sereno, tranquilo.*
3 Demente, alienado, loco VER.
ANT.: *Cuerdo.*

perturbador
1 Inquietante, alarmante, amenazador, atemorizante.
ANT.: *Tranquilizador.*
2 Angustioso, impresionante, conmovedor.
3 Agitador, alborotador, revoltoso, sedicioso.

perturbar
1 Trastornar, alterar, desequilibrar, turbar, desordenar.
2 Inquietar, alarmar, intranquilizar, agitar, alborotar.
ANT.: *Tranquilizar, sosegar.*

3 Confundir, desconcertar, inmutar, afectar.
4 Interrumpir, distraer, impedir.
5 **perturbarse** Enloquecer, trastornarse, perder el juicio.

perversión
1 Pervertimiento, corrupción, estupro, (fig.) seducción.
2 Adulteración, falseo.
3 Depravación, degeneración, desviación.
4 Vicio, desenfreno, libertinaje, disolución, perdición.
ANT.: *Virtud.*
5 Maldad, malignidad, protervia, bajeza, vileza, infamia.
ANT.: *Bondad.*

perverso
1 Malvado, maligno, infame, vil, ruin, protervo, → perversión.
ANT.: *Noble, bondadoso.*
2 Degenerado, depravado.
ANT.: *Normal, sano.*
3 Vicioso, corrupto, corrompido, crapuloso, libertino, disoluto.
ANT.: *Virtuoso.*

pesadilla
1 Delirio, alucinación, desvarío, visión, espejismo, mal sueño.
2 (Fig.) Angustia, suplicio, mortificación, tormento, preocupación, zozobra, desesperación.
ANT.: *Alivio, consuelo.*

pesado
1 Macizo, pesante, cargante.
ANT.: *Liviano.*
2 Sobrecargado, recargado [ornamentos].
ANT.: *Sobrio, austero.*
3 (Fig.) Profundo, imperturbable, tranquilo [sueño].
ANT.: *Ligero, inquieto.*
4 (Fig.) Lerdo, torpe, lento, calmoso, cachazudo.
ANT.: Ágil, rápido.
5 (Fig.) Cargado, contaminado, caliginoso, saturado, insano, deprimente, opresivo [ambiente].
ANT.: *Despejado.*
6 (Fig.) Impertinente, importuno, fastidioso, molesto, latoso.
ANT.: *Simpático.*
7 (Fig.) Aburrido, tedioso, monótono, desagradable, incómodo, insoportable.
ANT.: *Ameno, grato.*
8 (Fig.) Fatigoso, penoso, duro, abrumador, extenuante, complicado, difícil, agotador.
ANT.: *Sencillo, leve, fácil.*
9 (Fig.) Ofensivo, violento, áspero, desabrido.
ANT.: *Amable, afable.*
10 (Fig.) Doloroso, insufrible, torturante, desesperante.
ANT.: *Placentero.*
11 (Fig.) Gordo, obeso VER.
ANT.: *Delgado, grácil.*
12 (Argent.) Matón, bravucón.
13 (C. Rica, Méx.) Antipático, engreído, presumido, creído.
14 (Venez.) Influyente, importante.

pesadumbre
Tristeza, abatimiento, pesar VER.

pésame
Condolencia.
ANT.: *Pláceme.*

pesar
1 Aflicción, abatimiento, dolor, pesadumbre, congoja, remordimiento, arrepentimiento.
ANT.: *Alegría, júbilo.*
2 Afligir, doler, abrumar, remorder, lamentar, arrepentirse.
ANT.: *Alegrar.*
3 Comprobar, determinar, establecer, averiguar, precisar [el peso].
4 (Fig.) Sopesar, evaluar, examinar, analizar, ponderar.
5 Cargar, lastrar, sobrecargar, gravitar.
6 Influir, importar, intervenir, actuar, obrar.

pescar
1 Capturar, sacar, atrapar, arponear, extraer.
2 (Fig. y fam.) Coger, agarrar, contagiarse, contraer [enfermedad].
3 (Fig. y fam.) Sorprender, pillar, descubrir, caer.
4 (Fig. y fam.) Conseguir, lograr, cazar.
5 (Fig. y fam.) Entender, comprender, captar.

pescuezo
Cogote, cuello, garganta.

pesimismo
Melancolía, desilusión, desánimo, abatimiento, negatividad, desesperanza, consternación.
ANT.: *Optimismo, ánimo.*

pésimo
Malísimo, deplorable, inconcebible, terrible, atroz, lo peor.
ANT.: *Magnífico, estupendo, excelente, perfecto.*

peso
1 Pesadez, carga, gravedad.
ANT.: *Ligereza, liviandad.*
2 Tara, lastre, masa.
3 (Fig.) Energía, sustancia, entidad, fuerza, eficacia, trascendencia.
ANT.: *Intrascendencia.*
4 (Fig.) Influencia, importancia, representatividad.
ANT.: *Insignificancia.*
5 (Fig.) Obligación, agobio.
6 (Fig.) Angustia, preocupación, inquietud, pesadumbre.
ANT.: *Alivio, consuelo.*
7 Molestia, pesadez, cansancio.
8 Báscula, balanza.

pesquisa
Investigación, averiguación, indagación, rastreo, búsqueda, perquisición.

peste
1 Epidemia, epizootia, infección, contagio, plaga, azote, flagelo.
2 Hedor, fetidez, hediondez, mal olor, pestilencia VER.
ANT.: *Fragancia, aroma, perfume.*
3 (Fig.) Corrupción, vicio, cáncer, calamidad, ruina.

pestífero
1 Apestoso, hediondo, pestilente, fétido, maloliente.
ANT.: *Odorífero, aromático.*
2 Pernicioso, perjudicial, dañoso, lesivo, letal, mefítico, insano, corrompido, pestilencial.
ANT.: *Benéfico, beneficioso, saludable.*

pestilencia
1 Fetidez, hedor, tufo, peste, (ant.) fetor, emanación.
ANT.: *Aroma, fragancia.*
2 Epidemia, plaga, peste VER.

pestilente
Fétido, maloliente, hediondo, pestífero VER, nauseabundo, apestoso.
ANT.: *Aromático, perfumado, balsámico, fragante.*

pestillo
Cerrojo, pasador, seguro, cierre, barra, tranca, (Esp.) falleba.

petaca
1 Caja, arca, cesto, baúl.
2 Cigarrera, pitillera, tabaquera.
3 (Argent./fig.) Bajo, chaparro, petiso, rechoncho.
4 (Méx.) Maleta, equipaje.
5 petacas (Méx./fam.) Trasero, nalgas.

petardo
1 Explosivo, carga, morterete.
2 Cohete, volador, buscapiés, triquitraque, (Méx.) paloma.
3 (Fig.) Estafa, engaño, sablazo.

petición
Petitoria, pedimento, pedido VER.

petimetre
Atildado, acicalado, coqueto, elegante, figurín, presumido, pisaverde, lechuguino, dandy VER.
ANT.: *Desaliñado, harapiento.*

petiso (Argent., Urug.)
1 Bajo, pequeño, chico, retaco, chaparro, petizo.
ANT.: *Alto, espigado.*
2 Poney, poni.

pétreo
1 Granítico, inquebrantable, roqueño, duro, recio.
ANT.: *Blando, suave.*
2 Pedregoso, rocoso, peñascoso, petroso.

petulante
Engreído, creído, presuntuoso, vanidoso, pedante VER.
ANT.: *Modesto, sencillo.*

piadoso
1 Misericordioso, compasivo, bondadoso, benigno, humano, caritativo.
ANT.: *Cruel, insensible.*
2 Religioso, devoto, pío, ferviente, fiel, (desp.) beato.
ANT.: *Impío, descreído.*

pianista
Concertista, solista, ejecutante, intérprete, artista, músico.

piar
1 Gorjear, pipiar, piular, trinar.
2 (Fig. y fam.) Clamar, suspirar.

pibe (Argent., Urug.)
Niño, chico, muchacho, mozo, joven.

picadura
1 Pinchazo, puntura, punción.
2 Picotazo, mordedura, picada*.
3 Roncha, lesión cutánea.
4 Agujero, corrosión, erosión |madera, metales|.
5 (Fam.) Caries.
6 Tabaco picado.
*Tb. significa: (Argent.) Sendero, trocha. / (Cuba) Sablazo |para pedir dinero|.

picante
1 Ácido, acre, agrio, cáustico, avinagrado.
2 Condimentado, sazonado, fuerte.
ANT.: *Soso, insípido.*
3 Condimento, ají, pimienta, (Méx.) chile.
4 Intenso, excitante, penetrante, punzante.
ANT.: *Dulce, suave.*
5 (Fig.) Mordaz, satírico, sarcástico, irónico, hiriente.
6 (Fig.) Picaresco, malicioso, atrevido, obsceno, verde.
ANT.: *Recatado.*

picar
1 Pinchar, punzar, herir, aguijonear, pungir.
2 Mordear, picotear*.
3 Trinchar, trocear, cortar, partir, desmenuzar.
4 Horadar, perforar, agujerear, corroer.
5 Escocer, arder, dar comezón.
ANT.: *Aliviar, rascar.*
6 Espolear, avivar, estimular, incitar, animar, azuzar.
ANT.: *Calmar, desanimar.*
7 Irritar, excitar, provocar, enfadar.
ANT.: *Tranquilizar, sosegar.*
8 (Méx., Venez.) Hurtar, robar, sisar.
9 **picarla** (C. Rica) Irse, marcharse.
*Tb. significa: (Fig. y fam.) Comer pequeñas porciones, probar. / (Fig. y fam.) Charlar, parlotear.

picardía
1 Ruindad, vileza, maldad, trastada, pillería, bellaquería, bribonada.
ANT.: *Favor.*
2 Travesura, chasco, burla.
3 Malicia, astucia.
ANT.: *Ingenuidad.*
4 Atrevimiento, impudicia.
ANT.: *Recato, mojigatería.*

pícaro
1 Pillo, tunante, bribón, granuja, canalla, bellaco, ruin.
ANT.: *Caballero.*
2 Travieso, bribonzuelo.
3 Malicioso, taimado, astuto, ladino, (fig.) zorro.
ANT.: *Ingenuo.*
4 Picante, picarón, descarado.
ANT.: *Recatado, mojigato.*

picarse
1 Agujerearse, carcomerse, apolillarse, oxidarse.
2 Podrirse, pudrirse, pasarse, dañarse, estropearse, avinagrarse, fermentarse.
3 Cariarse.
4 Agitarse, embravecerse [mar].
ANT.: *Calmarse.*
5 (Fig.) Enfadarse, irritarse, ofenderse, mosquearse, molestarse, resentirse.
ANT.: *Serenarse, apaciguarse.*
6 (Fig.) Excitarse, inquietarse, querer más [sobre todo en juegos de azar].
7 (Vulg.) Pincharse, inyectarse droga.
8 **picárselas** (Argent., Perú) Largarse, escapar, irse.

pichincha (Argent., Chile, Urug.)
Ganga, breva, ocasión, oportunidad, lance.

pico
1 Cumbre, cresta, cima, picacho, monte, cúspide, remate.
2 Punta, extremidad, extremo.
3 Zapapico, piocha, piqueta, herramienta.
4 (Fam.) Boca, morro, hocico.
5 (Fig. y fam.) Labia, facundia, verbosidad, locuacidad, soltura.
6 Pitorro, pitón, saliente.
7 Tanto, porción, pizca, (fam.) pellizco.
8 (Chile, C. Rica) Pene, miembro viril.

picor
Comezón, picazón, prurito, escozor, desazón, hormigueo, urticaria, molestia, irritación.

pie
1 Extremidad, pata, casco, pezuña.
2 Base, cimiento, fundamento, principio, inicio.
3 Tronco, esqueje, tallo.
4 Sedimento, poso.
5 Ocasión, motivo, oportunidad, pretexto.
6 Uso, regla, norma, estilo.
7 (Chile) Enganche, anticipo, garantía.

piedad
1 Misericordia, caridad, compasión, humanidad, clemencia.
ANT.: *Crueldad, impiedad.*
2 Religiosidad, fervor, devoción.
ANT.: *Irreligiosidad, indiferencia.*

piedra
1 Roca, risco, peña, peñasco.
2 Pedrusco, china, canto, guijarro, guija.
3 Lápida, losa, laja.
4 Mineral, pedernal.
5 Cristal, gema.

P

6 Granizo.
7 Rueda, disco, muela [molinos].
8 Cálculo, arenilla [biliar, renal].
9 (Fig.) Cimiento, base, fundamento, principio, origen.
10 (Venez./fam.) Ficha de dominó.

piel
1 Epidermis, dermis, pelaje, (fig.) capa, película, tegumento.
2 Cuero, badana, pergamino, pellejo.
3 Hollejo, cáscara, mondadura, epicarpio.

piélago
1 Océano, mar profundo, ponto, abismo, profundidades.
2 (Fig.) Copia, muchedumbre.

pienso
Forraje, pación, heno, paja, grano.

pierna
1 Pata, remo, zanca, miembro, muslo, anca, pernil, (Argent., Urug.) gamba.
2 (Fig.) Parte, pieza vertical.

pieza
1 Fragmento, trozo, porción, tramo, pedazo VER.
2 Componente, parte.
3 Repuesto, recambio, refacción.
4 Habitación, aposento, recinto, estancia, sala, alcoba, cuarto, dormitorio, (Amér.) recámara.
5 Moneda, ficha, disco, chapa.
6 Obra de arte, alhaja.

pifia
1 Error, falla, fallo, desacierto, equivocación, desatino, fiasco, plancha, chasco, (Méx.) regada.
ANT.: *Acierto.*
2 (Chile, Ecuad., Perú) Rechifla, escarnio.

pigmeo
Pequeño, diminuto, enano VER.

pila
1 Fuente, pilón, pileta, artesa, cuenco, lavadero, bebedero, lavabo, recipiente.
2 Montón, cúmulo, acumulación, rimero, pilada, (Venez.) pilanca.
3 Generador, batería, acumulador.
4 (Fig.) Feligresía, parroquia.

pilar
1 Columna, pilastra, poste, contrafuerte, base, pilote, cimiento.
2 Hito, mojón, cipo.
3 (Fig.) Sostén, soporte, apoyo, amparo, ayuda.
4 (Fig.) Fundamento, cimiento, base.

pilcha (Amér.)
Ropa, traje, vestido, prenda.

píldora
1 Gragea, comprimido, pastilla VER.
2 (Fig. y fam.) Mala nueva, pesar, aflicción, trago amargo.

pileta
1 Pila, abrevadero, bebedero.
2 Piscina, alberca, estanque.

pillaje
Saqueo, rapiña, robo, despojo, latrocinio, desvalijamiento.

pillar
1 Saquear, robar, rapiñar, desvalijar, hurtar, despojar.
2 Atrapar, coger, prender, capturar, aprehender.
ANT.: *Soltar, liberar.*
3 (Fam.) Sorprender, agarrar, descubrir, pescar.
ANT.: *Ocultarse, escabullirse.*

pillería
1 Bribonada, maldad, hurto, robo, engaño, fraude, estafa, pilalda, truhanería, trastada.
2 Travesura, chiquillada, pasada, broma, picardía.
3 Gavilla, banda de pillos, canallaje.

pillo
1 Gamberro, bribón, canalla, granuja, bellaco, tramposo, ladrón, ratero, salteador, asaltante, pícaro VER.
2 (Fam.) Astuto, listo, sagaz.
3 (Fig. y fam.) Pillín, travieso, pilluelo.

pilotar
Conducir, mandar, guiar, dirigir, gobernar, navegar, tripular, timonear, (Amér.) pilotear.

piloto
1 Conductor, chófer, chofer.
2 Marino, navegante, tripulante, timonel, aviador.
3 (Fig.) Director, rector, guía.
4 (Fig.) Modelo, prototipo.
5 Experimental, a prueba [plan, proyecto, programa].
6 (Cuba) Cervecería, taberna.

pináculo
1 Cima, cumbre, ápice, altura, cúspide, remate, punta.
ANT.: *Abismo, hondura, base.*
2 (Fig.) Apogeo, colmo, culmen, máximo, sumum.

pinchar
1 Picar, punzar, clavar, pungir, aguijonear, ensartar, atravesar, herir.

2 Inyectar.
3 (Fig.) Incitar, estimular, animar, azuzar, espolear.
ANT.: *Desestimular, disuadir.*
4 (Fig.) Hostigar, molestar, irritar, enojar, atosigar.
ANT.: *Agradar, complacer.*
5 (Fig.) Intervenir teléfonos.
6 (Argent./vulg.) Fornicar, hacer sexo.
7 (Cuba) Trabajar.

pinche
1 Galopín, marmitón, aprendiz, ayudante de cocina.
2 (Argent.) Alfiler para sombrero.
3 (C. Rica, Méx./desp.) Tacaño, mezquino, agarrado, egoísta.
4 (Méx./desp.) Despreciable, insignificante, poca cosa.

pincho
1 Pico, punta, púa, aguja, aguijón, punzón, clavo, espina.
2 Aperitivo, bocado.

pingajo
Andrajo, harapo, piltrafa, guiñapo, pingo, colgajo, descosido, roto.

pingo
1 (Argent., Chile, Urug.) Caballo, corcel, cabalgadura [uso rural].
2 (Méx.) Muchacho travieso, bribonzuelo.
3 (Méx.) Diablo, diablillo, demonio.
4 (Venez./desp.) Estúpido, necio.

pingüe
1 Mantecoso, craso, graso.
ANT.: *Seco, reseco.*
2 (Fig.) Copioso, cuantioso, abundante, fértil, provechoso, ventajoso.
ANT.: *Exiguo, escaso.*

pinta
1 Mota, peca, topo, lunar, mancha, señal, tacha, mácula.
2 (Fig.) Catadura, aspecto, apariencia, facha, faz.

pintar
1 Dibujar, trazar, escribir, representar.
ANT.: *Borrar.*
2 Colorear, teñir, marcar, decorar, barnizar.
ANT.: *Despintar, desteñir.*
3 (Desp.) Pintarrajear, pintorrear, emborronar.
4 (Fig.) Describir, detallar, relatar, narrar, explicar.
5 (Fig. y fam.) Mostrarse, perfilarse, aparecer, oler [cualidades, características].
6 (Fig.) Importar, significar, valer, ser tomado en cuenta.

pintarse
1 Maquillarse, acicalarse, arreglarse.
ANT.: *Desmaquillarse, despintarse.*
2 (C. Rica, Méx.) Irse, marcharse.

pintor
Artista, creador, retratista, paisajista, maestro, (desp.) pintamonas.

pintoresco
Típico, característico, curioso, atractivo, expresivo, animado, vivo.
ANT.: *Aburrido, incoloro, soso.*

pintura
1 Obra, cuadro, lienzo, tela, fresco, paisaje, representación pictórica.
2 Color, tinte, pigmento, tono, matiz.

pío
Devoto, religioso, piadoso VER.
ANT.: *Impío.*

piocha
1 (Méx.) Perilla, barba de mentón.
2 (Méx./fam.) Magnífico, excelente, espléndido.
3 Herramienta, pico, alcotana.
4 (Ant.) Joyel, joya para el cabello femenino.

pionero
1 Precursor, iniciador, promotor.
2 Colonizador, explorador, fundador, colono adelantado.

pira
Fogata, hoguera VER.

piragua
Canoa, bote, lancha, chalupa, bote, chinchorro, kayac.

pirata
1 Filibustero, bucanero, corsario, contrabandista.
2 Clandestino, ilegal [producto].

piropo
Requiebro, cumplido, alabanza, halago, lisonja, flor, galantería, adulación.
ANT.: *Insulto, grosería.*

pirueta
Voltereta, cabriola, acrobacia, gambeta, salto, brinco, giro, bote.

pisada
1 Paso, marcha, pisadura.
2 Huella, rastro, pista, señal, vestigio.
3 Patada, pisotón, coz, taconazo, puntapié.

pisar
1 Pisotear, hollar, taconear.
2 Andar, caminar, pasar.
3 Apisonar, aplastar, estrujar.

P

4 Cubrir, montar, fecundar, copular [sobre todo aves].
5 (Fig. y fam.) Humillar, escarnecer, menospreciar.
ANT.: *Ensalzar.*

piscina
Pileta, estanque, alberca, natatorio.

piscolabis
Refrigerio, refacción, tentempié, colación, bocadillo.

piso
1 Suelo, pavimento, tierra, asfalto, firme, adoquinado.
ANT.: *Techo, cúpula.*
2 Planta, nivel.
3 Departamento, apartamento, vivienda, habitación, cuarto.

pisotear
1 Pisar, hollar, apisonar, aplastar, taconear.
2 (Fig.) Humillar, maltratar, atropellar, agraviar, despreciar, escarnecer, mancillar, profanar.
ANT.: *Enaltecer, dignificar.*

pista
1 Huella, señal, rastro, marca, pisada.
2 (Fig.) Indicio, signo, vestigio, traza.
3 Camino, carretera, autopista.
4 Cancha, explanada [en algunos deportes].

pistolero
Matón, asesino, gángster, bandido, forajido.

pita
1 Maguey, agave.
2 Cuerda, cordón, (Méx.) mecate.
3 Rechifla, abucheo, silba, protesta, pitada, reprobación.
ANT.: *Ovación, aplauso.*

pitorreo
Guasa, burla, mofa, cuchufleta, chanza, chunga, chasco, chacota, (Méx.) choteo.
ANT.: *Seriedad.*

pizarra
Tablero, encerado, (Amér.) pizarrón.

pizca
Migaja, pellizco, partícula VER.

placa
1 Plancha, lámina, hoja.
2 Capa, película, chapa.
3 Insignia, distintivo, matrícula.
4 Letrero, rótulo, anuncio.
5 Radiografía.

placer
1 Satisfacción, agrado, delicia, deleite, goce, dicha, gusto, solaz, complacencia.
ANT.: *Desagrado, disgusto, incomodidad, sufrimiento.*
2 Voluptuosidad, sensualidad, hedonismo.
ANT.: *Austeridad, severidad.*
3 Recreo, diversión, entretenimiento, distracción, recreación.
ANT.: *Tedio, aburrimiento.*
4 (Cuba) Terreno urbano baldío.

plácido
1 Sosegado, tranquilo, apacible, pacífico, sereno, calmado.
ANT.: *Agitado, desasosegado, inquieto, desapacible.*
2 Grato, placentero, agradable.
ANT.: *Desagradable.*

plaga
1 Calamidad, catástrofe, daño, desastre, desgracia, ruina.
ANT.: *Bendición.*
2 Epidemia, epizootia, enfermedad, azote, flagelo, peste VER.

plagio
1 Imitación, copia, remedo, calco, (Méx./fam.) fusil.
ANT.: *Original.*
2 (Amér.) Secuestro, rapto.

plan
1 Proyecto, esbozo, esquema, programa, diseño.
ANT.: *Realización.*
2 Idea, intención, propósito.
3 Maquinación, conjura, intriga.

plana
1 Llana, cuchara de albañil.
2 Página, hoja, cara, cuartilla.
3 Llanura, planicie.

plancha
1 Lámina, hoja, placa, tablilla.
2 Parrilla, asador, tostador.
3 (Fig. y fam.) Desacierto, pifia, chasco, error, equivocación, resbalón.
ANT.: *Acierto.*
4 (Cuba/fig.) Mujer flaca, plana.
5 (Venez./fam.) Fastidio, molestia.
6 **pegarse plancha** Llevarse una decepción.

planchar
1 Desarrugar, alisar, estirar, asentar, arreglar.
ANT.: *Arrugar, desarreglar.*
2 Aplastar, prensar.

3 Allanar, aplanar.
4 (Cuba) Eliminar, abolir.
5 (Cuba) Despedir.
6 (Cuba) Matar.
7 (Venez./fam.) Perjudicar a alguien.

planear
Idear, planificar, fraguar, proyectar, plantear, → plan.

planeta
Astro, mundo, cuerpo celeste, (fig.) esfera.

planicie
Llano, llanura, sabana, estepa, meseta, páramo, explanada.

plano
1 Nivel, superficie.
2 Liso, llano, nivelado, aplanado, parejo, uniforme, raso, igual.
3 Superficie, cara, lado, área, extensión.
4 Carta, mapa.
5 Croquis, boceto, dibujo, diseño.

planta
1 Vegetal, hierba, yerba, mata, arbusto, árbol, hortaliza, verdura, legumbre, enredadera.
2 Diseño, plano.
3 Piso, nivel [edificios].
4 Fábrica, industria, factoría, complejo industrial.
5 Trabajadores, empleados, personal, plantilla, plantel.
6 (Fig. y fam.) Presencia, aspecto, facha, catadura, tipo, porte.

plantar
1 Cultivar, sembrar, trasplantar.
ANT.: *Recolectar, arrancar.*
2 Hincar, meter, introducir, encajar, enterrar, clavar, asentar, instalar, fijar.
ANT.: *Extraer, sacar.*
3 (Fig.) Fundar, instituir, implantar, establecer.
ANT.: *Anular, abolir.*
4 (Fig.) Propinar, dar, asestar, largar [un golpe, insultos].
5 (Fig. y fam.) Desairar, abandonar, postergar, chasquear, burlar.
6 **plantarse** (Fig. y fam.) Detenerse, pararse, rebelarse, encararse.

plantear
1 Exponer, sugerir, formular, introducir, proponer.
2 Planear, idear, trazar, → plan.
ANT.: *Realizar, ejecutar.*

plañido
Queja, lamento, gemido, gimoteo, sollozo, súplica, clamor, grito.
ANT.: *Risa.*

plasmar
1 Crear, formar, figurar, forjar, modelar, cincelar, pintar.
ANT.: *Destruir.*
2 (Fig.) Definir, concretar, conformar, materializar.
3 (Fig.) Reflejar, manifestar, expresar.

plata
Dinero, riqueza, pasta, capital, moneda, (Esp.) cuartos.

plataforma
1 Estrado, tablado, entarimado, tarima, pedestal, peana, grada.
2 (Fig.) Propuesta, programa [de un partido político].

plateado
Argentado, argentino, argénteo.

plática
1 Conversación, coloquio, diálogo, charla VER.
2 Discurso, conferencia, exposición, prédica, sermón.

plato
1 Escudilla, cuenco, fuente.
2 Comida, manjar, vianda, ración, platillo, guiso, (Méx.) guisado.
3 Platina, soporte, giradiscos.

playa
Costa, ribera, litoral, orilla, borde, riba.

plaza
1 Plazoleta, explanada, ágora, glorieta, (Méx.) zócalo.
2 Mercado, zoco, feria, lonja, emporio, (Méx.) tianguis.
3 Población, ciudad, lugar, sitio.
4 Ciudadela, baluarte, fortificación.
5 Asiento, puesto, espacio.
6 Empleo, puesto, cargo, ocupación, trabajo.

plazo
1 Aplazamiento, prórroga, tregua, período, tiempo, lapso, intervalo.
2 Cuota, mensualidad, abono, pago.
3 Vencimiento, término, caducidad, fecha límite.
ANT.: *Comienzo, inicio.*

plebeyo
1 Villano, siervo, vasallo.
ANT.: *Noble, aristócrata, patricio.*
2 (Fig.) Vulgar, grosero, ordinario, soez.

plegar
1 Plisar, doblar, fruncir, tablear, arrugar, escarolar, ondear.
ANT.: *Alisar, extender.*
2 Desmontar, recoger, envolver.
ANT.: *Desplegar.*
3 plegarse (Fig.) Someterse, subordinarse, ceder.
plegaria
Oración, invocación, preces, rezo, súplica, ruego, rogativa, jaculatoria.
ANT.: *Imprecación, blasfemia.*
pleito
1 Litigio, juicio, proceso, causa, demanda, debate, controversia.
ANT.: *Avenencia, conciliación.*
2 Disputa, querella, discusión, diferencia, disgusto.
ANT.: *Armonía, paz.*
3 Pendencia, riña, zipizape, pelea, escaramuza, bronca.
pleno
1 Lleno, repleto, saturado, colmado, rebosante, henchido, atestado, abarrotado.
2 Completo, íntegro, entero, total, absoluto.
ANT.: *Parcial, incompleto.*
3 Plenario, junta general, asamblea general.
pliegue
1 Surco, señal, repliegue, arruga, raya, marca.
2 Plegamiento, doblez, plegadura.
ANT.: *Despliegue.*
3 Frunce, tabla, alforza, dobladura, dobladillo, plisado, fuelle.
población
1 Ciudad, capital, metrópoli, urbe, localidad, villa, aldea, municipio, pueblo, (Amér.) poblado.
2 Habitantes, residentes, moradores, ciudadanos, vecinos.
poblar
1 Colonizar, fundar, establecerse, afincarse, urbanizar.
ANT.: *Despoblar, abandonar.*
2 Asentarse, ocupar, morar, habitar, vivir, residir.
ANT.: *Emigrar.*
pobre
1 Menesteroso, desvalido, indigente, necesitado, paria, mendigo, pordiosero, mísero, paupérrimo.
ANT.: *Adinerado, pudiente.*
2 Humilde, modesto.
ANT.: *Opulento.*
3 Escaso, parco, bajo, mezquino, carente, insignificante.
ANT.: *Abundante, copioso, excesivo.*
4 (Fig.) Desdichado, infortunado, lastimero, triste, desventurado, desgraciado, infeliz.
ANT.: *Feliz, afortunado, dichoso.*
5 (Fig.) Apocado, corto, tímido, poca cosa, pusilánime.
ANT.: *Soberbio, arrogante.*
pobreza
1 Indigencia, estrechez, penuria, hambre, necesidad.
ANT.: *Riqueza, opulencia.*
2 Falta, carencia, escasez, limitación.
ANT.: *Abundancia, hartura.*
poco
1 Escaso, raro, corto, exiguo, limitado, reducido, insuficiente.
ANT.: *Mucho, abundante, bastante.*
2 Apenas, escasamente.
podar
1 Cortar, desramar, limpiar, mondar, recortar, cercenar.
2 (Fig.) Eliminar, suprimir, cancelar, restringir, limitar.
ANT.: *Ampliar, anexar.*
poder
1 Mando, poderío, dominio, autoridad, imperio, potestad, supremacía.
ANT.: *Obediencia, subordinación.*
2 Fuerza, vigor, potencia, pujanza, energía.
ANT.: *Debilidad.*
3 (Fig.) Ascendiente, influencia, posibilidad, recursos, (fam.) palanca.
ANT.: *Impotencia, desamparo.*
4 Licencia, autorización, privilegio, permiso.
5 Posesión, tenencia.
6 Lograr, conseguir, obtener, disfrutar.
ANT.: *Fallar, fracasar.*
poderoso
1 Efectivo, enérgico, eficaz, fuerte, activo.
ANT.: *Anodino.*
2 Vigoroso, potente, pujante, intenso, grande.
ANT.: *Débil.*
3 Influyente, importante.
ANT.: *Insignificante.*
4 Rico, opulento, pudiente, adinerado, potentado.
ANT.: *Pobre, humilde, indigente.*

podrido
1 Corrompido, alterado, pútrido, putrefacto, descompuesto, infecto, fétido, agusanado.
ANT.: *Fresco, incorrupto.*
2 (Fig.) Viciado, corrupto, perverso, pervertido.
ANT.: *Íntegro, sano.*
3 (Fig. y fam.) Fastidiado, harto, frito.

poesía
1 Lirismo, romanticismo, idealidad.
2 Balada, poema, oda, copla, trova, composición poética.
ANT.: *Prosa.*

poeta
Vate, bardo, rapsoda, trovador, juglar, lírico.
ANT.: *Prosista.*

polémica
Controversia, debate, disputa, altercado, discusión, litigio, pugna.
ANT.: *Acuerdo.*

policía
1 Autoridad, vigilancia, fuerza pública, seguridad.
ANT.: *Hampa.*
2 Agente, guardia, vigilante, investigador, detective.
ANT.: *Delincuente, hampón.*

política
1 Gobierno, guía, dirección, representación, mandato.
2 Estrategia, línea, método, orientación, directiva, directriz, norma.
3 (Fig.) Astucia, habilidad, tacto, diplomacia, cortesanía.
ANT.: *Rudeza, brusquedad.*

político
1 Estatal, gubernativo, gubernamental, oficial, público.
ANT.: *Privado, particular.*
2 Gobernante, dirigente, estadista, mandatario.
3 (Fig.) Astuto, hábil, diplomático, cortés, atento, cortesano.
ANT.: *Rudo, brusco.*

pollera
1 (Amér.) Falda, saya, vestido.
2 (Esp.) Sayo, refajo.
3 Andador, andadera, andaniño.
4 (Venez.) Fiebre ligera.

pololo (Chile)
1 Novio, galán, pretendiente, cortejador.
2 Trabajo ocasional, (Argent.) changa.

polución
1 Derrame, salida, efusión.
2 Contaminación, suciedad, infección, impureza.
ANT.: *Pureza.*
3 (Fig.) Corrupción, degradación, perversidad, degeneración, inmoralidad.
ANT.: *Virtud, moralidad.*

polvo
1 Tierra seca, polvareda.
2 Partícula, ceniza, arenilla, materia pulverizada.
3 **echarse un polvo** (Argent. Esp., Urug., Venez./vulg.) Efectuar el coito.

pomada
Ungüento, potingue, unto, crema, cosmético, fijapelo, afeite, bálsamo, mixtura grasa.

pompa
1 Fastuosidad, boato, fasto, ostentación, solemnidad, lujo, aparato, alarde, esplendor.
ANT.: *Austeridad, sencillez, humildad.*
2 Burbuja, ampolla.
3 Bomba para líquidos.

poncho
Manta, capote, capa, chal, abrigo, (Amér.) ruana.

ponderación
1 Sensatez, mesura, cordura, moderación.
ANT.: *Desenfreno.*
2 Contrapeso, equilibrio, balance, compensación, igualdad [en el peso].
3 Elogio, encomio, loa, alabanza, enaltecimiento.
ANT.: *Crítica, denigración, difamación, vituperio.*
4 Exageración, encarecimiento.
ANT.: *Minimización.*

ponderado
Sensato, prudente, ➞ ponderación.

poner
1 Colocar, situar, ubicar, emplazar, fijar, acomodar, depositar, meter.
ANT.: *Quitar, sacar, retirar.*
2 Instalar, establecer, plantar, montar.
3 Preparar, disponer.
4 Aportar, contribuir, cooperar, participar.
5 Apostar, jugar.
6 Mandar, enviar [carta, telegrama].
7 Añadir, agregar.
8 Desovar, aovar, ovar.

P

9 ponerse Ataviarse, colocarse, vestir, enfundarse.
ANT.: *Quitarse.*

ponzoña
Tóxico, tósigo, toxina, veneno VER.
ANT.: *Antídoto, triaca.*

popular
1 Público, común, general, difundido, divulgado, extendido.
ANT.: *Individual, selecto, elitista.*
2 Vulgar, ordinario, bajo.
3 Renombrado, acreditado, famoso, respetado, admirado, querido.
ANT.: *Impopular, repudiado.*

popularidad
Fama, notoriedad, prestigio, renombre, admiración, respeto, boga.
ANT.: *Impopularidad, oscuridad.*

porche
Pórtico, portal, entrada, columnata, zaguán, atrio, soportal.

porción
1 Trozo, pedazo, fracción, fragmento, parte VER, pizca.
ANT.: *Todo, total, entero.*
2 Ración, cantidad, cuota.
3 (Fam.) Grupo, montón.

pordiosero
Mendigo, pedigüeño, mendicante, menesteroso, miserable, indigente, (Amér.) limosnero.
ANT.: *Rico, pudiente.*

porfiado
Obstinado, intransigente, terco, tenaz, testarudo, empecinado, obcecado, ofuscado, tozudo, emperrado.
ANT.: *Razonable, transigente.*

pormenor
1 Detalle, relación, reseña, enumeración, particularidad.
ANT.: *Generalidad.*
2 Minucia, nimiedad, menudencia, pequeñez.

pornográfico
Inmoral, obsceno, desvergonzado, licencioso, escabroso, verde, sicalíptico, indecente.
ANT.: *Casto, honesto, decente.*

poroso
Esponjoso, permeable, perforado, absorbente, ligero.
ANT.: *Impermeable, denso.*

poroto (Amér. Merid.)
1 Judía, alubia, frijol, (Venez.) caraota.
2 porotos (C. Rica/fam.) Los ojos.

porqué
Motivo, causa, razón, fundamento, origen, base.
ANT.: *Interrogante, incógnita.*

porquería
1 Suciedad, mugre, bazofia, inmundicia, basura, roña, cochambre.
2 Desechos, excrementos.
3 (Fig. y fam.) Cacharro, trebejo, estorbo, (Méx.) trique.
4 (Fig. y fam.) Chuchería, golosina, chatarra [comidas].
5 (Fig. y fam.) Perrería, bribonada, trastada, faena, (Esp.) guarrada.
6 (Fig. y fam.) Grosería, falta de respeto, descortesía, indecencia, desatención.
ANT.: *Cortesía, atención.*
7 (Argent./desp.) Ruin, despreciable [refiriéndose a personas].
8 (Venez./vulg.) Droga suave.

porra
1 Cachiporra, garrote, clava, maza, mazo, tranca, estaca, cayado, macana, palo.
2 (Argent., Urug.) Crin o cabello revuelto.
3 (Méx./fam.) Partidarios, hinchas.

porrazo
1 Golpe, mamporro.
2 Caída, costalada, costalazo, trastazo, batacazo, (Esp.) culada, (Méx.) sentón.

portada
1 Frontispicio, fachada, exterior, frente, cara, exterior.
2 Portadilla, anteportada, primera plana.
ANT.: *Contraportada.*
3 Presentación, cabecera, entrada [programas de radio y televisión].

portafolio
Cartera, carpeta, portafolios, (ant.) vademécum.

portal
1 Entrada, puerta, zaguán, porche, portalón.
2 Arcada, soportal, portales.
3 Fachada, pórtico.
4 Belén, nacimiento.

portar
1 Llevar, traer, cargar, transportar.
2 Lucir, vestir.
3 portarse Comportarse, obrar, actuar, proceder, conducirse.

portátil
Móvil, movible, transportable, manejable, ligero.
ANT.: *Estable, fijo.*

portavoz
1 Altavoz, bocina.
2 Vocero, representante, emisario, comunicador, mensajero, agente.

porte
1 Presencia, aspecto, apariencia, exterior, prestancia, aire.
2 Conducta, modales, modos, maneras, actitud, comportamiento.
3 Transporte, traslado, acarreo.
4 Capacidad, tamaño [vehículos].

portento
1 Prodigio, maravilla, esplendor, milagro, fenómeno.
ANT.: *Insignificancia, cotidianidad.*
2 Genio, lumbrera, eminencia, (fig.) monstruo.
ANT.: *Nulidad.*

portero
1 Conserje, bedel, guardián, ujier, ordenanza, cuidador, (fig.) cancerbero.
2 Guardameta, defensor, guardavallas, arquero [deportes].

pórtico
1 Atrio, columnata, galería, portal, arcada, soportal.
2 Entrada, acceso, vestíbulo, puerta.

porvenir
1 Futuro, mañana.
2 Perspectiva, expectativa, horizonte, suerte.

posada
1 Hostal, hospedería, pensión, parador, mesón, figón, hotel.
2 Albergue, hospedaje, alojamiento, refugio.

posaderas
Nalgas, asentaderas, trasero, traste, nalgatorio, ancas, (Esp.) culo.

posar
1 Depositar, dejar, poner, colocar.
ANT.: *Levantar, quitar.*
2 Parar, descansar, alojarse, hospedarse, reposar.
3 Modelar [para artista plástico].

posarse
1 Detenerse, pararse, descender, reposar, aterrizar, apoyarse.
ANT.: *Elevarse, remontarse.*
2 Asentarse, depositarse, sedimentarse, reposarse.
ANT.: *Mezclarse, diluirse.*

pose
1 Posición, postura, actitud, apariencia.
2 Afectación, fingimiento, prosopopeya.
ANT.: *Naturalidad.*

poseedor
Propietario, posesor, tenedor, dueño, titular, amo.

poseer
Tener, detentar, usufructuar, disfrutar, gozar.
ANT.: *Necesitar, carecer.*

poseído
1 Poseso, endemoniado, energúmeno, endiablado, embrujado, hechizado, encantado.
2 (Fig.) Frenético, rabioso, enfurecido, furioso, enajenado.
ANT.: *Sereno, tranquilo.*
3 (Fig.) Maligno, perverso.

posesión
1 Pertenencia, tenencia, dominio, usufructo, goce, disfrute.
ANT.: *Carencia.*
2 Colonia, territorio, dominio.
3 Apoderamiento, embrujamiento.
4 posesiones Bienes, propiedades, hacienda, tierras, heredad.

poseso
Energúmeno, poseído VER.

posible
1 Practicable, realizable, viable, factible, hacedero.
ANT.: *Imposible, irrealizable.*
2 Verosímil, creíble, concebible, admisible, probable, aceptable.
ANT.: *Inverosímil, increíble, inconcebible, inaceptable.*

posición
1 Postura, situación, disposición, actitud, estado.
2 Emplazamiento, colocación, sitio, lugar, punto, coordenada.
3 Categoría, nivel, jerarquía, casta, clase, esfera.

positivo
1 Cierto, efectivo, real, verdadero, objetivo, seguro, innegable, concreto, firme, tangible.
ANT.: *Falso, dudoso, incierto.*
2 Afirmativo.
ANT.: *Negativo.*
3 Favorable, benéfico, útil, provechoso, bueno.
ANT.: *Perjudicial, dañino, nocivo.*

poste
Columna, mástil, pilar, asta, palo, madero, estaca, tronco.
postergar
1 Aplazar, posponer, prorrogar, retardar, demorar, retrasar, suspender, dejar pendiente.
ANT.: *Adelantar, anticipar.*
2 Arrinconar, desdeñar, despreciar, humillar, menospreciar, olvidar.
ANT.: *Considerar, apreciar, tener en cuenta.*
posteridad
1 Descendientes, descendencia, sucesión, progenie, (fig.) hijos.
ANT.: *Ascendencia, ancestros.*
2 Porvenir, futuro VER.
posterior
1 Siguiente, ulterior, subsecuente, sucesivo.
ANT.: *Precedente, anterior, previo.*
2 Último, zaguero, trasero, extremo, postrero.
ANT.: *Delantero, primero.*
postigo
Contraventana, contrapuerta, cuarterón, portillo, portezuela, puertecilla, trampilla.
postín
Boato, ostentación, alarde, presunción, jactancia, lujo.
ANT.: *Sencillez, modestia.*
postizo
1 Artificial, añadido, sobrepuesto, agregado, engañoso.
ANT.: *Natural, verdadero, auténtico.*
2 Falso, fingido, disfrazado.
ANT.: *Real, legítimo.*
3 Chongo, trenza, bisoñé, peluca VER.
postrarse
1 Arrodillarse, hincarse, rendirse, venerar, humillarse.
ANT.: *Erguirse, levantarse.*
2 Debilitarse, desfallecer, languidecer, consumirse, enflaquecer, abatirse.
ANT.: *Vigorizarse.*
postrero
Último, postrimero, postremo, posterior VER.
ANT.: *Primero, inicial.*
postulante
1 Pretendiente, solicitante, demandante.
2 Candidato, aspirante.
postura
1 Posición, colocación, situación, emplazamiento.
2 Actitud, pose.
3 Oferta, puja, ofrecimiento.
4 Concierto, pacto, acuerdo, convenio, trato.
5 Apuesta.
potaje
1 Guiso, caldo, sopa, olla, plato, (Amér.) guisado.
2 (Fig.) Mezcolanza, revoltijo, confusión, batilburrillo.
ANT.: *Orden.*
pote
1 Tarro, frasco, bote, lata, envase, recipiente.
2 Tiesto, maceta, macetero.
potencia
Vigor, poder, fuerza, fortaleza, energía, → potente.
ANT.: *Debilidad, flaqueza, impotencia, extenuación.*
potentado
Magnate, millonario, acaudalado, opulento, rico, poderoso.
ANT.: *Mísero, indigente.*
potente
1 Vigoroso, robusto, fuerte, recio, brioso, pujante, enérgico.
ANT.: *Endeble, débil, impotente.*
2 Poderoso, eficaz [medicamento, sustancia].
ANT.: *Anodino, ineficaz.*
potingue
1 Pócima, brebaje, poción, mejunje, medicamento, mezcolanza.
2 Ungüento, pomada, cosmético.
potro
1 Potrillo, caballo joven, potranco.
2 (Argent./fig. y fam.) Rudo, inculto, bruto, atrabancado.
pozo
1 Hoyo, excavación, agujero.
2 Hueco, bache, hoya.
3 Cisterna, depósito, aljibe, foso, (Amér.) jagüey.
4 Poza, profundidad [de un río].
5 Sima, abismo.
práctica
1 Costumbre, experiencia, uso, rutina, hábito.
ANT.: *Inexperiencia.*
2 Destreza, habilidad, pericia.
ANT.: *Ineptitud, inhabilidad.*
3 Praxis, empirismo.
ANT.: *Teoría.*
4 Ejercitación, entrenamiento.
5 Experimento, prueba.

práctico
1 Realista, pragmático, positivo.
ANT.: *Soñador, idealista.*
2 Útil, funcional, provechoso, beneficioso, cómodo.
ANT.: *Inútil, estorboso.*
3 Experimentado, ducho, diestro, experto, avezado, versado.
ANT.: *Inexperto.*

pradera
Prado, pastizal, campiña, campo, pasto, pradería, llanura.
ANT.: *Erial, desierto.*

prángana
1 (C. Rica) Jolgorio, fiesta.
2 (Cuba, Méx., P. Rico) Pobreza, miseria.
3 (Méx.) Pobre, indigente, miserable.

preámbulo
1 Prefacio, prólogo, preludio, introito, entrada, introducción, prolegómeno, exordio, preparación, comienzo.
ANT.: *Epílogo, colofón.*
2 Digresión, rodeo, circunloquio [previos al desarrollo de un tema].

precario
1 Inseguro, inestable, frágil.
ANT.: *Firme, estable.*
2 Incierto, dudoso.
ANT.: *Seguro, cierto.*
3 Efímero, transitorio.
ANT.: *Duradero.*
4 Deficiente, escaso, limitado.
ANT.: *Suficiente, abundante.*

precaución
Cautela, prevención, previsión, cuidado, atención, prudencia, desconfianza, reserva.
ANT.: *Imprudencia, imprevisión.*

precaver
Prevenir, prever VER.

precavido
Cauteloso, cauto, sagaz, previsor, prevenido, → precaución.
ANT.: *Imprudente, incauto, desprevenido, confiado.*

preceder
1 Anteceder, anticipar, adelantar, anteponer.
ANT.: *Seguir, estar después.*
2 (Fig.) Prevalecer, destacarse, presidir, encabezar, descollar.
ANT.: *Quedar atrás, rezagarse.*

precepto
Ley, norma, reglamento, regla, disposición, mandato, obligación.

preceptor
Maestro, guía, tutor, profesor VER.

preces
1 Súplicas, ruegos, peticiones.
ANT.: *Exigencias.*
2 Rezos, plegarias, oraciones, invocaciones.
ANT.: *Blasfemias, reniegos.*

preciado
1 Querido, apreciado, precioso, valioso, estimado, estimable, predilecto, preferido.
ANT.: *Desdeñado, aborrecido, despreciable.*
2 Vano, jactancioso, fatuo, infatuado, presumido, pagado de sí mismo.
ANT.: *Humilde, modesto.*

precinto
Sello, cierre, banda, marca, lacre, marbete, marchamo, precintado.

precio
1 Valor, tasación, costo, importe, suma, monto, total, evaluación.
2 (Fig.) Valía, estimación, importancia.
3 (Fig.) Esfuerzo, sacrificio, sufrimiento, pérdida, costa.

precioso
1 Hermoso, bello, maravilloso, sublime, perfecto, lindo.
ANT.: *Repugnante, feo.*
2 Raro, primoroso, rico, exquisito.
ANT.: *Basto, común.*
3 Valioso, preciado, apreciado, inestimable, imponderable.
ANT.: *Despreciable, insignificante.*
4 Magnífico, excelente.

precipicio
1 Despeñadero, barranco, abismo, sima, fosa, acantilado, talud.
2 (Fig.) Perdición, ruina.

precipitación
1 Prisa, apresuramiento, premura, celeridad, rapidez, prontitud.
ANT.: *Calma, lentitud, cachaza, parsimonia.*
2 Atolondramiento, arrebato, brusquedad, (fam.) aceleramiento.
ANT.: *Serenidad, prudencia, reflexión.*
3 Lluvia.

precipitar
1 Lanzar, arrojar, tirar, empujar, despeñar, derribar.
ANT.: *Sujetar, detener, retener.*
2 Apresurar, adelantar, acelerar.
ANT.: *Retrasar, retardar.*

P

3 (Fig.) Incitar, impeler, obligar.
ANT.: *Disuadir.*
4 Posar, sedimentarse.
ANT.: *Mezclar.*

precipitarse
1 Arrojarse, lanzarse, abalanzarse.
ANT.: *Contenerse, detenerse.*
2 Despeñarse, caer, tirarse, desbarrancarse, desriscarse.
3 Apresurarse, adelantarse, correr, anticiparse.
ANT.: *Rezagarse, retrasarse.*
4 Atolondrarse, aturdirse, dispararse.
ANT.: *Calmarse, serenarse.*

precisar
1 Determinar, estipular, establecer, fijar, concretar, detallar, delimitar.
2 Necesitar, requerir, demandar, exigir, faltar, carecer.
ANT.: *Sobrar, prescindir.*

preciso
1 Exacto, justo, riguroso, minucioso, fiel, acertado, regular, puntual, (fig.) matemático.
ANT.: *Impreciso, inexacto, difuso.*
2 Indispensable, imprescindible, imperioso, necesario, obligatorio.
ANT.: *Innecesario, superfluo, fútil.*
3 Conciso, estricto, textual, fiel.
ANT.: *Vago.*
4 (Venez./fig. y fam.) Jactancioso, presuntuoso.

precoz
1 Temprano, prematuro, anticipado.
ANT.: *Tardío.*
2 Inmaduro, tierno, verde [fruto].
ANT.: *Maduro, pasado.*
3 (Fig.) Adelantado, prodigio.
ANT.: *Retrasado.*

precursor
Antepasado, antecesor, predecesor, anterior, pionero VER.

predador
1 Depredador, cazador, carnicero, rapaz [animales].
2 Saqueador, ladrón, rapiñero,

predecesor
1 Antepasado, ascendiente, ancestro, mayor, progenitor.
ANT.: *Descendiente.*
2 Precursor, antecesor.
ANT.: *Sucesor.*

predecir
1 Vaticinar, profetizar, presagiar, presentir, adivinar, revelar, augurar, anunciar, barruntar [sucesos].
2 Pronosticar, prever, adelantar, anticipar [prospectivas].

predestinado
Elegido, destinado, escogido, señalado, consagrado.

predicar
1 Evangelizar, instruir, catequizar.
2 Perorar, disertar, (desp.) discursear.
3 Anunciar, difundir, divulgar, extender, hacer público.
ANT.: *Reservar, ocultar.*
4 (Fig. y fam.) Reprender, amonestar, sermonear.
5 (Fig. y fam.) Exhortar, recomendar, aconsejar.

predicción
Pronóstico, augurio, vaticinio, presagio, agüero, → predecir.

predilección
1 Preferencia, propensión, inclinación, predisposición.
2 Protección, cariño, favoritismo VER.
ANT.: *Repulsión, antipatía.*

predilecto
Preferido, favorito, privilegiado, protegido, mimado.
ANT.: *Relegado, rechazado.*

predisposición
Propensión, tendencia, disposición, inclinación, interés, predilección VER.
ANT.: *Aversión, indisposición.*

predominar
1 Preponderar, prevalecer, sobresalir, dominar, señorear, imperar, aventajar, influir.
ANT.: *Depender, supeditarse.*
2 (Fig.) Resaltar, campear, superar, descollar [sobre todo alturas].

prefacio
Introducción, proemio, prólogo, exordio, preámbulo VER.

preferencia
1 Prioridad, primacía, preponderancia, preeminencia, supremacía, ventaja, superioridad.
ANT.: *Inferioridad.*
2 Inclinación, tendencia, propensión, predilección VER.
ANT.: *Aversión, rechazo.*

preferido
Favorito, predilecto, distinguido, privilegiado, querido, protegido, mimado, (fam.) consentido.
ANT.: *Odiado, relegado, menospreciado, postergado.*

preferir
1 Elegir, escoger, optar, seleccionar.
2 Aventajar, anteponer.
ANT.: *Relegar, postergar.*
3 Distinguir, proteger, privilegiar, mimar, (fam.) consentir.
ANT.: *Rechazar, menospreciar.*

pregonar
1 Proclamar, propagar, publicar, anunciar, vocear, avisar, notificar.
ANT.: *Callar, omitir.*
2 (Fig.) Divulgar, extender, propalar, (fam.) chismear.
3 (Fig.) Alardear, jactarse, presumir, fanfarronear, (fam.) cacarear.

preguntar
Interrogar, interpelar, inquirir, averiguar, consultar, examinar, interesarse, solicitar.
ANT.: *Responder, replicar, contestar.*

prejuicio
Aprensión, escrúpulo, prevención, recelo, manía, obcecación, predisposición, parcialidad.
ANT.: *Imparcialidad.*

preliminar
1 Anterior, previo.
ANT.: *Posterior.*
2 Inicial, preparatorio, introductorio, prologal.
ANT.: *Final.*
3 Prefacio, proemio, introducción, prólogo, preámbulo.
ANT.: *Epílogo, fin, conclusión.*
4 preliminares Comienzos, inicios, principios.

preludio
1 Preámbulo, prólogo, introducción, prelusión, comienzo, principio.
ANT.: *Final, epílogo.*
2 Obertura, entrada.
3 (Fig.) Anuncio, presagio.

prematuro
Temprando, inmaduro, precoz VER.

premeditado
Planeado, pensado, meditado, preparado, proyectado, urdido, deliberado, (fig.) madurado.
ANT.: *Improvisado, espontáneo.*

premiar
1 Retribuir, recompensar, gratificar, compensar, reconocer, honrar.
ANT.: *Castigar, deshonrar, despreciar.*
2 Laurear, galardonar, coronar, condecorar.

premio
1 Recompensa, retribución, gratificación, pago, concesión.
ANT.: *Pena, castigo.*
2 Galardón, lauro, distinción, presea, medalla, condecoración.

premioso
1 Lento, tardo, moroso, pausado, parsimonioso, despacioso.
ANT.: *Rápido, ligero.*
2 Molesto, aburrido, dificultoso, gravoso, pesado, tedioso.
ANT.: *Ameno, ágil.*
3 Estrecho, apretado, ajustado.
ANT.: *Holgado, libre.*

premonición
Presentimiento, corazonada, presagio.

premura
Prontitud, urgencia, prisa VER.
ANT.: *Tardanza, retraso.*

prenda
1 Virtud, cualidad, dote, capacidad, talento, don.
ANT.: *Defecto, carencia.*
2 Garantía, fianza, vale, aval, resguardo, señal, rehén.
3 Vestido, ropa, ropaje, traje, atavío.

prendarse
Enamorarse, aficionarse, encariñarse, (fig.) chiflarse, (Esp.) chalarse.
ANT.: *Aborrecer, detestar.*

prender
1 Sujetar, agarrar, asir, coger, detener.
ANT.: *Soltar.*
2 Apresar, aprehender, encarcelar.
ANT.: *Liberar.*
3 Fijar, clavar, enganchar, adherir, pegar, abrochar.
ANT.: *Separar, arrancar.*
4 Encender, inflamar, incendiar.
ANT.: *Apagar, extinguir.*
5 Arraigar, enraizar, prosperar, echar raíces [plantas, negocios].
ANT.: *Decaer.*

prensa
1 Compresora, apisonadora.
2 Impresora, imprenta, estampadora, troquel.
3 Periódicos, diarios, publicaciones, medios escritos.
4 la prensa (Fig.) Periodistas, reporteros, comentaristas.

prensar
Comprimir, aplastar, estrujar, apretar, exprimir, apelmazar, compactar.
ANT.: *Esponjar, expandir.*

preñada
Fecundada, encinta, embarazada, gestante, grávida.
preocupar
1 Intranquilizar, inquietar, desasosegar, turbar, mortificar, (fig.) desvelar, acuciar, afligir, angustiar, obsesionar.
ANT.: *Despreocupar, alegrar, tranquilizar, liberar.*
2 Interesar, importar, absorber.
ANT.: *Desentenderse.*
preparar
1 Disponer, aprestar, arreglar, prevenir, ordenar, acondicionar, combinar.
ANT.: *Omitir.*
2 Planear, organizar, urdir, proyectar, maquinar.
ANT.: *Improvisar.*
3 Adiestrar, instruir, enseñar, formar, educar, entrenar, ensayar.
4 Mezclar, guisar, cocinar, elaborar, hacer [alimentos, bebidas, medicamentos].
preparativos
Preliminares, medidas, aprestos, prevenciones, ensayos, disposiciones, proyectos, trámites, comienzos, organización.
preponderar
Dominar, prevalecer, sobresalir, predominar VER.
prerrogativa
1 Privilegio, exención, concesión, gracia, merced, favor, beneficio, ventaja.
ANT.: *Desventaja, perjuicio.*
2 Facultad, competencia, poder, atributo, derecho, preeminencia.
presa
1 Captura, caza, trofeo.
2 Despojo, botín, rapiña, pillaje.
3 Trozo, porción, pedazo [de carne].
4 Dique, represa.
presagio
1 Señal, seña, indicio, barrunto, (fig.) síntoma.
2 Augurio, agüero, premonición, predicción, profecía, adivinación, conjetura, presentimiento.
prescindir
1 Suprimir, eliminar, omitir, excluir, desechar, descartar.
ANT.: *Incluir, necesitar.*
2 Repudiar, relegar, ignorar, postergar.
ANT.: *Considerar.*
3 Renunciar, dejar, privarse, abstenerse [de algo].
presencia
1 Asistencia, aparición, presentación, comparecencia, estancia.
ANT.: *Ausencia, falta.*
2 Existencia.
ANT.: *Inexistencia.*
3 Aspecto, figura, talante, traza, apariencia, presentación, aire.
4 Porte, prestancia, galanura, garbo.
5 Fausta, pompa, lujo, suntuosidad.
presenciar
Asistir, observar, atestiguar, contemplar, → presencia.
presentar
1 Exhibir, exponer, enseñar, lucir, ostentar.
ANT.: *Ocultar, esconder.*
2 Manifestar, mostrar, tener, ofrecer [características, rasgos, síntomas].
3 Introducir, relacionar, vincular, conectar, reunir [a una persona con otra].
4 Proponer, recomendar.
5 presentarse Comparecer, asistir, aparecer, acudir, exhibirse, llegar, apersonarse.
ANT.: *Marcharse, irse.*
presente
1 Asistente, concurrente, espectador, participante, testigo, circunstante.
ANT.: *Ausente.*
2 Actualidad, vigencia, hoy, ahora.
ANT.: *Pasado.*
3 Contemporáneo, moderno, reciente, vigente, actual.
ANT.: *Antiguo, pasado.*
4 Obsequio, regalo, cumplido, ofrenda, don, donativo, dádiva.
ANT.: *Exaccción.*
5 presentes Auditorio, público, espectadores, asamblea.
presentimiento
Premonición, corazonada, prenoción, presagio VER.
presentir
Presagiar, barruntar, sospechar, pronosticar, entrever, conjeturar.
preservar
Conservar, mantener, guardar, cuidar, resguardar, defender, amparar.
ANT.: *Abandonar, descuidar.*
presidente
Mandatario, gobernante, jefe, guía, rector, cabeza, directivo, superior.
ANT.: *Subordinado, gobernado, subalterno, inferior.*

presidiario
Recluso, reo, prisionero, preso VER.
presidio
Penal, cárcel, prisión VER.
presidir
1 Gobernar, dirigir, conducir, encabezar, guiar, manejar, mandar, regir.
ANT.: *Obedecer, secundar.*
2 Dominar, influir, prevalecer, predominar.
ANT.: *Subordinarse.*
presionar
1 Apretar, estrujar, comprimir, estrechar, aplastar, apelmazar.
ANT.: *Soltar, relajar.*
2 Forzar, imponer, coaccionar, obligar, empujar, impeler.
ANT.: *Ceder, renunciar.*
preso
Presidiario, prisionero, penado, recluso, interno, encarcelado, reo, cautivo, condenado, sentenciado.
ANT.: *Libre, liberado.*
prestamista
Prendero, (Méx.) agiotista, usurero VER.
préstamo
1 Empréstito, crédito, hipoteca.
2 Comodato.
prestancia
1 Elegancia, porte, distinción, presencia, apostura, garbo, atractivo, (fig.) personalidad.
ANT.: *Facha, vulgaridad.*
2 Eminencia, superioridad, excelencia, dignidad.
prestar
1 Fiar, ayudar, adelantar, anticipar, pignorar [dinero].
2 Conceder, dejar, facilitar [objetos].
3 Proporcionar, dar, suministrar [ayuda, apoyo].
presteza
Prontitud, rapidez VER.
prestigio
1 Reputación, renombre, respeto, popularidad, buena fama.
ANT.: *Desprestigio.*
2 Ascendiente, autoridad, crédito, (fig. y fam.) peso.
presto
Rápido, diligente, pronto VER.
presumido
1 Engreído, fanfarrón, presuntuoso, → presumir.
ANT.: *Modesto.*
2 Coqueto, atildado, vanidoso.
presumir
1 Sospechar, conjeturar, maliciar, suponer, imaginar, prever, (fig.) oler.
2 Enorgullecerse, engreírse, jactarse, ufanarse, vanagloriarse, alardear, envanecerse, fanfarronear.
ANT.: *Humillarse.*
3 (Fam.) Arreglarse, cuidarse, embellecerse, lucir.
ANT.: *Descuidarse.*
presunción
1 Conjetura, suposición, idea, opinión, sospecha.
2 Engreimiento, vanidad, fatuidad, → presumir.
ANT.: *Sencillez.*
presuntuoso
Vanidoso, ostentoso, pretencioso, jactancioso, presumido VER.
ANT.: *Modesto, sencillo.*
presuroso
Apresurado, rápido, raudo, activo, vertiginoso, febril, ligero.
ANT.: *Lento, calmoso.*
pretender
1 Ambicionar, anhelar, ansiar, aspirar, desear, querer, procurar.
ANT.: *Abandonar.*
2 Solicitar, reclamar, demandar.
ANT.: *Desentenderse, olvidarse.*
pretendiente
1 Galán, galanteador, cortejador, enamorado, novio, prometido.
2 Candidato, aspirante, postulante, solicitante, interesado.
pretensión
1 Ambición, propósito, deseo, aspiración, → pretender.
2 Presunción, vanidad, pretención, engreimiento, fatuidad, jactancia.
ANT.: *Sencillez, humildad.*
pretérito
Antiguo, anterior, remoto, lejano, pasado VER.
ANT.: *Futuro.*
pretexto
Excusa, disculpa, evasiva, salida, argumento, alegato, coartada, tapujo.
prevalecer
Prevaler, imponerse, imperar, sobresalir, aventajar, descollar, imperar, predominar VER.
ANT.: *Sujetarse, depender.*
prevención
1 Preparativo, providencia, medida, disposición, avío, preparación, precaución.
ANT.: *Improvisación, precipitación.*

2 Provisión, basto, pertrechos, suministro, dotación.
3 Prejuicio, recelo, sospecha, suspicacia, desconfianza.
ANT.: *Confianza, certidumbre.*

prevenir
1 Aprestar, preparar, disponer, aviar.
ANT.: *Improvisar.*
2 Avisar, apercibir, advertir, precaver, alertar, informar, notificar.
ANT.: *Callar.*
3 Prever, predecir, ver, conocer, anticipar, adelantar.
ANT.: *Ignorar, desconocer.*
4 Evitar, impedir, eludir [enfermedades, males].
ANT.: *Favorecer, fomentar, propiciar.*
5 Prejuiciar, preocupar, predisponer.

prever
1 Predecir, anticipar, pronosticar, presagiar, vaticinar, adivinar, profetizar.
ANT.: *Errar, ignorar.*
2 Prevenir, preparar, precaver, anticipar.

previo
Anterior, anticipado, preliminar VER.

previsión
1 Prevención, preparación, precaución, prudencia, cautela, cuidado, reserva, atención.
ANT.: *Imprevisión.*
2 Cálculo, proyecto, presupuesto, pronóstico, suposición.

previsor
Prudente, prevenido, cauto, precavido, advertido, → previsión.
ANT.: *Imprevisor, desprevenido.*

previsto
Anticipado, conocido, predicho, sabido, esperado, → prever.
ANT.: *Imprevisto, desconocido.*

primacía
Predominio, preeminencia, importancia, superioridad, preponderancia, supremacía.
ANT.: *Inferioridad.*

primario
1 Principal, fundamental, primordial, básico, primero VER.
ANT.: *Secundario, accesorio.*
2 Primitivo, primigenio, elemental.
ANT.: *Evolucionado.*

primaveral
Fresco, nuevo, flamante, juvenil, lozano, renacido, florecido.
ANT.: *Otoñal, viejo, caduco.*

primero
1 Inicial, inaugural, previo, precedente, anterior.
ANT.: *Postrero, último, final.*
2 Principal, primordial, primario, esencial, fundamental, indispensable.
ANT.: *Secundario, anexo.*
3 Primitivo, primigenio, elemental, antiguo.
ANT.: *Moderno, reciente.*
4 Antes, al principio, al comienzo.
ANT.: *Después, luego.*
5 Excelente, superior, sobresaliente, grande, campeón, (fig.) estrella.

primicia
1 Anticipo, muestra, primer fruto.
2 Contribución, dádiva.
3 Novedad, nuevas, noticia.
4 **primicias** (Fig.) Inicios, principio, comienzo.

primitivo
Originario, elemental, primario, primigenio, primero VER.
ANT.: *Derivado.*

primogénito
Hijo mayor, heredero, primero, (Esp./fam.) mayorazgo.
ANT.: *Menor, benjamín.*

primor
1 Finura, perfección, belleza, exquisitez, esmero, destreza, pulcritud, gracia (fam.) curiosidad.
ANT.: *Negligencia, descuido, torpeza.*
2 Lindura, encanto, preciosidad, belleza, (fig.) ángel [refiriéndose a personas].

primordial
Básico, fundamental, esencial, principal, primero VER.
ANT.: *Superfluo, accesorio, secundario, eventual.*

primoroso
Fino, esmerado, lindo, primor VER.
ANT.: *Tosco, basto.*

principal
1 Fundamental, vital, esencial, sustancial, trascendental, cardinal, capital, primario.
ANT.: *Secundario, accesorio, anexo.*
2 Noble, ilustre, esclarecido, distinguido, aristócrata [es un sentido que se usa poco].
3 Príncipe, princeps [libros].
4 Jefe, encargado, director, gerente, patrón, patrono.

5 **el principal** (Cuba) El presidio, la cárcel.

principiante
Novato, novicio, neófito, bisoño, inexperto, aprendiz, pipiolo.
ANT.: *Ducho, experto, veterano.*

principio
1 Comienzo, origen, génesis, partida, inicio, nacimiento, arranque, estreno, inauguración, introducción.
ANT.: *Fin, final.*
2 Base, tesis, razón, fundamento, causa, idea.
ANT.: *Efecto, consecuencia.*
3 Noción, rudimento.
4 Regla, precepto, norma.
5 Elemento, componente, ingrediente [de sustancias].

pringar
1 Engrasar, untar, ensuciar, manchar, embarrar, salpicar, (fam.) pegostear, (C. Rica) pringotear.
ANT.: *Limpiar.*
2 (Fig. y fam.) Infamar, denigrar, desacreditar, vilipendiar.
ANT.: *Elogiar, alabar.*
3 (Chile) Contagiar un mal venéreo.
4 (Venez.) Timar, engañar.

prioridad
Primacía, preferencia VER.

prioritario
Preferente, urgente, inaplazable, fundamental, esencial.
ANT.: *Secundario, accesorio.*

prisa
Urgencia, premura, apremio, rapidez, prontitud, celeridad, velocidad, apuro, perentoriedad.
ANT.: *Calma, lentitud, cachaza.*

prisión
1 Cárcel, presidio, penal, penitenciaría, reclusorio, correccional, reformatorio, calabozo, celda, encierro.
2 Pena, cautiverio, encarcelamiento, condena, cautividad, detención, arresto.
ANT.: *Liberación, libertad.*
3 (Fig.) Sujeción, atadura, impedimento, cadena.

prisionero
1 Cautivo, preso, presidiario, recluso, encarcelado, cautivo, penado, condenado, arrestado, galeote.
ANT.: *Libre.*
2 Detenido, rehén.
3 (Fig.) Esclavo, atado, adicto, encadenado, dominado por una pasión.

prismáticos
Gemelos, binoculares, anteojos, largavistas.

privación
1 Falta, carencia, ausencia, escasez, penuria, necesidad.
ANT.: *Abundancia.*
2 Despojo, desposeimiento, usurpación, exacción.
ANT.: *Devolución.*
3 Prohibición, veda.
ANT.: *Permiso.*

privado
Íntimo, reservado, particular, personal VER.

privar
1 Despojar, desposeer, usurpar, confiscar, quitar, expoliar.
ANT.: *Devolver.*
2 Impedir, vedar, prohibir, proscribir.
ANT.: *Permitir, autorizar.*
3 Destituir, suspender.
4 **privarse** Abstenerse, renunciar, dejar, hacer a un lado.

privilegiado
1 Predilecto, preferido, escogido, favorecido.
ANT.: *Relegado, desdeñado.*
2 Excepcional, afortunado, único, extraordinario.
ANT.: *Común, ordinario.*
3 Acomodado, opulento, rico.
ANT.: *Pobre, desposeído.*

privilegio
Ventaja, favor, preferencia, prerrogativa, excepción, prebenda, dispensa, concesión, gracia, merced.
ANT.: *Desventaja, perjuicio.*

probable
1 Verosímil, verificable, plausible, comprobable, demostrable, creíble, admisible, supuesto.
ANT.: *Inadmisible, increíble.*
2 Posible, factible, viable, potencial, aleatorio, contingente.
ANT.: *Improbable.*

probar
1 Comprobar, ensayar, experimentar, intentar, tantear.
2 Demostrar evidenciar, patentizar, acreditar, justificar, convencer.
3 Catar, gustar, libar, saborear, paladear, degustar, (fam.) picar.

problema
1 Enigma, duda, incógnita, cuestión, punto, rompecabezas.
ANT.: *Solución.*

2 Dilema, conflicto, duda, hesitación, indecisión.
ANT.: *Certeza, seguridad.*
3 Contrariedad, inconveniente, aprieto, dificultad, obstáculo.
4 Preocupación, disgusto, pena, sinsabor, tribulación.
ANT.: *Alegría, ilusión, satisfacción.*

procedencia
1 Origen, causa, fuente, fundamento, principio, cuna, génesis.
ANT.: *Destino, fin.*
2 Punto de partida, salida [aviones, trenes, barcos].

proceder
1 Derivar, originarse, provenir, dimanar, emanar, remontarse.
2 Salir, arrancar, venir de (transportes).
ANT.: *Arribar, llegar.*
3 Actuar, conducirse, portarse, comportarse, gobernarse.
4 Actuación, conducta, actitud, comportamiento, hábito.
5 Hacer, obrar, ejecutar, actuar, realizar, efectuar.
ANT.: *Abstenerse.*

procedimiento
1 Método, sistema, fórmula, forma, manera, receta.
2 Práctica, actuación, ejecución.
ANT.: *Abstención.*

procesar
1 Enjuiciar, encausar, acusar, inculpar, incriminar, juzgar, condenar.
2 Elaborar, fabricar, manufacturar, transformar.

procesión
1 Comitiva, desfile, séquito, acompañamiento.
2 (Fig.) Fila, columna, hilera.

proceso
1 Sucesión, evolución, marcha, desarrollo, transcurso, curso.
ANT.: *Estancamiento.*
2 Juicio, causa, sumario, procedimiento.

proclama
1 Publicación, divulgación, notificación, edicto, aviso, cartel, bando, anuncio, pregón.
2 Arenga, alocución.

proclamar
1 Pregonar, anunciar, promulgar, → proclama.
ANT.: *Callar.*
2 Nombrar, elegir, designar, coronar, aclamar.
ANT.: *Rechazar, destituir.*
3 (Fig.) Mostrar, revelar, exhibir, ostentar, presumir.
ANT.: *Ocultar, disimular.*

procrear
Engendrar, multiplicar, fecundar, generar, propagar, producir, criar.

procurar
1 Intentar, tantear, probar, tratar, ensayar, afanarse, pretender.
ANT.: *Abstenerse, desentenderse.*
2 Gestionar, negociar, tramitar, diligenciar.
ANT.: *Obstaculizar.*
3 Suministrar, atender, proporcionar.
4 (Méx., Venez.) Buscar, solicitar.
5 **procurarse** Conseguir, allegarse.

prodigar
1 Dar, distribuir, repartir, colmar.
ANT.: *Escatimar.*
2 Derrochar, dilapidar.
ANT.: *Ahorrar.*
3 **prodigarse** Lucirse, exhibirse.

prodigio
Portento, maravilla, milagro, fenómeno.

pródigo
1 Derrochador, despilfarrador, disipador, manirroto.
ANT.: *Ahorrador.*
2 Liberal, generoso, dadivoso, desprendido.
ANT.: *Tacaño, avaro, mezquino.*
3 Abundante, copioso, profuso, rico.
ANT.: *Escaso.*

producir
1 Crear, gestar, engendrar, inventar, hacer.
2 Procrear, criar, multiplicarse [animales de cría].
3 Fructificar, rendir, redituar.
4 Elaborar, fabricar, manufacturar.
5 (Fig.) Causar, provocar, originar, ocasionar.
ANT.: *Evitar, impedir.*

productivo
1 Fecundo, fértil, fructífero, fructuoso, feraz.
ANT.: *Infecundo, estéril.*
2 Provechoso, útil, beneficioso, lucrativo, rendidor.
ANT.: *Oneroso, improductivo.*

producto
1 Producción, obra, fruto.
2 Artículo, género.
3 Cosecha, resultado.
4 Consecuencia, efecto.

proeza
Hazaña, gesta, valentía, osadía, hombrada.
ANT.: *Cobardía.*
profanación
1 Violación, sacrilegio, irreverencia.
ANT.: *Veneración.*
2 (Fig.) Deshonra, desagradable, envilecimiento.
ANT.: *Respeto.*
profanar
Violar, deshonrar, → profanación.
profano
1 Sacrílego, irreverente, deshonesto, limpio.
ANT.: *Respetuoso, devoto.*
2 Mundano, libertino, licencioso, deshonesto.
ANT.: *Honesto.*
3 Seglar, laico, lego, terrenal.
ANT.: *Clerical, sacro.*
4 Inexperto, ignorante, indocto, ajeno, extraño.
ANT.: *Entendido, experto.*
profecía
Predicción, vaticinio, presagio, augurio, agüero, oráculo, adivinación, pronóstico.
proferir
Decir, pronunciar, articular, prorrumpir, exclamar, gritar, lanzar, soltar.
ANT.: *Callar.*
profesar
1 Ejercer, practicar, desempeñar, ocuparse, cultivar.
2 Enseñar, adoctrinar.
ANT.: *Oír, aprender.*
3 Confesar, reconocer, creer, abrazar, seguir [religión, doctrina].
ANT.: *Renegar, abjurar.*
profesión
1 Carrera, oficio, ocupación, actividad, función, ejercicio, quehacer, trabajo, empleo, labor, cometido.
2 Fe, confesión, religión, inclinación, idea, convicción.
profesor
Maestro, educador, pedagogo, preceptor, instructor, catedrático, (fam.) profe.
profeta
Vaticinador, clarividente, vidente, augur.
profetizar
Vaticinar, anunciar, augurar, agorar, predecir VER.
prófugo
Fugitivo, evadido, escapado, fugado, huido, desertor, tránsfuga.
ANT.: *Perseguidor.*
profundidad
1 Abismo, sima, depresión, barranco, pozo.
ANT.: *Elevación, altura, prominencia.*
2 Hondura, fondo.
3 (Fig.) Penetración, intensidad.
ANT.: *Superficialidad.*
profundo
1 Hondo, insondable, abismal, abisal, inmenso.
ANT.: *Superficial.*
2 (Fig.) Intenso, acentuado, penetrante, fuerte, vivo, agudo.
ANT.: *Débil, leve.*
3 Sesudo, reflexivo.
profusión
1 Abundancia, riqueza, exuberancia, plétora, raudal, exceso, colmo, desbordamiento.
ANT.: *Escasez, carencia.*
2 Generosidad, prodigalidad, liberalidad.
ANT.: *Mezquindad.*
progresar
Mejorar, avanzar, prosperar, → progreso.
ANT.: *Retroceder, declinar.*
progreso
1 Mejora, adelanto, evolución, avance, perfeccionamiento.
ANT.: *Retroceso, involución.*
2 Desarrollo, prosperidad, florecimiento, incremento, auge.
ANT.: *Declinación, decadencia.*
3 (Fig.) Civilización.
ANT.: *Barbarie.*
prohibir
Negar, vedar, impedir, denegar, proscribir, privar, evitar.
ANT.: *Consentir, permitir, autorizar.*
prójimo
Semejante, vecino, pariente, hermano, persona.
prole
Descendencia, familia, progenie, cría, retoños, hijos.
ANT.: *Ascendencia, padres.*
proliferar
1 Abundar, aumentar, incrementarse, extenderse, difundirse, pulular.
ANT.: *Escasear, disminuir.*
2 (Fig.) Multiplicarse, reproducirse.

prolijo
1 Minucioso, escrupuloso, cuidadoso, esmerado, detallado.
ANT.: *Descuidado.*
2 Largo, extenso, tedioso, farragoso.
ANT.: *Somero, conciso, breve.*
3 Pesado, molesto, cargante, fastidioso, inoportuno.

prólogo
Prefacio, proemio, preámbulo VER.
ANT.: *Epílogo.*

prolongar
1 Alargar, estirar, ampliar, ensanchar, expandir, extender.
ANT.: *Acortar, estrechar.*
2 Aplazar, diferir, retrasar, postergar, dilatar, demorar.
ANT.: *Apresurar, abreviar.*

prometer
1 Comprometerse, pactar, obligarse, garantizar, convenir.
ANT.: *Eludir.*
2 Afirmar, asegurar, jurar, aseverar.
ANT.: *Desmentir, retractarse.*
3 Ofrecer, proponer.
4 Augurar, vislumbrar.

prometido
Novio, pretendiente VER.

prominente
1 Saliente, protuberante, abultado.
ANT.: *Liso, hundido.*
2 (Fig.) Prestigioso, ilustre, famoso, destacado, eminente, sobresaliente, notable.
ANT.: *Desconocido, mediocre.*

promocionar
Promover, respaldar, desarrollar, fomentar, impulsar, lanzar.

promover
1 Impulsar, fomentar, estimular, desarrollar, proteger, apoyar.
ANT.: *Estancar, estorbar.*
2 Ascender, elevar [de rango].
ANT.: *Degradar.*
3 Iniciar, originar, suscitar, provocar, producir.
ANT.: *Detener, impedir.*
4 Difundir, divulgar, promocionar, publicitar.

promulgar
Divulgar, anunciar, proclamar VER.

pronosticar
Augurar, vaticinar, predecir VER.

prontitud
Rapidez, velocidad, celeridad, urgencia, presteza, prisa, apresuramiento, diligencia.
ANT.: *Lentitud, parsimonia, cachaza, pachorra.*

pronto
1 Rápido, veloz, acelerado, listo, ágil.
ANT.: *Lento.*
2 Dispuesto, presto, preparado, alerta, vigilante, prevenido.
ANT.: *Desprevenido.*
3 Rápidamente, velozmente, en seguida, ya.
ANT.: *Despacio, lentamente, poco a poco.*
4 Temprano, antes.
ANT.: *Tarde.*

pronunciamiento
1 Sublevación, levantamiento, revolución VER.
2 Declaración, manifiesto.
3 Opinión, dictamen, sentencia.

pronunciar
1 Modular, articular, vocalizar, enunciar.
2 Proferir, decir, perorar.
3 Decidir, resolver, dictaminar, determinar, juzgar.
ANT.: *Abstenerse.*
4 Acentuar, resaltar, destacar.
ANT.: *Disimular, cubrir, suavizar.*
5 pronunciarse Sublevarse, rebelarse, insurreccionarse, alzarse.
ANT.: *Someterse.*

propagar
1 Divulgar, difundir, pregonar, propalar, publicar, generalizar, avisar, anunciar.
ANT.: *Ocultar, restringir.*
2 Transmitir, contagiar, extender, esparcir.
ANT.: *Contener, controlar.*
3 propagarse Reproducirse, multiplicarse, cundir.

propasarse
Excederse, abusar, extralimitarse, demandarse, desaforarse, (fig.) desatarse, desmadrarse.
ANT.: *Contenerse, moderarse.*

propensión
Inclinación, tendencia, apego, proclividad, vocación, atracción.
ANT.: *Repulsión, rechazo.*

propicio
1 Dispuesto, benigno, inclinado, favorable.
ANT.: *Adverso, contrario.*
2 Adecuado, oportuno, conveniente.
ANT.: *Inadecuado.*
propiedad
1 Posesión, pertenencia, dominio, usufructo.
2 Hacienda, bienes, tierra, finca, edificio, inmueble.
3 Cualidad, característica, particularidad, esencia, atributo, rasgo.
4 (Fig.) Exactitud, precisión, fidelidad, rigor.
ANT.: *Imprecisión.*
5 Oportunidad, conveniencia, comedimiento, cortesía.
ANT.: *Impropiedad, impertinencia.*
propietario
1 Dueño, poseedor, hacendado, empresario, latifundista, amo.
2 Titular.
ANT.: *Suplente, eventual.*
3 Casero, arrendador, terrateniente.
ANT.: *Inquilino, arrendatario.*
propina
Gratificación, recompensa, premio, compensación.
propio
1 Característico, peculiar, particular, distintivo.
ANT.: *General, común.*
2 Natural, innato, legítimo.
ANT.: *Postizo.*
3 Individual, personal, exclusivo.
ANT.: *Ajeno.*
4 Adecuado, oportuno, conveniente, justo.
ANT.: *Inadecuado, impropio.*
proponer
1 Exponer, formular, plantear, sugerir, insinuar.
ANT.: *Disuadir.*
2 Presentar, recomendar, aconsejar.
ANT.: *Desaconsejar, vetar.*
3 proponerse Aspirar, procurar, pretender, perseguir.
ANT.: *Abandonar, cejar, claudicar.*
proporción
1 Armonía, equilibrio, correspondencia, simetría, relación, conformidad.
ANT.: *Desproporción, desequilibrio.*
2 Dimensión, tamaño, escala, volumen.
3 Oportunidad.
ANT.: *Inoportunidad.*
4 Alcance, importancia, trascendencia, extensión, intensidad.
proporcionar
1 Equilibrar, armonizar, adecuar.
ANT.: *Desproporcionar.*
2 Suministrar, dar, proveer, entregar, facilitar.
ANT.: *Quitar, negar.*
3 Producir, causar, provocar, inducir [sensación, sentimiento].
proposición
1 Propuesta, oferta, ofrecimiento, invitación, insinuación.
ANT.: *Negativa, rechazo.*
2 Enunciado, enunciación, expresión.
propósito
1 Idea, proyecto, intención, voluntad, resolución, pensamiento.
2 Mira, fin, objeto, aspiración, finalidad, objetivo.
prórroga
Continuación, prolongación, prorrogación, dilatación, ampliación.
ANT.: *Abreviación.*
prorrogar
Prolongar, dilatar.
ANT.: *Abreviar.*
prosaico
1 Práctico, utilitario, materialista, egoísta.
ANT.: *Espiritual, altruista.*
2 Vulgar, pedestre.
ANT.: *Elevado.*
prosapia
Abolengo, linaje, estirpe, alcurnia, casta, ascendencia, (fig.) sangre.
proscribir
1 Desterrar, expulsar, exiliar, expatriar, confinar.
ANT.: *Repatriar.*
2 (Fig.) Vedar, prohibir.
ANT.: *Permitir, impulsar.*
proscrito
Desterrado, expulsado, expatriado.
ANT.: *Repatriado.*
proseguir
1 Continuar, seguir, insistir, reanudar, avanzar.
ANT.: *Interrumpir, detener, cesar.*
2 Persistir, perpetuarse, prolongarse, durar.
ANT.: *Acabarse, finalizar.*
prosélito
Seguidor, secuaz, adepto, adicto, partidario VER.
ANT.: *Rival, opositor.*

prosperidad
Auge, bonanza, progreso VER.
próspero
1 Desarrollado, adelantado, incrementado, floreciente, boyante, rico, fructífero.
ANT.: *Pobre, atrasado.*
2 Propicio, venturoso, feliz, afortunado, favorable.
ANT.: *Infausto, infeliz, adverso.*
prostíbulo
Burdel, lupanar, mancebía, casa de citas, lenocinio.
prostituta
Ramera, cortesana, meretriz, puta, zorra, fulana, hetaira, falena, buscona, hetera, (desp.) suripanta, mujer pública, (fig. y fam.) mujer mala.
protagonista
Figura principal, héroe, heroína, galán, dama, estrella.
protección
1 Resguardo, salvaguarda, salvaguardia, abrigo, refugio, defensa, escudo.
ANT.: *Desprotección, riesgo.*
2 Patrocinio, tutela, auspicio, padrinazgo, mecenazgo, patronato.
3 Amparo, ayuda, asilo, apoyo, favor, auxilio.
ANT.: *Desamparo.*
proteger
1 Resguardar, salvaguardar, velar, defender, cuidar, cubrir, escudar.
ANT.: *Desproteger, exponer, arriesgar.*
2 Auspiciar, favorecer, apoyar, sostener, patrocinar, fomentar, preservar.
ANT.: *Perseguir, impedir.*
3 Auxiliar, amparar, socorrer, asilar, amparar, abrigar, acoger.
ANT.: *Desamparar, abandonar.*
protestar
1 Reclamar, desaprobar, censurar, rechazar, reprochar, criticar, acusar.
ANT.: *Aguantar, tolerar, admitir.*
2 Lamentarse, quejarse, rebelarse.
ANT.: *Conformarse, aceptar.*
protocolo
1 Ceremonia, formalidad, formulismo, etiqueta, aparato, pompa, (fig.) rito.
ANT.: *Sencillez, familiaridad.*
2 Escritura, acta.
prototipo
1 Arquetipo, paradigma, ejemplo, patrón, ideal, (fig.) espejo.
2 Modelo, dechado, original, molde, muestra, tipo.
provecho
Beneficio, utilidad, fruto, ganancia, lucro, renta, rendimiento.
ANT.: *Pérdida, perjuicio, desperdicio.*
proveer
1 Abastecer, aprovisionar, dotar, avituallar, suministrar, facilitar.
ANT.: *Quitar, desproveer.*
2 Preparar, disponer, organizar.
3 Tramitar, gestionar, resolver.
provenir
Derivar, proceder, emanar, surgir, resultar, originarse, venir, descender.
proverbial
Sabido, consabido, conocido, acostumbrado, tradicional.
ANT.: *Desconocido, inédito.*
proverbio
Adagio, refrán, sentencia, máxima, dicho, moraleja, aforismo.
providencia
1 Disposición, prevención, medida, remedio, precaución.
2 Resolución, mandato.
provincia
Demarcación, territorio, localidad, distrito, departamento, comarca.
provisión
1 Abastecimiento, proveimiento, → proveer.
2 Previsión, medida, precaución.
ANT.: *Imprevisión.*
3 Abasto, víveres, vitualla, dotación, acopio, subsistencias, reserva.
provisional
Interino, provisorio, momentáneo, temporal, transitorio, pasajero.
ANT.: *Definitivo, perpetuo.*
provocador
1 Pendenciero, agresivo, fanfarrón, bravucón matón.
ANT.: *Pacífico.*
2 Incitador, instigador, agitador, activista, subversivo, alborotador.
provocar
1 Retar, desafiar, enfrentarse, hostigar, molestar, irritar, (fig.) picar.
ANT.: *Calmar, aquietar, apaciguar.*
2 Originar, causar, promover, producir, ocasionar, crear.
ANT.: *Impedir.*
3 Alborotar, excitar, exacerbar, incitar.
ANT.: *Sosegar, apaciguar.*
4 Estimular, inducir.
ANT.: *Detener.*
5 (Venez.) Apetecer, antojarse.

próximo
Cercano, contiguo, vecino, inmediato, colindante, lindante, adyacente, fronterizo.
ANT.: *Lejano, apartado.*

proyectar
1 Lanzar, arrojar, tirar, despedir, (fam.) aventar.
ANT.: *Atraer, retener.*
2 Idear, planear, forjar, urdir, tramar, inventar, preparar, maquinar.
3 Esbozar, bosquejar, diseñar, trazar.
4 **proyectarse** Superarse, destacar, avanzar, sobresalir.
ANT.: *Estancarse, fracasar.*

proyecto
Idea, plan, → proyectar.

prudente
Sensato, juicioso, cauteloso, moderado, mesurado, equilibrado, cuerdo, serio, reflexivo.
ANT.: *Imprudente, impulsivo, irreflexivo, precipitado.*

prueba
1 Experimento, ensayo, demostración, comprobación, tanteo, sondeo, investigación.
2 Testimonio, confirmación, argumento, evidencia, indicio, manifestación.
3 Examen, control análisis, (pr.) test, verificación.
4 Muestra, ejemplo, (Méx./fam.) probada.
5 (Fig.) Penalidad, dificultad.
6 (Fig.) Reto, competición, desafío.
7 (Argent.) Voltereta, ejercicio circense, acrobacia.

púa
1 Espina, pincho, punta, aguijón, pico, puya, aguja, diente, gancho.
2 (Fig.) Aflicción, pena, resentimiento, hiel, padecimiento.
ANT.: *Alegría, tranquilidad, bienestar.*
3 (Fig. y fam.) Astuto, ladino, taimado, sutil, mordaz.
ANT.: *Ingenuo, candoroso.*
4 Espolón, uña [gallos de pelea].

publicar
1 Divulgar, difundir, proclamar, propagar, transmitir, anunciar, dar a conocer.
ANT.: *Ocultar, reservar.*
2 Editar, imprimir, distribuir, lanzar.
3 Decir, revelar, pregonar, propalar.
ANT.: *Callar.*

publicidad
Difusión, divulgación, propaganda, anuncio, reclamo, pregón, cartel.

público
1 Difundido, divulgado, sonado, conocido, popular, famoso, sabido, ostensible.
ANT.: *Ignorado, secreto, oculto.*
2 Oficial, estatal, administrativo, gubernativo.
ANT.: *Privado, particular.*
3 Común, general.
ANT.: *Exclusivo.*
4 Espectadores, asistentes, asistencia, auditorio, presentes, concurrentes, aficionados, afición.

puchero
1 Marmita, olla, pote, cazo, perol, vasija, cacerola, cazuela.
2 Cocido, caldo, sopa.
3 (Argent., Esp., Urug./fam.) Sustento, (Méx.) pipirín.

púdico
Recatado, pudoroso, decoroso, casto, → pudor.
ANT.: *Impúdico, desvergonzado.*

pudiente
Acomodado, rico, próspero, acaudalado, potentado, opulento.
ANT.: *Necesitado, indigente.*

pudor
1 Honestidad, recato, modestia, decoro, decencia, castidad.
ANT.: *Descaro, impudicia.*
2 Timidez, vergüenza, mojigatería, ñoñería.
ANT.: *Naturalidad, desenfado.*

pudrirse
1 Corromperse, descomponerse, alterarse, estropearse, podrirse, picarse, agusanarse, echarse a perder.
ANT.: *Conservarse.*
2 (Fig.) Impacientarse, exasperarse, enfadarse, irritarse, desesperarse.
ANT.: *Sosegarse, serenarse.*

pueblerino
1 Aldeano, lugareño, paisano, provinciano.
ANT.: *Cosmopolita, urbano.*
2 (Fig.) Tosco, ordinario, rústico, (Esp.) paleto.
ANT.: *Refinado.*

pueblo
1 País, nación, estado, patria, reino.
2 Población, pobladores, habitantes, comunidad.

3 Raza, tribu, clan, grupo étnico.
4 Poblado, villa, villorrio, aldea, lugar, caserío, (fam.) terruño.
5 Vulgo, plebe, masa.

puente
1 Viaducto, pasarela, pontón.
2 Cubierta, plataforma [buques].
3 Cordal [instrumentos de cuerda].
4 (Fig.) Vínculo, conexión, enlace.

puerco
1 Cerdo, cochino, chancho, guarro, marrano, verraco, lechón, cebón, (Amér.) cochi.
2 (Fig. y fam.) Sucio, mugriento, mugroso, asqueroso, desaseado, desaliñado, cochambroso.
ANT.: *Limpio, aseado, pulcro.*
3 (Fig. y fam.) Inmoral, indecente, venal, ruin, miserable, vil, traidor, desleal.
ANT.: *Honesto, sincero, recto, leal.*
4 (Fig. y fam.) Grosero, zafio, incivil, maleducado, procaz, soez.
ANT.: *Educado, refinado.*

pueril
1 Infantil, de niños.
2 Aniñado, candoroso, inocente, simple, ingenuo.
ANT.: *Malicioso, retorcido.*
3 (Fig.) Fútil, insustancial, vano, infundado, intrascendente, trivial VER.
ANT.: *Importante, trascendente.*

puerta
1 Portón, pórtico, abertura, entrada, acceso, ingreso, portal, portillo, poterna.
2 Portería, meta [deportes].
3 (Fig.) Recurso, medio, camino, estrategia, posibilidad, salida.

puerto
1 Desembarcadero, fondeadero, bahía, rada, amarradero.
2 Paso, desfiladero, garganta, angostura, quebrada.
3 (Fig.) Refugio, asilo, amparo, defensa.

puesto
1 Sitio, punto, situación, lugar, posición.
2 Tenderete, quiosco.
3 Función, empleo, cargo, plaza, destino, colocación, ocupación.

púgil
Gladiador, pugilista, boxeador, luchador, (Méx./vulg.) bofe.

pugna
1 Lucha, batalla, combate, enfrentamiento, pelea, liza, lid.
2 Disputa, desafío, competencia.
3 Oposición, rivalidad, desacuerdo.
ANT.: *Acuerdo, concordia.*

pujante
Vigoroso, potente VER.

pujar
1 Esforzarse, pugnar, empujar, luchar.
ANT.: *Ceder, abandonar.*
2 Ofrecer, subir, aumentar, alzar, encarecer, ofertar, mejorar [una oferta en subastas].
ANT.: *Bajar, reducir.*
3 Vacilar, titubear, detenerse.
ANT.: *Decidirse.*
4 (Fam.) Hacer pucheros, lloriquear.

pulcro
1 Aseado, limpio, atildado, impecable, (fig.) inmaculado.
ANT.: *Sucio, desaliñado.*
2 Esmerado, cuidadoso, escrupuloso, minucioso, prolijo, nimio.
ANT.: *Negligente, descuidado.*

pulido
1 Bruñido, pulimentado, lustroso, terso, liso, alisado, parejo, suave, brillante, brilloso.
ANT.: *Áspero, opaco.*
2 Pulcro, aseado, acicalado, atildado.
ANT.: *Desaseado.*
3 Esmerado, minucioso, primoroso, cuidadoso.
ANT.: *Descuidado.*

pulir
1 Pulimentar, bruñir, lustrar, alisar, limar, suavizar, desbastar, abrillantar VER.
ANT.: *Rayar, opacar, empañar.*
2 Retocar, perfeccionar, aderezar, mejorar.
3 Revisar, corregir, depurar, componer, arreglar.
4 (Fig.) Instruir, educar, refinar, civilizar.
ANT.: *Vulgarizar.*

pulla
1 Befa, mofa, chunga, guasa, chanza, burla, escarnio, afrenta.
2 Indirecta, ironía, (fam.) pedrada.

pulpería (Amér.)
1 Tienda, abastos, tendajón, (Méx.) miscelánea.
2 Taberna, (Amér. Merid.) boliche.

pulsar
1 Tocar, palpar, sentir.
2 Presionar, apretar [tecla, timbre, botón].
3 Tañer [instrumento de cuerda].
4 Latir, palpitar.

5 (Fig.) Tantear, sondear, examinar, considerar, analizar, evaluar.

pulsera
Brazalete, ajorca, aro, argolla, manilla, joya.

pulso
1 Palpitación, pulsación, latido, movimiento.
2 Firmeza, seguridad, tino, puntería, destreza [para dibujo, tiro y artes manuales].
3 (Fig.) Tiento, tacto, cuidado, discreción, prudencia.
ANT.: *Imprudencia.*
4 (Cuba) Brazalete, pulsera.

pulular
1 Multiplicarse, proliferar, abundar.
ANT.: *Escasear.*
2 (Fig.) Hormiguear, bullir, transitar.

pulverizar
1 Triturar, moler, machacar, desintegrar, desmenuzar, hacer polvo.
ANT.: *Conglomerar, aglutinar.*
2 Rociar, atomizar, esparcir.
3 (Fig.) Apabullar, aplastar, vencer, aniquilar, destruir.

puna (Amér. Merid.)
1 Tierra alta, estepa, páramo [en las alturas de una cordillera].
2 Sofoco, soroche, mal de montaña.

pundonor
Decoro, dignidad, conciencia, honor, vergüenza, orgullo, (fig.) pudor.
ANT.: *Desvergüenza, descaro, deshonra, indignidad.*

punible
Condenable, castigable, reprobable, censurable, penable.

punta
1 Extremidad, extremo, vértice, arista, remate.
2 Pico, pincho, púa, aguijón, espolón, clavo, espina.
3 Asta, cuerno, pitón.
4 Cabo, península.
5 Promontorio, cima, cumbre, picacho, altura, cresta.
6 Montón, hato, cantidad, puñado.
7 (Fig.) Un poco, una pizca.
ANT.: *Demasiado.*
8 (Venez.) Pulla, indirecta.

puntada
1 Punto [en costura y tejidos].
2 (Fig.) Indirecta, puntazo, pulla.
3 (Fig.) Dolor, punzada.
4 (Méx./fam.) Ocurrencia, disparate.

puntapié
Patada, coz, porrazo, pataleo, puntillazo, golpe.

puntería
Tino, pulso, habilidad, ojo, mano, vista.
ANT.: *Torpeza.*

puntiagudo
Aguzado, agudo, fino, afilado, delgado, punzante, penetrante, picudo, (Venez.) puntudo.
ANT.: *Romo, liso, chato.*

puntilloso
1 Escrupuloso, pundonoroso, digno.
ANT.: *Desvergonzado, indigno.*
2 Minucioso, concienzudo, delicado, detallista, cuidadoso, nimio.
ANT.: *Descuidado, negligente, perezoso, flojo.*
3 Quisquilloso, susceptible, exagerado, (fam.) preocupón.
ANT.: *Despreocupado.*

punto
1 Señal, marca, signo, trazo.
2 Mota, pinta, lunar, topo.
3 Puntada, labor.
4 Lugar, sitio, emplazamiento, paraje, localidad, zona, puesto.
5 Estado, situación, momento, etapa, fase, circunstancia, grado, nivel.
6 Asunto, tema, argumento, materia, cuestión.

puntual
1 Preciso, exacto, regular, estricto, asiduo, metódico, (fig.) matemático, riguroso.
ANT.: *Esporádico, irregular.*
2 Formal, cumplidor, diligente.
ANT.: *Informal, impuntual.*
3 Preciso, detallado.
ANT.: *Vago, difuso.*

punzante
1 Agudo, lacerante, doloroso, hondo, intenso, fuerte.
ANT.: *Leve.*
2 Picante, mordaz, virulento, hiriente, sarcástico.

punzar
1 Picar, pinchar, pungir, herir, aguijar.
2 (Fig.) Doler, molestar.
ANT.: *Aliviar.*
3 (Fig.) Afligir, atormentar, corroer, lastimar.
ANT.: *Consolar, confortar.*

puñado
1 Manojo, porción, puño [de cosas].
2 Conjunto, grupo, cantidad [de personas].
puñal
Daga, estilete, faca, arma blanca, navaja, cuchillo.
puñetazo
Golpe, guantada, bofetón, mamporro, trompada, (Esp.) puñada, puñete, (Méx./fam.) cate.
puño
1 Empuñadura, mango, guarnición, pomo, cacha, asidero, manubrio.
2 Puñado, manojo, ramo.
3 Bocamanga [ropas].
pupilo
1 Interno, alumno.
2 Residente, pensionista, huésped.
ANT.: *Externo.*
puré
Papilla, pasta, crema, plasta, gacha.
pureza
1 Limpidez, limpieza, integridad, puridad, diafanidad.
ANT.: *Impureza, contaminación.*
2 Candor, inocencia, ingenuidad, candidez.
ANT.: *Malicia, doblez.*
3 (Fig.) Virginidad, castidad.
purga
1 Depurativo, laxante, purgante.
ANT.: *Astringente.*
2 Depuración, eliminación, limpieza.
purgar
1 Laxar, limpiar.
2 (Fig.) Corregir, depurar, perfeccionar, acrisolar.
3 Eliminar, destituir, exonerar.
ANT.: *Nombrar.*
4 (Fig.) Expiar, pagar, borrar, padecer, sufrir [pecados, faltas, culpa].
purificar
1 Limpiar, refinar, filtrar, clarificar, depurar.
ANT.: *Contaminar, ensuciar, mezclar.*
2 purificarse (Fig.) Lavar, expiar [pecados, culpas, faltas].
puritano
Severo, austero, rígido, cerrado, intransigente, (desp.) mojigato, ñoño.
ANT.: *Tolerante, abierto, liberal.*
puro
1 Limpio, límpido, diáfano, natural, simple, mero, neto, sencillo.
ANT.: *Impuro, turbio, contaminado, adulterado.*
2 Sano, correcto, perfecto, inmaculado, ideal.
ANT.: *Insano, incorrecto, maculado.*
3 Íntegro, recto, pulcro, incorrupto, virtuoso.
ANT.: *Corrupto, sucio.*
4 Legítimo, auténtico.
5 Depurado, purificado, clarificado, filtrado, refinado.
ANT.: *Mezclado.*
6 (Fig.) Virgen, casto, ingenuo, inocente, candoroso.
ANT.: *Obsceno, depravado.*
7 Habano, cigarro, veguero, (Esp.) tagarnina.
8 (Cuba/fam.) El padre o la madre.
9 (Venez./fam.) Idéntico, muy parecido.
púrpura
1 Granate, grana, cárdeno, carmesí, morado [color].
2 Tinte, colorante.
pusilánime
Apocado, encogido, cobarde, timorato, medroso, miedoso, corto, tímido, (fig.) pelele.
ANT.: *Valiente, audaz, decidido.*
puta
Ramera, hetaira, falena, meretriz, prostituta VER.
puto
(Desp.) Homosexual, sodomita, invertido, (fam.) volteado.
ANT.: *Heterosexual.*
putrefacción
Podredumbre, pudrición, corrupción, descomposición, podre, putridez, putrescencia.
ANT.: *Frescura, lozanía, conservación.*
putrefacto
Podrido, pútrido, corrompido, alterado, descompuesto, rancio, mohoso, fermentado, purulento, inmundo, hediondo, echado a perder, agusanado.
ANT.: *Lozano, fresco, sano.*
puya
1 Pica, pértiga, garrocha, lanza, rejón, vara, asta, púa.
2 (Argent., Venez.) Pulla, indirecta.
3 (Chile) Espuela.
4 la puya (Cuba) El número uno, en el juego de dominó.
puyar
1 (Colomb., C. Rica, Guat., Hond., Nic., Méx., Pan., Venez.) Pinchar, picar, punzar, herir.

2 (Colomb, C. Rica, Chile, Pan.) Incitar, empujar, estimular.
ANT.: *Disuadir, desanimar.*
3 (C. Rica) Azuzar, arrear [ganado].
4 (C. Rica/fig.) Molestar, fastidiar.
5 (Esp./ant.) Pujar.
6 (Venez./fam.) Acelerar un vehículo.

Q

quebrada
1 Desfiladero, quebradura, garganta, angostura, cañón, cañada, barranco, despeñadero, paso.
2 (Amér.) Arroyo entre montañas.
3 (Argent.) Quiebro, contoneo [en el tango bailado].

quebradizo
Frágil, endeble, deleznable, débil, delicado, caduco.
ANT.: *Resistente.*

quebrado
1 Escabroso, abrupto, escarpado, fragoso, áspero, montañoso, tortuoso, zigzagueante.
ANT.: *Llano, plano, recto.*
2 Roto, → quebrar.
3 Fracción [aritmética].
4 (Fig.) En bancarrota, arruinado.
ANT.: *Próspero.*
5 (Fig.) Debilitado, quebrantado, enfermizo.
ANT.: *Sano, entero.*
6 Herniado, hernioso, (Esp.) potroso.
7 (Venez.) Giboso, jorobado.

quebradura
1 Grieta, hendedura, hendidura, rendija, resquebrajadura, rotura, abertura, raja, (Méx./fam.) rajada.
2 Barranco, quebrada VER.

quebrantar
1 Romper, dividir, fragmentar, quebrar VER.
2 Cascar, rajar, hender, resquebrajar, agrietar.
ANT.: *Reforzar.*
3 Machacar, desmenuzar, triturar.
4 Infringir, transgredir, profanar, contravenir, vulnerar, violar [leyes, normas].
ANT.: *Cumplir, acatar.*
5 (Fig.) Debilitar, empeorar, deteriorar [estado de salud].
ANT.: *Mejorar.*
6 (Fig.) Persuadir, ablandar, inducir [con ardid o porfía].

quebranto
1 Ruptura, resquebrajadura.
2 (Fig.) Desánimo, desaliento, depresión, aflicción, abatimiento.
ANT.: *Ánimo, entusiasmo.*
3 (Fig.) Debilidad, debilitamiento, lasitud, malestar, achaque, enfermedad leve.
ANT.: *Vigor, salud.*
4 (Fig.) Daño, pérdida, destrozo, deterioro, perjuicio.
ANT.: *Beneficio, ganancia.*

quebrar
1 Romper, despedazar, quebrantar, cascar, tronchar, desgajar, hender, rajar, fragmentar, destruir, destrozar.
ANT.: *Unir, componer, pegar.*
2 Traspasar, transgredir, infringir, violar [leyes, normas].
ANT.: *Seguir, cumplir, acatar.*
3 (Fig.) Arruinarse, fracasar, hundirse, naufragar.
ANT.: *Prosperar, progresar.*
4 Torcer, doblar.
ANT.: *Enderezar.*
5 (Fig.) Cesar, interrumpirse, cortarse.
ANT.: *Continuar.*
6 (Fig.) Cortar, romper la amistad.
7 (Méx./vulg.) Matar, asesinar.

quebrarse
1 Romperse, despedazarse, hacerse trizas, hacerse añicos.
2 (Fig.) Flaquear, ceder, suavizarse.
ANT.: *Endurecerse.*
3 Relajarse, herniarse.
4 (Méx./vulg.) Morir, fallecer.

quedar
1 Estar, detenerse, permanecer, mantenerse, persistir, continuar.
ANT.: *Desaparecer, irse.*
2 Sobrar, restar, haber.
ANT.: *Faltar.*
3 Convenír, acordar, pactar, decidir.
ANT.: *Discrepar.*
4 Abandonar, cesar, terminar.
ANT.: *Adelantar, avanzar.*

quedarse
1 Instalarse, residir, establecerse, arraigar.
ANT.: *Mudarse.*
2 Apropiarse, retener.
ANT.: Devolver, *entregar.*
3 Rezagarse, retrasarse.
ANT.: *Adelantarse.*

quehacer
Tarea, labor, trabajo, ocupación VER.
ANT.: *Ocio.*

queja
1 Lamento, plañido, gemido, gimoteo, llanto, sollozo, suspiro, lamentación.
ANT.: *Risa, alegría.*
2 Protesta, reclamación, reproche, descontento, censura.
ANT.: *Conformidad, elogio.*
3 Querella, demanda, acusación.

quejumbroso
1 Lloroso, doliente, afligido, gemebundo, lastimero, suspirante.
2 Melindroso, quejica, quejicoso, quejicón, llorón, (Méx./fam.) chillón.

quemar
1 Incendiar, inflamar, incinerar, chamuscar, abrasar, calcinar, carbonizar, consumir, devorar, achicharrar.
ANT.: *Apagar, extinguir.*
2 (Fig. y fam.) Tostar, broncear.
3 (Fig.) Arder, picar, escocer, doler, punzar.
ANT.: *Aliviar.*
4 (Fig.) Agostar, secar, marchitar.
5 (Fig.) Rematar, liquidar, agotar, malbaratar.
ANT.: *Conservar, retener, usar cautelosamente.*
6 (C. Rica) Denunciar, delatar.
7 (Méx./fam.) Avergonzar, exhibir, poner en evidencia.
ANT.: *Preservar, proteger.*

querella
1 Discordia, disputa, altercado, enfrentamiento.
ANT.: *Armonía, acuerdo, reconciliación.*
2 Riña, pelea, gresca, pendencia.
3 Pleito, demanda, litigio, denuncia, juicio, procedimiento, actuación.
ANT.: *Conciliación, avenencia.*

querer
1 Anhelar, desear, ansiar, ambicionar, codiciar, esperar, pretender, apetecer.
ANT.: *Abandonar, rechazar.*
2 Amar, respetar, estimar, idolatrar, adorar, tener cariño.
ANT.: *Aborrecer, odiar.*
3 Acceder, consentir, admitir, aceptar, dignarse.
ANT.: *Negar.*
4 Resolver, decidir, proponerse, determinar, intentar.
ANT.: *Ceder, claudicar, desistir.*

querosén
Queroseno, kerosén, combustible, carburante.

quid
Porqué, motivo, causa, razón, esencia, busilis.

quiebra
1 Rotura, grieta, hendidura, fractura, tajo, quebradura.
ANT.: *Arreglo, compostura.*
2 Bancarrota, ruina, crac, quebranto, hundimiento, fracaso, pérdida, suspensión de pagos.
ANT.: *Prosperidad.*

quieto
1 Inmóvil, estático, inactivo, inanimado, inerte, detenido, firme, fijo.
ANT.: *Móvil, movedizo.*
2 Parado, paralizado, estancado, tieso, muerto.
ANT.: *Activo, dinámico.*
3 (Fig.) Apacible, tranquilo, silencioso, pacífico, sosegado.
ANT.: *Bullicioso, intranquilo, agitado, inquieto.*
4 (Fig.) Moderado, virtuoso, calmado, morigerado.
ANT.: *Desenfrenado.*

quietud
1 Estatismo, inmovilidad, inacción.
ANT.: *Movimiento, actividad.*
2 Sosiego, silencio, paz, tranquilidad, placidez.
ANT.: *Bullicio, intranquilidad.*

quilombo
1 (Argent.) Desorden, bochinche, lío, escándalo, gresca.
2 (Chile, Riopl.) Burdel, lupanar, prostíbulo, mancebía.
3 (Venez.) Choza, bohío, cabaña.
4 (Venez.) Lugar lejano y agreste.

quiltro (Chile)
Perrucho, chucho, perro VER.

quimera
1 Ser fantástico, monstruo.
2 (Fig.) Fantasía, delirio, ilusión, alucinación, imaginación, ficción, utopía.
ANT.: *Realidad.*

quimérico
Ilusorio, imaginario, utópico, fantástico, fabuloso, ficticio.
ANT.: *Real, material.*

quinesiólogo
Kinesiólogo, terapeuta.

quinta
1 Finca, chalé, casa de campo, villa.
2 (Argent.) Sembradío de frutales.
3 (Cuba) Establecimiento hospitalario y de recreo.
4 (Esp.) Servicio militar.

quintaesencia
1 Refinamiento, pureza.
2 Extracto, esencia, (fig.) espíritu, alma.

quiosco
Tenderete, puesto, pabellón, templete, cenador, pérgola, glorieta.

quisquilloso
1 Meticuloso, nimio, melindroso, detallista, exigente.
ANT.: *Descuidado, despreocupado.*
2 Susceptible, delicado, irritable, puntilloso, cascarrabias.
ANT.: *Indiferente, plácido.*

quiste
Tumor, bulto, ciste, protuberancia, nódulo, dureza.

quitar
1 Retirar, separar, apartar, alzar.
ANT.: *Poner, dejar, depositar.*
2 Extirpar, extraer, eliminar, sacar.
3 Despojar, privar, arrebatar, escamotear, robar, hurtar, usurpar.
ANT.: *Devolver, entregar, dar.*
4 Librar, liberar, descargar, eximir.
ANT.: *Obligar, cargar.*
5 Derrocar, destituir, defenestrar.
ANT.: *Entronizar, nombrar.*
6 Derogar, abrogar, suprimir, abolir, anular [leyes].
ANT.: *Implantar, promulgar.*
7 Estorbar, impedir, prohibir, obstaculizar, obstruir, vedar.
ANT.: *Facilitar, allanar, permitir.*

quitarse
1 Retirarse, apartarse, hacerse a un lado.
2 Irse, separarse.
ANT.: *Llegar, unirse.*
3 (Fig.) Renunciar, abdicar, dejar, abandonar.

quite
Quiebro, regate, lance, parada, escape, movimiento defensivo.

quizá
Tal vez, acaso, a lo mejor, quién sabe, quizás, posiblemente.
ANT.: *Ciertamente, indudablemente, seguro, de ninguna manera, en absoluto.*

R

rabadilla
Curcusilla, (fam.) cóccix, trasero.
rabia
1 Furor, furia, ira, cólera, exasperación, violencia, irritación, rabieta VER.
ANT.: *Serenidad, calma, inmutabilidad, placidez.*
2 Hidrofobia.
rabieta
Berrinche, pataleta, pataleo, perra, rabia VER.
rabioso
1 Furioso, fúrico, colérico, exasperado, violento, irritado, → rabia.
ANT.: *Sereno, tranquilo, calmado, inmutable, plácido.*
2 Hidrófobo, rábido, (fam.) perro del mal [referido a un perro enfermo de rabia].
ANT.: *Sano.*
3 (Fig.) Vehemente, desenfrenado, violento.
ANT.: *Mesurado, moderado.*
rabo
1 Cola, hopo, jopo, apéndice, extremidad [animales].
2 Pedúnculo, pecíolo, rabillo.
3 (C. Rica) Culo, trasero.
4 (Cuba, Esp./vulg.) Pene.
racha
1 Ráfaga, soplo, viento VER.
2 Etapa, lapso, período, momento, época.
racimo
1 Manojo, ramillete, ramo, ristra.
2 Grupo, conglomerado, conjunto.
raciocinio
1 Razón, inteligencia, pensamiento, entendimiento, lógica.
2 Juicio, deducción, razonamiento, lucubración, reflexión.
ración
1 Porción, parte, cantidad, dosis, medida, lote.
ANT.: *Totalidad, todo, entero.*
2 Jornal, sueldo, asignación.
racional
1 Lógico, coherente, razonable, justo, sensato, correcto, adecuado.
ANT.: *Ilógico, incoherente, absurdo.*
2 Intelectual, inteligente, humano.
ANT.: *Irracional.*
racionar
1 Medir, repartir, suministrar, dotar, distribuir, proveer.
ANT.: *Escatimar.*
2 Limitar, dosificar, controlar, administrar.
ANT.: *Desperdiciar, despilfarrar.*
rada
Bahía, cala, abra, caleta, ensenada, golfo, puerto, fondeadero.
radiante
1 Resplandeciente, rutilante, fulgurante, fúlgido, luminoso, brillante, claro.
ANT.: *Oscuro, opaco, encapotado.*
2 (Fig.) Dichoso, gozoso, exultante, jubiloso, alegre, feliz.
ANT.: *Triste, sombrío, apagado.*
radiar
1 Emitir, desprender, emanar, irradiar.
ANT.: *Absorber, retener.*
2 Resplandecer, rutilar, refulgir, destellar, centellear, brillar.
ANT.: *Opacarse, velarse.*
3 Transmitir, difundir, comunicar, radiodifundir, divulgar, propalar, informar, anunciar.
4 (Argent.) Desactivar, retirar del servicio [aviones, buques, trenes, etc.].
5 (Argent./fig.) Marginar, discriminar, hacer el vacío.
radical
1 Primordial, fundamental, sustancial, básico, primigenio.
ANT.: *Secundario, parcial, anexo, accesorio, accidental.*
2 Extremoso, extremista, fanático, excesivo, intransigente, absoluto.
ANT.: *Moderado, transigente, centrado, conservador.*
3 Drástico, tajante, enérgico, eficaz, violento, total.
ANT.: *Paulatino, suave, ineficaz, anodino.*
4 Revolucionario, reformista.

ráfaga
Racha, torbellino, soplo, ventolera, vendaval, ramalazo, borrasca.
ANT.: *Céfiro, brisa.*

raído
1 Ajado, gastado, usado, estropeado, viejo, ralo, deslucido, deteriorado, rozado [sobre todo textiles].
ANT.: *Flamante, intacto, nuevo.*
2 (Fig.) Descarado, desvergonzado, irrespetuoso, libertino, (fam.) igualado.
ANT.: *Respetuoso.*

raigambre
1 Arraigo, base, consistencia, firmeza, estabilidad, raíz.
ANT.: *Desarraigo, inestabilidad.*
2 Prosapia, abolengo, solera, estirpe, linaje.
3 (C. Rica) Raiciambre.
4 (Venez.) Raizal.

raíz
1 Radícula, rizoma, tubérculo, raigón, cepa.
2 Pie, base, soporte.
3 Fundamento, fuente, origen, motivo, causa, comienzo, principio.
ANT.: *Consecuencia, resultado, derivación.*

raja
1 Hendedura, hendidura, fisura, resquebrajadura, resquicio, rendija, abertura.
ANT.: *Unión, soldadura.*
2 Tajada, rodaja, rebanada.
3 (Amér./vulg.) Vulva, órgano sexual femenino, (Méx.) rajada.

rajar
1 Agrietar, hender, hendir, resquebrajar, partir, cascar, abrir, romper.
ANT.: *Pegar, soldar, unir.*
2 (Fig. y fam.) Jactarse, fanfarronear, bravear, bravuconear, (Esp.) guapear.
ANT.: *Medirse, refrenarse.*
3 (Argent., Cuba) Largarse, irse, escapar, huir, salir por piernas.
ANT.: *Quedarse, permanecer.*

rajarse
1 Agrietarse, resquebrajarse, cuartearse, romperse, partirse.
2 (Fig. y fam.) Acobardarse, asustarse, desistir, achicarse.
ANT.: *Enfrentar, confrontar, lanzarse.*
3 (Fig. y fam.) Desdecirse, echarse para atrás, negar.
ANT.: *Sostener, asumir, afirmar.*
4 (C. Rica) Invitar, prodigar, convidar.
5 (Méx.) Denunciar, acusar, delatar.
ANT.: *Encubrir, tapar.*
6 (Argent., Méx., Venez.) Incumplir, zafarse, dejar tirado [compromisos].

rajón
1 (C. Rica) Fanfarrón, jactancioso, presumido, ostentoso.
ANT.: *Discreto, modesto.*
2 (Cuba) Rasgón, rasguño, rotura.
3 (Méx./fam.) Cobarde, miedoso.
4 (Méx./fam.) Delator, soplón, acusón.

ralea
1 Clase, condición, género, especie, calidad.
2 Laya, estofa, calaña, casta, nivel, pelaje.

ralentizar
Desacelerar, lentificar, aminorar, disminuir [la velocidad].
ANT.: *Acelerar.*

rallar
1 Lijar, desmenuzar, pulverizar, rascar, frotar, restregar.
2 (Fig. y fam.) Molestar, fastidiar, jorobar, enfadar, fregar.
ANT.: *Dejar en paz.*

ralo
1 Espaciado, disperso, claro, despoblado.
ANT.: *Tupido, espeso.*
2 (Fig.) Gastado, sobado, deteriorado, raído VER.
3 (C. Rica) Lento, pachorrudo.

rama
1 Tallo, gajo, vara, vástago, sarmiento.
2 Ramal, bifurcación, desviación [caminos].
3 Ramificación, derivación, subdivisión, ramo.
ANT.: *Esencia, meollo.*

ramaje
Fronda, follaje, copa, frondosidad, boscaje, espesura, enramada, (Venez.) ramazón.

ramalazo
1 Golpe, azote [con el ramal o cabo de una cuerda].
2 Verdugón, lesión, lastimadura, magulladura.
3 (Fig.) Cicatriz, mancha, traza, costurón, señal, (Méx.) charrasqueada.
4 (Fig.) Punzada, pinchazo, punzadura, dolor agudo.
ANT.: *Alivio.*
5 (Fig.) Pesar, pena, adversidad, disgusto, aflicción, sobrecogimiento.
ANT.: *Placer, gozo, alegría.*
6 Racha de viento, ráfaga.

ramera
Buscona, hetaira, meretriz, puta, (desp.) pelleja, prostituta VER.

ramificación
1 Rama, gajo, tallo secundario.
2 Bifurcación, ramal.
3 Consecuencia, derivación.
ANT.: *Origen, causa.*
4 Subdivisión, sección.

ramificarse
1 Crecer, retoñar, extenderse, propagarse.
2 Bifurcarse, dividirse, subdividirse.
ANT.: *Reunirse, aunarse.*

ramo
1 Ramillete, manojo, ristra, brazada, atado, haz.
2 Sección, subdivisión, división, sector, rama.

rampa
Pendiente, cuesta, desnivel, declive, (Venez.) rampla.
ANT.: *Llaneza, ras.*

ramplón
Vulgar, ordinario, pedestre, zafio, chabacano, grosero, tosco, rudo, basto, corriente.
ANT.: *Fino, refinado, distinguido, selecto.*

rancho
1 Hacienda, granja, ganadería, plantación, alquería, propiedad, (Argent.) estancia, (Esp.) cortijo.
2 (Amér.) Choza, cabaña, vivienda rústica, (Méx., Venez.) jacal.
ANT.: *Palacio, mansión.*
3 Campamento, albergue, vivac.
4 Menestra, comida para los soldados o presos.

rancio
1 Añejo, vetusto, antiguo, tradicional.
ANT.: *Nuevo, moderno, novedoso.*
2 (Desp.) Pasado de moda, trasnochado, anacrónico.
ANT.: *Actual, vanguardista.*
3 Rancioso, viejo, añejado [quesos, vino].
ANT.: *Reciente, joven, tierno.*
4 Pasado, fermentado, agriado, picado, estropeado, descompuesto.
ANT.: *Fresco, conservado.*

rango
Nivel, categoría, jerarquía, clase, condición, situación, importancia.

rangoso (Chile)
Generoso, rumboso, espléndido.
ANT.: *Mezquino, escaso.*

ranura
1 Grieta, fisura, hendedura, hendidura, (Méx.) rajadura.
ANT.: *Unión, juntura.*
2 Canal, surco, raja, acanaladura, estría, muesca.
ANT.: *Moldura, relieve.*

rapacidad
Codicia, avaricia, rapiña, rapacería, → rapaz.
ANT.: *Honradez, satisfacción, generosidad.*

rapar
Pelar, rasurar VER.

rapaz
1 Codicioso, ávido, ansioso, ambicioso, voraz.
ANT.: *Satisfecho, generoso.*
2 Ladrón, usurero, saqueador, rapiñero, (fam.) rata.
ANT.: *Honesto, probo, honrado.*
3 Muchacho, mocoso, rapazuelo, niño VER, (Méx.) chamaco, escuincle.

rapidez
Velocidad, presteza, ligereza, agilidad, premura, urgencia, apresuramiento, celeridad, vivacidad, diligencia, dinamismo.
ANT.: *Lentitud, flema, cachaza, pachorra, parsimonia.*

rápido
1 Veloz, ligero, presto, raudo, ágil, acelerado, presuroso, presto, pronto.
ANT.: *Lento, calmoso, parsimonioso, flemático, pachorrudo.*
2 Vertiginoso, súbito, precipitado.
ANT.: *Despacioso, paulatino.*
3 Torrente, rabión, corriente [ríos].
4 (Esp., Venez./fam.) Plano, parejo [terreno].
ANT.: *Escabroso, accidentado.*

rapiña
1 Robo, hurto, pillaje, ratería, latrocinio, saqueo, expoliación.
2 Botín, despojo.

raptar
Secuestrar, retener, recluir.
ANT.: *Liberar, rescatar.*

rapto
1 Secuestro, retención.
ANT.: *Liberación, rescate.*
2 Impulso, arrebato, arranque.
ANT.: *Control.*
3 Arrobamiento, embeleso, éxtasis.

R

raquítico
1 Enclenque, enteco, débil, canijo, encanijado, anémico, esmirriado.
ANT.: *Vigoroso, robusto, fuerte.*
2 (Fig.) Escaso, mezquino, pequeño, mísero, pobre.
ANT.: *Generoso, abundante, opíparo.*

raro
1 Extraordinario, excepcional, original, singular, anómalo, insólito, inusitado, inusual, infrecuente, desacostumbrado.
ANT.: *Frecuente, usual, corriente, acostumbrado.*
2 Extravagante, caprichoso, estrambótico, extraño, peregrino.
ANT.: *Normal, ordinario, vulgar.*
3 Curioso, sorprendente, inaudito, fantástico, (fig.) único.
ANT.: *Común.*
4 (Fig. y fam.) Ideático, maniático.
5 Escaso, disperso, tenue, rarefacto [gases].

rascar
1 Raer, lijar, fregar, restregar, escarbar, rozar, frotar.
2 Arañar, rasguñar.
3 Rascarse, (C. Rica, Venez.) beber, emborracharse.

rasgar
1 Desgarrar, rajar, hender, abrir, romper, deteriorar, despedazar, destrozar, descoser.
ANT.: *Unir, pegar, reparar, arreglar, coser, zurcir.*
2 Rasguear, pulsar, tocar [guitarra].

rasgo
1 Trazo, línea, raya, marca.
2 Cualidad, atributo, carácter, distintivo, propiedad, peculiaridad.
3 Gesto, acción, expresión, heroicidad.
4 Rasgos, facciones, fisonomía, semblante, rostro.

rasguño
Arañazo, zarpazo, uñada, uñazo, raspadura, herida, roce, marca, señal.

raso
1 Liso, plano, llano, nivelado, al ras.
ANT.: *Accidentado, desnivelado, escarpado, abrupto.*
2 Despejado, claro, limpio, desnudo, abierto.
ANT.: *Obstruido, cubierto.*
3 Simple, corriente, sin rango [policía, soldado, marinero].
ANT.: *Oficial, jefe.*

raspar
1 Raer, limar, lijar, rayar, restregar, pulir, desprender.
2 Rozar, arañar, rasguñar.
3 (Fig.) Picar, calar, quemar [licores al beber].
4 Quitar, hurtar, robar.
ANT.: *Devolver, dar.*
5 (Cuba) Maltratar, humillar, despreciar, sobajar.
6 (Venez./fam.) Correr, despedir del empleo.
7 (Venez./fam.) Matar, asesinar.

rastrear
1 Reconocer, explorar, batir, escudriñar, sondear.
ANT.: *Extraviar, perder.*
2 Indagar, averiguar, inquirir, preguntar, interesarse.
ANT.: *Desentenderse.*
3 Perseguir, seguir, buscar.
ANT.: *Hallar, encontrar.*

rastrero
1 Rasante, a ras del suelo [vuelo, desplazamiento].
ANT.: *Alto.*
2 (Fig.) Servil, abyecto, indigno, ruin, innoble, bajo, bajuno, vil, mezquino, (fam.) arrastrado.
ANT.: *Digno, noble, orgulloso.*

rastro
1 Señal, vestigio, huella, marca, pista, pisada, traza, indicio, signo.
2 Matadero, desolladero.

rasurar
Afeitar, rapar, cortar, arreglar, acicalar.

ratería
Hurto, latrocinio, pillería, robo VER.

ratero
1 Caco, pillo, ladrón, delincuente, carterista, (fam.) rata.
ANT.: *Policía, vigilante.*
2 Rastrero, rasante, bajo [vuelo, desplazamiento].
ANT.: *Alto.*

ratificar
Confirmar, corroborar, convalidar, certificar, reafirmar, afirmar, aprobar.
ANT.: *Rechazar, denegar, rectificar.*

rato
Momento, instante, tiempo, lapso, pausa, racha, santiamén, tris.

raudo
Rápido, veloz, → rapidez.

raya
1 Trazo, línea, rasgo, tilde, marca, guión.
2 Lista, estría, surco, perfil, canal.
3 Límite, linde, demarcación, frontera, extremo, fin.

rayar
1 Trazar, marcar, delinear, subrayar, señalar, tachar.
ANT.: *Borrar.*
2 Surcar, estriar, acanalar.
3 Limitar, lindar, confinar.
4 Estropear, deteriorar, rayonear.
ANT.: *Pulir, bruñir.*
5 Alborear, amanecer.
ANT.: *Oscurecer.*
6 (Fig.) Sobresalir, aventajar, descollar, distinguirse, destacar.
ANT.: *Quedarse, rezagarse.*

rayo
1 Centella, chispa, fulgor, destello, meteoro, relámpago, lampo, exhalación.
2 Radio, línea, varilla, barra [de ruedas].
3 (Fig.) Veloz, raudo, rápido.
ANT.: *Lento, pausado.*
4 (Fig.) Ingenioso, vivo, listo, sagaz, águila, lince.
ANT.: *Lerdo, bobo, tonto, asno.*

raza
1 Clase, tipo, género, especie, ralea.
2 Estirpe, linaje, progenie, casta, abolengo, alcurnia, (fig.) sangre.

razón
1 Raciocinio, inteligencia, discernimiento, entendimiento, juicio.
ANT.: *Torpeza, irreflexión, idiotez.*
2 Motivo, móvil, causa, porqué, fundamento.
ANT.: *Consecuencia, resultado.*
3 Prueba, demostración, argumento, explicación.
ANT.: *Sinrazón.*
4 Acierto, tacto, tiento, sensatez, cordura.
ANT.: *Desacierto, insensatez.*
5 Equidad, justicia, rectitud.
ANT.: *Injusticia, inequidad.*

razonable
1 Justo, equitativo, legal, sensato, lógico, (fig.) inteligente.
ANT.: *Injusto, irracional.*
2 Comprensivo, tolerante, benévolo, transigente.
ANT.: *Severo, rígido, intransigente.*
3 Regular, suficiente, bastante, mediano.
ANT.: *Escaso, excesivo.*

razonamiento
1 Razón.
2 Argumentación, explicación, demostración, prueba, deducción.

razonar
1 Raciocinar, pensar, reflexionar, discurrir, analizar, enjuiciar.
ANT.: *Desbarrar, divagar.*
2 Argumentar, exponer, aducir.

reacción
1 Resistencia, oposición.
ANT.: *Pasividad, inercia.*
2 Respuesta, reflejo.
3 Rechazo, rebeldía, intransigencia, antagonismo.
ANT.: *Aceptación, sometimiento.*
4 Conservadurismo, tradicionalismo.
ANT.: *Vanguardia, avanzada.*
5 Transformación, cambio, evolución, modificación.
ANT.: *Inmovilidad, estancamiento.*

reaccionar
1 Responder, activarse, reactivarse, recobrarse.
ANT.: *Decaer, paralizarse, pasmarse, inmovilizarse.*
2 Oponerse, rechazar, resistirse.
ANT.: *Aceptar, admitir, someterse.*
3 Recuperarse, reanimarse, mejorar, volver en sí.
ANT.: *Enfermar, postrarse, desmayarse, desvanecerse.*

reacio
Rebelde, remiso, renuente, reluctante, indisciplinado, testarudo, terco, opuesto, adverso, contrario, remolón.
ANT.: *Obediente, dócil, disciplinado.*

real
1 Verdadero, cierto, auténtico, positivo, innegable, efectivo, verídico.
ANT.: *Irreal, fabuloso, ficticio, aparente, falso.*
2 Material, tangible, existente, sólido.
ANT.: *Inmaterial, intangible, abstracto, imaginario.*
3 Regio, imperial, dinástico, principesco, palaciego, noble.
ANT.: *Plebeyo.*
4 (Fig.) Suntuoso, majestuoso, extraordinario, grandioso, muy bueno.
ANT.: *Pésimo, ridículo.*
5 Campamento, vivac, reales.

realce
1 Relieve, adorno, motivo, decorado, labor.
2 (Fig.) Lustre, esplendor, grandeza, brillo, → realzar.
ANT.: *Mediocridad.*

realeza
1 Soberanía, majestad, dignidad de rey, monarquía.
ANT.: *Plebeyez.*
2 Nobleza, cortesanos.
ANT.: *Plebeyos.*
3 (Fig.) Majestuosidad, esplendor, magnificencia, grandiosidad, boato, lujo.
ANT.: *Sencillez, humildad, austeridad.*

realidad
1 Existencia, materialidad, concreción.
ANT.: *Abstracción, ideal, irrealidad.*
2 Verdad, certidumbre, certeza, autenticidad, efectividad, confirmación.
ANT.: *Fantasía, falsedad, ficción, duda.*

realizar
1 Ejecutar, hacer, llevar a cabo, proceder, efectuar.
ANT.: *Abstenerse, omitir.*
2 Elaborar, construir, formar, crear, desarrollar.
ANT.: *Destruir, destrozar.*
3 Realizarse, desarrollarse, lograr, sentirse satisfecho.
ANT.: *Frustrarse.*
4 (Venez.) Darse cuenta, percatarse.

realzar
1 Levantar, elevar, subir, dar relieve, acentuar.
ANT.: *Bajar, sumir, allanar, alisar.*
2 (Fig.) Engrandecer, encumbrar, alabar, destacar, elogiar, glorificar.
ANT.: *Denigrar, degradar, vituperar.*

reanimar
1 Revitalizar, reconfortar, tonificar, vigorizar, restablecer.
ANT.: *Debilitar, extenuar.*
2 (Fig.) Animar, estimular, alentar.
ANT.: *Desanimar, desalentar.*

reanudar
Reiniciar, continuar, reasumir, proseguir, seguir, renovar, repetir, reaparecer, volver VER, regresar.
ANT.: *Interrumpir, abandonar, cancelar, dejar.*

reaparecer
Retornar, regresar, resurgir, revivir, volver, reanudar VER.
ANT.: *Desaparecer, esfumarse.*

reata
1 Correa, cuerda, cordón, soga, (Méx.) mecate.
2 Recua, mulas, caballerías, yunta, hilera, tropilla.

reavivar
1 Reanimar, revivificar, renovar, reiniciar, resucitar VER.
ANT.: *Morir, acabarse.*
2 Atizar, vigorizar, fortalecer, intensificar, reforzar.
ANT.: *Apagar, debilitar, extinguir.*

rebajar
1 Reducir, bajar, descender, aminorar, disminuir, restar.
ANT.: *Incrementar, aumentar, agregar.*
2 Atenuar, suavizar, debilitar.
ANT.: *Intensificar.*
3 Diluir, aguar [bebidas, sustancias].
ANT.: *Condensar, concentrar.*
4 (Fig.) Humillar, envilecer, escarnecer, menospreciar, despreciar, degradar, ultrajar.
ANT.: *Enaltecer, dignificar, apreciar.*
5 Abaratar, desvalorizar, descontar, liquidar, rematar.
ANT.: *Encarecer, sobrevalorar.*

rebajarse
1 Humillarse, envilecerse, degradarse, sobajarse.
ANT.: *Enaltecerse, ennoblecerse.*
2 (Méx., Venez.) Recortarse el cabello.

rebanada
Tajada, rodaja, lonja, loncha, rueda, trozo, porción, corte, parte.

rebaño
1 Manada, hato, tropilla, tropel, piara, vacada, boyada, caballada, yeguada, borregada.
2 (Fig.) Grey, congregación, fieles.
3 (Fig./desp.) Muchedumbre, masa, multitud, gentío.
ANT.: *Individuo, persona.*

rebasar
1 Exceder, sobrepasar, desbordarse, extralimitarse, superar.
ANT.: *Limitarse, contener.*
2 Adelantar, aventajar, dejar atrás.
ANT.: *Rezagarse, retrasarse.*

rebatir
1 Rechazar, resistir, contrarrestar, oponerse.
ANT.: *Ceder, atacar.*
2 Refutar, impugnar, argüir, argumentar, contradecir.
ANT.: *Secundar, corroborar, confirmar, ratificar.*

rebelarse
1 Resistirse, protestar, indisciplinarse, desobedecer.
ANT.: *Obedecer, disciplinarse.*
2 Sublevarse, alzarse, insurreccionarse, amotinarse, insubordinarse.
ANT.: *Acatar, someterse.*

rebelde
1 Indómito, indócil, indomable, terco, tozudo, reacio, desobediente.
ANT.: *Dócil, manso, sumiso.*
2 Sublevado, insurrecto, insurgente, → rebelarse.
ANT.: *Disciplinado.*
3 Persistente, refractario, tenaz, difícil [enfermedad, mal].

rebeldía
1 Sublevación, rebelión, insurrección, → rebelarse.
ANT.: *Sumisión, sometimiento.*
2 Desobediencia, inobediencia, indisciplina, oposición, pugna, obstinación, contumacia.
ANT.: *Docilidad, obediencia, disciplina, mansedumbre.*

rebelión
Sublevación, revolución, subversión, conjura, conspiración, motín, levantamiento, asonada.
ANT.: *Paz, acatamiento, sometimiento, sumisión.*

rebenque
Látigo, fusta, fuete, azote.

reblandecer
1 Ablandar, suavizar, enternecer, macerar, debilitar, emblandecer.
ANT.: *Endurecer.*
2 (Argent./fig.) Envejecer, chochear, perder el carácter.

reborde
Saliente, resalte, cornisa, remate, moldura, pestaña, rebaba.
ANT.: *Centro, ras.*

rebosante
1 Repleto, desbordante, atiborrado, sobrado, excedido, demasiado lleno.
ANT.: *Vacío, falto, escaso.*
2 (Fig.) Abundante, exuberante, rico.
ANT.: *Pobre, carente.*
3 (Fig.) Pletórico, exultante, invadido, radiante [por emoción, sentimiento].

rebosar
1 Desbordarse, derramarse, salirse, verterse, tirarse.
ANT.: *Contenerse, caber.*
2 (Fig.) Abundar, sobreabundar, exceder, sobrar.
ANT.: *Faltar, escasear.*
3 (Fig.) Exultar, estar invadido, estar a punto de reventar [emoción, sentimiento].

rebotar
1 Saltar, botar, chocar, brincar.
2 Resistir, rechazar.
ANT.: *Absorber, atraer.*
3 (Esp./fam.) Conturbar, alterar, disgustar, sacar de quicio.
ANT.: *Calmar, tranquilizar.*
4 (Argent., Méx., Venez.) Rechazar, devolver [cheques].

rebozar
1 Embozar, cubrir, tapar el rostro, enmascarar.
ANT.: *Descubrir, mostrar.*
2 Arrebozar, empanar, bañar, (Amér. C., Méx.) empanizar, (Méx.) capear*.
3 (Fig.) Esconder, disimular, fingir.
ANT.: *Demostrar, sincerarse.*
*Tb. significa: (Guat.) Pintar novillos, irse de pinta.

rebozo
1 Chal, mantilla, (Esp.) rebocillo, rebociño.
2 Embozo, enmascaramiento.
3 (Fig.) Fingimiento, pretexto, simulación.

rebuscado
1 Artificial, afectado, amanerado, artificioso, simulado, ficticio.
ANT.: *Directo, natural.*
2 Complicado, enredado, difícil, confuso, retorcido, oscuro.
ANT.: *Sencillo, claro, fácil.*

rebuscar
1 Escudriñar, escrutar, investigar, husmear, buscar, explorar, sondear, examinar.
ANT.: *Encontrar, hallar, descubrir.*
2 **rebuscarse** (Venez./fam.) Ingeniárselas, conseguir, lograr.
3 **rebuscársela** (Argent., Chile, Par.) Sortear, enfrentar dificultades.

recadero
Mandadero, ordenanza, mozo, recadista, enviado, mensajero, propio, botones.

recado
1 Mensaje, aviso, comunicación, anuncio, encargo, encomienda.
2 Nota, misiva, carta, esquela.

R

3 Provisión, bastimento, compra, (Méx.) mandado.
4 (Argent., Urug.) Apero, silla de montar, montura.
5 (Nicar.) Picadillo, relleno.

recaer
1 Empeorar, agravarse, desmejorar.
ANT.: *Mejorar, establecerse, sanar.*
2 Reincidir, repetir, reiterar, incurrir, insistir, persistir.
ANT.: *Corregirse, abandonar, dejar.*
3 Incidir, caer en, resultar.
4 Versar, tratar [conferencia, conversación].

recalcitrante
1 Obstinado, contumaz, pertinaz, empecinado, reacio, terco VER.
ANT.: *Flexible, voluble.*
2 Reincidente, impenitente, irredento, protervo, indisciplinado.
ANT.: *Disciplinado.*

recámara (Amér.)
Habitación, alcoba, dormitorio, (fam.) cuarto.

recambio
1 Remuda, sustitución, reposición.
2 Repuesto, refacción, pieza, parte.

recapacitar
Reflexionar, considerar, reconsiderar, recapitular, pensar, meditar, sosegarse, arrepentirse.
ANT.: *Reincidir, arrebatarse.*

recapitular
Resumir, recordar, repasar, sintetizar, compendiar, revisar, rememorar, repetir.
ANT.: *Ampliar, borrar, olvidar.*

recargado
Sobrecargado, profuso, barroco, excesivo, exagerado, abigarrado.
ANT.: *Sencillo, sobrio, austero.*

recargar
1 Aumentar, encarecer, subir, elevar, gravar, cargar.
ANT.: *Rebajar, disminuir, abaratar.*
2 Sobrecargar, llenar, atiborrar, rebosar.
ANT.: *Vaciar, aligerar.*
3 Emperifollar, abigarrar, adornar con exceso.
ANT.: *Desnudar, despojar, depurar.*
4 **recargarse** (Méx./fam.) Apoyarse, inclinarse, recostarse.

recatado
1 Discreto, decoroso, prudente, reservado, circunspecto, modesto.
ANT.: *Imprudente, jactancioso, fanfarrón, indiscreto.*
2 Honesto, púdico, pudoroso, casto.
ANT.: *Impúdico, descarado, obsceno.*

recato
1 Discreción, decoro, decencia, modestia, ➔ recatado.
ANT.: *Impertinencia, indiscreción.*
2 Reserva, cautela, prudencia.
ANT.: *Imprudencia.*
3 Honestidad, pudor, castidad.
ANT.: *Descaro, impudor, obscenidad.*

recaudar
1 Cobrar, recolectar, percibir, recibir, ingresar, reunir.
ANT.: *Pagar, entregar, desembolsar.*
2 Guardar, asegurar, custodiar, resguardar.
ANT.: *Exponer, arriesgar.*

recelar
Desconfiar, sospechar, maliciar, ➔ recelo.
ANT.: *Confiar, creer.*

recelo
Desconfianza, sospecha, resquemor, suspicacia, barrunto, suposición, conjetura, duda, temor.
ANT.: *Confianza, fe, certidumbre.*

recepción
1 Bienvenida, recibimiento, acogida.
ANT.: *Despedida, adiós.*
2 Admisión, aceptación, entrada, ingreso.
ANT.: *Expulsión.*
3 Reunión, convite, velada, gala, homenaje, celebración, fiesta, festejo.

recesión
Depresión, retroceso, descenso, disminución, reducción, mengua.
ANT.: *Auge, aumento, incremento, avance.*

receso
1 Interrupción, desvío, apartamiento.
2 (Amér.) Descanso, cese de actividades, vacación.
ANT.: *Actividad.*

receta
1 Prescripción, nota, fórmula, (ant.) récipe.
2 Modo, procedimiento, manera, sistema.

recetar
1 Prescribir, aconsejar, mandar, recomendar.
2 (C. Rica) Reprender, regañar.
ANT.: *Alabar, felicitar.*

rechazar
1 Oponerse, resistir, repeler.
ANT.: *Atraer, absorber.*
2 Denegar, desechar, negar, despreciar, desairar, rehusar.
ANT.: *Aprobar, aceptar.*

rechifla
1 Burla, pitorreo, mofa, chunga, (Esp.) cachondeo.
ANT.: *Gravedad, seriedad.*
2 Abuchear, silbar, pitar.
ANT.: *Aplaudir, ovacionar.*

rechinar
1 Chirriar, chillar, crujir, crepitar, rozar, gruñir, (fig.) gemir.
2 (Fig.) Refunfuñar, rabiar.
3 rechinarse (C. Rica) Recalentarse [café].

rechoncho
Regordete, rollizo, orondo, grueso, obeso, tripón, achaparrado, gordinflón, (fam.) relleno.
ANT.: *Delgado, flaco, larguirucho.*

recibidor
Antesala, antecámara, vestíbulo, estancia, recibimiento, (Venez.) recibo.

recibir
1 Tomar, coger, recoger.
ANT.: *Dar, enviar.*
2 Cobrar, percibir, ganar.
ANT.: *Pagar.*
3 Acoger, albergar, hospedar.
4 Admitir, aceptar, adoptar, aprobar.
ANT.: *Rechazar, rehusar.*
5 Recepcionar, dar la bienvenida, salir al encuentro.
ANT.: *Despedir.*

recibo
1 Recibimiento, recepción.
ANT.: *Despedida.*
2 Antesala, vestíbulo, recibidor.
3 Resguardo, acuse, garantía, comprobante, vale, documento.

reciclar
Regenerar, reconvertir, recuperar, rehacer.
ANT.: *Destruir, desechar.*

reciedumbre
Vigor, entereza, → recio.
ANT.: *Debilidad.*

reciente
Nuevo, flamante, actual, fresco, naciente, moderno.
ANT.: *Antiguo, rancio, pasado, viejo.*

recinto
Estancia, local, ambiente, ámbito, espacio, aposento, habitación.

recio
1 Vigoroso, fuerte, poderoso, firme, corpulento.
ANT.: *Débil, enclenque, endeble.*
2 Animoso, vital, enérgico, entero.
ANT.: *Pusilánime.*
3 Grueso, abultado, correoso.
ANT.: *Delgado, flexible.*
4 Intenso, duro, violento, impetuoso.
ANT.: *Suave, leve.*
5 Riguroso, extremoso, crudo [tiempo, fenómenos meteorológicos].
ANT.: *Benigno, templado.*
6 (Cuba) Sonado, tremendo [asunto, situación, etc.].

recipiente
1 Vasija, vaso, cacharro, pote, olla, bote, receptáculo.
2 Receptor, recibidor.
ANT.: *Dador, oferente.*

recíproco
Mutuo, bilateral, equitativo, correspondiente, correlativo, relacionado.
ANT.: *Unilateral, ventajoso.*

recitar
Declamar, entonar, cantar, decir.

reclamar
1 Demandar, exigir, solicitar, pedir, requerir.
ANT.: *Conceder, aprobar.*
2 Protestar, quejarse, reivindicar.
ANT.: *Conformarse.*
3 Reprochar, echar en cara.

reclinar
1 Apoyar, inclinar, ladear, sostener.
ANT.: *Enderezar, alzar.*
2 reclinarse Recostarse, descansar.
ANT.: *Erguirse, pararse.*

recluir
Encerrar, enclaustrar, confinar, encarcelar, aprisionar, internar.
ANT.: *Soltar, liberar.*

reclusión
1 Encierro, confinamiento, aislamiento, encerramiento, enclaustramiento.
ANT.: *Libertad, liberación.*
2 Prisión, claustro.

recluso
Preso, presidiario, prisionero, penado, reo, cautivo.
ANT.: *Libre, liberado.*

recluta
1 Reclutamiento, leva, alistamiento, enrolamiento.
ANT.: *Licencia.*
2 Alistado, enrolado, enganchado, soldado, conscripto, novato, militar, (Esp.) quinto.
reclutar
Alistar, enrolar, enganchar, levar, incorporar, inscribir.
ANT.: *Licenciar.*
recobrar
1 Reconquistar, rescatar, restablecer, reparar, resarcirse, readquirir, recuperar VER.
ANT.: *Perder, dejar, abandonar, extraviar.*
2 **recobrarse** Restablecerse, reanimarse, mejorar, sanar.
ANT.: *Agravarse, empeorar, enfermar.*
recodo
Curva, vuelta, revuelta, esquina, ángulo, desviación, recoveco.
ANT.: *Recta.*
recoger
1 Coger, tomar.
ANT.: *Dejar.*
2 Levantar, alzar, ordenar.
ANT.: *Tirar, desparramar.*
3 Cosechar, recolectar.
ANT.: *Sembrar.*
4 Amontonar, aglomerar, acumular, reunir, almacenar, agrupar.
ANT.: *Dispersar, esparcir.*
5 Asilar, acoger, amparar, albergar, guardar, encerrar.
ANT.: *Echar, expulsar.*
6 Ceñir, estrechar, ajustar, reducir [ropa].
ANT.: *Ampliar, ensanchar, aumentar.*
7 Doblar, plegar, enrollar, encoger [velas de barco, cortinas].
ANT.: *Desplegar.*
8 (C. Rica) Reprender, castigar.
recogerse
1 Aislarse, encerrarse, abstraerse [en sí mismo], apartarse.
ANT.: *Convivir, alternar, comunicarse.*
2 Recluirse, confinarse, enclaustrarse [en habitación].
ANT.: *Salir.*
3 Retirarse a descansar.
recogido
1 Recluido, retraído, encerrado, apartado, retirado, alejado.
ANT.: *Comunicado.*
2 Acogedor, pequeño, reducido, ordenado [cuarto, vivienda].
ANT.: *Desordenado, inhóspito.*
3 (Argent., Méx., Venez.) Entenado, huérfano asilado por una familia.
recolección
Cosecha, recaudación, → recolectar.
recolectar
1 Cosechar, recoger.
ANT.: *Sembrar.*
2 Reunir, agrupar, acumular, almacenar.
ANT.: *Dispersar, esparcir.*
3 Recaudar, juntar, sumar.
ANT.: *Erogar, desembolsar.*
recomendación
1 Encargo, encomienda, comisión.
2 Consejo, indicación, orientación, advertencia.
ANT.: *Desorientación, engaño.*
3 Elogio, alabanza, presentación, (fam.) palanca, enchufe.
ANT.: *Descrédito, vituperio, bloqueo.*
recomendar
1 Exhortar, sugerir, invitar, pedir, encargar, rogar.
2 Avisar, advertir, indicar, orientar, aconsejar.
ANT.: *Desorientar, engañar.*
3 Favorecer, ayudar, elogiar, proteger.
ANT.: *Obstaculizar, desacreditar.*
recompensar
1 Premiar, galardonar, homenajear.
ANT.: *Denigrar.*
2 Retribuir, remunerar, compensar, gratificar.
ANT.: *Despojar.*
reconciliar
1 Conciliar, interceder, mediar, apaciguar, pacificar, reunir.
ANT.: *Separar, meter cizaña, enzarzar, enemistar.*
2 **reconciliarse** Amigarse, hacer las paces, aliarse, restablecer, volver.
ANT.: *Enemistarse, distanciarse.*
reconcomerse
Inquietarse, agitarse, impacientarse, (fig.) consumirse.
ANT.: *Serenarse, calmarse.*
reconcomio
1 Picazón, prurito, molestia, comezón, desazón.
ANT.: *Alivio, bienestar.*
2 (Fam.) Afán, deseo, ansia.
ANT.: *Inapetencia.*

3 (Fig.) Inquietud, agitación, intranquilidad, suspicacia, recelo, sospecha, impaciencia.
ANT.: *Tranquilidad, confianza, certidumbre, sosiego.*

recóndito
Oculto, escondido, reservado, incomprensible, incognoscible, secreto, hondo, profundo, apartado.
ANT.: *Evidente, patente, claro, comprensible, manifiesto.*

reconocer
1 Distinguir, identificar, conocer.
ANT.: *Desconocer.*
2 Observar, examinar, explorar, investigar, escrutar, estudiar, sondear.
ANT.: *Omitir, desentenderse.*
3 Admitir, aceptar, conceder, confesar.
ANT.: *Negar.*
4 Agradecer, considerar.
ANT.: *Olvidar.*

reconquistar
Recobrar, recuperar, reocupar, rescatar, redimir, liberar, libertar.
ANT.: *Perder.*

reconstruir
1 Reedificar, restaurar, reparar, arreglar, restablecer, reanudar.
ANT.: *Derribar, demoler, destruir.*
2 Rehacer, repetir, reproducir, recrear [hechos, situaciones].

reconvenir
Censurar, reprender, amonestar, reñir, reprochar, (fig.) sermonear.
ANT.: *Elogiar, felicitar.*

reconversión
1 Transformación, reestructuración, reconstitución, reforma, cambio, adaptación.
ANT.: *Anquilosamiento.*
2 Modernización, actualización, tecnologización [industria].
ANT.: *Estancamiento, rezago.*

recopilación
1 Compilación, colección, selección, recolección, suma.
ANT.: *Dispersión.*
2 Antología, miscelánea [literatura, etc.].
3 Resumen, compendio.

recopilar
Seleccionar, extractar, coleccionar, compilar, reunir, resumir, compendiar.
ANT.: *Dispersar, separar.*

récord
1 Marca, límite.
2 Resultado, logro, hazaña, triunfo.

recordar
1 Rememorar, acordarse, evocar, reconstruir, resucitar, revivir.
ANT.: *Olvidar, desechar.*
2 Parecer, parecerse, semejar, ser similar [una persona o cosa a otra].
ANT.: *Diferenciarse.*
3 recordarse (C. Rica, Méx.) Despertarse.

recorrer
1 Transitar, andar, deambular, venir, pasar, ir, caminar, atravesar, visitar, peregrinar.
ANT.: *Detenerse, parar.*
2 Registrar, explorar, examinar, mirar, curiosear.
3 Repasar, ojear, leer superficialmente, echar una mirada.
4 (Amér.) Deslizar, desplazar, correr, mover.

recorrido
1 Ruta, camino, marcha, itinerario, trayecto, curso, viaje, jornada, tránsito.
ANT.: *Permanencia, parada.*
2 Repaso, reparación, compostura, cosido, arreglo.

recortar
1 Podar, rebajar, cercenar, truncar, segar.
2 Cortar, partir, limitar, ajustar, reducir.
ANT.: *Aumentar.*
3 Señalar, perfilar, destacar, marcar, dibujar, contornear [pintura].
ANT.: *Difuminar, esfumar.*
4 (Méx./fam.) Criticar, hablar mal de alguien.

recoveco
1 Vuelta, desviación, recodo VER.
ANT.: *Recta.*
2 Rincón, escondrijo.
3 (Fig.) Rodeo, argucia, evasiva.

recreo
Distracción, entretenimiento, diversión, regodeo, esparcimiento, juego.
ANT.: *Aburrimiento, tedio.*

recriminar
1 Acusar, culpar, responder a una acusación con otra.
ANT.: *Exculpar, disculpar.*
2 Censurar, reprobar, reprender, increpar, reprochar, regañar, reñir, amonestar.
ANT.: *Aprobar, elogiar.*

rectificar
1 Enderezar, alinear.
ANT.: *Torcer, curvar.*

2 Modificar, corregir, enmendar, arreglar, revisar, reformar.

recto

1 Derecho, rectilíneo, liso, tieso, plano, directo.

ANT.: *Sinuoso, curvo, ondulado, quebrado.*

2 Íntegro, justo, imparcial, justiciero, incorruptible, ecuánime.

ANT.: *Injusto, parcial, corrupto.*

3 (Fig.) Rígido, severo, firme.

ANT.: *Benévolo, tolerante, blando.*

recubrir

Revestir, forrar, tapizar, bañar, abrigar, tapar, cubrir, resguardar.

ANT.: *Descubrir.*

recuerdo

Reminiscencia, memoria, remembranza, evocación, repaso.

ANT.: *Olvido.*

recular

1 Retroceder, retirarse, retraerse.

ANT.: *Avanzar, adelantarse.*

2 Cejar, ceder, flaquear.

ANT.: *Obstinarse, sostener.*

recuperar

1 Rescatar, redimir, restaurar, reconquistar, recobrar VER.

ANT.: *Perder.*

2 recuperarse Mejorar, convalecer, reponerse, aliviarse, sanar.

ANT.: *Agravarse, empeorar.*

recurrir

1 Emplear, utilizar, servirse de.

ANT.: *Prescindir, dejar.*

2 Apelar, reclamar, suplicar, acogerse, pretender, litigar, pleitear.

ANT.: *Abandonar, ceder.*

3 Reaparecer, repetirse [situación, enfermedad].

recurso

1 Medio, modo, manera, táctica, opción.

2 Expediente, escrito, solicitud, petición, memorial, procedimiento.

3 recursos Bienes, fondos, medios, fortuna, capital, caudales.

ANT.: *Indigencia.*

red

1 Malla, retícula, redecilla, trama, urdimbre, tejido.

2 Aparejo, nasa, redaya, traína, jabega, almadraba.

3 (Fig.) Trampa, lazo, asechanza, ardid, celada.

4 (Fig.) Organización, cadena, distribución.

redactar

Escribir, componer, concebir, expresar.

redención

1 Salvación, liberación, rescate, libertad, emancipación, manumisión.

ANT.: *Esclavitud, dependencia, condena.*

2 (Fig.) Recurso, refugio, amparo, remedio.

ANT.: *Perdición.*

redentor

1 Salvador, emancipador, libertador.

ANT.: *Tirano, opresor.*

2 El Redentor Jesucristo VER.

redimir

1 Salvar, rescatar, liberar, → redención.

ANT.: *Esclavizar, oprimir.*

2 Eximir, licenciar, exonerar.

ANT.: *Obligar.*

3 Extinguir, cancelar, liquidar [deudas].

redoma

1 Frasco, matraz, ampolla, garrafa, damajuana.

2 (Venez.) Quiosco, pabellón.

3 (Venez.) Glorieta.

redomado

1 Astuto, ladino, sagaz, taimado, cauteloso, (fam.) mañoso.

ANT.: *Ingenuo, candoroso.*

2 Consumado, protervo, contumaz, impenitente.

ANT.: *Arrepentido.*

redondo

1 Circular, esférico, anular, curvo, elíptico, cilíndrico, discoidal, globular.

ANT.: *Cuadrado, recto, lineal, anguloso.*

2 (Fig.) Claro, rotundo, categórico, indubitable, diáfano.

ANT.: *Dudoso.*

3 (Fig.) Completo, acabado, logrado, perfecto.

ANT.: *Imperfecto.*

reducción

1 Disminución, rebaja, baja, decrecimiento, mengua, merma.

ANT.: *Incremento, aumento, proliferación, abundancia.*

2 Menoscabo, debilitamiento.

ANT.: *Fortalecimiento.*

3 Compendio, síntesis, resumen.

ANT.: *Ampliación, glosa.*

reducir

1 Disminuir, aminorar, menguar, rebajar, bajar, mermar.

ANT.: *Aumentar, incrementar.*

2 Limitar, circunscribir, abreviar, resumir.
ANT.: *Ampliar, extender.*
3 Empequeñecer, contraer, achicar, acortar.
ANT.: *Agrandar, ensanchar.*
4 Menoscabar, debilitar.
ANT.: *Fortalecer.*

redundancia
1 Demasía, exceso, sobra, plétora, copia.
ANT.: *Escasez, falta.*
2 Repetición, iteración, reiteración.
ANT.: *Concisión, parquedad.*

reembolsar
Devolver, reintegrar, compensar, restituir, rembolsar, reponer, indemnizar.
ANT.: *Retener, apropiarse.*

reemplazante
Sustituto, suplente, interino, → reemplazar.

reemplazar
Sustituir, suplir, relevar, cambiar, suceder.
ANT.: *Mantener, conservar.*

refacción
1 Colación, refrigerio, bocadillo, piscolabis.
2 Reparación, arreglo, remodelación.
ANT.: *Estropicio, deterioro.*
3 (Colomb., Méx.) Parte, pieza de recambio.
4 (Cuba) Préstamo, crédito [sobre todo el hecho a agricultores].

referencia
1 Relación, narración, relato, crónica.
2 Semejanza, correlación, relación, proporción, dependencia.
ANT.: *Independencia.*
3 Alusión, nota, cita, remisión, observación, advertencia, comentario.
4 **referencias** Informes, recomendación, certificado, datos.

referéndum
Elección, votación, referendo, plebiscito, consulta.

referir
1 Relatar, narrar, reseñar, contar, explicar, detallar, exponer.
ANT.: *Omitir, callar.*
2 Vincular, relacionar, ligar, conectar, enlazar, concatenar.
ANT.: *Desvincular, desconectar, separar.*
3 Enviar, remitir [en un texto].
4 **referirse** Aludir, mencionar, citar.

refinado
1 Depurado, purificado, alambicado, puro.
ANT.: *Mezclado, impuro.*
2 Delicado, primoroso, exquisito, perfeccionado.
ANT.: *Tosco, basto, ramplón.*
3 (Fig.) Distinguido, fino, elegante, culto, sensual.
ANT.: *Vulgar, ordinario.*

refinar
1 Depurar, limpiar, purgar, expurgar, alambicar, purificar, lavar, mejorar, filtrar, tamizar.
ANT.: *Contaminar, ensuciar, mezclar.*
2 (Fig.) Perfeccionar, acrisolar, acendrar.
3 **refinarse** (Fig.) Educarse, pulirse.
ANT.: *Vulgarizarse.*

reflejar
1 Reflectar, reverberar, rebotar, repercutir.
ANT.: *Absorber.*
2 (Fig.) Revelar, plasmar, mostrar, manifestar.
ANT.: *Ocultar, disimular.*

reflejo
1 Reverbero, reverberación, espejeo, viso, destello, brillo, fulgor.
2 Repercusión, eco.
3 (Fig.) Imagen, expresión, manifestación.
4 Reacción, respuesta.
5 Automático, instintivo, involuntario, maquinal [movimiento corporal].
ANT.: *Deliberado, voluntario.*

reflexión
1 Cavilación, recapacitación, examen, consideración, cálculo, cogitación, meditación.
ANT.: *Irreflexión, arrebato.*
2 Consejo, advertencia, sugerencia.

reflexionar
Considerar, meditar, cavilar, pensar, cogitar, examinar, recapacitar, repasar, rumiar, especular, discurrir.
ANT.: *Despreocuparse, precipitarse, improvisar.*

reformar
Renovar, modificar, cambiar, transformar, restablecer, rectificar, enmendar, rehacer, corregir, perfeccionar.
ANT.: *Mantener, conservar.*

reforzar
1 Fortalecer, engrosar, apuntalar, espesar, consolidar [construcciones, muebles, etc.].
ANT.: *Rebajar, disminuir, menguar.*
2 Robustecer, fortificar, vigorizar [voluntad, intención].
ANT.: *Debilitar, menoscabar.*

refrán
Dicho, proverbio, adagio, sentencia, máxima.

refrenar
Contener, moderar, reprimir, detener, sujetar, sofrenar, reducir, parar.
ANT.: *Incitar, excitar, impeler, estimular.*

refrescar
1 Enfriar, atemperar, templar, refrigerar, ventilar.
ANT.: *Calentar, caldear, entibiar.*
2 (Fig.) Moderar, mitigar, calmar.
ANT.: *Exacerbar.*
3 Renovar, recordar, reiniciar, reavivar, revivir.
ANT.: *Olvidar, cancelar.*

refresco
1 Bebida, soda, gaseosa.
2 Refrigerio, colación.

refriega
Riña, escaramuza, encuentro, altercado, lucha, reyerta, pendencia, contienda, zipizape.
ANT.: *Armonía, paz.*

refrigerio
Tentempié, piscolabis, refacción, colación, aperitivo, bocadillo, refresco.

refuerzo
1 Reforzamiento, fortalecimiento, apuntalamiento.
ANT.: *Debilitamiento, menoscabo.*
2 Puntal, sostén, apoyo, soporte, traba, trabe, viga, contrafuerte.
3 Asistencia, colaboración, ayuda, auxilio, socorro.
ANT.: *Rémora, estorbo.*

refugiar
Amparar, cobijar, acoger, abrigar, asilar, albergar, asistir, socorrer, resguardar.
ANT.: *Desamparar, abandonar.*

refugiarse
Cobijarse, resguardarse, abrigarse, albergarse, acogerse, arrimarse, ocultarse, esconderse.
ANT.: *Exponerse, arriesgarse.*

refugio
1 Cobijo, abrigo, → refugiar.
2 Albergue, alojamiento, guarida, escondite.
3 Hospitalidad, asilo, acogida, amparo.
ANT.: *Desprotección.*

refulgente
Radiante, brillante, fulgurante, resplandeciente VER.
ANT.: *Opaco, apagado.*

refulgir
Fulgurar, lucir, relumbrar, centellear, resplandecer VER.
ANT.: *Apagarse, extinguirse.*

refunfuñar
Rezongar, renegar, protestar, gruñir, bufar, murmurar, mascullar, hablar entre dientes.

regalar
1 Obsequiar, dar, donar, entregar, ofrecer, dispensar, gratificar.
ANT.: *Recibir, pedir, vender.*
2 Complacer, agradar, deleitar, recrear, alegrar.
ANT.: *Aburrir, molestar.*
3 Festejar, agasajar, halagar, lisonjear.
ANT.: *Despreciar, insultar.*

regalo
1 Obsequio, presente, donativo, gratificación, propina, aguinaldo, ofrenda, óbolo.
2 Gusto, complacencia, placer, comodidad, bienestar.
ANT.: *Molestia, disgusto.*
3 Fineza, cortesía, halago, lisonja.
ANT.: *Desprecio, insulto.*
4 (Fig.) Ganga, conveniencia.

regañar
1 Reñir, reprender, criticar, amonestar, reconvenir, increpar, sermonear.
ANT.: *Elogiar, alabar, aplaudir.*
2 Disputar, enfadarse, enemistarse, enojarse, pelear, romper, separarse.
ANT.: *Amigarse, reconciliarse.*

regar
1 Irrigar, rociar, mojar, remojar, empapar, asperjar, humedecer, bañar, impregnar.
ANT.: *Secar, absorber.*
2 (Fig.) Desparramar, esparcir, tirar, verter, salpicar, derramar.
ANT.: *Recoger, enjugar.*
3 **regarla** (Méx./fam.) Pifiar, equivocarse, errar.

regenerar
1 Rehabilitar, restablecer, reconstituir, reconstruir, recuperar.
ANT.: *Deteriorar, dañar.*
2 Reeducar, enmendar, corregir, reivindicar.
ANT.: *Descarriar, pervertir.*
3 Reciclar, tratar, reutilizar.
ANT.: *Desechar.*

régimen
1 Sistema, orden, norma, regla, método, modo, política, procedimiento, plan.
2 Gobierno, administración, gestión, dirección.
3 Dieta, tratamiento, cura.

regio
1 Real, imperial, palaciego, principesco.
ANT.: *Plebeyo.*
2 (Fig.) Suntuoso, grandioso, majestuoso, espléndido, soberbio, fastuoso, ostentoso.
ANT.: *Humilde, sencillo, modesto.*

región
1 Territorio, zona, comarca, demarcación, término, provincia, país, tierra.
2 (Fig.) Espacio, inmensidad.
3 Parte, porción [de un cuerpo animal].

regir
1 Dirigir, mandar, gobernar, guiar, liderear, encabezar.
ANT.: *Someterse, acatar, obedecer.*
2 Regentar, administrar, llevar.
3 (Fig.) Defecar, funcionar el intestino, excretar.
ANT.: *Estreñirse, constiparse.*

registrar
1 Examinar, inspeccionar, reconocer, investigar, rebuscar, revolver, cachear, esculcar.
2 Inscribir, alistar, enrolar, matricular, empadronar, dar de alta.
ANT.: *Anular, borrar, dar de baja.*
3 Anotar, consignar, escribir, grabar, transcribir.
ANT.: *Borrar.*
4 Marcar, medir, controlar.

registro
1 Examen, exploración, inspección, reconocimiento.
2 Cacheo, (Colomb., Méx.) esculco.
3 Marca, señal, índice.
4 Relación, lista, padrón, censo, matrícula.

regla
1 Mandato, precepto, código, orden, guía, pauta, ley, reglamento VER.
2 (Fig.) Menstruación, período.

reglamentario
Normalizado, admitido, legal, legalizado, lícito, protocolario, regular.
ANT.: *Irregular, ilegal, anómalo.*

reglamento
Código, ley, norma, ordenanza, estatuto, precepto, mandato, regla VER.

regocijo
1 Alborozo, júbilo, contento, gozo, alegría, animación, jovialidad, entusiasmo, risa.
ANT.: *Tristeza, decaimiento.*
2 Celebración, jolgorio, diversión, fiesta.
ANT.: *Duelo.*

regordete
Rollizo, grueso, rechoncho VER.
ANT.: *Delgado, esbelto.*

regresar
1 Retornar, tornar, volver, retroceder.
ANT.: *Alejarse, partir.*
2 Reanudar, reiniciar.
ANT.: *Dejar, abandonar.*
3 (Amér.) Devolver, entregar.
ANT.: *Quitar, prestar.*

regular
1 Normal, estable, usual, sistemático, uniforme, exacto, corriente.
ANT.: *Desusado, inusual, anómalo, irregular.*
2 Mediano, moderado, ordinario, intermedio, mediocre, razonable, suficiente.
ANT.: *Malo, bueno, extraordinario.*
3 Reglamentar, legislar, preceptuar, ordenar, estatuir, regularizar, sistematizar.
ANT.: *Desordenar.*
4 Reglamentado, legal, reglado, regulado.
ANT.: *Ilegal, clandestino.*

rehabilitar
1 Reponer, reconstruir, restituir, restaurar, reparar, rehacer.
ANT.: *Destruir, desechar.*
2 Reivindicar, redimir, rescatar, salvar.
ANT.: *Descarriar, denigrar.*

rehacer
1 Reparar, reformar, restaurar, reedificar, reconstruir, restablecer, rehabilitar VER.
ANT.: *Conservar, destruir.*

2 **rehacerse** Recuperarse, recobrarse, reforzarse, serenarse, sosegarse.
ANT.: *Inquietarse, desasosegarse, turbarse.*

rehén
1 Prisionero, secuestrado, raptado, retenido.
2 Prenda, fianza, garantía, (Chile) pie.

rehuir
1 Evitar, eludir, soslayar, esquivar, sortear, apartar, rehusar VER.
ANT.: *Encararse, afrontar.*
2 Aislarse, encerrarse, apartarse.
ANT.: *Convivir, alternar, tratar.*

rehusar
1 Evadir, declinar, excusar, evitar, rehuir VER.
ANT.: *Aceptar, asumir.*
2 Rechazar, desdeñar, repudiar, objetar, negar, menospreciar.
ANT.: *Admitir, tomar.*

reina
Soberana, gobernante, → rey.

reinado
Dominio, predominio, régimen, gobierno, reino VER.

reinar
1 Dominar, mandar, gobernar, regentar, imperar, dirigir.
2 (Fig.) Predominar, prevalecer, haber.
ANT.: *Faltar.*

reincidente
Relapso, rebelde, contumaz, obstinado, indisciplinado, protervo.
ANT.: *Novato, escarmentado, arrepentido.*

reincidir
Recaer, repetir, reanudar, insistir, incurrir, reiterar, obstinarse, volver a las andadas.
ANT.: *Desistir, escarmentar, arrepentirse.*

reino
1 Soberanía, dominio, imperio, reinado, mando, dinastía, territorio, país, nación.
2 (Fig.) Campo, rama, ámbito, terreno, espacio.

reintegrar
1 Restituir, devolver, regresar, reponer.
ANT.: *Despojar, quitar.*
2 Recomponer, reconstruir, rehacer, restablecer.
ANT.: *Conservar, destruir.*
3 **reintegrarse** Reincorporarse, reingresar.
ANT.: *Retirarse, abandonar.*

reír
Carcajear, desternillarse, reventar, estallar, celebrar, gozar, bromear, burlarse, mofarse.
ANT.: *Llorar, gemir.*

reiterar
Insistir, iterar, repetir VER.

reivindicar
Reclamar, demandar, exigir, vindicar, pedir, reclamar VER.

reja
Verja, enrejado, cancela, barrotes.

rejuvenecer
1 Renovar, vivificar, vigorizar, tonificar, revivir, reanimar, refrescar.
ANT.: *Envejecer, debilitar.*
2 (Fig.) Remozar, modernizar, reformar, arreglar, restaurar.
ANT.: *Deteriorar, maltratar.*

relación
1 Conexión, concordancia, correspondencia, analogía, dependencia, reciprocidad.
ANT.: *Independencia, individualidad.*
2 Roce, trato, familiaridad, vínculo, lazo, amistad, intimidad.
ANT.: *Desvinculación, enemistad.*

relacionar
1 Vincular, conectar, concordar, → relación.
ANT.: *Desvincular, desconectar.*
2 Enlistar, enumerar, contabilizar.
3 Narrar, relatar, contar, describir.
4 **relacionarse** Tratar, alternar, codearse.
ANT.: *Aislarse.*

relajar
1 Distender, destensar, aflojar, soltar, laxar.
ANT.: *Tensar, apretar, agarrotar.*
2 Calmar, aliviar, suavizar, mitigar, tranquilizar, atenuar.
3 **relajarse** (Fig.) Descansar, distraerse, esparcirse, reposar.
ANT.: *Agobiar, fatigar, reventar.*

relajarse
1 Herniarse, quebrarse.
2 (Fig.) Enviciarse, viciarse, depravarse.
ANT.: *Rehabilitarse.*
3 (Fig.) Destensarse, descansar, reposar.
ANT.: *Fatigarse, agobiarse.*

relajo
1 Desorden, batahola, barullo, alboroto, barahúnda, indisciplina, griterío.
ANT.: *Orden, calma.*
2 Laxitud, negligencia, descuido, desinterés, holganza.
ANT.: *Observación, diligencia.*

3 Libertinaje, desenfreno, depravación, degradación.
ANT.: *Templanza, moderación.*
4 (Cuba) Burla, mofa, chunga, choteo.

relámpago
1 Centella, chispazo, destello, resplandor, fucilazo, fulgor, descarga, rayo.
ANT.: *Oscuridad.*
2 (Fig.) Exhalación, bólido.

relatar
Narrar, contar, referir, describir, reseñar, detallar, escribir, expresar, explicar, decir.

relativo
1 Concerniente, relacionado, alusivo, referente, perteneciente, tocante.
ANT.: *Ajeno, extraño, no pertinente.*
2 Condicionado, accidental, incidental, indefinido, indeterminado.
ANT.: *Absoluto, total.*
3 Limitado, poco, parcial.
ANT.: *Absoluto.*
4 Proporcional, comparativo.

relato
1 Narración, informe, descripción, exposición, reseña, pormenor.
2 Escrito, cuento, fábula.

relegar
1 Rechazar, postergar, desplazar, apartar, arrinconar, repudiar, desechar.
ANT.: *Aceptar, admitir, integrar.*
2 Desterrar, expulsar, expatriar.
ANT.: *Acoger, recibir, repatriar.*

relevar
1 Resaltar, acentuar, subrayar, abultar.
ANT.: *Aplanar, alisar, disimular.*
2 (Fig.) Engrandecer, ponderar, exaltar, alabar, ensalzar.
ANT.: *Disminuir, desvirtuar, humillar.*
3 Exonerar, liberar, descargar, eximir, excusar.
4 Sustituir, reemplazar, suplir.
5 (Fig.) Echar, correr, destituir, defenestrar, pedir la renuncia.
6 Socorrer, ayudar, remediar, auxiliar, (Méx./fam.) alivianar.
7 **relevarse** Turnarse, alternarse.

relieve
1 Resalte, realce, saliente, prominencia, abultamiento, espesor, bulto.
ANT.: *Concavidad, hendidura, entrante, hueco.*
2 Orografía, elevación.
3 (Fig.) Renombre, crédito, prestigio, fama, mérito.
ANT.: *Anonimato.*
4 (Fig.) Importancia, magnitud, grandeza, esplendor.
ANT.: *Insignificancia.*

religión
Creencia, credo, doctrina, fe, dogma, convicción, devoción.
ANT.: *Irreligiosidad, ateísmo.*

religioso
1 Creyente, devoto, fiel, seguidor, adorador, fervoroso, piadoso.
ANT.: *Impío, irreligioso, ateo.*
2 Profeso, monje, sacerdote.
ANT.: *Lego, laico, seglar.*
3 (Fig.) Puntual, exacto, escrupuloso, riguroso.
ANT.: *Impuntual, relajado.*

reliquia
1 Vestigio, traza, resto, señal, recuerdo.
2 (Fig.) Antigüedad, (desp.) antigualla.
ANT.: *Novedad.*
3 (Fig. y fam./desp.) Momia, vejestorio, anciano, pergamino, (Méx./vulg.) ruco.
ANT.: *Pimpollo, joven.*

relucir
1 Brillar, refulgir, resplandecer, fulgurar, relumbrar, centellear, iluminar.
ANT.: *Oscurecerse, opacarse.*
2 (Fig.) Destacar, sobresalir, distinguirse [por cualidades morales].

rellenar
1 Llenar, embutir, henchir.
ANT.: *Vaciar.*
2 Atestar, atiborrar, saturar, abarrotar.
ANT.: *Desocupar.*

remanente
Sobrante, residuo, resto, restante, exceso, desecho, sobras, desperdicio, escoria.
ANT.: *Faltante.*

remanso
1 Meandro, vado, rebalsa, hoya.
ANT.: *Rápido, corriente.*
2 (Fig.) Parsimonia, lentitud, cachaza, pachorra, flema.
ANT.: *Rapidez, diligencia.*

remar
Bogar, ciar, navegar, paletear, impulsar, avanzar.

rematador
Subastador, vendedor, licitador, (fam.) martillero.

rematar
1 Concluir, terminar, consumar, completar, finalizar.
ANT.: *Empezar, iniciar.*

2 Eliminar, matar, liquidar, suprimir, aniquilar, finiquitar.
3 Agotar, gastar, consumir, acabarse.
ANT.: *Reponer.*
4 (Fig.) Afianzar, asegurar, anudar [costura].
ANT.: *Soltar, cortar.*
5 Subastar, licitar, vender, adjudicar.
ANT.: *Comprar, pujar.*
6 (Fig.) Malbaratar, malvender.

remedar
1 Imitar, emular, copiar, contrahacer, fingir.
2 (Fam.) Parodiar, burlarse.

remediar
1 Corregir, reparar, enmendar, subsanar, mejorar, remendar.
ANT.: *Empeorar, agravar.*
2 Solucionar, aliviar, socorrer, ayudar, amparar.
ANT.: *Estorbar.*
3 Impedir, evitar, eludir [riesgo, daño].
ANT.: *Exponer, arriesgar, evitar.*

remedio
1 Corrección, arreglo, reparación, → remediar.
ANT.: *Mal, problema, complicación.*
2 Solución, recurso, medio, refugio.
3 Medicamento, tisana, pócima, poción, cura, antídoto, panacea.
ANT.: *Veneno, tóxico, toxina, enfermedad.*

rememorar
Remembrar, memorar, recordar VER.
ANT.: *Olvidar.*

remendar
1 Recoser, zurcir, arreglar, componer, recomponer, restaurar, reforzar, apañar.
ANT.: *Estropear, descoser, agujerar, romper, desgarrar.*
2 Enmendar, corregir, reparar.
ANT.: *Errar, equivocarse.*

remesa
Envío, remisión, expedición, partida, paquete, bulto, encargo, mercancía.
ANT.: *Recibo.*

remiendo
1 Reparación, arreglo, compostura, apaño, (Méx.) talacha.
ANT.: *Desarreglo, descompostura, avería, estropicio, destrozo.*
2 Parche, zurcido, arreglo, añadido, rodillera, codera.
3 (Fig.) Enmienda, adición, añadidura.

remilgado
Melindroso, afectado, rebuscado, amanerado, ñoño, cursi, mojigato, (fam.) chocante.
ANT.: *Natural, sencillo, despreocupado, desparpajado.*

reminiscencia
Evocación, remembranza, recuerdo VER.
ANT.: *Olvido.*

remitir
1 Enviar, expedir, mandar, despachar, dirigir, cursar.
ANT.: *Recibir.*
2 Perdonar, absolver, indultar, eximir.
ANT.: *Condenar, castigar.*
3 Diferir, prorrogar, dilatar, suspender, cancelar.
ANT.: *Abreviar, ejecutar.*
4 Ceder, aplacarse, aminorar, aflojar.
ANT.: *Intensificarse, arreciar.*

remojar
Humedecer, mojar, ensopar, regar VER.
ANT.: *Secar, desecar.*

remolcar
Arrastrar, atoar, tirar de, acarrear, transportar.
ANT.: *Empujar.*

remolino
1 Vorágine, vórtice, torbellino, tornado, huracán, manga, ciclón, tifón, tromba.
ANT.: *Calma, bonanza.*
2 (Fig.) Multitud, aglomeración, amontonamiento, confusión.
3 (Fig.) Disturbio, alteración, inquietud, batahola.
ANT.: *Calma, orden.*
4 (Fig.) Rizo, espiral, (Amér.) chino [en el pelo o pelaje].

remolón
1 Indolente, renuente, flojo, premioso, remiso, refractario, perezoso, cachazudo.
ANT.: *Activo, dinámico.*
2 (Venez.) Indeciso, precavido, cauteloso.

remontar
1 Elevar, alzar, subir, ascender, volar.
ANT.: *Bajar, rasar.*
2 (Fig.) Superar, vencer, sobrepasar.
3 (Fig.) Enaltecer, sublimar, encumbrar, exaltar.
ANT.: *Rebajar, humillar.*
4 (Fig.) Rememorar, retroceder, evocar, retrotraerse.
ANT.: *Vislumbrar, avizorar.*

5 Renovar, remendar, reparar, componer, arreglar.
ANT.: *Estropear, deteriorar.*
6 Enfadarse, irritarse, encolerizarse, montar.
ANT.: *Calmarse, apaciguarse.*

rémora
Dificultad, obstáculo, estorbo, inconveniente, entorpecimiento, impedimento, engorro, freno, traba.
ANT.: *Facilidad, ayuda, impulso.*

remordimiento
Pesadumbre, pesar, contrición, arrepentimiento, dolor, pena, desazón, reconcomio.
ANT.: *Tranquilidad, contumacia.*

remoto
1 Lejano, distante, apartado, alejado, ignoto, inaccesible.
ANT.: *Cercano, próximo.*
2 Arcaico, antiguo, pasado, pretérito.
ANT.: *Actual, presente.*
3 Improbable, incierto, irrealizable.
ANT.: *Probable.*

remover
1 Agitar, mover, menear, sacudir, zangolotear.
ANT.: *Inmovilizar, fijar.*
2 Cambiar, mudar, revolver, hurgar, esculcar, escarbar, huronear, desordenar, alterar.
ANT.: *Ordenar, dejar, respetar.*
3 Apartar, obviar, quitar, hacer a un lado.
ANT.: *Estancarse, atascarse.*
4 (Fig.) Indagar, investigar, husmear.
5 (Fig.) Conmover, emocionar, tocar, reconsiderar.
6 (Fig.) Destituir, correr, deponer.

remozar
Rejuvenecer, remodelar, renovar, reponer, reparar, rehabilitar, restaurar, reformar.
ANT.: *Envejecer, deteriorar.*

remuneración
Pago, retribución, sueldo, gratificación, gajes, compensación, prima, recompensa.
ANT.: *Exacción, despojo.*

renacer
Resucitar, retoñar, revivificarse, reanimarse, resurgir, revivir VER.
ANT.: *Enquistarse, morir.*

renacimiento
Resurrección, regeneración, renovación, reanimación, reanudación, resurgimiento, rebrote, florecimiento.
ANT.: *Decadencia, extinción.*

rencilla
Disputa, altercado, discordia, querella, conflicto, encono, pelea, (fam.) pique.
ANT.: *Amistad, armonía, paz.*

rencor
Resentimiento, inquina, aversión, enemistad, encono, tirria, saña, malevolencia, (fam.) mala voluntad.
ANT.: *Afecto, aprecio, amor, reconocimiento, gratitud.*

rencoroso
Resentido, vengativo, rencilloso, inquinoso, sañudo, → rencor.
ANT.: *Afectuoso, agradecido.*

rendición
1 Sometimiento, capitulación, sumisión, entrega, → rendirse.
ANT.: *Resistencia, batalla.*
2 Rendimiento, utilidad, provecho, producto.
ANT.: *Pérdida, mengua, fuga.*

rendija
Resquicio, ranura, intersticio, juntura, hendidura, raja, grieta, abertura.

rendir
1 Someter, doblegar, vencer, derrotar.
ANT.: *Ceder, claudicar, capitular.*
2 Producir, rentar, beneficiar, fructificar, aprovechar.
3 Alcanzar, durar, lucir, compensar.
4 Cansar, fatigar, agotar, postrar.
ANT.: *Reanimar, reavivar.*

rendirse
1 Capitular, someterse, abandonar, pactar, entregarse.
ANT.: *Luchar, combatir, enfrentarse, resistir.*
2 (Fig.) Ceder, transigir, admitir, reconocer, capitular.
ANT.: *Sostener, obstinarse.*
3 Fatigarse, agotarse, cansarse, desfallecer.
ANT.: *Descansar, aguantar.*
4 (Fig.) Desanimarse, claudicar, (fam.) rajarse.
ANT.: *Reaccionar, animarse.*

renegar
1 Negar, abjurar, desdecirse.
ANT.: *Afirmar, confirmar.*
2 Apostatar, desertar, abandonar.
ANT.: *Seguir, ser fiel.*
3 Apartarse, repudiar, abominar, detestar.
ANT.: *Aceptar, aprobar, admitir.*
4 Blasfemar, maldecir, jurar, denostar.
ANT.: *Alabar, bendecir.*

5 (Fig. y fam.) Rezongar, refunfuñar, mascullar, protestar, quejarse.

renegrido

1 Negruzco, retinto, oscuro, bronceado, prieto.
ANT.: *Claro, pálido, blanco, blancuzco.*
2 Ennegrecido, percudido, ahumado.
ANT.: *Albo, resplandeciente.*

rengo

Cojo, cojitranco, lisiado, minusválido, inválido, (Amér.) renco.

renombre

Fama, crédito, celebridad, popularidad, notoriedad, prestigio, (fig.) aureola, gloria, reputación.
ANT.: *Anonimato, descrédito.*

renovar

1 Reformar, restaurar, rejuvenecer, remozar, reparar, modificar, innovar, transformar.
ANT.: *Conservar, mantener, deteriorar.*
2 Reemplazar, cambiar, sustituir, actualizar, remudar.
3 Reanudar, reemprender, proseguir, retomar.
ANT.: *Interrumpir, cortar.*

renta

1 Rendimiento, utilidad, beneficio, ganancia, provecho, lucro, fruto.
ANT.: *Pérdida, merma, mengua.*
2 Interés, rédito.
3 Ingreso, sueldo, prebenda.
4 Arriendo, alquiler.

rentar

1 Rendir, redituar, producir, → renta.
ANT.: *Mermar, menguar, disminuir.*
2 Alquilar*, arrendar*, ceder, dejar.
ANT.: *Tomar en arrendamiento, pagar.*
3 Tomar, ocupar, contratar.
ANT.: *Arrendar, ceder.*
*Estas palabras se usan tanto para designar el hecho de ceder a alguien algo temporalmente a cambio de un pago, como para el hecho de tomarlo.

renunciar

1 Dejar, abandonar, botar, dimitir, desertar, abdicar, retirarse, cesar.
ANT.: *Persistir, mantenerse, quedarse.*
2 Declinar, rehusar [un cargo].
ANT.: *Aceptar.*
3 Sacrificarse, prescindir, desprenderse [de algo].
ANT.: *Apropiarse, tomar.*

reñido

1 Enemistado, disgustado, distanciado, hostil, contrario, enfadado.
ANT.: *Afín, amigo, aliado.*
2 Encarnizado, enconado, disputado, duro, feroz, rabioso.
ANT.: *Fácil, sosegado, apacible.*

reñir

1 Combatir, luchar, pelear, altercar, contender, enzarzarse.
ANT.: *Hacer las paces, pacificar.*
2 Enemistarse, discutir, enfadarse, disgustarse.
ANT.: *Reconciliarse, avenirse.*
3 Regañar, reprender, amonestar, sermonear.
ANT.: *Alabar, felicitar.*

reo

Culpable, acusado, inculpado, criminoso, condenado, convicto, delincuente.
ANT.: *Inocente.*

reorganizar

Reestructurar, reformar, restablecer, reajustar, renovar VER.
ANT.: *Desorganizar.*

repantigarse

Arrellanarse, repachingarse, acomodarse, apoltronarse, retreparse, descansar, (Venez.) replantigarse.

reparar

1 Arreglar, rehacer, componer, recomponer, remendar, reformar, restaurar, renovar.
ANT.: *Estropear, descomponer, dañar, averiar.*
2 Tonificar, vigorizar, restablecer, fortalecer.
ANT.: *Debilitar, agotar, extenuar.*
3 Indemnizar, remediar, resarcir, subsanar, satisfacer, desagraviar, enmendar, compensar.
ANT.: *Agraviar, lesionar, ofender, dañar, perjudicar.*
4 Advertir, mirar, observar, ver, notar, percatarse, darse cuenta.
ANT.: *Ignorar, pasar desapercibido.*
5 Ponderar, atender, pensar, apercibirse, reflexionar, (fig.) mirar, recordar.
ANT.: *Desatender, omitir.*

reparo

1 Objeción, crítica, observación, censura, desacuerdo, tacha.
ANT.: *Aprobación, apoyo, elogio.*
2 Dificultad, obstáculo, óbice, traba, pega.
ANT.: *Facilidad, impulso.*
3 Duda, escrúpulo, inconveniente.
ANT.: *Decisión.*
4 Reparación, arreglo, compostura, restauración.
ANT.: *Avería, descompostura.*

5 (Méx.) Salto, brinco, reculada [sobre todo caballos].
6 (Venez.) Atención [a lo que dice alguien].
repartir
1 Distribuir, asignar, administrar, dividir, partir, prorratear, promediar.
ANT.: *Acumular, concentrar, aunar, acaparar.*
2 Extender, esparcir, diseminar.
ANT.: *Recoger, reunir.*
3 Ordenar, clasificar, acomodar, colocar.
reparto
1 Distribución, repartición, repartimiento, partición, división, adjudicación, entrega, ración, proporción.
ANT.: *Acumulación, amontonamiento, acaparamiento.*
2 Elenco, relación, clasificación [papeles en teatro, cine, etc.].
repasar
1 Examinar, revisar, releer, verificar, corregir, perfeccionar.
ANT.: *Desatender.*
2 Estudiar, recapacitar, repetir, ensayar, ajustar.
3 Remendar, recoser, arreglar, zurcir, planchar [ropa].
ANT.: *Descoser, desgarrar, romper, ajar.*
4 (Méx.) Recordar, rememorar, evocar.
ANT.: *Olvidar.*
5 (Venez.) Rumiar, mascar [ganado].
repaso
1 Revisión, verificación, correción, releída, relectura.
2 Estudio, ensayo, ajuste, perfeccionamiento.
3 (Fam.) Reprimenda, regaño, regañina, repasata, amonestación, bronca, repasada.
repelente
1 Repugnante, repulsivo, odioso, desagradable, molesto, aborrecible.
ANT.: *Agradable, atractivo.*
2 Fastidioso, impertinente, antipático.
ANT.: *Simpático.*
3 (C. Rica) Melindroso, cargante.
repente
1 Impulso, arrebato, pronto, movimiento súbito, (Venez.) repentina.
2 **de repente** Súbitamente, inesperadamente, inopinadamente, de improviso, de pronto, de sopetón, sin decir agua va.
ANT.: *Lentamente, paulatinamente, sobre aviso.*
repentino
Imprevisto, súbito, inesperado, inopinado, insospechado, brusco, momentáneo.
ANT.: *Lento, paulatino, esperado, deliberado.*
repercusión
Efecto, consecuencia, trascendencia, reacción, reflejo, secuela, alcance, resultado, influencia, (fig.) eco, difusión, resonancia.
ANT.: *Anulación, intrascendencia.*
repercutir
1 Resonar, rebotar, reverberar, retumbar, producir eco.
ANT.: *Absorber, amortiguar.*
2 (Fig.) Trascender, afectar, influir, implicar, (fam.) traer cola.
ANT.: *Anularse, ser intrascendente.*
repetir
1 Reproducir, duplicar, renovar, volver.
2 Imitar, remedar, copiar.
ANT.: *Originar, crear, producir.*
3 Reiterar, insistir, iterar, recalcar, porfiar, (fig.) machacar [en el empeño].
ANT.: *Ceder, abandonar.*
4 Reanudar, reincidir, redoblar, reintentar.
ANT.: *Dejar, cejar.*
repisa
Ménsula, soporte, rinconera, estantería, estante, anaquel, tabla.
replegarse
Retroceder retirarse, alejarse, desviarse, huir, ceder.
ANT.: *Avanzar, atacar, perseguir.*
repleto
1 Atestado, atiborrado, rebosante, colmado, pletórico, relleno, abarrotado, desbordante.
ANT.: *Vacío, desierto.*
2 Harto, ahíto, saciado, lleno, (Méx./vulg.) atascado.
ANT.: *Hambriento, ávido.*
replicar
Contestar, responder, contradecir, argumentar, argüir, alegar, objetar, impugnar, rebatir, protestar.
ANT.: *Aprobar, apoyar, inquirir.*
repoblar
1 Poblar, colonizar, desarrollar, fomentar, ocupar, reocupar.
ANT.: *Despoblar, evacuar.*
2 Sembrar, replantar, forestar, reforestar [bosque].
ANT.: *Talar, cortar.*

reponer
1 Restituir, restablecer, rehabilitar, recuperar, reinstaurar, reintegrar VER.
ANT.: *Quitar, retirar, destruir, anular.*
2 Sustituir, reemplazar, reinstalar, relevar.
ANT.: *Deponer, despedir.*
3 Responder, replicar, contestar, argumentar.
ANT.: *Callar, secundar.*

reponerse
1 Restablecerse, recuperarse, aliviarse, recobrarse, convalecer, fortalecerse.
ANT.: *Enfermar, empeorar, debilitarse, demacrarse, agravarse.*
2 Tranquilizarse, sosegarse, serenarse, rehacerse.
ANT.: *Intranquilizarse, inquietarse.*
3 (Méx., Venez./fig. y fam.) Engordar, subir de peso.

reportaje
Crónica, relato, noticia, reseña, información, nota, escrito.

reportar
1 Conseguir, alcanzar, lograr, obtener, agenciar.
ANT.: *Perder, quitar.*
2 Traer, acarrerar, proporcionar, producir, brindar.
3 Informar, denunciar, notificar, avisar.
4 Reprimir, refrenar, contener, detener, calmar, sujetar, apaciguar, moderar.
ANT.: *Inquietar, impacientar, excitar.*

reportero
Informador, periodista VER.

reposado
1 Calmado, tranquilo, apacible, plácido, impávido, sosegado, manso, pacífico, sereno, moderado.
ANT.: *Intranquilo, excitado, nervioso.*
2 Posado, sedimentado, decantado.
ANT.: *Mezclado, turbio.*

reposar
Descansar, detenerse, echarse, yacer, recostarse, tumbarse, acostarse, sestear, dormir.
ANT.: *Actuar, moverse, agitarse.*

reposo
1 Descanso, pausa, ocio, calma, sosiego, placidez, sueño, siesta.
ANT.: *Actividad, agitación, excitación.*
2 Inmovilidad, quietud, letargo, detención.
ANT.: *Movimiento, inquietud.*

reprender
Reñir, reconvenir, censurar, regañar VER.

represalia
Desquite, venganza, revancha, vindicación, desagravio, castigo.
ANT.: *Indulto, perdón, olvido.*

representación
1 Imagen, figura, encarnación, idea, símbolo, signo, alegoría, atributo, ideograma.
2 Delegación, comisión, embajada, enviados.
3 Función, espectáculo, gala, velada, puesta en escena.

representar
1 Encarnar, simbolizar, figurar, personificar.
2 Interpretar, actuar, escenificar, declamar, recitar.
3 Mostrar, demostrar, manifestar, aparentar.
ANT.: *Ocultar, fingir, disimular.*
4 Implicar, significar, importar.

reprimenda
Amonestación, censura, diatriba, regaño, recriminación, sermón, filípica, rapapolvo, riña, repasada, repasata, (fam.) reto.
ANT.: *Alabanza, felicitación, elogio.*

reprimir
1 Contener, dominar, reportar, sujetar, templar, moderar, aplacar, refrenar.
ANT.: *Liberar.*
2 Detener, frenar, coartar, poner coto, apaciguar, castigar, reprobar.

reprobar
Censurar, condenar, desaprobar, reprochar, tachar, reconvenir, vituperar, reprimir VER.
ANT.: *Aprobar, aplaudir, elogiar, ponderar.*

reprochar
Recriminar, reprender, echar en cara, → reproche.
ANT.: *Elogiar, aprobar, agradecer, reconocer.*

reproche
Recriminación, crítica, reparo, censura, queja, admonición, desaprobación, regañina, vituperio.
ANT.: *Elogio, aprobación, agradecimiento, reconocimiento.*

reproducir
1 Duplicar, imitar, copiar, calcar, remedar.
ANT.: *Crear, originar, producir.*

2 Propagar, difundir, imprimir, multiplicar, editar, publicar.
ANT.: *Reservar, ocultar.*
3 Repetirse, reiterar, remarcar, remachar, insistir, porfiar, confirmar.
ANT.: *Negar, desdecir.*
4 **reproducirse** Procrear.

repudiar
Rechazar, despreciar, censurar, aborrecer, abominar, repeler, rehusar, rechazar, negarse, desechar.
ANT.: *Aceptar, admitir, asumir, tomar.*

repuesto
1 Restablecido, mejorado, aliviado, convaleciente, recuperado, recobrado.
ANT.: *Desmejorado, grave, recaído, débil.*
2 Renovado, cambiado, restituido, reemplazado, sustituido.
ANT.: *Viejo, averiado, gastado, estropeado, roto, fundido.*
3 Provisión, retén, previsión, aprovisionamiento, abastecimiento.
4 Recambio, pieza, parte, accesorio, suplemento, (Amér.) refacción.

repugnante
Repulsivo, repelente, asqueroso, inmundo, nauseabundo, hediondo, apestoso, pestilente.
ANT.: *Agradable, atractivo, delicioso.*

repulsivo
Asqueroso, desagradable, repugnante VER.

reputación
Prestigio, fama, notoriedad, crédito, renombre, nombradía, honra, prez, popularidad, celebridad.
ANT.: *Descrédito, desprestigio, anonimato, mediocridad.*

requerir
1 Reclamar, avisar, notificar, solicitar, exhortar, mandar, intimidar, advertir.
2 Necesitar, precisar, pedir, clamar, exigir.
ANT.: *Prescindir, renunciar.*
3 Pretender, rondar, galantear, cortejar, hacer la corte.
ANT.: *Desdeñar, ignorar.*

requiebro
Galantería, lisonja, halago, adulación, terneza, flor, piropo.
ANT.: *Insulto, injuria, agravio, grosería.*

requisar
Confiscar, decomisar, embargar, incautar, expropiar, apropiarse.
ANT.: *Devolver, restituir.*

requisito
Condición, exigencia, formalidad, formulismo, menester, trámite, cláusula, limitación, traba, cortapisa.
ANT.: *Facilidad, dispensa, exención.*

res
1 Rumiante, vacuno, bovino, cabeza, vaca, toro, buey.
2 Canal, carne.

resabio
1 Regusto, sabor, rastro, dejo [sobre todo desagradable].
2 Vicio, manía, costumbre, tendencia, inclinación, (fam.) maña.
ANT.: *Cualidad, virtud.*

resaca
1 Retroceso, regreso, disminución [del oleaje].
2 Malestar [por exceso de comida y bebida], (Colomb., Venez.) ratón, (C. Rica) goma, (Méx.) cruda.

resaltar
Destacar, predominar, descollar, sobresalir, aventajar, lucir, diferenciarse, distinguirse, (fig.) brillar.
ANT.: *Confundirse, perderse, pasar desapercibido.*

resarcir
1 Compensar, indemnizar, restituir, subsanar, reparar, enmendar.
ANT.: *Quitar, despojar.*
2 Recuperar, desquitarse, desagraviar, vengarse.

resbalar
1 Escurrir, escurrirse, deslizarse, deleznarse, patinar, desplazarse.
ANT.: *Sujetarse, detenerse, atorarse, atascarse.*
2 (Fig.) Equivocarse, errar, pifiar, fallar, (Méx./fam.) regarla.
ANT.: *Acertar, atinar.*

resbalón
1 Traspié, patinada, caída, (Argent.) resbalada.
2 Pestillo, resorte.
3 (Fig. y fam.) Desliz, indiscreción, desacierto, patinazo.
ANT.: *Acierto, tino.*

rescatar
Recuperar, restituir, recobrar, reconquistar, liberar, salvar, redimir.
ANT.: *Perder, someter, secuestrar, raptar.*

rescate
Recuperación, liberación, → rescatar.
ANT.: *Pérdida, secuestro.*

rescindir
Anular, cancelar, invalidar, abolir, deshacer, abrogar.
ANT.: *Ratificar, confirmar.*

resentimiento
Disgusto, resquemor, rencor, hostilidad, animadversión, animosidad, enfado, tirria, ojeriza.
ANT.: *Agradecimiento, amor, perdón.*

reseña
Resumen, recensión, → reseñar.

reseñar
1 Contar, describir, referir, detallar, (fig.) retratar, narrar, aclarar.
ANT.: *Abstenerse, callar.*
2 Comentar, criticar, resumir.

reserva
1 Provisión, abastecimiento, acopio, depósito, repuesto, recambio, (Amér.) refacción, (Méx./fam.) guardadito.
ANT.: *Falta, escasez, necesidad.*
2 Cautela, prevención, sigilo, reparo, previsión.
ANT.: *Imprevisión, precipitación.*
3 Discreción, circunspección, prudencia.
ANT.: *Indiscreción, imprudencia, locuacidad.*
4 Salvedad, condición, excepción.
5 Reservación, apartado.

reservado
1 Discreto, introvertido, parco, lacónico.
ANT.: *Parlanchín, locuaz.*
2 Prudente, circunspecto, moderado.
ANT.: *Imprudente, alocado.*
3 Cauto, sigiloso, sagaz, desconfiado.
ANT.: *Confiado, incauto.*

reservar
1 Guardar, almacenar, economizar, ahorrar, apartar, mantener.
ANT.: *Gastar, usar, derrochar, desperdiciar.*
2 Callar, ocultar, silenciar, velar, tapar, encubrir.
ANT.: *Revelar, decir, despepitar.*
3 Recelar, desconfiar, guardarse, precaverse.
ANT.: *Confiar.*

resfriado
Resfrío, enfriamiento, constipado, catarro, coriza, gripe, romadizo.

resguardar
Amparar, guarecer, custodiar, → resguardo.
ANT.: *Exponer, arriesgar.*

resguardo
1 Amparo, protección, vigilancia, custodia, abrigo, refugio, auxilio, guarda, defensa, seguridad.
ANT.: *Riesgo, exposición, desamparo.*
2 Comprobante, recibo, justificante, garantía, talón.

residencia
1 Estancia, domicilio.
2 Morada, casa, hogar, refugio, albergue, pensión.
3 (Méx.) Caserón, casona, palacete.

residir
Habitar, morar, domiciliarse, afincarse, asentarse, ocupar, radicar, arraigar.
ANT.: *Trasladarse, mudarse.*

residuo
Vestigio, fragmento, resto, sobrante, sobras, desecho, remanente, escoria, desperdicio.

resignación
Conformidad, conformismo, aguante, sumisión, tolerancia, docilidad, mansedumbre.
ANT.: *Rebeldía, inconformidad, resistencia.*

resignarse
Conformarse, aguantar, doblarse, doblegarse, someterse, acatar, condescender, aceptar.
ANT.: *Rebelarse, resistirse, oponerse.*

resistencia
1 Fortaleza, energía, vigor, capacidad, potencia, vitalidad.
ANT.: *Debilidad, flaqueza.*
2 Firmeza, solidez, dureza, reciedumbre.
ANT.: *Blandura, fragilidad.*
3 (Fig.) Oposición, repulsa, negativa, renuencia, indocilidad, desobediencia, rebeldía.
ANT.: *Sumisión, sometimiento, obediencia, acatamiento.*

resistente
1 Fuerte, tenaz, duro, recio, sólido, firme, robusto.
ANT.: *Endeble, frágil.*
2 Vigoroso, animoso, tenaz, incansable.
ANT.: *Débil, blando, flojo.*

resistir
1 Oponerse, soportar, contrarrestar, rebotar.
2 Enfrentarse, reaccionar, afrontar, rechazar, plantarse, negarse, rehusar, combatir, luchar, arrostrar.
ANT.: *Desistir, doblegarse, ceder.*

3 Aguantar, sufrir, padecer, tolerar, transigir, sucumbir.
ANT.: *Rebelarse, huir.*

resolución

1 Determinación, osadía, atrevimiento, audacia, valor, intrepidez.
ANT.: *Cobardía, indecisión, irresolución, duda.*
2 Prontitud, viveza, diligencia, presteza, actividad.
ANT.: *Pereza, flojera.*

resolver

1 Determinar, decidir, solventar, zanjar, despachar, decretar.
ANT.: *Postergar, soslayar, dejar pendiente.*
2 Solucionar, allanar, remediar, arreglar, hallar, hacer frente, atreverse.
ANT.: *Complicar, enredar, enmarañar.*
3 Descifrar, descubrir, averiguar, aclarar, desvelar.
ANT.: *Dudar, estar a oscuras, ignorar.*

resonar

Retumbar, repercutir, reverberar, atronar, rugir, roncar, bramar, rimbombar.

resoplar

Jadear, bufar, resollar, respirar ruidosamente, soplar.

resoplido

Jadeo, resuello, bufido, resoplo, ronquido.

resorte

1 Muelle, ballesta, cuerda, espiral, suspensión.
2 (Fig.) Recurso, medio, valimiento, influencia, (fam.) palanca.

respaldar

1 Apoyar, ayudar, patrocinar, favorecer, amparar, sostener, soportar, auxiliar.
ANT.: *Abandonar, desamparar.*
2 Avalar, garantizar, asegurar, afianzar.
3 Respaldo, espaldar, espaldera.

respetable

1 Digno, venerable, sagrado, íntegro, decente, honrado, serio, grave, noble.
ANT.: *Indecente, despreciable, vil.*
2 Considerable, bastante, abundante, grande, apreciable.
ANT.: *Pequeño, desdeñable.*

respetar

1 Honrar, reverenciar, amar, venerar, admirar.
ANT.: *Deshonrar, profanar, envilecer.*
2 Acatar, obedecer, seguir, observar.
ANT.: *Desacatar, desobedecer.*
3 Conservar, apreciar, considerar.
ANT.: *Desconsiderar, desatender.*

respeto

1 Veneración, admiración, reverencia, devoción, fervor, lealtad, honra, homenaje.
ANT.: *Insolencia, descaro, burla, profanación, falta de respeto.*
2 Consideración, deferencia, atención, tolerancia, cortesía, miramiento, comedimiento.
ANT.: *Desconsideración, intolerancia, descortesía, insulto.*
3 Obediencia, acatamiento, sumisión, observancia.
ANT.: *Desacato, rebeldía, insumisión.*
4 (Fig.) Temor, aprensión, miedo, recelo.

respetuoso

Considerado, deferente, cortés, atento, educado, cumplido, devoto, fiel, reverente, leal, delicado, mirado, obediente.
ANT.: *Descortés, insolente, irrespetuoso, incumplido, vándalo.*

respingar

1 Sacudirse, saltar, brincar [por un sobresalto].
ANT.: *Aquietarse.*
2 (Fig. y fam.) Molestarse, resistirse, rezongar, gruñir, protestar.
ANT.: *Conformarse, obedecer.*

respirar

1 Inspirar, aspirar, jadear, alentar, resollar, resoplar, exhalar, expulsar.
ANT.: *Asfixiarse, ahogarse.*
2 Airearse, ventilarse, refrescarse.
ANT.: *Sofocarse, abochornarse.*
3 (Fig.) Animarse, cobrar aliento, esperanzarse, aliviarse.
ANT.: *Agobiarse, rendirse, postrarse.*
4 (Fig.) Descansar, relajarse, reposar.
ANT.: *Fatigarse, afanarse.*

resplandecer

1 Refulgir, relucir, destellar, fulgurar, brillar, chispear, centellear, relampaguear, deslumbrar, alumbrar.
ANT.: *Oscurecerse, apagarse.*
2 (Fig.) Sobresalir, destacar, notarse, descollar, resaltar.
ANT.: *Pasar desapercibido.*

resplandeciente

1 Reluciente, refulgente, → resplandecer.
2 (Fig.) Radiante, exultante, pletórico, jubiloso, eufórico.
ANT.: *Apagado, melancólico.*

R

resplandor
1 Fulgor, luz, esplendor, luminosidad, brillo, centelleo, destello, claridad.
ANT.: *Oscuridad, opacidad.*
2 (Fig.) Nobleza, lustre, gloria, dignidad, majestuosidad.
ANT.: *Insignificancia.*

responder
1 Replicar, contestar, reponer, aducir, objetar, argüir.
ANT.: *Inquirir, preguntar, interrogar.*
2 Corresponder, rendir, dar resultado, fructificar.
3 (Fig.) Reaccionar, repercutir.
4 Garantizar, avalar, fiar, asegurar.
ANT.: *Desentenderse.*

responsabilidad
1 Compromiso, deber, obligación, tarea, cometido.
ANT.: *Irresponsabilidad.*
2 Juicio, sensatez, madurez.
ANT.: *Irresponsabilidad, inmadurez.*

responsable
1 Consciente, cabal, sensato, maduro, juicioso, serio, cumplidor, comprometido.
ANT.: *Irresponsable, negligente, despreocupado.*
2 Encargado, comisionado, garante, obligado.
3 Causante, culpable, autor, reo.
ANT.: *Inocente.*

respuesta
1 Réplica, contestación, declaración, manifestación, revelación, afirmación, objeción, negativa.
ANT.: *Silencio, pregunta, interrogante, incógnita.*
2 Reacción, efecto, consecuencia, resultado.
ANT.: *Causa, estímulo, provocación.*

resquebrajadura
Grieta, fisura, hendedura, hendidura, cuarteadura, resquebrajo, resquebrajadura, fractura.

resquebrajar
Agrietar, rajar, hender, hendir, cuartear, cascar, resquebrar.
ANT.: *Unir, pegar, soldar.*

resquicio
1 Intersticio, hendedura, hendidura, hueco, ranura, rendija, abertura.
ANT.: *Juntura, soldadura.*
2 (Fig.) Oportunidad, coyuntura, ocasión, posibilidad, salida, pretexto.

resta
Sustracción, → restar.

restablecer
1 Reponer, restituir, regenerar, reintegrar, reinstaurar, reinstalar, renovar, reparar, reanudar, reavivar.
ANT.: *Destituir, quitar, destruir, anular.*
2 **restablecerse** Recuperarse, recobrarse, curarse, convalecer, mejorar, aliviarse.
ANT.: *Empeorar, decaer, enfermar.*

restablecimiento
1 Reposición, restitución, reanudación, → restablecer.
ANT.: *Desaparición, anulación, destrucción.*
2 Cura, alivio, recuperación, sanación, mejoría, convalecencia.
ANT.: *Agravamiento, decaimiento.*

restallar
Chasquear, chascar, crepitar, estallar, crujir, latiguear.

restar
Sustraer, disminuir, reducir, descontar, deducir, rebajar, excluir, quitar.
ANT.: *Añadir, sumar, multiplicar, agregar.*

restaurar
Renovar, restablecer, reconstruir, reponer, rehabilitar, reparar, restituir VER.
ANT.: *Estropear, deponer, destruir.*

restituir
1 Reponer, devolver, retornar, reintegrar, reembolsar.
ANT.: *Quitar, retirar, apropiarse.*
2 Restablecer, reinstaurar, reinstalar, reconstruir [un sistema, régimen, orden].
ANT.: *Deponer, abolir.*

resto
1 Diferencia, resta.
2 Residuo, remanente, sobrante, sobras, hez, escoria, desperdicio, detrito, bagazo, sedimento.
ANT.: *Sustancia, total, esencia.*
3 **restos** Despojos, cadáver, cuerpo muerto.

restregar
Frotar, rozar, refregar, raspar, rascar, limar, ludir, lijar, raer, estregar.

restricción
Limitación, disminución, reducción, → restringir.
ANT.: *Licencia, abuso.*

restringir
Limitar, impedir, obstaculizar, coartar, prohibir, reducir, ceñir, circunscribir, acotar.
ANT.: *Liberar, permitir, derrochar, abusar.*

resucitar
1 Revivir, renacer, retoñar.
ANT.: *Morir, fenecer.*
2 (Fig.) Regenerar, resurgir, restaurar, restablecer, revivificar, renovar.
ANT.: *Extinguir, destruir.*
3 (Fig. y fam.) Reanimar, confortar, tonificar, vigorizar.
ANT.: *Extenuar, agotar.*

resuelto
1 Audaz, intrépido, decidido, denodado, arriesgado, osado.
ANT.: *Indeciso, cobarde, pusilánime.*
2 Diligente, presto, pronto, activo.
ANT.: *Perezoso, lerdo.*

resultado
1 Producto, fruto, provecho, utilidad.
2 Efecto, consecuencia, derivación, desenlace, secuela.
ANT.: *Causa, origen, estímulo.*

resultar
1 Redundar, repercutir, derivar, trascender, reflejar, deducirse, salir.
ANT.: *Originar, causar, provocar.*
2 Ocurrir, suceder, manifestarse, descubrirse, revelarse.

resumen
Extracto, síntesis, compendio, sinopsis, sumario, recapitulación, abreviación, condensación, simplificación.
ANT.: *Ampliación, glosa.*

resumir
Sintetizar, reducir, compendiar, → resumen.
ANT.: *Ampliar, desglosar, dilatar.*

resumirse
1 Comprenderse, implicarse, resolverse [una cosa en otra].
2 (Argent., C. Rica, Venez.) Rezumarse, filtrarse, trasminarse.

resurgir
Restablecer, reaparecer, recobrarse, resucitar VER.

retaco (Esp., Venez.)
Rechoncho, bajo, achaparrado, chaparro, regordete, rechoncho, (Amér. Merid.) retacón, (Méx.) sotaco.
ANT.: *Esbelto, delgado.*

retaguardia
Zaga, posterior, trasera, extremidad, cola.
ANT.: *Vanguardia, delantera.*

retahíla
Serie, sarta, lista, retahila, letanía, (fam.) rosario, (Venez.) retajila.

retar
1 Desafiar, encararse, provocar, pelear, disputar, fanfarronear, bravuconear.
ANT.: *Apaciguar, conciliar.*
2 (Fam.) Reprender, regañar, reprochar, echar en cara, reconvenir.
ANT.: *Elogiar, felicitar.*

retardar
Retrasar, atrasar, demorar, diferir, aplazar, posponer, frenar.
ANT.: *Adelantar, apresurar, anticipar.*

retardo
Atraso, tardanza, demora, dilación, retraso VER.
ANT.: *Apresuramiento, adelanto.*

retener
1 Detener, paralizar, inmovilizar, aferrar, suspender, estancar.
ANT.: *Soltar, liberar.*
2 Conservar, mantener [temperatura, humedad, etc.].
ANT.: *Perder.*
3 Recordar, memorizar, aprender.
ANT.: *Olvidar.*
4 (Fig.) Reprimir, contener, refrenar, reservar.
ANT.: *Manifestar, expresar, desahogarse.*

reticencia
1 Recelo, reserva, desconfianza, duda, restricción.
ANT.: *Confianza, libertad.*
2 Tapujo, indirecta, rodeo, insinuación.
ANT.: *Increpación, confrontación.*

retirada
Repliegue, retroceso, huida, escapada, desbandada.
ANT.: *Avance, resistencia, persecución.*

retirar
1 Apartar, alejar, separar, desviar.
ANT.: *Acercar, arrimar, aproximar.*
2 Quitar, despojar, privar de, restar.
ANT.: *Proporcionar, dar, añadir.*
3 Encerrar, incomunicar, aislar.
ANT.: *Relacionar, comunicar.*

retirarse
1 Jubilarse, licenciarse, abandonar, dejar.
ANT.: *Ejercer, militar, trabajar.*
2 Replegarse, retroceder, huir, escapar.
ANT.: *Avanzar, atacar, perseguir.*

retiro
1 Aislamiento, apartamiento, soledad, recogimiento, encierro, clausura, destierro.
ANT.: *Comunicación.*
2 Jubilación, pensión, licencia.
ANT.: *Actividad, empleo.*
3 Refugio, ermita, cobijo, albergue.

reto
1 Desafío, provocación, amenaza, bravata, fanfarronada, lance, pelea.
ANT.: *Avenencia, conciliación.*
2 (Fam.) Regañina, bronca, reprimenda, sermón.
ANT.: *Elogio, felicitación.*

retobado
1 (Argent., Chile, Urug., Venez.) Forrado, cubierto [con cuero].
2 (Amér. C., Amér. Merid., Cuba, Ecuad., Méx.) Indómito, indócil, obstinado, rebelde, respondón, rezongón.
ANT.: *Dócil, manso, sumiso, obediente.*
3 (Argent., Méx., Par., Urug.) Irritado, airado, indignado.
ANT.: *Contenido, plácido, sereno.*

retobar
1 (Argent., Chile, Urug., Venez.) Forrar, cubrir, envolver [con cuero o tela burda].
2 (Méx.) Rezongar, resistirse, rebelarse.
ANT.: *Obedecer, acatar.*
3 **retobarse** (Argent., Par., Urug.) Enojarse, irritarse, indignarse.

retocar
Mejorar, componer, pulir, corregir, perfeccionar, arreglar, restaurar, modificar.

retoño
1 Brote, vástago, renuevo, pimpollo, cogollo, botón, tallo, capullo.
2 (Fig. y fam.) Hijo, niño, bebé, nene.

retoque
Arreglo, corrección, → retocar.

retorcer
1 Enroscar, encorvar, entorchar, flexionar, curvar, rizar, arrugar, torcer.
ANT.: *Alisar, extender, destorcer.*
2 (Fig.) Tergiversar, desvirtuar, malinterpretar, malpensar, prostituir, exagerar, reargüir.
3 **retorcerse** Doblarse, enroscarse, torcerse, convulsionarse.

retornar
Devolver, volver, regresar VER.

retorno
1 Devolución, pago, reintegro, restitución, reembolso, entrega.
ANT.: *Despojo, expropiación, exacción.*
2 Trueque, cambio, permuta.
3 Regreso, vuelta, llegada, venida.
ANT.: *Ida, marcha, partida.*

retozar
Jugar, juguetear, corretear, travesear, brincar, saltar.

retractar
Revocar, enmendar, retractarse, desdecirse, arrepentirse, negar, anular.
ANT.: *Confirmar, ratificar, afirmar.*

retraído
Reservado, introvertido, solitario, esquivo, hosco, huidizo, insociable, misántropo, tímido, huraño.
ANT.: *Sociable, extrovertido.*

retraso
1 Demora, retardo, postergación, prórroga, dilatación, aplazamiento, suspensión.
ANT.: *Adelanto, anticipación.*
2 (Fig.) Ignorancia, miseria, atraso, incultura, barbarie.
ANT.: *Progreso, avance.*

retrato
1 Imagen, efigie, dibujo, pintura, fotografía, impresión, cuadro.
2 Descripción, relato, reseña.

retrete
Inodoro, excusado, letrina, water, baño, lavabo, servicio, (Esp.) váter.

retribuir
Remunerar, pagar, compensar, gratificar, corresponder, asignar, indemnizar, devolver, subvencionar.
ANT.: *Deber, negar, quitar.*

retroceder
Recular, volverse, retraerse, retirarse, dar marcha atrás, retrotraerse.
ANT.: *Avanzar, adelantar.*

retroceso
Retorno, regreso, vuelta, reculada, regresión, retrogradación, retrocesión, marcha atrás, contramarcha, huida, retirada.
ANT.: *Avance, adelanto.*

retumbar
Tronar, retronar, retemblar, estallar, sonar, rimbombar, resonar VER.

reunión
1 Unión, fusión, agrupación, aglomeración, amontonamiento, acumulación.
ANT.: *Separación, dispersión.*
2 Junta, asamblea, mitin, recepción, tertulia, fiesta, sarao, velada, celebración.

reunir
1 Unir, juntar, amasar, conglomerar, integrar.
ANT.: *Disgregar, desintegrar.*
2 Congregar, convocar, allegar, agrupar, atropar.
ANT.: *Dispersar, desunir.*

3 Acumular, acoplar, recoger, apiñar, amontonar, agavillar.
ANT.: *Esparcir, extender, perder.*

revancha
Desquite, venganza, desagravio, represalia, resarcimiento, compensación.
ANT.: *Ofensa, ultraje, agravio.*

revanchista
Vengativo, resentido, rencoroso.

revelar
1 Descubrir, manifestar, mostrar, develar.
ANT.: *Ocultar, encerrar.*
2 Declarar, publicar, difundir, explicar, exhibir, confesar.
ANT.: *Callar, omitir.*

reventar
1 Estallar, explotar, desintegrarse, abrirse, detonar, saltar.
2 Brotar, nacer, surgir, salir.
3 (Fig. y fam.) Dañar, perjudicar, jorobar, molestar.
ANT.: *Favorecer, beneficiar.*
4 (Argent., Esp.) Morir, espichar.
5 (C. Rica) Lanzar, arrojar, aventar.
6 (Argent., Venez./fam.) Asesinar, liquidar.
7 **reventarse** (Fig.) Agotarse, extenuarse, agobiarse, debilitarse.
ANT.: *Descansar, reponerse.*

reverencia
1 Veneración, sumisión, acatamiento, devoción.
ANT.: *Insolencia, soberbia.*
2 Inclinación, cortesía, homenaje, cumplido, saludo, venia, (fam.) caravana.
ANT.: *Ofensa, grosería, insulto.*

reverenciar
Venerar, honrar, respetar, sentir devoción, acatar.
ANT.: *Despreciar, burlarse.*

revés
1 Reverso, dorso, espalda, cruz, envés, trasero.
ANT.: *Cara, anverso, haz.*
2 Bofetón, bofetada, guantazo, sopapo, golpe, soplamocos, (fam.) moquete.
ANT.: *Caricia.*
3 (Fig.) Fracaso, desastre, desgracia, contratiempo.
ANT.: *Éxito, triunfo, suerte.*

revestir
1 Recubrir, cubrir, tapar, tapizar, guarnecer, envolver, acolchar, tapar.
ANT.: *Descubrir, desnudar, exponer.*
2 Disimular, disfrazar, simular.
ANT.: *Mostrar, ostentar, exhibir.*

revisar
1 Verificar, comprobar, reconocer, vigilar, examinar, investigar.
ANT.: *Descuidar, pasar por alto.*
2 Repasar, estudiar, releer, reexaminar.

revista
1 Inspección, verificación, control, comprobación.
ANT.: *Omisión, descuido.*
2 Desfile, parada.
3 Semanario, hebdomadario, magazine, gaceta, boletín, publicación periódica, órgano.
4 Espectáculo teatral frívolo, (ant.) bataclán.

revivir
1 Resucitar, renacer, reencarnar, vivificar, reanimar, rejuvenecer.
ANT.: *Morir, acabar, extinguir.*
2 Renovarse, resurgir, rejuvenecerse, vivificarse, reanimarse.
ANT.: *Eclipsarse, desmayarse, apagarse.*
3 Recordar, rememorar, evocar, recapitular.
ANT.: *Olvidar, enterrar.*

revocar
1 Anular, abrogar, abolir, derogar, invalidar, cancelar, rescindir.
ANT.: *Aprobar, ratificar.*
2 Disuadir, apartar, retraer, desanimar.
ANT.: *Persuadir, convencer.*
3 Enlucir, pintar, aplanar, (Amér.) repellar [paredes].

revolcar
1 Maltratar, pisotear, derribar, arrastrar, tirar.
ANT.: *Levantar, alzar.*
2 (Fam.) Reprobar, suspender, tronar.
3 (Fig. y fam.) Apabullar, humillar, deslucir.
ANT.: *Enaltecer.*
4 **revolcarse** Restregarse, refregarse, retorcerse, tirarse, tumbarse, echarse.
ANT.: *Levantarse, sacudirse.*

revoltijo
1 Mezcolanza, enredo, mazacote, lío, maraña, embrollo, amasijo, revoltillo, revoltina.
ANT.: *Orden, armonía.*
2 Barullo, confusión, jaleo, barahúnda, baraúnda, (Méx./fam.) relajo.
ANT.: *Calma, tranquilidad.*
3 Guiso, revuelto, guisado.

R

revoltoso
1 Rebelde, sedicioso, sublevado, alzado, agitador, provocador.
ANT.: *Sumiso, sometido, disciplinado.*
2 Inquieto, vivaz, vivaracho, travieso, juguetón, alegre.
ANT.: *Sosegado, tranquilo.*

revolución
1 Vuelta, rotación, giro, movimiento.
ANT.: *Estatismo, inmovilidad.*
2 Transformación, cambio.
ANT.: *Permanencia.*
3 Insurrección, rebelión, revuelta, subversión, sublevación, sedición, levantamiento, alzamiento, motín, asonada.
ANT.: *Paz, orden, sumisión, sometimiento.*

revolucionario
1 Insurrecto, rebelde, alzado, sublevado, → revolución.
ANT.: *Reaccionario, conservador.*
2 Innovador, renovador, descubridor, transformador.

revolver
1 Mover, menear, agitar, remover.
2 Desordenar, hurgar, registrar, escarbar, trastornar, enredar.
ANT.: *Ordenar, acomodar.*
3 revolverse Rebelarse, quejarse, encararse.
ANT.: *Someterse, obedecer.*

revuelo
Alboroto, agitación, inquietud, conmoción, convulsión, perturbación.
ANT.: *Calma, orden.*

revuelta
1 Disturbio, desorden, reyerta, pendencia, riña, (Esp.) marimorena.
ANT.: *Paz, tranquilidad, calma.*
2 Rebelión, motín, revolución VER.
3 Recodo, vuelta, curva.
ANT.: *Recta.*

rey
1 Monarca, soberano, señor, emperador, majestad, príncipe.
ANT.: *Vasallo, súbdito.*
2 (Fig.) As, estrella, maestro, experto.

reyerta
1 Contienda, rencilla, lucha, pelea, pendencia, riña, trifulca.
ANT.: *Paz, orden.*
2 Altercado, disputa, cuestión, (Amér.) alegato.
ANT.: *Conciliación, avenencia.*

rezagar
1 Atrasar, diferir, posponer, prorrogar, postergar, suspender, dejar pendiente.
ANT.: *Adelantar, anticipar, apresurar, agilizar.*
2 rezagarse Atrasarse, retrasarse, demorarse, tardar, entretenerse, remolonear.
ANT.: *Apresurarse, apurarse, adelantarse.*

rezar
1 Orar, invocar, suplicar, implorar, alzar preces, pedir, agradecer, alabar.
ANT.: *Blasfemar, renegar.*
2 (Fig. y fam.) Refunfuñar, rezongar, gruñir, mascullar.

rezo
Plegaria, oración, invocación, preces, ruego, alabanza, → rezar.
ANT.: *Blasfemia, voto, reniego.*

rezongar
Refunfuñar, gruñir, protestar, mascullar, murmurar, regañar, (fig. y fam.) rezar, (Méx.) retobar.

rezumar
Filtrarse, exudar, calar, sudar, transpirar, perder, escurrirse, gotear.
ANT.: *Estancarse, absorberse.*

riachuelo
Riacho, arroyo, río VER.

riada
Crecida, avenida, corriente, torrente, desbordamiento, aluvión, inundación.
ANT.: *Sequía, encauzamiento.*

ribera
Margen, costa, vega, orilla, borde, riba, ribazo.

ribete
1 Borde, festón, filete, franja, cinta, orla, galón, fleco, remate, adorno.
ANT.: *Centro.*
2 Adición, agregado, aumento, añadidura, digresión.
ANT.: *Recorte, abreviación.*
3 ribetes Indicios, asomos, muestras, atisbos.

rico
1 Acaudalado, adinerado, pudiente, opulento, millonario, magnate, (fig.) creso, (desp.) ricacho, ricachón.
ANT.: *Pobre, indigente.*
2 Abundante, próspero, copioso.
ANT.: *Escaso, mezquino, exiguo.*
3 Fértil, exuberante, fecundo, lujuriante, feraz, floreciente.
ANT.: *Desértico, seco, yermo.*

4 Sabroso, apetitoso, suculento, delicioso, exquisito, bueno, gustoso.
ANT.: *Insípido, desabrido, soso, repugnante.*

ridículo
1 Grotesco, incongruente, risible, caricaturesco, mamarracho, esperpento.
ANT.: *Grave, serio, solemne, sublime.*
2 Escaso, irrisorio, mezquino, insignificante.
ANT.: *Valioso, generoso, abundante, respetable.*
3 Remilgado, reparón, quisquilloso, remilgoso, cursi, ñoño.
ANT.: *Sencillo, natural.*

riego
Irrigación, regadío, humedecimiento, impregnación, remojo, mojadura.
ANT.: *Secado, secano.*

riel
Carril, raíl, vía, viga, barra.

rienda
1 Brida, cincha, freno, cabestro, ronzal.
2 (Fig.) Sujeción, moderación, circunspección, represión, continencia.
ANT.: *Desenfreno, incontinencia.*
3 riendas Mando, gobierno, dirección.

riesgo
Peligro, contingencia, posibilidad, azar, albur, trance, apuro, aventura, exposición.
ANT.: *Seguridad, resguardo, garantía.*

rifa
1 Sorteo, tómbola, lotería, azar, juego.
2 Reyerta, contienda, riña, pendencia, rifirrafe, disputa, enemistad.
ANT.: *Paz, conciliación.*

rifle
Fusil, máuser, escopeta, carabina, mosquete, arcabuz.

rígido
1 Tirante, duro, erecto, firme, tieso, tenso, consistente, envarado, agarrotado.
ANT.: *Flexible, dúctil, relajado, laxo.*
2 (Fig.) Severo, estricto, austero, riguroso, inflexible, intolerante, implacable.
ANT.: *Benévolo, tolerante, blando, compasivo.*

rigor
1 Austeridad, severidad, disciplina, rigidez, inflexibilidad, dureza, aspereza.
ANT.: *Benevolencia, tolerancia, afabilidad.*
2 Precisión, rigurosidad, exactitud, puntualidad, propiedad.
ANT.: *Imprecisión, inexactitud.*
3 Inclemencia, crudeza, fuerza, intensidad, extremo [del clima].
ANT.: *Bonanza.*

riguroso
1 Severo, estricto, austero, rígido VER.
ANT.: *Benévolo.*
2 Exacto, preciso, puntual, minucioso, detallado, fiel.
ANT.: *Impreciso, inexacto.*
3 Penoso, áspero, difícil, rudo.
ANT.: *Sencillo, regalado.*
4 Extremo, extremoso, inclemente, crudo, destemplado [clima].
ANT.: *Benigno, templado.*

rima
Verso, versificación, consonancia, poesía, canto, balada, copla, trova, estrofa.
ANT.: *Prosa.*

rimbombante
1 Estruendoso, atronador, resonante, altisonante, estrepitoso, retumbante.
ANT.: *Silencioso, llano, sordo.*
2 (Fig.) Pomposo, ostentoso, aparatoso, llamativo.
ANT.: *Sobrio, modesto.*
3 (Fig.) Grandilocuente, exagerado, inflado, enfático, prosopopéyico.
ANT.: *Sencillo, discreto.*

rincón
1 Esquina, ángulo, recodo, recoveco, vuelta, sinuosidad.
2 Refugio, escondrijo, guarida.

riña
1 Pelea, pendencia, contienda, disputa, escaramuza, pugna, lucha, liza, gresca, rifirrafe, zipizape, turbamulta.
ANT.: *Paz, concordia, calma.*
2 Reprimenda, regaño, regañina, sermón.
ANT.: *Elogio, felicitación.*
3 (C. Rica) Ladrón, ratero.

río
Corriente, torrente, riacho, riachuelo, brazo, afluente.

riqueza
1 Opulencia, bienestar, fortuna, capital, caudal, patrimonio, hacienda, tesoro.
ANT.: *Pobreza, miseria, carencia.*
2 Abundancia, plétora, profusión, exuberancia, feracidad, fecundidad.
ANT.: *Escasez, falta.*
3 Lujo, suntuosidad, fastuosidad, magnificencia.
ANT.: *Austeridad, sobriedad, modestia.*

risa
Hilaridad, irrisión, carcajada, risotada, sonrisa, alegría, jolgorio.
ANT.: *Llanto, gemido.*
risco
Peña, peñasco, piedra, roca, peñón, mogote, acantilado, despeñadero.
ristra
Ringlera, hilera, sarta, retahíla, rosario, cadena, fila, línea, serie.
ANT.: *Unidad.*
risueño
1 Sonriente, riente, carialegre, jocundo, contento, reidor, alegre, gozoso, divertido, festivo.
ANT.: *Triste, ceñudo, melancólico.*
2 (Fig.) Placentero, agradable, amable [paisaje, paraje].
ANT.: *Hostil, inhóspito.*
3 (Fig.) Favorable, próspero, prometedor, halagüeño.
ANT.: *Desfavorable, ominoso.*
ritmo
Compás, cadencia, regularidad, medida, movimiento, orden, equilibrio, paso, marcha.
ANT.: *Irregularidad, arritmia.*
rito
1 Ceremonia, ritual, protocolo, ceremonial, liturgia.
2 Culto, regla.
3 Costumbre, rutina, hábito.
rival
Contrincante, contendiente, adversario, antagonista, oponente, enemigo, competidor, émulo.
ANT.: *Aliado, amigo, compañero.*
rizado
1 Ensortijado, rizoso, crespo, pasudo, rufo*, (Amér.) chino [cabello].
ANT.: *Liso, lacio.*
2 Ondulado, ondeado, escarolado, retorcido.
ANT.: *Plano, terso.*
*Tb. significa: (Esp.) Rubio, rojizo. / (Cuba) En femenino ómnibus, guagua. / (Méx., Venez./vulg.) Automóvil.
rizo
Bucle, onda, sortija, tirabuzón, mechón, caracol, (Amér.) chino.
robar
1 Hurtar, sisar, birlar, ratear, escamotear, despojar, desvalijar, saquear, quitar, usurpar, apropiarse, timar, estafar, expoliar, (Esp.) apandar*.
ANT.: *Devolver, restituir, recuperar.*
2 Raptar, secuestrar.
ANT.: *Rescatar, liberar.*
3 (Fig.) Atraer, cautivar, arrebatar, embelesar.
4 (Argent.) Aventajar, superar [en carreras, competencias].
*Tb. significa: (Méx./vulg.) Meter a un preso en la celda de castigo.
robo
Hurto, latrocinio, saqueo, pillaje, rapiña, estafa, timo, fraude, sisa, ratería, sustracción, exacción, malversación, → robar.
ANT.: *Regalo, devolución.*
robustecer
Vigorizar, fortalecer, rejuvenecer, reforzar, fortificar, consolidar, tonificar, endurecer, engrosar.
ANT.: *Debilitar, agotar, extenuar, socavar.*
robusto
1 Corpulento, vigoroso, musculoso, forzudo, fuerte, fornido, hercúleo, sólido.
ANT.: *Débil, esmirriado, enclenque.*
2 Sólido, firme, grueso, resistente.
ANT.: *Frágil, endeble.*
roca
1 Peña, peñasco, risco, peñón, pico, escollo.
2 Piedra, mineral.
rocambolesco
Insólito, inverosímil, enrevesado, espectacular, fantástico, extraordinario.
ANT.: *Común, ordinario.*
roce
1 Frotamiento, frote, fricción, rozamiento, desgaste, ludimiento, rozón, restregón, rozadura.
2 (Fig.) Trato, relación, comunicación, contacto.
ANT.: *Aislamiento.*
3 roces Desavenencia, disgusto, desacuerdo, (fam.) pique.
ANT.: *Avenencia, acuerdo.*
rociada
1 Rociamiento, salpicadura, salpicada, chorro, aspersión, rocío, ráfaga.
2 (Fig.) Reprensión, regaño, reconvención, regañina, bronca, reprimenda.
ANT.: *Felicitación, elogio.*
rociar
1 Salpicar, asperjar, mojar, bañar, regar, duchar, humedecer.
ANT.: *Secar.*
2 (Fig.) Esparcir, extender, dispersar, soltar, difundir.
ANT.: *Reunir, recoger, congregar.*

rocío
Sereno, relente, escarcha, vaporización, llovizna, (Esp.) aljófar.
rocoso
Pedregoso, riscoso, abrupto, roqueño, escarpado, escabroso, áspero, desigual.
ANT.: *Llano, liso, terroso.*
rodaja
Tajada, lonja, rueda, rebanada VER.
rodar
1 Girar, rolar, rular*, remolinear, rotar, voltear, virar.
ANT.: *Detenerse, pararse.*
2 Circular, deslizarse, desplazarse, correr, resbalar.
3 Caer, revolcarse.
4 (Fig.) Deambular, recorrer, vagar, rondar, merodear, vagabundear.
5 Filmar, grabar [cine, vídeo].
6 (C. Rica) Engañar, engatusar.
7 (Venez.) Divulgar, difundir, extender.
ANT.: *Reservar, callar.*
*Tb. significa: (Cuba) Bailar.
rodear
1 Circunvalar, desviarse, orillar, torcer, ladear, alejarse.
ANT.: *Atravesar, cruzar.*
2 (Fig.) Eludir, esquivar, soslayar, evitar.
ANT.: *Abordar, afrontar, encarar.*
3 (Fig.) Divagar, detraer, perifrasear.
ANT.: *Concentrarse.*
4 Circundar, circuir, ceñir, envolver, acordonar.
5 Cercar, sitiar, asediar, aislar, encerrar.
ANT.: *Liberar.*
rodeo
1 Circunvalación, desviación, desvío, vuelta, separación.
ANT.: *Través, recta.*
2 Giro, vuelta, viraje, virada.
3 (Fig.) Evasiva, triquiñuela, pretexto.
4 (Fig.) Circunloquio, digresión, perífrasis, giro, ambigüedad, ambages, vaguedad.
ANT.: *Exabrupto, expresión directa.*
roer
1 Mordisquear, dentellar, comer, ratonar.
2 Corroer, carcomer, desgastar, gastar.
3 (Fig.) Atormentar, concomer, turbar, afligir, angustiar.
rogar
1 Suplicar, impetrar, implorar, pedir, solicitar, exhortar, instar.
ANT.: *Exigir, reclamar, otorgar.*
2 Orar, rezar, invocar.
ANT.: *Blasfemar, renegar.*
rojo
1 Encarnado, carmesí, colorado, escarlata, bermejo, bermellón, grana, granate, rubí, rojizo, coral [color].
2 Rubio, rufo, pelirrojo.
rollizo
Gordo, grueso, obeso, gordinflón, regordete, rechoncho, robusto, corpulento.
ANT.: *Flaco, delgado, esbelto, seco.*
rollo
1 Rodillo, cilindro, pilar, eje.
2 Carrete, bobina, ovillo, madeja, lío.
3 (Fam.) Lonja, llanta, gordura.
4 (Fig.) Lata, pesadez, aburrimiento, monserga, pejiguera.
5 (Fig.) Verborrea, locuacidad, retahíla, cuento.
ANT.: *Parquedad, laconismo.*
6 (C. Rica, Méx.) Incidente, contratiempo.
7 (Méx./fam.) Asunto, tema, afición.
8 (Venez.) Rizador para el cabello.
romadizo
Catarro, constipado, resfriado VER.
romance
1 Idilio, amorío, galanteo, cortejo, noviazgo, aventura, afer o affaire.
2 Poema, relato, poesía.
romántico
1 Romancesco, novelesco.
ANT.: *Cotidiano, vulgar.*
2 Sentimental, soñador, delicado, tierno, apasionado, idealista, (desp.) sensiblero.
ANT.: *Materialista, prosaico, pedestre.*
rompeolas
1 Rompiente, acantilado.
2 Malecón, escollera, dique, muelle, espigón.
romper
1 Quebrar, destrozar, despedazar, desgarrar, desbaratar, desintegrar, demoler, destruir, fracturar, fragmentar, rajar, desgajar, tronchar, reventar, cascar, astillar, estrellar, rasgar, hacer trizas, hacer añicos.
ANT.: *Pegar, unir, soldar, arreglar, reparar.*
2 Perforar, hender, hendir, agrietar, horadar, agujerear, atravesar.
ANT.: *Tapar, obturar, parchar.*
3 Estropear, averiar, descomponer, gastar, inutilizar.
ANT.: *Remendar, componer.*
4 (Fig.) Interrumpir, cortar, descontinuar.
ANT.: *Continuar, proseguir, mantener.*

5 (Fig.) Infringir, quebrantar, violar, desobedecer, desacatar, incumplir [leyes, promesas, etc.].
ANT.: *Cumplir, seguir, acatar.*
6 (Fig.) Salir, brotar, iniciar, prorrumpir, irrumpir [en llanto u otras manifestaciones de ánimo].
ANT.: *Contener, detener, frenar, reprimir.*

rompiente
Acantilado, escollera, bajío, barra, peñasco, arrecife.

ronco
1 Afónico, enronquecido.
2 Profundo, bajo, áspero, bronco.
ANT.: *Agudo, argentino, cristalino.*

ronda
1 Patrulla, vigilancia, guardia, centinela, destacamento, piquete.
2 Rondalla, tuna, serenata.
3 Tanda, turno, vuelta, vez, mano.

rondar
1 Vigilar, patrullar, guardar, velar.
ANT.: *Desproteger, descuidar.*
2 Merodear.
ANT.: *Alejarse.*
3 Galantear, cortejar, seguir, pretender.
ANT.: *Desdeñar, ignorar.*
4 (Fig. y fam.) Acechar, asediar, perseguir, hostigar, importunar, molestar.
ANT.: *Dejar tranquilo, olvidar.*

ronquera
Afonía, carraspera, ronquez, ronquedad, enronquecimiento, aspereza.

ronquido
Jadeo, estertor, resuello, gruñido, respiración ruidosa.

roña
1 Sarna, tiña, dermatosis.
2 Mugre, inmundicia, suciedad, porquería, cochambre, asquerosidad.
ANT.: *Pulcritud, limpieza, aseo.*
3 Herrumbre, orín, óxido, verdín, robín.
4 (Fig. y fam.) Tacañería, mezquindad, roñería, tiñería, roñosería, cicatería.
ANT.: *Generosidad, liberalidad, dadivosidad.*
5 (Fig. y fam.) Tacaño, avaro, mezquino, roñoso, roñica, cicatero, miserable, agarrado.
ANT.: *Desprendido, generoso.*
6 (Venez./fam.) Lentitud, pereza, cachaza.
ANT.: *Diligencia, rapidez.*

roñoso
1 Sarnoso, tiñoso, escabioso.
ANT.: *Sano.*
2 Mugriento, sucio, → roña.
ANT.: *Limpio, pulcro.*
3 Avaro, mezquino, cicatero, tacaño, ruin, miserable.
ANT.: *Generoso, dadivoso.*
4 (Venez./fam.) Pesado, perezoso, lento, negligente, rezongón.
ANT.: *Diligente, presto.*

ropa
Vestido, vestimenta, ropaje, indumentaria, atuendo, atavío, prenda, traje.

ropero
1 Armario, guardarropa, cómoda, (Amér.) clóset.
2 (Méx./fam.) Corpulento, fornido, musculoso.
ANT.: *Alfeñique, enclenque.*

rosario
1 Sarta, retahíla, sucesión, serie, (fam.) chorizo, ristra VER.
2 Espinazo, columna vertebral.

rostro
Semblante, cara, faz, pico, jeta, morro, fisonomía, facciones, rasgos.

rotar
1 Girar, dar vueltas, rodar VER.
2 Alternar, relevar, turnarse.
ANT.: *Mantener, permanecer.*

roto
1 Partido, quebrado, rajado, destrozado, averiado, escacharrado, → romper.
ANT.: *Entero, completo, flamante.*
2 Desgarrón, rotura, harapo.
3 Andrajoso, harapiento, desharrapado, (Argent., Chile, Ecuad., Perú, Urug.) rotoso.
ANT.: *Elegante, acicalado.*
4 (Chile) Pelagatos, paria, miserable.
5 (Méx.) Catrín, petimetre, lechuguino.

rótulo
Inscripción, anuncio, aviso, letrero, cartel, título, marca, etiqueta, encabezamiento.

rotundo
1 Redondeado, esférico, redondo.
ANT.: *Anguloso.*
2 (Fig.) Terminante, tajante, categórico, concluyente, firme, preciso, claro.
ANT.: *Impreciso, vago, evasivo.*

rotura
1 Rompimiento, rasgadura, quebranto, quiebra, quebradura, cisura, destrozo, estrago, → romper.
ANT.: *Compostura, arreglo, soldadura.*
2 (Fig.) Ruptura, interrupción, alejamiento, desavenencia.
ANT.: *Reconciliación, avenencia.*

rozagante
1 Lozano, saludable, fresco, flamante, llamativo, vistoso.
ANT.: *Enfermizo, demacrado, cenizo.*
2 (Fig.) Ufano, orondo, satisfecho, orgulloso, presumido.
ANT.: *Abatido, humillado, deprimido.*

rozar
1 Restregar, estregar, friccionar, fregar, sobar, frotar, raer, desgastar, rascar.
2 Rayar, lindar, tocarse, acercar.
ANT.: *Apartar, alejar.*
3 **rozarse** Tratarse, relacionarse, alternar.

rubor
1 Sonrojo, encendimiento, colores, sofoco, bochorno, enrojecimiento.
ANT.: *Palidez, lividez.*
2 (Fig.) Vergüenza, timidez, turbación, apuro, empacho, pudor.
ANT.: *Desvergüenza, descaro, caradurismo.*

ruborizarse
Sonrojarse, abochornarse, avergonzarse, → rubor.
ANT.: *Palidecer, demacrarse.*

rudeza
1 Tosquedad, aspereza, bastedad.
ANT.: *Finura, suavidad.*
2 Descortesía, grosería, brusquedad, torpeza, incultura, zafiedad.
ANT.: *Cortesía, refinamiento.*

rudimentario
1 Elemental, primitivo, primario, básico, embrionario.
ANT.: *Avanzado, evolucionado, complejo.*
2 (Fig.) Anticuado, tosco, rústico, imperfecto.
ANT.: *Perfeccionado, refinado.*

rudo
1 Basto, áspero, tosco, ordinario.
ANT.: *Fino, suave.*
2 Brusco, grosero, descortés.
ANT.: *Gentil, cortés.*
3 Zafio, ignorante, maleducado.
ANT.: *Refinado, educado.*
4 Violento, bronco, brutal.
ANT.: *Delicado.*
5 Torpe, zopenco, lerdo.
ANT.: *Listo, avisado.*
6 (Fig.) Difícil, arduo, trabajoso, agotador.
ANT.: *Sencillo, descansado, fácil.*

rueda
1 Círculo, circunferencia, disco, corona, aro.
2 Rodaja, tajada, rebanada.
3 Neumático, llanta.
4 Corro, corrillo, grupo, ruedo.

ruego
1 Petición, súplica, solicitud, imploración, pedido, impetración.
ANT.: *Reclamación, exigencia.*
2 Oración, rezo, plegaria, preces, invocación, jaculatoria.
ANT.: *Blasfemia, reniego.*

rufián
1 Canalla, sinvergüenza, miserable, bribón, granuja, truhán, infame, ruin.
ANT.: *Caballero, honrado, respetable.*
2 Proxeneta, padrote, alcahuete, (Esp.) chulo.

rugir
1 Bramar, gruñir, aullar, ulular, chillar, berrear, bufar.
2 (Fig.) Crujir, tronar, rechinar.

rugoso
Áspero, arrugado, ondulado, desigual, escabroso, surcado.
ANT.: *Liso, terso, plano.*

ruido
1 Fragor, rumor, zumbido, sonido, eco, estrépito, estruendo, estampido.
ANT.: *Silencio, calma, quietud.*
2 Alboroto, barahúnda, baraúnda, griterío, jaleo, bullicio, zarabanda, (Esp.) follón.
ANT.: *Tranquilidad, paz.*
3 (Fig.) Exageración, aparato, ostentación, rumbo.
ANT.: *Discreción.*

ruidoso
1 Sonoro, fragoroso, estrepitoso, estruendoso, ensordecedor, estridente, rumoroso.
ANT.: *Silencioso, callado.*
2 (Fig.) Exagerado, aparatoso, ostentoso, escandaloso, rumboso.
ANT.: *Discreto, sobrio.*

ruin
1 Vil, mezquino, despreciable, bajo, infame, malvado, indigno, rastrero, abyecto.
ANT.: *Noble, bueno, elevado.*

2 Tacaño, avaro, miserable, roñoso, cicatero.
ANT.: *Generoso, dadivoso, desprendido.*
3 Raquítico, desmedrado, insignificante, débil.
ANT.: *Vigoroso, poderoso, fuerte.*

ruina
1 Destrucción, desastre, caída, devastación, perdición, desolación, infortunio, caos.
ANT.: *Apogeo, auge, florecimiento.*
2 (Fig.) Decadencia, hundimiento, decaimiento, (fig.) naufragio.
ANT.: *Evolución, progreso, permanencia, prosperidad.*
3 (Fig.) Bancarrota, quiebra, quebranto, revés, pérdida.
ANT.: *Fortuna, ganancia, lucro.*

rulo
1 Rizo, bucle, tirabuzón, onda, (Amér.) chino.
2 Rizador, (Argent., Perú, Urug.) rulero, (Méx.) tubo, (Venez.) rollo.

rumbo
1 Dirección, ruta, camino, trayectoria, derrotero, sentido, orientación, marcha.
ANT.: *Deriva.*
2 Comportamiento, conducta, orientación.
3 (Fig.) Matiz, cariz, sesgo, apariencia, panorama.
4 (Fig. y fam.) Desprendimiento, generosidad, dadivosidad, garbo, liberalidad.
ANT.: *Mezquindad, tacañería.*
5 Pompa, ostentación, derroche, boato, postín, aparato, (fig.) ruido.
ANT.: *Humildad, sobriedad, discreción.*

rumiar
1 Mascar, tascar, remugar, mordisquear.
2 (Fig. y fam.) Madurar, considerar, reflexionar, cavilar, meditar, estudiar, urdir.
ANT.: *Improvisar.*
3 (Fig. y fam.) Rezongar, refunfuñar, mascullar, gruñir, murmurar.

rumor
1 Susurro, murmullo, ruido, sonido, runrún.
ANT.: *Estrépito, fragor.*
2 Murmuración, cuento, chisme, chismorreo, hablilla, comadreo, (Esp.) cotilleo, bulo.
ANT.: *Verdad, información.*

ruptura
1 Desavenencia, separación, alejamiento, rompimiento, disgusto, riña.
ANT.: *Avenencia, concordia, reconciliación.*
2 Fractura, quiebra, rotura VER.

rural
1 Campestre, agrario, campesino, (Méx.) campirano.
ANT.: *Urbano, metropolitano, ciudadano.*
2 Aldeano, pastoral, rústico VER.

rústico
1 Campesino, agreste, rural VER.
2 Labriego, aldeano, pueblerino, lugareño, palurdo, (Esp.) paleto.
ANT.: *Ciudadano, citadino.*
3 (Fig.) Primitivo, tosco, burdo, rudo, ordinario.
ANT.: *Refinado.*
4 (Fig./desp.) Patán, zafio, inculto, descortés, grosero, barbaján.
ANT.: *Caballero, cortés.*

ruta
Rumbo, derrotero, itinerario, trayecto, trayectoria, periplo, camino, viaje, carretera.

rutilante
Refulgente, fulgurante, resplandeciente, llameante, centelleante, deslumbrante, chispeante, esplendoroso, brillante, luminoso.
ANT.: *Opaco, sombrío, oscuro.*

rutilar
Refulgir, fulgurar, llamear, esplender, resplandecer, centellear, brillar.
ANT.: *Apagarse, extinguirse.*

rutina
1 Costumbre, uso, usanza, hábito, tradición, repetición, frecuencia, modo, práctica.
ANT.: *Novedad, innovación, interés.*
2 (Cuba) Alarde, ostentación.

rutinario
1 Acostumbrado, habitual, usual, frecuente, inveterado.
ANT.: *Novedoso, desacostumbrado, inusual.*
2 Monótono, aburrido, repetitivo, trillado.
ANT.: *Original, insólito, imaginativo.*

S

sabana
Llanura, llano, pampa, pradera, planicie.
ANT.: *Monte, serranía.*

sabandija
1 Alimaña, bicho, bicharraco, animalejo.
2 (Fig.) Granuja, rufián, canalla, pillo, ruin, abyecto.
ANT.: *Honrado, digno.*

saber
1 Conocer, comprender, entender, penetrar, intuir, discernir, dominar.
ANT.: *Desconocer, ignorar.*
2 Sabiduría, conocimiento, erudición, cultura.
3 Ciencia, arte, disciplina, técnica.

sabiduría
1 Inteligencia, juicio, sapiencia, capacidad, habilidad, penetración, intuición, prudencia, cordura, tino, sensatez.
ANT.: *Estupidez, estulticia, insensatez, necedad.*
2 Saber, conocimiento, erudición, dominio, instrucción, cultura, ciencia, pericia.
ANT.: *Ignorancia, desconocimiento.*

sabihondo
Sabidillo, sabelotodo, resabido, sabiondo, pedante, (Esp.) marisabidilla.
ANT.: *Sencillo, modesto.*

sabio
1 Inteligente, sensato, juicioso, cuerdo, atinado, prudente.
ANT.: *Estúpido, insensato, imprudente, necio.*
2 Docto, culto, erudito, ilustrado, capaz, competente, (fam.) leído, lumbrera, (Argent.) sabido, (Cuba) sabichoso, (Venez.) sabilón.
ANT.: *Ignorante, indocto, inculto.*
3 (Fig.) Científico, estudioso, investigador.

sablazo
1 Mandoble, tajo, espadazo, estocada.
2 (Fig. y fam.) Petición, préstamo, gorronería, (Argent.) pechazo.

sable
1 Acero, catana o katana, espada VER.
2 Negro [color heráldico].

sablista
Sableador, parásito, zángano, pedigüeño, (vulg.) mangante, (Argent.) pechador.
ANT.: *Dadivoso, generoso.*

sabor
1 Gusto, gustillo, regusto, sapidez, deje, dejo, (fig.) boca, paladar.
ANT.: *Insipidez, desabrimiento.*
2 Sensación, impresión.

saborear
1 Gustar, catar, probar, paladear, degustar.
2 (Fig.) Complacerse, deleitarse, gozar, regodearse, disfrutar, recrearse.
ANT.: *Sufrir, padecer.*

sabroso
1 Delicioso, apetitoso, gustoso, suculento, exquisito, sazonado, rico.
ANT.: *Insípido, soso, repugnante.*
2 (Fig.) Deleitoso, agradable, placentero.
ANT.: *Molesto, desagradable.*
3 (Fig. y fam.) Importante, interesante, sustancioso.
ANT.: *Insignificante, irrisorio.*
4 (Méx./vulg.) Pendenciero, bravucón, valentón.

sabueso
1 Perro, can, dogo.
2 (Fig.) Policía, investigador, (desp.) polizonte, detective.
ANT.: *Delincuente, ladrón, fugitivo.*

sacar
1 Extraer, retirar, arrancar, vaciar, quitar, apartar.
ANT.: *Meter, introducir, llenar, poner.*
2 Resolver, averiguar, deducir, inferir, solucionar, descubrir.
3 Exhumar, desencajonar, desenterrar, desempacar, (fig.) desempolvar.
ANT.: *Guardar, sepultar.*
4 Obtener, conseguir, lograr, alcanzar.
5 Excluir, exceptuar, segregar, discriminar, expulsar.
ANT.: *Incluir, integrar, agregar.*
6 Manifestar, expresar, revelar, mostrar, exponer, enseñar, lucir.
ANT.: *Esconder, ocultar, disimular.*

7 Emitir, lanzar, poner en circulación [referido a valores bursátiles y publicaciones].
8 Arrojar, impulsar, poner en juego [deportes].

sacerdote
Oficiante, ministro, cura, clérigo, párroco, (fam.) padre, pastor, presbítero, eclesiástico, religioso, fraile, pope.
ANT.: *Lego, seglar, laico.*

saciar
1 Llenar, colmar, satisfacer, ahitar, hartar.
ANT.: *Apetecer, ansiar, desear.*
2 **saciarse** Llenarse, ahitarse, hartarse, colmarse, atracarse, empalagarse, empacharse.
ANT.: *Hambrear.*

saciedad
1 Satisfacción, plenitud.
ANT.: *Deseo, ansia.*
2 Hartura, saturación, llenura, atracón, hartazgo, empalago.
ANT.: *Hambre, necesidad.*

saco
1 Talego, costal, saca, morral, zurrón, bolso, fardo, bolsa, macuto.
2 Chaqueta, americana, levita, sobretodo.

sacrificio
1 Ofrenda, holocausto, inmolación, oblación, hecatombe, tributo, martirio, expiación.
2 (Fig.) Esfuerzo, peligro, sufrimiento, avatar, padecimiento, privación.
ANT.: *Beneficio, placer.*
3 (Fig.) Abnegación, renuncia, desinterés, entrega.
ANT.: *Interés, egoísmo.*

sacrilegio
Profanación, violación, escarnio, irreverencia, abominación, blasfemia, impiedad.

sacudir
1 Zangolotear, mover, menear, zarandear, jalonear.
ANT.: *Detener, sostener.*
2 Golpear, atizar, percutir.
3 Maltratar, pegar, zurrar.
4 Agitar, remover.
5 (Fig.) Impresionar, conmover, conmocionar.
6 **sacudirse** Estremecerse, convulsionarse, temblar.

saeta
1 Dardo, flecha.
2 Manecilla, saetilla, aguja, minutero, segundero.

sagaz
Perspicaz, agudo, astuto, sutil, lúcido, penetrante, clarividente, avisado.
ANT.: *Torpe, obtuso, corto.*

sagrado
1 Divino, santo, sacrosanto, sacro, sacratísimo.
ANT.: *Profano.*
2 Consagrado, santificado, bendito.
3 Venerable, inviolable, intangible, respetable.

sal
1 Donaire, garbo, gracia, simpatía, gentileza, salero, (Esp.) sandunga.
ANT.: *Antipatía, desgarbo, ñoñez.*
2 Agudeza, ingenio, chispa.
ANT.: *Pesadez, lerdez.*
3 (C. Rica, Guat., Hond., Méx., Nic., Pan., Salv., Sto. Dom.) Mala suerte, infortunio, desventura, desgracia, (Cuba, Méx.) salación.

sala
Salón, estancia, aposento, recinto, pieza, habitación.

salame
1 Salchichón, embutido, embuchado, (Amér.) salami.
2 (Argent., Par., Urug./fig.) Tonto, bobo, lelo.

salario
Paga, sueldo, salario, jornal, remuneración, estipendio, retribución, haberes, gajes, honorarios, mensualidad, quincena.

saldo
1 Pago, liquidación, finiquito.
ANT.: *Deuda, débito.*
2 Resto, remanente, retal, sobrante, retazo.

salero
Garbo, gracia, simpatía, → sal.
ANT.: *Antipatía, pesadez.*

salida
1 Abertura, paso, puerta, boca, agujero, comunicación.
ANT.: *Oclusión, obstáculo, acceso, entrada.*
2 Derrame, desagüe, evacuación, desembocadura.
3 Marcha, partida, huida, alejamiento.
ANT.: *Llegada, arribo.*
4 Emisión, lanzamiento.
ANT.: *Detención.*

5 Nacimiento, orto, aparición.
ANT.: *Ocaso, puesta.*
6 (Fig.) Pretexto, recurso, rodeo, escapatoria, subterfugio.
7 (Fig.) Solución, razón, medio, remedio.
8 (Fig. y fam.) Ocurrencia, chiste, gracejada, agudeza.

saliente
1 Resalte, borde, reborde, remate, saledizo, relieve, pestaña.
ANT.: *Entrante, concavidad, hueco.*
2 Oriente, orto, levante, este.
ANT.: *Occidente, poniente.*

salir
1 Marchar, ir, partir, alejarse, abandonar, dejar.
ANT.: *Llegar, entrar, quedarse.*
2 Liberarse, librarse, escapar, huir, evadirse, vencer.
ANT.: *Enfrentar, confrontar, soportar.*
3 Emerger, brotar, surgir, nacer, aparecer, manifestarse.
ANT.: *Ocultarse, esconderse, desaparecer.*
4 Proceder, originarse, emanar, derivar, provenir.
ANT.: *Desembocar, rematar, resultar.*
5 Deshacerse, separarse, apartarse [de algo o alguien].
ANT.: *Conservar, adquirir.*
6 Quitarse, limpiarse, borrarse [manchas].
7 **salir a** Asemejarse, semejarse, parecerse, heredar [referido por lo común a los hijos en relación a los padres].

salirse
1 Excederse, sobrepasarse, pasar.
ANT.: *Moderarse, controlarse.*
2 Derramarse, desbordarse, tirarse.
ANT.: *Contenerse, caber.*
3 Cesar, abandonar, terminar, dejar.
ANT.: *Ingresar, iniciar, comenzar.*

salmodia
1 Melopea, cántico, canturreo.
2 (Fig. y fam.) Repetición, letanía, cantilena, monserga, (Amér.) cantinela.

salón
Recinto, aposento, sala VER.

salpicar
1 Mojar, humedecer, irrigar, bañar, rociar, asperjar, duchar, chorrear, chapotear.
ANT.: *Secar, enjugar.*
2 (Fig.) Esparcir, espolvorear, escarchar, distribuir.
ANT.: *Emplastar, concentrar.*
3 Saltar, manchar, pringar.

salsa
1 Adobo, aderezo, condimento, aliño, moje, mojo, sustancia, caldo, jugo.
2 (Fig.) Salero, gracia, gracejo, jocosidad, (Esp.) sandunga.
ANT.: *Insulsez, sosería, ñoñez.*
3 (Cuba) Coquetería.

saltar
1 Brincar, botar, rebotar, danzar, retozar, juguetear.
2 Arrojarse, lanzarse, arremeter, tirarse, aventarse*.
3 Estallar, explotar, reventar, salpicar, volar.
4 **saltar a la vista** Resaltar, destacar, sobresalir, notarse.
ANT.: *Pasar desapercibido.*
5 **saltarse** Olvidar, omitir, saltear, dejar, (fam.) comerse.
ANT.: *Incluir, subrayar.*
*Tb. significa: (Méx./fam.) Atreverse, animarse a hacer algo difícil o complicado.

salteador
Asaltante, bandolero, ladrón VER.

saltimbanqui
Acróbata, saltador, saltimbanco, saltabanco, titiritero, (Amér.) cirquero.

salto
1 Brinco, bote, rebote, pirueta, cabriola, corbeta, retozo, corcovo.
2 Vuelco, palpitación, sobresalto.
3 Despeñadero, precipicio, barranco, zanja, catarata, caída.
4 (Fig.) Avance, progreso, ascenso, subida.
ANT.: *Rezago, retroceso.*
5 (Fig.) Cambio, mutación, variación, transformación.
ANT.: *Permanencia, inmovilidad.*
6 Olvido, omisión, descuido, laguna, falta, error.
ANT.: *Corrección, atención.*

salud
1 Fortaleza, fuerza, vigor, brío, lozanía, energía, resistencia, robustez.
ANT.: *Enfermedad, debilidad.*
2 Salubridad, sanidad.

saludable
1 Salubre, salutífero, higiénico.
ANT.: *Insalubre, antihigiénico, malsano.*
2 Vigoroso, fuerte, lozano, robusto, sano VER.
ANT.: *Débil, enfermo, enfermizo.*
3 (Fig.) Beneficioso, provechoso, deseable, conveniente, aconsejable.
ANT.: *Nocivo, indeseable, inconveniente.*
saludo
1 Salutación, ceremonia, cumplido, cortesía, recepción.
ANT.: *Descortesía.*
2 Reverencia, inclinación.
salvación
Redención, liberación, salida, escape, salvamento, rescate.
ANT.: *Perdición, ruina.*
salvador
1 Liberador, redentor, defensor, protector, ➔ salvar.
2 Salvador (El) Jesucristo VER.
salvaje
1 Agreste, silvestre, selvático, inculto, inexplorado, (fig.) virgen.
ANT.: *Explotado, cultivado.*
2 Primitivo, aborigen, incivilizado.
ANT.: *Civilizado.*
3 Bravío, montés, feroz, montaraz, indómito, (Amér. Merid.) bagual [dicho de animales].
ANT.: *Manso, doméstico.*
4 (Fig.) Bárbaro, violento, atroz, bestial, brutal, cruel, infame, inicuo, sanguinario.
ANT.: *Benévolo, clemente, misericordioso.*
5 (Fig.) Incontrolado, desmesurado, excesivo, desenfrenado.
ANT.: *Controlado, moderado.*
6 (Fig. y fam.) Zafio, palurdo, rudo, incivil, cerrado, grosero.
ANT.: *Culto, refinado.*
7 (Fig. y fam.) Arisco, huraño, insociable.
ANT.: *Sociable, amistoso.*
salvar
1 Rescatar, socorrer, asistir, auxiliar, liberar, recuperar, ocultar, esconder, proteger, amparar.
ANT.: *Entregar, abandonar, desamparar, exponer, perder.*
2 Redimir, liberar, sacar.
ANT.: *Oprimir, esclavizar.*
3 Exculpar, disculpar, eximir, librar.
ANT.: *Acusar, inculpar, condenar.*
4 Atravesar, cruzar, franquear, saltar, vadear, pasar.
ANT.: *Atorarse, estancarse.*
5 (Fig.) Superar, vencer [dificultades, problemas].
6 Exceptuar, excluir, (fam.) saltar.
ANT.: *Incluir, considerar.*
7 Resguardar, conservar la información [computación].
ANT.: *Borrar, eliminar.*
8 salvarse Escapar, librarse, evitar, eludir.
ANT.: *Enfrentar, padecer.*
salvo
1 Ileso, indemne, incólume, libre, seguro.
ANT.: *Leso, dañado, perjudicado.*
2 Excepto, exceptuado, omitido, excluido, con excepción de, menos.
ANT.: *Incluso, incluido, inclusive.*
sanar
Reponerse, restablecerse, recobrarse, aliviarse, mejorar, convalecer, curarse.
ANT.: *Agravarse, empeorar, enfermar.*
sanatorio
Hospital, clínica, nosocomio, policlínico, (ant.) lazareto.
sanción
1 Autorización, aprobación, confirmación, ratificación, permiso, venia.
ANT.: *Denegación, prohibición.*
2 Estatuto, decreto, ley, ordenanza, norma.
3 Castigo, correctivo, punición, pena, condena.
ANT.: *Premio, aplauso.*
sandalia
Zapatilla, alpargata, (Amér. C.) cacle, (Amér. C., Méx.) huarache.
sandez
Disparate, desatino, necedad, estupidez, majadería, tontería, dislate, despropósito, memez, mentecatez, (Méx./vulg.) pendejada.
ANT.: *Sensatez, acierto, agudeza.*
sandunga
1 (Esp.) Gracia, salero, salsa, donaire, ➔ sal.
ANT.: *Antipatía, pesadez.*
2 (Colomb., Chile, P. Rico) Parranda, jolgorio, jarana.
sándwich
Emparedado, bocadillo, tentempié.
sanear
1 Limpiar, asear, higienizar, purificar.
ANT.: *Ensuciar, contaminar.*
2 Remediar, reparar, arreglar, componer, corregir.
ANT.: *Dañar, estropear, descomponer.*

3 Depurar, pulir, perfeccionar.

sangre

1 Plasma, humor, crúor.

2 (Fig.) Casta, raza, familia, estirpe, parentesco, linaje VER.

sangriento

1 Sangrante, ensangrentado, sanguinolento, tinto en sangre*.

2 (Fig.) Feroz, inhumano, sanguinario, cruel, salvaje VER.

ANT.: *Bondadoso, piadoso, tierno.*

3 (Fig.) Cruento, bárbaro, brutal, bestial, sanguinario, inmisericordie, inclemente.

ANT.: *Clemente, misericordioso.*

4 (Fig.) Injurioso, ofensivo, denigrante, insultante.

ANT.: *Elogioso, lisonjero.*

*Tb. significa: (Cuba) Forzosamente, necesariamente, de todos modos.

sanguinario

Vengativo, cruel, sañudo, inmisericorde, sangriento VER.

ANT.: *Pacífico, misericordioso.*

sano

1 Sano, vigoroso, fuerte, robusto, saludable, resistente, lozano, fresco.

ANT.: *Enfermo, enfermizo, débil, decaído.*

2 Higiénico, salubre, salutífero, benéfico.

ANT.: *Nocivo, insano, insalubre.*

3 (Fig.) Entero, íntegro, completo, intacto.

ANT.: *Dañado, estropeado.*

4 (Fig.) Sincero, cabal, honesto, recto, bueno, bien intencionado.

ANT.: *Falso, deshonesto.*

5 (Fig.) Positivo, favorable, conveniente, seguro.

ANT.: *Desfavorable, inconveniente.*

6 (Argent.) Sobrio.

ANT.: *Ebrio.*

santo

1 Sagrado, divino, sacro, venerable, perfecto, sublime, puro, inviolable.

ANT.: *Profano.*

2 Bienaventurado, justo, virtuoso, bendito, elegido.

ANT.: *Endemoniado, impío.*

3 Beato, apóstol, mártir, patrono.

4 (Fig.) Bueno, salutífero, provechoso, curativo.

ANT.: *Perjudicial, nocivo.*

5 Onomástico, festividad, celebración.

6 (Fig. y fam.) Viñeta, grabado, ilustración, estampa [en un libro].

santuario

Templo, capilla, oratorio, iglesia.

santurrón

Mojigato, gazmoño, santucho, hipócrita, puritano, (fam.) beato, comesantos, (C. Rica) santulón, (Méx./fam. y desp.) mocho*.

ANT.: *Abierto, liberal.*

*Tb. significa: (Méx., Venez.) Roto, quebrado. / (Méx., Venez./fam.) Cojo, manco.

saña

Encono, rabia, rencor, furia, furor, ira, virulencia, ojeriza, inquina.

ANT.: *Compasión, suavidad, afecto.*

sapiencia

Saber, conocimiento, erudición, sabiduría VER.

ANT.: *Ignorancia, necedad.*

saquear

Desvalijar, despojar, robar, pillar, rapiñar, asaltar, depredar, (fig.) vaciar.

ANT.: *Devolver, restituir.*

sarcástico

Irónico, mordaz, satírico, punzante, cáustico, cínico, agresivo, burlón.

ANT.: *Sincero, elogioso.*

sarcófago

1 Féretro, ataúd, caja, cajón.

2 Sepulcro, sepultura, tumba.

sarna

1 Roña, acariasis, (Amér. Merid.) caracha.

2 (C. Rica) Pícaro, perdido, malintencionado, sarnoso.

sarpullido

Erupción, urticaria, eritema, inflamación, irritación, (fam.) ronchas.

sarraceno (ant.)

Musulmán, muslime, mahometano.

sarracina

Pendencia, riña, tumulto, bronca, reyerta, (Esp.) marimorena.

sarta

1 Ristra, serie, sucesión, cadena, rosario, ringlera, (Chile) sartal.

2 Fila, hilera, recua, retahíla.

Satanás

Lucifer, Satán, Luzbel, diablo VER.

sátira

Crítica, ironía, sarcasmo, mordacidad, cinismo.

ANT.: *Alabanza, elogio.*

satirizar
Criticar, censurar, ironizar, burlarse, ridiculizar, zaherir, (fig.) flagelar.
ANT.: *Elogiar, alabar.*

satisfacción
1 Agrado, gozo, placer, deleite, alborozo, contento, alegría, euforia.
ANT.: *Disgusto, enfado, molestia.*
2 Plenitud, gusto, saciedad, complacencia.
ANT.: *Insatisfacción, frustración.*
3 Vanagloria, orgullo, presunción, autosuficiencia.
ANT.: *Humildad, pequeñez.*
4 Reparación, compensación, resarcimiento, arreglo, disculpa, pago.
ANT.: *Agravio, ofensa.*

satisfacer
1 Saciar, colmar, llenar, contentar.
ANT.: *Ansiar, desear, vaciar.*
2 Solucionar, contestar, resolver, responder.
3 Cumplir, cubrir, reunir [condiciones, requisitos].
ANT.: *Faltar, fallar, carecer.*
4 Pagar, solventar, abonar, saldar.
ANT.: *Deber, adeudar.*
5 Compensar, desagraviar, indemnizar, reparar.
ANT.: *Agraviar, perjudicar, ofender.*

satisfecho
1 Saciado, pleno, colmado, lleno, harto, ahíto.
ANT.: *Ansioso, ávido, hambriento.*
2 Conforme, complacido, contento, aplacado, calmado, apaciguado.
ANT.: *Agraviado, ofendido.*
3 Feliz, ufano, dichoso, orgulloso, radiante.
ANT.: *Insatisfecho, frustrado.*
4 Presuntuoso, presumido, ensorbecido, pagado de sí mismo.
ANT.: *Sencillo, humilde.*

saturar
1 Colmar, hartar, llenar, atiborrar, empalagar.
ANT.: *Apetecer, desear.*
2 Impregnar, empapar.
3 Abarrotar, atestar, retacar, rebosar.
ANT.: *Vaciar.*

sazón
1 Madurez, florecimiento, desarrollo, perfección.
ANT.: *Inmadurez, imperfección.*
2 Sabor, gusto, punto.
3 Oportunidad, ocasión, coyuntura, circunstancia.
4 (C. Rica) Adulto, maduro.

sazonar
1 Madurar.
2 Adobar, salpimentar, especiar, aderezar, aliñar, condimentar.

sebo
1 Grasa, gordo, unto, tocino.
2 Adiposidad, gordura, crasitud.

secar
1 Escurrir, desecar, deshidratar, exprimir, evaporar, vaciar, desaguar, orear, ventilar.
ANT.: *Mojar, humectar, irrigar.*
2 Enjugar, limpiar, absorber.
ANT.: *Humedecer, empapar.*
3 Cicatrizar, cerrar, sanar, cauterizar [heridas].
ANT.: *Infectar, abrir.*
4 (Fig.) Aburrir, fastidiar, importunar, molestar.
ANT.: *Deleitar, complacer.*

secarse
1 Desecarse, deshidratarse, resecarse.
ANT.: *Humedecerse, mojarse.*
2 Agostarse, marchitarse, amustiarse, amarillear, (fig.) morirse [plantas].
ANT.: *Retoñar, reverdecer.*
3 Extenuarse, consumirse, enflaquecer, agotarse.
ANT.: *Reponerse, robustecer, fortalecerse.*
4 (Fig.) Ajarse, apergaminarse, arrugarse.
ANT.: *Rejuvenecer.*
5 (Fig.) Embotarse, acabarse, insensibilizarse, perder facultades.
ANT.: *Resurgir, florecer.*

sección
1 Tajo, corte, cortadura, incisión, fracción, división, escisión, amputación.
2 Departamento, sector, apartado, parte, grupo.

secesión
Separación, división, cisma, disgregación, desviación, escisión.
ANT.: *Unión, integración.*

seco
1 Árido, yermo, agostado, desértico, estéril.
ANT.: *Húmedo, lluvioso, fértil.*
2 Marchito, reseco, desecado, deshidratado, (fig.) muerto.
ANT.: *Lozano, verde, tierno, jugoso.*
3 Enjuto, flaco, magro, enteco.
ANT.: *Gordo, carnoso.*

4 Macilento, extenuado, debilitado, consumido.
ANT.: *Robusto, vigoroso.*
5 (Fig.) Frío, áspero, adusto, desabrido.
ANT.: *Amable, cordial, dulce.*
6 (Fig.) Lacónico, escueto, conciso, parco.
ANT.: *Florido, adornado.*
7 (Fig.) Tajante, categórico, terminante.
8 (Argent., Urug.) Sin dinero.

secretaría
Secretariado, ministerio, dependencia, oficina, despacho, ayudantía.

secreto
1 Misterio, enigma, incógnita, arcano, interrogante.
ANT.: *Respuesta, solución.*
2 Incógnito, confidencial, íntimo, reservado, furtivo, disimulado, clandestino.
ANT.: *Evidente, manifiesto, público.*
3 Oculto, misterioso, esotérico, hermético.
ANT.: *Exotérico, divulgado.*
4 Sigilo, reserva, disimulo, discreción.
ANT.: *Indiscreción, ostentación.*
5 Clave, truco.

secta
1 Parcialidad, grupo, rama, división.
ANT.: *Unidad, integración.*
2 Doctrina, ideología, confesión.
3 (Fig.) Clan, camarilla, liga, pandilla.

sector
1 Parte, división, porción, fragmento, fase, tramo, nivel, lote,
2 Ramo, esfera, área, campo, ámbito.

secuaz
Partidario, seguidor, adepto, adicto, sicario, gregario, paniaguado, segundón.
ANT.: *Dirigente, cabecilla.*

secuela
Resultado, resulta, consecuencia, efecto, derivación, alcance, corolario.
ANT.: *Causa, origen, fuente.*

secuestrar
1 Raptar, retener, detener, arrebatar.
ANT.: *Rescatar, liberar.*
2 Embargar, decomisar, requisar, incautarse, (Amér.) incautar.
ANT.: *Devolver, permitir.*

secundario
Accesorio, complementario, insignificante, trivial, circunstancial VER.
ANT.: *Principal, básico, esencial.*

sed
1 Desecación, resequedad, aridez.
ANT.: *Riego, humectación.*
2 (Fig.) Deseo, afán, ansia, avidez, ambición.
ANT.: *Satisfacción, plenitud, hartura.*

sedante
Sedativo, analgésico, narcótico, hipnótico, tranquilizante, droga.
ANT.: *Estimulante, excitante.*

sedar
1 Tranquilizar, calmar, narcotizar, adormecer.
ANT.: *Estimular, irritar.*
2 Sosegar, apaciguar, serenar.
ANT.: *Excitar, exacerbar.*

sede
1 Central, centro, base, matriz.
ANT.: *Sucursal, filial.*
2 Domicilio, ubicación.

sedición
Insurrección, rebelión, pronunciamiento, algarada, motín, sublevación, revolución.
ANT.: *Sumisión, sometimiento.*

sediento
1 Seco, deshidratado, árido.
ANT.: *Hidratado, saciado.*
2 (Fig.) Deseoso, ávido, ansioso, anhelante, afanoso.
ANT.: *Apático, hastiado, satisfecho.*

sedimento
Poso, pósito, precipitado, depósito, asiento, residuo, sarro.

seducir
1 Atraer, fascinar, cautivar, encantar, hechizar.
ANT.: *Repeler, repugnar, desagradar.*
2 Tentar, engañar, engatusar, embaucar, sugestionar, persuadir, convencer.

segar
1 Cortar, talar, guadañar, tronchar, cercenar, tumbar, decapitar.
2 (Fig.) Interrumpir, truncar, impedir, frustrar.
ANT.: *Favorecer, alentar.*

segmento
Porción, sección, parte, sector, trozo, tramo.
ANT.: *Conjunto, totalidad, unidad.*

segregar
1 Excretar, secretar, exudar, producir, rezumar, destilar.
ANT.: *Absorber, retener.*
2 Separar, escindir, dividir, partir.
ANT.: *Unir, agregar.*
3 Discriminar, apartar, diferenciar, excluir.
ANT.: *Igualar, integrar.*

S

seguido

Frecuente, continuo, incesante, ininterrumpido, consecutivo, repetido.
ANT.: *Discontinuo, interrumpido, esporádico.*

seguidor

1 Adepto, secuaz, discípulo, partidario VER.
ANT.: *Rival, adversario.*
2 Aficionado, hincha.

seguir

1 Continuar, proseguir, reanudar, prorrogar, insistir.
ANT.: *Interrumpir, truncar, cesar.*
2 Perseguir, rastrear, acosar, acechar.
ANT.: *Escapar, escabullirse.*
3 Acompañar, escoltar.
ANT.: *Abandonar, dejar.*
4 Admirar, apoyar, simpatizar.
ANT.: *Desdeñar, despreciar.*
5 Imitar, emular, copiar.
6 Obedecer, convenir, acatar, sujetarse.
ANT.: *Contrariar, rebelarse.*
7 Derivar, resultar, proceder, inferirse, emanar.
ANT.: *Originarse, empezar.*
8 Profesar, ejercer, cursar.

seguro

1 Protegido, guardado, resguardado, defendido, inmune, invulnerable, inexpugnable.
ANT.: *Expuesto, indefenso.*
2 Cierto, evidente, indudable, infalible, positivo, irrecusable.
ANT.: *Dudoso, falso.*
3 Firme, fijo, sólido, estable, asegurado.
ANT.: *Inestable, endeble.*
4 Constante, invariable, exacto.
ANT.: *Variable, mutable.*
5 Sereno, tranquilo, confiado, impávido.
ANT.: *Inseguro, receloso, temeroso.*

seleccionar

Elegir, escoger, distinguir, clasificar, preferir, separar, extraer, entresacar, (fam.) espulgar.
ANT.: *Confundir, revolver, igualar.*

sellar

1 Lacrar, precintar, estampar, timbrar, marcar, grabar.
2 Tapar, cerrar, obstruir, taponar, cubrir.
ANT.: *Abrir, destapar.*
3 (Fig.) Terminar, concluir, acabar.
ANT.: *Inaugurar, comenzar.*

selva

1 Jungla, espesura, fronda, follaje, arboleda, (Antill., Colomb., Venez.) manigua.
ANT.: *Desierto, estepa.*
2 (Fig.) Confusión, profusión, revoltura, embrollo.

semblante

1 Cara, rostro, faz, facciones, fisonomía, rasgos, aspecto, imagen.
2 (Fig.) Cariz, matiz, apariencia, expectativa.

semblanza

1 Parecido, semejanza, similitud, analogía.
ANT.: *Disparidad, diferencia, desemejanza.*
2 Biografía, etopeya.

sembrado

1 Cultivo, plantío, parcela, huerto, mieses, sembradío.
2 Diseminado, esparcido, plantado, lleno, cubierto, → sembrar.

sembrar

1 Plantar, sementar, resembrar, trasplantar.
ANT.: *Cosechar, arrancar, recolectar.*
2 (Fig.) Esparcir, diseminar, desparramar, derramar.
ANT.: *Reunir, recoger.*
3 (Fig.) Causar, provocar, originar, motivar.
4 (Fig.) Propalar, propagar, divulgar, publicar, predicar.
ANT.: *Callar, reservar.*
5 (C. Rica/fam.) Tumbar, tirar, arrojar al suelo [a alguien].

semejante

1 Análogo, parecido, afín, similar, igual, idéntico, calcado, copiado.
ANT.: *Diferente, desemejante.*
2 Prójimo.

semejanza

Parecido, similitud, símil, afinidad, igualdad, analogía, semblanza.
ANT.: *Desemejanza, diferencia, desigualdad.*

semejar

Parecer, parecerse, equivaler, asemejarse, aparentar, recordar a.
ANT.: *Diferenciarse, desemejar.*

semidiós

Héroe, superhombre, campeón, titán.

semilla

1 Grano, germen, simiente, pepita, pipa.
2 (Fig.) Base, origen, fundamento, causa.
ANT.: *Consecuencia, resultado.*

sempiterno
Perpetuo, perdurable, duradero, interminable, inmortal, (fig.) eterno, perenne VER.
ANT.: *Breve, finito, perecedero.*

sencillo
1 Simple, natural, desnudo, puro.
ANT.: *Complejo, compuesto.*
2 Sobrio, llano, austero, (fig.) espartano.
ANT.: *Adornado, recargado, ostentoso.*
3 (Fig.) Franco, sincero, espontáneo, directo, modesto.
ANT.: *Rebuscado, sofisticado, afectado, solemne.*
4 (Fig.) Inocente, ingenuo, cándido.
ANT.: *Astuto, malicioso.*
5 (Fig.) Fácil, claro, evidente, limpio.
ANT.: *Complicado, difícil.*
6 (Amér. Merid.) Cambio, dinero suelto, monedas.

sendero
1 Vereda, senda, camino, ramal, atajo, trocha.
2 (Fig.) Medio, procedimiento, pasos.

senectud
Ancianidad, vetustez, vejez, senilidad, decrepitud.
ANT.: *Juventud, lozanía.*

senil
Viejo, provecto, decrépito, (fam.) chocho, (Méx./vulg.) ruco.
ANT.: *Joven, imberbe, inmaduro.*

seno
1 Cavidad, hueco, entrante, oquedad, concavidad, depresión.
ANT.: *Saliente.*
2 Pecho, busto, mama.
3 Regazo.
4 Matriz, útero, entrañas.
5 (Fig.) Refugio, protección, amparo.
ANT.: *Desamparo, abandono.*

sensación
1 Impresión, efecto, percepción, sentimiento, emoción, excitación, (fig.) huella.
2 Premonición, intuición, presentimiento.
3 Asombro, pasmo, maravilla.
ANT.: *Indiferencia, apatía.*

sensacional
1 Impactante, extraordinario, impresionante.
ANT.: *Ordinario, común.*
2 Estupendo, magnífico, fenomenal.

sensatez
Juicio, madurez, prudencia, cordura, discreción, moderación, cautela, reflexión.
ANT.: *Insensatez, imprudencia, irreflexión.*

sensato
Juicioso, prudente, discreto, cuerdo, moderado, circunspecto, cauteloso.
ANT.: *Imprudente, insensato.*

sensible
1 Sensitivo, receptivo, perceptivo.
ANT.: *Insensible, apático.*
2 Sentimental, emotivo, impresionable, tierno, delicado, susceptible.
ANT.: *Duro, indiferente.*
3 Patente, perceptible, notable, manifiesto, apreciable, marcado.
ANT.: *Imperceptible.*
4 Preciso, exacto [aparatos].

sensual
1 Sensorial, sensorio, sensible, físico.
ANT.: *Espiritual.*
2 Placentero, deleitoso, refinado, epicúreo.
3 Voluptuoso, erótico, concupiscente, lúbrico, libidinoso.
ANT.: *Casto, continente.*

sentar
1 Establecer, asentar, afirmar, basar.
ANT.: *Anular, cancelar.*
2 Registrar, anotar, escribir, apuntar.
ANT.: *Borrar, tachar.*
3 Convenir, cuadrar, caer, combinar, hacer provecho [ropa, alimentos].
4 (Argent., Chile, Ecuad., Perú) Sofrenar, refrenar [caballerías].

sentarse
1 Acomodarse, arrellanarse, repantigarse, tomar asiento, descansar, (Méx./vulg.) aplastarse.
ANT.: *Incorporarse, levantarse, ponerse de pie.*
2 Asentarse, establecerse, estabilizarse.
ANT.: *Errar, vagar.*
3 Sedimentarse, posarse.
ANT.: *Mezclarse, revolverse.*

sentencia
1 Dictamen, decisión, veredicto, fallo, resolución, laudo, condena.
2 Aforismo, adagio, máxima, dicho, refrán, moraleja.

sentenciar
1 Resolver, fallar, decidir, dictaminar.
2 Punir, condenar, castigar, penar, sancionar, multar.
ANT.: *Indultar, perdonar.*

sentido
1 Discernimiento, razón, entendimiento, juicio, comprensión, sagacidad, sensatez.
2 Aptitud, capacidad, facultad.
ANT.: *Ineptitud.*
3 Significado, significación, valor, acepción, alcance, interpretación.
4 Dirección, trayectoria, orientación, rumbo.
5 (Fam.) Emotivo, afectivo, expresivo, tierno, cariñoso.
ANT.: *Indiferente, frío.*
6 (Amér. Merid.) Dolorido, lastimado [sobre todo caballerías].
7 (C. Rica) Sienes.
8 (Méx./fam.) Ofendido, resentido.
sentimental
1 Emotivo, tierno, romántico, sensible VER.
ANT.: *Insensible, frío, duro.*
2 (Desp.) Sentimentaloide, cursi, ñoño.
sentimiento
1 Emoción, sensación, impresión, afectividad.
ANT.: *Insensibilidad, frialdad, apatía.*
2 Dolor, aflicción, compasión, piedad, tristeza, lástima.
ANT.: *Alegría, gozo.*
3 Ternura, afecto, amor.
ANT.: *Antipatía, rechazo.*
sentir
1 Percibir, advertir, notar, percatarse.
2 Emocionarse, afectarse, conmoverse, impresionarse, inmutarse.
ANT.: *Permanecer indiferente.*
3 Padecer, sufrir, resentirse, dolerse.
ANT.: *Gozar, disfrutar.*
4 Lamentar, deplorar, arrepentirse, (fig.) llorar.
ANT.: *Alegrarse, regodearse.*
5 Presentir, sospechar, barruntar.
6 Opinar, creer, juzgar.
7 Parecer, opinión, juicio, creencia, impresión.
8 sentirse (Cuba, Méx., Venez.) Ofenderse, molestarse, disgustarse.
seña
1 Marca, indicio, signo, contraseña, señal VER.
2 Gesto, ademán, expresión, mímica, guiño, actitud.
3 Rastro, vestigio, huella, cicatriz.
4 (Argent.) Adelanto, anticipo, prenda.
señas
1 Dirección, domicilio, ubicación.
2 (Méx./fam.) Descripción, detalles.
señal
1 Marca, muesca, distintivo, contraseña, nota.
2 Signo, representación, imagen.
3 Mojón, mojonera, hito, poste, jalón.
4 Muestra, indicio, seña, síntoma, indicador.
5 Huella, impresión, vestigio, resto, rastro.
6 Cicatriz, mancha, escara.
7 Anticipo, adelanto, garantía, prenda, enganche, (Argent., Urug.) seña, (Chile) pie.
8 Gesto, ademán, guiño.
9 (Fig.) Prodigio, maravilla, hecho extraordinario.
señalar
1 Marcar, sellar, estampar, rayar, distinguir, subrayar.
2 Apuntar, mostrar, especificar, indicar, determinar.
ANT.: *Indeterminar, generalizar.*
3 Aludir, mencionar, citar.
ANT.: *Omitir, ignorar.*
4 Designar, destinar, fijar, asignar.
5 Herir, desfigurar, dejar cicatriz, escariar, (Méx./vulg.) charrasquear.
6 señalarse Distinguirse, sobresalir, darse a notar.
7 ANT.: *Pasar desapercibido.*
señor
1 Caballero, noble, patricio, aristócrata, hidalgo, señorón.
ANT.: *Plebeyo, vasallo.*
2 Amo, dueño, propietario, titular, superior, patrón, jefe.
ANT.: *Vasallo, subalterno, sirviente.*
señora
1 Dama, dueña, ama, madre, matrona, patricia, noble, señorona.
ANT.: *Plebeya, vasalla.*
2 Esposa, cónyuge, consorte, compañera, pareja.
señorial
1 Aristocrático, linajudo, distinguido, noble.
ANT.: *Vulgar, villano.*
2 Majestuoso, elegante, suntuoso, pomposo, regio.
ANT.: *Humilde, pobre.*
señorita
1 Damita, doncella, joven, muchacha, moza.
ANT.: *Señora, matrona.*

2 Patrona, (ant.) amita.
ANT.: *Sirvienta.*
3 (Amér.) Profesora, maestra, instructora, (fam.) seño.

señuelo
1 Cebo, carnada, cimbel, trampa.
2 (Fig.) Añagaza, engaño, lazo, emboscada, treta.

separar
1 Alejar, apartar, desprender, aislar, desunir, disgregar, dividir, dispersar, esparcir, desviar, sacar.
ANT.: *Unir, agregar, juntar, reunir.*
2 Desligar, desvincular, independizar.
ANT.: *Vincular, ligar.*
3 Expulsar, despedir, retirar, destituir, exonerar, rechazar, descartar.
ANT.: *Admitir, aceptar, integrar.*
4 Diferenciar, discriminar, distinguir, señalar, seleccionar.
ANT.: *Mezclar, confundir.*
5 separarse Desligarse, romper, enemistarse, renunciar, divorciarse.
ANT.: *Unirse, integrarse, reconciliarse.*

sepelio
Inhumación, funeral, entierro, enterramiento.

sepulcro
Tumba, túmulo, sepultura VER.

sepultar
1 Soterrar, sumir, cubrir, sumergir, ocultar, esconder.
ANT.: *Sacar, desenterrar, descubrir.*
2 Inhumar, enterrar, depositar [cadáveres].
ANT.: *Exhumar.*
3 sepultarse (Fig.) Abismarse, sumergirse, meterse, sumirse [pensamientos, cavilaciones, etc.].

sepultura
1 Tumba, túmulo, fosa, hoya, huesa, sepulcro, (fam.) hoyo.
2 Panteón, mausoleo, cenotafio, cripta, nicho, sarcófago.

sequedad
1 Deshidratación, desecación, secura, agostamiento, sequía, aridez, resequedad, sed.
ANT.: *Humedad.*
2 (Fig.) Aspereza, dureza, desabrimiento, descortesía.
ANT.: *Amabilidad, cordialidad.*

sequía
1 Estiaje, agostamiento, resecamiento, aridez, seca, → sequedad.
ANT.: *Inundación, anegamiento.*
2 (Colomb., C. Rica) Sequedad de la boca.

séquito
Cortejo, comitiva, escolta, comparsa, acompañamiento, compañía, corte.

ser
1 Criatura, ente, sujeto.
2 Persona, individuo, hombre, mujer.
3 Organismo, animal, planta.
4 Naturaleza, esencia, constitución.
5 Existir, vivir, estar, haber, quedar, hallarse, subsistir.
ANT.: *Terminar, acabarse, fenecer, agotarse, morir.*
6 Acontecer, suceder, ocurrir, acaecer, transcurrir.
ANT.: *Fallar, faltar.*

serenar
1 Calmar, aplacar, apaciguar, tranquilizar, sosegar, aquietar, consolar, sedar, moderar.
ANT.: *Excitar, inquietar, irritar.*
2 Aclarar, escampar, despejarse [tiempo, clima].
ANT.: *Encapotarse, nublarse.*
3 (Colomb.) Lloviznar.

serenarse
1 Calmarse, apaciguarse, controlarse, dominarse, contenerse, aquietarse.
ANT.: *Excitarse, angustiarse, irritarse, inquietarse, alterarse.*
2 Asentarse, posarse, decantarse, sedimentarse.
ANT.: *Enturbiarse, mezclarse.*
3 (Colomb., Méx., Venez.) Exponerse al sereno.

sereno
1 Despejado, claro, plácido, bonancible, limpio [tiempo, clima].
ANT.: *Nublado, borrascoso, encapotado.*
2 (Fig.) Tranquilo, impávido, imperturbable, calmado, firme, frío, sosegado, estoico.
ANT.: *Nervioso, alterado, intranquilo, perturbado.*
3 Rocío, relente, humedad nocturna.
4 (Ant.) Vigilante nocturno, velador, rondín.
5 (Ecuad.) Serenata.

serie
1 Sucesión, cadena, progresión, hilera, retahíla, fila, lista, orden, conjunto, grupo, ringlera, (fam.) rosario.
2 Serial, telenovela.

serio
1 Respetable, sensato, reposado, juicioso, reservado, digno.
2 Grave, formal, circunspecto, solemne.
ANT.: *Alocado, informal.*
3 Puntual, cumplido, responsable, exacto, cumplidor, recto, fiel.
ANT.: *Irresponsable, negligente, incumplido.*
4 Adusto, severo, seco, tieso, ceñudo.
ANT.: *Alegre, cordial, afable.*
5 Importante, trascendental, delicado, espinoso.
ANT.: *Insignificante, intrascendente.*

sermón
1 Prédica, perorata, alocución, arenga, discurso.
ANT.: *Plática, conversación, diálogo.*
2 (Fig.) Reprensión, amonestación, regaño, regañina, reprimenda, advertencia.
ANT.: *Alabanza, elogio.*

serpentear
Ondular, zigzaguear, serpear, culebrear, (Argent., Urug.) viborear.

serpiente
Víbora, ofidio, sierpe, culebra, reptil, crótalo, áspid.

servicial
Atento, solícito, dispuesto, cortés, amable, considerado, educado, complaciente.
ANT.: *Descortés, grosero, desatento.*

servicio
1 Asistencia, favor, subvención, prestación, apoyo, ayuda, auxilio.
ANT.: *Desamparo, abandono.*
2 Corporación, cuerpo, personal, entidad, organización.
3 Servidumbre, séquito, criados.
4 Provecho, beneficio, utilidad, rendimiento, aprovechamiento.
ANT.: *Inutilidad, pérdida.*
5 Cubierto, vajilla, plato [en la mesa].
6 Retrete, excusado, sanitario, lavabos, letrina, urinario, aseo.
7 Saque, despeje [deportes].

servidor
1 Doméstico, (desp.) criado, sirviente VER.
2 Operario, encargado.

servidumbre
1 Personal, famulato, criados, → servicio.
2 Vasallaje, yugo, sujeción, sumisión, esclavitud.
ANT.: *Libertad, emancipación.*

servil
Rastrero, abyecto, indigno, bajo, adulador, sumiso, (Argent., Méx./desp.) arrastrado.
ANT.: *Altanero, orgulloso, digno.*

servilismo
Abyección, indignidad, bajeza, obsecuencia, vileza, adulación.
ANT.: *Orgullo, dignidad, altanería.*

servir
1 Atender, apoyar, asistir, auxiliar, ayudar.
ANT.: *Desasistir, abandonar.*
2 Trabajar, emplearse, ejercer, colaborar, estar al servicio de.
3 Valer, ser útil, interesar.
4 Presentar, ofrecer, escanciar, llenar, dosificar, partir, distribuir.
5 servirse Dignarse, aceptar, acceder, permitir.
ANT.: *Negarse, rechazar, rehuir.*

sesgado
Oblicuo, diagonal, inclinado, cruzado, atravesado, desviado, al bies.
ANT.: *Directo, recto, derecho.*

sesión
1 Reunión, junta, conferencia, asamblea, cónclave o conclave, consulta.
2 Función, tanda, representación, proyección.

seso
1 Sesera, sesos, materia gris, cerebro VER.
2 (Fig.) Madurez, cordura, sensatez, reflexión, prudencia, tino, juicio.
ANT.: *Insensatez, irreflexión, imprudencia, desatino.*

sesudo
1 Atinado, juicioso, profundo, reflexivo, prudente, cuerdo, aplicado.
ANT.: *Superficial, irreflexivo.*
2 Inteligente, listo, sagaz, sabio.
ANT.: *Necio, estúpido.*

seta
Hongo, champiñón, níscalo, mízcalo.

seto
Valla, cercado, barrera, alambrada, empalizada, estacada, vallado, coto, matorral, macizo.

seudónimo
Sobrenombre, alias, mote, apodo.

severidad
1 Rigor, rigorismo, rigidez, exigencia, estrictez, intransigencia, intolerancia.
ANT.: *Benevolencia, flexibilidad, tolerancia.*

2 Austeridad, aspereza, dureza, inclemencia.
ANT.: *Complacencia, suavidad.*
3 Seriedad, gravedad, desabrimiento.
ANT.: *Cordialidad, amabilidad.*

severo
1 Riguroso, rígido, inflexible, estricto, exigente, intolerante, intransigente.
ANT.: *Tolerante, benévolo, flexible.*
2 Austero, duro, áspero, inclemente.
ANT.: *Mole, suave, dulce.*
3 Serio, grave, desabrido.
ANT.: *Amable, cordial, jovial.*
4 Implacable, despiadado, inmisericorde.
ANT.: *Piadoso, misericordioso.*

sexual
Erótico, carnal, sensual, voluptuoso, amatorio.
ANT.: *Espiritual, casto.*

shamán
Chamán, hechicero, curandero, (fig.) brujo.

shock (pr.)
Conmoción, impresión, sacudida, choque.

show (pr.)
1 Espectáculo, función, exhibición, representación.
2 (Méx., Venez./fam.) Numerito, circo, ridículo.

sibarita
Refinado, sensual, epicúreo, comodón, regalado.
ANT.: *Austero, frugal.*

sibila
Profetisa, adivina, pitonisa, hechicera.

sibilino
1 Profético, agorero, adivinatorio, sibilítico.
2 (Fig.) Misterioso, confuso, indescifrable, enigmático.
ANT.: *Claro, evidente.*

sicalíptico
Malicioso, pícaro, picante, licencioso, pornográfico.
ANT.: *Recatado, morigerado.*

sideral
Espacial, astral, astronómico, cósmico, celeste, sidéreo, estelar, planetario.
ANT.: *Terrestre.*

siembra
1 Labranza, sembrado, sembradura, labor.
ANT.: *Cosecha, recolección.*
2 Sementera, sembradío, cultivo.

siempre
Eternamente, perennemente, perpetuamente, sin cesar, continuamente, invariablemente.
ANT.: *Nunca, jamás, rara vez.*

siervo
Vasallo, villano, esclavo.
ANT.: *Libre, amo, señor.*

siesta
Sueño, descanso, reposo, (fam.) pestañeada, pestaña, (Méx./fam.) coyotito.

sigilo
Disimulo, reserva, secreto, cautela, discreción, prudencia, silencio, ocultación, (Cuba) sigilio.
ANT.: *Ruido, ostentación, indiscreción.*

significado
1 Significación, sentido, acepción, interpretación.
2 Valor, importancia, alcance, trascendencia, influencia, extensión.
3 Importante, conocido, reputado, notable.
ANT.: *Insignificante, anónimo.*

significar
1 Expresar, simbolizar, figurar, encarnar, personificar, designar, denotar.
2 Valer, representar, importar.
3 Manifestar, exponer, declarar, comunicar, enunciar.
4 significarse Brillar, distinguirse, hacerse notar, sobresalir.

signo
1 Marca, símbolo, emblema, letra, cifra, abreviatura, trazo, rasgo, ideograma.
2 Indicio, pista, síntoma, señal VER.

siguiente
Sucesivo, correlativo, subsiguiente, posterior, ulterior.
ANT.: *Anterior, antecedente.*

silbar
1 Pitar, chiflar, resoplar.
2 (Fig.) Abuchear, reprobar, protestar, alborotar.
ANT.: *Aplaudir, ovacionar, aprobar.*

silencio
1 Mutismo, mudez, afonía, enmudecimiento, taciturnidad.
ANT.: *Voz, locuacidad.*
2 (Fig.) Paz, calma, sosiego, tranquilidad, quietud, reposo.
ANT.: *Ruido, alboroto.*
3 (Fig.) Secreto, discreción, cautela, reserva, prudencia, sigilo VER.
ANT.: *Indiscreción, ostentación.*

S

silencioso
1 Silente, mudo, insonoro, afónico, taciturno.
ANT.: *Sonoro, ruidoso, hablador.*
2 Callado, reservado, discreto, sigiloso.
ANT.: *Parlanchín, indiscreto.*
3 (Fig.) Tranquilo, pacífico, quieto, sosegado, apartado.
ANT.: *Bullicioso, agitado.*

silla
1 Asiento, butaca, escaño, poltrona, sillón VER.
2 Montura, silla de montar, sillín.
3 Dignidad, cargo, trono, sede.

sillón
Poltrona, butaca, mecedora, sitial, asiento, silla VER.

silueta
1 Contorno, perfil, línea, borde, forma.
2 Figura, cuerpo, formas.

silvestre
1 Agreste, salvaje, inculto, montés, rústico, campestre, selvático.
ANT.: *Cultivado, urbano.*
2 Cerril, montaraz, cimarrón, bravío, indómito, (Amér. Merid.) bagual [dicho de animales].
ANT.: *Domado, domesticado.*
3 (Fig. y fam.) Rudo, zafio, insociable, cerrado.
ANT.: *Refinado, sociable.*

sima
Abismo, barranco, hondonada, cuanca, depresión, fosa, profundidad.
ANT.: *Cima, altura.*

simbólico
Figurado, alegórico, metafórico, emblemático, representativo, alusivo.
ANT.: *Real, directo.*

símbolo
1 Alegoría, atributo, emblema, divisa, efigie, figura, signo, representación.
ANT.: *Realidad.*
2 Encarnación, personificación, imagen.
3 Letra, inicial, sigla, guarismo, cifra, fórmula.

simetría
Proporción, armonía, equilibrio, concordancia, ritmo.
ANT.: *Desproporción, asimetría.*

simiente
1 Grano, germen, semilla VER.
2 Semen, esperma.

similar
Parecido, semejante, afín, igual, símil, análogo, equivalente, relacionado, próximo.
ANT.: *Diferente, distinto, disímil.*

simio
Primate, antropoide, mono VER.

simpatía
1 Coincidencia, inclinación, afinidad, compenetración.
ANT.: *Repulsión, rechazo.*
2 Encanto, atractivo, gracia, hechizo, donaire.
ANT.: *Antipatía, pesadez.*

simpatizante
Adepto, adicto, partidario VER.
ANT.: *Contrario, enemigo.*

simple
1 Elemental, puro, solo, limpio, neto.
ANT.: *Compuesto, combinado, mezclado.*
2 Llano, fácil, sencillo, evidente, escueto, estricto, (fig.) desnudo.
ANT.: *Complejo, complicado, difícil.*
3 Manso, ingenuo, inocente, simplón, incauto.
ANT.: *Astuto, taimado, malicioso.*
4 Necio, bobo, bobalicón, estúpido, tonto, lerdo, pazguato, (fig.) ganso.
ANT.: *Listo, agudo.*
5 Desabrido, soso, insulso, insípido.
ANT.: *Sazonado, sabroso.*

simplificar
1 Allanar, facilitar, resolver.
ANT.: *Complicar, dificultar.*
2 Compendiar, resumir, reducir, abreviar.
ANT.: *Extender, ampliar.*

simposio
Asamblea, congreso, seminario, conferencia, junta, reunión.

simulacro
1 Ensayo, maniobra, ejercicio, práctica.
2 Símil, imagen, representación.
3 Engaño, simulación, fingimiento, ficción.
ANT.: *Verdad, realidad.*
4 (Venez./desp.) Imitación, remedo.

simular
1 Aparentar, fingir, falsear, desfigurar, engañar, encubrir, ocultar.
ANT.: *Revelar, descubrir.*
2 Imitar, reproducir, representar, figurar, suponer.

simultáneo
Coincidente, al mismo tiempo.

sincero
Franco, veraz, genuino, leal, honesto, noble, honrado, claro, abierto, real, candoroso.
ANT.: *Hipócrita, taimado, disimulado, falso, engañoso.*
síncope
Vahído, desmayo, vértigo, ataque, colapso, desfallecimiento, mareo, patatús, soponcio.
ANT.: *Recuperación.*
sindicato
Gremio, agrupación, hermandad, asociación, federación, grupo, liga.
sinfín
Abundancia, sinnúmero, infinidad, cúmulo, inmensidad, pluralidad, montón.
ANT.: *Carencia, escasez, limitación.*
singular
1 Único, impar, uno, solo.
ANT.: *Plural, múltiple.*
2 (Fig.) Peculiar, particular, especial, extraordinario, notable, destacado, extraño, raro, excéntrico.
ANT.: *Común, ordinario, vulgar.*
singularizar
1 Diferenciar, distinguir, particularizar, individualizar, caracterizar, separar.
ANT.: *Generalizar, igualar, confundir, mezclar.*
2 singularizarse Destacar, sobresalir, señalarse, distinguirse, diferenciarse.
siniestro
1 Izquierdo, zurdo, (Méx./fam.) chueco.
ANT.: *Derecho, diestro.*
2 (Fig.) Malo, avieso, malintencionado, maligno, perverso.
ANT.: *Bueno, bienintencionado.*
3 (Fig.) Tétrico, lóbrego, lúgubre, espantoso, escalofriante, espeluznante, macabro, patibulario, aterrador.
ANT.: *Simpático, amable, agradable, alegre.*
4 Funesto, trágico, infausto, aciago, infeliz, desgraciado.
ANT.: *Fausto, feliz, afortunado.*
5 Desastre, accidente, catástrofe, incendio, avería, calamidad, hecatombe, ruina, perjuicio.
sino
Hado, destino, signo, fatalidad, ventura, estrella, fortuna.
sinónimo
Equivalente, semejante, correspondiente.
ANT.: *Antónimo, contrario.*
sinopsis
Resumen, sumario, esquema, síntesis VER.
ANT.: *Glosa, ampliación.*
sinsabor
1 Desabor, insapidez, desabrimiento, insipidez.
ANT.: *Sabor, gusto.*
2 (Fig.) Pena, pesadumbre, desazón, disgusto, angustia, padecimiento, amargura, dolor.
ANT.: *Alegría, consuelo, felicidad.*
síntesis
Compendio, extracto, resumen, suma, abreviación, sinopsis, recopilación.
ANT.: *Análisis, desarrollo.*
sintético
1 Artificial, elaborado, químico, industrial.
ANT.: *Natural.*
2 Resumido, extractado, breve, → síntesis.
ANT.: *Desarrollado, ampliado.*
sintetizar
Condensar, resumir, abreviar, compendiar, extractar.
ANT.: *Ampliar, glosar, desarrollar.*
síntoma
Señal, manifestación, indicio, evidencia, signo, barrunto.
ANT.: *Causa, enfermedad.*
sinuoso
1 Ondulante, ondulado, serpenteante, tortuoso.
ANT.: *Recto, parejo, derecho.*
2 (Fig.) Retorcido, falso, complicado, disimulado.
ANT.: *Franco, directo, sencillo.*
sinvergüenza
1 Canalla, bribón, truhán, pillo, granuja, pícaro, tunante, golfo.
ANT.: *Decente, honorable, pundonoroso.*
2 Descarado, ladino, desfachatado, desvergonzado, desaprensivo, (fig.) zorro.
ANT.: *Honrado, recatado.*
sirena
1 Ninfa, nereida, náyade.
2 Silbato, pito, bocina, alarma.
sirviente
Doméstico, fámulo, camarero, ordenanza, servidor, mayordomo, lacayo, (desp.) criado, mozo.
ANT.: *Patrón, amo.*
sisar
Hurtar, ratear, robar VER.

sistema
1 Procedimiento, método, proceso, modo.
2 Técnica, estilo, práctica, usanza.
3 Modelo, organización, estructura, aparato, régimen.
ANT.: *Anarquía.*

sistemático
Invariable, metódico, constante, ordenado, regular, persistente.
ANT.: *Irregular, esporádico, anárquico.*

sitiar
1 Cercar, rodear, asediar, bloquear, circundar, encerrar, aislar, arrinconar.
ANT.: *Liberar, escabullirse, escapar, romper.*
2 (Fig.) Acorralar, acosar, presionar, atormentar.
ANT.: *Dejar, exonerar.*

sitio
1 Lugar, punto, parte, paraje, zona, ubicación, área, comarca, término.
2 Espacio, hueco, puesto, rincón.
3 Asedio, bloqueo, cerco, acorralamiento.
ANT.: *Liberación, escape.*
4 (C. Rica) Pradera, pastizal [silvestre].

situación
1 Localización, ubicación, orientación, posición, sitio, puesto, emplazamiento, disposición.
2 Estado, condición, etapa, constitución.
3 Circunstancia, coyuntura.
4 Función, empleo, desempeño, cargo.

situar
1 Colocar, emplazar, disponer, poner, dirigir, acomodar, plantar, estacionar.
ANT.: *Desplazar, mover, trasladar.*
2 Ubicar, localizar, orientar.
3 Invertir, apostar.
4 **situarse** Prosperar, avanzar.
ANT.: *Retroceder.*

snob
Afectado, pedante, petimetre, cursi, presumido, esnob.
ANT.: *Sobrio, natural, sencillo.*

sobado
1 Ajado, manoseado, maltratado.
ANT.: *Flamante, fresco.*
2 (Fig.) Trillado, manido, conocido.
ANT.: *Nuevo, novedoso.*
3 (C. Rica) Melcocha, miel de azúcar.
4 (Venez./fam.) Golpeado, latigueado.

sobar
1 Manosear, tentar, palpar, toquetear, manipular, tocar, restregar, ajar, desgastar.
2 Masajear, acariciar.
ANT.: *Golpear, lastimar.*
3 (Fig. y fam.) Molestar, importunar, jorobar, fastidiar.
4 (Fig. y fam.) Golpear, zurrar, sacudir, tundir, vapulear.

soberanía
1 Independencia, libertad, autonomía.
ANT.: *Dependencia, supeditación.*
2 Dominio, autoridad, imperio, mando.
ANT.: *Sumisión.*
3 Excelencia, preponderancia, superioridad, supremacía.
ANT.: *Inferioridad.*

soberano
1 Monarca, rey, emperador, príncipe, sultán, gobernante, señor, majestad.
ANT.: *Vasallo, súbdito.*
2 Independiente, libre, autónomo, emancipado.
ANT.: *Dependiente, supeditado.*
3 Magnífico, superior, excelente, enorme, espléndido.
ANT.: *Pésimo, mediocre.*

soberbio
1 Orgulloso, altanero, vanidoso, engreído, impertinente.
ANT.: *Modesto, humilde.*
2 Altivo, gallardo, arrogante.
ANT.: *Abatido, humillado.*
3 (Fig.) Magnífico, grandioso, sublime, admirable, espléndido, excelente, maravilloso, estupendo.
ANT.: *Pésimo, insignificante.*

sobornar
Corromper, cohechar, untar, ofrecer, engatusar, seducir, (fig.) comprar, (Bol., Colomb., Méx., Nic.) dar mordida.

sobra
1 Excedente, exceso, demasía, colmo, plétora, profusión, exageración, abundancia, superfluidad.
ANT.: *Falta, carencia, limitación.*
2 **sobras** Despojos, desechos, desperdicios, residuos, restos, (fig.) migajas.

sobrar
Exceder, rebasar, desbordar, rebosar, abundar, holgar.
ANT.: *Bastar, faltar, escasear.*

sobrecargar
Recargar, agregar, incrementar, aumentar, abrumar, (fig.) aplastar, embalumar.
ANT.: *Aliviar, descargar, aligerar.*

sobrecogedor
Estremecedor, aterrador, espantoso, impresionante, pasmoso, conmovedor.
ANT.: *Indiferente, tranquilizador, relajante.*

sobrecoger
1 Estremecer, aterrar, horrorizar, empavorecer, asustar, amedrentar, azorar, sorprender, pasmar.
ANT.: *Tranquilizar, relajar, sosegar.*
2 sobrecogerse Estremecerse, aterrarse, horrorizarse, asustarse, sorprenderse, azorarse, pasmarse, alarmarse.
ANT.: *Tranquilizarse, relajarse, calmarse.*

sobreexcitación
Inquietud, agitación, irritación, conmoción, angustia, nerviosismo, alteración.
ANT.: *Calma, tranquilidad, somnolencia.*

sobrehumano
1 Agotador, agobiante, extenuante, excesivo, ímprobo, heroico.
ANT.: *Fácil, descansado, sencillo.*
2 Ultraterreno, sobrenatural VER.

sobrellevar
Tolerar, soportar, aguantar, sufrir, resistir, resignarse.
ANT.: *Lamentarse, desesperarse.*

sobrenatural
1 Divino, ultraterreno, celestial.
ANT.: *Terrenal, material.*
2 Milagroso, mágico, maravilloso, paranormal.
ANT.: *Natural, normal, físico.*
3 Asombroso, extraordinario, increíble, pasmoso.
ANT.: *Ordinario, cotidiano.*
4 Sobrehumano, heroico.

sobrenombre
Apodo, alias, seudónimo, pseudónimo, remoquete, mote, apelativo.

sobrepasar
Exceder, aventajar, rebasar, superar, vencer.
ANT.: *Rebajar, rezagarse, faltar.*

sobreponer
Superponer, recubrir, tapar, cubrir, aplicar.
ANT.: *Retirar, quitar.*

sobreponerse
1 Contenerse, refrenarse, sofocar, reprimirse, dominarse.
ANT.: *Abandonarse.*
2 Superar, recuperarse, recobrarse.

sobresaliente
Superior, excelente, notable, descollante, aventajado, principal, magnífico.
ANT.: *Vulgar, mediocre, inferior.*

sobresalir
1 Rebasar, despuntar, exceder, superar, elevarse.
ANT.: *Disimularse, ocultarse, perderse.*
2 Descollar, destacar, aventajar, distinguirse, darse a notar.
ANT.: *Pasar desapercibido, disimularse.*

sobresaltar
Intranquilizar, atemorizar, asustar, turbar, alterar, inquietar, angustiar.
ANT.: *Tranquilizar, calmar.*

sobretodo
Abrigo, gabán, capote, pelliza, zamarra, sobrerropa, trinchera, gabardina, (Amér.) chamarra.

sobrevivir
1 Subsistir, mantenerse, continuar, perdurar, perpetuarse.
ANT.: *Morir, sucumbir, extinguirse.*
2 (Fam.) Arreglárselas, apañarse.

sobriedad
1 Moderación, templanza, mesura, continencia, frugalidad.
ANT.: *Incontinencia, desenfreno, desmesura.*
2 Sencillez, austeridad, discreción.
ANT.: *Exageración, exceso.*

sobrio
1 Templado, temperante, moderado, mesurado, ponderado, continente, frugal.
ANT.: *Inmoderado, incontinente.*
2 Discreto, austero, sencillo, elegante.
ANT.: *Exagerado, sobrecargado, charro, pomposo.*
3 Entero, en su juicio, abstemio.
ANT.: *Ebrio, borracho.*

socarrón
1 Sarcástico, irónico, burlón, cínico, guasón.
ANT.: *Serio, formal.*
2 Taimado, ladino, disimulado, solapado, (fig.) zorro.
ANT.: *Recto, sincero.*

socavón
1 Cueva, mina, galería, excavación.
2 Hundimiento, agujero, hoyo, hueco, bache, zanja, oquedad.

sociable
Comunicativo, social, abierto, tratable, accesible, expansivo, extrovertido.
ANT.: *Insociable, huraño, intratable, introvertido.*

sociedad
1 Comunidad, grupo, colectividad, familia, semejantes.
ANT.: *Individuo.*
2 Entidad, corporación, consorcio, compañía, empresa, firma, casa.
3 Agrupación, hermandad, cofradía, club, círculo, peña, ateneo.
4 (Fig.) Nobleza, aristocracia, gran mundo.
ANT.: *Hez, plebe, gentuza.*

socio
1 Asociado, afiliado, miembro, participante.
ANT.: *Rival, competidor.*
2 (Cuba) Compinche, amigo.

socorrer
Auxiliar, ayudar, asistir, remediar, defender, aliviar, proteger, amparar.
ANT.: *Abandonar, desamparar.*

soez
Grosero, bajo, bajuno, vil, ordinario, zafio, insultante, indecente, vulgar, (Amér. C., Méx.) lépero.
ANT.: *Cortés, delicado, correcto, educado.*

sofá
Diván, sillón, canapé, otomana, asiento.

sofisticado
1 Afectado, artificial, remilgado, extravagante, falseado.
ANT.: *Natural, sencillo.*
2 (Fig.) Mundano, elegante, refinado.
ANT.: *Rudo, tosco, zafio.*
3 (Fig.) Complejo, complicado [aparatos, tecnología].
ANT.: *Rudimentario, basto.*

soflama
1 Reverberación, flama, llama, fuego.
2 (Fig.) Rubor, bochorno, enrojecimiento.
ANT.: *Palidez, lividez.*
3 (Fig./desp.) Arenga, discurso, alocución, perorata.
4 (Fig.) Lisonja, halago, adulación, arrumaco, roncería, carantoña, zalamería.
ANT.: *Insulto, desprecio, grosería.*

soflamar
1 Adular, lisonjear, fingir, engatusar, engañar.
ANT.: *Hablar claro, insultar.*
2 (Fig.) Abochornar, ruborizar, avergonzar.
3 soflamarse Tostarse, requemarse, soasarse, socarronarse.

sofocante
1 Caluroso, caliginoso, ardiente, bochornoso, enrarecido, asfixiante.
ANT.: *Fresco, ventilado, aireado.*
2 (Fig.) Abrumador, pesado, enervante, opresor, desesperante.
ANT.: *Grato, tranquilizador, confortante.*

sofocar
1 Ahogar, asfixiar.
ANT.: *Oxigenar, ventilar.*
2 Extinguir, apagar.
ANT.: *Avivar, encender.*
3 Oprimir, dominar, someter, presionar.
ANT.: *Liberar, soltar.*
4 (Fig.) Importunar, hostigar, acosar, atosigar.
ANT.: *Dejar tranquilo.*
5 (Fig.) Abochornar, avergonzar, sonrojar, turbar, apabullar.

sofocarse
1 Ahogarse, asfixiarse, jadear.
ANT.: *Respirar, oxigenarse.*
2 Avergonzarse, turbarse, abochornarse.

sofoco
1 Ahogo, asfixia, disnea, jadeo, sofocación, bochorno, acaloramiento.
ANT.: *Alivio, respiro, oxigenación.*
2 (Fig.) Disgusto, desazón, angustia, sofocón.
ANT.: *Tranquilidad, calma, sosiego.*
3 (Venez.) Sorpresa, susto, sobresalto.

solar
1 Del Sol, febeo [esta última se usa sobre todo en poesía].
2 Terreno, tierra, parcela, propiedad, espacio, campo.
3 Linaje, descendencia, estirpe, familia, cuna, casta, casa.
4 (C. Rica, Venez.) Patio, traspatio.
5 (Cuba, Perú) Casa de vecindad.

solaz
Esparcimiento, entretenimiento, recreo, descanso, diversión, distracción, pasatiempo.
ANT.: *Trabajo, aburrimiento, tedio.*

soldado
Guerrero, militar, estratega, capitán, oficial, recluta, (desp.) soldadote, (Amér. Merid./desp.) milico, (Esp.) quinto.
ANT.: *Civil, paisano.*
soldar
Unir, amalgamar, adherir, engarzar, pegar, ligar.
ANT.: *Separar, desunir.*
soledad
1 Aislamiento, solitud, retiro, alejamiento, apartamiento.
ANT.: *Compañía, convivencia.*
2 Desamparo, separación, orfandad.
ANT.: *Amparo, apoyo.*
3 (Fig.) Pesar, pena, congoja, melancolía, nostalgia, añoranza, tristeza, (Esp.) morriña.
ANT.: *Alegría, felicidad.*
solemne
1 Majestuoso, mayestático, suntuoso, imponente, impresionante, fastuoso.
2 Importante, grave, interesante.
ANT.: *Corriente, común.*
3 Protocolario, ceremonioso, serio, formal.
ANT.: *Informal, familiar.*
4 (Fig.) Grandilocuente, prosopopéyico, altisonante, ampuloso.
ANT.: *Llano, sencillo.*
solemnidad
1 Seriedad, gravedad, formalidad, protocolo.
2 Ceremonia, festejo, acto, fiesta, celebración.
3 Ceremonial, aparato, rito, fasto.
solera
1 Viga, soporte.
2 Base, fondo, suelo, piedra, laja.
3 Poso, madre, lía [del vino].
4 (Fig.) Antigüedad, abolengo, tradición, prosapia.
5 (Argent., Chile) Vestido escotado.
solicitar
1 Pedir, demandar, buscar, pretender, aspirar, exigir, suplicar, rogar.
ANT.: *Entregar, ofrecer, conceder.*
2 Tramitar, gestionar, hacer diligencias.
3 Instar, requerir.
ANT.: *Rehusar, denegar.*
4 Cortejar, galantear.
ANT.: *Desdeñar, rechazar.*
solícito
1 Cuidadoso, diligente, afanoso.
ANT.: *Descuidado, tardo.*
2 Amable, afable, atento, considerado.
ANT.: *Desconsiderado, desatento.*
solicitud
1 Atención, cuidado, diligencia.
ANT.: *Descuido, negligencia.*
2 Cortesía, amabilidad, cariño.
ANT.: *Indiferencia, descortesía.*
3 Petición, instancia, memorial, escrito.
solidaridad
Unión, adhesión, camaradería, concordia, apoyo, ayuda, fraternidad, compañerismo.
ANT.: *Discordia, desunión, egoísmo.*
solidez
1 Firmeza, consistencia, cohesión, resistencia, dureza.
ANT.: *Debilidad, endeblez, porosidad, inconsistencia.*
2 Volumen, cuerpo, densidad, espesor.
3 (Fig.) Seriedad, voluntad, fuerza, constancia.
ANT.: *Volubilidad, inconstancia.*
sólido
1 Duro, denso, compacto, apretado, consistente.
ANT.: *Frágil, inconsistente, poroso.*
2 Fuerte, robusto, macizo, recio.
ANT.: *Endeble, débil, feble.*
3 Seguro, consolidado, (fig.) cimentado, estable, asentado.
ANT.: *Inestable, inseguro, precario.*
4 (Fig.) Establecido, concluyente, firme.
ANT.: *Dudoso, titubeante.*
5 (C. Rica) Apartado, desolado, solo [lugares, parajes].
ANT.: *Transitado, populoso.*
solitario
1 Único, solo, singular.
ANT.: *Acompañado.*
2 Despoblado, vacío, desolado, deshabitado, desierto, abandonado, aislado, alejado, (C. Rica) sólido.
ANT.: *Concurrido, poblado, transitado.*
3 Retraído, insociable, misántropo, huraño, tímido.
ANT.: *Sociable, gregario.*
4 Asceta, penitente, anacoreta, soledoso, eremita.
soliviantar
1 Enardecer, incitar, excitar, sublevar, solevar, solevantar, alborotar, inquietar.
ANT.: *Calmar, pacificar.*
2 Indignar, irritar, enojar, alterar.
ANT.: *Apaciguar.*

S

sollozo
Lloro, lloriqueo, gemido, gimoteo, zollipo, queja, lamento.
ANT.: *Risa, carcajada.*

solo
1 Único, solitario VER.
ANT.: *Acompañado, múltiple.*
2 Impar, singular, sin par, exclusivo, dispar, independiente.
ANT.: *Común, dependiente, vinculado.*
3 Desamparado, huérfano, viudo, (Amér. Merid.) guacho.
4 (Fig.) Desierto, despoblado, deshabitado, desolado, (C. Rica) sólido [referido a lugares].
ANT.: *Populoso, concurrido.*

soltar
1 Desatar, aflojar, desceñir, desasir, desligar, desprender, desamarrar, separar, quitar, arrancar.
ANT.: *Juntar, unir, atar, asir, amarrar, ceñir, ligar.*
2 Liberar, libertar, librar, manumitir, indultar, dispensar.
ANT.: *Aprisionar, encarcelar.*
3 Expeler, expulsar, emitir, emanar, derramar, destilar, exudar.
ANT.: *Contener, absorber.*
4 (Fam.) Manifestar, expresar, proferir, decir, largar.
ANT.: *Callar, reservar.*
5 Asestar, lanzar, pegar.
ANT.: *Detener, frenar.*

soltarse
1 Comenzar, abordar, lanzarse, emprender, desenvolverse.
ANT.: *Temer, detenerse.*
2 Desinhibirse, desahogarse.
ANT.: *Reprimirse, frenarse.*

soltera
Célibe, doncella, moza, casadera, (desp.) solterona.
ANT.: *Casada.*

soltero
Célibe, doncel, mancebo, mozo, (desp.) solterón.
ANT.: *Casado.*

soltura
1 Agilidad, destreza, gracia, desembarazo, ligereza, facilidad, maña, experiencia.
ANT.: *Torpeza, pesadez, desmaña.*
2 Desenvoltura, desinhibición, desparpajo.
ANT.: *Timidez.*
3 (C. Rica, Venez.) Diarrea.

solución
1 Disolución, mezcla.
2 Salida, remedio, arreglo, recurso, procedimiento, medio.
ANT.: *Problema, dificultad.*
3 Decisión, resolución, resultado.
ANT.: *Incógnita, planteo.*
4 Final, desenlace, conclusión.
ANT.: *Inicio, comienzo.*

solucionar
Resolver, arreglar, remediar, → solución.
ANT.: *Complicar, plantear, enredar.*

sombra
1 Penumbra, oscuridad, obscuridad, tinieblas, lobreguez, negrura.
ANT.: *Claridad, iluminación.*
2 Silueta, contorno, perfil, imagen, proyección.
3 Aparición, espectro, fantasma, (fam.) ánima en pena, visión.
4 (Fig.) Confusión, ignorancia.
ANT.: *Saber, conocimiento.*
5 (Fig.) Recuerdo, impresión, memoria, trauma.
ANT.: *Olvido.*
6 (Fig.) Protección, asilo, refugio, amparo, defensa.
ANT.: *Desamparo, abandono, descubierto.*
7 Clandestinidad.
ANT.: *Reconocimiento.*
8 Indicio, atisbo, vislumbre.
9 (Fig.) Mácula, mancha, imperfección, defecto.
ANT.: *Perfección.*

sombrero
Gorro, bonete, birrete, boina, chambergo, pamela, capelo, chistera, bombín, fedora, hongo, panamá, carrete.

sombrío
1 Sombroso, oscuro, obscuro, umbrío, umbroso, lóbrego, opaco, encapotado, nublado, cerrado.
ANT.: *Claro, luminoso, abierto.*
2 (Fig.) Melancólico, triste, taciturno, mustio.
ANT.: *Jovial, alegre.*
3 (Fig.) Tétrico, negro, lúgubre, sobrecogedor.
ANT.: *Ameno, amable.*

someter
1 Dominar, sojuzgar, subyugar, supeditar, subordinar, domeñar, esclavizar, vencer.
ANT.: *Liberar, soltar, redimir.*

2 Sujetar, rendir, reducir.
ANT.: *Campear, imperar.*
3 Exponer, plantear, proponer, consultar.
ANT.: *Opinar, juzgar.*

someterse
1 Rendirse, entregarse, claudicar, humillarse.
ANT.: *Rebelarse, luchar.*
2 Depender, supeditarse, acatar.
ANT.: *Independizarse.*
3 (C. Rica) Entrometerse.

somnífero
Narcótico, sedante, soporífero VER.
ANT.: *Estimulante, excitante.*

somnolencia
Soñolencia, sueño, adormecimiento, amodorramiento, aletargamiento, sopor VER.
ANT.: *Excitación, vivacidad.*

sonado
1 Famoso, afamado, célebre, renombrado, popular.
ANT.: *Ignorado, desconocido.*
2 Sensacional, notorio, ruidoso.
ANT.: *Desapercibido.*

sonar
1 Resonar, tañer, tintinear, zumbar, retumbar, atronar, chirriar, restallar, crujir, chasquear, (fig.) cantar, hacer ruido.
ANT.: *Callar, silenciarse.*
2 Mencionarse, nombrarse, citarse.
ANT.: *Ignorarse, acallarse.*
3 Rumorearse, propalarse, extenderse, correr, decirse.
ANT.: *Acallar, reservarse.*
4 (Argent., Urug.) Morir o estar desahuciado.
5 (Argent., Chile, Par.) Fracasar, perder, fallar.
6 (C. Rica) Reprender, regañar, castigar.
7 (Cuba, Méx., Venez.) Golpear, tundir, zurrar, vapulear.
8 **sonarse** Limpiar los mocos, sonarse, mocar.

sondear
Indagar, averiguar, escrutar, preguntar, sondar, tantear, sonsacar, buscar.
ANT.: *Hallar, descubrir.*

sonido
1 Ruido, vibración, son, tañido, tintineo, murmullo, susurro, resonancia, retumbo, zumbido, eco, crujido, chasquido, estruendo, bullicio, pitido.
ANT.: *Silencio.*
2 Tono, entonación, pronunciación, articulación.

sonoro
1 Vibrante, resonante, sonoroso, retumbante, estruendoso, estridente, ruidoso, grave, profundo.
ANT.: *Silencioso, insonoro, mudo.*
2 Armonioso, canoro, rumoroso.
ANT.: *Discordante.*

sonrisa
Risa, risita.
ANT.: *Puchero.*

sonrojar
Avergonzar, turbar, soflamar, ruborizar, sofocar, azorar, abochornar.

sonrojarse
Ruborizarse, enrojecer, avergonzarse, turbarse, sofocarse, abochornarse, soflamarse.

sonrosado
Rozagante, rubicundo, saludable, fresco, lozano, sano, colorado, encendido.
ANT.: *Pálido, mortecino, verdoso.*

sonsacar
Averiguar, sondear, inquirir, indagar, tantear.

sonso
Necio, bobo, zonzo, lelo, memo, (Méx./fam.) baboso.
ANT.: *Listo, vivo.*

sonsonete
1 Sonido, soniquete, zumbido, tamborileo, (Esp.) tabarra.
ANT.: *Silencio, melodía.*
2 (Fig.) Tonillo, dejo, retintín, acento, modulación.

soñador
1 Idealista, romántico, utopista.
ANT.: *Práctico, materialista.*
2 Fantasioso, iluso, mitómano.
ANT.: *Realista.*

soñar
1 Dormir, reposar, velar.
ANT.: *Despertar, velar.*
2 Imaginar, ensoñar, fantasear.
3 Divagar, discurrir, meditar, vislumbrar.
ANT.: *Ejecutar, realizar, concretar.*

soñoliento
Aletargado, adormecido, adormilado, amodorrado, entumecido, somnoliento.
ANT.: *Despierto, excitado, inquieto.*

sopa
Caldo, consomé, gazpacho, sopicaldo, gachas, crema, (desp.) bodrio.

sopapo
Golpe, moquete, manotazo, pescozón, bofetada, bofetón, mamporro, soplamocos, torta VER.
soplar
1 Exhalar, espirar, bufar, resoplar, echar, expulsar.
ANT.: *Inspirar, absorber.*
2 Inflar, hinchar, insuflar.
ANT.: *Desinflar.*
3 (Fig.) Inspirar, sugerir, insinuar.
4 Delatar, denunciar, acusar, chismear, soplonear.
ANT.: *Encubrir, proteger.*
5 Hurtar, sisar, robar, escamotear.
ANT.: *Devolver, restituir.*
6 Susurrar, decir la respuesta, apuntar.
soplo
1 Soplido, sopladura, bufido.
2 Hálito, aliento, respiración, resuello.
3 Viento, aire, brisa.
4 (Fig.) Instante, momento, periquete.
5 (Fig. y fam.) Denuncia, delación, acusación, chisme.
6 (Fig. y fam.) Aviso, noticia, rumor.
soplón
Delator, denunciante, acusón, chismoso, correveidile, chivato, confidente, (C. Rica) soplapollos.
soponcio
Síncope, vahído, desfallecimiento, desvanecimiento, desmayo, patatús.
ANT.: *Actividad, recuperación.*
sopor
Letargo, modorra, somnolencia, sueño VER.
ANT.: *Excitación.*
soporífero
1 Somnífero, soporífico, narcótico, hipnótico, sedante.
ANT.: *Estimulante, excitante.*
2 (Fig. y fam.) Aburrido, tedioso, pesado, cargante, soso.
ANT.: *Entretenido, ameno, interesante.*
soportar
1 Sostener, sustentar, resistir, aguantar, llevar.
ANT.: *Soltar, ceder, vencerse.*
2 (Fig.) Tolerar, sufrir, sobrellevar, aceptar, someterse.
ANT.: *Rebelarse, reaccionar.*
soporte
1 Sostén, apoyo, cimiento, base, pilar, puntal, poste, viga, pata.
2 Sustento, fundamento, razón.
3 Medio, material, vehículo, procedimiento [comunicaciones, etc.].
4 (Fig.) Auxilio, ayuda, amparo, protección.
ANT.: *Desamparo, abandono.*
sorber
1 Aspirar, mamar, tragar, libar, beber, chupar.
ANT.: *Escupir, echar, expeler.*
2 (Fig.) Absorber, embeber, atraer.
ANT.: *Exudar, destilar.*
sórdido
1 Indecente, impuro, inmoral, deshonesto, obsceno, sucio, vil.
ANT.: *Decente, honesto.*
2 Miserable, mezquino, ruin.
ANT.: *Noble, elevado.*
3 Avaro, tacaño, mísero, avariento.
ANT.: *Generoso, dadivoso.*
sordo
1 Disminuido, privado, duro de oído, (fig.) tapia.
2 Amortiguado, ahogado, silencioso, apagado, opaco, grave, lejano, confuso [sonido, ruido].
ANT.: *Claro, diáfano, estridente.*
3 (Fig.) Insensible, indiferente, inflexible, desdeñoso, terco, obcecado.
ANT.: *Receptivo, atento.*
4 (Fig.) Contenido, reprimido [pasión, estado de ánimo].
ANT.: *Manifiesto, abierto.*
soroche (Amér. Merid.)
Angustia, sofoco, mareo, mal de montaña, (Argent., Bol., Perú) apunamiento.
sorprendente
Desconcertante, asombroso, extraordinario, prodigioso, pasmoso, extraño, raro, desusado, inusual, impresionante, inverosímil, inaudito, turbador.
ANT.: *Corriente, común, rutinario, usual, acostumbrado.*
sorprender
1 Descubrir, pillar, atrapar, pescar, cazar, agarrar, coger desprevenido, (Amér.) cachar.
ANT.: *Prevenir, avisar, anunciarse.*
2 Maravillar, asombrar, impresionar, extrañar, sobrecoger, turbar, conmover, pasmar, chocar.
ANT.: *Aburrir, fastidiar.*
sorpresa
1 Pasmo, maravilla, admiración, estupor, impresión, asombro.
ANT.: *Indiferencia, aburrimiento, tedio.*
2 Susto, sobresalto, desconcierto, consternación, confusión, alarma.
ANT.: *Calma, serenidad.*

sortear
1 Rifar, dejar a la suerte.
2 (Fig.) Eludir, esquivar, evitar, salvar, soslayar, (fam.) capotear, capear.
ANT.: *Enfrentar, combatir.*
sorteo
Rifa, lotería, tómbola, azar, juego.
sortija
1 Anillo, argolla, aro, sello, alianza.
2 Rizo, bucle, sortijilla.
sortilegio
1 Encantamiento, hechizo, magia, brujería, embrujo.
2 Adivinación, agüero, nigromancia.
sosegado
Tranquilo, reposado, pacífico, calmoso, quieto, sereno, juicioso, serio.
ANT.: *Desasosegado, inquieto, intranquilo.*
sosería
Insulsez, sosera, sosedad, insipidez, ñoñez, zoncera, → soso.
ANT.: *Interés, gracia, gusto.*
sosiego
Quietud, reposo, placidez, serenidad, silencio, tranquilidad, calma, descanso.
ANT.: *Agitación, bullicio, intranquilidad.*
soso
1 Insulso, insípido, desabrido, desaborido, insustancial.
ANT.: *Sabroso, gustoso, sazonado.*
2 (Fig.) Anodino, simple, inexpresivo, aburrido, sosaina, ñoño.
ANT.: *Gracioso, interesante.*
sospecha
1 Conjetura, barrunto, suposición, vislumbre, presunción, escrúpulo.
ANT.: *Certeza, certidumbre.*
2 Desconfianza, recelo, suspicacia, duda, temor, prejuicio, malicia, aprensión, celos.
ANT.: *Confianza, seguridad.*
sospechoso
1 Dudoso, equívoco, anormal, raro, misterioso, oscuro.
ANT.: *Normal, abierto, claro.*
2 Merodeador, maleante, vagabundo.
3 Acusado, reo, inculpado.
ANT.: *Exonerado, inocente.*
4 (Ant.) Receloso, suspicaz, desconfiado.
ANT.: *Seguro, confiado.*
sostén
1 Soporte, sustento, sustentación, base, apoyo, fundamento, cimiento, pilar.
2 Apoyo, protección, amparo, manutención, ayuda, auxilio.
ANT.: *Desamparo, abandono.*
3 Ajustador, ceñidor, sujetador, brasier, corpiño.
sostener
1 Sustener, detener, soportar, apoyar.
ANT.: *Ceder, vencerse.*
2 Defender, afirmar, asegurar, proclamar, ratificar.
ANT.: *Desdecirse, retirar.*
3 Persistir, perseverar, mantenerse, continuar, seguir, proseguir.
ANT.: *Claudicar, darse por vencido, dejar.*
4 (Fig.) Proteger, amparar, mantener, alentar, animar.
ANT.: *Abandonar, desamparar.*
5 (Fig.) Soportar, aguantar, tolerar, sufrir.
ANT.: *Rebelarse, rechazar.*
sótano
Subterráneo, túnel, bodega, cripta, silo, bóveda, cueva, cava.
ANT.: *Buhardilla, ático, desván.*
standard (pr.)
1 Estándar, uniforme, homogéneo, normal, regular.
ANT.: *Diferente, irregular, único.*
2 Norma, patrón, pauta.
stock (pr.)
Reservas, existencia, provisión, surtido, depósito.
ANT.: *Falta, carencia.*
suave
1 Liso, terso, sedoso, fino, delicado, leve, tenue, parejo.
ANT.: *Recio, áspero, rugoso, tosco.*
2 Blando, mole, mórbido, lene, muelle, mullido.
ANT.: *Duro, macizo.*
3 Dulce, grato, agradable, sedante, apacible, plácido.
ANT.: *Amargo, molesto.*
4 (Fig.) Quieto, manso, tranquilo, sosegado.
ANT.: *Intranquilo, desasosegado.*
5 (Fig.) Lento, reposado, calmado, pausado.
ANT.: *Agitado, rápido.*
suavizar
1 Pulir, pulimentar, lijar, alisar, bruñir.
2 Ablandar, molificar, lenificar.
ANT.: *Endurecer, poner tieso.*

3 (Fig.) Moderar, templar, mitigar, calmar, apaciguar.
ANT.: *Irritar, destemplar, exacerbar.*

subalterno
Empleado, subordinado VER.

subasta
Licitación, almoneda, puja, remate.

subconsciente
1 Subconsciencia.
2 Instintivo, inconsciente, involuntario, maquinal, automático.
ANT.: *Consciente.*

subdesarrollado
Atrasado, rezagado, pobre, inculto, primitivo, tercermundista.
ANT.: *Rico, desarrollado.*

súbdito
1 Vasallo.
ANT.: *Rey, monarca.*
2 Ciudadano, habitante, poblador.
ANT.: *Extranjero.*
3 Subordinado, dependiente.
ANT.: *Autónomo, independiente.*

subida
1 Ascenso, aumento, subimiento, → subir.
ANT.: *Bajada, descenso.*
2 Cuesta, pendiente, rampa, desnivel, talud, repecho.
ANT.: *Declive.*

subir
1 Ascender, escalar, remontar, alzarse, elevarse, auparse, encaramarse.
ANT.: *Descender, caer.*
2 Izar, erguir, levantar.
ANT.: *Bajar, agachar.*
3 Abordar, montar, embarcar.
ANT.: *Desmontar, apearse, desembarcar.*
4 Aumentar, crecer, desarrollar, intensificar.
ANT.: *Abaratar, rebajar.*
5 (Fig.) Progresar, mejorar, adelantar, promoverse, avanzar.
ANT.: *Estancarse, retroceder.*

súbito
1 Inesperado, repentino, imprevisto, sorpresivo, inopinado, brusco, insospechado, impensado.
ANT.: *Lento, paulatino, pausado.*
2 Violento, impetuoso, impulsivo, irreflexivo, imprudente, precipitado.
ANT.: *Prudente, reflexivo, cauteloso, calmoso.*

sublevación
Rebelión, insurrección, alzamiento, revolución, motín, alzamiento.
ANT.: *Sumisión, sometimiento.*

sublevar
1 Insurreccionar, amotinar, alzar, → sublevación.
ANT.: *Someter, doblegar.*
2 Indignar, encolerizar, enfurecer, irritar, enojar, disgustar.
ANT.: *Calmar, apaciguar, serenar.*

sublime
Eminente, excelso, elevado, insuperable, grandioso, divino, celestial, sobrehumano, glorioso.
ANT.: *Vulgar, pésimo, ridículo.*

subordinado
1 Sometido, dependiente, → subordinar.
ANT.: *Independiente, autónomo.*
2 Subalterno, empleado, inferior, auxiliar, ayudante.
ANT.: *Superior, jefe.*

subordinar
Someter, sujetar, supeditar.
ANT.: *Liberar, sublevar, ascender.*

subrayar
1 Destacar, acentuar, enfatizar, resaltar.
ANT.: *Disimular.*
2 Señalar, remarcar, insistir, hacer hincapié.
ANT.: *Ignorar, omitir, olvidar.*
3 Marcar, rayar, señalar, trazar.

subsanar
1 Corregir, remediar, solucionar, arreglar, enmendar, resarcir, compensar, mejorar.
ANT.: *Empeorar, dañar, perjudicar.*
2 Justificar, disculpar, excusar, exculpar.
ANT.: *Cometer, reincidir.*

subsidio
Ayuda, pensión, subvención VER.
ANT.: *Tributo, impuesto.*

subsistir
1 Vivir, mantenerse, sobrevivir.
ANT.: *Morir, sucumbir, perecer.*
2 Conservarse, perdurar, preservarse, resistir, aguantar.
ANT.: *Desaparecer, acabarse, perderse.*

substancia
1 Materia, elemento, sustancia.
2 Principio, naturaleza, esencia, ser, espíritu, carácter.
3 Jugo, extracto [de algunas plantas].

substancial
1 Esencial, sustancial, trascendente, básico, valioso, importante.
ANT.: *Insignificante, intrascendente.*
2 Intrínseco, inherente, propio, innato, consubstancial, congénito.
ANT.: *Adquirido.*

substancioso
1 Suculento, sustancioso, alimenticio, nutritivo, exquisito, jugoso, caldoso.
ANT.: *Seco, insípido, insubstancioso.*
2 (Fig.) Importante, valioso, interesante.
ANT.: *Insignificante.*

substituir
Reemplazar, suplir, sustituir, relevar, representar, auxiliar, suceder.

substituto
Reemplazante, suplente, → substituir.
ANT.: *Titular, propietario.*

substracción
1 Resta, disminución, sustracción, diferencia, descuento, cálculo.
ANT.: *Suma, multiplicación.*
2 Robo, hurto, despojo, timo, malversación, escamoteo, sisa.
ANT.: *Devolución, restitución.*

substraer
1 Restar, rebajar, disminuir, deducir, sustraer.
ANT.: *Incrementar, sumar, agregar.*
2 Robar, hurtar, → substracción.

subte (Argent.)
Tren subterráneo, metro, (fam.) sute.

subterfugio
Evasiva, argucia, asidero, pretexto, excusa, disculpa, simulación, escapatoria, triquiñuela.
ANT.: *Verdad, exigencia, requerimiento.*

subterráneo
1 Profundo, hondo.
ANT.: *Superficial.*
2 Subsuelo, mina, túnel, pasadizo, sótano, cueva, caverna, catacumba.
ANT.: *Superficie, exterior.*
3 (Fig.) Oculto, subrepticio, ilegal, furtivo, encubierto.
ANT.: *Claro, manifiesto, legal, evidente.*
4 (Argent.) Metropolitano, subte.

suburbio
Arrabal, afueras, barrio, barriada, alrededores, contornos.
ANT.: *Centro.*

subvención
Sufragio, asistencia, ayuda, subsidio, contribución, apoyo, auxilio, donativo.
ANT.: *Recaudación.*

subversión
Sedición, rebelión, insurrección, revolución, conspiración.

subversivo
Sedicioso, rebelde, revoltoso, revolucionario, perturbador, alborotador, conspirador.

subyugar
1 Dominar, conquistar, sojuzgar, avasallar, domeñar, esclavizar.
ANT.: *Resistir, rebelarse.*
2 (Fig.) Fascinar, atraer, embelesar, cautivar, seducir.
ANT.: *Repeler, repugnar.*

suceder
1 Ocurrir, acontecer, acaecer, sobrevenir, producirse, pasar.
2 Seguir, estar a continuación.
ANT.: *Anteceder.*
3 Heredar, recibir.
ANT.: *Legar, donar.*
4 Reemplazar, substituir VER.
ANT.: *Permanecer.*

sucesión
1 Serie, orden, curso, continuación, proceso, cadena, línea, lista.
ANT.: *Final, interrupción.*
2 Descendencia, prole, herederos, sucesores.
ANT.: *Antepasados, ancestros.*

sucesivo
1 Siguiente, subsiguiente, subsecuente, posterior.
ANT.: *Precedente, anterior.*
2 Continuo, gradual, paulatino, progresivo.
ANT.: *Interrumpido.*

suceso
1 Hecho, sucedido, acontecimiento, caso, acaecimiento, incidente, evento, episodio, lance, eventualidad, peripecia, ocurrencia, circunstancia, coyuntura.
2 Resultado, éxito, logro.
ANT.: *Fracaso, yerro.*

sucesor
Sustituto, heredero VER.
ANT.: *Antecesor.*

suciedad
1 Desaseo, inmundicia, asquerosidad, porquería, cochambre, mugre.
ANT.: *Aseo, limpieza, pulcritud.*
2 Mancha, pringue, roña, churrete, lamparón, (Méx.) chorreada.
3 (Fig.) Indecencia, impureza, procacidad, inmoralidad, corrupción.
ANT.: *Decencia, pureza, moralidad.*

4 (Méx./fam.) Excremento, mierda, caca.

sucinto

Breve, conciso, lacónico, resumido, compendiado, condensado.
ANT.: *Extenso, amplio.*

sucio

1 Mugriento, cochambroso, grasiento, cochino, tiznado, pringado, manchado.
ANT.: *Limpio, lavado, inmaculado.*
2 Desaseado, desaliñado, mugroso, lamparoso, (fam.) puerco, marrano.
ANT.: *Pulcro, aseado.*
3 Inmundo, asqueroso, repugnante, poluto, nauseabundo, hediondo.
4 (Fig.) Descuidado, emborronado, chapucero.
ANT.: *Cuidadoso, cuidado, meticuloso.*
5 (Fig.) Deshonesto, corrupto, tramposo, marrullero, prostituido.
ANT.: *Honesto, recto, honrado.*
6 (Fig.) Ilegal, ilícito, inmoral.
ANT.: *Legal, lícito.*
7 (Fig.) Pervertido, libidinoso, obsceno, pornográfico.
8 (Fig.) Bajo, bajuno, vil, traidor, innoble.
ANT.: *Leal, noble, justo.*
9 (Fig.) Turbio, confuso, mezclado [color, substancias].
ANT.: *Puro, claro, nítido.*

suculento

Nutritivo, sabroso, jugoso, substancioso VER.
ANT.: *Desabrido, pobre.*

sucumbir

1 Rendirse, claudicar, someterse, caer, ceder, darse por vencido.
ANT.: *Luchar, vencer, resistir.*
2 Fenecer, morir, extinguirse, perecer VER.
ANT.: *Sobrevivir.*

sucursal

Filial, delegación, dependencia, representación, rama, agencia.
ANT.: *Central, sede, matriz.*

sudor

1 Transpiración, exudación, diaforesis, trasudor, secreción, humor.
2 (Fig.) Fatiga, esfuerzo, afán, trabajo.
ANT.: *Descanso, ocio, recreo.*

sudoroso

Transpirado, sudoso, mojado, empapado, jadeante, agotado, fatigado.
ANT.: *Fresco, descansado.*

sueldo

Paga, salario, retribución, remuneración, jornal, soldada, honorarios, estipendio, gajes.

suelo

1 Superficie, tierra, terreno, piso, pavimento, solado.
ANT.: *Techo, cúpula, cielo.*
2 País, patria, territorio, solar.
3 (Fig.) Base, fondo.
4 Sedimento, poso, hez.

suelto

1 Separado, disgregado, desligado, disperso, desatado, desprendido.
ANT.: *Junto, ligado, atado, fijo.*
2 Holgado, flojo, amplio.
ANT.: *Ceñido, apretado.*
3 Ágil, hábil, desenvuelto, ligero, diestro, expedito.
ANT.: *Torpe, inhábil.*
4 (Fig.) Fácil, fluido, llano [lenguaje].
ANT.: *Complicado, difícil.*
5 (Fig.) Atrevido, libre, osado, desenfrenado.
ANT.: *Reprimido, moderado.*
6 Gacetilla, artículo.
7 Cambio, monedas, (Argent., Venez.) sencillo, (Esp.) calderilla.
ANT.: *Billete.*

sueño

1 Somnolencia, sopor, letargo, modorra, soñolencia.
ANT.: *Vigilia, actividad.*
2 Siesta, dormición, descanso.
ANT.: *Despertar.*
3 Ensueño, ensoñación, fantasía, ficción, pesadilla, alucinación, visión, aparición.
ANT.: *Realidad.*
4 (Fig.) Anhelo, deseo, ilusión, quimera, aspiración, utopía.

suerte

1 Hado, destino, sino, acaso, providencia, fatalidad, casualidad, ventura, azar.
ANT.: *Previsión, anticipación.*
2 Ventura, fortuna, estrella, éxito, chiripa, (Méx.) chiripada.
ANT.: *Desgracia, desventura.*
3 Situación, condición, estado, circunstancia.
4 Forma, manera, modo, estilo, género, especie, tipo.

suficiente

1 Justo, preciso, adecuado.
ANT.: *Insuficiente.*
2 Bastante, asaz, sobrado, harto.
ANT.: *Escaso.*

3 Capaz, apto, idóneo, competente, hábil, experimentado.
ANT.: *Inepto, incompetente.*
4 (Fig.) Engreído, pedante, vanidoso, presumido, fanfarrón.
ANT.: *Humilde, modesto.*

sufragar
1 Costear, mantener, satisfacer, contribuir, desembolsar, pagar, abonar.
ANT.: *Escatimar, negar.*
2 Socorrer, ayudar, amparar, favorecer.
ANT.: *Desfavorecer, desamparar.*
3 (Amér.) Votar, elegir.
ANT.: *Abstenerse.*

sufragio
1 Favor, ayuda, socorro, apoyo, amparo, protección.
ANT.: *Desamparo, desprotección.*
2 Voto, votación, comicios, elecciones, plebiscito, referéndum.
ANT.: *Abstención, imposición.*

sufrimiento
Dolor, pena, angustia, tormento, daño, martirio, aflicción, padecimiento.
ANT.: *Alegría, gusto, placer.*

sufrir
1 Padecer, sentir, experimentar.
2 Penar, soportar, tolerar, aguantar, atormentarse, angustiarse.
ANT.: *Rebelarse.*
3 Consentir, permitir, transigir.
ANT.: *Imponerse, rechazar.*

sugerir
1 Insinuar, indicar, proponer, aconsejar.
ANT.: *Ordenar, exigir.*
2 Suscitar, provocar, evocar, inspirar.

sugestionar
1 Convencer, influir, insinuar, inspirar.
ANT.: *Disuadir, desanimar.*
2 Fascinar, dominar, hipnotizar, (fig.) hechizar.
3 **sugestionarse** Ofuscarse, cegarse, alucinarse, obcecarse, dejarse llevar.
ANT.: *Razonar, discernir, analizar.*

sugestivo
Atractivo, seductor, insinuador, fascinante, cautivante, encantador.
ANT.: *Repulsivo, repelente.*

suicidarse
Matarse, inmolarse, quitarse la vida, (fam.) borrarse del mapa.

sujetar
1 Fijar, afirmar, asir, aferrar, clavar, enganchar, pegar, soldar.
ANT.: *Soltar, aflojar, desprender.*
2 Agarrar, detener, retener, contener, coger.
ANT.: *Zafarse, escapar, escabullirse.*
3 Dominar, someter, subyugar, supeditar.
ANT.: *Rebelarse, liberar.*

sujetarse
1 Agarrarse, asirse, aferrarse, detenerse.
ANT.: *Soltarse, resbalar.*
2 Someterse, acatar, supeditarse, disciplinarse.
ANT.: *Rebelarse, independizarse.*

sujeto
1 Detenido, fijo, atado, agarrado, retenido.
ANT.: *Suelto, flojo, desprendido.*
2 Sumiso, dependiente, subyugado, sometido, disciplinado.
ANT.: *Independiente, libre.*
3 Expuesto, propenso.
ANT.: *Inmune, resguardado.*
4 Individuo, tipo, fulano, persona, prójimo.
5 Materia, tema, asunto, motivo, argumento.
6 Retenido, → sujetar.

suma
1 Adición, cuenta, operación, total, resultado.
ANT.: *Resta, substracción.*
2 Aumento, agregado, incremento, añadido.
ANT.: *Rebaja, disminución.*
3 Colección, conjunto, totalidad, todo.
ANT.: *Unidad, parte.*
4 Resumen, compendio, recopilación, sumario.

sumar
1 Agregar, añadir, adicionar, → suma.
ANT.: *Restar, quitar, sustraer.*
2 Recopilar, resumir, compendiar, recapitular.
ANT.: *Ampliar, extender.*

sumario
1 Compendio, resumen, extracto, epítome, sinopsis, índice.
2 Expediente.
3 Abreviado, resumido, conciso, breve, lacónico.
ANT.: *Extenso, ampliado.*

sumergir
1 Sumir, hundir, meter, zambullir, bañar, empapar.
ANT.: *Emerger, sacar, extraer.*
2 Arrastrar, abismar.
ANT.: *Resistir.*

3 sumergirse Sumirse, abismarse, abstraerse, hundirse.
ANT.: *Distraerse.*

suministrar
Abastecer, proveer, surtir, aprovisionar, racionar, repartir, entregar.
ANT.: *Negar, escamotear.*

sumir
Hundir, abismar, sumergir VER.
ANT.: *Surgir, sacar.*

sumiso
1 Dócil, manejable, disciplinado, obediente, manso.
ANT.: *Insumiso, indómito.*
2 Rendido, sujeto, subyugado, subordinado.
ANT.: *Rebelde.*

suntuoso
Majestuoso, fastuoso, magnífico, opulento, regio, señorial, rico, lujoso, ostentoso.
ANT.: *Mezquino, pobre.*

supeditar
1 Sujetar, doblegar, avasallar, someter.
ANT.: *Liberar, redimir.*
2 Condicionar, dominar, subordinar.
ANT.: *Anteponer.*
3 supeditarse Depender, someterse, subordinarse.
ANT.: *Liberarse, emanciparse.*

superar
1 Rebasar, exceder, sobrepujar, adelantar, mejorar.
ANT.: *Fallar, empeorar.*
2 Aventajar, dominar, prevalecer, ganar.
ANT.: *Rezagarse.*

superchería
Invención, falsedad, engaño, fraude, impostura, timo, estafa, dolo, enredo.
ANT.: *Realidad, honradez.*

superficial
1 Externo, exterior, visible, aparente, saliente.
ANT.: *Interior, interno, profundo.*
2 Ligero, leve [herida, daño, etc.].
ANT.: *Grave, serio.*
3 Frívolo, vacío, voluble, pueril.
ANT.: *Formal, juicioso.*
4 Trivial, baladí, hueco, huero, superfluo, insustancial.
ANT.: *Fundamental, esencial.*

superficie
1 Área, espacio, extensión, parcela, medida.
2 Cara, plano, haz, faz, exterior.
ANT.: *Interior, envés, revés, fondo.*
3 Aspecto, apariencia, exterioridad.
ANT.: *Profundidad.*

superfluo
Innecesario, sobrante, inútil, excesivo, redundante, nimio, superficial VER.
ANT.: *Necesario, básico, prioritario, útil.*

superior
1 Preeminente, excelente, descollante, supremo, magnífico, aventajado, dominante.
ANT.: *Interior, ínfimo.*
2 Jefe, patrón, director, dirigente.
ANT.: *Subordinado, empleado.*

superstición
Credulidad, fetichismo, idolatría, paganismo, (desp.) superchería.
ANT.: *Escepticismo.*

supervisar
Revisar, controlar, verificar, inspeccionar, fiscalizar, observar, pasar revista.
ANT.: *Abandonar, descuidar.*

supervivencia
Persistencia, perduración, longevidad, aguante, vitalidad, sobrevivencia, duración.
ANT.: *Muerte, fin, extinción.*

suplantar
Sustituir, reemplazar, usurpar, desbancar, suplir.

suplementario
Complementario, adicional, supletorio, subsidiario, adjunto, accesorio.
ANT.: *Fundamental, esencial, principal.*

suplemento
Complemento, adición, aditamento, accesorio, apéndice, agregado, anexo.

suplente
Reemplazante, substituto, interino, sustituto, suplidor, relevo, delegado, auxiliar.
ANT.: *Titular, principal.*

suplicar
Rogar, implorar, impetrar, invocar, exhortar, pedir, solicitar.
ANT.: *Exigir, reclamar, pretender, interpelar.*

suplicio
1 Tortura, tormento, martirio, castigo, dolor, daño, fatiga.
ANT.: *Placer, gusto.*
2 (Fig.) Ajusticiamiento, punición, patíbulo, ejecución.
3 (Fig.) Padecimiento, sufrimiento, pena, angustia, congoja, aflicción.
ANT.: *Alegría, satisfacción, consuelo, alivio.*

4 (Fig. y fam.) Engorro, molestia, incomodidad, fastidio.

suponer

1 Creer, pensar, considerar, imaginar, atribuir, conjeturar, calcular, sospechar, intuir, (fig.) oler.
2 Significar, importar, conllevar, implicar, entrañar.
3 Presuponer, dar por hecho.

suposición

1 Conjetura, creencia, supuesto, presunción, hipótesis, presuposición, → suponer.
ANT.: *Comprobación, verificación, confirmación, demostración.*
2 Engaño, falsedad, fingimiento, impostura.
ANT.: *Verdad.*

supremacía

Predominio, primacía, preeminencia, preponderancia, prioridad, superioridad, poder, dominio, hegemonía.
ANT.: *Inferioridad, dependencia.*

supremo

1 Superior, sumo, dominante, descollante, poderoso, destacado.
ANT.: *Ínfimo, inferior.*
2 Extraordinario, excelente, magnífico, espléndido.
ANT.: *Mediano, pésimo.*
3 Crucial, decisivo, vital, culminante.
ANT.: *Trivial, baladí.*

suprimir

1 Eliminar, anular, abrogar, abolir, prohibir, deshacer, destruir, liquidar.
ANT.: *Crear, mantener, añadir.*
2 Exterminar, matar, desaparecer, aniquilar.
3 Callar, omitir, borrar.
ANT.: *Señalar, enfatizar.*

supuesto

1 Suposición, presunción, creencia, hipótesis.
ANT.: *Seguridad, certeza.*
2 Figurado, imaginario, pretendido, presunto, aparente, gratuito, infundado.
ANT.: *Real, comprobado, verificado, confirmado.*

supurar

Destilar, segregar, secretar, manar [pus de las heridas infectadas].

sur

Sud, austro, mediodía, antártico.
ANT.: *Norte, bóreas, septentrión.*

surcar

1 Labrar, arar, roturar, amelgar, (C. Rica) surquear.
2 Rayar, calar, marcar, estriar.
3 (Fig.) Hender, cortar, atravesar, navegar.

surco

1 Zanja, hendidura, hendedura, excavación, cauce, conducto, carril, rodera, amelga, mielga.
2 Ranura, muesca, estría, canal, corte, pliegue.
3 Huella, estela, rodada.

surgir

1 Brotar, manar, salir, surtir, fluir, nacer.
ANT.: *Cesar, extinguirse.*
2 (Fig.) Aparecer, asomar, manifestarse, levantarse, alzarse, elevarse.
ANT.: *Desaparecer.*
3 (Fig.) Suceder, ocurrir, acaecer, presentarse.

surtido

1 Variado, mezclado, vario, diverso, múltiple, dispar.
ANT.: *Uniforme, homogéneo.*
2 Colección, muestrario, catálogo, repertorio, conjunto, juego.
3 Suministro, provisión, dotación, abasto.
4 Provisto, aprovisionado, abastecido, dotado.
ANT.: *Vacío, saqueado.*

surtidor

1 Fuente, chorro, surtidero, ducha, manantial.
2 Proveedor, abastecedor, suministrador.
ANT.: *Consumidor.*

surtir

1 Proveer, proporcionar, abastecer, equipar, dotar, suministrar, aprovisionar.
ANT.: *Consumir, gastar.*
2 Brotar, manar, surgir VER, chorrear.

surto

1 Anclado, fondeado, varado [barco].
2 (Fig.) Calmo, tranquilo, quieto, callado, silencioso, reposado.
ANT.: *Inquieto, agitado.*

susceptible

1 Propenso, dispuesto, propicio, capaz, apto.
ANT.: *Incapaz, inepto, impropio.*
2 Suspicaz, desconfiado, malicioso, escamado, mosqueado, delicado, quisquilloso.
ANT.: *Despreocupado, indiferente.*

S

suscitar
Originar, producir, provocar, ocasionar, promover, motivar, infundir, inducir, influir, incitar.
ANT.: *Evitar, impedir.*
susodicho
Aludido, mencionado, antedicho, citado, referido, nombrado, indicado, sobredicho, (Venez.) supradicho.
suspender
1 Colgar, alzar, levantar, izar, enganchar, pender.
ANT.: *Bajar, descolgar.*
2 Interrumpir, detener, cancelar, limitar, frenar, obstaculizar.
ANT.: *Reanudar, proseguir, continuar.*
3 Diferir, aplazar, postergar, retardar, retrasar.
ANT.: *Adelantar, anticipar.*
4 (fig.) Castigar, penar, disciplinar, separar, expulsar.
ANT.: *Perdonar, exonerar.*
5 (Fig.) Reprobar, desaprobar, quedar eliminado, (Méx./fam.) tronar [exámenes, cursos].
ANT.: *Aprobar, pasar.*
suspenso
1 Colgado, colgante, suspendido, pendiente, en vilo.
ANT.: *Parado, en pie.*
2 Perplejo, azorado, admirado, embelesado, sorprendido, desconcertado, pasmado.
ANT.: *Indiferente, distraído.*
3 (Amér.) Intriga, misterio, incertidumbre, expectación, (Esp.) suspense.
suspicaz
Desconfiado, malicioso, receloso, cauteloso, temeroso, escamado, susceptible VER.
ANT.: *Confiado, incauto.*
suspirar
1 Espirar, exhalar, soplar, resoplar.
ANT.: *Respirar.*
2 suspirar por (Fig.) Ansiar, anhelar, ambicionar, codiciar, desear, querer, apetecer.
ANT.: *Olvidar, desdeñar, aborrecer, detestar.*
sustancia
Esencia, fundamento, substancia VER.
sustancial
Fundamental, importante, substancial VER.
sustancioso
Alimenticio, valioso, substancioso VER.
sustentar
1 Alimentar, mantener, proveer, nutrir.
ANT.: *Desnutrir.*
2 Conservar, preservar, alentar.
ANT.: *Eliminar, liquidar.*
3 Sostener, soportar, apoyar, sujetar, reforzar, aguantar, apuntalar, contener.
ANT.: *Ceder, vencerse.*
4 Afirmar, asegurar, defender, justificar, amparar.
ANT.: *Abandonar, claudicar, desdecirse.*
sustento
1 Alimento, manutención, nutrición, comida, pitanza, comestibles.
2 Apoyo, base, sostén, sustentación, sustentáculo.
sustituir
Relevar, reemplazar, substituir, permutar, cambiar, canjear, renovar, suplantar.
ANT.: *Mantener, conservar.*
sustituto
Reemplazante, substituto, suplente VER.
susto
Sobresalto, sobrecogimiento, asombro, alarma, estremecimiento, temor, miedo, pavura, angustia, zozobra.
ANT.: *Serenidad, impavidez.*
sustracción
1 Resta, substracción VER.
ANT.: *Suma, adición.*
2 Hurto, robo, malversación.
ANT.: *Devolución, restitución.*
sustraer
1 Extraer, separar, apartar, segregar.
ANT.: *Incluir, integrar.*
2 Quitar, restar, rebajar, deducir, → substracción.
ANT.: *Añadir, sumar, agregar.*
3 Robar, hurtar, sisar, escamotear.
ANT.: *Restituir, dar.*
4 sustraerse Eludir, evitar, esquivar, escabullirse.
ANT.: *Realizar, ejecutar.*
susurrar
Murmurar, musitar, cuchichear, balbucear, farfullar, mascullar, rumorear, runrunear.
ANT.: *Gritar, vociferar, rugir.*
sutil
1 Vaporoso, etéreo, liviano, fino, suave, delicado.
ANT.: *Tosco, burdo, pesado, espeso.*

2 (Fig.) Perspicaz, ingenioso, agudo, sagaz, astuto, refinado, alambicado.
ANT.: *Torpe, lerdo, obtuso, estúpido, rudo.*

sutileza
1 Perspicacia, habilidad, ingenio, agudeza, astucia, instinto, (fig.) olfato.
ANT.: *Torpeza, necedad, rudeza.*
2 Delicadeza, sutilidad.
ANT.: *Tosquedad, bastedad.*
3 Ironía, agudeza, sofisma, salida, humorada, ingeniosidad.
ANT.: *Exabrupto, grosería, majadería.*

sutilizar
1 Atenuar, aligerar, adelgazar.
ANT.: *Engrosar.*
2 (Fig.) Pulir, limar, perfeccionar [cualidades, etc.].
3 Profundizar, discurrir, detallar, analizar, escudriñar.
4 Ironizar, bromear, satirizar.

sutura
Costura, cosido, costurón, puntadas.
ANT.: *Herida, abertura.*

S

T

tabanco
1 Puesto, cajón, tenderete.
2 (Amér.) Buhardilla, desván, (Méx.) tapanco.
tábano
1 Moscardón, moscón, díptero.
2 (Fig.) Pesado, molesto, importuno, latoso [persona].
ANT.: *Grato, oportuno.*
tabarra (Esp.)
Lata, pesadez, engorro, molestia, fastidio, monserga, rollo, pejiguera.
taberna
Figón, fonda, bodegón, bodega, (desp.) tugurio, (Argent.) boliche, (Argent., Méx., Par., Urug.) cantina, (Esp.) tasca.
tabique
1 Pared, muro, división, medianera, tapia, lienzo.
2 (Méx.) Ladrillo, tabicón.
tabla
1 Tablón, estante, larguero, traviesa, puntal, leño, viga, madero.
2 Pliegue, doblez [en prendas de vestir].
3 Tablero, plancha, pizarra.
4 Índice, lista, rol, nómina, catálogo.
5 Cuadro, retablo, icono.
6 Parcela, plantación, plantío, sembrado, (Argent., Venez.) tablón.
tablado
Tarima, entarimado, tinglado, plataforma, escenario, estrado, tribuna, cadalso, patíbulo.
tablas
1 Escenario, proscenio, foro.
2 (Fig.) Desenvoltura, deshinibición, serenidad, impavidez, (fam.) colmillo, experiencia.
ANT.: *Timidez, inhibición, inexperiencia.*
tableta
Pastilla, gragea, comprimido, píldora, oblea, tablilla, (ant.) sello.
tablón
1 Madero, tabla VER.
2 Pliegue, doblez [en prendas de vestir].
3 (Fig. y fam.) Borrachera, embriaguez.
4 (Argent., Venez.) Parcela, sembradío, plantío.
tabú
1 Prohibición, obstáculo, veto, oposición, impedimento.
2 Creencia, superstición.
tabuco
Cuartucho, cuchitril, tugurio, buhardilla, (fig.) zahúrda, (Esp.) zaquizamí, (Méx./fig.) palomar.
ANT.: *Mansión, palacio.*
taburete
Banquillo, escabel, alzapiés, banqueta, asiento.
tacaño
Avaro, cicatero, ruin, mezquino, miserable, sórdido, roñoso, (fam.) agarrado.
ANT.: *Generoso, desprendido, pródigo.*
tacha
Defecto, imperfección, desdoro, lacra, falla, vicio, inconveniencia, falta.
ANT.: *Perfección, cualidad, virtud.*
tachar
1 Rayar, emborronar, borrar, corregir, suprimir, anular.
2 (Fig.) Censurar, criticar, tildar, achacar, recriminar, reprochar, atribuir.
ANT.: *Loar, elogiar.*
tacho (Amér.)
1 (Argent., Ecuad., Perú) Cubo para basura, (Méx.) tambo.
2 (Argent., Chile) Paila*, vasija.
3 (Bol., Chile, Pan., Perú) Olla, recipiente, cacerola.
*Tb. significa: (Nic.) Machete para cortar caña.
tachonar
1 Poner tachuelas.
2 Clavetear, salpicar, ornar, adornar.
ANT.: *Despojar, retirar.*
tachuela
1 Clavo, tachón*, (Amér. Merid.) tacha.
2 Bajo, tapón, sotaco, (Argent.) petiso o petizo, (Chile, Méx., Nic.) chaparro, (Colomb.) paturro.
ANT.: *Alto, larguirucho.*
3 (Colomb., Venez.) Escudilla, tazón, pocillo.

4 (Venez./fam.) Malintencionado, taimado, sospechoso.
*Tb. significa: Borrón, rayón, mancha en un escrito.

tácito
1 Implícito, inferido, supuesto, sobrentendido, virtual.
ANT.: *Manifiesto, expreso, explícito.*
2 Reservado, callado, silencioso, sigiloso.
ANT.: *Locuaz, hablador.*

taciturno
1 Silencioso, reservado, retraído, callado, hosco, huraño.
ANT.: *Comunicativo, parlanchín.*
2 (Fig.) Triste, melancólico, apesadumbrado, cabizbajo, sombrío.
ANT.: *Eufórico, gozoso.*

taco
1 Cuña, clavija, tarugo, tapón, taquete.
2 Baqueta, vara, palo.
3 (Fig. y fam.) Bocado, aperitivo, merienda, tentempié, refrigerio.
4 (Fig. y fam.) Embrollo, enredo, lío, confusión.
ANT.: *Aclaración, esclarecimiento.*
5 (Fig. y fam.) Reniego, maldición, palabrota, juramento, blasfemia, terno, peste.
ANT.: *Elogio, bendición, alabanza.*

tacotal
1 (C. Rica, Nic.) Matorral.
2 (Hond.) Lodazal, ciénaga, barrizal.

táctica
1 Método, procedimiento, técnica, sistema, estrategia, plan, práctica.
2 Habilidad, argucia, tiento, tacto, disimulo, artimaña, treta.
ANT.: *Torpeza, brusquedad.*

tacto
1 Sensación, percepción, impresión, sentido.
2 Toque, tocamiento, palpamiento.
3 (Fig.) Diplomacia, mesura, táctica, tiento, habilidad, discreción, tino, maña.
ANT.: *Rudeza, brusquedad, torpeza.*

taimado
Astuto, ladino, marrullero, disimulado, (fig.) zorro, bellaco, hipócrita, tunante, tuno.
ANT.: *Ingenuo, noble, candoroso, sincero.*

tajada
1 Rebanada, loncha, lonja, rueda, raja, porción, parte.
ANT.: *Entero, todo.*
2 Corte, tajo, herida, cortadura.

tajante
1 Cortante, incisivo.
2 (Fig.) Terminante, categórico, firme, definitivo, seco, enérgico.
ANT.: *Ambiguo, vago, indeciso.*

tajar
Cortar, hender, sajar, partir, dividir, seccionar, rebanar, rajar, abrir.
ANT.: *Unir, cerrar.*

tajo
1 Corte, cortadura, incisión, sección.
2 Herida, cuchillada, navajazo, sablazo.
3 Escarpa, precipicio, barranco, escarpadura.

taladrar
1 Perforar, horadar, agujerear, barrenar, trepanar, calar.
ANT.: *Obturar, taponar.*
2 (Fig.) Profundizar, desentrañar, penetrar, sutilizar.

taladro
Barreno, taladradora, berbiquí, punzón, broca, fresa, trépano, perforador.

talante
1 Modo, manera, estilo.
2 Carácter, humor, genio, ánimo, disposición.
3 Voluntad, gana, deseo, antojo.
ANT.: *Desgana, abulia, apatía.*
4 Semblante, apariencia [de personas].
5 Aspecto, cariz [de asuntos, situaciones].

talar
1 Podar, cortar, segar, cercenar, tajar.
ANT.: *Plantar.*
2 Devastar, arrasar, destruir, arruinar.
ANT.: *Levantar, construir.*

talego
1 Talega, saco, alforja, costal, morral, zurrón, macuto, mochila, (Hond., Méx.) tanate.
2 (Cuba, Esp.) Cárcel.

talento
1 Inteligencia, entendimiento, agudeza, penetración, perspicacia, lucidez, clarividencia, genio, cacumen.
ANT.: *Torpeza, imbecilidad, estulticia.*
2 Ingenio, habilidad, destreza, capacidad, aptitud, dotes.
ANT.: *Inhabilidad, ineptitud.*

talismán
Amuleto, fetiche, reliquia, imagen, figura, (fig. y fam.) mascota.

talla
1 Tallado, labrado, grabado.
2 Relieve, figura, bajorrelieve, escultura, estatua.

3 Altura, estatura, alzada, dimensión, corpulencia, medida.
4 (Fig.) Calidad, valor, importancia.

tallar
1 Esculpir, cincelar, grabar, labrar, cortar, modelar, trabajar.
2 (Amér. Merid./fig. y fam.) Charlar, platicar, parlotear, trabajar.
3 (Chile) Cortejar, galantear.
4 (Cuba) Persuadir, convencer.

talle
1 Cintura, cinto.
2 (Fig.) Traza, apariencia, hechura, aspecto, figura, proporción, disposición.

taller
1 Obrador, fábrica, factoría.
2 Seminario, curso, cursillo.
3 Estudio, laboratorio [de artistas plásticos].

tallo
Troncho, esqueje, retoño, vástago, renuevo.

talón
1 Calcañar, pulpejo, (Méx./fam.) carcañal.
2 Comprobante, cupón, resguardo.

talud
Rampa, declive, inclinación, cuesta, desnivel, bajada, vertiente, caída, repecho.
ANT.: *Llano, planicie.*

tamaño
Dimensión, magnitud, extensión, proporción, capacidad, volumen, altura, largo, ancho, medida.

tambalearse
Oscilar, vacilar, balancearse, bambolearse, menearse, fluctuar, inclinarse.
ANT.: *Sostenerse, detenerse, fijarse.*

también
Asimismo, igualmente, del mismo modo, de la misma manera, incluso.
ANT.: *Tampoco.*

tambo (Amér.)
1 (Argent.) Establo, lechería, rancho, corral.
2 (Chile, Ecuad., Perú) Posada, venta, parador, mesón.
3 (Méx.) Cilindro, barril, bote, (Cuba, Venez.) tambor.
4 (Méx./vulg.) Cárcel, prisión.
5 (Perú) Tienda rural.
6 (Venez.) Cobertizo, choza.

tambor
1 Timbal, atabal, bombo, tamboril, tambora, caja, parche.
2 Tamborilero, percusionista.
3 Bastidor, aro.
4 Criba, tamiz, cernidor.
5 (Cuba, Venez.) Bote, cilindro, barril, (Méx.) tambo.

tamiz
Criba, cernedor, cernidor, cedazo, filtro, harnero, colador, zaranda.

tanda
1 Turno, vuelta, vez, sucesión, ciclo, rueda, alternativa.
2 Tarea, labor, trabajo.
3 Serie, sarta, número, cantidad.
4 Grupo, partida, corrillo, conjunto.
5 (Amér.) Función, espectáculo.
6 (Chile/fam.) Broma, chacota, chunga.
7 (Chile, Venez./fam.) Golpiza, paliza, zurra.

tangente
Tocante, adyacente, lindante, confinante, rayano, contiguo.
ANT.: *Separado, alejado.*

tangible
Palpable, tocable, concreto, material, real, perceptible, manifiesto, evidente, notorio.
ANT.: *Intangible, irreal, imperceptible, abstracto.*

tanque
1 Depósito, cisterna, cuba, estanque, aljibe, receptáculo.
2 Cilindro, recipiente, bombona.
3 (Fig.) Voluminoso, fortachón, mastodonte, corpulento.
ANT.: *Débil, alfeñique, esmirriado.*

tantear
1 Probar, pulsar, sondear, explorar, ensayar, intentar.
2 Calcular, sopesar, considerar, examinar.
3 Comparar, medir, parangonar.
4 Palpar, tocar, tentar, reconocer.
5 Esbozar, bosquejar, bocetar [pintura].

tanto
1 Mucho, excesivo, demasiado.
ANT.: *Poco, escaso.*
2 Cantidad, número.
3 Punto, puntuación, gol, acierto [deportes].
4 Copia, ejemplar [de escritos].
ANT.: *Original, manuscrito.*

tañer
1 Tocar, pulsar, rasguear, puntear [instrumentos de cuerda].
2 Doblar, repicar, voltear, sonar [campanas].

3 Tamborilear, tabalear, repiquetear, castañetear.

tapa

1 Tapadera, cubierta, tapón, cobertera, cierre, obturador, compuerta.
2 (C. Rica) Piloncillo, panocha.
3 (Esp.) Aperitivo, bocado.
4 **tapas** (C. Rica) Nalgas, asentaderas.

tapar

1 Cubrir, forrar, recubrir, cerrar, obturar, obstruir, taponar.
ANT.: *Destapar, descubrir.*
2 Envolver, abrigar, arropar.
ANT.: *Desabrigar, desarropar.*
3 (Fig.) Ocultar, esconder, encubrir, disimular, disfrazar, solapar, callar, silenciar.
ANT.: *Revelar, desenmascarar, denunciar.*

tapera (Amér. Merid.)

1 Ruinas, desolación [de un pueblo o rancho].
2 Choza, cuchitril.
ANT.: *Mansión, palacio.*

tapete

1 Alfombra, alfombrilla, estera, (ant.) tapiz.
2 Cubierta, forro, mantel, mantelillo, (Amér.) carpeta.

tapia

1 Muro, pared, paredón, muralla, tabique, tapial, cerca.
2 (Fig. y fam.) Sordo.

tapiz

1 Colgadura, arambel, cortina, paño, toldo, palio, gobelino.
2 (Ant.) Tapete, alfombra.
3 Tapicería, recubrimiento [en muebles].

tapizar

1 Recubrir, forrar, revestir, entapizar, enfundar, guarnecer, proteger, acolchar [muebles].
ANT.: *Descubrir, desfundar.*
2 (Fig.) Cubrir, alfombrar, tachonar [superficies planas].
ANT.: *Despojar, desnudar.*

tapón

1 Corcho, tarugo, espiche, cierre, tapa.
2 Obstrucción, atasco, embotellamiento, congestionamiento.
ANT.: *Circulación, fluidez.*
3 (Fig. y fam.) Retaco, rechoncho, chaparro, sotaco, bajo, (Colomb.) paturro.
ANT.: *Alto, larguirucho, poste, garrocha.*

taponar

Obstruir, cerrar, obturar, tapar, atascar, ocluir, cegar, sellar, tupir, interrumpir, (C. Rica) tapear.
ANT.: *Desatascar, destapar.*

taquilla

1 Despacho, ventanilla, mostrador, cabina, puesto, (Argent., Chile) boletería.
2 Entradas, recaudación, taquillaje.
3 Casillero, armario, cajonera [en oficinas].
4 (Chile/fig. y fam.) Aceptación, acogida.
5 (C. Rica/ant.) Taberna, cantina.

tara

1 Defecto, estigma, lacra, falla, vicio, mácula, degeneración.
ANT.: *Virtud, cualidad, evolución.*
2 Embalaje, envase, contenedor.
3 (Venez.) Campamocha, mantis.
4 (Venez.) Mariposa.

tarabilla

1 Cítola, tablilla, tarabita*.
2 Travesaño, telera** [de los arados].
3 (Fig. y fam.) Charlatán, parlanchín, locuaz, hablador, cotorra.
ANT.: *Silencioso, callado, reservado.*
4 (Fig. y fam.) Verborrea, palabrería.
*Tb. significa: (Ecuad., Perú, Venez.) Puente colgante de cuerdas.
**Tb. significa: (Méx.) Pan blanco de forma ovalada con tres surcos en la parte frontal. / (Méx./vulg.) En plural, nalgas, asentaderas, trasero.

tarambana

Aturdido, irreflexivo, imprudente, calavera, ligero, distraído, alocado, zascandil, bala perdida.
ANT.: *Sensato, juicioso, equilibrado.*

tararear

Canturrear, salmodiar, mosconear, entonar.

tardanza

Retraso, demora, dilación, calma, cachaza, pachorra, lentitud.
ANT.: *Prontitud, rapidez, diligencia, agilidad.*

tardar

Retrasarse, demorar, alargar, dilatar, prorrogar, diferir, detener.
ANT.: *Adelantar, apresurar.*

tarde

1 Crepúsculo, atardecer.
ANT.: *Alba, amanecer.*
2 Tardíamente, con retraso, demorado, diferido, retrasado, extemporáneo.
ANT.: *Temprano, a tiempo.*
3 (Fam.) A hora avanzada, por la noche.

tardío
1 Tardo, retrasado, demorado, inoportuno, extemporáneo.
ANT.: *Tempranero, precoz, anticipado.*
2 Lento, calmoso, perezoso, cachazudo, moroso.
ANT.: *Activo, rápido.*

tarea
Labor, trabajo, deber, quehacer, faena, cuidado, obra, trajín, función, ocupación.
ANT.: *Inactividad, ocio, recreo.*

tarifa
1 Precio, honorarios, arancel, derechos.
2 Lista, tabla, índice, relación [de precios].

tarima
Estrado, entablado, tablado VER.

tarjeta
1 Ficha, cartulina, papeleta, cédula, etiqueta.
2 Postal, estampa.

tarro
1 Pote, envase, frasco, recipiente, bote, lata.
2 (Argent.) Fortuna, suerte, chiripa.
3 (Cuba) Cuerno, asta.
4 (Cuba/fig.) Adulterio, infidelidad.

tarta
Pastel, torta, budín, bizcocho, tartaleta.

tartamudear
Tartajear, tartalear, farfullar, balbucear, barbotar, chapurrear, (fam.) trabarse.

tartamudo
Tartajoso, balbuceante, balbuciente, entrecortado, zazoso.
ANT.: *Fluido, articulado.*

tártaro
1 Costra, sarro.
2 Báratro, abismo, infierno VER.
ANT.: *Paraíso, edén.*

tartera
Fiambrera, portaviandas, tortera, recipiente, cacerola.

tarugo
1 Taco, clavija, taquete, cuña.
2 Mendrugo, cuscurro.
3 (Fig. y fam.) Imbécil, estúpido, lerdo, torpe, zoquete.
ANT.: *Listo, avisado.*

tasa
1 Valoración, valuación, tasación.
2 Tarifa, arancel, derecho, impuesto, precio, costo, (Esp.) coste.
3 Medida, mesura, moderación, pauta.
ANT.: *Desenfreno, exceso.*

tasar
1 Evaluar, valorar, apreciar, determinar, estimar, tantear, justipreciar.
2 Graduar, regular, ordenar.
3 (Fig.) Restringir, racionar, limitar.
ANT.: *Derrochar, desperdiciar.*

tasca (Esp.)
1 Bodegón, cantina, fonda, figón, taberna, vinatería.
2 Garito, tugurio.

tata
Padre, papá, progenitor, (Chile, Cuba, Venez.) taíta.

taza
1 Pocillo, tazón, jícara, tarro, recipiente.
2 (Fam.) Retrete, sanitario, water, (Esp.) váter.

tea
1 Antorcha, hacha, hachón, candela.
2 (Esp.) Borrachera, pea, embriaguez, cogorza.

teatral
1 Dramático, tragicómico, melodramático.
2 (Fig.) Simulado, exagerado, fingido, afectado, aparatoso, efectista.
ANT.: *Verdadero, real.*

teatro
1 Drama, dramaturgia, comedia, tragedia, tragicomedia, melodrama.
2 Sala, salón, coliseo.
3 Tablas, escena, farándula.
4 (Fig.) Escenario, ámbito, lugar, sitio.
5 (Fig. y fam.) Exageración, afectación, cuento, fingimiento, simulación, show.
ANT.: *Sinceridad, naturalidad.*

techo
1 Tejado, techumbre, cubierta, bóveda, azotea, cobertizo.
ANT.: *Cimientos, piso.*
2 (Fig.) Cobijo, refugio, vivienda, casa, habitación, morada.
3 (Fig.) Altura, límite, tope.

técnica
1 Método, procedimiento, sistema, tecnología, práctica.
2 Destreza, arte, habilidad, experiencia, pericia.
ANT.: *Inhabilidad, impericia, novatez.*

técnico
1 Perito, experto, especialista, entendido.
2 Tecnológico.

tedio
1 Aburrimiento, fastidio, hastío, cansancio, monotonía, rutina.
ANT.: *Distracción, recreo, diversión.*
2 Desgana, apatía, abulia.
ANT.: *Interés, gusto.*
tejer
1 Trenzar, entrelazar, cruzar, urdir, hilar, tramar, trabar, fabricar, elaborar.
ANT.: *Destejer, deshilar.*
2 (Fig.) Labrar, forjar, preparar, ordenar, organizar, maquinar, discurrir, idear, fraguar, imaginar.
ANT.: *Improvisar.*
tejido
1 Urdimbre, trama, textura.
2 Tela, lienzo, paño, género.
3 Tegumento, capa, membrana [organismos].
4 (C. Rica) Emparrado, barbacoa.
tela
1 Paño, lienzo, género, tejido.
2 Película, telilla, capa, membrana.
3 Telaraña.
4 Pintura, obra, cuadro [realizado sobre este material].
5 (Fig.) Asunto, tema, materia.
6 (Fig.) Enredo, embuste, farsa, lío.
7 (Argent.) Dinero, plata, pasta, capital.
telegráfico
(Fig.) Breve, conciso, sucinto, escueto, lacónico, resumido.
ANT.: *Detallado, extenso.*
telegrama
Mensaje, cable, comunicado, despacho.
telón
Cortina, cortinaje, lienzo, bastidor, decorado.
tema
1 Materia, asunto, cuestión, argumento, proposición, razón, sujeto, negocio.
2 Melodía, composición, motivo, pieza [música].
3 Lección, contenido.
4 Monomanía, obsesión, fijación.
temblar
1 Estremecerse, tiritar, agitarse, menearse.
ANT.: *Aquietarse.*
2 Trepidar, sacudirse, retemblar, removerse [la Tierra].
3 Vibrar, oscilar, balancearse.
ANT.: *Estabilizarse.*
4 (Fig.) Temer, asustarse, atemorizarse, vacilar, espantarse.
ANT.: *Serenarse.*
temblor
1 Estremecimiento, convulsión, agitación, tremor.
ANT.: *Calma, quietud.*
2 Sismo, seísmo, terremoto, sacudida, trepidación.
3 Vibración, oscilación.
ANT.: *Estabilidad.*
temer
1 Atemorizarse, asustarse, aterrarse, temblar, sobrecogerse, espantarse.
ANT.: *Envalentonarse, osar.*
2 Recelar, sospechar, dudar, desconfiar.
ANT.: *Calmarse, confiar.*
temerario
1 Arrojado, audaz, valiente, arriesgado, osado, atrevido.
ANT.: *Temeroso, cobarde, medroso.*
2 Infundado, precipitado, irreflexivo, imprudente [juicio, acción].
ANT.: *Prudente, sensato, cauto.*
3 (Venez.) Desconsiderado.
temeridad
1 Arrojo, intrepidez, valentía, osadía, valor, atrevimiento, audacia.
ANT.: *Temor, cobardía, pusilanimidad.*
2 Imprudencia, irreflexión, (fam.) barbaridad.
ANT.: *Prudencia, cautela.*
temeroso
Miedoso, medroso, asustadizo, espantadizo, cobarde, pusilánime, tímido.
ANT.: *Osado, temerario.*
temible
Inquietante, alarmante, espantable, espantoso, peligroso, terrible, horripilante, aterrador.
ANT.: *Inofensivo, amable, apetecible.*
temor
1 Miedo, espanto, pavor, horror, pánico, empavorecimiento.
ANT.: *Impavidez, valor, valentía, temeridad.*
2 Aprensión, recelo, desconfianza, alarma.
ANT.: *Confianza, calma.*
3 Vergüenza, timidez, fobia.
temperado (Amér.)
Templado, moderado, contenido, prudente, mesurado.
ANT.: *Intemperante, desmesurado, libertino.*
temperamento
1 Carácter, constitución, naturaleza, índole, genio, humor, manera.

2 Vitalidad, energía, brío, empuje.
ANT.: *Pusilanimidad.*
3 Talento, aptitud, propensión, facilidad.

temperar
Atemperar, moderar, templar, suavizar, mitigar, aplacar, apaciguar.
ANT.: *Exacerbar, intensificar, excitar, irritar.*

temperatura
1 Calor, frío, temperie.
2 Nivel, grado, marca.
3 (Fam.) Fiebre, calentura, febrícula.

tempestad
1 Vendaval, temporal, turbión, borrasca, huracán, marejada, tifón, ventisca, tormenta VER, (fig.) diluvio.
ANT.: *Calma, bonanza.*
2 (Fig.) Disturbio, agitación, perturbación, desorden, alteración.
ANT.: *Tranquilidad, serenidad.*

tempestuoso
1 Borrascoso, proceloso, desencadenado, tormentoso VER.
ANT.: *Plácido, calmado, bonancible.*
2 (Fig.) Violento, iracundo, impetuoso, incontrolable.
ANT.: *Sereno, tranquilo.*

templado
1 Tibio, suave, benigno, agradable [clima].
ANT.: *Riguroso, extremoso.*
2 Moderado, sobrio, comedido, mesurado, abstemio VER.
ANT.: *Inmoderado.*
3 Fuerte, resistente.
ANT.: *Débil, endeble.*
4 (Fig.) Valiente, decidido, impávido, temerario.
ANT.: *Medroso, cobarde.*
5 (Amér.) Borracho, ebrio.
ANT.: *Sobrio, sano.*
6 (Colomb., Venez.) Severo, riguroso.
ANT.: *Benigno, suave.*
7 (Bol., Chile, Colomb./fig. y fam.) Enamorado.
8 (Amér. C., Méx.) Listo, hábil, experimentado, (fig.) curtido.
ANT.: *Tonto, inepto, novato.*

templanza
Moderación, sobriedad, frugalidad, mesura, parsimonia, continencia, temperancia, prudencia.
ANT.: *Incontinencia, exageración, exceso, intemperancia.*

templar
1 Calentar, caldear, entibiar.
ANT.: *Enfriar.*
2 Atirantar, tensar, estirar.
ANT.: *Aflojar.*
3 (Fig.) Suavizar, moderar, contener, atenuar, mitigar.
ANT.: *Extremar, excederse, intensificar.*
4 Afinar [instrumentos musicales].
ANT.: *Desafinar, destemplar.*

templarse
1 Moderarse, contenerse, morigerarse.
ANT.: *Excederse, desenfrenarse.*
2 Curtirse, aguerrirse, adquirir experiencia.
3 (Amér. Merid.) Entonarse, alumbrarse, embriagarse.
4 (C. Rica) Excitarse sexualmente.

temple
1 Carácter, genio, humor, naturaleza, índole.
2 Serenidad, fortaleza, entereza, ánimo, osadía, impavidez, decisión, resolución.
ANT.: *Timidez, desánimo, temor, indecisión.*
3 Temperatura, temperie.

templo
Santuario, catedral, basílica, iglesia, capilla, parroquia, ermita, sinagoga, pagoda, mezquita, adoratorio, oratorio.

temporada
Período, lapso, ciclo, estación, tiempo, época, fase, duración.

temporal
1 Tempestad, marejada, tormenta VER.
ANT.: *Calma, bonanza.*
2 Transitorio, temporario, eventual, pasajero, fugaz, efímero, provisional, circunstancial.
ANT.: *Eterno, perenne, perpetuo.*
3 Profano, secular, mundano, terrenal.
ANT.: *Espiritual, divino.*

temprano
1 Anticipado, adelantado, precoz, prematuro, tempranero.
ANT.: *Retrasado, tardío.*
2 Pronto, antes, de antemano, precozmente, a primera hora.
ANT.: *Tarde, después.*

tenaz
1 Resistente, firme, adherente, consistente.
ANT.: *Blando, flojo, débil.*

2 Obstinado, perseverante, constante, tesonero, porfiado, pertinaz, tozudo, terco.
ANT.: *Voluble, inconstante.*

tendencia
1 Propensión, preferencia, afición, inclinación, simpatía, apego.
ANT.: *Aversión, antipatía, rechazo.*
2 Dirección, corriente, opinión, modo de pensar.
3 Vocación, disposición, índole.

tender
1 Propender, → tendencia.
2 Colgar, extender.
ANT.: *Descolgar.*
3 Desplegar, desdoblar, alargar, estirar, desenvolver.
ANT.: *Doblar, recoger.*
4 (Cuba) Velar a un difunto.
5 **tenderse** Echarse, tumbarse, descansar, yacer, dormirse.
ANT.: *Levantarse, erguirse.*

tenebroso
1 Lóbrego, obscuro, oscuro, sombrío, tétrico, lúgubre.
ANT.: *Alegre, luminoso, claro.*
2 (Fig.) Truculento, malévolo, confuso, secreto, misterioso.
ANT.: *Abierto, evidente.*

tener
1 Haber, poseer, detentar, disfrutar, usufructuar, gozar, beneficiarse.
ANT.: *Carecer, necesitar.*
2 Asir, agarrar, coger, aferrar, sujetar, sostener.
ANT.: *Soltar, dejar.*
3 Comprender, contener, incluir, implicar, encerrar.
4 Conservar, guardar, retener.
ANT.: *Desechar, botar.*
5 Juzgar, considerar, reputar, estimar.
6 Sentir, profesar, mostrar, manifestar.

tenerse
1 Sostenerse, asentarse, mantenerse, afirmarse, detenerse, asegurarse.
ANT.: *Caer, resbalar, deslizarse.*
2 Valorarse, considerarse.
3 Contenerse, reprimirse, refrenarse, sofrenarse.
ANT.: *Soltarse, desahogarse.*

tenorio
Conquistador, seductor, mujeriego, burlador, galán, galanteador, castigador, donjuán, casanova.

tensión
1 Rigidez, tiesura, estiramiento, resistencia.
ANT.: *Flojedad, relajamiento.*
2 Voltaje, intensidad, fuerza [electricidad].
3 Incertidumbre, excitación, expectación, impaciencia, nerviosidad, angustia.
ANT.: *Calma, serenidad.*
4 Presión, nerviosismo, estrés o stress.
ANT.: *Tranquilidad, distensión, relajación.*
5 Tirantez, oposición, exaltación, hostilidad.
ANT.: *Armonía, cordialidad.*

tentación
1 Atracción, incitación, instigación, incentivo, sugestión, seducción, fascinación, estímulo, ganas, deseo.
ANT.: *Aversión, rechazo, desinterés.*
2 (Venez.) Mala suerte.

tentador
1 Apetecible, provocador, atractivo, sugestivo.
ANT.: *Repugnante, repulsivo, desdeñable.*
2 Seductor, cautivador, excitante, provocativo, arrebatador, encantador.
ANT.: *Repelente, molesto, desagradable.*

tentar
1 Tocar, palpar, manosear, toquetear, hurgar, tentalear.
2 Examinar, reconocer, tantear.
3 Inducir, instigar, incitar, provocar, excitar, soliviantar, estimular, mover.
4 Procurar, intentar, probar, experimentar, emprender.
ANT.: *Abstenerse, temer, dejar.*

tentativa
Intento, prueba, ensayo, tanteo, experimento, intentona, propósito.
ANT.: *Fracaso, abandono.*

tentempié
Piscolabis, refrigerio, merienda, aperitivo, bocado, bocadillo, taco.

tenue
1 Delgado, leve, sutil, fino, suave, etéreo, vaporoso, ligero.
ANT.: *Grueso, denso, espeso.*
2 Grácil, delicado, exiguo, débil.
ANT.: *Recio, macizo.*

teñir
1 Pintar, colorear, pigmentar, tintar, entintar.
ANT.: *Blanquear, desteñir.*

2 (Fig.) Matizar, imbuir, dar cierto carácter.

teoría

1 Doctrina, conocimiento, teórica, ideario, ideología.
ANT.: *Empirismo, práctica, praxis.*
2 Hipótesis, creencia, suposición, conjetura, especulación.
ANT.: *Realidad, comprobación.*

terapéutica

Tratamiento, terapia, curación, medicina, medicación, cura, remedio.

terco

1 Obstinado, tozudo, tenaz, persistente, recalcitrante, testarudo, porfiado, pertinaz, caprichoso, (fam.) cabezudo, intransigente, (Cuba) tentudo.
ANT.: *Razonable, flexible, arrepentido, transigente.*
2 (Fig.) Difícil, resistente, rebelde, bronco, irreductible [material].
ANT.: *Dócil, manso, maleable.*

tergiversar

Alterar, desvirtuar, confundir, adulterar, desfigurar, trastocar, embrollar, enredar.
ANT.: *Rectificar, comprender, entender, aclarar.*

terminación

1 Final, fin, término, conclusión, finalización, consumación, desenlace.
ANT.: *Inicio, comienzo, preámbulo.*
2 Cierre, clausura [de temporadas: teatro, etc.].
ANT.: *Inauguración, apertura.*
3 Remate, extremo, cabo, punta.
ANT.: *Centro, medio.*

terminante

Concluyente, categórico, tajante, preciso, decisivo, indiscutible.
ANT.: *Dudoso, impreciso, discutible, ambiguo.*

terminar

1 Concluir, acabar, finalizar, consumar, finiquitar, zanjar, cerrar, cesar, rematar.
ANT.: *Empezar, iniciar, comenzar.*
2 Agotar, consumir, liquidar, gastar.
ANT.: *Reservar, guardar.*
3 (Fig. y fam.) Romper, cortar [noviazgo, amistad, etc.].
ANT.: *Reconciliarse.*

término

1 Terminación, final, conclusión, remate, desenlace, fin.
ANT.: *Comienzo, inicio.*
2 Territorio, jurisdicción, límite, linde, comarca, zona, circunscripción.
3 Plazo, vencimiento, período, lapso, intervalo.
4 Palabra, vocablo, voz, expresión.
5 Condición, regla, requisito, especificación, cuestión, punto.

ternero

Becerro, recental, jato, novillo, vaquilla, ternera.

terneza

1 Delicadeza, ternura, suavidad, consideración, dulzura.
ANT.: *Brusquedad, rudeza.*
2 Requiebro, piropo, (fig. y fam.) flor.
ANT.: *Insulto, grosería.*

ternura

Amor, cariño, terneza, dulzura, delicadeza, consideración.
ANT.: *Rudeza, desabrimiento, animosidad.*

terquedad

Obstinación, porfía, tozudez, → terco.
ANT.: *Flexibilidad.*

terraza

Azotea, terrado, mirador, solana, galería.
ANT.: *Sótano.*

terremoto

Sismo, seísmo, temblor, sacudida, sacudimiento, cataclismo.

terreno

1 Terrenal, terrestre, terráqueo.
ANT.: *Celestial, espacial, sideral.*
2 Tierra, parcela, lote, solar, suelo, espacio, piso.
3 (Fig.) Campo, ámbito, esfera.

terrible

1 Espantoso, espantable, temible, horrible, horroroso, aterrador, pavoroso, terrífico, terrorífico, (fig.) apocalíptico.
ANT.: *Grato, placentero, atractivo.*
2 Atroz, desmesurado, extraordinario, formidable, monstruoso, gigantesco.
ANT.: *Normal, mediano.*

territorio

Circunscripción, jurisdicción, país, región, espacio, zona, comarca, área, distrito, término.

terror

Espanto, horror, pánico, pavor, pavidez, pavura, estremecimiento, fobia.
ANT.: *Serenidad, impavidez.*

terso

1 Pulido, bruñido, suave, raso, limpio, lustroso, uniforme, parejo.
ANT.: *Áspero, desigual, empañado, rugoso.*

2 Liso, parejo, estirado.
ANT.: *Arrugado, desigual.*
3 (Fig.) Fluido, fácil, comprensible, claro, suave [lenguaje].
ANT.: *Complicado, tortuoso, retorcido.*

tertulia
1 Reunión, velada, peña, cenáculo, grupo, corro.
2 Conversación, charla, convivencia.
3 (Argent.) Platea, galería, gayola.

tesis
1 Teoría, argumento, proposición, opinión, razonamiento.
ANT.: *Antítesis.*
2 Investigación, estudio, disertación, exposición.

tesón
Constancia, perseverancia, tenacidad, firmeza, empeño, terquedad, asiduidad.
ANT.: *Inconstancia, claudicación.*

tesoro
1 Caudal, fortuna, capital, fondos, riquezas, valores, (fam.) dineral.
2 Erario, hacienda, fisco, reserva.
3 (Fig.) Tesauro, recopilación, antología.
4 (Fig.) Alhaja, prenda, joya, maravilla [persona o cosa muy preciada].

test (pr.)
Prueba, examen, sondeo, reconocimiento, ejercicio.

testamento
Disposición, legado, sucesión, herencia, última voluntad.

testar
1 Disponer, legar, testamentar, heredar, dejar.
2 Tachar, borrar.

testarudo
Tozudo, obstinado, tenaz, terco VER.
ANT.: *Condescendiente, dócil.*

testificar
1 Declarar, deponer, manifestar, exponer, alegar, atestiguar, testimoniar.
ANT.: *Callar, abstenerse.*
2 Demostrar, indicar, mostrar, probar.
ANT.: *Ocultar, esconder.*

testimonio
1 Demostración, atestación, aseveración, afirmación, alegato.
ANT.: *Abstención, silencio.*
2 Demostración, comprobación, prueba, evidencia, certificación.
3 Manifestación, indicio, vestigio.

teta
Mama, seno, ubre, pecho, busto, (Amér. C., Méx./fam.) chichi, (C. Rica/fam.) teresa.

tétrico
Lúgubre, macabro, fúnebre, tenebroso, funesto, sombrío, lóbrego, triste, melancólico.
ANT.: *Alegre, risueño, luminoso.*

texto
1 Obra, tratado, manual, compendio, volumen.
2 Pasaje, episodio, escrito, contenido, cuerpo, relación.

textual
Literal, exacto, idéntico, fiel, calcado, palabra por palabra, al pie de la letra.
ANT.: *Diferente, inexacto.*

tez
1 Cutis, piel, pellejo, epidermis.
2 (Fig.) Aspecto, semblante, faz, color.

tibio
1 Templado, temperado, atemperado.
ANT.: *Ardiente, destemplado, helado.*
2 (Fig.) Apático, negligente, indiferente, flojo.
ANT.: *Apasionado, vehemente, diligente.*
3 (Fig.) Acogedor, grato, suave, agradable.
ANT.: *Inhóspito, frío, ingrato.*

tic
Gesto, espasmo, crispación, contracción, temblor.

ticket (pr.)
Tique, tíquet, billete, boleto, talón, entrada, pase.

tiempo
1 Período, lapso, plazo, ciclo, temporada, estación, fase, etapa, época, era, fecha.
2 Duración, intervalo, tempo.
3 Ambiente, clima, elementos, temperatura, temperie.
4 Oportunidad, ocasión, coyuntura, circunstancia, sazón.

tienda
1 Carpa, toldo.
2 Establecimiento, comercio, bazar, local, puesto, bodega, abacería, almacén VER.

tiento
1 Tacto, tanteo, toque, tocamiento, palpación.
2 Pulso, firmeza, seguridad, tino, puntería.

3 (Fig.) Prudencia, cautela, cuidado, miramiento, cordura, consideración, diplomacia, cortesía.
ANT.: *Desconsideración, brusquedad, torpeza.*
4 Palo, cayado, bastón [sobre todo el que usan los ciegos].
5 Balancín, contrapeso, pértiga [de equilibristas].
6 (Amér. Merid.) Correa, tira de cuero.

tierno
1 Blando, suave, dócil, flojo, fofo, delicado, maleable, flexible.
ANT.: *Duro, recio, correoso.*
2 Nuevo, joven, inmaduro, reciente, fresco, verde.
ANT.: *Maduro, pasado.*
3 (Fig.) Cariñoso, afectuoso, dulce, delicado, sensible, emotivo, afectivo, amable.
ANT.: *Duro, cruel, frío, insensible.*
4 (C. Rica) Rorro, bebé.

tierra
1 Planeta, mundo, orbe, globo.
2 Patria, país, nación, región, terruño, lugar de origen, pueblo.
3 Suelo, superficie, terreno, piso.
ANT.: *Cielo, firmamento.*
4 Arena, polvo, grava, arcilla, greda.

tieso
1 Tirante, tenso, erecto, yerto, envarado, estirado.
ANT.: *Flácido, suelto, relajado.*
2 Rígido, derecho, recto, enhiesto, firme.
ANT.: *Lacio, flojo.*
3 Duro, correoso, seco, recio, tenaz.
ANT.: *Suave, tierno, dócil, maleable.*
4 (Fig.) *Inflexible, obstinado.*
ANT.: *Condescendiente, flexible.*
5 (Fig.) Altanero, engreído, arrogante, petulante.
ANT.: *Sencillo, accesible.*
6 (Fig. y fam.) Grave, serio, circunspecto, formal, severo, acartonado.
ANT.: *Informal, jovial.*

tildar
1 Acentuar, marcar, señalar [palabras].
2 (Fig.) Tachar, censurar, denigrar, desaprobar, criticar.
ANT.: *Alabar, elogiar.*
3 Motejar, apodar.

tilde
1 Acento, vírgula, apóstrofo, virgulilla, marca, señal.
2 (Fig.) Fruslería, nadería, insignificancia, bagatela.

timar
Estafar, embaucar, engañar, defraudar, despojar, sisar, robar, (fam.) sablear.
ANT.: *Devolver, reintegrar, restituir.*

timba
1 Garito, tugurio, casa de juego, timbirimba, leonera, tahurería.
2 (C. Rica, Cuba, Guat., Hond., Méx., Venez.) Panza, barriga, vientre, (fam.) bandullo.

tímido
1 Apocado, corto, pusilánime, irresoluto, encogido, vergonzoso, indeciso, ñoño, timorato.
ANT.: *Decidido, audaz, osado, atrevido.*
2 (Fig.) Leve, ligero, sutil, insinuado.
ANT.: *Evidente, ostentoso.*

timo
Embaucamiento, estafa, → timar.

timón
1 Dirección, gobernalle, caña, mando.
2 (Fig.) Gobierno, guía, liderazgo, autoridad.

tina
1 Tinaja, vasija, recipiente.
2 Cuba, barreño, balde, cubeta, artesa, tonel.
3 Bañera, bañadera.
4 Pila, caldera.

tinglado
1 Cobertizo, techado, barracón, nave, almacén.
2 Tablado, entablado.
3 Embrollo, enredo, añagaza, intriga, lío, maquinación.
ANT.: *Aclaración, esclarecimiento.*

tinieblas
1 Obscuridad, oscuridad, lobreguez, tenebrosidad, sombra, noche, negrura.
ANT.: *Claridad, luz, luminosidad.*
2 (Fig.) Confusión, ignorancia, oscurantismo.
ANT.: *Conocimiento, saber.*

tino
1 Puntería, pulso, acierto, destreza, seguridad, (fig.) ojo.
2 (Fig.) Sensatez, cordura, moderación, tacto, prudencia, tiento, mesura.
ANT.: *Imprudencia, insensatez, exceso.*

tinte
1 Colorante, color, tinta, tintura, anilina.
2 Tonalidad, matiz, tono, gama.
3 (Fig.) Cariz, aspecto, apariencia, rasgo.

típico
1 Característico, peculiar, representativo, inconfundible.
ANT.: *General, atípico.*
2 Folklórico, popular, tradicional, pintoresco.

tipo
1 Prototipo, arquetipo, ejemplo, modelo, espécimen, original.
2 Clasificación, categoría, clase.
3 Individuo, sujeto, persona, fulano, (desp.) tipejo, tiparraco.
4 Figura, personaje [en literatura].

tira
1 Banda, faja, cinta, lista, ribete, franja, listón, cordón, correa, jira, lonja.
2 (Argent., Méx., Venez./vulg.) Agente de policía.
3 (Méx./vulg.) La policía.

tiranía
1 Dictadura, despotismo, opresión, dominación, yugo, absolutismo, autocracia.
ANT.: *Libertad, democracia.*
2 (Fig.) Abuso, imposición, arbitrariedad, injusticia.
3 (Fig.) Obsesión, esclavitud.

tirano
1 Déspota, autócrata, dictador, opresor, dominador.
ANT.: *Demócrata, libertador, redentor.*
2 (Fig.) Tiránico, abusivo, arbitrario, imperioso.
ANT.: *Justo, benigno.*

tirante
1 Rígido, tieso, estirado, duro.
ANT.: *Flojo, laxo.*
2 Tenso, embarazoso, hostil, complicado [ambiente, situación].
ANT.: *Relajado, cordial.*

tirantez
1 Tensión, rigidez, tiesura.
ANT.: *Laxitud, soltura.*
2 (Fig.) Disgusto, animadversión, hostilidad.
ANT.: *Entendimiento, cordialidad.*

tirar
1 Lanzar, arrojar, despedir, proyectar, impulsar, verter, volcar, echar, soltar.
ANT.: *Recoger, contener, retener.*
2 Disparar, descargar, hacer fuego.
3 Derribar, abatir, tumbar, embestir, empujar, derruir, desmoronar, demoler.
ANT.: *Erigir, sostener, apoyar.*
4 Desechar, botar, largar.
ANT.: *Conservar, guardar.*
5 (Fig.) Derrochar, despilfarrar, malgastar, prodigar, desperdiciar.
ANT.: *Economizar, ahorrar.*
6 Remolcar, arrastrar.
ANT.: *Parar, detenerse.*
7 Marchar, ir, encaminarse.
ANT.: *Quedarse.*
8 (Fig.) Propender, tender, inclinarse.
ANT.: *Rechazar, superar.*
9 Editar, imprimir, publicar.
10 (Argent.) Sobrevivir, pasarla.
11 (Colomb., Cuba, Chile) Transportar, acarrear, conducir.
12 (C. Rica) Perjudicar, poner en desventaja.
ANT.: *Beneficiar, favorecer.*
13 (Venez./vulg.) Vender drogas.

tirarse
1 Saltar, arrojarse, aventarse.
2 Tumbarse, echarse, acostarse, yacer, extenderse, caer.
ANT.: *Levantarse.*

tiritar
Temblar, calofriarse, estremecerse, castañetear, dentellar.

tiro
Disparo, descarga, lanzamiento, balazo, salva, detonación, andanada, explosión.

tirón
1 Empujón, jaloneo, sacudida, zarandeo.
2 Estirón, crecimiento.

tiroteo
1 Balacera, disparos, tiros, descarga.
2 (Fig.) Refriega, disputa, choque, enfrentamiento, encuentro.
ANT.: *Avenimiento, concordia.*

tirria
Aversión, rechazo, manía, ojeriza, inquina, mala voluntad, antipatía, rabia.
ANT.: *Aprecio, simpatía, afecto.*

titán
1 Gigante, cíclope, coloso.
2 (Fig.) Hércules, sansón, superhombre, héroe.

títere
1 Marioneta, muñeco, fantoche, polichinela.
2 (Fig.) Pelele, infeliz, tipejo, monigote.

titubear
1 Vacilar, dudar, hesitar, fluctuar, confundirse, turbarse, trastabillar.
ANT.: *Decidirse, resolverse.*
2 Tartamudear, balbucear, (fam.) trabarse.

título
1 Denominación, nombre, intitulación.
2 Encabezamiento, letrero, rótulo, inscripción, etiqueta.
3 Capítulo, apartado [leyes].
4 Diploma, licencia, titulación, reconocimiento, certificado.
5 Dignidad, jerarquía, tratamiento.
6 Aristócrata, noble.
ANT.: *Plebeyo.*
7 Razón, mérito, derecho, fundamento, motivo.

tiznar
1 Ensuciar, entiznar, manchar, ennegrecer, enhollinar.
ANT.: *Limpiar, lavar, deshollinar.*
2 (Fig.) Mancillar, desacreditar, deslustrar, desprestigiar, denigrar.
ANT.: *Honrar, dignificar, ensalzar.*

tocadiscos
Fonógrafo, gramófono, gramola.

tocar
1 Palpar, tentar, manipular, manosear, acariciar, sobar, toquetear, tentalear.
ANT.: *Dejar, soltar.*
2 Pulsar, tañer, teclear, repiquetear, rasguear, interpretar, ejecutar [instrumentos musicales].
3 Repicar, sonar, doblar, voltear [campanas].
4 Lindar, rayar, limitar.
5 Chocar, dar, rozar, tropezar.
ANT.: *Alejarse, separarse.*
6 Acercar, arrimar, adosar, juntar.
ANT.: *Retirar, quitar.*
7 Alterar, cambiar, modificar, (fam.) meter mano.
ANT.: *Respetar, abstenerse.*
8 (Fig.) Atañer, corresponder, concernir, referirse.

todo
1 Completo, total, absoluto, entero, íntegro.
ANT.: *Nada.*
2 Totalidad, masa, conjunto, bloque.
ANT.: *Parte, porción, fragmento.*

toilette (pr.)
1 Arreglo, acicalamiento, adorno, atavío, tocado.
2 Tocador, cómoda, coqueta.
3 Excusado, sanitario, retrete.

toldo
1 Palio, entoldado, carpa, lona, dosel, baldaquino, pabellón, toldadura, cubierta.
2 (Argent.) Tienda indígena.

tolerancia
Transigencia, respeto, condescendencia, comprensión, paciencia, flexibilidad, indulgencia.
ANT.: *Intolerancia, intransigencia, severidad.*

tolerante
Indulgente, condescendiente, respetuoso, comprensivo, flexible, benévolo, complaciente.
ANT.: *Intransigente, intolerante, severo.*

tolerar
1 Admitir, aceptar, condescender, transigir.
ANT.: *Rechazar, proscribir.*
2 Soportar, aguantar, sobrellevar, sufrir.
ANT.: *Rebelarse, estallar.*
3 Consentir, disimular, permitir.
ANT.: *Censurar, reprobar.*

toma
1 Ocupación, conquista, invasión, asalto, ataque.
ANT.: *Defensa.*
2 Apropiación, incautación, apoderamiento.
ANT.: *Cesión, pérdida.*
3 Dosis, porción, ración.
4 Llave [de agua], canilla, grifo VER.
5 Represa, presa, embalse.
6 Enchufe, tomacorriente.

tomar
1 Asir, coger, aferrar, agarrar, apresar.
2 Arrebatar, despojar, hurtar, apoderarse.
ANT.: *Ceder, dar.*
3 Ocupar, invadir, → toma.
ANT.: *Defender.*
4 Aceptar, asumir, recibir, admitir, percibir.
ANT.: *Rechazar, rehusar.*
5 Beber, libar, ingerir, tragar, probar, consumir.
6 Adoptar, contraer, adquirir [hábito, actitud].
7 Contratar, emplear.
ANT.: *Correr, despedir.*
8 Alquilar, arrendar, rentar*.
9 Subir, abordar [transporte público].
ANT.: *Bajar, apearse.*
10 Elegir, escoger, seleccionar.
ANT.: *Dejar.*
11 Juzgar, interpretar.
12 Dirigirse, ir hacia, tirar, encaminarse.
ANT.: *Quedarse.*
13 Anotar, apuntar, copiar.

14 Filmar, fotografiar, captar.
15 (Amér.) Beber, embriagarse.
*Estas palabras designan por igual a quien cede algo en alquiler, como a quien lo toma.

tomo
Volumen, libro, obra, ejemplar, parte.

tonada
1 Canción, cantar, cántico, tonadilla, aria, melodía, copla, aire.
2 Dejo, sonsonete, tonillo, retintín.

tonel
1 Barril, barrica, cuba, pipa, tina, vasija, casco, recipiente.
2 (Fig.) Ebrio, borracho, briago.
ANT.: *Sobrio.*

tónico
Reconstituyente, tonificador, tonificante, vigorizante, estimulante, reforzante.
ANT.: *Debilitante, sedante.*

tonificar
Reconstituir, vigorizar, fortalecer, estimular, robustecer, animar, reconfortar, entonar.
ANT.: *Debilitar, extenuar, agotar.*

tono
1 Tonalidad, modulación, inflexión.
2 Entonación, tonillo, tonada, dejo, retintín.
3 Matiz, cariz, carácter, acento, modo.
4 Tinte, color, gradación, grado.
5 Fuerza, tensión, energía, vigor, nervio.
6 (Fig. y fam.) Categoría, elegancia, distinción, gusto, importancia.
ANT.: *Vulgaridad, cursilería.*

tontería
Bobada, estupidez, simpleza, → tonto.

tonto
1 Bobo, simple, necio, idiota, imbécil, estúpido, mentecato, majadero, torpe, inepto, incauto, papanatas, ingenuo.
ANT.: *Listo, agudo, avispado, hábil, inteligente, astuto.*
2 Ilógico, absurdo, sin sentido, insensato.
ANT.: *Lógico, sensato, acertado.*

topar
1 Chocar, tropezar, pegar, golpear, percutir [contra algo].
ANT.: *Esquivar, eludir, alejar.*
2 Embestir, topetear [cabras, carneros, etc.].
3 Hallar, encontrar, descubrir.
ANT.: *Perder, extraviar.*

tope
1 Protección, seguro, paragolpes, parachoques.
2 Topetazo, embestida, golpe, coscorrón, topetada, topetón, choque.
3 Obstáculo, estorbo, tropiezo, impedimento.
4 Extremo, límite.

tópico
1 Local.
2 Apósito, curación, parche, (fam.) toque.
3 Trivialidad, vulgaridad, chabacanería.
ANT.: *Ingeniosidad, ocurrencia.*
4 Vulgar, trivial, manido, sobado.
ANT.: *Ingenioso, original.*

toque
1 Contacto, roce, fricción, toqueteo.
ANT.: *Separación, alejamiento.*
2 Tañido, repique, repiqueteo, sonido, son.
3 Aviso, llamada, señal, advertencia.
4 Retoque, remate, modificación, perfeccionamiento, pulimento [obras artísticas].
5 (Fig.) Busilis, quid, punto, meollo.
6 (Fig. y fam.) Detalle, aire, característica, matiz, manera, estilo.
7 (C. Rica) Momento, instante.
8 (Cuba) Trago, sorbo [de licor].
9 (Méx., Venez./vulg.) Fumada de marihuana.

tórax
Pecho, busto, tronco, torso.

torbellino
1 Vorágine, vórtice, remolino, ciclón, tornado.
2 (Fig.) Actividad, agitación, atropellamiento.
ANT.: *Calma, tranquilidad.*
3 (Fig. y fam.) Impetuoso, atropellado, bullicioso, inquieto, (Méx.) acelerado [persona].
ANT.: *Reposado, calmoso.*

torcer
1 Retorcer, enroscar, arquear, pandear, combar, doblar, curvar, flexionar, ondular, rizar.
ANT.: *Enderezar, rectificar.*
2 Desviarse, girar, virar, cambiar, volverse, mudar.
ANT.: *Continuar, seguir.*
3 (Fig.) Tergiversar, desvirtuar, malinterpretar.
ANT.: *Entender, comprender.*

4 (Fig.) Frustrar, estropear, perjudicar.
ANT.: *Favorecer, facilitar.*

torcerse

1 Doblarse, pandearse, combarse, deformarse, (Méx.) enchuecarse.
ANT.: *Enderezarse, mantenerse.*
2 Agriarse, avinagrarse, cortarse, echarse a perder [leche, vino].
ANT.: *Conservarse.*
3 (Fig.) Desviarse, descarriarse, prevaricar, corromperse, pervertirse, enviciarse.
ANT.: *Resistir, enmendarse, encarrilarse.*
4 (Amér.) Luxarse, lastimarse, (fam.) zafarse [articulaciones].

torcijón

1 Retorcijón, retorcimiento, cólico, espasmo, dolor, retortijón, (fam.) torzón.
2 Enteritis, torozón [animales].

toreo

Lidia, faena, corrida, fiesta brava, novillada, encierro, becerrada.

torero

Matador, lidiador, novillero, espada, diestro, (desp.) maletilla.

tormenta

1 Temporal, tempestad, vendaval, turbión, tromba, aguacero, borrasca, ciclón, huracán, galerna, (fig.) diluvio.
ANT.: *Bonanza, calma.*
2 (Fig.) Adversidad, avatar, desgracia, desventura, infortunio.
ANT.: *Ventura, fortuna, tranquilidad.*

tormento

1 Suplicio, martirio, tortura, dolor, padecimiento, sacrificio.
ANT.: *Placer, gozo, comodidad.*
2 (Fig.) Aflicción, sufrimiento, congoja, pena, desazón, angustia, cuita.
ANT.: *Alegría, satisfacción, felicidad.*

tormentoso

1 Borrascoso, tempestuoso, proceloso, inclemente, cerrado, huracanado [clima, tiempo].
ANT.: *Plácido, bonancible, sereno.*
2 (Fig.) Agitado, tenso, violento, problemático, conflictivo [situación o persona].
ANT.: *Tranquilo, apacible.*

tornar

1 Volver, regresar, retornar.
ANT.: *Partir, marcharse.*
2 Restituir, devolver.
ANT.: *Hurtar, quitar, tomar.*
3 Mudar, cambiar, transformar.
ANT.: *Mantener, conservar.*
4 (Argent.) Entornar, entreabrir.

torneo

1 Combate, liza, desafío, lucha, pelea, justa, pugna.
2 Campeonato, certamen, competición, competencia.

toro

1 Astado, bovino, vacuno, cornúpeta, (Esp.) morlaco*.
2 (Fig.) Fuerte, robusto, corpulento, vigoroso.
ANT.: *Débil, esmirriado.*
3 (Cuba, Sto. Dom.) Hábil, brillante, as.
*Tb. significa: (Amér. C., Méx.) peso, moneda, dinero

torpe

1 Lento, desmañado, lerdo, tardo.
ANT.: *Ágil, rápido, ligero.*
2 Inepto, inhábil, incompetente, nulo, inútil.
ANT.: *Hábil, diestro, experto.*
3 Tosco, rudo, zafio, brusco.
ANT.: *Delicado, tierno.*
4 Tonto, necio, obtuso, zopenco, bobo, zoquete.
ANT.: *Avispado, listo.*
5 Inoportuno, desacertado, desatinado.
ANT.: *Acertado, oportuno.*

torre

1 Atalaya, torreón, torrejón, campanil, campanario, baluarte, fortín, alminar, minarete.
2 Edificio, rascacielos.

torrente

1 Corriente, riada, aluvión, avenida, catarata, rápidos, cascada.
2 (Fig.) Muchedumbre, multitud.
3 (Fig.) Abundancia, copia, montón, lluvia.
ANT.: *Escasez, falta.*

tórrido

Cálido, caluroso, caliente, sofocante, ardiente, abrasador, quemante.
ANT.: *Gélido, helado, frígido.*

torso

Tronco, tórax VER.

torta

1 Pastel, bollo, bizcocho, budín, tarta, (Chile) queque.
2 (Fig.) Bofetada, bofetón, palmada, guantada, guantazo, moquete, sopapo, tortazo.
ANT.: *Caricia.*
3 (C. Rica, Méx.) Tortilla, fritada, fritura [de huevo con carne, verduras, etc.].

tortuoso
1 Sinuoso, ondulante, zigzagueante, torcido, laberíntico, enredado.
ANT.: *Recto, derecho.*
2 (Fig.) Solapado, taimado, hipócrita, disimulado, maquiavélico, astuto, retorcido.
ANT.: *Abierto, directo, franco, sincero.*
tortura
Suplicio, martirio, (fig.) calvario, tormento VER.
ANT.: *Placer, gozo.*
torturar
1 Atormentar, lastimar, herir, martirizar.
ANT.: *Acariciar, confortar.*
2 (Fig.) Acongojar, afligir, angustiar, inquietar.
ANT.: *Calmar, consolar.*
tosco
1 Burdo, áspero, basto, rugoso, rudimentario, rústico.
ANT.: *Terso, liso, fino, suave.*
2 (Fig.) Ordinario, inculto, rudo, grosero, patán, palurdo, zafio.
ANT.: *Refinado, cortés, culto, delicado, tierno.*
tósigo
1 Veneno, tóxico, toxina, ponzoña.
ANT.: *Antídoto, contraveneno.*
2 (Fig.) Angustia, zozobra, desazón, pena, amargura.
ANT.: *Gusto, satisfacción.*
tostado
1 Bronceado, moreno, asoleado, quemado, atezado, curtido.
ANT.: *Blanco, pálido.*
2 Asado, torrefacto, ➞ tostar.
ANT.: *Crudo.*
3 (Cuba) Loco, orate, chiflado.
ANT.: *Cuerdo.*
tostar
1 Dorar, asar, torrar, rustir, soflamar, chamuscar.
2 Broncear, ➞ tostado.
total
1 General, universal, absoluto.
ANT.: *Local, tópico.*
2 Completo, entero, íntegro.
ANT.: *Parcial, fragmentario.*
3 Suma, resultado, cuenta, monto.
4 Todo, conjunto, totalidad.
ANT.: *Parte, porción.*
tóxico
1 Veneno, ponzoña, tósigo, toxina.
ANT.: *Antitóxico, antídoto, contraveneno.*
2 Venenoso, deletéreo, nocivo, ponzoñoso, dañino, perjudicial, letal, mortífero.
ANT.: *Desintoxicante, inocuo.*
tozudo
Testarudo, porfiado, empecinado, terco VER.
ANT.: *Razonable, flexible.*
traba
1 Trabadura, lazo, manea, ligadura.
2 (Fig.) Obstáculo, estorbo, dificultad, inconveniente, impedimento, freno, barrera.
trabajador
1 Diligente, laborioso, solícito, afanoso.
ANT.: *Holgazán, vago, gandul.*
2 Obrero, asalariado, artesano, peón, operario.
trabajar
1 Laborar, labrar, producir, elaborar, fabricar, tallar, moldear.
2 Ejercer, dedicarse, ocuparse.
3 Aplicarse, esforzarse, afanarse, atarearse, (fig.) sudar, ganarse la vida.
ANT.: *Holgazanear, gandulear, vagar.*
4 Funcionar, marchar, caminar, servir, andar [maquinaria, aparatos].
ANT.: *Detenerse, pararse.*
5 Ejercitar, entrenar, ensayar, adiestrar.
ANT.: *Flojear, hacer desidia.*
6 (Fig. y fam.) Convencer, conquistar [a alguien para que haga algo].
trabajo
1 Labor, faena, actividad, función.
ANT.: *Recreación, ocio.*
2 Esfuerzo, empeño, brega, lucha, (fig.) sudor.
ANT.: *Inactividad, descanso.*
3 Producción, obra, creación.
4 (Fig.) Penalidad, dificultad, molestia, padecimiento, apuro, sufrimiento.
ANT.: *Facilidad, ayuda, holgura.*
trabajoso
Laborioso, arduo, enfadoso, pesado, agotador, extenuante, difícil, molesto.
ANT.: *Sencillo, descansado, llevadero, placentero.*
trabar
1 Unir, juntar, ligar, amarrar, pegar, enganchar.
ANT.: *Separar, despegar.*
2 Asir, agarrar, prender, sujetar.
ANT.: *Soltar, aflojar.*
3 Atorar, inmovilizar, obstaculizar, impedir.
ANT.: *Facilitar, zafarse.*

T

4 (Fig.) Comenzar, iniciar, entablar [amistad, conversación, discusión, etc.].
ANT.: *Terminar, concluir, romper.*
5 (Fig.) Conformar, concordar, enlazar.
6 trabarse (Amér./fam.) Tartamudear, tartajear.

trabucar
1 Confundir, trastocar, embrollar, embarullar, tergiversar, equivocar.
2 Trastornar, descomponer, desordenar, enredar, entorpecer, complicar, (Venez.) trambuquear.
ANT.: *Ordenar, componer, facilitar.*
3 (Fig.) Ofuscar, turbar.

trabuco
(Venez./vulg.) Cigarrillo de mariguana, porro.

trácala (Méx., P. Rico)
Ardid, jugarreta, trapacería, engaño, timo, añagaza, (Méx.) transa.

tracalero (Méx.)
Tramposo, trapacero, timador, estafador.
ANT.: *Honesto, honrado.*

tradición
Acervo, costumbre, usanza, folklore.

tradicional
1 Secular, habitual, acostumbrado, arraigado, usual, folklórico.
ANT.: *Nuevo, novedoso.*
2 Legendario, ancestral, proverbial.
ANT.: *Cotidiano, actual.*
3 Conservador, tradicionalista.
ANT.: *Innovador, revolucionario.*

traducir
Transcribir, trasladar, verter, interpretar, descifrar.

traer
1 Causar, provocar, acarrear, producir, ocasionar.
ANT.: *Evitar, impedir.*
2 Atraer, acercar, aproximar, arrimar.
ANT.: *Alejar, separar.*
3 Usar, ponerse, lucir, vestir, portar.

traficar
Comerciar, negociar, vender, comprar, tratar, especular, mercadear, (Esp.) trafagar.

tráfico
1 Comercio, → traficar.
2 Tránsito, circulación, movimiento, transporte, ajetreo.

tragaluz
Claraboya, lumbrera, ventanal, ventanuco, tronera.

tragar
1 Comer, ingerir, pasar, deglutir, beber.
2 (Fig.) Devorar, zampar, manducar, engullir, embuchar.
3 (Fig.) Soportar, tolerar, aguantar, sufrir, disimular.
ANT.: *Rebelarse, enfrentar.*
4 (Fig.) Hundir, abismar, sumir [la tierra, el mar, etc.].

tragedia
Cataclismo, catástrofe, calamidad, desastre, infortunio, desdicha, desgracia.

trágico
Desgraciado, funesto, terrible, infortunado, → tragedia.

tragón
Comilón, glotón, voraz, insaciable, ávido, tragador, tragantón, (Amér.) comelón.
ANT.: *Sobrio, frugal.*

traición
Felonía, perfidia, infidelidad, deslealtad, prodición, alevosía, → traidor.
ANT.: *Lealtad, entrega, fidelidad.*

traicionar
1 Delatar, entregar, vender, descubrir, denunciar.
2 Desertar, apostatar, abandonar, renegar [dicho de creencias].
3 Engañar, defraudar, ser desleal.

traidor
1 Desleal, infiel, felón, perjuro, falso, vil, alevoso, ingrato, infame, intrigante.
ANT.: *Fiel, leal, adicto.*
2 Innoble, pérfido, aleve, proditorio, traicionero, hipócrita, engañoso.
ANT.: *Noble, sincero.*
3 Delator, acusador, soplón.
4 Desertor, apóstata, tránsfuga [a la fe, a una creencia].

traje
Indumentaria, indumento, atavío, atuendo, vestimenta, ropaje, prenda, galas, terno.

trajín
1 Ajetreo, tráfago, jaleo, ir y venir.
ANT.: *Calma, reposo.*
2 Trabajo, ocupación, faena, fajina, esfuerzo.
ANT.: *Ocio, descanso.*

trama
1 Urdimbre, textura, trabazón, red, malla.
2 Argumento, materia, tema, asunto, plan.
3 Entramado, enlace, correspondencia, congruencia, (fig.) hilo.
ANT.: *Incongruencia.*

4 (Fig.) Intriga, enredo, confabulación, dolo, maquinación, componenda, treta, ardid.

tramar

1 Tejer [textiles].

ANT.: *Destejer, destramar.*

2 Planear, urdir, maquinar, fraguar, idear, preparar.

3 (Fig.) Conspirar, conjurarse, maniobrar.

trámite

1 Gestión, diligencia, comisión, despacho, negocio, asunto.

2 Procedimiento, expediente.

tramo

1 Trecho, trozo, parte, pedazo.

2 Distancia, trayecto, recorrido, tiro, tirada.

3 (C. Rica) Local, puesto [en un mercado].

4 (Venez.) Entrepaño, estante, anaquel.

trampa

1 Cepo, red, lazo, garlito.

2 Escotilla, portañuela, trampilla.

3 (Fig.) Celada, ardid, estratagema, engaño, embuste, asechanza, confabulación, insidia, zancadilla.

4 (Fig.) Fraude, estafa, timo, (Méx., P. Rico) trácala, (Venez.) tramposería.

tramposo

1 Estafador, timador, embaucador, embustero, engañoso, farsante, bribón, trampista.

ANT.: *Honrado, honorable.*

2 Fullero, tahúr, tracalero.

tranca

1 Palo, garrote, estaca, bastón, mazo, barra, cayado, porra.

2 Borrachera, pítima, embriaguez.

3 (Amér.) Tranquera, puerta rústica.

4 (C. Rica) Cerrojo, picaporte.

5 (Cuba) Pene, falo.

6 (Venez.) Congestionamiento, embotellamiento [de tránsito].

trancazo

1 Bastonazo, palo, estacazo, garrotazo, leñazo.

2 Golpe, choque, porrazo.

3 (Argent.) Gran borrachera.

4 (C. Rica, Cuba, Méx.) Trago, sorbo [de licor fuerte].

trance

Lance, pase, apuro, brete, aprieto, dificultad, problema, dilema, peligro.

ANT.: *Facilidad, escape, solución.*

tranquilidad

Serenidad, sosiego, reposo, quietud, paz, placidez, calma, ➞ tranquilo.

ANT.: *Agitación, intranquilidad, alteración.*

tranquilizar

Calmar, aplacar, sosegar, apaciguar, aquietar, pacificar, serenar, normalizar.

ANT.: *Agitar, excitar, intranquilizar, alterar.*

tranquilo

1 Sosegado, calmado, quieto, pacífico, plácido, silencioso.

ANT.: *Alterado, agitado, bullicioso, ruidoso.*

2 Sereno, apacible, imperturbable, impertérrito, impávido.

ANT.: *Agitado, intranquilo, nervioso, temeroso.*

3 Despreocupado, indiferente, flemático, cachazudo.

ANT.: *Preocupado, aprensivo.*

transacción

1 Negocio, trato, convenio, compromiso, contrato, intercambio, asunto, gestión.

2 Concesión, pacto, arreglo, avenencia, acuerdo.

ANT.: *Desacuerdo, desavenencia.*

transar (Amér.)

1 Acceder, transigir, admitir, ceder, avenirse, aceptar, (Venez.) transarse.

2 (Chile) Negociar en valores.

3 (C. Rica) Tener simpatía por alguien.

4 (Méx.) Estafar, timar, embaucar, engañar.

transatlántico

1 Ultramarino, transoceánico.

2 Buque, trasatlántico, navío, barco, crucero.

transcurrir

1 Suceder, pasar, correr, discurrir.

ANT.: *Detenerse, estancarse.*

2 Producirse, acontecer, verificarse, cumplirse.

transcurso

1 Paso, curso, correr, marcha, sucesión.

ANT.: *Detención, estancamiento.*

2 Duración, lapso, intervalo.

transeúnte

Viandante, caminante, peatón, paseante.

transferir

1 Trasladar, transportar, mover, llevar.

2 Traspasar, ceder, transmitir, conceder, entregar, pagar.

ANT.: *Retener.*

transformación
Cambio, metamorfosis, transmutación, mudanza, mutación, modificación, alteración, transfiguración, transición.
ANT.: *Inmutabilidad, inalterabilidad, estancamiento.*
transformar
Cambiar, modificar, transmutar, variar, mudar, metamorfosear, mutar, convertir, alterar, reformar, innovar, transfigurar.
ANT.: *Conservar, mantener, inalterar.*
transgredir
Infringir, vulnerar, violar, quebrantar, desobedecer, trasgredir.
ANT.: *Respetar, acatar, obedecer, sujetarse, observar.*
transgresión
Infracción, vulneración, violación, desacato, falta, delito, atropello, contravención, desobediencia, trasgresión.
ANT.: *Observancia, respeto, sujeción, acatamiento, obediencia.*
transición
Cambio, mudanza, mutación, tránsito, transformación VER.
transido
1 Acongojado, angustiado, consumido, fatigado, aterido.
2 (Venez.) Necesitado, pobre.
transigir
1 Consentir, condescender, contemporizar, otorgar, ceder, tolerar.
ANT.: *Negarse, resistirse, rehusarse.*
2 Acordar, convenir, pactar, ajustar.
ANT.: *Discordar, disentir.*
transitar
Andar, recorrer, circular, viajar, traficar, deambular, caminar, atravesar, pasar.
tránsito
1 Circulación, movimiento, tráfico, tráfago.
2 Paso, cruce, comunicación.
3 Trayecto, recorrido, viaje.
4 Transición, transformación, cambio, mutación, mudanza.
ANT.: *Inmovilidad, inalterabilidad.*
5 (Fig.) Fallecimiento, muerte [de persona].
transitorio
Provisional, perecedero, temporal, pasajero, corto, breve, efímero, fugaz, precario, momentáneo.
ANT.: *Perenne, perpetuo, imperecedero.*
translúcido
Semitransparente, traslúcido, opalino, transparente.
transmitir
1 Transferir, trasladar, traspasar, enviar, entregar.
ANT.: *Retener, recibir.*
2 Ceder, endosar, legar.
3 Emitir, radiar, difundir, televisar, radiodifundir, propalar, (ant.) perifonear.
4 Contagiar, pegar, infectar, contaminar.
transparente
Diáfano, nítido, limpio, límpido, cristalino, claro, translúcido, terso, luminoso.
ANT.: *Opaco, denso, turbio.*
transpirar
1 Sudar.
2 Rezumar, trasudar, humedecerse.
ANT.: *Absorber, retener.*
transportar
1 Acarrear, trasladar, conducir, portear, llevar, remolcar, arrastrar, cargar.
2 transportarse (Fig.) Arrobarse, extasiarse, embelesarse, enajenarse.
transversal
1 Perpendicular, atravesado, cruzado.
ANT.: *Paralelo.*
2 Secundario, desviado, colateral [camino, calle].
ANT.: *Principal, central.*
trapero
Ropavejero, quincallero, chamarilero, botellero, basurero, (Méx.) ayatero.
trapiche
1 Ingenio de azúcar, molino.
2 (Chile) Molino para minerales.
trapichear
Cambalachear, regatear, comerciar, negociar, tratar [al menudeo].
trapisonda
(Fam.) Embrollo, enredo, lío, maraña, trampa, engaño, intriga, trapacería, estafa.
trapo
1 Paño, tela, lienzo, género, tejido, retal, retazo.
2 Andrajo, guiñapo, pingajo, pingo, jirón, harapo.
3 Velamen, vela [barcos].
4 trapos (Fam.) Ropa, vestidos, vestimenta.
traqueteo
1 Ruido, traqueo, triquitraque, crujido, golpeteo, percusión.
2 Movimiento, meneo, zangoloteo, estremecimiento, sacudida, agitación.
ANT.: *Inmovilidad, quietud.*

trascendencia
Importancia, relevancia, entidad, envergadura.
ANT.: *Intrascendencia, insignificancia, superficialidad, banalidad.*
trascendental
Importante, trascendente, interesante, influyente, valioso, notable, vital, fundamental.
ANT.: *Insignificante, trivial, banal.*
trascender
Propagarse, extenderse, comunicarse, filtrarse, difundirse, divulgarse, manifestarse.
ANT.: *Ignorarse, reservarse, ocultarse.*
trasegar
1 Trasvasar, vaciar, decantar.
2 Revolver, remover, trastornar, cambiar de lugar, trasladar.
3 (Fig.) Beber, empinar el codo, chupar.
trasero
1 Nalgas, nalgatorio, posaderas, glúteos, culo, (fam.) pompis, asentaderas, traste, (Méx./vulg.) torta.
2 Posterior, final, zaguero, último, póstumo, caudal.
ANT.: *Delantero, anterior.*
trasgo
Duende, genio, fantasma.
trashumante
Errante, ambulante, nómada, vagabundo, viajero.
ANT.: *Estable, sedentario.*
trasiego
Trasegadura, trasvase, cambio, traslado, mudanza.
trasladar
1 Mover, desplazar, transportar, llevar, mudar, acarrear.
ANT.: *Dejar.*
2 Traducir, verter, trasuntar, copiar.
3 trasladarse Ir, dirigirse, encaminarse.
ANT.: *Quedarse, permanecer.*
trasnochador
1 Noctámbulo, noctívago.
ANT.: *Madrugador, dormilón.*
2 Parrandero, calavera.
traspapelar
Mezclar, revolver, confundir, embrollar, embarullar [papeles e ideas].
traspasar
1 Trasladar, llevar, transferir VER.
2 Cruzar, atravesar, trasponer, franquear, salvar.
ANT.: *Detenerse, quedarse, atorarse.*
3 Sobrepasar, superar, rebasar, excederse.
ANT.: *Refrenarse, moderarse.*
4 Impresionar, conmover, transir, afectar, afligir, alterar, perturbar.
ANT.: *Dejar insensible, ser indiferente.*
5 Infringir, transgredir, vulnerar, violar, quebrantar.
ANT.: *Cumplir, acatar, seguir, observar, sujetarse.*
traspié
1 Tropezón, trastabilleo, trastabillón, resbalón, trompicón, (Amér.) trompezón.
2 Zancadilla, barrida.
trasplantar
1 Replantar.
2 (Fig.) Mudar, trasladar, transferir, desplazar, remover, cambiar.
ANT.: *Mantener, conservar.*
3 (Fig.) Implantar, insertar, colocar [órganos].
trasponer
Atravesar, cruzar, salvar, traspasar VER.
trastabillar
1 Trastabillear, tambalearse, tropezar VER.
2 (Fig.) Equivocarse, errar, confundirse.
3 Tartamudear, tartalear, (fam.) trabarse.
trastada
1 Jugarreta, picardía, faena, truhanería, travesura, (fam.) diablura.
2 Canallada, villanía, jugada, mala pasada, fechoría, maldad, bribonada.
trastazo
Porrazo, caída, golpazo, batacazo, (Esp.) costalada.
traste
1 Trasero, nalgas, nalgatorio, culo, asentaderas, posaderas.
2 (Amér.) Trasto, cacharro, vasija, plato, recipiente.
trasto
1 Utensilio, enser, útil, bártulo, trebejo, artefacto, armatoste, chisme.
2 Bastidor, decorado, bambalina [teatro].
3 (Fig. y fam.) Informal, alocado, tarambana, zascandil, travieso.
4 (Amér.) Traste, cacharro, recipiente.
trastornar
1 Revolver, trastocar, remover, desordenar, embrollar, embarullar, alterar, desarreglar, desacomodar.
ANT.: *Ordenar, arreglar, acomodar, disponer.*

2 (Fig.) Inquietar, perturbar, angustiar, preocupar, confundir, apenar, afligir.
ANT.: *Calmar, serenar, tranquilizar.*
3 (Fig.) Entusiasmar, enamorar, encandilar.
4 **trastornarse** Enloquecer, perturbarse, alterarse, desvariar, chiflarse, (fam.) perder un tornillo, perder la cabeza.

trastorno
1 Desorden, desarreglo, barullo, molestia, dificultad, percance.
ANT.: *Orden.*
2 Angustia, inquietud, agitación, turbación, desazón, confusión.
ANT.: *Calma, tranquilidad.*
3 Perturbación, locura, alienación, demencia, enajenación.
4 Dolencia, achaque, enfermedad VER.

trastocar
Alterar, trastocar, invertir, trastornar VER.

trata
1 Tráfico, comercio, trajín, manejo, negociación.
2 Prostitución, proxenetismo, alcahuetería.

tratable
Sociable, afable, amable, deferente, atento, correcto, educado, considerado, cortés, afectuoso, jovial.
ANT.: *Intratable, hosco, misántropo, huraño.*

tratado
1 Convenio, pacto, trato, acuerdo, ajuste, contrato, compromiso, alianza.
2 Manual, ensayo, escrito, discurso, texto, libro, obra.

tratamiento
1 Trato, maneras, comportamiento, relación, interrelación.
2 Régimen, terapia, terapéutica, medicación, cura.
3 Procedimiento, proceso, método, técnica, confección, elaboración [a o de materiales].

tratar
1 Manejar, usar, manipular, procesar, elaborar, confeccionar, transformar [materiales].
2 Gestionar, acordar, ajustar, convenir, acordar, aliarse.
3 Comerciar, traficar, negociar, especular.
4 Relacionarse, alternar, comunicarse, conocerse, intimar, (Méx./fam.) llevarse.
5 Proceder, comportarse, conducirse [con los demás].
6 Atender, asistir, curar, cuidar, medicar.
7 Debatir, analizar, discutir, estudiar, examinar.
8 Calificar, llamar, motejar.

trato
Relación, tratamiento, convenio, → tratar.

traumatismo
Lesión, herida, contusión, golpe, trauma, equimosis, magulladura.

traumatizar
1 Lesionar, dañar, herir, traumar, lastimar.
2 Trastornar, perturbar.

travesaño
1 Viga, madero, tabla, tablón, larguero, barra, refuerzo, listón.
2 Traviesa, durmiente [ferrocarril].
3 Travesero, almohada.

travesía
1 Calleja, callejuela, calle, pasaje, pasadizo, camino, sendero.
2 Distancia, trayecto, trecho.
3 Viaje, recorrido, ruta, itinerario, jornada.

travesura
Picardía, pillería, jugarreta, diablura, trastada, chiquillada, retozo.

traviesa
1 Larguero, travesaño VER.
2 Travesía, distancia.

travieso
Pícaro, tunante, retozón, bullicioso, inquieto, revoltoso, (fam.) latoso, diablillo, (Méx./fam.) pingo.
ANT.: *Formal, serio, quieto.*

trayecto
Recorrido, ruta, viaje, travesía, trecho, itinerario, distancia, marcha.

trayectoria
1 Curso, dirección, derrotero, ruta.
2 (Fig.) Carrera, desarrollo, desenvolvimiento, actuación.

traza
1 Diseño, trazado, plano, esbozo, proyecto, plan.
2 (Fig.) Apariencia, porte, aspecto, aire, pinta, (fig.) pelaje, cariz, viso, figura.
3 **trazas** Indicios, vestigios, rastro, huellas, señales.

trazar
1 Diseñar, bosquejar, perfilar, esbozar, dibujar, delinear, marcar, señalar.
2 (Fig.) Proyectar, planear, inventar, idear, pensar, imaginar, concebir, discurrir.
3 (Fig.) Disponer, indicar, dirigir, exponer, formular.

trazo
Raya, línea, delineación, rasgo, señal, marca, plumazo.

trebejo
1 Utensilio, útil, enser, bártulo, herramienta.
2 (Desp.) Juguete, trasto, cacharro, cachivache, (Méx.) trique.

trecho
1 Espacio, distancia, intervalo.
2 Tramo, parte, travesía, recorrido, trayecto, jornada.

tregua
1 Armisticio, cesación [de hostilidades].
2 (Fig.) Descanso, pausa, suspensión, cese, interrupción, espera.
ANT.: *Reanudación, prosecución.*

tremedal
Pantano, tremadal, cenagal, fangal, barrizal, tembladar.

tremendo
1 Temible, terrible, espantoso, pasmoso, formidable, gigantesco, enorme, tremebundo.
ANT.: *Minúsculo.*
2 (Fam.) Travieso, inquieto, latoso, guerrista, revoltoso [aplicado a chicos].
ANT.: *Serio, quieto.*

tremolar
1 Ondear, flamear, flotar, moverse, ondular.
2 Agitar, enarbolar, mecer.

tremolina
1 Alboroto, confusión, algarabía, escándalo, bulla, bullicio, tumulto, jaleo.
ANT.: *Tranquilidad, silencio, calma.*
2 Riña, pelea, trapatiesta, zipizape, bronca.

tremor
Temblor, agitación, estremecimiento, sacudimiento, movimiento, (fam.) temblorina.

trémulo
Tembloroso, tremoso, estremecido, agitado, convulso, asustado, temeroso, pávido.
ANT.: *Sereno, tranquilo, calmado.*

tren
Ferrocarril, convoy, vagones.

trencilla
Galón, galoncillo, cinta, orla, ribete, trencellín, trencillo, adorno.

trenzar
1 Entretejer, entrelazar, cruzar, urdir, tramar.
ANT.: *Deshacer, destejer, desbaratar.*
2 Peinar, entretenzar [el cabello].
ANT.: *Destrenzar, soltar.*

trepar
1 Escalar, subir, ascender, gatear.
ANT.: *Descender, bajar.*
2 (Fig. y fam.) Avanzar, encumbrarse, progresar, elevarse [sobre todo de manera oportunista].
ANT.: *Caer.*
3 Taladrar, trepanar, agujerar, horadar, calar, perforar.
ANT.: *Tapar, taponar, cubrir.*
4 **treparse** Retreparse, arrellanarse, acomodarse.

trepidar
Estremecerse, sacudirse, vibrar, temblar VER.

treta
Truco, ardid, trampa, estratagema, artificio, artimaña, triquiñuela, engaño, celada, estafa, añagaza.

tribulación
1 Congoja, pena, aflicción, angustia, desasosiego, tristeza, sufrimiento, dolor.
ANT.: *Alegría, dicha, placer, gozo.*
2 Adversidad, penalidad, avatar, dificultad, flagelo.
ANT.: *Bienestar, satisfacción.*

tribuna
1 Estrado, plataforma, tarima, púlpito, podio.
2 Graderío, gradas, galería.

tribunal
1 Juzgado, audiencia, corte, sala.
2 Jueces, magistrados.

tributo
1 Tributación, contribución, impuesto, diezmo, gravamen, cuota, tasa.
2 (Fig.) Obligación, carga.

trifulca
Pendencia, disputa, gresca, desorden, pelea, bronca, escaramuza, tremolina, alboroto, riña, camorra, sanquintín.
ANT.: *Calma, paz, armonía.*

trinar
1 Gorjear, gorgoritear, cantar, silbar.
2 (Fig. y fam.) Rabiar, encolerizarse, irritarse, enfurecerse.
trinchera
1 Zanja, excavación, terraplén, resguardo, foso, defensa, parapeto.
2 Gabardina, impermeable, sobretodo, gabán.
trino
1 Gorjeo, gorgorito, gorgoteo, canto, canturreo, silbo, llamada, reclamo.
2 Ternario, trinitario.
tripa
1 Intestino, mesenterio, vísceras, entrañas.
2 Vientre, barriga, panza, abdomen, (Fig. y fam.) estómago, bandullo, timba.
tripón
Ventrudo, barrigón, panzudo, panzón, gordo, obeso, barrigudo, timbón, tripudo.
ANT.: *Flaco, enteco.*
tripulación
Dotación, tripulantes, personal, equipo, marinería, marineros.
trique
1 Estallido, golpe, ruido, traqueteo, triquitraque*.
2 (Méx./fam.) Trebejo, trasto, cachivache.
*Tb. significa: Cohete, buscapiés, fuego artificial.
triquiñuela
1 Artimaña, truco, treta VER.
2 Rodeo, evasiva, subterfugio, escapatoria.
triste
1 Afligido, atribulado, apesadumbrado, acongojado, lloroso, dolorido, apenado, desconsolado.
ANT.: *Alegre, despreocupado, eufórico, contento.*
2 Sombrío, melancólico, deprimido, amargado, malhumorado, mustio.
ANT.: *Feliz, gozoso, risueño.*
3 Desgraciado, deplorable, funesto, lamentable, aciago, infortunado, desventurado.
ANT.: *Venturoso, dichoso, afortunado, fausto.*
4 Enojoso, molesto, doloroso, penoso, dificultoso.
ANT.: *Grato, amable, satisfactorio.*
5 (Fig.) Insignificante, miserable, insuficiente, ineficaz.
ANT.: *Suficiente, bastante.*
tristeza
1 Aflicción, angustia, desconsuelo, pena, amargura, abatimiento, depresión, congoja, dolor.
ANT.: *Alegría, gozo, contento, euforia.*
2 Desdicha, desgracia, sinsabor, pesar, infelicidad.
ANT.: *Placer, satisfacción, felicidad, dicha.*
3 Amargura, melancolía, nostalgia, (Esp.) murria.
triturar
1 Moler, pulverizar, desintegrar, machacar, aplastar, majar, desmenuzar, quebrantar, picar.
2 Mascar, masticar, deshacer, rumiar.
3 (Fig.) Maltratar, molestar, acosar, atosigar, vejar.
4 (Fig.) Censurar, reprobar, criticar, rebatir, apabullar.
ANT.: *Elogiar, alabar.*
triunfador
Ganador, vencedor, triunfante, triunfal, victorioso, glorioso, invicto.
ANT.: *Vencido, derrotado, humillado, perdedor.*
triunfar
Ganar, vencer, dominar, conquistar, derrotar, aniquilar, arrollar, aplastar, imponerse.
ANT.: *Perder, fracasar.*
triunfo
1 Victoria, éxito, logro, ganancia.
ANT.: *Derrota, fracaso, revés.*
2 Gloria, fama, celebridad, nombradía.
ANT.: *Anonimato.*
3 Conquista, dominio, prevalencia, superioridad.
ANT.: *Sujeción, sometimiento.*
4 Trofeo, corona, laurel, palmas.
trivial
1 Sabido, conocido, manido, sobado, pedestre, corriente, ordinario, vulgar.
ANT.: *Extraordinario, excepcional, novedoso.*
2 Insignificante, insustancial, anodino, nimio, pueril, baladí, fútil, frívolo.
ANT.: *Fundamental, esencial, importante, trascendente.*
trocar
1 Cambiar, permutar, cambalachear, canjear, intercambiar.
2 Mudar, alterar, variar, convertir, transformar.
3 Tergiversar, invertir, equivocar, trastocar, desfigurar.

trocha
1 Vereda, sendero, atajo.
2 (Argent.) Vía ferroviaria [ancho de la].
3 (Colomb., Venez.) Trote, ejercicio.

trofeo
1 Premio, galardón, laurel, palma, copa, medalla, corona.
2 Botín, despojo, lucro [en guerras].
3 Panoplia, insignia.
4 (Fig.) Triunfo, victoria, éxito, logro.
ANT.: *Fracaso, derrota.*

trola
Engaño, embuste, cuento, mentira VER.
ANT.: *Verdad.*

tromba
Torbellino, tifón, ciclón, huracán, manga, trompa, tormenta, tempestad, borrasca, remolino, vorágine, tornado.

trompa
1 Cuerno, corno, trompeta, corneta.
2 Peonza, trompo.
3 Probóscide, hocico, morro.
4 Manga, tempestad, tromba VER.
5 (Fig. y fam.) Borrachera.
6 (C. Rica/desp.) Boca, bemba.
7 (Méx./fam.) Boca, labios.

trompada
Puñetazo, torta, tortazo, mojicón, sopapo, soplamocos, bofetada, bofetón, moquete, cate.

trompazo
Batacazo, golpe, caída, porrazo, topetazo, (Argent.) trompada, (Esp.) costalada.

trompeta
1 Corneta, clarín, trompa, cuerno, cornetín.
2 Trompetista, músico.
3 (Fig. y fam.) Despreciable, vil, pícaro, ruin [referido a personas].
4 (Argent.) Bozal [de caballerías].

trompo
Peón, peonza, perinola, trompa.

tronar
1 Retumbar, resonar, atronar, mugir, rugir.
2 Estallar, explotar, detonar.
3 (Fig. y fam.) Fracasar, arruinarse, quebrar.
ANT.: *Progresar, lucrar.*
4 (Fig. y fam.) Criticar, despotricar.
5 (Fig. y fam.) Encolerizarse, enfurecerse, trinar, montar en cólera.
ANT.: *Calmarse, sosegarse.*
6 (Fig. y fam.) Reñir, discutir, romper, pelear, separarse.
ANT.: *Reconciliarse, hacer las paces.*
7 (C. Rica, Cuba, Méx.) Matar, liquidar, asesinar [sobre todo a tiros].
8 (Cuba, Méx.) Despedir, correr [de un empleo o cargo].
9 tronárselas (Méx., Venez./vulg.) Fumar marihuana.

tronchar
1 Partir, romper, truncar, quebrar, desgajar, segar.
2 (Fig.) Frustrar, impedir, evitar.

tronco
1 Tallo, leño, troncho, madero.
2 Tórax, torso, pecho, cuerpo.
3 (Fig.) Ascendencia, linaje, origen, estirpe.

trono
Sitial, escaño, sillón, sede, solio, asiento.

tropa
1 Hueste, milicia, ejército, soldadesca, pelotón, destacamento, piquete, partida, (ant.) falange, mesnada, legión.
2 Tropel, turba, chusma, hatajo, pandilla, banda, caterva, muchedumbre.
ANT.: *Individuo, persona.*

tropel
1 Muchedumbre, multitud, horda, torrente, enjambre, hervidero, tropa VER.
2 Agitación, tumulto, alboroto, barullo, remolino, desorden, atropellamiento, confusión.

tropelía
1 Atropello, desmán, injusticia, vejación, abuso, arbitrariedad.
ANT.: *Justicia, respeto.*
2 Aceleramiento, desorden, tumulto, tropel VER.
ANT.: *Calma, orden.*

tropezar
1 Trastrabillar, trompicar, tambalearse, vacilar.
2 Chocar, topar, encontrar, (fig.) estrellarse [contra algo].
ANT.: *Eludir, esquivar.*
3 (Fig.) Errar, equivocarse, tener un desliz.
ANT.: *Acertar, atinar.*

tropezón
Trompicón, traspié, tropiezo, trastabillón, choque, tropezadura, encontronazo, caída, golpe.

tropical
Cálido, ardiente, tórrido, bochornoso, caluroso.
ANT.: *Polar, helado.*

tropiezo
1 Trompicón, tropezón VER.
2 (Fig.) Yerro, falta, error, desliz, equivocación.
3 (Fig.) Contratiempo, imprevisto, dificultad, impedimento, estorbo.

trotamundos
Viajero, caminante, peregrino, turista, vagabundo.

trotar
Cabalgar, galopar, montar, andar, caminar, avanzar.

trova
Cantar, canción, poema, poesía, verso, composición, improvisación, (Argent.) trovo.

trovador
Juglar, bardo, trovero, trovista, poeta, vate, rapsoda, cantor, (Amér. Merid.) payador.

trozo
Fragmento, porción, pedazo, parte, rodaja, rebanada, loncha, lonja, tajada.
ANT.: *Totalidad, todo, conjunto.*

truco
1 Ardid, estratagema, treta, triquiñuela, engaño, embeleco, trampa.
2 Prestidigitación, manipulación, suerte, maniobra, juego de manos.
3 Arte, habilidad, maña.
4 Artificio, efecto, trucaje, ilusión [cine, fotografía, etc.].

truculento
Terrible, tremebundo, espantoso, atroz, horroroso, escalofriante, sobrecogedor, siniestro, patibulario, macabro, morboso.
ANT.: *Alegre, dulce, suave, grato, amable.*

trueno
1 Fragor, estruendo, estampido, tumbo, detonación, retumbo, estrépito, tronido.
2 (Esp./fig. y fam.) Atolondrado, alocado, alborotador, tronera, calavera.
ANT.: *Pacífico, sosegado, moderado.*
3 (Venez.) Cohete, buscapiés.

trueque
Cambio, canje, cambalache, permuta, intercambio, trapicheo.

truhán
1 Bribón, pícaro, granuja, pillo, tunante, sinvergüenza, perillán, bellaco, tramposo, estafador, (ant.) bergante.
ANT.: *Honrado, caballero, decente.*
2 Bufón, payaso, chocarrero.

truncar
1 Cortar, cercenar, amputar, mutilar, tronchar, segar.
2 (Fig.) Interrumpir, omitir, dejar a medias, suspender.
ANT.: *Completar, acabar, terminar.*
3 Frustrar, impedir, desilusionar, desanimar.
ANT.: *Apoyar, impulsar, animar.*

trust (pr.).
Monopolio, consorcio, corporación, agrupación.

tubo
1 Caño, cañería, tubería, conducto, cánula, sifón, conducción.
2 Envase, recipiente, cilindro.

tufo
1 Emanación, vaho, husmo, exhalación, efluvio, vaharada, hedor, fetidez, pestilencia, tufarada.
ANT.: *Aroma, fragancia, perfume.*
2 (Fig. y fam.) Vanidad, soberbia, orgullo, presunción, petulancia, pedantería, humos.
ANT.: *Modestia, sencillez.*

tugurio
1 Cuartucho, cuchitril, covacha, tabuco, guarida, (fig.) pocilga, zahúrda, (Esp.) zaquizamí.
ANT.: *Palacio, mansión, casona.*
2 Antro, garito, buchinche, local de mala muerte.

tullido
Lisiado, mutilado, baldado, paralítico, impedido, imposibilitado, inválido, minusválido, discapacitado.

tumba
Sepulcro, sepultura, panteón, mausoleo, fosa, huesa, cripta, sarcófago, nicho.

tumbar
1 Abatir, tirar, revolcar, volcar, voltear.
ANT.: *Levantar, alzar, recoger.*
2 Talar, cortar, derribar.
ANT.: *Plantar.*
3 (Fig. y fam.) Desmayar, aturdir, marear, noquear, trastornar.
ANT.: *Reanimar.*
4 tumbarse Acostarse, echarse, tenderse, descansar, relajarse.
ANT.: *Levantarse.*

tumbo
1 Traqueteo, zangoloteo, vaivén, sacudimiento.
2 Voltereta, vuelco, tropezón, caída aparatosa.

3 Ondulación, oleaje, grande y estrepitoso.
4 Estruendo, fragor, retumbo, trueno.
ANT.: *Silencio, calma.*

tumefacto
Inflamado, hinchado, túmido, abultado, tumescente, congestionado, edematoso.
ANT.: *Deshinchado, desinflamado.*

tumor
Quiste, absceso, flemón, excrecencia, dureza, bulto, carnosidad, (fam.) bola.

tumulto
Confusión, motín, desorden, alboroto, barullo, estrépito, escándalo, trifulca, riña, pelea, sanquintín.
ANT.: *Orden, paz, calma.*

tunante
Pícaro, granuja, pillo, truhán VER.
ANT.: *Honrado, decente.*

tunda
Zurra, felpa, golpiza, paliza, azotaina, soba, friega, vapuleo, castigo, somanta.

túnel
Galería, paso, pasillo, subterráneo, mina, conducto, pasaje, corredor.

túnica
1 Hábito, ropón, sotana, clámide, veste, tunicela, ropaje, vestido.
2 Telilla, película, capa, cascarilla, piel, pellejo, membrana.

túnico
1 Vestidura larga, ropón [teatro].
2 (Colomb., Cuba, C. Rica, Hond.) Vestido de mujer.

tupé
1 Fleco, flequillo, copete, rizo, bucle, mechón, guedeja.
2 (Fig. y fam.) Desfachatez, descaro, desvergüenza, inverecundia, atrevimiento, frescura.
ANT.: *Respeto, discreción, pudor, timidez.*

tupido
1 Denso, espeso, cerrado, compacto, apretado, impenetrable.
ANT.: *Suelto, flojo, ralo.*
2 Tapado, obstruido, ocluido, taponado.
ANT.: *Destapado, libre.*
3 (Argent./fam.) Abundante, frecuente.

tupir
Apretar, comprimir, compactar, espesar, apelmazar.
ANT.: *Aflojar, ahuecar, ralear, clarear.*

tupirse
1 Taparse, ocluirse, obstruirse, taponarse, cegarse.
ANT.: *Destaparse.*
2 (Fig.) Hartarse, atiborrarse, atascarse, llenarse, saciarse.
3 (Chile) Confundirse, turbarse.
4 (Venez.) Ofuscarse, bloquearse, embotarse.

turba
Tropel, turbamulta, muchedumbre, cáfila, horda, caterva, chusma, populacho, patulea, (desp.) gentuza, canalla.

turbación
Confusión, perturbación, aturdimiento, turbamiento, desorientación, desconcierto, duda, vacilación, azoramiento, vergüenza, embarazo.
ANT.: *Seguridad, calma, claridad, impavidez, desfachatez, desenvoltura.*

turbar
1 Desconcertar, perturbar, sorprender, confundir, azorar, aturdir, desorientar, consternar, emocionar, alterar, agitar, enternecer, preocupar, enturbiar.
ANT.: *Calmar, serenar, sosegar, tranquilizar.*
2 Trastornar, interrumpir, cortar, desordenar.

turbio
1 Opaco, empañado, velado, oscuro, sucio, borroso, nebuloso.
ANT.: *Transparente, nítido, diáfano.*
2 Confuso, sospechoso, vago, embrollado, enredado, incomprensible.
ANT.: *Evidente, patente, manifiesto, sencillo.*
3 (Fig.) Deshonesto, ilegal, ilícito, al margen de la ley.
ANT.: *Honesto, lícito.*

turbulento
1 Empañado, turbio VER.
ANT.: *Nítido, diáfano.*
2 Agitado, confuso, desordenado, tumultuoso, ruidoso, escandaloso.
ANT.: *Tranquilo, ordenado.*
3 Rebelde, provocador, agitador, belicoso, conflictivo.
ANT.: *Dócil, pacífico.*

turgente
Abultado, hinchado, inflado, elevado, abombado, carnoso, tumefacto, túrgido.
ANT.: *Liso, hundido, deshinchado.*

turista
Excursionista, visitante, viajero, trotamundos.
turnar
Alternar, cambiar, rotar, intercambiar, renovar, permutar, mudar, sustituir.
turno
Tanda, vez, orden, ciclo, sucesión, alternativa, período, vuelta, canje, relevo.
turulato
Atónito, pasmado, idiotizado, estupefacto, azorado, atontado, lelo, alelado, sorprendido, patitieso, patidifuso, (Colomb., C. Rica, Ecuad.) tuturuto, (Venez.) turuleto.
tutela
1 Tutoría, custodia, tutelaje.
2 (Fig.) Defensa, protección, amparo, auxilio, guía, orientación.
tutor
1 Protector, defensor, cuidador.
2 Guardián, curador, guardador.
3 Maestro, guía, consejero, supervisor, orientador, (ant.) ayo.
ANT.: *Alumno, pupilo.*
4 Estaca, rodrigón, caña, sostén.

U

ubérrimo
Abundante, superabundante, copioso, pletórico, prolífico, rico, exuberante, feraz, opimo, fecundo, fértil, productivo.
ANT.: *Pobre, estéril, exiguo.*

ubicación
1 Colocación, posición, disposición, emplazamiento, situación.
ANT.: *Desubicación, descolocación.*
2 (Amér. Merid., Cuba) Empleo, puesto, trabajo, plaza.

ubicar
1 Colocar, situar, poner, emplazar, disponer.
ANT.: *Quitar, retirar, remover, desplazar.*
2 ubicarse Hallarse, estar, encontrarse, orientarse.
ANT.: *Desubicarse.*

ubre
Teta, mama, (fig.) pecho, seno.

uchu (Perú)
Ají, picante, (Esp.) guindilla, (Amér. C., Méx.) chile.

ufanarse
Envanecerse, enorgullecerse, jactarse, engreírse, presumir, vanagloriarse.
ANT.: *Humillarse, rebajarse.*

ufano
1 Satisfecho, orgulloso, feliz, orondo, contento, gozoso, alegre, eufórico.
ANT.: *Triste, abatido, insatisfecho.*
2 Presuntuoso, engreído, envanecido, vano, jactancioso, presumido, creído, arrogante.
ANT.: *Modesto, humilde, sencillo.*
3 (Fig.) Resuelto, decidido.
ANT.: *Indeciso, cauteloso.*
4 Lozano, fresco, vigoroso [plantas].
ANT.: *Marchito, mustio.*

úlcera
Llaga, lesión, matadura, herida, afta, pústula, ulceración.

ulterior
Posterior, siguiente, subsiguiente, consecutivo, venidero.
ANT.: *Anterior, primero, citerior.*

ultimadamente
1 Últimamente, recientemente.
ANT.: *Anteriormente, hace tiempo.*
2 (C. Rica, Méx.) Al fin y al cabo, de todos modos, a fin de cuentas.

últimamente
1 Recientemente, hace poco tiempo, en los últimos tiempos.
ANT.: *Antaño, anteriormente, tiempo ha.*
2 Por último, finalmente, por fin.
ANT.: *Antes, primero.*

ultimar
1 Terminar, concluir, acabar, finiquitar, finalizar, rematar.
ANT.: *Comenzar, iniciar.*
2 (Fig.) Liquidar, matar, suprimir, ejecutar.

último
1 Final, postrero, postrer, postrimero.
ANT.: *Primero, previo, inicial.*
2 Zaguero, trasero, posterior, extremo.
ANT.: *Delantero.*
3 lo último (Fig.) Nuevo, novísimo, actual, reciente, novedoso, el último grito.
ANT.: *Anticuado, pasado.*

ultrajante
Vejatorio, insultante, humillante, ofensivo, afrentoso, vergonzoso, ultrajador.
ANT.: *Encomiástico, elogioso, satisfactorio.*

ultrajar
1 Agraviar, insultar, ofender, vejar, injuriar, mancillar, deshonrar.
ANT.: *Enaltecer, honrar, encomiar, dignificar.*
2 Despreciar, humillar, hacer menos.
ANT.: *Apreciar.*

ultraje
1 Agravio, insulto, vejación, ofensa, injuria, → ultrajar.
ANT.: *Elogio, encomio, desagravio, loa.*
2 Desprecio, humillación, insolencia.
ANT.: *Cortesía, atención, aprecio.*

ulular
1 Aullar, bramar, gritar, gemir, clamar, berrear.
ANT.: *Callar.*
2 (Fig.) Silbar, sonar [el viento].

umbral
1 Entrada, paso, acceso, lumbral.
ANT.: *Dintel.*
2 (Fig.) Principio, inicio, comienzo, origen, punto de partida.
ANT.: *Conclusión, término, final.*
umbrío
Sombreado, sombrío, umbroso, oscuro, ensombrecido.
ANT.: *Claro, iluminado, luminoso.*
unánime
Conforme, acorde, coincidente, unificado, total, general.
ANT.: *Parcial, particular.*
unción
1 Ungimiento, untadura.
2 Entrega, dedicación, aplicación, fervor [en la realización de una obra].
ANT.: *Distracción, negligencia.*
3 Devoción, piedad, recogimiento, veneración, religiosidad.
ANT.: *Impiedad, irreligiosidad, irreverencia.*
4 Extremaunción, santos óleos.
uncir
Sujetar, atar, enyugar, acoyundar, amarrar, unir, juntar, acoplar.
ANT.: *Separar, desatar, desuncir.*
ungir
1 Untar, aplicar, poner, embadurnar, frotar.
2 Dignificar, elevar, consagrar, signar.
3 (Fig.) Investir, conferir, nombrar, proclamar.
ANT.: *Derrocar, defenestrar, derribar, tumbar.*
ungüento
Pomada, bálsamo, linimento, crema, unto, untura, potingue.
únicamente
Exclusivamente, solamente, precisamente, (C. Rica) unicadamente.
único
1 Uno, solo, singular, impar, absoluto.
ANT.: *Par, múltiple, plural.*
2 (Fig.) Exclusivo, raro, original, peculiar, característico, escaso.
ANT.: *Corriente, abundante, común.*
3 Extraordinario, insuperable, inmejorable, magnífico.
ANT.: *Vulgar, malo, mediocre.*
unidad
1 Fusión, integración, compenetración, alianza.
ANT.: *Separación, desintegración.*
2 Concordia, concordancia, conformidad, avenencia, afinidad.
ANT.: *Discordia, discordancia.*
3 Número, cifra, guarismo, cantidad.
4 Pieza, objeto, cosa.
ANT.: *Conjunto, montón.*
unificar
1 Uniformar, homologar, homogeneizar, igualar, generalizar.
ANT.: *Distinguir, discriminar, diversificar, diferenciar.*
2 Agrupar, aunar, reunir, integrar, aliar, juntar, asociar, congregar.
ANT.: *Desunir, desintegrar, dispersar, escindir, separar.*
uniforme
1 Regular, equilibrado, invariable, monótono, homogéneo.
ANT.: *Irregular, multiforme, variable, heterogéneo.*
2 Similar, análogo, igual, indiferenciado, semejante.
ANT.: *Distinto, diferente.*
3 Liso, llano, parejo, raso.
ANT.: *Disparejo, accidentado.*
4 Guerrera, atavío militar.
unión
1 Enlace, liga, lazo, eslabón, atadura, conexión, vínculo, acoplamiento, nexo, conjunción.
ANT.: *Independencia, desunión.*
2 Unidad, concordia, acuerdo, conformidad, acercamiento, identificación, identidad, coincidencia, armonía.
ANT.: *Discordia, desacuerdo, disconformidad.*
3 Fusión, cohesión, compenetración, integración, incorporación, agregación, mezcla, amalgama, mixtura, combinación, composición.
ANT.: *Separación, desintegración, disgregación.*
4 Maridaje, matrimonio VER.
ANT.: *Divorcio.*
5 Alianza, agrupación, gremio, coalición, (ant.) guilda, sindicato, federación.
unir
1 Mezclar, fusionar, fundir, enlazar, conectar, ligar, atar, trabar, ensamblar, acoplar, integrar, amalgamar.
ANT.: *Separar, desintegrar, desconectar, desligar.*
2 Juntar, reunir, agrupar, unificar, conjuntar, congregar, aliar, confederar.
ANT.: *Dispersar, desunir, escindir.*

3 Relacionar, vincular, comunicar, enlazar, concordar.
ANT.: *Aislar, desvincular, desenlazar.*
4 Agregar, sumar, incorporar, asociar.
ANT.: *Dividir, restar, disociar.*
5 Maridar, matrimoniar, casar.
ANT.: *Divorciar, separar.*

unirse
1 Mezclarse, fundirse, fusionarse, compenetrarse, → unir.
ANT.: *Separarse, desunirse.*
2 Asociarse, aliarse, sindicarse, pactar, federarse.
ANT.: *Desligarse, dispersarse.*
3 Casarse, desposarse, matrimoniarse, contraer matrimonio.
ANT.: *Divorciarse.*
4 Ayuntarse, copular, aparearse, cruzarse.

unitario
Indivisible, indisoluble, inseparable, uno, indiviso.
ANT.: *Fragmentario, divisible, separable, múltiple.*

universal
1 Mundial, internacional, ecuménico, común, general, planetario.
ANT.: *Local, regional.*
2 Total, absoluto, completo, extenso, amplio.
ANT.: *Particular, especial, exclusivo.*

universo
1 Creación, cosmos.
2 (Fig.) Mundo, orbe, Tierra, planeta, globo.
3 (Fig.) Ámbito, campo, área.

uno
1 Único, solo, impar, simple, indiviso.
ANT.: *Múltiple, plural.*
2 Unidad, cantidad.
3 Individuo, ejemplar.
4 Idéntico, igual.
ANT.: *Otro, diferente.*
5 Alguno, alguien.
ANT.: *Nadie, ninguno.*

untar
1 Ungir, engrasar, embadurnar, embarrar, aplicar, poner, extender, embetunar.
2 (Fig. y fam.) Sobornar, cohechar, comprar, corromper, untar la mano.

unto
1 Grasa, sebo, gordura, manteca, untaza.
2 Ungüento, pomada, untadura, untura, potingue.
3 (Fig. y fam.) Soborno, cohecho, dádiva.
4 (Chile) Betún para calzado.

untuoso
1 Grasiento, aceitoso, mantecoso, craso, pingüe, oleoso, pringoso, untoso.
ANT.: *Seco, polvoso.*
2 (Fig./desp.) Hipócrita, escurridizo, afectado, empalagoso, zalamero, adulador.
ANT.: *Franco, sobrio, natural.*

uña
1 Garra, garfio, zarpa, aguijón, pezuña, casco.
2 Punta, espina, pincho, pico, gancho.

uñada
Arañazo, araño, arañada, rasguño, uñetada, uñetazo, zarpazo, uñarada.

upar
Cargar, alzar, levantar, aupar.
ANT.: *Bajar, soltar.*

urbanidad
Educación, cortesía, cultura, civilidad, respeto, corrección, buenos modales, delicadeza, finura.
ANT.: *Grosería, zafiedad, incivilidad, incultura.*

urbano
1 Ciudadano, civil, metropolitano, (Méx.) citadino.
ANT.: *Rural, rústico, aldeano, campestre.*
2 (Fig.) Educado, comedido, cortés, fino, amable, atento.
ANT.: *Grosero, desatento, zafio, palurdo, patán.*

urbe
Ciudad, metrópoli, capital, emporio, centro, (fig.) cabecera, población.
ANT.: *Aldea, pueblo, campo, despoblado.*

urdir
1 Tejer, hilar, entrelazar.
ANT.: *Destejer, deshilar.*
2 (Fig.) Tramar, maquinar, preparar, planear, fraguar, confabularse, conchabarse, conspirar, complotar.

urente
Quemante, urticante, escocedor, ardiente, cáustico, abrasador, irritante.
ANT.: *Refrescante.*

urgencia
1 Prisa, apresuramiento, apremio, premura, perentoriedad, (fam.) carreras.
ANT.: *Calma, demora, lentitud.*
2 Necesidad, emergencia.

urgente
1 Apremiante, impostergable, perentorio, precipitado, rápido, inaplazable, apresurado.
ANT.: *Postergable, aplazable, demorable, lento.*
2 Necesario, imperioso, preciso, imprescindible.
ANT.: *Prescindible, secundario.*

urgir
1 Apremiar, apurar, acuciar, apresurar, (fig. y fam.) corretear, atosigar.
ANT.: *Aplazar, demorar, esperar.*
2 Instar, compeler, incitar, empujar, exhortar.

urna
Arca, caja, arqueta, receptáculo.

urticante
1 Urticácea [familia vegetal].
2 Picante, quemante, irritante, pruriginoso, urente VER.
ANT.: *Refrescante, calmante.*

usado
1 Gastado, deslucido, raído, estropeado, deteriorado, desgastado, consumido.
ANT.: *Flamante, nuevo, reciente.*
2 Ejercitado, habituado, acostumbrado, ducho, habilidoso, práctico.
ANT.: *Novato, principiante, inexperto.*

usanza
Costumbre, hábito, práctica, moda, tendencia, tradición.
ANT.: *Novedad, innovación.*

usar
1 Utilizar, emplear, manejar, servirse de.
2 Aprovechar, disfrutar, gozar, usufructuar.
ANT.: *Desaprovechar, desperdiciar.*
3 Acostumbar, estilar, practicar, soler.
ANT.: *Desusar, abandonar.*
4 Llevar, ponerse, portar, lucir.
ANT.: *Quitarse, despojarse.*
5 Desgastar, raer, luir, sobar, → usado.
ANT.: *Guardar, conservar, reservar.*
6 **usarse** Llevarse, estar de moda.

usina (Argent., Bol., Colomb., Chile, Nic., Par., Urug.)
Fábrica, planta, planta industrial.

uso
1 Empleo, utilización, manejo, aplicación.
ANT.: *Desuso.*
2 Provecho, utilidad, servicio, destino.
3 Costumbre, hábito, usanza VER.
4 Desgaste, roce, deterioro, daño, deslucimiento, ajamiento, → usado.
ANT.: *Conservación, mantenimiento.*

usual
Normal, habitual, ordinario, corriente, común, frecuente, tradicional, familiar, acostumbrado.
ANT.: *Desusado, desacostumbrado, inusual, insólito.*

usufructo
1 Aprovechamiento, goce, disfrute, utilización, uso.
ANT.: *Desaprovechamiento, desperdicio.*
2 Utilidad, provecho, fruto.

usurero
Prestamista, prendero, agiotista.

usurpación
1 Apropiación, despojo, apoderamiento, toma, incautación.
ANT.: *Devolución, restitución.*
2 Arrogamiento, detentación.

usurpar
Arrebatar, apropiarse, apoderarse, despojar, quitar, arrogarse, suplantar, expoliar.
ANT.: *Reponer, restituir.*

utensilio
Herramienta, instrumento, útil, bártulo, aparejo, aparato, enser, artefacto, trebejo, trasto.

útil
1 Ventajoso, lucrativo, provechoso, fructífero, beneficioso, rentable, productivo, favorable.
ANT.: *Desventajoso, improductivo.*
2 Apto, capacitado, adecuado, valioso, conveniente.
ANT.: *Inútil, incapacitado, inepto, estorboso.*

utilidad
1 Ganancia, provecho, beneficio, rentabilidad, lucro, producto, fruto, renta.
ANT.: *Pérdida, merma, desperdicio.*
2 Ventaja, conveniencia, aptitud, idoneidad.
ANT.: *Inutilidad, ineptitud.*

utilitario
1 Útil, utilizable, práctico, funcional.
ANT.: *Suntuario, inútil.*
2 Interesado, egoísta, abusivo, aprovechado.
ANT.: *Altruista, generoso.*

utilizar
Emplear, usar, manejar, servirse de, manipular.
ANT.: *Abandonar, arrinconar, desperdiciar, desusar.*

utopía
Quimera, ideal, ilusión, ficción, fantasía, mito, fábula.
ANT.: *Realidad, realización.*

utópico
1 Quimérico, irreal, irrealizable, ideal, imaginario, ilusorio, teórico, fantástico, ficticio.
ANT.: *Real, efectivo.*
2 Utopista, soñador, idealista, visionario, fantasioso.
ANT.: *Realista, pragmático.*

úvula
Campanilla, galillo, lóbulo palatal.

U

V

vaca
1 Res, vacuno, bovino.
2 (Amér.) Cooperación, contribución, puesta, fondo, (Méx.) cooperacha.
3 (C. Rica/fig.) Torpe, lerdo.
ANT.: *Avispado, listo.*
4 (Venez./fig.) Rico, pudiente.
ANT.: *Pobre, necesitado.*

vacación
Descanso, asueto, recreo, receso, inactividad, reposo, ocio, holganza.
ANT.: *Trabajo, actividad.*

vacante
1 Desocupado, libre, disponible, vacío, abierto, abandonado.
ANT.: *Ocupado.*
2 Plaza, empleo, puesto, vacatura, vacancia.

vaciar
1 Sacar, descargar, desaguar, agotar, desagotar, desembarazar, verter, arrojar, desocupar.
ANT.: *Llenar, ocupar, colmar, rellenar, atiborrar.*
2 Moldear.
3 Afilar, amolar, aguzar.
ANT.: *Mellar, embotar, achatar.*
4 (Fig.) Exponer, explicar, desarrollar.
5 (Fig.) Transcribir, transferir, trasladar [escritos, etc.].
6 vaciarse (fig. y fam.) Desahogarse, desembuchar, soltar, despepitar.
ANT.: *Callar, reservar.*

vacilación
1 Titubeo, duda, irresolución, hesitación, indecisión, indeterminación.
ANT.: *Seguridad, decisión, determinación, resolución.*
2 (fig.) Perplejidad, incertidumbre, ambigüedad.
ANT.: *Certeza, certidumbre.*

vacilante
1 Oscilante, basculante, fluctuante, tambaleante, inestable.
ANT.: *Fijo, firme, estable.*
2 Indeciso, irresoluto, titubeante, perplejo, inseguro, dudoso, confuso.
ANT.: *Decidido, seguro, resuelto.*

vacilar
1 Oscilar, mecerse, bambolearse, balancearse, tambalearse, trastabillar, bascular.
ANT.: *Inmovilizarse, fijarse.*
2 (Fig.) Tartamudear, balbucir, trabarse.
ANT.: *Hablar fluido, expresar.*
3 Titubear, dudar, hesitar, fluctuar, desconfiar.
ANT.: *Decidir, resolver.*
4 (Amér.) Engañar, chasquear, burlarse, hacer una broma, tomar el pelo.
5 (C. Rica, Cuba, Méx.) Divertirse, parrandear, gozar, holgar.

vacío
1 Desocupado, libre, descargado, despejado, evacuado, desagotado, limpio.
ANT.: *Lleno, ocupado, atiborrado.*
2 Deshabitado, solitario, desolado.
ANT.: *Poblado, atestado.*
3 Hueco, huero, carente, vacuo.
ANT.: *Pleno, colmado.*
4 (Fig.) Vano, fatuo, frívolo, presuntuoso, superficial, insustancial, ocioso.
ANT.: *Interesante, profundo, significativo.*
5 Abismo, sima, precipicio.
6 Oquedad, cavidad, concavidad.
ANT.: *Saliente, relieve.*
7 (Fig.) Ausencia, carencia, falta, vacuidad.
ANT.: *Llenura, plenitud.*

vacuna
Vacunación, inoculación, inmunización, prevención, profilaxis.

vacuno
Bovino, res, bóvido, vaca, toro, buey, ganado, (fig.) cabeza.

vacuo
1 Vacío, hueco.
ANT.: *Lleno.*
2 Vacante, desocupado, libre.
ANT.: *Ocupado.*
3 (Fig.) Insustancial, trivial VER, superficial, frívolo.
ANT.: *Interesante, profundo, significativo.*

vadear
1 Cruzar, pasar, atravesar, franquear, traspasar, transitar [ríos].
2 (Fig.) Superar, vencer, sortear, esquivar, eludir [problemas, dificultades].
ANT.: *Entramparse, agobiarse.*
3 (Fig.) Tantear, sondear, averiguar, inquirir.
4 **vadearse** (Fig.) Portarse, manejarse, conducirse, comportarse.
vademécum
Manual, tratado, prontuario, venimécum.
vado
1 Paso, cruce, vadera, remanso, esguazo.
2 (Fig.) Remedio, curso [asuntos, negocios].
ANT.: *Estancamiento.*
vagabundear
Errar, deambular, vagamundear, vagar VER.
ANT.: *Permanecer, establecerse.*
vagabundo
1 Errabundo, errante, nómada, ambulante, andarín, callejero, trotamundos, vagamundo.
ANT.: *Estable, sedentario.*
2 Holgazán, gandul, pícaro, (fig.) zángano.
ANT.: *Trabajador.*
3 Pordiosero, mendigo, indigente.
vagar
1 Caminar, andar, errar, deambular, merodear, callejear, rondar, vagabundear.
ANT.: *Detenerse, llegar.*
2 Holgar, vacar, ociar, holgazanear.
ANT.: *Trabajar, ocuparse.*
vago
1 Holgazán, gandul, poltrón, perezoso, ocioso, desocupado, vagabundo.
ANT.: *Trabajador, ocupado.*
2 Truhán, indeseable.
3 Impreciso, incierto, indeterminado, ambiguo, indefinido, confuso.
ANT.: *Determinado, definido.*
4 Leve, ligero, vaporoso, sutil, desdibujado.
ANT.: *Fuerte, marcado, preciso.*
vagón
Carro, carruaje, furgón, coche, (pr.) wagon lit.
vahído
Vértigo, mareo, desmayo, desvanecimiento, aturdimiento, colapso, ataque, síncope, (C. Rica) vágido, (Venez.) váguido.
ANT.: *Vuelta en sí.*
vaho
1 Exhalación, vapor, neblina, niebla, efluvio, emanación, vaharina.
2 Aliento, hálito.
vaina
1 Funda, estuche, cubierta, envoltura, forro [de armas blancas, utensilios, etc.].
2 Cáscara, túnica [frutos, semillas].
3 (Fig. y fam.) Despreciable, ruin, vil [persona].
4 (Amér. C., Amér. Merid., Cuba) Molestia, problema, contratiempo, dificultad.
5 (Colomb., Perú, Venez./fam.) Asunto, cosa, rollo.
6 (Cuba) Tonto, estúpido.
vaivén
1 Balanceo, bamboleo, oscilación, mecimiento, vacilación, ir y venir.
ANT.: *Inmovilidad, estatismo.*
2 (fig.) Fluctuación, mudanza, variación, inconstancia, inestabilidad, altibajo.
ANT.: *Estabilidad, constancia.*
vale
1 Recibo, resguardo, talón, papeleta, bono, nota.
2 Pase, entrada, invitación.
3 (Venez.) Amigo, compañero.
ANT.: *Rival, enemigo.*
valentía
Coraje, intrepidez, atrevimiento, valor, temple, ánimo, arrojo, gallardía, hombría, bravura, heroísmo, audacia, osadía, valerosidad.
ANT.: *Cobardía, medrosidad, temor.*
valentón
Bravucón, fanfarrón, camorrista, matasiete, perdonavidas, balandrón, jactancioso.
ANT.: *Prudente, valeroso, valiente.*
valer
1 Proteger, amparar, defender, salvaguardar, patrocinar, apoyar, ayudar.
ANT.: *Desproteger, desamparar, atacar.*
2 Costar, importar, ascender, montar, sumar, equivaler.
3 Servir, convenir, producir, aprovechar, satisfacer, interesar.
ANT.: *Desaprovechar, ser inservible.*
4 Prevalecer, regir, significar.
ANT.: *Anularse, abolirse.*

5 Pasar, correr, usarse [monedas, sellos postales, etc.].
6 Valor, valía, significación, importancia.
valeroso
1 Poderoso, eficaz, potente, valioso.
ANT.: *Ineficaz, inútil.*
2 Esforzado, intrépido, valiente VER.
ANT.: *Cobarde, pusilánime.*
valido
1 Apreciado, estimado, aceptado, creído, bien recibido, popular, querido.
ANT.: *Impopular, rechazado, odiado, repudiado.*
2 Favorito, protegido, privado, (Méx.) consentido.
válido
1 Legal, legítimo, vigente, autorizado, efectivo, permitido, justo, subsistente.
ANT.: *Ilegal, nulo, ilegítimo.*
2 Robusto, fuerte, fornido.
ANT.: *Inválido, débil.*
3 Útil, adecuado, apropiado.
ANT.: *Impropio, inútil.*
valiente
1 Valeroso, impávido, intrépido, osado, audaz, temerario, bravo, corajudo, decidido, animoso, atrevido.
ANT.: *Cobarde, pusilánime, medroso, miedoso.*
2 (Fig.) Desmesurado, enorme, excesivo, grande, fuerte.
ANT.: *Ridículo, pequeño, insignificante.*
3 (Fig. y fam.) Chocante, decepcionante, despreciable, menudo, ridículo.
ANT.: *Valioso, importante, considerable.*
valija
Maleta, baúl, bolsa, maletín, equipaje.
valla
1 Cercado, cerco, vallado, tapia, verja, reja, empalizada, estacada.
2 (Fig.) Barrera, traba, estorbo, dificultad, oposición.
ANT.: *Facilidad, aliento.*
valle
Cuenca, vaguada, cañada, hondonada.
ANT.: *Sierra, montaña.*
valioso
1 Inestimable, precioso, valeroso, preciado, apreciado, excelente.
ANT.: *Insignificante, inútil, despreciable.*
2 Importante, significativo, meritorio.
ANT.: *Fútil, vano.*
valor
1 Mérito, trascendencia, valía, significación, consideración, importancia.
ANT.: *Insignificancia, intranscendencia.*
2 Beneficio, provecho, utilidad
ANT.: *Inutilidad.*
3 Precio, costo, importe, apreciación, monto, cuantía, total, (Esp.) coste.
4 Coraje, arrojo, valentía VER.
valquiria
1 Valkiria, walkiria [deidad guerrera de las mitologías nórdicas].
2 (Fig.) Mujerón, fortachona.
vanagloria
1 Engreimiento, soberbia, jactancia, presunción, fatuidad, petulancia, arrogancia, vanidad.
ANT.: *Modestia, sencillez, humildad.*
vanagloriarse
Engreírse, jactarse, envanecerse, alardear, ufanarse, presumir, fanfarronear, gloriarse, alabarse.
ANT.: *Humillarse.*
vandalismo
Barbarie, pillaje, devastación, depredación, violencia, atrocidad, (Amér.) vandalaje.
ANT.: *Civilización, cultura.*
vándalo
1 Bárbaro.
2 (Fig.) Destructor, brutal, salvaje, inculto, depredador.
ANT.: *Culto, civilizado.*
vanguardia
Delantera, avanzada, frente, primera línea.
ANT.: *Retaguardia, zaga.*
vanidad
Arrogancia, ostentación, orgullo, engreimiento, altanería, petulancia, jactancia, soberbia, vanagloria.
ANT.: *Humildad, sencillez.*
vano
1 Vacío, huero, vacuo, hueco.
ANT.: *Lleno, denso.*
2 Irreal, ilusorio, quimérico, insustancial, inexistente.
ANT.: *Real, sustancial.*
3 Inútil, estéril, ineficaz, infructuoso.
ANT.: *Eficaz, útil, productivo.*
4 Injustificado, infundado, pueril.
ANT.: *Fundado, justificado.*
5 Presuntuoso, engreído, vanidoso, fatuo, frívolo.
ANT.: *Humilde, sencillo, modesto.*
6 Espacio, abertura.
vapor
1 Fluido, emanación, neblina, vaho VER.
2 Barco, paquebote, embarcación.

vaporoso
1 Neblinoso, humoso, aeriforme.
ANT.: *Denso, sólido.*
2 (Fig.) Tenue, sutil, vago, etéreo, volátil, ligero, incorpóreo, impalpable, flotante.
ANT.: *Pesado, espeso.*

vapuleo
1 Tunda, felpa, golpiza, vapulación, paliza, azotaina, zurra, (Amér.) vapuleada.
2 Crítica, reprimenda, reproche, amonestación.
ANT.: *Alabanza, elogio.*

vara
1 Palo, varejón, rama, vástago.
2 Bastón, cayado, garrote, estaca, báculo, asta, pértiga, percha.
3 (C. Rica) Asunto, tema, onda, rollo.

varar
1 Encallar, zabordar, poner en seco, sacar a tierra [embarcaciones].
ANT.: *Zarpar, navegar.*
2 (Fig.) Detenerse, atascarse, pararse, atorarse [negocios, vehículos].
ANT.: *Circular, fluir.*

variable
Voluble, tornadizo, inestable, inconstante, mudable, versátil, cambiante, irregular, inseguro.
ANT.: *Fijo, constante, regular.*

variado
1 Diverso, distinto, surtido, vario, heterogéneo, variopinto, abundante.
ANT.: *Monótono, igual, uniforme.*
2 Policromo, colorido, multicolor.
ANT.: *Monocromo.*

variar
Transformar, cambiar, mudar, alterar, renovar, reformar, innovar, modificar, corregir, revolucionar, metamorfosear, convertir.
ANT.: *Mantener, conservar, fijar, permanecer.*

variedad
1 Surtido, pluralidad, diversidad, heterogeneidad, multiplicidad, variación, abundancia.
ANT.: *Uniformidad, homogeneidad.*
2 Inconstancia, mutabilidad, volubilidad, inestabilidad, variabilidad.
ANT.: *Constancia, inmutabilidad, monotonía.*
3 Modalidad, clase, tipo, especie.
4 (Amér.) Función, espectáculo, entretenimiento.

vario
Diverso, misceláneo, compuesto, múltiple, variado VER.
ANT.: *Igual, uniforme, parejo.*

varón
1 Hombre, macho, caballero, señor.
ANT.: *Hembra, mujer, dama.*
2 Prócer, prohombre.

varonil
1 Masculino, viril, hombruno, macho.
ANT.: *Femenino, mujeril.*
2 (Fig.) Enérgico, firme, valeroso, valiente, esforzado, fuerte, poderoso, denodado.
ANT.: *Débil, timorato, pusilánime, cobarde.*

vasallo
1 Tributario, feudatario, siervo, servidor, esclavo.
ANT.: *Amo, señor.*
2 Súbdito, subordinado.
ANT.: *Rey, monarca, soberano.*

vasija
Recipiente, jarra, jarro, jarrón, cacharro, cántaro, cuenco, búcaro, vaso VER.

vaso
1 Copa, cáliz, jarro, copón, (fig.) caña, receptáculo, vasija VER.
2 Bacín, orinal, bacinica.
3 Uña, casco, [caballerías].
4 Canal, conducto, tubo, vena, arteria.

vástago
1 Brote, renuevo, cogollo, capullo, vástiga, retoño, vara, rama, tallo.
2 (Fig.) Hijo, descendiente, heredero, sucesor.
ANT.: *Padre, ascendiente, progenitor.*

vasto
Inmenso, infinito, espacioso, extenso, extendido, dilatado, amplio, ilimitado, enorme, ancho, anchuroso, grande.
ANT.: *Reducido, limitado, estrecho.*

vate
1 Adivino, augur, vaticinador.
2 Bardo, rapsoda, poeta VER.

váter (Esp.)
Excusado, sanitario, retrete, water, inodoro, taza.

vaticinar
Predecir, augurar, adivinar, pronosticar, profetizar, presagiar, prever.

vecindad
1 Cercanía, proximidad, contigüidad, linde.
ANT.: *Lejanía, apartamiento.*
2 Contornos, alrededores, inmediaciones.

3 Vecindario, barrio.
4 (Méx.) Casa de viviendas, conventillo.

vecindario
Barrio, barriada, vecindad, comunidad.

vecino
1 Habitante, residente, poblador, domiciliado, avecinado.
ANT.: *Forastero, extraño.*
2 Próximo, cercano, contiguo, inmediato, adyacente, lindante, colindante.
ANT.: *Lejano, remoto, alejado.*
3 (Fig.) Parecido, semejante, coincidente.
ANT.: *Discordante, divergente.*

vedar
Prohibir, privar, vetar, impedir, limitar, acotar.
ANT.: *Autorizar, liberar, facilitar.*

vedette (pr.)
Estrella, astro, luminaria, celebridad, personaje, figura.

vegetar
1 Germinar, brotar, nacer, crecer [plantas].
ANT.: *Marchitarse, secarse, morir.*
2 (Fig.) Sobrevivir, estancarse, subsistir, pasarla.
ANT.: *Progresar, avanzar, superarse.*
3 (Fig.) Holgazanear, vagar, gandulear.
ANT.: *Trabajar, producir.*

vehemente
Fogoso, ardoroso, exaltado, impetuoso, impulsivo, apasionado, inflamado, efusivo, entusiasta, frenético.
ANT.: *Apático, tibio, indiferente, frío.*

vehículo
1 Transporte, nave, avión, carruaje, carricoche, carromato, coche, auto, camión, bicicleta, motocicleta, artefacto, aparato, (desp.) cacharro.
2 (Fig.) Conducto, conductor, medio.

vejación
Agravio, humillación, maltrato, ultraje, ofensa, vejamen*, ofensa, injuria.
ANT.: *Alabanza, honor, loa.*
*Tb. significa: Sátira, discurso burlesco que se pronunciaba contra quienes participaban en academias y certámenes.

vejar
Injuriar, agraviar, afrentar, mortificar, zaherir, ➔ vejación.
ANT.: *Honrar.*

vejestorio (desp.)
Anciano, viejo, carcamal, vejete, (fig.) reliquia, pergamino, veterano, senil, decrépito, chocho, (ant.) vejón, (Chile) vejarrón, (Cuba) vejerano, (Méx.) vetarro, (Méx./vulg.) ruco, (Venez.) vejarano, vejuco.
ANT.: *Joven, mozalbete, muchacho, jovenazo, pollo.*

vejez
1 Vetustez, antigüedad.
ANT.: *Novedad.*
2 Ancianidad, senectud, longevidad, veteranía.
ANT.: *Juventud, mocedad, niñez.*
3 (Desp.) Decrepitud, (fam.) chochez.

vela
1 Cirio, bujía, candela, blandón, hachón.
2 Trapo, lona, paño, velamen [barcos].
3 Vigilia, velación, vigilancia, trasnochada.
ANT.: *Sueño, descanso.*

velada
Reunión, tertulia, sarao, recepción, gala, fiesta, festejo, celebración, reunión.

velado
1 Oscuro, turbio, opaco, nebuloso, gris, vago, nublado.
ANT.: *Claro, nítido.*
2 (Fig.) Secreto, misterioso, hermético, confuso, desconocido.
ANT.: *Descubierto, evidente, manifiesto, revelado.*

velador
1 Cuidador, guardia, rondín, (ant.) sereno, centinela, (Méx.) vigilante nocturno.
2 (Argent., Chile, Perú, Venez.) Mesita de noche, buró.
3 (Argent., Méx., Urug.) Lámpara pequeña, luz nocturna.
4 veladora (Méx.) Lamparilla votiva de aceite o parafina.

velar
1 Trasnochar, desvelarse, despabilarse, vigilar.
ANT.: *Dormir, descansar.*
2 Acompañar, asistir, custodiar, proteger, salvaguardar.
ANT.: *Desproteger, desasistir.*
3 (Fig.) Encubrir, disimular, ocultar, enturbiar.
ANT.: *Aclarar, mostrar, evidenciar.*
4 Sombrear, matizar [pintura].
5 velarse Borrarse, mancharse [fotografía, película].

veleidoso
Voluble, caprichoso, frívolo, inconstante, cambiante, tornadizo, versátil, (fig.) veleta.
ANT.: *Constante, firme.*

vello
Bozo, vellosidad, pelusa, pelo, cerda, pelusilla.

velloso
Velludo, peludo, tupido, hirsuto, aterciopelado.
ANT.: *Lampiño, ralo, pelón.*

velo
1 Mantilla, manto, pañuelo, rebozo, toca, gasa, tul.
2 Cortina, paño, lienzo.
3 (fig.) Pretexto, subterfugio, excusa.
ANT.: *Verdad.*

velocidad
Rapidez, celeridad, ligereza, prisa, prontitud, → veloz.
ANT.: *Lentitud, demora, calma.*

veloz
1 Rápido, raudo, pronto, ligero, apresurado, presuroso, vertiginoso.
ANT.: *Lento, calmoso.*
2 Ágil, vivaz, activo, diligente, (fig.) alado.
ANT.: *Lerdo, cachazudo, pachorrudo.*

venablo
Dardo, saeta, flecha, jabalina, lanza.

venado
Corzo, ciervo, gamo, rebeco.

venal
1 Vendible, comercializable.
2 (Fig.) Sobornable, corrupto.
ANT.: *Honrado, íntegro.*

vencer
1 Triunfar, ganar, dominar, aniquilar, conquistar, rendir, derrotar, aplastar, batir, hundir, arrollar, prevalecer, aventajar.
ANT.: *Perder, ser vencido, fracasar.*
2 Sujetar, contener, controlar, refrenar, reprimir, [impulsos, pasiones].
ANT.: *Desenfrenar, desbordar.*
3 Pasar, superar, domeñar, [obstáculos, dificultades].
ANT.: *Rendirse, entramparse, claudicar.*
4 Torcer, doblar, ladear, inclinar.
ANT.: *Enderezar.*
5 **vencerse** Prescribir, terminar, cumplirse [plazo, contrato].
ANT.: *Estar vigente, regir.*

venda
Apósito, vendaje, tira, faja, banda, compresa.

vendar
Cubrir, ligar, fajar, curar, sujetar [heridas].
ANT.: *Descubrir.*

vendaval
Tormenta, huracán, tempestad, ventarrón.
ANT.: *Brisa, céfiro.*

vendedor
1 Comerciante, mercader, negociante, traficante, tratante, minorista, mayorista, tendero, subastador.
ANT.: *Comprador, cliente.*
2 (Cuba) Exhibicionista sexual.

vender
1 Comerciar, negociar, traficar, especular, ofertar, subastar, expender, despachar.
ANT.: *Comprar, adquirir.*
2 Ceder, traspasar, adjudicar, enajenar, saldar*, liquidar, rematar.
3 (fig.) Delatar, traicionar, entregar, denunciar.
ANT.: *Proteger, encubrir.*
*Tb. significa: Pagar una deuda. / (Fig.) Terminar, concluir, arreglar un asunto.

veneno
Tóxico, tósigo, toxina, ponzoña, bebedizo, pócima, brebaje,
ANT.: *Antitóxico, antídoto, contraveneno.*

venerable
1 Honorable, digno, respetable, majestuoso, noble, virtuoso.
ANT.: *Despreciable, vil.*
2 Respetado, estimado, venerado [se usa como tratamiento].
3 Patriarcal.

veneración
1 Consideración, respeto, reverencia, → venerar.
ANT.: *Desprecio, menosprecio, burla.*
2 Devoción, culto, homenaje.
ANT.: *Irreverencia.*

venerar
1 Respetar, reverenciar, admirar, celebrar, honrar, considerar.
ANT.: *Desdeñar, despreciar, faltar al respeto.*
2 Adorar, idolatrar, rendir culto.

venganza
Resarcimiento, vindicación, reparación, satisfacción, represalia, desquite, revancha, ajuste, castigo, escarmiento.
ANT.: *Perdón, olvido, clemencia, reconciliación.*

vengativo
Rencoroso, vindicativo, vengador, irreconciliable, sañudo.
ANT.: *Noble, magnánimo, indulgente.*

venia
1 Autorización, consentimiento, licencia, conformidad, permiso.
ANT.: *Prohibición, veto, denegación.*
2 Reverencia, saludo, inclinación, homenaje, cortesía.
ANT.: *Descortesía, grosería.*

venial
Leve, ligero, menor, intrascendente, insignificante, perdonable, minúsculo [delito, pecado].
ANT.: *Mortal, capital, imperdonable.*

venida
1 Llegada, advenimiento, retorno, regreso, vuelta, arribo.
ANT.: *Ida, marcha, partida.*
2 Avenida, riada, creciente.
ANT.: *Seca, desecación.*
3 (Fig.) Impulso, ímpetu.
4 (Cuba, Méx., Nic./vulg.) Orgasmo, eyaculación.

venir
1 Llegar, arribar, comparecer.
ANT.: *Ir, marchar.*
2 Regresar, retornar, reintegrarse.
ANT.: *Partir, dejar.*
3 Proceder, provenir, derivarse, emanar.
4 Aparecer, presentarse, (fig.) caer.
5 Acontecer, acaecer, sobrevenir, suceder.
6 venirse Fermentarse, revenirse.
ANT.: *Conservarse.*

venta
1 Transacción, comercio, traspaso, oferta, despacho, cesión, negocio, subasta, remate, liquidación.
ANT.: *Compra, adquisición.*
2 Mesón, figón, posada, parador, albergue, hostería, hostal, fonda.

ventaja
1 Cualidad, atributo, valor, virtud, superioridad, preeminencia.
ANT.: *Desventaja, inconveniente.*
2 Beneficio, provecho, utilidad, ganancia, ganga.
ANT.: *Pérdida, inutilidad, desperdicio.*

ventajoso
1 Conveniente, mejor, superior, preeminente, aconsejable.
ANT.: *Inconveniente, desventajoso, desaconsejable.*
2 Útil, beneficioso, provechoso, favorable, lucrativo, productivo, rendidor.
ANT.: *Perjudicial, contraproducente.*
3 (Amér.) Aprovechado, ventajista, abusivo, (Argent., P. Rico, Sto. Dom., Urug.) ventajero, (Méx./fam.) gandalla.

ventana
Abertura, hueco, ventanal, vidriera, ventanuco, tronera, tragaluz, claraboya, lucerna, cristalera.

ventilar
1 Airear, oxigenar, purificar, orear, ventear*, refrescar.
ANT.: *Enrarecer, encerrar.*
2 (Fig.) Dirimir, discutir, examinar, controvenir, polemizar.
3 (Fig., fam.) Divulgar, propalar, exhibir [asuntos íntimos].
ANT.: *Esconder, guardar, ocultar, reservar.*
*Tb. significa: Olfatear, ventar los animales el aire. / Soplar el viento. / Ventosear, echar pedos. / (Fig.) Husmear, indagar.

ventisca
Borrasca, vendaval, ventarrón, nevasca, ventisco, viento VER.
ANT.: *Brisa, céfiro.*

ventisquero
1 Nevasca, → ventisca.
2 Glaciar, nevero, helero [en las montañas].

ventura
1 Dicha, felicidad, fortuna.
ANT.: *Desventura, infortunio.*
2 Azar, casualidad, suerte, contingencia.
3 Peligro, riesgo, (ant.) aventura.
4 por ventura Acaso, quizá, quizás.
ANT.: *Ciertamente, seguramente.*

venturoso
Feliz, contento, afortunado, dichoso, próspero, alegre, placentero.
ANT.: *Desdichado, desventurado, desgraciado.*

ver
1 Mirar, ojear, observar, apreciar, percibir, captar, divisar, avistar, columbrar, vislumbrar, distinguir, reparar en.
ANT.: *Cegarse.*
2 Entender, comprender, conocer.
ANT.: *Ignorar.*

3 Advertir, notar, reparar en.
ANT.: *No advertir, omitir, pasar por alto.*
4 Presenciar, atestiguar.
5 Estudiar, considerar, examinar, revisar.
6 Visitar, atender.
ANT.: *Ausentarse.*
7 Intentar, ensayar, experimentar, tratar.

veracidad
Sinceridad, → veraz.
ANT.: *Falsedad.*

veraneo
Vacaciones, asueto, ocio, recreo, descanso, holganza, reposo.
ANT.: *Trabajo, labor, actividad.*

veraz
Sincero, franco, fidedigno, fiel, auténtico, verdadero, real, serio, honrado.
ANT.: *Mentiroso, falaz, exagerado.*

verbena
Fiesta, festejo, feria, festividad, velada, romería.

verbo
1 Palabra, frase, vocablo.
2 Lenguaje, lengua, expresión.
3 Maldición, voto, terno, taco, juramento, exabrupto.
4 Verbo encarnado Jesucristo VER.

verborrea
Verborragia, locuacidad, verbosidad, charlatanería, labia, parloteo.
ANT.: *Laconismo, parquedad, concisión.*

verboso
Locuaz, charlatán, redundante, facundo, (fig.) gárrulo, palabrero, desenvuelto.
ANT.: *Parco, lacónico, callado.*

verdad
1 Realidad, exactitud, (ant.) veras.
ANT.: *Falsedad, apariencia.*
2 Autenticidad, sinceridad, veracidad, franqueza.
ANT.: *Falacia.*
3 Axioma, dogma, perogrullada.

verdadero
1 Real, cierto, auténtico, verídico, fidedigno, exacto, indiscutible, positivo.
ANT.: *Inexacto, falso, discutible, dudoso.*
2 Sincero, inocente, ingenuo, candoroso, cándido, abierto, franco, veraz.
ANT.: *Solapado, hipócrita, falaz, taimado.*

verde
1 Aceitunado, esmeralda, glauco, verdoso, cetrino, sinople [color].
2 Follaje, verdor, hierba.
3 Lozano, fresco, sano, frondoso.
ANT.: *Marchito, agostado.*
4 Tierno, jugoso [vegetales, frutos].
ANT.: *Seco, desecado.*
5 (Fig.) Inmaduro, imperfecto, joven, incipiente.
ANT.: *Maduro, perfecto, acabado, concluido.*
6 Duro, agrio [fruto].
ANT.: *En sazón.*
7 (Fig.) Bisoño, novato, inexperto, pipiolo.
ANT.: *Experto, ducho, diestro.*
8 (Fig.) Picante, pícaro, obsceno VER.
ANT.: *Recatado.*
9 (Fig.) Lascivo, libidinoso.
ANT.: *Casto.*
10 (Argent./fam.) Mate, infusión.
11 El verde (Cuba) El campo, campiña.
ANT.: *La plancha, ciudad.*

verdugo
1 Vástago, renuevo, rama, vara, brote.
ANT.: *Tallo, tronco.*
2 Azote, látigo, fuete, vergajo*.
3 Laceración, señal, marca, verdugón.
4 Ajusticiador, sayón.
5 (Fam.) Pasamontañas, gorro.
6 (Fig.) Cruel, desalmado, sanguinario, inclemente.
ANT.: *Misericordioso, clemente.*
7 (Fig.) Victimario, opresor.
ANT.: *Redentor, salvador.*
*Tb. significa: (Venez./desp.) Malévolo, perverso.

verdugón
Cardenal, ramalazo, laceración, marca, señal, lesión, equimosis, hematoma, (fam.) moretón, (Venez.) morado.

verdura
1 Hortaliza, legumbre, vegetal, planta.
2 Verdor, verde, fronda, espesura, ramaje, follaje.

vereda
Senda, sendero, camino, atajo, trocha, ramal.

veredicto
Dictamen, fallo, resolución, sentencia, juicio, decisión, condena.

vergonzoso
1 Deshonroso, oprobioso, humillante, afrentoso, ignominioso.
ANT.: *Honroso, satisfactorio.*
2 Inmoral, indecente, vil, abyecto.
ANT.: *Meritorio, enaltecedor.*

3 Tímido, corto, apocado, verecundo, ruboroso, (Méx.) chiveado.
ANT.: *Inverecundo, desfachatado, desenfadado, atrevido, descarado.*

vergüenza
1 Timidez, verecundia, turbación, soflama, rubor, encogimiento.
ANT.: *Inverecundia, descaro, desfachatez, desenfado.*
2 Retraimiento, modestia, embarazo, escrúpulo.
ANT.: *Desvergüenza.*
3 Pundonor, amor propio, pudor, honor.
ANT.: *Cinismo, bellaquería, deshonor.*
4 Ignominia, oprobio, degradación, deshonra, escándalo, indecencia.
ANT.: *Honra, mérito.*

verídico
Veraz, fidedigno, verosímil, auténtico, cierto, verdadero.
ANT.: *Falso, falaz:*

verificar
1 Probar, comprobar, demostrar, cotejar, repasar.
2 Revisar, controlar, examinar.
ANT.: *Negligir, dejar pasar.*
3 Hacer, ejecutar, efectuar, llevar a cabo, realizar.
4 verificarse Suceder, cumplirse.

verja
Reja, enrejado, cancela, alambrada, cerca, barandilla, valla VER.

vernáculo
Autóctono, nativo, local, doméstico, tópico, regional, típico, patrio, propio, peculiar.
ANT.: *Internacional, cosmopolita.*

verosímil
1 Admisible, posible, aceptable, probable, verdadero.
ANT.: *Inverosímil, imposible, fantástico.*
2 Creíble, fidedigno, plausible, sostenible.
ANT.: *Increíble, insostenible.*

versátil
1 Mudable, tornadizo, cambiante, variable, reversible, incierto, móvil.
ANT.: *Cierto, firme, seguro, inmutable.*
2 Veleidoso, liviano, inconstante, antojadizo, caprichoso, voluble VER.
ANT.: *Constante, fiel.*

verse
1 Mostrarse, aparecer, manifestarse.
ANT.: *Esconderse, ocultarse.*
2 Estar, hallarse, sentirse.
3 Reunirse, citarse, avistarse, visitarse.
4 Lucir, aparentar.

versión
1 Interpretación, adaptación, modalidad.
2 Traducción, transcripción.
3 Relato, explicación, narración.

verso
1 Estrofa, versículo, poema, poesía, balada, oda.
2 Trovar, cantar, copla.

verter
1 Vaciar, derramar, volcar, tirar, echar.
ANT.: *Llenar.*
2 Desaguar, evacuar.
3 Traducir, interpretar, transcribir, pasar.
4 (Fig.) Decir, soltar, proponer, manifestar [conceptos, frases].
ANT.: *Reservar, callar.*

vertical
Recto, derecho, perpendicular, erecto, erguido, pino, parado.
ANT.: *Horizontal, yacente.*

vértice
1 Ápice, punta, pináculo, ángulo, punto, remate, cúspide, extremo, cumbre, cima.
ANT.: *Base, lado.*
2 (Fig.) Coronilla.

vertiente
1 Ladera, declive, pendiente, falda, talud, desnivel.
ANT.: *Llano, llanura.*
2 (Fig.) Aspecto, matiz, modalidad, faceta, enfoque, punto de vista.

vertiginoso
Raudo, rápido, precipitado, veloz, dinámico, acelerado.
ANT.: *Lento, tardo, calmoso, paulatino.*

vértigo
1 Vahído, desmayo, mareo, desfallecimiento, aturdimiento.
ANT.: *Vuelta en sí.*
2 (Fig.) Apresuramiento, prisa, velocidad, aceleramiento.
ANT.: *Calma, lentitud.*

vestíbulo
Recibidor, recibimiento, antesala, portal, entrada, atrio, (pr.) hall.

vestido
Prenda, traje, atavío, vestimenta, veste, indumentaria, ropaje, ropa, vestuario, vestiduras.

vestigio
1 Rastro, huella, traza, señal, indicio, pista, estela, residuo.
2 Memoria, ruina, reliquia.

vestir
1 Cubrir, revestir, guarnecer, adornar.
ANT.: *Desnudar, descubrir.*
2 Ataviar, arropar, engalanar.
ANT.: *Desvestir, despojar.*
3 Llevar, usar, lucir, portar.
4 (Fig.) Disimular, disfrazar, encubrir.
ANT.: *Mostrar, evidenciar.*
5 vestirse Ataviarse, arroparse, engalanarse, ponerse, tocarse, endomingarse.
ANT.: *Desnudarse, desvestirse.*

veta
1 Faja, lista, franja, banda, estría, ribete.
2 Filón, vena, yacimiento.

vetar
Prohibir, impedir, oponerse, vedar VER.
ANT.: *Aceptar, permitir.*

veterano
1 Antiguo, decano.
ANT.: *Novel, nuevo.*
2 (Fig.) Experimentado, aguerrido, ducho, avezado, diestro, fogueado, baqueteado.
ANT.: *Novato, pipiolo, aprendiz, bisoño.*

veto
Censura, oposición, prohibición, negativa, denegación, impedimento.
ANT.: *Aprobación, aceptación, anuencia.*

vetusto
1 Anticuado, antiguo, añoso, viejo, caduco, ruinoso, decadente.
ANT.: *Flamante, reciente, nuevo.*
2 (Fig.) Decrépito, achacoso.
ANT.: *Joven, saludable.*

vez
1 Turno, mano, tanda, ciclo.
2 Ocasión, momento, oportunidad, circunstancia, tiempo.

vía
1 Riel, carril, raíl, (Argent.) trocha.
2 Camino, ruta, vereda, senda, carretera, autopista.
3 Avenida, rúa, calle, calzada.
4 Conducto, vaso, vena, arteria.
5 (Fig.) Modo, manera, arbitrio, medio, procedimiento.

viable
1 Transitable, accesible.
ANT.: *Intransitable, escarpado.*
2 (Fig.) Posible, realizable, factible, hacedero, practicable.
ANT.: *Imposible, inviable, impracticable, irrealizable.*

viajar
1 Trasladarse, desplazarse, peregrinar, ausentarse, deambular, errar, recorrer, andar, pasear, → mundo.
ANT.: *Permanecer, quedarse, encerrarse.*
2 (Fig.) Alucinar con drogas.

viaje
Periplo, itinerario, camino, trayecto, jornada, recorrido, tránsito, desplazamiento, marcha, traslado.
ANT.: *Permanencia, encierro.*

viajero
Viajante, viajador, excursionista, pasajero, caminante, turista, transeúnte, nómada, peregrino, trotamundos.

vianda
Alimento, comida, sustento, pitanza, manjar, plato, platillo.

viandante
Peatón, transeúnte, caminante, paseante.

víbora
1 Culebra, serpiente, sierpe, reptil, ofidio.
2 (Fig.) Maledicente, calumniador, intrigante, hipócrita.
ANT.: *Sincero, noble.*

vibración
Agitación, oscilación, ondulación, cimbreo, temblor, tremor.
ANT.: *Inmovilidad, estatismo.*

vibrante
1 Agitado, oscilante, trémulo, vibrador, vibratorio, vibrátil, tembloroso, cimbreante.
ANT.: *Quieto, fijo, inmóvil.*
2 Sonoro, intenso, retumbante, reverberante, resonante.
ANT.: *Sordo, ahogado, silencioso.*
3 (Fig.) Emocionante, conmovedor, electrizante.
ANT.: *Soso, anodino, indiferente.*

vibrar
1 Trepidar, temblar, cimbrarse, estremecerse, oscilar, agitarse, menearse, tremolar.
ANT.: *Inmovilizarse.*
2 (Fig.) Conmoverse, emocionarse, excitarse, imponerse.
ANT.: *Ignorar, permanecer indiferente.*

viceversa
Al revés, a la inversa, inversamente, al contrario, recíprocamente.

viciar
1 Dañar, pudrir, adulterar, echar a perder.
ANT.: *Conservar, preservar.*
2 Falsear, falsificar, tergiversar, mixtificar, retorcer, torcer.
3 Pervertir, corromper, degenerar, enviciar, malear, degradar, (fig.) envenenar, desencaminar, descarriar.
ANT.: *Redimir, guiar, encaminar, orientar, regenerar.*

vicio
1 Defecto, tacha, lacra, imperfección, inconveniente.
ANT.: *Cualidad, ventaja.*
2 Engaño, error, yerro, falsedad [en escritos].
3 Corrupción, depravación, descarrío, desenfreno, extravío, perversión.
ANT.: *Virtud, templanza.*

vicioso
1 Defectuoso, imperfecto, ➔ vicio.
ANT.: *Perfecto, sin tacha.*
2 Depravado, corrompido, disoluto, perverso, pervertido, crapuloso, libertino, inmoral.
ANT.: *Virtuoso, honesto, moderado.*
3 Adicto, enviciado.
ANT.: *Limpio, sano.*
4 (Fig.) Consentido, mimado, malcriado, resabiado.
ANT.: *Educado, cabal.*

víctima
Herido, perjudicado, damnificado, mártir, inmolado, sacrificado, torturado, lesionado, occiso, muerto, asesinado.
ANT.: *Victimario, verdugo.*

victoria
Triunfo, éxito, superioridad, conquista, logro, laurel, premio.
ANT.: *Derrota, fracaso, humillación.*

victorioso
Vencedor, triunfante, ganador, invicto, conquistador, campeón, laureado, triunfal, heroico.
ANT.: *Derrotado, humillado, vencido.*

vida
1 Existencia, subsistencia, supervivencia, vivir, (fig.) paso.
ANT.: *Muerte.*
2 Conducta, costumbres, comportamiento.
3 Biografía, historia, memorias, hazañas, relación, crónica.
4 Aliento, energía, vitalidad, vigor.
5 (Fig.) Animación, actividad, movimiento, viveza.
ANT.: *Silencio, desolación.*
6 (Fig.) Duración, resistencia.

vidente
Adivino, profeta, sibila, augur, médium.

vidriera
Cristalera, aparador, vitrina, ventanal, escaparate, vitral, ventana VER.

vidrio
1 Cristal, espejo.
2 (Fig.) Frágil, delicado, quebradizo, endeble.
ANT.: *Resistente, irrompible.*
3 (Fig.) Quisquilloso, susceptible, sentimental, (Amér./fam.) sentido.
ANT.: *Equilibrado, indiferente.*

vidrioso
1 Frágil, quebradizo, delicado, endeble.
ANT.: *Fuerte, resistente.*
2 Vítreo, vidriado, cristalino.
3 Resbaladizo, liso, helado [piso, suelo].
ANT.: *Rugoso.*
4 (Fig.) Delicado, espinoso, peliagudo, complicado.
ANT.: *Fácil, sencillo.*
5 (Fig.) Suceptible, quisquilloso, sentimental.
ANT.: *Indiferente.*
6 (Fig.) Acuoso, inexpresivo, vacío [mirada, ojos].

viejo
1 Anciano, longevo, abuelo, veterano, avejentado.
2 (Desp.) Senil, achacoso, decrépito, vejestorio.
ANT.: *Joven, mozo, niño, mozalbete.*
3 Antiguo, añoso, añejo, arcaico, vetusto, rancio, antañón.
ANT.: *Reciente, actual.*
4 (Fig.) Usado, gastado, raído, ajado, desgastado, deslucido, estropeado.
ANT.: *Nuevo, flamante.*

viento
1 Corriente, vientecillo, brisa, aire, ráfaga, racha, airecillo, céfiro, óreo, aura.
ANT.: *Tifón, vendaval.*
2 Huracán, tornado, ventarrón, vendaval, ventisca, ciclón.
ANT.: *Bonanza, calma, céfiro, brisa.*

vientre
1 Abdomen, entrañas, intestinos, tripa, barriga, panza, mondongo.
2 Útero, matriz.
3 Vaca, oveja, ganado, hembra.

viga
Madero, traviesa, travesaño, vigueta, puntal, poste, tirante, durmiente.

vigía
1 Atalaya, torre, mirador.
2 Centinela, guardián, observador, oteador, vigilante, (ant.) sereno.

vigilancia
1 Custodia, defensa, protección, desvelo, vigilia.
ANT.: *Descuido, desprotección.*
2 Ronda, rondín, patrulla, patrullaje, guardia.
3 Control, inspección, supervisión.

vigilante
1 Atento, alerta, cuidadoso, precavido.
ANT.: *Descuidado, desprevenido.*
2 Guardia, guarda, centinela, cuidador, velador, policía, agente.

vigilar
Custodiar, vigilar, cuidar, → vigilancia.

vigilia
1 Desvelo, vela, insomnio, trasnochada.
ANT.: *Sueño, descanso.*
2 Ayuno, abstinencia, prescripción.
3 Víspera.

vigor
Fuerza, poder, vitalidad, corpulencia, pujanza, brío, potencia, energía, ánimo, reciedumbre.
ANT.: *Debilidad, impotencia.*

vil
1 Bajo, ruin, abyecto, despreciable, malo.
ANT.: *Bueno, apreciable, excelente.*
2 Indigno, infame, innoble, servil, desleal.
ANT.: *Noble, digno, leal.*
3 Vergonzoso, ignominioso, deshonroso, bochornoso.
ANT.: *Honorable.*

vilipendiar
1 Denigrar, rebajar, despreciar, escarnecer, envilecer, deshonrar.
ANT.: *Enaltecer, dignificar.*
2 Vituperar, detractar, insultar, injuriar, agraviar, difamar, calumniar.
ANT.: *Elogiar, alabar.*

vilipendio
1 Denigración, desprecio, envilecimiento, deshonra.
ANT.: *Enaltecimiento, dignificación.*
2 Vituperio, descrédito, calumnia, insulto, afrenta, injuria, agravio.
ANT.: *Loa, elogio, alabanza.*

villa
1 Poblado, aldea, población VER.
2 Chalé, chalet, quinta, casa de campo, finca.

villano
1 Plebeyo, siervo, vasallo.
ANT.: *Noble, señor.*
2 Lugareño, rústico, pueblerino, aldeano.
ANT.: *Urbano, ciudadano.*
3 (Fig.) Indigno, ruin, vil, malvado.
ANT.: *Héroe, prócer.*

vínculo
1 Unión, ligadura, nexo, enlace, ligazón, lazo, atadura.
ANT.: *Separación, desvinculación.*
2 Parentesco, familiaridad.

vincha (Argent., Bol., Chile, Ecuad., Perú, Urug.)
Cinta, huincha, ceñidor, tira, faja, banda [para el pelo].

violar
1 Transgredir, quebrantar, infringir, vulnerar, contravenir, desobedecer, conculcar, atropellar.
ANT.: *Obedecer, respetar, acatar, sujetarse.*
2 Desflorar, desvirgar, forzar, deshonrar, abusar, estuprar, violentar.
3 Profanar, mancillar.
ANT.: *Respetar, venerar.*

violencia
1 Furor, furia, arrebato, virulencia, agresividad, rudeza, brutalidad, ímpetu, salvajismo.
ANT.: *Delicadeza, suavidad, dulzura, mansedumbre.*
2 Violación, abuso, estupro.

violento
1 Forzado, torcido, falso.
ANT.: *Justo, recto.*
2 Vehemente, arrebatado, intenso, fogoso, acerbo, virulento, impetuoso.
ANT.: *Sereno, dulce, plácido, suave.*
3 Furioso, iracundo, agresivo, cruel, sañudo, brusco, (fig.) salvaje, rudo, brutal.
ANT.: *Delicado, tierno, pacífico.*
4 (Fig.) Desgarrador, estremecedor.

violeta
Morado, violáceo, violado, cárdeno, amoratado [color].

virgen
1 Doncella, doncel, virgo, impúber, moza, mozo, mozuela, señorita.
ANT.: *Casada, casado, desflorada.*

2 Puro, virginal, virgíneo, intacto, intocado, inmaculado, impoluto, inocente, casto.
ANT.: *Mancillado, poluto, maculado.*
3 Inexplorado, remoto, impenetrable, aislado.
ANT.: *Explorado, colonizado.*

viril
Varonil, masculino, valiente, arrojado, potente, macho, rudo, resuelto, decidido.
ANT.: *Afeminado, impotente, débil, timorato, tímido.*

virtud
1 Cualidad, ventaja, potestad, facultad, eficacia, aptitud, poder, fuerza, mérito, beneficio, particularidad, atributo.
ANT.: *Defecto, ineficacia, lacra, falla.*
2 Bondad, dignidad, integridad, templanza, bonhomía, nobleza.
ANT.: *Ruindad, perversidad, vileza, bajeza.*
3 Honradez, honestidad, moralidad, probidad, modestia.
ANT.: *Deshonestidad, rapacidad, venalidad, voracidad.*

virtuoso
1 Justo, probo, bueno, honesto, íntegro, digno, noble, temperante, ejemplar, honrado, incorruptible.
ANT.: *Disoluto, vicioso, deshonesto, corrupto.*
2 (Fig.) Maestro, experto, consagrado, [se dice de los artistas].
ANT.: *Mediano, mediocre.*

visaje
Mueca, gesto, tic, gesticulación, guiño, aspaviento, mímica, seña, ademán.

viscoso
Pegajoso, glutinoso, espeso, gomoso, adherente, mucilaginoso, adhesivo, untuoso, grasiento, pringoso.
ANT.: *Seco, polvoso, líquido, sólido.*

visible
1 Diáfano, nítido, ostensible, obvio, perceptible, evidente, manifiesto.
ANT.: *Invisible, turbio, oscuro, disfrazado, oculto.*
2 Notorio, destacado, notable, sobresaliente, vistoso, llamativo.
ANT.: *Disimulado, escondido.*

visión
1 Vista, visualidad, mirada, contemplación, vistazo, (fig.) ojo.
ANT.: *Ceguera.*
2 Alucinación, ensueño, sueño, imagen, quimera, fantasía, ilusión, aparición, fantasma.
ANT.: *Realidad.*
3 (Fig.) Enfoque, punto de vista, perspectiva.
4 Perspicacia, intuición, agudeza, claridad, previsión.
ANT.: *Torpeza, miopía.*

visionario
Idealista, fantasioso, soñador, alucinado, iluso.
ANT.: *Pragmático, realista.*

visita
1 Visitante, invitado, convidado.
2 Entrevista, saludo, visitación, encuentro, audiencia, recepción.

visitar
1 Acudir, ver, saludar, entrevistar, → visita.
2 Viajar, recorrer, ir, conocer.

vislumbrar
1 Divisar, entrever, visear, atisbar, percibir, distinguir.
2 Columbrar, sospechar, conjeturar.

viso
1 Otero, mirador, altura, eminencia, monte, loma.
2 Reflejo, destello, centelleo, reverberación, brillo, reflexión.
3 (Fig.) Aspecto, apariencia.
4 Enagua, (Amér.) fondo.

vista
1 Visión [sentido corporal].
ANT.: *Ceguera.*
2 Mirada, vistazo.
3 Panorama, panorámica, paisaje, perspectiva, espectáculo.
4 Apariencia, aspecto, presencia.
5 Perspicacia, intuición, agudeza, sagacidad, previsión.
ANT.: *Torpeza, miopía.*

vistazo
Ojeada, mirada, atisbo, vista, vislumbre.

vistoso
Atractivo, atrayente, llamativo, notorio, espectacular, sugestivo, bonito, encantador.
ANT.: *Deslucido, insignificante.*

vital
1 Biológico.
2 Vivaz, activo, enérgico, vigoroso.
ANT.: *Decaído.*
3 Trascendental, básico, fundamental, importante, indispensable, imprescindible, grave, valioso.
ANT.: *Trivial, inane, accesorio, irrelevante, secundario.*

vitalidad
Energía, vigor, ánimo, fuerza, brío, pujanza, dinamismo, actividad, vivacidad, viveza.
ANT.: *Decaimiento, debilidad, pasividad, postración.*

vitorear
Aclamar, ovacionar, vivar, aplaudir, homenajear, exaltar, loar.
ANT.: *Abuchear, silbar.*

vitrina
1 Armario, cristalera, vasar, rinconera.
2 Aparador, escaparate, vidriera.

vituperar
1 Censurar, reprobar, reprender, recriminar, regañar.
ANT.: *Alabar, loar, felicitar.*
2 Vilipendiar, sambenitar, infamar, difamar, denigrar, afear, calumniar.
ANT.: *Dignificar, honrar.*

vivaracho
Activo, despierto, dinámico, listo, despabilado, avispado, alegre, travieso, vivaz, bullicioso.
ANT.: *Tardo, cachazudo, lerdo, bobo, perezoso.*

víveres
Comestibles, provisiones, abastecimientos, suministros, abasto, alimentos, vituallas.

viveza
1 Vivacidad.
2 Prontitud, ligereza, celeridad, agilidad, rapidez, presteza.
ANT.: *Calma, pachorra, flema.*
3 Animación, movimiento, bullicio.
ANT.: *Quietud.*
4 Ardor, pasión, énfasis, energía, brío, vigor.
ANT.: *Tibieza, apatía.*
5 Lucidez, sagacidad, perspicacia, agudeza.
ANT.: *Torpeza.*
6 (Fig.) Brillo, lustre, vistosidad, esplendor, brillantez.
ANT.: *Opacidad, apagamiento.*

vívido
Real, realista, expresivo, vigoroso, verídico, auténtico.
ANT.: *Fingido, afectado.*

vividor
Parásito, gorrón, sablista, (fig.) zángano, gandul, truhán.
ANT.: *Honrado, trabajador.*

vivienda
Morada, casa, hogar, residencia, domicilio, habitación, habitáculo, techo.

vivificante
Estimulante, reconfortante, animador, tonificante, tónico, saludable.
ANT.: *Deprimente, extenuante, agotador.*

vivir
1 Existir, ser, pervivir, alentar, respirar, vegetar.
ANT.: *Morir, fenecer, extinguirse.*
2 Mantenerse, subsistir, sobrevivir.
ANT.: *Sucumbir, hundirse.*
3 Morar, habitar, residir.
4 Coexistir, cohabitar.
5 Sentir, experimentar, disfrutar, sufrir.

vivo
1 Existente, viviente, superviviente.
ANT.: *Muerto, extinto.*
2 Vigente, presente, prevaleciente, actual.
ANT.: *Pasado, obsoleto.*
3 Vivaracho, vivaz, vital, dinámico, espabilado, activo, ágil, rápido.
ANT.: *Cachazudo, apático, abúlico.*
4 Listo, agudo, perspicaz, ingenioso, avispado, astuto, sagaz, (fam.) vivillo, (C. Rica) vivazo.
ANT.: *Torpe, lerdo, estólido.*
5 (Fig., fam.) Abusivo, vivales, aprovechado.
ANT.: *Honrado.*
6 (Fig.) Intenso, encendido, vehemente, candente, fogoso.
ANT.: *Tibio, frío, soso.*
7 (Fig.) Brillante, vívido, expresivo, elocuente.
ANT.: *Apagado, inexpresivo.*
8 (Fig.) Llamativo, colorido.
ANT.: *Pálido, mortecino.*
9 Borde, filete, orilla, ribete, detalle [en vestidos].

vocablo
Palabra, término, voz, verbo, expresión, locución.

vocabulario
1 Léxico, terminología, repertorio, lenguaje.
2 Glosario, lista, diccionario, tesauro, lexicón.

vocación
Inclinación, tendencia, propensión, preferencia, don, aptitud, facilidad, disposición, afición.

vocear
1 Gritar, vociferar, chillar, aullar, bramar, rugir, desgañitarse.
ANT.: *Callar, gemir, hablar en voz baja.*
2 Pregonar, divulgar, publicar.
ANT.: *Reservar, ocultar.*
3 Llamar, clamar.

vocerío
Griterío, alboroto, algarabía, clamor, escándalo, bullicio, bulla, confusión, vocería, vocinglería, batahola.
ANT.: *Silencio.*

vociferar
Gritar, aullar, vocear VER.

vocinglero
Gritón, chillón, ruidoso, escandaloso, alborotador, hablador.
ANT.: *Silencioso, callado, discreto, reservado.*

volante
1 Volador, volátil, volandero.
ANT.: *Terrestre, reptante.*
2 Itinerante, móvil, ambulante, suelto, portátil.
ANT.: *Fijo, estable.*
3 Impreso, hoja, aviso, panfleto, boleta, cuartilla, octavilla.
4 Rueda, aro, redondel, anillo, corona.
5 Olán, holán, guarnición, escarola, vuelillo [vestidos].

volar
1 Remontarse, elevarse, batir las alas, surcar, planear, revolotear, deslizarse.
ANT.: *Aterrizar, descender.*
2 (Fig.) Correr, trotar, apresurarse, apurarse, acelerar.
ANT.: *Retrasarse, demorarse, tardarse.*
3 (Fig.) Estallar, explotar, reventar, saltar, desintegrarse, tronar.
4 Desaparecer, escurrirse, evaporarse, huir, escapar.
ANT.: *Aparecer, comparecer.*
5 (Fig.) Correr, propagarse, extenderse, difundirse, divulgarse.
ANT.: *Detenerse, pararse.*
6 (Fig.) Irritarse, enfadarse, molestarse, encolerizarse.
ANT.: *Apaciguarse, calmarse.*
7 (Méx./fam.) Alborotar, inquietar, excitar.
ANT.: *Sosegar, tranquilizar.*

volcánico
Apasionado, fogoso, ardiente, impetuoso, violento, arrebatado.
ANT.: *Sereno, apacible, frío, flemático.*

volcar
1 Tumbar, voltear, tirar, abatir, derrumbar, invertir, desnivelar.
ANT.: *Enderezar, levantar.*
2 Derramar, verter.
ANT.: *Recoger.*

volcarse
1 Afanarse, dedicarse, esforzarse, interesarse.
ANT.: *Desentenderse.*
2 (C. Rica) Voltearse, apostatar.

volframio
Tungsteno, wolframio.

voltear
1 Girar, volver, voltejar, invertir, trastocar, virar.
ANT.: *Enderezar.*
2 Saltar, rodar, brincar [sobre todo acróbatas].
3 (Argent.) Derribar, tirar, echar afuera.
4 (C. Rica) Talar, tumbar árboles.
5 **voltearse** (Colomb., Chile, Méx., Perú, P. Rico) Mudar, cambiar, apostatar, pasarse al otro lado, cambiar chaqueta, cambiar de bando, cambiar de camiseta, (C. Rica) volcarse.

voltereta
Cabriola, volteta, volteo, molinete, pirueta VER.

volubilidad
Inestabilidad, inconstancia, variabilidad, versatilidad, veleidad, mudanza, frivolidad, inconsecuencia.
ANT.: *Seriedad, firmeza, constancia.*

voluble
Inestable, inconstante, variable, versátil, veleidoso, frívolo, caprichoso, ligero, casquivano, cambiante.
ANT.: *Cabal, constante, firme.*

volumen
1 Masa, dimensión, tamaño, bulto, mole, corpulencia.
2 Capacidad, cabida, tonelaje.
3 Importancia, magnitud.
4 Intensidad, sonoridad [voz, sonidos].
5 Libro, tomo, ejemplar, cuerpo, parte, (ant.) volúmine.

voluminoso
1 Abultado, amplio, vasto, considerable, ingente.
ANT.: *Pequeño, minúsculo.*

2 Corpulento, grueso, orondo, gordo, obeso, (fam.) gordote.
ANT.: *Delgado, menudo.*

voluntad
1 Albedrío, arbitrio, deseo, gana, antojo, anhelo, volición.
ANT.: *Apatía, abulia.*
2 Tenacidad, energía, firmeza, empeño, ánimo, tesón, constancia, perseverancia.
ANT.: *Debilidad, claudicación.*
3 Propósito, determinación, resolución, intención.
4 Mandato, orden, disposición, decisión, encargo.
5 Afición, afecto, amor, cariño, predilección.
ANT.: *Rechazo, antipatía, mala voluntad.*

voluntario
Libre, espontáneo, volitivo, facultativo, discrecional, intencionado, deliberado.
ANT.: *Involuntario, obligado, forzado.*

voluntarioso
1 Caprichoso, arbitrario, obstinado, terco, tozudo.
ANT.: *Razonable, versátil.*
2 Servicial, solícito, afanoso, tenaz, tesonero.
ANT.: *Desconsiderado, apático, negligente.*

voluptuoso
1 Sensual, erótico, carnal, apasionado, lascivo, mórbido.
ANT.: *Casto, frío.*
2 Delicioso, placentero, epicúreo, sibarita, exquisito.
ANT.: *Desagradable, repulsivo.*

volver
1 Girar, torcer, trocar, invertir.
2 Regresar, tornar, retornar, venir, llegar.
ANT.: *Ir, marchar, partir, ausentarse.*
3 Retroceder, recular, volver atrás.
ANT.: *Avanzar, adelantar.*
4 Devolver, corresponder, retribuir, pagar, restituir.
ANT.: *Cobrar, recibir.*
5 Convertir, transformar, mudar, cambiar.
ANT.: *Mantener, conservar.*
6 Retomar, reanudar, recomenzar, restablecer, repetir.
ANT.: *Interrumpir, cesar.*
7 Reincidir, recalcitrar, recaer, insistir.
ANT.: *Claudicar, abandonar.*
8 (Fam.) Vomitar, devolver, deponer.
9 Dirigir, orientar, encaminar, poner de cara hacia.

volverse
1 Girarse, dirigirse, voltear hacia.
2 Convertirse, cambiar, transformarse, metamorfosearse.
ANT.: *Permanecer, enquistarse.*

vomitar
1 Devolver, regurgitar, deponer, gormar, basquear, (fam.) volver el estómago, (Méx./fam.) cantar la guácara.
2 (Fig.) Arrojar, echar, lanzar, expulsar.
3 (Fig.) Proferir, soltar, prorrumpir [insultos, etc.].
ANT.: *Tragarse, callarse.*
4 (Fig., fam.) Revelar, descubrir, decir, desembuchar, despepitar.
ANT.: *Callar, guardar, reservar.*

vómito
Arcada, basca, náusea, vomitona, (C. Rica) vomitadera, (Cuba) vomitera, (Méx.) guácara.

vorágine
Vórtice, remolino, torbellino VER.

voraz
1 Ávido, insaciable, ansioso, glotón, hambrón, tragón, comilón, intemperante.
ANT.: *Inapetente, desganado, moderado.*
2 (Fig.) Devorador, destructor, arrasador [incendio, pasión].

votación
Elección, comicios, voto, sufragio, referéndum, plebiscito, propuesta.

votar
Elegir, nombrar, designar, seleccionar, (Amér.) sufragar.

voto
1 Papeleta, sufragio, boleta, balota.
2 Decisión, dictamen, juicio, sentencia, resolución.
3 Promesa, ofrecimiento, oferta, compromiso.
4 Ofrenda, exvoto, (Amér./fam.) milagro.
5 Blasfemia, reniego, imprecación, palabrota, juramento.
ANT.: *Alabanza, bendición.*

voz
1 Fonación, emisión, lenguaje.
2 Timbre, tono, intensidad.
3 Palabra, término, vocablo VER.
4 Grito, alarido, clamor, chillido, exclamación, aullido, queja.
ANT.: *Silencio.*

5 (Fig.) Vocalista, cantante.
6 (Fig.) Dictamen, parecer, voto.
7 (Fig.) Autoridad, facultad, derecho.
8 (Fig.) Opinión, fama, rumor.

vuelco
1 Volteo, tumbo, voltereta, giro, caída, revuelco.
ANT.: *Enderezamiento.*
2 Cambio, transformación, trastorno, alteración, variación.
ANT.: *Persistencia.*

vuelo
1 Planeo, evolución, revoloteo, ascenso.
ANT.: *Aterrizaje.*
2 Amplitud, extensión, anchura [cortinas, vestidos, etc.].
3 Cornisa, saliente [edificios].

vuelta
1 Giro, rotación, virada, volteo, viraje.
2 Rodeo, circunvalación.
3 Recodo, ángulo, esquina, curva, revuelta.
4 Retorno, regreso, venida, llegada.
ANT.: *Ida, partida, marcha.*
5 Voltereta, volatín, volteo, molinete.
6 Devolución, restitución, reintegro.
7 Repetición, repaso.
8 Vez, turno, ronda, mano.
9 Reverso, revés, dorso, envés, espalda, trasera.
ANT.: *Derecho, haz, frente, delantera.*
10 Vuelco, cambio, mudanza, alteración.
ANT.: *Persistencia.*

vulgar
1 Ordinario, común, corriente, usual, normal.
ANT.: *Extraordinario, original, distinto, excéntrico.*
2 Popular, plebeyo.
ANT.: *Elitista.*
3 General, llano, simple, inculto [lenguaje].
ANT.: *Culto, técnico, especializado.*
4 Sabido, trillado, sobado, insustancial.
ANT.: *Raro, interesante.*
5 Ramplón, chabacano, basto, cursi, de mal gusto, (Méx./desp.) naco.
ANT.: *Refinado, selecto, elegante, distinguido.*
6 Grosero, pedestre, prosaico.
ANT.: *Delicado, exquisito, educado.*

vulgarizar
1 Difundir, divulgar, popularizar, propagar, propalar, generalizar, pluralizar.
ANT.: *Preservar, ocultar, guardar.*
2 **vulgarizarse** Acorrientarse, achabacanarse.
ANT.: *Refinarse, cultivarse.*

vulgo
1 Pueblo, masa, gente, plebe.
2 (Desp.) Chusma, canalla, gentuza, morralla*, turba, hez, horda, turbamulta, patulea.
ANT.: *Élite, selección, aristocracia.*
3 Comúnmente, vulgarmente.
*Tb. significa: Pescado menudo, pesca de acompañamiento. / (Méx.) Dinero suelto, cambio.

vulnerable
1 Sensible, frágil, débil, impresionable, delicado.
ANT.: *Fuerte, recio, enérgico.*
2 Indefenso, inseguro, desprotegido, atacable, dañable, conquistable, expugnable.
ANT.: *Invulnerable, protegido, seguro, inexpugnable.*

vulnerar
1 Dañar, perjudicar, herir, lastimar, lesionar, damnificar.
ANT.: *Proteger, defender.*
2 Infringir, quebrantar, transgredir, violar, contravenir, desobedecer.
ANT.: *Obedecer, acatar, sujetarse.*

vultuoso
Abotagado, hinchado, congestionado, (fam.) abotargado, abultado [rostro].
ANT.: *Descongestionado.*

vulturno
Calor, bochorno, calina, aire caliente.
ANT.: *Fresco, brisa.*

W

walkiria
1 Valkiria, valquiria.
2 (Fig. y fam.) Mujerón, mujer fornida.

water (pr.)
1 Excusado, letrina, retrete, W.C., (fig.) taza, (ant.) water-closet, (Esp.) váter.
2 Servicio, lavabos, toilette, baño, sanitario.

wagon-lit (pr.)
Coche cama, vagón litera, coche dormitorio [ferrocarriles].

web (pr.)
Internet, www, red, World Wide Web, telaraña.

western (pr.)
Película de vaqueros, película del Oeste.

whiskería (Amér. Merid.)
Bar, licorería, taberna, cafetería [sobre todo la especializada en vender whisky o güisqui].

X

xenofilia
Extranjerismo, (Méx.) malinchismo.
ANT.: *Xenofobia, chauvinismo.*

xenófilo
Extranjerizante, (Méx.) malinchista.
ANT.: *Xenófobo.*

xenofobia
Odio, hostilidad hacia los extranjeros, patriotería, chauvinismo, chovinismo.
ANT.: *Xenofilia.*

xenófobo
Chauvinista, chovinista, patriotero.
ANT.: *Xenófilo.*

xerografía
Fotocopia, xerocopia, reproducción fotostática.

xerográfica
Fotocopiadora, multicopiadora, copiadora.

xocoyote (Méx.)
Benjamín, el hijo más pequeño, (Chile) puchusco, (Venez.) zurrapo.
ANT.: *Mayor, primogénito.*

Y

yacaré (Amér. Merid.)
Caimán, lagarto, saurio.

yacer
1 Tenderse, acostarse, tumbarse, extenderse, echarse.
ANT.: *Incorporarse, levantarse.*
2 Estar sepultado, reposar, descansar.
3 Fornicar, cohabitar, tener una relación sexual.

yacija
1 Catre, camastro, jergón, lecho.
2 Sepulcro, huesa, fosa, tumba.

yacimiento
Filón, veta, mina, cantera, placer, depósito, reserva.

yagual (C. Rica, Guat., Hond., Méx., Nic.)
Rodete, rollete, rolletero [para llevar cosas sobre la cabeza].

yaguar (Argent., Par., Urug.)
Jaguar, yaguareté [felino].

yanqui
Norteamericano, estadounidense, gringo.

yantar
1 Comer, almorzar, manducar, (vulg.) tragar.
ANT.: *Ayunar.*
2 (Ant.) Alimento, comida, vianda, pitanza.

yapa (Amér. Merid.)
1 Añadidura, ñapa, adehala, regalo, (Méx.) pilón.
2 Propina, gratificación.

yate
Velero, goleta, balandro, nave, embarcación.

yaya (Chile, Cuba)
Lesión, raspón, rasguño, herida, pupa, nana, yayita.

yegua
1 Potranca, jaca, yeguarizo, hembra del caballo.
2 (Amér. C.) Colilla de cigarro, (Amér. Merid.) pucho.
3 (Amér. C., P. Rico) Tonto, bobo, estúpido.
ANT.: *Listo, vivo.*
4 (C. Rica) Brusco, desconsiderado.
ANT.: *Atento, considerado.*
5 (Cuba) Sodomita.

yelmo
Casco, morrión, capacete, almete, celada.

yema
1 Brote, renuevo, gema, botón, capullo, retoño, cogollo.
2 (Fig.) Crema, lo mejor, flor y nata.

yerba
1 Hierba, planta, mata, (desp.) yerbajo.
2 (Argent.) Mate, yerba mate.
3 (Chile, Cuba, Méx., Venez.) Mariguana, marihuana.

yerbatero (Chile, Colomb., Ecuad., Perú, P. Rico, Venez.)
1 Curandero, (Cuba, Méx.) yerbero.
2 Herbolario.

yermo
1 Árido, desértico, estepario, estéril, infecundo, infructuoso.
ANT.: *Fértil, feraz.*
2 Baldío, inculto, incultivado.
ANT.: *Cultivado, sembrado.*
3 Deshabitado, despoblado, desolado, inhabitado.
ANT.: *Habitado, poblado, populoso.*

yerro
1 Error, errata, equivocación, incorrección, omisión, inadvertencia, descuido, falla.
ANT.: *Acierto, perfección.*
2 Falta, transgresión, infracción, pecado, culpa.
ANT.: *Expiación.*

yerto
1 Rígido, tieso, inerte, exánime, inmóvil, quieto.
ANT.: *Flexible, blando.*
2 Helado, agarrotado, entumecido, entumido, entelerido, (Méx.) engarrotado.
ANT.: *Móvil, animado, ágil.*

yeso
Cal, tiza, aljez, escayola, estuco.

yeta (Argent.)
Mala suerte, mal de ojo, fatalidad, desventura.

yogur
Yogurt, yogourt, yoghurt, cuajada, leche fermentada.

yuca
1 Mandioca.
2 (C. Rica) Embuste, mentira.
ANT.: *Verdad.*

yugo
1 Atadura, carga, vasallaje, esclavitud, servidumbre, sujeción, sumisión.
ANT.: *Emancipación.*
2 Tiranía, despotismo.
ANT.: *Libertad.*

yunta
Pareja, par, bija, yugada.

yuxtaponer
Unir, juntar, aproximar, adosar, arrimar, acercar, enfrentar.
ANT.: *Separar, alejar, desunir.*

yuxtaposición
Unión, aproximación, acercamiento.
ANT.: *Separación, desunión.*

yuyo
1 (Amér. Merid.) Maleza, hierbajo, mala hierba.
2 (C. Rica) Hongo en los pies.
3 (C. Rica/fig.) Importuno, molesto, latoso [refiriéndose a personas].
ANT.: *Grato, bienvenido.*

Z

zabordar
Encallar, varar, fondear, embarrancar [barcos].
ANT.: *Desencallar.*

zacate (Amér. C., Méx.)
1 Hierba, césped, pasto.
2 Gramínea, forraje.
3 (Méx.) Estropajo.

zafado
1 Suelto, flojo, liberado, libre.
ANT.: *Atado, sujeto, enganchado.*
2 (Amér. Merid.) Descarado, desvergonzado, atrevido, desfatachado, irrespetuoso.
ANT.: *Respetuoso, recatado.*
3 (C. Rica, Méx.) Loco, chiflado, chalado.
ANT.: *Cuerdo.*

zafar
1 Liberar, soltar, desatar, desembarazar, desenganchar, desamarrar.
ANT.: *Atar, ligar, amarrar, enganchar.*
2 **zafarse** Soltarse, libertarse, desembarazarse, rehuir, escabullirse, huir, escapar.
ANT.: *Enfrentar, arrostrar, dar la cara.*

zafarrancho
1 Limpieza, preparación, faena.
2 (Fig. y fam.) Refriega, riña, trifulca, jaleo, alboroto, (Esp.) marimorena.
ANT.: *Paz, tranquilidad.*
3 (Fig. y fam.) Estrago, estropicio, destrozo, descalabro, desastre.
ANT.: *Orden.*

zafio
Grosero, vulgar, ordinario, patán, palurdo, rudo, tosco, cafre, rústico, cerril.
ANT.: *Refinado, fino, educado, culto.*

zaga
Retaguardia, final, cola, trasera, extremidad, extremo, espalda.
ANT.: *Delantera, vanguardia, frente.*

zagal
1 Adolescente, mozo, mozuelo, doncel, mancebo.
ANT.: *Adulto, anciano.*
2 Pastor, ovejero.

zaguán
1 Portal, porche, soportal, recibidor, vestíbulo, entrada.
2 (C. Rica) Pasillo, galería.
3 (Méx.) Portón, reja, puerta.

zaherir
Ofender, humillar, mortificar, vejar VER.
ANT.: *Dignificar, enaltecer, loar.*

zahúrda
1 Pocilga, porqueriza, chiquero, (Amér.) marranera.
2 (Fig.) Cuchitril, cuartucho, tabuco VER, (Esp.) zaquizamí.
ANT.: *Mansión, palacio.*

zalamería
Halago, adulación, zalema, lisonja, carantoña.

zalamero
Adulador, adulón, lisonjero, cobista, (Esp.) pelotillero, (Méx.) barbero.
ANT.: *Sincero, franco.*

zamarrear
1 Sacudir, menear, agitar, zarandear, jalonear.
ANT.: *Sujetar.*
2 (Fig. y fam.) Golpear, maltratar, zurrar, tundir.
ANT.: *Acariciar.*
3 (Fig. y fam.) Presionar, apretar, arrinconar, acorralar.
ANT.: *Ceder, dejar.*

zambo
Patizambo, zámbigo, torcido, deforme.

zambullir
1 Sumergir, hundir, meter.
ANT.: *Sacar, elevar.*
2 **zambullirse** Sumergirse, meterse, chapuzarse, bucear.
ANT.: *Emerger, salir.*

zampar
1 Devorar, engullir, tragar, atiborrarse, atracarse, comer.
ANT.: *Moderarse, abstenerse.*
2 Meter, ocultar, esconder, embuchar.
ANT.: *Descubrir, hallar.*
3 Asestar, lanzar, arrojar, estampar, tirar, (fam.) estrellar.

zamuro (Colomb., Venez.)
Zopilote, aura, gallinazo, ave carroñera.

zanca
Pata, pierna, miembro, remo, canillas VER.

zancada
Paso, tranco, trancada, marcha.

zancadilla
1 Barrida, traspié, trascabo.
2 (Fig. y fam.) Traba, obstáculo, estorbo, treta, celada, engaño.
ANT.: *Facilidad, apoyo.*

zángano
Gandul, parásito, vago, haragán, ocioso, indolente, holgazán, desidioso.
ANT.: *Activo, trabajador, diligente.*

zangolotear
1 Sacudir, agitar, menear, zarandear.
ANT.: *Sujetar, inmovilizar.*
2 Traquetear, moverse, bambolearse.
ANT.: *Fijar, asegurar, afianzar.*
3 zangolotearse (Fam.) Menearse, bailotear.
ANT.: *Agitarse.*

zanja
Surco, excavación, cuneta, foso, aradura, cauce, trinchera, conducto, canal.

zanjar
1 Excavar, zapar, escarbar, cavar.
ANT.: *Rellenar, tapar, cubrir.*
2 (Fig.) Solucionar, resolver, allanar, solventar, liquidar, dirimir, vencer.
ANT.: *Complicar, embrollar.*

zapallo (Amér. C. y Merid.)
1 Calabaza, calabacín, (Méx.) calabaza de Castilla.
2 (Argent., Urug./fig.) Cabeza, testa, sesera, (fam.) pensadora.

zapatilla
1 Chancleta, chancla, chinela, sandalia, babucha, alpargata, pantufla.
2 (Méx.) Zapato de tacón alto para mujer.

zapato
Calzado, mocasín, botín, escarpín, zapatilla VER.

zaparrastroso
Andrajoso, harapiento, sucio, (fam.) zarrapastroso.
ANT.: *Pulcro, limpio.*

zaquizamí (Esp.)
Buhardilla, cuartucho, cuchitril, tugurio VER, tabuco, (fig.) pocilga.
ANT.: *Palacio, mansión.*

zarandear
1 Menear, agitar, sacudir, zangolotear.
ANT.: *Sujetar, inmovilizar.*
2 Maltratar, zamarrear, jalonear.
ANT.: *Respetar.*
3 Zarandar, cribar.
4 (Fig.) Ajetrear, azacanear, (fam.) traer movido.
5 zarandearse (Argent., Cuba, Perú, P. Rico, Venez.) Contonearse, menearse.

zarcillo
Pendiente, aro, arracada, arete, colgante.

zarpa
Garra, garfa, mano, uñas.

zarpar
Salir, partir, levar anclas, desamarrar, desancorar, hacerse a la mar.
ANT.: *Fondear, zabordar, varar, encallar, arribar.*

zarza
Espino, zarzamora, arbusto, escaramujo.

zascandil
Mequetrefe, tuno, pícaro, perillán, tarambana, enredador, informal.
ANT.: *Formal, serio, respetable.*

zazoso
Tartamudo, tartajoso, zazo, balbuciente.

zigzag
Serpenteo, ondulación, culebreo.

zíper
Cremallera, cierre relámpago.

zipizape
Alboroto, riña, reyerta, pendencia, pelea, disputa, jaleo, (Esp.) follón.
ANT.: *Paz, calma.*

zócalo
1 Pedestal, base, peana, podio, basamento.
2 Friso, franja, (Méx.) zoclo*.
3 (Méx.) Plaza principal [en ciudades].
*Tb. significa: Chanclo, zueco.

zoco
1 Mercado, bazar, feria, lonja, (Méx.) tianguis.
2 Zocato, zurdo.
ANT.: *Diestro.*

zona
Circunscripción, territorio, sector, región, área, distrito, franja, lista, faja, límite.

zonzo
1 Tonto, sonso, necio, simple, insulso, insípido, soso, ñoño, desabrido, lerdo, obtuso, menso, mentecato,

bobo, (Chile) zonzorrión, (C. Rica) zonzoneco.
ANT.: *Listo, vivo, avispado, ingenioso, pícaro.*

zopenco
Torpe, bruto, tonto, (C. Rica, Nic.) zoreco, (Esp.) zote, zoquete VER.
ANT.: *Listo, vivo, hábil.*

zopilote
Aura, gallinazo, (Argent.) jote, (Colomb., Venez.) zamuro.

zoquete
1 Tarugo, taco, taquete.
2 (Fig.) Mendrugo, currusco.
3 (Fig. y fam.) Tonto, torpe, lerdo, estúpido, zopenco VER, (C. Rica, Nic.) zoreco, (Esp.) zote.
ANT.: *Avispado, inteligente.*

zorra
1 Raposa, vulpeja.
2 (Fig. y fam.) Solapado, astuto.
ANT.: *Ingenuo.*
3 (Fig.) Ramera, puta, prostituta VER.
4 (Chile/vulg.) Vulva.

zorro
1 Macho de la zorra.
2 (Fig. y fam.) Astuto, pícaro, marrullero, ladino, sagaz, disimulado, hipócrita, (fam.) zorrastrón.
ANT.: *Cándido, franco, abierto, ingenuo, sincero.*

zozobra
Desasosiego, desazón, inquietud, sobresalto, aflicción, angustia, ansiedad, incertidumbre.
ANT.: *Tranquilidad, despreocupación, certidumbre.*

zozobrar
1 Naufragar, peligrar, irse a pique, volcar, encallar [embarcaciones].
ANT.: *Salir a flote, navegar.*
2 (Fig.) Fracasar, frustrarse, perderse, hundirse [empresa, negocio].
ANT.: *Progresar, triunfar.*
3 (Fig.) Afligirse, angustiarse, desazonarse, inquietarse.
ANT.: *Tranquilizarse.*

zueco
Chanclo, zocló, choclo, abarca, zapatón*.
*Tb. significa: (Cuba, Sto. Dom.) Espuela, navaja [gallos de pelea].

zumbar
1 Silbar, ronronear, susurrar, sonar, ulular, mosconear.
2 Frisar, rayar, rondar, acercarse a.
3 (Amér., Antill.) Pegar, golpear, atizar, zurrar, tundir.

zumbón
Bromista, guasón, chocarrero, burlón.
ANT.: *Serio, desabrido.*

zumo
Jugo, extracto, néctar, esencia, sustancia.

zurcir
1 Coser, recoser, remendar, reforzar, arreglar, componer, unir.
ANT.: *Descoser, desgarrar.*
2 (Fig.) Urdir, (fam.) inventar, entrelazar, enredar, combinar [mentiras, embustes].
ANT.: *Descubrir, desenmascarar.*

zurdo
1 Izquierdo, siniestro, zocato, (Méx./fam.) chueco, (Venez.) zurdeto.
ANT.: *Diestro, derecho.*
2 (Cuba) Torpe, mal bailarín.

zurra
Tunda, azotaina, vapuleo, (fam.) friega, somanta, golpiza, paliza, zurribanda, zarandeada, (Amér.) vapuleada, (Amér., Antill.) zumba.
ANT.: *Mimo, caricias.*

zurrar
1 Adobar, curtir [pieles].
2 Vapulear, tundir, golpear, pegar, azotar, aporrear, apalear, castigar, (Amér., Antill.) zumbar.
ANT.: *Acariciar, mimar.*
3 (Fig. y fam.) Censurar, condenar, reprobar, reprender.
ANT.: *Aprobar, elogiar.*
4 (Méx.) Defecar, evacuar, (vulg.) cagar.

zurrarse
1 Zurruscarse, (vulg.) cagarse, irse de vientre, (Amér.) ensuciarse, (C. Rica) zurriarse.
2 (Fig.) Asustarse, acobardarse, empavorecerse, acordarse.
ANT.: *Envalentonarse.*

zurriago
Látigo, azote, (ant.) disciplina, fusta, vergajo, tralla, rebenque, flagelo, correa.

zurrón
Mochila, talego, macuto, morral, escarcela, bolsa, saco.

zutano
Fulano, mengano, perengano, citano, uno, cualquiera, zutanito.

zuzar
Azuzar, incitar, excitar, (Méx.) cuchilear.
ANT.: *Sujetar, apaciguar.*